D1387594

L'ÉLECTRONIQUE

DEUXIÈME ÉDITION

BERNARD GROB

Traduit par
Jean-Michel Auclair, Serge Raffet et **Allan Zelnick**

Deuxième édition française
traduite et mise à jour par
Léon Collet

McGraw-Hill, Éditeurs

Montréal
Toronto
New York
Saint Louis
San Francisco
Auckland
Bogotá
Guatemala
Hambourg
Johannesburg
Lisbonne
Londres
Madrid
Mexico
New Delhi
Panama
Paris
San Juan
Sao Paulo
Singapour
Sydney
Tokyo

*Cet ouvrage a été composé en souvenir 10 points
par Bilmont inc. et imprimé sur les presses de
l'Imprimerie coopérative Harpell.
Yves Tremblay en a été l'éditeur. Michel Legault
a assuré la révision et Gilles Piette a conçu et réalisé
la maquette de couverture.*

Dépôt légal : 2e trimestre 1983
Bibliothèque nationale du Québec
Bibliothèque nationale du Canada
ISBN 0-07-548463-3

Imprimé et relié au Canada
789   ICH83   2109876543

Table des matières

Avant-propos

Cet ouvrage se veut un manuel de base destiné à des étudiants qui n'ont aucune expérience en électricité ou en électronique. Au premier chapitre, on traite des bases de l'électricité, alors que dans les derniers on aborde le sujet des circuits intégrés et de l'électronique numérique. Entre ces chapitres, les sujets exposés touchent progressivement les circuits série et les circuits parallèle à courant continu (en abrégé circuits série et circuits parallèle cc), les réseaux, les appareils de mesure, le magnétisme, les circuits à courant alternatif (en abrégé circuits ca) à bobines et à condensateurs, les tubes à vide et les transistors. Ces données constituent la base d'une étude des applications plus approfondies telles les télécommunications, en particulier la radiodiffusion et la télévision, l'électronique industrielle et les ordinateurs.

Pour chaque sujet, on expose d'abord les principes de base. On indique ensuite les applications typiques et les défauts courants. Cette présentation s'est révélée efficace pour aider les étudiants à acquérir les fondements de l'électronique.

Les mathématiques sont réduites au minimum. Cependant, comme le système international d'unités (SI) est utilisé, quelques problèmes numériques requièrent l'usage des puissances de 10. Les fonctions trigonométriques sont employées pour expliquer certaines notions des circuits à courant alternatif pour lesquels le déphasage est important.

L'ordre des sujets traités suit celui d'un cours normal d'un an sur les fondements de l'électronique, comprenant les circuits à courant continu et ceux à courant alternatif. Les théorèmes sur les réseaux, les nombres complexes et les filtres peuvent cependant consti-

tuer une matière trop ardue pour certains cours. Ces sujets, associés aux constantes de temps RC et L/R, peuvent dès lors faire l'objet d'un cours séparé sur l'analyse des réseaux.

En outre, les trois chapitres traitant des diodes semi-conductrices et des transistors, des circuits intégrés et de l'électronique numérique peuvent constituer la matière d'un bref cours sur les composants semi-conducteurs.

Organisation   L'ouvrage est divisé en trente-deux chapitres dans lesquels sont progressivement exposées les principales notions d'électricité et d'électronique. L'étude des chapitres sur la loi d'Ohm, les circuits série et les circuits parallèle conduit par exemple à des chapitres plus complexes traitant des circuits mixtes, des diviseurs de tension, des diviseurs de courant et des réseaux.

Les chapitres sur le magnétisme et l'induction électromagnétique mènent à l'étude des tensions et courants alternatifs sinusoïdaux. Dans des chapitres séparés, on traite des inductances et des réactances inductives avant d'associer ces notions dans les circuits inductifs. La même progression est appliquée aux circuits capacitifs. Toutes ces connaissances sur L et C sont ensuite associées dans les circuits à courant alternatif et dans les circuits résonnants soumis à des formes d'onde sinusoïdales.

Les notions importantes de constantes de temps RC et L/R sont réservées pour un autre chapitre, où l'on compare les circuits inductifs et capacitifs soumis à des signaux continus transitoires et non sinusoïdaux alternatifs.

À la fin de l'ouvrage, les chapitres sur les tubes à vide, les transistors, les circuits intégrés et les fondements de l'électronique numérique constituent une introduction aux circuits électroniques comportant des redresseurs, des amplificateurs et des dispositifs logiques numériques.

Cheminement pratique

À la fin de chaque chapitre, on expose les défauts courants des composants ou des applications pratiques de la théorie. Pour citer quelques exemples: les effets d'un circuit coupé et d'un court-circuit sont expliqués dans les cinq premiers chapitres sur les circuits à courant continu; les défauts classiques des résistances, bobines, condensateurs, tubes et transistors sont pour leur part indiqués dans leur chapitre respectif.

À titre d'exemple des principes exposés dans le contexte de certaines applications pratiques, on a décrit les bobines d'arrêt comme application d'une réactance inductive; on a aussi décrit les condensateurs de couplage et de découplage comme exemples détaillés d'une réactance capacitive.

Glossaire des abréviations techniques

Ces abréviations sont listées à la fin des chapitres sur les circuits intégrés et sur l'électronique numérique. Le domaine en pleine expansion des composants semi-conducteurs possède sa propre terminologie avec des abréviations alphabétiques spéciales telles que MOSFET, LSI et TTL. Leur regroupement en fait une source de référence pratique.

Problèmes numériques

Cette édition comporte plus de problèmes donc davantage de calculs numériques, en particulier sur les réactances des circuits à courant alternatif. L'utilisation de la calculatrice étant répandue, les étudiants pourront donc manipuler avec aisance des nombres autrefois rébarbatifs.

Questions programmées

Elles apparaissent à la fin de chaque sujet principal sous le titre «Problèmes pratiques» et constituent un apport nouveau. Ces questions ont pour but d'aider les étudiants à contrôler eux-mêmes leur compréhension de chaque section immédiatement après son étude. Les réponses à ces questions figurent à la fin de chaque chapitre.

Apports nouveaux

Des chapitres entiers traitant des diviseurs de tension et des diviseurs de courant, du secteur à 60 Hz, des circuits intégrés et de l'électronique numérique ont été ajoutés. Comme lors de l'édition précédente, cet ouvrage comporte des chapitres distincts consacrés aux lois de Kirchhoff, aux théorèmes sur les réseaux et aux constantes de temps.

Le chapitre 6, intitulé «Diviseurs de tension et diviseurs de courant», comporte le contenu original du chapitre sur les circuits mixtes. Un plus grand espace a cependant été réservé aux exemples pratiques traitant des diviseurs de tension avec courants de charge et à la division de courant proportionnellement aux conductances des branches.

Au chapitre 17, intitulé «Secteur à 60 Hz», on traite de façon pratique et concrète des moteurs et des génératrices, du câblage domestique, de l'éclairage fluorescent et des interrupteurs va-et-vient. On aborde, de plus, les couplages étoile et triangle pour les alimentations triphasées. Le groupement de cette matière en un chapitre séparé permet de concentrer la théorie du courant et de la tension alternatifs au chapitre 16.

Au chapitre 31, intitulé «Circuits intégrés», on décrit la fabrication, la mise sous boîtier et les circuits des modules à CI, y compris les applications des amplificateurs et les applications numériques. Au chapitre 32, intitulé «Électronique numérique», on expose l'arithmétique binaire, les portes logiques et les circuits à bascules.

Le chapitre intitulé «Diodes semi-conductrices et transistors» a fait l'objet d'une refonte et d'une mise à jour complètes, afin de présenter une description minutieuse des composants semi-conducteurs. Il comprend les transistors bipolaires NPN et PNP, le transistor à effet de champ (TEC), le redresseur au silicium commandé (RSC) et le transistor unijonction (TUJ). Le chapitre sur les CI constitue un prolongement de l'électronique des semi-conducteurs, car la plupart des principes des composants semi-conducteurs s'appliquent aux circuits intégrés et aux transistors discrets. Le chapitre sur l'électronique numérique est un prolongement des circuits intégrés, car des modules à CI entrent dans la composition pratique de tous les circuits numériques.

Le chapitre 7, intitulé «Appareils de mesure pour courant continu», apparaît un peu plus tôt dans le texte, avant l'étude des réseaux. Ceci permet de relier plus étroitement les appareils de mesure pour courant continu aux mesures des circuits série et des circuits parallèle, ce qui s'avère utile pour les séances de laboratoire. Dans ce chapitre, on traite également des appareils de mesure numériques.

L'introduction, intitulée «Aspects généraux de l'électronique», fait apparaître les symboles et unités de R, L et C dans le but de faciliter les séances de laboratoire dès le début du cours.

Le symbole normalisé SI, V ou v mis pour tension, apparaît à travers tout cet ouvrage; il élimine l'usage de E ou e. De la même façon, l'unité SI de la conductance, le siemens, est utilisée au lieu du mho. Les unités magnétiques SI apparaissent également.

Facilités d'étude offertes   Cet ouvrage est composé de phrases et de paragraphes plus courts. Il comporte davantage de sous-titres. La présentation à deux colonnes rend la lecture plus facile.

Les problèmes pratiques de chaque section principale et leurs réponses à la fin de chaque chapitre permettent d'appliquer les principes de l'étude programmée. Ces courts exercices de contrôle et leurs réponses renforcent aussitôt les connaissances acquises.

Chaque chapitre commence par une détermination des objectifs, suivie d'une énumération des sujets. Dans un court résumé, situé à la fin de chaque chapitre, on énumère les principaux points à retenir. Les questions des exercices de contrôle sont tirées du résumé du chapitre. Leurs réponses sont très courtes. Certains groupes de chapitres comportent également un résumé qui servira de rappel. Ces rappels sont accompagnés d'exercices de contrôle récapitulatifs. Cette façon de clarifier les notions exposées par une énumération des sujets traités, des résumés, des exercices de contrôle et des rappels facilite l'étude de la matière aux étudiants.

Le texte et les résumés comprennent de nombreux tableaux. Leur avantage est de présenter de manière concise les points importants, ce qui nous permet de comparer les caractéristiques similaires ou opposées. Dans de nombreux cas, en effet, les comparaisons facilitent la compréhension et la mémorisation des idées exposées.

Chaque rappel comporte une courte liste d'ouvrages de référence sur les sujets traités dans les chapitres résumés. On trouvera à la suite du rappel sur les chapitres 31 et 32 une bibliographie plus complète d'ouvrages sur les mathématiques, l'électronique, les semi-conducteurs et l'électronique numérique. Cette bibliographie comprend aussi des manuels sur les tubes et transistors, les revues et comporte une liste de fournisseurs de films.

Les réponses à tous les exercices de contrôle et aux problèmes de numéro impair sont données à la fin de l'ouvrage.

Remerciements   Les photographies des composants et des appareils ont été fournies par de nombreux fabricants, comme l'indique chaque légende. Le texte de cette édition poursuit la matière exposée dans les éditions antérieures avec l'aide de mes collègues Harry G. Rice, Philip Stein et Gerald P. McGinty. Enfin, j'ai le plaisir de remercier ma femme Ruth pour l'excellente collaboration qu'elle m'a apportée en dactylographiant le manuscrit.

Bernard Grob

Aspects généraux de l'électronique

L'électronique et les télécommunications ne sont que des applications pratiques des principes généraux de l'électricité. L'électricité fournie par une pile à une lampe portative peut être transformée pour effectuer un nombre indéterminé de travaux allant de la mise en marche d'un moteur, ou de la production de chaleur ou de lumière, à des applications plus complexes comme le fonctionnement d'un ordinateur ou la réalisation de transmissions radioélectriques ou de télédiffusion.

Le mot *radio* est une abréviation de *radiotéléphone* ou de *radiotélégraphe*. Sous leur première forme, les télécommunications se faisaient par radiotélégraphie, et utilisaient des points et des traits comme symboles des lettres suivant le code Morse. Actuellement on utilise d'avantage la radiotéléphonie qui permet les communications phoniques ou la radiodiffusion de programmes parlés et musicaux. D'une façon générale, la radio est la technique des télécommunications.

Le mot *électronique* vient de électron, qui est une quantité d'électricité, invisible et minuscule, présente dans toutes les substances. D'après ses nombreux usages, on peut définir l'électronique comme l'ensemble de toutes les applications du passage de l'électricité dans le vide, par exemple dans les tubes à vide, dans les gaz ou les vapeurs, et dans certains matériaux solides comme les transistors. D'une manière plus générale, l'électronique groupe tous les effets de l'électricité dans lesquels l'action individuelle des électrons est déterminante pour l'application. Les principaux dispositifs électroniques sont les transistors et les tubes à vide, représentés sur la figure 1.

La radio et l'électronique sont étroitement liées. Elles sont même quelquefois associées dans leurs applications. Par exemple, un système électronique de chauffage produit des ondes radioélectriques qui traversent la pièce pour produire de la chaleur. La chaleur assemble les solides entre eux. Même si les applications ne sont pas aussi liées, les principes de la radio et de l'électronique sont essentiellement les mêmes. La radio et l'électronique reposent toutes deux sur les lois fondamentales de l'électricité.

DÉVELOPPEMENT DE L'ÉLECTRONIQUE

On peut considérer que les télécommunications ont commencé avec les travaux du physicien allemand Heinrich Hertz, qui a été le premier, en 1887, à montrer expérimentalement le phénomène du rayonnement électromagnétique dans l'espace. La distance de la transmission n'était que de quelques mètres, mais elle montrait que les ondes radioélectriques se transmettaient, d'un endroit à un autre, sans nécessiter aucune connexion par fil entre les équipements d'émission et de réception.

Hertz a prouvé que les ondes radioélectriques se propageaient à la vitesse de la lumière, bien qu'elles ne soient pas visibles. En réalité, les ondes radioélectriques et les ondes lumineuses ne sont que deux exemples des ondes électromagnétiques, formes d'énergie qui associent les effets de l'électricité et du magnétisme. D'autres exemples d'ondes électromagnétiques sont représentés par le rayonnement thermique, les rayons X et les rayons cosmiques, parmi d'autres, qui transmettent tous de l'énergie dans l'espace sans avoir besoin de fils de connexion.

Les travaux de Hertz faisaient suite à des expériences antérieures sur l'électricité et le magnétisme. En 1820, un physicien danois, H. C. Oersted, avait montré qu'un courant électrique produisait des effets magnétiques. Puis, en 1831, un physicien britannique, Michael Faraday, découvrait qu'un aimant en mouvement pouvait produire de l'électricité. En 1864, le physicien britannique James Clerk Maxwell, dans ses travaux sur l'électricité et le magnétisme, avait prédit les ondes électromagnétiques dont Hertz devait plus tard prouver l'existence.

En 1895, Guglielmo Marconi utilisa un long fil d'antenne et mit au point un système pratique de radiocommunication à longue distance. Il réussit à établir une liaison radioélectrique à travers l'Atlantique en 1901.

À partir de cette date, les progrès rapides ont été en grande partie obtenus grâce à l'introduction et aux progrès des tubes à vide. Le Docteur Lee de Forest a été un des pionniers dans ce domaine grâce à son tube audion qui, en 1906, pouvait amplifier des signaux électriques.

Comme la construction des tubes à vide progressait, la radiodiffusion s'est développée rapidement. Des programmes prévus ont été régulièrement diffusés en 1920 par la station KDKA de Pittsburgh, Pennsylvanie. Le service de radiodiffusion commercial à modulation de fréquence des programmes sonores a commencé en 1941.

En ce qui concerne la télévision, on a d'abord envisagé plusieurs systèmes mécaniques à disque et tambour tournants qui ont été rejetés avant que la radiotélévision commerciale ait été officiellement adoptée en juillet 1941, mais ses applications ne se sont vraiment popularisées qu'à partir de 1945. L'actuel système de télévision couleur a été adopté pour la télévision commerciale en 1953.

Grâce à l'invention des transistors en 1948 aux Bell Telephone Laboratories, il y a maintenant de nouvelles applications de l'électronique et de la radioélectricité. Le transistor est basé sur la circulation contrôlée des électrons dans des solides comme le germanium et le silicium. Les tubes et les transistors ont des applications similaires pour l'amplification et la commande, mais le transistor est plus petit, ce qui le rend plus efficace; il n'a pas de filament et il est plus robuste car sa construction est plus simple. (*Voir la figure 1.*) L'électronique des semi-conducteurs comprend non seulement des transistors et des diodes mais aussi des circuits intégrés (CI) (figure 1*d*) qui associent ces composants en un module unique avec les résistances et les condensateurs nécessaires.

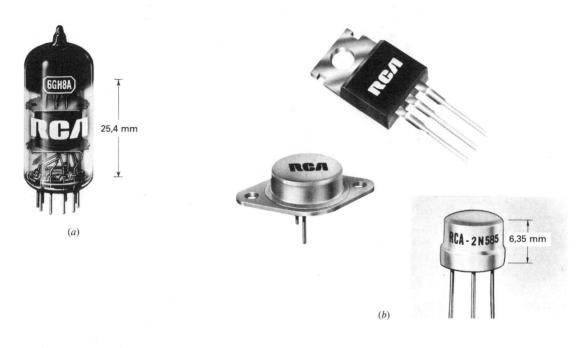

(a)

(b)

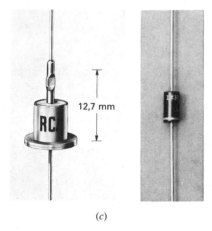

(c)

(d)

Figure 1 *Composants électroniques:* (a) *tube à vide;*
(b) *transistors;* (c) *diodes redresseuses au silicium;*
(d) *circuit intégré (CI) à quatre transistors sur une seule*
plaquette de silicium (longueur: 19 mm).

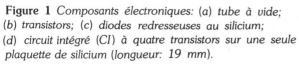

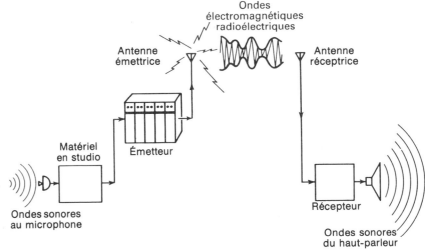

Figure 2 *La radiodiffusion assure une communication sans fil entre l'émetteur et le récepteur. On a représenté une onde porteuse modulée en amplitude.*

Les services de radiodiffusion   Radiodiffusion signifie émission dans toutes les directions. Comme l'indique la figure 2, l'émetteur rayonne des ondes électromagnétiques dans toutes les directions grâce à son antenne. Les récepteurs peuvent capter les ondes radio transmises grâce à leur antenne de réception. Pratiquement, tous les récepteurs actuels sont équipés de transistors en remplacement des tubes à vide. (Voir la figure 3.)

L'onde porteuse est une onde radioélectrique électromagnétique qui comprend les variations des informations musicales et parlées que l'on veut transmettre, introduites par la modulation. Il est nécessaire d'utiliser la technique d'une onde porteuse modulée car l'information désirée ne peut pas être transmise directement. On choisit une onde porteuse qui permet la meilleure transmission radio possible; la modulation apporte l'information. Dans le cas de la modulation d'amplitude (AM), l'amplitude de l'onde porteuse varie avec la modulation, comme l'indique la figure 2. Dans la modulation de fréquence (FM), la tension de modulation fait varier la fréquence de l'onde porteuse.

La fréquence est une caractéristique importante d'une tension ou d'un courant alternatif. Elle indique le nombre de cycles par seconde de l'onde porteuse et s'exprime en hertz (Hz). On a l'égalité 1 Hz = 1 cycle par seconde.

La distance de transmission peut atteindre 10 km ou 10 000 km, suivant le type de service désiré. Il existe de nombreux services pour différentes applications, dont la radiodiffusion et la radiotélévision pour le service des particuliers, la radionavigation, la radio maritime, les services de la police, les liaisons d'amateurs, les services administratifs et beaucoup d'autres. Tous ces services sont réglementés par la Federal Communications Commission (FCC) aux États-Unis. La FCC impose l'onde porteuse qu'une station de diffusion doit utiliser. Quelques-uns des services de diffusion les plus importants sont indiqués ci-contre, mais une liste plus complète est donnée à l'Annexe B, ainsi que les canaux alloués.

Bande de radiodiffusion standard   Cette bande correspond au système original de ra-

Figure 3 *L'ancien et le nouveau récepteurs radio.* (*RCA*)

diodiffusion pour ce que l'on appelle en général la radio, qui utilise la modulation d'amplitude (AM) pour émettre l'onde porteuse allouée à la station. La bande de radiodiffusion à modulation d'amplitude inclut les fréquences comprises entre 535 kHz et 1605 kHz. Le dernier chiffre ne figure pas sur le cadran.

Bande de radiodiffusion FM Cette bande contient les fréquences comprises entre 88 et 108 MHz. Le système FM réduit les parasites atmosphériques et les interférences. La bande FM est également utilisée pour la diffusion des signaux audio à haute fidélité. En diffusion stéréophonique, les signaux audio gauches et droits sont multiplexés, c'est-à-dire combinés sur une seule onde porteuse.

Radiotélévision La télévision n'est qu'une autre application de la radiodiffusion, chaque station émettant dans le canal qui lui est alloué deux porteuses séparées. La première est une porteuse modulée en amplitude qui transmet l'information image; la seconde est modulée en fréquence pour transmettre le son. La largeur d'un canal de télévision est de 6 MHz afin d'inclure les signaux image et son. Le ca-

nal 4, par exemple, va de 66 MHz à 72 MHz. En télédiffusion couleur, le signal couleur est multiplexé avec le signal noir et blanc, sur une seule onde porteuse, pour donner le signal image.

Radio maritime Cette utilisation est importante pour la navigation et la sécurité des bateaux. En plus des communications entre bateaux ou entre un bateau et le rivage, la radio est à la base des systèmes de navigation radar.

Radio aéronautique En plus des communications, la radio joue un rôle important dans la navigation aérienne. Elle comprend le radar, le radiogoniomètre, le radiophare, et les systèmes automatiques d'atterrissage.

Radio pour les organismes gouvernementaux Le gouvernement fédéral exploite de nombreuses stations de radio pour les besoins civils et militaires aux États-Unis.

Bande publique De 26,965 MHz à 27,405 MHz, 40 canaux de 10 kHz sont réservés à l'usage public bidirectionnel. Un poste radio à bande publique comprend un émetteur et un récepteur.

Radio amateurs   C'est peut-être le service de radiodiffusion non commercial le plus important. Ces amateurs construisent et exploitent habituellement eux-mêmes leurs propres émetteurs et récepteurs pour transmettre entre eux dans les bandes qui leur sont allouées. La plus grande organisation dans ce domaine est l'American Radio Relay League (ARRL), Newington, Connecticut.

APPLICATIONS DE L'ÉLECTRONIQUE

L'électronique trouve des applications dans presque toutes les industries pour le contrôle de la qualité et l'automatisation. On donne ici quelques exemples pour indiquer ces nombreuses possibilités. Une liste d'applications supplémentaires est donnée à l'Annexe A.

Calculatrices électroniques   *(Voir la figure 4.)* À l'aide de circuits intégrés la calculatrice permet d'additionner, de soustraire, de multiplier ou de diviser des nombres presque instantanément. Le visuel est un écran photoélectrique qui affiche les chiffres en bon ordre. La calculatrice scientifique illustrée à la figure 4 assure également le traitement des fonctions trigonométriques, logarithmiques et exponentielles.

Traitement électronique de l'information Cette application comprend les ordinateurs et l'équipement automatique qui effectue les travaux habituels de bureau comme le classement, le tri, la facturation et la comptabilité. Le traitement électronique de l'information est très courant dans les banques, les compagnies d'assurance, les organismes gouvernementaux et dans tout bureau où l'on manipule de nombreux documents.

Médecine   La recherche dans les universités et les laboratoires, le diagnostic, les traitements et la chirurgie nécessitent tous l'emploi des appareils électroniques. Le microscope électronique, l'appareil de diathermie et l'appareil à relever les électrocardiogrammes en sont des exemples.

Montres électroniques   *(Voir la figure 5.)* De telles montres utilisent un circuit intégré pour la production d'impulsions de synchronisation au lieu de ressorts mécaniques. L'affichage numérique recourt à une diode électro-

Figure 4 *Calculatrice électronique.*
(Texas Instruments)

Figure 5 *Montre électronique numérique.* (*Bulova Watch Co., Inc.*)

luminescente ou est à cristaux liquides. Le retard ou l'avance d'une montre électronique est inférieur à une minute par année.

Électronique industrielle   Ses applications englobent le soudage, le chauffage électrique (par hystérésis), la détection d'objets métalliques, la détection de fumées, le contrôle de l'humidité, la commande d'équipements par ordinateur et diverses télécommandes dont l'ouverture automatique de portes de garage et l'alerte anti-vol. La surveillance de certains lieux s'effectue souvent par la télévision en circuit fermé.

Ultrasons et appareils supersoniques Les applications des ondes sonores qui dépassent la gamme de l'oreille humaine emploient des appareils électroniques. On peut citer parmi les exemples: les équipements sonar pour la marine et les sondeurs, les machines à nettoyer par ultrasons et la commande à distance de l'accord des différents canaux des téléviseurs.

Classement   Les applications, nombreuses, sont généralement séparées en trois catégories:

1. *Télécommunications*   Elles comprennent la radiodiffusion AM et FM incluant la stéréophonie, ainsi que la radiotélévision, y compris la couleur. On peut encore subdiviser les appareils de radiodiffusion en récepteurs et ensembles d'émission, soit dans la station d'émission, soit en studio. On peut considérer les appareils audio à haute fidélité comme un cas particulier de récepteurs.
2. *Électronique*   Voici quelques grandes subdivisions: les ordinateurs, la commande industrielle, les servomécanismes, les appareils de contrôle et d'enregistrement et d'électronique médicale. Les applications des ordinateurs, incluant l'informatique, constituent probablement la branche la plus importante de l'électronique.
3. *Énergie électronique*   Production, distribution et utilisation, comprenant les machines à courant continu et à courant alternatif.

Spécialisations   Des divisions particulières de la radio et de l'électronique résultent les spécialisations suivantes pour les ingénieurs: aéronautique, audiofréquences, antennes, communications, ordinateurs, gestion technique, technico-commercial, géophysique, éclairage, théorie de l'information et codage, magnétisme, électronique médicale, hyperfréquences, applications militaires (engins guidés, énergie nucléaire), matériaux et conditionnement, radioastronomie, tubes, semi-conducteurs, engins spatiaux, tels les satellites, appareillages d'essai et enfin ultrasons. Beaucoup de ces domaines associent la physique et la chimie.

Postes   Dans chacun de ces domaines, les différentes tâches portant sur des travaux de direction sont effectuées par des ingénieurs pour la recherche, les études ou la production, des enseignants, des techniciens, des vendeurs, des rédacteurs techniques, des dessinateurs, des dépanneurs, des inspecteurs, des contrôleurs et des câbleurs. On a besoin de techniciens et de dépanneurs pour le contrôle, l'entretien et la réparation de tous les types d'appareils électroniques.

COMPOSANTS ÉLECTRONIQUES

Si l'on considère les nombreuses applications différentes de l'électronique et de la radioélectricité, on est un peu surpris qu'il n'y ait que cinq composants de base pour tous les types d'équipement différents. Chaque type a naturellement beaucoup de variantes qui conviennent à des usages particuliers. En voici la courte liste:

1. Tubes électroniques, dont les tubes à vide, les tubes à gaz et les tubes à rayons cathodiques (TRC);
2. Transistors. Cette application est sans doute la plus importante de l'emploi des semiconducteurs qui comprennent, de plus, les diodes et les circuits intégrés;
3. Résistances (figure 6);
4. Condensateurs (figure 7);
5. Inductances ou bobines (figure 8).

Tubes Il en existe de différents types: les tubes à deux électrodes ou diodes, les triodes, les tétrodes et les pentodes. La diode est généralement utilisée comme redresseur. À ce titre elle transforme le courant alternatif en courant continu. Les autres tubes sont utilisés dans des circuits amplificateurs. À ce titre ils augmentent la valeur du signal d'entrée.

Le tube à rayons cathodiques (TRC) est un tube à vide muni d'un écran fluorescent. Le tube image d'un récepteur de télévision est un exemple typique d'un tube à rayons cathodiques (figure 9). On traite au chapitre 29 de

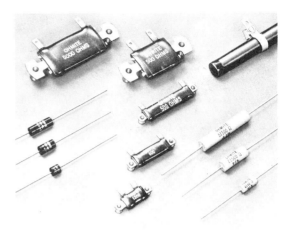

Figure 6 *Modèles de résistances. (Ohmite Mfg. Co.)*

ces types de tubes et de leurs symboles graphiques de façon plus détaillée.

Composants semi-conducteurs De la même façon que les diodes à vide, les diodes semi-conductrices sont des redresseurs. Les transistors se comportent comme les triodes à vide et sont utilisés comme amplificateurs. Ces deux types de semi-conducteurs peuvent contrôler le débit des charges électriques entre les bornes d'entrée et de sortie. Les tubes et les transistors sont utilisés dans des circuits électroniques conjointement avec des résistances, des condensateurs et des inductances. Les transistors et les tubes sont des *composants actifs*, ce qui signifie qu'ils peuvent amplifier ou redresser. Les résistances, les condensateurs et les inductances sont des *composants passifs*. Les circuits intégrés combinent les transistors et les diodes semi-conducteurs sur une puce à circuit intégré pour former, avec les composants passifs, un circuit complet. Les chapitres 30 à 32 portent sur les composants semi-conducteurs et leurs symboles graphiques de façon plus détaillée.

Figure 7 *Modèles de condensateurs.*
(Cornell-Dublier Electric Corp.)

L'unité de résistance (*R*) est l'ohm (Ω). En guise d'exemple, *R* = 100 Ω est une valeur habituelle. Le tableau 1 illustre les symboles graphiques des *R*. Pour plus de détails, voir le chapitre 11 intitulé «Résistances».

Condensateurs   Un condensateur comporte un isolant disposé entre deux armatures conductrices. Le rôle d'un condensateur est de concentrer le champ électrique de la tension appliquée entre les bornes de l'isolant aussi appelé diélectrique. De ce fait, le condensateur a la propriété d'emmagasiner des charges électriques.

Dans le cas d'application d'une tension alternative, le condensateur se charge et se décharge. La principale application que l'on tire de cet effet est d'utiliser les condensateurs pour laisser passer un signal alternatif, mais de bloquer une tension continue fixe. Plus la fréquence est grande et plus un condensateur couplera facilement le signal alternatif en provenance d'un circuit amplificateur au suivant.

Résistances   Elles sont du type à couche de carbone ou du type à bobinage de fil résistant spécial. Leur fonction est de limiter la valeur du courant circulant dans un circuit.

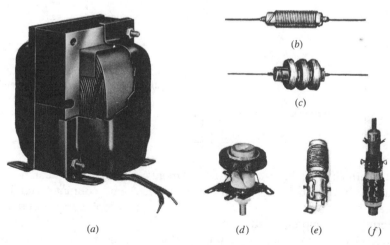

(*b*)

(*c*)

(*a*)   (*d*)   (*e*)   (*f*)

Figure 8 *Modèles d'inductances.*
(Merit Coil and Transformer Corp.)

L'unité de capacité (*C*), le farad (F), est une très grande unité nécessitant le recours à des fractions métriques. En guise d'exemple, C = 40 μF (microfarads), soit 40/1 000 000 F, est une valeur de capacité ordinaire d'un condensateur électrolytique de filtrage. Le tableau 2 dresse les symboles graphiques des condensateurs, désignés par *C*, le symbole de leur capacité. Pour plus de détails sur la capacité, voir les chapitres 21 à 23.

Inductances   Une inductance est simplement une bobine de fil. Le rôle fondamental d'une inductance est de concentrer le champ magnétique du courant dans la bobine. La variation du courant et celle du champ magnétique qui lui est associé induit une tension.

Dans le cas de sa principale application comme *bobine d'arrêt*, l'inductance laisse mieux passer un courant continu constant

Figure 9 *Modèle de tube image ou tube à rayons cathodiques.*

Tableau 1   *Symboles graphiques des résistances*

TYPE	SYMBOLE	REMARQUES
Fixe	*R*	Limite le courant
Variable	*R* ou *R*	Fait varier le courant ou la tension; commande la puissance, le contraste et la tonalité

qu'un courant alternatif. Plus la fréquence est élevée et plus la bobine d'arrêt réduira la valeur du courant alternatif.

Un transformateur comprend deux enroulements ou plus, placés dans le même champ magnétique. Le rôle du transformateur est d'élever ou d'abaisser la valeur de la tension alternative couplée entre les deux enroulements. Un transformateur ne fonctionne donc qu'avec un courant alternatif. Le champ magnétique doit varier afin d'induire le courant qui transforme l'énergie entre les bobines. Pour plus de détails sur les inductances, voir les chapitres 18 à 20.

Le symbole des inductances est *L*, mis pour liaison établie par le champ magnétique.

Tableau 2   *Symboles graphiques des condensateurs*

TYPE	SYMBOLE	USAGES
Fixe	C	Emmagasine la charge dans le diélectrique; autorise le passage de la tension alternative, mais bloque la tension continue
Électrolytique	C +	Valeur de grande capacité C fixe, mais présente une polarité
Variable	C	Condensateur variable; utilisé pour accorder

Tableau 3   *Symboles graphiques des inductances ou bobines*

TYPE	SYMBOLE	USAGES
Noyau à air	L	Concentre le champ magnétique pour les radiofréquences
Noyau de fer	L	Pour les fréquences de 60 Hz et les audiofréquences
Variable à noyau de fer pulvérulent	L --→	Inductance variables; utilisée pour accorder
Transformateur à noyau de fer	L_P L_S	Élève ou abaisse une tension alternative du primaire L_P au secondaire L_S

L'unité est le henry (H). En guise d'exemple, une valeur habituelle d'une bobine d'arrêt pour les radiofréquences, est $L = 250\ \mu$H. Le tableau 3 donne les symboles graphiques de L.

Circuits électroniques   En conclusion, on remarquera que les télécommunications, l'élec-tronique et les machines à courant alternatif ou continu sont toutes basées sur les principes fondamentaux de l'électricité et du magné-tisme. Les applications de l'électronique sont fondamentalement des circuits électriques com-prenant des transistors ou des tubes et les composants R, C et L requis. L'amplification désirée d'un signal requiert l'usage de transis-tors ou de tubes.

Théorie de l'électricité

L'électricité est une forme d'énergie qui peut produire de la chaleur, de la lumière, des mouvements par attraction et répulsion, ainsi que beaucoup d'autres effets physiques et chimiques. Elle tire son nom du mot grec *élektron*, lequel donna naissance à électron, qui est la particule élémentaire possédant la plus petite charge d'électricité. Nous reviendrons sur ce terme «charge» plus tard mais, puisqu'il est question de particule et donc, de manière classique, de matière, nous traiterons de cette dernière en premier lieu avant d'aborder l'objet principal de cet ouvrage: l'*électronique*. Ce chapitre portera sur la matière selon ses deux modèles moléculaire et atomique. Nous y traiterons des principales grandeurs électriques dont nous nous servirons tout au long de ce texte. Ses principaux sujets sont:

1.1
MATIÈRE ET ÉNERGIE

Propriétés de la matière La matière est caractérisée par ses *propriétés physiques*, c'est-à-dire qui n'altèrent pas sa nature et par ses *propriétés chimiques* qui, elles, modifient sa nature. Parmi les propriétés physiques citons la masse volumique, la couleur, l'état, le point d'ébullition et le point de fusion. Citons un exemple d'altération chimique: le carbone en présence d'oxygène brûle en produisant un gaz, le bioxyde de carbone.

Mesure des propriétés Cette mesure s'effectue par comparaison. La longueur d'un crayon, par exemple, est déterminée par référence à.une échelle comportant une unité de longueur arbitraire. On utilisera dans ce texte les unités SI. Dans ce système d'unité, la masse s'exprime en kilogrammes (kg), le poids d'un objet ou, plus précisément, la force de gravitation s'exerçant sur lui, en newtons (N), la longueur, en mètres (m), le volume, en mètres cubes (m³), etc.

Lois de la conservation La masse totale de la matière transformée ne varie pas, que cette transformation soit physique ou chimique. Dans le cas d'une transformation chimique, par exemple, la mesure précise de la masse des corps réagissants et de celle des produits d'une réaction chimique ne permet pas de constater de gain ou de perte de matière, même lorsque la transformation en jeu fait apparaître des substances à l'état gazeux. Cette loi a été révélée par le chimiste français Lavoisier sous le nom de *loi de conservation de la masse*.

En 1905, Einstein démontra que la matière peut se manifester sous deux formes distinctes: elle peut exister sous forme de substance matérielle possédant une masse et occupant un espace défini, ou elle peut apparaître sous forme d'énergie. La quantité de masse associée à une quantité d'énergie est donnée par la formule:

$$E = mc^2 \qquad (1.1)$$

où E est la quantité d'énergie, m la masse et c la vitesse de la lumière.

Dans les réactions nucléaires, une petite quantité de matière semble être détruite. En effet, une partie de la masse mise en jeu se transforme en énergie, mais la quantité d'énergie libérée équivaut à la masse disparue. Les lois de la conservation que nous venons d'explorer peuvent se fondre en un seul énoncé: *le couple masse-énergie d'un système demeure toujours constant.*

États de la matière La matière existe sous trois états différents: solide, liquide et gazeux. Un solide possède une forme propre et a un volume déterminé. Un liquide possède un volume défini mais il n'a pas de forme propre; il épouse la forme du récipient qui le contient. Un gaz n'a ni forme propre ni volume déterminé; il cherche à occuper le plus grand volume possible en prenant la forme du récipient qui le renferme.

La température et la pression sont les facteurs qui déterminent l'état physique d'une substance donnée. Sous l'influence des variations de température ou de pression (ou des deux à la fois), une substance peut passer d'un état à un autre. Ces transformations de la matière sont des phénomènes physiques.

La vaporisation est le passage d'une substance de l'état liquide à l'état gazeux. Elle se produit lorsque la substance absorbe une quantité suffisante de chaleur. On assiste au phénomène contraire, c'est-à-dire au passage de l'état gazeux à l'état liquide quand une substance rejette de la chaleur: c'est la condensation (ou liquéfaction). La fusion est le passage d'une substance de l'état solide à l'état liquide sous l'influence d'une absorption de chaleur. Lorsqu'on retire suffisamment de chaleur à une substance liquide, elle passe à l'état solide: c'est le phénomène de la solidification. Enfin, certaines substances, telles que la glace sèche (bioxyde de carbone à l'état solide), peuvent passer directement de l'état solide à l'état gazeux: c'est ce que l'on appelle la sublimation. Le phénomène contraire peut aussi se produire. La formation du frimas est un autre exemple de sublimation sans passage apparent par l'état liquide.

Problèmes pratiques 1.1
(réponses à la fin du chapitre)

(*a*) Quelle est l'origine du mot «électricité»?

(*b*) Quelle est la différence fondamentale entre les propriétés physiques et les propriétés chimiques de la matière?

(*c*) Citer les trois états de la matière.

1.2
STRUCTURE MOLÉCULAIRE

Essayons de nous représenter mentalement l'expérience suivante. D'un récipient contenant une certaine quantité d'eau, nous transférons la moitié de cette eau dans un second récipient. Ainsi chaque moitié conserve la composition chimique et les propriétés de l'ensemble original. Or, en subdivisant plusieurs fois l'un des échantillons, nous arriverons à un point où la particule d'eau obtenue sera si petite que nous serons dans l'impossibilité de la dédoubler davantage par des moyens physiques. Cette plus petite particule qui puisse exister à l'état libre sans cesser d'être de l'eau s'appelle une *molécule*.

Les molécules sont extrêmement petites et l'on ne peut les observer directement, même à l'aide des plus puissants microscopes. Leur existence ne peut être démontrée que par des méthodes indirectes, mais les progrès constants de la chimie permettent d'acquérir des connaissances de plus en plus précises sur la structure moléculaire.

Éléments   Les matériaux dont l'univers est fait se composent d'un nombre relativement restreint de corps simples appelés *éléments*, lesquels, par définition, ne peuvent être décomposés en substances plus simples par des moyens chimiques. On en a relevé, à ce jour, 105.

Les *atomes* sont les plus petites particules de matière qui puissent entrer en combinaison chimique; on peut les qualifier d'unités chimiques fondamentales de la matière.

Pour simplifier l'écriture chimique, on se sert d'un système de symboles chimiques représentant les éléments, leurs atomes et les masses atomiques de ces derniers.

On utilise comme symboles les initiales des noms des éléments. Par exemple, H est le symbole de l'hydrogène, O celui de l'oxygène et S celui du soufre. Lorsque les noms de plusieurs éléments commencent par la même lettre, on en ajoute une seconde. Ainsi, puisque C représente le carbone, on aura Ca pour le calcium, Cd pour le cadmium, Ce pour le cérium, Cs pour le césium, Co pour le cobalt et Cr pour le chrome. La seconde lettre est toujours une minuscule.

Tableau 1-1   *Origine latine (ou autre) de quelques symboles chimiques*

ÉLÉMENT	SYMBOLE	ORIGINE
Antimoine	Sb	Stibium
Étain	Sn	Stannum
Mercure	Hg	Hydrargyrum
Or	Au	Aurum
Potassium	K	Kalium
Sodium	Na	Natrium
Tungstène	W	Wolfram (suédois)

Les éléments se combinent les uns aux autres pour former des *composés*. Ces derniers sont des substances homogènes ayant une composition uniforme et des propriétés identiques en toutes leurs parties. On ne peut distinguer, dans un composé, les particules des éléments constituants. Les propriétés d'un composé sont tout à fait différentes de celles des éléments qui sont entrés en combinaison. Donnons un exemple illustrant ce fait.

L'eau est un corps constitué par l'union de l'hydrogène et de l'oxygène. Ces deux éléments sont des gaz à l'état naturel. Or l'hydrogène est très inflammable et l'oxygène entretient la combustion. Pourtant, l'eau a des propriétés fort différentes de celles de ses constituants.

L'atome d'un élément est représenté par un symbole, tandis que la molécule d'un élément ou d'un composé est représentée par une formule. La formule d'une molécule réunit les symboles des éléments qui constituent le composé. Les nombres d'atomes des éléments présents dans le composé sont indiqués au moyen d'indices placés à droite en bas des symboles. L'indice 1 est toujours sous-entendu. Ainsi, la formule de l'eau, H_2O, indique que la molécule contient deux atomes d'hydrogène et un atome d'oxygène. La molécule d'oxygène contient deux atomes; sa formule est donc O_2. Pour certaines formules, on fait usage de parenthèses; par exemple, la formule du nitrate de cuivre est $Cu(NO_3)_2$. Dans ce cas, l'indice venant après la parenthèse indique le nombre de fois que le groupe d'atomes à l'intérieur des parenthèses apparaît dans la formule.

Un *mélange* est une simple juxtaposition de substances conservant chacune leurs propriétés. Du sucre dissous dans l'eau donne un mélange homogène où les constituants ne peuvent être distingués au microscope; on a donc là une *solution*.

Certains mélanges diffèrent des solutions en ce qu'ils comportent des parties différentes, appelées phases, et séparées les unes des autres par des délimitations physiques; ce sont des mélanges hétérogènes, dont un échantillon de granit constitue un bon exemple. Un examen rudimentaire révèle la présence de trois substances cristallines dans le granit: le quartz, le feldspath et le mica.

Les mélanges peuvent donc être homogènes ou hétérogènes; tous, cependant, renferment au moins deux substances. Dans le cas des mélanges hétérogènes, les substances constituantes peuvent être présentes dans des proportions variant à l'infini. Dans certaines solutions, le degré de solubilité varie avec cha-que substance. Ainsi, à une température de 20^0C, 100 g d'eau ne peuvent dissoudre plus de 36 g de chlorure de sodium. En deçà de cette limite, on peut varier à volonté la concentration en chlorure de sodium. La composition d'un mélange est donc variable, tandis que celle d'un composé ne l'est pas. Les constituants d'un mélange conservent leurs propriétés, desquelles se déduisent celles du mélange. L'air, la terre, le papier, la peinture et le charbon sont quelques exemples de mélanges communs.

L'une des tâches importantes du chimiste consiste à déterminer la composition de corps composés. Pour effectuer cette recherche, il a recours à deux méthodes générales de travail: l'*analyse* et la *synthèse*.

La composition d'environ un million de corps a été trouvée au moyen de ces méthodes. Dans chaque cas, les recherches ont révélé que le pourcentage en masse de chaque élément constituant était constant. Ces résultats sont formulés dans la *loi des proportions définies* qui stipule que, dans un composé chimique pur, les mêmes éléments sont toujours unis dans les mêmes proportions en masse. Le tableau 1-2 donne quelques exemples de compositions centésimales.

Tableau 1-2   *Composition centésimale de quelques composés*

COMPOSÉ	COMPOSITION CENTÉSIMALE
Eau, H_2O	88,8 % d'oxygène, 11,2 % d'hydrogène
Méthane, CH_4	75,0 % de carbone, 25,0 % d'hydrogène
Éthane, C_2H_6	80,0 % de carbone, 20,0 % d'hydrogène
Méthanol, CH_3OH	50,0 % d'oxygène, 37,5 % de carbone 12,5 % d'hydrogène

Tableau 1-3   *Exemple de la loi des proportions multiples*

COMPOSÉ	MASSE DES ÉLÉMENTS CONSTITUANTS	RAPPORT ENTRE LES MASSES D'OXYGÈNE COMBINÉES À 2,016 g D'HYDROGÈNE
Eau	16 g d'oxygène et 2,016 g d'hydrogène	16 à 32 ou 1 à 2
Peroxyde d'hydrogène	32 g d'oxygène et 2,016 g. d'hydrogène	

Il arrive que les mêmes éléments se combinent dans des rapports différents pour donner divers composés. Par exemple, le monoxyde de carbone et le bioxyde de carbone contiennent respectivement 16 g et 32 g d'oxygène combinés à 12 g de carbone. Dans ces composés, les différentes masses d'oxygène qui se sont combinées à la même masse de carbone sont dans un rapport de 16 à 32 ou de 1 à 2.

Dans tous les cas semblables, il existe un rapport simple entre les diverses masses d'un élément qui se combinent à une même masse d'un autre élément. C'est la *loi des proportions multiples* que l'on peut exprimer de la façon suivante: lorsque deux éléments A et B se combinent pour former plusieurs composés, les différentes masses de A qui entrent en combinaison avec une masse donnée de B sont entre elles dans des rapports simples.

L'eau et le peroxyde d'hydrogène constituent une autre application de cette loi. La relation entre les masses d'oxygène et d'hydrogène que l'on retrouve dans ces composés est indiquée au tableau 1-3.

Problèmes pratiques 1.2
(réponses à la fin du chapitre)
Répondre par vrai ou faux:
(*a*) Les éléments sont décomposables en substances plus simples;
(*b*) Les atomes sont les plus petites particules qui puissent entrer en combinaison chimique;
(*c*) La composition centésimale de l'eau est de 88,8 % d'oxygène et de 11,2 % d'hydrogène.

1.3
STRUCTURE ATOMIQUE
Toute matière ou substance, de même que tous les objets sont composés d'atomes. Les atomes sont les blocs de construction universels de la nature. Indépendamment de leurs caractéristiques physiques, le verre, la craie, le roc et le bois sont tous constitués d'atomes. Le roc est différent du bois par son type d'atomes distinct de celui du bois.

Il existe plus de 100 types d'atomes différents. Chaque type d'atomes est appelé un élément. Il existe donc plus de 100 éléments différents. Le cuivre, l'argent et l'or sont des éléments.

Nous venons de voir que toute matière est constituée d'atomes. Mais, pour réellement comprendre l'électricité, nous devons «scinder» l'atome en particules plus petites. Pour bien comprendre l'électricité, les trois particules principales de l'atome, soit l'*électron*, le *proton* et le *neutron*, doivent nous devenir familières. La figure 1-1 représente de façon imagée les trois particules principales d'un atome d'hélium. Le centre de l'atome est appelé son *noyau*. Ce noyau contient les protons et les neutrons. Les électrons tournent autour du noyau selon des trajectoires elliptiques. L'électron est beaucoup plus volumineux (près de 2000 fois plus volumineux) que le proton et le neutron. Malgré cela, l'électron est beaucoup plus léger (près de 2000 fois plus léger) que le proton et le neutron. Le noyau contient donc la plus grande partie de la masse d'un atome, mais les électrons se réservent la plus grande partie du volume occupé par la masse d'un atome. Remarquons aussi que la distance entre le noyau et un électron est énorme par rapport à la dimension de cet électron. En fait, cette distance est d'environ 60 000 fois le diamètre de l'électron.

L'analogie suivante permet de mieux entrevoir les dimensions relatives des particules atomiques et des distances entre elles. Supposons le noyau de l'atome d'hydrogène représenté par une dalle de pavement en marbre ordinaire. L'électron serait alors représenté par une sphère de 31 m de diamètre située à 1610 km de cette dalle. Cette distance entre le noyau et l'électron est relativement grande par rapport à leurs dimensions respectives, mais nous devons nous souvenir que ces dimensions et distances sont sous-microscopiques.

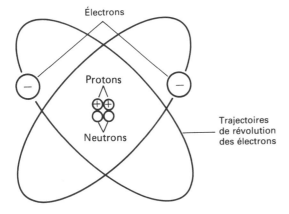

Figure 1-1 *Structure d'un atome d'hélium.*

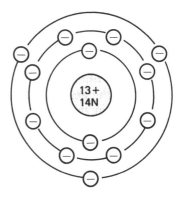

Figure 1-2 *Représentation simplifiée d'un atome d'aluminium montrant ses 13 électrons ($-$), ses 13 protons ($+$) et ses 14 neutrons (N).*

En réalité le diamètre d'un électron n'est que de 4×10^{-13} cm (0,000 000 000 000 4 cm).

Les électrons décrivent des orbites autour du noyau de l'atome de la même manière, en quelque sorte, que la terre tourne autour du soleil (figure 1-1). Les atomes plus complexes comprennent plusieurs électrons, mais chaque électron possède sa propre orbite. La coordination des électrons en orbite permet le partage d'un même espace entre plusieurs atomes. Mieux encore, dans de nombreuses substances les atomes voisins se partagent non seulement un même espace, mais aussi des électrons.

La figure 1-2 représente, en deux dimensions, un atome d'aluminium. Rappelons-nous que chaque électron décrit sa propre orbite autour du noyau. Les deux électrons les plus proches du noyau ne décrivent pas en réalité la même orbite. Leur distance moyenne à partir du noyau est la même. On dit que les deux électrons les plus proches du noyau occupent la première *couche* orbitale (en abrégé couche) ou encore le premier niveau d'énergie de l'atome. Cette première couche ne peut contenir que deux électrons. Les atomes à plus de deux électrons comme celui de l'aluminium, par exemple, présentent au moins une deuxième couche.

La deuxième couche d'un atome d'aluminium contient huit électrons. C'est le nombre maximal d'électrons que la seconde couche de n'importe quel atome peut contenir. La troisième couche contient au maximum 18 électrons et la quatrième au maximum 32 électrons, peu importe la substance envisagée. Comme l'atome d'aluminium (figure 1-2) n'a que 13 électrons, sa troisième couche ne comporte que trois électrons. Le nombre d'électrons ou de protons d'un atome à l'état naturel d'un élément donné est appelé le *numéro atomique* de cet élément.

Problèmes pratiques 1.3
(réponses à la fin du chapitre)

(a) Quelles sont les principales particules d'un atome?

(b) Quelle partie de l'atome contient la plus grande part de sa masse?

(c) Quelle particule de l'atome contient la plus grande part du volume occupé par sa masse?

(d) Comparer le diamètre d'un électron et la distance d'un électron à un proton. Lequel a la plus grande valeur?

1.4
CHARGE ÉLECTRIQUE, ÉLECTRONS DE VALENCE, ÉLECTRONS LIBRES ET IONS

Charge électrique Les électrons et les protons possèdent des *charges électriques* mais ces charges sont de *polarités* opposées. La polarité indique le type de charge (négative ou positive). L'électron possède une charge négative (−), tandis que le proton possède une charge positive (+). Ces charges électriques créent des champs de force électriques qui se comportent comme des champs de force magnétiques. Reportons-nous à la figure 1-3,

les lignes avec des flèches représentant les champs électriques. Deux charges positives, ou deux charges négatives, se repoussent. Deux charges électriques opposées s'attirent (figure 1-3).

La force d'attraction entre le proton positif et l'électron négatif maintient l'électron en orbite autour du noyau. Le neutron, situé dans

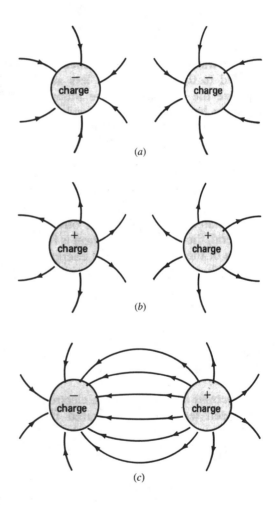

Figure 1-3 *Champs électriques entre les charges: (a) et (b), des charges semblables se repoussent; (c), des charges opposées s'attirent.*

le noyau de l'atome, ne possède aucune charge électrique. On peut donc, si l'on considère la charge électrique de l'atome, ignorer les neutrons.

Selon les lois de Newton régissant le mouvement des corps, il existe une force résultante dite *centripète* tendant à faire «tomber» les électrons sur le noyau. Cette force est contrebalancée par une force dite *centrifuge* qui, elle, tend à expulser les électrons hors de leur trajectoire.

Dans son état naturel ou *neutre*, un atome présente toujours une charge électrique nette nulle, ce qui signifie qu'il possède autant d'électrons que de protons. Considérons, par exemple, l'atome d'aluminium illustré (sous forme simplifiée) à la figure 1-2. Ses 13 électrons décrivent des orbites autour de son noyau, ce noyau contient 13 protons en plus de ses 14 neutrons. Nous pouvons donc dire que l'atome d'aluminium est électriquement neutre, bien que les électrons et les protons pris individuellement soient électriquement chargés.

Électrons de valence   Les électrons de la couche extérieure d'un atome sont appelés les *électrons de valence*. Les électrons de valence sont les particules atomiques impliquées dans les réactions chimiques et les courants électriques.

La force d'attraction entre des charges opposées est une des forces de maintien en orbite des électrons. Plus les charges électriques sont rapprochées, plus leur attraction électrique est grande. L'attraction entre un proton du noyau et un électron diminue donc à mesure que cet électron s'éloigne du noyau. Les électrons de valence sont donc soumis par le noyau à une force d'attraction moins grande que les électrons des couches internes. Ils peuvent ainsi être arrachés plus facilement de leur atome que ceux des autres couches.

Tableau 1-4   *Exemples d'éléments chimiques*

GROUPE	EXEMPLES	SYMBOLES	NUMÉRO ATOMIQUE	VALENCE ÉLECTRONIQUE
Métaux conducteurs, par ordre de conductance	Argent	Ag	47	+1
	Cuivre	Cu	29	+1*
	Or	Au	79	+1*
	Aluminium	Al	13	+3
	Fer	Fe	26	+2*
Semi-conducteurs	Carbone	C	6	±4
	Silicium	Si	14	±4
	Germanium	Ge	32	±4
Gaz actifs	Hydrogène	H	1	+1
	Oxygène	O	8	−2
Gaz inertes	Hélium	He	2	0
	Néon	Ne	10	0

*Certains métaux ont plusieurs valences quand ils forment des composés chimiques. Voici quelques exemples: le cuivre cuivreux ou cuivrique, le fer ferreux ou ferrique, l'or aureux ou aurique.

Tous les électrons possèdent de l'énergie. Ils possèdent de l'énergie car ils ont une certaine masse et qu'ils se déplacent. Ils sont donc capables d'accomplir un certain travail. Les électrons de valence possèdent plus d'énergie que ceux des autres couches. En général, plus un électron est loin du noyau, plus il possède de l'énergie. Lorsqu'un électron est arraché de son atome, son niveau d'énergie croît. Devenu électron libre, il possède plus d'énergie qu'il en avait à l'état d'électron de valence.

Électrons libres Les *électrons libres* sont des électrons de valence arrachés momentanément de leur atome. Ils se promènent librement dans l'espace libre autour de l'atome. Ils ne sont attachés à aucun atome particulier. Seuls les électrons de valence peuvent devenir des électrons libres. Les électrons des couches internes sont très fortement liés à leur atome. Ils ne peuvent en être arrachés. Comme les électrons libres possèdent davantage d'énergie que les électrons de valence, ils peuvent être créés en fournissant de l'énergie supplémentaire à la structure atomique. Cette énergie supplémentaire permet à un électron de valence d'échapper à la force d'attraction entre lui et le noyau. Une façon de fournir l'énergie supplémentaire nécessaire à la libération d'un électron est de chauffer l'atome. Une autre façon est de soumettre l'atome à un champ électrique.

Ions Lorsqu'un électron de valence quitte son atome pour devenir un électron libre, il emporte avec lui une charge électrique négative. Cette absence d'une charge électrique négative dans cet atome laisse ce dernier avec une charge nette positive. Dans le cas de l'atome d'aluminium, cela donne 13 protons (charges positives), mais seulement 12 électrons (charges négatives). Les atomes qui compor-

tent plus, ou moins, d'électrons que leur nombre normal sont appelés des *ions*. Lorsqu'un atome perd des électrons, il devient un ion positif. Réciproquement, des atomes comportant un excès d'électrons possèdent une charge nette négative et deviennent des ions négatifs. La quantité d'énergie requise pour libérer un électron de valence et donc créer un ion varie d'un élément à l'autre.

L'énergie requise pour créer un électron libre dépend du nombre d'électrons de valence contenus dans l'atome. En général, moins la couche de valence contient d'électrons et moins il faut d'énergie supplémentaire pour libérer un électron. L'atome d'argent illustré à la figure 1-4 requiert relativement peu d'énergie pour libérer son unique électron de valence. Par contre, le carbone à quatre électrons de valence requiert beaucoup plus d'énergie pour libérer un de ses électrons. Les éléments à

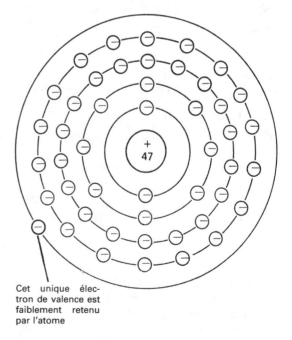

Cet unique électron de valence est faiblement retenu par l'atome

Figure 1-4 *Atome d'argent simplifié.*

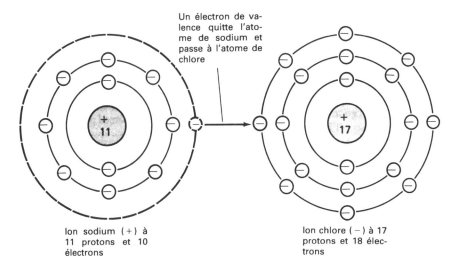

Un électron de va-
lence quitte l'ato-
me de sodium et
passe à l'atome de
chlore

Ion sodium (+) à
11 protons et 10
électrons

Ion chlore (−) à 17
protons et 18 élec-
trons

Figure 1-5 *Création de ions (sodium) positifs et de ions (chlore) négatifs.*

cinq électrons ou plus dans la couche externe ne libèrent pas facilement leurs électrons de valence.

La création d'un ion négatif survient lors-qu'un atome à cinq électrons ou plus dans sa couche externe, accepte des électrons supplé-mentaires. Si, par exemple, on ajoute du sel de table (chlorure de sodium) à de l'eau, l'ato-me de chlore reçoit un électron supplémentaire et devient un ion négatif. Au même instant l'atome de sodium qui perd un électron de-vient un ion positif (figure 1-5). Ce concept des ions est important pour la compréhension des circuits électriques comprenant des batte-ries et des composants à gaz.

Problèmes pratiques 1.4
(réponses à la fin du chapitre)

(a) Quelle est la polarité de la charge d'un électron?

(b) Est-ce qu'un atome est électriquement chargé?

(c) Quel nom particulier porte un atome ayant perdu un électron de valence?

(d) Lequel, d'un électron libre ou d'un élec-tron de valence, possède la plus grande énergie?

1.5
CHARGE STATIQUE ET ÉLECTRICITÉ STATIQUE, DÉCHARGE STATIQUE, APPLICATIONS DE L'ÉLECTRICITÉ STATIQUE

Charge statique et électricité statique

L'électricité statique est un phénomène habi-tuel que chacun a déjà constaté. L'éclair en est probablement l'exemple le plus saisissant. Les chocs que l'on reçoit parfois en touchant une poignée de porte métallique après avoir mar-ché sur un tapis épais sont dus à l'électricité statique. L'adhérence des cheveux à un pei-gne, des vêtements en tissu synthétique entre eux est également due à l'électricité statique.

Tous les phénomènes décrits ci-dessus ont un point commun. Ils impliquent tous le transfert d'électrons d'un objet à un autre, d'une substance à une autre.

Une *charge statique positive* apparaît lorsqu'un transfert d'électrons laisse un objet déficitaire en électrons. Une *charge statique négative* apparaît lorsqu'un objet comporte un excédent d'électrons. Des charges statiques peuvent être créées en frottant une tige de verre avec un tissu de soie. Le tissu est vigoureusement frotté sur la tige de verre. Quelques électrons de valence de la tige deviennent libres et sont transférés au tissu. Le tissu possède dès lors une charge négative et la tige, une charge positive. Les charges de la tige et celles du tissu tendent à demeurer stationnaires, d'où le nom d'*électricité statique*. L'électrostatique est une branche de la physique, elle traite des phénomènes d'électricité statique et étudie les charges électriques en équilibre.

Un objet qui possède une charge statique peut en attirer d'autres qui ne sont pas chargés. En effet, un objet chargé peut induire une charge à la surface de l'objet non chargé (figure 1-6). La charge induite, de polarité opposée à celle de l'objet chargé, est alors attirée vers l'objet chargé. Si les deux objets (la bille et la tige de la figure 1-6) sont mis en contact, une partie de la charge positive de la tige sera

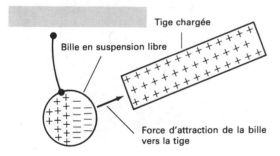

Tige chargée

Bille en suspension libre

Force d'attraction de la bille vers la tige

Figure 1-6 *Induction d'une charge statique. La mise en contact de la bille avec la tige permet le transfert d'électrons de cette dernière à la tige. La charge de la bille est devenue positive.*

transmise à la bille. Les deux objets seront alors chargés positivement, il en résultera une force de répulsion. La tige repoussera alors la bille.

Exposons clairement le transfert d'une charge positive de la tige positive à la bille (figure 1-6). Lors de la mise en contact de ces deux objets, des protons *ne circulent pas* de la tige vers la bille. Rappelons-nous que l'électron est la seule particule de l'atome qui peut être facilement détachée et circuler aux alentours de l'atome. Lorsque la tige et la bille sont mises en contact, des électrons circulent de la bille vers la tige. Le nombre de charges négatives (électrons de la bille) a donc diminué. Par contre, cette bille a conservé son nombre normal de charges positives (protons). La bille a maintenant plus de protons que d'électrons, elle possède donc une charge nette positive.

Décharge statique Une *décharge statique* survient lorsque le champ électrique de force (figure 1-3) entre une charge positive et une charge négative devient trop intense. Alors des électrons sont arrachés de l'objet chargé négativement et circulent à travers l'air vers l'objet chargé positivement. On observe une étincelle. Elle est due à l'ionisation et à la désionisation de l'air compris entre les objets. Lorsque l'air est ionisé, les électrons sont élevés à un niveau d'énergie supérieur. Lorsque l'air est désionisé, les électrons reviennent à un niveau d'énergie inférieur. Lorsque les électrons reviennent à leur niveau d'énergie inférieur, la différence entre les deux niveaux d'énergie donne naissance à une énergie lumineuse. L'éclair est une colonne d'air ionisé causée par des électrons circulant d'un nuage chargé négativement vers le sol chargé positivement.

Applications de l'électricité statique La plupart des applications utiles de l'électricité statique ne reposent pas sur les décharges qui

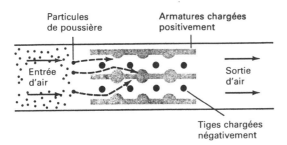

Particules de poussière

Armatures chargées positivement

Entrée d'air

Sortie d'air

Tiges chargées négativement

Figure 1-7 *Principe d'un précipitateur de poussières. Les particules de poussière reçoivent une charge négative de sorte qu'elles sont attirées vers les armatures chargées positivement.*

ionisent l'air. Elles font plutôt usage de la force d'attraction entre des charges opposées ou font usage de la force de répulsion entre des charges semblables. Ces forces sont utilisées pour déplacer des particules chargées vers des endroits voulus. Par exemple, l'air peut être débarrassé de ses particules poussiéreuses par cette méthode. À la figure 1-7, l'air est forcé de passer entre des tiges chargées négativement et des armatures chargées positivement. Une charge négative est transférée des tiges aux particules de poussière. Les particules de poussière chargées négativement sont extraites lorsque le jet d'air circule sur les armatures chargées positivement. Les dispositifs électriques de ce type sont appelés des *précipitateurs électrostatiques*. La figure 1-8 représente un tel précipitateur électrostatique. La vue en coupe fait apparaître les tiges et armatures chargées.

Les charges statiques sont également utilisées dans certaines opérations de peinture par pulvérisation. La peinture qui sort du gicleur du pulvérisateur est chargée négativement et l'objet à peindre est chargé positivement. Ce procédé donne une couche uniforme de peinture sur un objet de surface irrégulière. La charge de la partie de l'objet peinte est annulée. La force d'attraction disparaît. Si une partie de l'objet reçoit un excès de peinture, alors

elle devient négativement chargée et repousse toute peinture additionnelle. La peinture repoussée est attirée vers les parties de l'objet qui sont encore positivement chargées.

Plusieurs propriétés de l'électricité statique sont mises à profit pour la fabrication du papier abrasif (papier de verre). Le papier de support est recouvert d'un adhésif (colle) et reçoit une charge statique. Les particules abrasives reçoivent la charge opposée. À mesure que le papier défile au-dessus des particules abrasives, celles-ci sont attirées vers le papier et y adhèrent (figure 1-9). Une fois les particules abrasives réparties sur le papier de support adhésif, le papier et les particules abrasives possèdent des charges semblables. Ces charges se repoussant, elles essaient de rejeter les particules abrasives hors du papier. L'adhésif

Figure 1-8 *Vue en coupe d'un précipitateur électrostatique. (American Air Filter)*

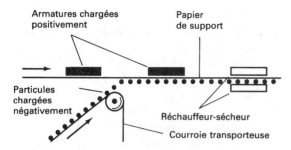

Figure 1-9 *Principe de fabrication du papier abrasif. Les charges statiques positionnent les particules abrasives de telle sorte que leurs pointes les plus acérées constituent la surface de coupe.*

est cependant assez fort pour retenir des particules au papier. Les particules abrasives se dressent alors sur le papier de sorte que leurs pointes acérées constituent la surface de coupe. La substance adhésive est ensuite chauffée et durcie pour maintenir les particules abrasives en place. Les particules abrasives se dressent parce que les charges statiques se concentrent à la pointe acérée d'un objet. Comme les charges semblables se repoussent, ces pointes se repousseront aussi loin que possible. Les pointes acérées des particules abrasives seront les parties les plus fortement chargées des particules. Elles seront donc repoussées le plus loin possible de la surface du papier de support.

Problèmes pratiques 1.5
(réponses à la fin du chapitre)

(*a*) Qu'est-ce qu'une charge statique?

(*b*) Quelle particule atomique est transmise d'un objet à un autre lorsqu'une décharge statique survient?

(*c*) Donner deux applications industrielles des charges statiques.

1.6
UNITÉ DE CHARGE, COURANT ET PORTEURS DE COURANT, COURANT DANS LES SOLIDES, UNITÉ D'INTENSITÉ DE COURANT: L'AMPÈRE

Unité de charge L'unité de base de charge électrique est le *coulomb*. Un coulomb est la quantité de charge possédée par $6,25 \times 10^{18}$ (6 250 000 000 000 000 000) électrons. Nous n'utilisons pas la charge d'un seul électron comme unité de base car c'est une charge beaucoup trop petite — trop petite pour la plupart des applications pratiques. Le coulomb, unité de base de charge, sert également à définir les unités de base des autres grandeurs électriques, telles que l'intensité et la tension. Le coulomb tire son nom de celui d'un physicien français, Charles-Auguste Coulomb.

En électricité, nous utilisons de nombreux symboles pour les grandeurs et les unités électriques. Le symbole de la charge est Q. L'abréviation de coulomb est C. L'usage de symboles électriques nous permet de condenser les idées et les énoncés. Par exemple, au lieu d'écrire «la charge est de cinq coulombs», nous pouvons simplement écrire «$Q = 5$ C».

Courant et porteurs de courant Le *courant électrique* est le déplacement de particules chargées dans un sens spécifique. La particule chargée est soit un électron, soit un ion positif, soit un ion négatif. La particule chargée est souvent appelée un *porteur de courant*. Le mouvement de la particule chargée s'effectue à travers un solide, un gaz, un liquide ou à travers le vide. Dans un solide, comme par exemple un fil de cuivre, la particule chargée (porteur de courant) est l'électron. Les ions d'un fil de cuivre ou d'autres solides sont fortement retenus en place par la structure (cristalline) atomique de la substance. Dans les substances solides les ions ne peuvent donc être

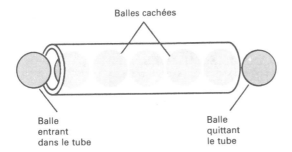

Figure 1-10 *Illustration de la vitesse apparente de déplacement des balles. Une balle sort du tube à l'instant où une autre balle y entre.*

des porteurs de courant. Par contre, dans les gaz et dans les liquides, les ions sont libres de se déplacer et de devenir des porteurs de courant.

Le symbole de l'intensité du courant ou tout simplement du courant est I. Le symbole I a été adopté par les premiers scientifiques qui parlaient de l'intensité de l'électricité dans un fil.

Courant dans les solides[1]   Il importe, lorsque nous pensons au courant, de conserver deux points présents à l'esprit. Tout d'abord, que l'effet du courant est presque instantané. Le courant circule dans un fil à une vitesse proche de celle de la lumière: 3×10^8 m/s. En second lieu, que les électrons se déplacent beaucoup plus lentement que l'effet du courant. Le temps de déplacement d'un électron le long d'un fil de quelques mètres peut être de plusieurs minutes.

La figure 1-10 illustre les deux points soulignés ci-dessus: (*a*) l'effet du courant est instantané; (*b*) les électrons se déplacent beaucoup plus lentement. Soit un très long tube de carton de diamètre juste suffisant pour le pas-

[1] Pour les courants dans les liquides et les gaz, voir la section 10.10.

sage d'une balle de tennis. Posons le tube sur le plancher et remplissons-le de balles de tennis. Lorsque nous poussons une balle supplémentaire à une extrémité du tube, une autre balle sort immédiatement à l'autre extrémité du tube (figure 1-10). Si nous ne savions pas que le tube était complètement rempli de balles de tennis, nous aurions pu penser que la balle de tennis introduite à une extrémité du tube le parcourait très rapidement et apparaissait à l'autre extrémité. Cet effet (le déplacement des balles de tennis d'une extrémité à l'autre du tube) est très rapide. Chaque balle de tennis ne parcourt cependant qu'une courte distance.

Considérons l'empilage de six tubes remplis de balles illustré à la figure 1-11. Introduisons successivement une balle dans chacun de ces tubes. Nous pourrions maintenant obtenir un débit continu de balles à l'autre extrémité des tubes. Cependant seules les balles d'un tube pourraient s'être déplacées instantanément. Même à l'intérieur de ce tube, chaque balle n'aurait parcouru qu'une courte distance. Ce phénomène est comparable à la façon selon laquelle les porteurs de courant (électrons) se déplacent le long d'un fil lorsque le courant y circule.

Supposons que nous puissions observer les atomes et leurs particules à l'intérieur d'un fil d'aluminium (figure 1-12). En réalité, l'atome d'aluminium comporte 13 électrons et 13 protons; mais par souci de simplicité, nous n'avons représenté que trois électrons et trois protons pour chaque atome. Supposons maintenant que les extrémités du fil sont reliées à une pile de lampe de poche. Cette pile appliquera un champ électrique le long du fil. Ce champ électrique libérera quelques-uns des électrons de valence, comme cela est illustré à la figure 1-12, en leur donnant une énergie supplémentaire. A l'instant de sa libération, un électron peut circuler dans un sens opposé à

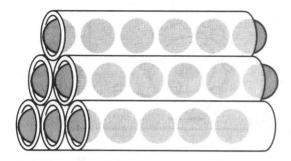

Figure 1-11 *Illustration du déplacement des électrons.*

celui du courant principal. Cependant, en présence du champ électrique, il changera aussitôt le sens de son déplacement. Chaque électron libéré engendre un ion positif. Cet ion positif exercera une attraction sur un électron. Et, éventuellement, un des électrons libres passera à proximité du ion positif qui le capturera et deviendra de ce fait un atome neutre.

Remarquons qu'un électron n'est à l'état libre que durant un court instant et qu'il ne pourra parcourir, dans cet état, toute la longueur du conducteur. Il ne parcourt donc qu'une courte distance le long du fil avant d'être capturé par un des ions positifs. Ce même électron peut, un peu plus tard, recevoir de nouveau assez d'énergie pour se libérer de son nouvel atome. Il continuera alors sa progression le long du fil comme électron libre. Nous pouvons donc imaginer que les électrons parcourent le conducteur en sautant d'atome en atome. Si, pour chaque nouvel électron libre engendré, un électron libre est capturé, le nombre net d'électrons libres se déplaçant le long du fil reste constant. Le courant continuera de circuler. Il continuera de circuler dans le même sens à travers le conducteur. Le courant qui circule tout le temps dans le même sens est appelé un *courant continu*, en abrégé cc. C'est ce type de courant que fournissent les piles de lampes de poche et les batteries.

Rappelons-nous que les électrons circulent d'un ion à l'autre plutôt lentement, cela nous permettra de comprendre le courant alternatif. Le courant dont nous disposons à la maison et à l'école est le *courant alternatif*, en abrégé ca. Ce type de courant inverse périodiquement le sens de son déplacement. Le courant circulant dans tous les fils des maisons inverse son sens tous les $\frac{1}{120}$ d'une seconde. Certains courants de téléviseurs inversent leur sens tous les $\frac{1}{67\,000\,000}$ d'une seconde. Pour mieux visualiser ces courants qui inversent leur sens, imaginer que leurs électrons sautent d'avant en arrière entre plusieurs ions.

Unité d'intensité de courant: l'ampère
Nous avons développé jusqu'à présent le concept de courant électrique. Nous allons maintenant développer celui de l'unité d'intensité de courant. La méthode la plus simple serait de considérer le nombre d'électrons ou coulombs qui circulent le long du conducteur. Cette méthode laisserait cependant beaucoup trop à désirer. Elle ne tiendrait pas compte du temps requis par le déplacement de la charge. Ce serait, en quelque sorte, comparable au calcul de la circulation des voitures sans tenir compte du temps. Par exemple, sur une autoroute 1000 voitures peuvent passer à un point donné en une heure. Par contre, sur une route de campagne à deux voies de circulation, 1000 voitures peuvent passer par un point donné en 20 h. De toute évidence, la circulation est plus importante sur l'autoroute. Une façon plus intelligente de comparer la circulation sur ces deux routes est de considérer le nombre de voitures par heure. Selon cette méthode, la circulation sur l'autoroute est de 1000 voitures par heure tandis que la circulation sur la route à deux voies est de 50 voitures par heure.

En électricité, l'intensité du courant s'exprime en fonction de la charge et du temps

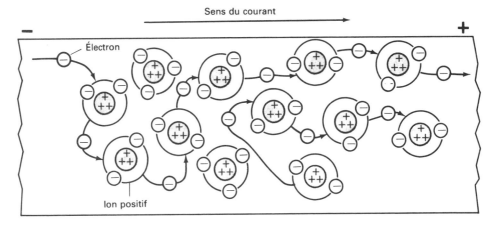

Figure 1-12 *Courant dans un solide. Un électron libre ne parcourt qu'une courte distance avant de se combiner à un ion positif.*

pris par cette dernière pour passer par un point donné. L'intensité de courant électrique s'exprime donc en *coulombs par seconde*. Mais comme cette expression, coulombs par seconde, est longue à énoncer, l'unité de base du courant a reçu le nom de *ampère*. Un ampère est égal à un coulomb par seconde. Ce nom de ampère a été choisi comme unité de base du courant en l'honneur de André Marie Ampère, scientifique français qui accomplit certaines recherches fondamentales dans le domaine de l'électricité.

L'abréviation de ampère est A. Pour indiquer que le courant circulant dans un fil est de 10 ampères, nous écrirons donc $I = 10$ A.

Remarquons que notre définition de l'ampère implique le temps. En électricité, le symbole du temps est *t*. L'unité de base du temps est la seconde qui s'écrit en abrégé s. La relation entre le temps, la charge et le courant est:

$$\text{Courant } (I) = \frac{\text{charge } (Q)}{\text{temps } (t)}$$

$$\text{ou } I = \frac{Q}{t} \qquad (1.2)$$

Problèmes pratiques 1.6
(réponses à la fin du chapitre)

(a)   Quel est le symbole de la charge?
(b)   Quelle est l'abréviation de coulomb?
(c)   Qu'entend-on par courant électrique?
(d)   Quel est le symbole du courant?

1.7
TENSION, ÉNERGIE, TRAVAIL, FORCE ET LEURS UNITÉS, UNITÉ DE TENSION: LE VOLT

Tension   La *tension* est la pression électrique qui oblige le courant à circuler. La tension est également connue sous l'appellation *force électromotrice* (en abrégé f.é.m.), ou *différence de potentiel*. Tous ces termes désignent la même chose, en l'occurrence la force qui met les charges en circulation. Le vocable *différence de potentiel* est le plus descriptif car une tension est en réalité une différence d'énergie potentielle qui existe entre deux points. Le symbole de la tension est *V*. Pour bien comprendre ce qu'on entend par tension, il importe tout d'abord de comprendre ce qu'on entend par énergie potentielle et différence d'énergie potentielle. Nous devons par conséquent parler d'énergie et donc de travail.

Énergie, travail, force et leurs unités
L'*énergie* est l'aptitude ou la capacité d'effectuer un *travail*. Le fait, par exemple, de tirer un canot à rames hors de l'eau pour l'amener sur le rivage requiert le déploiement d'une certaine énergie. Cette action a naturellement provoqué l'accomplissement d'un certain travail. Il faut, pour effectuer un travail, dépenser de l'énergie. Le symbole du travail et de l'énergie est W. Dans le cas de l'amenée du canot sur la plage, l'énergie est corporelle. Le travail consiste à déplacer une force sur une certaine distance. La force sert à surmonter la friction et la gravitation. Dans le cas cité ci-dessus, la force déployée a surmonté la friction du canot sur le sable et la force de gravitation exercée sur le canot. La force de gravitation est apparue au moment où l'on a soulevé le canot au-dessus du niveau de l'eau.

L'unité de base de l'énergie est le joule, de symbole J. Une énergie (ou un travail) d'un joule est une très petite énergie comparativement à celle que l'on met en jeu chaque jour. Ainsi, un grille-pain électrique consomme une énergie d'environ 100 000 J pour griller deux tranches de pain. Une lampe de bureau de 100 W consomme 360 000 J/h.

Le travail (ou l'énergie) mis en oeuvre dans un système mécanique (comme l'amenée d'un canot sur la plage) est déterminé par l'expression suivante:

Travail (W) = force × distance

L'unité de base de la force (F) est le *newton*, symbole N, celle de la distance (I) est le *mètre*, symbole m, et celle du travail (ou de l'énergie) est le *joule*, symbole J; le joule est égal à un newton-mètre, une unité commode pour l'énergie mécanique.

Il existe deux types d'énergie: l'énergie potentielle et l'énergie cinétique. L'expression *énergie cinétique* se rapporte à une énergie en mouvement, ou à une énergie accomplissant un certain travail, ou encore à une énergie transformée d'une forme en une autre. Le balancement d'un bâton de base-ball lui procure une certaine énergie cinétique. Le bâton accomplit un certain travail lorsqu'il frappe la balle; c'est-à-dire qu'il exerce une force sur la balle qui, de ce fait, parcourt une certaine distance. Tout objet en mouvement ayant une certaine masse possède de l'énergie cinétique.

L'*énergie potentielle* est l'énergie au repos. Sous cette forme, elle peut être emmagasinée durant de longues périodes. Elle est en mesure d'accomplir un certain travail lorsque nous lui fournissons les conditions adéquates pour la transformer de sa forme emmagasinée en une autre forme. Naturellement, durant ce processus de transformation, elle passe de la forme potentielle à la forme cinétique. L'eau emmagasinée dans un lac et retenue par un barrage d'une usine hydro-électrique possède de l'énergie potentielle due à la force de gravitation. L'énergie potentielle de l'eau peut être emmagasinée durant de longues périodes. Dans le cas d'une demande d'énergie, on transforme cette énergie potentielle en énergie cinétique en laissant l'eau s'écouler vers l'usine hydro-électrique.

Une charge électrique possède de l'énergie potentielle. Lorsqu'on marche sur un tapis, on recueille une charge électrique sur soi. Cette charge (électricité statique) est de l'énergie potentielle. Si par la suite on touche un certain objet, il s'ensuit une étincelle. L'énergie potentielle devient de l'énergie cinétique car la charge électrique est transformée en énergie lumineuse et en énergie thermique de l'étincelle.

Un objet, par exemple ce livre au repos sur une table, possède également de l'énergie potentielle. Ce livre est capable d'accomplir un certain travail, par exemple lorsqu'il se déplace de la table au plancher. Il possède donc de l'énergie potentielle par rapport au plancher. Lorsqu'il tombe effectivement de la table vers le plancher, son énergie potentielle est transformée en énergie mécanique et en énergie thermique. L'énergie potentielle dépend de la masse. Si nous remplaçons ce livre par un objet de plus grande masse, alors l'énergie potentielle augmente. La *différence* d'énergie potentielle est indépendante de la valeur de la masse. Elle est fonction de la distance entre les deux surfaces et de la force de gravitation.

Nous pouvons également imaginer la situation inverse et considérer l'énergie requise pour déplacer la masse du plancher à la table. La différence d'énergie potentielle est la même dans les deux cas. Dans un cas, on retire de l'énergie du système; dans l'autre, on ajoute de l'énergie dans le système. C'est-à-dire qu'on accomplit un certain travail en portant le livre du plancher à la table.

Dans notre discussion d'énergie potentielle nous n'avons, jusqu'à présent, traité que d'exemples mécaniques. Dans ces exemples, l'énergie potentielle de l'objet et la différence d'énergie potentielle entre le plancher et la table sont dues à la masse et à la force de gravitation. En électricité, l'énergie potentielle et la différence d'énergie potentielle sont dues aux champs électriques et aux charges électriques.

La tension est une différence d'énergie potentielle semblable au cas mécanique discuté ci-dessus. Au lieu de déplacer des masses grâce à la force de gravitation, les charges électriques sont, quant à elles, déplacées grâce à la force d'un champ électrique. Considérons la figure 1-13: la charge de l'électron «perd» de l'énergie à mesure qu'elle se déplace d'un point chargé négativement à un point chargé positivement (de la même façon que le livre perdait de l'énergie à mesure qu'il se déplaçait de la table vers le plancher). L'énergie «per-

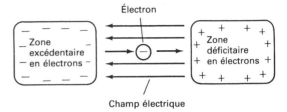

Figure 1-13 *Charge se déplaçant à travers un champ électrique. Une partie de l'énergie de l'électron est transformée en une autre forme d'énergie.*

due» de la charge pourrait être transformée en chaleur et lumière, ce qu'accomplit la charge qui se déplace à travers une ampoule.

Il existe une tension (différence d'énergie potentielle) entre les zones négative et positive illustrées à la figure 1-13. Ces zones négative et positive pourraient représenter les bornes d'une batterie électrique. Une batterie au plomb comme celle illustrée à la figure 1-14 est une source habituelle de tension. Une différence d'énergie potentielle (tension) existe entre les bornes négative et positive d'une batterie. Cette tension est le résultat d'un excès d'électrons à la borne négative et d'une déficience en électrons à la borne positive. Un certain travail est accompli lorsque les électrons se déplacent de la borne négative à la borne positive de la batterie. De l'énergie est extraite de la batterie et transformée en une autre forme.

À l'exemple du système mécanique, le système électrique peut lui aussi être inversé. C'est-à-dire que la charge des électrons peut augmenter d'énergie lorsqu'elle se déplace du point chargé positivement au point chargé négativement. Ceci survient lors du chargement d'une batterie. Le chargeur de batterie oblige des électrons à parcourir la batterie dans le sens inverse.

Unité de tension: le volt Il nous faut une unité de base pour indiquer la différence d'énergie potentielle (tension) entre deux points comme, par exemple, les bornes d'une batterie. Cette unité doit spécifier l'énergie disponible lorsqu'une charge donnée est transportée d'un point négatif à un point positif. Nous avons déjà l'unité de base d'énergie, le joule, et l'unité de base de charge, le coulomb. L'unité de base de la tension sera donc le joule par coulomb. Le joule par coulomb est appelé le *volt*.

Le volt est l'unité de base de la tension. Son abréviation est V. La batterie illustrée à la figure 1-14 est une batterie de 48 volts. Sous forme symbolique, nous indiquerons que la tension de cette batterie est $V = 48$ V. La différence de potentiel (tension) de 48 V signifie que chaque coulomb de charge fournira 48 J d'énergie. Par exemple, un coulomb circulant à travers une lampe transformera 48 J de l'énergie de la batterie en énergie thermique et en énergie lumineuse.

La relation entre la charge, l'énergie et la tension s'exprime sous la forme suivante:

$$\text{Tension } (V) = \frac{\text{énergie } (W)}{\text{charge } (Q)} \qquad (1.3)$$

ou, selon le réarrangement:

$$W = V \cdot Q \qquad (1.4)$$

Cette relation permet de déterminer l'énergie électrique de la même façon que l'énergie mécanique qui fut obtenue plus haut.

Exemple 1 Déterminer l'énergie potentielle (W) d'une batterie de 6 volts (6 V) dont la charge emmagasinée (Q) est de 3000 C.

Réponse
$$\begin{aligned} W &= V \cdot Q \\ &= 6 \text{ V} \times 3000 \text{ C} \\ W &= 18\ 000 \text{ J} \end{aligned}$$

Remarquer à l'exemple 1 que la multiplication de volts par des coulombs donne des joules.

Figure 1-14 *Batterie au plomb.*
(*Exide Power Systems*)

Cela est dû au fait qu'un volt est un joule par coulomb et donc les coulombs s'annulent:

$$\frac{\text{joule}}{\text{coulomb}} \times \frac{\text{coulomb}}{1} = \text{joule}$$

Problèmes pratiques 1.7
(réponses à la fin du chapitre)

(a) Quels sont les symboles de: énergie, travail, force, tension?

(b) Quelles sont les unités de: énergie, travail, force, tension?

(c) Déterminer l'énergie potentielle d'une batterie de 12 V dont la charge emmagasinée est de 12 000 C.

1.8
RÉSISTANCE, CONDUCTEURS, ISOLANTS, SEMI-CONDUCTEURS, UNITÉ DE RÉSISTANCE: L'OHM, COEFFICIENT DE TEMPÉRATURE, RÉSISTIVITÉ, COMPOSANTS RÉSISTANTS, CONDUCTANCE

L'opposition qu'une substance offre au passage du courant est appelée sa *résistance*. Le symbole de la résistance est R. Toutes les substances offrent une certaine résistance au passage du courant. Cependant, l'éventail de résistances offertes par les différentes substances est extrêmement large. Il est plus difficile d'obtenir des électrons libres (porteurs de courant) de certaines substances que d'autres. Les substances à résistance élevée requièrent, pour libérer un électron, davantage d'énergie que celles à faible résistance. La résistance d'une substance parcourue de force par un courant transforme l'énergie électrique en énergie thermique.

Conducteurs   Les substances offrant une très petite résistance (opposition) au passage du courant sont appelées des *conducteurs*. Le cuivre, l'aluminium et l'argent sont de bons conducteurs. Ils présentent une très faible résistance. En général, les éléments dont la couche de valence contient trois électrons ou légèrement plus sont classés comme conducteurs. Cependant, même parmi ces éléments classés comme conducteurs, il existe une large variation d'aptitude à la conduction du courant. Le fer, par exemple, est près de six fois plus résistant que le cuivre, bien qu'ils soient considérés tous deux comme conducteurs. D'autres considérations peuvent entrer en jeu. Ainsi l'argent conduit légèrement mieux que le cuivre, mais il est trop coûteux pour les applications ordinaires. L'aluminium n'est pas un aussi bon conducteur que le cuivre, mais il coûte moins cher et est plus léger. De volumineux conducteurs d'aluminium sont utilisés pour acheminer l'énergie électrique aux maisons.

Isolants   Les substances offrant une résistance élevée au passage du courant sont appelées des *isolants*. Même le meilleur des isolants livre passage à un électron libre occasionnel qui sert de porteur de courant. Cependant, dans la plupart des applications pratiques, nous pouvons considérer qu'un isolant est une substance qui ne permet le passage d'aucun courant. Les substances isolantes habituelles utilisées dans les appareils électriques sont le papier, le bois, le plastique, le caoutchouc, le verre et le mica. Remarquons que les isolants habituels ne sont pas des éléments purs. Ce sont des substances dans lesquelles deux éléments, ou plus, sont combinés ensemble pour former une nouvelle substance. Le processus de combinaison est tel que ces éléments partagent leurs électrons de valence. Ce partage des électrons de valence est appelé *liaison covalente*. La libération d'un électron d'une liaison covalente réclame une grande énergie supplémentaire.

La figure 1-15 illustre une large variété d'isolateurs. Ces types d'isolateurs sont utilisés dans les dispositifs soumis à des températures élevées.

Semi-conducteurs   Entre ces extrêmes: conducteurs et isolants, il existe un groupe d'éléments appelés *semi-conducteurs*. Les éléments semi-conducteurs possèdent quatre électrons de valence. Deux des meilleurs semi-conducteurs connus sont le silicium et le germanium. Les semi-conducteurs ne sont ni de bons conducteurs ni de bons isolants. Ils permettent la circulation d'un certain courant, mais ils présentent une valeur de résistance considérable. Les semi-conducteurs sont des substances industrielles extrêmement importantes. Ils servent à la fabrication de composants électroniques comme les transistors, les circuits intégrés (CI) et les piles solaires.

Du fait de leur valence 4 et de leur structure cristalline, les semi-conducteurs comme le germanium et le silicium peuvent abandonner leur état neutre par addition de petites quantités d'*impuretés*. Ces impuretés sont soit des atomes pentavalents (à cinq électrons de valence) soit des atomes trivalents (à trois élec-

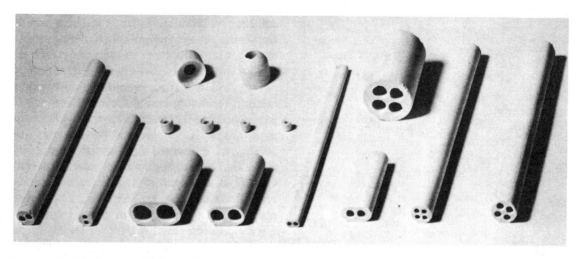

Figure 1-15 *Isolateurs. (Foxboro Co.)*

trons de valence). Cette technique est appelée le *dopage*. Les atomes pentavalents sont dits *donneurs* parce qu'ils produisent des électrons libres et l'on obtient par ce genre de dopage un semi-conducteur de type N, mis pour négatif. Les atomes trivalents sont dits *accepteurs* parce qu'ils prennent des électrons libres, et l'on obtient par ce genre de dopage un semi-conducteur de type P, mis pour positif. Une déficience de un électron dans le semi-conducteur est appelée une charge de un *trou*. On construit en combinant ces deux genres de dopage des transistors de type PNP ou NPN.

Unité de résistance: l'ohm   Nous avons discuté jusqu'à présent de la valeur de la résistance en termes de *résistance faible* et de *résistance élevée*. Il nous faut, pour travailler avec des circuits électriques, être capables d'établir la valeur de la résistance d'une façon plus spécifique. L'unité utilisée pour spécifier la valeur d'une résistance est l'*ohm*. L'ohm est l'unité de base de la résistance. Le symbole d'abréviation de l'ohm est Ω (la lettre grecque capitale omega). L'unité de résistance est l'ohm, en

l'honneur de Georg Ohm qui découvrit la relation entre le courant, la tension et la résistance. L'ohm peut être défini de plusieurs façons différentes. En premier lieu, c'est la valeur de résistance qui permet le passage d'un courant de 1 A lorsque la tension est de 1 V. En deuxième lieu, c'est la valeur de la résistance d'une colonne de mercure de 106,3 cm de longueur, d'un millimètre carré de section à la température de 0°C. De cette dernière définition d'un ohm, on peut voir que la valeur de la résistance d'un objet est déterminée par quatre facteurs: (1) le type de substance dont l'objet est constitué; (2) la longueur de l'objet; (3) la surface transversale (largeur × hauteur) de l'objet; et (4) la température de l'objet. La valeur de la résistance d'un objet est directement proportionnelle à sa longueur et inversement proportionnelle à sa section transversale. Par exemple, si la longueur d'un morceau d'un fil de cuivre est doublée, alors sa résistance sera elle aussi doublée (figure 1-16). Si la section transversale du fil de cuivre est multipliée par deux, alors sa résistance sera la moitié de sa valeur antérieure. Les extrémités ombrées des

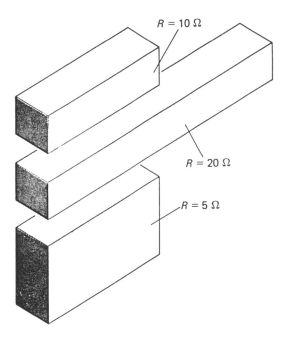

Figure 1-16 *La résistance dépend de la longueur et de la section.*

conducteurs de la figure 1-16 sont les surfaces transversales des conducteurs.

Il n'existe aucune relation simple entre la résistance et la température. La résistance de la plupart des substances augmente à mesure que leur température augmente. Cependant, pour quelques substances comme le carbone, la résistance décroît lorsque la température augmente.

Coefficient de température La variation de résistance correspondant à une variation de température est connue sous le nom de *coefficient de température de la résistance*. Chaque substance a son propre coefficient de température. Le carbone a un coefficient de température négatif, tandis que la plupart des métaux ont un coefficient de température positif. Par définition, le coefficient de température est la variation en ohms par million d'ohms par degré Celsius, en abrégé 10^{-6} °C. Le carbone, par exemple, a un coefficient de température négatif de 500×10^{-6} °C à 20°C. Cela signifie qu'un morceau de carbone ayant une résistance de $1\,000\,000$ Ω à 20°C aura une résistance de $1\,000\,500$ Ω à la température de 19°C. À 18°C, il présentera une résistance de $1\,001\,000$ Ω. Dans de nombreux dispositifs électriques et électroniques, les variations de résistance dues aux variations de température sont si petites qu'elles peuvent être ignorées. Dans les dispositifs où les petites variations de résistance sont importantes, comme dans le cas des appareils de mesure électriques, des substances spéciales à faible coefficient de température sont utilisées. Une de ces substances est le constantan (un mélange de cuivre et de nickel). Le constantan a un coefficient de température positif de 18×10^{-6}/°C à 20°C. Remarquons que le coefficient de température est défini à une température spécifique. Cela signifie que le coefficient de température lui-même change avec la température. Cependant, ces variations sont extrêmement petites dans la gamme de températures où fonctionnent la plupart des dispositifs électriques.

Résistivité La résistance caractéristique d'une substance est donnée par sa *résistivité*. La résistivité d'une substance est simplement la résistance (en ohms) d'un mètre cube de cette substance. Les valeurs nominales des résistivités nous permettent de comparer directement l'aptitude des diverses substances à conduire le courant. La figure 1-17 illustre la méthode de détermination de la résistivité. La résistivité s'exprime en ohm-mètre. Le cuivre recuit, par exemple, à 20°C a une résistivité de $17,2 \times 10^{-9}$ ($0,000\,000\,017\,2$) (Ω·m). Ce qui signifie qu'un cube de cuivre de 1 m d'arête

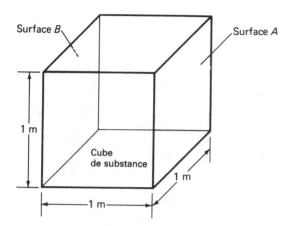

Figure 1-17 *La résistivité égale la résistance entre la surface A et la surface B.*

aura une résistance de $17,2 \times 10^{-9}$ Ω entre deux quelconques de ses faces. Plus la résistivité d'une substance est petite, plus cette substance est conductrice. Le symbole de la résistivité est ρ (lettre grecque rhô).

La relation entre la résistance, la longueur, la surface transversale et la résistivité est donnée par la formule:

$$\text{Résistance } (R) = \frac{\text{résistivité } (\rho) \times \text{longueur } (l)}{\text{surface } (A)}$$

Ou, en utilisant seulement les symboles,

$$R = \frac{\rho l}{A} \tag{1.5}$$

La résistance sera en ohms si toutes les autres grandeurs sont exprimées en unités de base, c'est-à-dire que si l'unité de la résistivité est l'ohm-mètre, celle de la longueur sera le mètre et celle de la surface, le mètre carré.

Exemple 2   Déterminer la résistance, à 20 C, d'un enroulement d'un moteur électrique qui utilise 200 m de conducteur de cuivre de 0,26 cm² de section. La résistivité du cuivre à 20°C est de 0,000 000 017 2 (Ω·m).

Réponse

$$R = \frac{\rho l}{A}$$

$$= \frac{0,000\ 000\ 017\ 2 \times 2 \times 10^2}{0,26 \times 0,0001} = \frac{17,2 \times 10^{-9} \times 2 \times 10^2}{0,26 \times 10^{-4}}$$

$$= \frac{17,2 \times 2 \times 10^{-3}}{0,26}$$

$$R = 0,132 \ \Omega$$

Composants résistants   Le terme résistance désigne non seulement la propriété physique que possèdent certaines substances de limiter le passage du courant électrique, mais aussi le composant électrique spécial assurant cette fonction. Dans de nombreux dispositifs électriques et électroniques, la résistance des conducteurs est si petite par rapport à celle des autres constituants du dispositif qu'elle peut être ignorée. Dans la plupart des cas, la résistance des conducteurs n'est pas calculée ou est ignorée dans la conception du dispositif. Cependant dans certains appareils, comme les récepteurs de radio et de télévision, de grandes valeurs de résistance sont nécessaires. Les résistances permettent de régler le courant. Les *résistances* sont les composants physiques utilisés pour régler la valeur du courant dans un système électrique. Elles sont fabriquées dans une large variété de formes et de dimensions. Leurs valeurs vont de un ohm à plusieurs millions d'ohms.

Conductance   La *conductance* est l'inverse de la résistance. Son symbole est *G* et son unité de base, le siemens, en abrégé S. Un composant ayant une résistance de 5 Ω, par exemple, présentera donc une conductance de 0,2 S.

Problèmes pratiques 1.8
(réponses à la fin du chapitre)

(*a*) Dire dans quelle forme d'énergie est transformée l'énergie électrique d'un courant traversant une résistance.

(*b*) Quelle est l'unité de base de la résistance?

(*c*) Quel est le symbole utilisé comme abréviation de l'unité de base de la résistance?

(*d*) Convertir 20 Ω en S.

(*e*) Définir l'unité de base de la résistance en fonction des unités de base de la tension et du courant.

(*f*) Énumérer les quatre facteurs qui déterminent la résistance d'un objet.

(*g*) Quel est le rôle principal d'une résistance?

1.9
POLARITÉ, SOURCES D'ÉLECTRICITÉ, CIRCUIT FERMÉ, CIRCUIT OUVERT

Polarité Le terme *polarité* est utilisé de plusieurs façons différentes. On peut dire que la polarité d'une charge est négative ou on peut dire que la polarité d'une borne est positive. Nous pouvons également utiliser ce terme pour indiquer comment connecter les bornes négative et positive de dispositifs électriques. La pose de nouvelles piles dans un poste de radio à transistors, par exemple, doit être effectuée selon une polarité correcte (figure 1-18). La borne positive de chaque pile est reliée à la borne positive du poste récepteur; les bornes négatives respectent une configuration semblable.

Les appareils électriques dont les bornes négative et positive sont identifiées sont appelés *polarisés*. Lorsqu'on connecte de tels appareils à une source de tension (comme une batterie), il importe de respecter le marquage de polarités. Rappelons de nouveau que la borne négative de l'appareil doit être connectée à la borne négative de la source, et la borne positive de l'appareil à la borne positive de la sour-

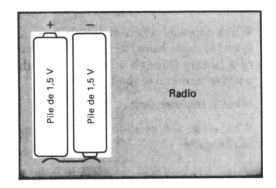

Figure 1-18 *La pose de nouvelles piles dans un poste de radio doit être effectuée selon une polarité correcte.*

ce. Si la polarité n'est pas respectée (c'est-à-dire une borne positive connectée à une borne négative), l'appareil ne fonctionnera pas et pourrait même être endommagé ou détruit.

Lors du soudage à l'arc électrique, le soudeur peut souder soit en *polarité directe* soit en *polarité inverse*. Ces expressions polarité directe, polarité inverse précisent que la borne négative ou la borne positive de la source de tension est reliée à la baguette de soudure.

Sources d'électricité Les atomes de toutes les substances contiennent des protons et des électrons, mais pour effectuer un travail utile les charges doivent être séparées pour produire une différence de potentiel permettant la circulation d'un courant électrique. Les méthodes les plus courantes de production des effets électriques apparaissent ci-dessous. Elles se classent en deux grandes familles selon leur mode de production. Soit, tout d'abord, celle de production d'électricité statique comprenant le frottement, en particulier la génération selon le procédé Van de Graaff, et en second lieu celle de production d'électricité dynamique comprenant la transformation de l'énergie chimique, la production par effet magnétique et

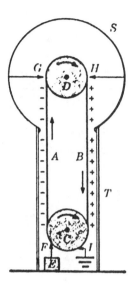

Figure 1-19 *Générateur Van de Graaff.*

par effet électromagnétique, la photo-électricité et la piézo-électricité et l'émission thermoionique.

a) PRODUCTION D'ÉLECTRICITÉ STATIQUE

Friction Dans cette méthode, les électrons d'un isolant sont arrachés par frottement, ce qui produira des charges opposées qui resteront dans le diélectrique.

Générateur Van de Graaff On a souvent recours aux sources électrostatiques de haute tension pour les appareils servant à bombarder les atomes, surtout dans les expériences de physique nucléaire. Le premier de ces appareils fut conçu par Robert J. Van de Graaff et développé ultérieurement avec son associé John G. Trump.

À la figure 1-19, on présente un diagramme considérablement simplifié de ce générateur. Une sphère métallique *S* est supportée par un tube isolant *T*. Une large courroie *AB* faite de matière isolante est activée par un mo-

teur commandant la poulie *C*; l'extrémité supérieure de la courroie passe par la poulie intermédiaire *D*. Un certain nombre de pointes d'aiguilles en *F* est constamment tenu à un potentiel hautement négatif (10 à 50 kV) grâce à la source *E*; une décharge de couronne bombarde la courroie d'électrons à mesure qu'elle s'éloigne de *C*. Une autre série de pointes en *G* transfère les électrons de la courroie à la sphère *S*, lui donnant ainsi une charge négative qui va sans cesse augmentant. Une autre série de pointes d'aiguilles en *H* crée une grande différence de potentiel qui ionise l'air de cette région. Les ions positifs sont attirés par la courroie et retournés vers le bas de l'appareil pour y être neutralisés par les électrons projetés sur la courroie depuis la série d'aiguilles *I* reliées à la terre.

Il y a ainsi un échange continuel d'électricité négative depuis le haut de l'appareil jusqu'à la sphère et un transport de charges positives depuis la sphère jusqu'au sol. La sphère acquiert à la fin un potentiel négatif très élevé par rapport à celui du sol. Certains appareils de ce genre peuvent produire des différences de potentiels de 10 MV, des modèles commerciaux de différentes grandeurs sont disponibles pour des usages variés. La limite du potentiel est déterminée par les pertes occasionnées par l'air ambiant et l'isolation des supports.

b) PRODUCTION D'ÉLECTRICITÉ DYNAMIQUE

Transformation de l'énergie chimique Cette transformation a lieu dans les piles et les batteries à électrolyte sec ou liquide. Dans ce cas, une réaction chimique produit des charges opposées sur deux métaux différents qui servent de bornes positive et négative.

Électromagnétisme Électricité et magnétisme sont intimement liés. À toute charge en mouvement est associé un champ magnétique. Inversement, à toute variation de champ magnétique correspond un courant. Le moteur est un exemple de la façon dont réagit un courant en présence d'un champ magnétique pour produire un mouvement; une génératrice fournit une tension grâce à la rotation d'un conducteur dans un champ magnétique.

Photo-électricité Certaines substances sont photo-électriques, c'est-à-dire qu'elles peuvent émettre des électrons lorsque la lumière sollicite leur surface. L'élément césium sert souvent de source de *photo-électrons*. Les piles photovoltaïques et les piles solaires utilisent du silicium pour également générer une tension de sortie sous l'action d'une lumière d'entrée. La variation de résistance de l'élément sélénium

sous l'action de la lumière en constitue un autre exemple. Cet effet, associé à l'utilisation d'une source de tension constante, permet de produire de larges variations entre le *courant d'obscurité* et le *courant de luminosité*. De telles caractéristiques sont la base de nombreux dispositifs photo-électriques comme les tubes analyseurs de télévision, les piles photo-électriques et les phototransistors.

Piézo-électricité Une autre source de courant électrique joue un rôle important dans les microphones, les oscillateurs, les phonographes et les stabilisateurs de fréquence. On utilise des cristaux qui produisent de faibles f.é.m. lorsqu'on exerce une pression sur eux. C'est l'effet piézoélectrique.

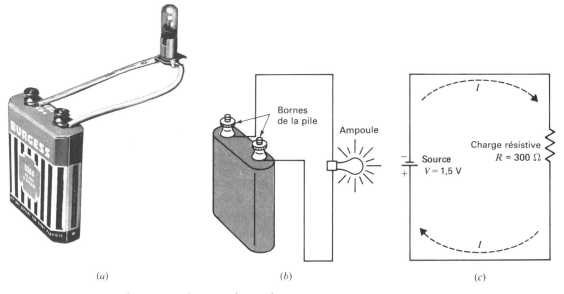

(a)   (b)   (c)

Figure 1-20 *Schéma d'un circuit électrique fermé: la source de la différence de potentiel est la pile, le chemin ininterrompu est constitué de la pile, du conducteur et de l'ampoule, l'ampoule présente une certaine résistance. (a) Photographie du circuit; (b) schéma de câblage; (c) schéma symbolique.*

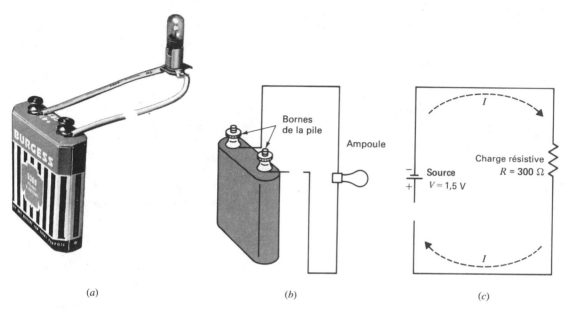

Figure 1-21 *Schéma d'un circuit électrique ouvert, cette fois le conducteur est coupé et l'ampoule n'éclaire pas: la condition du chemin ininterrompu n'est pas respectée.* (a) Photographie du circuit; (b) *schéma de câblage;* (c) *schéma symbolique.*

Émission thermoionique Sous l'action de la chaleur, certaines substances peuvent littéralement produire des électrons à leur surface par «ébullition». Cette émission d'électrons peut être contrôlée pour fournir des applications utiles du courant électrique. L'électrode d'émission est appelée la *cathode*, tandis que l'*anode* sert à recueillir les électrons émis. La substance habituellement choisie pour ces cathodes thermoioniques chauffées au rouge est l'oxyde de baryum. Les tubes à vide des récepteurs de radio et de télévision fonctionnent selon ce principe.

Ces multiples et différentes façons de production d'électricité ne doivent pas nous faire oublier le fait que tous les électrons mis en jeu possèdent des charges et des masses identiques. Que le flux électronique provienne d'une pile, d'une génératrice tournante ou d'un dispositif photo-électrique et qu'il soit commandé par un tube à vide ou un transistor, l'étude de la tension, du courant et de la résistance des différents types de circuits est régie par les principes de base exposés dans cet ouvrage.

Circuit fermé Tout circuit électrique possède trois caractéristiques importantes (figure 1-20):

1. Il doit comporter au moins une source de différence de potentiel;
2. Il doit présenter un chemin ininterrompu au flux électronique à partir d'un côté de la source de tension appliquée à l'autre côté via le parcours extérieur;
3. Le parcours suivi par le courant présente

normalement une résistance. Cette résistance a pour rôle soit de générer de la chaleur, soit de limiter l'intensité du courant.

Circuit ouvert   Un circuit présentant une coupure et donc une non-continuité de parcours pour le courant est dit *ouvert*. La résistance d'un circuit ouvert est infiniment grande. En conséquence, il ne circule aucun courant dans un circuit ouvert (figure 1-21).

Court-circuit   Dans un tel cas il existe un parcours fermé aux bornes de la source de tension, mais de résistance nulle. Il en résulte un courant élevé dans le court-circuit.

Sens conventionnel du courant   Le sens de déplacement des charges positives, opposé à celui du flux électronique, est appelé le *sens conventionnel du courant*. En ingénierie électrique, les circuits sont habituellement étudiés en considérant le sens conventionnel du courant. Cela est dû au fait que selon les définitions de la force et du travail positifs, un potentiel positif est considéré supérieur à un potentiel négatif. Ainsi, le courant conventionnel est un déplacement de charges positives passant d'un potentiel positif à un potentiel négatif. Le sens du courant conventionnel est donc le sens de déplacement des charges positives.

> ***Problèmes pratiques 1.9***
> ***(réponses à la fin du chapitre)***
> ***Répondre par vrai ou faux:***
>
> (a) Les électrons d'un isolant sont arrachés par friction;
> (b) À toute charge en mouvement est associée un champ magnétique;
> (c) Un court-circuit est identique à un circuit ouvert.

1.10
COURANT CONTINU (cc) ET
COURANT ALTERNATIF (ca)

Le flux électronique illustré à la figure 1-20 (*c*)

est un courant continu car il présente un seul sens de déplacement. Ce courant est unidirectionnel car la pile maintient la tension de sortie à la même polarité.

Un circuit continu est caractérisé par un flux de charges unidirectionnel et par la polarité fixe de la tension appliquée. En réalité, le courant peut être un déplacement de charges positives plutôt que d'électrons, mais ce sens conventionnel ne change pas le fait que le courant continu présente un seul sens de circulation. De plus, le courant circulera dans un seul sens et sera donc encore un courant continu même si la tension de sortie de la source varie, à la condition expresse que la polarité reste la même.

Une batterie est une source de tension continue fixe car sa polarité est fixe et sa tension de sortie est une valeur continue fixe (figure 1-22 (*a*)). Elle est aussi une source de courant continu fixe.

Une source de tension alternative inverse ou alterne périodiquement sa polarité (figure 1-22 (*b*)). En conséquence, le courant alternatif pouvant être fourni inverse périodiquement son sens. Le flux électronique, donc le courant, quant à lui, circule toujours de la borne négative de la source de tension à sa borne positive via le circuit, non représenté à la figure 1-22 (*b*). Mais lorsque le générateur change de polarité, le courant doit changer de sens de parcours. Le secteur alternatif de fréquence 60 Hz utilisé dans la plupart des maisons en est un exemple. La fréquence signifie que la polarité de la tension et donc le sens de circulation du courant présentent 60 cycles d'inversion par seconde.

Cette unité de un cycle par seconde porte le nom de un *hertz* (Hz); on en déduit donc que 60 cycles par seconde est une fréquence de 60 Hz.

Le chapitre 16 et les suivants traitent en détail des circuits à courant alternatif. On étu-

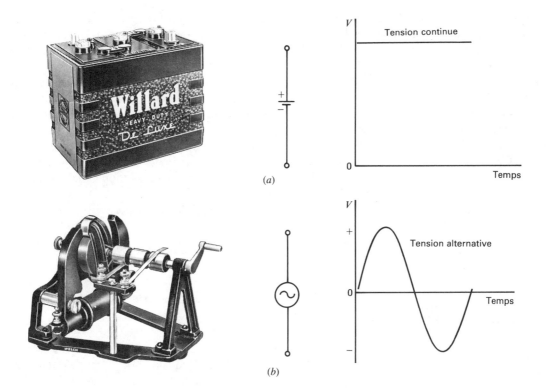

Figure 1-22 *Comparaison des tensions continue et alternative: (a) tension continue fixe d'une seule polarité fournie par une batterie; (b) tension alternative sinusoïdale à polarité alternée, fournie par une génératrice à courant alternatif tournante de laboratoire. Le tracé illustre un cycle complet. (Sargent Welch Scientific Co.)*

diera tout d'abord les circuits à courant continu car ils sont ordinairement plus simples. Les lois régissant les circuits à courant continu sont également valides pour les circuits à courant alternatif. Ces deux types de courant sont importants car la plupart des circuits électroniques sont soumis à des tensions continues et à des tensions alternatives. La figure 1-22 illustre ces deux types de tension. Le tableau 1-5 permet de comparer leurs applications. Remar-

quer que les transistors et les tubes requièrent des tensions d'électrodes continues afin d'amplifier la tension alternative du signal.

Problèmes pratiques 1.10 (réponses à la fin du chapitre) Répondre par vrai ou faux:

(a) L'inversion de la polarité de la tension appliquée entraîne une inversion du sens de circulation du courant;

(*b*) Une batterie est une source de tension continue car elle ne peut inverser la polarité de ses bornes de sortie.

1.11
PUISSANCE ET RENDEMENT

La notion de puissance suggère l'idée de vitesse de consommation de l'énergie ou de sa transformation d'une forme en une autre. L'énergie étant l'aptitude à l'accomplissement d'un certain travail, nous pouvons donc dire que la puissance est reliée à la rapidité d'exécution d'un travail. Nous associerons ces deux grandeurs dans notre définition de la puissance. La *puissance* est le taux de consommation de l'énergie ou d'exécution d'un travail. Son symbole est *P*.

Lorsque nous payons notre note d'électricité à la société distributrice, nous payons en fait l'énergie électrique consommée et non la puissance utilisée. La société distributrice ne s'enquiert pas du rythme auquel cette énergie a été dépensée (la puissance) mais plutôt de la quantité d'énergie consommée.

Nous avons vu que l'unité de base de l'énergie est le joule et que celle du temps est la seconde. L'unité de base de la puissance sera donc le *joule par seconde* (J/s). En l'honneur du scientifique et inventeur écossais James Watt, cette unité a reçu le nom de *watt* (symbole W). Un watt est donc égal à un joule par seconde.

La relation entre la puissance, l'énergie et le temps est:

$$\text{Puissance } (P) = \frac{\text{énergie } (W)}{\text{temps } (t)}$$

En réarrangeant ces termes on obtient:

$$W = P \cdot t \qquad\qquad (1.6)$$

Utilisons cette expression pour résoudre le problème d'électricité ci-dessous. Comme il arrive pour d'autres symboles, les symboles de l'énergie ou du travail et de l'unité de puissance dénotent deux notions tout à fait distinctes. Il ne faut donc pas confondre *W* (énergie ou travail) avec W (watts).

Exemple 3   Calculer l'énergie requise par le fonctionnement d'une ampoule électrique de 60 W durant 30 min.

Réponse
$W = P \cdot t$
  $= 60$ W $(30 \times 60$ s$)$, car il y a 60 s dans 1 min
  $= 108\ 000$ watts-secondes
  $= 108\ 000$ J
L'énergie requise est donc de 108 000 J.

Rendement   Le rendement s'exprime soit en fonction de l'énergie, soit en fonction de la puissance. En fonction de l'énergie, le rendement d'un dispositif électrique ou autre est, en

Tableau 1-5   *Comparaison des tensions continues aux tensions alternatives*

TENSION CONTINUE	TENSION ALTERNATIVE
Polarité fixe	Inverse sa polarité
De grandeur fixe ou variable	Varie entre les inversions de polarité
Sa grandeur fixe ne peut être ni élevée ni abaissée par un transformateur	Peut être élevée ou abaissée selon les besoins d'une distribution d'alimentation électrique
Tension d'électrodes d'amplificateurs	Signaux d'entrées et de sortie d'amplificateurs.
Facile à mesurer	Facile à amplifier
Le courant continu et le courant alternatif présentent les mêmes effets thermiques	

pour cent, le rapport η (lettre grecque êta): énergie utile de sortie sur énergie totale d'entrée multiplié par 100 %. En fonction de la puissance, le rendement d'un dispositif électrique ou autre est, en pour cent, le rapport η: puissance de sortie sur puissance d'entrée multiplié par 100 %, soit:

$$\eta = \frac{P_{sortie}}{P_{entrée}} \times 100\,\% \qquad (1.7)$$

Exemple 4 Calculer le rendement d'un récepteur de radio exigeant une puissance d'entrée de 4 W pour fournir une puissance de sortie de 0,5 W.

Réponse

$$\eta = \frac{P_{sortie}}{P_{entrée}} \times 100\,\%$$

$$= \frac{0,5\ W}{4\ W} \times 100\,\%$$

$$= 12,5\,\%$$

Problèmes pratiques 1.11
(réponses à la fin du chapitre)

(*a*) Quelle est l'unité de base de la puissance?

(*b*) Calculer le nombre d'unités de base d'énergie contenues dans un watt-seconde.

(*c*) Le rendement se calcule en fonction d'une grandeur parmi deux. Citer ces deux grandeurs.

Résumé

1. La matière et l'énergie sont intimement liées. De manière classique, la masse est une constante mais, en réalité, selon Einstein, c'est le couple masse-énergie d'un système qui demeure constant. La matière existe sous trois états: solide, liquide et gazeux.

2. Toute substance est composée d'un ou de plusieurs éléments. Un élément est un corps simple c'est-à-dire non décomposable. Une molécule est la plus petite partie d'une substance répondant encore à la définition de cette substance. Sa composition est exprimée par sa formule dite moléculaire selon les lois des proportions définies et des proportions multiples. Toute substance est un élément, un composé, un mélange ou une solution.

3. L'électricité est présente dans toute substance sous forme d'électrons et de protons.

4. L'électron est la quantité fondamentale d'électricité négative, le proton est la quantité fondamentale d'électricité positive. Ils présentent tous deux la même valeur de charges, mais de polarités opposées. La charge de $6,25 \times 10^{18}$ électrons ou protons est l'unité pratique de charge de 1 coulomb.

5. Les charges de même polarité se repoussent; les charges de polarités opposées s'attirent. Pour qu'il y ait force d'attraction ou de répulsion il faut avoir des charges de polarités différentes.

6. Les électrons se déplacent vers les protons car un électron a une masse égale à $\frac{1}{2000} \times$ la masse d'un proton. Les électrons en mouvement constituent un courant d'électrons.

7. Le nombre atomique d'un élément donne le nombre de protons logés dans le noyau de son atome. Ce nombre de protons est équilibré par un nombre égal d'électrons en orbite.

8. Le nombre d'électrons de la couche extérieure est appelé la valence de l'élément.

9. Le tableau 1-6 énumère les caractéristiques des circuits électriques. Dans la colonne des symboles, les lettres minuscules q, v et i indiquent que la valeur de la grandeur correspondante varie en fonction du temps. Les lettres minuscules r et g représentent des caractéristiques internes d'une source.

10. Les types de charges négatives comprennent les électrons et les ions négatifs. Les types de charges positives comprennent les protons, les ions positifs et les charges des trous.

11. Un circuit électrique constitue pour le flux électronique un parcours fermé. La différence de potentiel doit être branchée pour produire un courant aux bornes du circuit. Dans le parcours extérieur, en dehors de la source de tension, les électrons circulent de la borne négative vers la borne positive. Le sens conventionnel est le sens inverse.

Tableau 1-6   *Grandeurs électriques*

GRANDEUR	SYMBOLE	UNITÉ	DESCRIPTION
Charge	Q ou q^1	coulomb (C)	Quantité d'électrons ou de protons; $Q = I{\cdot}t$
Courant	I ou i^1	ampère (A)	Charge en mouvement; $I = Q/t$
Tension	V ou v^1, v^2	volt (V)	Différence de potentiel entre deux charges de polarités contraires; fait déplacer la charge et produit donc un courant I.
Résistance	R ou r^3	ohm (Ω)	Opposition réduisant la valeur du courant.
Conductance	G ou g^3	siemens (S) ·	Inverse de R, soit $G = 1/R$

[1] Les lettres minuscules q, i et v désignent respectivement la valeur instantanée d'une charge, d'un courant et d'une tension variable.

[2] Le symbole E (ou e) désigne parfois une f.é.m. générée, mais le symbole normalisé de toute différence de potentiel est, dans le système international d'unités (SI), V ou v.

[3] Les lettres minuscules r et g désignent respectivement la résistance interne et la conductance interne des transistors et des tubes.

12. Le courant continu circule dans un seul sens car la source de tension continue présente une polarité fixe. Le courant alternatif inverse périodiquement son sens car la source de tension alternative inverse sa polarité.
13. La puissance est la quantité d'énergie consommée par seconde, ou la quantité de travail effectué par seconde.
14. Le rendement caractérise l'efficacité d'un système.

Exercices de contrôle
(Réponses à la fin de l'ouvrage)

Voici un moyen de contrôler si vous avez bien assimilé le contenu de ce chapitre. Ces exercices sont uniquement destinés à vous évaluer vous-même.

Répondre par vrai ou faux.

1. Toute substance présente de l'électricité sous forme d'électrons et de protons logés dans l'atome.
2. L'électron est la particule fondamentale de charge négative.
3. Un proton présente la même quantité de charge qu'un électron, mais sa polarité est opposée à celle de l'électron.
4. Les électrons se repoussent entre eux, mais ils sont attirés par les protons.
5. La force d'attraction ou de répulsion entre les charges s'exerce dans leur champ électrique.
6. Le noyau, de charge positive, est la partie fixe massive de l'atome.
7. Les neutrons augmentent la masse du noyau de l'atome et non sa charge électrique.
8. Un élément de numéro atomique 12 possède 12 électrons en orbite.
9. Cet élément présente une valence électronique égale à +2.
10. Pour produire un courant dans un circuit, il faut connecter une différence de potentiel aux bornes d'un parcours fermé.
11. Une tension continue a une polarité fixe tandis qu'une tension alternative inverse périodiquement la sienne.
12. L'unité de mesure de la quantité de charge emmagasinée est le coulomb.
13. Le retrait de 3 C d'un diélectrique ou isolant présentant un excès de 2 C entraînera une charge positive dans ce diélectrique égale à 1 C.
14. Une charge de 5 C passant en un point donné chaque seconde constitue un courant de 5 A.
15. Un courant de charge d'un diélectrique égal à 7 A provoquera une accumulation de 14 C en deux secondes.

16. Une source de tension a deux bornes chargées différemment.
17. Un ion est un atome chargé.
18. La résistance de quelques mètres d'un fil de cuivre est pratiquement nulle.
19. La résistance d'un isolant en caoutchouc ou en plastique d'un conducteur est pratiquement nulle.
20. Une résistance de 600 Ω présente une conductance de 6 S.

Questions

1. Définir brièvement chacune des grandeurs suivantes et donner son unité et son symbole: charge, tension, courant, résistance et conductance.
2. Nommer deux bons conducteurs, deux bons isolants et deux semi-conducteurs.
3. Expliquer brièvement pourquoi il ne circule aucun courant dans une ampoule non connectée aux bornes d'une source de tension.
4. Dans un circuit quelconque: a) énoncer deux conditions de production d'un courant; b) indiquer le sens de déplacement du flux électronique.
5. Dessiner la structure atomique de l'élément sodium (Na) de numéro atomique 11. Dire quelle est sa valence.
6. Écrire votre nom relativement au courant continu et à la tension continue et remarquer comment il diffère de son écriture relativement à la tension et au courant alternatifs.
7. Écrire la formule mathématique de chacun des énoncés suivants: a) le courant est le taux de variation de la charge en fonction du temps; b) la charge est le courant accumulé durant un temps donné.
8. Dire pourquoi les protons ne constituent pas, pour le courant, une source de charges en mouvement.
9. Donner deux méthodes de production de charges électriques et indiquer leurs applications pratiques.
10. Qu'entend-on par puissance?
11. Définir le rendement.

Problèmes
(Les réponses aux problèmes de numéro impair sont données à la fin de l'ouvrage)

1. Soit une charge de 8 C passant par un point donné toutes les deux secondes. Calculer la valeur du courant en ampères.

2. Un courant de 4 A charge un isolant durant 2 s. Calculer la charge accumulée.

3. Convertir les résistances suivantes en conductances exprimées en siemens: a) 1000 Ω; b) 500 Ω; c) 10 Ω; d) 0,1 Ω.

4. Convertir les conductances suivantes en résistances exprimées en ohms: a) 0,001 S; b) 0,002 S; c) 0,1 S; d) 10 S.

5. Une batterie fournit une énergie de 11 J destinée à déplacer une charge de 5 C. Calculer la tension de la batterie. (Rappel: un volt égale un joule par coulomb.)

6. Une substance présentant une pénurie de 25×10^{18} électrons obtient $31,25 \times 10^{18}$ électrons. Le surplus d'électrons passe par un point donné en 1 s. Calculer le courant produit par le flux électronique résultant.

7. Convertir une conductance de 5 S en une résistance.

8. Soit un système de puissance d'entrée égale à 12 W et de puissance de sortie égale à 10 W. Calculer son rendement.

Réponses aux problèmes pratiques

1.1 (a) du mot grec êlektron
   (b) les propriétés physiques n'altèrent pas la nature de la matière, alors que les propriétés chimiques l'altèrent.
   (c) solide, liquide et gazeux
1.2 (a) faux
   (b) vrai
   (c) vrai
1.3 (a) l'électron, le proton et le neutron
   (b) le noyau
   (c) l'électron
   (d) la distance d'un électron à un proton
1.4 (a) négative
   (b) non
   (c) un ion positif
   (d) l'électron libre
1.5 (a) un surplus d'électrons emprisonné dans un corps
   (b) l'électron
   (c) le précipitateur électrostatique et l'appareil à fabriquer le papier sablé
1.6 (a) Q

   (b) C
   (c) un déplacement de charges
   (d) I
1.7 (a) W, W, F, V
   (b) J, J, N, V
   (c) 144 000 J
1.8 (a) en énergie thermique
   (b) l'ohm
   (c) Ω
   (d) 0,05 S
   (e) un ohm égale un volt par ampère
   (f) la résistivité, la longueur, la section et la température
   (g) limiter le courant
1.9 (a) vrai
   (b) vrai
   (c) faux
1.10 (a) vrai
   (b) vrai
1.11 (a) le watt
   (b) 1 joule
   (c) l'énergie et la puissance

Loi d'Ohm

Ce chapitre explique comment la valeur d'un courant I circulant dans un circuit dépend de la résistance R du circuit et de la tension V appliquée à ses bornes. Il traite en particulier de la loi $I = V/R$ découverte en 1828 d'après les expériences de Georg Simon Ohm; si l'on connaît deux quelconques des trois facteurs V, I, R, on peut calculer le troisième. La loi d'Ohm permet également de calculer la puissance électrique dissipée dans un circuit. Dans les sections suivantes, on fournira des détails supplémentaires.

Chapitre 2

2.1
LE COURANT $I = V/R$

Supposons un circuit dont la résistance reste inchangée, mais dont la tension varie: le courant variera également. Le circuit présenté à la figure 2-1 est une démonstration de cette affirmation. La tension V appliquée peut, par exemple, varier de 0 à 12 V. La lampe a un filament de 12 V qui utilise normalement la tension maximale pour que le courant produit donne un éclairage normal. L'appareil de mesure I indique la valeur du courant dans le circuit alimentant la lampe.

Lorsqu'une tension de 12 V est appliquée, la lampe éclaire ce qui correspond à un courant normal. Lorsque la tension V est réduite à 10 V, la lampe éclaire moins puisque le courant I est plus faible. Plus la tension V décroît, plus l'éclairage fourni par la lampe diminue. Lorsqu'une tension nulle est appliquée, aucun courant ne circule et l'ampoule ne peut pas éclairer. En résumé, la modification de brillance de l'ampoule montre que le courant varie lorsque la tension appliquée change.

D'une manière générale, quels que soient V et R, la loi d'Ohm est l'expression suivante:

$$I = \frac{V}{R} \tag{2.1}$$

dans laquelle I est la valeur du courant traversant la résistance R branchée aux bornes de la source de différence de potentiel V. Les unités pratiquement utilisées pour V et R étant le volt

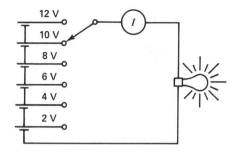

Figure 2-1 *Lorsque la tension V augmente, le courant I augmente, ce qui conduit l'ampoule à éclairer plus brillamment.*

et l'ohm, la valeur du courant I sera alors exprimée en ampères. Ainsi:

$$\text{Ampères} = \frac{\text{volts}}{\text{ohms}}$$

Cette formule s'énonce comme suit: pour obtenir la valeur en ampères du courant traversant R, il suffit de diviser la tension (différence de potentiel) en volts appliquée aux bornes de R par la résistance en ohms de R. À la figure 2-2, par exemple, une tension de 6 V est appliquée aux bornes d'une résistance R de 3 Ω. La valeur en ampères du courant I traversant cette résistance sera, par application de la loi d'Ohm, de 6/3 = 2 A.

Tension élevée, mais courant faible Il est important de remarquer que pour des tensions élevées le courant obtenu peut être faible lorsque la résistance du circuit est très importante. Par exemple, l'application d'une tension de 1000 V aux bornes d'une résistance de 1 000 000 Ω fera conduire un courant de seulement $\frac{1}{1000}$ A. L'application de la loi d'Ohm donne en effet:

$$I = \frac{V}{R} = \frac{1000\ V}{1\ 000\ 000\ \Omega} = \frac{1}{1000}$$
$$I = 0,001\ A$$

Tension faible, mais courant fort Inversement, une tension très faible appliquée aux bornes d'une résistance très faible peut conduire à des courants très importants. Une batterie de 6 V branchée aux bornes d'une résistance de 0,01 Ω produit un courant de 600 A:

$$I = \frac{V}{R}$$
$$= \frac{6\ V}{0,01\ \Omega}$$
$$I = 600\ A$$

L'intensité _I_ décroît lorsque _R_ croît Remarquons également les valeurs de I dans les deux exemples donnés ci-après:

Exemple 1 Un radiateur ayant une résistance de 8 Ω est branché aux bornes du secteur à 120 V. Quelle est la valeur du courant I?

Réponse
$$I = \frac{V}{R} = \frac{120\ V}{8\ \Omega}$$
$$I = 15\ A$$

Exemple 2 Une petite ampoule ayant une résistance de 2400 Ω est branchée aux bornes de cette même source de tension à 120 V. Quelle est la valeur du courant I?

Réponse
$$I = \frac{V}{R} = \frac{120\ V}{2400\ \Omega}$$
$$I = 0,05\ A$$

Dans ces deux exemples, la tension appliquée aux bornes est la même, mais on peut noter que le courant, dans l'exemple 2, est beaucoup plus faible par suite de la valeur plus élevée de la résistance.

Problèmes pratiques 2.1
(réponses à la fin du chapitre)
Pour ces problèmes, V est la tension appliquée aux bornes d'une résistance R traversée par le courant I:
(*a*) $V = 100$ V, $R = 25$ Ω. Calculer I;

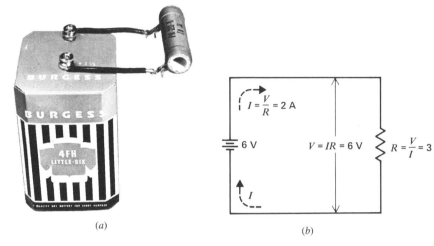

(a)   (b)

Figure 2-2 *En utilisant la loi d'Ohm: (a) source de tension appliquée aux bornes de la résistance R; (b) schéma comportant les valeurs calculées à partir de la loi d'Ohm.*

(b) $V = 50$ V, $R = 25$ Ω. Calculer I;
(c) $V = 100$ V, $R = 50$ Ω. Calculer I;
(d) $V = 100$ V, $R = 5$ Ω. Calculer I.

2.2
LA TENSION $V = IR$

En se reportant à la figure 2-2, on voit que la valeur de la tension aux bornes de R doit être égale à V puisque la résistance est branchée directement aux bornes de la batterie. La valeur numérique de cette tension V est égale à $I \cdot R$[1]. Par exemple, à la figure 2-3, la tension IR est égale à 2 A × 3 Ω = 6 V, soit la tension V appliquée. La formule est la suivante:

$$V = IR \qquad (2.2)$$

Le courant I étant exprimé en ampères et la résistance R en ohms, le produit V est en volts. Il doit bien en être ainsi car la valeur I,

[1] L'Annexe D, *Mathématiques*, explique comment effectuer la transformation des équations.

égale à V/R, permet au produit IR d'égaler la tension aux bornes de R.

Outre les calculs numériques que la formule IR permet d'effectuer, il est commode de considérer que ce produit IR correspond à une tension. Chaque fois qu'un courant circule dans une résistance, il doit exister, entre les deux bornes de cette résistance, une différence de potentiel de valeur égale au produit IR. S'il n'y avait pas de différence de potentiel aux bornes de la résistance, aucun électron ne pourrait circuler: il n'y aurait donc pas de courant.

Problèmes pratiques 2.2
(réponses à la fin du chapitre)
*Pour ces problèmes, **V** est la tension appliquée aux bornes d'une résistance **R** traversée par le courant **I**:*
(a) $I = 0{,}002$ A, $R = 1000$ Ω. Calculer V;
(b) $I = 0{,}004$ A, $R = 1000$ Ω. Calculer V;
(c) $I = 0{,}002$ A, $R = 2000$ Ω. Calculer V.

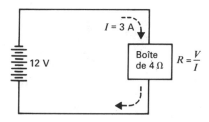

Figure 2-3 *La résistance d'une portion quelconque du circuit est égale à son rapport V/I.*

2.3
LA RÉSISTANCE $R = V/I$

Il existe une troisième et dernière version de la loi d'Ohm dans laquelle les trois facteurs V, I, R sont reliés par la formule:

$$R = \frac{V}{I} \tag{2.3}$$

À la figure 2-2, R est égal à 3 Ω puisque la tension de 6 V appliquée aux bornes de la résistance produit la circulation d'un courant de 2 A dans celle-ci. Lorsque V et I sont connus, on peut calculer la résistance qui est égale à la tension aux bornes de R divisée par le courant la traversant.

Physiquement, une résistance peut être considérée comme une certaine substance dont les éléments ont une structure atomique qui, soumise à une force plus ou moins grande, permet la circulation d'électrons libres à travers cette résistance. Électriquement, toutefois, il est plus commode de considérer simplement la résistance comme le rapport V/I. Un élément quelconque qui autorise la circulation d'un courant de 1 A pour une tension appliquée de 10 V a une résistance de 10 Ω. Ce rapport V/I de 10 Ω est la caractéristique de cet élément. Si la tension est doublée, donc portée à 20 V, la valeur du courant doublera également et atteindra 2 A; le rapport V/I conduira à la même résistance de 10 Ω.

De plus, pour étudier les effets d'une résistance dans un circuit, il n'est nullement besoin de connaître sa structure physique; il suffit de connaître son rapport V/I. Cette notion est illustrée à la figure 2-3. La figure représente une boîte contenant une certaine substance inconnue, branchée dans un circuit qui permet de mesurer la tension de 12 V appliquée aux bornes de la boîte et le courant de 3 A qui la traverse. La résistance est égale à 12 V/3 A, soit 4 Ω. La boîte peut contenir un liquide, un gaz, un métal, de la poudre ou tout autre matériau; électriquement, c'est une résistance de 4 Ω car son rapport V/I est de 4.

***Problèmes pratiques 2.3
(réponses à la fin du chapitre)
Pour ces problèmes, V est la tension appliquée aux bornes d'une résistance R traversée par le courant I:***

(a) $V = 12$ V, $I = 0,003$ A. Calculer R;

(b) $V = 12$ V, $I = 0,006$ A. Calculer R;

(c) $V = 12$ V, $I = 0,001$ A. Calculer R.

2.4
UNITÉS PRATIQUES

Les trois formes de la loi d'Ohm permettent de définir les unités pratiques de courant, de différence de potentiel et de résistance de la manière suivante:

$$\text{un ampère} = \frac{\text{un volt}}{\text{un ohm}}$$

$$\text{un volt} = \text{un ampère} \times \text{un ohm}$$

$$\text{un ohm} = \frac{\text{un volt}}{\text{un ampère}}$$

Un ampère est la valeur du courant traversant une résistance de un ohm soumise, entre ces bornes, à une différence de potentiel de un volt.

Un volt est la valeur de la différence de potentiel appliquée à une résistance de un ohm parcourue par un courant de un ampère.

Un ohm est la valeur qu'offre une résistance, de rapport V/I égal à 1, au passage d'un courant de un ampère lorsqu'elle est soumise à une différence de potentiel de un volt.

En résumé, le diagramme circulaire de la figure 2-4 illustrant la relation $V = IR$ facilite l'usage de la loi d'Ohm. Remarquer que V occupe toujours la position supérieure pour $V = IR$, $V/R = I$ ou $V/I = R$.

Problèmes pratiques 2.4
(réponses à la fin du chapitre)
Pour ces problèmes V est la tension appliquée aux bornes d'une résistance R parcourue par le courant I:
(a) $I = 0{,}007$ A, $R = 5000$ Ω. Calculer V;
(b) $V = 12000$ V, $R = 6000000$ Ω. Calculer I;
(c) $V = 8$ V, $I = 0{,}004$ A. Calculer R.

2.5
UNITÉS MULTIPLES ET SOUS-MULTIPLES

Les unités de base (ampère, volt et ohm) sont les unités pratiquement utilisées dans l'étude des circuits de puissance; dans de nombreuses applications électroniques, ces unités sont toutefois trop grandes ou trop petites. Par exemple, les résistances peuvent atteindre plusieurs millions d'ohms, la sortie d'une alimentation haute tension d'un téléviseur est d'environ 20 000 V et le courant circulant dans les tubes et transistors est généralement de l'ordre du millième ou du millionième d'ampère.

Dans de tels cas, il est commode d'utiliser des multiples ou des sous-multiples des unités de base. Le tableau 2-1 montre comment ces unités sont basées sur le système décimal. Les transformations usuelles relatives à V, I, R sont indiquées sur ce tableau. On trouvera à l'Annexe E une liste complète de tous les préfixes.

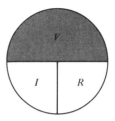

Figure 2-4 *Cercle mnémotechnique de $V = IR$, $V/I = R$, ou $V/R = I$.*

Notons que la lettre majuscule M est utilisée pour représenter 10^6 et la distinguer de la minuscule «m» utilisée pour représenter 10^{-3}.

Exemple 3 Un courant I de 8 mA circule à travers une résistance R de 5 kΩ, quelle est la valeur de la tension IR?

Réponse
$$V = IR = 8 \times 10^{-3} \times 5 \times 10^3$$
$$= 8 \times 5$$
$$V = 40 \text{ V}$$

En général, des milliampères multipliés par des kilohms conduisent à un résultat en volts car les facteurs 10^{-3} et 10^3 s'annulent.

Exemple 4 Quelle est la valeur du courant produit par une tension de 60 V branchée aux bornes d'une résistance de 12 kΩ?

Réponse
$$I = \frac{V}{R} = \frac{60}{12 \times 10^3} = 5 \times 10^{-3}$$
$$I = 5 \text{ mA}$$

Remarquons que des volts branchés aux bornes de kilohms produisent des milliampères. De même, des volts branchés aux bornes de mégohms produisent des microampères. Ces combinaisons communes peuvent être résumées de la manière suivante:

volts ÷ kilohms = milliampères
volts ÷ mégohms = microampères
kilohms × milliampères = volts
mégohms × microampères = volts

Problèmes pratiques 2.5
(réponses à la fin du chapitre)

(a) Convertir les valeurs suivantes en fonction des unités de base et des puissances de 10: 6 mA, 5 kΩ et 3 μA.

(b) Convertir les valeurs suivantes en fonction des unités à préfixe métrique: 6×10^{-3} A, 5×10^{3} Ω et 3×10^{-6} A.

2.6
LOI DE PROPORTIONNALITÉ ENTRE *V* et *I*

La formule de la loi d'Ohm, $I = V/R$, établit que *V* et *I* sont liés par une loi de proportionnalité directe, quel que soit *R*. On peut étudier cette relation entre *V* et *I* en utilisant pour R_L une résistance fixe de 2 Ω, comme indiqué à la figure 2-5. Lorsque l'on fait varier *V*, l'appareil de mesure indique que le courant *I* varie proportionnellement à *V*. Par exemple, lorsque *V* vaut 12 V, *I* est égal à 6 A; lorsque $V = 10$ V, $I = 5$ A; lorsque $V = 8$ V, $I = 4$ A.

Toutes les valeurs de *V* et de *I* obtenues sont indiquées sur le tableau de la figure 2-5*b* et reportées sur la courbe de la figure 2-5*c*. Toutes les valeurs de *I* sont la moitié de la valeur de *V* puisque *R* vaut 2 Ω. Cependant, $I = 0$ A lorsque $V = 0$ V.

Tracé de la courbe Les valeurs de la tension *V* sont reportées sur l'axe horizontal ou *axe des x* ou *abscisse*. Les valeurs du courant *I* sont reportées sur l'axe vertical ou *axe des y* ou *ordonnée*.

Comme les valeurs de *V* et de *I* sont dépendantes l'une de l'autre, ce sont des facteurs variables. La variable indépendante est *V* car on assigne des valeurs à la tension et on note le courant obtenu. Généralement, on porte la variable indépendante sur l'axe des *x*. C'est pourquoi les valeurs de *V* sont portées sur l'axe horizontal, alors que les valeurs de *I* sont portées sur l'axe vertical.

Il n'est pas nécessaire que les deux échelles soient les mêmes. La seule règle à respecter est que, pour chacune des échelles, des longueurs égales représentent des variations d'amplitude égales. Sur la figure 2-5*c*, des échelons de 2 V sont utilisés sur l'axe des *x*, l'axe des *y* comportant des graduations de 1 A. Le point 0, à l'origine, est la référence.

Les points de la courbe permettent de retrouver les valeurs du tableau. Par exemple, le point le plus bas est situé horizontalement à 2 V de l'origine et une intensité de 1 A lui correspond sur l'axe vertical. De même, le point suivant est situé à l'intersection des droites d'abscisse 4 V et d'ordonnée 2 A. Une ligne joignant ces deux points comprend toutes les valeurs de *I*, quelle que soit la valeur de *V* pour une résistance *R* de 2 Ω. Ceci s'applique également aux valeurs non contenues dans le tableau. Par exemple, si l'on prend pour *V* une valeur de 7 V, l'intersection de la droite d'abscisse 7 V donnera un point de la courbe dont l'ordonnée correspond à un courant *I* de 3,5 A.

Caractéristique volts-ampères La courbe montrée sur la figure 2-5*c* est la caractéristique volts-ampères de *R*. Elle indique, pour diverses tensions, la valeur de courant admis par la résistance. On peut cependant utiliser pour *V* et *I* des unités multiples et sous-multiples. Dans le cas des transistors et des tubes, on utilise souvent pour *I* le milliampère ou le microampère.

Résistance linéaire La caractéristique volts-ampères rectiligne de la figure 2-5 montre que *R* est une résistance linéaire. Par définition, une résistance linéaire possède une valeur en ohms constante. Cette valeur n'est pas fonction de la tension appliquée à la résistance. Dans ce cas, *V* et *I* sont directement proportionnels. Doubler la valeur de *V* de 4 à 8 V fait doubler celle de *I* de 2 à 4 A. De la

Tableau 2-1 *Facteurs de transformation*

PRÉFIXE	SYMBOLE	RAPPORT À L'UNITÉ DE BASE	EXEMPLES
méga	M	1 000 000 ou 1×10^6	5 MΩ(mégohms) = 5 000 000 ohms 5×10^6 ohms
kilo	k	1000 ou 1×10^3	18 kV (kilovolts) = 18 000 volts $18 + 10^3$ volts
milli	m	0,001 ou 1×10^{-3}	48 mA (milliampères) = 48×10^{-3} ampères 0,048 ampère
micro	μ	0,000 001 ou 1×10^{-6}	15μV (microvolts) = 15×10^{-6} volts 0,000 015 volt

même façon, tripler ou quadrupler la valeur de V fait tripler ou quadrupler la valeur de I. On dispose donc d'un moyen permettant d'augmenter I proportionnellement à V.

Résistance non linéaire Une résistance de ce type présente une caractéristique volts-ampères non linéaire. La résistance du filament de tungstène d'une ampoule électrique, par exemple, est non linéaire. Cela est dû au fait que R augmente lorsque I augmente, car le filament s'échauffe. Une augmentation de la tension V appliquée entraîne une augmentation du courant I, mais I n'augmente pas dans la même proportion que V.

Relation inverse entre I et R Que R soit linéaire ou non, le courant I diminue lorsque R augmente, pour une tension appliquée constante. L'expression relation inverse signifie que I diminue à mesure que R augmente. Rappelons-nous que dans la formule I = V/R, la

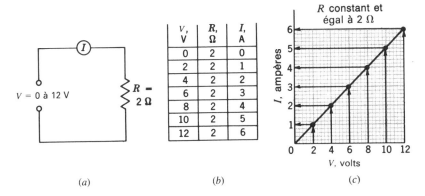

(a) (b) (c)

Figure 2-5 *Expérience destinée à montrer que I croît en raison directe de V: (a) circuit comportant une tension V variable et une résistance R constante; (b) tableau donnant les valeurs croissantes de I pour les valeurs de V croissantes; (c) courbe des valeurs de V et de I. La droite obtenue indique une proportionnalité directe entre V et I.*

résistance figurant au dénominateur. Lorsque le dénominateur d'une fraction augmente (R, dans le cas présent), la valeur de la fraction (I, dans le cas présent) diminue si son numérateur (V, dans le cas présent) reste constant, ce que nous avons supposé.

Soit, à titre d'exemple, V une tension constante égale à 1 V. Alors I est égal à la fraction $1/R$. Si R augmente, alors I diminue. Pour $R = 2$ Ω, $I = 1/2$ A $= 0,5$ A. Pour R plus grand, soit $R = 10$ Ω, $I = 1/10$ A $= 0,1$ A est donc bien plus petit.

Problèmes pratiques 2.6
(réponses à la fin du chapitre)
Se reporter à la courbe de la figure 2-5c:

(a) Sur quel axe sont portées les valeurs de I?
(b) La résistance R est linéaire ou non linéaire?

2.7
LA PUISSANCE

L'unité de puissance électrique est le *watt* (W), du nom du physicien James Watt (1736-1819). Une puissance de un watt correspond au travail effectué pendant une seconde par une différence de potentiel de un volt déplaçant une charge de un coulomb.

Un coulomb par seconde correspondant à un ampère, la puissance en watts est égale au produit des ampères par les volts.

Puissance en watts = volts × ampères
$$P = V \cdot I \qquad (2.4)$$

Par exemple, une batterie de 6 V produisant un courant de 2 A dans un circuit, fournit une puissance de 12 W. Étudions les exemples supplémentaires suivants:

Exemple 5 Un grille-pain branché sur le secteur à 120 V consomme 10 A. Quelle est la puissance consommée?

Réponse $\quad P = V \cdot I = 120$ V $\times 10$ A
$P = 1200$ W

Exemple 6 Quelle est l'intensité du courant circulant dans le filament d'une ampoule de 300 W branchée aux bornes de secteur à 120 V?

Réponse $\quad P = V \cdot I$ ou $I = P/V$, soit:
$$I = \frac{300 \text{ W}}{120 \text{ V}}$$
$$I = 2,5 \text{ A}$$

Exemple 7 Quelle est l'intensité du courant circulant dans une ampoule de 60 W branchée sur le secteur à 120 V?

Réponse $\quad P = V \cdot I$ ou $I = P/V$, soit:
$$I = \frac{60 \text{ W}}{120 \text{ V}}$$
$$I = 0,5 \text{ A}$$

Notons que l'ampoule de plus faible puissance consomme le moins de courant.

Travail et puissance Le travail et l'énergie sont essentiellement des grandeurs de même nature et utilisent des unités identiques. La puissance, cependant, est différente car elle correspond à la vitesse d'exécution d'un travail.

Par exemple, si l'on déplace une masse de 100 kg sur une distance de 10 m, le travail effectué est égal à $100 \times 9,807 \times 10 = 9807$ joules quelle que soit la vitesse d'exécution du travail. Remarquons que l'unité de travail est le joule sans que le temps soit nullement impliqué.

La puissance, toutefois, est égale au travail divisé par le temps nécessaire à son exécution. Dans l'exemple précédent, si le temps nécessaire à l'exécution du travail est de 1 s, la puissance sera de 9807 W; si la durée du travail est de 2 s, la puissance sera de 4903,5 W.

De la même manière, la puissance électrique est la vitesse à laquelle une tension fait déplacer une charge. C'est pourquoi la puissance en watts est le produit des volts par des ampères. La tension spécifie la quantité de travail par unité de charge; la valeur du courant correspond à la vitesse à laquelle se produit le déplacement de la charge.

Unités pratiques de puissance et de travail Partant du watt, il est aisé d'obtenir d'autres unités importantes. Le principe fondamental dont il faut se souvenir est que la puissance est reliée au temps mis pour effectuer un travail, alors que le travail est la puissance utilisée pendant un certain temps. Les formules sont les suivantes:

$$\text{Puissance} = \frac{\text{travail}}{\text{temps}} \qquad (2.5)$$

et

$$\text{Travail} = \text{puissance} \times \text{temps} \qquad (2.6)$$

Lorsque l'on utilise le watt comme unité de puissance, le travail correspondant à un watt pendant une seconde est égal à un joule. Or, un watt correspond à un joule par seconde. Ainsi, $1\ \text{W} = 1\ \text{J/s}$. Le joule est l'unité pratique de base pour le travail et l'énergie.

Dans le cas des électrons isolés, on peut utiliser comme unité de travail l'*électron-volt* (eV). Remarquer que l'électron est une charge tandis que le volt est une différence de potentiel. Cette unité correspond à la quantité de travail nécessaire pour déplacer un électron entre deux points dont la différence de potentiel est de un volt. Comme $6{,}25 \times 10^{18}$ électrons égalent 1 C, et que 1 J égale 1 V·C, $6{,}25 \times 10^{18}$ eV correspondent à 1 J.

Remarquons que l'unité de travail (joule ou électron-volt) est le produit de la charge par la tension, mais que le watt, unité de puissance, est le produit de la tension par le courant.

La division par le temps permettant de transformer le travail en puissance correspond à la division par le temps permettant de transformer la charge en courant.

Kilowatts-heures C'est une unité habituellement utilisée pour les valeurs importantes de puissance ou d'énergie. Pour obtenir un résultat en kilowatts-heures, il suffit de multiplier la puissance en kilowatts par le temps d'utilisation de la puissance en heures. Par exemple, si une ampoule électrique utilise 300 W, soit 0,3 kW, pendant 4 heures (h), la quantité d'énergie est égale à $0{,}3 \times 4$, soit 1,2 kW·h.

La note d'électricité est établie selon la consommation en kW·h. La tension du secteur est constante et égale à 120 V. Cependant, l'augmentation du nombre de petits appareils et de lampes électriques entraîne une augmentation de la consommation de courant et donc de la puissance, car ils sont tous branchés au secteur. Supposons que le courant de charge total tiré du secteur soit de 20 A. La puissance consommée est donc de $20\ \text{A} \times 120\ \text{V} = 2400$ W, soit 2,4 kW. Si ce courant de charge circule durant 5 h, l'énergie fournie sera de $2{,}4 \times 5 = 12$ kW·h. À raison de 0,03 $ le kW·h, la note sera de $12 \times 0{,}03 = 0{,}36$ $ pour un courant de charge de 20 A circulant durant 5 h.

Problèmes pratiques 2.7 (réponses à la fin du chapitre)

(a) Un radiateur électrique tire 15 A du secteur à 120 V. Calculer sa puissance.

(b) Déterminer le courant de charge d'une ampoule de 100 W connectée au secteur à 120 V.

2.8
DISSIPATION DE PUISSANCE DANS UNE RÉSISTANCE

Lorsqu'un courant circule dans une résistance, il se produit un dégagement de chaleur, provoqué par le frottement des électrons libres sur les atomes, qui gêne le passage des électrons. La production de chaleur est une preuve que la production du courant nécessite de la puissance. Ainsi, un fusible se coupe lorsque la chaleur dégagée par un courant trop important fait fondre le fil métallique du fusible.

La puissance est fournie par la source de tension et dissipée dans la résistance sous forme de chaleur. La source de tension doit fournir une puissance égale à la puissance dissipée dans la résistance sous forme de chaleur; dans le cas contraire, la différence de potentiel nécessaire à la production du courant ne pourra être maintenue.

La correspondance entre la puissance électrique et la chaleur est la suivante: la consommation de 1 W pendant 1 s est équivalente à celle d'une énergie thermique de 1 J. L'énergie électrique transformée en chaleur est considérée comme dissipée ou consommée parce que l'énergie thermique ne peut être réintroduite dans le circuit sous forme d'énergie électrique.

Puisque la puissance est dissipée dans la résistance d'un circuit, il est commode d'exprimer la puissance en fonction de la résistance. La formule $V \cdot I$ peut être transformée de la manière suivante: en remplaçant V par IR, on obtient:

$$P = V \cdot I = IR \cdot I$$
$$P = I^2 R \qquad (2.7)$$

En remplaçant I par V/R, on obtient:

$$P = V \cdot I = V \cdot V/R$$

$$P = \frac{V^2}{R} \qquad (2.8)$$

Dans toutes ces formules, V est la tension aux bornes de R (exprimée en ohms), produisant un courant I exprimé en ampères; la puissance est en watts.

La puissance dissipée dans une résistance peut être calculée en utilisant l'une quelconque des trois formules précédentes; le choix dépendra principalement des facteurs connus au départ.

Sur la figure 2-6, par exemple, la puissance dans la résistance, lorsque le courant qui la traverse est de 2 A pour une tension aux bornes de 6 V, est de $2 \times 6 = 12$ W.

Si l'on effectue le calcul en utilisant seulement le courant et la résistance, la puissance est le produit de 2 au carré, soit 4, par 3, ce qui donne 12 W.

Si l'on emploie seulement la tension et la résistance, on peut calculer la puissance qui sera alors égale à 6 au carré, soit 36, divisé par 3, ce qui donne aussi 12 W.

Peu importe la formule utilisée; une puissance de 12 W est dissipée sous forme de chaleur. Cette puissance doit être fournie en permanence par la batterie pour maintenir une différence de potentiel de 6 V produisant un courant de 2 A malgré l'opposition de 3 Ω.

Dans certaines applications, la dissipation de la puissance électrique est souhaitable car l'appareil doit produire de la chaleur pour remplir son rôle. Par exemple, un grille-pain de 600 W doit dissiper cette puissance pour fournir la quantité de chaleur nécessaire. De même, une ampoule d'éclairage de 300 W doit dissiper cette puissance pour chauffer à

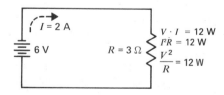

Figure 2-6 *Calcul de la puissance électrique dans un circuit par les formules V·I, I²R ou V²/R.*

blanc le filament, permettant ainsi à celui-ci d'être incandescent et de fournir de la lumière. Dans le cas d'autres applications, cependant, la chaleur peut n'être qu'un sous-produit indésirable obtenu parce que le courant devait traverser une résistance dans un circuit. Dans tous les cas, chaque fois qu'un courant circule dans une résistance, celle-ci dissipe une puissance égale à I^2R.

Exemple 8 Calculez la puissance dans un circuit où une source de tension de 100 V produit un courant de 2 A circulant dans une résistance de 50 Ω.

Réponse $P = I^2R = 4 \times 50$

 $P = 200$ W

Ceci signifie que la source fournit une puissance de 200 W alors que la résistance dissipe 200 W sous forme de chaleur.

Exemple 9 Calculez la puissance dans un circuit où la même source de tension de 100 V produit un courant de 4 A dans une résistance de 25 Ω.

Réponse $P = I^2R = 16 \times 25$

 $P = 400$ W

Remarquons la puissance plus élevée mise en jeu dans l'exemple 9; bien que la résistance R soit inférieure à celle de l'exemple 8, la circulation d'un courant plus important explique le phénomène.

Les dispositifs utilisant la puissance dissipée dans leur résistance, tels que: ampoules d'éclairage, grille-pain, etc., sont habituellement évalués en termes de puissance. La puissance nominale est exprimée à la tension nominale appliquée, ordinairement celle du secteur, soit 120 V. Par exemple, un grille-pain de 600 W, 120 V, est calibré de cette manière parce qu'il dissipe une puissance de 600 W dans la résistance de son élément de chauffage

lorsqu'il est branché aux bornes d'une tension de 120 V.

Quand il s'agit de calculer I ou R pour des éléments calibrés en puissance pour une tension donnée, il peut être commode d'utiliser les formules de la puissance sous leurs formes transposées. Il existe trois formules de base pour la puissance, mais les neuf combinaisons suivantes peuvent être obtenues:

$$P = VI \qquad\qquad P = I^2R \qquad\qquad P = \frac{V^2}{R}$$

$$\text{ou } I = \frac{P}{V} \qquad \text{ou } R = \frac{P}{I^2} \qquad \text{ou } R = \frac{V^2}{P}$$

$$\text{ou } V = \frac{P}{I} \qquad \text{ou } I = \sqrt{\frac{P}{R}} \qquad \text{ou } V = \sqrt{PR}$$

Exemple 10 Quel est le courant nécessaire à un grille-pain de 600 W, 120 V?

Réponse $I = \dfrac{P}{V} = \dfrac{600}{120}$

 $I = 5$ A

Exemple 11 Calculez la résistance d'un grille-pain de 600 W, 120V.

Réponse $R = \dfrac{V^2}{P} = \dfrac{14\,400}{600}$

 $R = 24$ Ω

Exemple 12 Quelle est l'intensité du courant nécessaire pour une résistance de 24 Ω qui dissipe 600 W?

Réponse $I = \sqrt{\dfrac{P}{R}} = \sqrt{\dfrac{600}{24}} = \sqrt{25}$

 $I = 5$ A

Remarquons que toutes ces formules ne sont que différentes formes de la loi d'Ohm $V = IR$ et celle de la puissance $P = VI$. L'exemple suivant qui traite du cas d'une ampoule de 300 W illustre cette notion. Branché aux bornes du secteur à 120 V, le filament de 300 W absorbe un courant de 2,5 A, soit P/V ou

$^{300}/_{120}$. La preuve en est que le produit *VI* est alors égal à $120 \times 2,5$ soit 300 W.

Ainsi, la résistance du filament est alors égale à *V/I*, $^{120}/_{2,5}$, soit 48 Ω. Si on utilise la formule $R = V^2/P$, soit $^{14\,400}/_{300}$, la réponse obtenue est la même: 48 Ω.

Dans tous les cas, lorsque l'ampoule est branchée aux bornes du secteur à 120 V pour qu'elle puisse dissiper sa puissance, elle tire 2,5 A de l'alimentation, et la résistance de son filament chauffé à blanc est de 48 Ω.

Problèmes pratiques 2.8
(réponses à la fin du chapitre)

(*a*) Soit un courant *I* de 2 A traversant une résistance *R* de 5 Ω. Calculer la puissance *P* dissipée.

(*b*) Soit une tension *V* de 10 V appliquée aux bornes d'une résistance *R* de 5 Ω. Calculer la puissance *P* dissipée.

2.9
SECOUSSE ÉLECTRIQUE

Lorsque l'on travaille sur des circuits électriques, il existe toujours un risque de recevoir une secousse électrique en touchant les conducteurs sous tension. La secousse électrique correspond à une contraction soudaine et involontaire des muscles, accompagnée d'une sensation de douleur, provoquée par le passage du courant dans le corps. Une secousse électrique très importante peut être mortelle.

Le risque de secousse électrique le plus grand provient des circuits à haute tension qui peuvent fournir des puissances considérables. La résistance du corps humain constitue également un facteur important. Si l'on tient un conducteur dans chaque main, la résistance du corps aux bornes des conducteurs est d'environ 10 000 à 50 000 Ω. Si l'on tient les conducteurs plus serrés, la résistance est diminuée. Si l'on ne tient qu'un seul conducteur, la résistance du corps est beaucoup plus élevée. Il en découle que plus la résistance du corps est importante, plus le courant qui le traverse est faible.

Ainsi, une règle de sécurité consiste à ne travailler qu'avec une seule main lorsque la tension est appliquée. De même, lorsqu'on travaille sur un circuit électrique, il faut toujours être isolé de la terre car l'une des extrémités de la ligne est toujours reliée à la terre. De plus, les châssis métalliques des récepteurs de radio et de télévision sont habituellement reliés à la terre de l'installation électrique. La dernière règle de sécurité — et la meilleure — consiste, dans la mesure du possible, à ne travailler que sur des circuits hors tension et à procéder à des essais de résistance.

Remarquons que la secousse électrique est provoquée par le passage du courant dans le corps et non dans le circuit. C'est pourquoi les circuits à haute tension sont particulièrement dangereux, car une différence de potentiel suffisante peut produire une intensité de courant importante qui circulera à travers la résistance relativement forte du corps. Par exemple, une tension de 500 V aux bornes de la résistance de 25 000 Ω du corps produit un courant de 0,02 A, soit 20 mA, qui peut être mortel. Un courant aussi petit que 10 µA traversant le corps peut donner une secousse électrique. Une expérience[2] effectuée sur les secousses électriques pour déterminer la valeur du courant à laquelle une personne peut relâcher le conducteur sous tension a montré que les valeurs de ce courant étaient environ de 9 mA pour les hommes et de 6 mA pour les femmes.

De plus, pour les hautes tensions, la puissance pouvant être fournie par la source est un facteur important à considérer sur le plan du danger présenté par une secousse électrique.

[2]C.F. Dalziel et W.R. Lee, *Lethal Electric Currents*, IEEE Spectrum, février 1969.

Un courant de 0,02 A circulant à travers 25 000 Ω signifie que la résistance du corps dissipe 10 W. Si la source de tension ne peut fournir 10 W, sa tension de sortie chute lorsque le courant est trop important. L'intensité du courant est alors réduite à la valeur que la source de tension peut fournir.

En résumé, le danger le plus important provient d'une source de tension d'une tension supérieure à 30 V, dont la puissance est suffisante pour maintenir le courant circulant dans le corps lorsque celui-ci est branché aux bornes de la source. En général, les appareils qui fournissent une puissance importante sont de grande dimension afin de pouvoir dissiper la chaleur.

Problèmes pratiques 2.9
(réponses à la fin du chapitre)
Répondre par vrai ou faux:
(a) Pour les secousses électriques, une tension de 120 V est plus dangereuse qu'une autre de 12 V;
(b) Les essais de résistance à l'aide d'un ohmmètre doivent, si possible, être effectués avec l'alimentation coupée.

Résumé

1. Les trois formes de la loi d'Ohm sont les suivantes: $I = V/R$, $V = RI$ et $R = V/I$. Les unités de base sont: le volt pour V, l'ampère pour I, et l'ohm pour R.

2. L'ampère est l'intensité d'un courant produit par une différence de potentiel de un volt appliquée aux bornes d'une résistance de un ohm. Ce courant de 1 A correspond à 1 C/s.

3. La résistance R étant constante, l'intensité du courant I croît en proportion directe de l'augmentation de V. Cette relation linéaire entre V et I est représentée sur la figure 2-5.

4. La tension V étant constante, l'intensité de courant I diminue lorsque la résistance R augmente. Cette relation est appelée la relation inverse entre I et R.

5. La puissance est fonction de la vitesse mise pour effectuer un travail ou utiliser une énergie. Son unité de base est le watt. Un watt vaut $1\,V \times 1\,A$. On a aussi: watts = joules par seconde.

6. L'unité de travail ou d'énergie est le joule. Un joule vaut $1\,W \times 1\,s$.

7. Les multiples et sous-multiples les plus utilisés des unités pratiques sont indiqués au tableau 2-1.

8. La tension appliquée aux bornes du corps humain peut provoquer une secousse électrique dangereuse. Si possible, couper la tension et effectuer des essais de résistance. Si l'on doit travailler sous tension, n'utiliser qu'une seule main. Ne pas poser la main sur l'autre conducteur.

9. Le tableau 2-2 résume les unités pratiques dans la loi d'Ohm.

Exercices de contrôle
(Réponses à la fin de l'ouvrage)

Voici un moyen de contrôler si vous avez bien assimilé le contenu de ce chapitre. Ces exercices sont uniquement destinés à vous évaluer vous-même. Remplissez les espaces qui se trouvent à la fin des énoncés.

1. Une tension de 10 V est appliquée aux bornes d'une résistance R de 5 Ω; le courant I vaut _____ A.

2. Lorsque 10 V produisent 2,5 A, R est égal à _____ Ω.

3. Lorsqu'un courant de 8 A circule dans une résistance de 2 Ω, la tension IR est égale à _____ V.

4. Une résistance de 500 000 Ω est équivalente à _____ MΩ.

5. Une tension de 10 V aux bornes d'une résistance de 5000 Ω produit un courant I de _____ mA.

6. Une puissance de 50 W = 2 A × _____ V.

7. Une énergie de 50 J = 2 C × _____ V.

8. Le courant prélevé sur le secteur à 120 V par un grille-pain de 1200 W = _____ A.

9. Un courant de 400 μA = _____ mA.

10. Une tension de 12 V branchée aux bornes d'une résistance R de 2 Ω produit une dissipation de puissance de _____ W.

11. Un courant I de 4 A circule dans un circuit. Si on double V, R conservant la même valeur, $I =$ _____ A.

12. Un courant I de 4 A circule dans un circuit. Si l'on double R, V conservant la même valeur, $I =$ _____ A.

13. Un récepteur de télévision utilisant 240 W obtenus à partir du secteur à 120 V consomme un courant I de _____ A.

14. Le courant nominal d'une ampoule à 500 W, 120 V, est de _____ A.

15. La résistance de cette ampoule est de _____ Ω.

16. Une énergie de 12,5 × 10^{18} eV = _____ J.

17. Un courant de 1200 mA = _____ A.

18. Dans un circuit amplificateur à tube à vide, la résistance R_L de charge de la plaque, d'une valeur de 50 kΩ, a une tension de 150 V à ses bornes. Le courant circulant à travers R_L est alors de _____ mA.

19. Dans un circuit à transistor, une résistance R_1 de 1 kΩ est traversée par un courant de 200 μA. La tension aux bornes de $R_1 =$ _____ V.

Tableau 2-2   *Unités pratiques*

UNITÉ	COULOMB	AMPÈRE	VOLT	WATT	OHM	SIEMENS
Définition	$6,25 \times 10^{18}$ électrons	$\dfrac{\text{Coulomb}}{\text{seconde}}$	$\dfrac{\text{Joule}}{\text{coulomb}}$	$\dfrac{\text{Joule}}{\text{seconde}}$	$\dfrac{\text{Volt}}{\text{ampère}}$	$\dfrac{\text{Ampère}}{\text{volt}}$

20. Dans un circuit à transistor, la tension aux bornes d'une résistance R_2 de 50 kΩ est de 6 V. Le courant circulant à travers $R_2 = $ _____ mA.

Questions

1. Donner les trois formes de la loi d'Ohm reliant V, I et R.
2. (*a*) Pour quelle raison un courant plus important circule-t-il dans une résistance aux bornes de laquelle une tension plus forte est appliquée? (*b*) Pourquoi, pour une même tension appliquée, une augmentation de résistance provoque-t-elle une diminution de courant?
3. Calculer la résistance d'une ampoule de 300 W branchée aux bornes du secteur à 120 V en utilisant deux méthodes différentes pour obtenir le résultat.
4. Donner, pour chacun des couples suivants, l'unité la plus grande: (*a*) volt ou kilovolt; (*b*) ampère ou milliampère; (*c*) ohm ou mégohm; (*d*) volt ou microvolt; (*e*) siemens ou microsiemens; (*f*) électron-volt ou joule; (*g*) watt ou kilowatt; (*h*) kilowatt-heure ou joule; (*i*) volt ou millivolt; (*j*) mégohm ou kilohm.
5. Indiquer deux mesures de sécurité à observer lorsque l'on travaille sur des circuits électriques.
6. Quelle est la différence entre le travail et la puissance? Indiquer deux unités pour chacun de ces termes.
7. Reportez-vous aux deux résistances montées en série sur la figure 3-1. Quelle est la valeur du courant traversant R_2 si le courant circulant dans R_1 vaut 2 A?
8. Démontrer que 1 kW·h est égal à $3,6 \times 10^6$ J.
9. Un circuit comporte une résistance R de 5000 Ω, V variant de 0 à 50 V par échelons de 10 V. Faire un tableau donnant les valeurs de I pour chaque valeur de V. Tracer ensuite une courbe en portant les valeurs recueillies en milliampères et les volts. (La courbe obtenue doit être semblable à la courbe de la figure 2-5*c*.)

Problèmes
**(Les réponses aux problèmes de numéro
impair sont données à la fin de l'ouvrage)**

1. Une source de 90 V est branchée aux bornes d'une résistance de
    30 kΩ. (*a*) Dessiner le schéma. (*b*) Quelle est l'intensité du courant
    circulant dans la résistance? (*c*) Quelle est l'intensité du courant cir-
    culant à travers la source de tension? (*d*) Quelle sera l'intensité du
    courant circulant dans le circuit si l'on triple la résistance?

2. Une batterie de 6 V est branchée aux bornes d'une résistance de
    2 Ω. (*a*) Dessiner le schéma. (*b*) Calculer la puissance dissipée dans
    la résistance. (*c*) Quelle est la puissance fournie par la batterie? (*d*)
    Quelle sera la valeur de la puissance si la résistance est doublée?

3. Un filament de tube à vide reçoit un courant de 0,3 A pour une
    tension appliquée de 6,3 V. (*a*) Dessiner le schéma en figurant le
    filament sous la forme d'une résistance. (*b*) Quelle est la résistance
    du filament?

4. Transformer les unités suivantes en utilisant les puissances de 10
    lorsque cela est nécessaire: (*a*) 12 mA en ampères; (*b*) 5000 V en
    kilovolts; (*c*) 0,5 MΩ en ohms; (*d*) 100 000 ohms en mégohms; (*e*)
    0,5 A en milliampères; (*f*) 9000 μS en siemens; (*g*) 1000 μA en
    milliampères; (*h*) 5 kΩ en ohms; (*i*) 8 nanosecondes (ns) en secon-
    des.

5. Un courant de 2 A circule dans une résistance de 6 Ω branchée
    aux bornes d'une batterie. (*a*) Quelle est la valeur de la tension de
    la batterie? (*b*) Quelle est la puissance dissipée dans la résistance?
    (*c*) Quelle est la puissance fournie par la batterie?

6. (*a*) Quelle est la valeur de la résistance permettant la circulation
    d'un courant de 30 A pour une tension de 6 V? (*b*) Quelle est la
    valeur de la résistance permettant la circulation d'un courant de 1
    mA pour une tension de 10 kV? Pour quelle raison le courant en
    (*b*) est-il inférieur alors que la tension appliquée est plus grande?

7. Une source de tension produit un courant de 1 mA à travers une
    résistance de 10 MΩ. Quelle est la tension appliquée?

8. Calculer le courant en ampères dans les exemples suivants: (*a*)
    45 V aux bornes de 68 kΩ; (*b*) 250 V aux bornes de 10 MΩ; (*c*)
    1200 W dissipés dans 600 Ω.

9. Calculer la tension *IR* dans les différents cas suivants: (*a*) 68 μA
    dans 22 MΩ; (*b*) 2,3 mA dans 47 kΩ; (*c*) 237 A dans 0,012 Ω.

10. Calculer la résistance *R* en ohms dans les différents cas suivants:
    (*a*) 134 mA produit par 220 V; (*b*) 800 W dissipés pour une ten-
    sion de 120 V; (*c*) une conductance de 9000 μS.

11. Calculer la valeur de *V* du circuit de la figure 2-7.

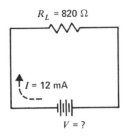

R_L = 820 Ω

I = 12 mA

V = ?

Figure 2-7 *Pour le problème 11.*

Réponses aux problèmes pratiques

2.1 (*a*) 4 A
   (*b*) 2 A
   (*c*) 2 A
   (*d*) 20 A
2.2 (*a*) 2 V
   (*b*) 4 V
   (*c*) 4 V
2.3 (*a*) 4000 Ω
   (*b*) 2000 Ω
   (*c*) 12 000 Ω
2.4 (*a*) 35 V
   (*b*) 0,002 A
   (*c*) 2000 Ω

2.5 (*a*) voir le problème *b*
   (*b*) voir le problème *a*
2.6 (*a*) l'axe des y
   (*b*) linéaire
2.7 (*a*) 1,8 kW
   (*b*) 0,83 A
2.8 (*a*) 20 W
   (*b*) 20 W
2.9 (*a*) vrai
   (*b*) vrai

Les circuits série

Quand les composants d'un circuit sont connectés par ordre successif, une extrémité de l'un étant reliée à une extrémité du suivant comme l'indique la figure 3-1, ils forment un circuit série. Les résistances R_1 et R_2 sont en série l'une avec l'autre et en série avec la pile. Il n'y a donc qu'un seul passage pour la circulation des électrons. Par conséquent, le courant I est le même pour tous les composants en série. Cette caractéristique ainsi que d'autres caractéristiques importantes sont étudiées dans les sections suivantes:

3.1   Pourquoi I est-il le même dans toutes les parties d'un circuit série?
3.2   La résistance totale R est égale à la somme de toutes les résistances en série
3.3   Les chutes de tension IR sont en série
3.4   La somme des chutes de tension IR en série est égale à la tension appliquée V_T
3.5   Polarité des chutes de tension IR
3.6   Polarités par rapport à la masse du châssis
3.7   Puissance totale dans un circuit série
3.8   Tensions série en conjonction et tensions série en opposition
3.9   Étude des circuits série
3.10 Effet d'une coupure dans un circuit série

3.1
POURQUOI I EST-IL LE MÊME DANS TOUTES LES PARTIES D'UN CIRCUIT SÉRIE?

Un courant électrique est un mouvement de charges entre deux points; il est dû à la tension appliquée. Sur la figure 3-2, la pile fournit la différence de potentiel qui force les électrons à se déplacer, de la borne négative A vers B, en suivant les fils de connexion et les résistances R_1, R_2 et R_3, et à revenir à la borne positive J de la pile.

À la borne négative de la pile, la charge négative repousse les électrons. Les électrons libres des atomes du fil, à cette borne négative, sont repoussés de A vers B. De même, les électrons libres, présents en B, peuvent repousser des électrons adjacents en créant un déplacement des électrons vers C dans la direction qui s'éloigne de la borne négative de la pile.

En même temps, la charge positive de la borne positive de la pile attire les électrons libres en les faisant se déplacer vers I et J. Par conséquent, les électrons libres des résistances R_1, R_2 et R_3 sont forcés de se déplacer vers la borne positive.

La borne positive de la pile attire les électrons avec une force exactement égale à la force de répulsion exercée par le côté négatif de la pile. Le mouvement des électrons libres commence donc en même temps et à la même vitesse dans toutes les parties du circuit.

Les électrons qui reviennent à la borne positive de la pile ne sont pas les mêmes que ceux qui quittent la borne négative, mais sont des électrons libres, forcés de se déplacer dans le fil jusqu'à la borne positive par la différence de potentiel de la pile.

Les électrons libres s'écartant d'un point sont remplacés en permanence par des électrons libres venant d'un point adjacent du circuit série. Tous les électrons ont la même vitesse que ceux qui quittent la pile. Le déplacement des électrons est donc le même dans toutes les parties du circuit, le même nombre d'électrons se déplaçant, à un instant donné, à la même vitesse. C'est pourquoi le courant est le même dans toutes les parties du circuit série.

Par exemple, si le courant de la figure 3-2b est de 2 A, le courant qui traverse R_1, R_2, R_3 et la pile est aussi de 2 A. Non seulement la valeur du courant est la même d'un bout à l'autre du circuit, mais le courant traversant toutes les parties d'un circuit série ne peut varier en aucune façon, puisqu'il n'y a qu'un seul trajet du courant pour tout le circuit.

L'ordre dans lequel on connecte les composants dans un circuit série n'a aucune influence sur le courant. Sur la figure 3-3b, les résistances R_1 et R_2 sont inversées par rapport à la figure 3-3a, mais elles sont en série dans les deux cas et sont traversées par le même courant puisqu'il n'y a qu'un seul passage pour 'la circulation des électrons. De même, R_3, R_4 et R_5 sont en série et sont traversées par le même courant pour les connexions des figures 3-3c, d et e. Ces résistances ne sont pas obligatoirement égales.

Qu'un composant soit le premier, le second ou le dernier dans un circuit série n'a aucune importance pour le courant, puisque I a

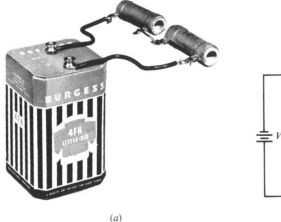

(a)

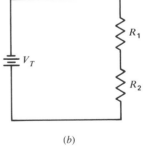

(b)

Figure 3-1 *Circuit série: (a) photographie du circuit câblé; (b) schéma.*

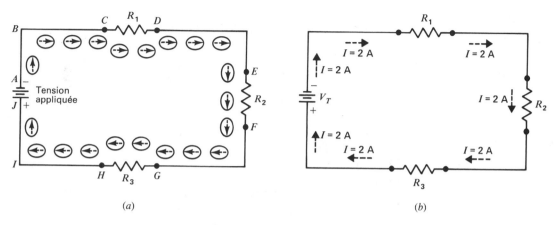

Figure 3-2   (a) *Le déplacement d'électrons est le même en tous les points d'un circuit série; (b) le courant I est le même en tous les points d'un circuit série.*

la même valeur, à un instant donné, dans tous les composants série.

De fait, on peut définir les composants en série comme étant des composants disposés sur le même chemin du courant. Ce chemin va d'un côté de la source de tension, traverse les composants en série et rejoint l'autre côté de la source de la tension appliquée. Ce chemin série ne doit comporter aucun point de dérivation du courant. Cette caractéristique des circuits série s'applique non seulement au courant continu, mais aussi au courant alternatif quelles que soient sa fréquence et sa forme d'onde.

Problèmes pratiques 3.1
(réponses à la fin du chapitre)

(a) Considérer la figure 3-2. Nommer cinq parties de ce circuit série parcourues par le courant I de 2 A.

(b) Soit la figure 3-3e. Si I dans R_5 est de 5 A, alors I dans R_3 est de ——— A.

3.2
LA RÉSISTANCE TOTALE R EST ÉGALE À LA SOMME DE TOUTES LES RÉSISTANCES EN SÉRIE

Quand un circuit série est connecté aux bornes d'une source de tension, comme l'indique la figure 3-3, les électrons libres constituant le courant doivent se déplacer dans toutes les résistances série. Ce passage est la seule voie que peuvent suivre les électrons pour revenir à la pile. S'il y a deux résistances ou plus sur le même passage du courant, la résistance totale aux bornes de la source représente l'opposition exercée par toutes les résistances.

Plus précisément, la résistance totale (R_T), d'une alignée de résistances est égale à la somme des résistances individuelles. La figure 3-4 illustre cette règle. Sur la figure 3-4b, 2 Ω sont en série avec la résistance de 3 Ω de la figure 3-4a, pour former une résistance totale de 5 Ω. L'opposition totale exercée par R_1 et R_2 pour limiter le courant est la même que si on avait utilisé une résistance de 5 Ω, comme l'indique le circuit équivalent de la figure 3-4c.

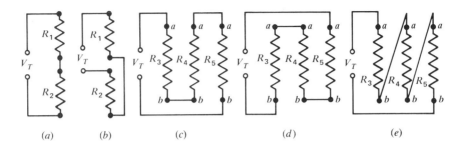

Figure 3-3 *Montages série: R_1 et R_2 sont en série en (a) et (b); R_3, R_4 et R_5 sont en série en (c), (d) et (e).*

Chaîne série Une combinaison de résistances en série est souvent appelée une *chaîne*. La résistance d'une chaîne est égale à la somme des résistances individuelles. Par exemple, R_1 et R_2 forment sur la figure 3-4 une chaîne résistances ayant une résistance totale de 5 Ω.

D'après la loi d'Ohm, le courant circulant entre deux points d'un circuit est égal au quotient de la différence de potentiel par la résistance entre ces points. Comme toute la chaîne de résistances est connectée aux bornes de la source de tension, le courant est égal à la tension appliquée aux bornes de toute la chaîne divisée par la résistance totale de la chaîne. Sur la figure 3-4, par exemple, 10 V sont appliqués, entre les points P_1 et P_2, aux bornes de 5 Ω, en (b) et (c) pour créer un courant de 2 A. Ce courant traverse R_1 et R_2.

Formule des résistances en série En résumé, la résistance totale de la chaîne totale de résistances est égale à la somme des résistances individuelles. La formule est:

$$R_T = R_1 + R_2 + R_3 + \ldots \tag{3.1}$$

où R_T est la résistance totale et R_1, R_2 et R_3 sont les résistances en série individuelles. Cette formule s'applique à un nombre quelconque de résistances, qu'elles soient égales ou non, pourvu qu'elles soient en série dans la même chaîne.

Remarquons que R_T est la résistance à utiliser pour calculer le courant traversant la chaîne de résistances. La loi d'Ohm s'écrit donc:

$$I = \frac{V_T}{R_T} \tag{3.2}$$

où R_T est la somme de toutes les résistances, V_T est la tension appliquée aux bornes de la résistance totale, et I, le courant traversant toutes les parties de la chaîne.

Exemple 1 Deux résistances R_1 et R_2 de 5 Ω chacune et une résistance R_3 de 10 Ω sont montées en série. Quelle est la valeur de R_T?

Réponse $R_T = R_1 + R_2 + R_3 = 5 + 5 + 10$

$\qquad\qquad R_T = 20$ Ω

Exemple 2 Si on applique 80 V aux bornes de la série de résistances de l'exemple 1, quel est le courant qui traverse R_3?

Réponse $\quad I = \dfrac{V_T}{R_T} = \dfrac{80\ \text{V}}{20\ \Omega}$

$\qquad\qquad I = 4$ A

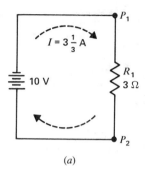 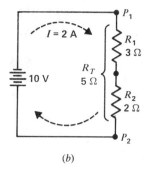 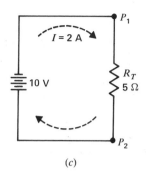

(a)   (b)   (c)

Figure 3-4 *Des résistances en série s'additionnent:* (a) *la résistance R_1 seule est de 3 Ω;* (b) R_1 *et* R_2 *en série font un total de 5 Ω;* (c) *la résistance totale R_T entre P_1 et P_2 est équivalente à une seule résistance de 5 Ω entre P_1 et P_2.*

Ce courant de 4 A est le même dans R_3, R_2, R_1 ou dans une partie quelconque du circuit série.

Remarquons qu'en ajoutant une résistance en série, on réduit le courant. Sur la figure 3-4a, la résistance R_1 de 3 Ω permet à la tension de 10 V d'établir un courant de 3,33 A. Mais I est réduit à 2 A, quand on ajoute la résistance R_2 de 2 Ω, ce qui porte à 5 Ω la résistance en série totale qui s'oppose à la source de 10 V.

Problèmes pratiques 3.2
(réponses à la fin du chapitre)

(a) $V = 10$ V, $R_1 = 5$ kΩ. Calculer I.
(b) $R_2 = 2$ kΩ et $R_3 = 3$ kΩ sont disposées en série avec R_1. Calculer R_T.
(c) Calculer I dans R_1, R_2 et R_3.

3.3
LES CHUTES DE TENSION *IR* SONT EN SÉRIE

Selon la loi d'Ohm, si un courant traverse une résistance, il s'établit aux bornes de cette résistance une tension égale à $I \cdot R$. La figure 3-5 illustre cette loi. Dans ce cas, un courant de 1 A traverse les résistances en série R_1 de 4 Ω et R_2 de 6 Ω. La résistance totale R_T de 10 Ω est placée entre les bornes de la tension de 10 V appliquée. Il en résulte une tension *IR* de 4 V égale à 1 A × 4 Ω aux bornes de R_1 et une tension *IR* de 6 V égale à 1 A × 6 Ω aux bornes de R_2.

La tension *IR* aux bornes de chaque résistance est appelée *chute de tension IR*, ou simplement *chute de tension*, car elle diminue la différence de potentiel disponible pour les autres résistances du circuit série. Remarquons que l'on utilise les symboles V_1 et V_2 pour désigner les chutes de tension aux bornes de chaque résistance afin de les distinguer de la tension V_T de la source appliquée aux deux résistances.

Notons que, sur la figure 3-5, la tension V_T de 10 V est appliquée aux bornes de la résistance en série totale formée de R_1 et R_2. Mais comme la chute de tension *IR* dans R_1 est de 4 V, la différence de potentiel aux bornes de R_2 est de 6 V seulement. Le potentiel négatif tombe de 10 V au point *a* par rapport au point commun de référence *c*, jusqu'à 6 V au point *b*. La différence de potentiel de 6 V

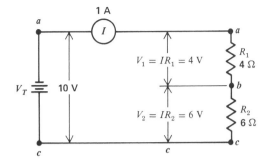

Figure 3-5   *Chutes de tension IR dans un circuit série.*

entre *b* et la référence en *c* est la tension aux bornes de R_2.

Il y a, de la même manière, une chute de tension *IR* de 6 V aux bornes de R_2. Le potentiel négatif tombe de 6 V au point *b*, par rapport au point *c*, à 0 V au point *c* par rapport à lui-même. La différence de potentiel entre deux points quelconques de la ligne de retour à la pile doit être nulle puisque le fil a une résistance pratiquement nulle et qu'il n'y a donc aucune chute de tension *IR*.

Il faut remarquer qu'on doit appliquer une tension provenant d'une source de différence de potentiel comme une pile pour qu'un courant s'établisse et qu'une chute de tension *IR* apparaisse aux bornes de la résistance. Si aucun courant ne traverse une résistance, seule la résistance subsiste, mais il n'y a pas de différence de potentiel entre ses deux extrémités.

La chute de tension *IR* de 4 V aux bornes de R_1, sur la figure 3-5, représente la portion de la tension appliquée utilisée pour établir un courant de 1 A dans la résistance de 4 Ω. La chute de tension *IR* aux bornes de R_2 est de 6 V, parce qu'il faut une différence de potentiel plus grande pour établir le même courant dans une résistance plus élevée. En général, dans les circuits série, plus une résis-

tance *R* est élevée, plus grande sera sa chute de tension *IR*.

Problèmes pratiques 3.3 (réponses à la fin du chapitre) *Considérer la figure 3.5:*

(*a*) Calculer la somme $V_1 + V_2$;
(*b*) Calculer *I* selon le rapport V_T/R_T;
(*c*) Calculer le courant *I* circulant dans R_1;
(*d*) Calculer le courant *I* circulant dans R_2.

3.4
LA SOMME DES CHUTES DE TENSION *IR* EN SÉRIE EST ÉGALE À LA TENSION APPLIQUÉE V_T

Toute la tension appliquée est égale à la somme de ses parties. Sur la figure 3-5, par exemple, les chutes de tension individuelles de 4 V et de 6 V forment au total la même tension de 10 V appliquée par la pile. On peut énoncer cette relation pour les circuits série sous la forme:

$$V_T = V_1 + V_2 + V_3 + ... \qquad (3.3)$$

où V_T est la tension appliquée qui est égale à la somme des chutes de tension *IR* individuelles.

Exemple 3   Une source de tension produit une chute de tension *IR* de 40 V aux bornes d'une résistance R_1 de 20 Ω, de 60 V aux bornes d'une résistance R_2 de 30 Ω et de 180 V aux bornes d'une résistance R_3 de 90 Ω, toutes en série. Quelle est la tension appliquée?

Réponse $V_T = 40 + 60 + 180$
$V_T = 280$ V

Remarquons que la chute de tension *IR* aux bornes de chaque résistance *R* est due au même courant de 2 A, établi par la tension de 280 V aux bornes de la résistance totale R_T de 140 Ω.

Exemple 4 Une tension appliquée V_T de 120 V produit des chutes de tension IR aux bornes de deux résistances en série R_1 et R_2. Si la tension aux bornes de R_1 est de 40 V, quelle est la chute de tension aux bornes de R_2?

Réponse Puisque V_1 et V_2 doivent faire au total 120 V, comme l'une est égale à 40 V, l'autre doit être égale à la différence entre 120 V et 40 V. C'est-à-dire que $V_2 = V_T - V_1$, ou $120 - 40$. Donc $V_2 = 80$ V.

Il est bien normal que V_T soit la somme des chutes de tension IR en série. Le courant I est le même dans tous les composants en série. La somme de toutes les tensions en série est nécessaire à la création du même courant I dans l'ensemble de toutes les résistances en série puisque chaque tension aux bornes de chaque résistance R produit dans R ce courant I.

Chaîne de filaments en série d'un téléviseur La figure 3-6 illustre une application classique des circuits série. C'est un exemple typique de circuit de filaments des téléviseurs noir et blanc à tubes. Tous ces filaments, y compris celui du tube image, constituent une chaîne série. Le courant de chauffage est un courant alternatif tiré du secteur alternatif. Les formules des composants en série, cependant, sont les mêmes dans les circuits ca (à courant alternatif) que dans les circuits cc (à courant continu).

Les premiers chiffres du numéro du tube donne la tension à appliquer au filament pour obtenir le courant de chauffage requis. Le tube amplificateur 17BF11, par exemple, nécessite une tension de 17 V aux bornes des deux broches du filament pour que ce dernier soit parcouru par un courant de 450 mA.

Pour les tubes image, cependant, les premiers chiffres donnent la dimension de l'écran. Le tube image 16CWP4, par exemple, a un écran de 16 pouces (406 mm), distance mesurée diagonalement entre les coins opposés. P4 désigne le numéro du phosphore d'un écran blanc; P22 précise les phosphores rouge, vert et bleu des téléviseurs couleur. La tension de filament de la plupart des tubes image est de 6,3 V.

Chaque filament exige donc une tension inférieure aux 120 V offerts par le secteur. Par contre tous réclament, en fonctionnement normal, le même courant. Les filaments sont donc connectés en une chaîne série aux bornes de la source de tension. L'idée sous-jacente à ce branchement série est d'égaler à peu de chose près la somme des chutes de tension IR en série à la tension du secteur. L'addition des tensions du circuit de la figure 3-6, soit $17 + 33 + 23 + 15 + 11 + 8 + 6,3 + 3 + 6,3$ donne 122,6 V, légèrement plus que les 120 V du secteur.

Tout filament dispose d'une partie proportionnelle de la tension appliquée. Cette partie de la tension appliquée, déterminée par la résistance du filament est la valeur que ce dernier requiert. Le circuit série, cependant, fournit le même courant à tous les filaments. Les tubes conçus pour les chaînes série ont tous le même courant nominal, mais ceux réclamant le plus de puissance disposent d'une tension plus élevée. La raison pour laquelle les tensions de la chaîne sont différentes réside dans le fait que les filaments à résistance plus élevée présentent une chute de tension IR plus grande.

Comment les circuits série sont utilisés Le circuit de la figure 3-6 est un exemple de montage série de composants réclamant tous le même courant, mais de tension nominale inférieure à celle de la source. Dans un tel cas, la valeur de la tension appliquée V_T est assez grande pour fournir le courant I requis par la résistance totale R_T.

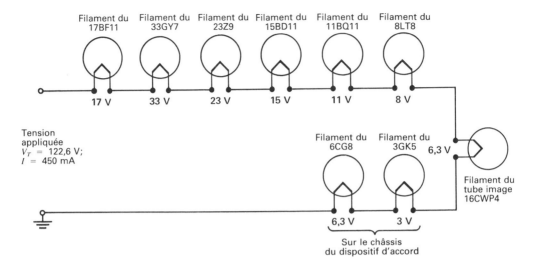

Figure 3-6 *Chaîne typique des filaments en série des tubes d'un téléviseur.*

Rappelons-nous que la tension V_T est appliquée aux bornes de R_T et non aux bornes de chaque résistance R individuelle. Si l'on utilise une seule résistance R pour calculer I, alors il faut considérer la chute de tension individuelle aux bornes de ce composant. La valeur V/R pour chaque composant est égale à I calculé par la formule V_T/R_T pour le circuit série entier.

Cas d'une chute *IR* nulle Souvenons-nous que le produit IR est nul lorsque soit I, soit R est nul. Le conducteur de connexion a une résistance R pratiquement nulle. La chute de tension IR aux bornes des fils d'interconnexion est donc pratiquement nulle; même lorsque le courant normal y circule. La seconde possibilité est d'avoir une résistance, mais pas de courant. Alors, soit la tension à appliquer est débranchée, soit le circuit est ouvert. Une résistance comporte en elle-même sa propre valeur, mais elle ne présentera aucune chute de tension IR si aucun courant ne la traverse.

Problèmes pratiques 3.4 (réponses à la fin du chapitre)

(a) Un circuit série présente des chutes IR de 10, 20 et 30 V. Calculer la tension de la source V_T appliquée.

(b) Une tension de 100 V est appliquée aux résistances en série R_1 et R_2. $V_1 = 25$ V. Calculer V_2.

3.5
POLARITÉ DES CHUTES DE TENSION *IR*

Quand une chute de tension IR se produit dans une résistance, une des extrémités doit être plus positive ou plus négative que l'autre. Sinon, sans différence de potentiel, il ne pourrait pas y avoir de courant dans la résistance pour produire la chute IR. On peut associer la polarité de cette chute IR au sens de la circulation de I dans R. En bref, les électrons pénètrent dans le côté négatif de la tension IR et sortent du côté positif (figure 3-7a).

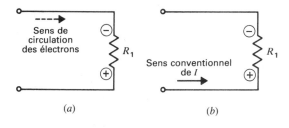

Figure 3-7 *Polarité des chutes de tension IR:*
(a) les électrons entrent dans le côté négatif; (b)
même polarité, avec des charges positives entrant
du côté positif.

Si l'on désire considérer le courant conventionnel avec les charges se déplaçant dans le sens opposé à celui des électrons, il suffit d'inverser la règle et d'envisager les charges positives. Voir la figure 3-7b, les charges positives constituant I entrent dans le côté positif de la tension IR.

Que l'on considère le sens de circulation des électrons ou le sens conventionnel, la polarité réelle de la chute de tension IR reste la même. Dans les deux illustrations a et b de la figure 3-7, les extrémités supérieures de R de ces illustrations sont négatives puisqu'elles se confondent avec la borne négative de la source produisant le courant. Après tout, la résistance ignore le sens du courant dont nous parlons.

La figure 3-8 représente un circuit série à deux chutes de tension IR. Analysons ces polarités en considérant le sens de circulation des électrons. Les électrons se déplacent de la borne négative de la source V_T et traversent R_1 de c vers d. Les électrons pénètrent en c et sortent en d. Par conséquent, c est le côté négatif de la chute de tension aux bornes de R_1. De la même façon, pour la chute de tension IR aux bornes de R_2, le point e est le côté négatif par rapport au point f.

Une méthode plus théorique de considérer la polarité des chutes de tension IR dans

un circuit consiste à dire qu'entre deux points quelconques, le plus proche de la borne positive de la source est plus positif; le point le plus proche de la borne négative de la tension appliquée est aussi le plus négatif. Un point plus proche d'une borne signifie que la résistance qui le sépare de cette borne est plus faible.

Sur la figure 3-8, le point c est plus proche de la borne négative de la pile que le point d, puisqu'il n'y a pas de résistance entre c et a, tandis que le trajet allant de d à a comprend la résistance R_1. De même, le point f est plus proche de la borne positive de la pile que le point e, ce qui rend f plus positif que e.

Remarquons que les points d et e de la figure 3-8 sont marqués avec les polarités plus et moins. La polarité plus, en d, indique que d est plus positif que le point c. Mais cette polarité n'est indiquée que pour la tension aux bornes de R_1. Le point d ne peut pas être plus positif que les points f et b. La borne positive de la tension appliquée doit être le point le plus positif puisque la pile génère le potentiel positif pour tout le circuit.

De même, les points a et c doivent avoir le potentiel le plus négatif de tout le montage en série, puisque ces points sont la borne négative de la tension appliquée. En réalité, la

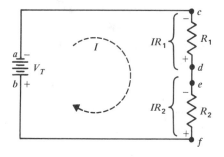

Figure 3-8 *Deux chutes de tension IR en série.*
Le sens de circulation des électrons indique le
sens de I.

polarité marquée *plus*, en *d*, signifie seulement que cette extrémité de R_1 est moins négative que *c*, d'une quantité égale à la chute de tension dans R_1.

Considérons la différence de potentiel entre *e* et *d*, sur la figure 3-8; le chemin entre ces points est seulement un morceau de conducteur. Cette tension est nulle parce qu'il n'y a pas de résistance entre ces deux points. Comme il n'y a pas de résistance à cet endroit, le courant ne peut pas créer la chute de tension *IR* nécessaire pour former une différence de potentiel. Les points *e* et *d* sont donc identiques du point de vue électrique puisqu'ils ont le même potentiel.

Quand nous tournons autour du circuit extérieur, à partir de la borne négative de V_T, dans le sens de la circulation des électrons, les chutes de tension sont des chutes de potentiel négatif. Dans la direction opposée, en partant de la borne positive de V_T, les chutes de tension sont des chutes de potentiel positif. Dans l'un ou l'autre cas, la chute de tension de chaque *R* en série correspond à la proportion de V_T nécessaire pour l'unique valeur de courant qui circule dans toutes les résistances.

Problèmes pratiques 3.5
(réponses à la fin du chapitre)
Se reporter à la figure 3-8:
(a) Quel point de ce circuit est le plus négatif?
(b) Quel point de ce circuit est le plus positif?
(c) Lequel des deux points, *d* ou *f*, est le plus négatif?

3.6
POLARITÉS PAR RAPPORT À LA MASSE DU CHÂSSIS
Dans les circuits pratiques, un côté de la source de tension V_T est habituellement connecté à la masse. Et ce, dans le but de simplifier le câblage. Le cordon de soudure, le long du bord d'une plaquette de plastique à câblage imprimé, sert de mise à la masse, comme l'illustre la figure 3-9a. Dans ce cas, une seule borne de la tension de source V_T sert de côté haut du câblage. Les composants du circuit ont des connexions de retour au côté opposé de V_T à travers la masse du châssis conducteur.

La borne négative ou la borne positive de V_T peut être connectée à la ligne de retour de la masse du châssis. Le côté négatif étant mis à la masse, V_T fournit la tension positive pour le côté haut du circuit (figure 3-9b). Dans le cas de la figure 3-9c, le côté haut du châssis présente une tension négative par rapport à la masse du châssis.

Les deux résistances égales du circuit de la figure 3-9 partagent la tension appliquée en deux parties égales. Les résistances R_1 et R_2 ont donc chacune une chute de tension de 10 V, soit la moitié des 20 V de V_T. La somme des chutes *IR* est de $10 + 10 = 20$ V, soit la tension appliquée totale.

Tensions positives par rapport à la masse Le point *S* de la figure 3-9b est à +20 V. Le point *J*, à la jonction de R_1 et R_2, est cependant à +10 V. Le potentiel de +10 V est de 10 V inférieur à celui à *S*, à cause de la chute de 10 V dans R_1. Toutes ces tensions sont positives par rapport à la masse du châssis, car le côté négatif de V_T et le retour par la masse sont en réalité confondus.

Tensions négatives par rapport à la masse Le circuit de la figure 3-9c est identique à celui de (b), avec toutefois des tensions négatives au lieu de tensions positives. Le point *S* est à -20 V, puisque le côté positif de la tension de la source est mis à la masse.

Problèmes pratiques 3.6
(réponses à la fin du chapitre)
(a) Soit le circuit de la figure 3-9b. Donner,

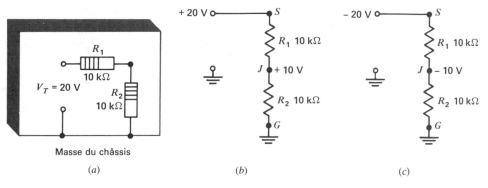

Figure 3-9 *Polarité des chutes de tension IR par rapport à la masse du châssis: (a) schéma de câblage avec le câblage de masse autour de la plaquette à circuit imprimé; (b) schéma avec $V_T = +20$ V par rapport à la masse du châssis; (c) $V_T = -20$ V, car le côté positif est mis à la masse.*

par rapport à la masse. la tension des points S, J et G.

(b) Soit le circuit de la figure 3-9c. Donner la tension, par rapport à la masse, des points S, J et G.

3.7
PUISSANCE TOTALE DANS UN CIRCUIT SÉRIE

La puissance utilisée pour créer un courant dans chaque résistance en série se dissipe sous forme de chaleur. La puissance totale utilisée est donc la somme des valeurs individuelles de puissance dissipées dans chaque partie du circuit selon la formule:

$$P_T = P_1 + P_2 + P_3 + ... \qquad (3.4)$$

Sur la figure 3-10, R_1 dissipe 40 W, soit 4×10 pour I^2R, 20×2 pour VI, ou $^{400}/_{10}$ pour V^2/R. De même, la puissance dissipée dans R_2 est égale à 80 W. La puissance totale dissipée par R_1 et R_2 est donc $40 + 80$, c'est-à-dire 120 W. Cette puissance est fournie par la source de tension appliquée.

On peut aussi calculer la puissance totale à partir de $V_T \cdot I$, puisque la tension appliquée V_T est la somme des tensions individuelles. Dans ce cas, $P_T = V_T \cdot I = 2 \times 60 = 120$ W.

La puissance totale est donc de 120 W, calculée de l'une ou l'autre manière, puisque c'est la puissance délivrée par la pile. La source de tension produit une puissance égale à la puissance utilisée par la charge.

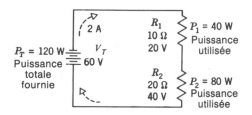

Figure 3-10 *La somme des puissances individuelles P_1 et P_2 utilisées dans chacune des résistances, est égale à la puissance totale P_T fournie par la source.*

Problèmes pratiques 3.7
(réponses à la fin du chapitre)

(a) Trois résistances égales dissipent chacune 2 W. Calculer la puissance P_T fournie par la source.

(b) Deux résistances série, R_1 de 1 kΩ et R_2 de 40 kΩ, sont branchées aux bornes d'une source de 50 V. Déterminer laquelle de ces résistances dissipe la plus grande puissance.

3.8
TENSIONS SÉRIE EN CONJONCTION ET TENSIONS SÉRIE EN OPPOSITION

Les tensions séries en conjonction sont reliées de telle sorte que leurs polarités permettent la circulation du courant dans le même sens. Considérons la figure 3-11a: les 6 V seuls de V_1 pourraient produire, selon $R = 2$ Ω, un débit d'électrons de 3 A à la sortie de la borne négative. De la même façon les 8 V de V_2 pourraient produire 4 A dans le même sens. Le courant total est donc de 7 A.

Au lieu d'ajouter les courants, cependant, on pourrait additionner les tensions V_1 et V_2, ce qui donnerait une tension V_T de $6 + 8 = 14$ V. Cette tension produit, selon $R = 2$ Ω, un courant dans toutes les parties de 7 A.

Pour brancher des tensions en conjonction, relier la borne positive de l'une à la borne négative de la suivante. La tension équivalente est la somme des tensions individuelles. Ce concept s'applique de la même façon, non seulement aux sources de tension comme les piles, mais également aux chutes de tension aux bornes des résistances. On peut additionner n'importe quel nombre de tensions, à la condition qu'elles soient connectées en conjonction.

Les tensions en série en opposition se soustraient, comme le montre la figure 3-11b. Remarquons que les bornes positives de V_1 et V_2 sont reliées entre elles. Soustraire la plus petite de la plus grande et attribuer à la tension nette V_T ainsi obtenue la polarité de la plus grande. Dans l'exemple illustré, $V_T = 8 - 6 = 2$ V. V_T a même polarité que V_2 puisque V_2 est plus grand que V_1.

Si deux tensions série en opposition sont égales, alors la tension nette est nulle. Dans ce cas, en effet, une tension équilibre l'autre. Le courant I est lui aussi nul, puisque la différence de potentiel nette est nulle.

Problèmes pratiques 3.8
(réponses à la fin du chapitre)

(a) Deux tensions en série, V_1 de 40 V et V_2 de 60 V, sont en conjonction série. Calculer V_T.

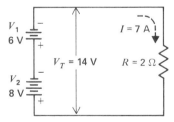

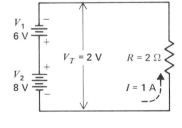

Figure 3-11 *Tensions en série V_1 et V_2: (a) en conjonction; (b) en opposition.*

(a)   (b)

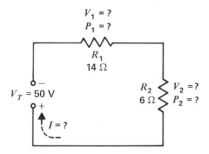

Figure 3-12 *Étude d'un circuit série pour trouver I, V_1, V_2, P_1 et P_2. Voir la solution dans le texte.*

(b) Ces mêmes tensions en série sont en opposition. Calculer V_T.

3.9
ÉTUDE DES CIRCUITS SÉRIE

Considérons la figure 3-12. Supposons que la source V_T de 50 V soit connue, que R_1 soit de 14 Ω et R_2 de 6 Ω. Le problème consiste à trouver R_T, I, les chutes de tension individuelles V_1 et V_2 dans chaque résistance et la puissance dissipée.

Nous devons connaître la résistance R_T pour calculer I puisque la tension totale appliquée, V_T, est donnée. Cette tension V_T est appliquée aux bornes de la résistance totale R_T. Dans cet exemple, R_T est de $14 + 6 = 20$ Ω.

On peut maintenant calculer $I = V/R_T$, ou 50/20, c'est-à-dire 2,5 A. Ce courant de 2,5 A circule dans R_1 et R_2.

Les chutes de tension individuelles sont:

$$V_1 = IR_1 = 2,5 \times 14 = 35 \text{ V}$$
$$V_2 = IR_2 = 2,5 \times 6 = 15 \text{ V}$$

Remarquons que la somme de V_1 et V_2 est égale à 50 V, c'est-à-dire à la tension appliquée V_T. Pour trouver la puissance dissipée dans chaque résistance, on calcule:

$$P_1 = V_1 \cdot I = 35 \times 2,5 = 87,5 \text{ W}$$
$$P_2 = V_2 \cdot I = 15 \times 2,5 = 37,5 \text{ W}$$

Ces deux valeurs de puissance dissipée font un total de 125 W. La puissance délivrée par la source est égale à $V_T \cdot I$, soit 50 × 2,5, ce qui fait aussi 125 W.

Méthodes générales applicables aux circuits série   Pour résoudre les autres types de problèmes concernant les circuits série, il est utile de se rappeler ce qui suit:

1. Si on connaît I pour un composant, prendre ce I pour tous les composants puisque le courant est le même dans toutes les parties d'un circuit série.

2. Pour calculer I, on peut diviser la tension V_T totale par la résistance totale, R_T, ou bien une chute de tension individuelle IR par la R correspondante. Par exemple, on pourrait calculer le courant de la figure 3-12 comme le quotient V_2/R_2, soit ¹⁵⁄₆, ce qui donne la même valeur de 2,5 A pour I. Cependant, il ne faut pas confondre une valeur totale pour tout le circuit avec une valeur individuelle pour une partie du circuit seulement.

3. Si on connaît les chutes de tension individuelles le long du circuit, on peut les ajouter pour obtenir la tension totale V_T. Ceci montre que l'on peut aussi retrancher une chute de tension connue de la tension V_T totale pour trouver la chute de tension restante.

Le problème de la figure 3-13 illustre ces principes. Dans ce circuit, on connaît R_1 et R_2 mais R_3 est inconnu. Mais on donne le courant qui traverse R_3, soit 3 mA.

On peut calculer toutes les grandeurs de ce circuit à partir de ces données seulement. Le courant I de 3 mA est le même dans

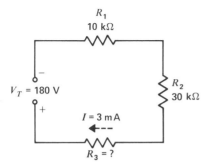

Figure 3-13 *Trouvez la résistance R_3. Voir dans le texte l'étude de ce circuit série.*

chacune des trois résistances série. Par conséquent:

$V_1 = 3$ mA $\times 10$ k$\Omega = 30$ V
$V_2 = 3$ mA $\times 30$ k$\Omega = 90$ V

La somme de V_1 et de V_2 est $30 + 90 = 120$ V. Cette somme ajoutée à V_3 doit faire un total de 180 V. Si bien que V_3 est égal à $180 - 120 = 60$ V.

La tension $V_3 = IR_3$ étant égale à 60 V, R_3 est donc égal à $^{60}/_{0,003}$, soit 20 000 Ω ou 20 kΩ. La résistance totale du circuit est de 60 kΩ, dans laquelle circule donc un courant de 3 mA quand on applique une tension de 180 V.

Une autre méthode pour résoudre ce problème consiste à trouver R_T d'abord. On peut, à partir de la formule $I = V_T/R_T$, calculer $R_T = V_T/I$. Avec un courant I de 3 mA et V_T de 180 V, la valeur de R_T doit être de 180 V/ 3 mA $= 60$ kΩ. Donc R_3 est: 60 k$\Omega - 40$ k$\Omega =$ $= 20$ kΩ.

Les puissances dissipées dans chacune des résistances sont de 90 mW dans R_1, de 270 mW dans R_2 et de 180 mW dans R_3. La puissance totale est de 540 mW.

Les résistances en série réduisent la tension Une application courante des circuits série consiste à utiliser une résistance pour abaisser la tension V_T de la source à une valeur plus faible, comme l'indique la figure 3-14. Ici, la charge R_L représente un récepteur à transistors qui fonctionne normalement avec une pile de 9 V. Lorsque le récepteur est en fonctionnement, le courant continu est de 18 mA dans la charge quand la tension de 9 V est appliquée. Les conditions nécessaires sont donc: 18 mA sous 9 V.

Pour faire fonctionner ce récepteur avec une tension V_T de 12,6 V, on intercale la résistance R_S série abaissant la tension en série pour créer une chute de tension V_S qui porte V_L à 9 V. La chute de tension dans R_S est la différence entre V_L et la tension plus élevée V_T. La formule est:

$$V_S = V_T - V_L$$
ou
$$V_S = 12,6 - 9 = 3,6 \text{ V}$$

En outre, cette chute de tension de 3,6 V doit être créée par un courant de 18 mA, puisque le courant est le même dans R_S et R_L. Donc, pour calculer R_S, on fait le quotient 3,6 V/ 18 mA, ce qui fait 0,2 kΩ ou 200 Ω.

La puissance dissipée dans R_L se calcule comme le produit $V_L \cdot I_L$. Elle a pour valeur: 3,6 V $\times 18$ mA, soit 64,8 mW.

Circuit à sources de tension en série
Considérer la figure 3-15. Remarquer que les tensions en série V_1 et V_2 sont en opposition avec les polarités de $+$ à $+$ via R_1. Leur effet net est de 0 V. Par conséquent, V_T est constitué de V_3 seulement, d'où $V_T = 4,5$ V. La résistance totale R_T est égale à $2 + 1 + 2 = 5$ kΩ. Finalement, $I = V_T/R_T = 4,5$ V/5 k$\Omega = 0,9$ mA.

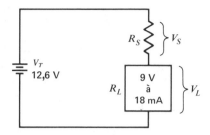

Figure 3-14   *Résistance R_S montée en série pour abaisser une tension V_T, de 12,6 V à 9 V, aux bornes de R_L. Voir les calculs dans le texte.*

Problèmes pratiques 3.9
(réponses à la fin du chapitre)
Considérer la figure 3-13:

(a) Calculer V_1 aux bornes de R_1;
(b) Calculer V_2 aux bornes de R_2;
(c) Calculer V_3.

3.10
EFFET D'UNE COUPURE
DANS UN CIRCUIT SÉRIE

Une *coupure* est une rupture dans le passage du courant. La résistance de la coupure est très élevée, puisqu'un isolant comme de l'air prend la place d'un élément conducteur du circuit. Comme le courant est identique dans toutes les parties d'un circuit en série, une coupure dans une partie quelconque d'un circuit

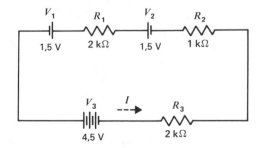

Figure 3-15   *Calculer I de ce circuit série à trois sources de tension. Voir la solution dans le texte.*

se traduit par un courant nul dans tout le circuit. Comme l'indique la figure 3-16, le circuit est normal en (*a*), mais en (*b*) il n'y a aucun courant ni dans R_1, ni dans R_2, ni dans R_3, puisqu'il y a une coupure dans le circuit série.

La coupure entre P_1 et P_2, ou en tout autre point du circuit, a une résistance pratiquement infinie étant donné que son opposition à la circulation d'électrons est très grande, comparée à la résistance de R_1, R_2 et R_3. Par conséquent, la valeur du courant est pratiquement nulle, bien que la pile délivre sa tension appliquée normale de 40 V.

Pour prendre un exemple, supposons que la coupure entre P_1 et P_2 ait une résistance de 40 000 000 000 Ω. La résistance de tout le circuit est pratiquement de 40 000 000 000 Ω, puisque l'on peut négliger la résistance de R_1, R_2 et R_3 devant la résistance de la coupure. Une si grande résistance est pratiquement une résistance infinie.

D'après la loi d'Ohm, le courant circulant quand on applique 40 V aux bornes de 40 000 000 000 Ω est de un milliardième d'ampère, ce qui est pratiquement nul. C'est la valeur du courant dans toutes les parties du circuit série. Le courant étant pratiquement nul, la chute de tension IR est pratiquement égale à zéro aux bornes des 25 Ω de R_1, des 10 Ω de R_2 et des 5 Ω de R_3.

En résumé, s'il y a une coupure dans une partie quelconque d'un circuit série, le courant est nul dans tout le circuit. Il n'y a aucune chute de tension IR dans aucune des résistances en série, bien que le générateur maintienne sa tension de sortie.

Cas d'une chute *IR* nulle   Considérer la figure 3-16*b*. Chaque résistance du circuit ouvert présente une chute IR nulle. Cela est dû au fait que le courant est pratiquement nul dans tous les composants en série. Chaque composant R cependant possède encore sa propre résistance. Cependant avec un tel courant nul les tensions IR sont nulles.

La source de tension V_T est encore présente même si le courant I est nul   Le circuit ouvert de la figure 3-16b illustre par un autre exemple la nature différente des grandeurs électriques V et I. Il ne circule aucun courant dans un circuit ouvert, car le parcours extérieur entre les deux bornes de la pile n'est pas complet. Cependant, la pile génère encore une différence de potentiel entre ses bornes positive et négative. Cette tension de source est présente qu'il y ait ou non un courant dans le circuit extérieur. Si l'on mesure V_T, l'appareil de mesure indiquera 40 V, que le circuit soit fermé ou ouvert.

Le même raisonnement est vrai pour une tension alternative de 120 V fournie par le secteur aux maisons. Cette différence de potentiel de 120 V est appliquée entre les deux bornes d'une prise murale. Si l'on y branche une lampe ou un appareil électrique, le courant circulera dans le circuit. La différence de potentiel de 120 V sera toujours présente même si rien n'est connecté à la prise. Si l'on y touche, on ressentira une secousse électrique. Le générateur de la centrale électrique maintient une source de 120 V aux prises pour produire un courant dans tous les circuits que l'on connecte.

La tension appliquée se retrouve entre les bornes de la coupure   Il importe de remarquer que toute la tension appliquée apparaît entre les bornes de la coupure du circuit. Il existe entre P_1 et P_2 de la figure 3-16b une tension de 40 V car, essentiellement, toute la résistance du circuit série est entre P_1 et P_2. Par conséquent, la résistance de la coupure du circuit développe toute la chute de tension IR.

Le courant extrêmement petit d'un milliardième d'ampère n'est pas suffisamment fort pour développer une chute IR appréciable aux bornes de R_1, R_2 et R_3. Cependant, il y a aux bornes de la coupure[1] une résistance de 40 GΩ (G = giga, milliard). Par conséquent, la tension IR aux bornes de la partie ouverte est de un milliardième d'ampère multiplié par 40 GΩ, soit 40 V.

Nous pouvons aussi considérer le circuit ouvert comme un diviseur de tension proportionnel (voir le chapitre 6). Comme pratiquement toute la résistance en série est entre P_1 et P_2, toute la tension appliquée se retrouve entre les bornes de la coupure.

Ce fait constitue un bon moyen de détection d'un composant ouvert dans une chaîne série. La mesure de la tension aux bornes d'un composant en bon état donnera 0 V. Par contre, celui qui donne une lecture égale à la tension appliquée est ouvert.

Chaîne de filaments ouverte   Voir, en guise d'exemple, la chaîne de filaments d'un téléviseur à tubes illustrée à la figure 3-6. Si un filament est coupé, la chaîne entière est ouverte. Alors aucun des tubes, y compris le tube image, ne fonctionnera. Et l'on n'aura, en raison de cette petite panne que constitue un filament de chaîne coupé, ni son ni image.

*Problèmes pratiques 3.10
(réponses à la fin du chapitre)
Considérer la figure 3-6:*
(a) Quelle est la tension normale aux bornes du filament du tube 15BD11?
(b) Quelle est la tension aux bornes du filament du tube 15BD11 si le filament du 3GK5 est coupé?

[1] La tension aux bornes d'un circuit ouvert est égale à la tension appliquée, même en l'absence totale de courant, quand la capacité entre les bornes de la coupure est chargée à la tension V, comme on l'indique au chapitre 21.

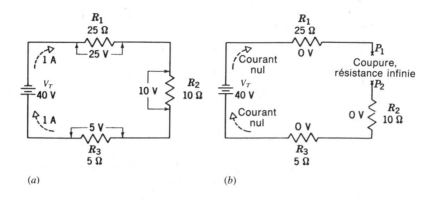

Figure 3-16 *Influence d'une coupure dans un circuit série: (a) circuit normal fermé avec courant de 1 A; (b) coupure en un point quelconque du circuit empêchant le passage d'un courant dans tout le circuit.*

Résumé

1. Il n'y a qu'un seul courant I dans un circuit série. $I = V_T/R_T$, où V_T est la tension appliquée aux bornes de la résistance en série totale R_T. Ce courant I est le même dans tous les composants en série.

2. La résistance totale d'une chaîne en série est la somme des résistances individuelles.

3. La tension appliquée V_T est égale à la somme des chutes de tension, IR, en série.

4. Le côté négatif d'une chute de tension IR est celui par lequel entrent les électrons qui sont attirés vers le côté positif à l'extrémité opposée.

5. La somme des valeurs individuelles des puissances utilisées dans les résistances individuelles est égale à la puissance totale fournie par la source.

6. Une coupure se traduit par un courant nul dans toutes les parties du circuit série.

7. Des tensions en série conjonction s'ajoutent; des tensions en série opposition se retranchent.

8. Dans un circuit ouvert, la tension entre les deux bornes de la coupure est égale à la tension appliquée.

Exercices de contrôle
(Réponses à la fin de l'ouvrage)

Voici un moyen de contrôler si vous avez bien assimilé le contenu de ce chapitre. Ces exercices sont uniquement destinés à vous évaluer vous-même.

Choisir (a), (b), (c) ou (d).

1. Si deux résistances sont connectées en série: (a) elles doivent avoir toutes deux la même valeur de résistance; (b) la tension aux bornes de chacune d'elles doit être la même; (c) elles doivent avoir des valeurs de résistance différentes; (d) il n'y a qu'un seul trajet possible pour le courant passant par toutes les résistances.

2. Sur la figure 3-3c, si le courant qui traverse R_5 est de 1 A, le courant qui traverse R_3 doit être de (a) 0,33 A; (b) 0,5 A; (c) 1 A; (d) 3 A.

3. Quand une résistance de 10 kΩ est en série avec une résistance de 2 kΩ, la résistance totale est égale à: (a) 2 kΩ; (b) 8 kΩ; (c) 10 kΩ; (d) 12 kΩ.

4. Si deux résistances égales sont montées en série aux bornes d'une batterie de 90 V, la tension aux bornes de chaque résistance est égale à: (a) 30 V; (b) 45 V; (c) 90 V; (d) 180 V.

5. La somme des chutes de tension, IR, en série, est: (a) inférieure à la plus faible chute de tension; (b) égale à la moyenne de toutes les chutes de tension; (c) égale à la tension appliquée; (d) habituellement supérieure à la tension appliquée.

6. Les résistances R_1 et R_2 sont en série et la tension appliquée est de 90 V. Si V_1 est de 30 V, V_2 doit donc être de: (a) 30 V; (b) 90 V; (c) 45 V; (d) 60 V.

7. Une résistance de 4 Ω et une résistance de 2 Ω sont en série aux bornes d'une pile de 6 V. Le courant: (a) dans la résistance la plus grande, est de 1,33 A; (b) dans la résistance la plus faible, est de 3 A; (c) dans les deux résistances, est de 1 A; (d) dans les deux résistances, est de 2 A.

8. Quand une résistance d'un montage série est ouverte: (a) le courant est maximal dans les résistances normales; (b) le courant est nul dans toutes les résistances; (c) la tension est zéro aux bornes de la résistance ouverte; (d) le courant de la source de tension augmente.

9. La résistance d'un montage série ouvert est: (a) zéro; (b) infinie; (c) égale à la résistance normale du montage; (d) environ le double de la résistance normale du montage.

10. Une tension de 100 V est appliquée aux bornes d'une résistance R_1 de 20 Ω et d'une résistance R_2 de 30 Ω, montées en série. La tension V_1 est égale à 40 V. Le courant dans R_2 est: (*a*) 5 A; (*b*) 3,33 A; (*c*) 1,33 A; (*d*) 2 A.

Questions

1. Montrer comment connecter deux résistances en série aux bornes d'une source de tension.
2. Énoncer trois règles concernant le courant, la tension et la résistance dans un circuit série.
3. Pour une valeur donnée du courant, pourquoi une résistance plus élevée crée-t-elle une chute de tension plus élevée entre ses bornes?
4. Deux lampes d'éclairage de 300 W, 120 V sont montées en série aux bornes d'une ligne de 240 V. Si le filament de la première lampe se rompt, la seconde lampe éclairera-t-elle? Pourquoi? Après cette rupture, quelle est la tension aux bornes de la source et aux bornes de chaque lampe?
5. Montrer que si $V_T = V_1 + V_2 + V_3$, on a $R_T = R_1 + R_2 + R_3$.
6. Énoncer brièvement une loi qui détermine la polarité de la chute de tension aux bornes de chacune des résistances d'un circuit série.
7. Retracer le circuit de la figure 3-13, en indiquant la polarité de V_1, V_2 et V_3.
8. Énoncer brièvement une loi indiquant si des tensions en série sont en conjonction.
9. Établir la formule $P_T = P_1 + P_2 + P_3$ à partir de $V_T = V_1 + V_2 + V_3$.
10. Pourquoi, dans une chaîne série, la plus grande résistance dissipe la plus grande puissance?

Problèmes

(Les réponses aux problèmes de numéro impair sont données à la fin de l'ouvrage)

1. Dans un circuit, 10 V sont appliqués aux bornes d'une résistance R_1 de 10 Ω. Quel est le courant dans ce circuit? Quelle résistance R_2 faut-il mettre en série avec R_1 pour réduire le courant de moitié? Tracer le schéma du circuit avec R_1 et R_2.
2. Tracer le schéma des résistances de 20 Ω, 30 Ω et 40 Ω, en série. (*a*) Quelle est la résistance totale du montage série? (*b*) Quel est le courant qui circule dans chaque résistance du montage série si une tension de 180 V est appliquée aux bornes de la chaîne série? (*c*) Trouver la chute de tension dans chacune des résistances. (*d*) Trouver la puissance dissipée dans chaque résistance.

3. Deux résistances R_1 de 90 kΩ et R_2 de 10 kΩ sont en série aux bornes d'une source de 3 V. (a) Tracer le schéma. (b) Quelle est la valeur de V_2?

4. Tracer un schéma montrant deux résistances R_1 et R_2, en série, aux bornes d'une source de 100 V. (a) Si la chute de tension dans R_1 est de 60 V, quelle est la chute de tension IR dans R_2? (b) Marquer la polarité des chutes de tension dans R_1 et dans R_2. (c) Si le courant traversant R_1 est de 1 A, quel est le courant traversant R_2? (d) Quelle est la résistance de R_1 et de R_2? Quelle est la résistance totale aux bornes de la source? (e) Si on déconnecte la source de tension, quelle est la tension aux bornes de R_1 et de R_2?

5. Trois résistances de 10 Ω sont montées en série aux bornes d'une source de tension. Tracer le schéma. Si la tension aux bornes de chaque résistance est de 10 V, quelle est la tension appliquée? Quel est le courant dans chaque résistance?

6. Quelle résistance R_1 faut-il mettre en série avec une résistance R_2 de 100 Ω pour limiter le courant à 0,3 A, quand on applique 120 V? Tracer le schéma. Quelle est la puissance dissipée dans chaque résistance?

7. Quelle est la résistance totale R_T équivalente aux résistances suivantes connectées en série: 2 MΩ; 0,5 MΩ; 47 kΩ; 5 kΩ; et 470 Ω.

8. En se reportant à la figure 3-6, calculer la résistance de chaque filament pour son courant normal de charge. Quelle est la résistance totale du montage de filaments? Quelle est la résistance avec un filament coupé?

9. Tracer le schéma de trois résistances égales montées en série aux bornes d'une source de 90 V, chaque résistance ayant à ses bornes le tiers de la tension appliquée, dans le cas où le courant du circuit est de 2 mA.

10. Une lampe de 100 W consomme normalement 0,833 A et une lampe de 200 W consomme 1,666 A quand elles sont alimentées sous 120 V. Montrer que si on connectait ces deux lampes en série aux bornes de la source de 240 V, le courant I serait de 1,111 A dans les deux lampes en supposant que les résistances restent constantes.

11. Considérer la figure 3-9 et calculer le courant traversant les résistances R_1 et R_2 des circuits (a), (b) et (c) représentés.

12. Considérer la figure 3-17 et calculer I, V_1, V_2, P_1, P_2, et P_T. (Noter que R_1 et R_2 sont en série avec V_T même si on a représenté la source à droite et non à gauche.)

13. Si on augmente R_1 jusqu'à 8 kΩ, sur la figure 3-17, que deviendra le nouveau I?

14. Trouver R_1 sur la figure 3-18. Pourquoi I est-il dans le sens indiqué?
15. Trouver R_2 sur la figure 3-19.
16. La figure 3-20 illustre le circuit de maintien à 12,6 V d'une batterie chargée par un générateur de 15 V. Calculer I et indiquer le sens de déplacement des électrons.
17. Trouver V_2, sur la figure 3-21. Indiquer les polarités de V_1, V_2 et V_3.
18. Trouver V_T, sur la figure 3-22. Indiquer les polarités de V_T, V_1, V_2 et V_3.

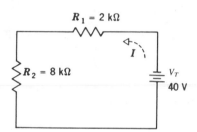

Figure 3-17 *Pour les problèmes 12 et 13.*

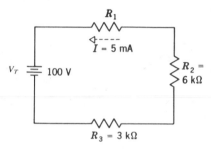

Figure 3-18 *Pour le problème 14.*

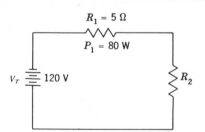

Figure 3-19 *Pour le problème 15.*

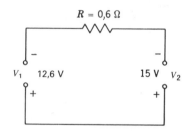

Figure 3-20 *Pour le problème 16.*

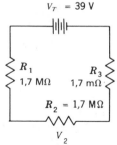

Figure 3-21 *Pour le problème 17.*

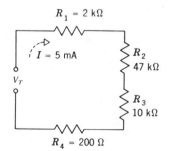

Figure 3-22 *Pour le problème 18.*

Réponses aux problèmes pratiques

3.1 (a) R_1, R_2, R_3, V_T et les fils
     (b) 5 A
3.2 (a) 2 mA
     (b) 10 kΩ
     (c) 1 mA
3.3 (a) 10 V
     (b) 1 A
     (c) 1 A
     (d) 1 A
3.4 (a) 60 V
     (b) 75 V
3.5 (a) point a ou c
     (b) point b ou f
     (c) point d

3.6 (a) S est à $+20$ V
          J est à $+10$ V
          G est à 0 V
     (b) S est à -20 V
          J est à -10 V
          G est à 0 V
3.7 (a) 6 W
     (b) R_2 de 40 kΩ
3.8 (a) 100 V
     (b) 20 V
3.9 (a) $V_1 = 30$ V
     (b) $V_2 = 90$ V
     (c) $V_3 = 60$ V
3.10 (a) 15 V
     (b) 0 V

Les circuits parallèle

Lorsque l'on branche deux composants ou plus aux bornes d'une source de tension, comme on l'indique sur la figure 4-1, ils constituent un circuit parallèle. Les résistances R_1 et R_2 sont montées en parallèle entre elles et en parallèle avec la pile. Chaque circuit parallèle constitue alors une branche dans laquelle circule un courant qui lui est propre. Ainsi, dans le cas de circuits parallèle, une tension commune est appliquée aux bornes de toutes les branches, mais les courants dans les différentes branches peuvent être différents. Ces caractéristiques sont inverses de celles des circuits série qui sont traversés par un même courant, les tensions aux bornes des différents composants pouvant être différentes. Les caractéristiques essentielles des circuits parallèle sont exposées dans les sections suivantes:

4.1 La tension V_A appliquée est la même aux bornes de toutes les branches parallèle
4.2 Le courant circulant dans chaque branche est égal à V_A/R
4.3 Le courant principal I_T est égal à la somme des courants dans les différentes branches
4.4 Résistances en parallèle
4.5 Conductances en parallèle
4.6 Puissance totale dans les circuits parallèle
4.7 Analyse des circuits parallèle
4.8 Effets d'une coupure sur un circuit parallèle
4.9 Effets d'un court-circuit aux bornes des branches parallèle

4.1
LA TENSION V_A APPLIQUÉE EST LA MÊME AUX BORNES DE TOUTES LES BRANCHES PARALLÈLE

Les points a, b, c et e de la figure 4-1b correspondent effectivement à une liaison directe à la borne négative de la pile car les fils de branchement n'ont pratiquement aucune résistance. De la même manière, les points h, g, d, et f correspondent à une liaison directe à la borne positive de la pile. Les deux résistances R_1

et R_2 sont directement branchées aux bornes de la pile; la différence de potentiel aux bornes de chacune est donc la même que la tension de la pile. On en déduit que la tension aux bornes de composants montés en parallèle est la même. Les branchements parallèle sont donc utilisés pour des circuits dont les composants doivent être branchés sur la même tension.

Les branchements des installations domestiques au réseau constituent une application

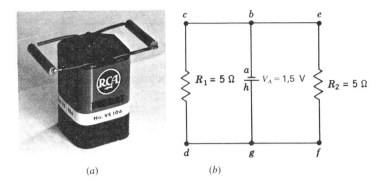

(a)   (b)

Figure 4-1 *Circuit parallèle:*
(a) *photographie du câblage;*
(b) *schéma.*

courante des circuits parallèle; de nombreux appareils et lampes sont alors branchés en parallèle sur le secteur à 120 V (figure 4-2). Entre deux bornes d'une prise murale, la différence de potentiel est de 120 V. Donc, toute résistance branchée à une prise de courant est soumise à une tension de 120 V. L'ampoule d'éclairage est branchée sur une sortie, le grille-pain sur une autre; aux bornes de ces deux appareils, la tension est la même, soit 120 V. Ainsi, lorsque tous les circuits de branchement sont raccordés en parallèle sur le réseau à 120 V, chaque appareil fonctionne de manière indépendante.

Problèmes pratiques 4.1
(réponses à la fin du chapitre)

(a) Soit la figure 4-1. Que vaut la tension

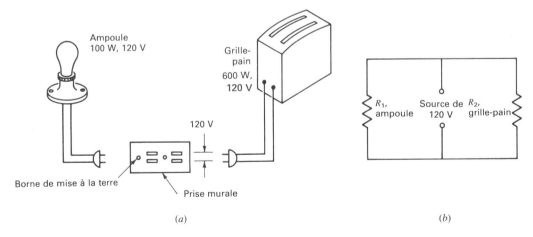

(a)   (b)

Figure 4-2 *Ampoule d'éclairage et grille-pain branchés en parallèle sur le secteur à 120 V: (a) schéma de câblage; (b) schéma.*

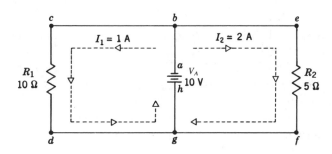

Figure 4-3 *Le courant circulant dans chaque branche parallèle est égal à la tension V_A divisée par la résistance R de chaque branche.*

commune aux bornes de R_1 et R_2?

(*b*) Soit la figure 4-2. Que vaut la tension commune aux bornes de la lampe et du grille-pain?

4.2
LE COURANT CIRCULANT DANS CHAQUE BRANCHE EST ÉGAL À V_A/R

Lorsqu'on applique la loi d'Ohm, il est important de noter que la valeur du courant est égale à la tension appliquée aux bornes du circuit, divisée par la résistance comprise entre les deux points du circuit auxquels cette tension est appliquée.

Sur la figure 4-3, une tension de 10 V est appliquée aux bornes d'une résistance R_2 de 5 Ω, faisant circuler un courant de 2 A dans la résistance R_2, entre les points *e* et *f*. La tension de la pile est également appliquée aux bornes de la résistance R_1 montée en parallèle, ce qui correspond à une tension de 10 V aux bornes de 10 Ω. Un courant de 1 A traverse ainsi la résistance R_1, entre les points *c* et *d*. Pour une même valeur de la tension appliquée, le courant circulant dans R_1 est plus faible car la résistance est différente. Les valeurs précédentes sont calculées de la manière suivante:

$$I_1 = \frac{V_A}{R_1} = \frac{10}{10} = 1 \text{ A}$$

$$I_2 = \frac{V_A}{R_2} = \frac{10}{5} = 2 \text{ A}$$

Comme dans tout circuit à une résistance, toute branche présentant moins de résistance permet la circulation d'un plus grand courant. Si la résistance R_1 avait la même valeur que la résistance R_2, les deux courants de branches seraient égaux. Par exemple, sur la figure 4.1*b*, chaque courant de branche a une valeur de 1,5 V/5 Ω, soit 0,3 A.

Le courant circulant dans des circuits parallèle peut être différent lorsque ces circuits ont des résistances différentes, puisque la tension aux bornes des différentes branches est la même. La source de tension génère une différence de potentiel entre ses deux bornes. Cette tension ne se déplace pas. Seul le courant circule le long du circuit. Cette tension reste fixe et disponible aux bornes de la source; elle permet d'assurer la circulation des électrons suivant un circuit fermé, relié aux bornes de la source. La valeur de *I* dans les différentes branches dépend de la valeur de la résistance de chacune d'elles.

Problèmes pratiques 4.2
(réponses à la fin du chapitre)
Considérer la figure 4-3:

(*a*) Calculer la tension aux bornes de R_1;

(*b*) Calculer le courant I_1 parcourant R_1;

(*c*) Calculer la tension aux bornes de R_2;

(*d*) Calculer le courant I_2 parcourant R_2.

4.3
LE COURANT PRINCIPAL I_T EST ÉGAL À LA SOMME DES COURANTS DANS LES DIFFÉRENTES BRANCHES

Les composants devant être branchés en parallèle sont généralement câblés directement les uns aux autres, l'ensemble du montage parallèle étant ensuite branché aux bornes de la source de tension, comme le montre la figure 4-4. Le circuit obtenu est équivalent à celui réalisé en câblant chaque branche en parallèle directement aux bornes de la source de tension, comme le montre la figure 4-1, lorsque les fils de connexion ont une résistance pratiquement nulle.

Il est avantageux de ne prévoir qu'une seule paire de fils conducteurs pour relier toutes les branches à la source de tension; on effectue en effet une économie de câblage. La paire de fils reliant toutes les branches aux bornes de la source de tension est la *ligne principale*. Sur la figure 4-4, les fils allant de g vers a sur le côté négatif, et de b à f sur le circuit de retour, constituent la ligne principale.

À la figure 4-4b, une résistance R_1 de 20 Ω étant branchée aux bornes d'une pile de 20 V, le courant traversant R_1 sera de 20 V/20 Ω = 1 A. Ce courant correspond à un flux d'électrons partant de la borne négative de la source, traversant R_1, puis retournant à la borne positive de la pile. De même, la branche comportant une résistance R_2 de 10 Ω branchée aux bornes de la pile possède son propre courant de 20 V/10 Ω = 2 A circulant de la borne négative de la source, traversant R_2 et retournant vers la borne positive, car il s'agit

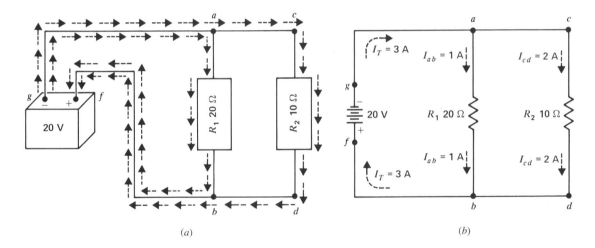

(a)   (b)

Figure 4-4 *Le courant de la ligne principale est égal à la somme des courants de branches. La connexion de g à a correspond au côté négatif de la ligne principale; la connexion de b à f correspond au côté positif. (a) Schéma de câblage. Les flèches à l'intérieur des connexions correspondent au courant circulant dans R_1; les flèches situées à l'extérieur correspondent au courant circulant dans R_2. (b) Schéma; I_T est le courant de ligne total.*

d'un circuit séparé pour la circulation des électrons.

Cependant, tous les courants du circuit partent d'une borne de la source de tension et retournent à la borne opposée en suivant un circuit fermé. *Le courant dans la ligne principale est ainsi égal à la somme des courants de branches.*

À la figure 4-4*b*, par exemple, le courant total de la ligne, partant du point *g* pour aller au point *a*, est de 3 A. Le courant total au point de branchement (noeud) *a* se divise en ses courants de branches (un courant pour chacune des résistances de branches). Le courant dans le circuit allant de *a* vers *b* et traversant R_1 a une valeur de 1 A. Le courant de l'autre branche, circuit *a*, *c*, *d*, *b*, traversant R_2, est égal à 2 A. Au noeud *b*, les électrons provenant des deux branches en parallèle se combinent de sorte que le courant circulant dans la ligne principale de retour de *b* à *f* a la même intensité de 3 A que dans l'autre portion de la ligne principale.

Le courant I_T circulant dans la ligne principale est donné par la formule:

$$I_T = I_1 + I_2 + I_3 + \dots \qquad (4.1)$$

Cette règle s'applique, quel que soit le nombre de branches parallèle, que les résistances soient égales ou non.

Exemple 1   Trois résistances R_1, R_2 et R_3 dont les valeurs respectives sont 20 Ω, 40 Ω et 60 Ω sont branchées aux bornes du secteur à 120 V. Calculez l'intensité totale I_T du courant de ligne.

Réponse   Le courant I_1 de la branche R_1 est égal à $^{120}\!/_{20}$, soit 6 A. De même, I_2 vaut $^{120}\!/_{40}$, soit 3 A, et I_3 vaut $^{120}\!/_{60}$, soit 2 A. Le courant total dans la ligne principale est:

$$I_T = I_1 + I_2 + I_3 = 6 + 3 + 2$$
$$I_T = 11 \text{ A}$$

Exemple 2   Deux branches R_1 et R_2 aux bornes du secteur à 120 V tirent un courant total I_T de 15 A. Le courant de la branche R_1 est de 10 A. Quelle est la valeur du courant I_2 dans la branche R_2?

Réponse $I_2 = I_T - I_1 = 15 - 10$
$\qquad\quad I_2 = 5 \text{ A}$

Remarquons que le courant de ligne I_T doit être supérieur à l'un quelconque des courants de branches; de même, tout courant de branche doit être inférieur à I_T.

Exemple 3   Les valeurs des courants de trois branches en parallèle sont de 0,1 A, 500 mA et 800 μA. Calculez I_T.

Réponse   Pour pouvoir faire la somme des valeurs, il est nécessaire d'utiliser les mêmes unités. Si l'unité de base est le mA, on aura 0,1 A = 100 mA, et 800 μA = 0,8 mA. Par conséquent:

$$I_T = 100 + 500 + 0,8$$
$$I_T = 600,8 \text{ mA}$$

Les courants en A, mA ou μA peuvent être additionnés car ils sont tous exprimés avec la même unité.

Problèmes pratiques 4.3 (réponses à la fin du chapitre)

(*a*) Les courants de branches parallèle sont $I_1 = 1$ A, $I_2 = 2$ A et $I_3 = 3$ A. Calculer I_T.

(*b*) Le courant I_T de trois branches est de 6 A. $I_1 = 1$ A, $I_2 = 2$ A. Calculer I_3.

4.4 RÉSISTANCES EN PARALLÈLE

La loi d'Ohm donne la résistance totale aux bornes de la ligne principale, dans un circuit parallèle: *diviser la tension commune aux bornes des résistances en parallèle par le courant total de toutes les branches.* Remarquez, en vous référant à la figure 4-5*a*, que la résistance de R_1 et R_2 en parallèle est remplacée par la résistance équivalente R_T qui est l'opposition au courant total de la ligne principale. Par

Figure 4-5 *Résistances en parallèle: (a) la résistance équivalente à l'ensemble des deux résistances R_1 et R_2 est la résistance R_T dans le circuit principal; (b) circuit équivalent montrant la résistance équivalente R_T parcourue par le même courant I_T que l'ensemble des résistances en parallèle R_1 et R_2*

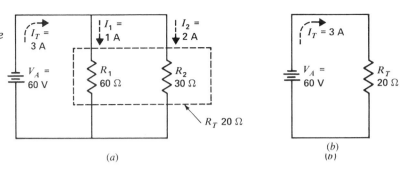

conséquent, la résistance totale R_T est égale à la tension appliquée sur la ligne principale divisée par le courant de la ligne, ce qui, dans cet exemple, donne 60 V/3 A, soit 20 Ω.

La charge totale connectée à la tension de source correspond à une résistance équivalente de 20 Ω qui aurait été connectée sur la ligne principale, comme le montre le circuit équivalent de la figure 4-5b. Par conséquent, quel que soit le nombre des résistances en parallèle d'une valeur quelconque:

$$R_T = \frac{V_T}{I_T} \qquad (4.2)$$

où I_T est la somme de tous les courants de branche et R_T, la résistance équivalente de toutes les branches en parallèle sur la source de tension V_A.

Exemple 4 Deux branches, chacune avec un courant de 5 A, sont connectées sur une source de 90 V. Quelle est la valeur de la résistance totale équivalente R_T?

Réponse Le courant total de la ligne I_T est $5+5 = 10$ A. Donc:

$$R_T = \frac{V_A}{I_T} = \frac{90}{10}$$
$$R_T = 9 \ \Omega$$

Jeu de résistances en parallèle On appelle couramment un ensemble de branches parallèle un *jeu de résistances en parallèle*. Dans la figure 4-5, le jeu de résistances en parallèle se compose de R_1 de 60 Ω et de R_2 de 30 Ω en parallèle. Leur résistance parallèle équivalente R_T est la résistance du jeu qui, dans cet exemple, est égale à 20 Ω.

Lorsqu'un circuit a un courant plus important, pour une même tension appliquée, l'augmentation de I correspond à une diminution de R en raison de leur relation inverse. Par conséquent, la combinaison des résistances en parallèle R_T est toujours inférieure à la plus petite résistance de branche individuelle, car I_T doit être supérieur à tout courant de branche individuel.

Pourquoi R_T est inférieur à toute résistance R de branche Au premier abord, on peut trouver étrange qu'un nombre plus élevé de résistances dans un circuit abaisse la résistance équivalente. Cette caractéristique des circuits parallèle est illustrée par la figure 4-6. Remarquez que des résistances égales de 30 Ω chacune sont ajoutées aux bornes de la source, l'une après l'autre. Le circuit en (a) n'a que R_1, ce qui donne un courant de 2 A pour 60 V appliqués. En (b), la branche R_2 est ajoutée aux bornes de la même source V_A. Cette

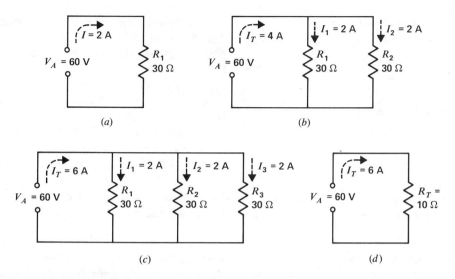

Figure 4-6 *L'addition de plusieurs branches en parallèle augmente le courant I_T mais diminue la résistance R_T: (a) une branche; (b) deux branches; (c) trois branches; (d) circuit équivalent à (c).*

branche est également parcourue par un courant de 2 A. Or, le circuit parallèle a un courant de ligne total de 4 A en raison de $I_1 + I_2$. Puis, on ajoute la troisième branche en (c) qui donne également un courant de 2 A pour I_3. Par conséquent, le circuit combiné à trois branches exige un courant de charge total de 6 A, qui est fourni par la source de tension.

La résistance combinée aux bornes de la source est alors de V_A/I_T qui vaut $^{60}\!/_6$ ou 10 Ω. Cette résistance équivalente R_T, représentant la charge entière sur la source de tension, apparaît en (d). Un plus grand nombre de branches de résistances diminue la résistance combinée du circuit parallèle, car il faut plus de courant provenant de la même source de tension.

Formule de l'inverse de la résistance
Cette formule s'appuie sur la propriété que I_T

est la somme de tous les courants des branches, d'où:

$$I_T = I_1 + I_2 + I_3 + \ldots$$

Or, $I_T = V/R_T$. De plus, chaque $I = V/R$. Remplaçons, dans le membre de gauche I_T par V/R_T et chaque I dans le membre de droite par l'expression V/R correspondante. Il viendra:

$$\frac{V}{R_T} = \frac{V}{R_1} + \frac{V}{R_2} + \frac{V}{R_3} + \ldots$$

En divisant par V qui est le même pour toutes les résistances, on obtient:

$$\frac{1}{R_T} = \frac{1}{R_1} + \frac{1}{R_2} + \frac{1}{R_3} + \ldots \tag{4.3}$$

Cette formule des inverses s'applique à tout nombre de résistances en parallèle, quelle que soit leur valeur. Utilisons les valeurs de la figure 4-7*a* comme exemple:

$$\frac{1}{R_T} = \frac{1}{20} + \frac{1}{10} + \frac{1}{10}$$

$$= \frac{1}{20} + \frac{2}{20} + \frac{2}{20} = \frac{5}{20}$$

$$R_T = \frac{20}{5}$$

$$R_T = 4 \ \Omega$$

Remarquons qu'il faut inverser la valeur de I/R_T pour obtenir R_T si on utilise la formule 4.3.

Méthode du courant total La figure 4-7*b* nous montre comment ce problème peut être résolu en partant du courant total au lieu de la formule des inverses, si on préfère ne pas utiliser les fractions. Bien que la tension appliquée ne soit pas toujours connue, on peut supposer une valeur quelconque car elle s'élimine dans les calculs. En général, il est plus simple de supposer une tension appliquée ayant une valeur numérique égale à la résistance la plus élevée. Dans ce cas, on suppose un des courants de branches automatiquement égal à 1 A et les autres courants de branches, plus élevés, en éliminant les fractions inférieures à 1 dans les calculs.

À l'exemple de la figure 4-7*b*, la résistance la plus élevée est égale à 20 Ω. Supposons une tension de 20 V, les courants de branches seront respectivement de 1, 2, et 2 A pour R_1, R_2 et R_3. Le courant de ligne total sera alors de 5 A. La résistance combinée dans la ligne est de 20 V/5 A, par conséquent égale à 4 Ω. Une valeur semblable est obtenue en utilisant la formule des inverses de résistances.

Cas particulier des résistances R égales dans toutes les branches Si toutes les résistances en parallèle sont égales, la résistance combinée R_T est égale à la valeur d'une résistance de branche divisée par le nombre de branches. Cette règle est illustrée par la figure 4-8 où trois résistances de 60 kΩ en parallèle sont égales à 20 kΩ.

Cette règle s'applique à tout nombre de résistances en parallèle, pourvu qu'elles soient toutes égales. Autre exemple: cinq résistances

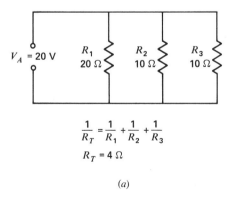

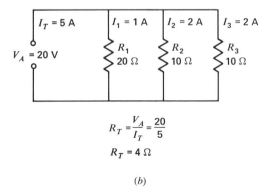

(a)   (b)

Figure 4-7 *Combinaison de résistances en parallèle en utilisant:* (a) *la formule des résistances inverses;* (b) *la méthode du courant de ligne total. On suppose une tension de ligne de 20 V.*

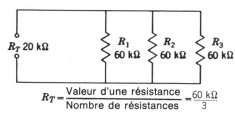

$$R_T = \frac{\text{Valeur d'une résistance}}{\text{Nombre de résistances}} = \frac{60 \text{ k}\Omega}{3}$$

Figure 4-8 *Pour un nombre quelconque de résistances de branches égales, la résistance R_T est égale à la résistance R divisée par le nombre de branches. Ici, R_T vaut 20 kΩ.*

de 60 Ω en parallèle ont une résistance combinée de $^{60}/_5$ ou 12 Ω. L'application ordinaire de ce cas particulier est le jeu de deux résistances R égales en parallèle, la résistance R_T valant la moitié de chaque R.

Cas particulier de deux branches S'il y a seulement deux résistances en parallèle non égales, il est généralement plus rapide de calculer la résistance combinée en utilisant la méthode indiquée à la figure 4-9. Cette règle indique que la combinaison de deux résistances en parallèle est leur produit divisé par leur somme:

$$R_T = \frac{R_1 \cdot R_2}{R_1 + R_2} \qquad (4.4)$$

où R_T est exprimé dans les mêmes unités que toutes les résistances individuelles. Dans l'exemple de la figure 4-9:

$$R_T = \frac{R_1 \cdot R_2}{R_1 + R_2} = \frac{40 \times 60}{40 + 60} = \frac{2400}{100}$$
$$R_T = 24 \ \Omega$$

Les résistances peuvent avoir toutes les valeurs possibles à la condition qu'il n'y ait que deux résistances. Remarquons que cette méthode donne directement R_T et non pas son inverse. Si on utilise la formule des inverses pour cet

exemple, la réponse sera $1/R_T = \frac{1}{24}$ qui est une valeur identique, R_T égalant 24 Ω.

Calculs simplifiés La figure 4-10 montre de quelle façon ces calculs simplifiés peuvent aider à réduire les branches en parallèle en un circuit équivalent plus simple. En (a), les résistances R_1 et R_4 de 60 Ω sont égales et en parallèle. Par conséquent, elles sont équivalentes à la résistance R_{14} de 30 Ω en (b). De la même façon, les résistances R_2 et R_3 de 20 Ω sont équivalentes à la résistance R_{23} de 10 Ω. Le circuit en (a) est équivalent au circuit plus simple en (b) avec seulement les deux résistances en parallèle de 30 Ω et 10 Ω.

Enfin, la résistance combinée pour ces deux dernières égale leur produit divisé par leur somme qui est $^{300}/_{40}$ ou 7,5 Ω comme il est indiqué en (c). Cette valeur de R_T en (c) est équivalente à la combinaison des quatre branches en (a). Si l'on connecte une source de tension sur l'un ou l'autre circuit, le courant du générateur dans la ligne principale sera le même dans les deux cas.

Pour déterminer R_T, l'ordre des connections pour les résistances en parallèle importe peu. La question de savoir quelle est la première ou la dernière ne se pose pas car elles sont toutes sur la même source de tension.

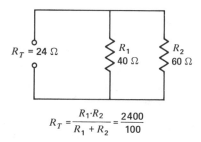

$$R_T = \frac{R_1 \cdot R_2}{R_1 + R_2} = \frac{2400}{100}$$

Figure 4-9 *Pour deux résistances en parallèle quelconques, R_T est égal à leur produit divisé par la somme. Ici, R_T vaut 24 Ω.*

Figure 4-10 *Exemple de calcul de résistances en parallèle: (a) circuit comportant quatre branches; (b) combinaison en deux branches; (c)circuit équivalent réduit à une seule résistance R_T.*

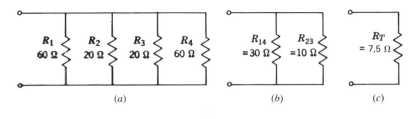

(a)   (b)   (c)

Calcul d'une résistance de branche inconnue Dans quelques cas, avec deux résistances en parallèle, il est utile de déterminer la valeur de R_X à connecter en parallèle avec une résistance R connue pour obtenir la valeur requise de R_T. Les formules pourront être alors transposées comme indiqué ci-dessous:

$$R_X = \frac{R \cdot R_T}{R - R_T} \qquad (4.5)$$

Exemple 5   Quelle est la résistance R_X à mettre en parallèle avec 40 Ω pour obtenir une résistance R_T de 24 Ω?

Réponse $R_X = \dfrac{R \cdot R_T}{R - R_T} = \dfrac{40 \times 24}{40 - 24} = \dfrac{960}{16}$

$R_X = 60$ Ω

Ce problème correspond au circuit de la figure 4-9.

Remarquer que la formule (4.5) de R_X est un produit sur une différence; R_T est soustrait, car c'est la plus petite résistance.

Exemple 6   Quelle résistance en parallèle avec 50 kΩ donnera une résistance R_T de 25 kΩ?

Réponse $R = 50$ kΩ

Deux résistances R égales en parallèle donnent une résistance R_T égale à la moitié de chaque R.

Problèmes pratiques 4.4
(réponses à la fin du chapitre)
(a) Calculer la résistance équivalente R_T de trois résistances en parallèle égales chacune à 4,7 MΩ.
(b) Soit deux résistances en parallèle de 3 MΩ et 2 MΩ. Calculer R_T.

**4.5
CONDUCTANCES EN PARALLÈLE**
Étant donné que la conductance G est égale à $1/R$, la formule de l'inverse des résistances (4.3) peut être établie pour la conductance de la manière suivante:

$$G_T = G_1 + G_2 + G_3 + \ldots \qquad (4.6)$$

R étant exprimé en ohms et G en siemens. Pour l'exemple de la figure 4-11:

$$G_T = 0,05 + 0,2 + 0,5 = 0,75 \text{ S}$$

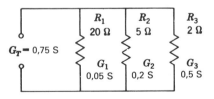

Figure 4-11 *Pour obtenir la conductance totale G_T, on additionne les conductances en parallèle.*

Remarquons que le fait d'additionner les conductances n'exige pas d'inversions. En fait, chaque valeur de G est l'inverse de R.

Dans certains circuits parallèle, il peut être plus facile de travailler avec des conductances plutôt qu'avec des résistances, afin d'éviter l'emploi de la formule des inverses pour R_T. Le courant de chaque branche est directement proportionnel à la conductance de cette branche; cela correspond au fait que chaque chute de tension est directement proportionnelle à chaque résistance en série.

La raison pour laquelle les conductances en parallèle sont additionnées directement peut s'expliquer en supposant une source de 1 V appliquée à toutes les branches. Le calcul des valeurs de $1/R$ pour les conductances est le même que celui des courants de branche. L'addition de ces valeurs donne I_T ou G_T.

Problèmes pratiques 4.5
(réponses à la fin du chapitre)

(a) Soit les conductances en parallèle G_1 de 2 S et G_2 de 5 S. Calculer G_T.

(b) Soit les conductances en parallèle G_1 de 0,05 μS, G_2 de 0,2 μS et G_3 de 0,5 μS. Calculer G_T et R_T.

4.6
PUISSANCE TOTALE DANS LES CIRCUITS PARALLÈLE

Étant donné que la puissance dissipée dans les résistances de branche doit provenir de la source de tension, la puissance totale sera égale à la somme des valeurs individuelles de puissance dans chaque branche. La figure 4-12 illustre cette règle. On peut également utiliser ce circuit pour savoir comment appliquer les règles du courant, de la tension et de la résistance dans un circuit parallèle.

La tension de 10 V est appliquée aux bornes des résistances R_1 (10 Ω) et R_2 (5 Ω) de la figure 4-12. Le courant de branche I_1 est

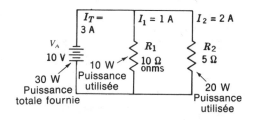

Figure 4-12 *La somme des puissances individuelles P_1 et P_2 utilisées dans chacune des résistances est égale à la puissance totale P_T produite par la source.*

alors V_A/R_1 ou $^{10}/_{10}$, soit 1 A. De même, I_2 vaut $^{10}/_5$ ou 2 A. Le courant I_T total est $1+2=3$ A. Si l'on veut trouver la résistance R_T, elle est égale à V_A/I_T ou $^{10}/_3$, soit 3,33 Ω.

La puissance dissipée dans chaque branche est $V_A \cdot I$. Dans la branche R_1, le courant $I_1 = 1$ A et la puissance P_1 égale 10×1, ou 10 W.

Pour la branche R_2, le courant I_2 est égal à 2 A. Donc, P_2 égale $2 \times 10 = 20$ W.

Si on additionne P_1 et P_2 on trouve $10+20=30$ W pour P_T, ce qui est la puissance totale dissipée dans toutes les branches.

Cette valeur de 30 W pour P_T doit être égale à la puissance totale fournie par la source de tension en utilisant le courant total de ligne I_T. En multipliant V_A par I_T, ou 10 par 3, on obtient 30 W pour P_T, égal à $P_1 + P_2$. Les 30 W de puissance fournis par la source sont dissipés dans les résistances de branche.

Remarquons que dans les arrangements série et parallèle, la somme des valeurs individuelles de puissance dissipées dans le circuit est égale à la puissance totale fournie par la source. Cela s'exprime par la relation:

$$P_T = P_1 + P_2 + P_3 + ... \qquad (4.7)$$

Les arrangements de circuit série ou parallèle peuvent altérer la distribution de la tension ou du courant, mais la puissance est le régime auquel l'énergie est fournie. La disposition du circuit ne peut pas modifier le fait que toute l'énergie du circuit provient de la source.

Problèmes pratiques 4.6
(réponses à la fin du chapitre)

(a) Deux branches parallèle ont chacune 2 A sous 120 V. Calculer P_T.

(b) Trois branches parallèle de 10, 20 et 30 Ω sont soumises à une tension de 60 V. Calculer P_T.

4.7
ANALYSE DES CIRCUITS PARALLÈLE

Il sera utile de se rappeler les points suivants pour résoudre les problèmes relatifs aux circuits parallèle:

1. La connaissance de la tension aux bornes d'une branche permet de déduire que cette tension se trouve aux bornes de toutes les branches. Il n'y a qu'une tension aux bornes des points de branche ayant la même différence potentielle.

2. Si on connaît I_T et l'un des courants de branche I_1, on peut trouver I_2 en le soustrayant de I_T. Étant donné que $I_T = I_1 + I_2$, il est également vrai que $I_2 = I_T - I_1$, ou $I_1 = I_T - I_2$.

Le circuit de la figure 4-13 illustre ces points. Le problème consiste à trouver la tension appliquée V_A et la valeur de R_3. Sur les trois résistances de branche, on ne connaît que R_1 et R_2. Toutefois, la valeur du courant I_2 est de 2 A, la tension I_2R_2 doit être 2×60 ou 120 V.

La tension V_A appliquée n'est pas connue mais elle doit également être de 120 V, car la tension aux bornes de toutes les branches en parallèle est la même.

Par conséquent, on peut calculer I_1 comme V_A/R_1 ou $^{120}\!/_{30}$, soit 4 A.

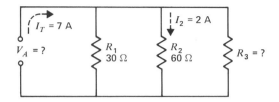

Figure 4-13 *Analyse d'un circuit parallèle. Quelles sont les valeurs de V_A et de R_3? Se reporter au texte pour obtenir la solution.*

Étant donné que le courant I_T est de 7 A et que les deux branches consomment $2 + 4$ ou 6 A, le courant de la troisième branche traversant la résistance R_3 doit être $7 - 6$ ou 1 A.

On peut alors calculer R_3 comme V_A/I_3, ce qui donne $^{120}\!/_1$ ou 120 Ω.

Problèmes pratiques 4.7
(réponses à la fin du chapitre)
Se reporter à la figure 4-13:

(a) Calculer V_2 aux bornes de R_2;

(b) Calculer I_1 circulant dans R_1.

4.8
EFFETS D'UNE COUPURE SUR UN CIRCUIT PARALLÈLE

Une ouverture dans un circuit quelconque est une résistance infinie qui entraîne l'absence de courant. Toutefois, dans des circuits parallèle, il existe une différence entre une ouverture de circuit dans la ligne principale et une ouverture de circuit dans une branche en parallèle. La figure 4-14 est une illustration de ces deux cas. En (a), le circuit ouvert dans la ligne principale empêche toute circulation d'électrons dans la ligne vers l'ensemble des branches. Le courant est égal à zéro dans toutes les branches et, par conséquent, aucune lampe ne peut s'allumer.

Mais en (b), l'ouverture du circuit se trouve dans le circuit de branche de la lampe 1. Le circuit de branche ouvert n'a donc pas de courant et la lampe ne peut pas s'allumer.

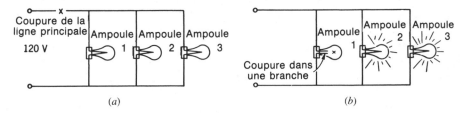

Figure 4-14 *Coupure de circuits parallèle: (a) coupure de la ligne principale; aucun courant ne circule et les ampoules sont toutes éteintes; (b) coupure dans une branche. L'ampoule 1 est éteinte, mais les deux autres ampoules fonctionnent normalement.*

Toutefois, le courant est normal dans toutes les autres branches en parallèle car chacune est reliée à la source de tension. Par conséquent, les autres lampes s'allument. Le circuit de la figure 4-14b s'applique aux téléviseurs dont les filaments des tubes sont montés en parallèle. La coupure d'un filament n'empêchera pas le fonctionnement normal des autres. Un tel filament non chauffé au rouge est, ordinairement, facilement repérable.

Ces circuits démontrent l'avantage que représente le câblage des composants en parallèle. Une ouverture de circuit dans un composant n'affecte qu'une branche, et les autres branches en parallèle conservent leur tension et leur courant normaux.

Problèmes pratiques 4.8
(réponses à la fin du chapitre)

(a) Quelle est la valeur de résistance d'un filament coupé?

(b) Soit la figure 4-14b. Seule la branche de la lampe 3 est ouverte; quelle(s) ampoule(s) est (sont) allumée(s)?

4.9
EFFETS D'UN COURT-CIRCUIT AUX BORNES DES BRANCHES PARALLÈLE

Un court-circuit a pratiquement une résistance égale à zéro. Par conséquent, son effet se réduit à la production d'un courant excessif. Considérons l'exemple de la figure 4-15. Supposons que le fil conducteur au point *a* entre accidentellement en contact avec le fil au point *b*. Comme ce fil est un excellent conducteur, le court-circuit aboutit pratiquement à une résistance nulle entre les points *a* et *b*. Ces deux points sont connectés directement aux bornes de la source de tension. Sans opposition, la tension appliquée pourrait fournir une valeur de courant infiniment élevée dans ce trajet de courant.

Courant de court-circuit   Dans la pratique, le courant est limité par la faible résistance des fils et le fait que la source est habituellement incapable de conserver son courant de sortie tout en fournissant un courant excessif. Mais la valeur du courant peut être cependant dangereusement élevée. Par exemple, le courant de court-circuit peut être de plusieurs centaines d'ampères au lieu du courant de ligne normal de 1 A illustré ici. Ce courant excessif est présent dans la source de tension, dans la ligne vers le point *a*, dans le court-circuit et dans la ligne revenant du point *b*. En raison de cette grande valeur de courant, ces parties du circuit peuvent chauffer suffisamment pour prendre feu et brûler. Il y a donc lieu de disposer un

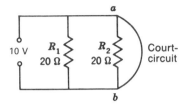

Figure 4-15 *Un court-circuit aux bornes de l'une des branches en parallèle court-circuite toutes les branches.*

fusible qui ouvrirait la ligne principale qui autrement serait, dans le cas d'un court-circuit d'une branche quelconque, parcourue par un courant trop élevé.

Aucun courant ne parcourt les composants court-circuités Soit le court-circuit de la figure 4-15. Aucun courant ne traverse R_1 et R_2. Étant donné que le court-circuit présente un trajet en parallèle avec une résistance pratiquement égale à zéro, tout le courant s'écoule par ce trajet, en dérivation des résistances. Par conséquent, R_1 et R_2 sont en court-circuit et ne peuvent fonctionner sans leur courant normal. Par exemple, s'il y avait des résistances de filaments sur des ampoules d'éclairage, ces ampoules ne s'allumeraient pas car il ne passe aucun courant par les filaments.

Mais les composants en court-circuit ne subissent pas de dommage. Aucun courant ne les traverse. En supposant que le court-circuit n'a pas endommagé la source de tension et le câblage du circuit, ils ne peuvent fonctionner de nouveau lorsque le circuit est redevenu normal une fois le court-circuit supprimé.

Toutes les branches parallèle sont court-circuitées S'il n'y avait qu'une résistance sur la figure 4-15 ou un nombre quelconque de résistances en parallèle additionnelles, elles seraient toutes court-circuitées du fait du court-circuit des points *a* et *b*. Par conséquent, un court-circuit sur une branche dans un circuit parallèle met en court-circuit toutes les branches parallèles.

De même, un court-circuit sur la source de tension dans un circuit quelconque met en court-circuit le circuit tout entier.

Problèmes pratiques 4.9
(réponses à la fin du chapitre)
Considérer la figure 4-15:
(a) Quelle est la valeur de la résistance du court-circuit entre les points *a* et *b*?
(b) Quelle est la valeur du courant I_1 dans R_1 avec un court-circuit entre les bornes de R_2?

Résumé

1. Il n'existe qu'une tension V_A sur tous les composants en parallèle.
2. Le courant dans chaque branche I_b est égal à la tension sur la branche V_A divisée par la résistance de branche R_b, soit $I_b = V_A/I_b$.
3. Le courant de ligne total égale la somme de tous les courants de branche, soit $I_T = I_1 + I_2 + I_3 + ...$
4. La résistance équivalente R_T des branches en parallèle est inférieure à la plus petite résistance de branche, car toutes les branches prennent plus de courant sur la source qu'une branche quelconque.
5. Pour seulement *deux* résistances en parallèle d'une valeur quelconque, $R_T = R_1R_2/(R_1 + R_2)$.

6. Pour un nombre quelconque de résistances en parallèle *égales* R_T est la valeur d'une résistance divisée par le nombre de résistances.

7. Pour un nombre quelconque de branches, calculer R_T comme V_A/I_T, ou utiliser la formule des inverses de résistances.

8. Pour un nombre quelconque de conductances en parallèle, leur valeur s'additionne pour G_T, comme on additionne les courants des branches en parallèle.

9. La somme des valeurs de la puissance dissipée dans chacune des résistances en parallèle égale la puissance totale produite par la source, soit $P_T = P_1 + P_2 + P_3 + ...$

10. Aucun courant ne circule dans une branche ouverte, mais les autres branches peuvent avoir leur courant normal. Toutefois, une ouverture dans une ligne principale donne un courant nul dans chacune de ces branches.

11. Un court-circuit a une résistance nulle, ce qui entraîne un courant excessif. Lorsqu'une branche est un court-circuit, tous les trajets en parallèle sont également en court-circuit. Le courant tout entier se trouve dans le court-circuit et dérive les branches en court-circuit.

Exercices de contrôle
(Réponses à la fin de l'ouvrage)

Voici un moyen de contrôler si vous avez bien assimilé le contenu de ce chapitre. Ces exercices sont uniquement destinés à vous évaluer vous-même.

Choisir (*a*), (*b*), (*c*) ou (*d*).

1. Si deux résistances sont reliées en parallèle: (*a*) le courant passant par chacune d'elles doit être le même; (*b*) la tension aux bornes de chacune d'elles doit être la même; (*c*) leur résistance combinée égale la somme des valeurs individuelles; (*d*) chacune doit avoir la même valeur de résistance.

2. Si 100 V sont appliqués sur 10 résistances de 50 Ω en parallèle, le courant pour chaque résistance est égal à: (*a*) 2 A; (*b*) 10 A; (*c*) 50 A; (*d*) 100 A.

3. Si trois résistances de 1 kΩ sont reliées en parallèle, leur résistance équivalente est égale à: (*a*)0,33 kΩ; (*b*) 1 kΩ; (*c*) 2 kΩ; (*d*) 3 kΩ.

4. Une résistance de 1 Ω en parallèle avec une résistance de 2 Ω fournit une résistance équivalente de: (*a*) 3 Ω; (*b*) 1 Ω; (*c*) 2 Ω; (*d*) 0,67 Ω.

5. Avec des résistances de 100, 200, 300, 400 et 500 Ω en parallèle, R_T est: (*a*) inférieure à 100 Ω; (*b*) supérieure à 1 MΩ; (*c*) de 500 Ω environ; (*d*) de 1 kΩ environ.

6. Si deux résistances sont reliées en parallèle, et si chacune d'entre elles dissipe 10 W, la puissance totale fournie par la source de tension est égale à: (*a*) 5 W; (*b*) 10 W; (*c*) 20 W; (*d*) 100 W.

7. Si huit résistances de 10 MΩ sont reliées en parallèle aux bornes d'une source de 10 V, le courant de la ligne principale est égal à: (*a*) 0.1 μA; (*b*) 0,125 μA; (*c*) 8 μA; (*d*) 10 μA.

8. Un circuit parallèle ayant une tension de 20 V appliquée sur deux branches a un courant de ligne total de 5 A. La résistance d'une branche égale 5 Ω. La résistance de l'autre branche est égale à: (*a*) 5 Ω; (*b*) 20 Ω; (*c*) 25 Ω; (*d*) 100 Ω.

9. Trois ampoules de 100 W sont connectées en parallèle sur le secteur à 120 V. Si le filament de l'une des ampoules est coupé, combien d'ampoules pourront s'allumer? (*a*) Aucune; (*b*) une; (*c*) deux; (*d*) toutes.

10. Si un circuit parallèle est ouvert dans la ligne principale, le courant: (*a*) augmente dans chaque branche; (*b*) est égal à zéro dans toutes les branches; (*c*) est égal à zéro uniquement dans la branche qui a la résistance la plus élevée; (*d*) augmente dans la branche qui a la résistance la plus basse.

Questions

1. Dessinez un schéma de câblage montrant trois résistances reliées en parallèle aux bornes d'une pile. Indiquez chaque branche et la ligne principale.

2. Citez deux règles s'appliquant aux valeurs de courant et de tension dans un circuit parallèle.

3. Expliquez brièvement pourquoi le courant est le même des deux côtés de la ligne principale qui relie la source de tension aux branches en parallèle.

4. (*a*) Montrez la manière de relier trois résistances égales pour obtenir une résistance équivalente égale au tiers de la valeur d'une résistance; (*b*) montrez la manière dont on peut relier trois résistances égales pour obtenir une résistance équivalente représentant trois fois la valeur d'une résistance.

5. Pourquoi le courant dans des branches en parallèle peut-il être différent si elles ont toutes la même tension?

6. Pourquoi le courant augmente-t-il dans la source de tension tandis que l'on ajoute d'autres branches en parallèle au circuit?

7. Montrez la méthode algébrique pour tirer la formule $R_T = R_1 R_2/(R_1 + R_2)$ à partir de la formule des inverses pour deux résistances.

8. Tracez le schéma du circuit de cinq filaments de tubes à vide câblés en parallèle aux bornes d'une source alternative de 6,3 V.

9. Dites brièvement pourquoi la puissance totale est égale à la somme des valeurs individuelles de puissance, que l'on utilise un circuit en série ou un circuit parallèle.

10. Expliquez pourquoi un circuit ouvert dans la ligne principale invalide toutes les branches, alors qu'un circuit ouvert dans une branche affecte seulement le courant de cette branche.

11. Citez deux différences entre un circuit ouvert et un court-circuit.

12. Citez, par comparaison, toutes les différences possibles entre les circuits série et les circuits parallèle.

Problèmes

(Les réponses aux problèmes de numéro impair sont données à la fin de l'ouvrage)

1. Deux résistances R_1 (15 Ω) et R_2 (45 Ω) sont reliées en parallèle sur une batterie de 45 V. (*a*) Dessiner le schéma. (*b*) Quelle est la tension aux bornes de R_1 et R_2? (*c*) Quel est le courant circulant dans R_1 et R_2? (*d*) Quelle est l'intensité du courant de ligne principale? (*e*) Calculer R_T.

2. Soit le circuit de la question 1; quelle est la puissance totale fournie par la batterie?

3. Un circuit parallèle a trois résistances de branche dont les valeurs sont respectivement 20, 10 et 5 Ω pour R_1, R_2 et R_3. Le courant passant par la branche de 20 Ω est de 1 A. (*a*) Dessiner le schéma. (*b*) Quelle est la tension appliquée sur toutes les branches? (*c*) Trouver le courant passant par la branche de 10 Ω et la branche de 5 Ω.

4. (*a*) Dessiner le schéma d'un circuit parallèle avec trois résistances de branche, chacune soumise à une tension de 10 V et parcourue par un courant de branche de 2 A. (*b*) Quelle est la valeur de I_T? (*c*) Quelle est la valeur de R_T?

5. En nous référant à la figure 4-12, on suppose que R_2 s'ouvre. (*a*) Quelle est la valeur du courant dans la branche R_2? (*b*) Quelle est la valeur du courant dans la branche R_1? (*c*) Quelle est la valeur du courant de la ligne? (*d*) Trouver la résistance totale du circuit. (*e*) Trouver la puissance produite par la batterie.

6. Deux résistances R_1 et R_2 sont en parallèle aux bornes d'une source de 100 V. Le courant total de ligne est 10 A. Le courant I_1 par R_1 est de 4 A. Dessiner un schéma du circuit en indiquant la valeur des courants I_1, et I_2 et les résistances R_1 et R_2 dans les deux branches. Quelle est la résistance équivalente des deux branches sur la source de tension?

7. Trouver R_T pour les groupes suivants de résistance de branches: (a) 10 Ω et 25 Ω; (b) cinq résistances de 10 kΩ; (c) deux résistances de 500 Ω; (d) 100 Ω, 200 Ω et 300 Ω; (e) deux résistances de 5 kΩ et deux de 2 kΩ; (f) quatre résistances de 40 kΩ et deux résistances de 20 kΩ.

8. Quel est le nombre de R_X en parallèle à connecter sur une résistance de 100 kΩ pour ramener R_T à: (a) 50 kΩ; (b) 25 kΩ; (c) 10 kΩ ?

9. Trouver la conductance totale en siemens, pour les branches suivantes: $G_1 = 9000$ μS; $G_2 = 7000$ μS; $G_3 = 22000$ μS.

10. En vous reportant à la figure 4-11, calculer R_T en combinant les résistances. Montrer que R_T est égal à $1/G_T$ si G_T est de 0,75 S.

11. Soit la figure 4-16. Calculer R_3.

12. Soit la figure 4-17. Calculer: (a) le courant dans chaque branche et indiquer le sens de circulation des électrons; (b) I_T; (c) R_T; (d) P_1, P_2, P_3 et P_T.

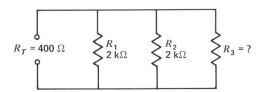

Figure 4-16 *Pour le problème 11.*

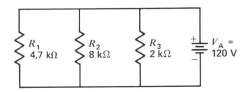

Figure 4-17 *Pour le problème 12.*

Réponses aux problèmes pratiques

4.1 (a) 1,5 V
    (b) 120 V
4.2 (a) 10 V
    (b) 1 A
    (c) 10 V
    (d) 2 A
4.3 (a) $I_T = 6$ A
    (b) $I_3 = 3$ A
4.4 (a) $R_T = 1,57$ MΩ
    (b) $R_T = 1,2$ MΩ

4.5 (a) $G_T = 7$ S
    (b) $G_T = 0,75$ μS
        $R_T = 1,33$ MΩ
4.6 (a) 480 W
    (b) 660 W
4.7 (a) 120 V
    (b) $I_1 = 4$ A
4.8 (a) infinie
    (b) les ampoules 1 et 2
4.9 (a) 0 Ω
    (b) 0 A

Les circuits mixtes

Chapitre 5

Dans de nombreux circuits, certains des composants sont connectés en série pour être parcourus par le même courant, tandis que d'autres sont en parallèle pour être soumis à la même tension. La figure 5-1 en donne un exemple. On utilise ce type de circuit quand il faut obtenir des tensions et des courants différents à partir d'une seule source de tension appliquée. Les caractéristiques principales des circuits série et parallèle sont expliquées dans les sections suivantes:

5.1 Trouver R_T pour des résistances en montage mixte
5.2 Jeux de résistances en série montés en parallèle
5.3 Jeux de résistances en parallèle montés en série
5.4 Jeux de résistances en parallèle et en série en montage mixte
5.5 Analyse des circuits mixtes
5.6 Le pont de Wheatstone
5.7 Connexions à une masse commune
5.8 Tensions mesurées par rapport à la masse du châssis
5.9 Circuits ouverts et courts-circuits dans les circuits mixtes

5.1
TROUVER R_T POUR DES RÉSISTANCES EN MONTAGE MIXTE

Sur la figure 5-1, R_1 est en série avec R_2, R_3 est en parallèle avec R_4. Mais, R_2 *n'est pas* en série avec R_3 ni avec R_4. Ceci, parce qu'au noeud A, le courant qui traverse R_2 se partage entre R_3 et R_4. Il en résulte que le courant dans R_3 est beaucoup plus faible que le courant dans R_2. Par conséquent, R_2 et R_3 ne peuvent pas être en série puisqu'elles ne sont pas traversées par le même courant. Pour la même raison, R_4 ne peut pas être en série avec R_2.

Pour trouver R_T, on ajoute les résistances en série et on combine les résistances en parallèle.

À la figure 5-1c, les résistances R_1 de 0,5 kΩ et R_2 de 0,5 kΩ en série font un total de 1 kΩ pour R_{1-2}. On peut aussi combiner les résistances en parallèle, R_3 de 1 kΩ et R_4 de 1 kΩ, pour obtenir une résistance équivalente de 0,5 kΩ pour $R_{3\times4}$, comme on l'indique à la figure 5-1d.

Cette combinaison parallèle R_{3-4} de 0,5 kΩ est alors ajoutée à la combinaison série R_{1-2} de 1 kΩ, pour donner la valeur finale de R_T de 1,5 kΩ.

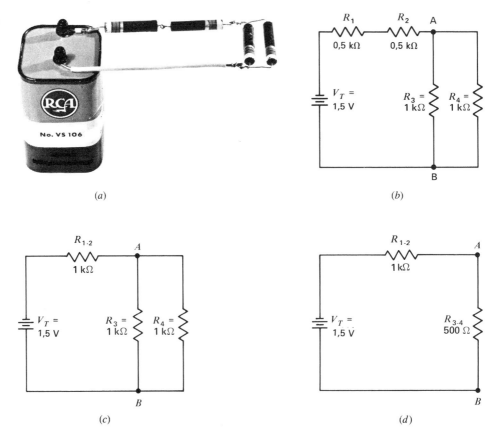

Figure 5-1 *Circuit mixte: (a) photographie du montage; (b) schéma; (c) l'addition des résistances en série R_1 et R_2 donne $R_{1\text{-}2}$; (d) la combinaison des résistances en parallèle R_3 et R_4 donne $R_{3\text{-}4}$.*

Une fois R_T connu, on peut calculer le courant I_T délivré dans la ligne principale par la source de 1,5 V. On a $I_T = V_T/R_T$, donc $I_T = 1{,}5$ V/1,5 kΩ, soit 1 mA. Ce courant I_T de 1 mA traverse R_1 et R_2.

Le courant I_T de 1 mA se partage, au noeud A, en deux courants de branche de 0,5 mA qui circulent dans chacune des résistances R_3 et R_4. Au noeud B, les deux courants partiels de 0,5 mA se recombinent pour former le courant I_T de 1 mA qui circule dans

la ligne principale, et retourne vers la source V_T.

Problèmes pratiques 5.1
(réponses à la fin du chapitre)
Considérer la figure 5-1:

(a) Calculer la résistance équivalente aux résistances en série R_1 et R_2;

(b) Calculer la résistance équivalente aux résistances en parallèle R_3 et R_4;

(c) Calculer R_T aux bornes de la source de V_T.

5.2
JEUX DE RÉSISTANCES EN SÉRIE MONTÉS EN PARALLÈLE

L'exemple de la figure 5-2 montre plus en détail les tensions et les courants d'un circuit mixte. Supposons que quatre lampes d'éclairage, 120 V, 100 W, soient branchées à une source de tension de 240 V. Chaque lampe a besoin de 120 V pour éclairer normalement. Si les lampes étaient branchées aux bornes de la source, une tension de 240 V serait appliquée à chacune d'elles et ferait circuler dans chaque lampe un courant excessif qui pourrait griller les filaments

Si les quatre lampes étaient montées en série, chacune serait soumise à une différence de potentiel de 60 V, c'est-à-dire le quart de la tension appliquée. Avec cette tension trop faible, le courant serait insuffisant pour assurer un fonctionnement normal, et les lampes n'éclaireraient pas assez.

Mais, en branchant deux lampes en série aux bornes du secteur 240 V, on obtient 120 V pour chaque filament, c'est-à-dire la tension nominale de fonctionnement. Les quatre lampes sont donc branchées en deux groupes de deux lampes montées en série, ces deux groupes série étant branchés en parallèle aux bornes de la source de 240 V. La tension aux bornes de chaque groupe série est de 240 V. Dans chaque groupe série, deux lampes en série se partagent également la tension appliquée pour appliquer aux filaments les 120 V nécessaires.

La figure 5-3 illustre un autre exemple. Ce circuit ne comprend que deux branches en parallèle; la première branche comprend deux résistances R_1 et R_2 en série. L'autre branche ne comprend qu'une seule résistance, R_3. On peut appliquer la loi d'Ohm à chaque branche.

Courants de branche I_1 et I_2 Dans chaque branche, le courant est égal au quotient de la tension appliquée par la résistance totale de cette branche. Dans la branche 1, R_1 et R_2 font un total de 12 Ω. On applique 12 V: donc, le courant I_1 dans cette branche est de 1 A. Dans la branche 2, I_2 est égal à 2 A, puisque la résistance de cette branche est de 6 Ω.

Chutes de tension en série dans une branche Pour toute résistance d'un jeu de résistances en série, le courant circulant dans l'ensemble multiplié par la valeur de la résistance donne la chute de tension IR, dans cette résistance particulière. La somme des chutes de tension IR le long de ce jeu de résistances est aussi égale à la tension appliquée aux bornes de l'ensemble.

Dans la branche 1, la chute de tension I_1R_1 est de 8 V, tandis que la chute de tension I_2R_2 est de 4 V. Ces chutes de tension s'addi-

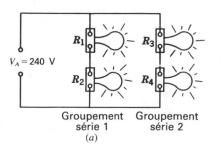

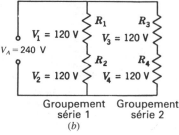

Figure 5-2 *Deux groupements série identiques montés en parallèle. Toutes les lampes ont une tension nominale de 120 V et une puissance nominale de 120 W.*
(a) Schéma de câblage;
(b) schéma.

tionnent pour former les 12 V appliqués. La tension aux bornes de la branche de R_3 est également de 12 V.

Calcul de I_T Le courant total de la ligne principale est la somme des courants dans toutes les branches parallèle. Ici, I_T est de 3 A, c'est-à-dire la somme de 1 A pour la branche 1, et de 2 A pour la branche 2.

Calcul de R_T La résistance totale du circuit mixte aux bornes de la source de tension est égale au quotient de la tension appliquée par le courant total de la ligne. Sur la figure 5-3, R_T est égal à 12 V/3 A, soit 4 Ω. On peut aussi calculer cette résistance comme la combinaison de 12 Ω en parallèle avec 6 Ω, ce qui est équivalent à une résistance combinée de $^{72}/_{18}=4$ Ω, en considérant la formule du produit sur la somme.

Application de la loi d'Ohm Il peut y avoir en parallèle un nombre quelconque de jeux série, et plus de deux résistances en série dans chaque jeu. On peut toujours appliquer la loi d'Ohm de la même manière aux éléments en série et en parallèle du circuit. Les parties en série ont le même courant. Les parties en parallèle la même tension. Se rappeler que dans la formule V/R, la valeur R doit inclure toute la résistance entre les bornes d'application de V.

***Problèmes pratiques 5.2
(réponses à la fin du chapitre)
Considérer la figure 5-3a:***
(a) Si le courant dans R_2 était de 6 A, quel courant circulerait dans R_1?
(b) Si la tension de la source était de 72 V, quelle serait la tension V_3 aux bornes de R_3?

5.3
JEUX DE RÉSISTANCES EN PARALLÈLE MONTÉS EN SÉRIE

Sur la figure 5-4a, le groupement des résistances R_2 et R_3 en parallèle est appelé un *jeu de résistances en parallèle*. Ce jeu de résistances est en série avec R_1 car tout le courant traversant le jeu de résistances doit traverser R_1.

Ce circuit permet de brancher R_2 et R_3 en parallèle pour que ces deux résistances aient la même différence de potentiel de 20 V à leurs bornes. La source délivre 24 V, mais il y a une chute de tension de 4 V dans R_1.

Les deux chutes de tension en série, 4 V dans R_1 et 20 V dans le jeu de résistances en parallèle, s'additionnent pour former la tension appliquée de 24 V. Un tel circuit a pour but d'appliquer la même tension à deux résistances ou plus d'un jeu de résistances en parallèle, quand la tension aux bornes de ce jeu de résistances doit être inférieure à la tension appliquée d'une quantité égale à la chute de tension IR dans une résistance en série.

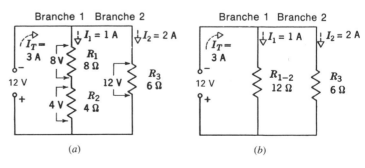

Figure 5-3 *Groupement série monté en parallèle avec une autre branche:*
(a) schéma; (b) circuit équivalent.

Pour trouver la résistance de tout le circuit, on doit combiner les résistances en parallèle dans chaque jeu, puis ajouter la résistance en série. Comme l'indique la figure 5-4*b*, les deux résistances R_2 et R_3 de 10 Ω chacune, montées en parallèle, sont équivalentes à 5 Ω. Puisque la résistance de 5 Ω équivalente aux résistances en parallèle est en série avec la résistance R_1 de 1 Ω, la résistance totale de 6 Ω se trouve aux bornes de la source de 24 V. Le courant dans la ligne principale est de 24 V/6 Ω, soit 4 A.

Le courant total de 4 A dans la ligne se partage en deux courants de 2 A circulant dans chacune des résistances en parallèle R_2 et R_3. Remarquer que chaque courant partiel est égal à la tension aux bornes du jeu de résistances en parallèle divisée par la résistance de chaque branche. Pour ce jeu, I de chaque branche = 20/10 = 2 A.

Les courants partiels se combinent pour former les 4 A qui circulent dans R_1. C'est le même courant total qui circule dans la ligne principale et la source, qui arrive au jeu de résistances et qui sort de ce jeu de résistances.

Il peut y avoir plus de deux résistances dans un jeu de résistances en parallèle et un nombre quelconque de jeux de résistances en série. La loi d'Ohm peut toujours s'appliquer de la même manière aux composants du circuit mixte. La méthode générale applicable aux circuits de ce type consiste à trouver la résistance équivalente à chaque jeu de résistances en parallèle et d'ajouter ensuite toutes les résistances en série.

Problèmes pratiques 5.3 (réponses à la fin du chapitre) Considérer la figure 5-4*a*:

(*a*) Si la tension V_2 aux bornes de R_2 était de 40 V, quelle serait la tension V_3 aux bornes de R_3?

(*b*) Si le courant circulant dans R_2 était de 4 A, pour un courant dans R_3 de 4 A, quel serait le courant dans R_1?

5.4 JEUX DE RÉSISTANCES EN PARALLÈLE ET EN SÉRIE EN MONTAGE MIXTE

Pour trouver la solution de ces circuits, le plus important est de savoir quels sont les composants connectés en série et quels sont les composants du circuit qui forment des branches en parallèle. Les composants en série doivent

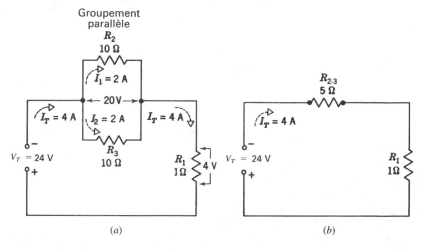

Figure 5-4 *Groupement parallèle de R_2 et de R_3, en série avec R_1: (a) schéma; (b) circuit équivalent.*

(*a*) (*b*)

constituer un passage unique pour le courant sans aucun noeud. Un noeud comme le point A ou B de la figure 5-5 est commun à deux passages de courant ou plus. Par exemple, R_1 et R_6 ne sont *pas* en série. Ces résistances ne sont pas parcourues par le même courant, puisque le courant circulant dans R_1 se partage, au point A, en deux courants de branche. De même, R_5 n'est pas en série avec R_2, à cause du noeud B.

Pour trouver les courants et les tensions de la figure 5-5, il faut d'abord trouver R_T pour calculer le courant I_T circulant dans la ligne principale, égal à V_T/R_T. Pour calculer R_T, il faut commencer par réduire la branche la plus éloignée de la source et travailler en se rapprochant de la source appliquée. On opère ainsi parce qu'on ne peut pas dire quelle est la résistance en série avec R_1 et R_2 avant d'avoir réduit les branches en parallèle à leur résistance équivalente. S'il n'y a pas de source représentée, on peut encore calculer R_T en

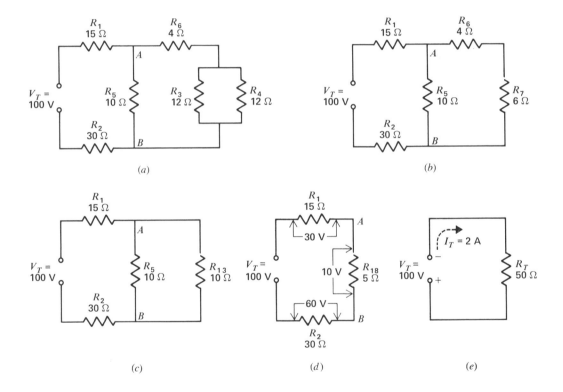

Figure 5-5 *Réduction d'un circuit mixte en un circuit série équivalent, pour trouver R_T: (a) circuit réel; (b) R_3 et R_4 en parallèle équivalent à R_7; (c) R_7 et R_6 en série équivalent à R_{13}; (d) R_{13} et R_5 en parallèle équivalent à R_{18}; (e) R_{18}, R_1 et R_2 en série s'additionnent pour former une résistance totale du circuit égale à 50 Ω.*

procédant de l'extérieur vers les bornes ouvertes entre lesquelles une source pourrait être branchée.

Pour calculer R_T, sur la figure 5-5, les opérations à faire sont les suivantes:

1. En (a), l'ensemble des résistances en parallèle R_3 de 12 Ω et R_4 de 12 Ω est équivalent à la résistance R_7 de 6 Ω, en (b).
2. Les résistances R_7 de 6 Ω et R_6 de 4 Ω, en série sur le même passage de courant, font au total une résistance R_{13} de 10 Ω, en (c).
3. La résistance R_{13} de 10 Ω est en parallèle avec la résistance R_5 de 10 Ω, entre les noeuds A et B. Leur résistance équivalente est donc la résistance R_{18} de 5 Ω en (d).
4. Le circuit (d) ne comprend plus que les résistances en série: R_1 de 15 Ω, R_{18} de 5 Ω et R_2 de 30 Ω. Ces résistances font un R_T de 50 Ω, comme l'indique la figure 5-5 (e).
5. La résistance R_T de 50 Ω est branchée aux bornes de la source de 100 V, le courant I_T dans la ligne est donc de 2 A.

Pour obtenir les courants et les tensions individuels, nous pouvons partir du courant I_T de 2 A et du circuit équivalent (d). Nous pouvons oeuvrer maintenant en partant de la tension V de la source vers les branches. Et ce, parce que I_T peut servir au calcul des chutes de tension dans la ligne principale. Les chutes de tension IR sont, dans ce cas, les suivantes:

$$V_1 = I_T R_1 = 2 \times 15 = 30 \text{ V}$$

$$V_{18} = I_T R_{18} = 2 \times 5 = 10 \text{ V}$$

$$V_2 = I_T R_2 = 2 \times 30 = 60 \text{ V}$$

La chute de tension de 10 V aux bornes de R_{18} est la différence de potentiel réelle entre les noeuds A et B. Ceci signifie qu'il y a 10 V aux bornes de R_5 et de R_{13} en (c). Les 10 V

créent un courant de 1 A dans la branche de R_5 de 10 Ω. Les mêmes 10 V sont aussi appliqués à la branche de R_{13}.

Il faut se rappeler que la branche de R_{13} résulte de la mise en série du jeu de résistances en série R_6 et du jeu de résistances en parallèle $R_3 R_4$. Puisque la résistance équivalente à cette branche est de 10 V et que la tension à ses bornes est de 10 V, le courant qui y circule est de 1 A. Ce courant de 1 A, circulant dans la résistance R_6 de 4 Ω, produit une chute de tension de 4 V. La chute de tension IR de 6 V restante est aux bornes du jeu de résistances $R_3 R_4$. Les 6 V aux bornes de la résistance R_3 de 12 Ω font circuler un courant de 0,5 A dans cette résistance; le courant dans R_4 est aussi de 0,5 A.

En suivant tous les trajets du courant depuis la source, on voit que le courant est de 2 A, au travers de R_1 sur la ligne principale. Au noeud A, ce courant se partage en 1 A pour R_5 et 1 A pour le montage série contenant R_6. Il y a un courant de 1 A dans R_6 qui se partage en 0,5 A dans R_3 et 0,5 A dans R_4. Au noeud B, le courant total du jeu de résistances en parallèle, soit 1 A, se combine avec le courant de 1 A qui traverse la branche de R_5 pour former le courant total de ligne de 2 A qui traverse R_2, c'est-à-dire le même courant que celui de R_1, du côté opposé de la ligne.

Problèmes pratiques 5.4
(réponses à la fin du chapitre)
Considérer la figure 5-5a:

(a) Quelle résistance est en série avec R_2?
(b) Quelle résistance est en parallèle avec R_3?
(c) Quelle résistance est en série avec le jeu $R_3 R_4$?

5.5
ANALYSE DES CIRCUITS MIXTES
Nous allons maintenant étudier les circuits des

figures 5-6 à 5-10 en illustrant les principes suivants:

1. Lorsque des jeux de résistances en série sont en parallèle sur la ligne principale, on peut trouver les courants individuels ainsi que I_T sans connaître R_T (voir les figures 5-6 et 5-7).

2. Lorsque des jeux de résistance en parallèle ont des résistances en série avec la ligne principale, il faut calculer R_T pour trouver I_T en supposant tous les courants de branche inconnus (voir la figure 5-9).

3. La tension de la source est appliquée aux bornes de la résistance R_T, équivalente à tout le circuit, et produit un courant I_T qui ne circule que dans la ligne principale.

4. Toute résistance en série individuelle a sa propre chute de tension IR qui doit être inférieure à la tension totale V_T. De plus, tout courant individuel circulant dans une dérivation doit être inférieur à I_T.

Solution de la figure 5-6 Le problème consiste ici à calculer les courants de branche I_1 et I_{2-3}, le courant total I_T et les chutes de tension V_1, V_2 et V_3. Nous allons suivre l'ordre précédent dans les calculs, puisque l'on peut trouver les courants de branche à partir de la tension de 90 V appliquée aux bornes des branches formées des résistances connues.

Dans la branche R_1 de 30 Ω, le courant de branche est de 90 V/30 Ω, soit $I_1 = 3$ A. L'autre branche a une résistance totale de 20 Ω pour R_2 plus 25 Ω pour R_3, soit 45 Ω. Le courant I_{2-3} est donc de 90 V/45 Ω, c'est-à-dire 2 A. Le courant I_T dans la ligne principale est donc de 3 A + 2 A, soit 5 A.

En ce qui concerne les tensions aux bornes des branches, V_1 doit être égal à V_A c'est-à-dire 90 V. Ou encore $V_1 = I_1 R_1$, c'est-à-dire $3 \times 30 = 90$ V.

Dans l'autre branche, le courant I_{2-3} de 2 A circule dans la résistance R_2 de 20 Ω et la résistance R_3 de 25 Ω. Par conséquent, V_2 est de $2 \times 20 = 40$ V et V_3 est de $2 \times 25 = 50$ V. Remarquer que ces chutes de tension IR en série de 40 V et de 50 V dans une branche font au total 90 V, soit la tension de la source.

Nous pouvons calculer R_T comme le quotient de V_A par I_T, ou 90 V/5 A, soit 18 Ω. On peut aussi calculer R_T en combinant les résistances des deux branches en parallèle, soit 30 Ω et 45 Ω. On a alors $R_T = (30 \times {}^{45}/_{30} + 45)$. La réponse est ${}^{1350}/_{75}$, c'est-à-dire les 18 Ω trouvés pour R_T.

Solution de la figure 5-7 Pour trouver la tension appliquée d'abord, le courant partiel I_1 est connu. Ce courant de 3 A circulant dans la résistance R_1 de 10 Ω crée une chute de tension V_1 de 30 V dans R_1. Ce même courant de 3 A crée une tension V_2 de 60 V dans la résistance R_2 de 20 Ω. Les chutes de tensions de 30 V et de 60 V sont en série aux bornes de la tension appliquée. Par conséquent, V_A est égal à la somme de $30 + 60$, ou 90 V. Ces 90 V sont aussi appliqués aux bornes de l'autre branche comprenant R_3 et R_4, en série.

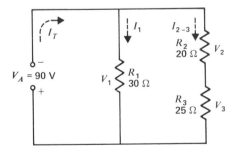

Figure 5-6 *Trouvez tous les courants et toutes les tensions. Voir dans le texte la solution en calculant d'abord les courants des différentes branches.*

Le courant I_2 dans la seconde branche de la figure 5-7 doit être égal à 4 A, c'est-à-dire au courant I_T de 7 A moins le courant I_1 de 3 A. Avec un courant I_2 de 4 A, la chute de tension dans la résistance R_3 de 12 Ω est de 48 V pour V_3. La tension aux bornes de R_4, étant donné que la somme de V_3 et V_4 doit être égale aux 90 V appliqués, est donc de 90 − 48, soit 42 V pour V_4.

Finalement, avec 42 V aux bornes de R_4 et un courant de 4 A dans cette résistance, R_4 est de ⁴²/₄, soit 10,5 Ω. Remarquer que 10,5 Ω pour R_4, ajoutés aux 12 Ω de R_3, font un total de 22,5 Ω qui laissent passer un courant I_2 de branche de ⁹⁰/₂₂,₅ ou 4 A.

Solution de la figure 5-8 La séparation en courants de branche s'applique aussi à la figure 5-8, mais, dans ce cas, le principe fondamental est que la tension doit être la même aux bornes des résistances parallèle R_1 et R_2. Parmi les courants partiels, I_2 est de 2 A, c'est-à-dire égal au courant total I_T de 6 A moins le courant I_1 de 4 A. La tension aux bornes de la résistance R_1 de 10 Ω est de 4×10, soit 40 V. Cette même tension se trouve aussi aux bornes de R_2. La tension aux bornes de R_2 étant de 40 V et le courant I_2 de 2 A, R_2 est de 40/2, soit 20 Ω.

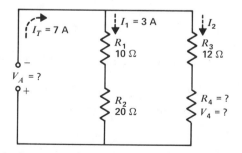

Figure 5-7 *Trouvez V_A, V_4 et R_4. Voir la solution dans le texte par le calcul de I_2 et de la tension aux bornes des branches en parallèle.*

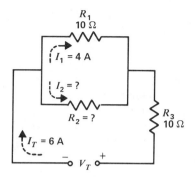

Figure 5-8 *Trouvez R_2 et I_2. Voir la solution dans le texte.*

En calculant V_T, sur la figure 5-8, on obtient 100 V. Le courant I_T de 6 A produit dans la résistance R_3 de 10 Ω une chute de tension V_3 de 60 V. Comme la tension aux bornes des deux résistances en parallèle R_1 et R_2 a été calculée égale à 40 V, ces 40 V en série avec les 6 V aux bornes de R_3 font au total 100 V pour la tension appliquée.

Solution de la figure 5-9 Pour calculer tous les courants et toutes les chutes de tension, il faut connaître R_T de manière à obtenir le courant I_T traversant R_6 sur la ligne principale. Pour obtenir R_T, on commence par combiner R_1 et R_2 et on progresse vers la source. On ajoute les 8 Ω de R_1 et les 8 Ω de R_2 pour obtenir la résistance série de 16 Ω. Ces 16 Ω en parallèle avec la résistance R_3 de 16 Ω ont une résistance équivalente de 8 Ω entre les points c et d. En ajoutant ces 8 Ω en série avec la résistance R_4 de 12 Ω, on obtient 20 Ω. Ces 20 Ω en parallèle avec la résistance R_5 de 20 Ω sont équivalents à 10 Ω entre les points a et b. On ajoute ces 10 Ω en série avec la résistance R_6 de 10 Ω pour obtenir une résistance totale R_T du circuit mixte de 20 Ω.

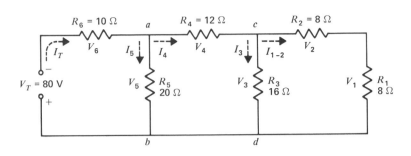

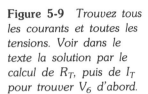

Figure 5-9 *Trouvez tous les courants et toutes les tensions. Voir dans le texte la solution par le calcul de R_T, puis de I_T pour trouver V_6 d'abord.*

Sur la ligne principale, le courant I_T est de V_T/R_T ou $^{80}/_{20}$ c'est-à-dire 4 A. Ce courant I_T de 4 A circule dans la résistance R_6 de 10 Ω en créant une chute de tension V_6 de 40 V.

Maintenant que nous connaissons I_T et V_6, pour la ligne principale, nous utilisons ces valeurs pour calculer toutes les autres tensions et tous les autres courants. Nous commençons alors par la ligne principale dont nous connaissons le courant et nous progressons, à partir de la source. Pour trouver V_5, on retranche la chute de tension IR, V_6 de 40 V dans la ligne principale, de la tension de la source. En effet, V_5 et V_6 doivent s'additionner pour former les 80 V de V_T. Donc, V_5 est de $80 - 40$, soit 40 V.

Ces tensions V_5 et V_6 sont dans ce cas égales puisqu'elles divisent les 80 V en deux parties égales, car la résistance R_6 de 10 Ω est égale à la résistance équivalente de 10 Ω entre les points a et b.

Connaissant la tension V_5 de 40 V aux bornes de la résistance R_5 de 20 Ω, le courant I_5 est de $^{40}/_{20} = 2$ A. Puisque I_5 est de 2 A et I_T de 4 A, I_4 doit être égal à 2 A représentant la différence entre I_T et I_5. Au noeud a, le courant I_T de 4 A se divise entre 2 A dans R_5 et 2 A dans R_4.

Le courant I_4 de 2 A produit dans la résistance R_4 de 12 Ω une chute de tension IR, V_4, égale à $2 \times 12 = 24$ V. Il faut remarquer main-tenant que V_4 et V_3 doivent s'additionner pour former V_5. En effet, V_5 et l'ensemble V_4 et V_3 sont égaux à la tension entre les deux points ab ou ad. Puisque la différence de potentiel entre deux points est la même, quel que soit le trajet suivi, $V_5 = V_4 + V_3$. Pour trouver V_3, on peut maintenant retrancher les 24 V de V_4 des 40 V de V_5. Donc, V_3 est de $40 - 24 = 16$ V.

La tension V_3 étant de 16 V aux bornes de R_3 qui est de 16 Ω, le courant I_3 est de 1 A. Le courant I_{1-2} dans la branche contenant R_1 et R_2 est aussi de 1 A. Le courant I_4 de 2 A se partage au noeud c en deux courants partiels égaux à 1 A chacun puisque les résistances des deux branches sont égales.

Enfin, le courant qui circule dans la résistance R_2 de 8 Ω et dans la résistance R_1 de 8 Ω étant de 1 A, les chutes de tension V_2 et V_1 sont toutes deux de 8 V. Remarquez que la tension V_1 de 8 V s'ajoute à la tension V_2 de 8 V, en série, pour former la différence de potentiel V_3 de 16 V, entre les points c et d.

Toutes les réponses au problème de la fi-gure 5-9 sont rassemblées ci-dessous:

$R_T = 20$ Ω	$I_T = 4$ A	$V_6 = 40$ V
$V_5 = 40$ V	$I_5 = 2$ A	$I_4 = 2$ A
$V_4 = 24$ V	$V_3 = 16$ V	$I_3 = 1$ A
$I_{1-2} = 1$ A	$V_2 = 8$ V	$V_1 = 8$ V

Problèmes pratiques 5.5
(réponses à la fin du chapitre)

(a) Soit la figure 5-6. Quelle résistance est en série avec R_2?

(b) Soit la figure 5-6. Quelle résistance est aux bornes de V_A?

(c) Soit la figure 5-7. Calculer le courant I_2.

(d) Soit la figure 5-8. Calculer la tension V_3.

5.6
LE PONT DE WHEATSTONE[1]

Un circuit en pont a quatre bornes: deux pour la tension d'entrée, deux pour la sortie. Le but d'un tel montage est de réaliser un circuit dans lequel les chutes de tension sont équilibrées, si bien que la tension de sortie est nulle, alors qu'une tension est appliquée à l'entrée. Sur la figure 5-10, les bornes d'entrée sont C et D, tandis que les bornes de sortie sont A et B.

Ce circuit en pont a de nombreuses applications pour les mesures comparatives. Dans le pont de Wheatstone, une résistance inconnue R_x est équilibrée par une résistance étalon précise R, pour obtenir une mesure précise de la résistance.

Sur la figure 5-10, S_1 applique la tension de la pile aux quatre résistances du pont. Pour équilibrer le pont, on fait varier la valeur de R_S. On a atteint l'équilibre quand le courant est nul dans le galvanomètre G. L'interrupteur à ressort que l'on ferme seulement pour vérifier l'indication du galvanomètre est représenté par S_2.

On comprend pourquoi le courant est nul dans le galvanomètre en analysant les chutes de tension dans les résistances. La résistance R_S, en série avec R_X, forme un diviseur de tension aux bornes de V_T; l'ensemble parallèle des résistances en série R_1 et R_2 forme aussi un diviseur de tension aux bornes de la même source. Quand les rapports de tension sont les mêmes dans les deux branches en parallèle, la chute de tension dans R_S est égale à la chute de tension dans R_2. Alors la tension aux bornes de R_X est aussi égale à la tension aux bornes de R_1. Dans ce cas, les points A et B doivent être au même potentiel. La différence de potentiel aux bornes de l'appareil de mesure est donc nulle et il n'y a pas de déviation.

A l'équilibre, on peut écrire l'égalité des tensions dans les deux branches du pont de Wheatstone sous la forme:

$$\frac{I_A \cdot R_x}{I_A \cdot R_s} = \frac{I_B \, R_1}{I_B R_2} \qquad \text{ou} \qquad \frac{R_x}{R_S} = \frac{R_1}{R_2}$$

Remarquer que I_A et I_B s'éliminent. En multipliant par R_S, on obtient:

$$R_X = R_S \cdot \frac{R_1}{R_2} \tag{5.1}$$

Habituellement, la somme des résistances R_1 et R_2 est fixe mais on peut choisir un rapport quelconque en déplaçant le point B sur le bras de réglage des rapports. On équilibre le pont en faisant varier R_S pour obtenir un courant nul dans l'appareil de mesure. À l'équilibre, on peut donc obtenir la valeur de R_X en multipliant R_S par le rapport R_1/R_2. Si, par exemple, le rapport est de $^1/_{100}$ et R_S de 248 Ω, la valeur de R_X est égale à $248 \times 0{,}01$, soit 2,48 Ω.

On peut analyser le circuit en pont équilibré comme s'il s'agissait simplement de deux séries de résistances en parallèle, quand le courant est nul dans l'appareil de mesure. En l'absence de courant entre A et B, tout se passe comme si le trajet correspondant était ouvert. Mais, quand un courant circule dans le circuit de l'appareil de mesure, il faut analyser le circuit en pont en appliquant les lois de Kirchhoff ou les théorèmes des circuits, comme l'indiquent les chapitres 8 et 9.

[1] Sir Charles Wheatstone (1802-1875), physicien et inventeur anglais.

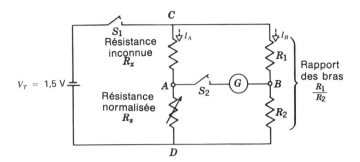

Figure 5-10 *Circuit du pont de Wheatstone.*

Problèmes pratiques 5.6
(réponses à la fin du chapitre)

(a) Un circuit en pont comporte combien de paires de bornes?

(b) Soit la figure 5-10. Que vaut la tension V_{AB} à l'équilibre?

5.7
CONNEXIONS À UNE MASSE COMMUNE

Dans le câblage des circuits usuels, un côté de la source de tension est habituellement mis à la masse. Dans le cas du câblage domestique, sur le secteur alternatif à 120 V, la masse est en réalité la masse du sol et on réalise une liaison avec une canalisation métallique d'eau froide. Dans le cas des appareils électroniques, la masse est celle d'un châssis métallique qui sert de retour commun à toutes les liaisons revenant à la source. Quand le câblage est imprimé sur une plaquette de matière plastique, en remplacement du châssis métallique, un passage conducteur entourant toute la plaquette sert de retour commun. La masse générale peut ou non être connectée à la masse du sol. Dans l'un ou l'autre cas, le côté mis à la masse est le côté de tension nulle ou côté «bas» de la tension appliquée tandis que le côté qui n'est pas à la masse est le côté sous tension ou côté «haut».

Mise à la masse d'un côté de la source de tension La figure 5-11 donne trois exemples. En (a), un côté du secteur alternatif à 120 V est mis à la masse. Remarquer le symbole ⏚ utilisé pour indiquer la masse. Ce symbole indique aussi une masse générale qui est reliée à un côté de la source de tension. Dans les appareils électroniques, on utilise généralement un fil noir pour les retours à la masse générale et un fil rouge pour le point haut de la source de tension. Voir le tableau F-1 de l'Annexe F.

Sur les figures 5-11b et c, on utilise la batterie de 12 V comme exemple de source de tension reliée à un châssis de masse mais non reliée à la terre. Dans une automobile, par exemple, un côté de la batterie est relié au châssis métallique de la voiture. En (b), le côté négatif est mis à la masse, tandis qu'en (c), le côté positif est mis à la masse. Certaines personnes pensent que la masse doit être négative, mais il n'en est pas nécessairement ainsi.

On connecte un côté du secteur alternatif à 120 V à la masse pour réduire les risques de secousses électriques. Mais, dans un appareil électronique, le châssis de masse est surtout une connexion commune de retour. Lorsque l'équipement fonctionne à partir du secteur, le châssis métallique devra être au potentiel de la masse et non relié au côté haut de la prise en alternatif. Cette connexion diminue la possibilité de recevoir des secousses électriques venant

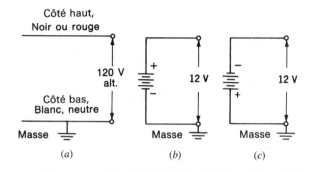

Figure 5-11 *Mise à la masse d'un côté d'une source de tension: (a) ligne d'alimentation en courant alternatif; (b) côté négatif de la batterie relié à la masse générale; (c) côté positif de la batterie relié à la masse générale.*

du châssis. De plus, le ronflement dû au secteur est réduit dans les équipements audio, radio et de télévision.

Problèmes pratiques 5-7
(réponses à la fin du chapitre)
(a) Soit la figure 5-11b. Donner la valeur et la polarité de la tension par rapport à la masse.
(b) Mêmes questions pour la figure 5-11c.

5.8
TENSIONS MESURÉES PAR RAPPORT À LA MASSE DU CHÂSSIS

Si, dans un circuit, on utilise le châssis comme retour commun, on mesure généralement les tensions par rapport à ce châssis. Considérons le diviseur de tension de la figure 5-12, sans aucune masse, en (a), puis, analysons l'effet produit par la mise à la masse de différents points du diviseur. Il est important de comprendre que ce circuit fonctionne de la même manière avec ou sans masse. Seul le point de référence utilisé pour la mesure des tensions varie.

Les trois résistances de 10 Ω, R_1, R_2, R_3 de la figure 5-12a, divisent la tension de la source de 30 V en parties égales. Chaque chute de tension, V_1, V_2 et V_3, est donc égale à $^{30}/_3 = 10$ V. La polarité de chaque résistance

est positive en haut et négative en bas, de même que la source V_T.

Quant au courant I, il est de $^{30}/_{30} = 1$ A. Chaque chute IR est de $1 \times 10 = 10$ V pour V_1, V_2 et V_3.

Tensions positives par rapport à la masse négative Sur la figure 5-12b, le côté négatif de V_T est mis à la masse et l'extrémité inférieure de R_1 est également mise à la masse pour fermer le circuit. La masse est au point A. Remarquer que les tensions individuelles V_1, V_2 et V_3 sont toujours de 10 V chacune. Le courant reste aussi égal à 1 A. La direction est toujours la même, à partir du côté négatif de V_T, en passant par le châssis métallique, pour atteindre l'extrémité inférieure de R_1. Le châssis de masse a dans ce cas pour unique effet de constituer un passage conducteur depuis un côté de la source jusqu'à un côté de la charge.

Mais, comme il existe une masse sur la figure 5-12b, il est utile de considérer les tensions par rapport au châssis de masse. Autrement dit, la masse au point A sera maintenant la référence pour toutes les tensions. Quand on indique la tension pour un point seulement d'un circuit, on suppose, en général, que l'autre point est le châssis de masse. Il faut deux points pour définir une différence de potentiel.

Considérons les tensions aux points B, C et D. La tension entre B et la masse est V_{BA}.

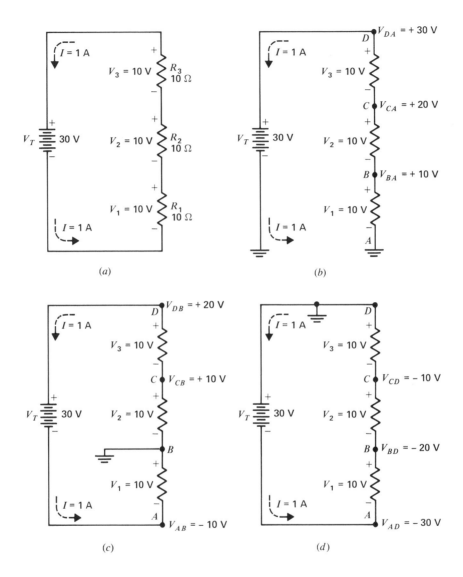

Figure 5-12 *Tensions par rapport à la masse générale:*
(a) diviseur de tension sans mise à la masse; (b) le côté
négatif de la source V_T étant à la masse, toutes les tensions
sont positives par rapport à la masse générale; (c) tensions
positives et négatives par rapport à la masse au point B;
(d) le côté positif de la source étant mis à la masse, toutes
les tensions sont négatives par rapport à la masse
générale.

Ce double indice montre que nous mesurons la tension en B, par rapport à A. En général, la première lettre désigne le point de mesure et la seconde lettre, le point de référence.

Donc V_{BA} est de $+10$ V. Le signe positif est utilisé ici pour préciser la polarité. La valeur de 10 V, pour V_{BA}, est la même que celle de V_1 aux bornes de R_1, puisque les points B et A coïncident avec les extrémités de R_1. En réalité, V_1, tension aux bornes de R_1, ne peut, sans point de référence, être accompagnée d'une polarité.

Mais la tension en C est V_{CA} dont la valeur est de $+20$ V. Cette tension est égale à $V_1 + V_2$, qui sont connectées avec des polarités en conjonction. Au point D, en haut, V_{DA} est de $+30$ V, soit $V_1 + V_2 + V_3$.

Tensions positives et négatives par rapport à une prise mise à la masse Sur la figure 5-12c, le point B du diviseur de tension est mis à la masse. Cette mise à la masse permet au diviseur de délivrer des tensions négatives et positives par rapport au châssis de masse. Ici, la tension négative est V_{AB} qui est de -10 V. C'est la même tension V_1 de 10 V, mais V_{AB} est la tension à l'extrémité négative A par rapport à l'extrémité positive B. Les autres tensions du diviseur sont $V_{CB} = +10$ V, et $V_{DB} = +20$ V.

Nous pouvons considérer la masse en B comme le point qui sépare les tensions négatives et les tensions positives. Pour tous les points se trouvant dans la direction du côté positif de V_T, la tension est positive par rapport à la masse; dans l'autre direction, vers le côté négatif de V_T, une tension quelconque est négative par rapport à la masse.

Tensions négatives par rapport à une masse positive Sur la figure 5-12d, c'est le point D, en haut du diviseur, qui est mis à la masse, ce qui est identique à une mise à la masse du côté positif de la source V_T. Dans ce cas, la tension de la source est inversée par rapport au cas (a), puisque c'est le côté opposé qui est à la masse. En (d), toutes les tensions du diviseur sont négatives par rapport à la masse. Dans ce cas, $V_{CD} = -10$ V, tandis que $V_{BD} = -20$ V et $V_{AD} = -30$ V. Un point quelconque du circuit doit être plus négatif que la borne positive de la source, même si cette borne est à la masse.

Problèmes pratiques 5.8
(réponses à la fin du chapitre)
Considérer la figure 5-12c. Donner la tension et la polarité de:

(a) A par rapport à la masse;
(b) B par rapport à la masse;
(c) D par rapport à la masse;
(d) V_{DA} aux bornes de V_T.

5.9
CIRCUITS OUVERTS ET COURTS-CIRCUITS DANS LES CIRCUITS MIXTES

Un court-circuit a une résistance pratiquement nulle. Il a donc pour effet de laisser passer un courant excessif. Un circuit ouvert a l'effet inverse puisqu'il a une résistance infiniment grande ne laissant passer pratiquement aucun courant. En outre, dans les circuits mixtes, un court-circuit ou un circuit ouvert modifient le circuit des autres résistances. Par exemple, sur la figure 5-13, le circuit mixte de (a) devient un circuit en série comprenant uniquement R_1 quand il y a un court-circuit entre les bornes A et B. Comme exemple de circuit ouvert, le circuit mixte de la figure 5-14a devient un circuit série comprenant uniquement R_1 et R_2, quand il y a une coupure entre les bornes C et D.

Effet d'un court-circuit On peut étudier le circuit mixte de la figure 5-13a pour voir

Figure 5-13 *Effet d'un court-circuit sur des connexions mixtes: (a) circuit normal avec S_1 ouvert; (b) circuit court-circuité entre A et B quand S_1 est fermé. R_2 et R_3 sont en court-circuit.*

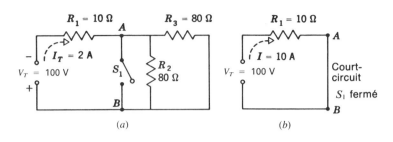

l'influence d'un court-circuit. Quand le circuit est normal et que S_1 est ouvert, R_2 et R_3 sont en parallèle. Bien que R_3 soit dessiné horizontalement, ses deux extrémités coïncident avec celles de R_2. Le commutateur S_1 ne joue pas ici le rôle d'une branche en parallèle, puisqu'il est ouvert.

La résistance équivalente à la combinaison des résistances R_2 de 80 Ω et R_3 de 80 Ω en parallèle est de 40 Ω. Cette résistance équivalente de 40 Ω est en série avec la résistance R_1 de 10 Ω. La résistance R_T est donc de $40 + 10 = 50 \, \Omega$.

Dans la ligne principale, le courant I_T est donc de $^{100}\!/_{50} = 2$ A. La tension V_1 aux bornes de la résistance R_1 de 10 Ω, dans la ligne principale, est de $2 \times 10 = 20$ V. Les 80 V restants se trouvent aux bornes de l'ensemble R_2 et R_3, en parallèle. Donc, $V_2 = 80$ V, et $V_3 = 80$ V.

Considérons maintenant l'influence de la fermeture du commutateur S_1. Un commutateur fermé a une résistance nulle. Non seulement R_2 est court-circuité, mais R_3 dans le groupement avec R_2 est aussi court-circuité. Le commutateur fermé court-circuite tout ce qui est branché entre les bornes A et B. Il en résulte un circuit série qui est représenté sur la figure 5-13b.

Dans ce cas, seule la résistance R_1 de 10 Ω s'oppose au passage du courant; I est égal à V/R_1, c'est-à-dire $^{100}\!/_{10} = 10$ A. Ce courant de 10 A traverse R_1, le commutateur fermé et la source. Comme R_1 est traversé par 10 A au lieu de son courant nominal de 2 A, cet excès de courant peut provoquer un dégagement de chaleur trop important dans R_1. Il ne passe aucun courant dans R_1 ni R_3 qui sont court-circuités.

Effet d'une coupure de circuit La figure 5-14a représente le même circuit que la figure 5-13a, mais le commutateur S_2 est maintenant utilisé pour brancher R_3 en parallèle avec R_2. Quand S_2 est fermé, en fonctionnement normal, tous les courants et toutes les tensions ont les valeurs calculées pour le circuit mixte. Mais considérons l'effet de l'ouverture de S_2, comme l'indique la figure 5-14b. Un commutateur ouvert a une résistance infinie. Il y a maintenant une coupure entre les bornes C et D. En outre, comme R_3 se trouve sur le circuit ouvert, on ne peut plus considérer que ses 80 Ω sont en parallèle avec R_2.

Le circuit représenté sur la figure 5-14b, avec S_2 ouvert, est identique au circuit comprenant uniquement R_1 et R_2 en série avec la source de 100 V. La branche ouverte comprenant R_3 ne joue pas le rôle d'une branche en parallèle. Cela est dû au fait qu'aucun courant ne circule dans R_3.

On peut considérer les deux résistances R_1 de 10 Ω et R_2 de 80 Ω en série comme un diviseur de tension, dans lequel chaque chute I est proportionnelle à sa résistance. La résistance série totale R est de $80 + 10 = 90 \, \Omega$.

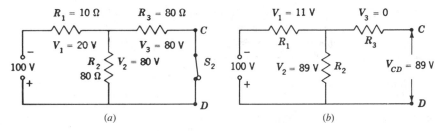

Figure 5-14 *Influence d'une coupure dans un circuit mixte: (a) circuit normal avec S_2 fermé; (b) circuit série avec R_1 et R_2, quand S_2 est ouvert. Dans la branche coupée, R_3 ne reçoit pas de courant et ne crée pas de chute de tension IR.*

La résistance R_1 de 10 Ω est les $^{10}/_{90}$, soit $^1/_9$, de la résistance totale R et V_1 est égal à $^1/_9$ de la tension appliquée V_T; V_1 est donc de $^1/_9 \times 100 = 11$ V, tandis que V_2 est de $^8/_9 \times 100 = 89$ V environ. La chute de 11 V pour V_1 et celle de 89 V pour V_2 s'additionnent pour donner les 100 V de la tension appliquée.

Remarquez que V_3 est nul. Comme aucun courant ne traverse R_3, il ne peut pas y avoir de chute de tension dans R_3.

En outre, la tension entre les bornes C et D qui ne sont pas reliées est égale à V_2, soit 89 V. Comme il n'y a pas de chute de tension aux bornes de R_3, la borne C est au même potentiel que la borne supérieure de R_2. La borne D est directement reliée à la borne inférieure de R_2. La différence de potentiel entre C et D est donc de 89 V, aux bornes de R_2.

Problèmes pratiques 5.9
(réponses à la fin du chapitre)

(a) Soit la figure 5-13. Le court-circuit augmente I_T de 2 A à quelle valeur?

(b) Soit la figure 5-14. La branche ouverte réduit I_T de 2 A à quelle valeur?

Résumé

1. Le tableau 5-1 résume les principales caractéristiques des circuits série et parallèle. Dans les circuits associant des branchements série et parallèle, les composants qui se trouvent sur le même passage du courant, sans qu'il y ait de noeud, sont en série; les composants du circuit, connectés entre les deux mêmes noeuds, sont en parallèle.

2. Pour calculer R_T dans un circuit mixte comprenant R dans la ligne principale, combiner les résistances depuis l'extérieur, en revenant vers la source.

3. On utilise couramment un châssis servant de masse comme liaison de retour vers un côté de la source de tension. Les tensions mesurées par rapport au châssis de masse peuvent avoir soit une polarité négative, soit une polarité positive.

4. Quand le potentiel est le même aux deux extrémités d'une résistance, la chute de tension dans cette résistance est nulle. Ou encore, si aucun courant ne circule dans une résistance, il ne peut pas y avoir de chute de tension IR dans cette résistance.

Exercices de contrôle
(Réponses à la fin de l'ouvrage)

Voici un moyen de contrôler si vous avez bien assimilé le contenu de ce chapitre. Ces exercices sont uniquement destinés à vous évaluer vous-même.

Choisir (a), (b), (c) ou (d).

1. Dans le circuit mixte de la figure 5-1b: (a) R_1 est en série avec R_3; (b) R_2 est en série avec R_3; (c) R_4 est en parallèle avec R_3; (d) R_1 est en parallèle avec R_3.
2. Dans le circuit mixte de la figure 5-2b: (a) R_1 est en parallèle avec R_3; (b) R_2 est en parallèle avec R_4; (c) R_1 est en série avec R_2; (d) R_2 est en série avec R_4.
3. Dans le circuit mixte de la figure 5-5, le total des courants individuels de toutes les branches arrivant au noeud A et sortant du noeud B est de: (a) 0,5 A; (b) 1 A; (c) 2 A; (d) 4 A.
4. Dans le circuit de la figure 5-2 comprenant quatre lampes d'éclairage de 120 V, 100 W, la résistance de chaque lampe est de: (a) 72 Ω; (b) 100 Ω; (c) 144 Ω; (d) 120 Ω.
5. Dans le circuit mixte de la figure 5-4a: (a) R_2 est en série avec R_3; (b) R_1 est en série avec R_3; (c) la résistance équivalente à R_2R_3 est en parallèle avec R_1; (d) la résistance équivalente à R_2R_3 est en série avec R_1.
6. Dans un circuit série à résistances inégales: (a) la plus grande tension est aux bornes de la plus faible résistance; (b) la plus grande tension est aux bornes de la plus grande résistance; (c) le plus grand courant parcourt la plus petite résistance; (d) le plus grand courant parcourt la plus grande résistance.
7. Dans un circuit parallèle à branches de résistances inégales: (a) le courant le plus élevé circule dans la plus grande résistance; (b) le courant est le même dans toutes les branches; (c) la tension est la plus élevée aux bornes de la résistance la plus faible; (d) le courant est le plus élevé dans la résistance la plus faible.
8. Sur la figure 5-14, quand S_2 est ouvert, R_T est égal à: (a) 90 Ω; (b) 100 Ω; (c) 50 Ω; (d) 10 Ω.

Tableau 5-1 *Comparaison entre les circuits série et les circuits parallèle*

CIRCUITS SÉRIE	CIRCUITS PARALLÈLE
Courant identique dans tous les composants en série	Tension identique aux bornes de toutes les branches en parallèle
Aux bornes de chaque résistance, $V = I \cdot R$	Dans chaque branche, $I = V/R$
La tension totale appliquée est la somme des chutes de tensions	Le courant total est égal à la somme des courants dans les différentes branches:
$IR: V_T = V_1 + V_2 +$	$I_T = I_1 + I_2 + I_3 + ...$
$R_T = R_1 + R_2 + R_3 + V_3 + ...$	$G_T = G_1 + G_2 + G_3 + ...$
R_T doit être supérieur à la plus grande des résistances individuelles	R_T doit être inférieur à la plus petite des résistances en parallèle
$P_T = P_1 + P_2 + P_3 + ...$	$P_T = P_1 + P_2 + P_3 + ...$
La tension appliquée est divisée en chutes de tension IR en série	Le courant de la ligne principale se partage entre les courants des branches en parallèle
La plus grande chute IR est aux bornes de la plus grande résistance R en série	Le plus grand courant I circule dans la plus petite résistance en R parallèle
Une coupure d'un composant entraîne une coupure de tout le circuit	Une coupure dans une branche n'empêche pas le passage d'un courant dans les autres branches

9. Sur la figure 5-12c, V_{DA} est égal à: (*a*) $+10$ V; (*b*) -20 V; (*c*) -30 V; (*d*) $+30$ V.

10. Dans le pont de Wheatstone de la figure 5-10, à l'équilibre: (a) $I_A = 0$; (b) $I_B = 0$; (c) $V_2 = 0$; (d) $V_{AB} = 0$.

Questions

1. Dans un circuit mixte, comment pouvez-vous trouver quelles sont les résistances en série et les résistances en parallèle?
2. Dessinez le schéma de deux résistances en parallèle, placées en série avec une autre résistance.
3. Dessinez un schéma montrant comment relier trois résistances de valeurs égales pour que la résistance équivalente à l'ensemble soit une fois et demie la résistance de l'une d'elles.
4. Dessinez un schéma représentant deux circuits série en parallèle aux bornes d'une source de tension, chaque circuit série comprenant trois résistances.
5. Expliquez pourquoi des composants sont connectés en montage mixte, en donnant un circuit comme exemple à vos explications.
6. Indiquez deux différences entre un court-circuit et une coupure de circuit.
7. Indiquez la différence entre un diviseur de tension et un diviseur de courant.
8. Donnez un exemple dans lequel une tension est négative par rapport à la masse du châssis.
9. Dessinez un circuit comprenant neuf lampes d'éclairage de 40 V, 100 W, branchées à une source de 120 V.
10. (a) Deux résistances de 10 Ω sont en série avec une source de 100 V. Si on ajoute une troisième résistance de 10 Ω en série, expliquez pourquoi I diminue. (b) Les deux mêmes résistances de 10 Ω sont en parallèle avec une tension de 100 V. Si on ajoute une troisième résistance R de 10 Ω, en parallèle, expliquez pourquoi I_T augmente.

Problèmes
(Les réponses aux problèmes de numéro impair sont données à la fin de l'ouvrage)

1. En vous reportant à la figure 5-1: (a) calculez la résistance totale du circuit quand toutes les résistances sont de 10 Ω. (b) Quel est le courant dans la ligne principale si V_T est de 100 V?
2. Calculez, dans le cas de la figure 5-2, la puissance totale fournie par la source aux quatre lampes de 100 W.

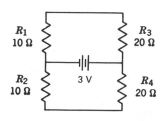

Figure 5-15 *Pour le problème 3.*

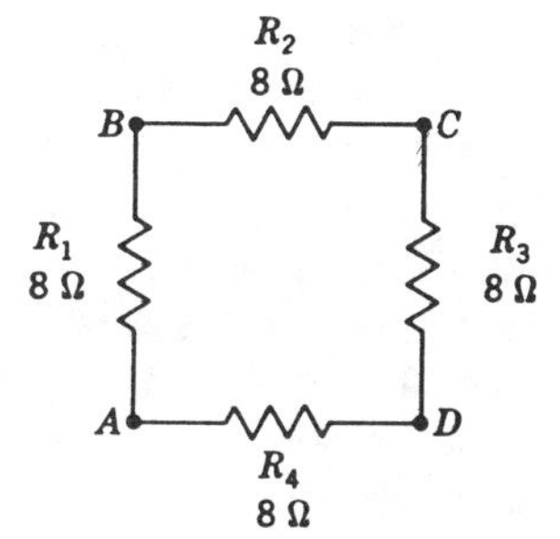

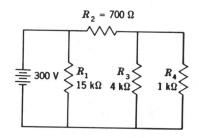

Figure 5-16 *Pour le problème 5.*

3. En vous reportant au schéma de la figure 5-15: (*a*) pourquoi la résistance R_1 est-elle en série avec R_3 mais pas avec R_2? (*b*) Trouvez la résistance totale du circuit aux bornes de la pile.

4. Deux résistances R_1 et R_2 de 60 Ω en parallèle doivent être soumises à une tension de 60 V pour qu'un courant de 1 A circule dans chaque branche. Montrez comment il faut brancher une résistance en série dans la ligne principale pour abaisser la tension de 100 V appliquée à 60 V aux bornes du jeu de résistances en parallèle. (*a*) Quelle doit être la tension aux bornes de R_3? (*b*) Quel est le courant qui doit traverser R_3? (*c*) Quelle doit être la valeur de la résistance R_3? (*d*) Si R_3 est coupé, quelle est la tension aux bornes de R_1 et de R_2? (*e*) Si R_1 est coupé, quelles seront les tensions aux bornes de R_2 et de R_3?

5. En vous reportant au schéma de la figure 5-16, (*a*) calculez la résistance R entre les points A et D. (*b*) Quelle est la valeur de la résistance R entre les points A et D quand la résistance R_4 est coupée?

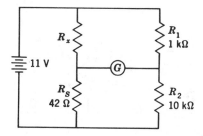

Figure 5-17 *Pour le problème 11.*

Figure 5-18 *Pour le problème 12.*

6. Montrez comment connecter quatre résistances de 100 Ω dans un circuit mixte ayant une résistance équivalente de 100 Ω. (a) Si l'ensemble est branché aux bornes d'une source de 100 V, quelle est la puissance fournie par la source? (b) Quelle est la puissance dissipée dans chaque résistance?

7. Les quatre résistances suivantes sont en série avec une source de 32 V: $R_1 = 24$ Ω, $R_2 = 8$ Ω, $R_3 = 72$ Ω et $R_4 = 240$ Ω. (a) Trouvez la chute de tension aux bornes de chaque résistance. (b) Calculez la puissance dissipée dans chaque résistance. (c) Quelle est la résistance dans laquelle la chute de tension est la plus élevée? (d) Quelle est la résistance qui dissipe la puissance la plus élevée?

8. Les quatre mêmes résistances sont branchées en parallèle aux bornes de la source de 32 V. (a) Trouvez le courant dans chaque résistance. (b) Calculez la puissance dissipée dans chaque résistance. (c) Quelle est la résistance parcourue par le courant le plus élevé? (d) Quelle est la résistance qui dissipe la puissance la plus élevée?

9. Trouvez les résistances R_1 et R_2 d'un diviseur de tension qui reçoit 10 mA d'une source de 200 V, avec une chute de tension de 50 V dans R_2.

10. En vous reportant à la figure 8-2 du chapitre 8, calculez R_T, I_T, chacune des tensions et chacun des courants.

11. Dans le circuit en pont de Wheatstone de la figure 5-17, trouvez chacune des tensions, indiquez la polarité, et calculez R_X. Le pont est équilibré.

12. Trouvez V et I pour chacune des quatre résistances de la figure 5-18.

13. Calculez R_T sur la figure 5-19.

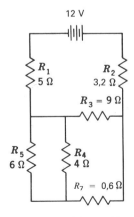

Figure 5-19 *Pour le problème 13.*

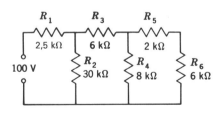

Figure 5-20 *Pour le problème 14.*

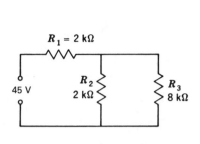

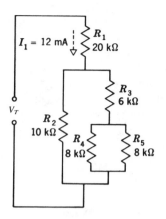

Figure 5-21 *Pour le problème 15.*

Figure 5-22 *Pour le problème 16.*

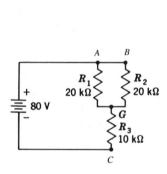

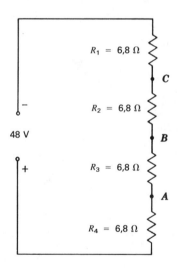

Figure 5-23 *Pour le problème 17.*

Figure 5-24 *Pour le problème 18.*

14. Trouvez V_6, sur la figure 5-20.
15. D'après la figure 5-21: (*a*) calculez V_2; (*b*) trouvez V_2 quand R_3 est coupé.
16. D'après la figure 5-22, trouvez I et V pour les cinq résistances et calculer la tension appliquée V_T.

17. D'après la figure 5-23: (a) trouvez V_1, V_2, V_3, I_1, I_2, I_3 et I_T dans le circuit représenté. (b) Reliez maintenant le point G à la masse. Donnez les tensions avec la polarité, aux bornes A, B et C par rapport à la masse. Donnez aussi les valeurs de I_1, I_2, I_3 et I_T, quand le point G est à la masse.

18. D'après la figure 5-24, donnez les tensions aux points A, B et C, avec leur polarité par rapport à la masse, quand: (a) le point A est à la masse; (b) le point B est à la masse; (c) le point C est à la masse.

Réponses aux problèmes pratiques

5.1 (a) $R = 1$ kΩ
    (b) $R = 0,5$ kΩ
    (c) $R_T = 1,5$ kΩ
5.2 (a) $I = 6$ A
    (b) $V_A = 72$ V
5.3 (a) $V_3 = 40$ V
    (b) $I = 8$ A
5.4 (a) R_1
    (b) R_4
    (c) R_6
5.5 (a) R_3
    (b) R_1

(c) $I_2 = 4$ A
(d) $V_3 = 60$ V
5.6 (a) deux
    (b) 0 V
5.7 (a) $+12$ V
    (b) -12 V
5.8 (a) -10 V
    (b) 0 V
    (c) $+20$ V
    (d) $+30$ V
5.9 (a) $I = 10$ A
    (b) $I = 1,1$ A

Rappel des chapitres 1 à 5

Résumé

1. L'électron est la quantité élémentaire d'électricité négative; le proton est la quantité élémentaire d'électricité positive; tous deux ont la même charge mais des polarités opposées.

2. Une certaine quantité d'électrons constitue une charge négative; un manque d'électrons est une charge positive. Des charges identiques se repoussent; des charges opposées s'attirent.

3. Les charges se mesurent en coulombs; $6,25 \times 10^{18}$ électrons équivalent à un coulomb. Une charge en mouvement forme un courant. Un coulomb par seconde est égal à un courant de un ampère.

4. Une différence de potentiel se mesure en volts. Un volt crée un courant de un ampère malgré l'opposition d'une résistance de un ohm.

5. Les trois formes de la loi d'Ohm sont: $I = V/R$, $V = IR$, et $R = V/I$.

6. La puissance en watts est égale à $V \cdot I$, I^2R ou V^2/R, V, I et R étant respectivement exprimés en volts, ampères et ohms.

7. Les multiples et sous-multiples les plus courants des unités pratiques sont *méga* ou M pour 10^6, *micro* ou μ pour 10^{-6}, *kilo* ou k pour 10^3, et *milli* ou m pour 10^{-3}.

8. Quand des résistances sont montées en série: (*a*) le courant est le même dans toutes les résistances; (*b*) les chutes de tension IR peuvent être différentes si les résistances sont différentes; (*c*) la tension totale appliquée est égale à la somme des chutes de tension, IR, en série; (*d*) la résistance totale est égale à la somme des résistances individuelles; (*e*) la coupure d'une seule résistance se traduit par un courant nul dans tout le circuit série.

9. Quand des résistances sont montées en parallèle: (*a*) la tension est la même aux bornes de toutes les résistances; (*b*) les courants dans chacune des branches peuvent être différents si les résistances sont inégales; (*c*) le courant total dans la ligne est égal à la somme des courants dans des branches en parallèle; (*d*) la résistance combinée des branches en parallèle est inférieure à la plus petite des

résistances, elle est déterminée par la formule des inverses (4.3); (*e*) une coupure dans l'une des branches ne modifie pas les autres branches; (*f*) un court-circuit dans l'une des branches court-circuite toutes les branches.

10. Dans les circuits mixtes, les résistances se trouvant sur un même passage de courant qui ne présente pas de noeud sont en série; toutes les lois des résistances en série s'appliquent. Les résistances branchées entre deux mêmes noeuds sont en parallèle; toutes les lois des résistances en parallèle s'appliquent.

Exercices de contrôle récapitulatifs
(Réponses à la fin de l'ouvrage)

Voici une nouvelle occasion de vérifier vos progrès. Effectuer ces exercices comme vous l'avez fait pour ceux de chaque fin de chapitre.

Choisir (*a*), (*b*), (*c*) ou (*d*).

1. Dans lequel des circuits qui suivent une source de tension produira-t-elle le courant le plus élevé? (*a*) 10 V appliqués à une résistance de 10 Ω; (*b*) 10 V appliqués à deux résistances de 10 Ω, en série; (*c*) 10 V aux bornes de deux résistances de 10 Ω en parallèle; (*d*) 1000 V aux bornes d'une résistance de 1 MΩ.

2. Trois lampes 120 V, 100 W sont en parallèle aux bornes d'une ligne de distribution de 120 V. Si une lampe est grillée: (*a*) les deux autres lampes n'éclairent plus; (*b*) les trois lampes s'allument; (*c*) les deux autres lampes peuvent s'allumer; (*d*) il y a un excès de courant dans la ligne principale.

3. Un circuit est parcouru par un courant de 1 mA quand on lui applique 1 V. La conductance de ce circuit est égale à: (*a*) 0,002 Ω; (*b*) 0,005 μS; (*c*) 1000 μS; (*d*) 1 S.

4. La charge accumulée en 5 s par un courant de 2 A est égale à: (*a*) 2 C; (*b*) 10 C; (*c*) 5 A; (*d*) 10 A.

5. Une différence de potentiel appliquée aux bornes d'une résistance de 1 MΩ crée un courant de 1 mA. La tension appliquée est égale à: (*a*) 1 μV; (*b*) 1 mV; (*c*) 1 kV; (*d*) 1 000 000 V.

6. Un groupe de deux résistances de 1000 Ω, en série, est monté en série avec un groupe de deux résistances de 1000 Ω en parallèle. La résistance totale du montage mixte est égale à: (*a*) 250 Ω: (*b*) 2500 Ω; (*c*) 3000 Ω; (*d*) 4000 Ω.

7. Dans le circuit de l'exercice 6, une des résistances du groupe série est coupée. Le courant dans le groupe parallèle: (*a*) augmente légèrement dans chacune des branches; (*b*) s'annule dans une branche mais devient maximal dans l'autre branche; (*c*) est maximal dans les deux branches; (*d*) est égal à zéro dans les deux branches.

8. Lorsque l'on applique 100 V aux bornes d'une résistance de 10 000 Ω, la puissance dissipée est égale à: (*a*) 1 mW; (*b*) 1 W; (*c*) 100 W; (*d*) 1 kW.

9. Quand on applique 10 V aux bornes des résistances R_1, R_2, et R_3, montées en série, un courant de 1 A circule dans le circuit. R_1 est égal à 6 Ω et R_2 est égal à 2 Ω. Par conséquent, R_3 est égal à: (*a*) 2 Ω; (*b*) 4 Ω; (*c*) 10 Ω; (*d*) 12 Ω.

10. Une source de 5 V et une source de 3 V sont montées en opposition. La tension équivalente, aux bornes des deux sources, est égale à: (*a*) 5 V; (*b*) 3 V; (*c*) 2 V; (*d*) 8 V.

11. Dans un circuit comprenant trois branches en parallèle, s'il se produit une coupure dans l'une des branches, le courant dans la ligne principale sera: (*a*) plus élevé; (*b*) plus faible; (*c*) identique; (*d*) infini.

12. Une résistance R_1 de 10 Ω et une résistance R_2 de 20 Ω sont en série avec une source de 30 V. Si R_1 est coupé, la chute de tension aux bornes de R_2 sera: (*a*) nulle; (*b*) de 20 V; (*c*) de 30 V; (*d*) infinie.

13. Une tension V_1 de 40 V est montée en opposition avec une tension V_2 de 50 V. La tension totale aux bornes de l'ensemble est: (*a*) 10 V; (*b*) 40 V; (*c*) 50 V; (*d*) 90 V.

14. Deux chutes de tension V_1 et V_2 en série font un total de 100 V pour V_T. Si V_1 est égal à 60 V, V_2 doit être égal à: (*a*) 40 V; (*b*) 60 V; (*c*) 100 V; (*d*) 160 V.

15. Deux courants I_1 et I_2 circulant dans des branches en parallèle font un courant total I_T de 100 mA. Si I_1 est égal à 60 mA, I_2 doit être égal à: (*a*) 40 mA; (*b*) 60 mA; (*c*) 100 MA; (*d*) 160 mA.

Références
(D'autres références sont données à la fin de l'ouvrage)

COOKE, N. M. et H. F. R. ADAMS, *Basic Mathematics for Electronics,* 4ᵉ éd., McGraw-Hill Book Company, New York.

DE FRANCE, J. J., *Electrical Fundamentals,* Prentice-Hall, Inc., Englewood Cliffs, N.J.

GROB, B., *Mathematics Outline and Review Problems for Basic Electronics,* McGraw-Hill Book Company, New York.

OPPENHEIMER, S. L., et J. P. BORCHERS, *Direct and Alternating Currents,* McGraw-Hill Book Company, New York.
Periodic Chart of the Atoms, Welch Scientific Co.

TIMBIE, W. H., *Basic Electricity for Communications,* John Wiley and Sons, Inc., New York.

Volumes pratiques:

TINNELL, R. W., *Expériences d'électricité — courant continu,* McGraw-Hill Ryerson, Limited, 1968.

ZBAR, P. B., *Laboratoire d'électricité,* McGraw-Hill Ryerson Limited, 1974.

Diviseurs de tension et diviseurs de courant

Tout circuit série est un diviseur de tension. Les chutes de tension IR sont des portions proportionnelles de la tension appliquée. De la même façon, tout circuit parallèle est un diviseur de courant. Le courant de chaque branche ou courant dérivé est une fraction du courant d'alimentation total, il est inversement proportionnel à la résistance de la branche considérée. On peut, pour abréger les calculs, utiliser les formules de division de tension et de courant. La formule de division de la tension donnera les tensions en série même si le courant n'est pas connu. De la même façon, la formule de division de courant donnera le courant des branches ou courants dérivés, sans pour autant devoir connaître la tension. En fin de compte, nous considérerons un diviseur de tension à branches en parallèle parcourues par des courants de charge. La conception d'un tel diviseur de tension chargé s'applique au cas important des prises de tensions connectées sur l'alimentation d'un appareillage électronique. Ce chapitre traite des sujets suivants:

6.1 Diviseurs de tension
6.2 Diviseur de courant à deux résistances en parallèle
6.3 Division de courant par des conductances en parallèle
6.4 Diviseur de tension à courants de charge en parallèle
6.5 Conception d'un diviseur de tension chargé

6.1 DIVISEURS DE TENSION

Le même courant circule dans toutes les résistances d'un circuit série. Les chutes de tension sont données par le produit IR. Ces tensions IR sont donc proportionnelles aux résistances en série. Plus la résistance en série d'un circuit est grande, plus sa tension IR est grande elle aussi. Des résistances égales présentent la même chute $V = IR$. Si $R_1 = 2\ R_2$, alors $V_1 = I_1 R_1 = 2\ I_1 R_2 = 2\ V_2$, d'où $V_1 = 2\ V_2$.

Tout jeu de résistances en série constitue

un *diviseur de tension*. La chute de tension $V = IR$ de chaque résistance est égale à sa partie proportionnelle de la tension appliquée, ce qui s'écrit, sous forme mathématique:

$$V = \frac{R}{R_T} \cdot V_T \qquad (6.1)$$

Exemple 1 Trois résistances R_1, R_2 et R_3 de 50 kΩ sont disposées en série aux bornes d'une source de tension de 180 V. Déterminer la chute de tension IR aux bornes de chacune.

Réponse 60 V. En effet, ces trois résistances étant égales, chacune est le tiers de la résistance totale du circuit, chacune absorbe le tiers de la tension totale appliquée. Mathématiquement, il viendra:

$$V = \frac{R}{R_T} \cdot V_T = \frac{50 \text{ k}\Omega}{150 \text{ k}\Omega} \times 180 \text{ V}$$

$$= \frac{1}{3} \times 180 \text{ V}$$

$$V = 60 \text{ V}$$

Il importe que R et R_T soient exprimés dans les mêmes unités. Dans ce cas V est exprimé dans la même unité que V_T.

Le circuit de la figure 6-1 constitue un autre exemple de diviseur de tension proportionnel. Soit à calculer la tension entre les bornes de R_3. Nous pouvons calculer cette tension soit par la formule IR_3, soit par la formule (6.1) de la partie proportionnelle de V_T. Les deux résultats seront identiques.

Dans la méthode proportionnelle, V_3 est les $^{20}/_{100}$ de la tension appliquée car R_3 est de 20 kΩ et R_T de 100 kΩ. V_3 est donc égal à $^{20}/_{100} \times 200$ V, soit $^1/_{50} \times 200$ V, donc 40 V.

De la même façon, $V_2 = ^{30}/_{100} \times 200$ V $= ^3/_{10} \times 200$ V $= 60$ V et $V_1 = ^{50}/_{100} \times 200$ V $= ^1/_2 \times 200$ V $= 100$ V. Leur somme $V_1 + V_2 + V_3 = 40$ V $+ 60$ V $+ 100$ V $= 200$ V est donc égale à V_T.

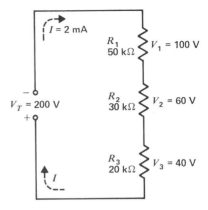

Figure 6-1 *Un jeu de résistances en série constitue un diviseur de tension proportionnel: chaque* $V_R = (R/R_T) \cdot V_T$.

Par la méthode du courant, on aura $I = V_T/R_T = 200$ V/100 kΩ $= 2$mA. Alors $V_3 = I \cdot R_3 = 2$ mA $\times 20$ kΩ $= 40$ V. De la même façon, $V_2 = 2$ mA $\times 30$ kΩ $= 60$ V et $V_1 = 2$ mA $\times 50$ kΩ $= 100$ V. Ces valeurs sont égales à celles obtenues par la méthode proportionnelle selon la formule (6.1).

Dans le cas de deux tensions en série, il suffit d'en calculer une, sa soustraction de V_T donnera l'autre.

La chute de tension en série étant proportionnelle à la résistance, il s'ensuit qu'une très petite résistance R présente une chute IR en série négligeable par rapport à celle engendrée par une résistance R beaucoup plus grande. La figure 6-2 illustre un cas de ce genre: les résistances R_1 de 1 kΩ et R_2 de 999 kΩ sont en série et la tension V_T est de 1000 V.

Selon la formule du diviseur de tension, on aura $V_1 = ^1/_{1000} \times 1000$ V $= 1$ V et $V_2 = ^{999}/_{1000} \times 1000$ V $= 999$ V, soit pratiquement toute la tension appliquée.

De plus, le courant de 1 mA circulant à travers R_1 et R_2 est presque entièrement déterminé par la résistance R_2 de 999 kΩ. Le courant I pour R_T est de 1000 V/1000 kΩ $= 1$ mA, celui pour R_2 de 999 kΩ seul serait de 1,001 mA.

L'avantage de l'utilisation de la formule du diviseur est de trouver la chute de tension proportionnelle à partir de V_T et des résistances en série sans connaître I. Le calcul de I prendrait, pour des valeurs disgracieuses de R, plus de temps que le calcul des tensions. Il est possible dans de nombreux cas de déterminer approximativement la valeur de la division de tension sans effectuer aucun calcul.

Problèmes pratiques 6.1
(réponses à la fin du chapitre)
Considérer la figure 6-1:

(a) Calculer R_T;

(b) Quelle fraction de la tension appliquée est V_3?

6.2
DIVISEUR DE COURANT À DEUX RÉSISTANCES EN PARALLÈLE

Il est souvent nécessaire de calculer le courant circulant dans chaque branche d'un réseau de résistances en parallèle à partir de la valeur de ces résistances et de celle de I_T, sans connaître la tension entre les bornes du réseau parallèle. La solution de ce problème repose sur la re-

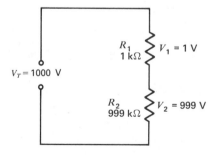

Figure 6-2 *La résistance R_1 est très petite par rapport à R_2 en série avec elle. La tension V_1 est donc elle aussi très petite par rapport à V_2.*

marque suivante: le courant circulant dans une des deux branches d'un réseau parallèle est inversement proportionnel à la somme des résistances. La figure 6-3 illustre un tel cas. Les courants I_1 et I_2 des branches 1 et 2 s'obtiennent selon les expressions:

$$I_1 = \frac{R_2}{R_1 + R_2} \cdot I_T \qquad (6.2)$$

et

$$I_2 = \frac{R_1}{R_1 + R_2} \cdot I_T$$

Remarquer que R_2 apparaît au numérateur de I_1 et que R_1 apparaît à celui de I_2. Cela provient du fait que le courant circulant dans une branche est inversement proportionnel à la résistance de cette branche. Le dénominateur, le même dans les deux expressions, est égal à la somme des résistances.

On aura, pour l'exemple illustré à la figure 6-3, dans lequel $I_T = 30$ A, $R_1 = 2\ \Omega$ et $R_2 = 4\ \Omega$:

$$I_1 = \frac{4}{2+4} \times 30$$

$$= \frac{4}{6} \times 30 = \frac{2}{3} \times 30$$

$$I_1 = 20 \text{ A}$$

et, pour l'autre branche:

$$I_2 = \frac{2}{2+4} \times 30$$

$$= \frac{2}{6} \times 30 = \frac{1}{3} \times 30$$

$$I_2 = 10 \text{ A}$$

Les résistances étant toutes exprimées dans la même unité, l'unité des courants des branches est celle utilisée pour I_T. On pourrait par exemple exprimer R en kilohms et I en milliampères.

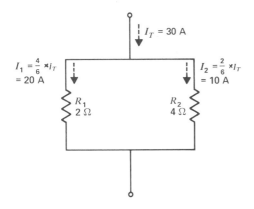

Figure 6-3 *Division d'un courant par deux branches en parallèle. Chaque I est inversement proportionnel à R. La plus petite résistance R est parcourue par le plus grand courant I.*

Il n'est pas nécessaire en réalité de calculer les deux courants. Il suffit d'en calculer un, sa soustraction du courant total I_T donnant l'autre.

Remarquer que la division d'un courant dans un réseau parallèle est le contraire de la division d'une tension dans un réseau série. Dans le cas d'un réseau série, plus une résistance R, est grande, plus sa chute de tension IR, proportionnelle à la résistance R, sera grande; dans le cas d'un réseau parallèle, plus une résistance R est petite, plus le courant qui la traverse V/R, inversement proportionnel à la résistance R, sera grand.

Ainsi, à la figure 6-3, le courant I_1 de 20 A est le double du courant I_2 de 10 A, car la résistance R_1 de 2 Ω est la moitié de la résistance R_2 de 4 Ω. Le courant divisé I est donc inversement proportionnel à la résistance R qu'il traverse.

Cette caractéristique du réseau parallèle, le courant I divisé inversement proportionnel à la résistance R qu'il traverse, entraîne qu'une très grande résistance R a peu d'effet sur une résistance R beaucoup plus petite disposée en

parallèle. Considérons par exemple le circuit diviseur d'un courant I_T de 1000 mA de la figure 6-4. Il présente une résistance R_2 de 999 kΩ en parallèle avec une résistance R_1 de 1 kΩ. Les courants des branches seront:

$$I_1 = \frac{999}{1000} \times 1000 \text{ mA} = 999 \text{ mA}$$

$$I_2 = \frac{1}{1000} \times 1000 \text{ mA} = 1 \text{ mA}$$

Les 999 mA de I_1 constituent presque la totalité du courant d'alimentation de 1000 mA et cela parce que R_1 est très petit par rapport à R_2.

La formule (6.2) du diviseur de courant n'est valide que pour les réseaux à deux branches. Cela tient au fait que le courant divisé I de chaque branche est inversement proportionnel à la résistance R qu'il traverse. Par contre, la formule (6.1) du diviseur de tension est valide quel que soit le nombre de résistances en série. Cela tient au fait que chaque chute de tension $V = IR$ est directement proportionnelle à la résistance R qui la provoque.

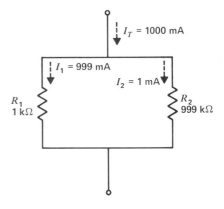

Figure 6-4 *Très grande résistance R_2 en parallèle avec R_1: très petit courant I_2 par rapport à I_1.*

Il est possible, pour un plus grand nombre de branches, de combiner ces dernières de manière à ne considérer que deux courants divisés à la fois. La meilleure méthode, cependant, est de recourir aux conductances en parallèle, puisque I et G sont directement proportionnels, comme il est expliqué dans la section suivante.

Problèmes pratiques 6.2
(réponses à la fin du chapitre)
Considérer la figure 6-3:
(a) Calculer le rapport de R_2 à R_1;
(b) Calculer le rapport de I_2 à I_1.

6.3
DIVISION D'UN COURANT PAR DES CONDUCTANCES EN PARALLÈLE

Se rappeler que la conductance $G = 1/R$. La conductance et le courant sont donc directement proportionnels. Une plus grande conductance permet le passage d'un plus grand courant, et ce pour la même valeur V. Le courant de chaque dérivation est, peu importe le nombre de branches:

$$I = \frac{G}{G_T} \cdot I_T \qquad (6.3)$$

expression dans laquelle G est la conductance d'une branche et G_T, la somme de toutes les conductances en parallèle. L'unité de la conductance G est le siemens (S).

Remarquer que la formule (6.3) de division des courants proportionnellement à G est semblable à la formule (6.1) de division des tensions en série proportionnellement à R. Cela tient au fait que les deux formules représentent toutes deux une proportion directe.

En guise d'exemple d'utilisation de la formule (6.3), reportons-nous à la figure 6-3 et déterminons le courant des branches en considérant G au lieu de R. On aura $G_1 = 1/R_1 = \frac{1}{2}\ \Omega = 0,5$ S et $G_2 = 1/R_2 = \frac{1}{4}\ \Omega =$

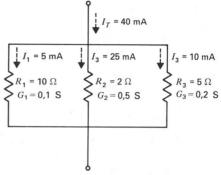

Figure 6-5 *Diviseur de courant à trois conductances en parallèle G_1, G_2 et G_3. Les conductances s'expriment en siemens, symbole S. Le courant I de chaque branche est directement proportionnel à la conductance G de cette branche.*

0,25 S, d'où $G_T = G_1 + G_2 = 0,5$ S + 0,25 S = 0,75 S. Et puisque $I_T = 30$ A, on aura successivement:

$$I_1 = \frac{G_1}{G_T} \cdot I_T$$

$$= \frac{0,50}{0,75}\ \times 30\ \text{A} = \frac{2}{3}\ \times 30\ \text{A}$$

$$I_1 = 20\ \text{A}$$

Ce courant I_1 est de même valeur que celui calculé auparavant. On en tire que $I_2 = 30$ A - 20 A = 10 A.

La figure 6-5 représente un circuit parallèle à trois branches. On aura $G_1 = 1/R_1 = \frac{1}{10}\ \Omega = 0,1$ S, $G_2 = 1/R_2 = \frac{1}{2}\ \Omega = 0,5$ S et $G_3 = 1/R_3 = \frac{1}{5}\ \Omega = 0,2$ S. Ce qui donne $G_T = 0,1$ S + 0,5 S + 0,2 S = 0,8 S. Le courant I_T donné est de 40 mA.

On aura:

$$I_1 = \frac{G_1}{G_T} \cdot I_T$$

$$= \frac{0,1}{0,8} \times 40\ \text{mA}$$

$$I_1 = 5\ \text{mA}$$

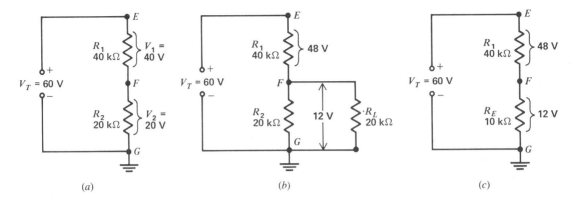

Figure 6-6 *Effet d'une charge en parallèle sur une portion d'un diviseur de tension: (a) R_1 et R_2 en série sans dérivation de courant; (b) tension réduite entre les bornes de R_2 du fait du branchement de R_L; (c) circuit équivalent du diviseur de tension chargé.*

On obtient de la même façon $I_2 = $ $^5/_8 \times 40$ mA $= 25$ mA, $I_3 = {}^2/_8 \times 40$ mA $= 10$ mA et la somme $I_1 + I_2 + I_3 = 5$ mA $+ 25$ mA $+ 10$ mA $= 40$ mA, soit I_T.

Le circuit envisagé ne comporte que trois branches, mais la formule est utilisable quel que soit le nombre de conductances en parallèle à cause de la proportion directe entre I et G.

Problèmes pratiques 6.3
(réponses à la fin du chapitre)
Considérer la figure 6-3:
(a) Calculer le rapport de G_3 à G_1;
(b) Calculer le rapport de I_3 à I_1.

6.4
DIVISEURS DE TENSION À COURANTS DE CHARGE EN PARALLÈLE

Les diviseurs de tension vus jusqu'à présent ne comprennent qu'un jeu de résistances en série sans aucun courant dérivé. Et pourtant, en pratique, un diviseur de tension comporte souvent une prise de prélèvement d'une portion de V_T destinée à alimenter une charge qui réclame une tension inférieure à V_T. La charge ajoutée constitue alors une branche en parallèle disposée aux bornes d'une partie du diviseur. On constate, à la figure 6-6, que l'ajout d'une branche parallèle réduit la tension entre les bornes de dérivation.

Raison de la décroissance de la tension chargée La figure 6-6a représente un diviseur de tension seul constitué des deux résistances R_1 et R_2, ces résistances formant un simple diviseur proportionnel série entre les bornes de la source V_T de 60 V; R_1 est de 40 kΩ et R_2, de 20 kΩ, soit une résistance R_T de 60 kΩ. D'où l'on tire $I = 60$ V/60 k$\Omega = 1$ mA.

La tension V_1, entre les bornes de R_1, est de $^{40}/_{60} \times 60$ V $= 40$ V. De la même façon, $V_2 = {}^{20}/_{60} \times 60 = 20$ V. Remarquer que $V_1 + V_2 = 40$ V $+ 20$ V $= 60$ V, ce qui est bien la tension totale appliquée.

Le branchement en (b) de la résistance R_L de 20 kΩ en dérivation change cependant la résistance équivalente entre la prise F et la masse G. Cette modification des proportions des résistances change la division de tension.

La résistance de F à G, constituée des résistances R_2 et R_L en parallèle égales chacune à 20 kΩ, est maintenant de 10 kΩ. Cette résistance équivalente de 10 kΩ désignée par R_E est représentée en (c).

Puisqu'aucune dérivation ne lui a été branchée, R_1 est toujours de 40 kΩ. La nouvelle résistance totale R_T du diviseur tracé en (c) est de 40 kΩ + 10 kΩ = 50 kΩ. De ce fait, V_E, de F à G, est maintenant de $^{10}\!/\!_{50} \times 60$ V = 12 V. La tension aux bornes des résistances en parallèle R_2 et R_L est donc réduite à 12 V. C'est la valeur de la tension appliquée à R_L à la prise F.

Remarquer que V_1 entre les bornes de R_1 passe à 48 V en (c). En effet, V_1 est maintenant de $^{40}\!/\!_{50} \times 60$ V = 48 V. La somme $V_1 + V_2$ est de 12 V + 48 V = 60 V, ce qui redonne encore la tension totale appliquée.

Cheminement du courant pour R_L Tout le courant circulant dans ce circuit provient de la source V_T. Traçons le flux électronique pour R_L. Il part du côté négatif de V_T, traverse R_L, se dirige vers la prise F et revient au diviseur du côté positif de V_T via R. Ce courant I_L circule à travers R_1 mais non à travers R_2.

Courant de fuite Les résistances R_1 et R_2 reçoivent, de plus, leur propre courant de la source. Ce courant qui traverse toutes les résistances d'un diviseur est le courant de fuite I_B. Le débit électronique pour I_B part du côté négatif de V_T via R_2 et R_1 pour revenir ensuite au côté positif de V_T.

Le courant de fuite constitue un drain constant pour la source. Celui-ci, I_B, présente cependant l'avantage de réduire les variations du courant total dans la source de tension pour différentes valeurs du courant de charge.

En résumé, donc, pour les trois résistances de la figure 6-6: (a) R_L n'est traversé que par son courant de charge I_L; (b) R_2 n'est traversé que par le courant de fuite I_B; (c) R_1 est parcouru à la fois par I_L et par I_B.

Problèmes pratiques 6.4
(réponses à la fin du chapitre)
Considérer la figure 6-6:
(a) Calculer le rapport R_2/R_1 de (a);
(b) Calculer le rapport R_E/R_T de (c).

6.5
CONCEPTION D'UN DIVISEUR DE TENSION CHARGÉ

La conception d'un diviseur de tension pratique, tel celui de la figure 6-7, repose sur les principes vus ci-dessus. Ce type de circuit est utilisé à la sortie de l'alimentation d'un équipement électronique pour fournir à différentes prises des courants de charge différents sous des tensions différentes. La charge D, par exemple, peut représenter le circuit collecteur-émetteur d'un ou plusieurs transistors de puissance nécessitant une alimentation collecteur de + 100 V. La prise E peut, par exemple, représenter l'alimentation collecteur de 40 V pour des transistors de puissance moyenne. Et, finalement, la prise F de 20 V peut, par exemple, fournir le courant de polarisation base-émetteur des transistors de puissance et la tension collecteur des petits transistors.

Remarquer les spécifications de charge de la figure 6-7. La charge F réclame 18 V entre la prise F et la masse. Un courant de dérivation de 36 mA circulera à travers la charge F, une fois la tension de 18 V fournie. De la même façon, le courant I_E à travers la charge E sera de 54 mA si la tension à la prise E est de 40 V. De plus, la tension V_T de 100 V fait circuler un courant I_D de 180 mA à travers la charge D. Le courant total des charges est donc de 36 mA + 54 mA + 180 mA = 270 mA.

On accepte en outre un courant de fuite I_B à travers le diviseur entier d'environ 10 % du courant total des charges. Pour l'exemple

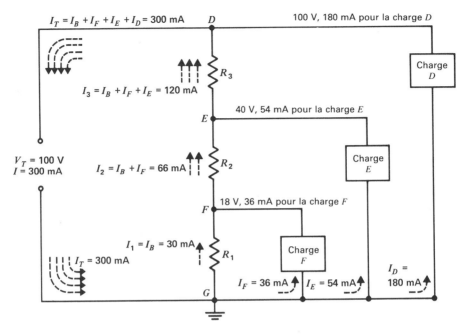

Figure 6-7 *Diviseur de la tension de source V_T en plusieurs tensions et obtention de courants de charge différents. Pour le calcul de R_1, R_2 et R_3, voir le texte.*

traité ci-dessus on prendra, par exemple, $I_B = 30$ mA. Le courant total fourni par la source sera donc de 270 mA + 30 mA = 300 mA. Rappelons que le courant I_B de 30 mA circule à travers R_1, R_2 et R_3.

Concevoir le diviseur illustré à la figure 6-7 revient donc à déterminer les résistances R_1, R_2 et R_3, compte tenu des tensions spécifiées. Chaque résistance R sera déterminée par le rapport V/I. Cela nous impose de trouver la valeur pertinente de V et celle de I pour chaque portion du diviseur.

Calcul du courant circulant à travers chaque R Commençons par la résistance R_1 car son courant est le courant de fuite de 30 mA lui-même. Aucun courant de charge ne circule

dans R_1, de sorte que le courant I_1 à travers R_1 est de 30 mA.

Le courant I_F de 36 mA circulant dans la charge F revient à la source via R_2 et R_3. Considérons R_2 seul: son courant I_2 est égal au courant I_F de la charge F plus le courant de fuite I_B de 30 mA, soit $I_2 = 36$ mA + 30 mA = 66 mA.

Le courant I_E de 54 mA circulant dans la charge E revient à la source via R_3 seul. Cette résistance R_3 est aussi parcourue par le courant I_F de 36 mA et par le courant I_B de 30 mA. Le courant I_3 à travers R_3 est donc de 54 mA + 36 mA + 30 mA = 120 mA. Ces valeurs I_1, I_2 et I_3 apparaissent au tableau 6-1.

Remarquer que le courant de charge I_D de la charge D à la partie supérieure de la figure 6-7 ne circule pas à travers R_3 ni à travers aucune des résistances du diviseur. Ce

Tableau 6-1 *Valeurs calculées du diviseur de tension de la figure 6-7*

	COURANT mA	TENSION V	RÉSISTANCE Ω
R_1	30	18	600
R_2	66	22	333
R_3	120	60	500

courant I_D de 180 mA est cependant le principal courant de charge circulant à travers la source de tension appliquée. Le courant de fuite et des charges de 120 mA, ajouté au courant de charge I_D de 180 mA donne un courant total I_T, circulant dans la ligne principale de l'alimentation, de 300 mA.

Calcul de la tension entre les bornes de chaque résistance R La tension aux prises de la figure 6-7 est le potentiel par rapport à la masse. La tension dont nous avons besoin est celle entre les bornes de chaque R. La tension V_1 entre les bornes de R_1 est la valeur 18 V indiquée par rapport à la masse, car une extrémité de R_1 lui est reliée. Par contre, la tension entre les bornes de R_2 est la différence entre le potentiel de 40 V au point E et celui de 18 V au point F. D'où $V_2 = 40$ V $- 18$ V $= 22$ V. De la même façon, V_3 est la différence entre le potentiel de 100 V au point D moins

celui de 40 V au point E, soit $V_3 = 100$ V $- 40$ V $= 60$ V. Ces valeurs V_1, V_2 et V_3 apparaissent au tableau 6-1.

Calcul de chaque R Nous pouvons maintenant calculer les résistances R_1, R_2 et R_3 par le rapport V/I pertinent. Selon les valeurs énumérées au tableau 6-1, on aura successivement:

$$R_1 = \frac{V_1}{I_1} = \frac{18 \text{ V}}{30 \text{ mA}} = 0{,}6 \text{ k}\Omega = 600 \ \Omega$$

$$R_2 = \frac{V_2}{I_2} = \frac{22 \text{ V}}{66 \text{ mA}} = 0{,}333 \text{ k}\Omega = 333 \ \Omega$$

$$R_3 = \frac{V_3}{I_3} = \frac{60 \text{ V}}{120 \text{ mA}} = 0{,}5 \text{ k}\Omega = 500 \ \Omega$$

Le montage de ces résistances R_1, R_2 et R_3 selon le diviseur de tension de source 100 V illustré à la figure 6-7 assurera à chaque charge la tension spécifiée et son courant nominal.

***Problèmes pratiques 6.5
(réponses à la fin du chapitre)
Considérer la figure 6-7:***

(a) Que vaut le courant de fuite I_B parcourant R_1, R_2 et R_3?
(b) Que vaut la tension de la charge E, de la prise E à la masse?
(c) Que vaut la tension V_2 aux bornes de R_2?

Résumé

1. Dans un circuit série, la tension V_T est divisée en chutes de tension IR proportionnelles aux résistances. Chaque chute $V_R = (R/R_T) \cdot V_T$, quel que soit le nombre de résistances série. Plus la résistance série R est grande, plus sa chute de tension est grande elle aussi.
2. Dans un circuit parallèle, le courant I_T est divisé en courants de branche. Chaque courant I est inversement proportionnel à la résistance R de la dérivation. La division inversement proportionnelle des courants dérivés donnée par la formule (6.2) n'est valable que

pour deux résistances seulement. Plus la résistance R de la dérivation est petite, plus le courant dérivé est grand.

3. Le courant I_T est divisé en courants dérivés directement proportionnels à chaque conductance G, quel que soit le nombre de dérivations en parallèle. Chaque courant $I = (G/G_T) \cdot I_T$.

4. Un diviseur de tension série comporte souvent une prise d'alimentation d'une charge en parallèle, comme l'illustre la figure 6-6. L'existence d'un courant de charge réduit la tension de la prise.

5. La conception d'un diviseur de tension chargé, tel celui illustré à la figure 6-7, implique le calcul de chaque R. Déterminer tout d'abord le courant I et la différence de potentiel V relatifs à chaque R. Puis effectuer $R = V/I$.

Exercices de contrôle
(Réponses à la fin de l'ouvrage)

Voici un moyen de contrôler si vous avez bien assimilé le contenu de ce chapitre. Ces exercices sont uniquement destinés à vous évaluer vous-même.

Répondre par vrai ou faux.

1. Dans un diviseur de tension série, chaque tension IR est proportionnelle à sa résistance R.
2. Dans le cas de branches en parallèle, chaque courant I de branche est inversement proportionnel à la résistance R de la branche considérée.
3. Dans le cas de branches en parallèle, chaque courant I de branche est directement proportionnel à la conductance G de la branche considérée.
4. La formule (6.2) des diviseurs de courant parallèle peut être utilisée pour trois résistances ou plus.
5. La formule (6.3) des diviseurs de courant parallèle est valide pour cinq branches de conductance en parallèle ou plus.
6. Dans le diviseur de tension série de la figure 6-1, la tension V_1 est égale à 2,5 fois V_3 du fait que R_1 est égal à 2,5 fois R_3.
7. Dans le diviseur de courant parallèle de la figure 6-3, I_1 est le double de I_2 du fait que R_1 est la moitié de R_2.
8. Dans le diviseur de courant parallèle de la figure 6-5, $I_3 = 5 I_1$ du fait que $G_3 = 5 G_1$.
9. Dans le circuit de la figure 6-6b, I_L parcourt R_L, R_2 et R_1.
10. Soit le circuit de la figure 6-7, le courant de fuite I_B parcourt R_1, R_2 et R_3.

Questions

1. Définir un diviseur de tension.
2. Définir un diviseur de courant.
3. Donner deux différences entre un diviseur de tension et un diviseur de courant.
4. Donner trois différences entre la formule (6.2) des résistances en dérivation et la formule (6.3) des conductances en dérivation.
5. Définir le courant de fuite.
6. Quelle est la principale différence entre les circuits (*a*) et (*b*) de la figure 6-6?
7. Considérer la figure 6-1 et expliquer pourquoi la tension V_1 est en série conjonction avec V_2 et V_3, mais en série opposition avec V_T. Indiquer la polarité de chaque chute *IR*.
8. Démontrer la formule (6.2) des courants dérivés d'un montage parallèle à deux résistances. (Suggestion: la tension entre les bornes du montage parallèle est $I_T \cdot R_T$ et la résistance $R_T = \dfrac{R_1 \cdot R_2}{R_1 + R_2}$.)

Problèmes
(Les réponses aux problèmes de numéro impair sont données à la fin de l'ouvrage)

1. Une résistance R_1 de 200 Ω est en série avec une résistance R_2 de 400 Ω et une résistance R_3 de 2 kΩ. La tension appliquée est de 52 V. Calculer V_1, V_2 et V_3.
2. La source de tension de 200 V d'un diviseur de tension fournit 10 mA à deux résistances série R_1 et R_2. La tension V_2 aux bornes de R_2 est de 50 V. Ce diviseur ne comporte aucune charge de dérivation. Calculer R_1 et R_2.
3. Déterminer le courant de fuite circulant à travers les résistances R_1 et R_2 du circuit de la figure 6-6*b*.
4. Soit un diviseur de courant à deux branches. $I_T = 7$ mA, $R_1 = 20$ kΩ et $R_2 = 56$ kΩ. Calculer I_1 et I_2.
5. Soit un diviseur de courant à trois branches 1, 2 et 3 en parallèle. On a $G_1 = 1000$ μS, $G_2 = 2000$ μS et $G_3 = 10\ 000$ μS. $I_T = 39$ mA. Calculer I_1, I_2 et I_3.
6. Considérer la figure 6-3. Calculer la résistance R_T des deux branches et la tension aux bornes du montage parallèle par la formule $V_T = I_T R_T$.

7. Soit le diviseur de tension illustré à la figure 6-7. Déterminer la résistance équivalente des charges D, E et F.

8. Soit le diviseur de tension illustré à la figure 6-7. Calculer la puissance dissipée dans R_1, R_2 et R_3.

9. Concevoir un diviseur de tension similaire à celui de la figure 6-7, comprenant trois résistances R_1, R_2 et R_3 aux bornes d'une source de tension de 48 V et comportant les charges suivantes: 48 V à 800 mA, 28 V à 300 mA et 9 V à 100 mA. Prendre un courant de fuite I_B de 120 mA.

Réponses aux problèmes pratiques

6-1 (a) 100 kΩ
     (b) $^2/_{10} \times V_T$

6-2 (a) 2 à 1
     (b) 1 à 2

6-3 (a) 2 à 1
     (b) 2 à 1

6-4 (a) ⅓
     (b) ⅕

6-5 (a) 30 mA
     (b) 40 V
     (c) 22 V

Appareils de mesure pour courant continu

Les mesures de résistances, de courants et de tensions se font généralement à l'aide d'un appareil combiné volt-ohm-milliampèremètre (VOM) comme celui de la figure 7-1. Pour mesurer la tension, on doit brancher les fils de mesure du voltmètre aux bornes des points dont on veut mesurer la différence de potentiel, comme en (*a*). De même, si on utilise l'ohmmètre, il faut brancher les deux connexions d'essai aux bornes de la résistance à mesurer, comme en (*b*), mais l'alimentation doit être débranchée. En effet, la résistance à mesurer est alimentée directement par la propre pile interne de l'ohmmètre. Pour mesurer le courant, l'appareil de mesure est connecté comme un composant monté en série dans le circuit. Un appareil de mesure combiné s'emploie en général comme un appareil contrôleur multiple pour vérifier *V*, *I* et *R*, afin de dépanner les circuits électroniques. Des détails sur ces appareils de mesure sont donnés dans les sections suivantes:

7.1
APPAREIL DE MESURE À CADRE MOBILE

Ce type d'équipage mobile, illustré à la figure 7-2, s'utilise en général dans un appareil de mesure universel (VOM). Sa construction comporte principalement une bobine (appelée cadre) de fil fin placée sur un tambour et montée entre les pôles d'un aimant permanent. Lorsque le courant continu passe dans le cadre, le champ magnétique du courant réagit au champ de l'aimant. La force qui en résulte fait tourner le tambour avec son aiguille. L'importance de la déviation indique la valeur du courant dans la bobine. Une polarité correcte permet à l'aiguille de se déplacer vers le haut de l'échelle graduée vers la droite, une polarité inverse force l'aiguille vers la gauche, au bas de l'échelle.

La déviation de l'aiguille est directement proportionnelle à l'intensité de courant dans la bobine. Si le courant nécessaire à une déviation complète sur l'échelle graduée est de 100 μA, 50 μA dans la bobine produiront une déviation de la moitié de l'échelle graduée. La précision du mécanisme de l'appareil de mesure à cadre mobile est de 0,1 % à 2 %.

Le principe du cadre mobile s'applique à différents types d'appareils de mesure portant des dénominations différentes. Un *galvanomètre* est un instrument extrêmement sensible destiné à mesurer des valeurs de courant extrêmement faibles. Des galvanomètres de laboratoire comprennent un cadre mobile suspendu muni d'un système optique pour amplifier une petite déviation, et sont capables de mesurer une faible fraction de microampère. *Un galvanomètre balistique* s'utilise pour lire la valeur d'un faible courant momentané afin de mesurer une charge électrique. On appelle souvent *équipage d'Arsonval* l'arrangement du cadre suspendu dans un galvanomètre d'après son inventeur qui breveta cet équipage de mesure

en 1881. L'appareil de mesure à cadre mobile pratique et courant de la figure 7-2 est un *équipage Weston*.

Valeur de I_M   Le courant I_M provoquant le déplacement de l'aiguille sur toute l'échelle représente la quantité nécessaire pour dévier l'aiguille complètement sur la droite jusqu'à la dernière marque de l'échelle graduée. Les valeurs caractéristiques de I_M pour les équipages Weston vont d'environ 10 μA à 30 mA. Des courants plus faibles exigent plus de fil dans le cadre mobile pour que le champ magnétique du courant soit assez fort, afin de pouvoir réagir sur le champ de l'aimant permanent pour mettre l'aiguille en mouvement. Il faut utiliser du fil fin pour diminuer le poids du cadre mobile. Dans le cas contraire, des courants plus forts exigent un fil plus épais, ce qui peut alourdir le cadre. Toutefois, il est possible d'accroître la gamme de courant de l'équipage jusqu'à presque n'importe quelle valeur en utilisant les shunts d'appareils de mesure, comme l'explique la section 7.3.

Par exemple, I_M vaut 50 μA pour le microampèremètre de la figure 7-3. Remarquez le miroir le long de l'échelle graduée destiné à éliminer l'erreur de parallaxe. On lit l'appareil lorsque l'aiguille et son image dans le miroir sont confondues. On élimine ainsi l'erreur optique de parallaxe si on regarde l'appareil de mesure latéralement. Dans les schémas, le symbole de cet appareil de mesure de courant est un cercle, comme en (*b*).

Valeurs de r_M   Il s'agit de la résistance interne du fil du cadre mobile. Les valeurs caractéristiques s'étalent de 1,2 Ω pour un équipage mobile de 30 mA jusqu'à 2000 Ω pour un équipage mobile de 50 μA. Un équipage mobile ayant un I_M plus faible a une résistance r_M plus élevée car il faut de nombreux tours de fil fin. La valeur moyenne de r_M pour un équipage mobile de 1 mA est de 120 Ω environ.

(a)

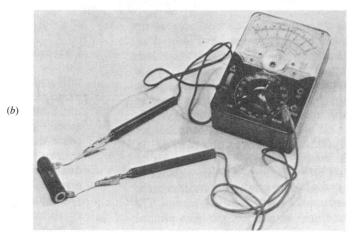

(b)

Figure 7-1 *Utilisation d'un appareil combiné (voltmètre-ohmmètre-milliampèremètre) pour les mesures de tensions et de résistances: (a) pour obtenir la tension, brancher les fils de test du voltmètre aux bornes de la différence de potentiel à mesure. Noter la polarité de la tension; (b) pour obtenir la résistance, brancher les fils de test de l'ohmmètre aux bornes de R, l'alimentation étant coupée. La polarité des fils de l'appareil n'intervient pas dans le cas de la résistance.*

Appareils de mesure à bande tendue

L'équipage mobile de l'appareil de mesure peut être construit en suspendant le cadre mobile et l'aiguille au moyen d'une bande métallique, remplaçant le pivot et le rubis avec un ressort de rappel. Ces deux types d'équipages mobiles ont des caractéristiques identiques de fonctionnement. Mais, en général, les appareils de mesure à bande tendue ont des résistances r_M plus faibles car il est possible d'utiliser un cadre plus petit pour entraîner l'aiguille vers le haut de l'échelle graduée.

***Problèmes pratiques 7.1
(réponses à la fin du chapitre)***

(a) Comment doit-on brancher un voltmètre: en parallèle ou en série?

(b) Comment doit-on brancher un milliampèremètre: en parallèle ou en série?

**7.2
MESURE DE COURANT**

Il ne faut jamais oublier les deux faits suivants très importants, que l'on mesure des ampères, des milliampères ou des microampères:

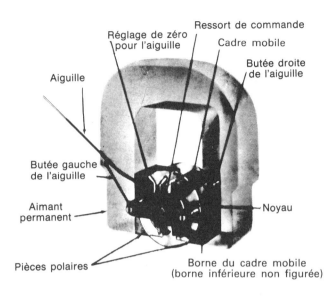

Réglage de zéro pour l'aiguille

Ressort de commande

Cadre mobile

Butée droite de l'aiguille

Aiguille

Butée gauche de l'aiguille

Aimant permanent

Noyau

Pièces polaires

Borne du cadre mobile (borne inférieure non figurée)

Figure 7-2 *Réalisation d'un appareil de mesure à cadre mobile.* (*Weston Electrical Instrument Corporation*)

1. L'équipage mobile doit être branché en série dans le circuit parcouru par le courant à mesurer. La valeur de la déviation est fonction du courant traversant l'équipage. Dans un circuit série, l'intensité de courant est la même dans tous les composants successifs. C'est pourquoi le courant à mesurer doit passer par l'appareil de mesure comme un composant en série du circuit.

2. Un ampèremètre pour courant continu doit être branché sur la bonne polarité permettant de lire l'appareil de mesure vers le haut de l'échelle. Une polarité inversée donne une lecture vers le bas de l'échelle, coinçant l'aiguille contre la butée placée à gauche, ce qui pourrait courber l'aiguille.

Comment connecter en série un ampèremètre Comme l'indique la figure 7-4, le circuit doit être ouvert à un certain point pour permettre de monter l'ampèremètre en série dans le circuit. Étant donné que les résistances R_1, R_2 et R_3 ainsi que l'ampèremètre sont en série,

le courant sera le même dans chaque élément et l'appareil de mesure indiquera quel est le courant en tous points du circuit série. Si la tension V_T est de 150 V avec une résistance en série globale de 1500 Ω, le courant sera de 0,1 A ou de 100 mA. Cette valeur représente le courant traversant R_1, R_2 et R_3 et la batterie comme on le montre en (*a*). Remarquons qu'en (*b*) le circuit est ouvert au point de liaison de R_1 et R_2 pour permettre l'insertion de l'appareil de mesure. En (*c*), l'appareil de mesure complète le circuit série permettant de lire un courant de 100 mA. Un appareil de mesure inséré en série en un point quelconque du circuit indiquera un courant identique.

Comment connecter un appareil de mesure pour courant continu selon la bonne polarité Un appareil de mesure pour courant continu possède des bornes dont la polarité est indiquée soit à l'aide d'un signe + et d'un signe −, soit à l'aide de la couleur rouge pour indiquer + et de la couleur noire pour indiquer −. Les électrons circulent dans l'équipage mobile en entrant par le côté négatif et sortant du côté positif, ce qui permet ainsi la lecture de l'appareil de mesure dans le sens croissant de l'échelle graduée.

Pour obtenir une polarité correcte de l'appareil de mesure, il faut toujours brancher sa borne négative au point du circuit relié au côté négatif de la source de tension *sans passer par l'appareil de mesure*. De même, la borne positive de l'appareil de mesure retourne à la borne positive de la source de tension (figure 7-5). On voit que la borne négative de l'appareil de mesure est reliée à la résistance R_2 car ce parcours, qui comprend la résistance R_1, la relie à la borne négative de la batterie. La borne positive de l'appareil de mesure est connectée à la résistance R_3. Les électrons du circuit iront vers le côté négatif de l'appareil de mesure en passant par les résistances R_1 et R_2, ils circuleront dans l'équipage mobile et sortiront de l'appareil de mesure en retournant par la résistance R_3 vers la borne positive de la batterie.

Un ampèremètre doit présenter une très faible résistance Reportons-nous à la figure 7-4. Le milliampèremètre de la figure *c* indique 100 mA, car sa résistance est négligeable par rapport à la résistance en série totale R de 1500 Ω. Dans ce cas, le courant I est le même avec ou sans appareil de mesure.

En général, la résistance d'un ampèremètre doit être très faible par rapport à la résistance R du circuit dont on mesure le courant. Nous la prendrons arbitrairement égale au $^1/_{100}$ de la résistance du circuit. Ainsi, dans le circuit de la figure 7-4, la résistance de l'ampèremètre devra être inférieure à $^{1500}/_{100} = 15\ \Omega$. En réalité, un ampèremètre devant mesurer 100 mA aura une résistance interne R d'environ 1 Ω ou moins du fait de la résistance de son shunt interne. Plus la gamme des courants de l'ampèremètre est élevée, plus sa résistance est petite.

La figure 7-6 illustre le cas extrême d'un

(a)

(b)

Figure 7-3 *Microampèremètre dont la graduation est munie d'un miroir pour minimiser l'erreur de parallaxe: (a) photographie de l'appareil de mesure; (b) symbole pour les schémas. (Weston Electrical Instrument Corporation)*

ampèremètre à résistance R beaucoup trop élevée. Dans ce cas, l'insertion de l'ampèremètre dans le circuit double la valeur de la résistance série R_T. Il en résultera un courant égal à la moitié de celui circulant sans l'ampèremètre.

***Problèmes pratiques 7.2
(réponses à la fin du chapitre)***

(a) Soit le circuit de la figure 7-4. Déterminer l'indication du milliampèremètre branché au point *a*.

(b) Soit le circuit de la figure 7-5. On veut que l'aiguille du milliampèremètre dévie à pleine échelle. Calculer la résistance R à brancher au côté positif de l'appareil de mesure.

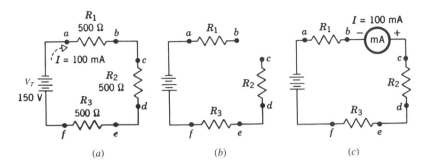

Figure 7-4 *Montage d'un ampèremètre en série dans un circuit: (a) circuit sans l'appareil de mesure; (b) ouverture du circuit entre les points b et c pour montage de l'ampèremètre; (c) appareil branché entre R_1 et R_2, en série dans le circuit.*

(*c*) La résistance d'un ampèremètre doit-elle être très faible ou très élevée?

(*d*) La résistance d'un voltmètre doit-elle être très élevée ou très faible?

7.3
SHUNTS D'APPAREIL DE MESURE

Un shunt d'appareil de mesure est une résistance de précision reliée en parallèle à l'équipage mobile d'un appareil de mesure en vue de shunter ou de dériver une fraction donnée du courant d'un circuit au niveau de l'équipage mobile de l'appareil de mesure. Cette combinaison fournit alors un ampèremètre de

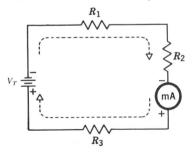

Figure 7-5 *Branchement correct d'un appareil de mesure en respectant les polarités.*

plus grand calibre. Les shunts sont généralement placés à l'intérieur du boîtier de l'appareil de mesure. En outre, le symbole utilisé pour les appareils de mesure de courant n'indique généralement pas le shunt.

Pour des mesures de courant, l'équipage mobile et son shunt restent connectés comme un ampèremètre en série dans le circuit (figure 7-6). Il faut souligner qu'un appareil de mesure à shunt interne a une échelle étalonnée qui tient compte du courant passant par le shunt. Par conséquent, cette échelle donne le courant total du circuit.

Résistance du shunt de l'appareil de mesure Selon la figure 7-6*b*, l'équipage mobile 25 mA a une résistance de 1,2 Ω qui représente la résistance de la bobine r_M. Pour doubler le calibre, la résistance R_S du shunt est rendue égale à la résistance de 1,2 Ω de l'équipage mobile. Lorsque l'appareil de mesure est relié en série dans un circuit parcouru par un courant de 50 mA, ce courant total pénétrant dans une des bornes de l'appareil de mesure se répartit également entre le shunt et l'équipage mobile de l'appareil de

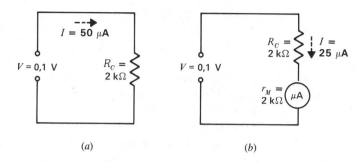

(a)   *(b)*

Figure 7-6 *Exemple d'un microampèremètre à trop grande résistance: (a) sans l'appareil de mesure, le circuit est parcouru par un courant I de 50 μA; (b) l'insertion du microampèremètre réduit I à 25 μA.*

mesure. À la borne opposée de l'appareil de mesure, ces deux courants de branche se combinent pour donner un courant de 50 mA égal au courant du circuit.

À l'intérieur de l'appareil de mesure, le courant passant par le shunt est de 25 mA et celui passant par le cadre mobile, de 25 mA. Comme il s'agit d'un équipage mobile de 25 mA, ce courant entraîne une déviation complète. Toutefois, on double l'échelle qui indiquera alors 50, mA car on tient compte des 25 mA additionnels passant par le shunt. De ce fait, la lecture de l'échelle indique le courant total au niveau des bornes de l'appareil de mesure et non pas seulement le courant de la bobine. L'équipage mobile avec son shunt sera un appareil de mesure pour 50 mA avec une résistance intérieure de $1,2 \times 0,5 = 0,6 \; \Omega$.

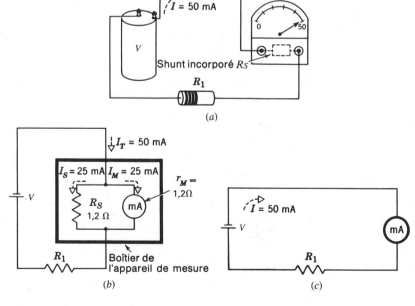

(a)

(b)   *(c)*

Figure 7-7 *Le shunt dérive le courant traversant normalement l'appareil de mesure; ceci permet d'étendre sa gamme de mesures de 25 mA à 50 mA: (a) schéma de câblage; (b) schéma indiquant l'effet du shunt R_S. Lorsque $R_S = R_M$, la gamme de mesures du courant est doublée; (c) circuit comportant un ampèremètre de 50 mA.*

La figure 7-7 nous donne un nouvel exemple. On peut généralement calculer la résistance du shunt pour un calibre quelconque par la loi d'Ohm à partir de la formule:

$$R_S = \frac{V_M}{I_S} \qquad (7.1)$$

R_S est la résistance du shunt et I_S le courant le traversant.

V_M est égal à $I_M \cdot r_M$. Ceci est la tension aux bornes du shunt et de l'équipage mobile de l'appareil de mesure qui sont en parallèle.

Calcul de I_S Ce courant qui ne passe que par le shunt est la différence entre le courant total I_T traversant l'appareil et le courant dérivé I_M traversant l'équipage ou:

$$I_S = I_T - I_M \qquad (7.2)$$

Utilisons les valeurs de courant correspondant à la déviation totale. Selon la figure 7-8, $I_S = 50 - 10 = 40$ mA ou 0,04 A.

Calcul de R_S La méthode complète d'utilisation de la formule $R_S = V_M/I_S$ peut être la suivante:

1. Trouvez V_M. Calculez-le pour la déviation totale comme $I_M \cdot r_M$. Sur la figure 7-8 avec un courant de 10 mA (correspondant à la déviation totale) traversant l'équipage 8 Ω, V_M est $0,01 \times 8 = 0,08$ V.

2. Trouvez I_S. Sur la figure 7-8, $I_S = 50 - 10 = 40$ mA $= 0,04$ A.
3. Divisez V_M par I_S pour trouver R_S. Ici, $R_S = 0,08/0,04 = 2$ Ω.

Ce shunt permet au courant traversant l'équipage (10 mA) d'être utilisé pour augmenter l'échelle (0 à 50 mA).

Remarquons que R_S et r_M sont inversement proportionnels à leurs courants à la déviation totale. La résistance de 2 Ω pour R_S équivaut à un quart de la résistance de 8 Ω de r_M parce que le courant shunt de 40 mA est égale à quatre fois le courant de 10 mA traversant l'équipage pour une déviation maximale.

Exemple 1　Un shunt fait passer le calibre d'un équipage d'un appareil de mesure de 50 μA à 1 mA. Quel sera le courant passant par le shunt pour la déviation maximale?

Réponse　Tous les courants doivent être exprimés dans les mêmes unités pour l'équation (7-2). Pour éviter les fractions, utilisons 1000 μA pour exprimer le courant I_T de 1 mA. Donc:

$$\begin{aligned} I_S &= I_T - I_M \\ &= 1000\ \mu\text{A} - 50\ \mu\text{A} \\ I_S &= 950\ \mu\text{A} \end{aligned}$$

Exemple 2　Un équipage d'appareil de mesure de 50 μA a une résistance de 1000 Ω. Quelle résistance R_S sera nécessaire pour étendre son calibre à 500 μA?

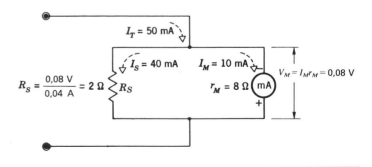

Figure 7-8 *Calcul de la résistance d'un shunt d'ampèremètre.*
$R_S = V_M/I_S$

Réponse Le courant traversant le shunt I_S est de 500 − 50 ou 450 µA. Donc:

$$R_S = \frac{V_M}{I_S} = \frac{50 \times 10^{-6} \times 10^3}{450 \times 10^{-6}} = \frac{50\ 000}{450}$$

$$= \frac{1000}{9}$$

$$R_S = 111,1\ \Omega$$

En général, les shunts sont des résistances du type à spires bobinées avec précision. Pour

des valeurs très faibles, on peut utiliser un fil court d'une dimension déterminée.

Problèmes pratiques 7.3
(réponses à la fin du chapitre)

Un cadre mobile de 50 µA de résistance r_M de 900 Ω a une résistance de shunt R_S telle que la gamme est de 500 µA:

(a) Calculer I_S;

(b) Calculer V_M.

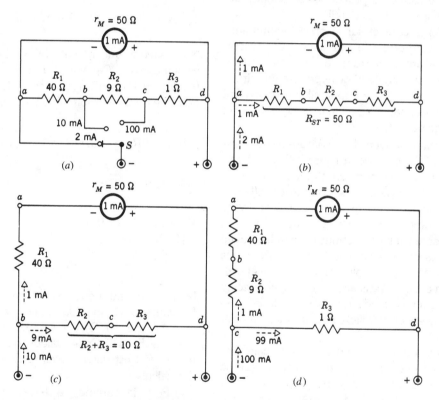

Figure 7-9 *Shunt universel pour trois gammes de courants. Valeurs de courant pour une déviation correspondant à toute l'échelle:* (a) *circuit réel comportant le commutateur S permettant de choisir les différentes gammes;* (b) *circuit pour la gamme de 2 mA;* (c) *circuit pour la gamme de 10 mA;* (d) *circuit pour la gamme de 100 mA.*

7.4
SHUNT UNIVERSEL

À la figure 7-9, R_1, R_2 et R_3 sont utilisés dans des combinaisons mixtes avec l'équipage de l'appareil pour différentes gammes de courant. Le circuit est alors un *shunt universel*. Cette méthode s'utilise le plus souvent pour des multiples gammes de courant dans un VOM car le circuit mixte fournit une méthode sûre pour commuter entre les gammes de courant sans encourir le risque de provoquer de surintensité dans l'équipage de l'appareil.

Le large contact sur le bras commutateur en (a) montre que celui-ci établit la connection suivante avant d'interrompre le contact précédent. Ce commutateur de type à court-circuit protège l'équipage de l'appareil en fournissant un shunt permanent pendant la commutation de changement de gamme.

Le shunt universel se compose des résistances R_1, R_2 et R_3 de la figure 7-9. On détermine leur branchement en shunt par le commutateur S qui permet de couvrir les différentes gammes de courant. Leur résistance totale (R_{ST}) est de $40 + 9 + 1 = 50$ Ω. Cette résistance est utilisée en tant que shunt en parallèle avec r_M pour la gamme de 2 mA en (b). Pour des gammes de courant plus élevé en (c) et (d), une partie de la résistance R_{ST} est connectée en série avec r_M tandis que le reste de la résistance R_{ST} est en parallèle pour former une dérivation.

Les valeurs de la figure 7-9 sont calculées de la manière suivante: étant donné que la gamme de 2 mA en (b) correspond au double de l'intensité nominale de 1 mA de l'équipage de l'appareil, la résistance shunt doit égaler la résistance r_M de 50 Ω de telle sorte que 1 mA puisse circuler dans chacun des deux parcours parallèle. Par conséquent, la résistance R_{ST} est égale à la résistance r_M de 50 Ω.

En ce qui concerne la gamme de 10 mA en (c), 9 mA doivent traverser le shunt et

1 mA le cadre mobile. Or, la résistance r_M comporte une résistance R_1 en série avec elle dans le parcours *bad*. Le shunt comprend maintenant R_2 en série avec R_3 dans le parcours *bcd*. Rappelons-nous que la tension est la même aux bornes des deux parcours parallèle *bad* et *bcd*. Le courant est de 1 mA dans un parcours et de 9 mA dans l'autre parcours. Pour calculer R_1, nous pouvons exprimer l'égalité de la tension aux bornes des deux parcours:

$$1 \text{ mA} \times (R_1 + r_M) = 9 \text{ mA} \times (R_2 + R_3)$$

Nous savons que r_M vaut 50 Ω. Nous savons également que R_{ST} vaut 50 Ω. Les résistances R_1, R_2 ou R_3 sont inconnues mais $(R_2 + R_3)$ doit être de 50 Ω moins R_1. Par conséquent:

$$1 \text{ mA} \times (R_1 + 50) = 9 \text{ mA} \times (50 - R_1)$$

Solution pour R_1:

$$R_1 + 50 = 450 - 9 R_1$$
$$10 R_1 = 400$$
$$R_1 = 40 \text{ Ω}$$

Non seulement nous savons maintenant que R_1 vaut 40 Ω, mais la résistance $(R_2 + R_3)$ doit être de 10 Ω, car leur somme doit être égale à 50 Ω. Cette valeur de 10 Ω pour $(R_2 + R_3)$ est utilisée pour la deuxième étape des calculs.

Pour la gamme de 100 mA en (d), un courant de 1 mA passe par R_1, R_2 et r_M dans le parcours *cbad*, et un courant de 99 mA passe par R_3 dans le parcours *cd*. La tension est la même aux bornes des deux parcours. Pour calculer R_2, par conséquent:

$$1 \text{ mA} \times (R_1 + R_2 + r_M) = 99 \text{ mA} \times (R_3)$$

Nous savons que R_1 vaut 40 Ω. Alors:

$$40 + R_2 + 50 = 99 R_3$$

Si $(R_2 + R_3)$ vaut 10 Ω, R_3 devra valoir $(10 - R_2)$. En remplaçant R_3 par $(10 - R_2)$, l'équation deviendra:

$$40 + R_2 + 50 = 99 \times (10 - R_2)$$
$$R_2 + 90 = 990 - 99 R_2$$
$$100 R_2 = 900$$
$$R_2 = 9 \ \Omega$$

Finalement, R_3 doit valoir 1 Ω.

La somme $R_1 + R_2 + R_3$ égale 40 + 9 + 1, ce qui correspond à la valeur de 50 Ω de R_{ST}.

Pour prouver les valeurs de résistance, remarquons que en (b) un courant de 1 mA circulant dans chacune des branches de 50 Ω produit une tension de 50 mV aux bornes des deux branches parallèle. En (c), un courant de 1 mA dans la branche de 90 Ω avec l'appareil produit une tension de 90 mV entre b et d, tandis que le courant de 9 mA traversant les 10 Ω de $R_1 + R_2$ produit la même chute de tension de 90 mV. En (d), le courant de 99 mA traversant la résistance R_3 de 1 Ω produit une chute de tension de 99 mV, tandis que le courant de 1 mA traversant la résistance de 99 Ω dans le parcours *cbad* produit la même chute de tension (99 mV).

Problèmes pratiques 7.4
(réponses à la fin du chapitre)
Se reporter à la figure 7-9 et détermi-
ner le courant I à pleine échelle à tra-
vers le cadre mobile pour:
(a) une gamme de 2 mA;
(b) une gamme de 100 mA.

7.5 VOLTMÈTRES

Bien que l'équipage mobile de l'appareil réagisse uniquement au courant dans la bobine mobile, il est couramment utilisé pour mesurer la tension en ajoutant une résistance élevée en série avec l'équipage (figure 8-10). La résistance en série doit être beaucoup plus élevée que la résistance de la bobine pour limiter le courant passant par celle-ci. Le branchement de l'équipage de l'appareil en série avec une résistance en série que l'on appelle un *multiplicateur* est généralement branché à l'intérieur du boîtier du voltmètre.

Comme le voltmètre a une résistance élevée, il doit être branché en parallèle pour mesurer la différence de potentiel aux bornes de deux points d'un circuit. Dans le cas contraire, le multiplicateur de résistance élevée ajouterait une résistance en série si élevée que le courant dans le circuit serait ramené à une très faible valeur. Mais branchée en parallèle, la résistance du voltmètre présente des avantages. Plus la résistance du voltmètre est élevée, plus faible sera l'effet de son branchement en parallèle sur le circuit examiné.

Pour brancher le voltmètre en parallèle, il n'est pas nécessaire d'ouvrir le circuit. En raison de cette facilité, on utilise en général des voltmètres lors de la recherche de pannes. La mesure de la tension s'applique de la même manière soit à une chute de tension *IR*, soit à une f.é.m. générée.

Lorsque l'on utilise un voltmètre pour courant continu, il faut tenir compte de la polarité. Branchez la borne négative du voltmètre sur le côté négatif de la différence de potentiel à mesurer et la connexion négative sur le côté positif.

Résistance du multiplicateur La figure 7-10 montre comment l'équipage de l'appareil de mesure et son multiplicateur R_1 constituent

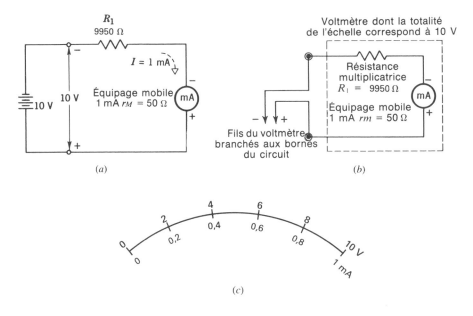

Figure 7-10 *Une résistance multiplicatrice montée en série avec l'équipage de l'appareil de mesure constitue un voltmètre:* (a) *la résistance multiplicatrice R_1 montée en série avec l'équipage permet d'obtenir une déviation sur toute l'échelle pour une tension appliquée de 10 V;* (b) *les fils du voltmètre peuvent être branchés aux bornes d'un circuit pour mesurer de 0 à 10 V;* (c) *échelle de 10 V et échelle de 1 mA correspondante.*

un voltmètre. La batterie en (a) fournit une tension de 10 V et il faut avoir une résistance de 10 000 Ω pour réduire le courant à 1 mA pour une déviation complète de l'équipage de l'appareil. Étant donné que l'équipage a une résistance de 50 Ω, 9950 Ω sont ajoutés en série, ce qui donne une résistance totale de 10 000 Ω. Alors I est de 10 V/10 kΩ = 1 mA.

Si un courant de 1 mA circule dans l'équipage, la déviation complète peut être étalonnée à 10 V sur l'échelle de l'appareil, tant que le multiplicateur de 9950 Ω est branché en sé-

rie avec l'équipage. Le multiplicateur peut se brancher sur l'un ou l'autre côté de l'équipage.

Si on enlève la batterie comme en (b), l'équipage et son multiplicateur forment un voltmètre qui peut indiquer une différence de potentiel de 0 V à 10 V appliquée à ses bornes. Si les connexions du voltmètre sont branchées aux bornes d'une source de tension de 10 V dans un circuit à courant continu, le courant de 1 mA qui en résulte circulant dans l'équipage de l'appareil produit une déviation complète et la lecture donne 10 V. En (c), l'échelle de 10 V illustrée correspond à une gamme de 1 mA pour l'équipage.

Si le voltmètre est branché sur une différence de potentiel de 5 V, le courant dans l'équipage sera de 0,5 mA, la déviation correspondra à la moitié de toute l'échelle et l'appareil indiquera 5 V. Une tension nulle entre les bornes signifie qu'il n'y a pas de courant dans l'équipage, et le voltmètre indiquera une valeur zéro. En résumé, toute différence de potentiel jusqu'à 10 V, qu'elle provienne d'une chute de tension IR ou résulte d'une f.é.m., peut être appliquée aux bornes de l'appareil, qui indiquera alors une valeur inférieure à 10 V dans un rapport égal à celui reliant le courant de l'appareil à 1 mA.

La formule suivante permet de calculer la résistance d'un multiplicateur:

$$R_{\text{mult}} = \frac{V \text{ échelle totale}}{I \text{échelle totale}} - r_M \qquad (7.3)$$

En appliquant cette formule à l'exemple de R_1 de la figure 7-10, on aura:

$$R_{\text{mult}} = \frac{10 \text{ V}}{0,001 \text{ A}} - 50 \ \Omega$$
$$= 10\,000 - 50$$
$$R_{\text{mult}} = 9950 \ \Omega$$

Pour une échelle équivalente de 10 V avec un équipage d'appareil de mesure de 50 μA d'usage courant, la résistance du multiplicateur est beaucoup plus élevée. Si la résistance de l'équipage de 50 μA est de 2000 Ω, on obtient:

$$R_{\text{mult}} = \frac{10 \text{ V}}{0,000\,050 \text{ A}} - 2000 \ \Omega$$
$$= 200\,000 - 2000$$
$$R_{\text{mult}} = 198\,000 \ \Omega$$

Échelles de voltmètres multiples Les voltmètres ont souvent plusieurs multiplicateurs

utilisés avec un seul équipage d'appareil où un commutateur de gammes sélectionne un multiplicateur pour l'échelle exigée, car le courant I nécessaire pour la pleine échelle est moindre. Plus la gamme de tension sera élevée, plus élevée sera la résistance du multiplicateur, dans une proportion égale précisément à celle des gammes.

La figure 7-11 illustre deux gammes. Lorsque le commutateur est sur la gamme 10 V, le multiplicateur R_1 est relié en série à l'équipage de 1 mA. On utilise alors l'échelle de 10 V sur l'appareil. Si le commutateur de gamme est sur 25 V, R_2 est le multiplicateur et la tension mesurée se lit sur l'échelle de 25 V.

Le tableau 7-1 donne plusieurs exemples d'utilisation de ces deux échelles. Remarquons que les tensions inférieures à 10 V peuvent se lire sur l'une ou l'autre échelle. Toutefois, il est préférable que l'aiguille indique une lecture sur le tiers médian de l'échelle. C'est pourquoi les échelles sont habituellement des multiples de 10 et de 2,5 ou 3.

Commutateur de gamme Dans le cas des gammes multiples, le réglage du commutateur est la tension qui donne une déviation complète (figure 7-12). On utilise généralement une échelle pour des gammes multiples de 10. Si le commutateur de gamme est réglé pour 250 V sur la figure 7-12, lisez l'échelle supérieure telle qu'elle est. Toutefois, si le commutateur de gamme est à 25 V, divisez par 10 les lectures de l'échelle de 250 V.

De même, l'échelle de 100 V s'emploie pour la gamme de 100 V et la gamme de 10 V. Sur la figure 7-12, l'aiguille indique 30 V alors que le commutateur est sur la gamme de 100 V; cette valeur sur la gamme de 10 V est 3 V.

Circuit du voltmètre universel courant

La figure 7-13 nous fournit un nouvel exemple

Figure 7-11 *Voltmètre comportant une échelle de 10 V ou 25 V: (a) le commutateur de gamme choisit l'échelle en reliant en série soit la résistance R_1, soit la résistance R_2, pour constituer le multiplicateur; (b) les deux échelles de tension sur le cadran de l'appareil.*

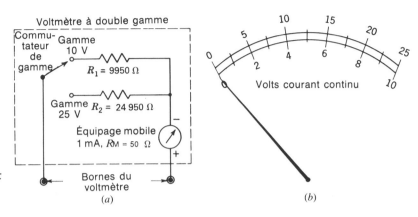

de gammes de tension multiples avec une disposition de commutation courante. La résistance R_1 est le multiplicateur en série pour la gamme de tension la plus faible de 2,5 V. Si une résistance plus élevée est nécessaire pour des gammes plus élevées, le commutateur ajoutera les résistances en série nécessaires.

L'appareil de mesure de la figure 7-13 exige 50 μA pour déviation totale. Pour la gamme de 2,5 V, une résistance en série de $2,5/(50 \times 10^{-6})$, soit 50 000 Ω, est nécessaire. Étant donné que r_M vaut 2000 Ω, la valeur de R_1 est de $50\,000 - 2000$, ce qui est égal à 48 000 Ω ou 48 kΩ.

Pour la gamme de 10 V, une résistance en série de $10/(50 \times 10^{-6})$, soit 200 000 Ω, est nécessaire. Etant donné que $R_1 + r_M$ donne une résistance de 50 000 Ω, R_2 doit avoir une valeur de 150 000 Ω pour une résistance totale en série de 200 000 Ω sur la gamme de 10 V. De façon analogue, des résistances additionnelles sont mises en circuit pour augmenter la résistance du multiplicateur pour la gamme de tensions plus élevées. Notez le jack séparé et le multiplicateur particulier R_6 pour la gamme la plus élevée de 5000 V. Cette méthode consistant à ajouter pour des gammes de tensions croissantes des multiplicateurs montés en série correspond au type de circuit géné-

ralement utilisé dans les multimètres du commerce.

Résistance d'un voltmètre La résistance élevée d'un voltmètre comportant un multiplicateur est essentiellement constituée par la

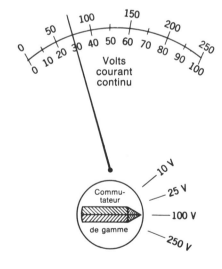

Figure 7-12 *Le commutateur de gamme permet de choisir la tension qui donnera une déviation sur toute l'échelle. Sur la figure, la lecture obtenue est de 30 V sur l'échelle 0-100 V.*

Tableau 7-1 *Lectures d'échelles universelles de tension pour la figure 7-11*

ÉCHELLE DE 10 V, $R_V^* = 10\,000$ V			ÉCHELLE DE 25 V, $R^* = 25\,000$ V		
mA APPAREIL	DÉVIATION	LECTURE	mA APPAREIL	DÉVIATION	LECTURE
0	0	0	0	0	0
0,5	½ échelle	5	0,2	²⁄₁₀	5
1	Pleine échelle	10	0,4	⁴⁄₁₀	10
			0,5	½ échelle	12,5
			1	Pleine échelle	25

* R_V est la résistance totale du multiplicateur et de l'équipage d'appareil.

valeur de la résistance de ce multiplicateur. Du fait que l'on prend un autre multiplicateur pour chacune des gammes, la résistance du voltmètre varie.

Le tableau 7-2 met en évidence la manière dont croît la résistance du voltmètre aux gammes plus élevées. Dans la colonne médiane sont énumérées les valeurs de la résistance interne totale R_T comprenant R_{mult} et r_M pour le circuit du voltmètre de la figure 7-13. Avec un équipage de 50 μA, la résistance R_V du voltmètre croît de 50 kΩ pour la gamme de 2,5 V à 20 MΩ de celle de 1000 V. On remarquera que la résistance R_V du voltmètre présente cette valeur pour chaque gamme,

qu'il y ait ou non lecture avec déviation maximale.

Caractéristique ohms par volt Pour indiquer la résistance du voltmètre indépendamment de la gamme, on donne généralement la valeur en ohms de la résistance nécessaire pour une déviation de 1 V. Cette valeur est la caractéristique ohms par volt du voltmètre. À titre d'exemple, regardez la colonne finale du tableau 7-2. Les valeurs figurant dans la rangée du haut montrent que cet appareil demande une résistance R_V de 50 000 Ω pour une déviation maximale de 2,5 V. La résistance par

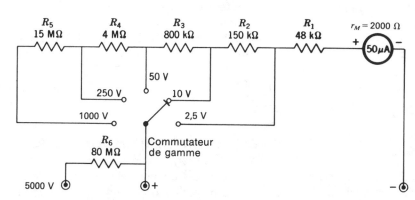

Figure 7-13 *Circuit de voltmètre permettant d'obtenir de multiples gammes. (Appareil Simpson modèle 260)*

Tableau 7-2 *Caractéristiques d'un voltmètre utilisant un équipage mobile de 50 μA*

TENSION DE DÉVIATION MAXIMALE ($V_{\text{pleine échelle}}$)	$R_V = R_{\text{mult}} + r_M$	OHMS PAR VOLT = $R_V/V_{\text{pleine échelle}}$
2,5	50 kΩ	20 000 Ω/V
10	200 kΩ	20 000 Ω/V
50	1 MΩ	20 000 Ω/V
250	5 MΩ	20 000 Ω/V
1000	20 MΩ	20 000 Ω/V

volt de déviation est alors de $^{50\,000}/_{2,5}$, ce qui donne 20 000 Ω/V.

La valeur de la caractéristique ohms par volt est la même pour toutes les gammes. La raison en est que cette caractéristique est déterminée par le courant maximal I_M de l'équipage mobile correspondant à la déviation maximale. Pour calculer la caractéristique ohms par volt, prenez l'inverse de I_M exprimé en ampères. Par exemple, un équipage de 1 mA entraîne une caractéristique de $^1/_{0,001}$, soit 1000 Ω/V; un équipage de 50 μA correspond à 20 000 Ω/V et un autre de 20 μA à 50 000 Ω/V. La caractéristique ohms par volt est également appelée la sensibilité du voltmètre.

Une valeur élevée de la caractéristique ohms par volt signale une valeur R_V élevée de la résistance du voltmètre. En fait, R_V peut être calculé comme le produit de la caractéristique ohms par volt par la tension de déviation maximale de chacune des gammes. Par exemple, dans la seconde rangée du tableau 7-2, correspondant à la gamme de 10 V et à un taux de 20 000 Ω/V:

$$R_V = 10 \text{ V} \times \frac{20\,000 \text{ Ω}}{\text{volt}}$$

$$R_V = 200\,000 \text{ Ω}$$

Ces valeurs en s'appliquent qu'aux tensions continues. Pour les tensions alternatives, la sensibilité est généralement ramenée à une valeur plus réduite afin de prévenir une déviation fortuite de l'appareil due aux champs parasites avant que les bornes de l'appareil ne soient reliées au circuit. Habituellement, la sensibilité ohms par volt d'un voltmètre est marquée sur la face de l'appareil.

La sensibilité de 1000 Ω/V avec un équipage de 1 mA était courante dans les voltmètres pour courants continus mais, actuellement, on utilise normalement une sensibilité de 20 000 Ω/V avec un équipage de 50 μA. Une sensibilité plus élevée constitue un avantage, non seulement en vue de diminuer l'effet de charge du voltmètre, mais parce qu'on peut obtenir des gammes de tension plus basses et des gammes plus élevées pour le fonctionnement en ohmmètre.

***Problèmes pratiques 7.5
(réponses à la fin du chapitre)
Soit le circuit de la figure 7-13. Calculer la résistance R_V du voltmètre sur les gammes de:***

(a) 2,5 V;
(b) 50 V.

7.6
EFFET DE CHARGE D'UN VOLTMÈTRE

Lorsque la résistance d'un voltmètre n'est pas d'une valeur suffisamment élevée, le fait de le brancher aux bornes du circuit peut réduire la tension mesurée par rapport à la tension

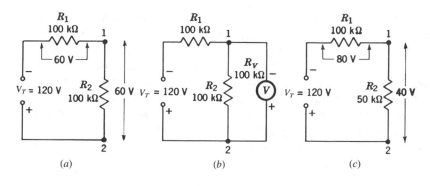

Figure 7-14 *Effets d'une charge sur un voltmètre: (a) circuit série de résistance élevée; (b) voltmètre aux bornes des résistances en série; (c) résistance et tension réduites entre les points 1 et 2 provoquées par la résistance du voltmètre considérée comme une branche en parallèle.*

existante en l'absence du voltmètre. Cet effet est appelé *baisse de charge* du circuit, du fait que la tension mesurée décroît en raison du courant de charge additionnel absorbé par l'appareil.

Effet de charge Il peut être appréciable dans les circuits à haute résistance représentés sur la figure 7-14. En (a), en l'absence du voltmètre, R_1 et R_2 constituent un diviseur de tension aux bornes duquel est appliquée une tension de 120 V. Les deux résistances égales de 100 Ω chacune divisent la tension appliquée de manière égale, chacune présentant 60 V à ses bornes.

Lorsque le voltmètre est branché aux bornes de R_2 pour y mesurer la différence de potentiel, la division de tension varie. La résistance R_V du voltmètre de 100 kΩ correspond à la valeur d'un appareil de 1000 Ω par volt dans la gamme de 100 V. La mise en parallèle du voltmètre avec R_2 entraîne la circulation d'un courant additionnel et la résistance équivalente entre les points de mesure 1 et 2 est réduite de 100 000 à 50 000 Ω. Cette résistance est le tiers de la résistance totale du circuit et la tension mesurée entre les points 1 et 2 tombe à 40 V, comme on le montre en (c).

Comme le courant additionnel soutiré par le voltmètre circule à travers l'autre résistance

R_1 placée en série, la tension aux bornes de cette dernière croît à 80 V.

De façon similaire, si le voltmètre était branché aux bornes de R_1, la tension mesurée à ses bornes tomberait à 40 V, tandis que celle aux bornes de R_2 croîtrait à 80 V. Une fois le voltmètre débranché, le circuit se retrouve dans les conditions représentées en (a) avec 60 V aux bornes de R_1 et de R_2.

L'effet de charge est minimisé en utilisant un voltmètre d'une résistance notablement supérieure à celle aux bornes de laquelle est effectuée la mesure de tension. Comme on le montre à la figure 7-15, avec une résistance de voltmètre de 11 MΩ, l'effet de charge devient négligeable. Du fait de la valeur élevée de R_V, la division de tension dans le circuit ne se trouve pas affectée. En effet, la mise en parallèle de la résistance de 11 MΩ du voltmètre avec R_2 d'une valeur de 100 000 Ω entraîne une résistance équivalente pratiquement égale à 100 000 Ω.

Avec des gammes multiples sur un multimètre, la résistance du voltmètre varie avec la gamme choisie. Des gammes plus élevées exigent plus de multiplicateurs de résistance en vue d'accroître la résistance du voltmètre pour une charge moindre. À titre d'exemple, un appareil de 20 000 ohms par volt utilisé dans la gamme de 250 V a une résistance interne de

20 000 × 250, ou 5 MΩ. Cependant, dans la gamme de 2,5 V, ce même appareil présente une résistance R_V de 20 000 × 2,5 qui n'est que de 50 000 Ω.

Ainsi, dans chacune des gammes, la résistance du voltmètre est constante, que la lecture corresponde à la déviation maximale ou partielle seulement, du fait que la résistance du multiplicateur déterminée par le commutateur de gammes est la même quelle que soit l'indication sur la gamme choisie.

Correction de l'effet de charge La relation suivante peut être appliquée:
Lecture réelle + Correction

$$V = V_M + \frac{R_1 R_2}{R_V (R_1 + R_2)} V_M \qquad (7.4)$$

La lecture corrigée qu'afficherait le voltmètre si sa résistance était infiniment élevée est V; V_M est la tension réellement lue; R_1 et R_2 sont les résistances formant un diviseur de tension dans le circuit en l'absence la résistance R_V du voltmètre. À titre d'exemple, à la figure 7-14:

$$V = 40 \text{ V} + \frac{100 \text{ k}\Omega \times 100 \text{ k}\Omega}{100 \text{ k}\Omega \times 200 \text{ k}\Omega} \times 40 \text{ V}$$

$$= 40 + \frac{1}{2} \times 40$$

$$= 40 + 20$$

$$V = 60 \text{ V}$$

L'effet de charge d'un voltmètre affichant une valeur trop faible du fait que R_V est trop faible en tant que résistance mise en parallèle correspond au cas d'un ampèremètre affichant une valeur trop faible du fait de la valeur trop élevée de r_M en tant que résistance montée en série. Ces deux effets illustrent le problème d'ordre général visant à essayer d'effectuer toute mesure sans modifier le circuit objet de la mesure.

Problèmes pratiques 7.6
(réponses à la fin du chapitre)
Soit le circuit illustré à la figure 7-4. Supposer le voltmètre branché aux bornes de R_2 et calculer:
(a) V_1;
(b) V_2.

7.7
OHMMÈTRES
Un ohmmètre est essentiellement constitué d'une pile incorporée, d'un équipage mobile et d'une résistance chutrice, comme le montre la figure 7-16. Lorsque l'on procède à une mesure de résistance, les fils de branchement de l'ohmmètre sont reliés aux bornes de la résistance extérieure à mesurer, le circuit à contrôler étant mis hors tension, de sorte que seule la pile de l'ohmmètre fournisse le courant provoquant la déviation de l'équipage

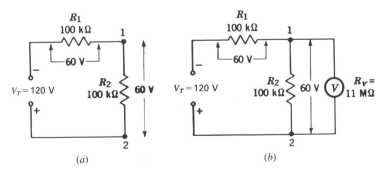

Figure 7-15 *Charge négligeable avec un voltmètre à forte résistance: (a) circuit série à forte résistance; (b) mêmes tensions dans le circuit avec le voltmètre branché.*

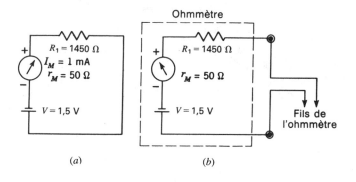

Figure 7-16 *Circuit d'ohmmètre: (a) circuit fermé équivalent lorsque les fils de l'ohmmètre sont court-circuités pour obtenir une résistance extérieure nulle; (b) circuit dans lequel les fils de l'ohmmètre sont ouverts.*

mobile. L'intensité du courant parcourant l'appareil de mesure étant fonction de la résistance extérieure, l'échelle peut être étalonnée en ohms.

La grandeur de la déviation sur l'échelle en ohms indique directement la valeur de la résistance mesurée. L'ohmmètre dévie toujours vers le haut de l'échelle indépendamment de la polarité des fils de liaison car c'est la polarité de la pile incorporée qui détermine le sens du courant parcourant l'équipage mobile.

Circuit d'ohmmètre en série Sur la figure 7-16*a*, l'élément de pile de 1,5 V engendre, dans le circuit comportant une résistance de 1500 Ω composée de $R_1 + r_M$, un courant de 1 mA qui provoque une déviation maximale du cadre mobile. Lorsque ces composants sont logés dans un boîtier, comme en (*b*), le circuit série constitue un ohmmètre.

Si les fils de branchement sont mis en court-circuit ou branchés aux bornes d'un court-circuit, il circule un courant de 1 mA et l'équipage dévie vers la droite jusqu'en fin d'échelle. L'ohmmètre indique alors une résistance nulle. Lorsque les fils de l'ohmmètre ne sont pas branchés et ne se touchent pas l'un l'autre, le courant est nul et l'ohmmètre affiche une résistance infiniment élevée ou signale un circuit ouvert à ses bornes.

C'est pourquoi le cadran de l'appareil peut comporter le repère de zéro ohm à droite pour la déviation maximale et celui d'une résistance en ohms infinie à gauche pour une déviation nulle. Les valeurs de résistances intermédiaires résultent d'un courant parcourant l'équipage inférieur à 1 mA. La déviation correspondante sur l'échelle en ohms indique la valeur de la résistance branchée aux bornes de l'ohmmètre.

Échelle d'ohmmètre à rétrogression Le tableau 7-3 et la figure 7-17 illustrent l'étalonnage d'une échelle d'ohmmètre compte tenu du courant dans l'équipage. Ce courant est égal à V/R_T; V est la tension fixe appliquée de 1,5 V fournie par la pile incorporée. R_T est la résistance totale composée de R_x et de la résistance interne de l'ohmmètre. Notez que R_x est la résistance extérieure devant être mesurée.

La résistance interne R_i de l'ohmmètre est constante à la valeur de 50+1450, soit 1500 Ω dans le cas considéré. Si, par exemple, R_x est également de 1500 Ω, R_T est égal à 3000 Ω. Le courant est alors de 1,5 V/3000 Ω, soit 0,5 mA, provoquant une déviation à mi-échelle de l'équipage 1 mA. De ce fait, le point milieu de l'échelle en ohms est repéré à 1500 Ω. D'une manière analogue, il est possible de calculer pour n'importe quelle valeur de la résistance

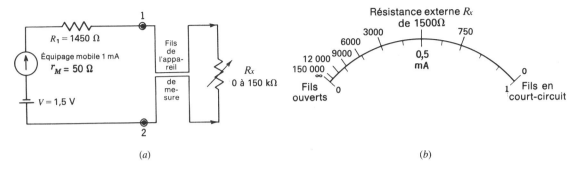

Figure 7-17 *Ohmmètre à rétrogression:* (a) *circuit de l'ohmmètre en série avec une résistance externe R_X;* (b) *l'échelle des ohms indique des résistances de plus en plus élevées de la droite à la gauche, car une résistance R_X plus importante diminue le courant I_M.* (Voir le tableau 7.3.)

extérieure R_x l'intensité du courant et la déviation de l'équipage.

Notez que l'échelle en ohms va croissant de la droite vers la gauche. Cette disposition est dite *échelle à rétrogression*, les valeurs en ohms croissant vers la gauche lorsque le courant régresse de valeur correspondant à la déviation maximale. L'échelle à rétrogression est une caractéristique de tout ohmmètre dans lequel la pile incorporée est en série avec l'équipage mobile. Dans ces conditions, plus la résistance R_x est élevée, plus le courant dans l'équipage décroît.

Une échelle à rétrogression a des graduations espacées à droite au voisinage du repère zéro ohm et serrées à gauche à proximité du repère valeur en ohms infinie. Cette échelle non linéaire résulte de la relation $I = V/R$ où V est constant à 1,5 V. Incidemment, l'échelle à rétrogression représente la graphique de l'hyperbole de la fonction ayant comme forme $y = 1/x$.

La résistance la plus élevée susceptible d'être affichée par un ohmmètre est d'environ 100 fois celle de sa résistance interne totale. C'est pourquoi le repère infini sur l'échelle en

ohms, ou le symbole ∞ en «huit couché», n'est que relatif et signale simplement que la résistance mesurée est infiniment plus grande que celle de l'ohmmètre.

Par exemple, si l'on mesurait avec l'ohmmètre de la figure 7-17 une résistance en bon état de 500 000 Ω, l'appareil afficherait une résistance infinie car cet ohmmètre ne peut pas mesurer des résistances atteignant 500 000 Ω. Pour mesurer des valeurs de résistances plus élevées, la tension de la pile peut être augmentée afin d'engendrer un courant de plus forte intensité, ou il sera nécessaire de prévoir un équipage plus sensible déviant sous l'effet d'un courant plus réduit.

Gammes d'ohmmètre multiple Les multimètres du commerce permettent des mesures de résistance allant de moins d'un ohm à plusieurs mégohms, par gammes successives. Le commutateur de gamme sur la figure 7-18 met en évidence les facteurs de multiplication afférents à l'échelle graduée en ohms. Dans la gamme $R \times 1$, destinée aux mesures de faibles résistances, lisez directement la valeur mentionnée sur l'échelle. Dans l'exemple donné,

Tableau 7-3 *Calibration de l'ohmmètre de la figure 7-17*

R_x EXTÉRIEUR en Ω	R_i INTERNE $= R + r_M$ en Ω	$R_T = R_x + R_i$ en Ω	$I = V/R_T$ en mA	DÉVIATION	LECTURE en Ω sur l'échelle
0	1 500	1 500	1	Pleine échelle	0
750	1 500	2 250	$\frac{2}{3} = 0{,}67$	$\frac{2}{3}$ échelle	750
1 500	1 500	3 000	$\frac{1}{2} = 0{,}5$	$\frac{1}{2}$ échelle	1 500
3 000	1 500	4 500	$\frac{1}{3} = 0{,}33$	$\frac{1}{3}$ échelle	3 000
150 000	1 500	151 500	0,01	$\frac{1}{100}$ échelle	150 000
500 000	1 500	501 500	0	Nulle	∞

l'aiguille indique 12 Ω. Lorsque le commutateur de gamme est placé sur $R \times 100$, multipliez par 100 la valeur relevée sur l'échelle; cette lecture serait alors de 12×100, soit 1200 Ω. Dans la gamme $R \times 10\,000$, cette indication de l'aiguille correspondrait à 120 000 Ω.

Pour chacune des gammes de mesure en ohms, on donne un facteur de multiplication au lieu de la résistance correspondant à la pleine déviation car la valeur la plus élevée de résistance est, pour toutes les gammes, une valeur infinie. Cette méthode de mesure des ohms ne devrait pas être confondue avec les valeurs de déviation maximale pour les gammes de tension. En ce qui concerne les gammes en ohms, multipliez toujours R, la valeur lue sur l'échelle, par ce facteur. Pour les gammes de tension, il se peut que vous ayez à multiplier ou à diviser la valeur lue sur l'échelle pour mettre en accord la tension de déviation maximale avec la valeur donnée sur le commutateur de gamme.

Circuit d'ohmmètre type Pour les gammes de mesure de résistances élevées, il convient de disposer d'un équipage sensible afin de lire les faibles valeurs de I qu'entraînent les valeurs élevées de R_x. Cependant, pour les cas de faibles résistances, la sensibilité peut être moindre en raison des courants plus élevés. Cette op-

position de conditions peut être résolue en utilisant un shunt d'équipage disposé aux bornes de ce dernier et en variant la résistance du shunt en fonction des gammes du multimètre. Sur la figure 7-19, R_S constitue un tel shunt.

Pour analyser le circuit d'ohmmètre de la figure 7-19, trois états sont mis en évidence. Tous sont relatifs à la gamme $R \times 1$ avec pour R_S une valeur de 12 Ω. La figure 7-19a montre le circuit interne avant que l'ohmmètre ne soit remis à zéro. En (b), les fils de mesure sont placés en court-circuit. Deux trajets de dérivation sont alors offerts au courant fourni par

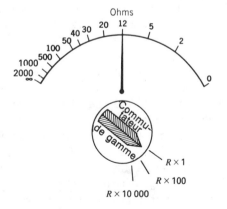

Figure 7-18 *Échelles multiples d'un ohmmètre. Multiplier la lecture par le facteur indiqué par le commutateur de gamme.*

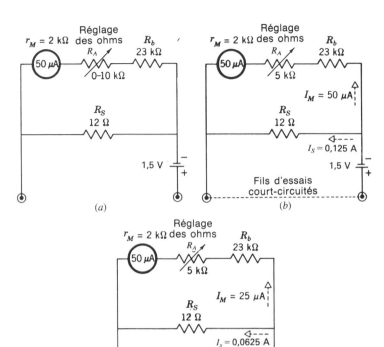

Figure 7-19 *Circuit de voltmètre caractéristique pour l'échelle de R × 1: (a) circuit avant réglage à zéro ohm; (b) fils d'essais court-circuités pour obtenir le réglage à zéro ohm; (c) mesure de la résistance externe R_x. La valeur de 12 Ω pour R_x correspond à une déviation sur la moitié de l'échelle, ainsi qu'il est indiqué sur l'échelle des ohms de la figure 7-18.*

la pile V. L'une des dérivations est constituée par R_S. L'autre comprend R_b, R_a et l'équipage mobile. On retrouve la tension V de 1,5 V aux bornes des deux dérivations.

Pour que le courant circulant dans l'équipage atteigne la valeur de 50 μA, la résistance R_a est réglée à 5000 Ω. La résistance totale dans cette dérivation est alors de 23 kΩ + 5 kΩ + 2 kΩ, ce qui donne un total de 30 kΩ. Avec cette résistance de 30 kΩ placée aux bornes de la pile de 1,5 V, le courant I_M est égal à 50 μA. R_a se trouve donc ainsi réglé pour une déviation à pleine échelle permettant une lecture zéro pour un court-circuit des fils de mesure.

En (c), supposons que la résistance R_x à mesurer soit de 12 Ω, de valeur égale à celle

de R_S. Le courant dans l'équipage atteint alors pratiquement 25 μA, correspondant à une déviation à mi-échelle. Sur l'échelle R × 1 on lit par conséquent, pour une position médiane, une valeur de 12 Ω. Pour des valeurs de R_x plus élevées, l'intensité dans l'équipage décroît pour afficher des résistances de plus grande valeur sur l'échelle en ohms à rétrogression.

Pour les gammes en ohms supérieures, on augmente la résistance de la dérivation R_S. La lecture en ohms à mi-échelle pour chacune des gammes est égale à la résistance de la dérivation R_S. Il est aussi possible d'utiliser une pile de tension supérieure pour les gammes en ohms les plus élevées.

Dans toute gamme, R_A est réglé de sorte qu'à pleine déviation correspondant à la mise en court-circuit des fils de mesure, on lise une valeur de zéro ohm. Cette résistance variable sert au *tarage* ou à la *remise à zéro ohm*.

Réglage de remise à zéro ohm Pour compenser une tension faible par suite du vieillissement de la pile, un ohmmètre comporte une résistance variable telle que R_A sur la figure 7-19 pour étalonner l'échelle en ohms. Un ohmmètre à rétrogression est toujours taré pour la valeur *zéro ohm*. Les fils de mesure étant mis en court-circuit, variez le réglage de remise à *zéro ohm* sur le panneau frontal de l'appareil jusqu'à ce que l'aiguille coïncide exactement avec le repère *zéro* au bord droit de l'échelle graduée en ohms. Les lectures en ohms sont alors précises sur toute l'étendue de l'échelle.

Ce type d'ohmmètre demande une remise à zéro chaque fois que l'on change de gamme parce que le circuit interne a changé.

Lorsque ce réglage ne permet pas de déviation de l'aiguille suffisante pour l'amener au bord droit du point zéro, cela signale habituellement que la tension de la source est trop faible et qu'il y a lieu de remplacer la pile incorporée. Normalement, cette panne apparaît en premier sur la gamme $R \times 1$ qui prélève de la pile l'intensité la plus élevée. Sur la figure 7-20, on peut voir la pile de l'ohmmètre dans une appareil classique du type VOM.

Circuit d'ohmmètre shunt Dans ce circuit, la pile incorporée, l'équipage mobile et la résistance extérieure R_x sont montés dans trois branches en parallèle. Le principal avantage est de disposer d'une échelle pour faibles valeurs d'ohms se lisant de gauche à droite. Cependant, le circuit d'ohmmètre shunt est rarement utilisé en raison du courant constant soutiré de la pile incorporée.

Caractéristiques de l'ohmmètre en série

Il se distingue par les points suivants:

1. Le circuit comprend une pile incorporée et une résistance variable R_A de commande du tarage montée en série avec l'équipage mobile.
2. L'échelle à rétrogression présente une graduation zéro ohm à sa limite droite correspondant au courant I_M de déviation maximale et une graduation de valeur en ohms inférieure à sa limite gauche correspondant à une valeur nulle du courant I_M.
3. Mettez en court-circuit les fils de mesure et réglez R_A pour une lecture zéro ohm. Ce tarage doit être modifié pour chacune des gammes de l'ohmmètre du fait que la valeur de R_A nécessaire pour que circule le courant I_M de déviation maximale est différente.

Figure 7-20 *Appareil de mesure combiné volts-ohms-milliampères montré avec son capot retiré permettant de voir les shunts, les résistances multiplicatrices et les piles lui permettant d'agir comme ohmmètre. La pile séparée de 7,5 V sert aux gammes résistances élevées.* (*Modèle Tripplet 630*)

4. On obtient les gammes de mesure de faibles valeurs en ohms en diminuant la sensibilité avec un shunt. On passe aux gammes de fortes valeurs en ohms en augmentant la sensibilité de l'équipage et en utilisant une pile de plus forte tension.

Problèmes pratiques 7.7
(réponses à la fin du chapitre)

(a) Un ohmmètre indique 40 Ω sur la gamme $R \times 10$. Calculer R_x.
(b) Un voltmètre indique 40 V sur l'échelle 300 V, le sélecteur de gammes étant à la position 30 V. Calculer la tension mesurée.

7.8
MULTIMÈTRES

Les deux principaux modèles sont le volt-ohm-milliampèremètre (VOM) à la figure 7-21, le voltmètre à tubes à vide (VTVM) à la figure 7-22, et le multimètre numérique illustré à la figure 7-23. Le tableau 7-4 compare les caractéristiques du VOM à celles du VTVM, la section suivante décrit en détail le multimètre numérique. L'utilisation d'un appareil de mesure numérique est en réalité semblable à celle d'un VTVM, son affichage numérique offre toutefois une lecture plus aisée et sans erreurs.

Le VOM est probablement le multimètre le plus utilisé. Il se distingue par sa compacité, sa simplicité. On peut, de plus, l'utiliser loin de toute source, car la seule alimentation dont il a besoin comme ohmmètre lui est fournie par sa pile interne.

Le VTVM requiert une alimentation interne car son cadre mobile est dans un circuit en pont avec amplificateur. Il peut comporter des transistors au lieu de tubes, mais l'unité doit être reliée au secteur ou être munie d'une pile.

Sa résistance d'entrée élevée, habituellement de 11 MΩ sur toutes les gammes de tensions continues, constitue son principal avantage. Dans les modèles à transistors, toutefois,

Figure 7-21 *Vue de face d'un VOM courant de 180 mm de hauteur. Remarquer les positions des commutateurs de gauche pour la pince ampèremétrique et du haut pour les résistances à faible alimentation. (Simpson modèle 260)*

les résistances à mesurer sont ordinairement dans la gamme des kΩ ou moins. Le VTVM présente également des gammes de résistances très élevées, puisque le circuit du voltmètre sert, à l'aide d'une pile interne, pour la fonction ohmmètre. Le VTVM ne peut cependant mesurer les courants, du fait de sa grande résistance d'entrée.

Le VOM mesure le courant continu, mais ne mesure pas le courant alternatif. En général, la mesure des courants alternatifs exige un cadre mobile pour courant alternatif ou une sonde à pince.

Tous les multimètres mesurent facilement les tensions alternatives, parce que la tension alternative à mesurer est redressée afin de

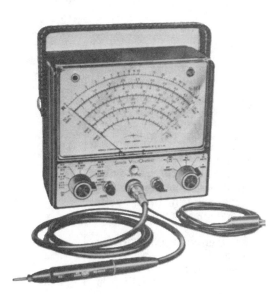

Figure 7-22 *Voltmètre à tubes caractéristique. Le commutateur de gamme se trouve sur la gauche. Le commutateur de sélection se trouve sur la droite. Le réglage du zéro de gauche est pour le voltmètre, le réglage des résistances est à droite. (RCA modèle WV 98C)*

fournir une tension continue à l'appareil de mesure.

Tant pour les VOM que pour les VTVM, il importe d'avoir une échelle pour les tensions faibles de 1 V ou moins à pleine échelle. Cette gamme est nécessaire pour mesurer les tensions de polarisation continues variant de 0,2 à 0,6 V dans les circuits à transistors.

Résistances de faible puissance Un ohm-mètre dont la tension de pile n'est pas suffisante pour polariser la jonction d'un semiconducteur à l'état passant est tout indiqué pour les circuits à transistors. La limite de tension est de 0,2 V ou moins. La tension à vide du VOM illustré à la figure 7-21 est de 0,1 V sur les gammes des résistances de faible puissance qui suivent aussi les gammes des faibles résistances

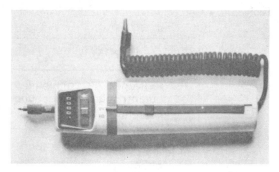

Figure 7-23 *Voltmètre-ohmmètre numérique. (Hewlett Packard)*

$R \times 1$ et $R \times 10$. Les gammes de résistances élevées requièrent une pile à tension plus forte.

Échelle des décibels La plupart des multimètres présentent une échelle de tensions alternatives étalonnée en décibels (dB) destinée à la mesure des signaux alternatifs. Le décibel est une unité de comparaison des niveaux des puissances ou des tensions. Le repère 0 dB sur cette échelle est le niveau de référence, habituellement 0,775 V pour 1 mW appliqué aux bornes d'une résistance de 600 Ω. Les valeurs en dB positives supérieures au repère 0 indiquent des tensions alternatives plus grandes que 0,775 V, tandis que les valeurs en dB négatives sont inférieures au niveau de référence.

Sonde à pince ampèremétrique La nécessité d'ouvrir un circuit pour mesurer I peut être éliminée en utilisant une pince qui entoure le conducteur dans lequel circule le courant à mesurer. La pince illustrée à la figure 7-24 est une sonde accessoire s'adaptant au VOM de la figure 7-21. Cette sonde ne mesure que les courants alternatifs. On s'en sert généralement pour les secteurs à 60 Hz.

Tableau 7-4 *Comparaison des modèles VOM et VTVM*

VOM	VTVM
La résistance du voltmètre à courant continu change avec la gamme $R_v = \Omega/V \times$ tension de pleine déviation	Résistance très élevée de 11 MΩ et plus en voltmètre continu, résistance identique pour toutes les gammes
Mesure les volts alternatifs	Mesure les volts alternatifs
Mesure les courants continus	Ne mesure pas le courant continu
Ne mesure pas le courant alternatif	Ne mesure pas le courant alternatif
Les gammes en ohms vont généralement jusqu'à $R \times 10\,000\ \Omega$	Les gammes en ohms vont généralement jusqu'à $R \times 1\ \text{M}\Omega$
Le tarage doit être modifié pour chaque gamme	Tarage identique pour toutes les gammes
Portable ; le fil noir ne demande pas à être relié à la masse du châssis.	Généralement relié au secteur ; le fil noir doit être relié à la masse du châssis

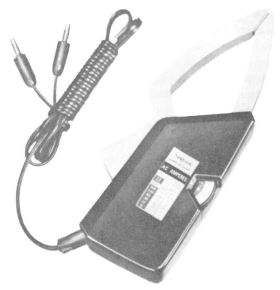

Figure 7-24 *Pince ampèremétrique s'adaptant au VOM de la figure 7-21. (Simpson Electric Company)*

Sonde de hautes tensions La sonde illustrée à la figure 7-25 peut être utilisée avec un multimètre pour mesurer les tensions continues jusqu'à 30 kV. Une de ses applications est la mesure de la tension anodique de 20 à 30 kV du tube image d'un téléviseur. Cette sonde n'est en fait qu'une simple résistance multiplicatrice externe au voltmètre. La résistance R requise pour une sonde de 30 kV est, pour la gamme de 1000 V d'un voltmètre de sensibilité 20 kΩ/V, de 580 MΩ.

Problèmes pratiques 7.8
(réponses à la fin du chapitre)

(a) Quel type de multimètre est simple, portatif et bon marché?

(b) Quelle est la valeur habituelle de la résistance d'entrée d'un VTVM, quelle que soit la gamme de tension continue utilisée?

7.9
APPAREILS DE MESURE NUMÉRIQUES

Ces appareils sont très appréciés et répandus car leurs indications numériques, comprenant la virgule décimale, la polarité et les unités sont automatiquement affichées (figure 7-23). L'appareil de mesure conventionnel à aiguille est un appareil analogique pour préciser que sa déviation correspond directement à la grandeur mesurée. Les appareils numériques sont d'une utilisation beaucoup plus facile, principalement parce qu'ils diminuent l'erreur humaine survenant souvent lors de la lecture de différentes échelles d'un appareil analogique. La figure 7-23 représente un petit modèle portable de VOM. La plupart des appareils numériques sont cependant plus volumineux que les appareils analogiques.

La figure 7-26 représente le schéma fonction d'un VOM numérique. Tout d'abord, l'entrée doit être mise sous une forme répondant aux exigences du convertisseur analogique-numérique. En guise d'exemple, la gamme des tensions continues de 0 à 1 V peut être requise par le circuit de conversion numérique. Une tension alternative d'entrée est transformée en une tension continue. Pour la mesure d'une résistance, une alimentation continue transforme la valeur de R en une valeur de tension IR.

Les tensions continues trop élevées sont abaissées à une valeur comprise entre 0 et

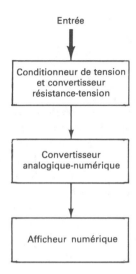

Figure 7-26 *Fonctions de base d'un multimètre numérique pour tensions et résistances.*

1 V. Les tensions continues trop faibles sont amplifiées par un amplificateur à courant continu. Cette tension de commande peut alors être comparée à une tension de référence fixe dans l'appareil de mesure. La résistance d'entrée pour la gamme de tensions continues est de 10 MΩ.

Voici quelques exemples de lecture numérique: $-4,92$ ou $+4,92$ V continus, 250 V alternatifs et 397 Ω pour l'ohmmètre. Le nombre de «9» pouvant être affichés caractérise le nombre de chiffres d'un appareil de mesure numérique. L'affichage se fait généralement par des diodes électro-luminescentes.

Le convertisseur analogique-numérique possède un générateur de signaux d'horloge, dont le rôle est de produire les impulsions de synchronisation et un circuit compteur d'impulsions. Le cerveau de l'appareil numérique est un module logique numérique spécifique au CI. L'entrée du CI est constituée d'impulsions de synchronisation en provenance de l'horloge, et de la tension en provenance du

Figure 7-25 *Sonde de hautes tensions pour VOM. (Triplett Corp.)*

circuit comparant l'entrée de l'appareil à la tension de référence. La sortie du CI attaque l'unité d'affichage numérique.

Problèmes pratiques 7.9
(réponses à la fin du chapitre)
Répondre par vrai ou faux:

(a) Dans un VOM numérique et dans un VTVM analogique, la valeur de R à mesurer est convertie en une tension IR;

(b) Un convertisseur analogique-numérique possède un circuit d'horloge dont le rôle est de générer des impulsions de synchronisation.

7.10
APPLICATIONS DES APPAREILS DE MESURE

Le tableau 7-5 résume les points essentiels dont il convient de se souvenir pour savoir quand utiliser un voltmètre, un ohmmètre ou un milliampèremètre. Ces règles s'appliquent tant à un appareil simple ou monofonctionnel qu'à un multimètre. Les essais de tensions et de courants s'appliquent aux circuits à courant continu et aux circuits à courant alternatif.

Pour éviter qu'un courant excessif ne circule dans l'équipage mobile, il est recommandé de commencer par une gamme élevée lorsqu'on mesure la valeur inconnue d'une tension ou d'un courant. Il est primordial de ne pas commettre l'erreur de brancher un ampèremètre en parallèle car généralement l'appareil se trouve détruit. L'erreur consistant à insérer un voltmètre en série n'endommage pas l'appareil mais la lecture est fausse.

Si l'ohmmètre est raccordé à un circuit demeuré sous tension, l'appareil peut être endommagé en plus de fournir une indication erronée. Un ohmmètre possède sa propre pile interne, il faut donc couper l'alimentation du circuit à mesurer.

Tableau 7-4 *Comparaison des modèles VOM et VTVM*

VOM	VTVM
La résistance du voltmètre à courant continu change avec la gamme $R_v =$ $\Omega/V \times$ tension de pleine déviation	Résistance très élevée de 11 MΩ et plus en voltmètre continu, résistance identique pour toutes les gammes
Mesure les volts alternatifs	Mesure les volts alternatifs
Mesure les courants continus	Ne mesure pas le courant continu
Ne mesure pas le courant alternatif	Ne mesure pas le courant alternatif
Les gammes en ohms vont généralement jusqu'à $R \times 10\,000\ \Omega$	Les gammes en ohms sont généralement jusqu'à $R \times 1$ MΩ
Le tarage doit être modifié pour chaque gamme	Tarage identique pour toutes les gammes
Portable; le fil noir ne demande pas à être relié à la masse du châssis.	Généralement relié au secteur; le fil noir doit être relié à la masse du châssis

Branchement d'un ampèremètre dans un circuit Dans un circuit mixte, l'ampèremètre doit être inséré dans une dérivation pour lire le courant qui y circule. Dans le conducteur principal, l'appareil mesure la valeur du courant total. Ces différents branchements sont illustrés à la figure 7-27. Les appareils de mesure sont en traits pointillés pour montrer les emplacements auxquels ils pourraient être branchés afin de lire les courants correspondants.

Si le circuit est interrompu au point *a* pour y insérer l'appareil en série dans ce tronçon du conducteur principal, l'appareil lira la valeur du courant de ligne total à travers R_1. Placé en *b* ou en *c*, un appareil lirait la même valeur du courant en ligne.

Tableau 7-5   *Appareils pour courant continu*

VOLTMÈTRE	MILLIAMPÈRE OU AMPÈREMÈTRE	OHMMÈTRE
Circuit sous tension	Circuit sous tension	Circuit hors tension
Branché en parallèle	Branché en série	Branché en parallèle
Résistance interne R élevée	Résistance interne R faible	Possède une pile incorporée
Comporte des multiplicateurs internes en série; résistance plus élevée aux gammes de tension plus élevées	Comporte des shunts internes; résistance plus faible aux gammes de courants plus élevées	Tension de pile plus élevée et équipage plus sensible pour les gammes en ohms plus élevées

Pour mesurer le courant dérivé à travers la résistance R_2, cette dernière doit être débranchée à l'une quelconque de ses extrémités de sa jonction avec le conducteur principal. Inséré en *d* ou en *e*, un appareil lira donc le courant dérivé I_2 à travers R_2. De même, un appareil placé en *f* ou en *g* lira le courant I_3 dans la dérivation contenant R_3.

Calcul de la valeur de *I* à partir de la tension mesurée   L'inconvénient lié à l'interruption d'un circuit pour la mesure du courant peut souvent être éliminé en appliquant la loi d'Ohm. La tension et la résistance peuvent être mesurées sans qu'il soit besoin d'ouvrir le circuit et le courant est calculé comme égal à *V/R*. Dans l'exemple de la figure 7-28, si la tension aux bornes de R_2 est de 15 V et que la résistance de R_2 est de 15 Ω, le courant à travers R_2 doit être de 1 A. Lorsque l'on contrôle des valeurs au cours d'un dépannage, si la tension et la résistance sont trouvées normales, le courant l'est également.

Cette technique peut également s'avérer commode pour déterminer la valeur de *I* dans les circuits à faible résistance pour lesquels la résistance d'un microampèremètre pourrait être trop importante. Au lieu de mesurer *I*, mesurez *V* et *R* pour calculer *I* en tant que *V/R*.

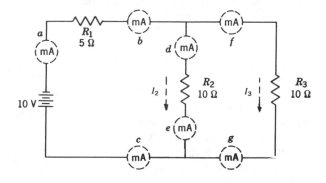

Figure 7-27 *Montage d'un ampèremètre dans un circuit mixte. En a, b, ou c, l'appareil de mesure indique le courant de ligne total I_T; en d ou en e, l'appareil de mesure indique le courant I_2 dans la branche R_2; en f ou en g, l'appareil de mesure indique le courant I_3 dans la branche R_3*

Par ailleurs, si besoin est, on peut insérer une résistance de valeur connue R_S en série dans le circuit, temporairement, simplement pour mesurer la valeur de V_S. Le courant I est alors égal à V_S/R_S. Cependant, la résistance de R_S doit être assez faible pour avoir peu d'effet sur R_T et la valeur de I dans le circuit série.

Cette technique est souvent utilisée avec les oscilloscopes afin de produire une forme d'onde de tension égale à IR. Cette forme d'onde a la même allure que celle du courant dans la résistance. L'oscilloscope peut être branché de la même façon qu'un voltmètre du fait de sa grande résistance d'entrée.

Vérification des fusibles Débrancher l'alimentation ou retirer du circuit le fusible à vérifier à l'aide d'un ohmmètre. Un fusible en bon état indique $0\ \Omega$. Un fusible fondu est ouvert, l'ohmmètre indiquera donc une résistance infinie.

Il est également possible de vérifier l'état d'un fusible d'un circuit sous tension en se servant d'un voltmètre. Pour cela, connecter le voltmètre entre les deux bornes du fusible. Un fusible en bon état donnera une indication de $0\ V$ parce que sa chute de tension IR est pratiquement nulle. Par contre, si le fusible est ouvert, le voltmètre indiquera une valeur égale à la pleine valeur de la tension appliquée. Ce dernier fait ne constitue cependant pas une bonne performance pour le fusible.

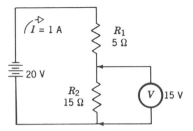

Figure 7-28 *Lorsque l'on mesure une tension de 15 V aux bornes de la résistance de 15 Ω, le courant vaut V/R = 1 A.*

Essais de tensions sur un circuit ouvert
La figure 7-29 illustre quatre résistances en série avec une source de 100 V. Cette figure fait apparaître l'usage d'un retour par la masse car, d'ordinaire, les mesures de tension sont effectuées par rapport à la masse du châssis. Chaque résistance aurait normalement une chute de tension IR de 25 V. Un voltmètre branché entre B et la masse indiquerait donc $100 - 25 = 75$ V. De la même façon, la tension en C serait de 50 V et celle en D de 25 V.

Le circuit présente, dans le cas présent, une coupure en R_3, vers la fin de la chaîne des tensions en série par rapport à la masse. La lecture de la mesure de la tension en B est de 100 V, soit la valeur de la tension appliquée elle-même. Cette pleine tension en B indique que le circuit est ouvert puisqu'il n'y a aucune chute de tension IR aux bornes de R_1.

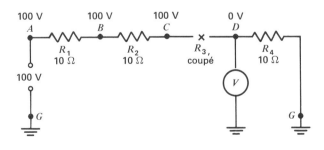

Figure 7-29 *Essais de tension afin de déceler une coupure de circuit. La résistance R_3 est normalement de 10 Ω. La lecture de 0 V au point D indique que la résistance R_3 est coupée.*

Le problème est de savoir quelle résistance est ouverte. Pour cela, il suffit de continuer à effectuer les mesures de tension par rapport à la masse jusqu'au moment où l'on aura 0 V. Dans cet exemple, la coupure est en R_3, entre les 100 V relevés en *C* et la valeur 0 V relevée en *D*.

Les points auxquels la pleine tension est appliquée ont un chemin de retour à la source de tension. Le circuit est donc ouvert entre les points *C* et *D* de la figure 7-29.

Problèmes pratiques 7.10
(réponses à la fin du chapitre)

(*a*) Quel type d'appareil de mesure requiert une pile incorporée?

(*b*) Quelle est la tension normale entre les bornes d'un fusible en bon état?

7.11
VÉRIFICATION DE LA CONTINUITÉ AVEC UN OHMMÈTRE

Un fil conducteur qui est continu sans coupure a une résistance en ohms pratiquement nulle. L'ohmmètre peut donc être utile pour vérifier la continuité. Cet essai doit être effectué sur la gamme en ohms la plus basse. Il y a de nombreuses applications. Un fil conducteur peut présenter une coupure interne non visible par suite du revêtement isolant, ou le fil peut avoir un mauvais contact au niveau de la borne. En vérifiant qu'entre deux points quelconques pris le long d'un conducteur la résistance mesurée est zéro ohm, on contrôle la continuité. Une coupure du trajet conducteur est mise en évidence par une lecture de résistance infinie, montrant un circuit ouvert.

Comme autre exemple de vérification de continuité, supposez qu'il y ait un câble de fils rassemblés comme le montre la figure 7-30 dont les différents fils ne sont pas visibles, mais où l'on désire trouver le fil qui est branché à la borne *A*. On y parvient en vérifiant la conti-

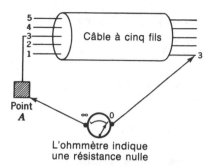

Figure 7-30 *La liaison de A à 3 indique que ce fil est relié à la borne A.*

nuité de chaque conducteur par rapport au point *A*. Le fil présentant une résistance de zéro ohm par rapport à *A* est celui relié à cette borne. Souvent les différents fils sont colorés selon un code mais il peut s'avérer nécessaire de vérifier la continuité de chacun d'eux.

Une technique additionnelle qui peut être d'utilité est illustrée à la figure 7-31. Dans ce cas, on désire vérifier la continuité de la ligne bifilaire mais ses extrémités sont trop éloignées l'une de l'autre pour que les fils de mesure de l'ohmmètre puissent les atteindre. Les deux conducteurs sont alors temporairement court-circuités à l'une des extrémités de sorte que la continuité puisse être vérifiée à l'autre.

En résumé, l'ohmmètre sert à vérifier la continuité de tout fil conducteur. Cette vérification inclut celle d'éléments chauffants à fil résistant tels que les fils d'un grille-pain ou le filament d'une lampe à incandescence. Leur résistance à froid n'est que de quelques ohms. Une résistance infinie signale que l'élément de fil est coupé. De même, un bon fusible a une résistance pratiquement nulle; un fusible qui a grillé a une résistance infinie, ce qui montre qu'il est coupé. De la même façon, une bobine de transformateur, de solénoïde ou de moteur, présentera une résistance infinie si son enroulement est ouvert.

Problèmes pratiques 7.11
(réponses à la fin du chapitre)

(a) Considérer l'échelle à rétrogression d'un ohmmètre. Le repère 0 Ω est-il à son extrémité droite ou gauche?

(b) Qu'indiquera un ohmmètre branché aux bornes d'une coupure?

Figure 7-31 *Court-circuitage temporaire à l'extrémité d'une longue ligne à deux conducteurs pour vérifier la continuité à partir de l'extrémité opposée.*

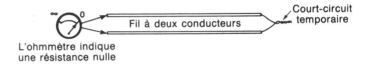

Résumé

1. Le courant continu circulant dans un cadre mobile fait dévier la bobine de façon proportionnelle à l'intensité du courant.
2. Un ampèremètre est un appareil de mesure à faible résistance monté en série pour lire l'intensité du courant dans le circuit.
3. Un shunt R_S d'appareil de mesure branché en parallèle avec le cadre mobile élargit la gamme d'un ampèremètre [voir formule (7.1)].
4. Un voltmètre se compose d'un équipage mobile en série avec un multiplicateur à haute résistance. Le voltmètre avec son multiplicateur est branché en deux points pour mesurer leur différence de potentiel en volts. Le multiplicateur R peut être calculé à partir de la formule (7.3).
5. La caractéristique ohms par volt d'un voltmètre avec des multiplicateurs montés en série définit la sensibilité à toutes les gammes de tension. Cette sensibilité est égale à l'inverse du courant de déviation maximale de l'appareil. Une valeur classique est de 20 000 Ω/V pour un voltmètre utilisant un cadre admettant 50 μA. Plus la caractéristique ohms par volt est élevée et mieux cela vaut.
6. La résistance R_V du voltmètre croît avec les gammes supérieures du fait de la résistance plus élevée des multiplicateurs. Pour calculer R_V, multipliez la caractéristique ohms par volt par la gamme de tension.
7. Un ohmmètre est constitué d'une pile incorporée en série avec l'équipage mobile. Le circuit à vérifier avec un ohmmètre doit être mis hors tension. L'ohmmètre en série a une échelle à rétrogression, la valeur zéro ohm étant à la limite droite et la valeur infinie à la limite gauche de cette échelle. Tarez à zéro ohm, les fils de

mesure étant mis en court-circuit, chaque fois que l'on passe à une autre gamme de mesure en ohms.

8. Le VOM (figure 7-21) est un multimètre portatif pouvant mesurer les tensions, les résistances et les milliampères.

9. L'appareil VTVM (figure 7-22) est un multimètre présentant une résistance élevée de 11 MΩ pour toutes les gammes de tensions continues de sorte qu'il ne se produit pratiquement pas d'effet de charge. De même, ses gammes de mesure de résistances élevées permettent des lectures jusqu'à 1000 MΩ.

10. Le VOM numérique (figure 7-25) présente généralement une résistance d'entrée de 10 MΩ pour toutes les gammes de tensions continues.

11. Quand on vérifie des fils conducteurs, l'ohmmètre affiche zéro ohm ou une très faible résistance pour la continuité normale et une valeur infinie pour une coupure.

Exercices de contrôle
(Réponses à la fin de l'ouvrage)

Voici un moyen de contrôler si vous avez bien assimilé le contenu de ce chapitre. Ces exercices sont uniquement destinés à vous évaluer vous-même.

Choisir (a), (b), (c) ou (d).

1. Pour brancher un ampèremètre en série: (a) ouvrez le circuit en un point et utilisez l'appareil de mesure pour compléter le circuit; (b) ouvrez le circuit aux bornes positive et négative de la source de tension; (c) court-circuitez la résistance à vérifier et branchez l'appareil à ses bornes; (d) ouvrez le circuit en un point et branchez l'appareil à l'une des extrémités.

2. Pour brancher un voltmètre en parallèle afin de lire une chute de tension IR: (a) ouvrez le circuit à une extrémité et utilisez l'appareil pour compléter le circuit; (b) ouvrez le circuit en deux points et branchez l'appareil entre ces deux points; (c) laissez le circuit dans cet état et branchez l'appareil aux bornes de la résistance; (d) laissez le circuit fermé mais débranchez la source de tension.

3. Un shunt pour un milliampèremètre: (a) élargit la gamme et réduit la résistance de l'appareil; (b) élargit la gamme et augmente la résistance de l'appareil; (c) rétrécit la gamme et diminue la résistance de l'appareil; (d) rétrécit la gamme mais augmente la résistance de l'appareil.

4. Pour un équipage mobile admettant 50 μA avec une valeur pour r_M de 2000 Ω, la tension V_M correspondant à la pleine déviation est: (a) 0,1 V; (b) 0,2 V; (c) 0,5 V (d) 250 μV.

5. Un voltmètre mettant en oeuvre un équipage mobile admettant 20 μA a une sensibilité de: (*a*) 1000 Ω/V; (*b*) 20 000 Ω/V; (*c*) 50 000 Ω/V; (*d*) 11 MΩ/V.

6. Lorsqu'on utilise un ohmmètre, on débranche la tension du circuit à vérifier parce que: (*a*) la source de tension augmentera la résistance; (*b*) le courant diminuera la résistance; (*c*) l'ohmmètre dispose de sa propre pile incorporée; (*d*) il n'y a pas besoin de courant pour l'équipage mobile.

7. Un multiplicateur pour voltmètre est: (*a*) une résistance élevée en série avec l'équipage mobile; (*b*) une résistance élevée en parallèle avec l'équipage mobile; (*c*) généralement une résistance de moins de un ohm en série avec l'équipage mobile; (*d*) généralement une résistance de moins de un ohm en parallèle avec l'équipage mobile.

8. Pour doubler la gamme de mesure de courant d'un équipage mobile admettant 50 μA et de 2000 Ω, la résistance shunt a une valeur de: (*a*) 40 Ω; (*b*) 50 Ω; (*c*) 2000 Ω; (*d*) 18 000 Ω.

9. Un appareil VOM avec un équipage admettant 50 μA a une résistance d'entrée de 6 MΩ dans une gamme de tension continue de: (*a*) 3; (*b*) 12; (*c*) 60; (*d*) 300.

10. Pour une gamme de 1 V, un équipage admettant 50 μA et d'une résistance interne de 2000 Ω demande une résistance multiplicatrice de: (*a*) 1 kΩ; (*b*) 3 kΩ; (*c*) 18 kΩ; (*d*) 50 kΩ.

Questions

1. (*a*) Pourquoi un milliampèremètre est-il branché en série dans un circuit? (*b*) Pourquoi le milliampèremètre doit-il avoir une faible résistance?

2. (*a*) Pourquoi un voltmètre est-il branché en parallèle dans un circuit? (*b*) Pourquoi le voltmètre doit-il avoir une résistance élevée?

3. Un circuit comporte une pile aux bornes de deux résistances en série. (*a*) Dessinez un schéma montrant comment brancher un milliampèremètre avec la polarité correcte pour lire le courant passant par la jonction des deux résistances. (*b*) Dessinez un schéma montrant comment brancher un voltmètre en respectant la polarité pour lire la tension aux bornes de l'une des résistances.

4. Expliquez succinctement pourquoi un shunt d'appareil égal à la résistance du cadre mobile double la gamme de lecture d'intensité du courant.

5. Décrivez comment régler le *tarage à zéro* d'un ohmmètre à rétrogression.

6. Décrivez comment régler la remise à *zéro volt* et comment *tarer à zéro ohm* sur un appareil VTVM.

7. Donner deux avantages du VOM numérique illustré à la figure 7-23 sur le VOM conventionnel de la figure 7-21.

8. Décrire le rôle du réglage *tarage à zéro* d'un ohmmètre à rétrogression.

9. Énoncez deux précautions à observer quand on utilise un milliampèremètre.

10. Énoncez deux précautions à observer quand on utilise un ohmmètre.

11. La résistance R_V d'un voltmètre est de 300 kΩ à la gamme de 300 V lorsqu'on mesure 300 V. Pourquoi R_V est-il toujours égal à 300 kΩ quand on mesure 250 V sur la même gamme?

12. Dessinez de nouveau le schéma synoptique de la figure 5-1*b* du chapitre 5, montrant un milliampèremètre destiné à lire le courant en ligne à travers R_1 et R_2, un appareil pour le courant dérivé R_3 et un appareil pour le courant dérivé R_4. Marquez les polarités sur chacun des appareils.

Problèmes
(Les réponses aux problèmes de numéro impair sont données à la fin de l'ouvrage)

1. Calculez la résistance shunt nécessaire pour élargir la gamme d'un équipage de 50 Ω admettant 1 mA à: (*a*) 2 mA; (*b*) 10 mA; (*c*) 100 mA; (*d*) dans chacun des cas, quelle est la valeur du courant affiché par la déviation à mi-échelle?

2. Avec un équipage 50 Ω et 1 mA, calculez les résistances multiplicatrices nécessaires pour les gammes de : (*a*) 10 V; (*b*) 30 V; (*c*) 100 V; (*d*) 300 V. Quelle est, pour chaque gamme, la valeur de la tension affichée par une déviation à mi-échelle?

3. Un voltmètre lit 30 V aux bornes d'une résistance de 100 Ω. Quelle est la valeur du courant dans la résistance? Si la valeur du courant à travers la même résistance était doublée, quelle serait la valeur de sa tension *IR*?

4. Un voltmètre a une sensibilité de 10 000 Ω/V à toutes les gammes. (*a*) Quelle est la valeur de la résistance totale du voltmètre dans la gamme de 5 V? (*b*) dans celle de 50 V? (*c*) dans celle de 500 V? (*d*) Quelle est la valeur de la résistance du voltmètre pour une lecture de 225 V sur la gamme de 500 V?

5. Un équipage mobile admettant 50 μA a une résistance interne de 1000 Ω. (*a*) Calculez la résistance multiplicatrice nécessaire pour des gammes de voltmètre de 10 V, 30 V et 500 V. (*b*) Quelle est la sensibilité en ohms par volt sur toutes les gammes? (*c*) Quelle est la valeur de la résistance du voltmètre dans la gamme de 500 V?

6. Pour le même équipage que celui du problème 5, calculez la résistance shunt nécessaire pour des gammes d'intensité de courant de 10 mA, 30 mA et 500 mA. Quelle est la valeur de la résistance de l'appareil avec son shunt dans chacune des gammes? (Notez que 1 mA = 1000 μA.)

7. En vous reportant au shunt universel de la figure 7-9, calculez les valeurs requises de R_1, R_2 et R_3 pour un équipage de 2000 Ω admettant 50 μA afin qu'il fournisse des gammes de mesure de courant de 1,2 mA, 12 mA et 120 mA.

8. En vous référant au problème de l'effet de charge d'un voltmètre à la figure 7-14, quelle serait la valeur exacte de la tension affichée par un appareil de 20 000 ohms par volt placé sur sa gamme de 100 V?

9. Reportez-vous à l'ohmmètre de la figure 7-17. Supposez que l'équipage est shunté pour devenir un appareil susceptible de mesurer 10 mA. (a) Calculez la valeur de R_1 qui serait nécessaire pour la déviation à pleine échelle, les fils de mesure de l'ohmmètre étant court-circuités. (b) Quelle serait la lecture à mi-échelle sur l'échelle en ohms?

10. Reportez-vous à la figure 7-13. (a) Quelle est la valeur de la résistance totale du voltmètre si on utilise la prise 5000 V, le commutateur de gammes étant sur la position 1000 V? (b) Quelle est la valeur de la sensibilité en ohms par volt? (c) Pourquoi le commutateur de gammes doit-il être placé sur 1000 V?

11. Soit le circuit de la figure 7-14. Si le voltmètre était branché aux bornes de R_1 au lieu d'être à celles de R_2, quelles seraient les valeurs de V_1 et de V_2?

Réponses aux problèmes pratiques

7.1 (a) parallèle
(b) série

7.2 (a) $I = 100$ mA
(b) R_3
(c) faible
(d) très élevée

7.3 (a) $I_S = 450$ μA
(b) $V_M = 0,045$ V

7.4 (a) $I_M = 1$ mA
(b) $I_M = 1$ mA

7.5 (a) $R_V = 50$ kΩ
(b) $R_V = 1$ MΩ

7.6 (a) $V_1 = 80$ V
(b) $V_2 = 40$ V

7.7 (a) $R_S = 400$ Ω
(b) $V = 4$ V

7.8 (a) VOM
(b) 11 MΩ

7.9 (a) vrai
(b) vrai

7.10 (a) ohmmètre
(b) 0 V

7.11 (a) droite
(b) ∞ ohms

Rappel des chapitres 6 et 7

Résumé

1. Dans un diviseur de tension, la chute de tension IR aux bornes de chaque résistance est proportionnelle à la valeur R de la résistance considérée. Plus la résistance R est élevée, plus la chute de tension à ses bornes l'est aussi. Chaque chute est de la forme $V = (R/R_T) \cdot V_T$. Cette formule permet le calcul des chutes de tension en série à partir de V_T sans connaître I.

2. Dans un diviseur de courant, chaque courant de branche de courant est inversement proportionnel à la résistance R de la branche considérée. Plus la résistance R d'une branche est petite, plus le courant dans cette branche est élevé. Dans le cas de deux résistances en parallèle et pour ce seul cas, nous pouvons utiliser la relation inverse: $I_1 = [R_2 /(R_1 + R_2)] \cdot I_T$. Cette formule permet le calcul des courants des branches en parallèle à partir de I_T sans connaître V.

3. Dans un diviseur de courant, chaque courant de branche est directement proportionnel à la conductance G de la branche considérée. Plus la conductance G d'une branche est élevée, plus le courant dans cette branche l'est aussi. Quel que soit le nombre de résistances en parallèle, la formule du courant I dans chacune est $I = (G/G_T) \cdot I_T$.

4. Un milliampèremètre ou un ampèremètre est un appareil de mesure connecté en série dans un circuit dont il mesure le courant.

5. Le montage de shunts en parallèle avec le milliampèremètre ou l'ampèremètre permet d'obtenir différentes gammes de courant.

6. Un voltmètre est un appareil de mesure à résistance élevée, connecté aux bornes du composant dont il mesure la tension.

7. Le montage de multiplicateurs en série avec le voltmètre permet d'obtenir différentes gammes de tension.

8. Un ohmmètre possède une pile incorporée. Il mesure la résistance du composant entre les bornes duquel il est branché, toute alimentation externe étant coupée.

9. Lors d'essais de résistances, se rappeler que $R = 0\ \Omega$ indique une continuité ou un court-circuit, mais que la résistance d'un circuit ouvert est infinie.

Exercices de contrôle récapitulatifs
(réponses à la fin de l'ouvrage)

Voici une nouvelle occasion de vérifier vos progrès. Effectuez ces exercices comme vous l'avez fait pour ceux de chaque fin de chapitre.

Répondre par vrai ou faux.

1. La résistance interne d'un milliampèremètre doit être faible afin que son effet sur le courant du circuit soit minimal.
2. La résistance interne d'un voltmètre doit être élevée afin que le courant circulant dans le voltmètre soit minimal.
3. Lors de la vérification d'une résistance dans un circuit, il importe d'ouvrir toutes les alimentations car l'ohmmètre possède sa propre pile interne.
4. Soit le diviseur de tension série de la figure 7-29, la tension normale du point B par rapport à la masse est de 75 V.
5. Soit le circuit de la figure 7-29, la tension normale aux bornes de R_1 entre A et B est de 75 V.
6. La gamme des résistances la plus élevée est celle qui se prête le mieux à la vérification, à l'aide d'un ohmmètre, de la continuité.
7. Si la tension totale V_T, appliquée à un diviseur de tension série constitué de quatre résistances égales est de 44,4 V, alors chaque chute de tension IR est de 11,1 V.
8. Si le courant total I_T fourni à quatre résistances en parallèle égales est de 44,4 mA, alors le courant de chaque branche est de 11,1 mA.
9. Des chutes de tension en série divisent la tension V_T en raison directe de chaque résistance en série.
10. Des courants en parallèle divisent le courant I_T en raison directe de chaque résistance de branche.

Références
(D'autres références sont données à la fin de l'ouvrage)

HERRICK, C.N., *Instruments and Measurements for Electronics*, McGraw-Hill Book Company, New York.

PRENSKY, S.D., *Electronic Instrumentation*, Prentice-Hall, Inc., Englewood Cliffs, N-J.

ZBAR, P.B., *Basic Electricity*, McGraw-Hill Book Company, New York.

Lois de Kirchhoff

De nombreux types de circuits ont des composants qui ne sont ni en série, ni en parallèle, ni en montage mixte. La figure 8-3 donne un exemple d'un circuit à deux tensions appliquées dans des branches différentes. Un montage en pont déséquilibré nous en fournit un autre exemple. Des méthodes générales d'analyse s'imposent lorsque les règles relatives aux circuits série et parallèle ne peuvent pas être appliquées. Ces méthodes comportent l'application des lois de Kirchhoff telles que nous les décrivons ici, ainsi que les théorèmes de réseau expliqués dans le chapitre 9. Tout circuit peut être résolu par les lois de Kirchhoff car celles-ci ne dépendent pas des connexions série ou parallèle. Établies en 1847 par le physicien allemand Gustav R. Kirchhoff, les deux règles fondamentales pour les tensions et les courants sont les suivantes:

1. *La somme algébrique des sources de tension et des chutes de tension IR doit correspondre à zéro le long de tout parcours fermé;*
2. *À un point quelconque du circuit, la somme algébrique des courants dirigés vers l'intérieur et l'extérieur doit être nulle.*

Des méthodes spécifiques d'application de ces règles fondamentales sont expliquées sous les rubriques suivantes:

8.1 Loi des courants de Kirchhoff
8.2 Loi des tensions de Kirchhoff
8.3 Méthodes des courants de branches
8.4 Analyse de la tension aux noeuds
8.5 Méthode des courants de mailles

8.1
LOI DES COURANTS DE KIRCHHOFF

La somme algébrique des courants entrant et sortant d'un point quelconque du circuit doit être nulle. En d'autres termes: *la somme algébrique des courants arrivant à un point quelconque du circuit doit égaler la somme algébrique des courants s'éloignant de ce point.* Autrement, la charge s'accumulerait sur ce point au lieu de donner un parcours conducteur.

Signes algébriques Il est nécessaire, si on utilise les lois de Kirchhoff pour résoudre des circuits, d'adopter des conventions qui déterminent les signes algébriques en termes de courant et de tension. Le système suivant est pratique pour le courant: *Considérer que tous les courants arrivant dans un point de la branche sont positifs et que tous les courants qui s'éloignent de ce point sont négatifs.*

Par exemple, pour la figure 8-1, nous

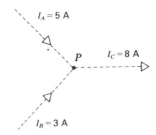

Figure 8-1 *Le courant I_C s'éloignant de P est égal à 5 A + 3 A, il a la même valeur que le courant arrivant en P.*

pouvons écrire les courants comme suit:

$I_A + I_B + I_C = 0$
ou
$5\,A + 3\,A - 8\,A = 0$

Comme leurs courants s'écoulent dans P, I_A et I_B sont des expressions positives. Mais I_C, qui est dirigé vers l'extérieur, est négatif.

Équations des courants Référons-nous au point c, au sommet du diagramme de la figure 8-2, pour une application à un circuit. Le cou-

rant I_T de 6 A arrivant au point c se divise en deux courants: $I_3 = 2$ A et $I_{4-5} = 4$ A, tous deux s'éloignant de c. Remarquons que I_{4-5} est le courant passant par R_4 et R_5. L'équation algébrique est:

$I_T - I_3 - I_{4-5} = 0$

En substituant les valeurs pour ces courants, on obtient:

$6\,A - 2\,A - 4\,A = 0$

Pour les directions opposées, référons-nous au point d au bas de la figure 8-2. Ici, les courants de branche arrivant en d se combinent pour égaler le courant I_T de la ligne principale retournant à la source de tension. Or, I_T s'éloigne de d, tandis que I_3 et I_{4-5} s'en rapprochent. L'équation algébrique est alors:

$-I_T + I_3 + I_{4-5} = 0$
$-6\,A + 2\,A + 4\,A = 0$

***I* arrivant = *I* s'éloignant** Remarquons que, soit au point c, soit au point d de la figure 8-2, la somme des courants de branches 2 A et 4 A doit être égale au courant de ligne total 6 A.

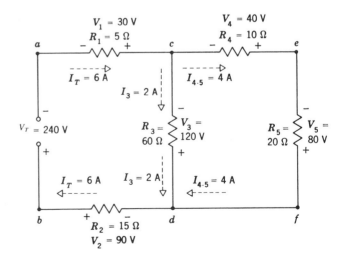

Figure 8-2 *Circuit mixte illustrant les lois de Kirchhoff. Se reporter au texte pour les équations des courants et des tensions.*

Par conséquent, on peut résumer la loi des courants de Kirchhoff par: *I* arrivant = *I* s'éloignant. Pour la figure 8-2, on peut écrire les équations des courants de la manière suivante:

Au point *c*: $\quad 6\,A = 2\,A + 4\,A$

Au point *d*: $\quad 2\,A + 4\,A = 6\,A$

La loi des courants de Kirchhoff est réellement la base de la règle pratique dans les circuits parallèle selon laquelle le courant de ligne total doit être égal à la somme des courants de branches.

Problèmes pratiques 8.1 (réponses à la fin du chapitre)

(a) Soit les courants $I_1 = 1\,A$, $I_2 = 2\,A$ et $I_3 = 3\,A$ s'approchant d'un point. Calculer le courant I s'en éloignant.

(b) Le courant I_1 de 3 A s'approche d'un point, le courant *I* s'en éloignant est de 7 A. Calculer I_2 s'approchant de ce même point.

8.2 LOI DES TENSIONS DE KIRCHHOFF

La somme algébrique des tensions autour d'un parcours fermé donné est égale à zéro. Si l'on part d'un point quelconque correspondant à une tension et si l'on retourne au même point et à la même tension, la différence de tension doit être égale à zéro.

Signes algébriques Si l'on veut déterminer les signes algébriques pour des termes de tension, il faut marquer tout d'abord la polarité de chaque tension comme l'indique la figure 8-2. Un système pratique consistera *à contourner tout le parcours fermé et à considérer comme positive une tension dont la borne positive est atteinte en premier et vice versa*. Cette méthode s'applique aux chutes de tension et aux sources de tension. Ce sens de parcours est

celui des aiguilles d'une montre ou le sens contraire. De toute façon, si l'on retourne au point de départ, la somme algébrique de toutes les tensions doit être égale à zéro.

Si on ne revient pas au point de départ, la somme algébrique sera alors la tension entre les points de départ et d'aboutissement.

On peut suivre tout parcours fermé, car la tension nette entre deux points d'un circuit est la même, quel que soit le parcours utilisé pour déterminer la différence de potentiel.

Équations des boucles Tout parcours fermé s'appelle une boucle. L'équation d'une boucle précise les tensions qu'elle comporte le long de son trajet.

La figure 8-2 comprend trois boucles: la boucle extérieure, partant du point *a* au sommet passant par *cefdb* et revenant à *a*, comprend les chutes de tension V_1, V_4, V_5 et V_2, ainsi que la source V_T.

La boucle intérieure *acdba* comprend V_1, V_3, V_2 et V_T. L'autre boucle intérieure *cefdc* avec V_4, V_5 et V_3 ne comprend pas la tension de source V_T.

Considérons l'équation des tensions pour la boucle intérieure avec V_T. Dans le sens des aiguilles d'une montre, en partant du point *a*, la somme algébrique des tensions sera:

$$-V_1 - V_3 - V_2 + V_T = 0$$

ou encore

$$-30\,V - 120\,V - 90\,V + 240\,V = 0$$

Les tensions V_1, V_3 et V_2 portent un signe négatif, car pour chacune d'entre elles la borne négative est atteinte la première. Toutefois, la source V_T a un signe positif car sa borne positive est atteinte la première, en allant dans le même sens.

Dans le sens opposé, en allant dans le sens contraire des aiguilles d'une montre, dans la même boucle à partir du point *b*, au bas,

V_2, V_3 et V_1 ont des valeurs positives et V_T est négatif. Donc:

$$V_2 + V_3 + V_1 - V_T = 0$$

ou

$$90\ V + 120\ V + 30\ V - 240\ V = 0$$

Si nous transposons le terme négatif $-240\ V$, l'équation deviendra:

$$90\ V + 120\ V + 30\ V = 240\ V$$

Cette équation indique que la somme des chutes de tension est égale à la tension appliquée.

$\Sigma V = V_T$ La lettre grecque Σ signifie *somme de*. Quel que soit le sens de parcours d'une boucle quelconque, la somme des chutes de tension IR sera égale à la tension appliquée V_T. Sur la figure 8-2, en considérant la boucle intérieure comportant la source V_T et parcourue dans le sens opposé aux aiguilles d'une montre à partir de b, on a:

$$90\ V + 120\ V + 30\ V = 240\ V$$

Ce système n'est pas en contradiction avec la règle des signes algébriques. Si la tension de 240 V était située sur le côté gauche de l'équation, cette expression aurait un signe négatif.

En posant une équation de boucle telle que $\Sigma V = V_T$, on élimine la nécessité de transposer les membres négatifs d'un côté à l'autre pour les rendre positifs. Sous cette forme, les équations de boucle montrent que la loi des tensions de Kirchhoff est la base réelle des règles pratiques pour les circuits série selon laquelle la somme des chutes de tension doit être égale à la tension appliquée.

Si une boucle est dépourvue de source de tension, la somme algébrique des chutes de tension IR seule doit être égale à zéro. Par exemple, dans la figure 8-2, en ce qui concerne la boucle *cefdc* sans la source V_T, en allant dans le sens des aiguilles d'une montre à partir du point c, l'équation de boucle des tensions sera:

$$-V_4 - V_5 + V_3 = 0$$
$$-40\ V - 80\ V + 120\ V = 0$$
$$0 = 0$$

Remarquons que V_3 est devenu positif, car sa borne positive est atteinte la première en circulant dans le sens des aiguilles d'une montre dans cette boucle, de d à c.

Problèmes pratiques 8.2 (réponses à la fin du chapitre) Considérer la figure 8-2:

(a) Soit le parcours *cefd*, on donne $V_4 = -40\ V$ et $V_5 = -80\ V$. Calculer la tension totale;

(b) Soit la boucle *cefdc*, on donne $V_4 = -40\ V$, $V_5 = -80\ V$. Calculer la tension totale en incluant les 120 V de V_3.

8.3 MÉTHODE DES COURANTS DE BRANCHES

Nous pouvons maintenant utiliser les lois de Kirchhoff pour analyser le circuit de la figure 8-3. Il s'agit de trouver les courants et les tensions des trois résistances.

Indiquons tout d'abord le sens des courants et marquons la polarité aux bornes de chaque résistance correspondant au sens supposé du courant. Ne pas oublier que le flux d'électrons dans une résistance produit une polarité négative là où le courant pénètre. Dans la figure 8-3, nous supposons que la source V_1 fournit un flux d'électrons de gauche à droite passant par R_1 tandis que V_2 produit

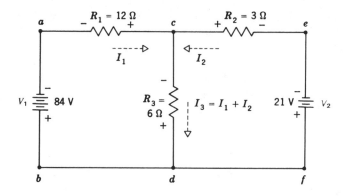

Figure 8-3 *Application des lois de Kirchhoff à un circuit comportant deux sources dans des branches différentes. Se reporter au texte pour la solution obtenue en trouvant les courants de branches.*

un flux d'électrons de droite à gauche passant par R_2.

Les trois courants différents dans R_1, R_2 et R_3 sont indiqués par I_1, I_2 et I_3. Toutefois, trois inconnues exigent trois équations pour calculer leur solution. À partir de la loi des courants de Kirchhoff: $I_3 = I_1 + I_2$, car le courant provenant du point c doit être égal au courant d'entrée. Par conséquent, le courant passant par R_3 peut être désigné par $I_1 + I_2$.

S'il y a deux inconnues, il faut deux équations indépendantes pour résoudre I_1 et I_2. Ces équations s'obtiennent en écrivant deux équations de la loi des tensions de Kirchhoff sur deux boucles. La figure 8-3 comprend trois boucles, la boucle extérieure et deux boucles intérieures, mais deux boucles suffisent. Pour cette solution, on utilise les boucles intérieures.

Écriture des équations des boucles Pour la boucle avec V_1, commencer au point b, au bas, à gauche, et aller dans le sens des aiguilles d'une montre en passant par V_1, V_{R_1} et V_{R_3}. L'équation de la boucle 1 sera:

$$84 - V_{R_1} - V_{R_3} = 0$$

En ce qui concerne la boucle avec V_2, commencer au point f à la partie inférieure droite,

et aller dans le sens opposé des aiguilles d'une montre via V_2, V_{R_2} et V_{R_3}. Cette équation pour la boucle 2 sera:

$$21 - V_{R_2} - V_{R_3} = 0$$

En se servant des valeurs connues de R_1, R_2 et R_3 pour spécifier les chutes de tension IR, on a alors:

$$V_{R_1} = I_1 R_1 = 12\,I_1$$
$$V_{R_2} = I_2 R_2 = 3\,I_2$$
$$V_{R_3} = (I_1 + I_2)\,R_3 = 6(I_1 + I_2)$$

Si on remplace ces valeurs dans l'équation des tensions de la boucle 1, on obtient:

$$84 - 12\,I_1 - 6(I_1 + I_2) = 0$$

De plus, dans la boucle 2:

$$21 - 3\,I_2 - 6(I_1 + I_2) = 0$$

En multipliant $(I_1 + I_2)$ par 6, en combinant les expressions et en faisant la transposition des termes de l'équation, ces deux équations deviennent:

$$-18\,I_1 - 6\,I_2 = -84$$
$$-6\,I_1 - 9\,I_2 = -21$$

Divisons l'équation du haut par -6 et l'équation du bas par -3 pour diminuer les coefficients et pour n'avoir que des expressions positives. Les deux équations deviennent alors, dans leur expression la plus simple:

$$3 I_1 + I_2 = 14$$
$$2 I_1 + 3 I_2 = 7$$

Solution pour les courants Ces deux équations aux deux inconnues I_1 et I_2 contiennent la solution du réseau. Il faut remarquer que ces équations comprennent chaque résistance du circuit. I_1 et I_2 peuvent se calculer par n'importe quelle méthode de résolution d'équations simultanées. En utilisant la méthode d'élimination, il faut multiplier l'équation du haut par 3 pour que les termes en I_2 soient les mêmes dans les deux équations. Donc:

$$9 I_1 + 3 I_2 = 42$$
$$2 I_1 + 3 I_2 = 7$$

Il faut ensuite soustraire la deuxième équation de la première, terme à terme, pour éliminer I_2. Donc, comme le terme I_2 devient zéro:

$$7 I_1 = 35$$
$$I_1 = 5 \text{ A}$$

Le courant I_1 de 5 A est le courant traversant R_1. Comme on l'a supposé, sa direction va de a à c, car la réponse pour I_1 est positive.

Pour calculer I_2, remplacer I_1 par 5 dans l'une ou l'autre des deux équations des boucles. En utilisant l'équation du bas pour la substitution, on obtient:

$$2(5) + 3 I_2 = 7$$
$$3 I_2 = 7 - 10$$
$$3 I_2 = -3$$
$$I_2 = -1 \text{ A}$$

Le signe négatif pour I_2 signifie que le courant est opposé à la direction supposée. I_2 circule donc de c à e en traversant R_2 au lieu d'emprunter la direction de e à c.

Explication de la valeur négative de I_2 On a supposé, sur la figure 8-3, que I_2 circulait du point e au point c en passant par R_2, car V_2 produit un flux d'électrons dans ce sens. Toutefois, l'autre source de tension, V_1, produit un flux d'électrons circulant dans le sens opposé de c à e en traversant R_2. La valeur de -1 A obtenue pour I_2 montre que le courant traversant R_2 et produit par V_1 est supérieur au courant produit par V_2. Le résultat conduit à un

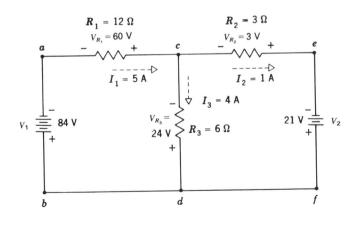

Figure 8-4 *Solution du problème de la figure 8-3 donnant tous les courants et toutes les tensions.*

courant net de 1 A circulant de *c* à *e* à travers la résistance R_2.

Le sens réel de I_2 apparaît sur la figure 8-4 avec toutes les valeurs permettant de résoudre ce circuit. Remarquons que la polarité de V_{R_2} est inversée par rapport à la polarité supposée de la figure 8-3. Étant donné que le flux d'électrons net traversant effectivement R_2 circule de *c* à *e*, l'extrémité *c* de R_2 est l'extrémité négative. Toutefois, la polarité de V_2 est la même sur les deux schémas, car il s'agit d'une source de tension qui engendre sa propre polarité.

Calcul du courant I_3 traversant $\mathbf{R_3}$:

$$I_3 = I_1 + I_2$$
$$= 5 + (-1)$$
$$I_3 = 4 \text{ A}$$

Le courant I_3 de 4 A est dans le sens supposé et circule de *c* à *d*. Bien que le signe négatif pour I_2 signifie uniquement que le sens est inversé, sa valeur algébrique de -1 doit être utilisée dans l'équation algébrique écrite pour le sens supposé.

Calcul des tensions Connaissant les courants, on peut calculer la tension aux bornes de chaque résistance de la manière suivante:

$$V_{R_1} = I_1 R_1 = 5 \times 12 = 60 \text{ V}$$
$$V_{R_2} = I_2 R_2 = 1 \times \ \ 3 = \ \ 3 \text{ V}$$
$$V_{R_3} = I_3 R_3 = 4 \times \ \ 6 = 24 \text{ V}$$

On doit considérer tous les courants comme étant positifs, dans le sens voulu, pour pouvoir calculer les tensions. La polarité de chaque chute de tension IR est alors déterminée à partir du sens réel du courant, avec un flux d'électrons pénétrant dans l'extrémité négative (voir la figure 8-4). Remarquons que V_{R_3} et V_{R_2} ont des polarités opposées dans la

boucle 2. La somme de $+3$ V et de -24 V est donc égale à la tension V_2 de -21 V.

Vérification de la solution La figure 8-4, pour résumer toutes les réponses de ce problème, montre un réseau avec l'ensemble des courants et des tensions. La polarité de chaque tension V est marquée à partir des sens connus. Lors de la vérification des réponses, nous pouvons voir si les lois des courants et des tensions de Kirchhoff ont bien été appliquées:

Au point *c*: $\quad 5a = 4a + 1a$
Au point *d*: $\quad 4a + 1a = 5a$

Autour de la boucle avec V_1:

$$84 \text{ V} - 60 \text{ V} - 24 \text{ V} = 0$$

(Sens des aiguilles d'une montre à partir de *b*.)

Autour de la boucle avec V_2:

$$21 \text{ V} + 3 \text{ V} - 24 \text{ V} = 0$$

(Sens opposé aux aiguilles d'une montre à partir de *f*.)

On remarquera que le circuit a été résolu en utilisant seulement les deux lois de Kirchhoff, sans aucune des règles spéciales pour les circuits série et parallèle. Tout circuit peut se résoudre en appliquant uniquement la loi des tensions de Kirchhoff autour d'une boucle et la loi des courants de Kirchhoff à un noeud.

***Problèmes pratiques 8.3
(réponses à la fin du chapitre)
Considérer la figure 8-4:***

(a) Calculer la tension autour du trajet *cefd*;
(b) Calculer la tension autour de la boucle *cefdc*.

8.4
ANALYSE DE LA TENSION AUX NOEUDS

Dans la méthode des courants de branches, ces courants servent à spécifier les chutes de tension autour des boucles. On écrit alors des équations pour répondre à la loi de Kirchhoff sur la tension. En résolvant les équations de boucle, il est possible de calculer les courants de branches inconnus.

Une autre méthode utilise les chutes de tension pour spécifier les courants à un point d'embranchement appelé également *noeud*. On écrit alors les équations aux noeuds des courants pour répondre à la loi des courants de Kirchhoff. En résolvant les équations aux noeuds, nous pouvons calculer ces tensions aux noeuds inconnus. Cette méthode d'analyse de la tension aux noeuds est souvent plus rapide que la méthode des courants de branches.

Un noeud n'est qu'une connexion commune à deux composants ou plus. Un *noeud principal* comporte trois connexions ou plus. En effet, un noeud principal n'est qu'un branchement, ou point de dérivation, où les courants peuvent se diviser ou se combiner. Par conséquent, il est toujours possible d'écrire une équation des courants à un noeud princi-

pal. Dans la figure 8-5 les points N et G sont des noeuds principaux.

Toutefois, un noeud doit être une référence pour désigner la tension sur tout autre noeud. Dans la figure 8-5, le point G relié à la masse du châssis est le noeud de référence. Par conséquent, il suffira d'écrire une seule équation de courants, pour l'autre noeud N. En général, le nombre des équations de courants exigées pour résoudre un circuit est inférieur d'une unité au nombre de ses noeuds principaux.

Écriture des équations aux noeuds Le circuit de la figure 8-3 résolu auparavant par la méthode des courants de branches est dessiné une nouvelle fois dans la figure 8-5 pour être résolu ici par l'analyse des tensions aux noeuds. Le problème consiste alors à trouver la tension au noeud V_N de N à G. On peut déterminer tous les autres courants et tensions si on connaît cette tension.

Les courants entrant et sortant du noeud N sont déterminés comme suit: I_1 est le seul courant passant par la résistance R_1 de 12 Ω. Par conséquent, I_1 vaut V_{R_1}/R_1 ou $V_{R_1}/12$ Ω. De la même façon, I_2 vaut $V_{R_2}/3$ Ω. Enfin, I_3 vaut $V_{R_3}/6$ Ω.

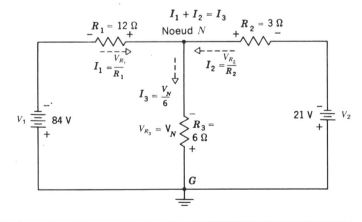

Figure 8-5 *Analyse de la tension aux noeuds pour le même circuit que celui montré sur la figure 8-3. Se reporter au texte pour la solution obtenue en trouvant la tension V_N aux bornes de R_3, entre le noeud principal et la masse.*

Remarquons que V_{R_3} est la tension au noeud V_N que nous devons calculer. Par conséquent I_3 peut également être écrit comme $V_N/6\ \Omega$. L'équation des courants au noeud N est:

$$I_1 + I_2 = I_3$$

ou

$$\frac{V_{R_1}}{12} + \frac{V_{R_2}}{3} = \frac{V_N}{6}$$

Le problème comporte ici trois inconnues, mais V_{R_1} et V_{R_2} peuvent être déterminés en fonction de V_N et des valeurs connues de V_1 et de V_2. Nous pouvons utiliser la loi des tensions de Kirchhoff car la tension appliquée V doit égaler la somme algébrique des chutes de tension. Pour la boucle avec $V_1 = 84$ V, on a:

$$V_{R_1} + V_N = 84 \quad \text{ou} \quad V_{R_1} = 84 - V_N$$

Pour la boucle avec $V_2 = 21$ V, on a:

$$V_{R_2} + V_N = 21 \quad \text{ou} \quad V_{R_2} = 21 - V_N$$

Remplaçons ces valeurs de V_{R_1} et de V_{R_2} dans l'équation des courants où $I_1 + I_2 = I_3$. Ne pas oublier que I_1 vaut $V_{R_1}/12\ \Omega$, I_2 vaut $V_{R_2}/3\ \Omega$ et I_3 vaut $V_N/6\ \Omega$. Par conséquent:

$$\frac{84 - V_N}{12} + \frac{21 - V_N}{3} = \frac{V_N}{6}$$

Cette équation n'a qu'une inconnue, V_N. En simplifiant les fractions par la multiplication de chaque terme par 12, l'équation devient:

$$(84 - V_N) + 4(21 - V_N) = 2\ V_N$$
$$84 - V_N + 84 - 4\ V_N = 2\ V_N$$
$$-7\ V_N = -168$$
$$V_N = 24\ \text{V}$$

La réponse de 24 V pour V_N est la même que celle calculée pour V_{R_3} par la méthode des courants de dérivation. La valeur positive signifie que le sens de I_3 est correct, rendant V_N négatif au sommet de R_3 dans la figure 8-5.

Calcul de tous les courants et de toutes les tensions La raison qui fait chercher la tension à un noeud, plutôt qu'une autre tension, est qu'une tension à un noeud doit être commune à deux boucles. Il en résulte que la tension aux noeuds peut être utilisée pour calculer toutes les tensions dans les boucles. Dans la figure 8-5, la tension V_N étant de 24 V, V_{R_1} doit donc être $84 - 24 = 60$ V. De même, I_1 vaut 60 V/12 Ω, ce qui est égal à 5 A.

La valeur de V_{R_2} est égale à $21 - 24$, soit -3 V. Cette réponse négative signifie que I_2 est opposé au sens supposé et que la polarité de V_{R_2} est à l'inverse des signes montrés sur R_2 dans la figure 8-5. Les sens corrects apparaissent dans la figure 8-4, donnée pour calculer le circuit. La grandeur de I_2 est 3 V/3 Ω, ce qui est égal à 1 A.

Les comparaisons suivantes pourront faciliter l'emploi des équations aux noeuds et aux boucles. Une équation aux noeuds applique la loi habituelle de Kirchhoff aux courants entrant et sortant d'un noeud. Toutefois, les courants sont définis comme V/R pour que l'équation des courants puisse être résolue, afin de trouver une tension de noeud.

Une équation de boucle applique la loi des tensions de Kirchhoff aux tensions autour d'un parcours fermé. Cependant, les tensions sont définies comme IR pour que l'équation des tensions puisse être résolue afin de trouver un courant de boucle. On utilise cette méthode des équations de tension pour la méthode des des courants de branches expliquée plus haut par la figure 8-3 ainsi que pour la méthode des courants de mailles qui seront décrits dans la figure 8-6.

Problèmes pratiques 8.4
(réponses à la fin du chapitre)

(a) Déterminer le nombre de noeuds principaux du circuit de la figure 8-5.

(b) Combien faut-il d'équations aux noeuds pour calculer un circuit ayant trois noeuds principaux?

8.5
MÉTHODE DES COURANTS DE MAILLES

Une maille est le parcours fermé le plus simple. Le circuit de la figure 8-6 a deux mailles, *acdba* et *cefdc*. Le parcours extérieur *acefdba* est une boucle et non pas une maille. Chaque maille ressemble à une seule embrasure de fenêtre. Il n'existe qu'un parcours sans aucune branche.

On suppose qu'un courant de mailles circule autour d'une maille sans se diviser. Dans la figure 8-6, le courant de maille I_A traverse V_1, R_1 et R_3; le courant de maille I_B traverse V_2, R_2, et R_3. Une résistance commune à deux mailles comme R_3 est traversée par deux courants de mailles qui seront dans ce cas I_A et I_B.

Les courants de mailles et les courants de branches se différencient parce que les courants de mailles ne peuvent se diviser à un point de branche. Un courant de maille est un courant supposé tandis qu'un courant de branche est un courant réel. Toutefois, si l'on connaît les courants de maille, on peut déterminer tous les courants individuels et les tensions.

Par exemple, la figure 8-6 qui a le même circuit que la figure 8-3 peut maintenant être résolue en utilisant les courants de mailles supposés, I_A et I_B. Les équations de mailles seront:

$$18\,I_A - 6\,I_B = 84 \text{ V} \qquad \text{(maille A)}$$
$$-6\,I_A + 9\,I_B = -21 \text{ V} \qquad \text{(maille B)}$$

Écriture des équations de mailles Le nombre des mailles est égal au nombre des courants de mailles qui correspond au nombre des équations nécessaires. On utilise ici deux équations pour I_A et I_B dans les deux mailles.

Le courant supposé est pris habituellement dans le même sens autour de chaque maille, pour qu'il soit logique. En général, le sens des aiguilles d'une montre est le plus couramment utilisé, comme l'indique la figure 8-6 pour I_A et I_B.

Dans chaque équation de maille, la somme algébrique des chutes de tension est égale à la tension appliquée.

Les chutes de tension s'additionnent en parcourant une maille dans le même sens que le courant de maille. Toute chute de tension

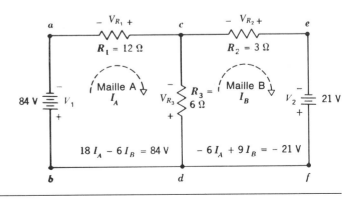

Figure 8-6 *Même circuit que celui présenté sur la figure 8-3, analysé en considérant deux mailles. Se reporter au texte pour la solution obtenue en calculant les courants de mailles supposés I_A et I_B.*

dans une maille, produite par son propre courant de maille, est tenue pour positive, car elle s'ajoute dans le sens du courant de la maille.

Étant donné que toutes les chutes de tension d'un courant de maille dans sa propre maille doivent avoir le même signe positif, on peut les considérer globalement comme une seule chute de tension, en ajoutant toutes les résistances dans la maille. Par exemple, dans la première équation pour la maille A, la résistance totale est égale à $12 + 6$, ou $18\ \Omega$. Par conséquent, la chute de tension pour I_A est $18\ I_A$, dans la maille A.

Dans la deuxième équation pour la maille B, la résistance totale est $3 + 6$, ou $9\ \Omega$, ce qui donne une chute de tension totale de $9\ I_B$ pour I_B dans la maille B. Il est possible d'additionner toutes les résistances dans une maille pour former une résistance R_T, car on peut les considérer en série pour le courant de maille supposé.

Toute résistance commune à deux mailles est parcourue par deux courants de mailles opposés. Dans la figure 8-6, I_A circule vers le bas tandis que I_B circule vers le haut en traversant la résistance commune R_3, les deux courants étant dans le sens des aiguilles d'une montre. Il en résulte qu'une résistance commune donne lieu à deux chutes de tension qui s'opposent. L'une des tensions est positive et correspond au courant de maille dont l'équation est en cours d'écriture. La tension opposée est négative et correspond au courant de la maille adjacente.

Dans la maille A, la résistance R_3 de $6\ \Omega$ commune donne lieu aux chutes de tension opposées $6\ I_A$ et $-6\ I_B$. La chute de tension de $6\ I_A$ aux bornes de R_3 s'ajoute à la chute de tension $12\ I_A$ aux bornes de R_1 pour donner la chute de tension globale de $18\ I_A$ dans la maille A. Avec une tension en opposition de $-6\ I_B$, l'équation de la maille A s'écrit $18\ I_A - 6\ I_B = 84\ V$.

La même notion s'applique à la maille B. Toutefois, la tension $6\ I_B$ est maintenant positive car cette équation est celle de la maille B. La tension $-6\ I_A$ est ici négative car I_A concerne la maille adjacente. La tension $6\ I_B$ s'ajoute à la tension $3\ I_B$ de R_2 pour fournir la chute de tension totale de $9\ I_B$ dans la maille B. Avec la tension en sens opposé de $-6\ I_A$, l'équation de la maille B sera alors: $-6\ I_A + 9\ I_B = 21\ V$.

Le signe algébrique de la source de tension dans une maille dépend de sa polarité. Lorsque le courant de maille supposé circule vers sa borne positive, comme pour V_1 dans la figure 8-6, on le considère comme positif dans le second membre de l'équation des mailles. Ce sens du flux d'électrons produit des chutes de tension qui doivent s'ajouter pour égaler la tension appliquée.

Lorsque le courant de maille circule vers la borne négative, comme pour V_2 dans la figure 8-5, on le considérera comme étant négatif. C'est pourquoi V_2 vaut $-21\ V$ dans l'équation pour la maille B. V_2 sera donc en réalité une charge pour la plus grande tension appliquée de V_1, et non une source de tension, la somme algébrique des chutes de tension devant être égale à zéro.

Solution des équations de mailles pour trouver les courants de mailles Les deux équations relatives aux deux mailles de la figure 8-6 sont:

$$18\ I_A - 6\ I_B = 84$$
$$-6\ I_A + 9\ I_B = -21$$

Ces équations ont les mêmes coefficients que les équations de tension écrites pour les courants de branches, mais les signes sont différents parce que les sens des courants de mailles supposés ne sont pas les mêmes que ceux des courants de branches.

La solution donnera les mêmes réponses pour l'une ou l'autre des méthodes, mais il faut veiller à ce que les signes algébriques restent logiques. On doit utiliser soit les règles relatives aux mailles avec les courants de mailles, soit les règles relatives aux boucles avec les courants de branches, mais il faut éviter de mélanger les deux méthodes.

Pour des coefficients plus faibles, on doit diviser la première équation par 2 et la seconde équation par 3. Donc:

$$9 I_A - 3 I_B = 42$$
$$-2 I_A + 3 I_B = -7$$

Additionner les équations, terme par terme, pour éliminer I_B. Donc:

$$7 I_A = 35$$
$$I_A = 5 \text{ A}$$

Pour le calcul de I_B, remplacer I_A par 5 dans la deuxième équation:

$$-2(5) + 3 I_B = 7$$
$$3 I_B = -7 + 10 = 3$$
$$I_B = 1 \text{ A}$$

Ces solutions positives signifient que le flux d'électrons correspondant à I_A et à I_B circule réellement dans le sens des aiguilles d'une montre comme on l'a supposé. Si l'on trouve un courant de maille négatif, son sens est opposé au sens supposé.

Trouver les courants de branches et les chutes de tension En se reportant à la figure 8-6, on voit que le courant I_A de 5 A est le seul courant traversant R_1. Par conséquent, I_A et I_1 sont les mêmes. Donc, V_{R_1} aux bornes de la résistance R_1 de 12 Ω vaut 5 × 12 soit 60 V. La polarité de V_{R_1} est indiquée à gauche, le flux d'électrons s'y dirigeant.

De même, le courant I_B de 1 A est le seul courant traversant R_2. Le flux d'électrons traversant R_2 circule de gauche à droite. On doit remarquer que cette valeur de 1 A pour le courant I_B circulant dans le sens des aiguilles

d'une montre est égale à la valeur de -1 A pour le courant I_2, que l'on suppose dans le sens opposé dans la figure 8-3. La tension V_{R_2} aux bornes de la résistance R_2 de 3 Ω vaut donc 1×3 soit 3 V, le côté gauche correspondant à la borne négative.

Le courant I_3 circulant dans R_3, commun aux deux mailles, se compose de I_A et de I_B. Donc I_3 vaut $5 - 1$, soit 4 A. Les courants se soustraient car I_A et I_B circulent dans des sens opposés à travers la résistance R_3. Si tous les courants de mailles sont pris dans le sens des aiguilles d'une montre, ils circuleront toujours en sens opposé dans toute résistance commune aux deux mailles.

Le courant total I_3 de 4 A circulant dans R_3 est dirigé vers le bas, comme pour I_A, car il est plus grand que I_B. La tension V_{R_3} aux bornes de la résistance R_3 de 6 Ω est égale à $4 \times 6 = 24$ V, la borne supérieure étant négative.

Système des équations de mailles Les conventions de signes pour les tensions dans les équations de mailles sont différentes de celles utilisées pour les courants de branches mais le résultat final est le même. Les courants de mailles présentent l'avantage de permettre d'utiliser les signes algébriques pour les tensions sans exiger le tracé d'un des courants de branches. Cette caractéristique est surtout utile pour un circuit plus compliqué tel celui de la figure 8-7 qui possède trois mailles. Utilisons la figure 8-7 pour nous familiariser avec l'écriture des équations de maille sans avoir besoin de résoudre numériquement un système (^{1}) de trois équations. Chaque R vaut 2 Ω.

---

[1] Il est possible de résoudre un système possédant un nombre quelconque d'équations linéaires pour un nombre quelconque de mailles au moyen de déterminants. Cette méthode se trouve dans les manuels scolaires de mathématiques (voir la bibliographie à la fin de ce volume).

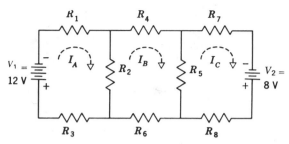

Figure 8-7 *Circuit comportant trois mailles. Chaque résistance R est égale à 2 Ω. Se reporter au texte pour les équations de mailles.*

Dans la maille A: $6\,I_A - 2\,I_B + 0 = 12$
Dans la maille B: $-2\,I_A + 8\,I_B - 2\,I_C = 0$
Dans la maille C: $0 - 2\,I_B + 6\,I_C = -8$

Le terme nul dans les équations A et C représente un courant de maille manquant. Seule la maille B possède les trois courants de mailles.

En résumé, la seule chute de tension positive dans une maille concerne la résistance R_T correspondant à chaque courant de maille dans sa propre maille. Toutes les autres chutes de tension pour un courant de maille voisin quelconque aux bornes d'une résistance commune sont toujours négatives. Ce système de signes algébriques pour les chutes de tension reste le même, que la source de tension dans la maille soit égale à zéro, positive ou négative.

Problèmes pratiques 8.5
(réponses à la fin du chapitre)
Répondre par vrai ou faux:

(a) Il faut quatre équations de mailles pour calculer un réseau à quatre mailles;

(b) Une résistance commune à deux mailles est parcourue par deux courants de maille opposés.

Résumé

1. La loi des tensions de Kirchhoff dit que la somme algébrique de toutes les tensions autour d'un trajet fermé doit être égale à zéro. Ou la somme des chutes de tension est égale à la tension appliquée.

2. La loi des courants de Kirchhoff dit que la somme algébrique de tous les courants entrant et sortant à un point quelconque d'un trajet fermé doit être égale à zéro. Ou encore le courant entrant est égal au courant sortant.

3. Un trajet fermé est une boucle. La figure 8-3 illustre la méthode utilisant des équations algébriques pour des tensions autour des boucles pour le calcul des courants de branche.

4. Un noeud principal est un point de branche où les courants se divisent ou se combinent. La figure 8-5 illustre la méthode utilisant des équations algébriques pour les courants à un noeud pour calculer chaque tension de noeud.

5. Une maille est une boucle la plus simple possible. On suppose qu'un courant de maille s'écoule autour de la maille sans dériver. La figure 8-6 illustre la méthode utilisant des équations algébriques pour les tensions autour des mailles pour le calcul des courants de mailles.

Exercices de contrôle
(Réponses à la fin de l'ouvrage)

Répondre par vrai ou faux.

1. La somme algébrique de toutes les tensions autour d'une maille ou d'une boucle quelconque doit être égale à zéro.
2. Une maille avec deux résistances a deux courants de mailles.
3. Si $I_1 = 3$ A et $I_1 = 2$ A dirigés vers un noeud, le courant I_3 s'éloignant du noeud doit être égal à 5 A.
4. Dans une boucle dépourvue de source de tension, la somme algébrique des chutes de tension doit être égale à zéro.
5. La somme algébrique de $+40$ V et de -10 V est égale à $+30$ V.
6. Un noeud principal est un branchement où les courants de branches peuvent se diviser ou se combiner.
7. Dans la méthode des tensions aux noeuds, le nombre des équations de courant est égal au nombre des noeuds principaux.
8. Dans la méthode des courants de mailles, le nombre des équations de tension est égal au nombre des mailles.
9. Si tous les courants de mailles sont dans le sens des aiguilles d'une montre, ou s'ils sont tous dans le sens opposé, toute résistance commune à deux mailles est parcourue par deux courants de sens opposés.
10. Les règles des tensions en série et des courants en parallèle se fondent sur les lois de Kirchhoff.

Exercices

1. Énoncer la loi des courants de Kirchhoff de deux manières différentes.
2. Énoncer la loi des tensions de Kirchhoff de deux manières différentes.
3. Quelle est la différence entre une maille et une boucle?
4. Quelle est la différence entre un courant de branche et un courant de maille?
5. Donner la définition d'un noeud principal.
6. Donner la définition d'une tension aux noeuds.

7. Utiliser les valeurs de la figure 8-4 pour montrer que la somme algébrique de toutes les tensions autour de la boucle *extérieure* *acefdba* est nulle.

8. Utiliser les valeurs de la figure 8-4 pour montrer que la somme algébrique de tous les courants entrant et sortant au noeud *c* et au noeud *d* est nulle.

Problèmes
(Les réponses aux problèmes de numéro impair sont données à la fin de l'ouvrage)

1. Trouvez le courant I_1 traversant R_1 dans la figure 8-8 en utilisant la méthode des courants de mailles.

2. Trouvez la tension V_2 aux bornes de R_2 dans la figure 8-8 en utilisant la méthode de l'analyse des tensions aux noeuds.

3. Trouvez tous les courants et toutes les tensions de la figure 8-8 par la méthode des courants de branches.

4. Vérifiez vos réponses du problème 3 en montrant que la somme algébrique des tensions dans ces trois parcours est nulle.

5. Inversez la polarité de V_2 dans la figure 8-8 et calculez le nouveau courant I_1, par comparaison avec le problème 1. (Pour vous aider, utiliser les courants de mailles afin d'éliminer la nécessité de tracer les courants de branches.)

6. Écrivez les équations de mailles pour le circuit de la figure 8-9. Chaque R vaut 1 Ω. Ne pas résoudre ce système.

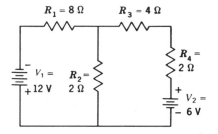

Figure 8-8 *Pour les problèmes 1, 2, 3, 4 et 5.*

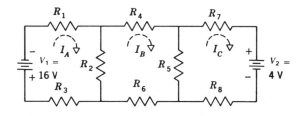

Figure 8-9 *Pour le problème 6.*

Réponses aux problèmes pratiques

8.1 (*a*) 6 A

(*b*) 4 A

8.2 (*a*) 120 V

(*b*) 0 V

8.3 (*a*) 24 V

(*b*) 0 V

8.4 (*a*) deux

(*b*) deux

8.5 (*a*) vrai

(*b*) vrai

Théorèmes sur les réseaux

Chapitre 9

Un réseau n'est que l'association de composants, comme des résistances, connectés les uns aux autres d'une manière quelconque. Mais les lois des circuits en série et en parallèle ne suffisent généralement pas pour analyser ces réseaux. Les lois de Kirchhoff s'appliquent toujours, mais les théorèmes sur les réseaux conduisent, dans de nombreux cas, à des méthodes d'analyse plus rapides. Cela s'explique parce que les théorèmes des réseaux nous permettent de convertir les réseaux en un circuit plus simple, équivalent à l'original. On peut alors résoudre ce circuit équivalent à l'aide des formules des circuits série et des circuits parallèle.

On n'indiquera ici que les applications, bien que tous les théorèmes sur les réseaux puissent se déduire des lois de Kirchhoff. On remarquera aussi que les exemples donnés concernent des réseaux de résistances alimentés par piles, mais les théorèmes s'appliquent aux réseaux alternatifs et aux réseaux continus. Les détails concernant les théorèmes sur les réseaux sont donnés dans les sections suivantes:

9.1
THÉORÈME DE SUPERPOSITION

Ce théorème est particulièrement utile car il étend la loi d'Ohm aux circuits qui ont plus d'une source. En résumé, on peut calculer l'influence d'une source, à un moment donné, puis superposer les résultats de toutes les sources. Le théorème de superposition s'énonce ainsi: *Dans un réseau comprenant deux sources ou plus, le courant ou la tension relatifs à un composant quelconque est la somme algébrique des effets produits par chaque source agissant séparément.*

Pour utiliser une source à la fois, on

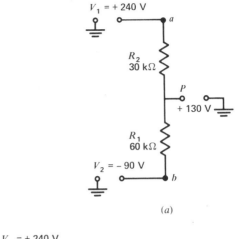

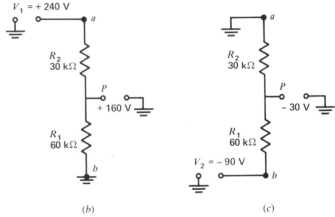

Figure 9-1 *Théorème de superposition appliqué à un diviseur de tension à deux sources: (a) circuit réel avec +130 V entre P et la masse commune; (b) V_1 appliquant +160 V en P; (c) V_2 appliquant −30 V en P.*

«arrête» momentanément toutes les autres sources. Ceci signifie la neutralisation de la source pour qu'elle ne puisse plus produire ni tension ni courant sans modifier la résistance du circuit. On neutralise une source de tension comme une pile en supposant qu'il y a un court-circuit entre ses deux bornes.

Diviseur de tension à deux sources   Le problème de la figure 9-1 consiste à trouver la tension en P par rapport à la masse commune pour le circuit représenté en (a). La méthode consiste à calculer la tension produite au point P par chaque source, séparément, comme on l'indique aux figures 9-1 b et c, puis à superposer ces tensions.

Pour trouver l'influence de V_1, il faut d'abord court-circuiter V_2 comme on l'indique à la figure 9-1b. Remarquez que le bas de R_1 se trouve alors relié à la masse commune par le court-circuit aux bornes de V_2. Par conséquent, R_2 et R_1 constituent un diviseur de tension en série aux bornes de la source V_1

En outre, la tension aux bornes de R_1 devient égale à la tension entre P et la masse.

Pour trouver la tension V_{R_1} produite aux bornes de R_1 par la contribution de la source V_1, on applique la formule du diviseur de tension:

$$V_{R_1} = \frac{R_1}{R_1 + R_2} \cdot V_1$$

$$= \frac{60 \text{ k}\Omega}{30 \text{ k}\Omega + 60 \text{ k}\Omega} \times 240 \text{ V} = \frac{2}{3} \times 240 \text{ V}$$

$$V_{R_1} = 160 \text{ V}$$

Cette tension en P est positive puisque la tension V_1 est positive.

On cherche ensuite l'effet de la tension V_2 seule, quand la source V_1 est court-circuitée, comme sur la figure 9-1c. Le point a, en haut de la résistance R_2, est alors mis à la masse. Les résistance R_1 et R_2 forment de nouveau un diviseur de tension mais, dans ce cas, la tension de la résistance R_2 est la tension entre P et la masse.

Avec un côté de R_2 à la masse et l'autre côté au point P, V_{R_2} est la tension à calculer. Il s'agit encore d'un diviseur de tension mais, dans ce cas, pour la source de tension négative V_2. On applique la formule du diviseur de tension pour obtenir la tension V_{R_2}, contribution de la tension V_2, à la tension au point P:

$$V_{R_2} = \frac{R_2}{R_1 + R_2} \cdot V_2$$

$$= \frac{30 \text{ k}\Omega}{30 \text{ k}\Omega + 60 \text{ k}\Omega} \times (-90 \text{ V}) = \frac{1}{3} \times (-90 \text{ V})$$

$$V_{R_2} = -30 \text{ V}$$

Cette tension est négative en P puisque la tension V_2 est négative.

Finalement, la tension totale au point P est:

$$V_P = V_{R_1} + V_{R_2} = 160 - 30$$

$$V_P = 130 \text{ V}$$

Cette somme algébrique est positive, pour la tension V_P résultante, puisque la tension positive V_{R_1} est plus grande que la tension négative V_{R_2}.

Grâce à des superpositions, ce problème s'est donc réduit à celui de deux diviseurs de tension. On peut appliquer la même méthode à plus de deux sources. Chaque diviseur de tension peut aussi comprendre un nombre quelconque de résistances en série.

Conditions permettant la superposition

Tous les composants doivent être linéaires et bilatéraux pour que l'on puisse superposer les tensions et les courants. *Linéaire,* signifie que le courant est proportionnel à la tension appliquée. On peut ensuite superposer les courants calculés pour différentes sources de tension.

Bilatéral signifie que le courant a la même valeur pour des polarités opposées de la source de tension. On peut donc combiner algébriquement les valeurs de courants ayant des directions opposées. Les réseaux comprenant des résistances, des condensateurs et des inductances à air sont généralement linéaires et bilatéraux. Ce sont aussi des *composants passifs,* c'est-à-dire qu'ils n'amplifient pas et qu'ils ne redressent pas. Des *composants actifs,* comme des transistors, des diodes semi-conductrices et des tubes électroniques ne sont jamais symétriques et ne sont généralement pas linéaires.

Problèmes pratiques 9.1
(réponses à la fin du chapitre)

(*a*) Soit la figure 9-1*b*. Quelle résistance a une extrémité mise à la masse?

(*b*) Soit la figure 9-1*c*. Quelle résistance a une extrémité mise à la masse?

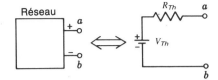

Figure 9-2 *Tout réseau du carré de gauche peut être ramené au circuit de Thévenin équivalent de droite.*

9.2
THÉORÈME DE THÉVENIN

Ce théorème qui doit son nom à l'ingénieur français M.L. Thévenin est très utile pour simplifier les tensions dans un réseau. Grâce au théorème de Thévenin, on peut représenter de nombreuses sources et de nombreux composants, quelle que soit la manière dont ils sont connectés, par un circuit série équivalent entre deux bornes quelconques du réseau (voir figure 9-2). On peut imaginer que le carré de gauche contient un réseau connecté aux bornes *a* et *b*. Le théorème de Thévenin indique que *tout* le réseau connecté entre *a* et *b* peut être remplacé par une seule source de tension V_{Th} en série avec une seule résistance R_{Th} connectées aux deux mêmes bornes.

V_{Th} est la tension en circuit ouvert aux bornes *a* et *b*. Ceci signifie que l'on trouve la tension produite par le réseau entre les deux bornes quand le circuit est ouvert entre *a* et *b*. La polarité de V_{Th} est telle qu'elle produit entre *a* et *b* un courant qui a la même direction que celui du réseau original.

R_{Th} est la résistance en circuit ouvert entre les deux bornes *a* et *b*, mais quand toutes les sources sont inactives. C'est-à-dire que l'on cherche la résistance en regardant vers le réseau depuis les bornes *a* et *b*. Bien que les bornes soient en circuit ouvert, un ohmmètre placé entre *a* et *b* indiquerait la valeur de R_{Th} comme étant la résistance des autres passages du courant dans le réseau, sans qu'aucune des sources ne soit active.

Application du théorème de Thévenin à un circuit À titre d'exemple, on considère la figure 9-3*a*, dans laquelle on désire trouver la tension V_L aux bornes de la résistance R_L de 2 Ω et le courant I_L qui traverse cette résistance. Pour appliquer le théorème de Thévenin, on débranche mentalement R_L. Les deux extrémités ouvertes deviennent alors les deux bornes *a* et *b*. On cherche maintenant l'équivalent de Thévenin du reste du circuit qui est encore branché à *a* et *b*. D'une manière générale, il faut ouvrir d'abord la portion de circuit à analyser, puis appliquer le théorème de Thévenin au reste du circuit connecté aux bornes ouvertes.

Le seul problème consiste maintenant à trouver la valeur de la tension V_{Th} en circuit ouvert, aux bornes de *a* et *b* et la résistance équivalente R_{Th}. L'équivalent de Thévenin est toujours constitué par une seule source de tension en série avec une seule résistance, comme on l'indique à la figure 9-3*d*.

L'effet produit par l'ouverture de R_L est représenté sur la figure 9-3*b*. Il se traduit par l'existence d'un diviseur de tension constitué par les résistances R_1 de 3 Ω et R_2 de 6 Ω, puisque R_L est supprimé.

En outre, la tension aux bornes de R_2 est maintenant la même que la tension en circuit ouvert aux bornes *a* et *b*. Par conséquent, quand R_L est déconnecté, la tension V_{R_2} est égale à la tension V_{ab}. C'est la tension V_{Th} nécessaire au circuit équivalent de Thévenin. En appliquant la formule du diviseur de tension, on obtient:

$$V_{R_2} = \text{\textonesuperior/\textninesuperior} \times 36 \text{ V} = 24 \text{ V}$$
ou
$$V_{R_2} = 24 \text{ V} = V_{ab} = V_{Th}$$

La polarité de cette tension est positive sur la borne *a*.

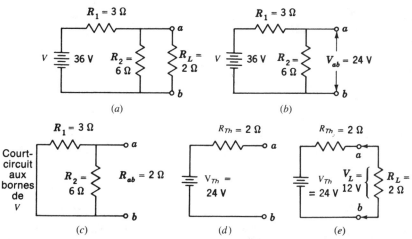

Figure 9-3 *Application du théorème de Thévenin: (a) circuit originel avec les bornes a et b de part et d'autre de R_L; (b) déconnecter R_L pour trouver $V_{ab} = 24$ V; (c) court-circuiter V pour trouver $R_{ab} = 2$ Ω; (d) circuit de Thévenin équivalent; (e) R_L est rebranché entre les bornes a et b pour trouver $V_L = 12$ V.*

Pour trouver R_{Th} on laisse la résistance R_L de 2 Ω déconnectée. Mais, maintenant, la source V est court-circuitée. Le circuit prend alors l'aspect (c) de la figure 9-3. La résistance R_1 de 3 Ω est maintenant en parallèle avec la résistance R_2 de 6 Ω puisqu'elles sont toutes deux branchées entre les deux mêmes points. La combinaison de ces deux résistances donne une valeur de $^{18}/_9$, soit 2 Ω pour R_{Th}.

Comme on l'indique à la figure 9-3d, le circuit de Thévenin à gauche des bornes a et b comprend alors la tension équivalente V_{Th} de 24 V en série avec la résistance équivalente V_{Th} de 2 Ω. Ce circuit équivalent de Thévenin s'applique à n'importe quelle valeur de R_L puisque R_L est débranché. En réalité, on prend le circuit de Thévenin équivalent au circuit qui excite les bornes ouvertes a et b.

Pour trouver V_L et I_L, on peut finalement rebrancher R_L aux bornes a et b du circuit équivalent de Thévenin, comme on l'indique à la figure 9-3e. La résistance R_L se trouve alors en série avec la résistance R_{Th} et la tension V_{Th}. En appliquant alors la formule du diviseur de tension aux résistances R_{Th} de 2 Ω et R_L de 2 Ω, on obtient $V_L = \frac{1}{2} \times 24$ V, soit 12 V. On obtient I_L par le quotient de V_L et R_L, c'est-à-dire 12 V/2 Ω, ce qui fait 6 A.

Les réponses obtenues, 6 A pour le courant I_L et 12 V pour la tension V_L, s'appliquent à R_L dans le circuit original de la figure 9-3a et dans le circuit équivalent de la figure 9-3e. Remarquez que le courant I_L de 6 A circule aussi dans R_{Th}.

On pourrait obtenir les mêmes réponses en résolvant le circuit mixte de la figure 9-3a, par l'application de la loi d'Ohm. Mais l'application du théorème de Thévenin au circuit a l'avantage de permettre de calculer facilement l'influence de R_L pour différentes valeurs de cette résistance. Si on suppose que la résistance R_L passe maintenant à 4 Ω dans le circuit équivalent de Thévenin, la nouvelle valeur de V_L est de $^4/_6 \times 24$ V = 16 V. La nouvelle valeur de I_L est de 16 V/4 Ω, c'est-à-dire 4 A. Dans le circuit original, il faudrait reprendre tout le problème chaque fois que l'on fait varier R_L.

Examen d'un circuit depuis les bornes a et b La direction dans laquelle on doit regarder la résistance d'un circuit mixte dépend de l'endroit où la source est branchée. On calcule en général la résistance totale depuis les bornes extérieures du circuit, en allant vers la source prise comme référence.

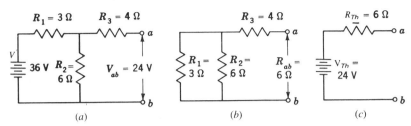

Figure 9-4 *Application du théorème de Thévenin au circuit de la figure 9-3b, mais avec une résistance R_3 de 4 Ω en série avec la borne a; (a) V_{ab} est toujours de 24 V; (b) R_{ab} est de 2 + 4 = 6 Ω; (c) circuit équivalent de Thévenin.*

Quand la source est court-circuitée pour appliquer le théorème de Thévenin à un circuit, les bornes a et b servent de nouvelle référence. En regardant vers le circuit, depuis les bornes a et b pour calculer la résistance R_{Th}, le point de vue s'inverse par rapport à la manière de déterminer V_{Th}.

En ce qui concerne la résistance R_{Th}, on imagine qu'une source pourrait être branchée aux bornes a et b, et pour calculer la résistance totale, on opère depuis l'extérieur vers les bornes a et b. En réalité, un ohmmètre branché entre a et b indiquerait cette résistance.

L'idée d'inverser la référence est illustrée à la figure 9-4. En (a), le circuit a ses bornes a et b ouvertes, prêtes pour l'application du théorème de Thévenin. Ce circuit est semblable à celui de la figure 9-3, mais avec la résistance R_3 de 4 Ω intercalée entre R_2 et la borne a. L'important est que R_3 ne change pas la valeur de V_{ab} créée par la source V, mais que R_3 augmente vraiment la valeur de R_{Th}. Quand on examine le circuit depuis les bornes σ et b, la résistance R_3 de 4 Ω est en série avec la résistance de 2 Ω pour former une résistance R_{Th} de 6 Ω, comme l'indique la figure 9-4b.

On peut examiner pourquoi V_{ab} est toujours de 24 V avec ou sans R_3. Comme R_3 est branchée à la borne ouverte a, la source V ne peut produire aucun courant dans R_3. Il n'y a donc pas de chute de tension IR dans R_3. Un voltmètre indiquerait les mêmes 24 V aux bornes de R_2 et entre a et b. Puisque V_{ab} est de 24 V, il en est de même pour V_{Th}.

On peut maintenant considérer pourquoi R_3 modifie la valeur de R_{Th}. On se souvient qu'il faut travailler de l'extérieur vers ab pour calculer la résistance totale. Les résistances R_1 de 3 Ω et R_2 de 6 Ω sont alors en parallèle et forment une résistance combinée de 2 Ω. En outre, ces 2 Ω sont en série avec la résistance R_3 de 4 Ω, puisque R_3 est sur la ligne principale entre les bornes a et b. Donc, la résistance R_{Th} est égale à 2 + 4 = 6 Ω. Comme on l'indique à la figure 9-4c, le circuit équivalent de Thévenin est constitué de la tension V_{Th} de 24 V et de la résistance R_{Th} de 6 Ω.

Problèmes pratiques 9.2
(réponses à la fin du chapitre)
Répondre par vrai ou faux. Pour un circuit équivalent de Thévenin:

(a) On ouvre les bornes a et b pour trouver V_{Th} et R_{Th};

(b) La tension de source n'est rendue inactive que pour déterminer R_{Th}.

9.3
APPLICATION DU THÉORÈME DE THÉVENIN À UN CIRCUIT COMPRENANT DEUX SOURCES DE TENSION

Le circuit de la figure 9-5 a déjà été étudié par les lois de Kirchhoff, mais on peut appliquer le théorème de Thévenin pour trouver le courant I_3 qui circule dans la résistance centrale R_3. Comme indiqué à la figure 9-5a, on marque d'abord les bornes a et b, de chaque côté de R_3. Sur la figure 9-5b, la résistance R_3 est débranchée. Pour calculer V_{Th}, on cherche la tension V_{ab} aux bornes ouvertes.

Méthode de la superposition Comme il existe deux sources, on peut appliquer le théorème de superposition pour calculer V_{ab}. On court-circuite d'abord V_2. La tension V_1 de 84 V est donc partagée entre R_1 et R_2. La tension aux bornes de R_2 est la tension entre a et b. Pour obtenir la tension aux bornes de R_2, on calcule:

$$V_{R_2} = \frac{3}{15} \times V_1 = \frac{1}{5} \times (-84)$$
$$V_{R_2} = -16,8 \text{ V}$$

C'est la seule contribution de V_1 à V_{ab}. La polarité sur la borne a est négative.

Pour trouver la tension produite par V_2 entre a et b, on court-circuite V_1. La tension aux bornes de R_1 se trouve donc entre a et b. Pour calculer la tension apparaissant aux bornes de R_1, on applique la formule du diviseur de tension:

$$V_{R_1} = \frac{12}{15} \times V_2 = \frac{4}{5} \times (-21)$$
$$V_{R_1} = -16,8 \text{ V}$$

Chacune des tensions V_1 et V_2 produit une tension de $-16,8$ V entre les bornes a et b avec la même polarité. Par conséquent, ces deux tensions s'additionnent.

La valeur totale résultante de V_{ab}, $-33,6$ V, indiquée sur la figure 9-5b, est la valeur de V_{Th}. La polarité négative montre que le point a est négatif par rapport au point b.

Pour calculer R_{Th}, on court-circuite les sources V_1 et V_2, comme indiqué à la figure 9-5c. Les résistances R_1 de 12 Ω et R_2 de 3 Ω sont donc en parallèle entre les bornes a et b. Leur résistance équivalente est égale à $^{36}\!/_{15}$,

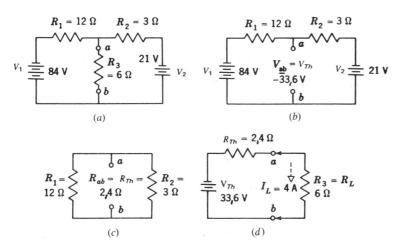

(a)

(b)

(c)

(d)

Figure 9-5 *Application du théorème de Thévenin à un circuit comprenant deux sources de tension V_1 et V_2: (a) circuit originel avec les bornes a et b, de part et d'autre de la résistance centrale R_3; (b) déconnecter R_3 pour trouver $V_{ab} = -33,6$ V; (c) court-circuiter V_1 et V_2 pour trouver $R_{ab} = 2,4$ Ω; (d) circuit équivalent de Thévenin avec la résistance R_L rebranchée entre les bornes a et b.*

soit $2,4\ \Omega$, qui est la valeur de R_{Th}.

Le résultat final est le circuit équivalent de Thévenin de la figure 9-5d avec une résistance R_{Th} de $2,4\ \Omega$ et une tension V_{Th} de $33,6$ V négative par rapport à la borne a.

Pour trouver le courant qui traverse R_3, il faut rebrancher R_3 comme une résistance de charge aux bornes a et b. La tension V_{Th} produit alors un courant qui circule dans la résistance totale formée de la résistance R_{Th} de $2,4\ \Omega$ et de la résistance R_3 de $6\ \Omega$:

$$I_3 = \frac{V_{Th}}{R_{Th} + R_3} = \frac{33,6}{2,4 + 6} = \frac{33,6}{8,4} = 4\ \text{A}$$

Cette valeur de 4 A pour I_3 a déjà été calculée précédemment avec les lois de Kirchhoff, sur la figure 8-4.

En résumé, pour appliquer le théorème de Thévenin à ce circuit qui comprend deux sources de tension, on a effectué successivement les opérations suivantes: on a d'abord débranché R_3 pour ouvrir le circuit entre les bornes a et b et trouver la tension V_{ab} qui est égale à la tension V_{Th}. Pour calculer V_{Th} on applique le théorème de superposition dans ce circuit qui comprend plus d'une source. Pour appliquer le théorème de superposition, on n'utilise qu'une seule source à la fois, et on court-circuite toutes les autres sources pour trouver la tension V_{ab} résultante. Mais pour la dernière opération, qui correspond au calcul de R_{Th}, on court-circuite toutes les sources de tension pour trouver la résistance qui apparaît entre les bornes a et b sans qu'aucune tension ne soit appliquée.

On remarque que ce circuit peut être étudié par le théorème de superposition seul, sans utiliser le théorème de Thévenin, à condition de ne pas débrancher la résistance R_3. Mais en ouvrant le circuit entre a et b pour trouver le circuit équivalent de Thévenin, on simplifie la superposition car le circuit ne comprend plus alors que des diviseurs de tension en série,

sans aucune dérivation. En général, on peut simplifier un circuit en débranchant un composant pour ouvrir le circuit entre a et b et appliquer le théorème de Thévenin.

Méthode rapide On peut appliquer plus rapidement le théorème de Thévenin au circuit de la figure 9-5b à deux sources de tension alimentant les bornes a et b en utilisant les formules suivantes de V_{Th} et R_{Th}:

$$V_{Th} = \frac{V_1 R_2 + V_2 R_1}{R_1 + R_2}$$

$$= \frac{(-84)(3) + (-21)(12)}{12 + 3} = \frac{-252 - 252}{15}$$

$$V_{Th} = \frac{-504}{15} = -33,6\ \text{V}$$

Les tensions V_1 et V_2 sont négatives, puisque les bornes du haut sont négatives par rapport à la référence en bas du schéma.

Pour calculer R_{Th}, les deux résistances en série avec les sources sont combinées en parallèle, d'où:

$$R_{Th} = \frac{12 \times 3}{12 + 3} = \frac{36}{15} = 2,4\ \Omega$$

***Problèmes pratiques 9.3
(réponses à la fin du chapitre)
Soit le circuit équivalent de Thévenin
de la figure 9-5d:***
(a) Calculer R_T;
(b) Calculer V_{R_L}.

9.4
APPLICATION DU THÉORÈME DE THÉVENIN À UN CIRCUIT EN PONT
Comme second exemple du théorème de Thévenin, on peut trouver le courant qui traverse la résistance R_L de $2\ \Omega$ au centre du circuit en pont de la figure 9-6a. Quand on débranche

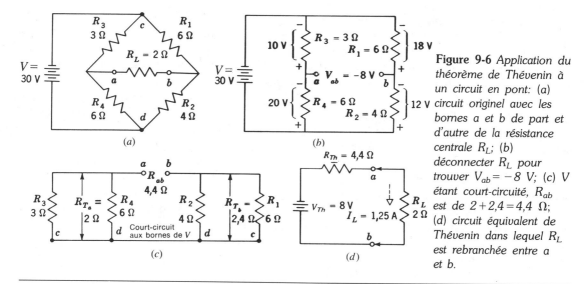

Figure 9-6 *Application du théorème de Thévenin à un circuit en pont: (a) circuit original avec les bornes a et b de part et d'autre de la résistance centrale R_L; (b) déconnecter R_L pour trouver $V_{ab} = -8$ V; (c) V étant court-circuité, R_{ab} est de $2+2,4=4,4$ Ω; (d) circuit équivalent de Thévenin dans lequel R_L est rebranchée entre a et b.*

R_L pour ouvrir le circuit entre *a* et *b*, on obtient le résultat représenté en (*b*). On remarque combien cette ouverture a simplifié le circuit. En remplacement du pont déséquilibré de (*a*) qu'il faudrait étudier par les lois de Kirchhoff, le circuit équivalent de Thévenin comprend seulement, en (*b*), deux diviseurs de tension. Les deux diviseurs de tension R_3R_4 et R_1R_2 sont montés aux bornes de la même source de 30 V.

Puisque la borne ouverte *a* est à la jonction des résistances R_3 et R_4, ce diviseur de tension peut être utilisé pour trouver le potentiel au point *a*. On peut, de même, trouver le potentiel au point *b* à partir du diviseur de tension R_1R_2. La tension V_{ab} est alors la différence entre les potentiels des points *a* et *b*.

Observez les tensions des tensions des deux diviseurs. Dans le diviseur constitué par les résistances R_3 de 3 Ω et R_4 de 6 Ω, la tension inférieure V_{R_4} est les 6/9 de 30 V, soit 20 V. Alors, la tension supérieure V_{R_3} est égale à 10 V, puisque la somme de ces deux tensions doit être de 30 V, c'est-à-dire égale à la tension de la source. Leurs polarités sont marquées négatives en haut comme pour V.

De même, dans le cas du diviseur de tension formé des deux résistances R_1 de 6 Ω et R_2 de 4 Ω, la tension inférieure V_{R_2} est les 4/10 de 30 V, soit 12 V. Alors, la tension supérieure V_{R_1} est égale à 18 V puisque la somme de ces deux tensions doit être égale aux 30 V de la source. Leurs polarités sont aussi négatives en haut comme pour V.

Pour trouver V_{ab} on peut maintenant déterminer les potentiels aux bornes *a* et *b* par rapport à la référence commune. On suppose que le côté positif de la source V est relié à la masse du châssis. On peut alors prendre la ligne inférieure du schéma comme référence des tensions. On remarque que la tension V_{R_4}, en bas du diviseur de tension R_3R_4, est la même que le potentiel de la borne *a* par rapport à la masse. Elle est de -20 V, la borne *a* étant négative.

De même, dans le diviseur R_1R_2, V_{R_2} est le potentiel du point *b* par rapport à la masse. Il est égal à -12 V, la borne *b* étant négative par rapport à la masse. Par conséquent, la tension V_{ab} est la différence entre les -20 V de *a* et les -12 V de *b*, ces deux potentiels étant considérés par rapport à la masse commune.

La différence de potentiel V_{ab} est donc égale à $-20 - (-12)$, c'est-à-dire $-20 + 12$, ce qui fait -8 V. La borne a est plus négative que la borne b de 8 V. Donc, la tension V_{Th} est de 8 V, son côté négatif étant vers a, comme l'indique le schéma équivalent de Thévenin sur la figure 9-6d.

On peut aussi trouver la tension V_{ab} en faisant la différence entre les tensions V_{R_3} et V_{R_1} sur la figure 9-6b. Dans le cas considéré, V_{R_3} est de 10 V et V_{R_1} de 18 V, ces deux valeurs étant positives par rapport à la ligne supérieure connectée au côté négatif de la source V. La différence de potentiel entre les bornes a et b est donc de $10 - 18$, ce qui fait aussi -8 V. Remarquez que la tension V_{ab} doit avoir la même valeur, quel que soit le chemin utilisé pour la calculer.

Pour trouver R_{Th}, on court-circuite la source de 30 V quand les bornes a et b sont encore en circuit ouvert. Le circuit se présente donc comme sur la figure 9-6c. En considérant le circuit depuis les bornes a et b, les résistances R_3 de 3 Ω et R_4 de 6 Ω sont en parallèle et équivalent à une résistance combinée R_{Th} de $^{18}/_9$, soit 2 Ω. Ceci s'explique par le fait que R_3 et R_4 sont connectés à la borne a, tandis

que leurs extrémités opposées sont reliées par le court-circuit de la source V. De même, les résistances R_1 de 6 Ω et R_2 de 4 Ω sont en parallèle et leur combinaison est équivalente à une résistance R_{Tb} de $^{24}/_{10}$, soit 2,4 Ω. En outre, le court-circuit de la source constitue une liaison qui connecte R_{Ta} et R_{Tb} en série. La résistance totale est de $2 + 2,4 = 4,4$ Ω pour R_{ab} ou R_{Th}.

Le circuit équivalent de Thévenin de la figure 9-6d représente le circuit en pont alimentant les bornes a et b, en circuit ouvert, avec une tension V_{Th} de 8 V et une résistance R_{Th} de 4,4 Ω. On branche maintenant la résistance R_L de 2 Ω entre a et b pour calculer I_L. Ce courant est:

$$I_L = \frac{V_{Th}}{R_{Th} + R_L} = \frac{8}{4,4 + 2} = \frac{8}{6,4} = 1,25 \text{ A}$$

Ce courant de 1,25 A est le courant qui traverse la résistance R_L de 2 Ω au centre du pont déséquilibré de la figure 9-6a. On peut aussi calculer, à partir du circuit équivalent représenté en (d), la valeur du courant I_L pour une valeur quelconque de R_L en (a).

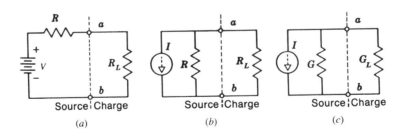

Figure 9-7 *Formes générales d'une source de tension ou de courant connectée à une charge R_L branchée entre les bornes a et b; (a) source de tension V en série avec R; (b) source de courant I avec une résistance R en parallèle; (c) source de courant I avec conductance G en parallèle.*

Problèmes pratiques 9.4
(réponses à la fin du chapitre)
Considérer le circuit équivalent de Thévenin illustré à la figure 9-6d et calculer:

(a) R_T;

(b) V_{R_L}.

9.5
THÉORÈME DE NORTON

Ce théorème, qui doit son nom au physicien E.L. Norton des Bell Telephone Laboratories, s'emploie pour simplifier un réseau, en ce qui concerne les courants et non plus les tensions. Il est souvent plus facile d'étudier le partage des courants plutôt que de considérer les tensions. On peut utiliser le théorème de Norton quand on étudie les courants pour réduire un réseau à un simple circuit parallèle avec une source de courant. Le principe d'une source de courant consiste à délivrer à la ligne principale un courant qui doit se partager entre les branches en parallèle, ce qui correspond à une source de tension appliquant une tension totale qui se partage entre différents composants connectés en série. La comparaison est illustrée à la figure 9-7.

Exemple de source de courant On représente souvent une source d'énergie électrique délivrant une tension avec une résistance en série qui figure la résistance interne de la source, comme sur la figure 9-7a. Cette méthode correspond à la représentation d'une source de tension réelle, comme une batterie pour les circuits à courant continu. Mais on peut aussi représenter la source comme une source de courant avec une résistance en parallèle, comme sur la figure 9-7b. De même que la source de tension a une tension nominale de 10 V, par exemple, une source de courant peut avoir une valeur nominale de 2 A. Lorsqu'on étudie des branches en parallèle, le principe d'une

source de courant peut être plus commode que celui d'une source de tension.

Si, sur la figure 9-7b, le courant I est celui d'une source de 2 A, 2 A seront appliqués quel que soit le circuit connecté entre les bornes a et b. Si rien n'est branché entre a et b, la totalité des 2 A circulera dans la résistance shunt R. Quand on branche une résistance de charge R_L entre a et b, le courant de 2 A se partage suivant la loi de partage du courant entre des branches en parallèle.

On se souvient que des courants en parallèle se répartissent en proportion inverse des résistances mais proportionnellement aux conductances. C'est pourquoi il peut être préférable de considérer la source de courant comme shuntée par une conductance G, comme indiqué à la figure 9-7c. On peut toujours convertir les résistances en conductances, puisque $1/R$ en ohms est égal à G en siemens.

Le symbole d'une source de courant est un cercle à l'intérieur duquel se trouve une flèche, comme on l'indique aux figures 9-7b et c, pour marquer le sens du courant. Ce sens doit être le même que celui du courant produit par la polarité de la source de tension correspondante. On se rappelle qu'une source produit une circulation d'électrons sortant de sa borne négative.

Il existe une différence importante entre les sources de tension et de courant puisque l'on supprime une source de courant en l'ouvrant et une source de tension en la court-circuitant. En ouvrant une source de courant, on supprime son aptitude à délivrer un courant sans affecter aucune des branches en parallèle. On court-circuite une source de tension pour supprimer son aptitude à fournir une tension sans affecter aucun des composants en série.

Le circuit équivalent de Norton Comme on l'indique à la figure 9-8, le théorème de Norton montre que l'on peut remplacer tout le réseau

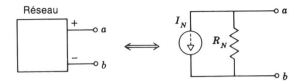

Figure 9-8 *Tout réseau du carré de gauche peut être ramené au circuit de Norton équivalent de droite.*

branché aux bornes *a* et *b* par une seule source de courant I_N, en parallèle avec une résistance R_N. La valeur du courant I_N est égale au courant de court-circuit entre les bornes *a* et *b*. Ceci signifie que l'on cherche le courant produit par le réseau entre *a* et *b* s'il y a un court-circuit entre ces deux bornes.

La valeur de R_N est la résistance vue depuis les bornes ouvertes *a* et *b*. Ces bornes ne sont pas court-circuitées pour calculer R_N mais en circuit ouvert, comme pour calculer la résistance R_{Th} du théorème de Thévenin. En réalité, la résistance unique est la même pour les circuits équivalents de Thévenin et de Norton. Dans le cas du circuit de Norton, cette valeur de R_{ab} est celle de la résistance R_N en parallèle avec la source de courant; dans le cas du circuit de Thévenin, c'est la résistance R_{Th} en série avec la source de tension.

Application du théorème de Norton à un circuit   Comme exemple, on calculera à nouveau le courant I_L de la figure 9-9*a*, qui a déjà été obtenu par le théorème de Thévenin. La première étape de l'application du théorème de Norton consiste à imaginer un court-circuit entre les bornes *a* et *b*, comme on le voit en (*b*). Quel est le courant qui circule dans le court-circuit? On observe qu'un court-circuit entre *a* et *b* court-circuite R_L et la résistance R_2 qui est en parallèle. La seule résistance du circuit est la résistance R_1 de 3 Ω en série avec

la source de 36 V comme on le voit en (*c*). Le courant de court-circuit est donc:

$$I_N = \frac{36 \text{ V}}{3 \text{ }\Omega} = 12 \text{ A}$$

Ce courant de 12 A est le courant total disponible à la sortie de la source de courant dans le circuit équivalent de Norton représenté sur la figure 9-9*e*.

Pour trouver R_N, on supprime le court-circuit entre *a* et *b* et on considère ces bornes en circuit ouvert sans la résistance R_L. On considère maintenant que la tension *V* est court-circuitée. Comme indiqué à la figure 9-9*d*, la résistance vue depuis les bornes *a* et *b* est une résistance de 6 Ω en parallèle avec une résistance de 3 Ω, ce qui équivaut à une résistance R_N de 2 Ω.

Le circuit équivalent de Norton, ainsi obtenu, est représenté sur la figure 9-9*e*. Il est constitué d'une source de courant I_N de 12 A shuntée par une résistance R_N de 2 Ω. La flèche de la source de courant indique la direction de la circulation des électrons depuis la borne *b* jusqu'à la borne *a*, comme dans le circuit original.

Enfin, pour calculer le courant I_L, on connecte de nouveau la résistance R_L de 2 Ω entre *a* et *b* comme indiqué à la figure 9-9*f*. La source de courant délivre toujours 12 A mais, maintenant, ce courant se partage entre les deux branches R_N et R_L. Comme ces deux résistances sont égales, le courant I_N de 12 A

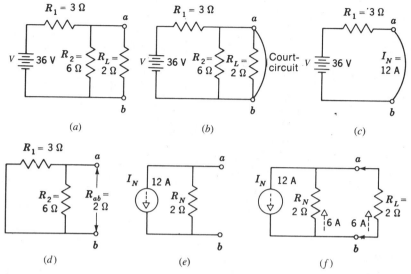

Figure 9-9 *Circuit identique à celui de la figure 9-3 auquel on applique le théorème de Norton: (a) circuit originel; (b) court-circuit entre les bornes a et b; (c) le courant de court-circuit est $I_N = {}^{36}\!/\!3 = 12$ A; (d) circuit ouvert entre a et b, mais V est en court-circuit pour trouver $R_{ab} = 2$ Ω, la même valeur que celle de R_{Th}; (e) circuit équivalent de Norton; (f) résistance R_L rebranchée entre les bornes a et b pour trouver $I_L = 6$ A.*

se partage en 6 A dans chaque branche et I_L est égal à 6 A. Cette valeur est égale au résultat obtenu avec le théorème de Thévenin, d'après la figure 9-3. On peut aussi calculer V_L en faisant le produit $I_L R_L$, soit 6 A × 2 Ω, ou 12 V.

Considérations sur le courant de court-circuit Dans certains cas, on peut se demander quel est le courant I_N quand les bornes a et b sont court-circuitées. Si on imagine un cavalier placé entre a et b pour court-circuiter ces bornes, le courant I_N doit être le courant qui circule dans ce fil entre les bornes a et b. On se rappellera que tout composant directement branché entre ces deux bornes est également court-circuité par le cavalier. Ces branches en parallèle n'ont donc pas d'effet. Mais tout composant en série avec les bornes a ou b est en série avec le cavalier. Le courant I_N de court-circuit circule donc aussi dans les composants en série.

À la figure 9-10, on donne un exemple de résistance en série avec le court-circuit entre les bornes a et b. Dans ce cas, le courant de court-circuit I_N est un courant partiel et non le courant principal. En (a), le court-circuit relie R_3 aux bornes de R_2. Le courant de court-circuit I_N est alors le même que le courant I_3 qui traverse R_3. Remarquez que I_3 n'est qu'un courant de branche.

Pour calculer I_3, on applique la loi d'Ohm au circuit. La combinaison de R_2 et de R_3 en parallèle équivaut à une résistance de ${}^{72}\!/\!{18}$, soit 4 Ω. La résistance R_T est de 4 + 4 = 8 Ω. Donc, le courant I_T est de 48 V/8 Ω = 6 A.

Ce courant I_T, dans la ligne principale, se partage en 4 A dans R_2 et 2 A dans R_3. Le courant I_3 de 2 A qui circule dans R_3 traverse le court-circuit entre les bornes a et b. Le courant I_N est donc de 2 A.

Pour trouver R_N d'après la figure 9-10b, on enlève le court-circuit des bornes a et b. La source V est maintenant court-circuitée. La résistance vue depuis les bornes en circuit ouvert a et b correspond à la résistance R_1 de 4 Ω

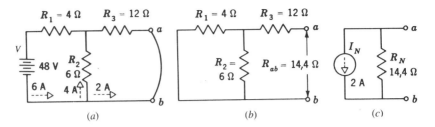

Figure 9-10 *Application du théorème de Norton à un circuit dont le courant de court-circuit I_N est un courant de branche en dérivation: (a) I_N est de 2 A dans le court-circuit entre a et b et dans R_3; (b) $R_N = R_{ab} = 14,4$ Ω; (c) circuit équivalent de Norton.*

en parallèle avec la résistance R_2 de 6 Ω. Cet ensemble équivaut à $^{24}/_{10}$, soit 2,4 Ω. La résistance de 2,4 Ω est en série avec la résistance R_3 de 12 Ω, ce qui fait $2,4 + 12 = 14,4$ Ω pour R_{ab}.

Le circuit équivalent définitif de Norton est représenté sur la figure 9-10c. Le courant I_N est de 2 A puisque ce courant partiel est le courant qui, dans le circuit original, traverse R_3 et le court-circuit des bornes a et b. La résistance R_N est de 14,4 Ω; c'est la résistance vue depuis les bornes a et b en circuit ouvert, quand la source V est court-circuitée, comme dans le cas de R_{Th}.

Problèmes pratiques 9.5
(réponses à la fin du chapitre)
Répondre par vrai ou faux. Soit un circuit de Norton:
(a) Pour calculer I_N, court-circuiter les bornes a et b;
(b) Pour calculer R_N, ouvrir les bornes a et b.

9.6
CONVERSION ENTRE LES CIRCUITS DE THÉVENIN ET DE NORTON

Le théorème de Thévenin indique qu'un réseau quelconque peut être remplacé par une source de tension et une résistance en série, tandis que le théorème de Norton indique que le même réseau peut être remplacé par une source de courant et une résistance en shunt. Il doit donc être possible de passer directement d'un circuit de Thévenin à un circuit de Norton et inversement. Ces conversions peuvent être utiles pour l'étude des réseaux.

Passage d'un circuit de Thévenin à un circuit de Norton Si on considère le circuit équivalent de Thévenin de la figure 9-11a, quel est le circuit équivalent de Norton? Il suffit d'appliquer le théorème de Norton de la même manière que pour tout autre circuit. Le courant de court-circuit entre a et b est:

$$I_N = \frac{V_{Th}}{R_{Th}} = \frac{15 \text{ Ω}}{3\Omega} = 5 \text{ A}$$

La résistance, vue depuis les bornes en circuit ouvert a et b quand la source V_{Th} est court-circuitée, est égale aux 3 Ω de R_{Th}. Le circuit équivalent de Norton comprend donc une source de courant qui fournit un courant de court-circuit de 5 A, shuntée par la même résistance de 3 Ω, déjà en série dans le circuit de Thévenin. Les résultats sont présentés sur la figure 9-11b.

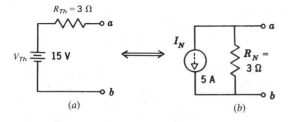

Figure 9-11 *Le circuit équivalent de Thévenin en (a) correspond au circuit équivalent de Norton en (b).*

Passage d'un circuit de Norton à un circuit de Thévenin Pour effectuer la conversion inverse, on part du circuit de Norton de la figure 9-11*b* et on revient au circuit de Thévenin original. Pour ce faire, on applique le théorème de Thévenin de la même manière que pour un autre circuit quelconque. On trouve d'abord la résistance de Thévenin en regardant depuis les bornes ouvertes *a* et *b*. Mais ici, il faut observer un principe important: si une source de tension est court-circuitée pour trouver la résistance R_{Th}, une source de courant doit être en circuit ouvert. Par conséquent, il n'y a que la résistance R_N de 3 Ω, en parallèle avec la résistance infinie de la source de courant déconnectée. La résistance combinée est donc de 3 Ω.

En général, la résistance R_N a toujours la même valeur que la résistance R_{Th}. La seule différence, c'est que la résistance R_N est en parallèle avec la source I_N et que la résistance R_{Th} est en série avec V_{Th}.

Il suffit maintenant de calculer la tension en circuit ouvert de la figure 9-11*b* pour trouver V_{Th}. Remarquez que les bornes *a* et *b* étant en circuit ouvert, tout le courant de la source de courant passe par la résistance R_N de 3 Ω. La tension en circuit ouvert aux bornes *a* et *b* est donc de:

$$I_N R_N = 5 \text{ A} \times 3 \text{ Ω} = 15 \text{ V} = V_{Th}$$

Nous avons par conséquent retrouvé le circuit de Thévenin original qui comprend la source V_{Th} en série avec la résistance R_{Th} de 3 Ω.

Formules de conversion En résumé, on peut appliquer les formules suivantes pour effectuer ces conversions:

de Thévenin à Norton

$$R_{Th} = R_N$$

$$V_{Th} = I_N \cdot R_N$$

de Norton à Thévenin

$$R_N = R_{Th}$$

$$I_N = V_{Th} \div R_{Th}$$

Aux figures 9-12*b* et *c*, on donne un autre exemple de ces conversions.

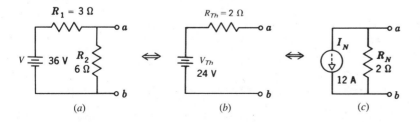

Figure 9-12 *Exemple de conversion entre circuits de Thévenin et de Norton: (a) circuit originel, identique à celui des figures 9-3a et 9-9a; (b) équivalent de Thévenin; (c) équivalent de Norton.*

9.7
CONVERSION ENTRE SOURCES DE TENSION ET SOURCES DE COURANT

La conversion de Norton est un exemple particulier du principe général suivant lequel une source de tension quelconque, avec sa résistance en série, peut être convertie en une source de courant équivalente avec la même résistance en parallèle. Sur la figure 9-13, la source de tension en (a) est équivalente à la source de tension en (b). Il suffit de diviser la tension V de la source par sa résistance en série R pour calculer le courant de la source de courant I équivalente, shuntée par la même résistance R. L'une ou l'autre source délivre le même courant et la même tension à un composant quelconque branché entre a et b.

Les conversions entre sources de tension et de courant simplifieront souvent les circuits, surtout s'il y a deux sources ou plus. Les sources de courant sont plus commodes pour les montages parallèle dans lesquels on peut ajouter ou partager les courants. Les sources de tension sont plus faciles à utiliser pour les montages série, dans lesquels on peut ajouter ou partager les tensions.

Deux sources dans des branches en parallèle On suppose que pour le circuit de la figure 9-14a, le problème consiste à trouver le courant I_3 qui circule dans la résistance centrale R_3. On remarque que la tension V_1 et la résistance R_1 d'une part, la tension V_2 et la résistance R_2 d'autre part, sont des branches en parallèle avec la résistance R_3. Ces trois branches sont connectées entre les bornes a et b.

Quand on convertit les sources de tension V_1 et V_2 en sources de courant en (b), le circuit ne comprend que des branches en parallèle. Le courant I_1 est égal à $^{84}/_{12}$, soit 7 A, tandis que le courant I_2 est égal à $^{21}/_3$, ce qui fait aussi 7 A. La source I_1 a sa résistance en parallèle égale à 12 Ω tandis que la source I_2 a sa résistance en parallèle R égale à 3 Ω.

En outre, les sources I_1 et I_2 peuvent être combinées en une seule source de courant équivalente I_T, représentée en (c). Puisque ces deux sources délivrent des courants de même sens dans R_L, elles s'ajoutent pour former une seule source de courant $I_T = 7 + 7 = 14$ A.

La résistance shunt R de la source de courant combinée de 14 A est la résistance résultant de la combinaison des résistances R_1 de 12 Ω et R_2 de 3 Ω en parallèle. Cette résistance R est égale à $^{36}/_{15}$ soit 2,4 Ω, comme on l'a indiqué en (c).

Pour trouver I_L, on peut appliquer la formule du diviseur de courant aux branches de 6 et 2,4 Ω qui se partagent le courant I de 14 A venant de la source.
On a donc:

$$I_L = \frac{2,4}{2,4+6} \times 14 = \frac{33,6}{8,4} = 4 \text{ A}$$

La tension V_{R_3} aux bornes a et b est égale à $I_L R_L$, c'est-à-dire à $4 \times 6 = 24$ V. Ce sont les

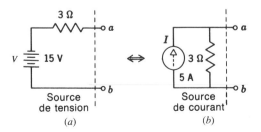

Figure 9-13 *La source de tension en (a) correspond à la source de courant en (b).*

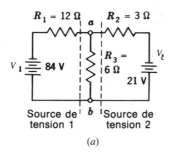

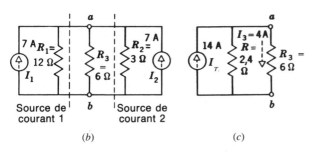

Source de
courant 1

b

Source de
courant 2

(*b*)

(*c*)

Figure 9-14 *Transformation des sources de tension situées dans des branches en parallèle en sources de courant qui peuvent être combinées: (a) circuit originel; (b) V_1 et V_2 transformées en sources de courant parallèle I_1 et I_2; (c) circuit comprenant une seule source de courant combinée I_T.*

mêmes valeurs que celles de V_{R_3} et I_3 obtenues par les lois de Kirchhoff et le théorème de Thévenin, d'après les figures 8-4 et 9-5.

Deux sources en série   En se reportant à la figure 9-15, on suppose que le problème consiste à trouver le courant I_L qui traverse la résistance de charge R_L branchée entre les bornes *a* et *b*. Ce circuit comprend deux sources de courant I_1 et I_2 branchées en série.

On peut, dans ce cas, simplifier le problème en transformant les sources de courant I_1 et I_2 en des sources de tension V_1 et V_2, comme on le montre à la figure 9-15*b*. La source I_1 de 2 A et sa résistance shunt de 4 Ω sont équivalentes à une source de tension V_1 de $4 \times 2 = 8$ V avec une résistance de 4 Ω en série. De même, la source de courant I_2 de 5 A et sa résistance shunt R_2 de 2 Ω sont équivalentes à une source de tension V_2 de $5 \times 2 = 10$ V, avec une résistance en série de 2 Ω. Les polarités de V_1 et de V_2 produisent une circulation d'électrons de même sens que les sources I_1 et I_2.

On peut maintenant combiner les tensions série comme indiqué à la figure 9-15*c*. Les tensions V_1 de 8 V et V_2 de 10 V s'additionnent puisqu'elles sont de même sens pour former une tension V_T de 18 V. Les résistances R_1 de 4 Ω et R_2 de 2 Ω s'ajoutent pour former une résistance combinée R de 6 Ω. C'est la résistance en série avec la source V_T de 18 V connectée aux bornes *a* et *b*.

La résistance totale du circuit représentée en (*c*) est $R + R_L$, soit $6 + 3 = 9$ Ω. La tension appliquée étant de 18 V, le courant I_L est égal à $^{18}\!/_9 = 2$ A dans R_L, entre les deux bornes *a* et *b*.

(réponses à la fin du chapitre)
Une résistance de 3 Ω est en série avec une source de tension de 21 V. Considérer la source de courant équivalente et calculer:

(*a*) le courant I;
(*b*) la résistance shunt R.

Figure 9-15
Transformation des sources de courant en série en sources de tension que l'on peut combiner pour simplifier le courant: (a) circuit original; (b) sources I_1 et I_2 transformées en sources en série V_1 et V_2; (c) circuit avec une seule source V_T de tension combinée.

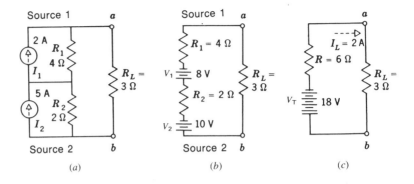

9.8
THÉORÈME DE MILLMAN

Ce théorème propose un procédé rapide de calcul de la tension commune aux bornes d'un nombre quelconque de branches en parallèle avec différentes sources de tension. À la figure 9-16, on donne un exemple caractéristique. Les extrémités de toutes les branches au point y sont connectées à la masse commune. En outre, les extrémités opposées de toutes les branches sont également reliées au point commun x. La tension V_{xy} est donc la tension commune aux bornes de toutes les branches.

La tension trouvée pour V_{xy} indique donc l'effet résultant de toutes les sources sur la détermination de la tension en x par rapport à la masse commune. On calcule cette tension de la manière suivante:

$$V_{xy} = \frac{V_1/R_1 + V_2/R_2 + V_3/R_3}{1/R_1 + 1/R_2 + 1/R_3} \quad \dots \quad (9.1)$$

Cette formule se déduit de la transformation des sources de tension en sources de courant et de la combinaison des résultats. Le numérateur qui comprend des termes en V/R est la somme des sources de courant en parallèle. Le dénominateur qui se compose de termes en $1/R$ est la somme des conductances en parallèle. La tension V_{xy} résultante est donc de la forme I/G ou $I \cdot R$, qui s'exprime en unités de tension.

Calcul de V_{xy} Avec les valeurs de la figure 9-16:

$$V_{xy} = \frac{32/4 + 0/2 - 8/4}{1/4 + 1/2 + 1/4} = \frac{8 + 0 - 2}{1}$$

$$V_{xy} = 6 \text{ V}$$

On remarque que dans la branche 3, V_3 est considérée comme une tension négative parce qu'elle rendrait le point x négatif. Cependant,

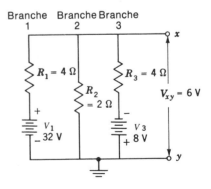

Figure 9-16 *Exemple d'application du théorème de Millman pour trouver V_{xy}, tension commune aux bornes des branches comprenant des sources de tension séparées.*

toutes les résistances sont positives. La réponse positive pour V_{xy} montre que le point x est positif par rapport à y.

Dans la branche 2, la tension V_2 est nulle puisque cette branche ne contient pas de source de tension. Mais R_2 figure encore au dénominateur.

On peut appliquer cette méthode à un nombre quelconque de branches à condition qu'elles soient toutes en parallèle sans aucune résistance en série entre les branches. Dans une branche comprenant plusieurs résistances, on peut trouver la résistance combinée R_T. Si une branche comporte plusieurs sources de tension, on peut combiner algébriquement ces sources pour obtenir une seule tension totale V_T.

Applications du théorème de Millman
On peut dans de nombreux cas redessiner un circuit pour faire apparaître les branches parallèle et leur tension commune V_{xy}. Ensuite, quand on connaît V_{xy}, on peut étudier rapidement tout le circuit. Par exemple, on a déjà étudié le circuit de la figure 9-17 selon d'autres

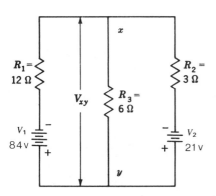

Figure 9-17 *Circuit identique à celui de la figure 8.4 des lois de Kirchhoff présenté avec des branches en parallèle pour calculer V_{xy} par le théorème de Millman.*

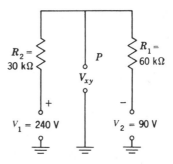

Figure 9-18 *Circuit identique à celui de la figure 9-1 présenté avec des branches en parallèle pour calculer V_{xy} par le théorème de Millman.*

méthodes. Pour le théorème de Millman, la tension commune V_{xy} aux bornes de toutes les branches est la même que la tension V_3 aux bornes de R_3. Cette tension a été calculée par la formule (9.1) de la manière suivante:

$$V_{xy} = \frac{-84/12 + 0/6 - 21/3}{1/12 + 1/6 + 1/3}$$

$$= \frac{-7 + 0 - 7}{7/12} = \frac{-14}{12}$$

$$= -14 \times \frac{12}{7}$$

$$V_{xy} = -24 \text{ V} = V_3$$

Le signe négatif signifie que le point x est du côté négatif de V_{xy}. Comme on connaît la tension V_3 égale à 24 V aux bornes de la résistance R_3 de 6 Ω, I_3 doit être égal à $^{24}/_6 = 4$ A. On peut calculer de la même manière toutes les tensions et tous les courants de ce circuit. (Voir la figure 8-4 au chapitre 8.)

Comme autre application, on a retracé sur la figure 9-18 l'exemple de superposition de la figure 9-1 pour faire apparaître les branches en parallèle ayant une tension commune V_{xy}, que l'on peut calculer par le théorème de Millman. On a donc:

$$V_{xy} = \frac{240 \text{ V}/30 \text{ k}\Omega - 90 \text{ V}/60 \text{ k}\Omega}{1/30 \text{ k}\Omega + 1/60 \text{ k}\Omega}$$

$$= \frac{8 \text{ mA} - 1{,}5 \text{ mA}}{3/60 \text{ k}\Omega}$$

$$= 6{,}5 \times \frac{60}{3} = \frac{390}{3}$$

$$V_{xy} = 130 \text{ V} = V_P$$

Cette valeur de 130 V, obtenue par le théorème de Millman pour la tension entre le point P et la masse, est la même que la valeur calculée précédemment par le théorème de superposition.

> **Problèmes pratiques 9.8**
> **(réponses à la fin du chapitre)**
> **Considérer l'exemple du théorème de Millman de la figure 9-16 et calculer:**
> (a) V_{R_2};
> (b) V_{R_3}.

9.9
RÉSEAUX EN T ET EN π
Le réseau de la figure 9-19 est appelé *réseau en T* ou *en étoile*, comme le suggère sa forme. Les termes *en T* et *en étoile* sont des noms différents qui s'appliquent au même réseau, la seule différence étant que les bras des résistances R_2 et R_3 font un certain angle dans le réseau en étoile.

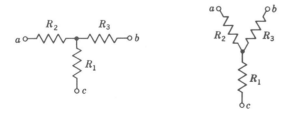

Figure 9-19 *Schéma d'un réseau en T ou en étoile.*

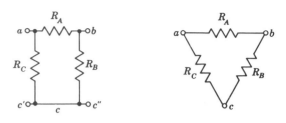

Figure 9-20 *Schéma d'un réseau en π ou en triangle.*

Le réseau de la figure 9-20 est appelé *réseau en π* (pi) ou *en triangle*, car sa forme imite la lettre grecque π et la forme d'un triangle. En réalité, le réseau peut comprendre une résistance R_A, soit en haut, soit en bas, entre R_C et R_B. On remarque que si l'unique point c du triangle est séparé en deux points c' et c'' comme dans le réseau en π, les connexions ne sont pas véritablement modifiées. Les termes *en π* et *en triangle* sont des noms différents du même réseau.

Formules de conversion Dans l'étude des réseaux, il est souvent avantageux de convertir un réseau en triangle en un réseau en étoile ou inversement. Sans la conversion, ou bien il serait impossible d'étudier le circuit, ou bien ce serait plus compliqué. Les formules de conversions sont données ci-après. Elles sont toutes dérivées des lois de Kirchhoff. Remarquer que l'on utilise des indices littéraux pour R_A, R_B et R_C dans le montage en triangle, et des indices numériques pour R_1, R_2 et R_3 dans le montage en étoile.

Passage d'un réseau en étoile à un réseau en triangle, ou d'un réseau en T à un réseau en π.

$$R_A = \frac{R_1 R_2 + R_2 R_3 + R_3 R_1}{R_1} \tag{9.2}$$

$$R_B = \frac{R_1 R_2 + R_2 R_3 + R_3 R_1}{R_2}$$

$$R_C = \frac{R_1 R_2 + R_2 R_3 + R_3 R_1}{R_3}$$

ou

$$R\Delta = \frac{\Sigma \text{ tous les produits des résistances de l'étoile deux à deux}}{R \text{ opposé dans l'étoile}}$$

On peut utiliser ces formules pour passer d'un réseau en étoile à un réseau en triangle, ou d'un réseau en T à un réseau en π équivalent. Ces deux circuits auront la même résistance entre une paire quelconque de bornes. On remarque que ces trois formules ont la même forme générale, représentée en bas. Le symbole Σ est la lettre grecque majuscule *sigma* qui signifie «somme de».

Pour effectuer la conversion inverse (passage d'un réseau en triangle à un réseau en étoile ou d'un réseau en π à un réseau en T):

$$R_1 = \frac{R_B R_C}{R_A + R_B + R_C} \tag{9.3}$$

$$R_2 = \frac{R_C R_A}{R_A + R_B + R_C}$$

$$R_3 = \frac{R_A R_B}{R_A + R_B + R_C}$$

$$R_Y = \frac{\text{produit de deux résistances adjacentes du triangle}}{\Sigma \text{ toutes les résistances du triangle}}$$

Le schéma suivant est utile pour l'application de ces formules. Placez l'étoile à l'intérieur du triangle, comme indiqué à la figure 9-21. Remarquez que le triangle a trois côtés fermés, tandis que l'étoile a trois branches ouvertes. Remarquez aussi comment on peut considérer que des résistances sont opposées l'une à l'autre dans les deux montages. Par exemple, la branche ouverte R_1 est opposée au côté fermé R_A; la résistance R_2 est opposée à R_B; la résistance R_3 est opposée au côté R_C.

En outre, chaque résistance d'une branche ouverte a deux résistances adjacentes dans le circuit fermé. Pour R_1, les résistances adjacentes sont R_B et R_C; de même, R_C et R_A sont adjacentes à R_2, tandis que R_A et R_B sont adjacentes à R_3.

Dans les formules de conversion d'un montage en étoile en un montage en triangle, on trouve chaque côté du triangle en prenant d'abord tous les produits des branches de l'étoile prises deux à deux. Il y a donc trois produits. On divise ensuite la somme de ces trois produits par la branche opposée pour obtenir la valeur de chaque côté du triangle. Le numérateur reste le même puisqu'il est égal à la somme des trois produits. Mais on calcule chaque côté du triangle en divisant cette somme par la résistance du bras opposé.

Dans la conversion d'un montage en triangle en un montage en étoile, chaque branche de l'étoile s'obtient en prenant le produit des deux côtés adjacents du triangle et en divisant par la somme des trois côtés du triangle.

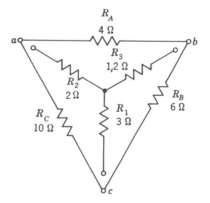

Figure 9-21 *Transformation entre des réseaux en étoile et en triangle. Voir les formules de conversion données dans le texte.*

Le produit de deux résistances adjacentes exclut la résistance opposée. Le dénominateur qui est la somme des trois côtés reste le même dans les trois formules. Mais on calcule chaque branche en divisant chaque produit de deux résistances différentes par cette même somme.

$$R_1 = \frac{R_B R_C}{R_A + R_B + R_C} = \frac{6 \times 10}{4 + 6 + 10}$$
$$= \frac{60}{20} = 3 \ \Omega$$
$$R_2 = \frac{R_C R_A}{20} = \frac{10 \times 4}{20} = \frac{40}{20} = 2 \ \Omega$$
$$R_3 = \frac{R_A R_B}{20} = \frac{4 \times 6}{20} = \frac{24}{20} = 1{,}2 \ \Omega$$

Exemple de conversion Les valeurs indiquées sur les schémas en étoile et en triangle équivalents de la figure 9-21 sont calculées de la manière suivante: en partant de 4, 6 et 10 Ω pour les côtés respectifs R_A, R_B et R_C du triangle, on obtient les branches correspondantes de l'étoile:

Pour vérifier les valeurs ainsi obtenues, on peut calculer le triangle équivalent au montage en étoile ci-dessous. En partant de 3, 2 et 1,2 Ω pour les résistances respectives R_1, R_2 et R_3 du montage en étoile, on obtient les valeurs correspondantes du montage en triangle:

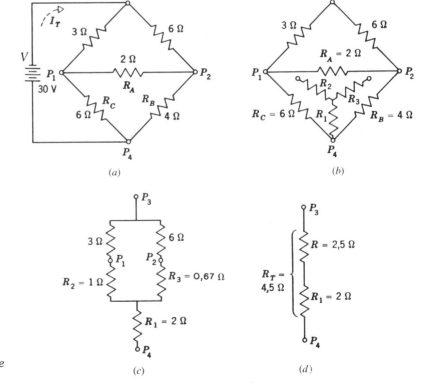

Figure 9-22 *Étude d'un circuit en pont par conversion triangle-étoile: (a) circuit originel; (b) comment l'étoile $R_1 R_2 R_3$ correspond au triangle $R_A R_B R_C$; (c) l'étoile remplace le triangle. Il en résulte un circuit mixte avec le même R_T que le circuit en pont originel; (d) R_T est de 4,5 Ω entre les points P_3 et P_4.*

$$R_A = \frac{R_1R_2 + R_2R_3 + R_3R_1}{R_1}$$

$$= \frac{6 + 2,4 + 3,6}{3} = \frac{12}{3} = 4 \ \Omega$$

$$R_B = \frac{12}{R_2} = \frac{12}{2} = 6 \ \Omega$$

$$R_C = \frac{12}{R_3} = \frac{12}{1,2} = 10 \ \Omega$$

Ces résultats prouvent que les réseaux en étoile et en triangle de la figure 9-21 sont équivalents quand les valeurs de leurs éléments sont obtenues en appliquant les formules de conversion.

Simplification d'un circuit en pont
Comme exemple d'application de ces transformations, on peut considérer le circuit en pont de la figure 9-22. On cherche le courant total I_T fourni par la batterie. Il faut donc trouver, d'abord, la résistance totale R_T.

Une approche consiste à observer qu'en *a*, le pont est constitué de deux triangles branchés entre les deux bornes P_1 et P_2. On peut remplacer l'un d'eux par le circuit en étoile équivalent. On prend le triangle inférieur avec la résistance R_A comme côté supérieur, comme pour la figure 9-21. On remplace ensuite ce triangle R_A, R_B, R_C par l'étoile équivalente R_1, R_2, R_3 comme on le voit en *b*. En appliquant les formules de conversions, on a:

$$R_1 = \frac{R_B R_C}{R_A + R_B + R_C} = \frac{24}{12} = 2 \ \Omega$$

$$R_2 = \frac{R_C R_A}{12} = \frac{12}{12} = 1 \ \Omega$$

$$R_3 = \frac{R_A R_B}{12} = \frac{8}{12} = 0,67 \ \Omega$$

On utilise ensuite ces valeurs de R_1, R_2 et R_3 dans un circuit en étoile équivalent, en remplacement du circuit en triangle original. Les résistances constituent donc le circuit mixte représenté en (*c*). La résistance combinée équivalente aux deux branches en parallèle est égale à $4 \times 6,67$, que divise 10,67, soit 2,5 Ω. En ajoutant ces 2,5 Ω à la résistance en série R_1 de 2 Ω, on obtient la résistance totale de 4,5 Ω en (*d*).

Ces 4,5 Ω représentent la résistance totale R_T de tout le circuit en pont entre les bornes P_3 et P_4 branchées à la source V_T de 4,5 Ω.

Ces 4,5 Ω représentent la résistance totale R_T de tout le circuit en pont entre les bornes P_3 et P_4 branchées à la source V. Le courant I_T est donc égal à 30 V/4,5 Ω, ou 6,67 A qui sont fournis par la source.

Une autre approche conduisant à la résistance totale R_T du pont de la figure 9-22*a* consiste à remarquer que le pont comprend aussi deux circuits en T ou en étoile entre les bornes P_3 et P_4. On peut transformer l'un d'eux en un circuit en triangle équivalent. On obtient alors un autre circuit mixte qui a toujours la même résistance totale R_T de 4,5 Ω.

***Problèmes pratiques 9.9
(réponses à la fin du chapitre)
Dans la forme standard de conversion:***

(*a*) Quelle résistance du couplage en étoile est opposée à la résistance R_A du couplage en triangle?

(*b*) Quelles sont les deux résistances du couplage en triangle adjacentes à R_1 du couplage en étoile?

Résumé

1. *Théorème de superposition* Dans un réseau linéaire bilatéral comprenant plus d'une source, on peut trouver le courant et la tension

d'un composant quelconque du réseau en ajoutant algébriquement l'*effet* dû à chaque source considérée séparément. Toutes les autres sources sont rendues momentanément inactives en court-circuitant les sources de *tension* et en débranchant les sources de *courant*.

2. *Théorème de Thévenin* Tout réseau ayant deux bornes ouvertes a et b peut être remplacé par une seule résistance R_{Th} en série avec une seule source de tension V_{Th} alimentant les bornes a et b. La tension V_{Th} est la tension produite par le réseau entre les bornes a et b. La résistance R_{Th} est la résistance entre les bornes ouvertes a et b quand toutes les sources sont inactives.

3. *Théorème de Norton* Tout réseau ayant deux bornes peut être remplacé par une seule source de courant I_N en parallèle avec une résistance unique R_N. La valeur du courant I_N est celle du courant produit par le réseau dans les bornes court-circuitées. La résistance R_N est la résistance entre les bornes ouvertes quand toutes les sources sont inactives.

4. *Théorème de Millman* La tension commune aux bornes de branches en parallèle comprenant différentes sources V peut être déterminée par la formule (9.1).

5. Une source de tension V et sa résistance en série R peuvent être converties en une source de courant équivalente I et une résistance en parallèle R, ou inversement. La valeur du courant I est égale à V/R; on a aussi $V = I \cdot R$. La valeur de R est la même pour les deux sources. Mais R est en série avec la source V et en parallèle avec la source I.

6. La comparaison entre des circuits en triangle et en étoile est illustrée à la figure 9-21. Pour passer d'un circuit à l'autre, on utilise les formules (9.2) ou (9.3).

Exercices de contrôle
(réponses à la fin de l'ouvrage)

Répondre par vrai ou faux.
1. V_{Th} est une tension en circuit ouvert.
2. I_N est un courant de court-circuit.
3. R_{Th} et R_N ont des valeurs égales.
4. Une source de tension a une résistance en série.
5. Une source de courant a une résistance en parallèle.
6. On rend une source de tension inactive en court-circuitant ses bornes.
7. On rend une source de courant inactive en déconnectant la source.
8. Un circuit en π est identique à un circuit en T.

9. Le théorème de Millman est utile dans le cas de branches en parallèle comprenant différentes sources de tension.

10. Une source de 10 V a une résistance en série R de 2 Ω. La source de courant équivalente est un courant de 2 A en parallèle avec une résistance de 10 Ω.

Questions

1. Énoncer le théorème de superposition.
2. Quand on applique le théorème de superposition, comment rend-on inactives ou sans effet des sources de tension et des sources de courant?
3. Décrire la méthode de calcul de V_{Th} et de R_{Th} pour un circuit équivalent de Thévenin.
4. Décrire la méthode de calcul de I_N et de R_N pour un circuit équivalent de Norton.
5. Comment transforme-t-on une source de tension en source de courant et inversement?
6. Pour quels types de circuits utilise-t-on le théorème de Millman?
7. Tracer un réseau en triangle et un réseau en étoile et donner les six formules nécessaires pour passer de l'un à l'autre.

Problèmes

**(Les réponses aux problèmes de numéro
impair sont données à la fin de l'ouvrage)**

1. En utilisant la figure 9-23, déterminer le circuit de Thévenin équivalent et calculer V_L.
2. Déterminer le circuit de Norton équivalent à la figure 9-23 et calculer I_L.
3. En utilisant la figure 9-23, convertir la source V et sa résistance R_1 en une source de courant dont on calculera le courant I_L.
4. Appliquer la loi d'Ohm au circuit mixte de la figure 9-23 pour obtenir V_L et I_L. (Note: R_L n'est pas déconnectée pour la loi d'Ohm.)

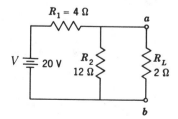

Figure 9-23 *Pour les problèmes 1, 2, 3, 4 et 5.*

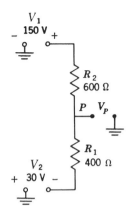

Figure **9-24** *Pour les problèmes 6 et 7.*

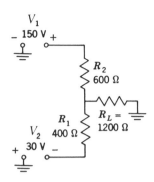

Figure **9-25** *Pour le problème 8.*

5. Pourquoi la valeur de la tension V_L entre les bornes a et b, dans le problème 4, n'est-elle pas la même que la tension V_{ab} du circuit équivalent de Thévenin, dans le problème 1?

6. En utilisant la figure 9-24, déterminer la tension V_P par superposition.

7. Retracer la figure 9-24 sous forme de deux branches en parallèle pour calculer la tension V_P selon le théorème de Millman.

8. En utilisant la figure 9-25, calculer la tension V_L aux bornes de R_L par le théorème de Millman et aussi par le théorème de superposition.

9. Déterminer le circuit équivalent de Thévenin de la figure 9-26, les bornes a et b étant celles de la résistance centrale R_2. Calculer ensuite V_{R_2}.

10. Trouver la tension V_{R_2} de la figure 9-26 par superposition.

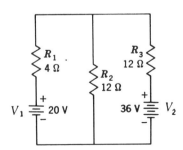

Figure **9-26**   *Pour le problèmes 9, 10 et 11.*

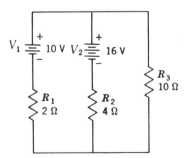

Figure **9-27** *Pour les problèmes 12 et 13.*

11. Trouver la tension V_{R_2} de la figure 9-26 par le théorème de Millman.

12. Calculer tous les courants de la figure 9-27 en appliquant les lois de Kirchhoff.

13. Calculer la tension V_{R_3} de la figure 9-27 par le théorème de Millman.

14. Convertir le circuit en T de la figure 9-28 en un circuit en π équivalent.

15. Convertir le circuit en π de la figure 9-29 en un réseau en T équivalent.

16. Indiquer les circuits équivalents de Thévenin et de Norton pour le schéma de la figure 9-30.

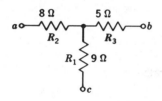

Figure 9-28 *Pour le problème 14.*

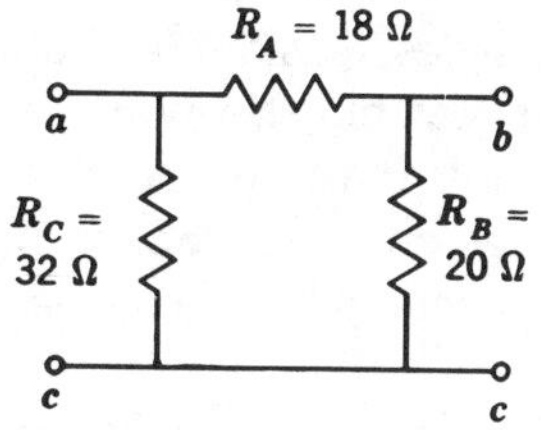

Figure 9-29 *Pour le problème 15.*

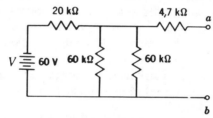

Figure 9-30 *Pour le problème 16.*

Réponses aux problèmes pratiques

9.1 (a) R_1
    (b) R_2

9.2 (a) vrai
    (b) vrai

9.3 (a) 8,4 V
    (b) 24 Ω

9.4 (a) 6,4 Ω
    (b) 2,5 V

9.5 (a) vrai
    (b) vrai

9.6 (a) vrai
    (b) vrai
    (c) vrai

9.7 (a) 7 A
    (b) 3 Ω

9.8 (a) 6 V
    (b) 14 V

9.9 (a) R_1
    (b) R_B et R_C

Rappel des chapitres 8 et 9

Résumé

1. Les méthodes d'application des lois de Kirchhoff portent sur: (*a*) les équations des tensions utilisant les courant qui circulent dans les branches des boucles pour calculer les tensions; (*b*) les équations des courants dans un noeud utilisant les tensions aux noeuds, pour calculer les courants dans le noeud; (*c*) les équations des tensions qui supposent des valeurs de courant de maille pour calculer les tensions.

2. Les méthodes de réduction d'un réseau à un simple circuit équivalent utilisent: (*a*) le théorème de superposition qui ne considère qu'une seule source à la fois; (*b*) le théorème de Thévenin qui transforme le réseau en un circuit série avec une seule source; (*c*) le théorème de Norton qui convertit le réseau en un circuit parallèle avec une seule source; (*d*) le théorème de Millman pour trouver la tension commune aux bornes de branches en parallèle comprenant différentes sources; (*e*) les conversions de montage en triangle en montage en étoile pour convertir un réseau en circuit mixte.

Exercices de contrôle récapitulatifs
(réponses à la fin de l'ouvrage)

Répondre par vrai ou faux.

1. On peut trouver la tension V_3 de la figure 8-3 en appliquant les lois de Kirchhoff soit aux courants des branches, soit aux courants des mailles.

2. On peut trouver la tension V_3 de la figure 8-3 par la méthode de superposition, par le théorème de Thévenin ou par le théorème de Millman.

3. On ne peut pas trouver le courant I_L de la figure 9-6 par la conversion d'un circuit en triangle en un circuit en étoile, car la résistance R_L disparaît dans la transformation.

4. On peut calculer le courant I_L de la figure 9-6 par les lois de Kirchhoff dans les trois mailles en utilisant les courants de mailles.

5. Avec le théorème de superposition, on peut appliquer la loi d'Ohm dans des circuits qui ont plus d'une source.
6. Un circuit équivalent de Thévenin est un circuit parallèle.
7. Un circuit équivalent de Norton est un circuit série.
8. Les équivalents de Thévenin ou de Norton d'un réseau donné produiront le même courant dans une charge quelconque branchée entre les bornes a et b.
9. La conversion d'un circuit de Thévenin en un circuit de Norton équivaut à la conversion d'une source de tension en une source de courant.
10. L'unité d'une expression en (volts/ohms)/siemens est le volt.
11. Une tension de noeud est une tension entre des noeuds de courant.
12. On peut transformer un réseau en π en un réseau en T équivalent.
13. Une source de 10 V avec une résistance en série R de 10 Ω appliquera une tension de 5 V à une charge R_L de 10 Ω.
14. Une source de 10 A avec une résistance en parallèle R de 10 Ω délivrera un courant de 5 A à une charge R_L de 10 Ω.
15. On peut ajouter des sources de courant en parallèle quand elles fournissent des courants de même sens dans une charge R_L.

Références
(D'autres références sont données à la fin de l'ouvrage)

CUTLER, D., *Outline for DC Circuit Analysis,* McGraw-Hill Book Company, New York.

HAYT et KEMMERLING, *Engineering Circuit Analysis,* McGraw-Hill Book Company, New York.

LIPPIN, G., *Circuit Problems and Solutions,* Hayden Book Company, New York.

MUELLER, G. V., *Introduction to Electrical Engineering,* McGraw-Hill Book Company, New York.

ROMANOWITZ, A.H., *Electrical Fundamentals and Circuit Analysis,* John Wiley and Sons, New York.

Conducteurs et isolants

Les conducteurs ont une résistance très faible. Pour un fil de cuivre de 1 m de longueur, la résistance est en général inférieure à 0,3 Ω. Le fil conducteur est destiné à relier une source de tension appliquée à une résistance de charge en créant dans le conducteur une chute de tension *IR* minimale, pour que toute la tension appliquée puisse produire un courant dans la résistance de charge.

Tout à fait à l'opposé, les matériaux de résistance très élevée, de l'ordre de plusieurs mégohms, sont des isolants. On peut citer comme exemples courants: l'air, le papier, le mica, le verre, les plastiques, le caoutchouc, le coton, la gomme laque ou le vernis.

Entre ces extrêmes que sont les conducteurs et les isolants, il y a les matériaux semi-conducteurs comme le carbone, le silicium et le germanium. Le carbone sert à la fabrication des résistances. Le silicium et le germanium sont employés pour les transistors. On traitera ici des sujets suivants:

10.1
RÔLE DU CONDUCTEUR

La résistance des deux longueurs de fil de cuivre de 3 m de la figure 10-1 est d'environ 0,6 Ω, ce qui est faible et négligeable devant la résistance de 144 Ω du filament de tungstène de la lampe. Quand un courant de 0,9 A environ circule dans la lampe et dans les conducteurs en série, la chute de tension IR dans les conducteurs est de 0,54 V et la tension appliquée à la lampe de 119,5 V. Toute la tension de la source est pratiquement appliquée à la lampe. Comme la tension nominale de la lampe est de 120 V environ, cette lampe dissipera sa puissance nominale de 100 W et éclairera avec une brillance normale.

Le courant qui circule dans les fils conducteurs et dans la lampe est le même puisqu'ils sont en série, mais, la résistance des fils étant très faible, la chute de tension IR dans les conducteurs est pratiquement nulle, leur résistance R étant presque nulle elle aussi.

La puissance I^2R dissipée dans les conducteurs est aussi faible et négligeable, ce qui permet aux conducteurs de fonctionner sans chauffer. Par conséquent, les conducteurs transmettent l'énergie de la source à la charge avec des pertes minimales grâce aux électrons qui circulent dans les fils de cuivre.

Bien que la résistance des conducteurs en cuivre soit très faible, dans certains cas où le courant est excessif, la chute de tension IR peut devenir appréciable. Les plaintes au sujet des images de télévision dont les dimensions rétrécissent le soir en sont un exemple. Les lampes et autres appareils en service sont nombreux et la grande intensité du courant peut donner lieu à des chutes de tension trop importantes sur les lignes de distribution. Si la chute de tension IR atteint 30 V, la tension appliquée à la charge n'est plus que de 90 V, ce qui est suffisamment faible pour rétrécir l'image. Comme exemples supplémentaires, une chute de tension IR trop élevée dans les lignes et une tension faible aux bornes de la charge peuvent empêcher un grille-pain de chauffer rapidement ou un moteur électrique de démarrer correctement.

Problèmes pratiques 10.1
(réponses à la fin du chapitre)
Considérer la figure 10-1:

(a) Déterminer la résistance d'un conducteur en cuivre de 6 m de longueur;

(b) Déterminer la chute de tension IR des conducteurs en cuivre.

10.2
DIMENSIONS STANDARD DES FILS

La liste des dimensions standard des fils dans un système appelé AWG (jauge américaine des fils) ou jauge Brown et Sharpe (B & S) est donnée au tableau 10-1. Les numéros des jauges indiquent les dimensions de fils cylindriques exprimées en diamètre et la surface de la section circulaire du fil. Notez les remarques suivantes:

1. Quand les numéros de jauge passent de 1 à 40, le diamètre et la section des fils décroissent. Plus les numéros sont élevés, plus les fils sont minces.

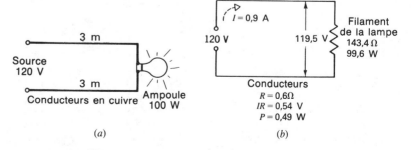

Figure 10-1 *Les conducteurs doivent avoir une résistance minimale pour que la lampe éclaire avec sa brillance normale.* (a) *Schéma de câblage;* (b) *schéma symbolique.*

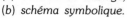

(a)   (b)

Tableau 10-1   *Propriétés des conducteurs ronds en cuivre (Entreprises Spérika Ltée)*

NUMÉRO DE JAUGE AWG/ B&S	DIAMÈTRE DU FIL NU		SECTION		mΩ/m OU Ω/km		g/m OU kg/km
	mm	mils	mm²	cmils	25°C	105°C	
250MCM	12,7	500	126,6	250 000	0,138	0,181	1126
4/0	11,7	460	107,4	212 000	0,164	0,214	953
2/0	9,27	365	67,4	133 000	0,261	0,341	600
1/0	8,26	325	53,5	105 600	0,328	0,429	475
1	7,35	289	42,4	87 700	0,415	0,542	377
2	6,54	258	33,6	66 400	0,522	0,683	300
3	5,83	229	26,6	52 600	0,659	0,862	237
4	5,18	204	21,1	41 600	0,833	1,09	187
5	4,62	182	16,8	33 120	1,05	1,37	149
6	4,11	162	13,3	26 240	1,32	1,73	118
7	3,66	144	10,5	20 740	1,67	2,19	93,4
8	3,25	128	8,30	16 380	2,12	2,90	73,8
9	2,89	114	6,59	13 000	2,67	3,48	58,6
10	2,59	102	5,27	10 400	3,35	4,36	46,9
11	2,30	90,7	4,17	8 230	4,23	5,54	37,1
12	2,05	80,8	3,31	6 530	5,31	6,95	29,5
13	1,83	72,0	2,63	5 180	6,69	8,76	25,4
14	1,63	64,1	2,08	4 110	8,43	11	18,5
15	1,45	57,1	1,65	3 260	10,6	13,9	14,7
16	1,29	50,8	1,31	2 580	13,4	17,6	11,6
17	1,15	45,3	1,04	2 060	16,9	22,1	9,24
18	1,02	40,3	0,821	1 620	21,4	27,9	7,31
19	0,91	35,9	0,654	1 290	26,9	35,1	5,80
20	0,81	32,0	0,517	1 020	33,8	44,3	4,61
21	0,72	28,5	0,411	812	42,6	55,8	3,66
22	0,64	25,3	0,324	640	54,1	70,9	2,89
23	0,57	22,6	0,259	511	67,9	88,9	2,31
24	0,51	20,1	0,205	404	86	112	1,81
25	0,45	17,9	0,162	320	108	142	1,44
26	0,40	15,9	0,128	253	137	179	1,14
27	0,36	14,2	0,102	202	172	225	0,908
28	0,32	12,6	0,080	159	218	286	0,716
29	0,29	11,3	0,065	128	272	354	0,576
30	0,25	10,0	0,0507	100	348	456	0,451
31	0,23	8,9	0,0401	79,2	440	574	0,357
32	0,20	8,0	0,0324	64,0	541	709	0,289
33	0,18	7,1	0,0255	50,4	689	902	0,228
34	0,16	6,3	0,0201	39,7	873	1140	0,179
35	0,14	5,6	0,0159	31,4	1110	1450	0,141
36	0,13	5	0,0127	25	1390	1810	0,113
37	0,11	4,5	0,0103	20,3	1710	2230	0,091
38	0,10	4	0,0081	16	2170	2840	0,072
39	0,09	3,5	0,0062	12,3	2820	3690	0,055
40	0,08	3,1	0,0049	9,6	3610	4720	0,043

Figure 10-2 *Calibre pour fils, grandeur réelle.
(Hammel, Riglander & Co. Inc.)*

2. La section circulaire double tous les trois numéros. Par exemple, le fil n° 10 a une section approximativement double de celle du fil n° 13.
3. Plus le numéro est élevé et plus le fil est fin, plus la résistance d'une longueur donnée de fil est élevée.

Les fils de montage des circuits des récepteurs de radio qui sont parcourus par des courants de l'ordre du milliampère sont en général des fils n° 22. Le courant maximal que peuvent supporter des fils de cette dimension sans échauffement est de 0,5 à 1 A.

Les installations électriques des habitations qui doivent supporter des courants de 5 à 15 A sont en fil n° 14 environ. Les dimensions minimales des câbles des installations domestiques sont fixées par les spécifications de l'*Association canadienne de l'électricité*[1]. La figure

[1] *Code canadien de l'électricité*, C. 22.10, L'Association canadienne de l'électricité, partie I, 12ᵉ édition, 1977.

10-2 représente un calibre pour mesurer les dimensions des fils.

Les «millièmes circulaires» La surface de la section d'un fil cylindrique est mesurée en millimètres carrés ou en «millièmes circulaires» (*cmil*). Un millième circulaire est égal à la section d'un fil de un millième de pouce de diamètre. Pour toute section circulaire, la valeur en millièmes circulaires est égale au carré du diamètre en millièmes de pouce.

Exemple 1 (*a*) Déterminer la section en millimètres carrés d'un fil de n° 14.

Réponse Le fil de n° 14 a, comme on l'indique au tableau 10-1 un diamètre *d* de 1,63 mm. La formule de la section est $\pi d^2/4$. Prenons $\pi = 3,14$. On aura donc comme section $3,14 \times (1,63\ mm)^2/4 = 2,08\ mm^2$, valeur que l'on retrouve également sur le tableau 10-1.

(*b*) Quelle est la section en millièmes circulaires d'un fil de 0,005 pouce de diamètre?

Réponse Il faut convertir le diamètre en millièmes de pouce. Comme 0,005 pouce = 5 millièmes, il vient:

$$\text{Section circulaire} = (5\ \text{millièmes})^2$$
$$\text{Section} = 25\ \text{millièmes circulaires}$$

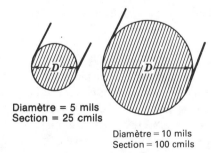

Diamètre = 5 mils
Section = 25 cmils

Diamètre = 10 mils
Section = 100 cmils

Figure 10-3 *Surfaces des sections de fils. Doubler le diamètre revient à quadrupler la section circulaire.*

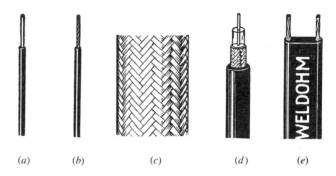

Figure 10-4 *Types de fils conducteurs: (a) massif; (b) torsadé; (c) tressé; (d) câble coaxial; (e) câble à deux conducteurs.*

Remarquez que le millième circulaire est une unité de surface équivalente au carré du diamètre, tandis que le millième est une unité de longueur égale au millième de pouce. La surface en millièmes circulaires croît donc comme le carré du diamètre. Comme l'indique la figure 10-3, en doublant le diamètre, on quadruple la section. Les millièmes circulaires sont commodes parce que les sections sont exprimées sans recourir à la formule πr^2 ou $\pi d^2/4$ pour trouver la surface d'un cercle.

Problèmes pratiques 10.2
(réponses à la fin du chapitre)
(a) Calculer la résistance R d'un fil n° 22 de 1 m de longueur à 25° C.
(b) Déterminer la section en cmil d'un fil de 0,64 mm de diamètre.

10.3
TYPES DE FILS CONDUCTEURS
La plupart des fils conducteurs sont en cuivre, mais on utilise aussi l'aluminium et l'argent. En général, le cuivre est étamé avec une mince couche de soudure[2], ce qui lui donne une apparence argentée. Le fil peut être solide ou torsadé, comme on l'indique aux figures 10-4a et b.

[2] Voir l'Annexe G pour plus de renseignements sur la soudure.

Le fil torsadé est souple et risque moins de se casser. Les dimensions des fils torsadés sont égales à la somme des sections des différents brins. Par exemple, deux brins n° 30 sont équivalents à un fil massif n° 27.

Deux ou plusieurs conducteurs rassemblés dans une même gaine forment un *câble*. La ligne à deux conducteurs de la figure 10-4d est appelée *câble coaxial*. La gaine métallique forme le premier conducteur qui est connecté à la masse pour protéger le conducteur intérieur contre les champs magnétiques extérieurs.

Deux conducteurs séparés par un écartement constant forment une *ligne de transmission*. Un câble coaxial est un type de ligne de transmission. La ligne de transmission à deux conducteurs de la figure 10-4e est couramment utilisée pour relier l'antenne au téléviseur.

Types d'isolement des fils Pour éviter les courts-circuits entre conducteurs ou entre les conducteurs et d'autres objets métalliques des circuits, les fils sont habituellement isolés. L'isolant doit avoir une résistance très élevée, être robuste et ne pas devenir cassant en vieillissant.

Des fils très fins comme les fils n° 30 sont souvent isolés par une couche d'émail ou de gomme laque. Le fil peut alors avoir l'aspect du cuivre, mais il faut le dénuder à chaque extrémité pour effectuer de bonnes connexions.

Les fils plus gros sont généralement isolés par une gaine qui peut être en caoutchouc, en coton ou en matière plastique. Les fils de montage qui sont nus doivent être introduits dans une gaine isolante creuse appelée *soupliso*.

Problèmes pratiques 10.3
(réponses à la fin du chapitre)
Répondre par vrai ou faux:

(a) La couche plastique des conducteurs présente une très grande résistance;
(b) Un câble coaxial constitue une ligne de transmission blindée.

10.4
CÂBLAGE IMPRIMÉ

La plupart des circuits électroniques sont montés sur des plaquettes isolantes à câblage imprimé (figure 10-5). Un côté porte les composants comme les résistances, les condensateurs, les bobines, les tubes, les transistors et les diodes. L'autre face de la plaquette porte les connexions, imprimées avec de l'argent ou du cuivre, qui remplacent les fils. Des douilles, de petits oeillets métalliques ou de simples trous dans la plaquette permettent de connecter les composants au câblage. En utilisant un éclairage puissant, on peut voir la face opposée au travers de la plaquette en matière plastique pour pouvoir tracer les connexions, bien que le circuit soit habituellement tracé sur la face portant les composants.

Il importe de ne pas trop chauffer lors du soudage[3] ou du dessoudage, sinon le câblage imprimé se détachera de la plaquette. Utiliser un petit fer de puissance nominale voisine de 25 à 35 W. Lors du soudage des diodes semi-conductrices et des transistors, tenir le fil de connexion à l'aide de pinces ou connecter une

---

[3] Pour plus de détails sur la soudure, le soudage et le dessoudage, voir l'Annexe G.

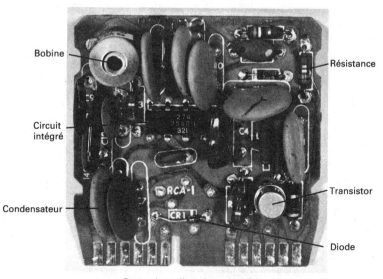

Figure 10-5 *Plaquette à câblage imprimé d'un téléviseur. Les composants sont montés sur la face avant, le câblage est imprimé sur la face arrière (RCA).*

Bobine — Résistance — Circuit intégré — Transistor — Condensateur — Diode

Connexions d'entrée et de sortie

pince crocodile en guise de lame de refroidissement qui dissipera la chaleur à l'abri de la jonction des semi-conducteurs.

Les composants *R*, *L* et *C* peuvent parfois être remplacés sans endommager le câblage imprimé. Pour cela, il suffira de couper les composants par le milieu à l'aide d'une pince à coupe diagonale et de souder le nouveau composant aux anciens fils. La meilleure méthode, cependant, consiste à dessouder les fils et à souder le nouveau composant au câblage imprimé.

Pour le dessoudage, utiliser avec un fer à souder un aspirateur de soudure de manière à nettoyer chaque borne. Une autre méthode consiste à utiliser une tresse en fil émaillé. Poser la tresse sur la jonction et chauffer jusqu'à ce que la soudure emplisse la tresse. La borne doit être suffisamment propre pour détacher facilement le composant sans endommager la plaquette.

On réparera une légère fissure du câblage imprimé en soudant une petite longueur de fil nu sur l'ouverture. Si une large section du câblage imprimé est ouverte, ou si la plaquette est fêlée, shunter l'ouverture à l'aide d'un fil de montage que l'on soudera à deux bornes d'accès aisé aux extrémités du câblage imprimé.

Problèmes pratiques 10.4
(réponses à la fin du chapitre)

(a) Quelle puissance de fer convient le mieux pour travailler sur une plaquette à câblage imprimé: 25, 100 ou 150 W?

(b) Que vaut la résistance d'un conducteur imprimé rompu?

10.5
COMMUTATEURS

Comme on l'indique à la figure 10-6, on utilise communément des commutateurs pour ouvrir ou fermer un circuit. En position fermée, ils sont sur MARCHE, en position ouverte, ils sont sur ARRÊT. Le commutateur est en série avec la source de tension et sa charge. En position MARCHE, le commutateur fermé a une résistance très faible, si bien qu'un courant maximal peut circuler dans la charge avec une chute de tension pratiquement nulle dans le commutateur. En position ouverte, le commutateur a une résistance infinie, et aucun courant ne circule dans le circuit.

Remarquez que le commutateur se trouve dans un seul côté de la ligne mais que tout le circuit est ouvert quand le commutateur est sur ARRÊT. Quand le commutateur est en position ouverte, la tension appliquée se retrouve entre les contacts du commutateur. Par conséquent, l'isolement doit être suffisant pour supporter cette tension sans risque d'amorçage d'arc.

Le commutateur de la figure 10-6 est un commutateur unipolaire à une seule direction. Il permet de réaliser une position MARCHE ou une position ARRÊT dans un seul circuit. Deux connexions sont nécessaires.

Figure 10-6 *Commutateur unipolaire à une seule direction pour ouvrir ou fermer un seul circuit: (a) schéma de câblage d'un interrupteur à couteau; (b) schéma utilisant le symbole général du commutateur S.*

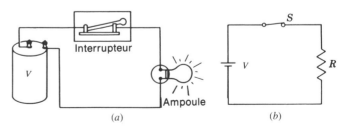

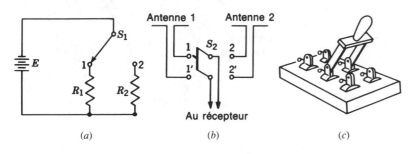

(a)   *(b)*   *(c)*

Figure 10-7 *Applications des commutateurs: (a) commutateur unipolaire à deux directions permettant le branchement de l'un des deux circuits; (b) commutateur bipolaire à deux directions permettant de faire deux connexions avec l'un des deux circuits; (c) construction d'un commutateur à couteaux, bipolaire à deux directions.*

La figure 10-7 représente des commutateurs bipolaires pour deux circuits. En (*a*), S_1 est un commutateur unipolaire à deux directions capable de commuter une branche du circuit. La commutation est possible parce que les résistances R_1 et R_2 ont une ligne en commun. Il faut trois connexions, une pour la ligne commune et une pour chacun des circuits à commuter.

En (*b*), S_2 est un commutateur bipolaire à deux directions qui peut commuter les deux côtés de deux circuits. Cette commutation se fait parce qu'il n'y a pas de ligne de retour commune aux deux antennes distinctes. Dans ce cas, il faut six connexions, deux pour chacun des circuits à commuter et deux pour les contacts centraux.

La figure 10-8 illustre un commutateur à bascule et la figure 10-9, un commutateur rotatif. Le commutateur à couteau et le commutateur à bouton poussoir sont deux des autres types de construction possibles. Un commutateur à ressort normalement fermé porte l'inscription NF (normalement fermé) ou NC (*Normally Closed*), selon qu'il est en français ou en anglais. Un commutateur normalement ouvert porte toujours l'inscription NO.

En général, il faut des commutateurs plus gros pour des circuits parcourus par des courants très intenses, avec des contacts qui doivent être gros pour avoir une résistance minimale. Dans les circuits à haute tension, les écartements entre les contacts doivent être plus importants pour assurer un isolement maximal en position ouverte.

Figure 10-8 *Commutateur à bascule, bipolaire à deux directions. Remarquer les six cosses à souder. (J-B-T Instruments Inc.)*

Figure 10-9 *Commutateur rotatif à trois galettes ou plaquettes montées sur un même axe. (Centralab)*

Problèmes pratiques 10.5 (réponses à la fin du chapitre)

(a) Que vaut la chute de tension *IR* aux bornes d'un interrupteur fermé?

(b) Combien de connexions comporte un commutateur bipolaire à deux directions?

10.6
FUSIBLES

Un fusible est monté en série dans de nombreux circuits pour servir de protection contre les surcharges dues à un court-circuit. Des courants très élevés font fondre le fusible et coupent le circuit en série. L'objectif consiste à faire fondre le fusible avant que les composants ne soient détériorés. On peut facilement remplacer le fusible fondu par un neuf lorsque la surcharge a été supprimée. La figure 10-10 représente un fusible en cartouche de verre et son porte-fusible. Ce modèle de fusible est un 3 AG de diamètre 6,5 mm et de longueur 32 mm. Les lettres AG sont mises pour «Automobile Glass», selon une des toutes premières applications des fusibles dans une cartouche vitrée rendant visible la liaison filaire.

L'élément métallique du fusible peut être en aluminium, en cuivre étamé ou en nickel. Il existe des fusibles calibrés pour des courants compris entre 1/500 A et quelques centaines d'ampères. Plus le diamètre du fusible est fin, plus son courant de rupture est faible. Un fil n° 28 de 50 mm de longueur peut servir de fusible de 2 A. Dans l'exemple des fusibles enfichables de chaque ligne des installations domestiques, le calibre est souvent de 15 A; le circuit haute tension d'un téléviseur est habituellement protégé par un fusible de 0,25 A monté dans une cartouche de verre.

Fusibles à fusion lente   Ces fusibles sont du type bobiné. Ils sont conçus pour ne s'ouvrir que sous l'action d'une surcharge prolongée, comme un court-circuit. Ce genre de fabrication à bobine a pour but d'éviter au fusible de fondre lors d'une pointe temporaire de

(a)   (b)   (c)

Figure 10-10 *Fusibles: (a) modèle à cartouche de verre; (b) et (c) porte-fusibles.*

courant. Ainsi, un fusible à fusion lente de 1 A supportera une surcharge de 400 % durant 2 s.

Disjoncteurs Les disjoncteurs sont munis d'un dispositif thermique de la forme d'un ressort. Sous l'action de la chaleur ce ressort se dilate, le disjoncteur se déclenche et ouvre le circuit. Le disjoncteur peut être réarmé, ce qui assure un service normal après, toutefois, élimination du court-circuit et refroidissement du dispositif thermique.

Liaisons filaires Une courte longueur de fil nu sert souvent de fusible dans les téléviseurs. Un fil de numéro de jauge 24 de 5 cm de longueur, par exemple, peut supporter un courant de 500 mA mais fondra et ouvrira donc le circuit dans le cas d'une surcharge. La liaison filaire est soit montée entre deux barrettes à bornes sur le châssis, soit enroulée sur un petit isolateur pour constituer un composant séparé.

Essai des fusibles Dans le cas d'un fusible logé dans une cartouche de verre, on peut généralement voir par un simple coup d'oeil si la liaison filaire est ouverte ou non. Vérifié avec un voltmètre, un fusible en bon état a une résistance pratiquement nulle; un fusible fondu, par contre, présentera une résistance infinie. Couper l'alimentation ou extraire le fusible du circuit avant de le vérifier à l'aide d'un ohmmètre.

Soumis à un voltmètre, un fusible en bon état présente une tension nulle entre ses bornes (figure 10-11a). Dans le cas contraire, le fusible est fondu. En fait, comme l'indique la figure *b*, dans un tel cas la pleine tension appliquée se retrouve aux bornes du fusible fondu. C'est la raison pour laquelle les fusibles ont toujours une tension nominale qui indique la tension maximale admissible sans création d'arc dans le fusible fondu. Se reporter à la fi-

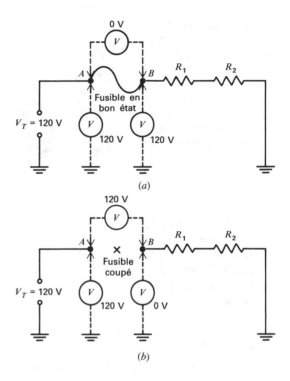

Figure 10-11 *Quand un fusible saute, la tension appliquée se trouve aux bornes du fusible:* (*a*) *circuit fermé avec un fusible en bon état. Observer le schéma symbolique;* (*b*) *fusible coupé.*

gure 10-11 et remarquer, dans les deux cas, les valeurs des tensions mesurées aux deux bornes du fusible par rapport à la masse. En (*a*), la tension est de 120 V aux deux bornes, car un fusible en bon état n'occasionne aucune chute de tension. En (*b*) par contre, on lit O V à la borne *B*, car la fusion du fusible a déconnecté cette borne de l'alimentation V_T. Ces essais sont valides pour les deux types de tensions, continues et alternatives.

Figure 10-12 *Lampes témoins et leurs douilles. Le diamètre du culot est de 13 mm: (a) culot à baïonnette; (b)culot à vis; (c) douille à baïonnette; (d) douille à vis avec chaton de verre; (e) lampe et douille miniatures. (Dialight Corporation)*

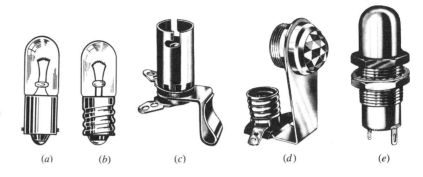

(a)   (b)   (c)   (d)   (e)

Problèmes pratiques 10.6
(réponses à la fin du chapitre)

(a) Que vaut la résistance d'un fusible en bon état?

(b) Que vaut la chute de tension *IR* entre les bornes d'un fusible en bon état?

10.7
LAMPES TÉMOINS

On utilise souvent une petite lampe à incandescence sur un panneau pour éclairer un cadran ou pour servir de lampe témoin qui s'allume pour montrer que l'appareil est en fonctionnement. La figure 10-12 représente quelques types de lampes et leurs embases. La paroi gauche de la douille forme la première connexion. Avec les douilles à baïonnette (c), la connexion centrale est équipée d'un ressort pour appuyer fortement sur la lampe. La monture d'une lampe témoin est généralement équipée d'un capot en verre teinté ou *chaton*, comme on le voit en (d).

Au tableau 10-2, on donne les caractéristiques de plusieurs de ces lampes. Les lampes dont la tension nominale est de 6 à 8 V, comme la lampe n° 47, sont généralement alimentées sous 6,3 V, valeur souvent employée comme tension d'alimentation des filaments dans les appareils électroniques. Remarquez qu'il existe des lampes témoins dont la tension nominale est de 120 V pour pouvoir fonctionner directement sur le secteur. C'est la couleur de la perle qui supporte le filament, à l'intérieur de la lampe, qui indique le courant nominal. Les lampes témoins sont habituellement branchées en parallèle de sorte que l'appareil peut continuer à fonctionner si la lampe est grillée.

Problèmes pratiques 10.7
(réponses à la fin du chapitre)
Répondre par vrai ou faux:

(a) Un chaton est le couvercle en verre d'une lampe témoin;

(b) Une lampe témoin est habituellement connectée en parallèle.

10.8
RÉSISTANCE D'UN FIL

Plus un fil est long, plus sa résistance est élevée, puisqu'il faut effectuer davantage de travail pour faire déplacer les électrons d'une extrémité à l'autre. Mais plus le fil est gros, plus sa résistance est faible, puisqu'il y a davantage d'électrons libres dans une section du fil. La formule de la résistance est la suivante:

$$R = \rho \frac{l}{A} \qquad (10.1)$$

où *R* est la résistance totale, *l* la longueur, *A* la section du fil et *ρ* la résistivité. Le coefficient *ρ* permet donc de comparer la résistance de différents matériaux d'après leur nature sans

Tableau 10-2 *Caractéristiques des lampes témoins*

TYPE DE LAMPE (W)	CULOT	VALEURS NOMINALES		COULEUR DE LA PERLE
		V(V)	I(A)	
40	à vis	6-8	0,15	marron
41	à vis	2,5	0,15	marron
44	à baïonnette	6-8	0,25	bleue
47	à baïonnette	6-8	0,15	marron
6	à vis	120	0,05	....

considérer ni leur longueur ni leur section. Des valeurs de ρ plus élevées signifient des résistances plus élevées. Remarquer que ρ est la lettre grecque *rhô*, qui correspond à *r*.

L'ohm-mètre ($\Omega \cdot$ m), unité de résistivité
Sauf pour les fils conducteurs, on compare habituellement les résistivités d'un volume de matière égal à 1 m³. La résistivité ρ s'exprime alors en $\Omega \cdot$m pour une section de 1 m². Pour le germanium pur, par exemple, $\rho = 0,55$ $\Omega \cdot$m comme on l'indique au tableau 10-3. Ceci signifie que la résistance R d'un cube de germanium pur de 1 m² de section et de 1 m de longueur est de 0,55 Ω. Pour d'autres dimensions, on applique la formule (10.1) en exprimant l en m et A en m². Toutes les unités s'éliminent alors pour exprimer R en Ω.

Au tableau 10-4, on indique les valeurs de la résistivité de différents conducteurs. L'argent, le cuivre et l'aluminium, qui sont les meilleurs conducteurs, ont les résistivités les plus faibles. Le tungstène et le nichrome ont des résistivités beaucoup plus élevées.

Exemple 2 Quelle est la résistance de 100 m de fil de cuivre n° 20? Remarquez sur le tableau 10-1 que la section d'un fil n° 20 est de 0,517 mm² et sur le tableau 10-4 que la résistivité du cuivre est de $15,88 \times 10^{-9}$ $\Omega \cdot$m. En appliquant la formule (10.1), on obtient:

Réponse

$$R = \rho \frac{l}{A} = 15,88 \times 10^{-9} \times \frac{10^2}{0,517 \times 10^{-6}}$$

$$R = 3,072 \ \Omega$$

Toutes les unités sauf les ohms se simplifient pour R. Remarquez que 3,072 Ω pour 100 m représente approximativement 1/10 de la résistance de 33,8 Ω d'un fil de cuivre n° 20 de 1000 m de longueur pris dans le tableau 10-1, ce qui prouve que la résistance est proportionnelle à la longueur.

Exemple 3 Quelle est la résistance de 100 m de fil de cuivre n° 23?

Réponse

$$R = \rho \frac{l}{A} = 15,88 \times 10^{-9} \times \frac{10^2}{0,259 \times 10^{-6}}$$

$$R = 6,131 \ \Omega$$

Tableau 10-3 *Comparaison des résistivités*

MATÉRIAU	ρ, $\Omega \cdot$ m, à 25°C	CATÉGORIE
Argent	$16,5 \times 10^{-9}$	Conducteur
Germanium	0,55	Semi-conducteur
Silicium	550	Semi-conducteur
Mica	20×10^9	Isolant

Tableau 10-4   *Propriétés électriques, mécaniques et thermiques des conducteurs (et isolants) usuels*
(*Entreprises Spérika Ltée*)

MATÉRIAU	COMPOSITION OU SYMBOLE CHIMIQUE	PROPRIÉTÉS ÉLECTRIQUES			PROPRIÉTÉS MÉCANIQUES			PROPRIÉTÉS THERMIQUES		
		RÉSISTIVITÉ ρ		COEFF α	MASSE VOLUMIQUE	LIMITE ÉLASTIQUE	CONTRAINTE DE RUPTURE	CHALEUR MASSIQUE	CONDUCT. THERMIQUE	TEMP. DE FUSION
		0°C $n\Omega \cdot m$	20°C $n\Omega \cdot m$	A 0°C ($\times 10^{-3}$)	kg/m³ ou g/dm³	MPa	MPa	J/kg °C	W/m°C	°C
aluminium	Al	26	28,3	4,39	2703	21	62	960	218	660
argent	Ag	15	16,2	4,11	10 500	—	—	230	408	960
constantan	54 % Cu, 45 % Ni, 1 % Mn	500	500	– 0,03	8900	—	—	410	22,6	1190
cuivre	Cu	15,88	17,24	4,27	8890	35	220	380	394	1083
fer	Fe	88,1	101	7,34	7900	131	290	420	79,4	1535
graphite carbone	C	8000 à 30 000	—	≈ – 0,3	≈2500	—	—	710	5,0	3600
laiton	≈70 % Cu., 30 % Zn	60,2	62	1,55	8300	124	370	370	143	960
manganin	84 % Cu, 4 % Ni, 12 % Mn	482	482	± 0,015	8410	—	—	—	20	1020
mercure	Hg	951	968	0,91	13 600	—	—	140	8,4	- 39
molybdène	Mo	49,6	52,9	3,3	10 200	—	690	246	138	2620
monel	30 % Cu, 69 % Ni, 1 % Fe	418	434	1,97	8800	530	690	530	25	1360
nichrome	80 % Ni, 20 % Cr	1080	1082	0,11	8400	—	690	430	11,2	1400
nickel	Ni	78,4	85,4	4,47	8900	200	500	460	90	1455
or	Au	22,7	24,4	3,65	19 300	—	69	130	296	1063
platine	Pt	9,7	10,4	3,4	21 400	—	—	131	71	1773
plomb	Pb	203	220	4,19	11 300	—	15	130	35	327
tungstène	W	49,6	55,1	5,5	19 300	—	3376	140	20	3410
zinc	Zn	55,3	59,7	4	7100	—	70	380	110	420
eau pure	H₂O	—	2,5 x 10¹⁴	—	1000	—	—	4180	0,58	0,0
air	78 % N₂, 21 % O₂	—	—	—	1,29	—	—	994	0,024	—
hydrogène	H₂	—	—	—	0,09	—	—	14 200	0,17	—

Remarquez qu'en augmentant de 3 le numéro du fil, on réduit sa section de moitié et on double approximativement sa résistance, et cela pour une même longueur de fil.

Exemple 4   Quelle est la résistance d'une plaquette de germanium de 2 mm de longueur et de 100 mm² de section?

Réponse

$$R = \rho \frac{l}{A} = 0{,}55 \ \Omega \cdot m \times \frac{2 \times 10^{-3} \ m}{100 \times 10^{-6} \ m^2}$$

$$R = 11 \ \Omega$$

Types de fils résistants   Pour réaliser les éléments chauffants comme ceux d'un grille-pain, d'une lampe à incandescence ou d'un filament chauffant, il faut utiliser du fil plus résistant que les bons conducteurs comme l'argent, le cuivre ou l'aluminium. On préfère utiliser des résistances plus élevées de manière à obtenir la puissance I^2R que l'on désire dissiper dans la résistance sans courant excessif. Les fils résistants sont typiquement en matériaux comme le tungstène, le nickel ou le fer et des alliages[4], tels le manganin, le nichrome et le constantan. Ces fils portent habituellement le nom de fils résistants, du fait que leur résistance est, pour la même longueur, beaucoup plus grande que celle du cuivre.

Problèmes pratiques 10.8
(réponses à la fin du chapitre)

(a) Dire si un fil de nichrome est plus ou moins résistant qu'un fil de cuivre.

(b) Soit un fil de cuivre de numéro de jauge 14 de 30 m de longueur et de résistance 0,26 Ω. Déterminer la résistance d'un fil semblable, mais de longueur 300 m.

10.9
COEFFICIENT DE TEMPÉRATURE DES RÉSISTANCES

Ce coefficient représenté par le symbole α (*alpha*) indique de combien varie une résistance pour une variation donnée de température. Si α est positif, la résistance R augmente avec la température; si α est négatif, R diminue; si α est nul, cela signifie que la résistance reste constante. Le tableau 10-4 indique des exemples de valeurs de α pour des métaux à 0°C.

Coefficient α positif Tous les métaux à l'état pur, comme le cuivre et le tungstène, ont un coefficient de température positif. Pour le

[4] Un *alliage* est obtenu par une fusion de différents éléments, sans qu'il y ait de réaction chimique entre eux. On réalise couramment des alliages pour modifier les caractéristiques physiques des métaux.

tungstène, par exemple, le coefficient α est égal à 0,0055. Bien que α ne soit pas rigoureusement constant, on peut approximativement calculer l'accroissement de résistance d'un fil, pour une élévation de température donnée, par la formule

$$R_t = R_o + R_o(\alpha \Delta t) \qquad (10.2)$$

où R_o est la résistance à 0°C, R_t est la résistance la plus élevée à la plus haute température, et Δt est l'élévation de température au-dessus de 0°C.

Exemple 5 Un fil de tungstène a une résistance de 14 Ω à 0°C. Calculez sa résistance à 100°C.

Réponse Dans ce cas, l'élévation de température Δt est de 100°C; α est de 0,0055. En remplaçant ces valeurs dans la formule (10-2), on obtient:

$$R_t = 14 + 14\,(0,0055 \times 100)$$

$$= 14 + 7,7$$

$$R_t = 21,7\ \Omega$$

La résistance supplémentaire de 7,7 Ω augmente d'environ 50 % la résistance du fil et elle est due à une élévation de température de 100°C. Pratiquement, un coefficient α positif signifie que la résistance augmente lorsque le fil s'échauffe. Alors, pour une tension appliquée donnée, le courant I diminue.

Coefficient α négatif On remarque que le coefficient α du carbone est négatif. D'une façon générale, α est négatif pour tous les semi-conducteurs y compris le germanium et le silicium. Toutes les solutions électrolytiques comme les mélanges d'acide sulfurique et d'eau ont aussi un coefficient α négatif.

Un coefficient α négatif, signifie que la résistance est plus faible à températures plus élevées. La résistance des diodes semi-conductrices et des transistors peut être considérablement réduite quand ces composants s'échauffent sous l'effet du courant de charge normal.

Un coefficient α négatif trouve des applications pratiques dans les *thermistances* au carbone. On peut monter une thermistance en série de manière que sa résistance diminue pour compenser l'augmentation de la résistance des fils conducteurs à chaud.

Coefficient α nul   Ce cas correspond à une résistance qui reste constante quand la température varie. Des alliages comme le constantan et le nichrome, par exemple, ont un coefficient α nul. On peut les utiliser pour construire des résistances bobinées de précision dont la résistance ne varie pas quand la température augmente.

Résistance à chaud   Avec des fils résistants en tungstène, en nichrome, en fer ou en nickel, il existe habituellement une grande différence entre la résistance d'un fil chaud en fonctionnement normal et celle d'un fil froid qui n'est pas traversé par son courant de charge normal. En effet, la résistance augmente avec la température, le coefficient de température étant positif pour ces matériaux, comme indiqué au tableau 10-4.

À titre d'exemple, le filament de tungstène d'une lampe à incandescence de 100 W, 120 V est traversé par un courant de 0,833 A quand la lampe éclaire à la brillance normale avec sa puissance nominale, puisque $I = P/V$. D'après la loi d'Ohm, la résistance à chaud est V/I, soit 120 V/0,833 A, c'est-à-dire 144 Ω. Mais si l'on mesure la résistance du filament à l'ohmmètre quand la lampe n'est pas allumée, la résistance à froid n'est que de 10 Ω environ.

Les résistances chauffantes en nichrome des appareils électroménagers et les filaments de tungstène des tubes à vide ont également une température qui monte de plusieurs centaines de degrés en fonctionnement normal. Dans ces exemples, on ne peut mesurer à l'ohmmètre que la résistance à froid, et la résistance à chaud doit se calculer à partir des valeurs de tension et de courant mesurées quand le courant de charge est normal.

Exemple 6   Le filament d'un tube à vide est chauffé sous 6,3 V avec un courant de charge normal de 0,3 A. Quelle est sa résistance à chaud?

Réponse $R = \dfrac{V}{I} = \dfrac{6,3}{0,3}$

$R = 21 \ \Omega$

On remarquera que la résistance à froid du même filament mesurée à l'ohmmètre est de 2 Ω, c'est-à-dire environ le dixième de la résistance à chaud.

Supraconductivité   L'effet inverse de l'accroissement de résistance avec la température s'obtient en refroidissant un métal à très basse température pour en réduire la résistance. Au voisinage du zéro absolu, 0 K ou −273°C, certains métaux perdent brutalement toute leur résistance. L'étain, par exemple, devient supraconducteur quand il est refroidi par de l'hélium liquide à 3,7 K. On peut alors produire des courants extrêmement grands qui créent des champs électromagnétiques très puissants. Les travaux effectués à des températures très basses, voisines du zéro absolu, constituent ce que l'on appelle la *cryogénie*.

***Problèmes pratiques 10.9
(réponses à la fin du chapitre)
Répondre par vrai ou faux:***
(a) La résistance des conducteurs métalliques augmente avec la température;
(b) Une thermistance présente un coefficient de température négatif.

10.10
COURANT IONIQUE DANS LES LIQUIDES ET DANS LES GAZ

Quand on parle de conducteur, on pense habituellement à un fil métallique, mais il y a d'autres possibilités. Des liquides comme l'eau salée ou l'acide sulfurique étendu permettent aussi le mouvement des charges électriques. Comme exemple de gaz conducteur, on peut considérer les tubes à néon dans lesquels le néon sert de conducteur.

Le mécanisme de conduction peut être différent dans les fils métalliques, les liquides ou les gaz, mais dans chaque cas, le courant est un déplacement de charges. En outre, les charges mobiles qui créent le courant peuvent être positives ou négatives. La valeur du courant est Q/t. Une charge de un coulomb par seconde correspond à un courant de un ampère.

Dans les corps solides comme les métaux, les atomes ne sont pas libres de se déplacer les uns par rapport aux autres. Par conséquent, la conduction électrique doit se faire par le déplacement des électrons libres. Chaque atome reste neutre, sans gagner ni perdre de charge, mais les métaux sont de bons conducteurs parce qu'ils ont beaucoup d'électrons libres que l'on peut faire déplacer dans la substance solide.

Mais dans les liquides et les gaz, chaque atome peut se déplacer librement parmi les autres atomes parce que la substance n'est pas solide. Par conséquent, les atomes peuvent facilement prendre ou perdre des électrons, en particulier les électrons de valence de la couche périphérique. L'atome ainsi formé n'est plus neutre électriquement. L'addition d'un ou de plusieurs électrons produit une charge négative; la perte d'un ou de plusieurs électrons forme une charge positive. Les atomes chargés sont des *ions*. Ces particules chargées se forment couramment dans les liquides et les gaz.

L'ion Un ion est un atome qui a une charge électrique, soit positive, soit négative, créée par la perte ou le gain d'électrons. La figure 10-13 représente en (a) l'atome de sodium neutre avec 11 charges positives dans le noyau, équilibrées par 11 électrons placés sur les couches extérieures. Cet atome n'a qu'un seul électron sur la couche périphérique la plus éloignée du noyau. Quand le sodium est en solution liquide, cet électron peut facilement quitter l'atome. Peut-être parce qu'un autre atome proche a besoin d'un électron pour compléter à huit le nombre d'électrons de sa couche périphérique et la stabiliser. Remarquez que si l'atome de sodium perd un électron de valence, l'atome aura toujours une couche extérieure de huit électrons, comme on peut le voir en (b). Cet atome de sodium est maintenant un ion positif avec une charge égale à un proton. Un ion conserve les caratcaractéristiques de l'élément original parce que son noyau n'est pas changé.

Courant ionique De même que pour une circulation d'électrons, des charges ioniques opposées s'attirent tandis que des charges de même signe se repoussent. Le mouvement d'ions qui en résulte crée un courant électrique. Dans les liquides et dans les gaz, la conduction électrique résulte donc surtout du mouvement des ions. On appelle ce mouvement des charges ioniques le *courant ionique*. Comme un ion comprend un noyau de l'atome, l'ion chargé est plus lourd que l'électron chargé et se déplace beaucoup plus lentement. On peut dire que les charges ioniques sont moins mobiles que les charges électroniques.

Le sens du courant d'ionisation peut être identique ou opposé à celui de la circulation d'électrons. Quand des ions négatifs se déplacent, ils sont attirés par la borne positive de la tension appliquée, comme des électrons. Mais

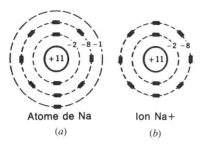

Atome de Na   Ion Na+

(a)   (b)

Figure 10-13 *Formation des ions: (a) sodium normal, atome Na; (b) sodium chargé positivement, ion Na⁺.*

quand des ions positifs se déplacent, ce courant d'ionisation est dans la direction opposée à la borne négative de la tension appliquée.

Mais, quel que soit son sens, l'intensité du courant d'ionisation est déterminée par la vitesse à laquelle se déplacent les charges. Si une charge ionique positive de 3 C passe en une seconde par un point donné, le courant est de 3 A, exactement comme dans le cas de 3 C de charge d'ions négatifs ou 3 C de charges électroniques.

Ionisation dans les liquides Des ions se forment couramment dans les liquides quand on dissout des sels ou des acides dans l'eau. L'eau est un bon conducteur par suite de l'ionisation, mais l'eau pure distillée est un isolant. En outre, des métaux plongés dans des solutions acides ou alcalines provoquent l'ionisation. Les liquides rendus bons conducteurs par suite de l'ionisation sont appelés des *électrolytes*. En général, les électrolytes ont une valeur négative pour leur coefficient α car, aux températures élevées, l'ionisation est plus importante et abaisse la résistance.

Ionisation dans les gaz Les gaz ont un potentiel minimal d'ionisation, ou tension d'amorçage, qui représente la plus petite tension appliquée capable d'ioniser le gaz. Avant l'ionisation, le gaz est un isolant, mais le cou-

rant d'ionisation confère une résistance faible au gaz ionisé. Habituellement, le gaz ionisé devient luminescent. L'argon, par exemple, émet une lumière bleue quand le gaz est ionisé. Le néon ionisé émet de la lumière rouge. La tension nécessaire pour atteindre l'amorçage varie avec la nature du gaz et dépend de la pression du gaz. Par exemple, un tube à néon servant à l'éclairage s'ionise à environ 70 V.

Liaisons ioniques L'ion de sodium de la figure 10-14 a une charge de +1 parce qu'il lui manque un électron. Si des ions positifs de ce type se trouvent à proximité d'ions négatifs de charge −1, il se produit une attraction électrique qui constitue une liaison ionique.

L'association des ions de sodium (Na) et des ions de chlore (Cl) dans le sel de table (NaCl), comme on l'indique à la figure 10-14, en constitue un exemple. On remarque que l'électron extérieur 1 de l'atome de sodium peut s'introduire dans la couche à sept électrons de l'atome de chlore. Quand ces deux éléments sont combinés, l'atome de sodium cède l'électron 1 en formant un ion positif dont la couche L est stable avec ses huit électrons; l'atome de chlore prend cet électron 1 en formant un ion négatif dont la couche M est stable avec ses huit électrons. Ces deux types d'ions opposés sont liés dans NaCl par la force d'attraction puissante qui s'exerce entre des charges opposées proches l'une de l'autre.

Les ions du chlorure de sodium NaCl peuvent se séparer dans l'eau en rendant l'eau salée conductrice de l'électricité alors que l'eau pure n'est pas conductrice. Quand un courant circule dans l'eau salée, les charges mobiles doivent être des ions, ce qui est un autre exemple du courant d'ionisation.

On considérera les définitions suivantes des atomes et des molécules en se référant à la figure 10-14. Les atomes de sodium (Na) et chlore (Cl), à gauche, sont des atomes neutres

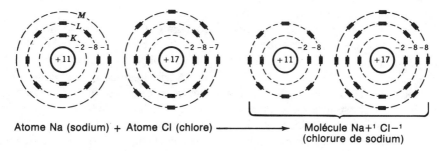

Figure 10-14 *Liaison ionique entre atomes de sodium (Na) et de chlore (Cl) pour former une molécule de chlorure de sodium (NaCl).*

car leurs charges sont équilibrées. Les atomes chargés de chlorure de sodium (NaCl), à droite, sont des ions. L'association de deux ou plusieurs atomes forme une molécule. Quand la combinaison d'atomes constitue une nouvelle substance, le résultat est une molécule d'un nouveau composé. On a représenté ici une molécule de NaCl. Mais, deux ou plusieurs atomes du même élément peuvent aussi se grouper pour former une molécule de l'élément.

Problèmes pratiques 10.10
(réponses à la fin du chapitre)

(a) Calculer le courant I correspondant à une charge ionique positive de 2 C/s.

(b) Qui a la plus grande mobilité: les ions positifs, les ions négatifs ou les électrons?

10.11
CHARGES DES ÉLECTRONS ET DES TROUS DANS LES SEMI-CONDUCTEURS

Les matériaux semi-conducteurs comme le germanium et le silicium forment une classe particulière de conducteurs, car les porteurs de charges qui assurent la circulation du courant ne sont ni des ions, ni des électrons de valence libres. Comme ces éléments ont une valence de ±4, leurs tendances à gagner ou à perdre

des électrons pour former une couche stable à huit électrons sont identiques. Par conséquent, les atomes de ces éléments ont tendance à se partager leurs électrons extérieurs deux à deux.

À la figure 10-15, on donne l'exemple de deux atomes de silicium (Si) dont chacun partage ses quatre électrons de valence avec l'autre atome, pour former une molécule Si_2. Une combinaison d'atomes comme celle-ci dans laquelle des atomes partagent leurs électrons extérieurs pour former une molécule stable est appelée *liaison covalente*.

La structure à liaison covalente du germanium et du silicium est à la base de l'emploi de ces matériaux dans les transistors. Ceci

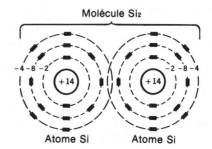

Figure 10-15 *Liaison covalente entre atomes de silicium (Si).*

s'explique parce que la structure à liaison covalente tout en étant électriquement neutre permet d'ajouter des charges en *dopant* le semi-conducteur avec une faible quantité d'atomes d'impuretés.

Par exemple, le silicium qui a une valence de 4 est associé à du phosphore qui a une valence de 5. Le silicium dopé à donc des liaisons covalentes avec un excès d'un électron par atome d'impuretés, c'est-à-dire de phosphore. Il en résulte un semi-conducteur négatif, dit de type N.

Dans le cas opposé, on peut doper le silicium avec de l'aluminium dont la valence est 3. Les liaisons covalentes formées avec les atomes d'impuretés ont donc sept électrons extérieurs au lieu de huit, comme dans le cas de deux atomes de silicium.

L'électron qui manque à chaque liaison covalente avec un atome d'impuretés correspond à une charge positive appelée *trou*. La charge de chaque trou est de $0,16 \times 10^{-18}$ C; c'est la même que la charge de l'électron, mais avec la polarité opposée. Ce type de dopage forme un semi-conducteur de type P qui possède des charges de trous positives.

Dans les semi-conducteurs, soit de type P, soit de type N, on peut faire déplacer les charges en appliquant une tension qui produit un courant. Quand des électrons se déplacent, la direction du courant est la même que celle d'une circulation d'électrons. Quand des charges positives des trous se déplacent, la direction est opposée à celle d'un courant d'électrons. Que ce soit des charges d'électrons ou des charges de trous, quand une charge de 1 C passe par seconde en un point donné, le courant est de 1 A. Cependant, les électrons ont une plus grande mobilité que les trous.

Pour réaliser des transistors, on associe des semi-conducteurs de type négatif et de type positif. Dans un transistor PNP, le matériau de type N est intercalé entre deux matériaux de type P. Dans le cas opposé où un matériau de type P est intercalé entre deux matériaux de type N, on obtient un transistor de type NPN. Au chapitre 30, on traite avec plus de détails des semi-conducteurs en général et des composants semi-conducteurs et transistors en particulier, comme ceux que l'on emploie couramment dans les circuits amplificateurs; il explique aussi le fonctionnement des diodes semi-conductrices et des transistors.

Problèmes pratiques 10.11
(réponses à la fin du chapitre)

(a) Quelle est la polarité des charges de trous dans les semi-conducteurs dopés de type P?

(b) Quelle est la valence du silicium et celle du germanium?

(c) Quels sont les porteurs de charge dans les semi-conducteurs de type N?

10.12
ISOLANTS

Les substances qui ont une résistance très élevée, de l'ordre de plusieurs mégohms, sont classées comme isolants. Avec une résistance aussi élevée, un isolant ne peut pas conduire de courant notable quand on lui applique une tension. Il en résulte que les isolants peuvent remplir l'une des deux fonctions suivantes: la première consiste à isoler des conducteurs pour empêcher la conduction entre eux; la seconde consiste à stocker une charge électrique quand on leur applique une tension.

Un isolant conserve sa charge puisque des électrons ne peuvent pas circuler pour neutraliser cette charge. Les isolants sont couramment appelés *matériaux diélectriques*, ce qui signifie qu'ils peuvent conserver une charge.

Parmi les meilleurs isolants ou diélectriques on peut citer: l'air, le vide, le caoutchouc, la cire, la laque, le verre, le mica, la porcelaine, l'huile, le papier sec, les fibres textiles et les

Tableau 10-5   *Tension de claquage des isolants*

MATÉRIAU	RIGIDITÉ DIÉLECTRIQUE kV/mm	MATÉRIAU	RIGIDITÉ DIÉLECTRIQUE kV/mm
Air ou vide	0,8	Paraffine (cire)	8-12
Bakélite	12-22	Phénol moulé	12-28
Fibre	6-7	Polystyrène	20-30
Verre	13-80	Porcelaine	1,6-6
Mica	24-60	Caoutchouc dur	18
Papier	49	Gomme laque	36
Huile de paraffine	15		

plastiques comme la bakélite, le formica et le polystyrène. L'eau pure est un bon isolant, mais pas l'eau salée. La terre humide est un assez bon conducteur, tandis que la terre sèche, sableuse est un isolant.

Quel que soit l'isolant, on peut appliquer une tension suffisamment élevée pour détruire la structure interne du matériau en forçant le diélectrique à devenir conducteur. Ce claquage du diélectrique est habituellement provoqué par un arc qui brise la structure physique du matériau en le rendant inutilisable comme isolant. Au tableau 10-5, on compare plusieurs isolants en fonction de leur rigidité diélectrique qui correspond à leur tension de claquage. Plus la rigidité diélectrique est élevée, meilleur est l'isolant puisqu'il risque moins de claquer pour une forte valeur de tension appliquée. Les valeurs de rigidité diélectrique du tableau 10-5 sont des valeurs approximatives pour une épaisseur normalisée de 1 mm. Une épaisseur plus grande permet une tension de claquage plus élevée.

Courant de décharge d'un isolant   Un isolant en contact avec une source de tension emmagasine des charges en formant un potentiel sur l'isolant. La charge a tendance à rester sur l'isolant, mais l'isolant peut être déchargé par l'une des trois méthodes suivantes:

1. *Par conduction suivant un passage conducteur*   Par exemple, un fil aux bornes d'un isolant chargé constitue un passage de décharge. Le diélectrique déchargé n'a donc pas de potentiel.
2. *Par effluves*   Par exemple, un fil pointu à haute tension peut se décharger dans l'atmosphère environnante par ionisation des molécules de l'air. Dans l'obscurité cela se manifeste par une lueur bleuâtre ou rougeâtre, appelée *effet de couronne*.
3. *Par décharge disruptive*   Cette décharge provient d'une rupture de l'isolant sous l'effet d'une différence de potentiel élevée qui fait «claquer» le diélectrique. Le courant qui circule dans l'isolant au moment de la rupture provoque l'étincelle.

L'effet de couronne doit être empêché car il réduit le potentiel par effluves dans l'air environnant. De plus, l'effet de couronne indique souvent le début d'une décharge disruptive. Il faut, en général, un potentiel de quelques kilovolts pour provoquer l'effet de couronne puisque la rigidité diélectrique de l'air est de 0,8 kV/mm, environ. Pour éviter l'effet de couronne, il faut que les conducteurs soumis à de hautes tensions soient lisses, arrondis et épais. Cela répartit la différence de potentiel entre tous les points du conducteur et l'air environnant. Tout point anguleux pouvant être soumis à un champ plus intense sera plus propice à l'effet de couronne et à une éventuelle décharge disruptive.

Problèmes pratiques 10-12
(réponses à la fin du chapitre)

(a) Lequel, du mica ou de l'air, a la tension de claquage la plus élevée?

(b) Est-ce qu'une tension de 30 kV appliquée aux bornes d'un entrefer de 25 mm créera un arc?

Résumé

1. Un conducteur a une résistance très faible. Tous les métaux sont de bons conducteurs, les meilleurs étant: l'argent, le cuivre et l'aluminium. On utilise en général du cuivre pour fabriquer les fils conducteurs.

2. Les dimensions des fils de cuivre sont définies par l'Association canadienne de l'électricité. Plus le numéro des fils est grand, plus ils sont fins. On utilise couramment des fils n° 22 pour le montage des circuits électroniques et des fils n° 14 pour les installations domestiques.

3. La section d'un fil cylindrique se mesure en millimètres carrés ou en millièmes circulaires. Un millième est égal à 0,001 pouce. La section en millièmes circulaires est égale au carré du diamètre exprimé en millièmes de pouce.

4. La résistance d'un fil est $R = \rho\ (l/A)$. *Le coefficient ρ est la résistivité. La résistance croît avec la longueur, mais elle est inversement proportionnelle à la section A du fil ou au carré du diamètre.*

5. Un interrupteur monté d'un côté d'un circuit ouvre tout le circuit. Un interrupteur ouvert est soumis à toute la tension appliquée.

6. Un fusible protège les composants d'un circuit contre les surcharges, puisqu'un courant trop élevé fait fondre le fusible et interrompt tout le circuit. Un bon fusible a une très faible résistance et n'a pratiquement pas de tension à ses bornes.

7. L'ionisation dans les liquides et les gaz forme des atomes qui ne sont pas électriquement neutres, ce sont des ions. Des ions négatifs ont un excès d'électrons; des ions positifs manquent d'électrons. Dans les liquides et dans les gaz, le courant électrique est dû au mouvement des ions.

8. Dans les semi-conducteurs comme le germanium et le silicium, les porteurs de charges sont des électrons dans les matériaux de type N et des trous dans les matériaux de type P. La charge d'un trou est de $0,16 \times 10^{-18}$C, comme pour l'électron.

9. La résistance des métaux purs augmente avec la température. La résistance des semi-conducteurs et des électrolytes liquides diminue aux températures plus élevées.

10. Un isolant a une résistance très élevée. On utilise couramment comme isolants: l'air, le vide, le caoutchouc, le papier, le verre, la porcelaine, la gomme laque et les matières plastiques. Les isolants sont aussi appelés des diélectriques.

Exercices de contrôle
(Réponses à la fin de l'ouvrage)

Voici un moyen de contrôler si vous avez bien assimilé le contenu de ce chapitre. Ces exercices sont uniquement destinés à vous évaluer vous-même.

Choisir (*a*), (*b*), (*c*) ou (*d*).

1. Une longueur de 1 m de fil conducteur en cuivre n° 20 a une résistance totale de: (*a*) moins de 1 Ω; (*b*) 5 Ω; (*c*) 10,4 Ω; (*d*) environ 1 MΩ.

2. Un fil conducteur en cuivre de 0,2 pouce de diamètre a une section de: (*a*) 200 millièmes circulaires; (*b*) 400 millièmes circulaires; (*c*) 20 000 millièmes circulaires; (*d*) 40 000 millièmes circulaires.

3. Si on double la longueur d'un fil conducteur ayant une résistance de 0,1 Ω, sa résistance devient: (*a*) 0,01 Ω; (*b*) 0,02 Ω; (*c*) 0,05 Ω; (*d*) 0,2 Ω.

4. Si on connecte deux fils conducteurs en parallèle, leur résistance totale est: (*a*) le double de la résistance d'un seul fil; (*b*) la moitié de la résistance d'un seul fil; (*c*) la même que la résistance d'un fil; (*d*) les deux tiers de la résistance d'un fil.

5. La résistance à chaud du filament de tungstène d'une lampe est plus grande que sa résistance à froid parce que le coefficient de température du filament est: (*a*) négatif; (*b*) positif; (*c*) nul (*d*) environ de 10 Ω par degré.

6. Un interrupteur fermé a une résistance: (*a*) nulle; (*b*) infinie; (*c*) de 100 Ω environ, à température ambiante; (*d*) de 1000 Ω au moins.

7. Un fusible coupé a une résistance: (*a*) nulle; (*b*) infinie; (*c*) de 100 Ω environ à température ambiante; (*d*) de 1000 Ω au moins.

8. Les isolants sont destinés à : (*a*) conduire des courants très intenses; (*b*) éviter un circuit ouvert entre la source de tension et la charge; (*c*) éviter un court-circuit entre des fils conducteurs; (*d*) stocker des courants très élevés.

9. Un ion est: (*a*) un électron libre; (*b*) un proton; (*c*) un atome dont les charges sont en déséquilibre; (*d*) un noyau sans protons.
10. Un courant d'ionisation dans les liquides et dans les gaz est dû à une circulation: (*a*) d'électrons libres; (*b*) de protons; (*c*) d'ions positifs ou négatifs; (*d*) d'ions plus légers que les électrons.

Questions

1. Citez trois métaux bons conducteurs, dans l'ordre de leurs résistances. Donnez une application.
2. Citez quatre isolants. Donnez une application.
3. Citez deux semi-conducteurs. Donnez une application.
4. Citez deux types de fil résistant. Donnez une application.
5. Qu'entend-on par rigidité diélectrique d'un isolant?
6. Pourquoi l'ionisation se produit-elle plus facilement dans les liquides et dans les gaz, comparativement aux solides métalliques? Donnez un exemple de courant d'ionisation.
7. Définissez les termes suivants: ion, liaison ionique, liaison covalente, molécule.
8. Dessinez un circuit comprenant deux lampes, une batterie et un commutateur unipolaire à deux directions qui détermine la lampe qui éclaire.
9. Pourquoi est-il impossible de mesurer la résistance à chaud d'un filament avec un ohmmètre?
10. Indiquez un aspect sous lequel des charges d'ions négatifs sont semblables à des charges d'électrons et un aspect sous lequel elles sont différentes.

Problèmes
(Les réponses aux problèmes de numéro impair sont données à la fin de l'ouvrage)

1. Un fil de cuivre a un diamètre de 0,81 mm. (*a*) Quelle est sa section en millimètres carrés? (*b*) Quel est son numéro dans la normalisation AWG? (*c*) Quelle est la résistance de 100 m de ce fil?
2. Tracez le schéma d'une résistance en série avec un commutateur unipolaire, unidirectionnel et une source de 100 V. (*a*) Le commutateur étant ouvert, quelle est la tension aux bornes de la résistance? Quelle est la tension aux bornes du commutateur ouvert? (*b*) Le commutateur étant fermé, quelles sont les tensions aux bornes de la résistance et du commutateur? (*c*) Est-ce que les chutes de tension dans les différents éléments du circuit en série s'ajoutent pour former, dans chaque cas, une tension égale à celle de la tension appliquée?

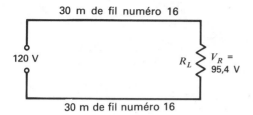

30 m de fil numéro 16

120 V

R_L

$V_R =$ 95,4 V

30 m de fil numéro 16

Figure 10-16 *Pour les problèmes 13 et 14.*

3. Tracez le schéma d'un fusible en série avec la résistance d'une lampe de 100 W, 120 V, branchée à une source de 120 V. (*a*) Quel calibre de fusible peut-on utiliser? (*b*) Quelle est la tension aux bornes d'un fusible en bon état? (*c*) Quelle est la tension aux bornes du fusible quand il est coupé?

4. Comparez la résistance de deux conducteurs: 30 m de fil de cuivre n° 10 et de 60 m de fil de cuivre n° 7.

5. Quelle est la résistance à chaud d'une lampe de 300 W, 120 V, fonctionnant avec son courant de charge normal?

6. Quelle est la résistance d'une lamelle de silicium de 0,1 cm de longueur et de 1 cm² de section?

7. Un câble constitué de deux longueurs de fil de cuivre n° 10 est court-circuité à une extrémité. La résistance mesurée du côté ouvert est de 10 Ω. Quelle est la longueur du câble en mètres? (Température 25°C.)

8. (*a*) Combien faut-il de charges de trous pour former une charge de 1 C? (*b*) Combien faut-il d'électrons? (*c*) Combien faut-il d'ions dont la charge négative est égale à celle de un électron?

9. (*a*) Si un fil de cuivre a une résistance de 4 Ω à 0°C, quelle est sa résistance à 75°C? (*b*) Si ce fil est de n° 10, quelle est sa longueur en mètres?

10. Une bobine comprend 3000 spires de fil de cuivre n° 20. Si la longueur moyenne d'une spire est de 10 cm, quelle est la résistance totale de la bobine? Quelle sera sa résistance si on prend du fil n° 30 au lieu du fil n° 20? (Température 25°C.)

11. Calculez la chute de tension aux bornes de 331,86 m de fil n° 10 branché sur une charge de 2 A. (Température 0°C.)

12. Quelle est la plus petite dimension de fil de cuivre qui limite à 5 V la chute de tension en ligne quand on applique 120 V et que le courant de charge est de 6 A? La longueur totale de la ligne est de 60 m.

13. En vous reportant à la figure 10-16, calculez le courant de charge I pour une chute de tension IR de 24,6 V qui ramène V_R à 95,4 V pour une tension appliquée de 120 V. (Température 20°C.)
14. Calculez R_L d'après la figure 10-16.

Réponses aux problèmes pratiques

10.1 (a) $R = 0,6\ \Omega$
     (b) $IR = 0,54$ V

10.2 (a) 54,1 mΩ
     (b) 640 cmil

10.3 (a) vrai
     (b) vrai

10.4 (a) 25 W
     (b) ∞ ohms

10.5 (a) 0 V
     (b) trois

10.6 (a) 0 Ω
     (b) 0 V

10.7 (a) vrai
     (b) vrai

10.8 (a) plus
     (b) 2,6 Ω

10.9 (a) vrai
     (b) vrai

10.10 (a) $I = 2$ A
      (b) les électrons

10.11 (a) positive
      (b) quatre, quatre
      (c) les électrons

10.12 (a) mica
      (b) oui

Résistances

Dans de nombreuses applications, une résistance doit être insérée dans un circuit, soit pour ramener le courant à la valeur souhaitée, soit pour provoquer une chute de tension IR donnée. Les composants destinés à cette utilisation sont fabriqués avec une valeur donnée de résistance et sont appelés des *résistances*. En fait, les résistances sont probablement les composants les plus courants des divers types d'appareillages électroniques, du petit récepteur radio AM au téléviseur couleur. Les principaux types de résistances sont les résistances au carbone illustrées à la figure 11-2 et les résistances bobinées représentées à la figure 11-1. Les sections suivantes décrivent les principales caractéristiques des résistances:

11.1 Types de résistances
11.2 Résistances variables
11.3 Potentiomètres et rhéostats
11.4 Code des couleurs des résistances
11.5 Puissance nominale des résistances
11.6 Choix d'une résistance pour un circuit
11.7 Combinaisons mixtes de résistances
11.8 Défauts des résistances

11.1
TYPES DE RÉSISTANCES

Les deux principales caractéristiques d'un composant résistif sont sa résistance R exprimée en ohms et sa puissance nominale exprimée en watts. Il existe des résistances dans une gamme de valeurs très étendue, depuis une fraction d'ohm à plusieurs megohms, et dont la puissance s'étale de plusieurs centaines de watts à une valeur aussi réduite que 0,1 W.

La puissance nominale indique la quantité maximale de watts que la résistance est susceptible de dissiper sans produire une chaleur excessive. La dissipation signifie que la puissance est perdue comme une perte de I^2R, car la chaleur qui en résulte n'est pas utilisée. Un trop grand échauffement pourrait brûler la résistance et donc produire une coupure.

On utilise des résistances bobinées dans des applications où la dissipation de puissance dans la résistance est de 5 W environ ou plus. Pour 2 W ou moins de 2 W, un type de résistance au carbone est préférable, car elle est plus petite et moins onéreuse. La plupart des résistances utilisées dans l'équipement des appareils électroniques sont de petites résistances au carbone de puissance nominale 1 W ou moins. Ordinairement, plus la valeur R est élevée, moindre sera la puissance nominale, car alors le courant est plus petit.

Les deux types peuvent être soit fixes, soit variables. Les résistances fixes comportent une valeur de résistance R définie qui ne se règle pas. Une résistance variable peut se régler pour une valeur donnée située entre 0 Ω et sa

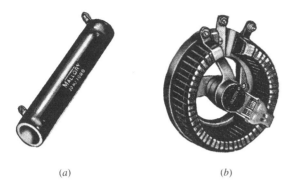

(a)   (b)

Figure 11-1   *Résistances bobinées: (a) résistance fixe de 130 mm de longueur et 50 W; (b) résistance variable de 50 mm de diamètre et 50 W. (P. R. Mallory)*

cuivre-métal, soit en manganin) est enroulé autour d'un noyau isolant. Les matériaux isolants couramment utilisés sont la porcelaine, le ciment, des matériaux au phénol comme la bakélite, ou encore tout simplement du papier pressé. Le fil est nu mais, en règle générale, tout l'ensemble est logé dans un isolateur. On en donne deux exemples à la figure 11-1. La longueur de fil utilisée et sa résistivité déterminent la résistance de l'ensemble.

Étant donné qu'elles sont généralement utilisées pour des applications mettant en jeu des éléments à courant faible et à grande puissance, les résistances bobinées sont disponibles avec des puissances allant de cinq watts à plusieurs centaines de watts, et une gamme de résistances allant de un ohm à plusieurs milliers d'ohms. En outre, on utilise des résistances bobinées de précision lorsque s'imposent des valeurs de résistance fixes et exactes, comme pour les shunts des appareils de mesure et les multiplicateurs.

résistance maximale *R*. Les résistances variables au carbone sont couramment utilisées pour des commandes comme la commande du volume dans un récepteur ou la commande de contraste dans un téléviseur. Une application courante des résistances bobinées variables est la division de la tension d'une alimentation.

Résistances bobinées   Pour cette construction, le fil de la résistance (soit un alliage

Résistances au carbone   Ce type est composé de carbone finement divisé ou de graphite mélangé à un matériau isolant en poudre dans la proportion exigée pour atteindre la

Figure 11-2   *Résistance de type au carbone: (a) structure interne. La couche d'étain des fils permet de les souder; (b) tailles pour des puissances de 0,25 W, 0,5 W, 1 W et 2 W. Pour la résistance de 2 W, la longueur est de 18 mm. (Allen-Bradley Company)*

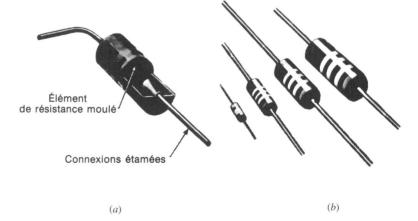

Élément de résistance moulé

Connexions étamées

(a)   (b)

valeur de résistance souhaitée. Comme on le montre à la figure 11-2, l'élément résistif est habituellement enfermé dans un boîtier en matière plastique en vue de son isolement et de sa résistance mécanique. Des têtes métalliques sont reliées aux deux extrémités de l'élément de résistance au carbone; elles ont des connexions en fil de cuivre étamé pour le soudage des fils de la résistance dans le circuit. On les appelle *connexions axiales,* car elles sortent directement des extrémités. On trouve généralement les résistances au carbone dans des valeurs de résistance de 1 Ω à 20 MΩ. Leur puissance est en général de 0,1 W, 0,125 W, 0,25 W, 0,5 W, 1 W et 2 W.

Résistances à couche de carbone Les résistances de ce type comportent une couche de carbone disposée autour d'un isolateur, comme l'aluminium par exemple. Leur prix est moins élevé que celui des résistances au carbone moulées à chaud.

Résistances à couche métallique Les résistances de ce type comportent une couche conductrice disposée sur un substrat en verre. Leur avantage est d'offrir des valeurs de résistance plus précises.

Résistances céramique-métal Les résistances de ce type comportent une couche de carbone déposée à chaud sur un substrat de céramique solide. Cette technologie donne des valeurs de *R* plus précises et une plus grande stabilité à la chaleur. Elles ont souvent la forme d'un petit carré; leurs connexions sont prévues pour un montage sur plaquette à câblage imprimé. On peut loger un module à plusieurs résistances de ce type dans un boîtier plat comprenant plusieurs connexions.

Problèmes pratiques 11.1
(réponses à la fin du chapitre)
Dire de quel type sont les résistances suivantes:
(*a*) *R* de 100 kΩ et puissance nominale de 1 W;
(*b*) *R* de 10 Ω et puissance nominale de 10 W.

11.2
RÉSISTANCES VARIABLES
Elles peuvent être bobinées comme à la figure 11-1 ou être du type carbone, tel qu'illustré à la figure 11-3. A l'intérieur du boîtier métallique de la figure 11-3, la commande comporte un disque circulaire qui est l'élément de résistance au carbone. Les bornes 1 et 3 à cosses à souder extérieures sont reliées aux deux extrémités. La cosse médiane 2 est connectée au bras mobile entrant en contact avec l'élément résistance au moyen d'un curseur à ressort métallique. Pendant la rotation de la tige de commande, le bras mobile fait bouger le curseur pour permettre des contacts à différents points.

Lorsque le contact se rapproche d'une extrémité, la résistance diminue entre cette extrémité et le bras mobile. La résistance variable est égale à zéro lorsque le curseur entre en contact avec cette extrémité mais est maximale lorsque le bras mobile se trouve à l'extrémité

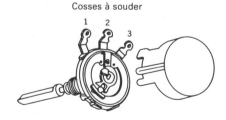

Figure 11-3 *Élément de commande d'une résistance variable au carbone. Le diamètre est d'environ 20 mm.*

opposée. Entre les deux extrémités extérieures, la résistance n'est pas variable mais conserve la résistance maximale.

On trouve de tels composants résistifs à carbone dont la résistance totale varie approximativement de 1000 Ω à 5 MΩ. Leur puissance est habituellement comprise entre 0,5 et 2 W. Ils sont souvent associés à un commutateur marche-arrêt qui est un élément séparé fonctionnant au moyen de l'arbre de commande. Le commutateur marche-arrêt d'alimentation et le contrôle de volume destinés à un récepteur en sont des exemples.

Gradations des commandes La loi selon laquelle *R* varie en fonction de la rotation de l'axe est appelée la gradation de la commande. Si la gradation est linéaire, une demi-révolution de l'axe fera passer *R* de sa valeur maximale à la moitié de celle-ci. Si la gradation n'est pas linéaire, cependant, *R* peut varier graduellement à une extrémité et plus fortement à l'autre extrémité de la commande. Un gradateur audio, par exemple, permet d'obtenir de petites variations de *R* aux réglages à faible puissance.

Boîtes de résistances à décades Comme on le montre à la figure 11-4, la *boîte de résistances à décades* constitue un moyen de combinaison pratique d'obtention d'une résistance quelconque à l'intérieur d'une large gamme de valeurs. Elle comporte cinq chaînes de résistances, chacune d'entre elles étant commandée par un bouton-commutateur.

Le premier bouton relie les résistances de 1 à 9 Ω, c'est le bouton des *unités*. Le second, celui des *dizaines,* commute les résistances de 10 à 90 Ω de 10 en 10. Le bouton des *centaines* commute les résistances de 100 à 900 Ω de 100 en 100. Le quatrième bouton fournit une résistance par *milliers* de 1000 à 9000. Et finalement, celui du haut commute par *dizaine*

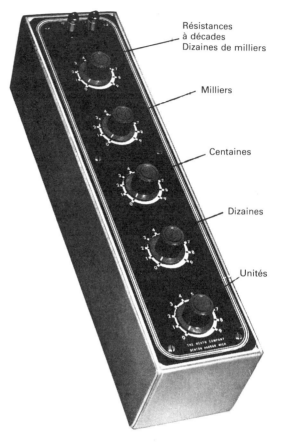

Figure 11-4 *Boîte de résistances à décades (Heath Company).*

de milliers les résistances de 10 000 à 90 000 Ω.

Ces cinq chaînes sont reliées en série, ce qui permet d'obtenir une résistance entière quelconque comprise entre 1 Ω et 99 999 Ω.

Problèmes pratiques 11.2 *(réponses à la fin du chapitre)*

(*a*) Soit la figure 11-3. Quelle borne fournit une résistance variable?

(*b*) De quel type, linéaire ou non linéaire, est un gradateur audio?

11.3
POTENTIOMÈTRES ET RHÉOSTATS

Ce sont des résistances variables au carbone ou bobinées, utilisées pour commander la tension et le courant d'un circuit. Ces commandes sont utilisées pour les applications cc et ca.

Un rhéostat est une résistance variable R à deux bornes, connectée en série avec la charge. Il permet de régler le courant circulant dans un circuit. Diminuer R diminue I. La puissance nominale doit être compatible avec le plus fort courant traversant le rhéostat.

Un potentiomètre, un *pot* en jargon professionnel, est muni de trois bornes. La valeur maximale de la résistance R, entre les bornes extrêmes, est appliquée à une source de tension. Le curseur mobile permet de faire varier la division de tension entre la borne médiane et les bornes extrêmes.

Circuit à potentiomètre   Le rôle du circuit de la figure 11-5 est de prélever une portion variable de la tension de 100 V de la source. Cette tension d'alimentation est l'entrée du potentiomètre et la tension variable, sa sortie. Deux paires de connexions aux trois bornes sont nécessaires, dont une commune à l'entrée et à la sortie. Une paire connecte la tension de source aux bornes extrêmes 1 et 3. L'autre paire est constituée du curseur mobile à la borne médiane et d'une borne extrême.

Le positionnement du curseur mobile à la valeur médiane de R de la figure 11-5 permet le prélèvement d'une tension de 50 V entre les bornes 2 et 1, soit la moitié de la tension d'entrée de 100 V. L'autre moitié de 50 V se retrouve entre les bornes 2 et 3.

À mesure que le curseur est déplacé vers le haut, c'est-à-dire vers la borne 3, une plus grande tension existe entre les bornes 2 et 1. Lorsque le curseur atteint la borne 3, la résistance est maximale et la pleine tension de 100 V est offerte entre les bornes 2 et 1.

Lorsque le curseur est déplacé vers le bas et atteint la borne 1, la résistance est minimale et la sortie entre les bornes 2 et 1 est nulle. La tension appliquée se retrouve maintenant entre les bornes 2 et 3. Remarquer que la source n'est pas court-circuitée pour autant, puisque la résistance maximale est toujours aux bornes de l'entrée, quelle que soit la position du curseur mobile.

La figure 11-6 illustre quelques exemples de petits potentiomètres. On montre à la figure 11-7 un potentiomètre de précision à réglage par tournevis. Un potentiomètre de ce type peut comporter une résistance bobinée afin de fournir un nombre précis de spires pour une résistance donnée.

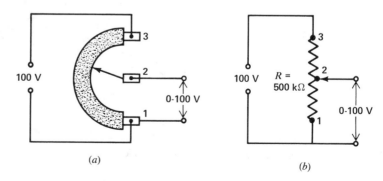

Figure 11-5   *Potentiomètre connecté aux bornes d'une source en guise de diviseur de tension:* (a) *schéma de câblage;* (b) *schéma.*

(a)   (b)

Figure 11-6   *Petits potentiomètres. Diamètres: 12,5 mm à 19 mm.* (Centralab)

Potentiomètre utilisé comme rhéostat

Les rhéostats offerts dans le commerce sont généralement du type résistance bobinée à puissance nominale élevée. Dans de nombreuses applications des circuits électroniques, cependant, il faut recourir à de petits rhéostats à faible puissance nominale. Un exemple: le correcteur continu de tonalité d'un récepteur requiert la résistance en série variable d'un rhéostat, mais il dissipe une très faible puissance. Une méthode pour câbler un potentiomètre en rhéostat consiste à connecter une seule extrémité et le curseur mobile, ce qui donne simplement deux bornes. (Laisser la troisième borne en l'air.) Une autre méthode consiste à relier, par un fil, la borne inutilisée à la borne médiane, ce qui convertit le potentiomètre en rhéostat.

Une borne extrême quelconque du potentiomètre peut être utilisée pour le rhéostat. Le sens des résistances croissantes s'inverse cependant avec la rotation de l'axe pour les connexions aux extrémités opposées. De plus, le gradateur devient une commande non linéaire.

Problèmes pratiques 11.3 (réponses à la fin du chapitre)

(a) Quel est le nombre de cosses d'un rhéostat?

(b) Quel est le nombre de cosses utilisées sur un potentiomètre?

(c) Soit la figure 11-5. On suppose que le potentiomètre est linéaire et de 500 kΩ. Calculer la tension de sortie si la résistance entre les cosses 1 et 2 est de 400 kΩ.

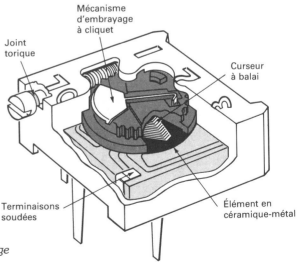

Figure 11-7   *Potentiomètre de précision à réglage par vis. Hauteur: 9,5 mm.* (Spectral Electronics Corporation)

11.4
CODE DES COULEURS DES RÉSISTANCES

Comme les résistances au carbone ont de petites dimensions, on utilise un code des couleurs pour donner leur valeur de résistance exprimée en ohms. Ce système est basé sur l'utilisation de couleurs pour indiquer les valeurs numériques, comme on le montre au tableau 11-1. Remarquer que les couleurs sombres, le noir et le brun, correspondent aux chiffres les plus petits, zéro et un, et que l'on parvient au blanc représentant le neuf, en passant par des couleurs de plus en plus claires. Le code des couleurs est normalisé par l'*Electronics Industries Association* (EIA). Ces codes sont résumés dans l'Annexe F.

Bandes de couleur pour la résistance Ce code est le système le plus couramment employé pour le code des couleurs des résistances isolées au carbone et munies de connexions axiales, comme à la figure 11-8. Les bandes de couleur sont imprimées sur une extrémité du boîtier isolant qui est généralement de couleur havane. En lisant de gauche à droite, la première bande de couleur proche du bord indique le premier chiffre de la valeur de la résistance. La seconde bande donne le deuxième chiffre. La troisième bande est le multiplicateur décimal qui donne le nombre de zéros après les deux chiffres. Le chiffre obtenu est la résistance en ohms.

Tableau 11-1 *Code des couleurs*

COULEUR	VALEUR	COULEUR	VALEUR
Noir	0	Vert	5
Brun	1	Bleu	6
Rouge	2	Violet	7
Orange	3	Gris	8
Jaune	4	Blanc	9

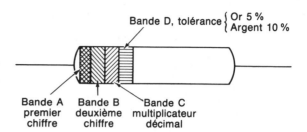

Figure 11-8 *Lecture des bandes de couleur sur une résistance au carbone.*

Par exemple, à la figure 11-9*a*, la première bande est jaune pour le chiffre 4; la deuxième bande est violette pour 7; le multiplicateur orange signifie «ajouter trois zéros à 47». Par conséquent, la valeur de la résistance est de 47 000 Ω.

L'exemple donné à la figure 11-9*b* montre que le noir pour la troisième bande signifie seulement «ne pas ajouter de zéros aux deux premiers chiffres». Cette résistance utilise le jaune, le violet et le noir pour une valeur de résistance de 47 Ω.

Résistances inférieures à 10 Ω Ces résistances comportent une troisième bande, or ou argent, qui est celle des multiplicateurs décimaux des fractions. Lorsque la troisième bande est or, multiplier les deux premiers chiffres par 0,1; la couleur argent correspond à un multiplicateur de 0,01. Par exemple, à la figure 11-9*c*, les bandes de couleur sont jaune, violet et or. La résistance est de $47 \times 0,1$, et par conséquent égale à 4,7 Ω. Si le multiplicateur avait été argent, la résistance aurait été de $47 \times 0,01$ ou 0,47 Ω.

Les couleurs or et argent ne sont des multiplicatrices de fractions que dans la troisième bande. Toutefois, on utilise le plus fréquemment les couleurs or et argent comme quatrième bande pour indiquer l'exactitude de la valeur de résistance.

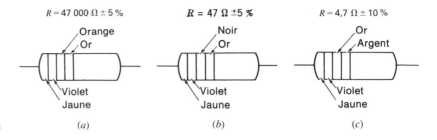

Figure 11-9 *Exemples de valeurs de résistances à code des couleurs.*

Tolérance de la résistance La différence de valeur entre la résistance réelle et la valeur indiquée par le code de couleurs est la *tolérance*, généralement exprimée en pourcentage. Par exemple, une résistance de 100 000 Ω avec une tolérance de ± 10 % peut avoir une résistance inférieure ou supérieure de 10 % à la valeur donnée par le code. Par conséquent, cette résistance sera comprise entre 90 000 et 100 000 Ω. La valeur inexacte exprimée par les résistances au carbone est un désavantage résultant de leur fabrication économique mais, dans la plupart des circuits, on peut tolérer une variation de 10 % de la résistance.

Comme on le montre à la figure 11-8, l'argent de la quatrième bande indique une tolérance de ± 10 %; l'or, de ± 5 %. S'il n'y a pas de quatrième bande, la tolérance est de ± 20 %. Plus la résistance est faible, plus précise est la valeur de résistance et son prix est également plus élevé. Certaines résistances comportent une cinquième bande de couleur qui constitue la caractéristique militaire du taux de panne ou de fiabilité.

Marquage des résistances bobinées Les résistances bobinées sont habituellement assez importantes pour que l'on puisse imprimer sur le boîtier isolant la valeur de résistance et la tolérance. Leur tolérance est généralement de ± 5 %, à l'exception des résistances de précision qui ont une tolérance maximale de ±1%. Il est toutefois possible de coder par bandes de petites résistances bobinées comme les résistances au carbone. Dans ce cas, la première bande est le double de la largeur des autres, ce qui désigne une résistance bobinée.

Valeurs de résistance recommandées Pour réduire les difficultés de fabrication des valeurs différentes de résistance destinées à un nombre pratiquement illimité de circuits, certaines valeurs de résistances fixes au carbone se fabriquent en grande quantité pour diminuer leur prix et pour qu'elles soient plus disponibles sur le marché que des calibres inhabituels. Pour des résistances ayant une tolérance de ± 10 %, les valeurs recommandées sont 10, 12, 15, 18, 22, 27, 33, 39, 47, 56, 68 et 82 et leurs multiples décimaux tels que 820, 8200, 82 000 ou 820 000. On dispose ainsi d'une valeur recommandée pour une résistance donnée dans une limite de 10 %. Pour des résistances plus précises à faible tolérance, il existe différentes valeurs recommandées. (Voir l'Annexe F, tableau F-4.)

Problèmes pratiques 11.4 (réponses à la fin du chapitre)
(a) Quelle est la couleur d'une résistance de 5 Ω?
(b) Quelle tolérance la bande argent désigne-t-elle?
(c) Quelle multiplicateur la couleur jaune de la troisième bande désigne-t-elle?

11.5
PUISSANCE NOMINALE
DES RÉSISTANCES

Outre la valeur requise en ohms, une résistance doit avoir une puissance nominale assez élevée pour dissiper la puissance I^2R engendrée par le courant qui passe à travers la résistance, sans trop chauffer. Les résistances au carbone en fonctionnement normal sont souvent chauffées jusqu'à une température maximale de 85°C, voisine des 100°C du point d'ébullition de l'eau. Cependant, il faut éviter que les résistances au carbone chauffent au point de laisser «suinter» des gouttes de liquide sur le boîtier isolateur. Les résistances bobinées fonctionnent à des températures très élevées et peuvent couramment atteindre 300°C de température maximale. Si une résistance chauffe trop en raison d'une dissipation excessive de puissance, sa valeur ohmique peut se modifier sensiblement; elle peut aussi se détruire.

La puissance nominale est une propriété physique dépendant de la construction de la résistance, et plus particulièrement de sa dimension. Tenir compte des remarques suivantes:

1. Plus la dimension est importante, plus élevée sera la puissance nominale;
2. Des résistances de puissance élevée peuvent fonctionner à des températures plus élevées;
3. Les résistances bobinées sont plus importantes et ont des puissances nominales plus élevées que les résistances au carbone.

La résistance au carbone de 2 W courante, par exemple, a une longueur de 25 mm et un diamètre de 6,5 mm, environ.

Pour ces deux types de résistance, une puissance plus élevée permet une tension plus élevée. Cette valeur correspond à la tension maximale applicable aux bornes de la résistance sans amorçage d'arc intérieur. Dans les résistances bobinées, une tension excessive peut provoquer un arc entre les spires; dans les résistances au carbone, l'arc est situé entre les grains de carbone.

Durée de vie en stock Les résistances conservent leurs caractéristiques indéfiniment si on ne les utilise pas. Si aucun courant ne passe dans un circuit pour chauffer la résistance, cette dernière ne subit pratiquement aucune modification dans le temps. Par conséquent, la durée de vie en stock des résistances ne soulève aucun problème. En fait, les seuls composants qu'on devrait utiliser dès leur sortie d'usine sont les piles et les condensateurs électrolytiques.

Problèmes pratiques 11.5
(réponses à la fin du chapitre)
Répondre par vrai ou faux:

(a) Une résistance de 5 Ω, 50 W est de dimensions plus grandes qu'une résistance de 5 MΩ, 1 W;

(b) Les résistances ne devraient pas être mises en service à des températures supérieures à 0°C.

11.6
CHOIX D'UNE RÉSISTANCE
POUR UN CIRCUIT

Pour déterminer la dimension de la résistance à utiliser, il faut en premier lieu connaître la valeur de la résistance nécessaire. On suppose, par exemple, à la figure 11-10a, qu'une résistance sera insérée en série avec une résistance R_1 pour limiter le courant passant par la résistance de 900 Ω à 0,1 A pour une source de 100 V. Étant donné que la résistance globale requise est de 1000 Ω, la résistance R_2 de 100 Ω s'ajoute en série à la résistance R_1. Le courant passant par R_1 et par R_2 est alors de 0,1 A.

Figure 11-10 *Puissance nominale. (a) R_2 dissipe 1 W, mais on utilise une résistance de 2 W pour obtenir un facteur de sécurité de 2. (b) R_4 dissipe une puissance de 0,004 W, mais on utilise une résistance de 0,25 W.*

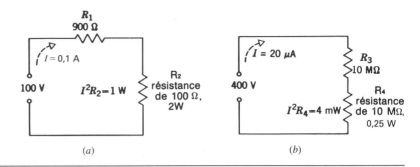

La puissance I^2R dissipée dans la résistance R_2 est de 1 W, soit $0,01 \times 100$. Mais on utilisera couramment une résistance de 2 W. Ce facteur de sécurité de 2 est de pratique courante dans l'estimation de la puissance lorsqu'il s'agit de résistances au carbone, pour éviter un échauffement excessif dans des conditions normales de fonctionnement.

Une résistance ayant une puissance nominale plus élevée tout en conservant la même résistance permet au circuit de fonctionner normalement plus longtemps sans rupture, mais elle peut être un inconvénient lorsque le calibre immédiatement supérieur est bobiné et de dimensions plus importantes. Les résistances bobinées peuvent fonctionner plus près de leur puissance nominale moyennant une ventilation adéquate, en raison de leur température de fonctionnement maximale plus élevée, par comparaison aux résistances au carbone.

À la figure 11-10b, la résistance R_4 de 10 MΩ est utilisée avec la résistance R_3 pour donner une chute de tension IR de 400 V. Comme $R_3 = R_4$, chacune a une chute de tension IR de 200 V. Leur résistance totale série de 20 MΩ réduit le courant dans le circuit à 20 μA.

La puissance I^2R dissipée dans la résistance R_4 est de 4 mW, mais la puissance nominale utilisée est de 0,25 W. Dans ce cas, la puissance nominale est beaucoup plus élevée que la valeur réelle de la puissance dissipée dans ce circuit, pour une tension appliquée de 400 V, car la résistance très élevée limite le courant à une faible valeur.

En général, l'utilisation d'une résistance ayant une puissance nominale suffisamment élevée assure automatiquement la tension nominale requise, à l'exception toutefois d'un circuit à haute tension et à faible courant où la tension appliquée est de l'ordre de un kilovolt ou plus.

Problèmes pratiques 11.6 (réponses à la fin du chapitre)
(a) Soit le circuit de la figure 11-10a. Calculer le produit $V_2 \cdot I$.
(b) Soit le circuit de la figure 11-10b. Calculer le produit $V_4 \cdot I$.

11.7 COMBINAISONS MIXTES DE RÉSISTANCES

Dans certains cas, deux résistances ou plus sont combinées en montages mixtes pour obtenir la valeur de résistance souhaitée avec une puissance plus élevée. À la figure 11-11, on en donne plusieurs exemples.

La résistance totale dépend des combinaisons série ou parallèle. Toutefois, la combinaison a une puissance nominale égale à la somme de chaque puissance nominale, que les résistances soient en série ou en parallèle, car l'encombrement de la combinaison augmente

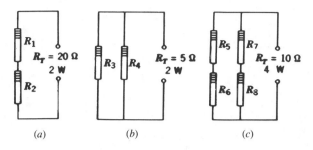

Figure 11-11 *Résistance et puissance nominale totales pour un montage série de résistances, un montage parallèle de résistances et un montage mixte de résistances. Toutes les résistances ont une valeur ohmique de 10 Ω et une puissance nominale de 1 W. (a) Montage série: additionner les puissances nominales; (b) montage parallèle: additionner les puissances nominales; (c) montage mixte: additionner les puissances nominales.*

en fonction de chaque résistance ajoutée. On utilise de telles combinaisons pour obtenir une puissance nominale plus élevée.

Sur la figure 11-11a, les deux résistances en série égales doublent la résistance et donnent deux fois la puissance nominale d'une résistance.

Les deux résistances égales en parallèle en (b) diminuent de moitié la résistance mais doublent la puissance nominale d'une résistance.

La combinaison mixte de quatre résistances égales en (c) a une résistance identique à celle d'un élément et quatre fois la puissance nominale d'une résistance.

Problèmes pratiques 11.7 (réponses à la fin du chapitre)

(a) Deux résistances de 5 kΩ, 5 W montées en série ont une résistance totale R_T de 10 kΩ. Calculer leur puissance nominale totale.

(b) Deux résistances de 5 kΩ, 5 W montées en parallèle ont une résistance totale R_T de 2,5 kΩ. Calculer leur puissance nominale totale.

11.8 DÉFAUTS DES RÉSISTANCES

Le défaut le plus courant dans les résistances est un circuit ouvert. Lorsque la résistance ou-

verte est un composant en série, il n'y a aucun courant sur tout le trajet du circuit qui ne peut donc pas fonctionner. Les résistances au carbone sont souvent partiellement ouvertes, avec une résistance beaucoup plus élevée que la valeur indiquée par le code des couleurs.

Contrôle du bruit Pour des applications relatives aux commandes du volume et de la tonalité, les organes de réglage au carbone sont préférables car le changement moins brutal de résistance est moins bruyant lors de la rotation du bras variable. Mais avec l'usage, l'élément de résistance s'use au contact du curseur et la commande devient bruyante. Si une commande du volume ou de la tonalité produit un bruit de grattement lors de la rotation de l'arbre, ceci signifie qu'un élément de résistance est usé.

Vérification des résistances par un ohmmètre Comme l'ohmmètre possède sa propre source de tension, on l'utilise toujours sans puissance extérieure appliquée à la résistance à mesurer. Il suffit de relier les fils de l'ohmmètre à la résistance à mesurer.

Une résistance ouverte indique une valeur ohmique infinie. Pour des raisons obscures, cette valeur infinie est souvent confondue avec une résistance nulle. Il faut se rappeler toutefois qu'une résistance infinie correspond à un

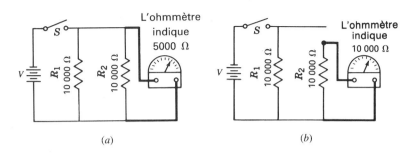

Figure 11-12 *La résistance R_1 mise en parallèle peut diminuer la valeur obtenue pour R_2. En (a), R_1 et R_2 sont en parallèle; en (b), R_2 est isolé de R_1.*

circuit ouvert. Le courant est égal à zéro mais la résistance est infiniment élevée. En outre, il est pratiquement impossible qu'une résistance se mette toute seule en court-circuit. La résistance ne peut être en court-circuit que du fait d'une autre partie du circuit. Néanmoins, les résistances sont fabriquées pour que la panne soit un circuit ouvert, avec une résistance infinie.

L'ohmmètre sera équipé d'une échelle permettant de lire la valeur de la résistance; dans le cas contraire, il serait impossible de vérifier la résistance. Par exemple, quand on vérifie une résistance de 10 MΩ, si le chiffre le plus élevé indiqué est de 1 MΩ, l'ohmmètre indiquera une résistance infinie même si la résistance conserve sa valeur normale de 10 MΩ. Une échelle de 100 MΩ ou plus devra être utilisée pour la vérification de ces résistances élevées.

De même, en vérifiant les valeurs de résistance inférieures à 10 MΩ, une échelle de faibles résistances, 100 Ω environ, est indispensable. Dans le cas contraire, l'ohmmètre indiquerait une valeur de résistance normalement faible telle que zéro ohm.

Il est important, lorsque l'on vérifie la résistance dans un circuit, de s'assurer qu'il n'y a aucun trajet en parallèle aux bornes de la résistance à mesurer. Sinon, la résistance mesurée pourrait être très inférieure à la valeur réelle, tel que montré à la figure 11-12a. Dans ce cas, l'ohmmètre indique la valeur de la résistance de R_2 en parallèle avec la résistance R_1. Pour vérifier uniquement la résistance R_2, on débranche une extrémité comme sur la figure 11-12b. On évitera soigneusement de toucher les fils de l'appareil de mesure lorsqu'il s'agit de résistances très élevées, car la résistance du corps (environ 50 000 Ω), constituant un parcours parallèle, diminue la valeur indiquée par l'ohmmètre.

***Problèmes pratiques 11.8
(réponses à la fin du chapitre)***
(a) Quelle est, dans le cas d'un court-circuit, l'indication d'un ohmmètre?
(b) Quelle est, dans le cas d'une résistance coupée, l'indication d'un ohmmètre?

Résumé

1. Les résistances sont principalement de deux types: bobinées ou au carbone. Leurs caractéristiques sont comparées au tableau 11-2.

Tableau 11-2 *Comparaison des types de résistances*

RÉSISTANCES AU CARBONE	RÉSISTANCES BOBINÉES
Grains de carbone dans le liant	Spires de fil résistant
Résistance jusqu'à 20 MΩ	Résistance jusqu'à une fraction d'ohm
Code des couleurs donnant la valeur de la résistance	Résistance imprimée sur l'élément
Circuits à faible courant; puissance de 0,1 W à 2 W	Circuits à courant élevé: puissances nominales de 5 W à plus de 100 W
Potentiomètres et rhéostats variables jusqu'à 5 MΩ pour des commandes telles que le volume et la tonalité des récepteurs	Rhéostats à faible résistance pour courant variable; potentionètres jusqu'à 50 kΩ pour diviseur de tension dans l'alimentation

   Les symboles graphiques des résistances fixes et variables apparaissent à la figure 11-13.

2. Un rhéostat est une résistance en série variable avec deux bornes permettant de régler l'intensité du courant dans un circuit.

3. Un potentiomètre est un diviseur de tension variable à trois bornes.

4. Les résistances au carbone comportent presque toujours un code des couleurs pour indiquer la valeur de la résistance, comme sur les figures 11-8 et 11-9.

5. La puissance nominale des résistances bobinées dépend essentiellement de leur dimension; des résistances plus volumineuses sont susceptibles de dissiper une plus grande puissance. La puissance nominale n'est pas indiquée par le code des couleurs mais peut être imprimée sur la résistance ou être estimée à partir de la dimension de cette dernière.

6. Avec des résistances au carbone, la puissance nominale doit être environ égale au double de la dissipation de puissance réelle I^2R pour obtenir un facteur de sécurité égal à au moins 2.

7. Les résistances au carbone peuvent se combiner pour obtenir une puissance nominale plus élevée. La puissance nominale est la somme des puissances nominales individuelles, en série ou en parallèle. Mais, en série, la résistance totale augmente; en parallèle, la résistance combinée diminue.

8. La panne la plus courante dans les résistances est un circuit ouvert. L'ohmmètre indique une résistance infinie aux bornes de la résistance ouverte, en supposant qu'il n'y ait pas de parcours parallèle.

Exercices de contrôle
(Réponses à la fin de l'ouvrage)

Voici un moyen de contrôler si vous avez bien assimilé le contenu de ce chapitre. Ces exercices sont uniquement destinés à vous évaluer vous-même.

Choisir (*a*), (*b*), (*c*) ou (*d*).

1. Quelles sont, parmi les valeurs de résistance et de dissipation de puissance suivantes, les caractéristiques qui correspondent à une résistance bobinée: (*a*) 1 MΩ, 0,33 W; (*b*) 500 Ω, 1 W; (*c*) 50 000 Ω, 1 W; (*d*) 10 Ω, 50 W.
2. Choisir dans les valeurs suivantes celles qui représentent une résistance et une dissipation de puissance caractéristiques d'une résistance au carbone: (*a*) 100 000 Ω, 1 W; (*b*) 5 Ω, 5 W; (*c*) 10 000 Ω, 10 W; (*d*) 1000 Ω, 100 W.
3. Quelle est la résistance et la tolérance pour une résistance au carbone ayant un code des couleurs jaune, violet, orange et argent en bandes de gauche à droite: (*a*) 740 Ω ± 5 %; (*b*) 4700 Ω ± 10 %; (*c*) 7400 Ω ± 1 %; (*d*) 47 000 Ω ± 10 %.
4. Quelle est la résistance et la tolérance pour une résistance au carbone ayant un code des couleurs vert, noir, or et argent en bandes de gauche à droite: (*a*) 0,5 Ω ± 5 %; (*b*) 0,5 Ω ± 10 %; (*c*) 5 Ω ± 10 %; (*d*) 50 Ω ± 10 %.
5. Une résistance ayant une valeur de code des couleurs de 100 Ω et une tolérance de ± 20 % peut avoir une résistance réelle comprise entre: (*a*) 80 et 120 Ω; (*b*) 90 et 110 Ω; (*c*) 98 et 102 Ω; (*d*) 100 et 120 Ω.
6. Deux résistances de 1000 Ω et 1 W sont reliées en parallèle. Leurs valeurs de résistance et de puissance associées sont de: (*a*) 500 Ω, 1 W; (*b*) 500 Ω, 2 W; (*c*) 1000 Ω, 2 W; (*d*) 2000 Ω, 2 W.

Figure 11-13 *Symboles graphiques des différents types de résistances: (a) fixe; (b) type quelconque de résistance variable; (c) à prises; (d) potentiomètre; (e) potentiomètre utilisé comme rhéostat.*

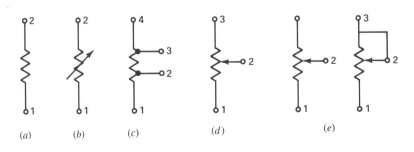

7. Une résistance doit être branchée sur une batterie de 45 V pour donner un courant de 1 mA. La résistance requise et sa puissance sont de: (*a*) 4,5 Ω, 1 W; (*b*) 45 Ω, 10 W; (*c*) 450 Ω, 2 W; (*d*) 45 000 Ω, 0,25 W.

8. Choisissez, dans les valeurs ci-dessous, une valeur de résistance recommandée: (*a*) 47; (*b*) 520; (*c*) 43 000; (*d*) 54 321.

9. Vérifiée au moyen d'un ohmmètre, une résistance ouverte est: (*a*) nulle; (*b*) infinie; (*c*) élevée mais dans les limites de la tolérance; (*d*) faible sans être nulle.

10. Une précaution à prendre lors de la vérification des résistances à l'aide d'un ohmmètre consiste à: (*a*) vérifier les résistances élevées sur la gamme la plus basse des ohms; (*b*) vérifier les faibles résistances sur la gamme la plus élevée des ohms; (*c*) débrancher tous les trajets des résistances en parallèle; (*d*) vérifier les résistances élevées avec le doigt en touchant les fils d'essai.

Questions

1. Montrez de quelle façon on doit relier deux résistances de 1000 Ω, 1 W pour obtenir 2000 Ω avec une puissance de 2 W.

2. Indiquez les couleurs correspondant aux chiffres 1 à 9 inclusivement.

3. Donnez le code des couleurs pour les valeurs de résistance suivantes: 1 MΩ; 33 000 Ω; 8200 Ω; 150 Ω et 68 Ω.

4. Un rhéostat R_1 de 50 Ω est monté en série avec une résistance R_2 de 25 Ω, avec une tension de 50 V. Dessinez le graphique de I par rapport à R_1 qui varie de 10 Ω en 10 Ω.

5. Pourquoi les résistances au carbone, à résistance élevée, de l'ordre du mégohm, ont-elles une faible puissance, égale ou inférieure à 1 W?

6. Énumérez trois facteurs déterminant la résistance d'une résistance bobinée.

7. Décrivez brièvement la méthode de vérification d'une résistance de 5 MΩ pour savoir si elle est coupée. Indiquez deux précautions à prendre pour que la vérification ne soit pas erronée.

8. Montrez comment il faut relier des résistances pour les exemples suivants: (*a*) deux résistances de 20 kΩ, 1 W pour un total de 10 000 Ω avec une puissance de 2 W; (*b*) deux résistances de 20 kΩ, 1 W pour un total de 40 000 Ω avec une puissance de 2 W;

(c) quatre résistances de 10 kΩ, 1 W pour un total de 10 000 Ω avec une puissance de 4 W; (d) trois résistances de 10 kΩ pour un total de 15 000 Ω.

9. Tracer le schéma du circuit dans lequel un potentiomètre de 50 kΩ prélève une tension variable d'une batterie de 45 V.

Problèmes
(Les réponses aux problèmes de numéro impair sont données à la fin de l'ouvrage)

1. Un courant de 1 mA circule dans une résistance au carbone de 1 mΩ, 2 W. (a) Quelle est la valeur de la puissance dissipée en chaleur dans la résistance? (b) Quelle est la puissance maximale qui peut se dissiper sans chaleur excessive?

2. Une résistance doit être reliée à une batterie de 10 V pour obtenir un courant de 1 mA. (a) Quelle sera la valeur de la résistance requise? (b) Quelle sera sa puissance dissipée dans ce circuit? (c) Indiquez la puissance de la résistance à utiliser. (d) Est-ce que ce sera une résistance au carbone?

3. Donnez la résistance et la tolérance pour les exemples suivants de résistance à bandes de couleur: (a) jaune, violet, jaune et argent; (b) rouge, rouge, vert et argent; (c) orange, orange, noir et or; (d) blanc, brun, brun et or; (e) rouge, rouge, or et or; (f) brun, noir, orange, sans bande de tolérance.

4. Pour des résistances marquées selon le code de couleurs dans le système point-extrémité du corps qui se trouve à l'Annexe G, quelle sera la résistance pour: (a) corps brun, extrémité noire, point orange; (b) résistance entièrement rouge?

Tableau 11-3 *Indications des boutons*

$R \times 10^4$	$R \times 10^2$	$R \times 10^2$	$R \times 10$	R	RÉSISTANCE TOTALE
9	6	7	4	2	
0	5	6	8	3	
6	7	0	5	4	
1	2	3	4	5	
5	4	3	2	1	

5. Déterminez la résistance et la puissance nominale d'une résistance au carbone répondant aux exigences suivantes: chute de tension *IR* de 5 V avec un courant de 100 mA et un facteur de sécurité de 2 pour la dissipation de puissance.

6. Remplir la colonne correspondant à la résistance totale *R* pour les indications des boutons de la boîte à décades de la figure 11-4.

Réponses aux problèmes pratiques

11.1 (*a*) au carbone
     (*b*) bobinée
11.2 (*a*) 2
     (*b*) non linéaire
11.3 (*a*) 2
     (*b*) 3
     (*c*) 80 V
11.4 (*a*) verte
     (*b*) ±10 %
     (*c*) 10^4

11.5 (*a*) vrai
     (*b*) faux
11.6 (*a*) 1 W
     (*b*) 4 mW
11.7 (*a*) 10 W
     (*b*) 10 W
11.8 (*a*) 0 Ω
     (*b*) ∞ Ω

Piles et accumulateurs

Les piles et accumulateurs sont des groupes de cellules chimiques qui convertissent de l'énergie chimique en énergie électrique. Ce sont plus précisément des sources de tension continue, fixe. D'une manière plus générale, les piles et accumulateurs constituent un bon exemple de générateurs à résistance interne modifiant la valeur de la tension de sortie.

Dans ce chapitre, on en décrit les principaux types, tels les piles sèches pour les équipements portables, y compris les piles miniatures pour les récepteurs radio à transistors, et les batteries d'accumulateurs au plomb, généralement employées dans les automobiles et dans de nombreuses applications industrielles (figure 12-1). Le modèle de pile sèche le plus répandu est la pile sèche zinc-carbone de sortie 1,5 V. La sortie d'un élément au plomb est de 2,2 V. La pile au mercure de 1,35 V et la pile nickel-cadmium sont d'autres modèles de piles souvent utilisés.

La pile chimique a toujours été une source de tension continue importante en appareillage radio et électronique. En effet, pour conduire et amplifier un signal, les amplificateurs requièrent des tensions continues. Initialement, tous les récepteurs radio utilisaient des piles. Des alimentations à redresseur furent ensuite mises au point pour transformer la tension alternative du secteur en tension continue, ce qui élimina l'usage des piles. Les piles connaissent de nos jours un regain de popularité. Plus que jamais, elles sont utilisées dans l'équipement à transistors portatif qui, dès lors, peut fonctionner sans aucune connexion au secteur. Les sujets traités sont les suivants:

12.1
RÔLE DES PILES ET
DES ACCUMULATEURS

Même actuellement, les piles sèches des appareils radio portatifs portent la dénomination: pile de chauffage, pile de tension anodique et pile de polarisation grille (ou A, B et C selon la dénomination américaine), suivant les fonctions qu'elles remplissaient, à l'origine, quand ces appareils étaient équipés de tubes à vide. La pile de chauffage fournit le courant qui chauffe le filament et permet à la cathode d'émettre des électrons. En général, la tension de chauffage nécessaire est comprise entre 1,5 et 4,5 V et le courant de charge est de 150 mA. La pile de polarisation grille servait à appliquer une faible polarisation de grille négative, comprise entre $-1,5$ V et $-7,5$ V, en débitant un courant pratiquement nul.

Les piles A et C sont rarement utilisées, mais le rôle d'une pile B est toujours le même. La pile B fournit, à un tube à vide amplificateur, la tension continue à la plaque pour attirer les électrons émis par la cathode. Cette attraction des électrons vers l'anode (ou plaque) est nécessaire pour permettre la circulation du courant. En réalité, la tension plaque des amplificateurs à tube est toujours appelée tension anodique positive ou tension B+, qu'elle provienne d'une pile ou du redresseur d'une alimentation.

De leur côté, les transistors requièrent également une tension continue fixe pour l'électrode du collecteur, l'analogue de l'anode d'un tube. La tension collecteur peut être positive ou négative, selon qu'il s'agit d'un transistor NPN ou PNP. Les transistors NPN, les plus utilisés, réclament une tension collecteur positive, aussi appelée tension B+. Les valeurs habituelles des tensions B+ des piles pour transistor sont de 4,5 et 9 V. Remarquer que ces valeurs sont des multiples de 1,5 V, valeur de la tension de sortie d'une pile sèche zinc-carbone classique.

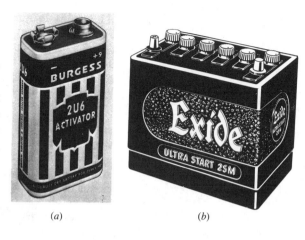

(a)   *(b)*

Figure 12-1 *Modèles de piles et de batteries: (a) pile miniature de 9 V pour récepteur radio à transistors; (b) batterie au plomb de 12 V pour automobile, à 6 éléments en série.*

Problèmes pratiques 12.1
(réponses à la fin du chapitre)

(a) Quelle est la valeur de la tension de sortie d'un élément humide au plomb?

(b) Quelle est la valeur de la tension de sortie d'une pile sèche zinc-carbone?

12.2
LA PILE VOLTAÏQUE

Quand on plonge deux matériaux conducteurs différents dans un électrolyte, comme à la figure 12-2*a*, la réaction chimique correspondant à la formation d'une nouvelle solution aboutit à une séparation des charges. Ce montage permettant de convertir de l'énergie chimique en énergie électrique est une *pile voltaïque*.

Les conducteurs chargés sont les électrodes qui servent de bornes à la pile et permettent de la brancher à un circuit extérieur. La différence de potentiel résultant de la séparation des charges permet à la pile de fonctionner comme source de tension. Comme on le

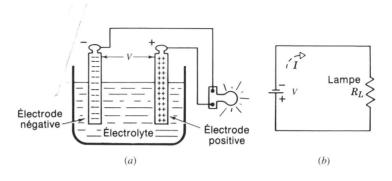

Figure 12-2 *Pile voltaïque convertissant de l'énergie chimique en énergie électrique: (a) électrodes plongeant dans l'électrolyte; (b) schéma. R_L est la résistance du filament de la lampe.*

montre à la figure 12-2*b*, la tension aux bornes de la pile force un courant à circuler dans le circuit extérieur pour éclairer la lampe. Des électrons provenant de la borne négative de la pile circulent le long du circuit extérieur et reviennent à la borne positive. La réaction chimique sépare continuellement des charges à l'intérieur de la pile pour maintenir la tension de sortie qui fait circuler le courant dans le circuit.

Séparation des charges dans la pile
Quand des métaux se dissolvent dans de l'eau ou dans un électrolyte, la réaction chimique de formation de la solution provoque la séparation et la dissociation des molécules, en créant des ions électriquement chargés. À la figure 12-3 est schématisée l'action de dissolution du zinc dans une solution de chlorure d'ammonium prise comme électrolyte. À l'endroit où l'électrode est en contact avec la solution, des molécules de zinc se dissolvent en formant un composé différent qui est du chlorure d'ammonium de zinc. La réaction chimique nécessite des ions de zinc. Chaque ion de zinc en solution est positif; il lui manque deux électrons. Donc, chaque molécule de zinc qui se dissout dans l'électrolyte laisse deux électrons supplémentaires à l'électrode de zinc.

Sur la figure 12-3, on peut voir les ions de zinc en solution avec deux charges positives qui correspondent aux deux électrons perdus.

Par conséquent, tout le conducteur en zinc massif possède un excès d'électrons qui rend l'électrode négative par rapport à la solution. Avec une seconde électrode qui n'est pas en zinc, également plongée dans l'électrolyte, on obtient une pile voltaïque avec une différence de potentiel entre les deux électrodes.

Quand on utilise la différence de potentiel d'une pile pour produire un courant dans un circuit extérieur, des électrons quittent l'électrode négative, circulent dans la résistance de charge extérieure et viennent s'ajouter à l'électrode positive. Ce courant tend à neutraliser les charges formées par la pile. La réaction chimique peut cependant s'amplifier pour maintenir la séparation des charges au moment où la pile travaille davantage pour former sa tension de sortie. Avec l'électrode en zinc négative de la figure 12-3, plus le nombre d'électrons perdus dans le circuit extérieur est grand, plus on

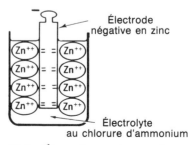

Figure 12-3 *Électrode en zinc se chargeant négativement par ionisation d'un électrolyte.*

peut former d'ions de zinc en dissolvant du zinc dans la solution. Tout le zinc pourrait même être dissous si bien que la pile ne pourrait plus séparer de charges pour former sa tension de sortie.

Élément primaire Dans un élément primaire, le processus chimique de formation de la solution n'est pas réversible. Le zinc peut, par exemple, se dissoudre dans le chlorure d'ammonium, mais le processus ne peut pas être inversé pour former l'électrode de zinc à partir de la solution. De nombreuses piles sèches sont des éléments primaires; les piles des lampes de poche en sont un exemple.

Élément secondaire Dans ce cas, l'action chimique est réversible. Les électrodes peuvent se dissoudre dans la solution, le courant circulant alors dans une première direction, ou bien le courant peut être inversé pour reconstituer les électrodes à partir de la solution. Quand les électrodes se dissolvent dans la solution, la pile se *décharge* car le courant tend à neutraliser les charges séparées. L'élément sert alors de source de tension pour produire un courant dans une résistance de charge.

Le cas opposé, dans lequel l'inversion du courant peut reformer les plaques, correspond à la *charge* de l'élément. Le courant de charge doit être fourni par une source de tension extérieure, l'élément servant uniquement de résistance de charge. Comme on peut recharger un élément secondaire, c'est aussi un *élément d'accumulation*. La forme la plus courante d'élément accumulateur est l'élément au plomb que l'on emploie généralement dans les automobiles.

Conditions nécessaires pour former un élément Les deux conducteurs employés comme électrodes avec l'électrolyte doivent être différents pour former une pile voltaïque.

Si l'on utilisait les mêmes électrodes, chacune pourrait se charger mais il n'y aurait pas de différence de potentiel entre les bornes. La tension de sortie d'une pile voltaïque est de 1 à 2 V environ et dépend uniquement des matériaux utilisés pour former les électrodes et l'électrolyte. Les dimensions physiques de l'élément déterminent son pouvoir en courant, puisque de plus grosses électrodes peuvent fournir des courants plus intenses.

Problèmes pratiques 12.2 (réponses à la fin du chapitre) Répondre par vrai ou faux:

(a) L'élément au plomb est rechargeable;
(b) L'élément zinc-carbone est un élément accumulateur.

12.3 LA PILE SÈCHE ZINC-CARBONE

La figure 12-4 représente l'intérieur d'une pile sèche. Le boîtier en zinc sert à la fois d'enveloppe pour contenir l'électrolyte et d'électrode négative. L'électrode positive est un barreau de carbone placé au centre, mais ne descendant pas jusqu'au fond pour ne pas toucher le zinc.

L'électrolyte est une solution de chlorure d'ammonium ou *sel ammoniacal,* dans l'eau. L'électrolyte n'est pas liquide mais pâteux; il s'obtient en saturant des granulés de carbone et de la poudre de bioxyde de manganèse avec une solution de chlorure d'ammonium. Sans être complètement sèche, cette pile peut cependant être installée dans une position quelconque alors qu'une pile à électrolyte liquide doit être verticale.

Polarisation Quand le zinc se dissout dans le chlorure d'ammonium, les molécules d'ammoniac qui contiennent de l'azote et de l'hydrogène libèrent de l'hydrogène. L'hydrogène

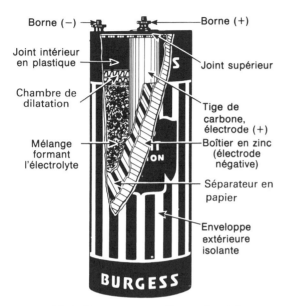

Borne (−)
Joint intérieur en plastique
Chambre de dilatation
Mélange formant l'électrolyte

Borne (+)
Joint supérieur
Tige de carbone, électrode (+)
Boîtier en zinc (électrode négative)
Séparateur en papier
Enveloppe extérieure isolante

BURGESS

Figure 12-4 *Vue intérieure d'une pile sèche zinc-carbone n° 6 de 152 mm de hauteur.* (Burgess Battery Co.)

qui se rassemble autour de l'électrode de carbone forme ce que l'on appelle la *polarisation* de l'élément. La polarisation réduit la tension de sortie de la pile sèche.

Pour réduire au minimum la polarisation, il faut éliminer l'hydrogène entourant l'électrode de carbone. C'est le rôle du bioxyde de manganèse qui est le *dépolarisant* ou agent dépolarisant de la pile sèche. Le bioxyde de manganèse, qui est riche en oxygène, libère de l'oxygène qui se combine avec l'hydrogène en formant de l'eau. Par conséquent, la pile sèche peut délivrer une tension de sortie plus élevée sans accumulation d'hydrogène autour du carbone.

Action locale Si l'électrode de zinc contient des impuretés, comme du fer ou du carbone, de petites piles voltaïques se forment, mais elles n'augmentent pas la tension de sortie de la pile principale. Cependant, cette action locale sur l'électrode de zinc épuise le zinc. Pour réduire au minimum l'action locale, l'électrode de zinc est généralement enduite de mercure par un procédé appelé l'*amalgamation*.

Durée de stockage Par suite des actions locales et du dessèchement de l'électrolyte pâte, une pile sèche perd lentement son aptitude à délivrer une tension de sortie, même si on ne l'utilise pas et si on la conserve en magasin. C'est pourquoi les piles sèches portent habituellement une date et doivent être utilisées dès leur fabrication. La durée de stockage des piles sèches de taille moyenne est d'environ un an. Pour de très petits modèles, comme les piles de stylos lumineux, la durée de stockage peut descendre à quelques mois.

Caractéristiques de fonctionnement La tension de sortie d'une pile sèche zinc-carbone-sel ammoniacal est comprise entre 1,4 et 1,6 V, quelle que soit sa taille, mais les modèles plus volumineux qui comprennent davantage de zinc, d'électrolyte et de dépolarisant ont un courant nominal plus grand. En fonctionnement continu, les valeurs nominales du courant s'échelonnent de quelques milliampères pour les très petits modèles à 0,25 A pour la pile sèche n° 6 qui est relativement volumineuse. Le modèle D pour lampe de poche a un courant nominal de 50 mA environ pendant à peu près 60 heures de fonctionnement. Sa hauteur est de 57 mm et son diamètre de 32 mm.

Le courant fourni dépend de la résistance de charge Il est important d'observer que le courant nominal n'est qu'une indication des valeurs admissibles pendant la durée d'utilisation normale. L'intensité de courant fournie par une pile connectée à une résistance de charge est égale à V/R, d'après la loi d'Ohm.

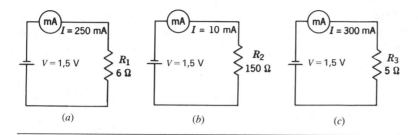

Figure 12-5 *Le courant fourni par la pile dépend de la résistance de charge: (a) V/R_1 est égal au courant nominal de 0,25 A, ou 250 mA; (b) V/R_2 est égal à 10 mA; (c) V/R_3 est égal à 300 mA.*

La figure 12-5 représente trois cas différents d'utilisation de la tension de 1,5 V fournie par une pile sèche n° 6. En (a), la résistance de charge R_1, de 6 Ω aux bornes de la source de tension de 1,5 V, permet la circulation d'un courant égal à $^{1,5}/_6$, soit 0,25 A ou 250 mA. Il se trouve que cette intensité est égale au courant nominal maximal de la pile.

En (b), cependant, la valeur plus élevée de la résistance de charge R_2 limite le courant à $^{1,5}/_{150}$, soit à 0,010 A ou 10 mA. Cette valeur est inférieure au courant nominal, ce qui signifie seulement que la pile pourra être utilisée plus longtemps, puisqu'elle n'a pas à fournir un aussi grand travail pour produire une tension de sortie de 1,5 V avec un courant moins élevé.

En (c), la résistance de charge R_3 est assez faible pour que le courant dépasse le courant nominal de la pile. Ce courant élevé est déconseillé pour obtenir une longue durée de la pile, mais en supposant que la tension de sortie de 1,5 V soit maintenue, le courant doit être de 1,5 V/5 Ω, ce qui fait 0,3 A. Donc, en résumé, le courant fourni par une pile connectée à une résistance de charge est égal à la tension de sortie de la pile divisée par la résistance du circuit.

***Problèmes pratiques 12.3
(réponses à la fin du chapitre)
Répondre par vrai ou faux:***

(a) La tension de sortie d'une pile de modèle D est inférieure à celle d'une pile n° 6;

(b) Une pile de courant nominal 250 mA générera ce courant quelle que soit la valeur de la résistance de charge R_L.

12.4
MONTAGES SÉRIE ET PARALLÈLE DE PILES

On peut obtenir une tension supérieure à la force électromotrice d'un élément en connectant plusieurs piles en série. La tension totale disponible aux bornes d'un groupe d'éléments est égale à la somme des tensions individuelles de chaque élément. Les piles montées en parallèle présentent la même tension qu'une pile seule, mais peuvent générer un plus grand courant.

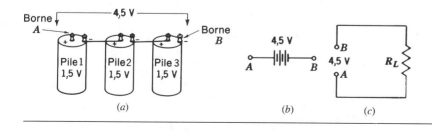

Figure 12-6 *Éléments en série: (a) câblage; (b) schéma symbolique; (c) batterie connectée à une résistance de charge.*

La figure 12-6 représente le montage en série de trois piles sèches. Dans ce cas, les trois piles de 1,5 V en série forment une tension totale de batterie de 4,5 V. Remarquez que les bornes *A* et *B* sont laissées libres pour servir de bornes plus et moins pour la batterie. Ces bornes servent à brancher la batterie de piles au circuit de charge, comme on peut le voir en (c).

Sur la batterie au plomb de la figure 12-1c, des barrettes métalliques relient les éléments en série. Le pouvoir en courant d'une batterie d'éléments en série est le même que celui d'un seul élément, puisque le même courant circule dans tous les éléments en série.

Montage parallèle Pour augmenter le pouvoir en courant, la batterie est constituée d'éléments en parallèle, comme on l'indique à la figure 12-7. Toutes les bornes positives sont reliées entre elles, de même que les bornes négatives. Tout point pris sur le côté positif peut servir de borne positive pour la batterie et tout point pris du côté négatif peut servir de borne négative.

La mise en parallèle est équivalente à une augmentation des dimensions des électrodes et de l'électrolyte, ce qui augmente le pouvoir en courant. La tension de sortie de la batterie reste cependant égale à celle d'un élément.

Des éléments identiques, montés en parallèle, délivrent tous des portions égales du courant de charge. Par exemple, si trois éléments identiques fournissent ensemble un courant de charge de 300 mA, chaque élément fournit un courant de 100 mA. On ne doit pas monter en parallèle de mauvais éléments et de bons éléments, puisque les éléments en bon état fourniraient plus de courant, ce qui risquerait de surcharger les bons éléments. En outre, un élément ayant une tension de sortie plus faible agira comme une résistance de charge qui consommera un courant excessif fourni par les éléments qui ont une tension de sortie plus élevée.

Montage mixte Pour obtenir une tension de sortie plus élevée et un pouvoir en courant plus grand, on peut connecter les éléments en montage mixte. La figure 12-8 représente quatre piles n° 6 en montage mixte formant une batterie de 3 V de tension de sortie avec un pouvoir en courant de 0,5 A. Deux piles de 1,5 V, en série, forment une tension de sortie de 3 V. Mais ce montage série a un pouvoir en courant de 0,25 A, comme une seule pile.

Pour doubler le pouvoir en courant, il faut monter en parallèle un autre groupement série. Les deux groupements série, connectés en parallèle, ont la même tension de sortie de 3 V qu'un seul groupement série, avec un pouvoir en courant de 0,5 A au lieu du 0,25 A pour un groupement série.

En se reportant au circuit de la figure 12-8d, on remarque que la source de 3 V ne fournit que 100 mA, ou 0,1 A, c'est-à-dire 3 V/30 Ω. Le courant nominal est de 500 mA, mais le courant de charge réel n'est que de 0,1 A.

Figure 12-7 *Montage parallèle de piles:*
(a) câblage; (b) schéma;
(c) batterie connectée à une résistance de charge.

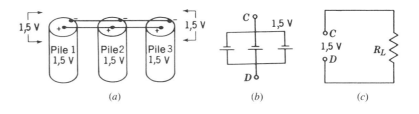

(a) (b) (c)

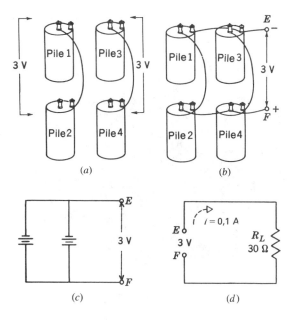

Figure 12-8 *Montage mixte de piles: (a) câblage de deux groupes comprenant chacun deux piles de 1,5 V en série; (b) câblage de ces deux groupes en parallèle; (c) schéma; (d) batterie connectée à une résistance de charge.*

Problèmes pratiques 12.4 (réponses à la fin du chapitre)

(a) Déterminer le nombre de piles en série requises pour obtenir une tension de sortie de 9 V.

(b) Déterminer le nombre de piles en parallèle requises pour doubler le courant nominal.

12.5
L'ÉLÉMENT HUMIDE AU PLOMB

Lorsque l'on a besoin de courants de charge élevés, on utilise le plus souvent des éléments du type au plomb. Dans l'application aux batteries de démarrage des automobiles, par exemple, le courant de charge au moment du démarrage est de 200 à 300 A. Un élément au plomb a une tension de sortie de 2 à 2,2 V, mais, en général, on monte plusieurs éléments

en série, trois pour faire une batterie de 6 V et six pour faire une batterie de 12 V.

Puisqu'il s'agit d'un élément accumulateur, on peut le recharger de façon répétitive pour reconstituer la tension de sortie, tant que l'élément est en bon état physique. Cependant, la chaleur due à des charges et des décharges excessives limite la durée utile à trois ans pour une batterie d'automobile.

Construction La vue en coupe d'un élément au plomb, représentée sur la figure 12-9, montre les différentes pièces et leur assemblage. À l'intérieur de l'élément, les électrodes positives et négatives sont constituées d'un groupe de plaques soudées à une barrette de liaison. Les plaques sont plongées dans une solution d'acide sulfurique dilué constituant l'électrolyte, et se composant de huit parties d'eau pour trois parties d'acide sulfurique concentré.

Chaque plaque est une grille ou un cadre en alliage plomb-antimoine. Cette construction permet de «tartiner» le matériau actif, c'est-à-dire l'oxyde de plomb, sur la grille. Quand on fabrique les éléments et que les plaques ont été séchées, une charge de formation crée les électrodes positive et négative. Au cours de ce processus de formation, le matériau actif de la plaque positive est transformé en peroxyde de plomb pour créer l'électrode positive. L'électrode négative est en plomb spongieux.

Réaction chimique L'acide sulfurique est un composé d'ions d'hydrogène et d'ions de sulfate. Quand l'élément se décharge, le peroxyde de plomb de l'électrode positive s'unit aux ions d'hydrogène pour former de l'eau et aux ions de sulfate pour former du sulfate de plomb. Le sulfate de plomb résulte aussi de la combinaison du plomb de l'électrode négative avec des ions de sulfate. La décharge a donc comme résultat global de produire davantage

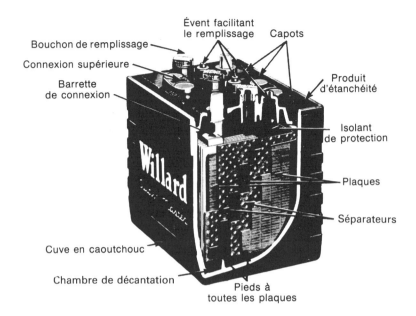

Bouchon de remplissage

Connexion supérieure

Barrette
de connexion

Évent facilitant
le remplissage

Capots

Produit
d'étanchéité

Isolant
de protection

Plaques

Séparateurs

Cuve en caoutchouc

Chambre de décantation

Pieds à
toutes les plaques

Figure 12-9 *Construction d'un élément au plomb. (The Electric Storage Battery Co.)*

d'eau, qui dilue l'électrolyte, et de former du sulfate de plomb sur les plaques.

Si la décharge se poursuit, le sulfate bouche les trous des grilles en retardant la circulation de l'acide dans le matériau actif. Le sulfate de plomb est la poudre blanche qui apparaît souvent à l'extérieur des vieilles batteries. Quand l'association d'un électrolyte affaibli et du sulfatage des plaques abaisse la tension de sortie, une recharge est nécessaire.

Pendant la charge, la direction des ions qui circulent dans l'électrolyte étant inversée, les réactions chimiques inverses se produisent. Le sulfate de plomb de la plaque positive réagit avec l'eau et avec les ions de sulfate pour former du peroxyde de plomb et de l'acide sulfurique. Cette action reforme l'électrode positive et renforce l'électrolyte en ajoutant de l'acide sulfurique. En même temps, la charge permet au sulfate de plomb de la plaque négative de réagir avec les ions d'hydrogène, ce qui

forme aussi de l'acide sulfurique, tout en reformant du plomb sur l'électrode négative.

Par conséquent, le courant de charge peut rétablir la tension de sortie normale, reconstituer du peroxyde de plomb sur les plaques positives et du plomb spongieux sur les plaques négatives, et enfin ramener l'électrolyte à la concentration d'acide sulfurique nécessaire.

La réaction chimique d'un élément au plomb est:

$$Pb + PbO_2 + 2\ H_2SO_4 \underset{\text{décharge}}{\overset{\text{Charge}}{\rightleftharpoons}}$$

$$2\ Pb\ SO_4 + 2\ H_2O$$

Pendant la décharge, les électrodes en plomb (Pb) et en peroxyde de plomb (PbO$_2$) fournissent des ions Pb qui se combinent aux ions sulfate (SO$_4$) pour former du sulfate de plomb (PbSO$_4$) et de l'eau (H$_2$O). Pendant la charge, le courant étant inversé dans l'électrolyte, la réaction chimique est inversée. Les ions Pb venant du sulfate de plomb reforment l'électrode en peroxyde de plomb et les ions SO_4 se combinent avec les ions H_2 pour former de l'acide sulfurique.

Courant nominal Les batteries au plomb sont caractérisées par le courant de décharge qu'elles sont capables de fournir de manière continue pendant une période définie. La tension de sortie doit être maintenue au-dessus d'un minimum, qui est de 1,5 à 1,8 V par élément. Une caractéristique courante est la capacité en ampères-heures (A·h) évaluée pour une période de décharge de huit heures. Des valeurs types peuvent être comprises entre 100 et 300 A·h. Une batterie de 120 A·h, par exemple, peut délivrer à une charge un courant plus faible pendant une période plus longue ou un courant plus élevé pendant une période plus courte.

Remarquez que l'ampère-heure est équivalent à une charge en coulombs. Par exemple, 200 A·h correspondent à 200 A × 3600 s, soit 720 000 A·s, ou $7,2 \times 10^5$ C.

La capacité d'une batterie au plomb est donnée pour une température de 27°C environ. Des températures plus élevées favorisent les réactions chimiques, mais au-delà de 43°C, la durée de la batterie est abrégée.

Des températures plus basses réduisent la tension et le courant de sortie. La capacité en ampères-heures est réduite d'environ 1,35 % par degré Celsius. À −18°C, la capacité disponible n'est plus que 40 % de la valeur nominale. Par temps froid, il est donc important d'avoir une batterie d'automobile bien chargée. En outre, l'électrolyte gèle plus facilement quand il est dilué dans l'eau à l'état déchargé.

Densité L'état de décharge d'une batterie au plomb se mesure généralement en contrôlant la *densité* de l'électrolyte. Cette densité est

le rapport du poids d'une substance à celui du même volume d'eau. En particulier, l'acide sulfurique concentré est 1,835 fois plus lourd que le même volume d'eau. Sa densité est donc égale à 1,835. La densité de l'eau est 1, puisque l'on prend l'eau comme référence.

Quand un élément est complètement chargé, le mélange d'eau et d'acide sulfurique a une densité égale à 1,280 environ à température ambiante, c'est-à-dire entre 20°C et 27°C. Quand l'élément se décharge, l'eau formée dissout l'acide et abaisse la densité de la solution. Quand la densité descend à environ 1,150, l'élément est complètement déchargé.

Les densités se mesurent à l'aide d'un pèse-acide dont le flotteur gradué s'élève dans un électrolyte de densité plus grande. Pour plus de simplicité, on supprime généralement la virgule. Par exemple, une densité de 1,250 apparaît simplement sous la forme «douze-cinquante». Une indication de 1260 à 1280 indique la pleine charge; 1250 indique que la batterie est à moitié chargée; entre 1150 et 1200, la décharge est complète.

Charge d'une batterie au plomb Les conditions de la charge sont indiquées sur la figure 12-10. Il faut disposer d'une tension continue extérieure pour obtenir le courant dans une première direction. La tension de charge doit aussi être plus élevée que la force électromotrice de la batterie. Il faut environ 2,5 V par élément pour vaincre la force électromotrice de l'élément et pour que la tension de charge produise un courant de sens opposé à celui du courant de décharge.

On indique aux figures 12-10*a* et *b* les sens opposés des courants de charge et de décharge. En (*a*), la batterie est la source de tension V_B qui fournit un courant à la résistance de charge R_L. Le sens des électrons dans le circuit extérieur part de la borne négative de la

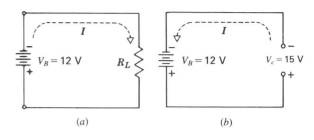

Figure 12-10 *Le courant de charge et le courant de décharge d'une batterie circulent dans des directions opposées. (a) V_B fournit le courant de décharge à R_L; (b) La batterie constitue une résistance de charge pour la tension de charge V_C.*

batterie, traverse R_L et revient à la borne positive. À l'intérieur de la batterie, le courant ionique va de l'électrode positive à l'électrode négative.

En (b), la batterie est véritablement une résistance de charge connectée aux bornes extérieures de la source de tension de charge V_C. La tension effectivement disponible pour produire le courant de charge est la différence entre la tension de la source et la tension de la batterie qui, ici, est égale à 3 V. Le courant d'électrons qui en résulte circule de la borne négative de la tension de charge V_C à l'électrode moins négative de la batterie et revient de la borne positive de la batterie à la borne plus positive de la tension de charge.

Dans le circuit extérieur à la batterie, le courant en (b) circule dans le sens opposé à celui du courant en (a). À l'intérieur de la batterie, le courant ionique produit dans l'électrolyte par la tension de charge a également un sens opposé à celui du courant ionique de décharge.

On remarque que cette inversion de courant s'obtient en connectant simplement la batterie et la tension de charge du + au + et du − au −, comme le voit en (b). Le courant de charge s'inverse parce que la batterie devient réellement une résistance de charge pour la tension de charge quand V_C est plus élevé que V_B.

Chargeurs de batterie   Il existe de nombreux types de chargeurs de batterie, actuellement commercialisés, que l'on peut brancher sur une ligne de distribution alternative pour convertir la tension alternative appliquée, de 120 V, en une tension continue d'amplitude nécessaire pour assurer la charge des batteries. La figure 12-11 représente un modèle qui fournit une tension de sortie continue de 6 ou 12 V. Comme les récepteurs d'automobiles fonctionnent sur la tension de la batterie, la tension fournie par le chargeur de batterie, soit 6 ou 12 V, peut servir de source de tension pour le contrôle de ces récepteurs au banc d'essai sans utiliser de batterie. En outre, la

Figure 12-11 *Chargeur de batterie. (Heath Company)*

tension continue fournie peut servir à charger une batterie.

Problèmes pratiques 12.5
(réponses à la fin du chapitre)

(a) Déterminer le nombre de piles au plomb à disposer en série pour obtenir une batterie de 12 V.

(b) Soit un courant de charge de 5 A. Calculer le nombre d'heures requis pour obtenir une charge de 100 A·h.

12.6
TYPES D'ÉLÉMENTS ÉLECTROMOTEURS

Les éléments les plus courants sont l'élément sec zinc-carbone pour les piles primaires, et l'élément liquide au plomb pour les piles secondaires ou d'emmagasinage. Une pile primaire ne peut être rechargée puisque sa réaction chimique n'est pas réversible. Il arrive parfois que la sortie puisse être augmentée temporairement en reposant une pile primaire ou en améliorant l'action dépolarisante aux électrodes. Une pile secondaire, par contre, peut être rechargée indéfiniment pour ramener la sortie à sa valeur normale de pile neuve.

D'autres modèles sont listés au tableau 12-1 pour les piles primaires et au tableau 12-2 pour les piles secondaires liquides et sèches. Les tensions spécifiées sont les valeurs nominales sans charge. La tension de sortie avec courant de charge chute normalement de 10 à 20 %. Les paragraphes suivants fournissent certains détails de construction des modèles récemment mis au point.

Élément au manganèse alcalin La cathode est un bioxyde de manganèse, l'anode est en zinc. Le tout est logé dans un boîtier étanche en acier (figure 12-12). L'électrolyte, un hydrate de potasse ou un hydrate de soude, est alcalin sous l'action des ions négatifs hydroxydes (OH), tandis qu'un électrolyte acide a

Tableau 12-1 *Éléments primaires*

TYPE	TENSION (V)	REMARQUES
Carbone-zinc	1,5	Le type le plus courant; piles A, B, C; pour lampes de poche et jouets; les moins chers mais de faible pouvoir en courant.
Chlorure de zinc		Semblable au type carbone-zinc, mais de pouvoir en courant plus élevé.
Manganèse alcalin	1,5	L'électrolyte est un hydrate; pouvoir en courant élevé.
Mercure	1,35	La cathode est en oxyde mercurique; tension de référence fixe.
Mercure	1,4	La cathode est en oxyde mercurique avec bioxyde de manganèse; formats miniatures en boutons pour appareils photographiques, montres électroniques, appareils de correction auditive; pouvoir en courant élevé, longue durée de stockage.
Oxyde d'argent	1,5	L'électrolyte est un hydrate; formats boutons miniatures.
Lithium	2,95	Grande durée de vie; coût élevé; pouvoir en courant et densité d'énergie élevés.

Tableau 12-2 *Éléments secondaires*

TYPE	TENSION (V)	REMARQUES
Plomb	2,2	Électrolyte liquide, bon marché; très faible r_i et courant nominal très élevé.
Électrolyte gellifié au plomb	2,1	Électrolyte humide; unité scellée; pas besoin d'ajouter de l'eau; plomb et calcium dans les petits formats.
Nickel-fer	1,36	Élément Edison; l'électrolyte liquide est un hydrate; usages industriels.
Nickel-cadmium	1,25	Pile sèche rechargeable; la plus fréquente.
Argent-cadmium	1,1	Élément sec rechargeable; pouvoir en courant et densité d'énergie élevés.
Zinc-argent	1,86	Élément sec rechargeable, rendement élevé.

des ions hydrogène (H) positifs. Son courant nominal est plus élevé que celui d'un élément zinc-carbone du fait de la conductivité élevée de son électrolyte. C'est un élément primaire mais certaines piles alcalines peuvent être réactivées quelques fois. Sa sortie est de 1,5 V.

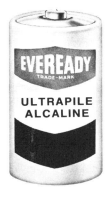

Figure 12-12 *Pile de type alcalin. Sortie de 1,5 V.*

Élément au mercure La cathode est un oxyde mercurique, l'anode est en zinc dans un électrolyte alcalin. L'anode et la cathode sont en poudres comprimées, elles sont disposées dans un électrolyte liquide et sont logées dans un boîtier à double scellage. Grâce à l'oxyde mercurique de la cathode, on obtient une tension de sortie de 1,35 V remarquablement fixe. Ce type d'élément peut servir de source de tension de référence. Le type à usage général d'une sortie de 1,4 V utilise un bioxyde de manganèse avec de l'oxyde mercurique. Ces types sont tous deux des éléments primaires. La figure 12-13 illustre le mode de fabrication d'un modèle circulaire plat.

Élément à l'oxyde d'argent Tel qu'illustré à la figure 12-14, la cathode est en oxyde d'argent, à anode de zinc en poudre dans un électrolyte alcalin. Ce type, généralement de format miniature en bouton, est utilisé dans les appareils de correction auditive et les montres électroniques. La sortie de cet élément primaire est de 1,5 V.

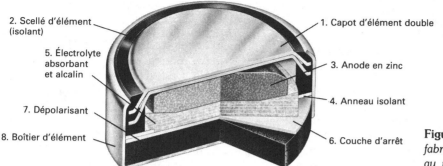

2. Scellé d'élément (isolant)

5. Électrolyte absorbant et alcalin

7. Dépolarisant

8. Boîtier d'élément

1. Capot d'élément double

3. Anode en zinc

4. Anneau isolant

6. Couche d'arrêt

Figure 12-13 *Mode de fabrication d'un élément au mercure de type circulaire plat. (Mallory Battery Company)*

Élément zinc-air Nouveau type expérimental qui extrait l'oxygène de l'air pour servir de cathode. Sortie de 1,45 V.

Élément nickel-cadmium Élément sec rechargeable. C'est l'élément le plus utilisé dans les piles sèches à emmagasinage.

En condition de charge normale, l'anode est en hydrate de nickel, la cathode est en cadmium métallique. Ces deux électrodes sont dans un électrolyte alcalin d'hydrate de potasse. Le tout loge dans un boîtier scellé (figure 12-15). Sortie de 1,25 V.

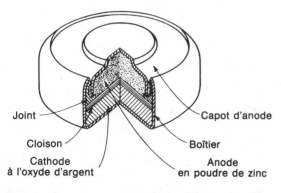

Joint

Cloison

Cathode à l'oxyde d'argent

Capot d'anode

Boîtier

Anode en poudre de zinc

Figure 12-14 *Pile à l'oxyde d'argent du type «bouton». Diamètre entre 7,6 mm et 12,7 mm. Sortie de 1,5 V. (Union Carbide Corporation)*

La formule de réaction chimique est:

$$Cd + 2NiOH + 2KOH = Cd(OH)_2 + NiO + 2KOH$$

Ce modèle d'élément sec est un authentique élément d'emmagasinage à réaction chimique réversible, dont le nombre de recharges peut s'élever jusqu'à 1000. Le modèle standard exige une durée de recharge de 15 h, certains modèles sont à recharge rapide. Il est parfois nécessaire de recharger certaines piles neuves avant de les utiliser.

Pile solaire Contient des éléments au silicium photosensibles. Ce semi-conducteur génère, sous l'action de la lumière, une tension de sortie. Sa sortie type est de 0,26 V par élément.

Problèmes pratiques 12.6 (réponses à la fin du chapitre)

(a) Quelle est la tension de sortie de l'élément nickel-cadmium?

(b) Est-ce que la pile zinc-carbone est rechargeable?

12.7
RÉSISTANCE INTERNE
D'UN GÉNÉRATEUR

Toute source produisant une tension de sortie en permanence est un générateur. Ce peut être une pile qui sépare des charges par action chimique ou un générateur tournant qui transforme un mouvement et de l'énergie magnétique en tension de sortie, pour ne citer que quelques exemples. De toute façon, un générateur a toujours une résistance interne qui porte le symbole r_i sur la figure 12-16.

La résistance interne r_i est importante quand le générateur fournit un courant de charge parce que la chute de tension interne Ir_i se retranche de la force électromotrice produite, et que la tension aux bornes de sortie s'en trouve diminuée. Physiquement, R_i peut être la résistance du fil dans un générateur tournant, ou bien la résistance interne est la résistance de l'électrolyte entre les deux électrodes dans un élément chimique. D'une manière plus générale, la résistance interne r_i est l'opposition qui s'exerce contre le courant de charge à l'intérieur du générateur.

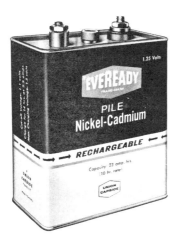

Figure 12-15 *Pile nickel-cadmium. Sortie de 1,25 V.*

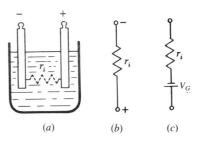

Figure 12-16 *Résistance interne r_i en série avec la tension produite:* (a) *dispositif;* (b) *schéma;* (c) *circuit équivalent.*

Puisque tout courant interne du générateur doit traverser la résistance interne, r_i est en série avec la tension produite, comme on l'indique à la figure 12-16c. Il peut être intéressant de remarquer que, s'il n'y a qu'une seule résistance de charge aux bornes du générateur, ces deux résistances R_L et r_i sont en série.

S'il y a un court-circuit aux bornes du générateur, la résistance interne évite au courant de prendre une valeur infinie. Si, par exemple, une pile de 1,5 V est momentanément court-circuitée et que le courant de court-circuit I_{sc} est de 10 A environ, la résistance interne r_i est égale à V/I_{sc}, ou 1,5/10, ou 0,15 Ω.

Comment décroît la tension aux bornes quand le courant de charge augmente
À la figure 12-17, on montre comment la tension de sortie d'une batterie de 100 V peut tomber à 90 V par suite d'une chute de tension intérieure Ir_i de 10 V. En (a), la tension aux bornes de sortie est égale à 100 V représentant V_g puisqu'il n'y a pas de courant de charge dans un circuit ouvert. En l'absence de courant, la chute de tension dans r_i est nulle, et toute la tension produite apparaît aux bornes de sortie. C'est la *f.é.m. produite*, la *tension en circuit ouvert*, ou la *tension à vide*.

On ne peut pas brancher les connexions de contrôle à l'intérieur de la source pour mesurer V_G mais, en mesurant la tension à vide quand aucun courant de charge ne circule, on obtient une méthode de détermination de la f.é.m. produite à l'intérieur du générateur.

Mais, sur la figure 12-17*b*, un courant de charge de 0,1 A circule et crée une chute de tension de 10 V aux bornes des 100 Ω de r_i. On remarque que la résistance totale R_T est de $900 + 100 = 1000$ Ω. Donc, I_L est égal à $^{100}/_{1000}$, c'est-à-dire 0,1 A.

Par conséquent, la tension de sortie est $V_L = 100 - 10 = 90$ V. Cette *tension aux bornes* ou *tension en charge* est disponible aux bornes de sortie quand le générateur est en circuit fermé et qu'un courant de charge circule. La chute de tension Ir_i de 10 V est retranchée à V_G puisque ce sont des tensions série en opposition.

La courbe de la figure 12-18 indique comment diminue la tension aux bornes V_L quand le courant I_L augmente. Ceci s'explique

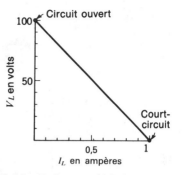

Figure 12-18 *Réduction de la tension aux bornes V_L quand le courant de charge I_L augmente. La courbe correspond aux valeurs du tableau 12-3.*

par la chute de tension intérieure plus élevée aux bornes de r_i, comme le montrent les valeurs calculées du tableau 12-3.

Dans la première rangée du tableau 12-3, une valeur infinie pour R_L correspond à un circuit ouvert. Le courant I_L est donc nul, il n'y a pas de chute de tension interne V_i et la tension V_L est égale à V_G.

La valeur zéro pour R_L correspond à un court-circuit. Le courant de court-circuit de 1 A correspond à une tension de sortie nulle. Toute la tension du générateur apparaît comme chute de tension dans la résistance interne. On peut dire aussi qu'avec un court-circuit de résistance nulle aux bornes de la charge, le courant est limité à V_G/r_i.

Plus la résistance interne d'un générateur est faible, meilleur il est, puisqu'il est capable de fournir une tension de sortie maximale quand il fournit un courant à une charge. Par exemple, la très faible résistance interne r_i d'une batterie au plomb de 12 V, qui est d'environ 0,01 Ω, explique pourquoi cette batterie peut fournir des courants de charge importants en maintenant sa tension de sortie.

À l'opposé, une résistance r_i plus grande indique que la tension de sortie du générateur est beaucoup plus faible quand ce générateur

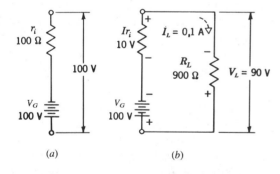

Figure 12-17 *La chute de tension interne Ir_i diminue la tension aux bornes du générateur:*
(a) la tension en circuit ouvert est égale à V_G, c'est-à-dire à 100 V puisqu'il n'y a pas de courant de charge;
(b) la tension aux bornes V_L est réduite à 90 V par suite de la chute de tension de 10 V, dans la résistance interne r_i de 100 Ω pour un courant de charge I_L de 0,1 A.

Tableau 12-3 *V_L en fonction de I_L pour la courbe de la figure 12-17*

V_G, V	r_i, Ω	R_L, Ω	$R_T = R_L + r_i$, Ω	$I_L = V_G/R_T$, A	$V_i = I_L r_i$, V	$V_L = V_G - V_i$, V
100	100	∞	∞	0	0	100
100	100	900	1000	0,1	10	90
100	100	600	700	0,143	14,3	85,7
100	100	300	400	0,25	25	75
100	100	100	200	0,5	50	50
100	100	0	100	1,0	100	0

débite un courant. Par exemple, une vieille pile sèche de résistance $r_i = 500\ \Omega$ paraîtrait normale si on mesurait sa tension au voltmètre, mais elle est inutilisable parce que sa tension est faible quand un courant de charge normal circule dans un circuit réel.

Comment mesurer la résistance interne r_i

On peut mesurer indirectement la résistance interne d'un générateur quelconque en déterminant la diminution de sa tension de sortie pour un courant de charge donné. La différence entre la tension à vide et la tension de charge représente la chute interne de tension $I_L r_i$. En divisant cette quantité par I_L, on obtient la valeur de r_i.

$$r_i = \frac{V_{a\ vide} - V_l}{I_L} \qquad (12.1)$$

Exemple 1 Calculez r_i si la tension de sortie d'un générateur passe de 100 V, pour un courant de charge nul, à 80 V pour un courant de charge I_L de 2 A.

Réponse
$$r_i = \frac{100 - 80}{2} = \frac{20}{2}$$
$$r_i = 10\ \Omega$$

Pour mesurer r_i, un procédé commode consiste à utiliser une résistance de charge variable R_L. On fait alors varier R_L jusqu'à ce que la tension de charge soit la moitié de la tension à vide. La valeur de R_L est alors la même que celle de r_i, puisque ces deux résistances doivent être égales pour diviser la tension du générateur en deux parties égales. Pour le générateur de 100 V de l'exemple 1 dont la résistance interne r_i est de 10 Ω, si l'on utilisait une résistance de charge R_L de 10 Ω, la tension en charge serait de 50 V, soit la moitié de la tension à vide.

On peut calculer ce circuit en appliquant la loi d'Ohm: on obtient la valeur de 5 A pour le courant I_L avec une résistance totale de 20 Ω et deux chutes de tension de 50 V chacune, dont la somme est égale à la tension de 100 V du générateur.

Générateur de tension constante Un générateur à très faible résistance interne est considéré comme une source de tension constante. La tension de sortie reste donc essentiellement la même quand le courant de charge varie. Un tel générateur correspond à la figure 12-19a pour une batterie au plomb de 6 V ayant un r_i de 0,005 Ω. Quand le courant de charge varie dans la large gamme, allant de 1 à 100 A, la chute de tension interne $I r_i$ aux bornes de 0,005 Ω est inférieure à 0,5 V.

On peut considérer constante la tension de sortie variable entre 5,5 et 6 V comparati-

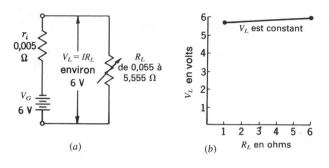

Figure 12-19 *Générateur de tension constante à faible résistance r_i. La tension V_L reste sensiblement égale à 6 V, quand I varie avec R_L. (a) Circuit; (b) courbe.*

vement aux variations du courant de charge, comme l'indique la courbe (*b*).

Générateur de courant constant Le cas opposé est celui d'un générateur ayant une résistance interne très élevée comparativement à la résistance de charge et qui, par conséquent, fournit un courant constant bien que la tension de sortie varie. On en trouve des exemples dans les circuits à tubes à vide, un tube pouvant être un générateur de résistance interne aussi grande que 1 MΩ. Le générateur de courant constant de la figure 12-20a a une résistance si grande, puisque r_i est de 0,9 MΩ, que c'est le facteur principal qui détermine le courant que peut délivrer V_G. Dans ce cas, R_L varie dans une gamme de rapport 3 à 1, entre 50 et 150 kΩ, mais, puisque le courant est déterminé par la résistance totale équivalente à

R_L et r_i en série, I est essentiellement constant; il ne varie que de 1,05 à 0,95 mA, soit approximativement 1 mA, comme l'indique la courbe (*b*).

Remarquez que la tension aux bornes V_L varie approximativement dans une gamme de même rapport que R_L, c'est-à-dire 3 à 1. La tension de sortie est aussi beaucoup plus faible que la tension du générateur puisque la résistance interne est très grande par rapport à R_L. Mais c'est une condition nécessaire dans un circuit comprenant un générateur de courant constant.

Un exemple plus fréquent, consistant à insérer une résistance série destinée à garder le courant constant, apparaît à la figure 12-21a. R_1 doit être beaucoup plus grand que R_L. Dans cet exemple, $I_L = 50$ μA, la tension appliquée = 50 V et la résistance R_T est pratiquement égale à R_1 de 1 MΩ. La valeur de R_L

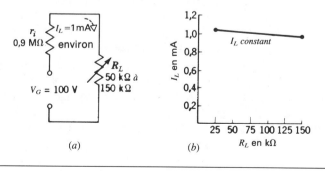

Figure 12-20 *Générateur de courant constant, à résistance r_i élevée. Le courant I_L reste sensiblement constant quand V_L varie en fonction de R_L. (a) Circuit; (b) courbe.*

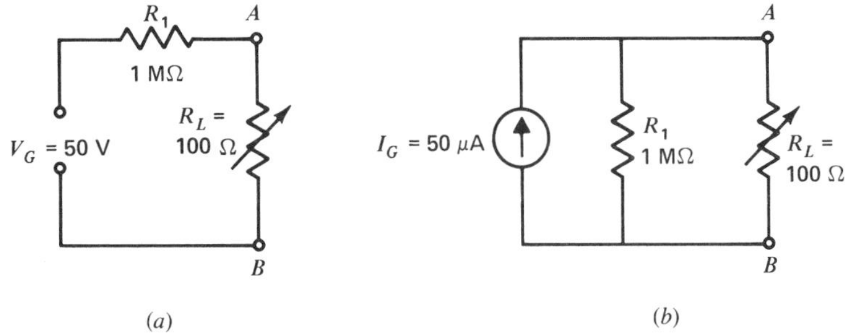

Figure 12-21 *Source de tension: (a) équivalente à une source de courant; (b) pour R_L entre les bornes A et B.*

peut varier du simple au décuple sans changer de manière sensible ni R_T ni I_L.

Le circuit à source de courant constant est illustré en (*b*). Remarquer la flèche encerclée: c'est le symbole graphique d'une source de courant. On peut considérer que la force électromotrice V_G de 50 V se retrouve entre les bornes A et B de la résistance de charge R_L disposée en série avec R_1 de 1 MΩ. Ou encore que cette résistance R_L disposée en parallèle avec R_1 reçoit 50 μA.

Problèmes pratiques 12.7 (réponses à la fin du chapitre)

(*a*) Dire si la résistance interne d'une source de tension constante est grande ou petite.

(*b*) Dire si la chute de tension interne d'une source de tension est en conjonction ou en opposition à la tension générée.

12.8
ADAPTATION D'UNE RÉSISTANCE DE CHARGE À UN GÉNÉRATEUR

Sur le croquis de la figure 12-22, la charge et le générateur sont adaptés si R_L est égale à r_i. L'adaptation est importante parce que le générateur fournit alors la puissance maximale à R_L comme on peut le vérifier d'après les valeurs du tableau 12-4.

Puissance maximale dans R_L   Quand la charge R_L est égale à 100 Ω, donc quand elle est adaptée à la résistance interne r_i de 100 Ω, une puissance maximale est transférée de la source à la charge. Si la résistance de charge R_L était plus élevée, la tension de sortie V_L serait plus élevée, mais le courant serait plus faible.

Si la résistance de charge était plus faible, le courant serait plus grand mais la tension V_L serait plus faible. Quand les résistances R_L et r_i sont égales à 100 Ω, on obtient une combinaison de tension et de courant qui produit une puissance maximale de 100 W dans R_L.

Cependant, l'adaptation est souvent impossible à obtenir pour des générateurs ayant de très faibles résistances internes. Si, par exemple, on branchait une batterie au plomb de 6 V et de 0,003 Ω de résistance interne à une charge de 0,003 Ω, la batterie risquerait d'être endommagée par un courant excessif atteignant dans ce cas 1000 A.

Tension maximale aux bornes de R_L   En outre, si l'on désire obtenir une tension maximale aux bornes de R_L au lieu d'une puissance maximale, la charge devra avoir une résistance aussi grande que possible. Remarquez que R_L et r_i constituent un diviseur de tension aux bornes de la tension du générateur, comme on l'indique à la figure 12-22. Les valeurs de

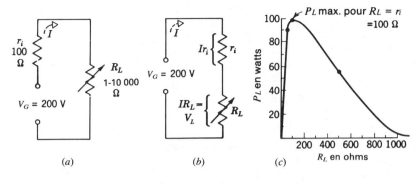

Figure 12-22 *Circuit permettant de faire varier R_L pour l'adapter à r_i: (a) schéma; (b) diviseur de tension équivalent donnant la tension aux bornes de R_L; (c) courbe de la puissance de sortie P_L en fonction de R_L.*

IR_L inscrites dans le tableau 12-4 montrent comment la tension de sortie V_L augmente avec la résistance de charge R_L.

Rendement maximal On remarque aussi que le rendement augmente avec R_L car le courant décroît, et que la puissance dissipée dans r_i est plus faible. Quand R_L est égal à r_i, le rendement n'est que de 50 %, puisqu'une moitié de la puissance totale produite est dissipée dans la résistance interne du générateur, r_i. En conclusion, il faut adapter les résistances de la charge et du générateur quand on désire transmettre un maximum de puissance à la charge, plutôt que d'obtenir un maximum de tension ou de rendement, en supposant que l'adaptation ne conduise pas à un courant excessif.

***Problèmes pratiques 12.8
(réponses à la fin du chapitre)
Répondre par vrai ou faux:***
(a) Si $R_L = r_i$, alors la puissance P_L est maximale;
(b) Si la tension V_L est maximale, alors la résistance R_L est maximale.

Tableau 12-4 *Effet de la résistance de charge sur la puissance de sortie du générateur**

	R_L Ω	$I = V_G/R_T$ A	I_{r_i} V	IR_L V	P_L W	P_i W	P_T W	RENDEMENT $=$ P_L/P_T, %
	1	1,98	198	2	4	396	400	1
	50	1,33	133	67	89	178	267	33
$R_L = r_i \longrightarrow$	100	1	100	100	100	100	200	50
	500	0,33	33	167	55	11	66	83
	1000	0,18	18	180	32	3,24	35,24	91
	10 000	0,02	2	198	4	0,04	4,04	99

* Valeurs approximatives calculées pour le circuit de la figure 12-22, avec $V_G = 200$ V et $r_i = 100$ Ω

Résumé

1. Une pile voltaïque est constituée de deux conducteurs différents plongés dans un électrolyte et servant d'électrodes. La tension de sortie ne dépend que des produits chimiques présents dans la pile; le pouvoir en courant augmente avec les dimensions de la pile. Une pile primaire ne peut pas être rechargée. Un élément secondaire ou accumulateur peut être rechargé.

2. Une batterie est constituée d'un groupe de piles en série ou en parallèle. Quand des piles sont montées en série, leurs tensions de sortie s'ajoutent, mais le pouvoir en courant reste celui d'une seule pile. Quand des piles sont montées en parallèle, la tension de sortie est la même que celle d'une pile unique, mais le pouvoir en courant total est la somme des valeurs individuelles.

3. La pile sèche zinc-carbone-sel ammoniacal est la pile primaire la plus utilisée. Le zinc constitue l'électrode négative; le carbone, l'électrode positive. La tension de sortie est d'environ 1,5 V.

4. L'élément au plomb est l'élément accumulateur le plus courant. L'électrode positive est en peroxyde de plomb, l'électrode négative en plomb spongieux, et ces deux électrodes sont plongées dans une solution d'acide sulfurique dilué qui sert d'électrolyte. La tension de sortie est d'environ 2,2 V par élément.

5. Pour charger une batterie au plomb, on la branche à une tension continue égale à environ 2,5 V par élément. On branche la borne positive de la batterie à la borne positive de la source de charge et la borne moins de la batterie à la borne moins de la source de charge. Cela fait passer un courant de charge dans la batterie.

6. L'élément au mercure est un élément primaire de tension de sortie égale à 1,34 V ou 1,4 V.

7. L'élément au nickel-cadmium est un élément rechargeable de tension de sortie égale à 1,25 V.

8. Un générateur de tension constante a une très faible résistance interne. Il en résulte une tension de sortie qui reste relativement constante quand la charge varie, puisque la chute de tension interne est faible.

9. Un générateur de courant constant a une résistance interne très élevée, ce qui se traduit par une valeur constante du courant dans le circuit du générateur qui reste relativement indépendante de la résistance de charge.

10. Tout générateur a une résistance interne r_i. Quand un courant de charge I_L circule, la chute de tension interne $I_L r_i$ réduit la tension aux bornes de sortie. Quand le courant I_L abaisse la tension en charge à la moitié de la tension à vide, la résistance de la charge extérieure est égale à la résistance interne du générateur.

11. Adapter une charge à un générateur, cela signifie rendre la résistance de charge égale à la résistance interne du générateur et transmettre à la charge un maximum de puissance provenant du générateur.

Exercices de contrôle
(Réponses à la fin de l'ouvrage)

Voici un moyen de contrôler si vous avez bien assimilé le contenu de ce chapitre. Ces exercices sont uniquement destinés à vous évaluer vous-même.

Choisir (*a*), (*b*), (*c*) ou (*d*).

1. Quelle est l'affirmation fausse dans ce qui suit? (*a*) Un élément au plomb est rechargeable; (*b*) une pile primaire a une réaction chimique irréversible; (*c*) un élément accumulateur utilise une réaction chimique réversible; (*d*) une pile zinc-carbone a une durée de stockage *illimitée*.
2. La tension de sortie d'un élément au plomb est de: (*a*) 1,25 V; (*b*) 1,35 V; (*c*) 2,2 V; (*d*) 6 V.
3. Dans un élément chimique, le courant est un mouvement: (*a*) de charges positives de trous; (*b*) d'ions positifs et négatifs; (*c*) d'ions positifs seulement; (*d*) d'ions négatifs seulement.
4. On branche des éléments en série pour: (*a*) augmenter la tension de sortie; (*b*) réduire la tension de sortie; (*c*) réduire la résistance interne; (*d*) augmenter le pouvoir en courant.
5. On branche des éléments en parallèle pour: (*a*) augmenter la tension de sortie; (*b*) augmenter la résistance interne; (*c*) diminuer le pouvoir en courant; (*d*) augmenter le pouvoir en courant.
6. Parmi les éléments suivants, quel est l'élément d'accumulateur sec? (*a*) Un élément Edison; (*b*) une pile zinc-carbone; (*c*) un élément à l'oxyde d'argent; (*d*) un élément au nickel-cadmium.
7. Lorsque la résistance de charge R_L est égale à la résistance interne du générateur r_i, quelle est la grandeur maximale parmi celles qui suivent? (*a*) La puissance dans R_L; (*b*) le courant; (*c*) la tension aux bornes de R_L; (*d*) le rendement du circuit.
8. Cinq piles zinc-carbone sont montées en série; leur tension de sortie est: (*a*) 1,5 V; (*b*) 5 V; (*c*) 7,5 V; (*d*) 11 V.

9. Un générateur à tension constante a: (*a*) une résistance interne faible; (*b*) une résistance interne élevée; (*c*) un rendement minimal; (*d*) un pouvoir en courant minimal.

10. Un générateur a une tension de sortie en circuit ouvert de 100 V; celle-ci tombe à 50 V avec un courant de charge de 50 mA et une charge de 1000 Ω. La résistance r_i est égale à: (*a*) 25 Ω; (*b*) 50 Ω; (*c*) 100 Ω; (*d*) 1000 Ω.

Questions

1. Tracez un croquis illustrant la construction d'une pile sèche zinc-carbone. Indiquez les électrodes positive et négative ainsi que l'électrolyte.

2. Tracez un croquis illustrant la construction d'un élément au plomb. Indiquez les électrodes positive et négative ainsi que l'électrolyte.

3. Indiquez le câblage des batteries suivantes: (*a*) six éléments au plomb pour obtenir une tension de sortie de 12 V; (*b*) six éléments de pile sèche standard n° 6 pour obtenir une tension de sortie de 4,5 V avec un pouvoir en courant de 0,5 A.

4. (*a*) Quel est l'avantage du montage série de piles? (*b*) Qu'est-ce qui est connecté aux bornes extrêmes des piles en série?

5. (*a*) Quel est l'avantage du montage parallèle de piles? (*b*) Pourquoi peut-on brancher la charge aux bornes de l'une quelconque des piles en parallèle?

6. Combien une batterie doit-elle grouper d'éléments pour doubler la tension et le courant d'un seul élément? Indiquez le schéma de câblage.

7. Tracez un schéma représentant deux batteries au plomb de 6 V au cours de leur charge par une source de 15 V.

8. Pourquoi appelle-t-on un générateur de très faible résistance interne une source de tension constante?

9. Pourquoi le courant de décharge abaisse-t-il la densité d'un élément au plomb?

10. Considérez-vous une batterie au plomb comme une source de tension constante ou une source de courant constant? Pourquoi?

11. Indiquez cinq types différents d'éléments chimiques en précisant deux caractéristiques pour chacun d'eux.

12. En vous reportant à la figure 12-19*b*, tracez la courbe représentant les variations de I en fonction de R_L.

13. En vous reportant à la figure 12-20*b*, tracez la courbe représentant les variations de V_L en fonction de R_L.

14. En vous reportant à la figure 12-22*c*, tracez la courbe représentant les variations de V_L en fonction de R_L.

Problèmes
(Les réponses aux problèmes de numéro impair sont données à la fin de l'ouvrage)

1. Une pile sèche zinc-carbone n°6 de 1,5 V est branchée aux bornes d'une résistance R_L de 1000 Ω. Quel est le courant qui circule dans le circuit?

2. Tracez le schéma de câblage de six piles n° 6, délivrant une tension de sortie de 3 V et dont le pouvoir en courant est de 0,75 A. Tracez le schéma de cette batterie branchée à une résistance de 10 Ω: (*a*) Quel est le courant qui circule dans le circuit? (*b*) Quelle est la puissance dissipée dans la résistance? (*c*) Quelle est la puissance fournie par la batterie?

3. Une batterie au plomb de 6 V a une résistance interne de 0,01 Ω. Quel est le courant qui circule si la batterie est en court-circuit?

4. Quelle est la densité d'une solution composée d'acide sulfurique et d'eau en quantités égales?

5. Une batterie au plomb se décharge au rythme de 8 A pendant 10 h. (*a*) Quelle est en coulombs la charge qu'il faudra fournir à la batterie pour reconstituer la charge initiale, en supposant un rendement de 100 %? (*b*) Combien de temps prendra cette recharge, avec une charge d'entretien de 2 A?

6. La tension de sortie d'une batterie tombe de 90 V à vide à 60 V, pour un courant de 50 mA. (*a*) Quelle est la résistance interne r_i de la batterie? (*b*) Quelle est la résistance R_L correspondant à ce courant de charge? (*c*) Quelle est la valeur de R_L qui réduit de moitié la tension à vide?

7. Une source de 100 V ayant une résistance interne de 10 000 Ω est branchée à une résistance de charge variable R_L. Faites un tableau des valeurs de I, V_L et de la puissance dans R_L pour des charges de 1000 Ω, 5000 Ω, 10 000 Ω, 15 000 Ω et 20 000 Ω.

8. La tension de sortie d'une source mesurée au voltmètre électronique est de 60 V. Si l'on utilise un appareil de mesure d'une sensibilité de 1000 Ω/V, l'indication est 50 V sur la gamme 100 V. Quelle est la résistance interne de la source?

9. Un générateur a une force électromotrice en circuit ouvert de 180 V. Sa tension de sortie s'abaisse à 150 V pour une charge R_L de 5 kΩ. Calculez la résistance interne r_i.

10. D'après la figure 12-22, calculez P_L quand R_L est de 200 Ω. Comparez cette valeur avec le maximum de P_L pour $R_L = r_i = 100$ Ω.

Réponses aux problèmes pratiques

12.1 (a) 2,2 V
(b) 1,5 V
12.2 (a) vrai
(b) faux
12.3 (a) faux
(b) faux
12.4 (a) six
(b) deux

12.5 (a) six
(b) 20 h
12.6 (a) 1,25 V
(b) non
12.7 (a) grande
(b) en opposition
12.8 (a) vrai
(b) vrai

Rappel des chapitres 10 à 12

Résumé

1. Un conducteur a une très faible résistance. L'argent et le cuivre sont les meilleurs conducteurs. Pour les fils, on utilise généralement le cuivre.
2. Les numéros des calibres des fils de cuivre sont énumérés au tableau 10-1.
3. La résistance des fils des appareils de chauffage et des filaments a une valeur beaucoup plus élevée à chaud qu'à froid. La résistance à chaud, égale à V/I quand le courant de charge est normal, ne peut pas être mesurée à l'ohmmètre.
4. Une différence de potentiel peut faire apparaître des ions chargés dans les liquides et dans les gaz. Ces ions peuvent être positifs ou négatifs.
5. Les isolants ou diélectriques ont une résistance très élevée. L'air, le vide, le papier, le verre, le caoutchouc, la gomme laque, le bois et les matières plastiques en sont des exemples.
6. Les deux principaux types de résistances sont les résistances bobinées et les résistances à couche de carbone. Les résistances bobinées, dont la résistance est relativement faible, sont employées dans des applications où la puissance atteint quelques centaines de watts; les résistances au carbone peuvent avoir des valeurs très élevées et supporter des puissances jusqu'à 2 W.
7. Le code des couleurs des résistances au carbone est représenté sur les figures 11-8 et 11-9, les valeurs étant en ohms. La puissance admissible dépend des dimensions des composants.
8. Une résistance coupée a une valeur infinie quand on la mesure à l'ohmmètre. Une résistance coupée est un motif courant de panne.
9. Les principaux éléments servant à constituer des batteries sont la pile sèche carbone-zinc, l'élément au plomb et l'élément sec nickel-cadmium.
10. L'élément carbone-zinc étant primaire ne peut être rechargé. D'autres types d'éléments primaires sont énumérés au tableau 12-1. Au tableau 12-2, on donne une liste d'éléments pour emmagasinage.

11. Quand des éléments ou des batteries sont montées en série, la tension totale est égale à la somme des valeurs individuelles. Ces éléments ou batteries sont montées en série conjonction, la borne + de l'une étant reliée à la borne − de la suivante. Le courant nominal de cette combinaison série est le même dans chaque élément.

12. Quand des éléments ou des batteries sont montés en parallèle, la tension aux bornes du montage est égale à celle aux bornes d'un élément ou d'une batterie. Cependant, le courant nominal de cette combinaison est égal à la somme des valeurs individuelles.

Exercices de contrôle récapitulatifs
(Réponses à la fin de l'ouvrage)

Voici une seconde chance de contrôler vos progrès. Effectuez les exercices exactement comme ceux de chaque fin de chapitre et vérifiez les réponses.

Choisir (a), (b), (c) ou (d).

1. Quelle est parmi les substances suivantes celle qui conduit le mieux? (a) Le carbone; (b) le silicium; (c) le caoutchouc; (d) le cuivre.

2. Une résistance au carbone 1 W, 1 kΩ parcourue par un courant de 2 mA, dissipera une puissance de: (a) 4 W; (b) 4 mW; (c) 2 W; (d) 2 mW.

3. Quel élément, parmi les suivants, a une réaction chimique réversible? (a) Zinc-carbone; (b) au plomb; (c) à l'oxyde d'argent; (d) au mercure.

4. Un filament de tungstène a une résistance mesurée à l'ohmmètre de 10 Ω. Dans un circuit auquel on applique une tension de 100 V, le courant qui circule est de 2 A. La résistance à chaud du filament est de: (a) 2 Ω; (b) 10 Ω; (c) 50 Ω; (d) 100 Ω.

5. Trois résistances R_1, R_2 et R_3 sont en série aux bornes d'une source de 100 V. Si R_2 est coupée: (a) la tension aux bornes de R_2 est nulle; (b) la résistance totale de R_1, R_2 et R_3 diminue; (c) la tension aux bornes de R_1 est de 100 V; (d) la tension aux bornes de R_2 est de 100 V.

6. Le courant qui circule entre les électrodes, à l'intérieur d'une batterie zinc-acide est: (a) un courant d'électrons; (b) un courant de protons; (c) un courant d'ionisation; (d) un courant de polarisation.

7. Si on applique une tension de 300 V aux bornes de deux résistances égales, connectées en série, le courant qui circule est de 1 mA. Les valeurs à utiliser pour chaque résistance sont de: (*a*) 100 Ω, 1 W; (*b*) 150 000 Ω, 0,5 W; (*c*) 150 000 Ω, 50 W; (*d*) 300 000 Ω, 2 W.

8. Une résistance au carbone est codée par des bandes marron, verte, jaune et dorée, de la gauche vers la droite. Sa valeur est de: (*a*) 15 000 Ω, ± 10 %; (*b*) 68 000 Ω, ±10 %; (*c*) 150 000 Ω, ±5 %; (*d*) 500 000 Ω ±5 %.

9. Trente éléments secs zinc-carbone sont branchés en série. La tension de sortie totale est de: (*a*) 1,5 V; (*b*) 30 V; (*c*) 45 V; (*d*) 60 V.

10. Une source de 45 V dont la résistance interne est de 2 Ω est connectée aux bornes d'une résistance bobinée. La puissance maximale est dissipée dans la résistance quand R est de: (*a*) zéro; (*b*) 2 Ω; (*c*) 45 Ω; (*d*) infinie.

Références
(D'autres références sont données à la fin de l'ouvrage)

CROUSE, W. H., *Electrical Appliance Servicing,* McGraw-Hill Book Company, New York.

MARCUS, A. et C. THOMPSON, *Electricity for Technicians,* Prentice-Hall, Englewood Cliffs, N.J.

RICHTER, H. P., *Practical Electrical Wiring,* McGraw-Hill Book Company, New York.

SLURZBERG, M. et W. OSTERHELD, *Essentials of Electricity and Electronics,* McGraw-Hill Book Company, New York.

Le Magnétisme

Chapitre 13

Les effets électriques existent sous deux formes, la tension et le courant. Sous l'angle de la tension, des charges électriques séparées ont la possibilité d'effectuer un travail mécanique en attirant ou en repoussant des charges. D'une manière similaire, à tout courant électrique est associé un champ magnétique qui est capable d'effectuer un travail d'attraction ou de répulsion. Des matériaux, particulièrement ceux qui sont réalisés à partir de fer, de nickel et de cobalt, concentrent leurs effets magnétiques en des extrémités opposées, là où le matériel magnétique est au contact d'un milieu non magnétique tel que l'air.

Comme on le montre à la figure 13-1, ces points de concentration de force magnétique constituent les pôles Nord et Sud. Les pôles magnétiques opposés correspondent à la notion de polarité opposée de charges électriques. La dénomination de *magnétisme* est dérivée du nom d'un minerai, l'oxyde de fer ou *magnétite*. Le ferromagnétisme a trait plus particulièrement aux propriétés magnétiques du fer. Les sujets exposés dans ce chapitre sont les suivants:

13.1 Le champ magnétique
13.2 Le flux magnétique ϕ
13.3 La densité de flux magnétique B
13.4 L'induction engendrée par le champ magnétique
13.5 L'entrefer d'un aimant
13.6 Types d'aimants
13.7 Ferrites
13.8 Blindage magnétique
13.9 Effet Hall

13.1
LE CHAMP MAGNÉTIQUE

Les effets pratiques du ferromagnétisme résultent du champ magnétique de force entre les deux pôles situés aux extrémités opposées de l'aimant. Bien que le champ magnétique soit invisible, on peut constater l'existence de sa force lorsqu'on saupoudre de fine limaille de fer une lame de verre ou une feuille de papier placée au-dessus d'un barreau magnétique, ainsi qu'on l'illustre à la figure 13-2a. Chacun des copeaux de la limaille de fer devient un minuscule barreau magnétique. Si l'on tapote la feuille pour vaincre le frottement et permettre aux grains de limaille de se déplacer, ces derniers sont alignés sous l'effet du champ magnétique.

De nombreux grains de limaille adhèrent

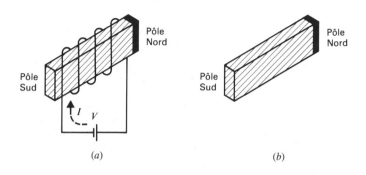

(a)

(b)

Figure 13-1 *Pôles d'un aimant: (a) électro-aimant (EM) produit par le courant d'une batterie; (b) aimant permanent (PM) sans aucune source extérieure de courant.*

aux extrémités de l'aimant, montrant ainsi que le champ magnétique est maximal au niveau des pôles. Le champ existe dans toutes les directions mais son intensité décroît en raison inverse du carré de la distance aux pôles de l'aimant.

Lignes de force Pour visualiser le champ magnétique sans limaille de fer, nous montrons le champ sous l'aspect de lignes de force, comme à la figure 13-2b. À l'extérieur de l'aimant, la direction de ces lignes matérialise la trajectoire que suivrait dans le champ un pôle Nord s'il était repoussé par le pôle Nord de l'aimant et attiré par son pôle Sud. Bien que nous ne puissions réellement disposer d'un élément pôle Nord en lui-même, le champ peut être exploré en notant comment se déplace le pôle Nord sur l'aiguille d'une petite boussole.

L'aimant peut être considéré comme le générateur d'un champ magnétique externe,

issu des deux pôles magnétiques opposés de ses extrémités. Cette idée correspond aux deux bornes de sortie opposées d'une pile en tant que source d'un champ électrique extérieur issu de charges opposées.

Les lignes de force magnétiques ne sont pas affectées par des matériaux non magnétiques tels que l'air, le vide, le papier, le verre, le bois ou les plastiques. Lorsque ces matériaux sont placés dans le champ magnétique d'un aimant, les lignes de force sont les mêmes que si le matériau n'était pas présent.

Cependant, les lignes de force magnétiques sont concentrées dès qu'une substance magnétique, comme le fer, est placée dans le champ. En comparaison du champ dans l'air, les lignes de force sont plus denses au sein du fer.

Pôles magnétiques Nord et Sud La terre elle-même est un énorme aimant naturel

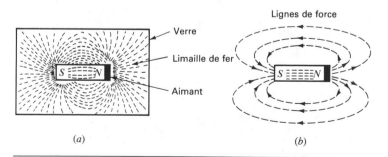

(a)

(b)

Figure 13-2 *Champ de force magnétique autour d'un barreau magnétique: (a) champ visualisé par de la limaille de fer; (b) champ signalé par des lignes de force.*

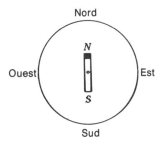

Figure 13-3   *Définition des pôles Nord et Sud d'un barreau magnétique.*

présentant une intensité maximale aux pôles Nord et Sud. En raison de l'existence des pôles magnétiques terrestres, l'une des extrémités d'un petit barreau, suspendu de façon à pouvoir tourner aisément, s'oriente systématiquement vers le nord. Cette extrémité du barreau magnétique est définie comme *pôle dirigé vers le nord*, comme on le voit à la figure 13-3. L'extrémité opposée est le *pôle dirigé vers le sud*. Lorsqu'un aimant comporte les indications de polarité, l'extrémité dirigée vers le nord est le pôle Nord (N) et son opposée est le pôle Sud (S). On notera que le pôle Nord magnétique diffère d'environ 15° du nord géographique réel, sur l'axe de rotation terrestre.

Semblable à la force entre charges électriques, la force entre pôles magnétiques provoque l'attraction de pôles opposés et la répulsion de pôles similaires:

1. Un pôle Nord (N) et un pôle Sud (S) ont tendance à s'attirer l'un l'autre.
2. Un pôle Nord (N) tend à repousser un autre pôle Nord (N), tandis qu'un pôle Sud (S) tend à repousser un autre pôle Sud (S).

Ces forces sont illustrées par le champ de limailles de fer entre pôles opposés à la figure 13-4a et entre pôles similaires à la figure 13-4b.

**Problèmes pratiques 13.1
(réponses à la fin du chapitre)
Répondre par vrai ou faux:**
(a) Le pôle Nord d'un aimant est représenté par la lettre N;
(b) Les pôles de même nom se repoussent.

13.2
LE FLUX MAGNÉTIQUE ϕ
La totalité du faisceau de lignes de force magnétiques qui peut être considérée comme s'écoulant vers l'extérieur du pôle Nord d'un

Figure 13-4   *Photos de modèles de champs magnétiques produits par la limaille:
(a) champ entre pôles opposés. Les pôles Nord et Sud pourraient être inversés;
(b) champ entre pôles semblables. Les deux pôles Nord pourraient être des pôles Sud.*

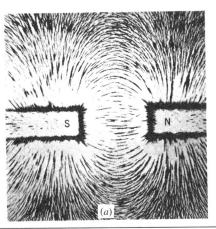
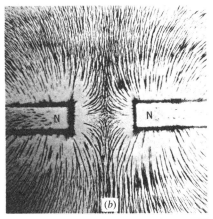

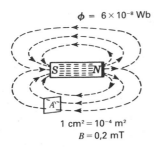

$\phi = 6 \times 10^{-8}$ Wb

1 cm² = 10^{-4} m²
$B = 0{,}2$ mT

Figure 13-5 *Le flux total ϕ est 6×10^{-8} Wb. La densité de flux B à la section A est de 2 lignes par centimètre carré ou 0,2 mT.*

aimant est nommée *flux magnétique.* Son symbole est la lettre grecque ϕ (*phi*). Un champ magnétique intense a plus de lignes de force et un flux plus élevé qu'un champ magnétique faible.

Le Weber L'unité de flux magnétique est le *weber*[1]. Un weber (Wb) égale 1×10^8 lignes. Étant donné que le weber est une grande unité pour les champs usuels, on peut faire usage du microweber comme unité. On a alors $1 \ \mu\text{Wb} = 10^{-6}$ Wb.

Pour convertir des microwebers en lignes, multiplier par le facteur de conversion de 10^8 lignes par weber, soit:

$$1 \ \mu\text{Wb} = 1 \times 10^{-6} \ \text{Wb} \times 10^8 \ \frac{\text{lignes}}{\text{Wb}}$$

$$= 1 \times 10^2 \ \text{lignes}$$

$$1\mu\text{Wb} = 100 \ \text{lignes}$$

Problèmes pratiques 13.2
(réponses à la fin du chapitre)
(a) Calculer en μWb la valeur du flux magnétique de 2000 lignes.
(b) Exprimer le résultat de (a) en Wb.

[1] Dénommé d'après Wilhelm Weber (1804-1890), physicien allemand.

13.3
LA DENSITÉ DE FLUX[2] MAGNÉTIQUE *B*

L'unité de densité de flux, symbole B, est le tesla[3], en abrégé T (voir la figure 13-5). Un tesla correspond à 1 Wb par section de 1 m² disposée perpendiculairement à la direction du flux. On a donc la relation:

$$B = \frac{\phi}{A} \qquad (13.1)$$

où ϕ est le flux à travers une surface A, et B la densité de flux.

À la figure 13-5, le flux total est de 6×10^{-8} Wb. Comme il passe deux lignes par la section A de 1 cm² ou 10^{-4} m² de ce champ, on aura donc, pour cette section:

$$B = \frac{\phi}{A}$$

$$= \frac{2 \times 10^{-8} \ \text{Wb}}{10^{-4} \ \text{m}^2}$$

$$= 2 \times 10^{-4} \ \frac{\text{Wb}}{\text{m}^2}$$

$$= 2 \times 10^{-4} \ \text{T}$$

$$B = 0{,}2 \ \text{mT}$$

La densité de flux a une valeur plus élevée au voisinage immédiat des pôles où les lignes de force sont plus nombreuses.

Exemple 1 Étant donné un flux de 10 000 lignes à travers une surface perpendiculaire de 5 cm², quelle est la valeur exprimée en teslas de la densité de flux?

Réponse $\quad B = \dfrac{\phi}{A} = \dfrac{10^4 \times 10^{-8} \ \text{Wb}}{5 \times 10^{-4} \ \text{m}^2}$

$$B = 0{,}2 \ \text{T}$$

[2] Aussi appelée induction magnétique.
[3] Nikola Tesla (1857-1943), Américain né en Yougoslavie, inventeur dans les domaines de l'électricité et du magnétisme.

À titre de valeurs usuelles, B pour le champ magnétique terrestre peut être de l'ordre de 20 μT; un grand aimant de laboratoire produit une densité B de 5 T.

Exemple 2   Étant donné un flux de 400 μWb à travers une surface de 0,0005 m², quelle est la densité de flux?

Réponse

$$B = \frac{\phi}{A} = \frac{400 \times 10^{-6}\ \text{Wb}}{5 \times 10^{-4}\ \text{m}^2} = \frac{400}{5} \times 10^{-2}$$

$$= 80 \times 10^{-2}\ \frac{\text{Wb}}{\text{m}^2}$$

$$B = 0,8\ \text{T}$$

On notera que toutes ces unités de flux ou de densité de flux sont applicables au champ magnétique engendré soit par un aimant permanent, soit par un électro-aimant. Le weber et le tesla sont des unités courantes de magnétisme en relation étroite avec les unités courantes du domaine électrique, le volt et l'ampère.

Comparaison entre le flux et la densité de flux   Rappelez-vous que le flux ϕ couvre une surface totale tandis que la densité de flux B est relative à une unité de surface donnée. La différence entre ϕ et B est illustrée à la figure 13-6. La surface totale est de 3×10^{-2} m $\times$ 3×10^{-2} m, soit 9×10^{-4} m². Dans un compartiment unitaire de 1×10^{-4} m², on trouve 16 lignes, soit 16×10^{-8} Wb. Donc, la densité de flux B est de 16×10^{-8} Wb par 1×10^{-4} m², ce qui équivaut à 16×10^{-4} T. La surface totale englobe neuf de ces compartiments. C'est pourquoi le flux total est de $9 \times 16 \times 10^{-8}$ Wb, soit 144×10^{-8} Wb pour $B \cdot A$. Réciproquement, si le flux total ϕ est donné comme étant égal à 144×10^{-8} Wb, on trouve la densité de flux en divisant 144×10^{-8} Wb par 9×10^{-4} m², ce qui équivaut à 16×10^{-4} T.

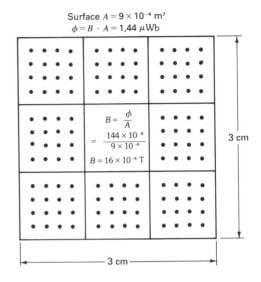

Surface $A = 9 \times 10^{-4}$ m²
$\phi = B \cdot A = 1{,}44\ \mu$Wb

$$B = \frac{\phi}{A}$$
$$= \frac{144 \times 10^{-8}}{9 \times 10^{-4}}$$
$$B = 16 \times 10^{-4}\ \text{T}$$

3 cm

3 cm

Figure 13-6 *Comparaison du flux total ϕ et de la densité de flux B. La surface totale de 9 cm² a 144 lignes. Par m², la densité de flux est $144 \times 10^{-8}/9 \times 10^{-4} = 16 \times 10^{-4}$ T.*

Problèmes pratiques 13.3
(réponses à la fin du chapitre)
(a) Soit $\phi = 9 \times 10^{-5}$ Wb et $A = 3 \times 10^{-4}$ m². Calculer B.
(b) Soit $\phi = 90$ μWb et $A = 3 \times 10^{-4}$ m². Calculer B.

13.4
L'INDUCTION ENGENDRÉE PAR LE CHAMP MAGNÉTIQUE

L'effet électrique d'un corps sur un autre sans aucun contact physique entre eux est appelé *induction*. Un aimant permanent, par exemple, peut induire un barreau de fer non magnétisé pour en faire un aimant, sans que les deux se touchent. Le barreau de fer devient alors un aimant comme on le représente à la figure 13-7: les lignes de force magnétiques engendrées par l'aimant permanent provoquent l'orientation selon une même direction des aimants moléculaires internes du barreau de fer, par opposition aux directions aléatoires qu'elles occupent dans le fer non magnétisé. Comme résultat de l'induction magnétique, le barreau de fer magnétisé présente alors à ses extrémités des pôles magnétiques.

Notez que les pôles induits dans le fer ont des polarités opposées à celles des pôles de l'aimant. Étant donné que des pôles opposés s'attirent, le barreau de fer sera attiré par l'aimant permanent. Tout aimant attire vers lui tous les matériaux magnétiques par suite d'induction.

Bien que les deux barreaux de la figure 13-7 ne se touchent pas, le barreau de fer est situé dans le flux magnétique de l'aimant permanent. C'est le champ magnétique invisible qui relie les deux aimants, permettant à l'un d'affecter l'autre. En réalité, cette notion de flux magnétique sortant des pôles magnétiques constitue la base de nombreux effets d'ordre inductif dans les circuits parcourus par des courants alternatifs. Plus généralement, le champ magnétique entre des pôles magnétiques et le champ électrique entre des charges électriques forment la base de l'émission et de la réception radio sans fil.

Polarité des pôles induits Notez que le pôle Nord de l'aimant permanent à la figure 13-7 induit un pôle Sud opposé à cette extrémité du barreau de fer. Si l'aimant permanent était inversé, son pôle Sud induirait un pôle Nord. Le pôle induit le plus proche sera toujours d'une polarité opposée. C'est la raison pour laquelle l'une des extrémités d'un aimant peut attirer vers elle un autre matériau magnétique. Peu importe lequel des pôles est utilisé, il induira un pôle opposé, et des pôles opposés sont attirés.

Perméabilité relative Le fer doux, par exemple, agit très efficacement pour la concentration des lignes de force magnétiques par induction dans le fer. L'aptitude à concentrer le flux magnétique est appelée *perméabilité*. Tout matériau susceptible d'être aisément magnétisé a une perméabilité élevée du fait que les lignes de force sont concentrées en raison de l'induction.

On peut affecter des valeurs numériques de perméabilité pour différents matériaux par comparaison avec l'air ou le vide. Si, par exemple, la densité de flux dans l'air est 0,2 mT, alors qu'une bobine à noyau de fer occupant la même position dans le même champ a une densité de flux de 20 mT, la perméabilité relative de la bobine à noyau de fer est égale à 20 mT/0,1 mT = 200.

Le symbole de la perméabilité relative est μ_r (*mu*), l'indice r indiquant la perméabilité relative. Des valeurs courantes de μ_r pour le fer et l'acier valent de 100 à 9000. Il n'y a pas d'unité, car μ_r est un rapport entre deux densités de flux et les unités s'annulent.

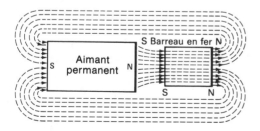

Figure 13-7 *Magnétisation par induction d'un barreau en fer.*

Problèmes pratiques 13.4
(réponses à la fin du chapitre)
Répondre par vrai ou faux:
(a) Des pôles induits sont toujours de polarité opposée à celle des pôles inducteurs;
(b) La perméabilité relative de l'air ou du vide est d'environ 300.

13.5
L'ENTREFER D'UN AIMANT

Comme on le montre à la figure 13-8, l'espace existant entre les pôles d'un aimant est son entrefer. Plus l'entrefer est étroit, plus élevée sera l'intensité du champ dans l'entrefer pour une force donnée de pôle. L'air n'étant pas magnétique et ne pouvant assurer la concentration des lignes de force magnétiques, un entrefer plus large ne fait qu'offrir aux lignes de force du champ magnétique un espace additionnel pour leur dispersion.

En se référant à la figure 13-8, on note que l'aimant en fer à cheval présente des lignes de force magnétiques plus serrées dans l'entrefer en comparaison des lignes largement espacées se refermant autour du barreau magnétique en (b). En réalité, l'aimant en fer à cheval peut être considéré comme un barreau magnétique cintré en vue de rapprocher au plus près les pôles opposés, de sorte que les deux pôles fournissent des lignes de force magnétiques les renforçant l'un l'autre dans l'entrefer. Le but recherché avec un entrefer court est de concentrer le champ magnétique à l'extérieur de l'aimant en vue d'une induction maximale dans un matériau magnétique placé dans l'entrefer.

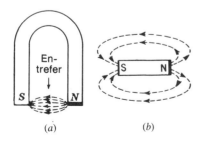

(a)   (b)

Figure 13-8 *L'aimant en fer à cheval en (a) a un entrefer plus étroit que le barreau magnétique en (b).*

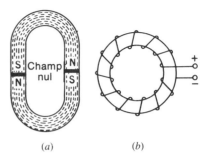

(a)   (b)

Figure 13-9 *Exemples d'anneaux magnétiques fermés sans entrefer: (a) deux aimants permanents en fer à cheval avec pôles opposés au contact; (b) électro-aimant toroïdal.*

Aimant annulaire sans entrefer Lorsque l'on désire concentrer les lignes de force magnétiques à l'intérieur d'un aimant, on peut toutefois donner à ce dernier la forme d'une boucle magnétique fermée. Cette méthode est illustrée à la figure 13-9a par les deux aimants permanents en fer à cheval disposés en boucle fermée avec leurs pôles opposés se touchant. La boucle ne présentant pas d'extrémités libres, il ne peut y avoir ni entrefer, ni pôles. Les pôles Nord et Sud de chacun des aimants s'annulent dès que les pôles opposés sont en contact.

Chacun des aimants présente intérieurement ses propres lignes de force magnétiques, plus celles de l'autre, mais à l'extérieur des aimants les lignes s'annulent car elles sont dans des directions opposées. C'est pourquoi l'effet de la boucle magnétique fermée consiste à concentrer au maximum les lignes de force magnétiques dans l'aimant avec un minimum de lignes extérieures.

On obtient le même effet de boucle magnétique fermée avec le *tore* magnétique ou aimant annulaire de la figure 13-9b, affectant la forme d'un beigne. C'est souvent le fer qui est utilisé pour former le noyau. Ce type d'électro-aimant a une intensité maximale dans l'anneau de fer avec peu de flux extérieur. Il en résulte que l'aimant toroïdal est moins sensible à l'induction des champs magnétiques externes et, réciproquement, n'a qu'un effet magnétique réduit à l'extérieur de la bobine.

On notera que même si l'enroulement n'occupe qu'une faible partie de l'anneau, la totalité du flux est pratiquement localisée dans le noyau de fer car sa perméabilité est notablement plus élevée que celle de l'air. La faible proportion du champ dans l'air est appelée le *flux de fuite*.

Armature d'un aimant Le principe de l'anneau magnétique fermé est utilisé pour protéger les aimants permanents mis en stock. Dans la figure 13-10a, quatre aimants permanents sont disposés en une boucle fermée tandis qu'en (b) on montre une paire empilée. D'autres paires planes peuvent être empilées de cette manière, leurs pôles opposés étant mis en contact. La boucle fermée en (c) montre un aimant permanent en fer à cheval avec une *armature* en fer doux placé au travers de son entrefer. L'armature maintient l'intensité de l'aimant permanent du fait qu'elle est magnétisée par induction pour former une boucle fermée.

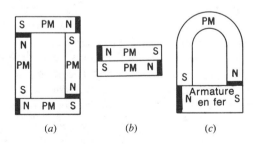

(a)   (b)   (c)

Figure 13-10 *Stockage d'aimants permanents en boucle fermée, les pôles opposés au contact: (a) quatre barreaux magnétiques; (b) deux barreaux; (c) fer à cheval avec armature en fer à travers l'entrefer.*

mée. Tout champ magnétique extérieur est alors simplement concentré dans la boucle fermée sans induire de pôles opposés dans l'aimant permanent. Si des aimants permanents ne sont pas stockés de cette manière, leur polarité peut se trouver inversée avec des pôles induits produits sous l'action d'un champ externe intense engendré par une source de courant continu; un champ alternatif peut démagnétiser un aimant.

Problèmes pratiques 13.5
(réponses à la fin du chapitre)
Répondre par vrai ou faux:

(a) Pour une même force magnétisante, un petit entrefer présente un champ plus intense qu'un grand entrefer;

(b) Un tore magnétique ne comporte pas d'entrefer.

13.6
TYPES D'AIMANTS

Les deux grandes classes d'aimant sont les aimants permanents et les électro-aimants. Un électro-aimant a besoin du courant d'une source extérieure pour maintenir son champ magnétique. Avec un aimant permanent, non seulement le champ magnétique s'exerce sans aucun courant extérieur, mais l'aimant peut maintenir indéfiniment sa force.

Électro-aimants Un courant passant dans un fil conducteur a un champ magnétique associé. Si le fil est enroulé en forme de bobine, comme on le voit à la figure 13-11, le courant et son champ magnétique sont concentrés dans un espace plus réduit d'où il résulte un champ plus intense. Lorsque sa longueur est nettement supérieure à sa largeur, la bobine est appelée *solénoïde*. Elle agit comme un barreau magnétique présentant des pôles opposés à ses extrémités.

Un courant plus intense et un nombre de spires plus élevé produisent un champ magnétique plus intense. Par ailleurs, le noyau de fer concentre les lignes de force magnétiques à l'intérieur de la bobine. C'est généralement le fer doux qui est utilisé pour le noyau car il peut être aisément aimanté ou désaimanté.

La bobine de la figure 13-11, avec l'interrupteur fermé et le courant circulant à travers elle, est un électro-aimant qui est en mesure d'attirer le clou en acier représenté. Si l'interrupteur est en position ouverte, le champ magnétique est réduit à zéro et le clou tombe. Cette aptitude d'un électro-aimant à fournir une force d'attraction magnétique élevée qui peut être aisément engendrée et annulée a de multiples applications sous forme d'aimants de levage, de vibreurs, de sonnettes ou carillons et de relais. Un relais est un interrupteur muni de contacts qui sont ouverts ou fermés par l'intermédiaire d'un électro-aimant.

Une autre application très courante est l'enregistrement sur bande magnétique. La bande est revêtue de fines particules d'oxyde de fer. La tête d'enregistrement est une bobine qui produit un champ magnétique en fonction du courant. Lorsque la bande passe à travers l'entrefer de la tête, de petites surfaces du revêtement sont magnétisées par induction. À la

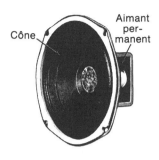

Figure 13-12 *Exemple de haut-parleur à aimant permanent.*

lecture, la bande magnétique en mouvement produit des variations du courant électrique.

Aimants permanents Ils sont réalisés en matériaux magnétiques durs, comme l'acier au cobalt, et magnétisés par induction durant le processus de fabrication. Il faut disposer d'un champ très intense en vue de l'induction dans ces matériaux. Cependant, lorsque le champ magnétisant disparaît, une induction rémanente fait du matériau un aimant permanent. Un matériau courant d'aimant permanent est *l'alnico*, un alliage du commerce fait d'aluminium, de nickel et de fer avec des additions de cobalt, de cuivre et de titane pour réaliser environ 12 classes. L'alnico de classe V est souvent utilisé pour les haut-parleurs à aimant permanent (figure 13-12). Dans cette dernière application, la masse habituelle d'un aimant permanent pour un champ magnétique permanent va de quelques dizaines de grammes à environ 2,25 kg avec un flux de 5 μWb à 250 μWb. L'un des avantages d'un haut-parleur à aimant permanent réside dans le fait qu'il ne faut que deux conducteurs de liaison pour la bobine mobile, étant donné que le champ magnétique permanent du barreau à aimantation permanente est obtenu sans enroulement de bobine d'excitation.

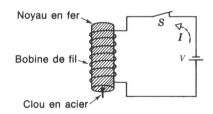

Figure 13-11 *Électro-aimant tenant un clou quand l'interrupteur S est fermé pour que le courant passe dans la bobine.*

Les aimants permanents du commerce dureront indéfiniment s'ils ne sont pas soumis à des températures élevées, des chocs physiques ou un champ intense de démagnétisation. Toutefois, si l'aimant est chauffé, la structure moléculaire peut être réadaptée mais il en résulte une perte de magnétisme qui n'est pas récupérée après refroidissement. Le point auquel un matériau magnétique perd ses propriétés ferromagnétiques est le *point de Curie*. Pour le fer, cette température est de l'ordre de 800°C à laquelle la perméabilité relative tombe à l'unité. Un aimant permanent ne s'épuise pas par usure car ses propriétés magnétiques sont déterminées par la structure des atomes et des molécules internes.

Classification des matériaux magnétiques Quand nous considérons les matériaux en tant que *magnétiques* et *non magnétiques*, cette division est en réalité basée sur les fortes propriétés magnétiques du fer. Cependant, des matériaux de plus faible magnétisme peuvent être importants pour certaines applications. Pour cette raison, une classification plus exacte doit englober les trois groupes suivants:

1. *Matériaux ferromagnétiques* Ils comprennent le fer, l'acier, le nickel, le cobalt et les alliages du commerce comme l'alnico et le permalloy. Ils deviennent fortement magnétisés, dans la même direction que le champ magnétisant, avec des valeurs élevées de perméabilité allant de 50 à 5000. Le permalloy a un facteur μ_r de 100 000, mais il est facilement saturé à des valeurs relativement basses de la densité de flux.
2. *Matériaux paramagnétiques* Ils comprennent l'aluminium, le platine, le manganèse et le chrome. La perméabilité est légèrement supérieure à 1. Ils s'aimantent faiblement dans la même direction que le champ magnétisant.

3. *Matériaux diamagnétiques* Ils comprennent le bismuth, l'antimoine, le cuivre, le zinc, le mercure, l'or et l'argent. La perméabilité est inférieure à 1. Ils s'aimantent faiblement dans la direction opposée à celle du champ magnétisant.

La base de tous les effets magnétiques est le champ magnétique associé à des charges électriques en mouvement. Au sein de l'atome, le mouvement de ses électrons sur leur orbite engendre un champ magnétique. Il y a deux sortes de mouvements de l'électron au sein de l'atome. Le premier est la révolution de l'électron sur son orbite. Ce mouvement engendre un effet diamagnétique. Cependant, son effet magnétique est faible car des directions aléatoires se neutralisant l'une l'autre résultent de l'agitation thermique à la température ambiante normale.

L'effet magnétique né du mouvement de chaque électron tournant sur son propre axe est plus fort. L'électron animé de ce mouvement tournant fait office de minuscule aimant permanent. Des spins opposés créent des polarités opposées. Deux électrons tournant selon des directions opposées forment une paire qui neutralise les champs magnétiques. Dans les atomes de matériaux ferromagnétiques, toutefois, il y a de nombreux électrons non appariés présentant des spins de même direction avec pour résultat un fort effet magnétique.

En termes de structure moléculaire, les atomes de fer sont groupés en petits ensembles microscopiques appelés *domaines*. Chaque domaine est un *aimant dipolaire* élémentaire avec deux pôles opposés. Sous forme cristalline, les atomes de fer présentent des domaines qui sont parallèles aux axes du cristal. Mais les domaines peuvent s'orienter selon différentes directions en raison des différents axes. Lorsque le matériau est magnétisé sous l'effet d'un champ magnétique externe, les domaines s'alignent selon une même direction. Avec des matériaux à aimantation permanente, l'alignement demeure après disparition du champ externe.

Problèmes pratiques 13.6
(réponses à la fin du chapitre)
Répondre par vrai ou faux:
(a) Un électro-aimant a besoin de courant pour maintenir son champ magnétique;
(b) Une bobine de relais est un électro-aimant;
(c) L'acier est un matériau diamagnétique.

13.7
FERRITES

C'est le nom donné à des matériaux de céramique récemment mis au point qui ont les propriétés ferromagnétiques du fer. Les ferrites se distinguent par une perméabilité élevée, comme le fer, mais le matériau de céramique est un isolant tandis que le fer est un conducteur. La perméabilité des ferrites s'étend de 50 à 3000. Leur résistivité de l'ordre de 10^3 $\Omega \cdot$m les range dans la famille des isolants.

Leur usage habituel est sous forme de noyau, ordinairement réglable, pour les bobines des transformateurs de radiofréquences. Un noyau de ferrite est beaucoup plus fort dans une bobine lorsque le courant varie très rapidement, étant donné que la puissance I^2R perdue par les courants de Foucault dans la bobine magnétique est alors plus faible en raison de la résistance élevée.

Les noyaux de ferrite sont utilisés dans les petites bobines et les petits transformateurs pour signaux à fréquence maximale de 20 MHz, environ. Leur perméabilité élevée permet l'usage de très petits transformateurs. Cependant, les ferrites se saturent facilement à des valeurs relativement faibles du courant de magnétisation. Ce désavantage entraîne la non-utilisation des ferrites pour les transformateurs d'alimentation.

On utilise également les ferrites sous forme de grains (figure 13-13). Le fil sert à relier un ou plusieurs grains. Les grains concentrent le champ magnétique du courant dans le fil. Ce dispositif sert de composant de choc radiofréquence. Il est simple, économique: il remplace avantageusement la bobine d'arrêt. Son rôle est de réduire le courant d'une radiofréquence indésirable.

Problèmes pratiques 13.7
(réponses à la fin du chapitre)
(a) Lequel, de la ferrite ou du fer doux, présente la plus grande résistance?
(b) Lequel, d'un isolant ou d'un conducteur, présente la plus grande perte I^2R?

13.8
BLINDAGE MAGNÉTIQUE

La notion visant à empêcher un composant d'en affecter un autre par l'intermédiaire de leur champ magnétique ou électrique commun est appelé *blindage*. Notons comme exemples le capot métallique sur un tube à vide, le blindage en fil de cuivre tressé entourant le conducteur intérieur d'un cable coaxial ou l'écrou en matériau magnétique entourant un tube à rayons catholiques.

Le problème du blindage consiste à empêcher un composant d'induire un effet dans

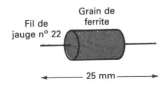

Figure 13-13 *Grain de ferrite équivalant à une bobine d'inductance de 20 μH à 10 MHz.*

Fil de
jauge n° 22

Grain de
ferrite

25 mm

le composant blindé. Les matériaux de blindage sont toujours des métaux mais il y a une différence, au niveau de l'utilisation, entre de bons conducteurs à faible résistance comme le cuivre et l'aluminium, et de bons matériaux magnétiques comme le fer doux ou le mumétal. Un bon conducteur s'avère le meilleur pour deux fonctions de blindage. L'une est d'empêcher l'induction de charges électriques statiques. L'autre consiste à blinder contre l'induction d'un champ magnétique variable. Pour les charges statiques, l'écran fournit des charges induites opposées qui empêchent une induction à l'intérieur du blindage. Pour un champ magnétique variable, l'écran présente des courants induits qui s'opposent au champ inducteur. Il n'y a alors qu'une très faible intensité de champ résultante capable d'induction à l'intérieur de l'écran.

Pour un champ magnétique permanent, le meilleur écran consiste en un bon matériau magnétique de perméabilité élevée. Un champ permanent est produit par un aimant permanent, une bobine parcourue par un courant continu permanent ou le champ magnétique terrestre. Un blindage magnétique de perméabilité élevée concentre le flux magnétique. Il n'y a alors qu'un flux réduit susceptible d'induire des pôles dans un composant à l'intérieur de l'écran. Le blindage peut être considéré comme un court-circuit pour les lignes du flux magnétique.

Problèmes pratiques 13.8
(réponses à la fin du chapitre)
Répondre par vrai ou faux:

(a) Un matériau magnétique à perméabilité élevée constitue un bon blindage contre un champ magnétique fixe;

(b) Un conducteur constitue un bon blindage contre un champ magnétique variable.

13.9
EFFET HALL

En 1879, E. H. Hall a observé qu'une faible tension était engendrée à travers un conducteur parcouru par un courant dans un champ magnétique externe. Cette tension était très faible avec les conducteurs classiques et on fit peu usage de cet effet. Cependant, avec le développement des semi-conducteurs, des valeurs plus élevées de la tension de Hall peuvent être engendrées. On utilise en général comme matériau semi-conducteur l'arséniure d'indium (In As). Comme on peut le voir à la figure 13-14, l'élément In As, inséré dans le champ magnétique, peut engendrer 60 mV avec B égal à 1 T et une valeur de I de 100 mA. Le flux appliqué doit être perpendiculaire à la direction du courant. Avec un courant circulant dans le sens longitudinal du conducteur, la tension engendrée est développée au travers de la largeur.

La valeur de la tension de Hall v_H est directement proportionnelle à la valeur de la densité de flux B. Ceci signifie que les valeurs de B peuvent être mesurées par l'intermédiaire de v_H. Cette valeur de v_H est alors lue sur un instrument de mesure étalonné en teslas. L'étalonnage de départ est fait en fonction d'un aimant de référence ayant une densité de flux donnée.

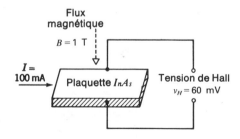

Figure 13-14 *L'effet Hall. La tension v_H engendrée aux bornes de l'élément est proportionnelle à la densité de flux perpendiculaire B.*

Problèmes pratiques 13.9
(réponses à la fin du chapitre)

(a) Soit le circuit de la figure 13-14. Que vaut
    la tension de Hall générée?
(b) Que mesure un teslamètre, un flux ou une
    densité de flux?

Résumé

1. Le fer, le nickel et le cobalt sont des exemples communs de matériaux magnétiques. L'air, le papier, le bois et les plastiques sont
   non magnétiques, ce qui signifie qu'il ne se produit aucun effet
   dans le champ magnétique.

2. Le pôle d'un aimant qui s'oriente en direction du pôle magnétique
   nord de la terre est appelé un pôle Nord; le pôle opposé est le pôle
   Sud.

3. Des pôles magnétiques opposés ont une force d'attraction; des pôles de même nom se repoussent.

4. Pour créer un champ magnétique, un électro-aimant nécessite une
   alimentation en courant provenant d'une source extérieure. Des aimants permanents conservent leur magnétisme indéfiniment.

5. Tout aimant présente un champ de force invisible extérieur à lui,
   défini par les lignes de force magnétiques. Leur direction va, à l'extérieur de l'aimant, du pôle Nord vers le pôle Sud.

6. Au niveau de ses extrémités ouvertes où il est au contact d'un matériau non magnétique, un aimant présente des pôles magnétiques.
   Aux extrémités opposées, les pôles sont de polarité opposée.

7. Un aimant ayant un entrefer présente des pôles opposés avec des
   lignes de force magnétiques traversant l'entrefer. Un anneau
   magnétique fermé n'a pas de pôles. Pratiquement, toutes les lignes
   magnétiques sont à l'intérieur de l'anneau.

8. L'induction magnétique permet au champ d'un aimant d'induire
   des pôles magnétiques dans un matériau magnétique sans qu'il y
   ait de contact.

9. La perméabilité est l'aptitude à concentrer le flux magnétique. Un
   bon matériau magnétique a une perméabilité élevée, notion semblable à celle de conductance élevée pour un bon conducteur
   d'électricité.

10. Le blindage magnétique signifie que l'on isole un composant par
    rapport à un champ magnétique. Le meilleur écran contre un
    champ magnétique permanent est un matériau à perméabilité éle-
    vée.

11. La tension de Hall est une faible force électromotrice engendrée à travers la largeur d'un conducteur parcouru dans la longueur, par un courant lorsqu'un flux magnétique est appliqué perpendiculairement à ce courant. Cet effet est généralement utilisé dans le tesla-mètre pour mesurer la densité de flux.

12. Les unités de flux magnétique ϕ et de densité de flux B sont résumées au tableau 13-1.

Tableau 13-1 *Flux magnétique ϕ et densité de flux B.*

NOM	SYMBOLE	UNITÉ
Flux	$\phi = B \times \text{surface}$	1 weber (Wb) $= 10^8$ lignes
Densité de flux	$B = \dfrac{\phi}{\text{surface}}$	1 tesla (T) $= \dfrac{1 \text{ Wb}}{\text{m}^2}$

Exercices de contrôle
(Réponses à la fin de l'ouvrage)

Voici un moyen de contrôler si vous avez bien assimilé le contenu de ce chapitre. Ces exercices sont uniquement destinés à vous évaluer vous-même. Répondez par vrai ou faux.

1. Le fer et l'acier sont des matériaux ferromagnétiques à haute perméabilité.
2. Les ferrites sont magnétiques mais leur résistance est élevée.
3. L'air, le vide, le bois, le papier et les matières plastiques n'ont pratiquement aucun effet sur le flux magnétique.
4. L'aluminium est ferromagnétique.
5. Les pôles magnétiques existent aux extrémités opposées d'un entrefer.
6. Un anneau magnétique fermé n'a ni pôles ni entrefer.
7. Un aimant peut ramasser un clou en acier par induction magnétique.
8. Des pôles induits ont toujours une polarité opposée à celle des pôles du champ d'origine.
9. Le fer doux concentre le flux magnétique par voie d'induction.
10. Sans courant, un électro-aimant n'a pratiquement aucun champ magnétique.
11. Le flux total ϕ de 5000 lignes équivaut à 50 μWb.
12. Un flux ϕ de 5000 lignes à travers une surface d'une section de 5 cm² a une densité de flux B de 0,1 T.
13. La densité de flux B de 0,1 T équivaut à 1000 lignes par cm².

14. Un pôle magnétique est l'extrémité d'un matériau magnétique touchant un matériau non magnétique.
15. Une haute perméabilité au flux magnétique correspond à une résistance élevée pour un conducteur de courant.

Questions

1. Citez deux matériaux magnétiques et trois matériaux non magnétiques.
2. Expliquez succinctement la différence entre un aimant permanent et un électro-aimant.
3. Dessinez un aimant en fer à cheval avec son champ magnétique. Définissez les pôles magnétiques, indiquez l'entrefer et montrez la direction du flux.
4. Définissez les notions suivantes: perméabilité relative, blindage, induction, tension de Hall.
5. Donnez le symbole et l'unité du flux magnétique et de la densité de flux.
6. Comment, en faisant usage d'une boussole, détermineriez-vous les pôles Nord et Sud d'un barreau magnétique?
7. En vous reportant à la figure 13-11, pourquoi l'une ou l'autre des extrémités de l'aimant peut-elle ramasser le clou?
8. Quelle est la différence entre le flux ϕ et la densité de flux B?

Problèmes
(Les réponses aux problèmes de numéro impair sont données à la fin de l'ouvrage)

1. Un pôle magnétique émet 5000 lignes de force. Quelle est la valeur du flux ϕ?
2. Si la surface de ce pôle du problème 1 est 5 cm², calculez la densité de flux B.
3. Calculez B pour un flux de 50 μWb passant à travers une surface de 5×10^{-4} m².
4. Convertissez 10 μWb en Wb.
5. Pour une densité de flux B de 0,3 T à un pôle d'une section transversale de 8 cm² de surface, quelle est la valeur totale du flux ϕ?
6. Convertissez 24 000 lignes en webers.
7. La densité de flux dans le noyau d'air d'un électro-aimant est de 0,002 T. Lorsque l'on introduit un noyau en fer, la densité de flux dans le noyau est de 0,6 T. Quelle est la perméabilité relative μ_r du noyau de fer?

8. Dessinez le schéma d'un électro-aimant alimenté par une batterie de 12 V en série avec un interrupteur. (*a*) Si la résistance de la bobine est de 60 Ω, quelle est l'intensité du courant dans la bobine lorsque l'interrupteur est fermé? (*b*) Pour quelle raison le champ magnétique est-il réduit à zéro lorsque l'interrupteur est ouvert?

9. Démontrez la relation 1 μWb = 100 lignes sachant que 1 μWb = 10^{-6} Wb et que 1 Wb = 10^{8} lignes.

Réponses aux problèmes pratiques

13.1 (*a*) vrai
    (*b*) vrai

13.2 (*a*) 20×10^{-6} Wb
    (*b*) 20 μWb

13.3 (*a*) 0,3 T
    (*b*) 0,3 T

13.4 (*a*) vrai
    (*b*) faux

13.5 (*a*) vrai
    (*b*) vrai

13.6 (*a*) vrai
    (*b*) vrai
    (*c*) faux

13.7 (*a*) la ferrite
    (*b*) le conducteur

13.8 (*a*) vrai
    (*b*) vrai

13.9 (*a*) 60 mV
    (*b*) une densité de flux

Unités magnétiques

Puisqu'un champ magnétique est toujours associé à des charges en mouvement, on peut déduire les unités magnétiques du courant qui crée le champ.

Le courant dans un conducteur et son flux magnétique dans le milieu extérieur au conducteur sont reliés de la façon suivante: (1) le courant I crée une force magnétisante, ou force margnétomotrice (f.m.m.) F, qui augmente avec le courant I; (2) la force magnétomotrice produit un champ magnétique H dont l'intensité diminue avec la longueur du conducteur, étant donné que le champ est moins concentré si la longueur est plus grande; (3) l'intensité de champ H produit une densité de flux B qui augmente avec la perméabilité du milieu.

Les sections suivantes traitent de ces sujets avec davantage de détails:

14.1 Force magnétomotrice F
14.2 Intensité de champ magnétique H
14.3 Perméabilité μ
14.4 Courbe d'aimantation B-H
14.5 Hystérésis magnétique
14.6 Loi d'Ohm pour les circuits magnétiques
14.7 Relations entre les unités magnétiques
14.8 Comparaison des champs magnétiques et des champs électriques

14.1
FORCE MAGNÉTOMOTRICE *F*

L'intensité du champ magnétique créé par un électro-aimant dépend de l'intensité du courant qui circule dans les spires de l'enroulement. Plus le courant est intense, plus le champ est grand. Un nombre plus grand de spires sur une longueur donnée concentre aussi le champ magnétique. L'enroulement se comporte comme un barreau aimanté, ayant des pôles opposés à chaque extrémité et créant un champ magnétique proportionnel à la force magnétomotrice F. On a:

$$F = NI \tag{14.1}$$

Dans cette formule, N est le nombre de spires (tours) et I, le courant. Ce produit était autrefois appelé le nombre d'ampères-tours (A·t) ou le potentiel magnétique. Nous l'appellerons la force magnétisante ou la force magnétomotrice (f.m.m.) de symbole F et d'unité (A) l'ampère, car le nombre de spires d'une bobine est habituellement constant, alors qu'on peut faire varier le courant.

Comme on l'indique à la figure 14-1, un solénoïde de 5 spires dans lequel circule un courant de 2 A a une force magnétomotrice F égale à celle de 10 spires parcourues par un courant de 1 A puisque le produit des ampères et des tours est égal à 10, dans les deux cas. Si l'on utilise du fil plus fin, on peut placer un plus grand nombre de spires dans un espace donné. Le courant est déterminé par la résistance du fil et par la tension de la source. La force magnétomotrice nécessaire est fonction du champ magnétique désiré.

Exemple 1 Calculer la force magnétomotrice F d'une bobine de 2000 tours parcourue par un courant de 5 mA.

Réponse $F = 2000 \times 5 \times 10^{-3}$

$\qquad$ $F = 10$ A

Exemple 2 Une bobine ayant un courant de 4 A doit créer une force magnétomotrice F de 600 A. Combien doit-elle comprendre de spires?

Réponse $N = \dfrac{F}{I} = \dfrac{600}{4}$

$\qquad$ $N = 150$ spires

Exemple 3 Une bobine de 400 spires doit créer une force magnétomotrice de 800 A. Quel est le courant nécessaire?

Réponse $I = \dfrac{F}{N} = \dfrac{800}{400}$

$\qquad$ $I = 2$ A

Exemple 4 Le fil d'un solénoïde de 250 spires a une résistance de 3 Ω. (*a*) Quel est le courant qui

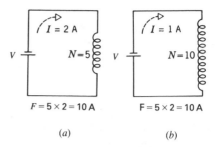

Figure 14-1 *Forces magnétomotrices F égales avec des combinaisons différentes:* (*a*) $F = 5 \times 2 = 10$ A; (*b*) $F = 10 \times 1 = 10$ A.

circule dans la bobine quand celle-ci est branchée à une batterie de 6 V? (*b*) Calculer la f.m.m. F.

Réponse

(*a*) $I = \dfrac{V}{R} = \dfrac{6}{3}$

$\qquad$ $I = 2$ A

(*b*) $F = 250 \times 2$

$\qquad$ $F = 500$ A

Problèmes pratiques 14.1 (réponses à la fin du chapitre)

(*a*) Soit $F = 243$ A. On double I de 2 à 4 A, le nombre de spires restant inchangé. Calculer la nouvelle f.m.m.

(*b*) Soit la bobine du problème précédent de f.m.m. égale à 243 A, mais, cette fois, on passe à un courant I de 0,5 A. Calculer la nouvelle f.m.m.

14.2 INTENSITÉ DE CHAMP MAGNÉTIQUE H

La f.m.m. F en ampères exprime la force magnétisante, mais l'intensité du champ magnétique dépend de la longueur de l'enroulement. En un point quelconque de l'espace, une valeur F donnée pour une longue bobine créera un champ magnétique moins intense qu'une bobine courte ayant la même f.m.m. F. L'intensité de champ H s'exprime par:

$$H = \frac{F \text{ (A)}}{l \text{ (m)}} \tag{14.2}$$

Cette formule s'applique à un solénoïde. H est l'intensité au centre d'un enroulement à air. Si la bobine est à noyau de fer, H est l'intensité dans tout le noyau. Avec les unités utilisées pour H, on peut exprimer l'intensité de champ magnétique soit pour les électro-aimants, soit pour les aimants permanents, puisque ces deux types d'aimant créent un champ magnétique de même nature.

Dans la formule (14.2), la longueur est comptée entre les pôles. Sur la figure 14-2a, la longueur est de 1 m entre les pôles extrêmes de la bobine. En (b) aussi, l est de 1 m entre les extrémités du noyau de fer. Mais en (c), l est de 2 m entre les pôles des extrémités du noyau de fer, bien que la longueur du bobinage ne soit que de 1 m.

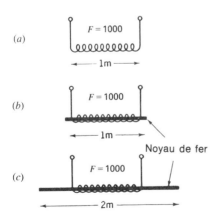

Figure 14-2   *Relation entre la f.m.m. F et l'intensité de champ: H = F/longueur: (a) H est de 1000 A/m dans l'air; (b) H est de 1000 A/m dans le noyau de fer; (c) H est de $^{1000}/_2 =$ 500 A/m dans le noyau de fer.*

Les exemples de la figure 14-2 illustrent les comparaisons suivantes:

1. Dans les trois cas, la force magnétomotrice F est égale à 1000 A.
2. En (a) comme en (b), H est égal à 1000 A/m. En (a), H est l'intensité au centre de l'enroulement à air; en (b), H est l'intensité dans tout le noyau de fer.
3. En (c), comme l est de 2 m, H est égal à $^{1000}/_2$, soit 500 A/m. Cette valeur de H est la même dans tout le noyau de fer.

***Problèmes pratiques 14.2
(réponses à la fin du chapitre)***

(a) Soit H = 250 A/m. La longueur double de 0,2 à 0,4 m pour la même f.m.m. Calculer la nouvelle valeur de H.

(b) Soit la bobine du problème précédent de H = 250 A/m, mais, cette fois, on passe à une longueur de 0,1 m. Calculer la nouvelle intensité du champ magnétique.

14.3
PERMÉABILITÉ μ

Le champ H = 1000 A/m précise l'intensité de champ disponible pour créer un flux magnétique. Cependant, la valeur du flux produit par H dépend de la matière présente dans le champ magnétique. Un bon matériau magnétique avec une perméabilité magnétique élevée peut concentrer le flux et créer une densité de flux élevée, pour un champ H donné. Ces grandeurs sont liées par la formule:

$$B = \mu \cdot H \tag{14.3}$$

ou

$$\mu = \frac{B}{H} \tag{14.4}$$

La densité de flux en webers par mètre carré ou teslas est représentée par B; H est l'intensité de champ en ampères par mètre. Le coefficient μ est la perméabilité absolue, qui n'est liée à aucun matériau, en unités de B/H.

La perméabilité de l'air ou du vide n'est pas égale à 1. Cette grandeur est plus précisément égale à $4\,\pi \times 10^{-7}$, ou $1{,}26 \times 10^{-6}$, et son symbole est μ_o. Il faut donc multiplier les valeurs de la perméabilité relative μ_r par μ_o ($1{,}26 \times 10^{-6}$) pour calculer μ comme B/H. Pour $\mu_r = 100$, on a:

$$\mu = \mu_r \cdot \mu_o$$

$$= 100 \times 1{,}26 \times 10^{-6}\ \frac{T}{A/m}$$

$$\mu = 126 \times 10^{-6}\ \frac{T}{A/m}$$

Exemple 5   Un matériau magnétique a une perméabilité μ_r de 500. Calculer la valeur de μ absolue, à partir de B/H.

Réponse $\mu = \mu_r \cdot \mu_o$

$$\mu =\ 500 \times 1{,}26 \times 10^{-6}\ \ \frac{T}{A/m}$$

$$\mu =\ 630 \times 10^{-6}\ \frac{T}{A/m}$$

Exemple 6 Dans cet exemple où $\mu = 630 \times 10^{-6}$, calculer la densité de flux B qui sera produite par une intensité de champ H égale à 1000 A/m.
Réponse

$$B = \mu H = \left(630 \times 10^{-6}\ \frac{T}{(A/m)} \right)\left(1000\ \frac{A}{m} \right)$$

$$= 630 \times 10^{-3}\ T$$

$$B = 0{,}63\ T$$

On remarque que $(1/A)/m$ et A/m se simplifient, et qu'il ne reste que des teslas pour exprimer la densité de flux B.

Problèmes pratiques 14.3
(réponses à la fin du chapitre)

(a) Quelle est, pour l'air, le vide ou l'espace, la valeur de μ_r?

(b) Un noyau de fer présente une densité de flux égale à 200 fois celle de l'air, pour la même intensité de champ H. Calculer sa perméabilité relative μ_r.

(c) Un noyau de fer produit une densité de flux B de 0,02 T pour une intensité de champ H de 100 A/m. Calculer sa perméabilité.

14.4
COURBE D'AIMANTATION *B-H*

On utilise souvent la courbe *B-H* de la figure 14-3 pour montrer la densité de flux B due à une augmentation de l'intensité de champ H. Cette courbe est celle du fer doux, tracée pour les valeurs du tableau 14-1, mais on peut tracer des courbes semblables pour tous les matériaux magnétiques.

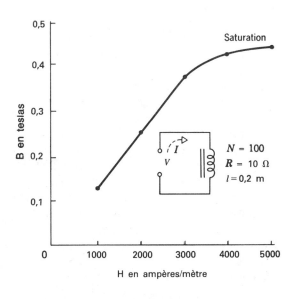

Figure 14-3   *Courbe d'aimantation B-H pour le fer doux. Aucune valeur n'est donnée au voisinage de zéro où μ peut varier par suite des aimantations précédentes.*

Tableau 14-1 *Valeurs de B et H pour la figure 14-3*

V VOLTS	R OHMS	I = V/R AMPÈRES	N F = NI, A	N SPIRES	l m	H a/m	μ_r	B = $\mu \cdot H$, T
20	10	2	200	100	0,2	1000	100	0,126
40	10	4	400	100	0,2	2000	100	0,252
60	10	6	600	100	0,2	3000	100	0,378
80	10	8	800	100	0,2	4000	85	0,428
100	10	10	1000	100	0,2	5000	70	0,441

Calcul de H et B Les valeurs du tableau 14-1 se calculent de la manière suivante:

1. Le courant I qui circule dans la bobine est égal à V/R. Pour une bobine de 10 Ω de résistance, alimentée sous 20 V, I est de 2 A, comme l'indique la ligne supérieure du tableau 14-1. Si on augmente la valeur de V, un courant plus élevé circulera dans la bobine.

2. La force magnétisante F augmente avec le courant. Comme le nombre de tours est constant et égal à 100, sa valeur passe de 200 pour 2 A dans la ligne supérieure à 1000 pour 10 A, dans la ligne inférieure.

3. L'intensité de champ H augmente avec F. Les valeurs de H s'expriment en ampères par mètre. Ces valeurs sont égales à F/0,2, puisque la longueur est de 0,2 m. Chaque valeur de F est donc divisée par 0,2, ou multipliée par 5, pour trouver la valeur correspondante de H. Puisque H augmente proportionnellement à I, l'axe horizontal de la courbe B-H est quelquefois gradué en ampères seulement au lieu d'ampères par mètre.

4. La densité de flux B dépend de l'intensité de champ H et de la perméabilité du fer. Les valeurs de B dans la dernière colonne sont obtenues en multipliant μ par H. Mais, les valeurs de μ_r données dans le tableau doivent être multipliées par $1,26 \times 10^{-6}$ pour obtenir $\mu \cdot H$ en teslas.

Saturation Remarquez que la perméabilité décroît pour les valeurs les plus élevées de H. Avec un μ plus faible, le noyau de fer ne peut pas former une densité de flux B qui augmente proportionnellement pour des valeurs croissantes de H. D'après la courbe, pour des valeurs de H dépassant 4000 A/m environ, les valeurs de B augmentent beaucoup moins vite, ce qui rend la courbe relativement plate vers le haut. Le phénomène correspondant à ces faibles variations de la densité de flux quand l'intensité de champ augmente est appelé *saturation*.

La saturation s'explique par le fait que le fer est saturé par les lignes d'induction magnétiques. Lorsque la plupart des dipôles moléculaires et des domaines magnétiques ont été alignés par la force magnétisante, on ne peut obtenir qu'une très faible induction complémentaire. Quand on indique la valeur de μ pour un matériau magnétique, il s'agit habituellement de la plus grande valeur avant la saturation.

Problèmes pratiques 14.4
(réponses à la fin du chapitre)
Considérer la courbe de la figure 14-3:

(a) Soit H = 1500 A/m, déterminer B;

(b) Pour quelle valeur de H s'amorce la saturation?

14.5
HYSTÉRÉSIS MAGNÉTIQUE

Hystérésis signifie «retard». En ce qui concerne le cas du flux magnétique dans le noyau de fer d'un électro-aimant, le flux est en retard sur les augmentations et les diminutions de la force magnétisante. L'hystérésis est due au fait que les dipôles magnétiques ne sont pas parfaitement élastiques. Une fois alignés par une force magnétisante extérieure, les dipôles ne reprennent pas exactement leurs positions originales quand cette force est supprimée. L'effet est le même que si les dipôles étaient mis en mouvement malgré un frottement interne entre les molécules. En outre, si l'on inverse la direction de la force magnétisante en inversant le courant d'un électro-aimant, le flux qui se produit dans la direction opposée est en retard sur la force magnétisante inversée.

Pertes par hystérésis Quand la force magnétisante est inversée des milliers ou des millions de fois par seconde, comme cela se produit avec un courant alternatif qui s'inverse très rapidement, l'hystérésis peut entraîner une perte d'énergie considérable. Une portion importante de la force magnétisante sert alors uniquement à vaincre le frottement interne des dipôles moléculaires. Le travail effectué par la force magnétisante pour vaincre ce frottement intérieur produit de la chaleur. On appelle pertes par hystérésis cette énergie dépensée en chaleur parce que les dipôles moléculaires sont en retard sur la force magnétisante. Les pertes par hystérésis sont plus élevées pour l'acier et les autres matériaux magnétiques durs que pour les matériaux magnétiques doux comme le fer.

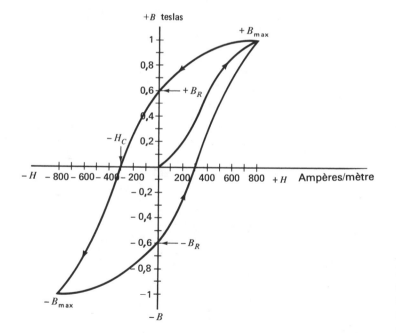

Figure 14-4 *Cycle d'hystérésis des matériaux magnétiques. C'est une courbe B-H comme celle de la figure 14-3, mais la polarité de H change avec le courant alternatif.*

Quand la force magnétisante varie lentement, on peut considérer les pertes par hystérésis comme négligeables. On peut citer comme exemples un électro-aimant à courant continu dont on commute simplement l'alimentation, ou la force magnétisante d'un courant alternatif qui s'inverse soixante fois par seconde ou moins. Mais, plus la force magnétisante varie vite, plus l'effet d'hystérésis est important.

Cycle d'hystéréris Pour indiquer les caractéristiques d'hystérésis d'un matériau magnétique, on trace sa courbe de densité de flux B en fonction de l'intensité d'un champ magnétique H qui s'inverse périodiquement (voir la figure 14-4). Cette courbe est le cycle d'hystérésis du matériau. Plus la surface intérieure à la courbe est grande, plus les pertes par hystérésis sont importantes. Le cycle d'hystérésis est en réalité une courbe B-H avec une force magnétisante alternative.

Les valeurs de la densité de flux B sont portées sur l'axe vertical. L'unité utilisée est le tesla.

Les valeurs de l'intensité de champ H sont indiquées sur l'axe horizontal. Sur cet axe, l'unité est l'ampère par mètre ou simplement le courant magnétisant, puisque tous les facteurs sont constants sauf I.

Des courants de sens opposés créent des lignes de champ de sens opposés $+H$ et $-H$. On indique de même par $+B$ ou $-B$ les polarités opposées des densités de flux.

Le courant part de zéro au centre quand le matériau n'est pas aimanté. Puis, des valeurs positives de H font croître B jusqu'à la saturation $+B_{max}$. Ensuite, H décroît jusqu'à zéro mais B décroît jusqu'à la valeur B_R au lieu de zéro par suite de l'hystérésis. Quand H devient négatif, B s'annule puis continue à diminuer jusqu'à $-B_{max}$, qui est la valeur de saturation dans le sens opposé à celui de

$+B_{max}$, puisque le courant magnétisant est inversé.

Ensuite, les valeurs de $-H$ diminuant d'amplitude, la densité de flux diminue jusqu'à $-B_R$. Enfin le cycle se complète avec les valeurs positives de H qui correspondent de nouveau à la saturation $+B_{max}$. La courbe ne revient pas à l'origine zéro au centre par suite de l'hystérésis. Comme la force magnétisante s'inverse périodiquement, les valeurs de la densité de flux se répètent et retracent le cycle d'hystérésis.

Les valeurs de $+B_R$ et de $-B_R$ qui sont les densités de flux restantes quand la force magnétisante a été réduite à zéro constituent les densités de flux rémanentes du matériau magnétique. Cette rémanence porte aussi le nom de *persistance*. Sur la figure 14-4, la rémanence est de 0,6 T, que ce soit dans le sens positif ou dans le sens négatif.

La valeur $-H_C$, qui représente la force magnétisante qu'il faut appliquer dans le sens opposé pour réduire la densité de flux à zéro, est la *force coercitive* du matériau. Sur la figure 14-4, la force coercitive $-H_C$ est de 300A/m.

Désaimantation Pour désaimanter complètement un matériau magnétique, il faut réduire à zéro la rémanence B_R. En général, on n'y parvient pas en appliquant une force magnétisante continue de sens opposé, parce que le matériau s'aimanterait alors avec la polarité opposée. La bonne méthode consiste à aimanter et à désaimanter le matériau par des cycles d'hystérésis continûment décroissants. On peut effectuer cela avec le champ magnétique produit par un courant alternatif. On éloigne alors le champ magnétique et le matériau, ou bien on réduit l'amplitude du courant pour que le cycle d'hystérésis devienne de plus en plus petit. Enfin, quand le champ est très faible, la courbe s'aplatit pratiquement sur la valeur zéro, et la rémanence devient nulle.

Cette méthode de *désaimantation* est aussi appelée *démagnétisation*. Une application de ce procédé concerne la désaimantation des électrodes métalliques d'un tube image de télévision avec une bobine de désaimantation alimentée par un courant alternatif fourni par le secteur. Un autre exemple est fourni par l'effacement du signal enregistré sur une bande magnétique par désaimantation avec un courant de polarisation alternatif.

Problèmes pratiques 14.5
(réponses à la fin du chapitre)
Répondre par vrai ou faux:

(a) Les pertes par hystérésis augmentent avec la fréquence;

(b) La désaimantation est effectuée à l'aide d'un courant alternatif.

14.6
LOI D'OHM POUR LES CIRCUITS MAGNÉTIQUES

Si on compare avec des circuits électriques, le flux magnétique ϕ correspond au courant. Le flux ϕ est produit par la force magnétomotrice. La force magnétomotrice correspond donc à la tension.

La grandeur qui, dans un matériau, s'oppose à l'établissement d'un flux est appelée la *réluctance*, qui est comparable à la résistance. Le symbole de la réluctance est *R*. La réluctance est inversement proportionnelle à la perméabilité. Le fer a une perméabilité élevée et une faible réluctance. L'air ou le vide ont une faible perméabilité et une réluctance élevée.

Sur la figure 14-5, la f.m.m. *F* de la bobine crée un flux magnétique dans tout le circuit magnétique. La réluctance est l'opposition totale au flux ϕ. En (a) il y a peu de réluctance dans le circuit de fer fermé, et il suffit de quelques ampères. Par contre, en (b), l'entrefer a une réluctance élevée qui nécessite beaucoup plus d'ampères pour obtenir le même flux qu'en (a).

Les trois grandeurs (flux, f.m.m. et réluctance) sont liées par la relation:

$$\phi = \frac{F}{R} \tag{14.5}$$

qui est connue sous le nom de loi d'Ohm pour les circuits magnétiques et qui correspond à $I = V/R$. On considère que la force magnétomotrice crée un flux ϕ dans un matériau magnétique malgré l'opposition de la réluctance *R*. Cette relation correspond à une force électromotrice ou à une tension qui fait passer

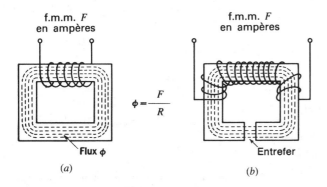

f.m.m. *F* en ampères

f.m.m. *F* en ampères

$$\phi = \frac{F}{R}$$

Flux ϕ

Entrefer

(a)

(b)

Figure 14-5 *Deux exemples de circuits magnétiques: (a) circuit fermé en fer ayant une faible réluctance et nécessitant une faible force magnétomotrice; (b) circuit à entrefer, de réluctance plus élevée, nécessitant une force magnétomotrice plus grande.*

un courant électrique dans un matériau conducteur malgré l'opposition de sa résistance.

Il n'existe pas de nom particulier pour l'unité de réluctance, mais on peut considérer qu'elle représente le rapport F/ϕ exactement comme la résistance est le rapport V/I. Donc R s'exprime en ampères par weber.

Exemple 7   Une bobine a une f.m.m. F de 600 A et une réluctance R de 2×10^6 A/Wb. Calculer le flux total ϕ en microwebers.

Réponse $$\phi = \frac{F}{R} = \frac{600 \text{ A}}{2 \times 10^6 \text{ A/Wb}}$$
$$\phi = 300 \times 10^{-6} \text{ Wb} = 300 \ \mu\text{Wb}$$

Exemple 8   Un matériau magnétique a un flux total de 80 μWb avec une f.m.m. F de 160 A. Calculer la réluctance R en ampères par weber.

Réponse $$R = \frac{F}{\phi} = \frac{160 \text{ A}}{80 \times 10^{-6} \text{ Wb}}$$
$$R = 2 \times 10^6 \ \frac{\text{A}}{\text{Wb}}$$

Problèmes pratiques 14.6
(réponses à la fin du chapitre)
Répondre par vrai ou faux:
(a) La réluctance de l'air est plus élevée que celle du fer doux;
(b) À une plus forte réluctance correspond, pour une f.m.m. donnée, un plus grand flux.

14.7
RELATIONS ENTRE LES UNITÉS MAGNÉTIQUES

Les exemples qui suivent montrent comment sont reliées les valeurs de NI, H, ϕ, B et R.

Exemple 9   Quelle est la f.m.m. F d'une bobine de 50 spires dans laquelle circule un courant de 2 A?

Réponse $F = NI = 50 \times 2$
$F = 100$ A

La valeur 100 A est la f.m.m. produisant le champ magnétique, que ce soit dans l'air ou dans un noyau de fer.

Exemple 10   Si la bobine a un noyau de fer de 0,2 m de longueur, quelle est l'intensité du champ H dans le fer?

Réponse $$H = \frac{F}{l} = \frac{100 \text{ A}}{0,2 \text{ m}}$$
$$H = 500 \text{ A/m}$$

C'est un exemple de calcul de l'intensité du champ magnétique extérieur créé par la f.m.m. du courant circulant dans un enroulement.

Exemple 11   Si ce noyau de fer dont le champ H est de 500 A/m a une perméabilité relative μ_r de 200, calculer la densité de flux B.

Réponse

$$B = \mu H = \mu_r \times 1,26 \times 10^{-6} \times H$$
$$= 200 \times 1,26 \times 10^{-6} \ \frac{\text{T}}{\text{A/m}} \times \frac{500 \text{ A}}{\text{m}}$$
$$B = 0,126 \text{ T}$$

Exemple 12   Si la section de ce noyau de fer, dans lequel la densité de flux B est de 0,126 T, est de 2×10^{-4} m², calculez le flux ϕ dans le noyau.

Réponse   On applique les relations entre le flux et la densité: $\phi = B \times section$. Puisque $B = 0,126$ T ou 0,126 Wb/m², on a:

$$\phi = B \times section$$
$$= 0,126 \ \frac{\text{Wb}}{\text{m}^2} \times 2 \times 10^{-4} \text{ m}^2$$
$$= 0,252 \times 10^{-4} \text{Wb} = 25,2 \times 10^{-6} \text{ Wb}$$
$$\phi = 25,2 \ \mu\text{Wb}$$

Exemple 13   Si la force magnétomotrice de la bobine de la figure 14-5a est de 100 A et que le flux

ϕ est d'environ 25×10^{-6} Wb dans le noyau de fer, calculer sa réluctance R.

Réponse D'après la loi d'Ohm pour les circuits magnétiques:

$$R = \frac{F}{\phi} = \frac{100 \text{ A}}{25 \times 10^{-6} \text{ Wb}}$$

$$R = 4 \times 10^6 \text{ A/Wb}$$

Exemple 14 Si la réluctance du circuit à entrefer de la figure 14-5*b* était de 400×10^6 A/Wb, quelle devrait être la force magnétomotrice pour obtenir le même flux de 25 μWb?

Réponse

$$F = \phi \cdot R$$

$$= 25 \times 10^{-6} \text{ Wb} \times 400 \times 10^6 \ \frac{\text{A}}{\text{Wb}}$$

$$F = 10\ 000 \text{ A}$$

Remarquez que la force magnétomotrice de 10 000 A nécessaire dans ce dernier cas est 100 fois plus élevée que la force magnétomotrice de 100 A de l'exemple 13, parce qu'avec un entrefer la réluctance est plus élevée. Ce phénomène est semblable au cas des circuits électriques qui nécessitent une tension plus élevée pour faire passer un même courant dans une résistance plus grande.

Problèmes pratiques 14.7
(réponses à la fin du chapitre)
Répondre par vrai ou faux:
(a) À un plus grand courant I correspond, pour un nombre de spires donné, une plus grande f.m.m.;
(b) À une plus grande longueur correspond, pour une f.m.m. donnée, une plus grande intensité de champ H;
(c) À une plus grande perméabilité du noyau correspond, pour une valeur de H donnée, une plus grande densité de flux B.

14.8
COMPARAISON DES CHAMPS MAGNÉTIQUES ET DES CHAMPS ÉLECTRIQUES

Comme on l'indique à la figure 14-6*a*, il existe entre deux charges électriques un champ extérieur de lignes de force, semblable au champ magnétique existant entre deux pôles magnétiques en (*b*). Il n'est pas possible de voir les forces d'attraction ou de répulsion, de la même façon qu'il est impossible de voir la pesanteur, mais la force se manifeste par le travail qu'elle peut effectuer. Pour les deux

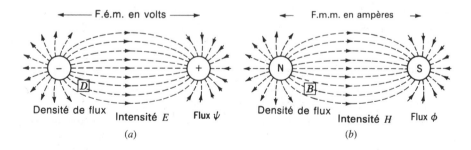

Figure 14-6   *Comparaison des champs électriques et des champs magnétiques: (a) attraction entre charges statiques opposées; (b) attraction entre pôles magnétiques opposés.*

champs, les forces font s'attirer les polarités opposées et se repousser les polarités semblables.

Les lignes électriques représentent le trajet que suivrait un électron dans le champ; les lignes magnétiques montrent comment un pôle Nord se déplacerait. L'ensemble des lignes électriques de force des charges statiques constitue le *flux électrostatique*. Son symbole est la lettre grecque ψ (*psi*) qui correspond à ϕ pour le flux magnétique.

Le flux magnétique est en général associé à des charges ou à des courants mobiles tandis que le flux électrostatique est associé à la tension entre des charges statiques. Dans les circuits électriques, l'application du flux magnétique prend souvent la forme d'un enroulement qui réalise une inductance. Quand le fil de l'enroulement est parcouru par un courant, il crée un champ magnétique. Dans ce cas, le flux magnétique créé est concentré dans la bobine. En outre, quand le champ magnétique varie, la variation de flux magnétique produit une tension induite, comme l'expliquent les chapitres 15 *L'induction électromagnétique* et 18 *Inductance*.

Dans le cas d'un champ électrique, l'application prend souvent la forme d'un isolant placé entre deux armatures conductrices, pour réaliser un condensateur. Lorsqu'une tension est appliquée aux bornes de l'isolant, un champ électrique apparaît dans ce dernier. Comme il s'agit d'un condensateur, le champ électrique de l'isolant est concentré entre les armatures. En outre, quand le champ électrique varie, il en résulte un courant induit sur tout passage conducteur relié au condensateur. Le chapitre 21, *Capacité*, explique cela avec plus de détails.

Loi de Coulomb Les lignes électriques de force de la figure 14-6*a* représentent la force qui s'exerce sur un électron placé dans le champ. La force qui s'exerce entre deux charges est donnée par la loi de Coulomb:

$$F = 9 \times 10^9 \times \frac{q_1 q_2}{r^2} \qquad (14.6)$$

où q_1 et q_2 sont en coulombs, F est en newtons, et r est la distance entre les charges en mètres. Le coefficient 9×10^9 permet d'obtenir les forces en newtons dans l'air ou le vide.

La loi de Coulomb indique que la force augmente avec la valeur de la charge mais diminue comme le carré de la distance entre les charges. Des valeurs types de q s'expriment en microcoulombs, car le coulomb est une unité de charge très grande.

Système international d'unités Les unités utilisées dans cet ouvrage sont les unités SI. Elles ont été normalisées en 1960 par des accords internationaux. On utilise l'abréviation SI pour «Système international». Les unités magnétiques SI sont indiquées au tableau 14-2. Les unités électriques SI correspondantes comprennent le coulomb, que l'on emploie à la fois pour le flux électrique et la charge, l'ampère pour le courant, le volt pour le potentiel, et l'ohm pour la résistance. Le henry pour l'inductance et le farad pour la capacité sont aussi des unités du système SI. On note, d'après le tableau 14-2, que l'inverse de la réluctance est la *perméance*, ce qui correspond à la conductance qui est l'inverse de la résistance. L'unité SI recommandée pour la conductance est le siemens (S). Cette unité doit son nom à Ernst von Siemens, un inventeur européen.

Comme seconde comparaison, on peut indiquer la perméabilité μ d'un matériau magnétique dans lequel existe un flux magnétique qui correspond à la *constante diélectrique* ϵ d'un isolant, dans lequel existe un flux

Tableau 14-2 *Tableau des grandeurs, symboles et unités magnétiques SI*

GRANDEUR	SYMBOLE	UNITÉ
Flux	ϕ	Weber (Wb)
Densité de flux	B	Wb/m² = tesla (T)
f.m.m.	F	Ampère
Intensité de champ	H	Ampère par mètre (A/m)
Réluctance	R	Ampère par weber (A/Wb)
Perméance	$\lambda = \dfrac{1}{R}$	Weber par ampère (Wb/A)
Perméabilité relative	μ_r	Aucune, nombre pur
Perméabilité absolue	$\mu = \mu_r \times$ $1{,}26 \times 10^{-6}$	$\dfrac{B}{H} = \dfrac{\text{tesla (T)}}{\text{ampère par mètre (A/m)}}$

électrique. De même que la perméabilité est l'aptitude d'un matériau magnétique à concentrer le flux magnétique, la constante diélectrique ϵ est l'aptitude d'un isolant à concentrer le flux électrique. On utilise le symbole ϵ_r pour la constante diélectrique relative, qui correspond au symbole μ_r pour la perméabilité relative.

***Problèmes pratiques 14.8
(réponses à la fin du chapitre)
Donner les unités des grandeurs suivantes:***

(*a*) Tension;
(*b*) Force magnétomotrice;
(*c*) Courant électrique;
(*d*) Flux magnétique.

Résumé

Les unités magnétiques et leur définition sont résumées au tableau 14-2.

Exercices de contrôle
(Réponses à la fin de l'ouvrage)

Répondre par vrai ou faux.

1. Un courant de 4 A traversant 200 spires crée une f.m.m. de 200 A.
2. Pour obtenir une f.m.m. de 200 A avec 100 spires, il faut un courant de 2 A.
3. Une f.m.m. de 200 A aux bornes d'un passage de flux mesurant 0,1 m crée une intensité de champ H de 2000 A/m.

4. Un matériau magnétique dont la perméabilité relative μ_r est de 100 A une perméabilité absolue de $126 \times \times 10^{-6} \dfrac{T}{A/m}$

5. Il n'y a pas d'unité de perméabilité relative μ_r.

6. Les pertes par hystérésis sont plus grandes dans le fer doux que dans l'air.

7. La saturation magnétique indique que la densité de flux B ne croît pas proportionnellement à l'intensité de champ H.

8. Les unités d'une courbe B-H sont des teslas en fonction des ampères par mètre.

9. Dans la loi d'Ohm pour les circuits magnétiques, la réluctance R est l'opposition au flux ϕ.

10. La grandeur de la f.m.m. F entre deux pôles magnétiques ne dépend pas de la longueur de la bobine.

Questions

1. Quelles sont les quantités qui correspondent à V, I et R dans la loi d'Ohm pour les circuits magnétiques?

2. Pourquoi peut-on considérer la réluctance et la perméabilité comme des caractéristiques opposées?

3. Indiquez l'unité et le symbole de chacune des grandeurs magnétiques suivantes: (a) flux; (b) densité de flux; (c) intensité de champ; (d) perméabilité absolue.

4. Définir les termes suivants: (a) saturation; (b) perméabilité relative; (c) constante diélectrique relative.

5. Expliquez rapidement comment désaimanter un objet métallique qui a été momentanément aimanté.

6. Tracez une courbe B-H avec des valeurs de μ, N, I et V identiques à celles de la figure 14-3, mais pour une bobine de 5 Ω de résistance.

7. Indiquez la loi de Coulomb pour la force qui s'exerce entre des charges électrostatiques.

Problèmes
(Les réponses aux problèmes de numéro impair sont données à la fin de l'ouvrage)

1. Une bobine de 2000 spires parcourue par un courant de 100 mA a une longueur de 0,2 m. (a) Calculez la f.m.m. F; (b) calculez l'intensité de champ H.

2. Si le courant passe à 400 mA dans la bobine du problème 1, calculez les valeurs accrues de la f.m.m. F et de H.

3. Un noyau de fer a une densité de flux B de 0,36 T avec un champ H de 1000 A/m. Calculez: (a) la perméabilité μ; (b) la perméabilité relative μ_r du noyau de fer.

4. Une bobine de 250 spires parcourue par un courant de 400 mA mesure 0,2 m de longueur et a un noyau de fer de même longueur. Calculez les grandeurs suivantes: (a) F; (b) H; (c) B dans le noyau de fer dont la perméabilité relative μ_r est de 200; (d) B, dans le cas où le noyau de fer est supprimé et remplacé par de l'air.

5. D'après la courbe B-H de la figure 14-3, calculez μ pour le noyau de fer, quand H est de 3000 A/m et de 5000 A/m.

6. D'après le cycle d'hystérésis de la figure 14-4, donnez les valeurs: (a) de la rémanence B_R; et (b) de la force coercitive $-H_C$.

7. Une batterie est branchée aux bornes d'une bobine de 100 spires et de résistance $R = 20\ \Omega$, dont le noyau de fer mesure 0,20 m de longueur. (a) Tracez le schéma du circuit. (b) Quelle doit être la tension de la batterie pour obtenir une f.m.m. F de 200 A? (c) Calculez H dans le noyau de fer. (d) Calculez B dans le noyau de fer si son μ_r est de 300. (e) Calculez ϕ à chaque pôle dont la surface est de 8×10^{-4} m². (f) Quelle est la réluctance du noyau de fer?

8. Calculez la force, en newtons, qui s'exerce entre deux charges de 4 μC distantes de 0,1 m dans l'air ou dans le vide.

Réponses aux problèmes pratiques

14.1 (a) 486 A
  (b) 60,75 A

14.2 (a) 125 A/m
  (b) 500 A/m

14.3 (a) 1
  (b) 200
  (c) $0,2 \times 10^{-3}\ \dfrac{T}{A/m}$

14.4 (a) 0,2 T
  (b) 4000 A/m

14.5 (a) vrai
  (b) vrai

14.6 (a) vrai
  (b) faux

14.7 (a) vrai
  (b) faux
  (c) vrai

14.8 (a) le volt
  (b) l'ampère
  (c) l'ampère
  (d) le weber

L'induction électromagnétique

Le lien entre l'électricité et le magnétisme fut trouvé en 1824 par Oersted, qui découvrit que le courant circulant dans un fil était capable de mouvoir l'aiguille magnétique d'une boussole. Quelques années plus tard, on découvrit l'effet inverse: un champ magnétique en mouvement contraint les électrons à se mouvoir, ce qui produit un courant. Cet important phénomène fut étudié par Faraday, Henry, et Lenz[1]. L'électromagnétisme englobe de ce fait les effets magnétiques du courant électrique.

Des électrons en mouvement ont un champ magnétique associé; un champ magnétique en mouvement contraint les électrons à se mouvoir, donc à produire un courant. Ces effets électromagnétiques ont de nombreuses applications pratiques qui constituent les principes des moteurs et des génératrices ainsi que de tous les circuits électroniques présentant une inductance. Les détails de l'électromagnétisme sont analysés dans les sections suivantes:

15.1 Le champ magnétique entourant un courant électrique
15.2 Polarité magnétique d'une bobine
15.3 Action motrice entre deux champs magnétiques
15.4 Le courant induit
15.5 La loi de Lenz
15.6 Génération d'une tension induite
15.7 La loi de Faraday de la tension induite

15.1
LE CHAMP MAGNÉTIQUE ENTOURANT UN COURANT ÉLECTRIQUE

Sur la figure 15-1, la limaille de fer alignée en

[1] Michael Faraday (1791-1867), éminent physicien britannique, pionnier de l'électromagnétisme; Joseph Henry (1797-1878), physicien américain; H. F. E. Lenz (1804-1865), physicien russe.

cercles concentriques autour du conducteur met en évidence le champ magnétique du courant circulant dans le fil. La limaille est dense à proximité du conducteur, ce qui montre que le champ atteint un maximum en ce point. Par ailleurs, l'intensité du champ décroît inversement au carré de la distance au conducteur. Il est important de noter les deux facteurs suivants relatifs aux lignes de force magnétiques:

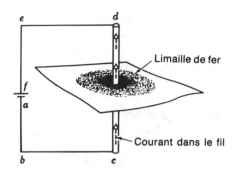

Figure 15-1 *Limaille de fer dans un champ magnétique autour d'un conducteur parcouru par un courant.*

1. Les lignes de force magnétiques sont circulaires du fait que le champ est symétrique par rapport au fil passant en son centre.
2. Le champ magnétique avec ses lignes de force circulaires est situé dans un plan perpendiculaire au courant circulant dans le fil.

Des points *c* à *d* dans le fil, le champ magnétique circulaire associé est dans un plan horizontal car le fil est vertical. De même, le conducteur vertical entre les points *e* et *f* d'une part, et *a* et *b* d'autre part, a également son champ magnétique associé situé dans le plan horizontal. En revanche, là où le conducteur est horizontal, comme c'est le cas de *b* à *c* et de *d* à *e*, le champ magnétique se trouve dans un plan vertical.

Ces deux conditions d'un champ magnétique circulaire dans un plan perpendiculaire s'appliquent à toute charge en mouvement. Qu'il s'agisse d'un flux d'électrons ou du mouvement de charges positives, le champ magnétique associé doit être à angle droit par rapport au sens du courant.

De plus, il n'est pas nécessaire que le courant soit localisé dans un fil conducteur. À titre d'exemple, le faisceau d'électrons en mouvement dans le vide d'un tube à rayons cathodiques présente un champ magnétique associé. Dans tous les cas, le champ magnétique a des lignes de force circulaires situées dans un plan perpendiculaire au sens du mouvement de la charge électrique.

Champs dans le sens et en sens inverse des aiguilles d'une montre Avec des lignes de force circulaires, le champ magnétique tend à déplacer un pôle Nord selon une trajectoire circulaire. Aussi, le sens des lignes doit-il être considéré soit comme allant dans le sens des aiguilles d'une montre, soit en sens inverse. Cette notion est illustrée à la figure 15-2 qui montre comment un pôle Nord se déplacerait dans un champ circulaire.

Les sens sont déterminés à l'aide de l'aiguille magnétique d'une boussole. Lorsque la boussole est placée devant le fil, le pôle Nord

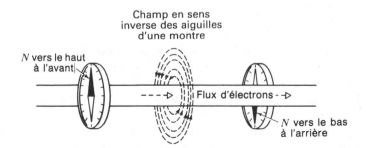

Figure 15-2 *Règle pour déterminer qu'autour d'un conducteur rectiligne le champ tourne en sens inverse des aiguilles d'une montre. Si les électrons circulaient en sens inverse, le champ tournerait dans le sens des aiguilles.*

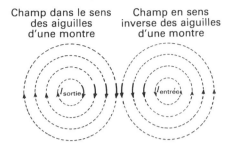

Figure 15-3 *Champs magnétiques additifs entre des conducteurs en parallèle avec sens opposés du courant.*

de l'aiguille pointe vers le haut. Du côté opposé, l'aiguille pointe vers le bas. Si la boussole était disposée au-dessus du fil, son aiguille serait orientée vers l'arrière du fil; sous ce fil, la boussole pointerait vers l'avant.

En combinant tous ces sens, on retrouve le champ magnétique circulaire précédemment montré et dont les lignes de force tournent en sens inverse des aiguilles d'une montre; selon ce sens, les lignes de force magnétiques montent devant le conducteur et descendent derrière lui.

Au lieu de vérifier chaque conducteur avec une boussole, on peut utiliser la règle suivante pour déterminer le sens circulaire du champ magnétique: *si vous regardez le long du conducteur dans le sens d'écoulement du flux d'électrons, le champ magnétique est orienté en sens inverse des aiguilles d'une montre.* Sur la figure 15-2, la direction du flux d'électrons va de gauche à droite. Faisant face à ce trajet, vous pouvez situer le flux magnétique circulaire dans un plan perpendiculaire avec des lignes de force allant en sens inverse des aiguilles d'une montre.

L'écoulement du courant dans le sens opposé produit un champ inverse. Les lignes de force magnétiques présentent alors une rotation dans le sens des aiguilles d'une montre. Si, à la figure 15-2, les charges se déplaçaient

de la droite vers la gauche, le champ magnétique associé serait orienté selon un sens opposé, ses lignes de force tournant dans le sens des aiguilles d'une montre.

Champs en conjonction ou en opposition Lorsque les lignes de force magnétiques de deux champs sont dirigées selon un même sens, les lignes de l'un renforcent celles de l'autre, rendant ainsi le champ plus intense. Si les lignes de force magnétiques vont dans des sens opposés, les champs se retranchent.

À la figure 15-3, on montre les champs de deux conducteurs parcourus par des courants de sens opposés. Le point visible à gauche au milieu du champ indique la pointe d'une tête de flèche symbolisant un courant montant depuis le plan de la feuille. La croix représente la queue d'une flèche et symbolise un courant pénétrant dans le plan de la feuille.

Remarquez que les lignes de force magnétiques *entre les conducteurs* vont selon le même sens bien que l'un des champs tourne dans le sens des aiguilles d'une montre et l'autre en sens inverse. C'est pourquoi dans ce cas les champs s'ajoutent, le champ résultant ayant une intensité supérieure. De l'autre côté des conducteurs, les deux champs sont de sens opposés et tendent à s'annuler l'un l'autre. Le résultat net consiste en un renforcement du champ dans l'espace compris entre les conducteurs.

Problèmes pratiques 15.1
(réponses à la fin du chapitre)
Répondre par vrai ou faux:
(a) Les lignes d'un champ magnétique autour d'un conducteur sont circulaires et dans un plan perpendiculaire à ce conducteur;
(b) Soit la figure 15-3. Le champ le plus intense se trouve entre les conducteurs.

Figure 15-4 *Pôles magnétiques d'une boucle de courant.*

15.2
POLARITÉ MAGNÉTIQUE D'UNE BOBINE

Le fait de recourber un conducteur linéaire en forme de boucle, comme on le voit à la figure 15-4, conduit à deux effets. En premier lieu, les lignes de force magnétiques sont plus denses à l'intérieur de la boucle. Le nombre total de lignes est le même que pour le conducteur rectiligne mais, dans la boucle, les lignes sont concentrées en un espace plus réduit. De plus, toutes les lignes sont orientées dans le même sens à l'intérieur de cette boucle. De ce fait, le champ de la boucle équivaut effectivement à celui d'un barreau aimanté avec des pôles opposés sur les faces opposées de la boucle.

Le solénoïde considéré comme un barreau magnétique Une bobine en fil conducteur comportant plus d'une spire est généralement appelée *solénoïde*. Cependant, un solénoïde idéal a une longueur très supérieure à son diamètre. Comme une simple boucle, le solénoïde concentre le champ magnétique à l'intérieur de la bobine et offre des pôles magnétiques opposés à ses extrémités. Ces effets sont toutefois multipliés en fonction du nombre de spires étant donné que les lignes de force magnétiques se renforcent les unes les autres, allant dans le même sens à l'intérieur de la bobine. À l'extérieur de la bobine, le champ correspond à celui d'un barreau magnétique avec des pôles Nord et Sud aux *extrémités* opposées, tel qu'illustré à la figure 15-5.

Polarité magnétique Pour déterminer la polarité magnétique, appliquez la *règle de la main gauche* illustrée à la figure 15-6: *si la bobine est saisie avec les doigts de la main gauche se refermant dans le sens du flux*

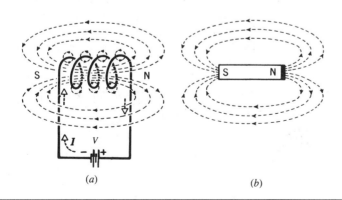

(a)   *(b)*

Figure 15-5 *Pôles magnétiques d'un solénoïde: (a) enroulement de la bobine; (b) barreau magnétique équivalent.*

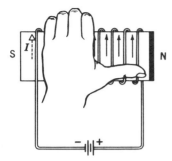

Figure 15-6 *Règle de la main gauche pour le pôle Nord d'une bobine dont le courant circule selon I.*

d'électrons autour de la bobine, le pouce pointe en direction du pôle Nord de la bobine. On fait usage de la main gauche dans ce cas du fait que le courant est un flux d'électrons.

Le solénoïde se comporte comme un barreau magnétique qu'il ait ou non un noyau en fer. En ajoutant un noyau en fer, on augmente la densité de flux à l'intérieur de la bobine. De plus, l'intensité de champ est alors uniforme sur toute la longueur du noyau. La polarité demeure inchangée toutefois pour les bobines à noyau à air ou à noyau en fer.

La polarité magnétique dépend du sens du flux d'électrons et du sens d'enroulement. Le sens du flux d'électrons est déterminé par les connexions à la source de tension engendrant le courant, étant donné que le courant d'électrons part de la borne négative de la source de tension et traverse la bobine pour revenir à la borne positive.

Le sens d'enroulement peut être tel que, partant de l'une des extrémités de la bobine, il passe par-dessus pour revenir en dessous ou vice versa par rapport au même point de départ. L'inversion soit du sens d'enroulement, soit du sens du courant provoque l'inversion des pôles magnétiques du solénoïde. Avec leur inversion simultanée, la polarité demeure la même. Voir la figure 15-7.

Problèmes pratiques 15.2 (réponses à la fin du chapitre)

(a) Considérer la figure 15-5. On inverse le sens de branchement de la batterie. Le pôle Nord sera dès lors à gauche ou à droite?

(b) Si une extrémité d'un solénoïde est le pôle Nord, alors l'extrémité est un pôle Nord ou un pôle Sud?

15.3 ACTION MOTRICE ENTRE DEUX CHAMPS MAGNÉTIQUES

Le mouvement physique résultant des forces des champs magnétiques est appelé *action motrice*. La simple attraction ou répulsion entre barreaux aimantés en est un exemple.

Nous savons que des pôles semblables se repoussent et que des pôles dissemblables s'attirent. On peut également considérer que des champs de même sens se repoussent et que des champs de sens opposés s'attirent.

Examinez la répulsion entre deux pôles Nord illustrée à la figure 15-8. Notez que des

Figure 15-7 *Quatre exemples de détermination de la polarité magnétique. En (b), la polarité de la batterie est l'inverse de celle de (a) pour inverser le sens du courant. En (d), l'enroulement a un sens inversé par rapport à (c).*

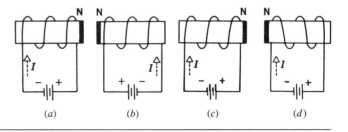

(a)   (b)   (c)   (d)

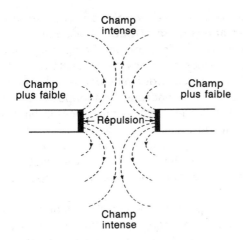

Figure 15-8 *Répulsion entre les pôles Nord de deux barreaux aimantés, montrant le déplacement depuis le champ le plus intense vers le plus faible.*

pôles semblables ont des champs allant dans le même sens. Donc, des champs similaires de deux pôles semblables se repoussent l'un l'autre.

Une raison plus fondamentale de l'action motrice est cependant le fait que, dans un champ magnétique, la force tend à produire un mouvement allant depuis un champ de plus forte intensité vers un champ de plus faible intensité. Notez, sur la figure 15-8, que l'intensité de champ est maximale dans l'espace entre les deux pôles Nord. À ce niveau, les lignes de force issues de pôles similaires des deux aimants se renforcent selon un même sens. À distance, l'intensité de champ est moindre, correspondant essentiellement à celle d'un seul aimant. Il en résulte qu'il y a une différence d'intensité de champ produisant une force nette qui tend à engendrer un mouvement. Le sens du mouvement est toujours vers le champ le plus faible.

Pour nous souvenir des sens, nous pouvons considérer que le champ le plus fort se déplace vers le champ le plus faible, la tendan-

ce étant d'égaliser l'intensité de champ. En cas contraire, le déplacement rendrait plus fort le champ fort et plus faible le champ faible, ce qui devrait être impossible car alors le champ magnétique multiplierait sa propre puissance sans qu'aucun travail ait été fourni.

Force exercée sur un conducteur rectiligne dans un champ magnétique Un courant circulant dans un conducteur a son champ magnétique associé. Lorsque ce conducteur est placé dans un autre champ magnétique issu d'une source séparée, les deux champs peuvent réagir en vue de produire une action motrice. Cependant, le conducteur doit être perpendiculaire au champ magnétique, comme on l'a montré à la figure 15-9. De cette manière, le champ magnétique perpendiculaire du courant est alors dans le même plan que le champ magnétique extérieur.

Sauf si les deux champs sont dans le même plan, ils ne peuvent pas agir l'un sur l'autre. Par contre, dans un même plan, les lignes de force allant dans le même sens se renforcent, créant un champ plus intense tandis

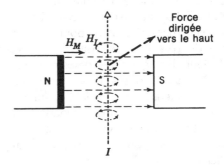

Figure 15-9 *Action motrice exercée sur le courant dans un fil rectiligne placé dans un champ magnétique externe. La force effective du champ magnétique résultant déplace le conducteur vers le haut en direction du champ le plus faible.*

que les lignes allant en sens opposés s'annulent et résultent en un champ plus faible.

Pour résumer ces sens:

1. Avec le conducteur à 90° ou perpendiculaire au champ externe, la réaction entre les deux champs magnétiques est maximale;
2. Avec le conducteur à 0°, ou parallèle au champ externe, il n'y a pas interaction entre eux;
3. Lorsque le conducteur est à un angle compris entre 0° et 90°, seule est efficace la composante perpendiculaire.

À la figure 15-9, le flux d'électrons dans le fil conducteur est situé dans le plan de la feuille, du bas de la page vers le haut. Ce flux engendre autour du fil le champ H_L, tournant en sens inverse des aiguilles d'une montre, dans un plan perpendiculaire passant à travers la feuille. Dans le plan de la feuille, les lignes de force du champ externe H_M vont de gauche à droite. Les lignes de force dans les deux champs sont donc parallèles au-dessus et en dessous du fil.

Au-dessous du conducteur, ses lignes de force vont de gauche à droite dans le même sens que celles du champ externe. Par conséquent, ces lignes s'ajoutent pour produire un champ de plus forte intensité. Au-dessus du conducteur, les lignes des deux champs vont selon des sens opposés, créant un champ de plus faible intensité. De ce fait, la force résultant du champ le plus fort provoque le déplacement du conducteur vers le haut, le faisant quitter la feuille pour aller vers le champ le plus faible.

Si les électrons circulent en sens inverse dans le conducteur, ou si le champ externe est inversé, l'action motrice s'exercera selon le sens opposé. De l'inversion simultanée du champ résulte un déplacement dans le même sens.

Rotation d'une boucle de courant dans un champ magnétique   Lorsqu'une boucle de fil est placée dans un champ magnétique, les branches opposées de la boucle présentent un courant dans des sens opposés. De ce fait, les champs magnétiques sont opposés. Les forces résultantes sont orientées vers le haut, au niveau de l'une des branches, et vers le bas, au niveau de l'autre branche de la boucle, provoquant ainsi sa rotation. Cet effet d'une force produisant une rotation est appelé *couple*.

Le principe de l'action motrice entre champs magnétiques produisant un couple rotationnel est à la base de tous les moteurs électriques. De même, l'appareil de mesure à cadre mobile décrit à la section 7.1 relève d'une application similaire. Le couple étant proportionnel au courant, l'angle de rotation indique l'intensité du courant circulant à travers la bobine.

Problèmes pratiques 15.3
(réponses à la fin du chapitre)
Répondre par vrai ou faux:
(a) À la figure 15-8, le champ le plus intense se trouve entre les deux pôles Nord;
(b) Soit la figure 15-9. Si l'on inverse le champ magnétique et le sens du courant, alors le déplacement se fera encore vers le haut.

15.4
LE COURANT INDUIT
De même que les électrons en mouvement engendrent un champ magnétique associé lorsqu'un flux magnétique se déplace, le mouvement des lignes de force coupant transversalement un conducteur force à se mouvoir dans ce conducteur les électrons libres, d'où production d'un courant. Le processus est appelé *induction* du fait qu'il n'existe pas de lien physique entre l'aimant et le conducteur. Le

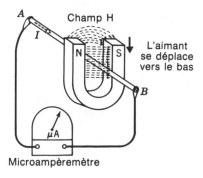

Figure 15-10 *Courant induit engendré par le flux magnétique coupant un conducteur*

courant induit est le résultat d'une action génératrice, étant donné que le travail mécanique dépensé pour mettre en mouvement le champ magnétique est converti en énergie électrique quand le courant circule dans le conducteur.

Reportons-nous à la figure 15-10 et supposons le conducteur *AB* placé perpendiculairement au flux dans l'entrefer d'un aimant en fer à cheval. Lorsque l'aimant est alors déplacé vers le haut ou vers le bas, son flux coupe le conducteur. Cette action du flux magnétique coupant transversalement le conducteur est génératrice de courant. Le fait que le courant circule est visualisé par le microampèremètre.

Lorsque l'aimant est déplacé vers le bas, le courant circule dans le sens indiqué; un mouvement ascendant de l'aimant engendre un courant de sens inverse. Sans mouvement, il n'y a pas de courant.

Sens du mouvement Le mouvement est nécessaire pour que les lignes de flux du champ magnétique coupent transversalement le conducteur. Cet effet de coupure peut être obtenu par le déplacement soit du champ, soit du conducteur. Lorsque le conducteur est issu vers le haut ou vers le bas, il coupe le flux magnétique. L'action génératrice est la même que celle liée au mouvement du champ, si ce

n'est que le mouvement relatif est inverse. Déplacer le conducteur vers le haut, par exemple, correspond à mouvoir l'aimant vers le bas.

Conducteur perpendiculaire au flux externe Pour qu'il y ait induction électromagnétique il faut que conducteur et lignes magnétiques du flux soient réciproquement perpendiculaires. Le mouvement amène alors le flux à couper la surface de la section transversale du conducteur. Ainsi qu'on le montre à la figure 15-10, le conducteur est disposé perpendiculairement aux lignes de force dans le champ *H*.

La raison pour laquelle le conducteur doit être perpendiculaire est qu'on veut obtenir que son courant induit ait un champ magnétique associé coplanaire au flux externe. S'il n'y a pas interaction entre le champ du courant induit et le champ externe, il ne peut y avoir naissance d'un tel courant induit.

Comment est engendré le courant induit Le courant induit peut être considéré comme le résultat d'une action motrice entre le champ externe *H* et le champ magnétique des électrons libres au niveau de la surface de chaque section transversale du fil. En l'absence d'un champ externe, le déplacement des électrons est de nature aléatoire sans sens spécifique et il n'y a pas de champ magnétique net associé aux électrons. Lorsque le conducteur est placé dans le champ magnétique *H*, il n'y a toujours pas d'induction sans mouvement relatif du fait que les champs magnétiques pour les électrons libres ne sont pas perturbés. Cependant, dès que le champ ou le conducteur se déplace, il doit y avoir une réaction s'opposant au mouvement. Cette réaction prend la forme d'un flux d'électrons libres résultant de l'action motrice exercée sur les électrons.

Si l'on se rapporte à la figure 15-10, par exemple, le courant induit doit circuler selon le sens indiqué car le champ est déplacé vers le bas en éloignant l'aimant du conducteur. Le courant induit d'électrons présente alors un champ associé dans le sens des aiguilles d'une montre dont les lignes de force sont en phase avec celles du champ H au-dessus du conducteur et en opposition avec celles du champ H au-dessous du conducteur. En vertu de l'action motrice entre les deux champs magnétiques tendant au déplacement du conducteur vers le champ le plus faible, le conducteur sera tiré vers le bas, accompagnant l'aimant pour faire opposition à la force tendant à éloigner l'aimant du conducteur.

L'effet d'induction électromagnétique est amplifié si, en tant que conducteur, on met en oeuvre une bobine. Les spires permettent alors de concentrer plus de longueur de conducteur en un plus petit volume. Ainsi qu'il ressort de la figure 15-11, du fait de l'introduction de l'aimant dans la bobine, le flux coupe de nombreuses spires de conducteur.

Problèmes pratiques 15.4
(réponses à la fin du chapitre)
Considérer la figure 15-10 et répondre par vrai ou faux:

(a) Si l'on déplace le conducteur vers le haut, au lieu de l'aimant vers le bas, le courant induit circulera dans le même sens;

(b) Le flux d'électrons circule, via l'appareil de mesure, de la borne A vers la borne B.

15.5
LA LOI DE LENZ

Le principe de base est utilisé pour déterminer le sens d'une tension ou d'un courant induit. Fondée sur le principe de conservation de l'énergie, la loi de Lenz stipule simplement que le sens du courant induit doit être tel que son propre champ magnétique s'oppose à l'action ayant engendré le courant induit.

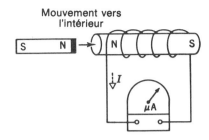

Figure 15-11 *Courant induit engendré par le flux magnétique coupant les spires de fil dans une bobine.*

Sur la figure 15-11, par exemple, le courant induit circule dans un sens tel qu'il engendre un pôle Nord à gauche pour faire opposition au mouvement par la répulsion du pôle Nord introduit. C'est la raison pour laquelle le fait de pousser l'aimant permanent à l'intérieur de la bobine entraîne un certain travail. Le travail fourni pour déplacer l'aimant est la source d'énergie pour le courant induit dans la bobine.

En appliquant la loi de Lenz, nous pouvons admettre au départ que l'extrémité gauche de la bobine de la figure 15-11 doit être un pôle Nord pour qu'il y ait opposition au mouvement. Dans ces conditions, le sens du courant induit est déterminé par la règle de la main gauche relative au flux d'électrons. Si les doigts se recourbent dans le sens indiqué du flux d'électrons, par-dessous et par-dessus l'enroulement, le pouce pointe vers la gauche pour un pôle Nord.

Pour le cas opposé, supposons que le pôle Nord de l'aimant permanent de la figure 15-11 soit éloigné de la bobine. Dans ces conditions le pôle induit à l'extrémité gauche de la bobine doit être un pôle Sud, en vertu de la loi de Lenz. Le pôle Sud induit exercera une attraction sur le pôle Nord, s'opposant au mouvement d'éloignement de ce dernier. S'il y a un pôle Sud à l'extrémité gauche de la bobine, le flux d'électrons s'en trouvera alors inversé par rapport au sens visible à la figure 15-11. Nous pourrions en réalité engendrer un courant alternatif par un mouvement périodique de va-et-vient de l'aimant.

Problèmes pratiques 15.5
(réponses à la fin du chapitre)
Considérer la figure 15-11:

(a) Quelle sera la polarité, Nord ou Sud, de l'extrémité gauche d'un conducteur que l'on éloigne de l'aimant?

(b) Quelle sera la polarité, Nord ou Sud, de l'extrémité gauche de la bobine dans laquelle on introduit l'extrémité Sud d'un aimant?

15.6
GÉNÉRATION
D'UNE TENSION INDUITE

Considérez le cas d'un flux magnétique coupant un conducteur non inséré dans un circuit fermé comme celui de la figure 15-12. Le déplacement du flux à travers le conducteur entraîne le mouvement des électrons libres, mais avec un circuit ouvert les électrons déplacés produisent des charges électriques opposées aux deux extrémités ouvertes.

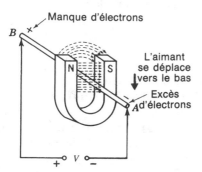

Figure 15-12 *Courant induit engendré par le flux magnétique coupant les spires de fil dans une bobine.*

En fonction des sens indiqués, les électrons libres dans le conducteur sont contraints de se mouvoir vers le point A. L'extrémité étant ouverte, les électrons s'y accumulent. Le point A développe donc un potentiel négatif.

Simultanément, le point B perd des électrons et prend une charge positive. Il en résulte une différence de potentiel entre les deux extrémités provenant de la séparation de charges électriques dans le conducteur.

La différence de potentiel est une force électromotrice engendrée par le travail effectué en coupant le flux. Vous pouvez mesurer cette f.é.m. avec un voltmètre. Cependant, comme un conducteur ne peut pas stocker de charge électrique, la f.é.m. n'est présente que durant le temps où le déplacement du flux, coupant le conducteur, engendre la tension induite.

Tension induite aux bornes d'une bobine Avec une bobine comme à la figure 15-13a, la f.é.m. induite est amplifiée par le nombre de spires. Chaque spire coupée par le flux contribue à augmenter la tension induite, étant donné que toutes repoussent des électrons libres pour les accumuler à l'extrémité négative de la bobine, parallèlement à une pénurie d'électrons à l'extrémité positive.

La polarité de la tension induite découle du sens du courant induit. L'extrémité du conducteur vers laquelle se dirigent les électrons pour s'y accumuler est le côté négatif de la tension induite. L'extrémité opposée appauvrie en électrons est le côté positif. La f.é.m. totale aux bornes de la bobine est la somme des tensions induites, toutes les spires étant disposées en série.

De plus, la tension totale induite agit en série avec la bobine, ainsi qu'il ressort du circuit équivalent de la figure 15-13b montrant la tension induite sous forme d'une génératrice séparée. Cette génératrice constitue une source

Figure 15-13 *Tension induite aux bornes d'une bobine coupée par un flux magnétique:* (a) *déplacement du flux engendrant une tension aux bornes de la bobine;* (b) *la tension induite agit en série avec la bobine;* (c) *la tension induite est une source qui peut produire un courant dans un circuit de charge extérieur relié aux extrémités de la bobine.*

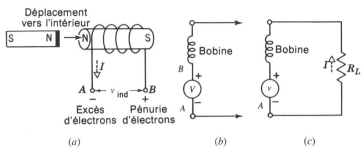

de tension avec une différence de potentiel résultant de la séparation des charges produite par l'induction électromagnétique. La source v de tension ne peut alors produire un courant dans un circuit de charge extérieur branché aux bornes positive et négative comme à la figure 15-13c.

La tension induite est en série avec la bobine parce que le courant produit par la f.é.m. engendrée doit circuler à travers toutes les spires. D'une tension induite de 10 V, par exemple, avec une charge R_L égale à 5 Ω, résulte un courant de 2 A qui circule à travers la bobine, la génératrice équivalente v et la résistance de charge R_L.

Sur la figure 15-13c, le sens du courant visualise le flux d'électrons le long du circuit. À l'extérieur de la source v, les électrons partent de sa borne négative pour revenir, en passant par la résistance R_L, à la borne positive en raison de leur différence de potentiel.

Cependant, à l'intérieur de la source, le flux d'électrons circule de la borne + vers la borne −. Le sens du flux d'électrons résulte du fait que, selon la loi de Lenz, l'extrémité gauche de la bobine en (a) doit être un pôle Nord pour qu'il y ait opposition au déplacement du pôle Nord introduit.

Notez comment les moteurs et génératrices sont similaires quant à l'utilisation du déplacement d'un champ magnétique, mais en vue d'applications opposées. Dans un moteur,

le courant est fourni pour un champ magnétique associé destiné à réagir avec le flux externe en vue de provoquer la mise en mouvement du conducteur. Dans une génératrice, c'est le mouvement qui doit être fourni de sorte que le flux et le conducteur puissent se couper l'un l'autre pour qu'il y ait induction d'une tension aux extrémités du conducteur.

***Problèmes pratiques 15.6
(réponses à la fin du chapitre)
Considérer la figure 15-13:***

(a) Laquelle, de la borne *A* ou de la borne *B*, est le côté négatif de la tension induite?
(b) Laquelle, de la borne *A* ou de la borne *B*, est le côté négatif de V_{R_L}?

15.7
LA LOI DE FARADAY DE LA TENSION INDUITE

La tension induite par le flux magnétique coupant les spires d'une bobine est fonction, d'une part, du nombre de spires, d'autre part, de la vitesse du déplacement du flux à travers le conducteur. Le déplacement peut être effectué soit par le flux, soit par le conducteur. La valeur de la tension induite est spécifiquement déterminée par les trois facteurs suivants:

1. *Valeur du flux*   Plus il y a de lignes de force magnétiques coupant le conducteur, plus élevée sera la valeur de la tension induite.
2. *Nombre de spires*   Plus la bobine comportera de spires, plus élevée sera la tension induite, étant donné que la valeur totale v_{ind} est la somme de toutes les tensions élémentaires induites dans chacune des spires en série.
3. *Vitesse de coupure*   Plus grande sera la vitesse à laquelle le flux coupe un conducteur, plus élevée sera la tension induite. En effet, il y aura plus de lignes de force coupant le conducteur pendant une période spécifique de temps.

Les facteurs sont d'une importance fondamentale dans beaucoup d'applications car, dans tout conducteur parcouru par un courant, il y aura induction d'une tension, du fait d'une variation de ce courant et du flux magnétique qui y sera associé.

La valeur de la tension induite peut être calculée par la loi de Faraday:

$$v_{\text{ind}} \text{ (volts)} = N \, \frac{d\phi \text{ (webers)}}{dt \text{ (secondes)}} \qquad (15.1)$$

où N est le nombre de spires et $d\phi/dt$ spécifie la vitesse à laquelle le flux ϕ coupe le conducteur.

Si $d\phi/dt$ est établi en webers par seconde, la tension induite est obtenue en volts. À titre d'exemple, si le flux magnétique coupe 300 spires à la vitesse de 2 Wb/s, $v_{\text{ind}} = 300 \times 2$, soit 600 V. On suppose que la totalité du flux rencontre toutes les spires, ce qui est exact avec un noyau en fer.

Vitesse de variation   En $d\phi$ et en dt, le symbole d est une abréviation pour *delta* (Δ)

qui représente une *variation*[2]. Le terme $d\phi$ signifie une variation du flux ϕ, tandis que dt correspond à une variation de temps.

À titre d'exemple, si à un instant donné le flux ϕ est de 4 Wb puis passe à 6 Wb, la variation de flux $d\phi$ est de 2 Wb. Cette même notion s'applique tant à un accroissement qu'à une diminution. Si le flux passait de 6 à 4 Wb, la variation $d\phi$ serait toujours de 2 Wb. Toutefois, un accroissement est habituellement considéré comme une variation en sens positif avec une pente positive, tandis qu'une diminution a une pente négative.

De façon semblable, dt représente une variation de temps. Si nous considérons le flux à l'instant 2 s succédant au départ puis à l'instant ultérieur 3 s après ce même départ, la variation de temps est de $3-2$, soit dt est égal à 1 s. L'augmentation du temps a toujours lieu en sens positif.

En combinant les deux facteurs $d\phi$ et dt, nous pouvons dire que pour un flux magnétique augmentant de 2 Wb en 1 s, $d\phi/dt$ est égal à 2/1, soit 2 Wb/s, ce qui précise la vitesse de variation du flux magnétique. Pour 300 spires coupées par une variation de flux de 2 Wb/s, la tension induite s'élèvera donc à 300×2, soit 600 V.

Analyse de la tension induite, sous la forme $Nd\phi/dt$ Ce concept fondamental de la tension induite par une variation de flux est illustré par les graphiques de la figure 15-14 en fonction des valeurs énumérées dans le tableau 15-1. La montée linéaire en (a) correspond à un taux uniforme d'augmentation du flux ϕ. Dans ce cas, l'ordonnée croît de 2 Wb par intervalle de temps de 1 s. La pente de cette courbe égale à $d\phi/dt$ est donc de 2 Wb/s.

---

[2] En calcul infinitésimal, dt ne représente qu'une variation infinitésimale, mais nous utilisons ce symbole pour le taux de variation en général.

Figure 15-14 *Graphes de la tension induite produite par des variations de flux dφ/dt dans une bobine avec N de 300 spires: (a) accroissement linéaire du flux; (b) régime de variation constante dφ/dt de 2 Wb/s; (c) tension induite constante de 600 V.*

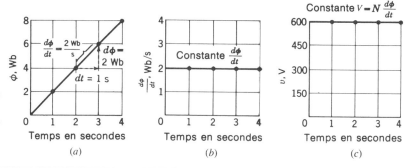

Notez que, bien que φ croisse, le taux de variation est constant car la montée linéaire a une pente constante.

Pour ce qui est de la tension induite, seul est important le facteur dφ/dt, non pas la valeur réelle de ce flux. Pour mettre en évidence ce concept de base, le graphe en (b) ne montre que les seules valeurs dφ/dt. Ce graphe est simplement une ligne horizontale pour la valeur constante de 2 Wb/s.

Le graphe de la tension induite en (c) est aussi une simple droite horizontale. Étant donné que l'on a $v_{ind} = N\,(d\phi/dt)$, le graphe de la tension induite représente simplement la multiplication par le nombre de spires des valeurs de dφ/dt. Il résulte une tension induite constante de 600 V avec 300 spires coupées par un flux variant au taux constant de 2 Wb/s.

L'exemple illustré ci-dessus peut différer de façons variées sans que soit mis en cause le principe selon lequel $v_{ind} = N\,(d\phi/dt)$. En

premier lieu, le nombre de spires ou les valeurs de dφ/dt peuvent être supérieurs ou inférieurs aux chiffres supposés plus haut. Une augmentation du nombre de spires entraîne une valeur supérieure de la tension induite, une diminution agissant en sens inverse. De même, une valeur plus élevée de dφ/dt se traduit par une tension induite plus importante.

Notez que deux facteurs sont inclus dans dφ/dt. La valeur de ce rapport peut être augmentée par un accroissement de dφ ou une diminution de dt. À titre d'exemple, la valeur de 2 Wb/s pour dφ/dt peut être doublée soit par l'accroissement de dφ à 4 Wb, soit par la réduction de dt à 0,5 s. On a alors dφ/dt égal à 4/1 ou 2/0,5, ce qui donne 4 Wb/s dans l'un ou l'autre cas. Un flux identique variant en un temps plus court se traduit par une vitesse supérieure du flux coupant le conducteur, donc, pour une valeur plus élevée de dφ/dt, une tension induite plus importante.

Tableau 15-1 *Calcul des tensions induites reportées à la figure 15-14*

φ, Wb	dφ, Wb	t, s	dt, s	dφ/dt Wb/s	N, SPIRES	N(dφ/dt), V
2	2	1	1	2	300	600
4	2	2	1	2	300	600
6	2	3	1	2	300	600
8	2	4	1	2	300	600

Dans le cas opposé, une valeur plus faible de $d\phi/dt$, avec un flux plus réduit ou une vitesse de variation inférieure, entraîne une valeur plus petite de la tension induite. Lorsque $d\phi/dt$ diminue, la tension induite a une polarité opposée par rapport à un accroissement.

Finalement, il convient de noter que le graphe $d\phi/dt$ de la figure 15-14b présente une valeur constante de 2 Wb/s du fait que le flux croît selon un taux linéaire. Cependant, il n'est pas nécessaire que le flux varie selon un tel taux. Dans ce cas, les valeurs de $d\phi/dt$ ne correspondront pas à une constante. Dans tous les cas, néanmoins, les valeurs de $d\phi/dt$ considérées à chaque instant détermineront les valeurs instantanées de v_{ind} qui sont égales à $N(d\phi/dt)$.

Polarité de la tension induite   La polarité est déterminée par la loi de Lenz. La tension induite v_{ind} a une polarité telle qu'elle s'oppose à la variation engendrant l'induction. Ce fait est quelquefois marqué en affectant à v_{ind} un signe négatif dans l'équation (15.1). Cependant, la polarité absolue est déterminée par les données suivantes: accroissement ou diminution du flux, mode d'enroulement, choix de l'extrémité de référence de la bobine.

Lorsque l'on tient compte de tous ces facteurs, v_{ind} a une polarité telle que le courant qu'elle engendre, ainsi que le champ magnétique associé à celui-ci, s'opposent à la variation de flux donnant naissance à la tension induite. Si le flux externe croît, le champ magnétique du courant induit sera de sens opposé. Si le champ externe diminue, le champ magnétique lié au courant induit sera de même sens que le champ externe pour s'opposer à cette variation en renforçant ce flux externe. En résumé, la tension induite a la polarité qui s'oppose à la variation.

Problèmes pratiques 15.7
(réponses à la fin du chapitre)

(a)   Un flux magnétique de 10 Wb passe à 8 Wb en 1 s. Calculer $d\phi/dt$.

(b)   Un flux magnétique de 10 μWb passe à 8 μWb en 1 μs. Calculer $d\phi/dt$.

Résumé

1. Dans un conducteur rectiligne, le courant présente un champ magnétique associé dont les lignes de force circulaires sont situées dans un plan perpendiculaire au conducteur. Le sens du champ circulaire est en sens inverse des aiguilles d'une montre si l'on regarde le long du conducteur dans le sens d'écoulement du flux d'électrons.

2. Dans le cas de deux champs coplanaires produits soit par un courant, soit par un aimant permanent, les lignes de force s'écoulant dans le même sens se renforcent pour produire un champ de plus forte intensité, tandis que les lignes de force de sens opposés se retranchent pour donner un champ d'intensité réduite.

3. Un solénoïde est une bobine de fil longue et étroite qui concentre le conducteur et son champ magnétique associé. Étant donné que

les champs élémentaires des spires s'ajoutent à l'intérieur de la bobine et se retranchent à l'extérieur, le solénoïde a un champ magnétique résultant semblable à celui d'un aimant avec des pôles Nord et Sud aux extrémités opposées.

4. La règle de la main gauche se rapportant à la polarité précise que lorsque vos doigts se recourbent autour des spires dans le sens du flux d'électrons, le pouce pointe vers le pôle Nord.

5. L'action motrice est le mouvement qui résulte de la force nette de deux champs susceptibles de se renforcer ou de se retrancher mutuellement. Le sens de la force résultante va toujours du champ le plus intense vers celui le plus faible.

6. L'action génératrice a trait à la tension induite. Pour N spires, on a $v_{ind} = N \ (d\phi/dt)$, $d\phi/dt$ étant exprimé en webers par seconde. Pour qu'il y ait création d'une tension induite, il faut que se produise une variation de flux.

7. La loi de Lenz stipule que la polarité de la tension induite s'oppose à la variation du flux magnétique ayant engendré cette induction.

8. Plus la vitesse de variation du flux est grande et plus la tension induite est grande.

9. Si la vitesse de variation du flux est constante, la valeur de la tension induite est, elle aussi, constante.

Exercices de contrôle
(Réponses à la fin de l'ouvrage)

Voici un moyen de contrôler si vous avez bien assimilé le contenu de ce chapitre. Ces exercices sont uniquement destinés à vous évaluer vous-même. Répondez par vrai ou faux.

1. Un fil vertical présentant un flux d'électrons circulant vers le bas en traversant cette page a un champ magnétique associé en sens inverse des aiguilles d'une montre, situé dans le plan de cette page.

2. Les lignes de force de même sens de deux champs magnétiques se renforcent mutuellement pour produire un champ résultant de plus forte intensité.

3. L'action motrice tend toujours à produire un déplacement en direction du champ le plus faible.

4. À la figure 15-6, si les connexions de la pile étaient inversées, les pôles magnétiques de la bobine se trouveraient inversés.

5. Un solénoïde est une bobine longue et étroite qui agit comme un barreau magnétique seulement quand le courant circule.

6. Un couple est une force tendant à provoquer une rotation.

7. À la figure 15-9, si les pôles du champ externe sont inversés, l'action motrice sera dirigée vers le bas.

8. À la figure 15-10, si, au lieu de l'aimant, c'est le conducteur qui est déplacé vers le bas, le courant induit circule en sens opposé.

9. Une tension induite ne se manifeste que durant le temps où il y a variation de flux.

10. La loi de Faraday détermine la valeur de la tension induite.

11. La loi de Lenz détermine la polarité d'une tension induite.

12. Une tension induite augmente avec une vitesse accrue du flux coupant le conducteur.

13. Une tension induite est effectivement en série avec les spires de la bobine dans laquelle est engendrée la tension.

14. Une diminution de flux aura pour effet d'engendrer une tension d'une polarité opposée à celle naissant d'un accroissement de flux, les lignes de force ayant dans les deux cas le même sens.

15. Un flux de 1000 lignes passant à 1001 lignes en 1 s produit une variation de flux $d\phi/dt$ de 1 ligne par seconde.

16. Un flux de 2 lignes croissant à 3 lignes en 1 μs correspond à une variation de flux $d\phi/dt$ de 1 000 000 de lignes par seconde.

17. À la question 16, $d\phi/dt$ est égal à 0,01 Wb/s.

18. La tension induite sera beaucoup plus grande avec les données de la question 16 qu'avec celles de la question 15, avec le même nombre de spires dans les deux cas.

19. Plus une bobine a de spires, plus élevée sera la tension induite.

20. À la figure 15-14, le flux ϕ croît mais son taux de variation $d\phi/dt$ est constant.

Questions

1. Dessinez un diagramme montrant deux conducteurs reliant une batterie à une résistance de charge à travers un interrupteur fermé. (*a*) Montrez le champ magnétique du côté négatif de la ligne et du côté positif. (*b*) Où les deux champs se renforcent-ils? Où sont-ils en opposition?

2. Énoncez la règle permettant de déterminer la polarité magnétique d'un solénoïde. (*a*) Comment la polarité peut-elle être inversée? (*b*) Pourquoi n'y a-t-il pas de pôles magnétiques lorsque le courant circulant dans la bobine est nul?

3. Pourquoi l'action motrice entre deux champs magnétiques aboutit-elle en un déplacement vers le champ le plus faible?

4. Pourquoi le courant circulant dans un conducteur perpendiculaire à cette feuille a-t-il un champ magnétique situé dans le plan de cette feuille?

5. Pourquoi faut-il que le conducteur et le champ externe soient réciproquement perpendiculaires pour qu'il y ait action motrice ou génération d'une tension induite?

6. Expliquez succinctement comment, avec le même conducteur placé dans un champ magnétique, il est possible d'obtenir soit une action motrice, soit une action génératrice.

7. Supposons que, dans un conducteur coupé par le flux d'un champ magnétique en expansion, il y ait induction d'une tension de 10 V, l'extrémité supérieure étant positive. Analysez à présent l'effet des modifications suivantes: (a) Le flux magnétique demeure en expansion mais à plus faible vitesse. De quelle manière s'en trouvent affectées la valeur de la tension induite et sa polarité? (b) Le flux magnétique est constant, n'augmentant ni ne diminuant. À quelle valeur s'élève la tension induite? (c) Le flux magnétique se contracte, coupant le conducteur par un déplacement en sens opposé. De quelle manière la polarité de la tension induite en est-elle modifiée?

8. Tracez à nouveau le graphe de la figure 15-14c pour le cas d'un enroulement de 500 spires, tous les autres facteurs demeurant inchangés.

9. Tracez à nouveau le circuit avec la bobine et la batterie de la figure 15-6 en montrant deux manières différentes pour inverser la polarité magnétique.

10. En vous reportant à la figure 15-14, supposez que le flux décroisse de 8 Wb à zéro à la même vitesse que celle de la croissance. Réunissez toutes les valeurs en un tableau comme celui de référence 15-1 et dessinez les trois graphes correspondant à ceux de la figure 15-14.

Problèmes

(Les réponses aux problèmes de numéro impair sont données à la fin de l'ouvrage)

1. Un flux magnétique de 9 μWb coupe une bobine de 1000 spires en 1 μs. Quelle est la valeur de la tension induite dans la bobine?

2. Reportez-vous à la figure 15-13. (a) Montrez-y la tension induite reliée à une résistance de charge R_L de 100 Ω. (b) Si la tension induite est de 100 V, quelle est l'intensité du courant circulant dans R_L? (c) Indiquez un moyen d'inverser la polarité de la tension induite. (d) Pourquoi cette méthode inverse-t-elle le sens du courant à travers R_L?

3. Calculez la vitesse de variation de flux $d\phi/dt$ en webers par seconde dans les cas suivants: (a) augmentation en 1 s de 6 à 8 Wb; (b) diminution en 1 s de 8 à 6 Wb; (c) augmentation en 5 μs de 50 μWb à 60 μWb.

4. Calculez la tension induite engendrée dans un enroulement de 400 spires par chacune des variations de flux énoncées dans le problème 3.

5. Dessinez un circuit avec une batterie de 20 V reliée à une bobine de 100 Ω, comportant 400 spires et un noyau en fer d'une longueur de 0,2 m. Calculez: (a) I; (b) F; (c) l'intensité de champ H; (d) la densité de flux B dans un noyau d'un coefficient μ_r de 500; (e) le flux total ϕ au niveau de chacun des pôles pour une surface de 6×10^{-4} m²; (f) montrez le sens d'enroulement de la bobine et sa polarité magnétique.

6. Pour la bobine citée dans le problème 5: (a) Si l'on enlève le noyau en fer, quelle sera la valeur du flux dans la bobine avec un noyau à air? (b) Quelle serait la valeur de tension induite engendrée par cette variation, le noyau étant retiré en 1 s? (c) Quelle est la valeur de la tension induite une fois le noyau enlevé?

Réponses aux problèmes pratiques

15.1 (a) vrai
    (b) vrai

15.2 (a) à gauche
    (b) un pôle Sud

15.3 (a) vrai
    (b) vrai

15.4 (a) vrai
    (b) vrai

15.5 (a) Sud
    (b) Sud

15.6 (a) A
    (b) A

15.7 (a) 2 Wb/s
    (b) 2 Wb/s

Tension et courant alternatifs

Cette partie constitue le début de l'étude des tensions et des courants alternatifs (par exemple, le secteur). Les variations et les inversions de polarité d'une tension de secteur sont montrées à la figure 16-1. Les signaux audio et radio sont également des exemples importants de tensions alternatives.

Les circuits à courant alternatif conduisent à des applications beaucoup plus nombreuses que les circuits à courant continu. Les principes établis pour les circuits à courant continu peuvent être considérés comme une introduction à l'étude des courants alternatifs. Toutes les lois relatives au courant continu, dont la loi d'Ohm, restent valables en courant alternatif; le nouvel élément à considérer est que la tension inverse sa polarité de manière alternative en produisant un courant dont le sens s'inverse. Le facteur le plus important est que la tension et le courant sont toujours variables et ne conservent pas une valeur fixe.

Le fait que les valeurs soient toujours variables est la raison pour laquelle les circuits à courant alternatif donnent lieu à un si grand nombre d'applications. Un transformateur, par exemple, ne peut fonctionner qu'en courant alternatif car la tension induite est obtenue à partir des variations de flux. Ceci n'est qu'un exemple illustrant comment l'inductance L constitue un élément caractéristique des circuits alternatifs, car la variation de flux magnétique produite par un courant variable engendre une tension induite. L'étude de l'inductance sera effectuée aux chapitres 18, 19 et 20.

La capacité C est une caractéristique similaire mais dont l'action est inverse; c'est un élément important dans le cas où la tension variable conduit à un flux électrique variable. Les détails relatifs aux capacités sont donnés aux chapitres 21, 22 et 23. Les facteurs supplémentaires qui viennent s'ajouter à R dans les circuits à courant alternatif (en abrégé ca) sont L et C. La principale différence entre ces facteurs réside dans le fait que la résistance R reste la même dans les circuits ca que dans les circuits à courant continu (en abrégé cc). Par contre, les effets de L et de C se manifestent surtout dans le cas d'une source ca. La vitesse des variations ca détermine la fréquence et entraîne une réaction

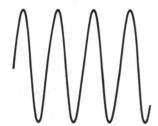

Figure 16-1 *Photographie de quatre cycles de l'oscillogramme de la tension d'un secteur alternatif à 60 Hz.*

plus grande ou plus petite de *L* et de *C*. L'effet sera donc différent pour des fréquences différentes. Le circuit résonnant *LC* d'accord à une fréquence particulière en est une application importante. Toutes les applications d'accord des récepteurs de radio et de télévision sont des exemples de la résonance dans les circuits *LC*.

En général, les circuits électroniques sont des combinaisons de *R*, *L* et *C* parcourus par des courants continus et des courants alternatifs. Les signaux audio et radio sont des tensions ou des courants alternatifs. Les amplificateurs à transistors ou à tubes requièrent cependant des tensions continues pour conduire un courant. Le courant résultant est donc un courant continu superposé d'un signal alternatif. De plus, cette combinaison peut entraîner, selon les différentes fréquences du circuit, certains variations. Nous commencerons notre analyse des circuits ca par l'étude des caractéristiques propres au courant et à la tension alternatifs en traitant les sujets suivants:

16.1
GÉNÉRATRICE DE TENSION ALTERNATIVE

Une tension alternative peut être définie comme une tension variant continuellement en amplitude et dont la polarité est périodiquement inversée. Les variations vers le haut et vers le bas de la forme d'onde de la figure 16-1 illustrent la variation d'amplitude. L'axe des amplitudes nulles est une ligne horizontale (appelée axe des *x*) passant par le centre. Les tensions au-dessus de cette ligne sont positives, celles au-dessous sont négatives.

À la figure 16-2, on montre comment une telle forme d'onde est produite par un générateur tournant, la boucle conductrice tournant dans le champ magnétique et fournissant une tension induite à ses bornes. Le flux magnétique est vertical, les lignes de force étant situées dans le plan du papier.

En (*a*) la boucle est figurée à sa position de départ horizontale dans un plan perpendiculaire au plan du papier. La boucle tournant dans le sens des aiguilles d'une montre, les deux conducteurs les plus longs se déplacent en décrivant un cercle. On peut remarquer que dans la position figurée, les deux conducteurs les plus longs de la boucle se déplacent verticalement vers le haut ou vers le bas à travers le papier mais restent parallèles aux lignes de force. Dans cette position, le mouvement de la boucle n'induit aucune tension du fait que les conducteurs ne coupent pas le flux.

La boucle se déplaçant pour occuper une position verticale (*b*), les conducteurs coupent le flux induisant une tension maximale. Les fils les plus courts de la boucle n'induisent qu'une tension minime.

Chacun des fils les plus longs conduit à une polarité inverse de la tension induite, du fait que le conducteur supérieur se déplace vers la gauche alors que le conducteur inférieur se déplace vers la droite. La valeur de la

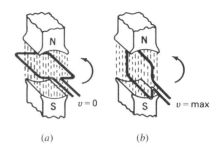

Figure 16-2 *Boucle tournant dans un champ magnétique et produisant une tension induite alternative v: (a) les fils de la boucle se déplaçant parallèlement au champ n'induisent aucune tension; (b) les fils de la boucle coupant le champ conduisent à une tension induite maximale.*

tension varie de zéro à un maximum lors du déplacement de la boucle de la position horizontale à la position verticale où elle coupe le flux. De même, la polarité des bornes de la boucle est inversée lorsque le mouvement de chaque conducteur s'inverse à chaque demi-tour.

Pour chaque tour de la boucle ramenant celle-ci à sa position initiale, la tension induite produit une tension *v* aux bornes de la boucle, variant de la même manière que l'onde de tension montrée sur la figure 16-1. Si la boucle tourne à une vitesse de 60 tours par seconde, la tension alternative aura une fréquence de 60 cycles par seconde.

Le cycle Un tour complet de la boucle suivant un cercle correspond à un *cycle*. Sur la figure 16-3, la boucle de la génératrice est figurée dans la position occupée à chaque quart de tour d'un cycle complet. L'onde de tension induite correspondante suit également un cycle. Bien que non figuré, le champ magnétique est dirigé du haut en bas de la page comme sur la figure 16-2.

En position *A* sur la figure 16-3, la boucle est horizontale et se déplace parallèlement au

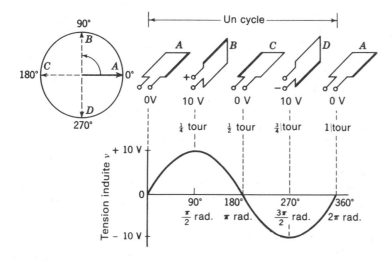

Figure 16-3 *Un cycle de tension alternative sinusoïdale fourni par la boucle. Le champ extérieur, qui n'apparaît pas ici, est du haut au bas de la page comme on le voit à la figure 16-2.*

champ magnétique, de telle sorte que la tension induite est nulle. La boucle tournant dans le sens inverse des aiguilles d'une montre, le conducteur noir se déplace vers le haut pour occuper la position *B* pour laquelle il coupe le flux, induisant ainsi une tension maximale. La polarité de la tension induite rend l'extrémité libre du conducteur noir positive. Le conducteur supérieur coupe le flux de droite à gauche. Simultanément, le conducteur opposé inférieur se déplace de gauche à droite, donnant naissance à une tension induite de polarité inverse. Ainsi, la tension induite maximale est produite à ce moment aux bornes des deux extrémités ouvertes de la boucle. Le conducteur supérieur est maintenant positif par rapport au conducteur inférieur.

Sur la courbe donnant les valeurs des tensions induites, sous la boucle de la figure 16-3, la polarité du fil noir est donnée par rapport à l'autre conducteur. Les tensions positives sont figurées au-dessus de l'axe des *x*. Le conducteur noir tournant à partir de sa position initiale vers la position supérieure en restant parallèle au flux, position pour laquelle le flux coupé est

maximal, une tension de plus en plus importante est induite, et sa polarité est positive.

La boucle effectuant un nouveau quart de tour (dans le sens indiqué), se retrouve à la position horizontale montrée en *C*, pour laquelle elle ne coupe aucun flux. Ainsi, la courbe des valeurs de tensions induites décroît depuis un maximum jusqu'à zéro pour un demi-tour, et elle se retrouve à zéro comme au départ du cycle. La demi-période de révolution est appelée *alternance*.

Au cours du quart de tour suivant, la boucle se déplace pour occuper la position *D*, sur la figure 16-3, pour laquelle la boucle coupe le flux produisant ainsi de nouveau une tension induite maximale. À remarquer toutefois que, dans ce cas, le conducteur noir se déplace de droite à gauche au bas de la boucle. Le mouvement est inversé par rapport à la direction qu'il avait lorsqu'il était à la partie supérieure et se déplaçait de droite à gauche. Par suite de l'inversion du sens du mouvement au cours du second demi-tour, la tension induite a une polarité inverse, le conducteur noir étant négatif. Sur la courbe, la tension négative est représentée au-dessous de l'axe des x. La valeur maximale de la tension induite au cours du troisième quart de tour est la même que celle induite lors du premier quart de tour, mais sa polarité est inversée.

Quand la boucle effectue le dernier quart de tour du cycle, la tension induite reprend la valeur zéro lorsque la boucle se retrouve en position horizontale figurée en A, la même que la position de départ. Ce cycle de valeurs de tensions induites se reproduit, la boucle continuant à tourner, chaque cycle de rotation conduisant à un cycle complet de valeurs de tensions.

Remarquez que le zéro au départ du cycle et le zéro après un demi-tour correspondant à une alternance n'ont pas la même signification. Au début du cycle, la tension est nulle du fait que la boucle est horizontale, mais le conducteur noir se déplace vers le haut dans le sens produisant une tension positive. Après un demi-cycle, la tension est nulle, la boucle étant horizontale, mais le conducteur noir se déplace vers le bas, ce qui conduit à une tension négative. Après un cycle complet, la boucle et la forme de l'onde qui lui correspondent sont dans le même état qu'au début du cycle. *La définition d'un cycle comprend donc les variations entre deux points successifs ayant la même valeur et variant dans le même sens.*

Mesure angulaire Du fait qu'un cycle de tension sur la figure 16-3 correspond à la rotation de la boucle suivant un cercle, il est commode de considérer les diverses parties du cycle en angles. Le cycle complet correspond à 360°. Un demi-cycle ou une alternance correspond à une rotation de 180°. Un quart de tour correspond à 90°. Le cercle figuré à gauche des schémas de la boucle sur la figure 16-3 représente les positions angulaires du conducteur noir lors de sa rotation dans le sens des aiguilles d'une montre de 0° à 90°,

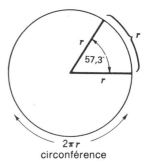

Figure 16-4 *Un angle de 1 rad est un angle dont la valeur est de 57,3°. Un cercle complet correspond à 2 π rad.*

ensuite à 180° pour un demi-cycle, puis de 180° à 270° et de 270° à 360° pour compléter le cycle. Un cycle correspond ainsi à 360°.

Mesures en radians Pour les mesures angulaires, il est commode d'utiliser une mesure d'angle particulière: le *radian* (rad en abrégé) qui correspond à un angle égal à 57,3°. L'avantage de cette unité vient du fait qu'un radian est une portion angulaire d'un cercle qui sous-tend un arc égal au rayon du cercle, comme il est indiqué sur la figure 16-4. La longueur de la circonférence totale est égale à 2 πr. Un cercle correspond à 2 π rad, puisque chaque angle de 1 rad sous-tend un arc égal au rayon du cercle. Ainsi, un cycle est égal à 2 π rad.

Ainsi qu'il est indiqué sur la figure 16-3, les parties du cycle peuvent être indiquées en angles exprimés en degrés ou en radians. Zéro degré correspond également à zéro radian, 360° correspond à 2 π rad, 180° correspond a π rad, 90° correspond à π/2 rad, et 270° correspond à π rad, plus π/2 rad, soit 3 π/2 rad.

La constante 2 π dans les mesures relatives aux cercles est égale à 6,2832. Ceci correspond au double de la valeur 3,1416 (valeur

Tableau 16-1 *Valeurs de l'amplitude d'une onde sinusoïdale*

ANGLE φ		SIN φ	TENSION AUX BORNES DE LA BOUCLE
DEGRÉS	RADIANS		
0	0	0	Zéro
30	$\dfrac{\pi}{6}$	0,5	50 % du maximum
45	$\dfrac{\pi}{4}$	0,707	70,7 % du maximum
60	$\dfrac{\pi}{3}$	0,866	86,6 % du maximum
90	$\dfrac{\pi}{2}$	1	Valeur positive maximale
180	π	0	Zéro
270	$\dfrac{3\pi}{2}$	–1	Valeur négative maximale
360	2π	0	Zéro

de π), rapport de la longueur de la circonférence au diamètre pour un cercle quelconque. L'égalité $2\ \pi$ rad = 360° se démontre facilement. En effet, $2 \times 3,1416 \times 57,3° = 360°$.

Problèmes pratiques 16.1
(réponses à la fin du chapitre)
Soit la figure 16-3:
(*a*) Quelle est la tension induite à $\pi/2$ rad?
(*b*) Un cycle complet correspond à combien de degrés?

16.2
ONDE SINUSOÏDALE

L'onde de tension présentée sur les figures 16-1 et 16-3 s'appelle *onde sinusoïdale* ou *sinusoïde*, parce que la valeur de la tension induite est proportionnelle au sinus de l'angle de rotation du mouvement circulaire produisant la tension. Le sinus est une fonction trigonométri-

que[1] d'un angle égale au rapport du côté opposé à l'hypothénuse. Ce rapport numérique croît de zéro (pour un angle de 0°) à une valeur maximale de 1 (pour un angle de 90°) au fur et à mesure que l'angle augmente.

La forme d'onde de tension produite par le mouvement circulaire de la boucle est sinusoïdale car la tension induite croît jusqu'à un maximum pour 90° lorsque la boucle est verticale, de la même manière que le sinus de l'angle de rotation augmente jusqu'à un maximum pour 90°. La tension induite et le sinus de l'angle se retrouvent en correspondance pour les 360° du cycle. On donne au tableau 16-1 les valeurs numériques du sinus pour quelques valeurs particulières afin de mieux illustrer les caractéristiques d'une onde sinusoïdale.

Notons que l'amplitude de l'onde sinusoïdale atteint la moitié de sa valeur maximale pour 30°, qui n'est que le tiers de 90°. L'onde

[1] Voir Annexe D, *Mathématiques*, pour plus de renseignements sur la trigonométrie.

sinusoïdale a ainsi une pente plus forte lorsqu'on se trouve au voisinage de l'axe des x, et cette pente diminue autour du maximun.

La valeur instantanée de la tension d'une onde sinusoïdale pour un angle de rotation quelconque est donnée par la formule:

$$v = V_m \sin \varphi \qquad (16.1)$$

dans laquelle φ (lettre grecque phi) est l'angle, sin le symbole représentant son sinus, V_m la valeur maximale de la tension, v étant la valeur instantanée pour un angle quelconque.

Exemple 1 Une onde sinusoïdale de tension varie de zéro à un maximum de 100 V. Quelles sont les valeurs de la tension qui correspondent aux moments du cycle définis par les angles suivants: 30°, 45°, 90°, 270°?

Réponse $v = V_m \sin \varphi = 100 \sin \varphi$

À 30°: $v = V_m \sin 30° = 100 \times 0,5$

$v = 50$ V

À 45°: $v = V_m \sin 45° = 100 \times 0,707$

$v = 70,7$ V

À 90°: $v = V_m \sin 90° = 100 \times 1$

$v = 100$ V

À 270°: $v = V_m \sin 270° = 100 \times (-1)$

$v = -100$ V

La valeur de -100 V à 270° est la même que pour 90°, la polarité étant inversée.

Entre zéro à 0° et le maximum à 90°, les amplitudes d'une onde sinusoïdale croissent exactement de la même façon que la valeur du sinus de l'angle de rotation. Les valeurs du sinus sont données pour le premier quadrant du cercle. De 90° à 180°, dans le second quadrant donc, la courbe décroît symétriquement aux valeurs du premier. Les valeurs dans le troisième et le quatrième quadrants, de 180° à 360°, sont exactement les mêmes que celles de 0° à 180°, mais avec le signe contraire. À

360° la forme d'onde revient à 0° et reprend les mêmes valeurs pour chaque cycle.

En résumé, voici les caractéristiques d'une forme d'onde ca sinusoïdale:
1. Un cycle contient 360° ou 2π rad;
2. La polarité s'inverse à chaque demi-cycle;
3. Les valeurs sont maximales à 90° et 270°;
4. Les valeurs sont nulles à 0° et 180°;
5. La forme d'onde change le plus rapidement de valeur lorsqu'elle traverse l'axe des x;
6. La forme d'onde change le moins rapidement de valeur lorsqu'elle est maximale. La valeur doit cesser de croître avant de commencer à décroître.

La tension d'un secteur à 60 Hz illustré à la figure 16-1 constitue un exemple parfait d'une forme d'onde sinusoïdale ca.

Problèmes pratiques 16.2
(réponses à la fin du chapitre)
Une tension sinusoïdale a une valeur
de crête de 170. Quelle est sa valeur
à:
(a) 30°;
(b) 270°;
(c) 360°.

16.3
COURANT ALTERNATIF

Une tension alternative étant branchée aux bornes d'une résistance de charge, le courant circulant dans le circuit a également la forme d'une onde sinusoïdale (figure 16-5). En supposant la tension sinusoïdale figurée sur la partie gauche du schéma appliquée aux bornes de la résistance R de 100, le courant alternatif qui en résulterait est figuré sur la partie droite de la figure. Remarquer que la fréquence est la même pour v et pour i.

Pendant le premier demi-cycle de la tension v de la figure 16-5, la borne 1 est positive par rapport à la borne 2. Les électrons circulent de la borne négative de v vers la borne

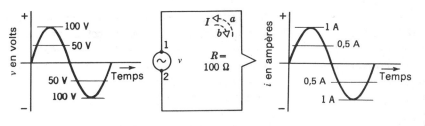

Figure 16-5 *Tension alternative sinusoïdale appliquée aux bornes de la résistance et produisant un courant alternatif sinusoïdal dans le circuit.*

positive en traversant la résistance R, le courant circulant dans le sens indiqué par la flèche pour le premier demi-cycle. On a choisi ce sens comme sens positif du courant i sur la courbe; il correspond aux valeurs positives de v.

La valeur du courant est égale à v/R. En considérant un certain nombre de valeurs instantanées du courant, on peut voir que pour $v = 0$, $i = 0$; $v = 50$ V, $i = {}^{50}\!/_{100}$ ou 0,5 A; $v = 100$ V, $i = 100$ V/100 ou 1 A. Pour toutes les valeurs de la tension appliquée, la polarité étant positive, le courant conserve donc toujours le même sens, augmentant jusqu'à une valeur maximale et diminuant jusqu'à la valeur 0, comme la tension.

Lors du demi-cycle suivant, la polarité de la tension alternative s'inverse. La borne 1 est alors négative par rapport à la borne 2. La polarité de la tension étant inversée, le courant circule dans le sens opposé. Les électrons circulent de la borne 1 de la source de tension (maintenant considérée comme le côté négatif) vers la borne 2 à travers la résistance R. Ce sens du courant, indiqué par la flèche b sur la figure 16-5, est le sens négatif.

Les valeurs négatives de i sur la courbe ont les mêmes valeurs que celles obtenues au cours du premier demi-cycle; elles correspondent à des valeurs inverses de la tension d'alimentation. Le courant alternatif varie ainsi de manière sinusoïdale en suivant exactement les variations de la tension alternative sinusoïdale.

Seules les formes d'onde obtenues pour i et pour v peuvent être comparées, la tension et le courant étant des grandeurs de nature différente.

Sur le plan de la production du courant, il est important de signaler que le demi-cycle de tension négatif est tout aussi utile que le demi-cycle positif. La seule différence est que l'inversion de la polarité de la tension inverse le sens de circulation du courant.

De plus, le demi-cycle négatif du courant est aussi utile que les valeurs positives lorsqu'il s'agit de chauffer un filament pour éclairer une ampoule. Pour les valeurs positives, les électrons circulent dans le filament dans un certain sens. Pour les valeurs négatives, la circulation des électrons s'effectuera dans le sens contraire. Dans les deux cas, les électrons circulent à partir du côté positif de la source de tension vers le côté négatif en traversant le filament. Quel que soit le sens de circulation des électrons, le courant chauffe le filament. Le sens ne joue aucun rôle dans le processus car la dissipation d'énergie est provoquée par la circulation des électrons dans la résistance. En bref, la résistance R réduit l'intensité des deux types de courant, continu et alternatif.

Problèmes pratiques 16.3 (réponses à la fin du chapitre) Considérer la figure 16-5:

(a) Soit $v = 70,7$ V. Que vaut i?
(b) Que vaut i à 30°?

16.4
VALEURS DE LA TENSION ET DU COURANT D'UNE ONDE SINUSOÏDALE

Du fait qu'une tension ou un courant alternatif comportent de nombreuses valeurs instantanées au cours du cycle, il est aisé de définir des grandeurs caractéristiques permettant de comparer les ondes entre elles. Les valeurs de pointe, moyennes et efficaces, peuvent être définies comme on l'indique sur la figure 16-6. Ces valeurs peuvent être utilisées dans le cas des courants ou des tensions.

Valeur de crête L'une des caractéristiques les plus utilisées est la valeur de crête qui correspond à la valeur maximale V_m ou I_m. Par exemple, en indiquant qu'une onde sinusoïdale a une valeur de crête de 170 V, on définit parfaitement cette onde du fait que les autres valeurs varient, durant le cycle, de manière sinusoïdale. La valeur de crête s'applique soit à la crête positive, soit à la crête négative.

Pour obtenir une caractéristique tenant compte des deux amplitudes de crêtes, on définit une valeur *crête à crête*. En prenant le même exemple, la valeur crête à crête est de 340 V, soit le double de la valeur de crête 170 V,

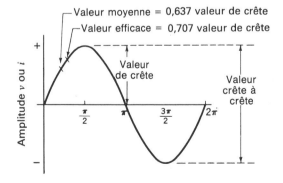

Figure 16-6 *Valeurs d'une tension ou d'un courant alternatif sinusoïdal.*

du fait que les crêtes positives et négatives sont symétriques. Il convient cependant de remarquer que les deux crêtes opposées ne se produisent pas au même instant et que, de plus, pour certaines ondes les deux crêtes n'ont pas la même amplitude.

Valeur moyenne Dans le cas d'une onde sinusoïdale, cette valeur est la moyenne arithmétique de toutes les valeurs prises par la variable pendant une alternance, soit un demi-cycle. Dans le cas de la valeur moyenne, on utilise un demi-cycle, car la valeur moyenne, correspondant à un cycle complet, est nulle; ceci n'a aucun sens si on veut effectuer des comparaisons. En additionnant toutes les valeurs sinusoïdales obtenues pour tous les angles compris entre 0° et 180°, puis en divisant le résultat obtenu par le nombre de valeurs additionnées, la moyenne ainsi obtenue conduit à 0,637. Ces calculs sont détaillés au tableau 16-2. La valeur maximale du sinus étant de 1, et la moyenne étant égale à 0,637, on obtient:

Valeur moyenne $= 0,637 \times$ valeur de crête

(16.2)

Pour une valeur de crête de 170 V, par exemple, la valeur moyenne obtenue sera de $0,637 \times 170$ V, soit environ 108 V.

Valeur efficace On caractérise habituellement une onde sinusoïdale de tension ou de courant par la valeur se rapportant à un angle de 45°, ce qui correspond à 70,7 % de la valeur de crête. Cette valeur est appelée *valeur efficace*. Ainsi:

Valeur efficace $= 0,707 \times$ valeur de crête (16.3)
ou
$V_{eff} = 0,707 \times V_m$ et $I_{eff} = 0,707 \times I_m$

Pour une valeur de crête de 170 V, par exemple, la valeur efficace est de $0,707 \times 170$, soit 120 V environ. Ceci correspond à la tension du secteur qui est toujours donnée en valeur efficace.

Il est souvent nécessaire de convertir une valeur efficace en valeur de crête. Ceci peut être réalisé en transformant la formule (16.3) comme indiqué ci-dessous:

$$\text{Valeur de crête} = \frac{1}{0,707} \times V_{eff} = 1,414 \times V_{eff}$$

ou   (16.4)

$$V_m = 1,414 \ V_{eff} \quad \text{et} \quad I_m = 1,414 \ I_{eff}$$

Diviser par 0,707 est la même chose que multiplier par 1,414. Par exemple, le secteur ayant

une valeur efficace de 120 V, sa tension de pointe a une valeur de $120 \times 1,414$, soit 170 V environ. La valeur crête à crête est de 2×170, soit 340 V, ce qui correspond au double de la valeur de crête, suivant la formule

$$\text{Valeur crête à crête} = 2,828 \times V_{eff} \quad (16.5)$$

Le facteur 0,707 intervenant dans la valeur efficace est obtenu en prenant la racine carrée de la moyenne de tous les carrés des valeurs sinusoïdales. Si l'on prend le sinus correspondant à chaque angle du cycle, et que l'on élève au carré toutes les valeurs considérées, en additionnant tous les résultats obtenus

Tableau 16-2 *Obtention des valeurs moyennes et efficaces pour une alternance d'une onde sinusoïdale*

INTERVALLE	ANGLE φ	Sin φ	(Sin φ)²
1	15°	0,26	0,07
2	30°	0,50	0,25
3	45°	0,71	0,50
4	60°	0,87	0,75
5	75°	0,97	0,93
6	90°	1	1
7*	105°	0,97	0,93
8	120°	0,87	0,75
9	135°	0,71	0,50
10	150°	0,50	0,25
11	165°	0,26	0,07
12	180°	0	0
	Total	7,62	6
	Moyenne →	$\frac{7,62}{12} = 0,635**$	$\sqrt{\frac{6}{12}} = \sqrt{0,5} = 0,707$

* Pour les angles compris entre 90° et 180°, sin φ = sin (180° − φ).

** Pour obtenir la valeur exacte de la moyenne de 0,637, il est nécessaire de considérer un nombre d'intervalles plus grands et des valeurs plus précises.

puis en divisant la somme par le nombre de valeurs, de manière à obtenir le carré moyen puis en prenant la racine carrée de cette valeur moyenne, le résultat obtenu est 0,707. Le détail de ces calculs est présenté sur le tableau 16-2 pour une alternance (0° à 180°). Les résultats obtenus pour la seconde alternance sont identiques.

L'avantage que présente l'utilisation de la valeur efficace obtenue à partir de la racine carrée de la tension ou du courant est que cette unité permet d'obtenir une mesure basée sur la capacité d'une onde sinusoïdale à produire de la puissance, exprimée par I^2R ou V^2/R. Il en résulte que sur le plan de la puissance thermique, la valeur efficace d'une onde sinusoïdale correspond à la même valeur de courant ou de tension continue. Une tension alternative ayant par exemple une valeur efficace de 120 V peut chauffer le filament d'une ampoule tout aussi efficacement qu'une tension de 120 V provenant d'une source de tension continue stable. C'est pourquoi la valeur est dite *efficace*.

Sauf indications contraires, toutes les mesures en courant alternatif sont données en valeurs efficaces. Les lettres V et I utilisées correspondent aux symboles utilisés en courant continu. Par exemple, la tension de secteur V égale 120 V.

Le rapport de la valeur efficace à la valeur moyenne est appelé le facteur de forme, lequel pour une onde sinusoïdale, est de 0,707/0,637, soit 1,11.

Notons que les ondes sinusoïdales peuvent avoir des amplitudes différentes; leur forme est cependant toujours sinusoïdale. Sur la figure 16-7, on compare une tension de faible amplitude avec une tension de grande amplitude. Malgré la différence d'amplitude, les deux ondes sont sinusoïdales. Pour chaque onde, la valeur efficace est égale à 0,707 fois la valeur de crête.

Problèmes pratiques 16.4 (réponses à la fin du chapitre)

(a) Trouver la valeur efficace d'une forme d'onde sinusoïdale de valeur de crête égale à 170 V.

(b) Trouver la valeur de crête d'une forme d'onde sinusoïdale de valeur efficace égale à 10 V.

16.5 FRÉQUENCE

La *fréquence*, de symbole f, est le nombre de cycles par seconde. Si la spire de la figure 16-3 effectue 60 tours complets ou cycles pendant une seconde, la fréquence de la tension obtenue est de 60 cycles par seconde. On a représenté seulement un cycle de l'onde sinusoïdale (au lieu de 60 cycles), car l'intervalle de temps représenté correspond à 1/60 s. Remarquons que le facteur temps est implicite. On voit à la figure 16-8 que plus le nombre de cycles par seconde est important, plus la fréquence est élevée et plus la durée du cycle est faible.

Un cycle complet correspond à l'intervalle de temps qui sépare deux points successifs ayant la même valeur et le même sens. À la figure 16-8, on montre un cycle pour lequel

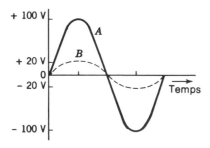

Figure 16-7 *Les formes d'onde A et B sont des sinusoïdes d'amplitude différente.*

les points successifs ont une amplitude nulle et dont l'amplitude tend à devenir de plus en plus positive. Le cycle peut également être être mesuré entre deux valeurs de crête successives.

Pendant un intervalle de temps de 1 s, l'onde *a* décrit un cycle qui correspond à une fréquence de 1 cycle par seconde, l'onde *b* varie beaucoup plus rapidement et décrit donc 4 cycles complets en une seconde, ce qui correspond à une fréquence de 4 cycles par seconde. Les deux ondes sont sinusoïdales, bien que leurs fréquences soient différentes.

Lorsque l'on compare deux ondes sinusoïdales entre elles, l'amplitude n'a aucun rapport avec la fréquence. Deux ondes peuvent, par exemple, avoir une même fréquence mais comporter des amplitudes différentes (figure 16-7), ou des amplitudes et des fréquences différentes (figure 16-8). L'amplitude correspond à la valeur du courant ou de la tension, la fréquence indique la vitesse de variation de l'amplitude dans le temps et est exprimée en cycles par seconde.

Unités de fréquence Le *hertz* (Hz), d'après le nom du physicien H. Hertz, est l'unité utilisée pour indiquer le nombre de cycles par seconde. Soixante périodes correspondent à 60 Hz. On peut utiliser tous les préfixes du système décimal:

$$1 \text{ kilocycle par seconde} = 1 \times 10^3 \text{ Hz} = 1 \text{ kHz}$$
$$1 \text{ mégacycle par seconde} = 1 \times 10^6 \text{ Hz} = 1 \text{ MHz}$$
$$1 \text{ gigacycle par seconde} = 1 \times 10^9 \text{ Hz} = 1 \text{ GHz}$$

Audiofréquences et radiofréquences La gamme de fréquences de courants ou de tensions alternatives qui s'étend d'un hertz à plusieurs mégahertz peut être divisée en deux groupes: les audiofréquences (du latin *j'entends*) et les radiofréquences. La gamme des audiofréquences correspond aux fréquences

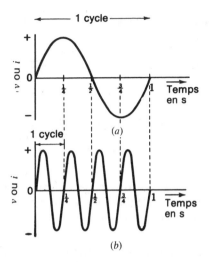

Figure 16-8 *La fréquence est le nombre de cycles par seconde (Hz). (a) f = 1 Hz; (b) f = 4 Hz.*

que l'oreille peut percevoir sous la forme d'ondes sonores. La gamme de ces fréquences audibles s'étend approximativement de 16 à 16 000 Hz.

Plus la fréquence est grande, plus le son est aigu ou *élevé*. Les audiofréquences élevées, supérieures à 300 Hz, correspondent aux sons *aigus*. Les audiofréquences basses, inférieures à 300 Hz, correspondent aux sons *graves*.

La puissance de l'onde sonore est fonction de l'amplitude. Plus l'amplitude des variations de l'onde audio est grande, plus le son est puissant.

Les courants et tensions alternatifs dont la fréquence est supérieure à la gamme audio donnent lieu à des variations R.F., ainsi dénommées car des variations électriques à haute fréquence peuvent être transmises par des ondes électromagnétiques. À l'Appendice B, on trouvera les principales bandes de fréquence utilisées pour les émissions de radiodiffusion. Quelques applications sont listées au tableau 16-3.

Tableau 16-3 *Exemples de fréquences courantes*

FRÉQUENCE	USAGE
60 Hz	Secteur à 60 Hz
50 - 15 000 Hz	Appareillage audio
535 - 1605 KHz	Bande radio AM
54 - 60 MHz	Canal 2 de télévision
88 - 108 MHz	Bande radio FM

Fréquences soniques et supersoniques
Ces termes désignent des ondes acoustiques (variations de pression provoquées par des vibrations mécaniques plutôt que par des variations de grandeurs électriques). La vitesse de transmission des ondes sonores est égale à 344 m/s, dans l'air sec à 20°C. Les ondes acoustiques dont la fréquence est supérieure à la gamme des fréquences audibles sont désignées sous le nom d'ondes *supersoniques*. Ainsi, dans le cas des applications supersoniques, la plage de fréquence est comprise entre 16 000 Hz et plusieurs MHz. Les ondes acoustiques dont la fréquence est située dans la bande des fréquences audibles, en dessous de 16 000 Hz, correspondent à des fréquences *sonores* ou acoustiques; le terme d'*audiofréquences* est réservé aux variations de grandeurs électriques qui peuvent être rendues audibles moyennant leur transformation en ondes sonores.

Problèmes pratiques 16.5
(réponses à la fin du chapitre)

(a) Quelle est la fréquence de la forme d'onde de la figure 16-8 (b)?
(b) Convertir 1605 kHz en MHz.

16.6
PÉRIODE

La durée d'un cycle est la *période*. On la désigne par la lettre T mise pour *temps*. Par exemple, pour une fréquence de 60 Hz, la durée

d'un cycle est de $\frac{1}{60}$ s. La période est ainsi de $\frac{1}{60}$ s. La fréquence et la période sont inverses l'une par rapport à l'autre:

$$T = \frac{1}{f} \text{ ou } f = \frac{1}{T} \qquad (16.6)$$

Plus la fréquence est élevée, plus la période est courte. Sur la figure 16-8, la période correspondant à une onde dont la fréquence est de 1 Hz est de 1 s; pour l'onde *b* dont la fréquence est plus élevée (4 Hz), la période correspondant à un cycle complet est de $\frac{1}{4}$ s.

Unités de temps La seconde est l'unité de base mais, pour des fréquences plus élevées et des périodes plus petites, il est commode d'utiliser des unités de temps plus petites. On emploie le plus souvent les unités suivantes:

$T = 1$ milliseconde $= 1$ ms $= 1 \times 10^{-3}$ s
$T = 1$ microseconde $= 1\ \mu$s $= 1 \times 10^{-6}$ s
$T = 1$ nanoseconde $= 1$ ns $= 1 \times 10^{-9}$ s

Ces unités de temps pour la période sont les inverses des unités correspondantes utilisées pour la fréquence. L'inverse de la fréquence en kilohertz donne la période T en millisecondes; l'inverse de la fréquence en mégahertz donne la période en microsecondes; l'inverse de la période en gigahertz donne la période en nanosecondes.

Exemple 2 Un courant alternatif effectue un cycle complet en $\frac{1}{1000}$ s. Calculez la période et la fréquence.

Réponse
$$T = \frac{1}{1000}\text{s}$$
$$f = \frac{1}{T} = \frac{1}{\frac{1}{1000}} = \frac{1000}{1} = 1000$$
$$f = 1000 \text{ Hz}$$

Exemple 3 Calculez la période pour les deux fréquences suivantes: 1 MHz et 2 MHz.

Réponse

   (*a*)   Pour 1 MHz:

$$T = \frac{1}{1 \times 10^6} = 1 \times 10^{-6}$$

$T = 1\ \mu s$

   (*b*)   Pour 2 MHz:

$$T = \frac{1}{2 \times 10^6} = 0,5 \times 10^{-6}$$

$T = 0,5\ \mu s$

Problèmes pratiques 16.6 (réponses à la fin du chapitre)

(*a*) $T = \frac{1}{400}$ s. Calculer f.
(*b*) $f = 400$ Hz. Calculer T.

16.7 LONGUEUR D'ONDE

Lorsque l'on considère une variation périodique relativement à la distance, un cycle comprend une *longueur d'onde* qui correspond à la longueur d'une onde complète ou d'un cycle (figure 16-9). Par exemple, lors de l'émission d'une onde radio, les variations du champ magnétique se déplacent dans l'espace. De même, pour les ondes acoustiques, les variations de la pression de l'air caractéristiques du son se déplacent dans l'air. Dans le cas de ces applications, la distance parcourue par l'onde au cours d'un cycle est la longueur d'onde. La longueur d'onde dépend de la fréquence de la variation et de la vitesse de transmission:

$$\lambda = \frac{\text{vitesse}}{\text{fréquence}} \qquad (16.7)$$

dans laquelle λ (*lambda*) est le symbole qui correspond à une longueur d'onde complète.

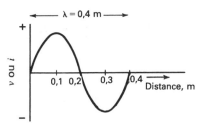

Figure 16-9   *La longueur d'onde est la distance parcourue par une onde pendant un cycle.*

Longueur d'onde des ondes radio   Pour les ondes radioélectriques, la vitesse dans l'air ou dans le vide est de 3×10^8 m/s, ce qui correspond à la vitesse de la lumière.

$$\lambda\ (\text{m}) = \frac{3 \times 10^8\ \text{m/s}}{f\ \text{Hz}} \qquad (16.8)$$

Remarquons que plus la fréquence est élevée, plus la longueur d'onde est courte. Par exemple, dans le cas de la radiodiffusion, la bande des ondes courtes qui s'étend de 5,95 MHz à 26,1 MHz correspond à des fréquences plus élevées que la bande de 540 kHz à 1620 kHz habituellement utilisée.

Exemple 4   Quelle est la longueur d'onde d'une onde électromagnétique dont la fréquence est de 30 GHz?

Réponse

$$\lambda = \frac{3 \times 10^8\ \text{m/s}}{30 \times 10^9\ \text{Hz}} = \frac{3}{30} \quad \times 10^{-1} = 0,1 \times 10^{-1}$$

$\lambda = 0,01$ m

Ces ondes dont la longueur d'onde est faible sont désignées sous le nom de *micro-ondes*. La gamme des micro-ondes contient les ondes de longueur λ de 1 m ou moins, soit les fréquences de 300 MHz ou plus.

Exemple 5   Sachant que la longueur d'une antenne de télévision est de une demi-longueur d'onde, pour des ondes électromagnétiques dont la fréquence est de 60 MHz, calculez la longueur de l'antenne en mètres.

Réponse

$$\lambda = \frac{3 \times 10^8 \text{ m/s}}{60 \times 10^6 \text{ Hz}} = \frac{1}{20} \times 10^2 = 0{,}05 \times 10^2$$

$$\lambda = 5 \text{ m}$$

soit,

$$\frac{\lambda}{2} = \frac{5}{2}$$

$$\frac{\lambda}{2} = 2{,}5 \text{ m}$$

Cette antenne doublet demi-onde est constituée de deux doublets quart d'onde de 1,25 m chacun.

Exemple 6 Calculer la fréquence de la bande de 6 m utilisée en radio-amateur.

Réponse La formule $\lambda = v/f$ permet d'écrire $f = v/\lambda$, d'où:

$$f = \frac{3 \times 10^8 \text{ m/s}}{6 \text{ m}}$$

$$= \frac{3}{6} \times 10^8 \times \frac{1}{s}$$

$$= 50 \times 10^6 \text{ Hz}$$

$$f = 50 \text{ MHz}$$

Longueur d'onde des ondes acoustiques La vitesse des ondes acoustiques est beaucoup moins élevée que celle des ondes radio, car les ondes acoustiques résultent de vibrations mécaniques plutôt que de variations de phénomènes électriques. En moyenne, la vitesse des ondes acoustiques dans l'air est égale à 344 m/s. La longueur d'onde s'obtient par la formule suivante:

$$\lambda = \frac{344 \text{ m/s}}{f \text{ Hz}} \qquad (16.9)$$

On peut aussi utiliser cette formule pour les ondes supersoniques. Les ondes supersoniques sont considérées comme des ondes acoustiques plutôt que comme des ondes radio, bien que leur fréquence soit trop élevée pour qu'elles soient audibles.

Exemple 7 Calculez la longueur d'onde d'une onde acoustique émise par un haut-parleur à une fréquence de 100 Hz.

Réponse
$$\lambda = \frac{344 \text{ m/s}}{100 \text{ Hz}}$$

$$\lambda = 3{,}44 \text{ m}$$

Exemple 8 Calculez la longueur d'onde en m d'une onde ultra-sonique d'une fréquence de 34,4 kHz.

Réponse
$$\lambda = \frac{344}{34{,}4 \times 10^3} = 10 \times 10^{-3}$$

$$\lambda = 0{,}01 \text{ m}$$

Notons que pour les ondes acoustiques considérées dans cet exemple et dont la fréquence est de 34,4 kHz, la longueur d'onde de 0,01 m trouvée est la même que celle obtenue pour des ondes radio d'une fréquence beaucoup plus élevée (30 GHz) pour lesquelles le calcul a été effectué dans l'exemple 4. Ceci est dû à la vitesse beaucoup plus élevée des ondes radio.

Problèmes pratiques 16.7
(réponses à la fin du chapitre)
Répondre par vrai ou faux:
(a) Plus la fréquence est élevée, plus la longueur d'onde λ est petite;
(b) Plus la fréquence est élevée, plus la période T est grande;
(c) La vitesse de propagation des ondes radio dans l'espace libre est de 3×10^8 m/s.

16.8
DÉPHASAGE

Reportons-nous à la figure 16-3 et supposons que la génératrice débute son cycle au point *B*, pour lequel la tension est maximale, au lieu de partir du point *A* où la sortie est nulle. Si nous comparons les ondes de tension obtenues dans les deux cas, nous obtenons les courbes de la figure 16-10. Chacune est une onde sinusoïdale (ou une onde de tension alternative), mais l'onde *B* débute à son maximum alors que l'onde *A* débute à zéro. Pour un cycle complet de l'onde correspondant à 360°, celle-ci retrouve la valeur maximale de départ. L'onde *A* comporte une amplitude nulle au départ et en fin de cycle. Ainsi, par rapport au temps, l'onde *B* est en avance sur l'onde *A* sur le plan de la tension obtenue. Son avance, en temps, est égale à un quart de tour, soit 90°. Cette différence angulaire est le déphasage entre les ondes *A* et *B*. L'avance de l'onde *B* par rapport à l'onde *A* correspond à un déphasage de 90°.

Ce déphasage de 90° entre les ondes *B* et *A* se conserve pendant tout le cycle et au cours des cycles successifs tant que les deux ondes conservent la même fréquence. À un instant quelconque, l'onde *B* a une amplitude qui ne sera atteinte par l'onde *A* que 90° plus tard. Par exemple, à 180°, l'onde *A* a une amplitude nulle, mais l'amplitude de *B* atteint déjà sa valeur négative maximale qui ne sera atteinte par l'onde *A* que plus tard, à 270°.

La comparaison de déphasage entre deux ondes ne peut être effectuée que si les deux ondes ont la même fréquence. Dans le cas contraire, le déphasage varie constamment. Les deux ondes doivent également varier de manière sinusoïdale car seul ce type d'onde autorise des mesures de temps liées aux déphasages. Les amplitudes des deux ondes peuvent être différentes, contrairement à ce qui est représenté sur la figure. On peut comparer le déphasage de deux tensions, de deux courants ou d'un courant et d'une tension.

Déphasage de 90° Les deux ondes représentées sur la figure 16-10 correspondent à des ondes sinusoïdales et cosinusoïdales déphasées de 90° l'une par rapport à l'autre. Le déphasage de 90° signifie que lorsque l'une des ondes atteint son amplitude maximale, l'autre a une valeur nulle. L'onde *A* part de zéro, ce qui correspond au sinus de 0°, atteint sa valeur de crête à 90° et 270° et revient à 0 après un cycle de 360°. L'onde *B* part de sa valeur de crête, correspondant au cosinus de 0°, a une amplitude nulle pour 90° et 270° et atteint de nouveau sa valeur de crête après un cycle de 360°.

On peut aussi considérer l'onde *B* comme une onde sinusoïdale en avance par rapport à

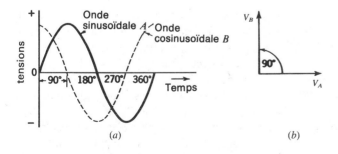

Figure 16-10 *Deux tensions sinusoïdales déphasées de 90°: (a) la tension sinusoïdale B est en avance de 90° par rapport à l'onde A; (b) diagramme vectoriel des tensions V_B et V_A dont le déphasage φ est de 90°.*

l'onde A, d'un temps correspondant à un angle de 90°. Dans le cas des tensions et des courants sinusoïdaux, ce déphasage de 90° comporte de nombreuses applications dans les circuits alternatifs sinusoïdaux ayant des inductances ou des condensateurs.

Les formes d'onde sinusoïdales et cosinusoïdales varient exactement de la même manière, mais sont décalées de 90°. Dans la pratique, les deux formes d'onde sont désignées sous le nom de *sinusoïdes*.

Diagrammes vectoriels   La comparaison des déphasages de tensions et de courants alternatifs est facilitée par l'utilisation de diagrammes vectoriels[2] relatifs à ces ondes. À la figure 16-10*b*, on donne un exemple d'un tel diagramme. Les flèches représentent ici les vecteurs[3] correspondant aux valeurs des tensions des génératrices.

Un *vecteur* est une quantité caractérisée par une amplitude et un sens. La longueur du vecteur indique la valeur de la tension alternative en valeur efficace, valeur de crête ou tout autre unité utilisée en courant alternatif; il est cependant nécessaire d'utiliser la même unité pour tous les vecteurs. L'angle du vecteur par rapport à l'axe horizontal constitue le déphasage.

Le terme *vecteur* est utilisé pour désigner une valeur comportant un sens et dont la définition doit être complétée par une indication d'angle. Cependant, une quantité vectorielle correspond à un sens dans l'espace alors que, dans notre cas, un vecteur représente une quantité qui varie dans le temps. Un exemple de vecteur est donné par une force mécanique qui doit être représentée par un vecteur formant un certain angle avec la direction horizontale ou verticale.

[2] Aussi appelés diagrammes de Fresnel, physicien français né à Broglie (Eure, 1788-1827).
[3] Aussi appelés vecteurs de Fresnel.

Dans notre cas, les angles indiqués représentent des différences de temps. Une sinusoïde est choisie comme référence. Les variations dans le temps de l'amplitude d'une autre sinusoïde peuvent alors être comparées à la référence en utilisant l'angle formé par les deux vecteurs.

Le vecteur correspond à un cycle de tension complet, mais il n'est représenté que par un seul angle (celui qui correspond par exemple au point de départ) car on sait que le cycle complet est sinusoïdal. Les vecteurs permettent d'obtenir une représentation des tensions et des courants alternatifs sous une forme condensée facilitant une comparaison des déphasages; il est inutile de tenir compte de toutes les valeurs au cours d'un cycle.

Sur la figure 16-10*b*, par exemple, le vecteur V_A représente la tension de l'onde A dont le déphasage est égal à zéro. On peut considérer que cet angle correspond au plan de la boucle tournante de la génératrice lorsque celle-ci démarre avec une tension de sortie nulle. Le vecteur V_B est vertical, ce qui correspond à un déphasage de 90° pour l'onde de tension; ceci se rapporte au cas où, au démarrage du cycle, la boucle de la génératrice est verticale. L'angle entre les deux vecteurs est égal au déphasage.

Le symbole du déphasage est φ (phi). À la figure 16-10, $\varphi = 90°$.

Référence du déphasage   On ne peut définir le déphasage d'une onde que par rapport à une autre onde prise comme référence. Le tracé des vecteurs indiquant le déphasage dépend du vecteur pris comme référence. Le vecteur de référence est habituellement horizontal et correspond à 0°. À la figure 16-11 sont montrées deux possibilités. En (*a*), l'onde de tension A ou son vecteur V_A sont pris comme référence. Le vecteur V_B est alors à 90°,

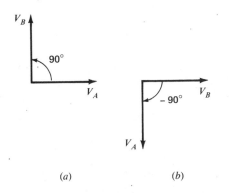

(a)   *(b)*

Figure 16-11 *Déphasages avant et arrière de 90°: (a) V_A sert de référence, V_B est en avance de +90°, (b) V_B sert de référence, V_A est en retard de −90°.*

dans le sens inverse des aiguilles d'une montre. Ceci est la représentation classique qui utilise comme sens positif de mesure des déphasages le sens inverse du mouvement des aiguilles d'une montre. Un déphasage avant correspond à un angle positif. Ainsi, dans ce cas, V_B est représenté à 90° dans le sens inverse des aiguilles d'une montre par rapport à la ré-

férence V_A; ceci montre que l'onde B est en avance de 90° sur l'onde A.

En (*b*) toutefois, l'onde B est prise comme référence. V_B est maintenant le vecteur de référence horizontal. Pour retrouver le même déphasage, V_A doit être situé à 90° dans le sens des aiguilles d'une montre par rapport à V_B, soit à −90° de V_B. Cette représentation fait ressortir que les déphasages négatifs (comptés dans le sens des aiguilles d'une montre par rapport à la référence 0°) correspondent à un déphasage en retard. La référence permet de déterminer si le déphasage est considéré comme en avance ou en retard par rapport au temps.

Cependant, le déphasage n'est pas réellement modifié par la méthode utilisée pour le représenter. Sur la figure 16-11, V_A et V_B sont déphasés de 90°, V_B étant en déphasage avant de 90° sur V_A; on peut dire indifféremment que V_B est en avance de 90° sur V_A ou que V_A est en retard de −90° sur V_B.

Deux ondes quelconques et les vecteurs correspondants peuvent être déphasés d'un angle quelconque inférieur ou supérieur à 90°.

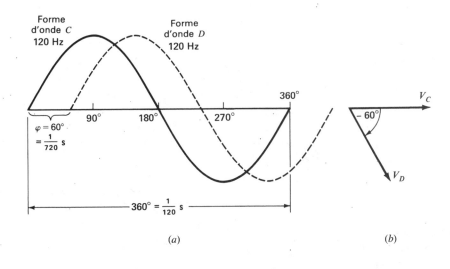

(a)   *(b)*

Figure 16-12 *Un déphasage de 60° correspond à un temps de $^{60}/_{360}$ ou ⅙ du cycle: (a) formes d'onde; (b) diagramme vectoriel.*

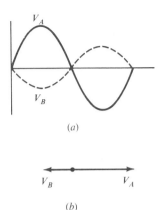

Figure 16-13   *Deux ondes en phase ont un déphasage de 0°: (a) formes d'onde; (b)diagramme vectoriel.*

La figure 16-12 illustre, par exemple, un déphasage de −60°. Pour les formes d'onde en (a), la forme d'onde D est en retard de 60° sur C en temps. Pour les vecteurs en (b), ce retard est illustré par le déphasage de −60°.

Formes d'onde en phase   Un déphasage de 0° signifie que les deux ondes sont en pha-

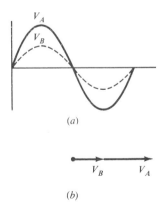

Figure 16-14   *Deux ondes en opposition de phase ont un déphasage entre elles de 180°: (a) formes d'onde; (b) diagramme vectoriel.*

se (figure 16-13). Dans ce cas, les amplitudes s'additionnent.

Formes d'onde en opposition de phase
Un déphasage de 180° constitue une opposition de phase (figure 16-14). Dans ce cas, les amplitudes sont en opposition: les valeurs égales s'annulent.

> ***Problèmes pratiques 16.8***
> ***(réponses à la fin du chapitre)***
> ***Donner le déphasage pour les figures:***
> (a) 16-10;
> (b) 16-12;
> (c) 16-13.

16.9
FACTEUR DE TEMPS EN FRÉQUENCE ET EN DÉPHASAGE

On ne doit pas perdre de vue que les ondes étudiées ne sont pas que des courbes tracées sur le papier. Les éléments physiques représentés sont des variations d'amplitude, généralement portées sur l'échelle verticale, par rapport à des intervalles égaux portés sur l'échelle horizontale, qui peuvent représenter des distances ou des temps. Pour représenter la longueur d'onde, comme sur la figure 16-9, les cycles de variations d'amplitude sont tracés en fonction d'une unité de distance ou de longueur. Pour représenter la fréquence, les cycles de variation d'amplitude sont donnés par rapport au temps par l'intermédiaire de valeurs angulaires. Ainsi, l'angle de 360° représente la durée d'un cycle, donc la période T.

Un bon exemple montrant de quelle manière la fréquence est liée au temps est donné par une onde de fréquence très stable utilisée dans l'équipement électronique comme horloge de référence pour des intervalles de temps très courts. Supposons une onde de tension ayant une fréquence de 10 MHz. La période

T est égale à 0,1 μs. Chaque cycle est donc répété à des intervalles de 0,1 μs. Lorsque chaque cycle de variation de la tension est utilisé comme étalon de temps, on obtient alors effectivement une horloge mesurant des unités de 0,1 μs. En utilisant des fréquences plus élevées, on peut même mesurer des intervalles de temps plus faibles. Des applications courantes sont également utilisées: par exemple, une horloge électrique reliée au réseau effectue des mesures de temps convenables car elle est actionnée par la fréquence exacte de 60 Hz.

De plus, le déphasage entre deux ondes de même fréquence indique une différence de temps. La figure 16-12, par exemple, représente un déphasage de 60°, l'onde C précédant l'onde D. Les deux ondes ont la même fréquence de 120 Hz. Pour chaque onde, la période T est de $\frac{1}{120}$ s. Comme 60° représentent le sixième d'un cycle complet de 360°, le déphasage correspond au sixième de la période complète dont la durée est de $\frac{1}{120}$ s. Si l'on effectue la multiplication $\frac{1}{6}$ par $\frac{1}{120}$, le résultat obtenu ($\frac{1}{720}$ s) donne le temps correspondant au déphasage de 60°. Si l'on considère l'onde D comme en retard de 60° par rapport à l'onde C, le retard de temps est de $\frac{1}{120}$ s.

D'une manière plus générale, le temps correspondant à un déphasage de 0° peut être calculé par la formule

$$t = \frac{\varphi}{360} \times \frac{1}{f} \qquad (16.10)$$

dans laquelle f est exprimé en cycles par seconde (Hz) et φ en degrés, t étant donné en secondes. Cette formule donne le temps correspondant au déphasage en le considérant comme une proportion de la période totale de un cycle. En supposant par exemple $\varphi = 60°$ et $f = 120$ Hz, l'on obtiendra:

$$t = \frac{\varphi}{360} \times \frac{1}{f} = \frac{60}{360} \times \frac{1}{120} = \frac{1}{6} \times \frac{1}{120}$$
$$t = \frac{1}{720} \text{ s}$$

Problèmes pratiques 16.9 (réponses à la fin du chapitre)

(a) Soit la figure 16-12. À quel temps correspond 180°?

(b) Soit deux ondes de fréquence 1 MHz. À quel temps correspond un déphasage de 36°?

16.10
CIRCUITS ALTERNATIFS RÉSISTIFS

Un circuit à courant alternatif comporte une source de tension à courant alternatif. Remarquons sur la figure 16-15 le symbole utilisé pour représenter une source à courant alternatif quelconque. Cette tension appliquée aux bornes d'une résistance de charge extérieure produit un courant alternatif dont la forme, la fréquence et la phase sont identiques aux éléments correspondants de la tension appliquée.

L'application de la loi d'Ohm donne un courant I égal à V/R; V étant exprimé en valeur efficace, I est également une valeur efficace. Pour une valeur instantanée quelconque de V au cours du cycle, la valeur de I associée correspond au même instant.

Dans un circuit à courant alternatif ne comprenant que des résistances, les variations du courant sont en phase avec la tension appliquée, comme on le voit sur la figure 16-16. Cette absence de déphasage entre V et I signifie qu'un tel circuit alternatif peut être analysé en utilisant la même méthode que pour les circuits à courant continu puisque l'on ne doit tenir compte d'aucun déphasage. Voici quelques composants de circuit à résistance seulement: les filaments des lampes à incandescence et les filaments chauffants des tubes à vide.

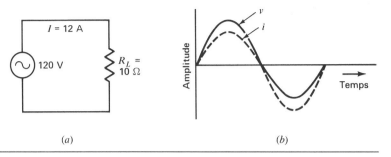

Figure 16-15 *Circuit alternatif à résistance R seule: (a) schéma de câblage avec les valeurs efficaces de V et I; (b) formes d'onde montrant I en phase avec V.*

Habituellement, les grandeurs utilisées dans les circuits à courant alternatif sont exprimées en valeur efficace, sauf indication contraire. Par exemple, sur la figure 16-15a, la tension de 120 volts efficaces appliquée aux bornes de la résistance de 10 Ω donne naissance à un courant efficace égal à 120 V/10 Ω, soit $I = 12$ A. La puissance efficace dissipée est égale à I^2R, soit 144×10, ou 1440 W.

Circuits ca série à résistances seules Lorsque les résistances sont montées en série, comme sur la figure 16-16, la résistance totale du circuit est égale à la somme des résistances de chaque élément. La résistance totale de 30 Ω, équivalente aux résistances R_1 et R_2 reliées en série aux bornes de la source de tension V_T de 120 V dans cet exemple, conduit à un courant I de 4 A. Dans un circuit série, le courant a partout la même valeur. Ce principe s'applique tant pour les circuits ca que pour les circuits cc. Il s'appliquera également dans le cas de composants en série R, L et C.

Un courant de 4 A traversant la résistance R_1 de 10 Ω, la chute de tension produite IR_1 est égale à $4 \times 10 = 40$ V. Le même courant de 4 A traversant la résistance R_2 de 20 Ω donnera lieu à une chute de tension $IR_2 = 80$ V. Remarquons que la somme des chutes de tension IR en série est égale à la tension appliquée V_T de 120 V.

Circuits ca parallèle à résistances seules Lorsque les résistances R_1 et R_2 sont branchées en parallèle aux bornes de la source, comme représenté sur la figure 16-17, la tension aux branches en parallèle est la même que la tension appliquée V_A.

Dans chaque branche, le courant est ainsi égal à la tension appliquée divisée par la résistance de la branche. Le courant de la branche correspondant à R_1 est égal à 120 V/10 Ω soit $I_1 = 12$ A. Le courant de la branche correspondant à R_2 est égal à 120 V/20 Ω, soit $I_2 = 6$ A. Le courant total I_T circulant dans la ligne est égal à 18 A; il est la somme des courants individuels de chaque branche 12 A et 6 A.

Circuits ca mixtes à résistances seules À la figure 16-18, on donne les résultats de l'analyse d'un circuit mixte à courant alternatif

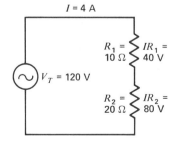

Figure 16-16 *Circuit ca série à résistances seules.*

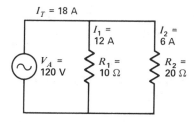

Figure 16-17 *Circuit ca parallèle à résistances seules.*

ne comprenant que des résistances. Notons que les deux résistances R_2 et R_3 (20 Ω et 20 Ω) montées en parallèle correspondent à une résistance équivalente de 10 Ω. Cette résistance équivalente de 10 Ω montée en série avec la résistance R_1 (20 Ω), la résistance totale branchée aux bornes de V_T (120 V) est donc de 30 Ω. Le courant principal I_T est alors égal à $^{120}\!/_{30} = 4$ A

La chute de tension $I_T R_1$ est alors de 4×20, soit 80 V. La tension restante de 40 V est alors appliquée aux bornes des deux résistances R_2 et R_3 montées en parallèle. Enfin, le courant principal de 4 A se partage également dans chacune des deux branches R_1 et R_2 qui seront ainsi parcourues par le même courant de 2 A puisque les deux résistances sont égales.

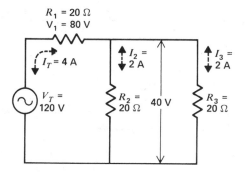

Figure 16-18 *Circuit ca mixte à résistances seules.*

Circuits ca à résistances R et réactance inductive ou capacitive L'opposition offerte par une inductance ou une capacité au passage d'un ca est appelée réactance, symbole X. La réactance inductive est notée X_L et la réactance capacitive, X_C. Cette opposition s'exprime en ohms, comme pour la résistance, mais la réactance présente un déphasage de $\pm 90°$: $+90°$ pour X_L et $-90°$ pour X_C.

Le déphasage d'une résistance est de 0°. La réactance a un déphasage de $\pm 90°$. Le déphasage d'un circuit ca à combinaison de résistances R et de réactances X est donc compris entre 0 et $+90°$ ou entre 0° et $-90°$.

Il faut, de plus, additionner vectoriellement les résistances et les réactances du fait du déphasage de 90° entre ces deux groupes de composants. Cette somme vectorielle est appelée *impédance*, symbole Z. L'impédance Z est donc l'opposition totale, due aux résistances et aux réactances, au passage d'un courant alternatif sinusoïdal. Les méthodes d'obtention de Z et du déphasage φ par combinaisons de résistances R, de réactances inductives X_L et de réactances capacitives X_C sont expliquées en détail au chapitre 25 intitulé «Circuits à courant alternatif».

***Problèmes pratiques 16.10
(réponses à la fin du chapitre)
Calculer R_T du circuit des figures:***
(a) 16-16;
(b) 16-17;
(c) 16-18.

16.11
ONDES ALTERNATIVES NON SINUSOÏDALES
Pour diverses raisons, les variations des courants alternatifs utilisent comme onde fondamentale l'onde sinusoïdale. Cette forme

d'onde est produite par une génératrice tournante, car la tension de sortie est proportionnelle à l'angle de la rotation. De plus, les circuits d'oscillateurs électroniques à inductances et condensateurs produisent naturellement des variations sinusoïdales.

On peut facilement analyser une onde sinusoïdale en utilisant des mesures angulaires (degrés de 0° à 360° ou radians de 0 rad à 2 π rad) parce que l'onde résulte d'un mouvement circulaire.

L'onde sinusoïdale présente également la caractéristique d'être d'utilisation simple puisque les variations enregistrées correspondent à une onde cosinusoïdale dont la forme est identique à une sinusoïde, mais avec un déphasage de 90°. L'onde sinusoïdale est la seule forme d'onde ayant la caractéristique de présenter un taux de variation dont la forme d'onde est la même que celle de l'onde d'origine.

Cependant, dans de nombreuses applications de l'électronique, d'autres formes d'onde jouent un rôle très important. Les ondes en dents de scie et les ondes carrées de la figure 16-19 constituent des exemples caractéristiques. Toute onde dont la forme n'est pas sinusoïdale est une onde *non sinusoïdale*.

Lorsque l'on considère des formes d'onde non sinusoïdales, soit pour les tensions, soit pour les courants, on doit tenir compte de différences et de similitudes importantes. La comparaison avec les ondes sinusoïdales fait apparaître les éléments suivants:

1. Dans tous les cas, le cycle est compris entre deux points ayant la même amplitude et évoluant dans le même sens. La période est la durée d'un cycle. À la figure 16-19, on fait apparaître que pour toutes les formes d'ondes présentées, $T = 4$ μs, la fréquence correspondante est de ¼ MHz = 0,25 MHz.

2. L'amplitude de crête est mesurée à partir de l'axe des zéros jusqu'à la valeur maximale positive ou négative. Cependant, dans le cas des ondes non sinusoïdales, il est préférable d'utiliser la valeur crête à crête, car ce type d'onde peut comporter des crêtes asymétriques, comme en (d). Cependant, pour toutes les formes d'onde représentées ici, l'amplitude crête à crête est de 20 V.

3. La valeur efficace de 0,707 fois la valeur maximale ne s'applique qu'aux ondes sinusoïdales car ce facteur est calculé à partir

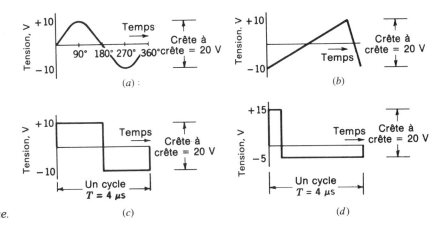

Figure 16-19

Comparaison d'une onde sinusoïdale avec certains types d'ondes non sinusoïdales à courant alternatif: (a) onde sinusoïdale; (b) onde en dents de scie; (c) onde carrée symétrique; (d) onde rectangulaire asymétrique.

des valeurs du sinus pour les mesures angulaires qui ne s'appliquent qu'à l'onde sinusoïdale.

4. Les déphasages ne sont à considérer que dans le cas des ondes sinusoïdales, car les unités d'angles ne sont utilisées que pour ce type d'onde. Remarquons que l'axe horizontal des *x* pour le temps est gradué en angles dans le cas de l'onde sinusoïdale en (*a*), mais que dans le cas de l'onde non sinusoïdale, aucun déphasage n'est indiqué.

L'onde en dents de scie représentée en (*b*) correspond à une tension dont l'amplitude croît lentement selon une loi linéaire régulière jusqu'à sa valeur de crête, pour retomber brusquement à sa valeur de départ. Cette forme d'onde est également connue sous le nom de *tension en rampe*. Elle est aussi souvent appelée *base de temps*, du fait de sa vitesse de variation constante.

Remarquons qu'un cycle complet comprend la montée lente et une chute de tension brusque. Dans cet exemple, la période *T* correspondant à un cycle complet est de 4 μs. Ainsi ces cycles en dents de scie sont répétés à la fréquence de ¼ MHz, soit 0,25 MHz. La forme d'onde en dents de scie, de la tension ou du courant, est souvent utilisée pour faire dévier, horizontalement ou verticalement, le faisceau électronique d'un tube à rayons cathodiques d'un oscilloscope ou d'un téléviseur.

L'onde carrée en (*c*) représente une tension de commutation. D'abord la valeur de crête de 10 V est appliquée instantanément sous la forme d'une polarité positive. Cette tension conserve la même valeur pendant 2 μs, ce qui correspond à la moitié du cycle. La tension est alors immédiatement réduite à zéro, puis elle est inversée pendant une autre période de 2 μs. Le cycle complet dure alors 4 μs et la fréquence est de 0,25 MHz.

La forme d'onde rectangulaire montrée en

(*d*) est semblable mais les demi-cycles positifs et négatifs ne sont pas symétriques, ni en amplitude ni en durée. La fréquence est cependant la même (0,25 MHz) et l'amplitude crête à crête est la même (20 V) que pour les autres formes d'onde.

**Problèmes pratiques 16.11
(réponses à la fin du chapitre)**

(*a*) Soit la figure 16-19*c*. Calculer la durée de la tension + 10 V.

(*b*) Soit la figure 16-19*d*. Quelle est la tension de l'amplitude de crête positive?

16.12 FRÉQUENCES HARMONIQUES

Considérons une onde répétitive non sinusoïdale, telle qu'une onde carrée à 100 Hz. Son taux de répétition fondamental est de 100 Hz. On appelle fréquences harmoniques les multiples exacts de la fréquence fondamentale. Le deuxième harmonique est égal à 200 Hz, le troisième harmonique est égal à 300 Hz, etc. Les multiples pairs sont les harmoniques pairs, les multiples impairs sont les harmoniques impairs.

L'emploi des harmoniques est particulièrement utile dans l'étude des ondes sinusoïdales perturbées et des ondes non sinusoïdales. De

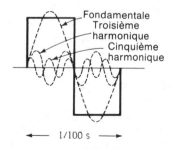

Figure 16-20 *Fréquences fondamentales et harmoniques d'une onde carrée à 100 Hz.*

telles .formes d'onde comportent une onde sinusoïdale pure à la fréquence fondamentale
ainsi que des harmoniques. Par exemple, à la
figure 16-20, on montre comment une onde
carrée correspond à une onde sinusoïdale fondamentale avec des harmoniques impairs. Les
ondes B.F. classiques comportent des harmoniques pairs et des harmoniques impairs. Les
harmoniques sont les éléments qui contribuent
à différencier une source sonore d'une autre à
partir d'une même fréquence fondamentale.

L'*octave*, ou rapport 2 à 1, est une autre
unité des multiples des fréquences. La multiplication par 2 des fréquences de 100, 200,
400 Hz, qui donne 200, 400, 800 Hz, est un
exemple d'élévation de fréquences d'une octave. Ce terme provient du domaine musical où
une octave est un intervalle parfait de huit degrés de l'échelle diatonique.

Problèmes pratiques 16.12 (réponses à la fin du chapitre)

(a) Quelle fréquence est le quatrième harmonique de 12 MHz?

(b) Quelle fréquence est une octave au-dessus
de 220 Hz?

Résumé

1. La tension alternative varie continuellement en amplitude et inverse
sa polarité. Une tension alternative appliquée aux bornes d'une résistance de charge produit un courant alternatif dans le circuit.

2. Un cycle d'une onde alternative correspond à un ensemble de
valeurs périodiquement répétées. Le cycle peut être mesuré d'un
point quelconque de l'onde au point suivant ayant la même valeur
et variant dans la même direction. En mesure angulaire, un cycle
correspond à 360°, soit 2π rad.

3. La valeur efficace d'une onde sinusoïdale est égale à 0,707 fois la
valeur de crête.

4. L'amplitude de crête correspondant aux angles de 90° et 270° du
cycle est égale à 1,414 valeur efficace.

5. La valeur crête à crête est le double de l'amplitude de crête, soit
2,828 valeurs efficaces pour une onde à courant alternatif symétrique.

6. La valeur moyenne est égale à $0,637 \times$ la valeur de crête.

7. La fréquence est égale au nombre de cycles par seconde. Un cycle
par seconde correspond à 1 Hz; 1 MHz vaut un million de cycles
par seconde. Les basses fréquences correspondent à la bande de
16 à 16 000 Hz. Les fréquences plus élevées jusqu'à 300 000 MHz
sont les hautes fréquences.

8. La durée d'un cycle est la période T. La période et la fréquence
sont inverses l'une de l'autre: $T = 1/f$, ou $f = 1/T$. Plus la fréquence
est élevée, plus la période est courte.

9. La longueur d'onde λ est la distance parcourue par l'onde au cours d'un cycle. Plus la fréquence est élevée, plus la longueur d'onde est courte. La longueur d'onde dépend également de la vitesse de l'onde: $\lambda = $ vitesse/fréquence.

10. Le déphasage est la différence angulaire, en temps, entre les valeurs correspondantes du cycle pour deux ondes de même fréquence.

11. Lorsqu'une onde sinusoïdale atteint son amplitude maximale, l'amplitude de l'autre étant nulle, les deux ondes sont déphasées de 90°. Deux ondes dont le déphasage est nul sont en phase; un angle de 180° correspond à l'opposition de phase.

12. La longueur d'un vecteur indique l'amplitude; l'angle du vecteur correspond au déphasage. Les déphasages avant sont représentés par des angles dans le sens inverse des aiguilles d'une montre.

13. Une tension alternative sinusoïdale V appliquée aux bornes d'une résistance R produit un courant alternatif I dans le circuit. La charge étant résistive, le courant a une forme d'onde, une fréquence et une phase identiques aux éléments correspondants de la tension appliquée. La valeur du courant est égale à $I = V/R$.

14. Les ondes en dents de scie et les ondes carrées sont deux exemples classiques d'ondes non sinusoïdales. Les amplitudes correspondant à ces ondes sont habituellement mesurées en valeurs crête à crête.

15. Les fréquences harmoniques sont les multiples exacts de la fréquence fondamentale.

Exercices de contrôle
(Réponses à la fin de l'ouvrage)

Voici un moyen de contrôler si vous avez bien assimilé le contenu de ce chapitre. Ces exercices sont uniquement destinés à vous évaluer vous-même. Répondez par vrai ou faux.

1. Les tensions alternatives varient en amplitude et inversent leur polarité.

2. La tension continue a toujours la même polarité.

3. Lorsqu'une tension sinusoïdale est appliquée à une résistance de charge, le courant dans la résistance est sinusoïdal.

4. Lorsque deux ondes sont déphasées de 90°, l'une atteint sa valeur de crête lorsque l'autre est nulle.

5. Lorsque deux ondes sont en phase, leur amplitude est nulle au même instant.

6. La crête positive d'une onde sinusoïdale ne peut se produire en même temps que la crête négative.

7. Un angle de 90° est égal à un angle de π rad.
8. Une période de 2 μs correspond à une fréquence plus basse qu'une période T de 1μs.
9. Une longueur d'onde de 0,02 m correspond à une fréquence plus basse qu'une longueur d'onde de 0,01 m.
10. Pour comparer le déphasage entre deux ondes, celles-ci doivent avoir la même fréquence.

Compléter

11. Pour une tension efficace de 10 V, la valeur crête à crête est _____ V.
12. Une tension efficace de 120 V étant impliquée aux bornes d'une résistance R_L de 100 Ω, le courant efficace est égal à _____ A.
13. Pour une valeur-crête de 100 V, la valeur efficace est de _____ V.
14. La longueur d'onde d'une onde radio de 1000 kHz est égale à _____ cm.
15. La période d'une tension de 1000 kHz est égale à _____ ms.
16. Une période de ⅟₆₀ s correspond à une fréquence de _____ Hz.
17. La fréquence de 100 MHz correspond à une période de _____ μs.
18. L'onde carrée de la figure 16-19c a une fréquence de_____ MHz.
19. L'onde sinusoïdale de la figure 16-19c a une tension efficace de _____ V.
20. Sur la figure 16-18, la tension alternative aux bornes de R_2 est égale à _____ V.
21. La fréquence d'un signal audio dont la période T est de 0,001 s est égale à _____ Hz.
22. Le troisième harmonique de la fréquence 60 Hz de secteur est égale à _____ Hz.
23. Soit une tension sinusoïdale d'une valeur moyenne de 10 V. Sa valeur efficace est _____ V.
24. Soit une tension sinusoïdale de valeur crête à crête de 340 V. Sa valeur efficace est _____ V.

Questions

1. (a) Définir une tension alternative. (b) Définir un courant alternatif. (c) Pourquoi une tension alternative appliquée aux bornes d'une résistance de charge produit-elle un courant alternatif dans le circuit?

2. (*a*) Donnez deux caractéristiques d'une onde sinusoïdale. (*b*) Pourquoi la formule donnant la valeur efficace $= 0,707 \times$ la valeur de crête ne s'applique-t-elle que dans le cas d'une onde sinusoïdale?

3. Dessinez deux cycles d'une onde de tension sinusoïdale ayant une amplitude crête à crête de 40 V. Faites de même pour une onde carrée.

4. Donnez l'angle (en degrés et en radians) correspondant à chacun des cas suivants: un cycle, un demi-cycle, un quart de cycle, trois quarts de cycles.

5. La valeur de crête d'une onde sinusoïdale est de 1 V. Donnez la valeur moyenne, la valeur efficace, la valeur crête à crête.

6. Donnez les gammes de fréquences qui correspondent aux ondes suivantes: (*a*) audiofréquences; (*b*) bande de radiodiffusion AM normale; (*c*) bande de radiodiffusion FM; (*d*) bande VHF; (*e*) bande des micro-ondes. (On conseille de se reporter à l'Annexe B.)

7. Effectuez un tracé de deux ondes, l'une ayant une fréquence de 500 kHz, l'autre ayant une fréquence de 1000 kHz. L'axe horizontal devra être gradué en temps et vous devrez identifier chaque onde.

8. Tracez les ondes sinusoïdales et les vecteurs correspondant à: (*a*) deux ondes déphasées de 180°; (*b*) deux ondes déphasées de 90°.

9. Indiquez la valeur de la tension du secteur alternatif (60 Hz, $V_{eff} = 120$ V) à chacune des étapes suivantes du cycle: 0°, 30°, 45°, 180°, 270°, 360°.

10. (*a*) Quelle est la valeur d'un angle de 90°, exrpimée en radians? (*b*) Comparez les amplitudes de deux ondes déphasées de 90° pour les déphasages suivants: 0°, 90°, 180°, 270° et 360°.

11. Disposez sous forme de tableau les valeurs du sinus et du cosinus tous les 30° depuis 0° jusqu'à 360°. Tracez les courbes obtenues pour le sinus et le cosinus.

12. Tracez une courbe donnant les valeurs de $(\sin \varphi)^2$ par rapport à φ, tous les 30°, de 0° à 360°.

13. Pourquoi la longueur d'onde d'une onde supersonique de 34,4 kHz (0,01 m) est-elle la même que celle d'une onde radio à 30 GHz dont la fréquence est beaucoup plus élevée?

14. Tracez les ondes sinusoïdales et les vecteurs indiquant qu'une onde V_1 est en avance de 45° sur une onde V_2.

15. Pourquoi les amplitudes des ondes non sinusoïdales sont-elles généralement mesurées en valeurs crête à crête plutôt qu'en valeurs moyennes ou en valeurs efficaces?

16. Définissez les fréquences harmoniques en donnant des exemples numériques.

17. Définir l'octave et donner un exemple comportant plusieurs valeurs numériques.

18. Sur le plan de l'utilisation du courant alternatif, quelle est la caractéristique qui vous semble la plus importante: l'inversion de polarité ou les variations d'amplitude?

Problèmes
(Les réponses aux problèmes de numéro impair sont données à la fin de l'ouvrage)

1. La tension de secteur (60 Hz, 120 V) est appliquée aux bornes d'une résistance de 10 Ω. (a) Quelle est la valeur efficace du courant dans le circuit? (b) Quelle est la fréquence du courant? (c) Quel est le déphasage entre le courant et la tension? (d) Quelle serait la tension continue nécessaire pour obtenir le même effet de dissipation de chaleur dans la résistance?

2. Quelle est la fréquence correspondant aux variations de courant alternatif suivantes? (a) Dix cycles en 1 s; (b) un cycle en 0,1 s; (c) 50 cycles en 1 s; (d) 50 cycles en 1,5 s; (e) 50 cycles en 5 s.

3. Calculez le temps correspondant à un déphasage de 45° pour les fréquences suivantes: (a) 500 Hz; (b) 2 MHz.

4. Calculez la période T correspondant aux périodes suivantes: (a) 500 Hz; (b) 5 MHz; (c) 5 GHz.

5. Calculez la fréquence correspondant aux fréquences suivantes: (a) 0,05 s; (b) 5 ms; (c) 5 μs; (d) 5 ns.

6. En vous reportant à la figure 16-18, calculez la puissance I^2R dissipée dans R_1, R_2 et R_3.

7. En vous reportant à la figure 16-19, indiquez les valeurs de crête positives et négatives pour chacune des formes d'onde (a), (b), (c) et (d).

8. Un circuit alternatif comprend une résistance R_1 de 5 MΩ, montée en série avec une résistance R_2 de 10 MΩ aux bornes d'une source de 200 V. Calculez I, V_1, V_2, P_1 et P_2.

9. Les deux résistances de l'exercice 8 sont montées en parallèle. Calculez I_1, I_2, V_1, V_2, P_1 et P_2.

10. Un circuit alternatif mixte comporte deux branches reliées aux bornes du secteur 60 Hz, 120 V. L'une des branches comprend une résistance R_1 de 10 Ω branchée en série avec une résistance R_2 de 20 Ω. L'autre branche comporte une résistance R_3 de 10 MΩ branchée en série avec une résistande R_4 de 20 MΩ. Trouvez V_1, V_2, V_3, V_4.

11. Calculer le courant I_{eff} qu'une ampoule de 300 W, 120 V tire d'un secteur 120 V à 60 Hz. Déterminer la fréquence et le déphasage de I par rapport à V.

12. Soit la figure 16-21. Calculer V_{eff}, T et f.

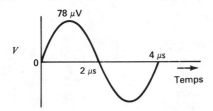

Figure 16-21.   *Pour le problème 12.*

Réponses aux problèmes pratiques

16.1 (a) 10 V
      (b) 360°
16.2 (a) 85 V
      (b) −170 V
      (c) 0 V
16.3 (a) 0,707 A
      (b) 0,5 A
16.4 (a) 120 V
      (b) 14,14 V
16.5 (a) 4 Hz
      (b) 1,605 MHz
16.6 (a) 400 Hz
      (b) ¹⁄₄₀₀ s
16.7 (a) vrai
      (b) faux
      (c) vrai

16.8 (a) 90°
      (b) 60°
      (c) 0°
16.9 (a) ¹⁄₂₄₀ s
      (b) 0,1 μs
16.10 (a) 30 Ω
      (b) 6,66 Ω
      (c) 30 Ω
16.11 (a) 2 μs
      (b) 15 V
16.12 (a) 48 MHz
      (b) 440 Hz

Secteur à 60 Hz

Presque tous les foyers américains et canadiens sont alimentés en courant alternatif de tension efficace comprise entre 115 et 125 V et de fréquence 60 Hz, exactement. Cette tension d'alimentation sinusoïdale est produite par une génératrice tournante. La puissance électrique est distribuée par des lignes électriques reliant la centrale électrique à la ligne d'utilisation domestique: tous les appareils électriques et les prises de courant murales sont branchés en parallèle sur cette ligne d'arrivée à 120 V. Cette source d'énergie électrique à usage domestique de 120 V est désignée sous le nom de *secteur à 60 Hz*. On traite dans ce chapitre des avantages et des principales applications du secteur à 60 Hz. En voici la liste:

17.1 AVANTAGES DU SECTEUR 120 V, 60 Hz

Pour le chauffage, une source à courant alternatif de 120 V efficaces est identique à une source de courant continu de même tension. Une tension domestique supérieure à 120 V exposerait ses utilisateurs à de trop graves dangers d'électrocution. Par contre, une tension inférieure à 120 V efficaces ne fournirait pas suffisamment de puissance.

L'utilisation de tensions plus élevées présenterait l'avantage de diminuer les pertes par effet Joule (I^2R), car un courant plus faible peut produire la même puissance. Les pertes par effet Joule sont proportionnelles au carré du courant. Dans le cas des applications industrielles, des puissances plus importantes étant mi-

ses en jeu, le secteur est souvent une tension triphasée comprise entre 208 et 240 V. Les gros moteurs alimentés par un tel secteur ont un meilleur rendement.

L'avantage d'un secteur à courant alternatif sur un secteur à courant continu est le meilleur rendement de sa distribution à partir de la centrale. Les tensions alternatives peuvent facilement être élevées ou abaissées au moyen d'un transformateur. Cette opération n'entraîne que de faibles pertes. Une telle opération est impossible en courant continu, car le primaire du transformateur exige un courant variable pour produire le champ magnétique variable qui induira une tension dans le secondaire, ce que n'assure pas le courant continu.

La tension alternative peut donc, à la centrale électrique, être élevée jusqu'à 80 kV avant d'être acheminée aux lignes de distribution. Ces lignes à haute tension transportent de plus grandes puissances, des courants beaucoup plus faibles et donc de plus faibles pertes par effet Joule, que les lignes à 120 V. Un transformateur abaisseur fournit à la maison la basse tension domestique requise.

De plus, cette tension domestique de 120 V peut être élevée ou abaissée par un transformateur d'alimentation relativement petit, à l'intérieur même de l'équipement électronique fonctionnant sur le secteur. Un transformateur dont le secondaire comporte plus de spires que le primaire élève la tension; il l'abaisse dans le cas contraire.

Cette fréquence de 60 Hz est commode pour le courant alternatif commercial. Des fréquences plus faibles exigeraient des transformateurs trop volumineux. De plus, une lampe soumise à un courant de faible fréquence clignoterait. Une fréquence élevée, par contre, entraînerait dans le transformateur des pertes fer excessives dues aux courants de Foucault et à l'hystérésis. Dans la plupart des pays européens, la fréquence du secteur est de 50 Hz.

Problèmes pratiques 17.1
(réponses à la fin du chapitre)
Répondre par vrai ou faux:

(*a*) La fréquence de la tension alternative du secteur est de 60 Hz exactement;

(*b*) Un transformateur d'alimentation peut élever ou abaisser une tension alternative, mais non une tension continue;

(*c*) La valeur 120 V du secteur alternatif est une valeur efficace;

(*d*) La gamme des audiofréquences contient la fréquence de 60 Hz.

17.2
MOTEURS ET GÉNÉRATRICES

Une génératrice transforme l'énergie mécani-

que en énergie électrique. Un moteur électrique effectue l'opération inverse: il transforme l'énergie électrique en énergie mécanique. Les parties principales d'un moteur et d'une génératrice sont identiques (voir la figure 17-1).

Induit Dans une génératrice, l'induit est relié au circuit extérieur: c'est lui qui fournit la tension de sortie. Dans un moteur, il est connecté à la source électrique d'alimentation du moteur. L'induit a le plus souvent la forme d'un

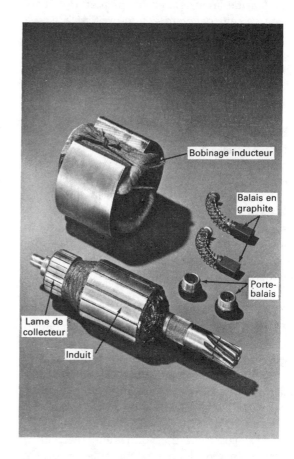

Figure 17-1 *Parties principales d'un moteur à courant alternatif.*

tambour comportant de nombreux enroulements pour pouvoir fournir une tension de sortie élevée. L'induit tournant montré à la figure 17-1 est le *rotor*.

Bobinage inducteur Cet électro-aimant produit le flux qui sera coupé par le rotor. Dans un moteur, la même source alimente le bobinage inducteur et l'induit. Dans une génératrice, le courant inducteur peut être fourni par une source d'excitation séparée ou à partir d'une sortie de son induit. Le magnétisme rémanent de la culasse en fer permet le démarrage de cette *génératrice auto-excitatrice*.

Le bobinage inducteur est monté en série, en parallèle ou en combinaison mixte (*bobinage compound*) avec l'induit. Lorsque le bobinage inducteur est fixe, il constitue le *stator* de la machine.

Bagues collectrices Une machine à courant alternatif comporte deux bagues collectrices de connexion entre le bobinage tournant et les câbles fixes du circuit extérieur.

Balais Ces connecteurs en graphite, montés sur ressort, frottent contre les bagues tournantes du rotor. Les câbles externes fixes sont connectés aux balais et donc au rotor. Le frottement continu use lentement les balais qu'il faudra remplacer au besoin.

Collecteur Une machine à courant continu comporte un anneau collecteur au lieu de bagues collectrices. Comme on le montre à la figure 17-1, cet anneau collecteur comporte des lames, soit une paire de lames pour enroulement de l'induit. Chaque lame est isolée des autres par du mica.

Le collecteur transforme une machine à courant alternatif en une machine à courant continu. Dans une génératrice, les lames du collecteur inversent les connexions des enroulements aux balais tous les demi-cycles, de façon à maintenir la même polarité à la tension de sortie. Dans le cas d'un moteur à courant continu, les lames du collecteur permettent à la source de courant continu de produire un couple dans un seul sens.

Un anneau collecteur exige des balais. Les deux balais fixes sont en contact avec des lames diamétralement opposées. Les balais en graphite offrent une très faible résistance.

Moteur à induction à courant alternatif

Ce type de moteur, à courant alternatif seulement, ne comporte aucun balai. Le stator est directement relié à la source de courant alternatif. Le courant alternatif circulant alors dans l'enroulement du stator induit un courant dans le rotor sans aucune connexion physique entre ces deux organes. Le champ magnétique du courant induit dans le rotor provoque, avec le champ du stator, la rotation du rotor. Les moteurs à induction à courant alternatif sont économiques et robustes. Sans balais, ils sont donc exempts des ennuis créés, sur d'autres types, par l'amorçage d'arcs.

Si la source est monophasée il faudra fournir au moteur à induction un couple de démarrage en disposant, par exemple, un condensateur de démarrage en série avec une bobine de démarrage séparée. Le condensateur fournira, pour le démarrage seulement, un courant déphasé et sera ensuite mis hors circuit. Une autre méthode de démarrage consiste à utiliser des bagues de déphasage. Un anneau de cuivre plein disposé sur la bague du champ principal rend asymétrique le champ magnétique et permet le démarrage.

Le rotor d'un moteur à induction à courant alternatif est bobiné ou à cage d'écureuil, laquelle est constituée d'une armature de barres métalliques.

Moteur universel Ce type de moteur fonctionne indifféremment en courant alternatif ou en courant continu car le bobinage inducteur et le bobinage de l'induit sont en série. Sa construction ressemble à celle d'un moteur à courant continu dont le rotor serait relié à un collecteur et à des balais. Les moteurs universels sont couramment utilisés dans les petits appareils tels que les perceuses portatives et les mélangeurs de cuisine.

Alternateurs Les génératrices de courant alternatif sont appelées des alternateurs. Dans le cas de grandes puissances, l'alternateur comporte généralement un inducteur tournant, l'induit étant le stator. Cette disposition élimine les connexions par bagues collectrices et ses problèmes d'amorçage d'arcs lors des tensions de sortie élevées.

Problèmes pratiques 17.2
(réponses à la fin du chapitre)
Répondre par vrai ou faux:

(a) Soit la figure 17-1, les lames de collecteur sont disposées sur l'induit;
(b) Les balais sont fabriqués en graphite pour présenter une très faible résistance;
(c) Pour le démarrage des moteurs continus à petits balais, on a recours à un condensateur.

17.3
ÉCLAIRAGE FLUORESCENT
Le rendement lumineux des tubes fluorescents est supérieur à celui des lampes à incandescence et ils produisent moins de chaleur. La figure 17-2 illustre la constitution d'un tube fluorescent, son fonctionnement s'en déduit aisément. Une seule extrémité est représentée, l'autre lui est identique.

La sortie de la lumière visible résulte de deux effets électriques. En premier lieu, la décharge électrique ou ionisation de la vapeur de mercure produit une lumière ultraviolette invisible. Ce rayonnement excite cependant la couche de phosphore de la paroi interne qui renvoie la lumière dans le spectre visible.

Les gouttelettes de mercure contenues dans le tube en verre donnent de la vapeur de mercure. Le mercure se vaporise durant le fonctionnement du tube. Une tension suffisante appliquée aux deux bornes de la cathode ionise la vapeur de mercure.

Les cathodes des extrémités sont préchauffées afin d'émettre des électrons. Les électrons libres obtenus par cette émission thermoionique excitent les atomes de mercure, qui dès lors émettent un rayonnement ultraviolet. Ce préchauffage des cathodes donne un démarrage plus aisé de la décharge du tube.

La couche de phosphore de la paroi interne du tube est un produit chimique en poudre (du tungstate de magnésium par exemple) qui émet une lumière d'un blanc bleuté. Différents types de phosphores peuvent être utilisés pour différentes couleurs et nuances de blanc. La

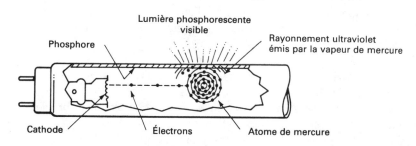

Figure 17-2 *Production de lumière par tube fluorescent à cathodes préchauffées. (GTE Sylvania)*

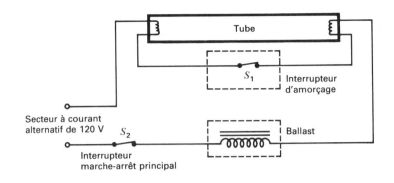

Figure 17-3 *Circuit de principe d'un tube à éclairage fluorescent une fois l'interrupteur S_1 de préchauffage des cathodes fermé.*

longueur d'onde de la lumière ultraviolette est de 254×10^{-9} m, celle de la lumière blanc bleuté est de 360 à 720×10^{-9} m.

Les atomes de phosphore sont excités par le rayonnement ultraviolet venant de la vapeur de mercure. Il en résulte une lumière visible. Selon la caractéristique du tube fluorescent, le phosphore peut émettre de la lumière de différentes longueurs d'ondes sans échauffement de la couche de phosphore.

Circuit du tube *(Voir la figure 17-3.)* Fermer tout d'abord l'interrupteur d'amorçage S_1 pour chauffer les cathodes durant 1 à 2 s. S_1 fermé, le circuit en série avec le secteur à courant alternatif de 120 V comprend les deux cathodes disposées aux extrémités opposées du tube et une bobine résistante ou une résistance de limitation du courant, le ballast. Le préchauffage produit une émission thermoionique d'électrons qui provoque l'ionisation de la vapeur de mercure.

Puis, l'interrupteur d'amorçage s'ouvre. Le circuit de chauffage est ouvert, mais maintenant la tension appliquée aux bornes du tube produit l'ionisation. Le ballast de limitation du courant d'ionisation est encore dans le circuit. Lorsque ce ballast est une bobine, ce qui est habituellement le cas, il produit, à l'instant d'ouverture de l'interrupteur, une tension

plus élevée qui a pour effet de favoriser l'ionisation.

Une fois le tube allumé, il le reste; la vapeur de mercure demeure ionisée et le ballast continue de contrôler le courant d'ionisation. L'interrupteur principal S_2 permet de mettre le tube hors circuit. Dans un tube fluorescent d'environ 20 W connecté à un secteur à courant alternatif de 120 V, par exemple, il circulera environ 0,35 A à travers le tube et le ballast, la tension aux bornes du tube sera d'environ 65 V et celle aux bornes du ballast d'environ 55 V.

L'amorceur est habituellement un interrupteur séparé, logé dans un petit boîtier métallique et enfiché dans la monture du tube. Les contacts en bi-métal de cet interrupteur s'ouvrent après 1 à 2 s de chauffage.

Types de tubes Le circuit de la figure 17-3 représente un ancien modèle de tube fluorescent à préchauffage. Le circuit de préchauffage de ce modèle requiert un interrupteur d'amorçage séparé.

Un modèle plus récent, le *tube à amorçage instantané*, n'exige pas de circuit de chauffage des cathodes. Il présente habituellement une base effilée avec seulement une broche à chaque extrémité.

De nos jours, le modèle domestique le plus commun est le tube à *amorçage rapide*.

Il comporte des cathodes de chauffage, mais pas d'amorceur. Son ballast comporte un enroulement séparé destiné à chauffer les cathodes continuellement.

Problèmes pratiques 17.3
(réponses à la fin du chapitre)

(a) Quel produit chimique produit l'ionisation à l'intérieur d'un tube fluorescent?

(b) Quelle partie du tube produit l'émission thermoionique d'électrons?

(c) Soit la figure 17-3. L'interrupteur S_1 est-il ouvert ou fermé lorsque le tube éclaire?

17.4
CÂBLAGE DOMESTIQUE

La plupart des maisons comportent à la ligne d'amenée le secteur monophasé trois fils, illustré à la figure 17-4. Ces trois fils, incluant le neutre mis à la terre, peuvent être utilisés pour 240 ou 120 V.

Remarquer le code des couleurs. Le neutre mis à la terre est blanc ou dénudé. La couleur des deux fils des côtés haut importe peu, à l'exception toutefois du blanc et du vert.

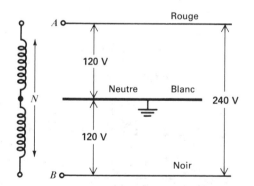

Figure 17-4 *Secteur monophasé trois fils pour 240 ou 120 V. Sortie de l'alternateur illustrée à gauche.*

L'un est habituellement noir[1] et l'autre, rouge. Le blanc et le vert sont réservés à la mise à la terre.

Il existe une tension de 120 V (dite de séparation des branches vers les lampes et les prises de courant) entre le fil de côté haut rouge ou noir et le neutre. La tension entre les fils rouge et noir est de 240 V; elle est réservée aux appareils électriques de haute tension. Cette distribution trois fils à neutre mis à la terre est appelée le *système Edison*.

L'intensité nominale de cette distribution est habituellement de 100 A. La puissance disponible à 240 V est alors de $100 \times 240 = 24\ 000$ W, soit 24 kW.

Les fils de secteur à la ligne d'amenée, où l'alimentation est fournie à la maison, sont généralement de numéro de jauge 4 à 8. Les fils de numéro de jauge 6 et plus sont toujours des fils torsadés. Les circuits des branches à 120 V, d'intensité nominale de 15 A, utilisent des fils de numéro de jauge 8 à 14. Chaque branche est munie de son propre fusible ou de son propre disjoncteur. (Prévoir un interrupteur principal de coupure de tout le secteur à partir de la ligne d'amenée.)

Le fil neutre est mis à la terre à la ligne d'amenée à une canalisation d'eau ou à une tige métallique enfoncée dans le sol. Toutes les branches de 120 V doivent avoir un côté connecté au neutre mis à la terre. Pour ces connexions, utiliser un fil blanc. De plus, toutes les boîtes métalliques des prises de courant, interrupteurs et lampes doivent posséder une mise à la terre continue l'une vers les autres et vers le neutre. Le câble métallique comporte habituellement un fil nu de mise à la terre de ces boîtes.

[1]Remarquer que dans l'appareillage électronique, le noir est la couleur réservée au circuit de retour par la masse (châssis). Dans les installations électriques, cependant, le fil noir est réservé à l'une des connexions des côtés haut.

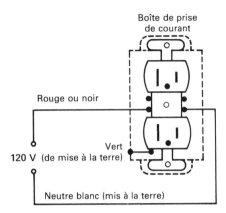

Figure 17-5 *Câblage d'une prise de courant double. Les sorties supplémentaires peuvent être utilisées pour la prochaine prise.*

Les câbles habituellement utilisés sont le câble à gaine blindée de marque de commerce BX et le câble flexible de marque de commerce Romex. Chacun possède deux fils pour le neutre et les connexions des côtés haut. De plus, celui à gaine métallique est utilisé pour la mise à la terre continue entre les boîtes. Le câble flexible comporte habituellement un fil nu supplémentaire pour la mise à la terre.

Le but de la mise à la terre est la protection contre les chocs électriques. Les interrupteurs et les fusibles ne sont jamais du côté de la mise à la terre de la ligne afin de maintenir les connexions de la terre.

Les codes électriques locaux spécifient les règlements de la mise à la terre et du câblage. Les normes du Code canadien de l'électricité sont disponibles auprès de l'ACNOR et de la Corporation des maîtres électriciens du Québec. Règle générale, toutes les connexions des fils doivent être effectuées dans une boîte métallique comportant un capot.

Boîtes des prises de courant La figure 17-5 illustre le câblage d'une prise de courant en parallèle avec un secteur de 120 V. Un

côté est relié au fil neutre blanc et l'autre au fil rouge ou noir du côté haut de l'alimentation. Les deux douilles de la prise de courant double ne requièrent qu'une paire de connexions. Les vis supplémentaires disposées sur le côté permettent, si nécessaire, de connecter des fils à la prochaine prise de courant en parallèle.

La plupart des prises de courant actuelles possèdent une troisième ouverture en forme de U ou circulaire, en plus de la paire de lames de la prise. Cette troisième connexion est reliée à une vis verte sur l'armature interne de la prise reliée au fil de mise à la terre. Dans le cas des fiches à trois broches pour appareils électriques, la broche de mise à la terre est connectée au boîtier métallique de l'appareil électrique à l'aide d'un fil vert.

De plus, la plupart des prises de courant présentent maintenant une rainure plus large pour brancher le type de fiche correspondant d'une seule façon. La plus large lame est le côté à connecter au neutre blanc. Par cette mesure de sécurité, la masse du châssis de postes de radio et de télévision est automatiquement connectée au côté de mise à la terre du secteur.

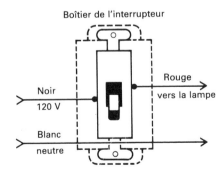

Figure 17-6 *Câblage d'un interrupteur unipolaire unidirectionnel.*

Interrupteur unipolaire La figure 17-6 illustre le branchement en série des deux bornes d'un interrupteur sur un seul côté du secteur. Ce côté doit toujours être le côté haut. Remarquer que le fil entrant est le noir et le sortant, le rouge.

Un interrupteur à indicateur lumineux comporte une petite lampe entre les bornes de l'interrupteur. Lorsque l'interrupteur est en position arrêt, donc ouvert, la tension de 120 V entre les bornes ouvertes allume l'indicateur. Lorsque l'interrupteur est en position marche, donc fermé, aucune tension n'est appliquée entre les bornes de l'interrupteur lui-même. L'indicateur lumineux est hors circuit lorsque la lampe principale est mise en circuit.

Interrupteurs va-et-vient À la figure 17-7 nous sont montrés deux interrupteurs permettant de mettre une lampe en circuit à partir de deux endroits différents. Chaque interrupteur comporte trois bornes. L'une est la borne commune A. Sa vis est habituellement en cuivre, les deux autres vis étant en laiton. Avec l'interrupteur S_1 en position haut, le commun A est connecté à la borne C. Avec l'interrupteur S_2 en position bas cependant, le commun

A est connecté à la borne B. La borne B d'un interrupteur est câblée à la borne C de l'autre interrupteur.

La borne principale A d'un interrupteur est câblée à un côté de la lampe à commander, tandis que l'autre côté de la lampe va au secteur à courant alternatif de 120 V. Le côté opposé du secteur de 120 V est connecté à la borne principale A de l'autre interrupteur. La lampe s'allumera lorsque les interrupteurs connectent la borne A de l'un à la borne A de l'autre. La lampe est alors entre les bornes du secteur à 120 V.

La lampe s'illumine lorsqu'un interrupteur est en position haut et l'autre en position bas, tel qu'illustré à la figure 17-7. Dans un tel cas, A de S_1 relie le secteur à C de S_1, C de S_1 relie ensuite le secteur à B de S_2 qui le relie à A de S_2, enfin A de S_2 relie le secteur à la lampe. Lorsque les deux interrupteurs sont simultanément en position haut ou bas, un interrupteur sur les deux est ouvert: la lampe ne s'allume donc pas.

***Problèmes pratiques 17.4
(réponses à la fin du chapitre)
Répondre par vrai ou faux:***

(a) La figure 17-4 illustre une distribution triphasée trois fils;

(b) Les prises de courant doubles sont en parallèle l'une avec l'autre et avec le secteur alternatif de 120 V;

(c) Un interrupteur d'éclairage est en série avec la lampe et le côté haut de l'alimentation alternative.

17.5
ALIMENTATION TRIPHASÉE
Si l'induit ou stator d'un alternateur à inducteur tournant présente trois enroulements également espacés sur un cercle, alors ces derniers engendreront des tensions de sortie déphasées

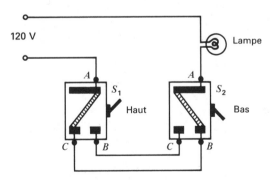

Figure 17-7 *Câblage d'interrupteurs va-et-vient (unipolaires bidirectionnels).*

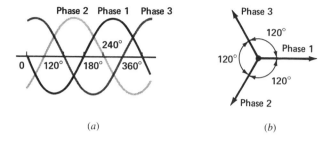

Figure 17-8 *Tension ou intensité alternative triphasée à déphasage de 120° entre phases: (a) ondes sinusoïdales; (b) diagramme vectoriel.*

(a)   *(b)*

l'une l'autre de 120°. La sortie triphasée est illustrée par les tensions sinusoïdales de la figure 17-8a. L'avantage de la distribution d'alimentation sous forme de tension triphasée alternative est de présenter un meilleur rendement. De plus, une alimentation triphasée alternative assure l'auto-démarrage des moteurs alternatifs à induction. Finalement, l'ondulation alternative est plus facile à filtrer dans les alimentations continues.

Couplage en Y   La configuration des trois enroulements représentés à la figure 17-9 suggère d'appeler ce couplage en *Y* ou en *étoile*. Les trois bobines ont une extrémité commune, les extrémités opposées sont reliées aux bornes des sorties *A, B* et *C*. Deux bornes de sortie quelconque sont reliées aux extrémités non communes de deux bobines en série de la génératrice. Selon une loi trigonométrique, la

tension de sortie entre deux bornes quelconques de sortie est $1,73 \times 120 = 208$ V.

Couplage en delta   La configuration des trois enroulements représentés à la figure 17-10 suggère d'appeler ce couplage en *delta* (Δ, selon la lettre grecque) ou en *triangle*. Deux bornes de sortie quelconques sont reliées aux extrémités d'une bobine de la génératrice. Les deux autres bobines constituent cependant une branche en parallèle. L'intensité de ce montage est donc 1,73 fois celle d'une bobine.

Secteur quatre fils   Le point central du montage en Y de la figure 17-11 sert à une quatrième ligne: le fil neutre. De cette façon, l'alimentation disponible est de 208 V en triphasé ou de 120 V en monophasé. Des bornes *A, B* ou *C* à la ligne neutre, la sortie est

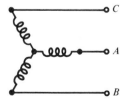

Figure 17-9 *Couplage en Y ou étoile d'une alimentation triphasée alternative.*

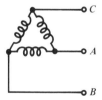

Figure 17-10 *Couplage en delta ou Δ d'une alimentation triphasée alternative.*

de 120 V aux bornes d'une bobine. Le secteur monophasé de 120 V convient aux circuits d'éclairage. La sortie entre deux bornes quelconques de 208 V, si l'on excepte la ligne neutre, convient aux moteurs triphasés à induction. Bien qu'il s'agisse ici d'un secteur 120 V, 60 Hz, il importe de remarquer que les montages triphasés peuvent comporter d'autres valeurs de tension et de fréquence.

Problèmes pratiques 17.5
(réponses à la fin du chapitre)

(a) Que vaut l'angle entre les tensions triphasées?

(b) Soit le circuit de la figure 17-9. Que valent V_{AC} et V_{AB}?

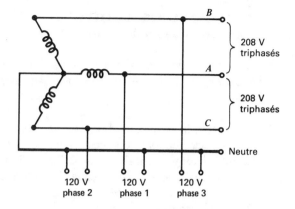

Figure 17-11 *Couplage en Y à quatre fils dont un neutre.*

Résumé

1. Le secteur alternatif a une tension nominale de 115 à 125 V et une fréquence d'exactement 60 Hz.

2. Le système Edison trois fils monophasé de câblage domestique est conçu pour fournir soit 120 V, soit 240 V.

3. L'induit tournant d'un moteur est relié au secteur. Les bobines de champ du stator fournissent le flux magnétique qui sera coupé par le rotor. Les lames de collecteur d'un moteur continu sont reliées par l'intermédiaire de balais en graphite aux connexions extérieures. Un moteur alternatif à induction n'a pas de balais.

4. La couche de phosphore sur la paroi interne d'un tube fluorescent émet de la lumière lorsque le phosphore est excité par le rayonnement ultra-violet en provenance de la vapeur de mercure ionisé.

5. Les boîtes des prises de courant doubles de 120 V d'un câblage domestique sont câblées en parallèle. Les interrupteurs de lampes sont en série avec les lampes du côté haut de la ligne à courant alternatif. Ce côté est généralement constitué d'un fil rouge ou noir, alors que le neutre mis à la terre est constitué d'un fil blanc.

6. Chaque phase d'un secteur triphasé est déphasée de 120°. La tension entre deux bornes quelconques de sortie de couplage en Y de la figure 17-9 est de $1,73 \times 120 = 208$ V.

Exercices de contrôle
(Réponses à la fin de l'ouvrage)

Voici un moyen de contrôler si vous avez bien assimilé le contenu de ce chapitre. Ces exercices sont uniquement destinés à vous évaluer vous-même.

1. Déterminer la fréquence d'une forme d'onde alternative produisant quatre cycles pendant un cycle de tension alternative de secteur.
2. Le tube fluorescent de la figure 17-3 est-il en circuit ou hors circuit lorsque l'interrupteur d'amorçage S_1 est fermé?
3. Soit la figure 17-4. Quelle est la valeur de la tension entre A ou B et le neutre mis à la terre?
4. Soit la figure 17-4. Quelle est la valeur de la tension entre A et B?
5. Quelles électrodes d'un tube fluorescent produisent l'émission thermoionique?
6. La bobine du ballast est-elle branchée en série ou en parallèle avec le tube fluorescent?
7. Quel type de moteur, à courant continu ou à courant alternatif, utilise des lames de collecteur?
8. Quelle est la couleur du fil neutre, mis à la terre, d'un câblage domestique?
9. Soit la figure 17-11. Quelle est la valeur de la tension aux bornes de deux enroulements série?
10. Soit la figure 17-7. La lampe est-elle en circuit ou hors circuit pour les positions illustrées des interrupteurs S_1 et S_2?

Questions

1. Définir les parties suivantes d'un moteur: (*a*) induit; (*b*) bobinage inducteur; (*c*) bagues collectrices; (*d*) balais; (*e*) lames de collecteur.
2. Déterminer le rôle du condensateur de démarrage d'un moteur à induction.
3. Soit un tube fluorescent. Déterminer le rôle: (*a*) des cathodes; (*b*) de la vapeur de mercure; (*c*) de la couche de phosphore; (*d*) du ballast.
4. Quelle est la différence entre les tubes fluorescents à *amorçage instantané* et les tubes fluorescents à *amorçage rapide*?
5. Tracer le diagramme d'un secteur monophasé trois fils à courant alternatif vers la ligne d'amenée d'un câblage domestique.
6. Tracer le couplage en Y d'une alimentation triphasée à courant alternatif.

7. Tracer le couplage en Δ d'une alimentation triphasée à courant alternatif.
8. Tracer le diagramme schématique de six prises de courant doubles câblées au secteur à courant alternatif.
9. Tracer le schéma d'un interrupteur unipolaire câblé à une prise de courant double.
10. Tracer le diagramme schématique d'interrupteurs va-et-vient à une lampe.

Réponses aux problèmes pratiques

17.1 (*a*) vrai
    (*b*) vrai
    (*c*) vrai
    (*d*) vrai
17.2 (*a*) vrai
    (*b*) vrai
    (*c*) faux

17.3 (*a*) la vapeur de mercure
    (*b*) la cathode
    (*c*) ouvert
17.4 (*a*) faux
    (*b*) vrai
    (*c*) vrai
17.5 (*a*) 120°
    (*b*) 208 V

Rappel
des chapitres
13 à 17

Résumé

1. Le fer, le nickel et le cobalt sont des matériaux magnétiques. Les aimants ont un pôle Nord et un pôle Sud aux extrémités opposées. Des pôles de noms opposés s'attirent; des pôles de même nom se repoussent.

2. Un aimant possède un champ magnétique extérieur invisible. Ce flux magnétique est indiqué par des lignes de champ. La direction des lignes de champ, à l'extérieur de l'aimant, est orientée du pôle Nord au pôle Sud.

3. Un aimant permanent est construit en un matériau dur, comme l'alnico, qui conserve indéfiniment son aimantation. Le fer est un matériau magnétique doux que l'on peut aimanter momentanément.

4. Un électro-aimant a un noyau de fer qui s'aimante quand un courant circule dans l'enroulement.

5. Les unités magnétiques sont définies dans les tableaux 13-1 et 14-2.

6. L'aimantation et la désaimantation continues d'un noyau de fer par un courant alternatif produisent des pertes par hystérésis qui augmentent avec la fréquence.

7. Les ferrites sont des matériaux magnétiques céramiques qui jouent le rôle d'isolants.

8. Le courant qui circule dans un conducteur a un champ magnétique associé dont les lignes de force circulaires sont dans un plan perpendiculaire aux fils. Leur sens est inverse aux aiguilles d'une montre quand on regarde dans le sens de la circulation des électrons le long du conducteur.

9. Une action mécanique est provoquée par la force résultante de deux champs qui peuvent s'ajouter ou se retrancher. Le sens de la force résultante est orienté du champ le plus fort vers le champ le plus faible.

10. Le mouvement d'un flux magnétique qui coupe un conducteur perpendiculaire crée une f.é.m. induite. La valeur de la tension induite augmente avec la fréquence, le flux et le nombre de spires du conducteur.

11. La loi de Faraday qui donne la tension induite est: $v = N \, d\phi/dt$, où N est le nombre de spires et $d\phi/dt$ la variation de flux en webers par seconde.

12. La loi de Lenz stipule que la tension induite doit avoir une polarité s'opposant au changement qui a provoqué l'induction.

13. Une tension alternative a une amplitude variable et un sens qui s'inverse. Une source de tension alternative produit un courant alternatif.

14. Un cycle comprend les valeurs existant entre les points qui ont la même valeur et qui varient dans le même sens. Un cycle comprend 360 degrés ou 2π rad.

15. La fréquence f est égale au nombre de cycles par seconde. Un cycle par seconde est égal à 1 Hz.

16. La période T représente la durée d'un cycle. Elle est égale à $1/f$. Quand f est en hertz, T est en secondes.

17. La longueur d'onde λ est la distance parcourue par une onde en une période. $\lambda = v/f$.

18. La valeur efficace (eff.) d'une tension sinusoïdale est égale à 0,707 fois la valeur de crête. Ou encore, la valeur de crête est égale à 1,414 fois la valeur efficace. La valeur moyenne est égale à 0,637 fois la valeur de crête.

19. Le déphasage φ est la différence angulaire, dans le temps, entre les valeurs correspondantes dans les cycles de deux sinusoïdes de même fréquence.

20. Les vecteurs indiquent l'amplitude et le déphasage de la tension alternative ou du courant alternatif. La longueur du vecteur est l'amplitude tandis que son angle est le déphasage.

21. Une onde carrée et une onde en dents de scie sont des exemples courants de signaux non sinusoïdaux.

22. Les fréquences harmoniques sont des multiples exacts de la fréquence fondamentale.

23. Les moteurs cc utilisent habituellement des lames de collecteur et des balais de graphite. Les moteurs ca sont généralement du type à induction sans balais.

24. Le câblage domestique utilise habituellement un secteur monophasé à trois fils de fréquence exacte de 60 Hz. Les tensions disponibles sont 120 V par rapport au neutre mis à la masse ou 240 V entre les deux côtés haut.

25. Une alimentation ca triphasée a trois fils dont les tensions sont déphasées de 120°. En couplage étoile, une tension de 208 V est disponible entre deux fils quelconques.

Exercices de contrôle récapitulatifs
(Réponse à la fin de l'ouvrage)

Voici une nouvelle occasion de vérifier vos progrès. Effectuez ces exercices comme vous l'avez fait pour ceux de chaque fin de chapitre, répondez par (a), (b), (c) ou (d) et vérifiez les réponses.

1. Quelle est la proposition vraie parmi les suivantes? (a) On utilise couramment l'alnico pour les électroaimants; (b) le papier ne peut pas agir sur le flux magnétique, car ce n'est pas un matériau magnétique; (c) on utilise généralement le fer pour construire des aimants permanents; (d) les ferrites ont une perméabilité magnétique plus faible que l'air ou le vide.

2. Les pertes par hystérésis: (a) sont provoquées par le passage d'un courant alternatif à haute fréquence dans une bobine à noyau de fer; (b) augmentent généralement avec le courant continu qui circule dans une bobine; (c) sont particulièrement importantes dans le cas des aimants permanents qui ont un champ magnétique fixe; (d) ne peuvent pas se produire dans un noyau de fer, parce qu'il est conducteur.

3. Un flux magnétique de 250μWb au travers d'une surface de 5 cm^2 produit: (a) un flux de 0,05 μWb; (b) un flux de 50 μWb; (c) une densité de flux de 0,5 T; (d) une densité de flux correspondant à 25 000 A.

4. Si on applique une tension de 10 V aux bornes de l'enroulement d'un relais qui comprend 100 spires et dont la résistance est de 2 Ω, la force totale qui produit le flux magnétique dans le circuit est de: (a) 0,1 μWb; (b) 0,05 T; (c) 50 A; (d) 500 A.

5. La tension efficace de la ligne de distribution est de 120 V; sa valeur de crête est de: (a) 100 V; (b) 170 V; (c) 240 V; (d) 338 V.

6. Quel est parmi les courants suivants celui qui induit la tension la plus grande? (a) Un courant continu de 1 A; (b) un courant continu de 50 A; (c) un courant alternatif de 1 A, 60 Hz; (d) un courant alternatif de 1 A, 400 Hz.

7. Quelle est parmi les périodes suivantes celle qui correspond à la fréquence la plus élevée? (a) $T = \frac{1}{1000}$ s; (b) $T = \frac{1}{60}$ s; (c) $T = 1$ s; (d) $T = 2$ s.

8. Deux ondes de même fréquence sont en opposition de phase quand leur déphasage est de: (*a*) 0°; (*b*) 90°; (*c*) 360°; (*d*) π rad.

9. La tension du réseau de distribution 120 V 60 Hz est appliquée à une résistance de 120 Ω. Le courant est de: (*a*) 1 A, crête; (*b*) 120 A, crête; (*c*) 1 A eff.; (*d*) 5 A eff.

10. Quand la polarité d'une tension alternative s'inverse, le courant qu'elle produit: (*a*) change de direction; (*b*) a une valeur continue fixe; (*c*) est déphasé de 180°; (*d*) s'inverse à une fréquence égale à 1,41 fois la fréquence de la tension appliquée.

11. À la figure 17-4, la tension entre *A* ou *B* et le neutre mis à la masse est de: (*a*) 240 V; (*b*) 208 V; (*c*) 170 V; (*d*) 120 V.

12. À la figure 17-11, la tension aux bornes d'une bobine est de: (*a*) 120 V, monophasée; (*b*) 120 V, triphasée; (*c*) 208 V, monophasée; (*d*) 208 V, triphasée.

Références
(D'autres références sont données à la fin de l'ouvrage)

Volumes:

CROFT, T., *Practical Electricity*, 4ᵉ éd., McGraw-Hill Book Company, New York.

MORECOCK, E. M., *Alternating-current Circuits*, McGraw-Hill Book Company, New York.

OPPENHEIMER et BROCHERS, *Direct and Alternating Currents*, McGraw-Hill Book Company, New York.

SISKIND, C. S., *Electrical Circuits*, McGraw-Hill Book Company, New York.

TIMBIE, W. H., *Elements of Electricity*, John Wiley and Sons, Inc., New York.

Brochures:

Code canadien de l'électricité, Association canadienne de normalisation.

Permanent Magnet Handbook, Crucible Steel Company of America.

Permanent-magnet Materials and Their Selection, Indiana Steel Products Co., Valparaiso, Ind.

L'inductance

L'inductance est l'aptitude d'un conducteur à former une tension induite quand le courant varie. Un long fil a une inductance plus élevée qu'un fil court, puisqu'une longueur plus grande de conducteur coupée par un flux magnétique crée une tension induite plus grande. De même, une bobine a une inductance plus élevée que la longueur équivalente de fil rectiligne par suite de la concentration du flux magnétique. Les composants fabriqués pour avoir une valeur d'inductance définie sont des bobines, que l'on appelle donc des *inductances*. On montre à la figure 18-1 des modèles caractéristiques d'inductances avec leurs schémas symboliques. À la figure 18-1*a*, on illustre une bobine de choc radiofréquences à noyau à air servant à réduire le courant aux radiofréquences. La bobine de choc à noyau de fer de la figure 18-1*b* est utilisée en audiofréquences. La construction, le fonctionnement et les utilisations des inductances sont traités dans les sections suivantes:

18.1
INDUCTION DUE À UN COURANT ALTERNATIF

La tension induite est due à la coupure d'un flux par un conducteur, par suite du déplacement mécanique soit du champ magnétique, soit du conducteur. Mais, si dans un conducteur le courant varie en amplitude, les variations du courant et du champ magnétique qui lui est associé sont équivalentes au mouvement du flux. Quand la valeur du courant augmente, le champ magnétique s'étale vers l'extérieur du conducteur. Quand le courant diminue, le champ se resserre dans le conducteur. Si le champ s'étale et se resserre quand le courant varie, le flux est effectivement mobile. Un courant variable peut donc produire une tension induite sans que le conducteur ait à se déplacer.

On présente à la figure 18-2 les variations du champ magnétique associé à l'onde sinusoïdale d'un courant alternatif. Comme le cou-

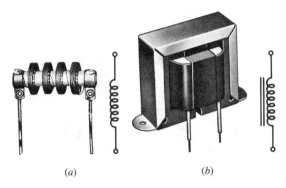

(a)   *(b)*

Figure 18-1 *Inductances avec leur schéma symbolique: (a) inductance à air de 51 mm de longueur; (b) inductance à noyau de fer de 51 mm de hauteur.*

rant alternatif varie en amplitude et inverse son sens, son champ magnétique associé subit les mêmes variations. Au point A, le courant est nul et il n'y a pas de flux. En B, le sens positif du courant crée quelques lignes de champ que l'on a orientées ici dans le sens inverse des aiguilles d'une montre. Au point C, le courant est maximal et le flux, dans le sens inverse des aiguilles d'une montre, est aussi maximal.

En D, le flux est plus faible qu'en C. Le champ se resserre maintenant puisque le cou-

rant diminue. En E, le courant étant nul, le flux est nul. On peut considérer que le flux s'est resserré dans le fil.

La deuxième demi-période de courant fait étaler et resserrer le flux à nouveau, mais dans le sens inverse. Quand le flux s'étale en F et en G, les lignes de champ sont dans le sens des aiguilles d'une montre, ce qui correspond à un courant de sens négatif. De G à H et à I, ce champ, dans le sens des aiguilles d'une montre, se resserre dans le fil.

Les conséquences de l'étalement et du resserrement du champ sont donc les mêmes que celles d'un champ en mouvement. Ce flux mobile est coupé par le conducteur qui est parcouru par un courant, et crée une tension induite dans le fil lui-même. En outre, tout autre conducteur placé dans le champ, qu'il soit ou non traversé par un courant, est également coupé par le flux variable; il est donc le siège d'une tension induite.

Il est important d'observer que l'induction par un courant variable est due aux variations du courant, et non à la valeur du courant lui-même. Le courant doit varier pour créer un mouvement de flux. Un courant continu fixe de 1000 A, pris comme exemple de courant

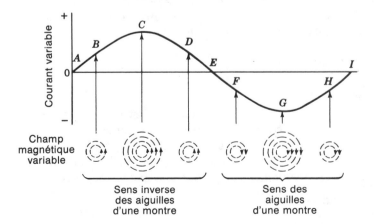

Figure 18-2 *Le champ magnétique d'un courant alternatif est effectivement en mouvement puisqu'il se dilate, se contracte et s'inverse en fonction des variations du courant.*

intense, ne peut créer aucune tension induite tant que sa valeur reste constante. Un courant de 1 μA qui passerait à 2 μA induirait par contre une tension. Plus les variations du courant sont rapides, plus la tension induite est élevée, car, en se déplaçant à plus grande vitesse, le flux peut induire une tension plus importante.

Comme l'inductance est une mesure de la tension induite, la valeur de l'inductance a un effet important sur tout circuit dans lequel le courant varie. L'inductance est une autre caractéristique du circuit, à côté de sa résistance. Les caractéristiques de l'inductance sont importantes pour:

1. *Les circuits alternatifs* Dans ce cas, le courant est continuellement variable et produit une tension induite. Les fréquences les plus basses des courants alternatifs nécessitent une inductance plus élevée pour produire la même tension induite qu'un courant à haute fréquence.

2. *Les circuits à courant continu, dont le courant varie* Il n'est pas nécessaire que le courant inverse son sens. Un circuit continu que l'on ouvre ou que l'on ferme en constitue un exemple. Quand le courant passe de zéro à sa valeur stable, l'inductance agit sur le circuit au moment de la commutation. Cet effet de variation soudaine est appelé une *réponse transitoire*. Un courant continu fixe, dont la valeur ne varie pas, n'est pourtant pas affecté par l'inductance puisqu'il ne peut y avoir de tension induite sans variation de courant.

Problèmes pratiques 18.1
(réponses à la fin du chapitre)

(*a*) Soit la figure 18-1. Quelle est, entre (*a*) et (*b*), la bobine qui présente la plus grande inductance?

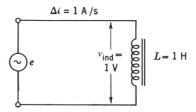

Figure 18-3 *Quand une variation de 1 A/s induit 1 V dans L, l'inductance est égale à 1 H.*

(*b*) Soit la figure 18-2. À quel instant, soit *B* ou *C*, les variations du courant sont-elles les plus rapides?

18.2
INDUCTANCE PROPRE
L'aptitude d'un conducteur à s'induire à lui-même une tension quand le courant varie est son *inductance propre*, ou simplement son *inductance*. Le symbole de l'inductance est *L*, mis pour liaison du flux magnétique, et son unité est le *henry* (H)[1].

Définition du Henry Tel qu'indiqué à la figure 18-3, un henry est l'inductance qui permet d'induire une tension de un volt quand le courant varie de un ampère par seconde. La formule est la suivante:

$$L = \frac{v_L}{di/dt} \qquad (18.1)$$

où v_L est en volts et di/dt est la variation du courant en ampères par seconde.

On utilise encore ici le symbole *d* pour *delta* (Δ) qui indique une faible variation. Le terme di/dt, pour la variation du courant par rapport au temps, indique avec quelle vitesse

---

[1] Doit son nom à Joseph Henry (1797-1878).

son flux magnétique associé coupe le conducteur pour produire la tension v_L.

Exemple 1 Le courant circulant dans une inductance passe de 12 à 16 A en 1 s. Quelle est la variation du courant di/dt en ampères par seconde?

Réponse La variation di est la différence entre 16 et 12, d'où $di/dt = 4$ A/s.

Exemple 2 Le courant circulant dans une inductance varie de 50 mA en 2 μs. Quelle est la vitesse de variation di/dt du courant en ampères par seconde?

Réponse

$$\frac{di}{dt} = \frac{50 \times 10^{-3}}{2 \times 10^{-6}} = 25 \times 10^3 = 25\,000 \, \frac{A}{s}$$

Exemple 3 Quelle est l'inductance d'une bobine qui induit 40 V quand son courant varie à la vitesse de 4 A/s?

Réponse

$$L = \frac{v_L}{di/dt} = \frac{40}{4} = 10 \text{ H}$$

Exemple 4 Quelle est l'inductance d'une bobine qui induit 1000 V quand son courant varie de 50 mA en 2 μs?

Réponse

$$L = \frac{v_L}{di/dt} = \frac{v_L dt}{di}$$

$$= \frac{1 \times 10^3 \times 2 \times 10^{-6}}{50 \times 10^{-3}}$$

$$= \frac{2 \times 10^{-3}}{50 \times 10^{-3}} = \frac{2}{50}$$

$$L = 0,04 \text{ H}$$

On observera que l'inductance plus faible de l'exemple 4 produit une tension v_L plus grande que celle de l'exemple 3. La variation très

rapide du courant dans l'exemple 4 équivaut à 25 000 A/s.

Inductance des bobines En ce qui concerne leur construction, les inductances dépendent de la manière dont elles sont bobinées[2]. Remarquez les observations suivantes:

1. Un nombre supérieur de spires N augmente L parce qu'il permet d'induire une tension plus grande. En réalité L croît comme N^2. Si on double le nombre de spire en conservant leur diamètre et la longueur du bobinage, on quadruple l'inductance.
2. Une surface A de spire plus grande augmente L. Ceci indique qu'une bobine plus grosse a une inductance plus grande. L'inductance I est directement proportionnelle à A et au carré du diamètre de chaque spire.
3. L'inductance L augmente avec la perméabilité du noyau. Pour une inductance à air, la perméabilité relative μ_r est égale à 1. Avec un noyau magnétique, L augmente d'un facteur égal à la perméabilité relative μ_r car le flux magnétique est concentré dans la bobine.
4. L'inductance L diminue si la longueur augmente pour un même nombre de spire, car le champ magnétique est moins concentré.

La figure 18-4 illustre ces caractéristiques dimensionnelles d'une bobine. Pour une bobine longue, dont la longueur est au moins dix fois le diamètre, on peut calculer l'inductance par la formule suivante:

$$L = \mu_r \times \frac{N^2 A}{l} \times 1,26 \times 10^{-6} \text{ H} \qquad (18.2)$$

où l est en mètres et A en mètres carrés. La constante $1,26 \times 10^{-6}$ est la perméabilité

---

[2] Les méthodes de bobinage d'inductances de valeur L sont décrites dans l'A.R.R.L. Handbook et dans le Bulletin 74 du National Bureau of Standards.

absolue de l'air ou du vide en unités SI, pour avoir L en henrys.

Pour les inductances à air de la figure 18-4:

$$L = 1 \times \frac{10^4 \times 2 \times 10^{-4}}{0,2} \times 1,26 \times 10^{-6}$$

$$L = 12,6 \times 10^{-6} \text{ H} = 12,6 \ \mu\text{H}$$

Cette valeur indique que la bobine peut induire une tension de 12,6 μV quand son courant varie à la vitesse de 1 A/s, puisque $v_L = L(di/dt)$. Si l'inductance a un noyau de fer de $\mu_r = 100$, L sera 100 fois plus élevé.

Valeurs types des inductances Les inductances à air des applications ont des valeurs L qui s'expriment en millihenrys (mH) ou en microhenrys (μH). Remarquez que:

$1 \text{ mH} = 1 \times 10^{-3} \text{ H}$ et que $1\mu\text{H} = 1 \times 10^{-6} \text{ H}$

Une bobine R.F., pour la bande de radiodiffusion allant de 540 à 1620 kHz, par exemple, a une inductance L de 250 μH ou 0,250 mH. Les inductances à noyau de fer, pour les lignes de distribution à 60 Hz et pour les audiofréquences, ont des valeurs comprises entre 1 et 25 H, environ.

Problèmes pratiques 18.2
(réponses à la fin du chapitre)

(a) Une bobine induit 2 V, $di/dt = 1$ A/s. Calculer L.

(b) Une bobine comporte 125 spires, son inductance L est de 8 mH. Si le nombre de spires était doublé, quelle serait la nouvelle valeur de L?

18.3
TENSION AUTO-INDUITE v_L
La force électromotrice auto-induite v_L dans

une inductance L pour une variation de courant di/dt peut s'écrire ainsi:

$$v_L = L \frac{di}{dt} \tag{18.3}$$

où v_L est en volts, L en henrys et di/dt en ampères par seconde. Cette formule n'est qu'une transposition de la formule $L = v_L/(di/dt)$, qui donne la définition de l'inductance.

En réalité, les deux expressions se déduisent de la formule de base (15.1): $v = N (d\varphi/dt)$, qui donne la tension en fonction du flux coupé par seconde. Quand le flux magnétique associé au courant varie comme i, la formule (18.3) donne les mêmes résultats pour le calcul de la tension induite. Se rappeler également que la tension induite aux bornes de la bobine est en réalité le résultat des électrons induits se déplaçant dans le conducteur, de sorte qu'il y a également un courant induit.

Exemple 5 Quelle est la tension auto-induite dans une inductance de 4 H par une variation de courant de 12 A/s?

Réponse $v_L = L \dfrac{di}{dt} = 4 \times 12$

$v_L = 48$ V

Exemple 6 Le courant qui circule dans une inductance L de 200 mH passe de 0 à 100 mA en 2 μs. Quelle est la valeur de v_L?

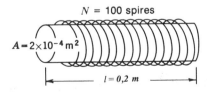

Figure 18-4 *Paramètres définissant l'inductance d'une bobine. Voir dans le texte comment calculer L.*

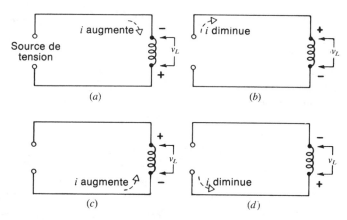

Figure 18-5 *Détermination de la polarité de v_L qui s'oppose à la variation de i: (a)i augmente, v_L génère un courant en opposition; (b) i diminue, v_L génère un courant en conjonction; (c) i augmente, mais dans le sens opposé; (d) même sens de i que dans (c) mais en valeurs décroissantes.*

Réponse

$$v_L = L \frac{di}{dt} = 200 \times 10^{-3} \times \frac{100 \times 10^{-3}}{2 \times 10^{-6}}$$

$$v_L = 10\ 000 \text{ V}$$

Remarquez la tension élevée induite dans l'inductance de 200 mH, parce que la variation de courant est rapide.

La tension induite est une véritable tension que l'on peut mesurer, bien que v_L n'apparaisse que pendant les variations du courant. Quand la variation de courant di/dt ne dure qu'un instant très court, v_L est une impulsion de tension. Avec un courant sinusoïdal qui change constamment, v_L est une tension sinusoïdale déphasée de 90° par rapport au courant i_L.

Problèmes pratiques 18.3
(réponses à la fin du chapitre)

(a) $L = 2$ H, $di/dt = 1$ A/s. Calculer v_L.

(b) Soit la même bobine qu'en (a), mais $di/dt = 100$ A/s. Calculer v_L.

18.4
COMMENT v_L S'OPPOSE AUX VARIATIONS DU COURANT

D'après la loi de Lenz, la tension induite doit s'opposer à la variation du courant qui induit v_L. La polarité de v_L dépend donc du sens de la variation du courant di. Quand di augmente, v_L a une polarité qui s'oppose à l'accroissement du courant; quand di diminue, v_L a la polarité opposée pour s'opposer à la diminution du courant.

Dans les deux cas, la variation de courant est empêchée par la tension induite. Sinon, v_L pourrait augmenter jusqu'à une valeur illimitée sans qu'il soit nécessaire d'effectuer de travail. *L'inductance est donc la caractéristique qui s'oppose à toute variation de courant.* C'est pourquoi on appelle souvent la tension induite *force contre-électromotrice.*

À la figure 18-5, on a davantage de détails sur l'application de la loi de Lenz à la détermination de la polarité de v_L dans un circuit. Observez soigneusement les sens. En (a), la circulation d'électrons est dirigée vers le haut de la bobine. Ce courant augmente. D'après la loi de Lenz, v_L doit avoir la polarité nécessaire pour s'opposer à cette augmentation. La tension induite, représentée avec le côté négatif en haut, s'oppose à l'accroissement du courant. Ceci s'explique parce que cette polarité de v_L peut faire passer un courant de sens opposé, du moins au plus, dans le circuit extérieur, v_L servant alors de générateur. Cette action tend à empêcher le courant d'augmenter.

En (b), la source produit toujours une circulation d'électrons vers le haut de la bobine mais i décroît, puisque la source de tension décroît. D'après la loi de Lenz, v_L doit avoir la polarité nécessaire pour s'opposer à la diminution du courant. La tension induite représentée, avec le côté positif en haut, s'oppose maintenant à la diminution. En effet, cette polarité de v_L peut créer un courant de même sens qui tend à empêcher le courant de diminuer.

En (c), la source de tension a une polarité inversée pour créer un courant de sens opposé, la circulation d'électrons étant alors dirigée vers le bas de la bobine. Ce courant de sens inversé augmente. La polarité de v_L doit s'opposer à cette augmentation. Comme on l'a représenté, le bas de la bobine est rendu négatif par v_L pour créer un courant qui s'oppose à celui de la source. Enfin, en (d), le courant inversé décroît. La polarité indiquée pour v_L s'oppose à cette diminution en faisant circuler un courant de même sens que celui de la source.

On remarque que cette polarité de v_L s'inverse, soit avec le changement du sens du courant, soit avec le changement du sens de la variation di qui devient croissante ou décroissante. Si le sens du courant et celui de sa variation s'inversent en même temps, par exemple quand on passe de (a) à (d), la polarité de v_L est la même.

On écrit quelquefois les formules de la tension induite en les faisant précéder du signe moins pour montrer que v_L s'oppose aux variations, comme l'indique la loi de Lenz. Mais, ici, on a supprimé le signe moins pour pouvoir déterminer la polarité réelle de la tension induite dans des circuits types.

En résumé, la loi de Lenz stipule que la réaction v_L s'oppose à sa cause, la variation de i. Lorsque i croît, v_L génère un courant qui s'oppose à la croissance de i. Lorsque i décroît, v_L génère un courant qui s'oppose à la décroissance de i.

Problèmes pratiques 18.4 (réponses à la fin du chapitre) Considérer le circuit de la figure 18-5 et répondre par vrai ou faux:

(a) En (a) et (b) la polarité de v_L est en opposition;

(b) En (b) et (c) la polarité de v_L est en conjonction.

18.5   INDUCTANCE MUTUELLE

Quand le courant varie dans une inductance, le flux variable peut couper une autre inductance voisine en créant une tension induite dans les deux inductances. Sur la figure 18-6, la bobine L_1 est reliée à une génératrice qui fournit un courant variable dans les spires. L'enroulement L_2 n'est pas relié à L_1, mais les spires sont couplées par le champ magnétique. Un courant variable dans L_1 induit donc une tension dans L_1 et dans L_2. Si tout le flux du courant de L_1 traverse toutes les spires de la bobine L_2, chaque spire de L_2 aura la même tension induite que chaque spire de L_1. En outre, la tension induite v_{L_2} peut produire un

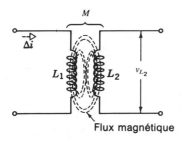

Figure 18-6 *Inductance mutuelle M entre deux bobines L_1 et L_2 liées entre elles par un flux magnétique.*

courant dans une charge branchée aux bornes de L_2.

Quand la tension induite produit un courant dans L_2, son champ magnétique variable induit une tension dans L_1. Les deux bobines L_1 et L_2 ont donc une inductance mutuelle, puisque le courant de l'une peut induire une tension dans l'autre.

L'inductance mutuelle a pour symbole M et pour unité le henry. Deux bobines ont une inductance mutuelle M de un henry quand une variation de courant de un ampère par seconde dans l'une induit une tension de un volt dans l'autre.

Le schéma symbolique de deux bobines ayant une inductance mutuelle est présenté sur la figure 18-7a pour un noyau à air et en (b)

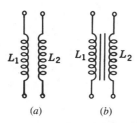

Figure 18-7 *Schéma symbolique de deux bobines présentant une inductance mutuelle:* (a) *noyau à air;* (b) *noyau de fer.*

pour un noyau de fer. Le fer augmente l'inductance mutuelle, puisqu'il concentre le flux magnétique. Toutes les lignes magnétiques qui ne relient pas les deux bobines constituent le *flux de fuite.*

Coefficient de couplage La fraction du flux total d'une bobine qui traverse l'autre bobine est le coefficient de couplage k, entre les deux bobines. Si, par exemple, tout le flux de l'inductance L_1 de la figure 18-6 traverse L_2, le coefficient k est égal à 1: c'est le couplage unitaire; si la moitié du flux de la première bobine passe par l'autre, k est égal à 0,5. Le coefficient de couplage est, plus précisément:

$$k = \frac{\text{flux reliant } L_1 \text{ et } L_2}{\text{flux produit par } L_1}$$

Il n'y a pas d'unité pour k, puisque c'est le rapport de deux valeurs de flux magnétique. La valeur de k est généralement donnée sous forme décimale (par exemple: 0,5) plutôt qu'en pourcentage.

Le coefficient de couplage augmente si on place les bobines près l'une de l'autre, l'une des deux étant si possible enroulée sur le dessus de l'autre, si on les place parallèlement l'une à l'autre plutôt que perpendiculairement, ou si l'on bobine les deux enroulements sur un noyau de fer commun. Plusieurs exemples sont donnés sur la figure 18-8.

Une valeur élevée de k, correspondant à un *couplage serré*, permet au courant de l'un des enroulements d'induire une tension plus élevée dans l'autre enroulement. Un *couplage lâche*, c'est-à-dire une valeur de k faible, a l'effet inverse. Dans le cas extrême où le couplage est nul, il n'y a pas d'inductance mutuelle. On peut placer deux enroulements à angle droit et les éloigner pour obtenir un coefficient de couplage essentiellement nul, quand on veut réduire au minimum l'interaction entre ces enroulements.

Des enroulements bobinés sur un même mandrin à air ont des couplages compris entre 0,05 et 0,3 environ, ce qui correspond à une liaison de 5 à 30 %. Des bobines ayant le même noyau de fer ont pratiquement un couplage égal à l'unité $k = 1$. Tel est sensiblement le cas pour les enroulements L_1 et L_2 de la figure 18-8c; tout le flux magnétique est pratiquement dans le noyau de fer commun.

Exemple 7   Une bobine L_1 produit un flux magnétique de 80 μWb. Une partie de ce flux total représentant 60 μWb est couplé à la bobine L_2. Quel est le couplage k entre L_1 et L_2?

Réponse
$$k = \frac{60\ \mu\text{Wb}}{80\ \mu\text{Wb}}$$
$$k = 0,75$$

Exemple 8   Une inductance L_1 de 10 H est à noyau de fer; elle crée un flux magnétique de 4 Wb. Une autre inductance L_2 est enroulée sur le même noyau. Quel est le couplage k entre L_1 et L_2?

Réponse   Il est égal à l'unité $k = 1$. Toutes les bobines enroulées sur un même noyau ont pratiquement un couplage maximal.

Calcul de l'inductance mutuelle   L'inductance mutuelle augmente avec les valeurs des inductances primaire et secondaire et avec un couplage k plus serré:

$$M = k\ \sqrt{L_1 L_2\ \text{H}} \qquad (18.4)$$

où L_1 et L_2 sont les inductances propres des deux bobines, k est le coefficient de couplage et M, l'inductance mutuelle reliant L_1 et L_2 avec la même unité qu'elles.

Si on prend comme exemple $L_1 = 2$ H et $L_2 = 8$ H, les deux bobines étant bobinées sur le même noyau de fer pour obtenir un couplage égal à l'unité, l'inductance mutuelle est:

$$M = 1\ \sqrt{2 \times 8} = \sqrt{16}$$
$$M = 4\ \text{H}$$

La valeur de 4 H obtenue pour M, dans cet exemple, indique que si le courant varie de 1 A/s dans l'une des deux bobines, une tension de 4 V sera induite dans l'autre bobine.

Exemple 9   Deux bobines L_1 et L_2 de 400 mH ont un coefficient de couplage k égal à 0,2. Calculez M.

Réponse
$$\begin{aligned}
M &= k\ \sqrt{L_1 L_2} \\
&= 0,2\ \sqrt{400 \times 10^{-3} \times 400 \times 10^{-3}} \\
&= 0,2 \times 400 \times 10^{-3} \\
&= 80 \times 10^{-3} \\
M &= 80\ \text{mH}
\end{aligned}$$

Exemple 10   Si les deux bobines ci-dessus ont une inductance mutuelle M de 40 mH, quelle est la valeur de k? (*Remarque:* on transpose la formule (18.4) pour trouver k.)

Réponse
$$\begin{aligned}
k &= \frac{M}{\sqrt{L_1 L_2}} \\
&= \frac{40 \times 10^{-3}}{\sqrt{400 \times 10^{-3} \times 400 \times 10^{-3}}} \\
&= \frac{40 \times 10^{-3}}{400 \times 10^{-3}} \\
k &= 0,1
\end{aligned}$$

On remarque que les deux mêmes bobines ont une inductance mutuelle réduite de moitié car leur coefficient de couplage k est réduit de moitié.

Problèmes pratiques 18.5
(réponses à la fin du chapitre)
(a) Supposons que tout le flux issu de L_1 atteint L_2. Quelle est la valeur du coefficient de couplage k?

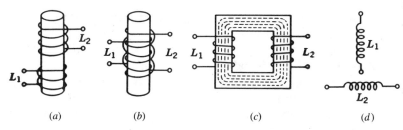

Figure 18-8 *Couplage magnétique entre deux enroulements reliés par une inductance mutuelle M: (a) L_1 et L_2 sont bobinés côte à côte sur un mandrin en papier ou en plastique à noyau à air; k est égal à 0,1 environ; (b) L_1 est bobiné sur L_2 pour obtenir un couplage plus serré; k = 0,3 environ; (c) couplage unitaire entre deux inductances L_1 et L_2 enroulées sur un noyau de fer commun; k est sensiblement égal à 1; (d) couplage nul entre deux inductances à air, perpendiculaires; k est essentiellement nul.*

(b) Soit deux bobines telles que $M = 9$ mH et $k = 0,2$. On s'arrange pour que k double. Calculer la nouvelle valeur de M.

18.6
TRANSFORMATEURS

Le transformateur est une application courante de l'inductance mutuelle. Comme on l'indique à la figure 18-9, un transformateur comprend un enroulement primaire L_p branché à une source de tension qui fournit un courant alternatif, tandis que l'enroulement secondaire L_s est branché à une résistance de charge R_L. Le transformateur a pour but de transférer l'énergie du primaire (auquel est branché le générateur) au secondaire, dans lequel la tension secondaire induite peut fournir un courant à la résistance de charge connectée à L_s.

Bien que le primaire et le secondaire ne soient pas connectés l'un à l'autre, l'énergie du primaire est couplée au secondaire par le champ magnétique qui relie les deux enroulements. Le transformateur sert à fournir de l'énergie à la résistance de charge R_L, pour

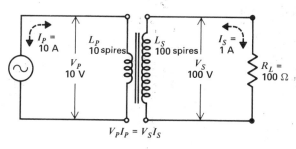

Figure 18-9 *Transformateur à noyau de fer dont le rapport des nombres de spires est de 10 à 1. Le courant primaire I_P induit une tension secondaire V_S qui fait circuler un courant dans la charge secondaire R_L.*

remplacer le branchement direct de la charge à la source, quand la tension alternative nécessaire à la charge est supérieure ou inférieure à la tension du générateur. Avec un secondaire ayant un nombre de spires supérieur ou inférieur au nombre de spires du primaire, le transformateur peut élever ou abaisser la tension du générateur pour fournir la tension secondaire désirée Les figures 18-10 et 18-11 présentent certains types de transformateurs. Il faut noter qu'une tension continue fixe ne peut être ni augmentée, ni abaissée par un transformateur, étant donné qu'un courant constant ne peut pas induire de tension.

Rapport des nombres de spires Le rapport entre le nombre de spires du secondaire et le nombre de spires du primaire est le rapport des nombres de spires du transformateur, aussi appelé rapport de transformation, symbole m.

Rapport de transformation : (18.5)
$$\text{spires } m = \frac{N_s}{N_p}$$

S'il y a, par exemple, 500 spires au secondaire et 50 spires au primaire, le rapport des nombres de spires est de $^{500}/_{50}$, soit $m = 10$.

Rapport des tensions Si le couplage entre le primaire et le secondaire est égal à l'unité, la tension induite dans chaque spire du secondaire est la même que la tension auto-induite dans chaque spire du primaire. Par conséquent, le rapport des tensions est le même que le rapport des nombres de spires :

$$\frac{V_s}{V_p} = \frac{N_s}{N_p} \qquad (18.6)$$

Quand il y a davantage de spires au secondaire, la tension secondaire est plus élevée et la tension primaire est augmentée. La figure 18-9 illustre ce principe dans le cas d'un rapport élévateur $m = 10$. Quand il y a moins de spires au secondaire, la tension est abaissée. Dans l'un ou l'autre cas, le rapport s'applique à la tension primaire qui peut être élevée ou abaissée dans la même proportion que le rapport de spires.

Ceci ne s'applique qu'aux transformateurs à noyau de fer dans lesquels le couplage est égal à l'unité. Les transformateurs à air, pour les circuits R.F., sont généralement accordés à la résonance. Dans ce cas, on considère le coefficient de résonance au lieu du rapport des nombres de spires.

Exemple 11 Un transformateur d'alimentation a un enroulement primaire L_p de 100 spires et un

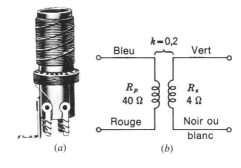

Figure 18-10
(a) *Transformateur R.F. à air. Hauteur : 51 mm. L'enroulement supérieur est le secondaire ;* (b) *code des couleurs et résistance en courant continu des enroulements.*

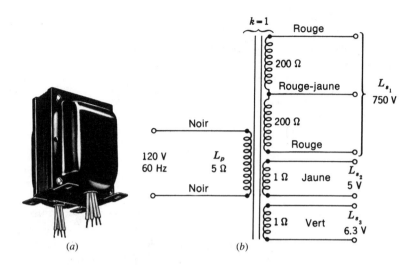

Figure 18-11 (a) *Transformateur de puissance à noyau de fer. Hauteur: 127 mm; (b) code des couleurs pour les connexions et types d'enroulement avec leur résistance en courant continu.*

enroulement secondaire L_s de 600 spires. Quel est le rapport des nombres de spires? Quelle est la tension secondaire V_s quand la tension primaire V_p est de 120 V?

Réponse   Le rapport des nombres de spires est de $^{600}/_{100}$, soit $m = 6$. Donc la tension V_p est augmentée dans le rapport 6 à 1, ce qui rend V_s égal à 6×120, soit 720 V.

Exemple 12   Un transformateur d'alimentation a un enroulement primaire L_p de 100 spires et un enroulement secondaire L_s de 5 spires. Quel est le rapport des nombres de spires? Quelle est la tension V_s quand la tension primaire est de 120 V?

Réponse   Le rapport des nombres de spires est de $^{5}/_{100}$, soit $m = ^1/_{20}$. La tension primaire V_p est donc abaissée dans le rapport $^1/_{20}$, ce qui rend la tension secondaire égale à $^{120}/_{20}$, soit 6 V.

Courant secondaire   D'après la loi d'Ohm, le courant secondaire est égal à la tension secondaire divisée par la résistance du circuit secondaire. Dans le cas de la figure 18-9, la résistance R_L est de 100 Ω et on suppose la résistance de l'enroulement négligeable:

$$I_s = \frac{V_s}{R_L} = \frac{100 \text{ V}}{100 \text{ Ω}} = 1 \text{ A}$$

La puissance dissipée dans R_L est $I^2_s \, R_L$ ou $V_s \, I_s$, c'est-à-dire 100 W, dans cet exemple.

La puissance utilisée par la résistance de charge du secondaire est fournie au primaire par le générateur. Le courant secondaire crée un champ magnétique qui s'oppose à la variation du flux du courant primaire. La génératrice doit donc fournir un courant primaire plus élevé pour maintenir la tension auto-induite aux bornes de L_p, et la tension secondaire développée dans L_s par induction mutuelle. Si, par exemple, le courant secondaire est doublé parce que la résistance de charge est réduite de moitié, le courant primaire doublera également pour fournir la puissance nécessaire au secondaire. L'effet de la puissance de la charge du secondaire sur le générateur est donc le même que si la charge R_L était au primaire, mais quand R_L est dans le secondaire la tension qui lui est appliquée est augmentée ou abaissée dans le rapport des nombres de spires.

Rapport des courants Si on suppose que les pertes du transformateur sont nulles, la puissance dans le secondaire est la même que dans le primaire:

$$V_p I_p = V_s I_s \qquad (18.7)$$

ou

$$\frac{I_p}{I_s} = \frac{V_s}{V_p} \qquad (18.8)$$

Le rapport des courants est l'inverse du rapport des tensions, c'est-à-dire qu'une augmentation de tension au secondaire correspond à un abaissement du courant et inversement. Le secondaire ne produit pas de puissance mais en prélève au primaire. Par conséquent, l'élévation ou l'abaissement du courant s'applique au courant secondaire I_s, qui est déterminé par la résistance de charge branchée à la tension secondaire. Ces remarques sont illustrées par les deux exemples suivants.

Exemple 13 Un transformateur, dont le rapport élévateur de tension est $m = 6$, a une tension secondaire de 720 V aux bornes d'une résistance de 7200 Ω. (*a*) Quelle est la valeur de I_s? (*b*) Quelle est la valeur de I_p?

Réponse

(*a*) $I_s = \dfrac{V_s}{R_L} = \dfrac{720 \text{ V}}{7200 \text{ Ω}}$

$I_s = 0,1$ A

(*b*) Le rapport m des nombres de spires et des tensions étant de 6, le rapport des courants est de ⅙. Donc:

$I_s = ⅙ \times I_p$
$I_p = 6 \times I_s = 6 \times 0,1$

ou

$I_p = 0,6$ A

Exemple 14 Un transformateur ayant un rapport abaisseur de tension de ¹⁄₂₀ a une tension secondaire de 6 V aux bornes de 0,6 Ω. (*a*) Quelle est la valeur de I_s? (*b*) Quelle est la valeur de I_p?

Réponse

(*a*) $I_s = \dfrac{V_s}{R_L} = \dfrac{6 \text{ V}}{0,6 \text{ Ω}}$

$I_s = 10$ A

(*b*) $I_p = ¹⁄₂₀ \times I_s$
$= ¹⁄₂₀ \times 10$
$I_p = 0,5$ A

Afin de faciliter ces calculs, se rappeler que le côté de plus haute tension présente le plus faible courant. Les grandeurs V et I sont dans le même rapport que les nombres de spires.

La puissance secondaire totale est égale à la puissance primaire La figure 18-12 illustre un transformateur d'alimentation ayant deux enroulements secondaires L_1 et L_2. Il peut y avoir un, deux ou plusieurs enroulements secondaires dont le couplage avec le primaire est égal à l'unité, dans la mesure où tous les enroulements sont sur le même noyau de fer. Dans chaque secondaire, la tension induite est proportionnelle à la tension primaire de 120 V; le coefficient de proportionnalité est le rapport de transformation lui-même.

L'enroulement secondaire L_1 a un rapport de nombres de spires égal à 6, sa tension est donc de 720 V. La charge R_1 de 7200 Ω aux bornes de L_1 laisse passer un courant de ⁷²⁰⁄₇₂₀₀, soit 0,1 A pour I_1 dans ce circuit secondaire. Dans ce cas, la puissance est de 720 V × 0,1 A, soit 72 W.

L'autre enroulement secondaire L_2 a une tension abaissée dans le rapport ¹⁄₂₀; il en résulte donc une tension de 6 V aux bornes de R_2. La résistance de charge de 0,6 Ω de ce circuit laisse passer un courant I_2 de 10 A. La

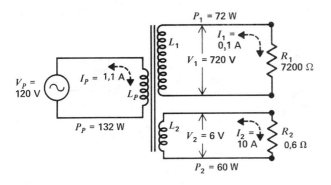

Figure 18-12 *La puissance utilisée par les résistances des charges secondaires R_1 et R_2 est égale à la puissance fournie par le générateur du primaire.*

puissance correspondante est en conséquence de 6 V × 10 A, soit 60 W. Comme les enroulements secondaires ont des connexions distinctes, chacun d'eux a ses propres valeurs de tension et de courant.

Toute la puissance utilisée dans les circuits secondaires est cependant fournie par le primaire. Dans cet exemple, la puissance secondaire totale est de 132 W, soit 72 W pour R_1 et 60 W pour R_2. La puissance fournie au primaire par la source de 120 V est donc de 132 W.

Par conséquent, le courant primaire I_p est égal à la puissance primaire P_p divisée par la tension primaire V_p, soit 132 W divisé par 120 V, c'est-à-dire 1,1 A pour le courant primaire. On peut calculer la même valeur en faisant la somme de 0,6 A de courant primaire pour L_1 et de 0,5 A de courant primaire pour L_2, soit un courant total I_p de 1,1 A.

Cet exemple montre comment analyser un transformateur d'alimentation chargé dont les pertes sont négligeables. Se rappeler que le courant primaire dépend de la charge secondaire. Voici des opérations à effectuer:

1. Calculer $V_S = \dfrac{N_S}{N_P} V_P$;

2. Calculer $I_S = \dfrac{V_S}{R_L}$;

3. Calculer $P_S = V_S I_S$;

4. Calculer $P_P = P_S$;

5. Calculer $I_P = \dfrac{P_P}{V_P}$.

Dans le cas de plusieurs secondaires, calculer chaque courant secondaire I_S et chaque puissance P_S. L'addition des puissances secondaires donnera la puissance primaire.

Autotransformateurs Comme on l'indique à la figure 18-13, un autotransformateur est constitué d'un seul enroulement continu avec une connexion à une prise, comme la borne 2 située entre les bornes extrêmes 1 et 3. En (a), l'autotransformateur élève la tension du générateur parce que la tension V_p, entre 1 et 2, est branchée aux bornes d'une partie seulement du nombre total de spires, tandis que V_s est induite aux bornes de toutes les spires. Comme il y a six fois plus de spires pour la tension secondaire induite, V_s est égale à six fois V_p.

En (b), l'autotransformateur abaisse la tension primaire qui est branchée à tout l'enroulement, la tension secondaire est prise aux bornes d'un nombre inférieur de spires.

L'enroulement qui relie la source de tension délivrant l'énergie est le primaire, tandis

Figure 18-13 *Autotransformateur. La prise de la borne 2 est ici au sixième du nombre total de spires; il y a 100 spires entre 1 et 2 plus 500 spires entre 2 et 3: (a) V_P entre 1 et 2 induit une tension plus élevée entre 1 et 3; (b) V_P entre 1 et 3 est abaissé entre 1 et 2.*

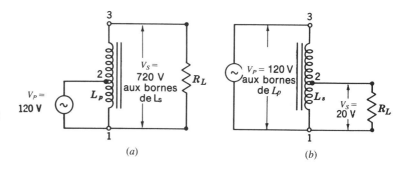

(a)   *(b)*

que le secondaire est branché à la résistance de charge R_L. Le rapport des nombres de spires et le rapport des tensions s'appliquent à l'autotransformateur de la même manière qu'à un transformateur classique ayant un enroulement secondaire isolé.

L'autotransformateur est plus petit et mieux approprié dans les applications où la même dimension de fil convient aux enroulements primaire et secondaire. Mais l'autotransformateur n'isole pas la résistance de charge secondaire du générateur primaire pour des tensions et des courants continus. Remarquer que l'autotransformateur de la figure 18-13 ne comporte que trois fils, contrairement au transformateur à secondaire isolé de la figure 18-9, qui lui en comporte quatre.

Isolement du secondaire   Dans un transformateur à enroulement secondaire L_S séparé comme celui illustré à la figure 18-9, la charge secondaire n'est pas directement connectée à l'alimentation ca du primaire. Cet isolement présente l'avantage de réduire le risque de chocs électriques. Par contre, le secondaire d'un autotransformateur comme celui de la figure 18-13 n'est pas isolé. Un secondaire isolé présente, de plus, l'avantage de bloquer tout courant continu primaire. Il arrive parfois qu'on utilise un transformateur à rapport uni-

taire simplement pour isoler un dispositif de l'alimentation ca.

Rendement d'un transformateur   On définit le rendement, de symbole η (êta), comme le rapport de la puissance de sortie et de la puissance appliquée. La formule correspondante est la suivante:

$$\eta = \frac{P \text{ sortie}}{P \text{ appliquée}} \times 100 \% \qquad (18.9)$$

Si, par exemple, la puissance de sortie en watts est égale à la moitié de la puissance appliquée, le rendement est égal à une demie, ce qui fait $0,5 \times 100 \%$, soit 50 %. Dans un transformateur, la puissance de sortie est la puissance secondaire, tandis que la puissance appliquée est la puissance primaire.

En supposant que les pertes dans le transformateur soient nulles, la puissance de sortie est égale à la puissance d'entrée et le rendement est de 100 %. Cependant, en pratique, les transformateurs d'alimentation ont un rendement légèrement inférieur à 100 %. Le rendement est d'environ 80 à 90 % pour les transformateurs d'alimentation des récepteurs, dont la puissance nominale est de 50 à 300 W. Pour des puissances supérieures, les transformateurs ont un rendement plus élevé, car ils nécessitent du fil plus gros qui est moins résistant. Dans un transformateur dont le rendement est inférieur à 100 %, le primaire fournit une puissance supérieure à la puissance secondaire. La puissance primaire qui n'apparaît pas à la sortie est dissipée en chaleur dans le transformateur.

Code des couleurs des transformateurs

Les couleurs des fils précisent les connexions requises dans les circuits électroniques. Voici, pour le transformateur radiofréquence de la figure 18-10, la couleur des fils et leur assignation:

Bleu Électrode de sortie d'un amplificateur à tubes ou à transistors;

Rouge Tension d'alimentation cc pour cette électrode;

Vert Électrode d'entrée de l'amplificateur suivant;

Noir ou blanc Ligne de retour de l'enroulement secondaire.

Ce système s'applique à tous les transformateurs de couplage entre les étages des amplificateurs, y compris les transformateurs à noyau de fer pour circuits audio.

Le transformateur d'alimentation de la figure 18-11 est relié au secteur ca. Voici la couleur des fils et leur assignation:

Noir Fils du primaire sans prise;

Noir et jaune Prise du primaire;

Rouge Haute tension secondaire à redresser dans un bloc d'alimentation;

Rouge et jaune Prise sur la haute tension du secondaire;

Vert et jaune Basse tension secondaire pour filament de tubes.

Problèmes pratiques 18.6 (réponses à la fin du chapitre)

(*a*) Un transformateur d'alimentation connecté à un secteur ca à 120 V a un rapport de transformation $m = 2$. Calculer V_S.

(*b*) La tension V_S est appliquée à une résistance R_L de 2400 Ω. Calculer I_S.

18.7
PERTES DANS LES NOYAUX DE FER

Étant donné que le noyau magnétique peut tiédir ou même chauffer, une partie de l'énergie fournie aux enroulements doit donc être transformée en chaleur. Les deux principales causes sont les pertes par courants de Foucault et les pertes par hystérésis.

Courants de Foucault Dans toute inductance à noyau de fer, un courant alternatif induit une tension dans le noyau lui-même. Puisque le noyau de fer est un conducteur, la tension induite y fait circuler un courant. Ce courant est appelé *courant de Foucault* ou courant tourbillonnaire parce qu'il suit une trajectoire circulaire dans une section du noyau, comme on l'indique à la figure 18-14.

Les courants de Foucault représentent une puissance dissipée en chaleur, égale à I^2R, où R est la résistance du noyau. Remarquez que sur la figure 18-14, le flux des courants de Foucault s'oppose au flux de l'enroulement et qu'il faut donc un courant plus intense dans l'enroulement pour maintenir le champ magnétique de cet enroulement. Plus la fréquence du courant alternatif de l'inductance est élevée,

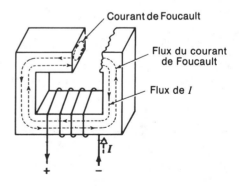

Figure 18-14   *Coupe d'un noyau de fer représentant les courants de Foucault.*

plus les pertes par courant de Foucault sont élevées.

Des courants de Foucault peuvent être induits dans un conducteur quelconque placé près d'un enroulement parcouru par un courant alternatif, et pas seulement dans le noyau. Un enroulement a, par exemple, des pertes par courants de Foucault dans son capot métallique. En réalité, la technique du chauffage par induction est une application de la chaleur produite par les courants de Foucault.

Blindage R.F.   Si un enroulement est équipé d'un capot métallique, généralement en cuivre ou en aluminium, c'est pour servir de blindage contre le flux variable des courants R.F. Dans ce cas, l'effet de blindage est fonction des caractéristiques de conduction du matériau pour les courants de Foucault produits par le flux variable plutôt que des propriétés magnétiques des matériaux formant un blindage contre le flux magnétique statique.

Non seulement le capot isole l'enroulement des champs magnétiques extérieurs variables, mais il réduit aussi au minimum l'influence du courant R.F. de l'enroulement sur les circuits extérieurs. Le blindage agit dans les deux sens pour la même raison puisque les courants de Foucault induits ont un champ qui s'oppose au champ qui induit ces courants. Il faut observer que l'écart entre les côtés de l'enroulement et le métal devrait être égal ou supérieur au rayon de l'enroulement pour réduire au minimum la diminution de l'inductance par ce blindage.

Pertes par hystérésis   Un autre terme intervient dans le cas d'un noyau de fer pour enroulement R.F.: ce sont les pertes par hystérésis, bien qu'elles ne soient pas aussi importantes que les pertes par courants de Foucault. Les pertes par hystérésis sont dues à la puissance supplémentaire qu'il faut appliquer pour inverser le champ magnétique dans les matériaux magnétiques, avec un courant alternatif R.F.

Enroulement à air   Il faut remarquer que l'air n'a pratiquement pas de pertes, ni par courant de Foucault, ni par hystérésis. Cependant, l'inductance des petites bobines à air est limitée à de faibles valeurs de l'ordre du μH ou du mH.

Problèmes pratiques 18.7
(réponses à la fin du chapitre)

(a) Du noyau de fer ou du noyau à air, lequel présente les plus grandes pertes par courants de Foucault?

(b) De la fréquence 60 Hz ou de la fréquence 60 MHz, laquelle présente les plus grandes pertes par hystérésis?

18.8
TYPES DE NOYAUX

Pour réduire les pertes au minimum tout en maintenant une grande densité de flux, on peut réaliser le noyau en tôles minces isolées les unes des autres, ou en particules de poudre de fer isolées et en ferrite. Ces différents types de noyaux sont représentés aux figures 18-15 et 18-16. Le but est de réduire les courants de Foucault.

Noyau feuilleté   La figure 18-15a représente un noyau constitué d'un groupe de tôles individuelles. Chaque feuille métallique est isolée par un mince revêtement d'oxyde de fer et par un vernis. Les bords isolants augmentent la résistance de la section du noyau et réduisent les courants de Foucault, mais laissent un circuit à faible réluctance autour du noyau pour les densités de flux élevées. Les transformateurs pour les audiofréquences ou les transformateurs de puissance à 60 Hz ont généralement un noyau de fer feuilleté.

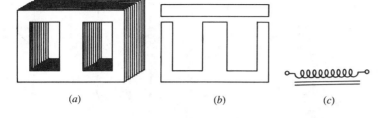

Figure 18-15 *Noyaux de fer feuilletés: (a) noyau du type cuirassé; (b) tôles individuelles en forme de E et de I; (c) symbole d'un noyau de fer.*

Noyau en poudre de fer   Pour réduire les courants de Foucault dans le noyau de fer d'une inductance aux radiofréquences, on utilise généralement de la poudre de fer. Le noyau est constitué de grains individuels isolés, comprimés pour obtenir la forme désirée.

Noyau de ferrite   Les ferrites sont des céramiques qui permettent des densités de flux magnétique très élevées, mais qui ont en plus l'avantage d'être isolantes. On peut donc utiliser un noyau de ferrite pour réaliser des inductances à haute fréquence qui ont des pertes par courants de Foucault minimales.

Ce noyau, dit plongeur, peut habituellement se déplacer dans la bobine, ce qui permet de faire varier L. La vis située à la partie supérieure de la bobine représentée à la figure 18-16a, par exemple, permet le déplacement du noyau; en (b) le noyau plongeur présente un trou de réglage, à l'aide d'un outil d'alignement en plastique, de l'accord de la bobine. L'inductance L est maximale lorsque le noyau est entièrement logé dans la bobine.

Problèmes pratiques 18.8
(réponses à la fin du chapitre)
Répondre par vrai ou faux:
(a) Un noyau de fer présente un coefficient de couplage k égal à 1;
(b) Un noyau de fer feuilleté réduit les pertes par courants de Foucault;
(c) La ferrite présente moins de pertes par courants de Foucault que le fer.

18.9
INDUCTANCE VARIABLE
On peut faire varier l'inductance d'une bobine par l'une des méthodes présentées sur la figure 18-17. En (a), on peut utiliser plus ou moins de spires en connectant une des prises, tandis qu'en (b) un curseur vient en contact avec la bobine pour faire varier le nombre des spires utiles. On remarque que les spires inutilisées sont court-circuitées pour éviter que la bobine

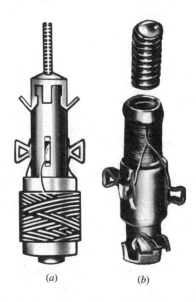

Figure 18-16   *Bobines RF à noyau de ferrite. Largeur des bobines égale à 12,7 mm: (a) enroulement L variable de 1 à 3 mH; (b) bobine d'accord pour 40 MHz.*

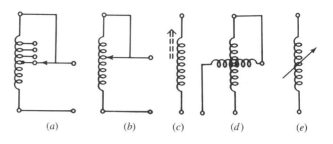

Figure 18-17 *Méthodes permettant de faire varier une inductance: (a) bobine à prises; (b) contact glissant sur la bobine; (c) plongeur réglable; (d) variomètre; (e) symbole général d'une inductance variable.*

(a)   (b)   (c)   (d)   (e)

à prises intermédiaires ne se comporte comme un autotransformateur, car une augmentation de la tension risquerait de provoquer des amorçages aux bornes des spires.

La figure 18-17c illustre le symbole graphique d'une bobine à noyau plongeur de fer pulvérulent ou de ferrite. Les traits discontinus précisent que le noyau n'est pas de fer massif. La flèche indique qu'il s'agit d'un noyau plongeur. D'ordinaire, une flèche pointée vers la partie supérieure précise que le réglage s'effectue à cet endroit de la bobine. Une flèche pointée vers le bas précise que le réglage s'effectue à cet endroit.

En (d), le *variomètre* représente un montage permettant de faire varier la position d'une bobine à l'intérieur de l'autre. L'inductance totale des bobines montées en série est minimale quand celles-ci sont perpendiculaires.

Quelle que soit la méthode employée pour faire varier une inductance, on peut utiliser le symbole de l'inductance variable présentée en (e), même si un noyau réglable est représenté en (c).

L'autotransformateur *Variac* de la figure 18-18 est une application pratique d'inductance variable. Cet autotransformateur a des prises intermédiaires permettant d'obtenir une tension de sortie allant de 0 à 140 volts, pour une tension appliquée de 120 volts, 60 Hz. Il s'emploie en particulier pour essayer des appareils sous des tensions supérieures ou inférieures à la tension nominale du secteur.

Cet autotransformateur est branché au secteur et l'appareil à essayer est branché à cet autotransformateur. Remarquez que la puissance nominale doit être égale ou supérieure à la puissance utilisée par l'appareil à essayer.

Problèmes pratiques 18.9
(réponses à la fin du chapitre)
Répondre par vrai ou faux:

(a) Le Variac est un autotransformateur à prise au primaire;

(b) La figure 18-17c illustre un noyau de ferrite.

Figure 18-18 *Autotransformateur Variac de 300 W. Longueur: 125 mm environ. (General Radio Corp.)*

18.10
INDUCTANCES EN SÉRIE OU EN PARALLÈLE

L'inductance totale de bobines branchées en série est la somme des inductances individuelles de chaque bobine, comme pour les résistances en série (figure 18-19). Puisque des bobines en série sont traversées par le même courant, la tension totale induite est due au nombre total de spires. Donc, pour des inductances en série:

$$L_T = L_1 + L_2 + L_3 + \ldots \qquad (18.10)$$

où L_T s'exprime avec la même unité d'inductance que L_1, L_2 et L_3. Cette formule suppose qu'il n'y a pas d'induction mutuelle entre les bobines.

Exemple 15   L'inductance L_1 de la figure 18-19 est de 5 mH et l'inductance L_2, de 10 mH. Quelle est la valeur de L_T?

Réponse $L_T = 5$ mH + 10 mH

$L_T = 15$ mH

Quand des bobines sont branchées en parallèle, l'inductance totale se calcule par la formule des inverses:

$$\frac{1}{L_T} = \frac{1}{L_1} + \frac{1}{L_2} + \frac{1}{L_3} + \ldots \qquad (18.11)$$

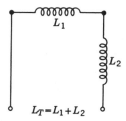

Figure 18-19   *Inductances en série sans couplage mutuel.*

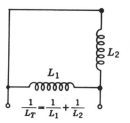

Figure 18-20   *Inductances en parallèle sans couplage mutuel.*

en supposant encore qu'il n'y a pas d'induction mutuelle, comme on l'indique à la figure 18-20.

Exemple 16 Les inductances L_1 et L_2 de la figure 18-20 sont de 8 mH chacune. Quelle est la valeur de L_T?

Réponse
$$\frac{1}{L_T} = \frac{1}{8} + \frac{1}{8} = \frac{2}{8}$$
$$L_T = \frac{8}{2}$$
$$L_T = 4 \text{ mH}$$

Tous les calculs rapides applicables aux résistances en parallèle R le sont aussi aux inductances en parallèle L puisqu'ils reposent, tant pour les résistances que pour les inductances, sur la formule des inverses. Dans cet exemple, $L_T = \frac{1}{2} \times 8 = 4$ mH.

Bobines en série présentant une inductance mutuelle M   Si deux bobines montées en série ont une inductance mutuelle, l'inductance totale dépend de la valeur du couplage et du branchement des deux bobines, soit en conjonction, soit en opposition. Un branchement *en conjonction* signifie que le courant commun produit un champ magnétique de même sens pour les deux bobines. Un branchement *en opposition* signifie que les champs créés sont opposés.

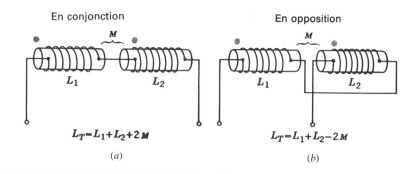

Figure 18-21 *Les bobines L_1 et L_2 sont en série et présentent une inductance mutuelle M: (a) en conjonction; (b) en opposition.*

Le couplage dépend des branchements entre les bobines et du sens des bobinages. Si on inverse l'un des deux, on inverse le champ. Sur la figure 18-21, L_1 et L_2 sont bobinées dans le même sens et sont branchées en conjonction en (a). Toutefois elles sont branchées en opposition en (b) puisque L_1 est connectée à l'extrémité opposée de L_2.

Pour calculer l'inductance totale de deux bobines montées en série et ayant une inductance mutuelle on applique la formule suivante:

$$L_T = L_1 + L_2 \pm 2M \qquad (18.12)$$

L'inductance mutuelle est affectée du signe plus quand les bobines sont en conjonction pour augmenter l'inductance totale et du signe moins, quand les bobines sont en opposition pour réduire l'inductance totale.

Remarquez la présence de points à côté des bobines, sur la figure 18-21. On utilise ces points pour indiquer le sens des enroulements sans avoir à représenter leur construction mécanique. Les bobines ayant des points marqués du même côté sont enroulées dans le même sens. Quand le courant arrive par les extrémités marquées d'un point dans les deux bobines, leurs champs s'ajoutent et M est dans le même sens que L.

Comment mesurer M La formule (18.12) permet de déterminer l'inductance mutuelle

entre deux bobines L_1 et L_2 d'inductances connues. On mesure d'abord leur inductance totale, dans le cas où elles sont montées en conjonction. Convenons que ceci soit L_{T_a}. Puis on inverse les connexions de l'une des bobines pour mesurer l'inductance totale des bobines montées en opposition. Convenons que ceci soit L_{T_o}. On a alors:

$$M = \frac{L_{T_a} - L_{T_o}}{4} \qquad (18.13)$$

Quand on connaît l'induction mutuelle, on peut calculer le coefficient de couplage k d'après la relation $M = k\sqrt{L_1 L_2}$.

Exemple 17 Deux bobines montées en série ont chacune une inductance de 250 μH; leur inductance totale est de 550 μH quand elles sont connectées en conjonction et de 450 μH quand elles sont en opposition. (a) Quelle est l'inductance mutuelle M entre les deux bobines? (b) Quel est leur coefficient de couplage k?

Réponse

(a) $\quad M = \dfrac{L_{T_a} - L_{T_o}}{4} = \dfrac{550 - 450}{4} = \dfrac{100}{4}$

$\quad M = 25\ \mu$H

(b) $\quad M = k\sqrt{L_1 L_2}$

ou

$$k = \frac{M}{\sqrt{L_1 L_2}} = \frac{25}{\sqrt{250 \times 250}} = \frac{25}{250} = \frac{1}{10}$$

$$k = 0,1$$

Les bobines peuvent également être montées en parallèle et présenter un couplage mutuel. Les relations propres aux montages en parallèle et le problème épineux des champs en conjonction ou en opposition rendent ce cas très compliqué. Ce type de montage est en fait rarement utilisé.

Problèmes pratiques 18.10
(réponses à la fin du chapitre)

(a) Deux bobines, l'une de 500 μH, l'autre de 1 mH, sont montées en conjonction série sans M. Calculer L_T.
(b) Ces mêmes bobines sont montées en parallèle sans M. Calculer L_T.

18.11
INDUCTANCE PARASITE

Bien que les inductances soient pratiquement construites comme des enroulements, tous les conducteurs ont une inductance. La valeur de L est $v_L/(di/dt)$, comme pour toute inductance qui crée une tension induite quand le courant varie. L'inductance d'un câblage qui ne fait pas partie des inductances véritables peut être considérée comme une inductance parasite. Dans la plupart des cas, l'inductance parasite est très faible, les valeurs types sont inférieures à 1 μH. Pour les fréquences radio élevées, même une faible valeur d'inductance L peut avoir un *effet inductif* notable.

Les connecteurs constituent une source d'inductance répartie. Un fil de 1 mm de diamètre et de 100 mm de longueur a une inductance de 0,1 μH environ. Aux basses fréquences, cette inductance est négligeable. Mais, si on considère le cas d'un courant R.F., i, qui varie de 0 à 20 mA de valeur de crête en un temps aussi bref que 0,025 μs, soit un quart de période pour une onde sinusoïdale à 10 MHz, la tension v_L est alors de 80 mV, ce qui représente un *effet inductif* notable. C'est l'une des raisons pour lesquelles les fils de connexion des circuits R.F. doivent être très courts.

Les résistances bobinées qui peuvent avoir une inductance appréciable, puisqu'elles sont bobinées comme une bobine rectiligne, constituent un autre exemple. C'est pourquoi on préfère les résistances au carbone dans les circuits R.F. où l'inductance parasite doit être minimale. On peut également utiliser des résistances bobinées non inductives. Celles-ci sont bobinées de manière que les courants circulant dans des spires adjacentes aient des sens opposés, et de manière que les champs magnétiques soient opposés et annulent l'inductance. Une autre application de cette technique consiste à torsader deux fils de connexion pour réduire l'effet inductif.

Problèmes pratiques 18.11
(réponses à la fin du chapitre)
Répondre par vrai ou faux:

(a) Un fil rectiligne de 30 cm de long peut présenter une inductance L inférieure à 1 μH;
(b) Les résistances au carbone présentent moins d'inductance que les résistances bobinées.

18.12
ÉNERGIE DANS LE CHAMP MAGNÉTIQUE D'UNE INDUCTANCE

Le flux magnétique associé au courant qui circule dans une inductance a une certaine énergie électrique fournie par la source de tension qui donne naissance au courant. L'énergie est emmagasinée dans le champ puisque ce champ peut effectuer un travail en produisant une tension induite quand le flux se déplace. La quantité d'énergie électrique emmagasinée est:

$$\text{Énergie} = W = \tfrac{1}{2}\, LI^2 \text{ joules} \qquad (18.14)$$

Le coefficient $\tfrac{1}{2}$ donne la moyenne de l'énergie produite par I, L étant en henrys et

I en ampères, l'énergie en watts-seconde, ou *joules*. Pour une inductance *L* de 10 H et un courant *I* de 3 A, l'énergie électrique emmagasinée dans le champ magnétique est de:

$$W = \tfrac{1}{2} LI^2 = \frac{10 \times 9}{2} = 45 \text{ J}$$

Cette énergie de 45 J est fournie par la source de tension qui fait circuler un courant de 3 A dans l'inductance. Quand le circuit est ouvert, le champ magnétique disparaît. L'énergie dépensée à faire disparaître le champ magnétique revient dans le circuit sous forme d'une tension induite qui tend à maintenir la circulation du courant.

La totalité de ces 45 J est disponible pour le travail d'induction d'une tension, puisque aucune énergie n'est dissipée par le champ magnétique. S'il y a une résistance dans le circuit, la perte en I^2R due au courant induit dissipe toute l'énergie après une certaine période.

Problèmes pratiques 18.12
(réponses à la fin du chapitre)

(a) Quelle est l'unité d'énergie?

(b) L'énergie emmagasinée dans une bobine de 4 H est-elle le double ou la moitié de celle emmagasinée par une bobine de 2 H?

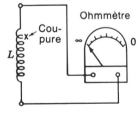

Figure 18-22 *Une bobine coupée se manifeste par une résistance infinie quand on la vérifie à l'ohmmètre.*

Figure 18-23 *La résistance interne en courant continu r_i est en série avec l'inductance de la bobine.*

18.13
DÉFAUTS DES ENROULEMENTS

Le défaut le plus courant dans les inductances est une coupure. Comme on l'indique à la figure 18-22, un ohmmètre branché aux bornes de l'inductance indique une résistance infinie quand l'enroulement est coupé. Le fait que l'inductance soit à air ou à noyau de fer n'intervient pas. L'enroulement, étant coupé, ne peut pas laisser passer de courant et n'a donc pas d'inductance puisqu'il ne peut pas créer de tension induite. Quand on vérifie la résistance d'un enroulement, il faut le déconnecter du circuit extérieur pour éliminer toute dérivation qui pourrait modifier la résistance mesurée.

Résistance d'un enroulement à courant continu Un enroulement a une résistance en courant continu égale à la résistance du fil utilisé pour faire le bobinage. La résistance est plus faible quand le fil est plus gros et les spires moins nombreuses. Pour les enroulements R.F. dont les valeurs d'inductance atteignent plusieurs millihenrys, il faut 10 à 100 spires de fil fin et la résistance en courant continu est de 1 à 20 Ω environ. Les inductances fonctionnant aux fréquences audio ou à 60 Hz et qui comprennent plusieurs centaines de spires, peuvent avoir des résistances de 10 à 500 Ω, suivant la grosseur du fil utilisé.

Tel qu'indiqué à la figure 18-23, la résistance en courant continu et l'inductance d'un enroulement sont en série puisque le courant qui induit une tension dans les spires est limité par la résistance du fil. Bien que la résistance ne joue aucun rôle dans la production de la tension induite, il est bon de connaître la résistance en courant continu d'un enroulement puisque, si elle est normale, on peut habituellement supposer que l'inductance a une valeur normale.

Enroulement coupé   Un enroulement coupé a une résistance infinie, comme l'indique un ohmmètre. Dans le cas d'un transformateur ayant quatre connexions ou davantage, il faut vérifier la résistance aux bornes des deux connexions pour le primaire, aux bornes des deux connexions pour le secondaire et aux bornes de toutes les autres paires de connexions des secondaires supplémentaires. Dans le cas d'un autotransformateur qui a trois connexions, il faut vérifier la résistance entre une connexion et chacune des deux autres.

Quand la coupure se trouve à l'intérieur d'un enroulement, il n'est généralement pas possible de réparer l'enroulement et il faut remplacer tout le composant. Dans certains cas, une connexion ouverte à l'une des bornes peut être ressoudée.

Enroulement primaire coupé   Quand le primaire d'un transformateur est coupé, aucun courant primaire ne peut circuler et il n'y a de tension induite dans aucun des enroulements secondaires.

Enroulement secondaire coupé   Quand le secondaire d'un transformateur est coupé, il ne peut pas alimenter la résistance de charge branchée aux bornes de l'enroulement coupé. En outre, comme il n'y a pas de courant dans le secondaire, le courant primaire est aussi pratiquement nul, comme si l'enroulement primaire était coupé. Le seul courant primaire nécessaire est le petit courant magnétisant qui maintient le champ produisant la tension induite aux bornes du secondaire sans aucune charge. Si le transformateur a plusieurs enroulements secondaires, un enroulement secondaire coupé ne gêne pas le fonctionnement du transformateur pour les circuits secondaires normaux.

Court-circuit d'un enroulement secondaire   Il circule un courant primaire excessif, comme si le primaire était court-circuité, ce qui «grille» souvent l'enroulement primaire. Ceci s'explique parce que le grand courant secondaire a un champ élevé qui s'oppose au flux de la tension induite dans le primaire et qui lui fait consommer un courant plus élevé venant du générateur.

Problèmes pratiques 18.13 (réponses à la fin du chapitre)

(a) La résistance normale d'une certaine bobine est de 18 Ω. Quelle valeur ohmique lira-t-on sur un ohmmètre si cette bobine est ouverte?

(b) Le primaire d'un autotransformateur élévateur à rapport de transformation $m = 3$ est connecté au secteur ca à 120 V. Déterminer la tension aux bornes du secondaire si le primaire est ouvert.

Résumé

1. Les variations du courant induisent une tension dans un conducteur, car la dilatation et le rétrécissement du champ créé par le courant sont équivalents à un flux en mouvement.

2. La loi de Lenz indique que la tension induite s'oppose aux variations de courant qui l'ont produite. L'inductance tend donc à empêcher le courant de varier.

3. L'aptitude d'un conducteur à former une tension induite dans lui-même quand le courant varie est son auto-inductance ou inductance. Le symbole de l'inductance est L, et son unité est le henry. Une inductance de un henry induit une tension de un volt quand le courant varie à la vitesse de 1 A/s. Pour des inductances plus faibles on utilise le mH $= 1 \times 10^{-3}$ H et 1 μH $= 1 \times 10^{-6}$ H.

4. Pour calculer la tension induite, v_L, on a $v_L = L(di/dt)$, avec v_L en volts, L en henrys, et di/dt en ampères par seconde.

5. L'induction mutuelle est l'aptitude à faire varier le courant dans un conducteur pour induire une tension dans un conducteur voisin. Son symbole est M, et elle se mesure en henrys. $M = k\sqrt{L_1 L_2}$ où k est le coefficient de couplage qui crée l'inductance mutuelle entre les deux enroulements L_1 et L_2.

6. Un transformateur est constitué de deux ou plusieurs enroulements ayant une inductance mutuelle. L'enroulement primaire est branché à la source de tension; la résistance de charge est branchée à l'enroulement secondaire. Un enroulement séparé est un secondaire isolé.

7. Un autotransformateur est un enroulement à prises intermédiaires, utilisé pour élever ou pour abaisser une tension. Il y a trois connexions dont une connexion commune au primaire et au secondaire.

8. Un transformateur à noyau de fer a un coefficient de couplage essentiellement égal à l'unité. Par conséquent, le rapport des tensions est le même que le rapport des nombres de spires: $V_s/V_p = N_s/N_p$.

9. Si on suppose qu'un transformateur à noyau de fer a un rendement de 100, la puissance fournie au primaire est égale à la puissance utilisée au secondaire.

10. Les courants de Foucault sont induits dans le noyau de fer d'une inductance; ils dissipent de la puissance en chaleur dans le noyau. Les pertes par courants de Foucault augmentent pour les courants alternatifs de fréquence plus élevée. Pour réduire les courants de Foucault, on utilise des noyaux feuilletés avec un isolant entre les feuilles. Les noyaux en poudre de fer ou en ferrite ont aussi des pertes par courant de Foucault minimales. Les pertes par hytérésis consomment aussi de la puissance.

11. Si on suppose qu'il n'y a pas d'inductance mutuelle, des inductances en série s'ajoutent comme des résistances en série. L'inductance totale de plusieurs inductances montées en parallèle se calcule

par la formule des inverses, comme on le fait pour des résistances en parallèle.

12. Le champ magnétique d'une inductance emmagasine une énergie W égale à $LI^2/2$. Si I est en ampères et L en henrys, l'énergie W est en joules.

13. Outre son inductance, un enroulement a une résistance en courant continu égale à la résistance du fil utilisé pour l'enroulement. Un enroulement coupé a une résistance infiniment grande.

14. Si le primaire d'un transformateur est coupé, il n'y a aucune tension induite dans aucun des enroulements secondaires.

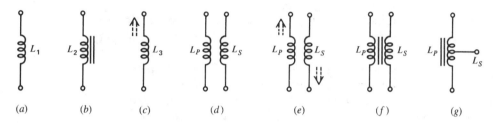

Figure 18-24 *Résumé des différents types d'inducteurs ou bobines: (a) bobine à noyau à air; (b) bobine à noyau de fer; (c) noyau de ferrite réglable; (d) transformateur à noyau à air; (e) L_P et L_S variables; (f) transformateur à noyau de fer; (g) autotransformateur.*

15. La figure 18-24 illustre les symboles graphiques des principaux types d'inducteurs ou de bobines.

Exercices de contrôle
(Réponses à la fin de l'ouvrage)

Voici un moyen de contrôler si vous avez bien assimilé le contenu de ce chapitre. Ces exercices sont uniquement destinés à vous évaluer vous-même. Choisir (a), (b), (c) ou (d).

1. Un courant alternatif peut induire une tension parce qu'il a: (a) une valeur de crête élevée; (b) un champ magnétique variable; (c) un champ magnétique plus intense qu'un courant continu; (d) un champ magnétique constant.

2. Si le courant qui circule dans un conducteur augmente, la loi de Lenz indique que la tension d'auto-induction: (a) tend à augmenter le courant; (b) s'ajoute à la tension appliquée; (c) produit un courant opposé au courant croissant; (d) favorise l'augmentation du courant.

3. Un transformateur élévateur de tension de rapport $m = 5$ a une tension primaire de 120 V et une résistance de 600 Ω branchée au secondaire. Si on suppose que le rendement est de 100 %, le courant primaire est égal à: (a) 0,2 A; (b) 600 mA; (c) 5 A; (d) 10 A.

4. Un transformateur à noyau de fer d'un rapport m élévateur de tension égal à 8 a une tension primaire de 120 V. La tension aux bornes du secondaire est de: (a) 15 V; (b) 120 V; (c) 180 V; (d) 960 V.

5. Si l'on double le nombre de spires en conservant la même longueur et la même section, l'inductance est: (a) la même; (b) doublée; (c) quadruplée; (d) divisée par quatre.

6. Un courant passant de 4 à 6 A en 1 s induit une tension de 40 V dans une bobine. L'inductance de cette bobine est de: (a) 40 mH; (b) 4 H; (c) 6 H; (d) 20 H.

7. Un noyau de fer feuilleté a des courants de Foucault réduits parce que: (a) les tôles sont empilées verticalement; (b) les tôles sont isolées les unes des autres; (c) le flux magnétique est concentré dans l'entrefer du noyau; (d) on peut employer davantage de fil pour obtenir une résistance en courant continu de l'enroulement plus faible.

8. Deux bobines de 250 μH, montées en série, n'ont pas d'induction mutuelle; leur inductance totale est de: (a) 125 μH; (b) 250 μH; (c) 400 μH; (d) 500 μH.

9. La résistance en courant continu d'une bobine réalisée avec 30 m de fil de cuivre n° 30 est sensiblement: (a) inférieure à 1 Ω; (b) de 10,5 Ω; (c) de 104 Ω; (d) de plus de 1 MΩ.

10. Une bobine coupée possède: (a) une résistance infinie et une inductance nulle; (b) une résistance nulle et une inductance élevée; (c) une résistance infinie et une inductance normale; (d) une résistance et une inductance nulles.

Questions

1. Définir une auto-inductance mutuelle de 1 H.
2. Énoncer la loi de Lenz concernant la tension induite produite par un courant variable.
3. Se reporter à la figure 18-15 et expliquer pourquoi la polarité de v_L est la même en (a) et en (d).
4. Faire un schéma représentant le primaire et le secondaire d'un transformateur à noyau de fer de rapport m élévateur égal à 6 en

tension: (*a*) dans le cas d'un autotransformateur; (*b*) avec un transformateur à enroulement secondaire isolé. Puis, (*c*) s'il y a 100 spires au primaire, combien y a-t-il de spires au secondaire dans les deux cas précédents?

5. Définir les termes suivants: coefficient de couplage, rendement d'un transformateur, inductance parasite et pertes par courants de Foucault.

6. Pourquoi les pertes par courants de Foucault sont-elles réduites dans les noyaux suivants: (*a*) noyaux feuilletés; (*b*) noyaux en poudre de fer; (*c*) noyaux de ferrite?

7. Pourquoi utilise-t-on un bon conducteur pour réaliser un blindage R.F.?

8. Indiquer deux méthodes de construction d'une inductance variable.

9. Déduire la formule $M = (L_{T_a} - L_{T_o})/4$ du fait que $L_{T_a} = L_1 + L_2 + 2\,M$ et que $L_{T_o} = L_1 + L_2 - 2\,M$.

10. (*a*) Pourquoi le courant primaire d'un transformateur est-t-il excessif si le secondaire est en court-circuit? (*b*) Pourquoi n'y-a-t-il pas de tension au secondaire si le primaire est coupé?

11. (*a*) Expliquer brièvement comment on vérifie à l'ohmmètre si un enroulement est coupé. Quelle gamme de l'ohmmètre faut-il utiliser? (*b*) Quelles sont les connexions qu'il faut vérifier sur un autotransformateur à un seul secondaire et sur un transformateur à deux secondaires isolés?

12. Expliquer ce qu'est un Variac et comment on l'utilise.

Problèmes

**(Les réponses aux problèmes de numéro
impair sont données à la fin de l'ouvrage)**

1. Convertir en ampères par seconde les variations de courants suivantes: (*a*) de 0 à 4 A en 2 s; (*b*) de 0 à 50 mA en 5 μs; (*c*) de 100 à 150 mA en 5 μs; (*d*) de 150 à 100 mA en 5 μs.

2. En utilisant des puissances de 10, convertir en henrys: (*a*) 250 μH; (*b*) 40 μH; (*c*) 40 mH; (*d*) 5 mH; (*e*) 0,005 H.

3. Calculer les valeurs de v_L aux bornes d'une inductance de 5 mH, pour chacune des variations de courant du problème n° 1.

4. Une bobine crée une tension d'auto-induction de 50 mV quand *i* varie de 25 mA/ms. Quelle est la valeur de *L*?

5. Un transformateur dont le rapport *m* des nombres de spires est de 8 est branché à une tension primaire de 120 V, 60 Hz. (*a*) Quelle

est la fréquence de la tension secondaire? (b) Quelle est la valeur de la tension secondaire? (c) Avec une charge secondaire de 10 000 Ω, quel est le courant secondaire? Tracer un schéma représentant les circuits primaire et secondaire. (d) Quelle est la valeur du courant primaire? On supposera un rendement de 100 %. (*Remarque:* 8 est le rapport L_s sur L_p.)

6. Quel doit être le courant primaire d'un transformateur de puissance ayant une résistance primaire de 5 Ω, s'il est branché par erreur à une tension continue de 120 V au lieu du secteur alternatif à 120 V?

7. Avec une inductance L_1 de 100 μH et une inductance L_2 de 200 μH, calculer: (a) l'inductance totale de L_T de L_1 et L_2 en série sans induction mutuelle; (b) l'inductance combinée de L_1 et L_2 en parallèle sans induction mutuelle; (c) l'inductance totale L_T de L_1 et L_2 en série conjonction et en série opposition avec une induction mutuelle de 10 μH; (d) la valeur du coefficient de couplage k.

8. Calculer l'inductance L des bobines longues suivantes: (a) inductance à air de 20 spires, de 3,14 cm^2 , de 25 cm de longueur; (b) même enroulement qu'en (a) avec un noyau de ferrite ayant un μ de 5000; (c) inductance à air de 200 spires, de 3,14 cm^2 de section et de 25 cm de longueur; (d) inductance à air de 20 spires, de 3,14 cm^2 de section et de 50 cm de longueur; (e) inductance à air de 20 spires, de 4 cm de diamètre et de 50 cm de longueur. (*Remarque:* 1 cm = 10^{-2} m et 1 cm^2 = 10^{-4} m^2).

9. Calculer la résistance des bobines suivantes, en utilisant le tableau 10-1: (a) 400 spires formées de 76,2 mm de fil n° 30; (b) 40 spires, formées de 76,2 mm de fil n° 10.

10. (a) Calculer la période T d'une onde sinusoïdale à 10 MHz. (b) Quelle est la durée d'un quart de période? (c) Si i passe de 0 à 20 mA, pendant ce temps, quelle est la tension v_L induite dans une bobine de 0,1 μH d'inductance?

11. Calculer en joules l'énergie emmagasinée dans le champ magnétique d'une inductance de 300 mH parcourue par un courant I de 90 mA.

12. (a) Un transformateur fournit 400 W pour une puissance appliquée de 500 W. Calculer le rendement en pourcentage. (b) Un transformateur dont le rendement est de 80 % délivre au secondaire une puissance totale de 400 W. Calculer la puissance primaire.

13. Une inductance L de 20 mH et une inductance L de 40 mH sont montées en série conjonction, leur coefficient de couplage k étant de 0,4; calculer L_T.

14. Calculer l'inductance de la bobine de la figure 18-4 si le noyau de fer a un μ_r de 100.

Réponses aux problèmes pratiques

18.1 (*a*) la bobine (*b*)
    (*b*) l'instant *B*

18.2 (*a*) $L = 2$ H
    (*b*) 32 mH

18.3 (*a*) $v_L = 2$ V
    (*b*) $v_L = 200$ V

18.4 (*a*) vrai
    (*b*) vrai

18.5 (*a*) 1
    (*b*) 18 mH

18.6 (*a*) $V_S = 240$ V
    (*b*) $I_S = 0{,}1$ A

18.7 (*a*) le noyau de fer
    (*b*) celle de 60 MHz

18.8 (*a*) vrai
    (*b*) vrai
    (*c*) vrai

18.9 (*a*) vrai
    (*b*) vrai

18.10 (*a*) 1,5 mH
    (*b*) 0,33 mH

18.11 (*a*) vrai
    (*b*) vrai

18.12 (*a*) le joule
    (*b*) le double

18.13 (*a*) l'infini
    (*b*) 0 V

La réactance inductive

Quand un courant alternatif circule dans une inductance L, la valeur de ce courant est beaucoup plus faible que celle du courant que laisserait circuler la résistance seule. L'opposition supplémentaire qui s'exerce au passage du courant alternatif sinusoïdal produit par la tension d'auto-induction aux bornes de cette inductance est la réactance inductive X_L de l'inductance. Cette réactance, représentée par X, s'oppose au courant et s'exprime donc en ohms. La grandeur X_L exprime l'opposition, en ohms, qu'une inductance L offre au passage d'un courant sinusoïdal.

La valeur de X_L est égale à $2\pi fL$, où f est en hertz et L en henrys. On remarque que la grandeur X_L en ohms augmente avec la fréquence et avec l'inductance.

Les exigences pour qu'il existe une réactance inductive X_L correspondent à celles nécessitées par l'obtention d'une tension induite. Il doit donc y avoir variation du courant et de son flux magnétique associé. Un courant continu fixe, donc sans variation, offrirait une réactance inductive X_L nulle. Par contre, un courant alternatif sinusoïdal présente une réactance inductive X_L; il offre donc la meilleure occasion d'analyser l'effet d'une inductance L. Les sections exposant cet effet important dans les circuits à courant alternatif sont les suivantes:

19.1 Comment X_L réduit la valeur d'un courant alternatif
19.2 La formule $X_L = 2\pi fL$
19.3 Réactances inductives en série ou en parallèle
19.4 Loi d'Ohm appliquée à X_L
19.5 Applications des réactances inductives à diverses fréquences
19.6 Forme de la tension V_L induite par un courant sinusoïdal

19.1
COMMENT X_L RÉDUIT LA VALEUR D'UN COURANT ALTERNATIF

À la figure 19-1, on indique comment la réactance inductive X_L d'une bobine réduit le courant d'une lampe électrique. Plus la valeur en ohms de X_L est grande, plus le courant qui circule est faible. Quand X_L réduit le courant à une valeur très faible, la lampe ne peut pas s'allumer.

En (a), il n'y a pas d'inductance et la source de tension alternative produit un courant de 2,4 A qui fait éclairer la lampe avec sa brillance normale. Ce courant I de 2,4 A est

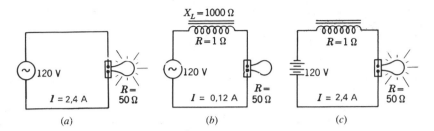

Figure 19-1 *Illustration de l'influence d'une réactance inductive sur la réduction de la valeur du courant alternatif: (a) la lampe s'allume pour un courant alternatif de 2,4 A; (b) l'introduction d'une réactance X_L de 1000 Ω réduit le courant à 0,12 A et la lampe ne peut plus s'allumer; (c) en courant continu, la bobine n'a pas de réactance inductive et la lampe s'allume.*

dû à la tension de 120 V appliquée à la résistance R du filament qui est de 50 Ω.

Mais, en (b), une bobine est montée en série avec la lampe. La bobine a une résistance en courant continu de 1 Ω seulement, ce qui est négligeable, mais la réactance de l'inductance est de 1000 Ω. Cette grandeur X_L mesure la réaction de la bobine à un courant sinusoïdal qui se traduit par la production d'une tension auto-induite s'opposant à la tension appliquée et réduisant le courant. Le courant I est alors égal à environ $120/1000$, c'est-à-dire 0,12 A.

Bien que la résistance en courant continu de la bobine ne soit que de 1 Ω, sa réactance X_L de 1000 Ω limite la valeur du courant alternatif à une valeur telle que la lampe ne peut pas éclairer. On peut obtenir une réactance X_L de 1000 Ω, comme celle-ci, à 60 Hz, avec une inductance d'environ 2,65 H.

En (c), la bobine est également en série avec la lampe, mais la tension appliquée par la batterie produit un courant continu constant. Comme il n'y a pas de variations de courant, la bobine ne peut pas induire de tension et il n'y a donc pas de réactance. La valeur du courant continu est alors pratiquement la

même que si la source de tension continue était directement appliquée aux bornes de la lampe, qui éclaire alors avec sa brillance normale. Dans ce cas, la bobine n'est qu'une longueur de fil, puisqu'il n'y a pas de tension induite sans variation de courant. La résistance en courant continu est la résistance du fil constituant la bobine.

En résumé, on peut faire les conclusions suivantes:

1. Une inductance peut avoir une réactance X_L notable dans les circuits à courant alternatif, ce qui réduit la valeur du courant. En outre, plus la fréquence du courant alternatif est élevée et plus l'inductance est grande, plus la réactance X_L est importante.

2. Il n'y a pas de réactance X_L en courant continu constant. Dans ce cas, la bobine n'est qu'une résistance égale à la résistance de son fil.

Ces phénomènes ont des applications presque illimitées dans les circuits pratiques. On peut considérer combien la valeur en ohms de X_L peut être utile pour différents types de courant, comparativement à la résistance qui exerce toujours une opposition de valeur constante en ohms. Le premier exemple est l'emploi de X_L dans un cas où l'on désire une opposition importante au courant alternatif mais une opposition faible au courant continu. Un autre exemple consiste à utiliser une réactance X_L pour exercer une opposition plus importante aux courants à haute fréquence qu'aux courants à fréquence plus basse.

La réactance X_L est un effet inductif Le fait qu'une inductance puisse avoir une réactance X_L qui réduit la valeur du courant alternatif s'explique parce que la tension induite s'oppose à la tension appliquée. Sur la figure 19-2, V_L est la tension, aux bornes de L, induite par les variations du courant alternatif produit par la tension appliquée V_A.

Les deux tensions V_L et V_A sont les mêmes puisqu'elles sont en parallèle. Mais le courant I_L a la valeur qui permet à la tension auto-induite V_L d'être égale à V_A. Dans cet exemple, I vaut 0,12 A. Cette valeur de courant à 60 Hz circulant dans l'inductance produit une tension V_L de 120 V.

La réactance est un quotient V/I Si on calcule l'opposition en ohms au courant sinusoïdal en faisant le rapport V/I, cette valeur est de $^{120}/_{0,12}$, ce qui fait 1000 Ω. Ces 1000 Ω représentent ce que l'on appelle X_L pour calculer le courant que peut produire une tension sinusoïdale donnée dans une inductance. La

valeur de X_L est ici 1000 Ω, mais elle pourrait être différente.

Influence de L et de f sur X_L La valeur de X_L dépend de la valeur de l'inductance et de la fréquence du courant alternatif. Si, à la figure 19-2, L augmentait, l'inductance pourrait auto-induire les mêmes 120 V de V_L avec un courant inférieur. Le rapport V_L/I_L serait alors plus grand, c'est-à-dire que la réactance X_L de l'inductance serait plus grande.

Si la fréquence augmentait aussi dans le circuit de la figure 19-2, les variations du courant seraient plus rapides avec la fréquence plus élevée. La même valeur d'inductance L pourrait produire les mêmes 120 V de V_L avec moins de courant. Dans ces conditions, le rapport V_L/I_L serait aussi plus élevé, puisque le courant serait plus faible, et l'inductance X_L serait plus élevée pour une fréquence plus grande.

Problèmes pratiques 19.1 (réponses à la fin du chapitre)

(a) Soit le circuit à courant continu de la figure 19-1c. Calculer X_L.

(b) Soit le circuit à courant alternatif de la figure 19-1b. Calculer le quotient V/I donnant la valeur en ohms de X_L.

19.2 La formule $X_L = 2\ \pi fL$

Cette formule groupe l'influence de la fréquence et celle de l'inductance pour le calcul de la réactance. La fréquence est en hertz et l'inductance L en henrys pour avoir la réactance X_L en ohms. On peut, par exemple, calculer la réactance X_L pour une inductance L de 2,65 H, à la fréquence de 60 Hz:

$$X_L = 2\ \pi fL \qquad (19.1)$$
$$= 6,28 \times 60 \times 2,65$$
$$X_L = 1000\ \Omega$$

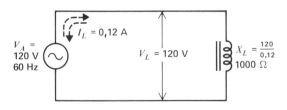

Figure 19-2 *La réactance inductive X_L est égale au rapport V_L/I_L en ohms.*

On remarquera les termes suivants dans la formule $X_L = 2\pi fL$:

1. Le terme constant 2π, égal à 6,28, rappelle le mouvement circulaire dont l'onde sinusoïdale est dérivée. Cette formule ne s'applique donc qu'aux circuits à courant alternatif sinusoïdal. La quantité 2π est plus précisément 2π rad ou 360° pour un cercle complet ou cycle. De plus, $2\pi f$ est la vitesse angulaire, en rad/s, pour un vecteur tournant correspondant à l'onde sinusoïdale de de V ou de I à cette fréquence particulière.

2. La fréquence f est un terme temporel. Quand les fréquences sont plus élevées, le courant varie plus vite. Une variation plus rapide du courant peut induire une tension plus élevée dans une inductance de valeur donnée.

3. L'inductance L représente les paramètres physiques de la bobine qui indiquent quelle tension elle peut induire pour une variation de courant donnée.

4. La réactance X_L est en ohms; on l'obtient en faisant le rapport V_L/I_L, pour les courants sinusoïdaux. Cette réactance détermine quel est le courant que laisse passer une inductance L pour une tension appliquée donnée.

Écrire $X_L = V_L/I_L$ ou $X_L = 2\pi fL$ constitue deux façons de calculer la même valeur en ohms. L'expression $2\pi fL$ fait apparaître l'influence de L et de f sur X_L. Le quotient V_L/I_L donne $2\pi fL$ en simplifiant par I_L.

La formule $2\pi fL$ indique que la réactance X_L est proportionnelle à la fréquence. Si, par exemple, on double f, X_L est doublé. Cette variation linéaire de la réactance inductive avec la fréquence est illustrée sur la figure 19-3.

La formule de la réactance montre aussi que X_L varie proportionnellement à l'inductance L. Si on double la valeur de L en henrys, la valeur de X_L en ohms est aussi doublée. La variation linéaire de la réactance inductive avec la fréquence est illustrée à la figure 19-4.

Exemple 1   Quelle est la valeur de la réactance X_L d'une inductance L de 6 mH à 41,67 kHz?

Réponse

$$X_L = 2\pi fL$$
$$= 6,28 \times 41,67 \times 10^3 \times 6 \times 10^{-3}$$
$$X_L = 1570\ \Omega$$

Exemple 2   Calculez la réactance X_L: (a) d'une inductance L de 10 H, à 60 Hz; (b) d'une inductance L de 5 H, à 60 Hz.

Réponse

(a) $X_L = 2\pi fL = 6,28 \times 60 \times 10$

$X_L = 3768\ \Omega$

(b) Pour une inductance L de 5 H, on a:

$X_L = \frac{1}{2} \times 3768$

$X_L = 1884\ \Omega$

Exemple 3   Calculez la réactance X_L d'une bobine de 250 μH à: (a) 1 MHz et (b) à 10 MHz.

Réponse

(a) $X_L = 2\pi fL = 6,28 \times 1 \times 10^6 \times 250 \times 10^{-6}$
$= 6,28 \times 250$

$X_L = 1570\ \Omega$

(b) À 10 MHz:

$X_L = 10 \times 1570$

$X_L = 15\ 700\ \Omega$

Les deux derniers exemples illustrent le fait que X_L est proportionnel à la fréquence et à

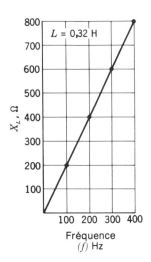

X_L augmente avec f

Fréquence Hz	$X_L = 2\pi fL$, Ω
0	0
100	200
200	400
300	600
400	800

Figure 19-3 *Accroissement linéaire de X_L avec la fréquence. L'inductance L est constante et égale à 0,32 H.*

l'inductance. Dans l'exemple 2b, X_L est la moitié de la réactance X_L du cas (a) puisque l'inductance est moitié moins élevée. Dans l'exemple 3b, la réactance X_L est dix fois plus élevée que dans le cas (a) puisque la fréquence est dix fois plus élevée.

Calcul de L à partir de X_L Non seulement peut-on calculer X_L à partir de f et de L, mais, si deux termes quelconques sont connus, on peut en déduire le troisième. On peut très souvent déterminer X_L à partir des mesures de la tension et du courant. Si on connaît aussi la fréquence, on peut calculer L de la façon suivante:

$$L = \frac{X_L}{2\pi f} \qquad (19.2)$$

Cette formule n'est qu'une transposition de la formule $X_L = 2\pi fL$. On emploiera comme unités fondamentales l'ohm pour X_L et le hertz pour f, et on obtiendra L en henrys.

Exemple 4   Une bobine de résistance négligeable est soumise à une tension de 62,8 V quand le courant est de 0,01 A. Quelle est la valeur de X_L?

Réponse
$$X_L = \frac{V_L}{I_L} = \frac{6,28 \text{ V}}{0,01 \text{ A}}$$
$$X_L = 6280 \ \Omega$$

Exemple 5   Calculez l'inductance L de la bobine de l'exemple 4 quand la fréquence est de 1000 Hz.

Réponse
$$L = \frac{X_L}{2\pi f} = \frac{6280}{6,28 \times 1000} = \frac{6280}{6280}$$
$$L = 1 \text{ H}$$

Exemple 6 Calculez l'inductance d'une bobine dont la réactance X_L est de 15 700 Ω à 10 MHz.

Réponse
$$L = \frac{X_L}{2\pi f} = \frac{15\ 700}{6,28 \times 10 \times 10^6} = \frac{15\ 700}{62,8} \times 10^{-6}$$
$$= 250 \times 10^{-6}$$
$$L = 250 \ \mu\text{H}$$

Calcul de f à partir de X_L Pour la troisième et dernière expression de la formule de la réactance inductive, on a:

$$f = \frac{X_L}{2\pi L} \qquad (19.3)$$

X_L augmente avec L

Inductance, H	$X_L = 2\pi fL$, Ω
0	0
0,32	200
0,64	400
0,96	600
1,28	800

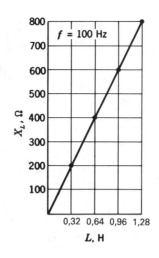

Figure 19-4 *Accroissement linéaire de X_L avec l'inductance. La fréquence constante est de 100 Hz.*

On exprimera X_L en ohms et L en henrys pour obtenir la fréquence en hertz.

Exemple 7 À quelle fréquence une inductance de 1 H aura-t-elle une réactance de 1000 Ω?

Réponse

$$f = \frac{X_L}{2\pi L} = \frac{1000}{6,28 \times 1} = 0,159 \times 10^3$$

$$f = 159 \text{ Hz}$$

Problèmes pratiques 19.2 (réponses à la fin du chapitre)

(a) Soit $L = 1$ H et $f = 100$ Hz. Calculez X_L.
(b) Soit $L = 0,5$ H et $f = 100$ Hz. Calculer X_L.
(c) Soit $L = 1$ H et $f = 1000$ Hz. Calculer X_L.

19.3 RÉACTANCES INDUCTIVES EN SÉRIE OU EN PARALLÈLE

Comme une réactance est une opposition au courant (exprimée en ohms) des réactances inductives en série ou en parallèle se combinent de la même manière que des résistances. Pour des réactances en série, la réactance totale est la somme des réactances individuelles, comme on l'indique à la figure 19-5a. Par exemple, les réactances de 100 Ω et de 200 Ω en série s'ajoutent pour former une réactance totale X_L de 300 Ω équivalente aux deux inductances. Donc, pour des réactances en série, on a:

$$X_{L_T} = X_{L_1} + X_{L_2} + X_{L_3} + \dots \qquad (19.4)$$

Quand des réactances sont en parallèle, la réactance combinée se calcule par la formule des inverses. Comme indiqué à la figure 19-5b, pour des réactances en parallèle, on a:

$$\frac{1}{X_{L_T}} = \frac{1}{X_{L_1}} + \frac{1}{X_{L_2}} + \frac{1}{X_{L_3}} + \dots \qquad (19.5)$$

La réactance combinée équivalente à des réactances en parallèle sera inférieure à la plus petite des réactances individuelles. Les simplifications applicables au calcul des résistances en parallèle s'appliquent aussi aux réactances en parallèle. Par exemple, la réactance équivalente à deux réactances égales connectées en parallèle est égale à la moitié de l'une de ces réactances.

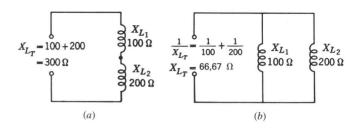

Figure 19-5 *Association des réactances inductives en série ou en parallèle:* (a) X_{L_1} *et* X_{L_2} *sont en série;* (b) X_{L_1} *et* X_{L_2} *sont en parallèle.*

Problèmes pratiques 19.3
(réponses à la fin du chapitre)

(a) Soit deux réactances inductives de 200 et 300 Ω montées en série. Calculer la réactance inductive totale X_{L_T}.

(b) Soit deux réactances inductives de 200 et 300 Ω montées en parallèle. Calculer la réactance inductive totale X_{L_T}.

19.4
LOI D'OHM APPLIQUÉE À X_L

Le courant qui circule dans un circuit alternatif comprenant uniquement une réactance inductive est égal à la tension appliquée divisée par X_L. À la figure 19-6, on en donne trois exemples. Aucune résistance en courant continu n'a été représentée, car on suppose cette résistance pratiquement nulle pour les bobines représentées. En (a), il n'y a qu'une réactance de 100 Ω. Le courant I est donc égal à V/X_L, ou 100 V/100 Ω, c'est-à-dire 1 A.

En (b), la réactance totale est la somme des deux réactances individuelles de 100 Ω, connectées en série, soit une réactance totale de 200 Ω. Le courant calculé d'après V/X_{L_T} est donc égal à 100 V/200 Ω, c'est-à-dire 0,5 A. Ce courant est le même dans les deux réactances connectées en série. La tension aux bornes de chaque réactance est égale au produit IX_L correspondant. Ici, cette tension est de 0,5 A × 100 Ω, soit 50 V aux bornes de chaque X_L.

En (c), chaque réactance en parallèle est parcourue par son propre courant, égal à la tension appliquée divisée par la réactance de la branche. Donc, le courant dans chaque branche est égal à 100 V/100 Ω, soit 1 A. La tension est la même aux bornes des deux réactances; c'est la tension de la génératrice puisque ces tensions sont en parallèle.

Le courant total dans la ligne principale est de 2 A, c'est-à-dire la somme des deux courants individuels de 1 A dans chaque branche. Si la valeur de la tension appliquée est

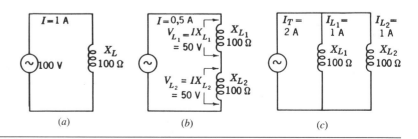

Figure 19-6 *Calcul d'un circuit avec V, I et X_L en ohms. Avec:* (a) *une seule réactance;* (b) *deux réactances en série;* (c) *deux réactances en parallèle.*

donnée en valeur efficace, toutes les valeurs des courants et des chutes de tension sont obtenues également en valeur efficace à la figure 19-6.

Problèmes pratiques 19.4
(réponses à la fin du chapitre)

(a) Soit le circuit de la figure 19-6b. Calculer le courant circulant dans les deux réactances et celui circulant dans X_{L_2}.

(b) Soit le circuit de la figure 19;6c. Calculer la tension aux bornes de X_{L_1} et celle aux bornes de X_{L_2}.

19.5
APPLICATIONS DES RÉACTANCES INDUCTIVES À DIVERSES FRÉQUENCES

L'emploi général d'une inductance consiste à réaliser une réactance minimale pour des fréquences relativement basses et une réactance plus élevée à des fréquences supérieures. On peut avec ce procédé réduire le courant en haute fréquence dans un circuit en courant alternatif, puisque X_L est plus élevé. Il existe de nombreux circuits dans lesquels on applique des tensions de fréquences différentes pour obtenir des courants de différentes fréquences. Le rôle général de X_L est de laisser passer un courant élevé aux basses fréquences et en courant continu , tandis que le courant est plus faible aux fréquences élevées pour lesquelles X_L augmente.

On peut comparer la valeur de la réactance en ohms de X_L, qui fait intervenir la fréquence, à la valeur en ohms d'une résistance. La réactance X_L augmente avec la fréquence, mais la résistance R a le même effet sur la limitation du courant en courant continu, ou en courant alternatif de fréquence quelconque.

Si on prend 1000 Ω comme valeur convenable d'une réactance inductive pour beaucoup d'applications, on peut calculer des valeurs d'inductances types à différentes fréquences. Ces valeurs sont groupées au tableau 19-1. À 60 Hz, par exemple, l'inductance est de 2,7 H pour une réactance X_L de 1000 Ω. Dans ce cas, l'inductance n'a pratiquement pas de réactance, en courant continu ou à très basse fréquence, au-dessous de 60 Hz. Au-dessus de 60 Hz, l'inductance réactive dépasse 1000 Ω.

On remarque que les inductances plus faibles, en bas de la première colonne, ont toujours la même réactance X_L de 1000 Ω étant

Tableau 19-1 *Valeurs des inductances correspondant à des réactances de 1000 Ω*

INDUCTANCE L* (approximati- vement)	FRÉQUENCE	REMARQUES
2,7 H	60 Hz	Fréquence du réseau de distribution et audiofréquences basses
160 mH	1 000 Hz	Audiofréquences moyennes
16 mH	10 000 Hz	Audiofréquences élevées
160 μH	1 000 kHz (R.F.)	Dans la bande de radiodiffusion
16 μH	10 MHz (H.F.)	Bande des ondes courtes
1,6 μH	100 MHz (V.H.F.)	Bande de la modulation de fréquence

*Selon l'expression $L = 1000/2\pi f$.

donné que la fréquence est plus élevée. Des bobines R.F. types ont par exemple une inductance de l'ordre de 100 à 300 μH. Pour la gamme des VHF (ondes métriques), il suffit d'une inductance de quelques microhenrys pour réaliser une inductance X_L de 1000 Ω.

Quand la fréquence augmente, il faut utiliser des valeurs d'inductance plus faibles, car une bobine trop grande peut avoir des pertes trop grandes à fréquence élevée. Dans le cas des bobines à noyau de fer, en particulier, les pertes par hystérésis et par courants de Foucault augmentent avec la fréquence.

Problèmes pratiques 19.5
(réponses à la fin du chapitre)
Considérer le tableau 19-1:

(a) Soit $X_L = 1000$ Ω et la plus petite réactance inductive X_L. Quelle est la valeur de la fréquence f?

(b) Que vaudrait X_L pour $L = 1,6$ μH et $f = 200$ MHz?

19.6
FORME DE LA TENSION V_L INDUITE PAR UN COURANT SINUSOÏDAL

On peut étudier les circuits inductifs plus en détail à partir des formes d'onde de la figure 19-7 tracées pour les valeurs calculées dans le tableau 19-2. La courbe du haut représente un courant sinusoïdal i_L circulant dans une inductance L de 6 mH. Comme les tensions induites dépendent de la vitesse de variation du courant plutôt que de la valeur numérique de i, la courbe en (b) montre les variations du courant. On a porté sur cette courbe les valeurs des variations du courant, di/dt, tous les 30 degrés pendant une période. La courbe inférieure indique la tension induite v_L. Cette courbe de v_L est semblable à la courbe de di/dt puisque la tension v_L est égale au facteur constant L multiplié par di/dt.

Déphasage de 90° La courbe de v_L, au bas de la figure 19-7, a des zéros qui coïncident avec les maximums de la courbe du haut. Cette comparaison montre que les courbes sont déphasées de 90°, étant donné que v_L est une onde en cosinus quand le courant i_L est une onde sinusoïdale.

Le déphasage de 90° est dû au fait que v_L est fonction de la vitesse de variation di/dt, plutôt que du courant i lui-même. Le prochain chapitre donnera davantage de détails sur ce déphasage de 90° entre v_L et i_L.

Fréquence Pour chacune des courbes ci-dessus, la période T est de 24 μs. Donc, la fréquence est $1/T$ ou $1/24$ μs, ce qui fait 41,67 kHz. La fréquence est la même pour toutes les courbes.

Valeur de X_L en ohms Le rapport v_L/i_L définit la réactance en ohms. Pour faire cette comparaison, nous prenons la valeur réelle de i_L dont la valeur de crête est de 100 mA. Le terme *vitesse de variation* fait partie de la tension induite v_L. Bien que la crête de v_L, soit 150 V, se produise 90° avant la crête de i_L, qui est de 100 mA, on peut comparer ces deux valeurs de crête. Dans ce cas, v_L/i_L est de $^{150}\%_{,1}$, soit 1500 Ω.

Cette valeur de X_L n'est qu'approximative car on ne peut déterminer exactement v_L avec des variations dt aussi grandes que 30°. Si l'on prenait des intervalles plus faibles, la valeur de crête de v_L serait de 157 V et X_L serait de 1570 Ω, c'est-à-dire la valeur de $2 \pi fL$ pour une inductance L de 6 mH et une fréquence de 41,67 kHz. C'est le même problème de X_L de celui de l'exemple 1 dans la section 19.2.

Les valeurs du tableau entre 0° et 90° Les valeurs numériques du tableau 19-2 se calculent de la façon suivante: la courbe de i est une sinusoïde. Ceci signifie que le courant

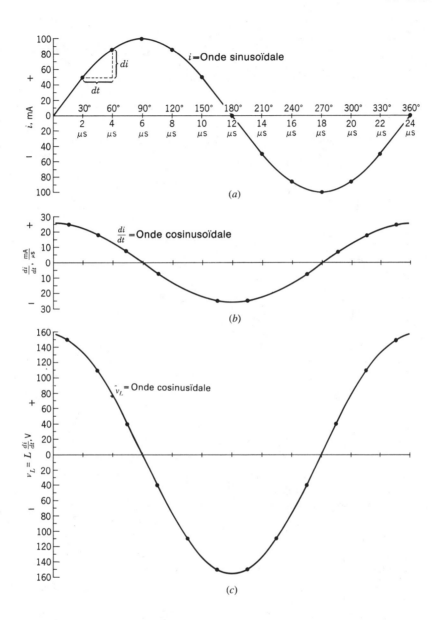

Figure 19-7 *Courbes du courant sinusoïdal i et de la tension induite v_L tracées pour les valeurs du tableau 19-2.*

Tableau 19-2   *Valeurs de $v_L = L(di/dt)$ pour les courbes de la figure 19-7*

TEMPS		dt		di, mA	di/dt mA/μs	L, mH	$v_L = L(di/dt)$ Volts
φ	μs	φ	μs				
30°	2	30°	2	50	25	6	150
60°	4	30°	2	36,6	18,3	6	109,8
90°	6	30°	2	13,4	6,7	6	40,2
120°	8	30°	2	− 13,4	− 6,7	6	− 40,2
150°	10	30°	2	− 36,6	− 18,3	6	− 109,8
180°	12	30°	2	− 50	− 25	6	− 150
210°	14	30°	2	− 50	− 25	6	− 150
240°	16	30°	2	− 36,6	− 18,3	6	− 109,8
270°	18	30°	2	− 13,4	− 6,7	6	− 40,2
300°	20	30°	2	13,4	6,7	6	40,2
330°	22	30°	2	36,6	18,3	6	109,8
360°	24	30°	2	50	25	6	150

atteint sa demi-valeur de crête en 30°, 0,866 fois sa valeur de crête en 60°, et sa valeur de crête en 90°.

La courbe de *di/dt* représente les variations de *i*. Pour les premiers 30°, la variation *di* est de 50 mA; la variation *dt* est de 2 μs. Donc, *di/dt* est de 25 mA/μs. Ce point est porté entre 0° et 30° pour montrer que 25 mA/μs est la vitesse de variation du courant pendant l'intervalle de temps de 2 μs qui s'écoule entre 0° et 30°. Si l'on utilisait des intervalles de temps plus petits, on pourrait déterminer les valeurs de *di/dt* avec plus de précision.

Au cours de l'intervalle de 2 μs suivant, c'est-à-dire entre 30° et 60°, le courant augmente de 50 à 86,6 mA. Pendant cet intervalle, la variation de courant est de 86,6 − 50, ce qui fait 36,6 mA. La durée de tous les intervalles est toujours de 2 μs. Pour le point suivant, la valeur de *di/dt* est de 36,6/2, soit 18,3.

Pour le dernier intervalle de 2 μs, avant que *i* n'atteigne sa valeur de crête de 100 mA, la valeur de *di* est de 100 − 86,6, soit 13,4

mA et la valeur de *di/dt* est de 6,7. Toutes ces valeurs sont indiquées au tableau 19-2.

Remarquez que la courbe de *di/dt*, sur la figure 19-7*b*, a ses valeurs de crête pour les zéros de la courbe de *i*, tandis que les valeurs de crête de *i* correspondent aux valeurs nulles des courbes de *di/dt*. Ceci provient de ce que la sinusoïde de *i* a sa pente la plus élevée pour les valeurs 0. La vitesse de variation la plus élevée correspond aux intersections de la courbe de *i* et de l'axe des abscisses. La courbe de *i* s'aplatit vers les crêtes et a une vitesse de variation nulle pour les valeurs de crête. Donc, en résumé, la courbe de *di/dt* et la courbe de *i* sont déphasées de 90° l'une par rapport à l'autre.

La courbe de v_L suit exactement la courbe de *di/dt* puisque v_L égale $L(di/dt)$. La phase de la courbe de v_L est exactement la même que celle de la courbe de *di/dt*, c'est-à-dire qu'elles sont toutes deux déphasées de 90° par rapport à la courbe de *i*. Pour le premier point porté, on a:

$$v_L = L\ \frac{di}{dt} = 6 \times 10^{-3} \times \frac{50 \times 10^{-3}}{2 \times 10^{-6}} = 150\ \text{V}$$

Les autres valeurs de v_L se calculent de la même manière, en multipliant le terme constant 6 mH par la valeur di/dt, pour chaque intervalle de 2 μs.

Entre 90° et 180° Au cours de ce quart de période, la sinusoïde de i diminue depuis sa valeur de crête de 100 mA pour 90° jusqu'à zéro pour 180°. Cette diminution est considérée comme une valeur négative de di, puisque la pente descendante est négative. Du point de vue physique, la diminution du courant signifie que son flux magnétique associé se resserre, alors que le flux se dilate quand le courant augmente. Le mouvement opposé d'un flux qui se resserre doit produire une tension v_L de polarité opposée à la polarité de la tension induite par un flux en expansion. C'est pourquoi les valeurs de di sont négatives entre 90° et 180°. Les valeurs de di/dt sont également négatives et les valeurs de v_L sont aussi négatives.

Entre 180° et 270° Dans ce quart de période, le courant augmente dans la direction opposée. Si l'on considère que le flux magnétique est dans le sens inverse des aiguilles d'une montre autour du conducteur pour les valeurs $+i$, il est dans le sens des aiguilles d'une montre pour les valeurs $-i$. Toute tension induite, due à un flux en expansion dans une direction donnée, aura une polarité opposée à la polarité de la tension induite par un flux en expansion dans la direction opposée. C'est pourquoi on considère les valeurs de di comme négatives entre 180° et 270°, alors que les valeurs de di sont positives entre 0° et.90°. Les valeurs de di/dt et les valeurs de v_L sont également négatives entre 180° et 270°. En réalité, des valeurs négatives croissantes et des

valeurs positives décroissantes varient dans le même sens. C'est pourquoi v_L est une tension induite négative pendant le deuxième et le troisième quarts de période.

Entre 270° et 360° Dans le dernier quart de période, les valeurs négatives de i diminuent. L'effet produit sur la polarité est celui de deux négations qui équivalent à une affirmation. Le courant et son flux magnétique ont une direction négative. Mais le flux se resserre, ce qui induit une tension opposée à celle d'un flux croissant. Entre 270° et 360°, les valeurs de di sont positives comme le sont les valeurs de di/dt et les tensions v_L induites. En réalité, la pente de la sinusoïde du courant pendant les derniers 90° a la même direction positive ascendante que pendant les premiers 90°.

Les mêmes phénomènes se répètent pendant chaque période du courant sinusoïdal. Le courant i_L et la tension induite v_L sont donc déphasés de 90° puisque v_L est une fonction de di/dt.

Pour un courant sinusoïdal, le déphasage entre V_L et I_L est toujours de 90°, quelle que

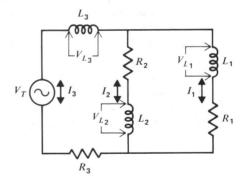

Figure 19-8 *Déphasages de 90° entre V_L et I_L: I_1 est en retard de 90° sur V_{L_1}, I_2 est en retard de 90° sur V_{L_2} et I_3 est en retard de 90° sur V_{L_3}.*

soit la valeur de L différente de 0 H. Se souvenir cependant que la comparaison n'a été établie qu'entre la tension aux bornes d'une bobine quelconque et le courant circulant dans ses spires. La figure 19-8 illustre un circuit ca comprenant quelques bobines et résistances. La méthode de calcul des déphasages y figurant n'a pas encore été exposée. Pour chaque bobine, cependant, la tension V_L et le courant I_L qui la traverse sont déphasés de 90°. Les courants I_L sont en retard de 90° sur les tensions V_L ou, si l'on préfère, les tensions V_L sont en avance de 90° sur les courants I_L, du fait que la crête des V_L est en avance, dans le temps, de ¼ de cycle sur celle des I_L. Soit les exemples de la figure 19-8: I_1 est en retard de 90° sur V_{L_1}, I_2 est en retard de 90° sur V_{L_2} et, finalement, I_3, qui est aussi le courant I_T, est en retard de 90° sur V_{L_3}.

Problèmes pratiques 19.6
(réponses à la fin du chapitre)
Considérer la figure 19-7:

(a) À quel angle i passera-t-il par un maximum positif?

(b) À quel angle v_L passera-t-il par un maximum positif?

(c) Quel est le déphasage entre les formes d'onde de i et v_L?

Résumé

1. Une réactance inductive, dont le symbole est X_L, est l'opposition exercée par une inductance à la circulation d'un courant alternatif sinusoïdal.

2. La réactance X_L s'exprime en ohms car elle limite le courant à la valeur $I = V/X_L$. Quand V est en volts et X_L en ohms, I est en ampères.

3. $X_L = 2\pi f L$. Quand f est en hertz et L en henrys, X_L est en ohms.

4. Pour une inductance L constante, l'inductance X_L augmente proportionnellement à la fréquence.

5. À une fréquence donnée, la réactance X_L augmente proportionnellement à l'inductance.

6. Quand on connaît X_L et f, l'inductance est $L = X_L/2\pi f$.

7. Quand on connaît X_L et L, la fréquence est $f = X_L/2\pi L$.

8. La réactance totale X_L de plusieurs réactances en série est la somme des valeurs individuelles des réactances, comme pour des résistances en série. Des réactances en série sont traversées par le même courant. La tension aux bornes de chaque réactance inductive est égale à IX_L.

9. Quand des réactances sont en parallèle, la réactance totale se calcule par la formule des inverses, comme pour des résistances en parallèle. Le courant dans chaque branche est égal à V/X_L. Le courant total dans la ligne principale est égal à la somme des courants dans les branches individuelles.

10. Au tableau 19-3, on résume les différences entre L et X_L.

Tableau 19-3 *Comparaison entre inductance et réactance inductive*

INDUCTANCE	RÉACTANCE INDUCTIVE
Symbole: L	Symbole: X_L
Elle se mesure en henrys	Elle se mesure en ohms
Elle dépend de la construction de la bobine	Elle dépend de la fréquence
$L = v_L/(di/dt)$, H	$X_L = v_L/i_L$ ou $2\pi fL$, Ω

11. Au tableau 19-4, on compare X_L et R.

Tableau 19-4 *Comparaison entre X_L et R*

X_L	R
Unité: l'ohm	Unité: l'ohm
Augmente avec la fréquence	Constante à toute fréquence
Déphasage de 90°	Déphasage de 0°

Exercices de contrôle
(Réponses à la fin de l'ouvrage)

Voici un moyen de contrôler si vous avez bien assimilé le contenu de ce chapitre. Ces exercices sont uniquement destinés à vous évaluer vous-même.

Choisir (a), (b), (c) ou (d).

1. Une réactance inductive se mesure en ohms parce que: (a) elle réduit l'amplitude du courant alternatif; (b) elle augmente l'amplitude du courant alternatif; (c) elle augmente l'amplitude du courant continu; (d) elle a une force contre-électromotrice qui s'oppose à un courant continu constant.

2. La réactance inductive concerne uniquement les ondes sinusoïdales car: (a) elle augmente aux fréquences les plus basses; (b) elle augmente pour des inductances plus faibles; (c) elle est fonction d'un terme en 2π; (d) elle diminue pour les fréquences les plus élevées.

3. Une inductance a une réactance de 10 000 Ω à 10 000 Hz. À 20 000 Hz, sa réactance inductive est de: (a) 500 Ω; (b) 2000 Ω; (c) 20 000 Ω; (d) 32 000 Ω.
4. Une inductance de 16 mH a une réactance de 1000 Ω. Si on connecte en série deux de ces inductances, sans aucun couplage entre elles, leur réactance totale est de: (a) 500 Ω; (b) 1000 Ω; (c) 1600 Ω; (d) 2000 Ω.
5. Deux réactances inductives de 5000 Ω, en parallèle, ont une réactance équivalente de: (a) 2500 Ω; (b) 5000 Ω; (c) 10 000 Ω; (d) 50 000 Ω.
6. Quand on applique 10 V aux bornes d'une réactance inductive de 100 Ω, le courant produit est égal à: (a) 10 μA; (b) 10 mA; (c) 100 mA; (d) 10 A.
7. Un courant de 100 mA qui traverse une réactance inductive de 100 Ω produit une chute de tension de: (a) 1 V; (b) 6,28 V; (c) 10 V; (d) 100 V.
8. L'inductance nécessaire pour obtenir une réactance de 2000 Ω, à 20 MHz, est égale à: (a) 10 μH; (b) 15,9 μH; (c) 159 μH; (d) 320 μH.
9. Une inductance de 160 μH aura une réactance de 5000 Ω, à la fréquence de: (a) 5 kHz; (b) 200 kHz; (c) 1 MHz; (d) 5 MHz.
10. Une bobine a une réactance inductive de 1000 Ω. Si on double son inductance et sa fréquence, la réactance inductive sera égale à: (a) 1000 Ω; (b) 2000 Ω; (c) 4000 Ω; (d) 16 000 Ω.

Questions

1. Expliquez rapidement pourquoi la réactance X_L limite la valeur du courant alternatif.
2. Indiquez deux différences et une similitude entre la réactance X_L et la résistance R.
3. Expliquez brièvement pourquoi la réactance X_L augmente avec la fréquence et avec l'inductance.
4. Indiquez deux différences entre l'inductance L d'une bobine et sa réactance inductive X_L.
5. En vous référant à la figure 19-7, indiquez pourquoi on considère les ondes a et b déphasées de 90°, alors que les ondes b et c sont en phase.
6. En vous référant à la figure 19-3, expliquez comment cette courbe indique une loi linéaire entre X_L et la fréquence.
7. En vous référant à la figure 19-4, expliquez comment cette courbe indique une loi linéaire entre X_L et L.

8. En vous référant à la figure 19-7, tracez trois courbes semblables, mais pour un courant sinusoïdal de période totale $T = 12$ μs. Utilisez toujours la même inductance L de 6 mH. Comparez les valeurs de la réactance X_L obtenues avec $2\pi fL$ et v_L/i_L.

9. En vous référant à la figure 19-3, faites un tableau des valeurs L qui seraient nécessaires pour toutes les fréquences indiquées mais pour une réactance X_L de 2000 Ω. (Ne pas considérer la fréquence 0 Hz.)

10. Calculez l'inductance L nécessaire pour obtenir une réactance X_L de 1000 Ω aux cinq fréquences suivantes: 50 Hz, 60 Hz, 120 Hz, 400 Hz, et 800 Hz. En supposant une tension appliquée de 100 V, faites un tableau comparant les valeurs du courant, de X_L et de L à chacune de ces cinq fréquences différentes.

11. (*a*) Tracez le circuit d'une résistance R aux bornes d'une source de 120 V, 60 Hz. (*b*) Tracez le circuit d'une réactance X_L de 40 Ω aux bornes d'une source de 120 V, 60 Hz. (*c*) Pourquoi I est-il égal à 3 A dans les deux cas? (*d*) Donnez deux différences entre ces deux circuits.

Problèmes
(Les réponses aux problèmes de numéro impair sont données à la fin de l'ouvrage)

1. Calculez la réactance X_L d'une inductance de 0,5 H à 100, 200 et 1000 Hz.

2. Quelle est l'inductance dont la réactance est de 628 Ω, à 100 Hz? 200 Hz? 1000 Hz? 500 kHz?

3. Une bobine ayant une réactance X_L de 2000 Ω est branchée aux bornes d'un générateur alternatif de 10 V. (*a*) Tracez le schéma; (*b*) calculez le courant; (*c*) quelle est la tension aux bornes de la bobine?

4. Une bobine de 20 H est soumise à une tension de 10 V, la fréquence étant de 60 Hz. (*a*) Tracez le schéma; (*b*) quelle est la réactance inductive de la bobine? (*c*) calculez le courant; (*d*) quelle est la fréquence du courant?

5. Quelle est l'inductance d'une bobine de résistance négligeable si le courant qui la traverse est de 0,1 A, quand elle est connectée à une ligne de distribution de 120 V, 60 Hz?

6. En vous référant à la figure 19-6, quelles sont les valeurs des inductances L_T, L_1 et L_2, si la fréquence de la source de tension est de 400 Hz?

7. Quelle est l'inductance d'une bobine dont la réactance est de 1000 Ω à 1000 Hz? Quelle sera la valeur de la réactance de cette bobine à 10 kHz?

8. Quelle est la valeur de la réactance d'une inductance de 10 μH à 100 MHz?

9. Une réactance X_{L_1} de 1000 Ω et une réactance X_{L_2} de 4000 Ω sont montées en série aux bornes d'une source de 10 V, 60 Hz. Tracez le schéma et calculez les grandeurs suivantes: (a) la réactance X_L totale; (b) le courant dans X_{L_1} et dans X_{L_2}; (c) les tensions aux bornes de X_{L_1} et de X_{L_2}; (d) les inductances L_1 et L_2.

10. Les mêmes inductances X_{L_1} et X_{L_2} de 1000 Ω sont en parallèle aux bornes d'une source de 10 V, 60 Hz. Tracez le schéma et calculez les grandeurs suivantes: les courants dans les branches X_{L_1} et X_{L_2}, le courant total dans la génératrice, les tensions aux bornes de X_{L_1} et de X_{L_2}, les inductances L_1 et L_2.

11. À quelle fréquence la réactance X_L des inductances suivantes sera-t-elle égale à 20 000 Ω: (a) 2 H; (b) 250 mH; (c) 800 μH; (d) 200 μH; (e) 20 μH?

12. Une inductance L_1 de 6 mH est en série avec une inductance L_2 de 8 mH. La fréquence est de 40 kHz. (a) Quelle est la valeur de l'inductance totale L_T? (b) calculez X_{L_T}; (c) calculez X_{L_1} et X_{L_2} pour voir si leur somme est égale à X_{L_T}.

13. On donne $L = 1,2$ mH et $f = 216$ kHz. Calculer X_L.

14. On donne $L = 200$ μH et $f = 3,2$ MHz. Calculer X_L.

15. On donne $L = 2$ H et $f = 60$ Hz. Calculer X_L.

16. Calculer le courant du circuit au problème 15 lorsque X_L est relié au secteur à 120 V, 60 Hz.

17. Une inductance de 250 mH, de résistance négligeable, est connectée à une source de 10 V. Faites un tableau des valeurs de la réactance X_L et du courant dans le circuit pour des courants alternatifs de: (a) 20 Hz; (b) 60 Hz; (c) 100 Hz; (d) 500 Hz; (e) 5000 Hz; (f) 15 000 Hz.

18. Faites de même pour une inductance de 8 H.

Réponses aux problèmes pratiques

19.1 (a) 0 Ω
    (b) 1000 Ω
19.2 (a) $X_L = 628$ Ω
    (b) $X_L = 314$ Ω
    (c) $X_L = 6280$ Ω
19.3 (a) $X_{L_T} = 500$ Ω
    (b) $X_{L_T} = 120$ Ω

19.4 (a) 0,5 A
    (b) 100 V
19.5 (a) 100 MHz
    (b) 2000 Ω
19.6 (a) 90°
    (b) 0° ou 360°
    (c) 90°

Circuits
inductifs

On traite dans ce chapitre des circuits qui associent une réactance inductive X_L et une résistance R. Les questions les plus importantes sont: *comment combiner les impédances en ohms? Quel est le courant qui circule? Quel est le déphasage?* L'application pratique de l'utilisation d'une bobine de choc pour réduire le courant à une fréquence donnée est également étudiée.

On expose enfin le cas général d'une tension induite aux bornes d'une inductance L par des variations de courant non sinusoïdal. On compare ici les formes de i_L et de v_L, au lieu de leurs déphasages. Cet exemple rappelle que X_L et sa phase de 90° ne s'appliquent qu'aux ondes sinusoïdales. Les sujets traités sont:

20.1 Le courant sinusoïdal i_L est en retard de 90° sur v_L
20.2 Réactance inductive (X_L) et résistance (R) en série
20.3 Impédance (Z)
20.4 Réactance inductive (X_L) et résistance (R) en parallèle
20.5 Facteur de qualité Q d'une bobine
20.6 Bobines de choc ou d'arrêt en A.F. et en R.F.
20.7 Cas général d'une tension inductive v_L
20.8 Calcul de la constante de temps L/R

20.1
LE COURANT SINUSOÏDAL i_L EST EN RETARD DE 90° SUR v_L

Lorsque des variations sinusoïdales de courant induisent une tension, le courant est en retard de 90° exactement sur cette tension induite, tel qu'indiqué à la figure 20-1. Le circuit inductif (a) a le courant et la tension représentés en (b). Le diagramme vectoriel en (c) représente le déphasage de 90° entre i_L et v_L. On peut donc observer que i_L est en retard de 90° sur v_L ou que v_L est en avance de 90° sur i_L.

Ce déphasage de 90°entre i_L et v_L est vrai dans tout circuit à courant sinusoïdal, que L

soit en série ou en parallèle et que L soit seul ou combiné avec d'autres composants. On peut toujours dire que la tension aux bornes de X_L est déphasée de 90° par rapport au courant qui traverse X_L.

Pourquoi le déphasage est de 90°   Le déphasage de 90° vient de ce que v_L est fonction de la vitesse de variation de i_L. Comme on l'a montré précédemment à la figure 19-7, pour un courant i_L sinusoïdal, la tension induite est une onde cosinusoïdale. Autrement dit, v_L est en phase avec di/dt et non avec i.

Figure 20-1 *Le courant circulant dans une inductance est en retard de 90° sur la tension aux bornes de cette inductance: (a) circuit; (b) la sinusoïde de i_L est en retard de 90° sur v_L; (c) diagramme vectoriel.*

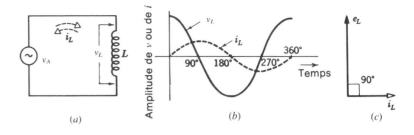

Pourquoi i_L est en retard sur v_L

On peut mesurer cette différence de 90° entre deux points quelconques ayant la même valeur sur les courbes de i_L et de v_L. La crête positive est un point commode. On remarque que la courbe de i_L n'a son maximum positif que 90° après la courbe de v_L. Par conséquent, i_L est en retard de 90° sur v_L. Ce déphasage de 90° représente un temps. Le déphasage est d'un quart de période, c'est-à-dire du quart de la durée d'une période.

Le courant inductif reste le même dans un circuit série

Le retard et le déphasage qui en résultent pour le courant d'une inductance ne s'appliquent que par rapport à la tension aux bornes de l'inductance. Cette condition ne change en rien le fait que le courant reste le même dans tous les composants d'un circuit série. À la figure 20-1a, le courant qui circule dans le générateur, dans les fils de connexion et dans L, doit être le même puisque tous ces éléments sont en série. À un instant quelconque, quelle que soit la valeur du courant en cet instant, ce courant est le même dans tous les composants montés en série. Le retard se situe entre le courant et la tension.

La tension inductive est la même aux bornes de branches en parallèle

Sur la figure 20-1a, les tensions aux bornes du générateur et aux bornes de L sont les mêmes puisque ces éléments sont en parallèle. Il ne peut pas y avoir de retard ni d'avance de l'une de ces tensions en parallèle par rapport à l'autre. À un instant donné, quelle que soit la valeur de la tension aux bornes du générateur à cet instant, la tension aux bornes de L est la même. Si on considère les tensions v_A et v_L qui sont en parallèle, on remarque qu'elles sont toutes deux déphasées de 90° par rapport au courant.

Dans ce circuit, la tension aux bornes de L est déterminée par la tension appliquée, étant donné que ces deux tensions doivent être identiques. L'effet inductif donne ici au courant les valeurs qui rendent $L(di/dt)$ égales à la tension parallèle.

La fréquence est la même pour i_L et pour v_L

Bien que i_L soit en retard de 90° sur v_L, ces deux ondes ont la même fréquence. L'onde i_L atteint des valeurs de crête 90° après l'onde v_L, mais les périodes de variations complètes se répètent à la même vitesse. Si, par exemple, la fréquence de la sinusoïde v_L de la figure 20-1b est de 100 Hz, c'est aussi la fréquence de i_L.

Problèmes pratiques 20.1
(Réponses à la fin du chapitre)
Considérer la figure 20-1:

(a) Quel est le déphasage entre v_A et v_L?
(b) Quel est le déphasage entre v_L et i_L?
(c) L'onde i_L est-elle en avance ou en retard sur v_L?

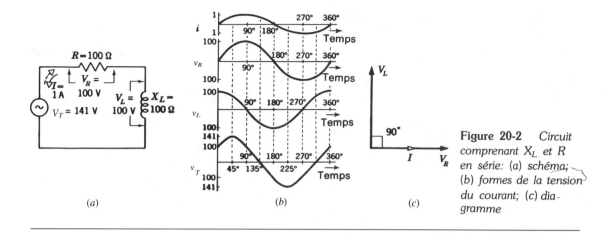

Figure 20-2 *Circuit comprenant X_L et R en série: (a) schéma; (b) formes de la tension du courant; (c) diagramme*

20.2
RÉACTANCE INDUCTIVE (X_L) ET RÉSISTANCE (R) EN SÉRIE

Si une bobine est en série avec une résistance, le courant est limité à la fois par X_L et par R. Ce courant I est le même dans X_L et dans R, puisque ces composants sont en série. Chacun d'eux a sa propre chute de tension, égale à IR pour la résistance et à IX_L pour la réactance.

On peut faire les remarques suivantes au sujet d'un circuit qui associe X_L et R en série, comme sur la figure 20-2:

1. Le courant est marqué I et non I_L, car I circule dans tous les composants en série;
2. La tension aux bornes de X_L, marquée V_L, peut être considérée comme une chute de tension IX_L exactement comme on utilise V_R pour une chute de tension IR;
3. Le courant I qui traverse X_L doit être en retard de 90° sur V_L, puisque c'est l'angle entre le courant qui traverse une inductance et la tension d'auto-induction dans cette inductance;
4. Le courant I qui traverse R et la chute de tension IR ont la même phase. Il n'y a pas de réactance au courant sinusoïdal dans

une résistance; I et IR ont donc la même phase, autrement dit leur déphasage est de 0°.

La figure 20-2 représente un exemple de circuit de ce type. Soit la résistance interne de la bobine, soit une résistance extérieure en série peut constituer R. Les valeurs de I et de V peuvent être des valeurs efficaces, de crête ou instantanées, mais ce sont les mêmes pour les deux grandeurs. Pour plus de facilité, on utilise des valeurs de crête pour comparer les formes d'onde.

Comparaisons des déphasages Remarquer que:
1. V_L est déphasé de 90° par rapport à I;
2. or, V_R est en phase avec I;
3. donc, V_L est déphasé de 90° par rapport à V_R.

Plus précisément, V_R est en retard de 90° sur V_L, comme le courant I est en retard sur V_L. Les relations de phase entre les formes d'onde sont représentées à la figure 20-2b et les diagrammes vectoriels, à la figure 20-3.

Combinaison de V_R et de V_L   Comme on l'indique à la figure 20-2b, la combinaison de la tension V_R et de la tension V_L forme la tension V_T appliquée par le générateur. La somme de V_R et V_L est égale à V_T , puisque la somme des chutes de tension en série doit être égale à la tension appliquée. Les valeurs de crête de 100 V pour V_R et V_L se combinent en formant une valeur de crête de 141 V au lieu de 200 V, par suite du déphasage de 90°.

On peut observer certaines valeurs instantanées afin de voir pourquoi les 100 V de crête de V_R et les 100 V de crête de V_L ne peuvent s'additionner arithmétiquement. Par exemple, quand V_R a sa valeur maximale de 100 V, V_L a une valeur nulle. Le total pour V_T est de 100 V. De même, quand V_L a sa valeur maximale de 100 V, V_R a une valeur nulle et la valeur totale V_T est aussi de 100 V.

La tension V_T prend sa valeur maximale de 141 V au moment où V_L et V_R sont toutes deux égales à 70,7 V. Donc, quand on associe des chutes de tension en série déphasées l'une par rapport à l'autre, on ne peut les additionner sans tenir compte de leur déphasage.

Triangle des tensions   Au lieu de combiner des formes d'onde déphasées, on peut les additionner plus rapidement en utilisant leurs vecteurs représentatifs, comme on l'indique à la figure 20-3. En (a), les vecteurs représentatifs indiquent le déphasage de 90°, sans aucune addition. En (b), la méthode consiste à composer les deux vecteurs et à utiliser l'angle nécessaire pour représenter le déphasage relatif. Les tensions V_R et V_L sont à angle droit puisqu'elles sont déphasées de 90°. La somme des vecteurs est un vecteur résultant dont l'origine coïncide avec celle du premier vecteur et dont l'extrémité s'accorde avec l'extrémité du second vecteur. Comme les vecteurs V_R et V_L

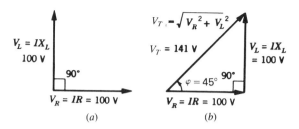

Figure 20-3   *Addition de deux tensions déphasées de 90°: (a) composantes perpendiculaires; (b) l'hypoténuse du triangle rectangle est la résultante des deux vecteurs.*

sont perpendiculaires, le vecteur résultant est l'hypoténuse d'un triangle rectangle, puisqu'il est opposé à l'angle droit.

D'après le théorème de Pythagore, l'hypoténuse est égale à la racine carrée de la somme des carrés des autres côtés. Dans le triangle des tensions de la figure 20-3b, la résultante est:

$$V_T = \sqrt{V_R^2 + V_L^2} \qquad (20.1)$$

où V_T est le vecteur représentant la somme des deux tensions V_R et V_L déphasées de 90°.

Cette formule s'applique aux tensions V_R et V_L quand elles sont en série, car elles sont alors déphasées de 90°. Toutes les tensions doivent être exprimées avec la même unité. Si V_T est en valeur efficace, V_R et V_L doivent aussi être en valeur efficace.

Quand on calcule la valeur de V_T, il faut remarquer que les termes en V_L et V_R doivent être élevés au carré avant d'être additionnés pour prendre la racine carrée. Dans l'exemple de la figure 20-3:

$$V_T = \sqrt{100^2 + 100^2} = \sqrt{10\ 000 + 10\ 000}$$
$$= \sqrt{20\ 000}$$
$$V_T = 141 \text{ V}$$

Problèmes pratiques 20.2
(Réponses à la fin du chapitre)
Soit une réactance inductive X_L et une résistance R en série:
(a) Déterminer le déphasage entre I et V_R;
(b) Déterminer le déphasage entre V_R et V_L.

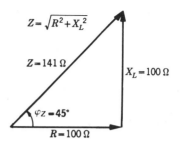

Figure 20-4 *Addition vectorielle de R et de X_L déphasés de 90° dans un circuit série, pour trouver l'impédance résultante Z.*

20.3
IMPÉDANCE (Z)

Le triangle de R et X_L, en série, correspond au triangle des tensions, comme on l'indique à la figure 20-4. Il est semblable au triangle des tensions de la figure 20-3, mais le facteur commun I s'élimine puisque le courant est le même dans X_L et R. Le vecteur qui est la somme de R et de X_L représente l'opposition en ohms et est appelé *impédance*. Cette impédance, notée Z, tient compte du déphasage de 90° entre R et X_L.

Dans le triangle d'impédance, pour un circuit série comprenant une résistance et une réactance:

$$Z = \sqrt{R^2 + X_L{}^2} \qquad (20.2)$$

Dans cette expression, R et X_L sont en ohms et Z est aussi en ohms. Dans l'exemple de la figure 20-4, on a:

$$Z = \sqrt{100^2 + 100^2} = \sqrt{10\,000 + 10\,000}$$
$$= \sqrt{20\,000}$$
$$Z = 141 \ \Omega$$

On remarque que l'impédance totale de 141 Ω, pour une tension appliquée de 141 V, permet la circulation d'un courant de 1 A dans le circuit série. La chute de tension IR est de 1×100, soit 100 V; la tension IX_L est égale-

ment de 1×100, soit 100 V. La somme des chutes de tension IR de 100 V ajoutées vectoriellement est égale à la tension appliquée de 141 V. En outre, la tension appliquée est égale à IZ, ou 1×141, soit 141 V.

Pour résumer les triangles des tensions et d'impédance, notons les points suivants:
1. Les vecteurs de R et de $IR = V_R$ ont un déphasage nul;
2. Les vecteurs de X_L et de $IX_L = V_L$ ont un déphasage de 90°;
3. Les vecteurs de Z et de $IZ = V_T$ ont le même déphasage φ que le circuit entier.

Déphasage de X_L en série L'angle entre la tension du générateur et son courant est le déphasage du circuit. Son symbole est φ (phi). Sur la figure 20-3, le déphasage entre V_T et IR est de 45°. Comme IR et I sont en phase, le déphasage entre V_T et I est aussi de 45°.

Dans le diagramme d'impédance correspondant de la figure 20-4, l'angle que font Z et R est aussi égal au déphasage. On peut donc calculer le déphasage à partir du diagramme vectoriel d'un circuit série d'après la formule

$$\text{tg } \varphi_Z = \frac{X_L}{R} \qquad (20.3)$$

La tangente (tg) est une fonction trigonométrique[1] d'un angle, égale au rapport du côté opposé au côté adjacent. Dans ce diagramme vectoriel, X_L est le côté opposé et R le côté adjacent. Nous utilisons l'indice $_Z$ pour φ afin de montrer que φ se calcule à partir du triangle d'impédance d'un circuit série. On calcule donc le déphasage par:

$$\text{tg } \varphi_Z = \frac{X_L}{R} = \frac{100}{100} = 1$$

D'après le tableau de l'Annexe D, l'angle dont la tangente est égale à 1 est de 45°. Dans cet exemple, le déphasage est donc de 45°. Les valeurs numériques des fonctions trigonométriques s'obtiennent à l'aide d'une table, d'une règle à calcul, ou encore d'une calculatrice électronique.

Remarquer que le déphasage de 45° est la moitié de 90°, du fait que R et X_L sont égaux.

Exemple 1 Une résistance R de 30 Ω et une réactance X_L de 40 Ω sont en série, et la tension appliquée V_T est de 100 V. Trouvez les grandeurs suivantes: Z, I, V_R, V_L et φ_Z. Quel est le déphasage de V_L et de V_R par rapport à I? Montrez que la somme des chutes de tension en série est égale à la tension appliquée V_T.

Réponse

$$Z = \sqrt{R^2 + X_L^2} = \sqrt{900 + 1600}$$
$$= \sqrt{2500}$$
$$Z = 50 \text{ Ω}$$

$$I = \frac{E}{Z} = \frac{100}{50}$$

$$I = 2 \text{ A}$$
$$V_R = IR = 2 \times 30$$
$$V_R = 60 \text{ V}$$
$$V_L = IX_L = 2 \times 40$$
$$V_L = 80 \text{ V}$$
$$\text{tg } \varphi_Z = \frac{X_L}{R} = \frac{40}{30} = \frac{4}{3} = 1,33$$
$$\varphi_Z = 53°$$

Donc, I est en retard de 53° sur V_T. En outre, I et V_R sont en phase et I est en retard de 90° sur V_L.

Enfin,

$$V_T = \sqrt{V_R^2 + V_L^2} = \sqrt{60^2 + 80^2}$$
$$= \sqrt{3600 + 6400}$$
$$= \sqrt{10\ 000}$$
$$V_T = 100 \text{ V}$$

La somme des chutes de tension est donc égale à la tension appliquée.

Combinaisons de X_L et de R en série

Dans un circuit série, plus la valeur de X_L est grande par rapport à R, plus le circuit est inductif. C'est-à-dire qu'il y a une chute de tension plus grande aux bornes de la réactance inductive et que le déphasage augmente jusqu'à 90° au maximum. Le courant du circuit série est en retard sur la tension appliquée par le générateur. Si R a une valeur nulle, toute la tension appliquée est aux bornes de X_L et φ_Z est égal à 90°.

Le tableau 20-1 indique plusieurs combinaisons de X_L et de R en série, avec les impédances et les déphasages résultants. On remarque qu'un rapport X_L/R supérieur ou égal à 10

---

[1] Pour les calculs trigonométriques relatifs aux fonctions sinus, cosinus et tangente, consulter l'ouvrage de B. Grob, *Mathematics Outline and Review Problems for Basic Electronics,* McGraw-Hill Book Company, New York.

correspond à un circuit presque totalement inductif. Le déphasage de 84,3° n'est que légèrement inférieur à 90°; il correspond à un rapport de 10 à 1 et l'impédance totale Z est sensiblement égale à X_L. La chute de tension aux bornes de X_L dans le circuit série sera pratiquement égale à la tension appliquée et la chute de tension dans R sera presque nulle.

Au contraire, quand R est dix fois plus grand que X_L, le circuit série est principalement résistif. Le déphasage, qui est alors de 5,7°, indique que le courant est presque en phase avec la tension appliquée, que l'impédance totale Z est sensiblement égale à R et que la chute de tension aux bornes de R est pratiquement égale à la tension appliquée; la tension aux bornes de X_L est alors pratiquement nulle.

Dans le cas où X_L et R ont la même valeur, leur impédance résultante Z est 1,41 fois supérieure à la valeur de X_L ou de R. Le déphasage est alors de 45°, c'est-à-dire la moyenne entre 0° pour une résistance seule et 90° pour une réactance inductive seule.

Problèmes pratiques 20.3
(réponses à la fin du chapitre)

(*a*) Soit $R = 20$ Ω en série avec $X_L = 20$ Ω. Calculer Z_T.

(*b*) Soit $V_R = 20$ V en série avec $V_L = 20$ V. Calculer V_T.

(*c*) Calculer le déphasage de ce circuit.

Tableau 20-1 *Combinaisons de R et de X_L en série*

R,Ω	X_L, Ω	Z,Ω (Approx.)	Déphasage φ_Z
1	10	$\sqrt{101} = 10$	84,3°
10	10	$\sqrt{200} = 14$	45°
10	1	$\sqrt{101} = 10$	5,7°

Remarque: φ_Z est l'angle de Z_T par rapport au courant I pris comme référence dans un circuit série.

20.4
RÉACTANCE INDUCTIVE (X_L) ET RÉSISTANCE (R) EN PARALLÈLE

Dans les circuits où X_L et R sont en parallèle, il faut tenir compte du déphasage de 90° pour les courants dans chacune des branches, au lieu de considérer les chutes de tension comme dans un circuit série. Rappelons-nous qu'un circuit série quelconque présente différentes chutes de tension mais un courant commun, et qu'un circuit parallèle présente différents courants de branche mais une tension commune.

Dans le circuit parallèle de la figure 20-5, la tension appliquée V_A est la même aux bornes de X_L, de R et du générateur puisque tous ces éléments sont en parallèle. Il ne peut donc pas y avoir de déphasage entre ces tensions. Mais chaque branche est parcourue par un courant particulier. Pour la branche résistive, $I_R = V_A/R$; dans la branche inductive, $I_L = V_A/X_L$.

Le courant I_R dans la branche résistive est en phase avec la tension V_A du générateur. Mais le courant I_L de la branche inductive est en retard sur la tension parallèle V_A, étant donné que dans une inductance le courant est en retard de 90° sur la tension.

Le courant total dans la ligne principale se compose donc de I_R et de I_L, qui sont déphasés de 90° l'un par rapport à l'autre. Le vecteur qui est la somme de I_R et de I_L est égal au courant I_T dans la ligne principale.

Sur la figure 20-5*b*, le vecteur qui est la somme du courant I_R de 10 A et du courant I_L de 10 A est égal à 14 A. Les courants individuels s'additionnent vectoriellement dans le cas d'un circuit parallèle puisque ce sont les courants qui sont déphasés de 90°, alors que dans un circuit série, ce sont les chutes de tension qui sont déphasées de 90°.

Triangle des courants On remarque que le diagramme vectoriel de la figure 20-5*c* prend

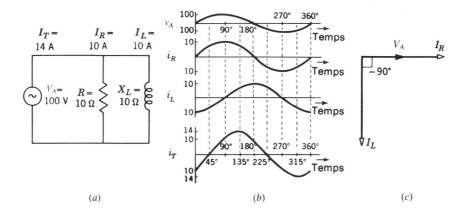

Figure 20-5 *Circuit composé de X_L et R en parallèle:
(a) schéma; (b) formes d'onde des courants et de la tension;
(c) diagramme vectoriel.*

comme référence de phase la tension appliquée V_A du générateur puisque cette tension est la même pour tout le circuit parallèle.

Le vecteur représentant I_L est dirigé vers le bas alors que le vecteur X_L est dirigé vers le haut. Ici, le courant individuel I_L est en retard sur la tension parallèle de référence V_A, tandis que dans un circuit série la tension de X_L est en avance sur le courant du circuit série I que l'on prend comme référence. C'est pour cette raison que le vecteur I_L est représenté avec une déphasage négatif de 90°. Cet angle de $-90°$ signifie que le courant I_L est en retard sur le vecteur V_A qui sert de référence.

L'addition vectorielle des courants de branche dans un circuit parallèle peut se faire grâce au diagramme vectoriel des courants, représenté sur la figure 20-6. Dans cet exemple, on utilise les valeurs de crête pour plus de facilité mais, si la tension appliquée est en valeur efficace, les courants calculés sont aussi en valeur efficace. Pour calculer le courant total de la ligne principale, on a:

$$I_T = \sqrt{I_R{}^2 + I_L{}^2} \qquad (20.4)$$

Avec les valeurs de la figure 20-6, on a:

$$I_T = \sqrt{10^2 + 10^2} = \sqrt{100 + 100}$$

$$= \sqrt{200}$$

$$I_T = 14{,}14 \text{ A}$$

Impédance de X_L et de R en parallèle

Une approche pratique au problème du calcul de l'impédance totale de X_L et de R, en parallèle, consiste à calculer le courant total I_T dans la ligne principale, puis à diviser la tension appliquée par ce courant.

$$Z_T = \frac{V_A}{I_T} \qquad (20.5)$$

Dans l'exemple de la figure 20-5, V_A est de 100 V et le courant I_T obtenu en faisant la somme vectorielle des courants des branches résistive et réactive est égal à 14,14 A. Donc:

$$Z_T = \frac{V_A}{I_T} = \frac{100 \text{ V}}{14{,}4 \text{ A}}$$

$$Z_T = 7{,}07 \ \Omega$$

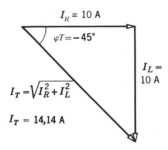

Figure 20-6 *Triangle des vecteurs de courants déphasés de 90° dans un circuit parallèle pour le calcul de I_T.*

L'impédance est l'opposition combinée, en ohms, aux bornes du générateur; elle est égale à la résistance de 10 Ω en parallèle avec la réactance de 10 Ω.

On remarque que cette impédance, qui correspond à des valeurs égales pour R et X_L, en parallèle, n'est pas la moitié de cette valeur commune, mais qu'elle est égale à 70,7 % de la combinaison doit être inférieure à la plus faible valeur en ohms des branches en parallèle.

Dans le cas général du calcul de l'impédance de X_L et de R en parallèle on peut supposer que la tension appliquée a une valeur quelconque, puisque, dans les calculs de Z en fonction des courants des branches, la valeur de V_A s'élimine. Il est commode de supposer que V_A a la valeur de R ou de X_L. On choisit la plus grande des deux valeurs numériques. De cette façon, on n'a pas de courant dérivé inférieur à l'unité dans les calculs.

Exemple 2 Quelle est l'impédance totale Z d'une résistance R de 600 Ω en parallèle avec une réactance X_L de 300 Ω? On suppose que la tension du générateur est de 600 V.

Réponse

$$I_R = \frac{600 \text{ V}}{600 \text{ Ω}} = 1 \text{ A}$$

$$I_L = \frac{600 \text{ V}}{300 \text{ Ω}} = 2 \text{ A}$$

$$I_T = \sqrt{I_R^2 + I_L^2} = \sqrt{1 + 4} = \sqrt{5}$$

$$I_T = 2,24 \text{ A}$$

En divisant la valeur supposée égale à 600 V pour la tension appliquée par le courant total de la ligne principale, on obtient:

$$Z_T = \frac{V_A}{I_T} = \frac{600 \text{ V}}{2,24 \text{ A}}$$

$$Z_T = 268 \text{ Ω}$$

L'impédance équivalente d'une résistance R de 600 Ω en parallèle avec une réactance X_L de 300 Ω est égale à 268 Ω, quelle que soit la tension appliquée.

Déphasage de X_L et de R en parallèle
Dans un circuit parallèle, le déphasage est l'angle que fait le courant I_T dans la ligne principale avec la tension commune V_A appliquée à toutes les branches. La tension appliquée V_A et le courant I_R dans la branche résistive sont cependant en phase. On peut donc substituer la phase de I_R à la phase de V_A. Cela apparaît à la figure 20-5c. Le triangle des courants est donné à la figure 20-6. Pour trouver φ_I sans passer par le courant total de la ligne principale, on applique la formule de la tangente:

$$\text{tg } \varphi_I = -\frac{I_L}{I_R} \qquad (20.6)$$

Nous utilisons l'indice $_I$ pour φ afin de montrer que φ_I est calculé à partir du triangle des courants des branches dans un circuit parallèle. À la figure 20-6, φ_I est égal à $-45°$ car I_L et I_R sont égaux, alors tg $\varphi_I = -1$.

On emploie le signe négatif pour le rapport des courants parce que I_L est à $-90°$ par rapport à I_R. Le déphasage de $-45°$, dans ce cas, signifie que I_T est en retard de 45° sur I_R et V_A.

Remarquer que le triangle des courants des branches donne φ_I comme angle de I_T par rapport à la tension du générateur V_A. Ce déphasage de I_T est, par rapport à la tension appliquée, prise comme référence à 0°. Pour le triangle des tensions dans un circuit série, le déphasage φ_Z pour Z_T et V_T est, par rapport au courant série, pris comme référence à 0°.

Combinaisons de X_L et de R en parallèle Au tableau 20-2, on donne plusieurs combinaisons de X_L et de R en parallèle. Quand X_L est dix fois plus grand que R, le circuit parallèle est pratiquement résistif, car il y a peu de courant inductif dans la ligne principale. La faible valeur de I_L est due à la forte valeur de X_L. L'impédance totale du circuit parallèle est sensiblement égale à la résistance puisque la forte valeur de X_L dans la branche parallèle n'a qu'une influence faible. Le déphasage est de $-5,7°$, c'est-à-dire pratiquement 0°, car le courant dans la ligne principale est presque entièrement résistif.

Quand X_L décroît, il y a un courant inductif de plus en plus grand dans la ligne principale. Quand X_L atteint $R/10$, tout le courant de la ligne principale est pratiquement constitué de la seule composante I_L. En pratique, le circuit parallèle est alors entièrement inductif,

avec une impédance totale assimilable à X_L. La phase est alors de $-84,3°$, c'est-à-dire presque $-90°$, car le courant dans la ligne principale est alors en majorité inductif. On remarque que de telles conditions sont contraires au cas où X_L et R sont en série.

Pour des valeurs égales de X_L et de R, les courants de chacune des branches sont égaux et le déphasage est de $-45°$.

Comme complément des comparaisons entre des circuits série et parallèle, on retiendra les deux points suivants:

1. Les chutes de tension V_R et V_L en série ont des valeurs individuelles déphasées de 90°. Ces chutes de tension V_R et V_L s'additionnent donc vectoriellement pour que leur somme soit égale à la tension appliquée V_T. Le déphasage φ_Z existe entre V_T et le courant I commun à tout le circuit série. Si la valeur de X_L augmente, V_L augmente et le circuit devient plus inductif, avec un déphasage positif plus élevé de V_T par rapport à I.

2. Les courants individuels I_R et I_L dans les branches en parallèle ont des valeurs propres déphasées de 90°. Ils s'additionnent donc vectoriellement pour former le courant total I_T de la ligne principale. L'angle négatif $-\varphi_I$ se trouve entre le courant I_T de

Tableau 20-2   *Combinaisons de résistance et d'inductance en parallèle**

R, Ω	X_L, Ω	I_R, A	I_L, A	I_T, A (ENVIRON)	$Z_T = V_A/I_T$, Ω	DÉPHASAGE φ_I
1	10	10	1	$\sqrt{101} = 10$	1	$-5,7°$
10	10	1	1	$\sqrt{2} = 1,4$	7,07	$-45°$
10	1	1	10	$\sqrt{101} = 10$	1	$-84,3°$

* $V_A = 10$ V. On remarquera que φ_I est l'angle que fait I_T avec la tension de référence V_A pour des circuits parallèle.

la ligne principale et la tension commune parallèle V_A. Si la valeur de X_L diminue, le courant I_L augmente; il rend le circuit plus inductif et le déphasage négatif de I_T par rapport à V_A augmente.

Problèmes pratiques 20.4
(réponses à la fin du chapitre)

(a) Calculer le courant total I_T d'un circuit à deux courants de branche I_R de 2 A et I_L de 2 A.

(b) Calculer le déphasage φ_I.

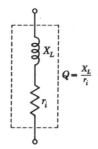

$$Q = \frac{X_L}{r_i}$$

Figure 20-7 *Facteur de qualité Q d'une bobine.*

20.5
FACTEUR DE QUALITÉ Q D'UNE BOBINE

L'aptitude d'une bobine à former une tension d'auto-induction est caractérisée par X_L, puisque ce terme comprend la fréquence et l'inductance. Cependant, une bobine possède une résistance interne r_i égale à la résistance du fil formant l'enroulement. Cette résistance r_i réduit le courant, c'est-à-dire qu'elle réduit l'aptitude de la bobine à former une tension auto-induite. Le facteur de qualité Q d'une bobine regroupe ces deux facteurs X_L et r_i suivant la formule:

$$Q = \frac{X_L}{r_i} = \frac{2\pi fL}{r_i} \qquad (20.7)$$

Comme on l'indique à la figure 20-7, la résistance interne r_i est en série avec X_L.

En guise d'exemple, une bobine de $X_L = 500\ \Omega$ et $r_i = 5\ \Omega$ a un facteur Q égal à $^{500}/_5$, soit 100. Puisque les ohms s'éliminent dans le rapport de la réactance et de la résistance, Q est une valeur numérique sans unité. Cette valeur $Q = 100$ signifie que la réactance inductive X_L de la bobine est égale à 100 fois sa résistance interne r_i.

Le facteur Q des bobines peut varier de moins de 10 pour une bobine à facteur Q faible, jusqu'à 1000 pour celles à facteur Q élevé. En général, les bobines R.F. ont un facteur Q de 30 à 300 environ.

Aux basses fréquences, r_i n'est que la résistance en continu du fil de la bobine. Mais les pertes des bobines R.F. augmentent aux fréquences plus élevées et la résistance réelle r_i croît. Cette résistance plus élevée est due aux courants de Foucault et à d'autres pertes.

Toutes ces pertes font que le facteur Q d'une bobine n'augmente pas indéfiniment quand X_L augmente aux fréquences plus élevées. En général, ce facteur augmente dans un rapport de 2 à 1 dans la gamme pour laquelle la bobine a été étudiée. La valeur la plus élevée de Q pour les bobines R.F. correspond, en général, à une valeur d'inductance qui donne à X_L une valeur de 1000 Ω environ, à la fréquence de fonctionnement.

D'une manière plus théorique, on peut définir Q comme le rapport entre la puissance réactive d'une inductance et la puissance active dissipée dans la résistance. Donc:

$$Q = \frac{Q_L}{P_{r_i}} = \frac{I^2 X_L}{I^2 r_i} = \frac{X_L}{r_i} = \frac{2\pi fL}{r_i}$$

qui équivaut à la formule (20.7).

Effet de peau   Cet effet indique la tendance des courants R.F. à circuler à la surface d'un conducteur, aux très hautes fréquences, alors qu'un courant très faible circule dans la partie solide, au centre. L'effet de peau s'explique par le fait que le courant rencontre légèrement plus d'inductance au centre du fil, le flux magnétique étant concentré dans le métal, alors que sur les bords une partie du flux passe dans l'air. À cause de l'effet de peau, les conducteurs V.H.F. (ondes métriques) sont souvent des tubes creux. L'effet de peau augmente la résistance réelle, puisque le passage du courant dans le conducteur a une section réduite.

Résistance effective en courant alternatif
Quand on mesure la puissance et le courant fournis à une bobine pour une tension R.F. appliquée, les pertes I^2R correspondent à une résistance plus élevée que la résistance en continu, mesurée à l'ohmmètre. La résistance plus élevée est la résistance effective en courant alternatif R_e. Bien que R_e soit une conséquence du courant alternatif à haute fréquence, ce n'est pas une réactance; R_e est une composante résistive, car elle est parcourue par un courant en phase avec la tension alternative de la source.

Les facteurs qui rendent la résistance d'une bobine en courant alternatif supérieure à sa résistance en courant continu sont: l'effet de peau, les courants de Foucault et les pertes par hystérésis. Les enroulements à air ont de faibles pertes, mais leurs valeurs d'inductance sont limitées.

En général, on emploie comme noyaux magnétiques des bobines R.F. ou encore des noyaux en poudre de fer ou en ferrite. Les grains de fer d'un noyau plongeur en poudre de fer sont isolés les uns des autres pour réduire les courants de Foucault. Les ferrites ont des pertes par courants de Foucault faibles, parce que ce sont des isolants, bien que ces substances soient magnétiques. Cependant, un noyau de ferrite se sature facilement, de sorte que son emploi se limite aux bobines traversées par des courants de valeur faible. L'antenne bobinée de la figure 20-8 est une application courante des noyaux de ferrite.

Pour réduire la résistance R_e des petits enroulements R.F., on peut utiliser du fil torsadé dont les brins individuels sont isolés les uns des autres et guipés de manière que chaque brin soit aussi souvent à la surface extérieure que les autres. C'est ce qu'on appelle un *toron*.

Comme exemple montrant l'effet global des pertes en courant alternatif, on peut supposer une bobine R.F. à air, d'une inductance de 50 µH ayant une résistance en courant continu de 1 Ω, mesurée avec un ohmmètre à pile. Mais, dans un circuit alternatif où circule un courant à 2 MHz, la résistance effective R_e de la bobine peut passer à 12 Ω. Cette résistance augmentée réduit le facteur Q de la bobine.

En réalité, on peut partir de Q pour déterminer la résistance effective en courant alternatif. Comme Q égale X_L/R_e, R_e est donc égal à X_L/Q. Pour cette inductance L de 50 µH, la réactance X_L à 2 MHz est égale à $2\pi fL$, soit 628 Ω. On peut mesurer le facteur Q d'une

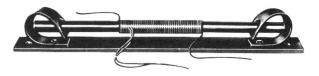

Figure 20-8   *Antenne miniature de récepteur radio en ferrite bobiné. Longueur: 95 mm; inductance: 700 µH. (J.W. Miller Co.)*

bobine au Q-mètre, appareil qui utilise le principe de la résonance. Supposons que la valeur mesurée soit $Q=50$. On a donc $R_e=628/50$, soit 12,6 Ω.

Exemple 3 Une bobine à air a une réactance X_L de 700 Ω et une résistance R_e de 2 Ω. Calculez son facteur Q.

Réponse
$$Q = \frac{X_L}{R_e} = \frac{700}{2}$$
$$Q = 350$$

Exemple 4 Une bobine de 200 μH a un facteur Q de 40, à 0,5 MHz. Trouvez R_e.

Réponse

$$R_e = \frac{X_L}{Q} = \frac{2\,\pi fL}{Q}$$
$$= \frac{2\,\pi \times 0,5 \times 10^6 \times 200 \times 10^{-6}}{40} = \frac{628}{40}$$

$$R_e = 15,7 \ \Omega$$

En général, plus la résistance d'une bobine est petite et plus élevé est son facteur Q.

Problèmes pratiques 20.5
(réponses à la fin du chapitre)

(a) Soit une bobine dont $L=200$ μH, $R_e=8$ Ω, $X_L=600$ Ω. Calculer Q.

(b) Soit une bobine dont $Q=50$, $X_L=500$ Ω à 4 MHz. Calculer R_e.

20.6
BOBINES DE CHOC OU D'ARRÊT EN A.F. ET EN R.F.

L'inductance a l'avantage d'avoir une réactance qui croît avec la fréquence. La résistance reste la même à toutes les fréquences et pour le courant continu. On peut appliquer ces caractéristiques à un circuit RL dans lequel on souhaite que toute la chute de tension du circuit série se trouve pratiquement aux bornes de L, une très faible partie seulement de la tension appliquée se trouvant aux bornes de R.

Ce circuit est représenté à la figure 20-9. Dans ce cas, l'inductance est utilisée comme *bobine de choc*. Une bobine de choc est donc une inductance, en série avec une résistance extérieure, pour empêcher que la tension signal du générateur ne développe une tension importante aux bornes de la résistance.

Dans les calculs, on peut prendre comme limite d'une inductance utilisée comme bobine de choc le cas où X_L est au moins dix fois aussi grande que la résistance en série R. Le circuit série RL est alors essentiellement inductif. En pratique, toute la chute de tension du

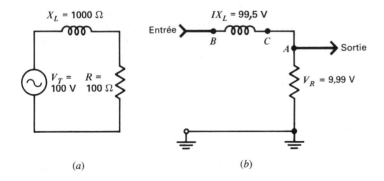

(a)   *(b)*

Figure 20-9 *Bobine de choc: X_L égale au moins $10 \times R$. La tension V_L est pratiquement égale à la tension appliquée, il en reste très peu pour V_R: (a) circuit équivalent; (b) circuit réel pour les tensions d'entrée et de sortie.*

générateur alternatif apparaît aux bornes de L, la tension aux bornes de R étant très faible. En outre, ce cas correspond à un déphasage pratiquement égal à 90°, mais le déphasage n'est pas relié à l'action de X_L comme cause du choc.

La figure 20-9b illustre comment utiliser une bobine de choc pour empêcher une tension alternative d'entrée de produire une tension de sortie pour le prochain circuit. Remarquer que cette sortie est V_R entre le point A et la masse du châssis. Pratiquement, toute la tension d'entrée ca est entre les bornes B et C de X_L. Cette tension ne passe pas à la sortie cependant, puisque ni la borne B ni la borne C ne sont mises à la masse.

La sortie désirée aux bornes de R peut être le courant continu provenant de l'entrée. Dans ce cas, X_L n'a aucune influence. Une fréquence de tension alternative beaucoup plus petite peut produire une tension de sortie aux bornes de R, mais alors la même inductance L présenterait une réactance inductive X_L trop faible pour servir de choc à cette basse fréquence.

Calcul des bobines de choc On peut calculer des valeurs types de bobines de choc

Tableau 20-3 *Valeurs types des bobines de choc avant une réactance de 1000 Ω**

f	L	REMARQUES
100 Hz	1,6 H	Audiofréquences basses
1000 Hz	0,16 H	Audiofréquences moyennes
10 kHZ	16 mH	Audiofréquences élevées
1000 kHz	0,16 mH	Radiofréquences
100 MHz	1,6 µH	Radiofréquences très élevées (ondes métriques)

* Pour une réactance X_l dix fois plus grande qu'une résistance en série de 100 Ω.

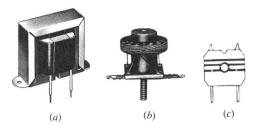

Figure 20-10 *Modèles de bobines de choc: (a) bobine de choc, 60 Hz. Inductance, 8 H, r_i, 350 Ω. Dimension: largeur, 100 mm; (b) bobine de choc R.F. de 5 mH, r_i, 50 Ω. Dimension: hauteur, 25 mm; (c) bobine de choc R.F. enrobée de matière plastique pour plaquettes de circuits imprimés. L est de 42 µH. Dimension: 19 mm.*

pour les audiofréquences ou les radiofréquences, en supposant une résistance en série de 100 Ω. Donc X_L doit atteindre au moins 1000 Ω. Comme on l'indique au tableau 20-3, à 100 Hz, une bobine de choc a une inductance relativement grande, 16 H, pour que la réactance inductive X_L soit de 1000 Ω. Aux fréquences plus élevées, il suffit d'une valeur plus faible de L pour réaliser une bobine de choc de même réactance. Pour la radiofréquence de 1 MHz, l'inductance nécessaire est de 16 mH; à 100 MHz, dans la bande V.H.F., la bobine de choc n'est plus que de 1,6 µH.

La figure 20-10 représente des types de bobines de choc. La bobine à noyau de fer en (a) est destinée aux audiofréquences. La bobine à air, en (b), est destinée aux radiofréquences. En (c), la bobine de choc pour radiofréquences est repérée par un code de couleurs, comme on le fait souvent pour les inductances faibles. Les valeurs des couleurs sont les mêmes que pour les résistances, mais L est exprimé en µH. Par exemple, une inductance avec des bandes jaunes, rouges, et des points ou des raies noirs est une inductance de 42 µH.

Choix d'une bobine de choc pour un circuit Comme exemple d'application de ces calculs, supposons que le problème posé consiste à déterminer quel type de bobine il faut utiliser comme bobine de choc dans l'application suivante: L doit être une bobine de choc R.F. en série avec une résistance extérieure R de 300 Ω. Le courant est de 90 mA et la fréquence de 0,2 MHz. Donc, X_L doit être d'au moins 10×300, soit 3000 Ω. À 0,2 MHz, on a:

$$L = \frac{X_L}{2\,\pi f} = \frac{3000}{2\pi \times 0,2 \times 10^6} = \frac{3 \times 10^3}{1{,}256 \times 10^6}$$

$$= \frac{3}{1{,}256} \times 10^{-3}$$

$$L = 2{,}4 \text{ mH}$$

Il existe un modèle commercial de 2,5 mH dont le courant nominal est de 115 mA et la résistance interne de 40 Ω, semblable à la bobine de choc de la figure 20-10*b*. On remarque que le courant nominal est plus élevé que le courant utilisé et que la résistance interne est négligeable par rapport à la résistance extérieure R. Une inductance légèrement plus élevée que la valeur calculée donnera un X_L plus grand, ce qui vaut mieux pour une bobine de choc.

Problèmes pratiques 20.6
(réponses à la fin du chapitre)

(*a*) Calculer la réactance inductive X_L minimale d'une bobine de choc en série avec une résistance R de 80 Ω.

(*b*) Soit $X_L = 810$ Ω à 3 MHz. Calculer X_L de cette même bobine à 6 MHz.

20.7
CAS GÉNÉRAL D'UNE TENSION INDUCTIVE v_L

La tension aux bornes d'une inductance quelconque d'un circuit quelconque est toujours égale à L (di/dt). Cette formule donne la valeur instantanée de v_L, d'après la tension auto-induite due à une variation du flux magnétique associé à une variation du courant.

Un courant sinusoïdal i produit une tension induite v_L cosinusoïdale égale à L (di/dt). Ceci montre que v_L a la même forme que i, mais qu'il est décalé de 90°.

On peut calculer v_L à partir de IX_L dans les circuits alternatifs à courant sinusoïdal. Comme X_L est égal à $2\,\pi f L$, les facteurs qui déterminent la tension induite comprennent la fréquence et l'inductance. Il est en général plus facile de travailler avec X_L dans les circuits alternatifs sinusoïdaux qu'avec L (di/dt).

Avec un courant non sinusoïdal cependant, on ne peut pas utiliser la réactance; X_L ne s'applique qu'aux ondes sinusoïdales. Il faut donc calculer v_L d'après L (di/dt).

Un exemple de courant en dents de scie est donné à la figure 20-11*a*. On utilise souvent cette forme d'onde dans les circuits de déviation des tubes image des téléviseurs. Dans cet exemple, la croissance de la dent de scie est uniforme; c'est une augmentation linéaire du courant de 0 à 90 mA. La retombée brutale du courant va de 90 mA à zéro. On remarque que la montée est relativement lente, car elle prend 90 μs. Ce temps est neuf fois plus grand que la descente rapide qui se fait en 10 μs.

La durée complète d'une période de cette onde en dents de scie est de 100 μs, elle est égale à la montée de i jusqu'à sa valeur de crête et à son retour à la valeur de départ.

Pente de *i* La pente d'une courbe quelconque indique sa variation verticale par unité horizontale. À la figure 20-11*a*, la montée de i se fait avec une pente constante; i augmente de 90 mA en 90 μs, soit de 10 mA pour chaque intervalle de 10 μs. Donc di/dt est constant et

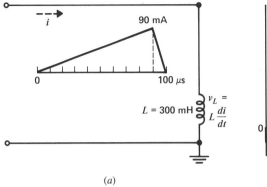
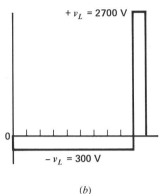

(a)   (b)

Figure 20-11   *Forme d'onde rectangulaire de v_L générée par un courant en dents de scie:* (a) *forme d'onde de i;* (b) *tension induite égale à L (di/dt).*

égal à 10 mA pour 10 μs pendant toute la montée de l'onde en dents de scie. En réalité, *di/dt* est la pente de *i*. C'est pourquoi v_L a une valeur constante pendant la montée linéaire de *i*.

La retombée de *i* est également linéaire, mais beaucoup plus rapide. Pendant cet intervalle, la pente est de 90 mA par 10 μs, pour *di/dt*.

Polarité de v_L   À la figure 20-11*b*, on applique la loi de Lenz pour indiquer que v_L s'oppose aux variations de courant. Quand une circulation d'électrons se dirige vers le haut de *L*, v_L est négatif pour s'opposer à une augmentation du courant. Cette polarité s'oppose au sens de la circulation d'électrons représentée pour le courant *i*, fourni par la source. Pendant la montée, on a appelé la tension induite $-v_L$.

Pendant le retour du courant, la tension induite a une polarité opposée qui est marquée $+v_L$. Ces polarités des tensions sont celles du point haut de *L* par rapport à la masse commune.

Calcul de v_L   Les calculs des valeurs des tensions induites aux bornes de l'inductance *L* de 300 mH sont,
pour la montée de la dent de scie:

$$-v_L = L\frac{di}{dt} = 300 \times 10^{-3} \times \frac{10 \times 10^{-3}}{10 \times 10^{-6}}$$

$$-v_L = 300 \text{ V}$$

pour la chute de la dent de scie:

$$+v_L = L\frac{di}{dt} = 300 \times 10^{-3} \times \frac{90 \times 10^{-3}}{10 \times 10^{-6}}$$

$$+v_L = 2700 \text{ V}$$

L'abaissement du courant produit neuf fois plus de tension car la décroissance brusque de *i* est neuf fois plus rapide que la montée relativement lente.

On se rappelle que le terme *di/dt* peut être très grand, même si les courants sont faibles, quand le temps est très court. Une variation de courant de 1 mA en 1 μs, par exemple, est équivalente à la valeur très élevée de 1000 A/s, pour *di/dt*.

En conclusion, il est important de remarquer que v_L et i_L ont des formes d'onde différentes pour un courant non sinusoïdal. Dans ce cas, on compare les formes d'onde au lieu de comparer les déphasages comme on le fait pour les circuits sinusoïdaux. Les formes d'onde en dents de scie, carrées et rectangulaires sont des exemples courants de formes d'onde de v ou de i non sinusoïdales.

Problèmes pratiques 20.7
(réponses à la fin du chapitre)
Considérer la figure 20-11:

(a) Calculer la vitesse de montée di/dt, en A/s, de i en dents de scie .

(b) Calculer la vitesse de descente di/dt en A/s de i.

20.8
CALCUL DE LA CONSTANTE DE TEMPS L/R

Soit un courant i de forme d'onde non sinusoïdale. L'opposition qu'offre L à la vitesse de variation di/dt engendre une variation soudaine temporaire de i appelée *réponse transitoire*. La réponse transitoire d'un circuit inductif est fonction du rapport L/R appelé *constante de temps*. À la figure 20-12, L/R est le temps mis par le courant pour atteindre les 63,2 % de sa valeur finale lorsqu'une tension continue est brusquement appliquée au circuit lors de la fermeture de l'interrupteur S.

La constante de temps τ est donc donnée par la formule:

$$\tau = \frac{L}{R} \qquad (20.8)$$

Formule dans laquelle τ, la constante de temps, est en secondes lorsque L, en série avec R, est en henrys et R en ohms. La résistance R est soit la résistance interne de la bobine, soit une résistance extérieure, soit les deux en série. À la figure 20-12 on a:

$$\tau = \frac{L}{R} = \frac{1\ \text{H}}{10\ \Omega} = 0,1\text{s}$$

Se rappeler que si L n'était pas présente, le courant du circuit de la figure 20-12 s'élèverait instantanément à $^{10}/_{10} = 1$ A. En fin de compte, le courant s'élèvera à la valeur 1 A, qui est la valeur en régime permanent déterminée par V/R et la conservera. À l'instant de la fermeture de S, cependant, la réponse transitoire de L s'oppose à l'augmentation, à partir

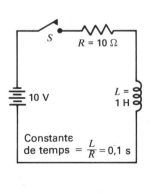

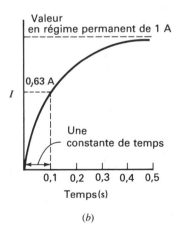

(a)

(b)

Figure 20-12 *Réponse transitoire d'un circuit inductif:* (a) *circuit;* (b) *le temps mis par i pour atteindre une variation de 63 % est égal à L/R.*

de 0, du courant. La constante de temps de 0,1 s, dans ce cas, précise que le courant s'élèvera jusqu'à 63 % de sa valeur en régime permanent, soit 0,63 A, en 0,1 s. Le courant est le même dans R et L, puisque ces éléments sont en série.

Le courant montera pratiquement à la pleine valeur de son régime permanent de 1 A en 0,5 s environ, soit un temps égal à 5 fois la constante de temps. Autrement dit, le temps requis par l'inductance pour compléter sa réponse transitoire est égal à cinq fois la constante de temps. Une fois cette durée écoulée, le courant aura sa valeur de régime permanent déterminée par R.

En général, la constante de temps mesure toujours une variation de 63 %. Lorsque le courant i augmente, il monte de 63 % en une constante de temps. Lorsque le courant i décroît, il décroît de 63 % en une constante de temps. Quelle que soit la portion de la courbe de la réponse transitoire considérée, durant une constante de temps, la valeur change selon le taux de 63 %.

Durant la montée, la courbe passe de zéro à la valeur en régime permanent portée à la partie supérieure en une durée égale à cinq fois la constante de temps. Lors de la décroissance de i, la valeur chute de la valeur en régime permanent à zéro en un temps égal à cinq fois la constante de temps. Pour plus de détails sur la constante de temps L/R et sa comparaison avec la constante de temps RC des circuits capacitifs, se reporter au chapitre 24.

Problèmes pratiques 20.8 (réponses à la fin du chapitre)

(a) Soit $L = 240$ mH et $R = 20$ Ω en série. Calculer la constante de temps.

(b) Si la constante de temps du circuit de la figure 20-12 était de 12 ms, quel temps mettrait le courant pour monter à 0,63 A?

Résumé

1. Dans un circuit alternatif sinusoïdal, le courant qui traverse une inductance est en retard de 90° sur la tension aux bornes de cette inductance car $v_L = L\,(di/dt)$. Cette remarque fondamentale est à la base de toutes les relations qui suivent.

2. La réactance inductive X_L est donc un vecteur déphasé de 90° par rapport à R. Le vecteur somme de X_L et de R est leur impédance Z.

3. Ces trois grandeurs qui s'opposent au passage du courant sont comparées au tableau 20-4.

Tableau 20-4 *Comparaison de la résistance, de la réactance inductive et de l'impédance*

R	$X_L = 2\pi f L$	$Z = \sqrt{R^2 + X_L^2}$
unité: l'ohm tension IR en phase avec I constante pour toutes les fréquences	unité: l'ohm tension IX_L en avance de 90° sur I augmente aux fréquences élevées	unité: l'ohm IZ est la tension appliquée augmente avec X_L aux fréquences élevées

Tableau 20-5 *Circuits RL série et parallèle*

X_L ET R EN SÉRIE	X_L ET R EN PARALLÈLE
I est le même dans X_L et dans R $V_T = \sqrt{V_R{}^2 + V_L{}^2}$ $Z = \sqrt{R^2 + X_L{}^2}$ V_L est en avance de 90° sur V_R tg $\varphi_Z = \dfrac{X_L}{R}$; augmente quand X_L croît et rend le circuit inductif	V_A est identique aux bornes de X_L et de R $I_T = \sqrt{I_R{}^2 + I_L{}^2}$ $Z = \dfrac{V_A}{I}$ I_L est en retard de 90° sur I_R tg $\varphi_I = -\dfrac{I_L}{I_R}$; $-\varphi_I$ diminue quand X_L augmente et réduit I_L

4. Le déphasage φ est l'angle entre la tension appliquée et le courant.
5. Les caractéristiques opposées des circuits composés de X_L et de R en série et en parallèle sont résumées au tableau 20-5.
6. Le facteur Q d'une bobine est égal à X_L/r_i, où r_i est sa résistance interne.
7. Une bobine de choc est une inductance dont la réactance est supérieure à la résistance en série, d'un facteur 10 ou plus. Elle a pour objet d'appliquer pratiquement toute la tension alternative de la source aux bornes de l'inductance en ne laissant qu'une très faible tension aux bornes de R.
8. Dans les circuits sinusoïdaux, $V_L = IX_L$; V_L est alors déphasé de 90° par rapport au courant.
9. Quand le courant n'est pas sinusoïdal, on calcule $v_L = L$ (di/dt). La forme d'onde de la tension v_L est alors différente de la forme d'onde du courant.
10. La constante de temps, égale à L/R, est le temps exprimé en secondes mises par le courant pour varier de 63 %. L'inductance L est exprimée en henrys et la résistance R, en série avec L, est exprimée en ohms.

Exercices de contrôle
(Réponses à la fin de l'ouvrage)

Voici un moyen de contrôler si vous avez bien assimilé le contenu de ce chapitre. Ces exercices sont uniquement destinés à vous évaluer vous-même.

Choisir (*a*), (*b*), (*c*) ou (*d*).

1. Dans un circuit alternatif sinusoïdal comprenant une réactance inductive: (*a*) le déphasage du circuit est toujours de 45°; (*b*) la tension aux bornes de l'inductance doit toujours être déphasée de 90°

par rapport à la tension appliquée; (c) le courant qui traverse l'inductance est en retard de 90° sur la tension induite; (d) le courant qui traverse l'inductance et la tension aux bornes de cette inductance sont déphasés de 180°.

2. Dans un circuit alternatif sinusoïdal comprenant X_L et R en série: (a) les tensions aux bornes de R et de X_L sont en phase; (b) les tensions aux bornes de R et de X_L sont en opposition de phase; (c) la tension aux bornes de R est en retard de 90° sur la tension aux bornes de X_L; (d) la tension aux bornes de R est en avance de 90° par rapport à la tension aux bornes de X_L.

3. Dans un circuit alternatif sinusoïdal comprenant une résistance R de 40 Ω en série avec une résistance X_L de 30 Ω, l'impédance totale est égale à: (a) 30 Ω; (b) 40 Ω; (c) 50 Ω; (d) 70 Ω.

4. Un circuit alternatif sinusoïdal comprend une résistance R de 90 Ω en série avec une réactance X_L de 90 Ω. Le déphasage φ est égal à: (a) 0°; (b) 30°; (c) 45°; (d) 90°.

5. On utilise une inductance de 250 μH comme bobine de choc à 10 MHz. À 12 MHz, la bobine de choc: (a) n'a pas une inductance suffisante; (b) a une réactance plus élevée; (c) a une réactance plus faible; (d) doit avoir plus de spires.

6. L'impédance équivalente d'une résistance R de 1000 Ω et d'une réactance X_L de 1000 Ω en parallèle est égale à: (a) 500 Ω; (b) 707 Ω; (c) 1000 Ω; (d) 2000 Ω.

7. Une bobine dont la réactance est de 1000 Ω à 3 MHz et dont la résistance interne est de 10 Ω a un facteur Q de: (a) 3; (b) 10; (c) 100; (d) 1000.

8. Dans un circuit alternatif sinusoïdal comprenant une branche résistive et une branche inductive en parallèle: (a) la tension aux bornes de l'inductance est en avance de 90° sur la tension aux bornes de la résistance; (b) le courant dans la branche résistive est déphasé de 90° par rapport au courant dans la branche inductive; (c) les courants des branches résistive et inductive sont en phase; (d) les courants des branches résistive et inductive sont déphasés de 180°.

9. Par un courant I_R de 2 A et un courant I_L de 2 A dans les branches parallèle, le courant total I_T est de: (a) 1 A; (b) 2 A; (c) 2,8 A; (d) 4 A.

10. Sur la figure 20-11, la variation de courant di/dt dans la partie décroissante de la dent de scie est de: (a) 90 mA/s; (b) 100 mA/s; (c) 100 A/s; (d) 9000 A/s.

Questions

1. Quelle est la caractéristique du courant d'une inductance qui détermine la tension induite? Expliquez rapidement pourquoi.

2. Tracez un schéma représentant une inductance branchée aux bornes d'une source de tension sinusoïdale et indiquez le courant et la tension qui sont déphasés de 90°.

3. Pourquoi la tension aux bornes d'une résistance est-elle en phase avec le courant qui traverse la résistance?

4. (a) Tracez les sinusoïdes de deux tensions déphasées de 90°, ayant chacune une tension de crête de 100 V. (b) Expliquez pourquoi leur somme vectorielle est égale à 141 V et non à 200 V. (c) Quand la somme de deux chutes de tension de 100 V, en série, est-elle égale à 200 V?

5. (a) Définissez le déphasage d'un circuit alternatif sinusoïdal; (b) établissez la formule donnant le déphasage d'un circuit constitué de X_L et de R en série.

6. Définissez les grandeurs suivantes: (a) facteur Q d'une bobine; (b) résistance effective en alternatif, (c) bobine de choc R.F.; (d) courant en dents de scie.

7. En observant la figure 20-2, indiquez pourquoi les ondes représentées en (b) ont toutes la même fréquence.

8. Expliquez comment vérifier à l'aide d'un ohmmètre le défaut d'une bobine de choc coupée.

9. Retracez le circuit et les courbes de la figure 20-11 pour un courant en dents de scie ayant une valeur de crête de 30 mA.

10. Pourquoi considère-t-on la grandeur R_e d'une bobine comme une résistance et non comme une réactance?

11. Définissez la constante de temps d'un circuit inductif.

Problèmes
(Les réponses aux problèmes de numéro impair sont données à la fin de l'ouvrage)

1. Tracez le schéma d'un circuit comprenant une réactance X_L et une résistance R, en série, aux bornes d'une source de 100 V. Calculez: Z, I, IR, IX_L et φ, approximativement, pour les valeurs suivantes: (a) $R = 100$ Ω, $X_L = 1$ Ω; (b) $R = 1$ Ω, $X_L = 100$ Ω; (c) $R = 50$ Ω, $X_L = 50$ Ω.

2. Tracez le schéma d'un circuit comprenant une réactance X_L et une résistance R, en parallèle, aux bornes d'une source de 100 V. Calculez I_R, I_L, I_T et Z, approximativement, dans les cas suivants: (a) $R = 100$ Ω, $X_L = 1$ Ω; (b) $R = 1$ Ω, $X_L = 100$ Ω; (c) $R = 50$ Ω, $X_L = 50$ Ω.

3. Une bobine a une inductance de 1 H et une résistance interne de 100 Ω. (a) Établissez le circuit équivalent à la bobine représentant

sa résistance interne en série avec son inductance. (*b*) Quelle est la valeur de la réactance inductive de la bobine à 60 Hz? (*c*) Quelle est la valeur de l'impédance totale de la bobine à 60 Hz? (*d*) Quel est le courant qui circule quand la bobine est branchée à une source de 100 V, à la fréquence de 400 Hz?

4. Calculez l'inductance minimale nécessaire pour une bobine de choc en série avec une résistance de 100 Ω quand la fréquence du courant est de 5 kHz, 5 MHz et 50 MHz. Faites le même calcul dans le cas où la résistance en série est de 10 Ω.

5. Quelle est l'impédance Z d'une bobine qui laisse passer un courant de 0,3 A quand elle est branchée à une source de 120 V, 60 Hz? Quelle est la valeur de la réactance X_L de la bobine si sa résistance est de 5 Ω? (Remarque: $X_L{}^2 = Z^2 - R^2$)

6. Une résistance R de 200 Ω est en série avec une inductance L aux bornes d'un générateur 60 Hz, de $V_T = 141$ V, V_R est de 100 V. Trouvez L. (Remarque: $V_L{}^2 = V_T{}^2 - V_R{}^2$)

7. Une inductance L de 350 μH a un facteur de qualité Q de 35 à 1,5 MHz. Calculez la résistance effective R_e.

8. Quelle est l'inductance L nécessaire pour créer une tension induite V_L égale à 6 kV quand i_L décroît de 300 mA à zéro en 8 μs?

9. Une résistance R de 400 Ω et une réactance X_L de 400 Ω sont en série aux bornes d'une source de 100 V, 400 Hz. Trouvez Z, I, V_L, V_R et φ_Z.

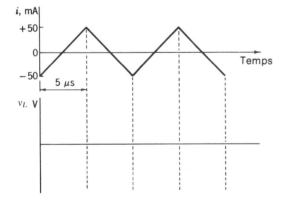

Figure 20-13 *Pour le problème 17.*

10. Les mêmes éléments R et X_L que ceux du problème 9 sont en parallèle. Calculez I_R, I_L, I_T, Z et φ_I.

11. On élève à 800 Hz la fréquence appliquée au circuit parallèle du problème 10. Comparez les valeurs de I_R, I_L et φ_I pour les deux fréquences 400 Hz et 800 Hz.

12. Une inductance L de 0,4 H et une résistance R de 180 Ω sont en série aux bornes d'une source de 120 V, 60 Hz. Trouvez le courant I et φ_Z.

13. Une inductance L est soumise à une tension de 20 V et le courant est de 40 mA. La fréquence est de 5 kHz. Calculez X_L en ohms et L en henrys.

14. Une résistance R de 500 Ω est en série avec une réactance inductive X_L de 300 Ω. Calculer Z_T, I et φ_Z lorsque $V_T = 120$ V.

15. Une résistance R de 300 Ω est en série avec une réactance inductive X_L de 500 Ω. Calculer Z_T, I et φ_Z. Comparez φ_Z de ce problème avec celui du problème 14.

16. Une résistance R de 500 Ω est en parallèle avec une réactance inductive X_L de 300 Ω. Calculer I_T, Z_T et φ_I. Comparez φ_I de ce problème avec φ_Z du problème 14.

17. Le courant représenté à la figure 20-13 circule dans une inductance de 20 mH. Indiquez la forme de la tension induite v_L correspondant à ces valeurs.

Réponses aux problèmes pratiques

20.1 (a) 0°
    (b) 90°
    (c) en retard

20.2 (a) 0°
    (b) 90°

20.3 (a) 28,28 Ω
    (b) 28,28 V
    (c) $\varphi_Z = 45°$

20.4 (a) 2,824 A
    (b) $\varphi_I = -45°$

20.5 (a) $Q = 75$
    (b) $R_e = 10$ Ω

20.6 (a) $X_L = 800$ Ω
    (b) $X_L = 1600$ Ω

20.7 (a) $di/dt = 1000$ A/s
    (b) $di/dt = 9000$ A/s

20.8 (a) $\tau = 12$ ms
    (b) 12 ms

Rappel des chapitres 18 à 20

Résumé

1. L'aptitude d'un conducteur à former une tension induite en lui-même quand le courant varie est son auto-inductance, ou inductance. Le symbole correspondant est L, et l'unité est le henry. Un henry permet d'induire une tension de 1 V quand le courant varie de 1 A par seconde.

2. La polarité de la tension induite s'oppose toujours à la variation de courant qui lui a donné naissance. C'est la loi de Lenz.

3. L'inductance mutuelle est la possibilité de faire varier le courant dans une bobine pour induire une tension dans une autre bobine voisine, sans qu'il y ait aucune connexion entre elles. Le symbole correspondant est M et l'unité est aussi le henry.

4. Un transformateur est constitué d'au moins deux enroulements présentant entre eux une inductance mutuelle. Le primaire est relié à la source de tension, le secondaire à la charge. Quand il y a un noyau de fer, le rapport des tensions du primaire et du secondaire est égal au rapport des nombres de spires.

5. Le rendement d'un transformateur est le rapport entre la puissance de sortie prélevée au secondaire et la puissance appliquée au primaire, multiplié par 100 %.

6. Les courants de Foucault sont induits dans le noyau de fer d'une inductance; ils créent des pertes I^2R qui augmentent aux fréquences plus élevées. Les noyaux en fer feuilleté, en poudre de fer ou en ferrite ont des pertes par courant de Foucault minimales. L'hystérésis augmente aussi les pertes.

7. Des inductances en série, sans couplage mutuel, s'ajoutent comme des résistances en série; quand des inductances sont en parallèle, l'inductance équivalente se calcule par la formule des inverses.

8. La réactance inductive X_L est égale à $2\,\pi f L$ Ω, où f est en hertz et L en henrys. La réactance X_L augmente avec l'inductance et avec les fréquences plus élevées.

9. Une application courante de X_L est la bobine de choc en audiofréquence ou en radiofréquence. Elle a une réactance élevée pour un groupe de fréquences, mais une réactance plus faible pour les fréquences plus basses.

10. La réactance inductive X_L est une quantité vectorielle, le courant circulant dans X_L est en retard de 90° par rapport à la tension induite. Dans les circuits série, R et X_L s'ajoutent vectoriellement parce que leurs chutes de tension sont déphasées de 90°; dans les circuits parallèle, les courants de la branche résistive et de la branche inductive sont déphasés de 90°.

11. L'impédance Z, en ohms, est l'opposition totale exercée contre le courant dans un circuit alternatif qui comprend des résistances et des réactances. Dans les circuits série, $Z = \sqrt{R^2 + X_L^2}$ et $I = V_T/Z$. Dans les circuits parallèle, $I_T = \sqrt{I_R^2 + I_L^2}$ et $Z = V_A/I_T$.

12. Le facteur de qualité Q d'une bobine est égal à X_L/r_i.

13. L'énergie emmagasinée dans une inductance est égale à $^1/_2\, LI^2$. Avec I_t n ampères et L en henrys, l'énergie est en joules.

14. La constante de temps correspondant à une variation de 63,2 % du courant est L/R, L étant exprimé en henrys et R en ohms.

15. La tension aux bornes d'une inductance L est toujours égale à $L\,(di/dt)$, quelle que soit la forme du courant.

Exercices de contrôle récapitulatifs
(Réponses à la fin de l'ouvrage)

Voici une nouvelle occasion de vérifier vos progrès. Effectuez ces exercices comme vous l'avez fait pour ceux de chaque fin de chapitre et vérifiez vos réponses.

Choisir (a), (b), (c) ou (d).

1. Une bobine induit 200 mV quand le courant varie à la vitesse de 1 A/s. L'inductance L est égale à: (a) 1 mH; (b) 2 mH; (c) 200 mH; (d) 1000 mH.

2. Le courant alternatif circulant dans une inductance produit une tension induite maximale quand le courant a: (a) une valeur maximale; (b) une variation maximale de flux magnétique; (c) une variation minimale de flux magnétique; (d) une valeur efficace égale à $0{,}707 \times$ valeur de crête.

3. Un transformateur à noyau de fer, branché à une ligne de distribution de 120 V, 60 Hz, a un rapport de transformation m égal à 20. La tension aux bornes du secondaire est égale à: (a) 20 V; (b) 60 V; (c) 120 V; (d) 2400 V.

4. Deux bobines de choc de 250 mH montées en série ont une inductance totale de: (a) 60 mH; (b) 125 mH; (c) 250 mH; (d) 500 mH.

5. Parmi les noyaux suivants, quel est celui qui a des pertes minimales par courant de Foucault? (a) Noyau de fer; (b) noyau de fer feuilleté; (c) noyau de poudre de fer; (d) noyau à air.

6. Parmi les inductances suivantes, quelle est celle qui a la réactance inductive maximale? (a) 2 H à 60 Hz; (b) 2 mH à 60 kHz; (c) 5 mH à 60 kHz; (d) 5 mH à 100 kHz.

7. Une résistance R de 100 Ω est en série avec une réactance X_L de 100 Ω. L'impédance totale Z est égale à: (a) 70,7 Ω; (b) 100 Ω; (c) 141 Ω; (d) 200 Ω.

8. Une résistance R de 100 Ω est en parallèle avec une réactance X_L de 100 Ω. L'impédance totale Z est égale à: (a) 70,7 Ω; (b) 100 Ω; (c) 141 Ω; (d) 200 Ω.

9. Si deux ondes ont une fréquence de 1000 Hz et que l'une a sa valeur maximale quand l'autre est nulle, le déphasage entre elles est de: (a) 0°; (b) 90°; (c) 180°; (d) 360°.

10. Si le contrôle à l'ohmmètre d'une bobine de choc de 50 μH indique 3 Ω, la bobine est probablement: (a) ouverte; (b) défectueuse; (c) normale; (d) partiellement coupée.

Références
(D'autres références sont données à la fin de l'ouvrage)

GILLIE, A.C., *Electrical Principles of Electronics*, McGraw-Hill Book Company, New York.

OPPENHEIMER, S.L., F.R. HESS et J.P. BORCHERS, *Direct and Alternating Currents*, 2ᵉ éd., McGraw-Hill Book Company, New York.

SLURZBERG, M. et W. OSTERHELD, *Essentials of Electricity and Electronics*, 3ᵉ éd., McGraw-Hill Book Company, New York.

La capacité

De même que l'inductance est une caractéristique importante pour les circuits dont le courant varie dans une bobine de fil, la capacité est une caractéristique semblable mais opposée, importante dans le cas où la tension appliquée à un isolant ou à un diélectrique varie. Plus précisément, la capacité est la propriété physique qu'offre un diélectrique d'emmagasiner une charge électrique. L'unité de la capacité est le farad (F), ainsi nommé en l'honneur de Michael Faraday (1791-1867).

Les différents condensateurs tirent leur nom de leur diélectrique. Les plus courants sont les condensateurs à air, au papier, au mica, les condensateurs céramique et les condensateurs électrolytiques. Dans ce chapitre, on explique comment une source de tension charge un condensateur et comment ce dernier se décharge. Les différents types de condensateurs offerts dans le commerce ainsi que leur code des couleurs sont illustrés aux figures 21-4 à 21-10. Les défauts types des condensateurs ouverts ou court-circuités sont expliqués, ainsi que la méthode de vérification des condensateurs à l'aide d'un ohmmètre. Les sujets traités sont les suivants:

21.1 Comment les charges sont emmagasinées dans le diélectrique
21.2 Charge et décharge d'un condensateur
21.3 Le farad, unité de capacité
21.4 Types de condensateurs
21.5 Code des couleurs des condensateurs
21.6 Condensateurs en parallèle
21.7 Condensateurs en série
21.8 Capacité parasite et effets inductifs
21.9 Énergie du champ électrostatique d'un condensateur
21.10 Défauts dans les condensateurs

21.1
COMMENT LES CHARGES SONT EMMAGASINÉES DANS LE DIÉLECTRIQUE

Des matériaux diélectriques comme l'air, le mica ou le papier ont la possibilité de conserver une charge électrique, car des électrons libres ne peuvent traverser un isolant, mais la charge doit être appliquée par une certaine source. Sur la figure 21-1a, la batterie peut charger le condensateur représenté. Comme le diélectrique est en contact avec les deux conducteurs connectés à la différence de potentiel V, les électrons venant de la source de tension s'accumulent du côté du condensateur relié à la borne négative de V. Le côté opposé du condensateur, connecté à la borne positive de la source V, perd des électrons.

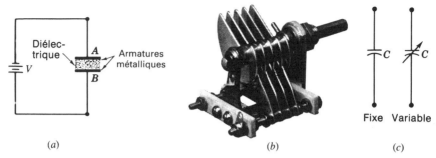

Figure 21-1 *Le condensateur emmagasine une charge dans le diélectrique situé entre les deux armatures: (a) structure; (b) condensateur variable à air. Longueur: 50 mm; (c) schéma symbolique des condensateurs fixe et variable.*

En conséquence, l'excès d'électrons produit une charge négative d'un côté du condensateur, tandis que le côté opposé a une charge positive. Si, par exemple, $6,25 \times 10^{18}$ électrons ont été accumulés, la charge négative est égale à un coulomb. Il suffit de considérer la charge d'une armature seulement, étant donné que le nombre d'électrons accumulés sur la première armature est exactement le même que le nombre d'électrons prélevés sur l'armature opposée.

Que fait la source de tension? Elle reprend simplement certains des électrons d'un côté du condensateur et les reporte de l'autre côté. Ce processus constitue la charge du condensateur. La charge se poursuit jusqu'à ce que la différence de potentiel aux bornes du condensateur soit égale à la tension appliquée. S'il n'y a aucune résistance en série, la charge est instantanée. Mais, en pratique, il y a toujours une certaine résistance en série. Le courant de charge est transitoire ou temporaire, car il circule seulement jusqu'à ce que le condensateur soit chargé à la tension appliquée. Après cela, aucun courant ne circule dans le circuit.

Il en résulte un dispositif capable d'emmagasiner une charge dans le diélectrique. Emmagasiner signifie que la charge persiste même après le débranchement de la source. La grandeur qui indique la valeur de la charge qui peut être emmagasinée est la capacité C. Si la charge emmagasinée pour une tension appliquée donnée est plus grande, la capacité est plus grande. Les composants construits pour présenter une capacité donnée sont appelés des *condensateurs*.

Du point de vue électrique, la capacité est donc l'aptitude d'emmagasiner une charge. Du point de vue physique, un condensateur est simplement constitué de deux armatures séparées par un isolant. La figure 21-1b représente par exemple un condensateur utilisant, comme diélectrique, l'air qui sépare des armatures métalliques. Il existe de nombreux types de matériaux diélectriques différents parmi lesquels le papier, le mica et les céramiques, mais les symboles représentatifs indiqués en (c) s'appliquent à tous les condensateurs.

Champ électrique dans le diélectrique

Toute tension correspond à un champ de lignes de force électriques entre des charges électriques opposées, semblables aux lignes de force magnétiques du champ magnétique associé à un courant électrique[1]. Le rôle d'un condensateur consiste à concentrer le champ électrique dans le diélectrique entre les armatures, de même qu'un champ magnétique est concentré dans les spires d'une bobine. Le seul rôle des armatures du condensateur et des fils conducteurs consiste à brancher la source de tension V aux bornes du diélectrique. Le champ électrique est alors concentré dans le condensateur, au lieu de s'étaler dans toutes les directions.

Induction électrostatique Le condensateur a des charges opposées qui sont dues à l'induction électrostatique par le champ électrique. Des électrons qui s'accumulent sur le côté négatif d'un condensateur forment des lignes de force électriques qui repoussent les électrons présents sur le côté opposé. Quand ce second côté perd des électrons, il se charge positivement. Les charges opposées induites par un champ électrique correspondent au principe des pôles opposés induits par un champ magnétique dans des matériaux magnétiques.

Problèmes pratiques 21.1
(réponses à la fin du chapitre)

[1] Les champs électrique et magnétique sont comparés sur la figure 14-6 du chapitre 14.

(a) Où un condensateur emmagasine-t-il une charge électrique: dans le diélectrique ou dans les armatures métalliques?

(b) Quelle est l'unité de capacité?

21.2
CHARGE ET DÉCHARGE D'UN CONDENSATEUR

Ce sont les deux principaux phénomènes intéressant les condensateurs. La tension appliquée introduit une charge dans le condensateur. L'accumulation des charges se traduit par l'établissement d'une différence de potentiel entre les armatures du condensateur. Quand la tension du condensateur est égale à la tension appliquée, la charge s'arrête. La charge accumulée reste dans le condensateur, que la tension appliquée soit ou non branchée.

Le condensateur se décharge quand un passage conducteur est établi entre les armatures, sans aucune tension appliquée. En réalité, il suffit que la tension du condensateur soit supérieure à la tension appliquée. Alors le condensateur peut servir de source de tension temporaire pour produire un courant de décharge dans le circuit de décharge. La décharge du condensateur se poursuit jusqu'à ce que la tension du condensateur tombe à zéro ou soit égale à la tension appliquée.

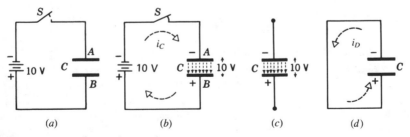

(a)   (b)   (c)   (d)

Figure 21-2 *Conservation d'une charge dans un condensateur: (a) condensateur non chargé; (b) la batterie charge le condensateur à la tension appliquée; (c) la charge emmagasinée reste dans le condensateur en formant une tension de 10 V quand la batterie est déconnectée; (d) décharge du condensateur.*

Application de la charge À la figure 21-2a, le condensateur est neutre; il n'a pas de charge parce qu'il n'a été connecté à aucune source de tension, et il n'y a pas de champ électrostatique dans le diélectrique. Mais, si l'on ferme le commutateur de la figure 21-2b, la borne négative de la batterie repousse les électrons libres du conducteur vers l'armature A. En même temps, la borne positive attire les électrons libres de l'armature B. Le côté du diélectrique coïncidant avec l'armature A accumule des électrons puisque ceux-ci ne peuvent pas circuler au travers de l'isolant, tandis que l'armature B possède un surplus égal de protons.

On se rappelle que des charges opposées ont une différence de potentiel associée qui est la tension aux bornes du condensateur. Le processus de charge se poursuit jusqu'à ce que la tension du condensateur soit égale à la tension de la batterie, qui dans cet exemple est de 10 V. Aucune charge supplémentaire n'est ensuite possible puisque la tension appliquée ne peut pas faire circuler d'électrons libres dans les conducteurs.

On remarque que la différence de potentiel aux bornes du condensateur chargé est de 10 V entre les armatures A et B. Il n'y a pas de différence de potentiel entre chaque armature et sa borne de batterie, et c'est pourquoi le condensateur arrête de se charger.

Emmagasinage de la charge Les charges négatives et positives des armatures opposées sont associées à un champ électrique qui traverse le diélectrique, comme l'indiquent les lignes en pointillé des figures 21-2b et c. Le sens de ces lignes de force électriques est représenté comme repoussant les électrons de l'armature B en rendant ce côté positif. C'est l'effet des lignes de force électriques dans le diélectrique qui est à l'origine de l'emmagasinage de la charge. Le champ électrique déforme la structure moléculaire, si bien que le diélectrique n'est plus neutre. Le diélectrique est véritablement soumis à la contrainte de la force invisible du champ électrique. Il est évident que le diélectrique peut être détruit par un champ électrique intense pour une tension très grande aux bornes du condensateur.

L'effet du champ électrique est donc que le diélectrique a une charge fournie par la source de tension. Comme le diélectrique est un isolant qui ne peut pas conduire, la charge reste dans le condensateur même lorsque la source de tension est supprimée, tel qu'indiqué à la figure 21-2c. On peut maintenant sortir ce condensateur chargé du circuit et il a toujours une tension de 10 V entre ces deux bornes.

Décharge Neutraliser la charge en connectant un circuit conducteur aux bornes du diélectrique, c'est décharger le condensateur. Tel qu'indiqué à la figure 21-2d, le fil qui relie les armatures A et B est un passage à faible résistance pour le courant de décharge. Grâce à la charge emmagasinée dans le diélectrique qui forme la différence de potentiel, on dispose de 10 V pour produire le courant de décharge. L'armature négative repousse des électrons, qui sont attirés vers l'armature positive, au travers du fil, jusqu'à ce que les charges positives et négatives soient neutralisées. Il n'y a donc pas de charge résultante, le condensateur est complètement déchargé, la tension à ses bornes est nulle et il n'y a pas de courant de décharge. Le condensateur se trouve alors à l'état non chargé, comme il l'était sur la figure 21-2a. Mais on peut le charger à nouveau par l'application d'une source de tension.

Nature de la capacité Un condensateur a la possibilité d'emmagasiner la quantité de charge nécessaire pour former une différence de potentiel égale à la tension de charge. Si l'on appliquait 100 V sur la figure 21-2, le condensateur se chargerait à 100 V.

Le condensateur se charge à la tension appliquée parce que, si la tension du condensateur est plus faible, celui-ci continue à se charger. Dès que la tension du condensateur est égale à la tension appliquée, aucun courant de charge ne peut plus circuler. On remarque qu'un courant de charge ou de décharge quelconque circule le long des fils conducteurs vers les armatures, mais qu'il ne traverse pas le diélectrique.

Courants de charge et de décharge À la figure 21-2*b*, i_C circule en sens contraire à i_D de la figure *d*. Dans les deux cas, le courant est un flux électronique. Cependant, i_C est le courant de charge vers le condensateur et i_D le courant de décharge issu du condensateur. Les courants de charge et de décharge doivent toujours avoir des sens opposés. En *b*, l'armature négative de *C* accumule des électrons issus de la source de tension. En *d*, le condensateur chargé sert de source de tension pour produire un flux électronique le long du chemin de décharge.

Problèmes pratiques 21-2 (réponses à la fin du chapitre) Considérer la figure 21-2:

(*a*) Si la tension appliquée était de 458 V, quelle serait la tension aux bornes du condensateur *C* chargé?

(*b*) Quelle est la tension aux bornes du condensateur *C* complètement déchargé?

21.3 LE FARAD, UNITÉ DE CAPACITÉ

Si la tension de charge est plus élevée, le champ électrique est plus intense et la charge emmagasinée dans le diélectrique, plus grande. La quantité de charge *Q* emmagasinée dans la capacité est donc proportionnelle à la tension appliquée *V*. Une capacité plus grande peut aussi conserver une charge plus grande. On résume ces relations par la formule suivante:

$$Q = CV \text{ coulombs} \qquad (21.1)$$

où *Q* est la charge en coulombs (C) emmagasinée dans le diélectrique et *V*, la tension en volts aux bornes du condensateur.

La constante physique désignant la capacité et indiquant quelle quantité de charge peut être emmagasinée pour une tension de charge donnée est *C*. Quand une charge de un coulomb est emmagasinée dans le diélectrique, pour une différence de potentiel de un volt, la capacité est de un farad.

Les condensateurs utilisés en pratique ont des capacités de l'ordre du millionième de farad ou même plus faible. Ceci s'explique parce que des condensateurs types emmagasinent des charges de quelques microcoulombs ou même moins. Les unités courantes sont donc:

$$\text{un microfarad} = 1 \ \mu F = 1 \times 10^{-6} \text{ F}$$
$$\text{un micromicrofarad} = 1 \ \mu F = 1 \times 10^{-12} \text{ F}$$
$$\text{ou} \qquad \text{un picofarad} = 1 \ pF = 1 \times 10^{-12} \text{ F}$$

Le picofarad et le micromicrofarad sont des unités identiques, mais on a normalisé l'emploi des picofarads pour éviter la confusion avec les microfarads.

Exemple 1 Quelle est la charge emmagasinée dans un condensateur de 2 μF lorsque la tension à ses bornes est de 50 V?

Réponse $Q = CV = 2 \times 10^{-6} \times 50$

$$Q = 100 \times 10^{-6} \text{ C}$$

Exemple 2 Quelle est la charge emmagasinée dans un condensateur de 40 μF lorsque la tension à ses bornes est de 50 V?

Réponse $Q = CV = 40 \times 10^{-6} \times 50$

$$Q = 2000 \times 10^{-6} \text{ C}$$

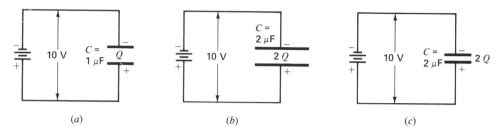

Figure 21-3 *On augmente la charge emmagasinée et la capacité en augmentant la surface des armatures et en réduisant la distance entre les armatures: (a) condensateur de 1 μF; (b) condensateur de 2 μF avec des armatures d'une surface double, et même écartement; (c) condensateur de 2 μF avec la même surface d'armatures et un écartement réduit de moitié.*

On remarque que le condensateur le plus grand emmagasine une charge plus élevée pour la même tension, suivant la définition de la capacité comme aptitude à emmagasiner une charge.

On peut transposer la formule $Q = CV$ en:

$$C = \frac{Q}{V} \quad (21.2)$$

ou

$$V = \frac{Q}{C} \quad (21.3)$$

Pour ces trois formules, les unités fondamentales sont le volt (V) pour V, le coulomb (C) pour Q et le farad (F) pour C. En réalité, la formule $C = Q/V$ définit la capacité d'un farad comme la possibilité d'emmagasiner une charge de un coulomb pour une différence de potentiel de un volt.

Exemple 3 Un courant constant de 2 μA charge un condensateur pendant 20 s. Quelle est la charge emmagasinée? On se rappelle que $I = Q/t$ ou $Q = I \cdot t$.

Réponse $Q = I \cdot t = 2 \times 10^{-6} \times 20$

$$Q = 40 \; \mu C$$

Exemple 4 La tension aux bornes du condensateur chargé de l'exemple 3 est de 20 V. Calculez la capacité C.

Réponse

$$C = \frac{Q}{V} = \frac{40 \times 10^{-6}}{20} = 2 \times 10^{-6}$$

$$C = 2 \; \mu F$$

Exemple 5 Un courant constant de 5 mA charge un condensateur de 10 μF pendant 1 s. Quelle est la tension aux bornes du condensateur?

Réponse On calcule d'abord la charge:

$$Q = I \cdot t = 5 \times 10^{-3} \times 1$$

$$= 5 \times 10^{-3} \; C$$

$$\text{et } V = \frac{Q}{C} = \frac{5 \times 10^{-3}}{10 \times 10^{-6}} = \frac{5}{10} \times 10^{3}$$

$$V = 500 \; V$$

Une surface d'armature plus grande augmente la capacité Tel qu'indiqué à la figure 21-3, quand la surface de chaque armature est doublée, le condensateur en (b) emmagasine deux fois la charge de (a). Dans les deux cas, la différence de potentiel reste égale à 10 V. Cette tension produit un champ électrique d'intensité donnée. Mais une surface d'armature plus grande signifie qu'une surface de diélectrique plus grande peut être en contact avec chaque armature; des lignes de force plus nombreuses peuvent donc traverser le diélectrique entre les armatures, et le flux de fuite vers l'extérieur du diélectrique est plus faible. Le champ peut donc emmagasiner davantage de charge dans le diélectrique. Une plus grande surface d'armature a pour effet d'emmagasiner davantage de charge pour une même tension appliquée, ce qui veut dire que la capacité est plus grande.

Un diélectrique plus mince augmente la capacité   Tel qu'indiqué à la figure 21-3c, quand la distance entre les armatures est réduite de moitié, le condensateur emmagasine deux fois la charge de la figure 21-3a. La différence de potentiel est toujours de 10 V, mais son champ électrique a une induction électrique plus élevée dans le diélectrique plus mince. Le champ entre les armatures opposées peut donc emmagasiner une charge plus élevée dans le diélectrique. Quand la distance entre les armatures est plus faible, la charge emmagasinée est plus grande pour la même tension appliquée, ce qui montre que la capacité est plus élevée.

Permittivité relative ou constante diélectrique ϵ_r   Cette grandeur indique l'aptitude d'un isolant à concentrer le flux électrique. Sa valeur numérique est le rapport entre le flux dans l'isolant et le flux dans l'air ou dans le vide. La permittivité relative de l'air ou du vide est égale à 1, puisque ces matériaux servent de références.

Le mica, par exemple, a une permittivité relative moyenne de 6, ce qui signifie qu'il peut créer une induction électrique six fois plus

grande que celle de l'air ou du vide pour la même tension appliquée et les mêmes dimensions physiques. Les isolants ont généralement une permittivité relative ϵ_r supérieure à 1, comme on l'indique au tableau 21-1. Des valeurs plus élevées de ϵ_r permettent d'obtenir des valeurs de capacité plus élevées.

La permittivité relative ϵ_r d'un diélectrique indique son aptitude à concentrer un flux électrique. Ce coefficient correspond à la perméabilité relative, dont le symbole est μ_r, pour le flux magnétique. Les deux constantes ϵ_r et μ_r sont des nombres purs sans unité, puisque ce ne sont que des rapports.[2]

Rigidité diélectrique   Au tableau 21-1, on indique aussi les tensions de rupture de quelques types de diélectriques. La rigidité diélectrique est l'aptitude d'un diélectrique à supporter une différence de potentiel sans amorçage d'étincelles aux bornes de l'isolant. Cette

[2] La permittivité absolue ϵ_o est de $8,854 \times 10^{-12}$ farad/mètre, en unités SI, pour le flux électrique dans l'air ou dans le vide. Cette valeur correspond à une perméabilité absolue μ_o de $4\pi \times 10^{-7}$ henry/mètre, en unités SI, pour le flux magnétique dans l'air ou dans le vide.

Tableau 21-1   *Matériaux diélectriques**

MATÉRIAUX	PERMITTIVITÉ RELATIVE ϵ_r	RIGIDITÉ DIÉLECTRIQUE KV/mm ou MV/m
Air ou vide	1	0,8
Céramique	80-1200	25-50
Verre	8	15-80
Mica	3-8	25-60
Huile	2-5	15
Papier	2-6	50

*Les valeurs exactes dépendent de la composition particulière des différents types.

tension nominale est importante parce que la rupture de l'isolant forme un passage conducteur au travers du diélectrique. Il ne peut donc plus emmagasiner de charge puisque le condensateur a été court-circuité. Comme la tension de rupture augmente avec l'épaisseur, les condensateurs pour tension plus élevée ont des armatures plus écartées. Cependant, cette distance augmentée réduit la capacité, tous les autres paramètres restant constants.

Ces caractéristiques physiques d'un condensateur plan parallèle sont regroupées dans la formule suivante:

$$C = \epsilon_r \times \frac{A}{d} \times 8{,}85 \times 10^{-12} \text{ F} \qquad (21.4)$$

La surface de chaque armature en mètres carrés est représentée par A, et d exprime la distance en mètres entre les armatures. La permittivité relative donnée au tableau 21-1 s'exprime en ϵ_r. Le facteur constant $8{,}85 \times 10^{-12}$ est la permittivité absolue de l'air ou du vide, en unités SI, pour avoir C en farads.

Exemple 6 Calculez la capacité C de deux armatures ayant une surface de 2 m² chacune, distantes de 1 cm ou 10^{-2} m, le diélectrique étant de l'air.

Réponse En se reportant à la formule (21.4), on a:

$$C = 1 \times \frac{2}{10^{-2}} \times 8{,}85 \times 10^{-12}$$

$$= 200 \times 8{,}85 \times 10^{-12}$$

$$= 1770 \times 10^{-12}$$

$$C = 1770 \text{ pF}$$

Cette valeur indique que le condensateur peut emmagasiner une charge de 1770×10^{-12} C pour une tension de 1 V. On remarque la capacité relativement faible, exprimée en picofa-

rads, pour des armatures extrêmement grandes, de 2 m² de surface, ce qui correspond aux dimensions d'une table ou d'un bureau.

Si on utilise du papier comme diélectrique, sa permittivité relative étant de 6, la capacité C sera six fois plus grande. Si, en outre, on réduit l'écartement des armatures de moitié en le ramenant à 0,5 cm, la capacité doublera.

Problèmes pratiques 21.3 *(réponses à la fin du chapitre)*

(a) Un condensateur chargé à 100 V possède une charge de 1000 μC. Calculer C.
(b) Un condensateur au mica et un condensateur céramique sont de mêmes dimensions physiques. Lequel présente la plus grande capacité?

21.4 TYPES DE CONDENSATEURS

Les condensateurs commercialisés sont généralement classés suivant leur diélectrique. Les condensateurs les plus courants sont: à air, au mica, au papier, les céramique et les électrolytiques. Les condensateurs électrolytiques utilisent une mince couche d'oxyde moléculaire comme diélectrique; ils sont donc de grandes valeurs de capacité pour un faible volume. Au tableau 21-2, on compare ces différents types, qui sont représentés aux figures 21-4 à 21-8.

Aucune polarité n'est nécessaire puisque chaque côté peut être l'armature la plus positive, sauf pour les condensateurs électrolytiques. Ces derniers sont marqués afin d'indiquer quel côté doit être le plus positif, dans le but de conserver l'action électrolytique intérieure qui forme le diélectrique nécessaire à la réalisation du condensateur. Il faut remarquer que la polarité de la source de charge détermine la polarité de la tension du condensateur.

Condensateurs au mica De minces feuilles de mica sont empilées entre deux morceaux de feuilles d'étain, constituant les armatures

Tableau 21-2 *Types de condensateurs*

DIÉLECTRIQUE	CONSTRUCTION	CAPACITÉ	TENSION DE CLAQUAGE en volts
Air	Armatures enchevêtrées	10-400 pF	400 (entrefer de 0,51 mm)
Céramique	Tubulaire	0,5-1600 pF	500-20 000
	Plat	0,002-0,1 μF	
Électrolytique	Aluminium	5-1000 μF	10-450
	Tantale	0,01-300 μF	6-50
Mica	Feuilles empilées	10-5000 pF	500-20 000
Papier	Feuille enroulée	0,001-1 μF	200-1600

conductrices pour former la capacité désirée. Les bandes d'étain de rang impair constituant un ensemble d'armatures sont reliées entre elles à une première borne de sortie, tandis que la borne opposée est reliée à l'ensemble d'armatures de rang pair. Tout l'ensemble est généralement placé dans un boîtier en bakélite moulée. On utilise souvent des condensateurs au mica pour de faibles valeurs de capacité comprises entre 50 et 500 pF; leur longueur atteint au plus 19 mm et leur épaisseur, 3 mm. Des modèles de condensateurs au mica sont représentés à la figure 21-4.

Condensateurs au papier Suivant cette construction, deux rouleaux de conducteurs en feuilles d'étain séparées par un isolant en papier de soie sont enroulés en un cylindre compact. Chaque connexion de sortie est reliée à son rouleau de feuille d'étain servant d'armature. Tout le cylindre est généralement placé dans un boîtier en carton recouvert de cire ou enrobé dans une matière plastique. Les condensateurs au papier sont souvent employés pour des valeurs moyennes de capacités comprises approximativement entre 0,001 et 1 μF. Pour un modèle de 0,05 μF, les di-

mensions types sont: 38 mm de longueur et 12,7 mm de diamètre. Des condensateurs au papier sont représentés sur la figure 21-5.

Une bande noire à une extrémité d'un condensateur au papier indique que la connexion est reliée à la feuille extérieure. Il faudra utiliser cette connexion pour le côté du circuit, à la masse ou à bas potentiel pour profiter de l'avantage du blindage formé par la feuille extérieure. Mais aucune polarité n'est nécessaire puisque la capacité est la même, quel que soit le côté mis à la masse. Il faut

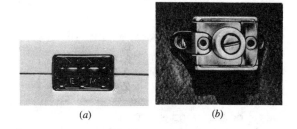

(a)   (b)

Figure 21-4 *Condensateurs au mica d'environ 16 mm de largeur: (a) valeur fixe, indiquée en picofarads, par le code des couleurs; (b) condensateur ajustable d'appoint de 5 à 30 pF. (El Menco).*

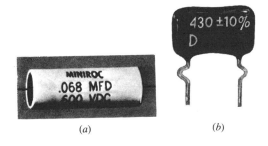

(a)   (b)

Figure 21-5 *Condensateurs au papier: (a) modèle tubulaire de 25 mm de longueur; (b) modèle enrobé, avec connexions pour plaquette de circuits imprimés. Longueur: environ 19 mm; capacité: 430 pF.*

aussi remarquer que, sur le schéma symbolique de C, la ligne courbe indique habituellement le côté à bas potentiel du condensateur.

De nombreux condensateurs formés de feuilles minces emploient un film de plastique au lieu du papier de soie. Deux types de films de plastique sont en téflon et en mylar[3]. Ils présentent une très grande résistance d'isolement, dépassant 1000 MΩ, de faibles pertes et une plus longue durée de vie sans claquage, comparativement aux condensateurs au papier. Les condensateurs plastiques, comme les condensateurs au papier, ont des valeurs comprises entre 0,001 et 1 μF.

Condensateurs céramique Les matériaux diélectriques céramique sont formés de terre cuite à très haute température. Si l'on utilise du bioxyde de titane ou différents types de silicates, on peut obtenir des permittivités relatives ϵ_r de très grandes valeurs.

Pour les condensateurs plats, on fixe par cuisson un dépôt d'argent sur les deux côtés de la céramique afin de former les armatures conductrices. Pour une permittivité relative ϵ_r

[3] Marque de commerce de la société Du Pont du Canada.

de 1200, les condensateurs céramique plats peuvent avoir des capacités atteignant 0,01 μF dans un volume beaucoup plus petit qu'un condensateur au papier.

Dans les condensateurs céramique tubulaires, le tube de céramique creux est recouvert d'argent sur les surfaces intérieure et extérieure. Avec des valeurs comprises entre 1 et 500 pF, ces condensateurs ont les mêmes applications que les condensateurs au mica, mais ils sont plus petits. Des modèles de condensateurs céramique sont représentés sur la figure 21-6.

Coefficient de température On utilise souvent des condensateurs céramique pour effectuer une compensation de température, afin d'augmenter ou de diminuer la capacité quand la température augmente. On indique le coefficient de température en parties par million (ppm) par degré Celsius, en prenant comme référence 25°C. Par exemple, un coefficient négatif de 750 ppm s'écrit N750. Un coefficient de température positif de même valeur s'écrirait P750. Les composants dont la capacité ne varie pas sont marqués NPO.

Condensateurs variables La figure 21-1b représente un condensateur variable à air. Suivant cette construction, les armatures métalliques fixes reliées ensemble forment le *stator*. Les armatures mobiles reliées entre elles et à l'axe forment le *rotor*. On fait varier la capacité en tournant l'axe pour intercaler les armatures du rotor entre les armatures du stator. Ces deux groupes d'armatures ne se touchent pas puisque l'air sert de diélectrique. La capacité maximale s'obtient quand l'enchevêtrement entre les groupes de plaques est maximal. Quand on fait tourner le rotor pour l'amener complètement en dehors, on obtient la capacité maximale.

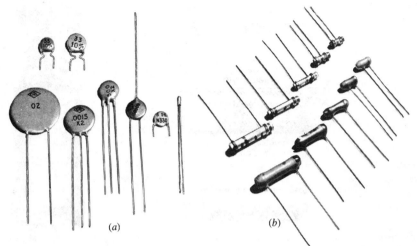

(a)   (b)

Figure 21-6
*Condensateurs céramique,
grandeur réelle: (a) modèle
plat; (b) modèle tubulaire.
(Centralab Div., Globe-
Union Inc.)*

Le condensateur d'accord des récepteurs radio en est une application courante. Quand on accorde le récepteur sur différentes stations, on fait varier la capacité en rentrant le rotor entre les armatures du stator ou en le retirant. Le condensateur variable associé à une inductance accorde alors le récepteur sur une fréquence différente pour chaque station. Deux ou trois éléments de condensateurs sont généralement *jumelés* sur un arbre commun.

Condensateurs électrolytiques Ces condensateurs s'emploient couramment pour des capacités comprises entre 5 et 1000 μF, car les systèmes électrolytiques permettent d'obtenir la capacité la plus élevée dans le volume le plus petit et à moindre prix. La figure 21-7 représente un type de condensateur électrolytique. Il est constitué par deux électrodes en métal, généralement de l'aluminium dans un électrolyte au borax, au phosphate ou au carbonate. Entre les deux bandes d'aluminium, une gaze absorbante s'imbibe d'électrolyte pour réaliser l'électrolyse nécessaire.

Quand on applique une tension continue pour former le condensateur en cours de fabrication, le processus électrolytique accumule une mince couche moléculaire d'oxyde d'aluminium à la jonction de l'électrode d'aluminium positive et de l'électrolyte. Comme le film d'oxyde est un isolant, il existe une capacité entre l'électrode d'aluminium positive et l'électrolyte imbibant la gaze formant la séparation. L'électrode négative en aluminium sert uniquement de connexion avec l'électrolyte.

Grâce au film diélectrique extrêmement mince, on peut réaliser des capacités de grandes valeurs. On augmente la surface en utilisant de longues bandes de feuilles d'aluminium et de gaze qui sont enroulées en un cylindre compact ayant une très grande capacité. Par exemple, un condensateur électrolytique de même taille qu'un condensateur au papier de 0,1 μF, mais dont la tension de claquage est de 10 V, peut avoir une capacité de 1000 μF. Des tensions plus élevées atteignant 450 V sont souvent utilisées pour des capacités de valeurs comprises entre 8 et 80 μF.

Il faut connecter les condensateurs électrolytiques de façon à ce que la tension appliquée maintienne l'électrode positive à un potentiel plus positif que la borne négative. Sinon, le film d'oxyde isolant ne se forme pas et il n'y a pas de capacité.

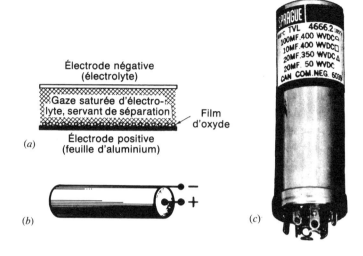

Électrode négative
(électrolyte)

Gaze saturée d'électro-
lyte, servant de séparation

Film
d'oxyde

Électrode positive
(feuille d'aluminium)

(a)

(b)

(c)

Figure 21-7 *Construction d'un condensateur électrolytique sec: (a) électrodes intérieures; (b) feuille métallique enroulée en cartouche; (c) modèle de condensateur à sections multiples. Hauteur: environ 75 mm. (Sprague Electric Co.)*

On utilise les condensateurs électrolytiques dans des circuits soumis à des tensions alternatives et à des tensions continues. La tension continue maintient la polarité. Citons, en guise d'exemple d'utilisation de ce type de condensateurs, les condensateurs électrolytiques de filtrage, dont le rôle est d'éliminer l'ondulation alternative dans une alimentation continue.

Si le condensateur électrolytique est branché avec une polarité opposée, l'électrolyse inversée provoque le dégagement d'un gaz, le condensateur s'échauffe et peut exploser. Ce danger ne survient qu'avec les condensateurs électrolytiques.

Outre la polarisation imposée, l'inconvénient des condensateurs électrolytiques est leur courant de fuite relativement élevé, puisque le film d'oxyde n'est pas un isolant parfait. Ce courant de fuite dans le diélectrique atteint environ 0,1 à 0,5 mA/μF de capacité.

Il existe aussi des condensateurs électrolytiques non polarisés pour les applications dans les circuits alternatifs où il n'y a pas de tension de polarisation continue. On les emploie en particulier avec les moteurs alternatifs. Un condensateur électrolytique non polarisé comprend en réalité deux condensateurs, reliés intérieurement en opposition.

Condensateurs au tantale Il s'agit d'un nouveau type de condensateur électrolytique dans lequel on remplace l'aluminium par du tantale. On utilise aussi le niobium. L'électrolyte est sec ou liquide. Ces condensateurs ont une capacité plus grande dans un plus faible volume, une durée de stockage plus grande et un courant de fuite plus faible. Bien que les tensions nominales soient plus faibles que pour les condensateurs électrolytiques à l'aluminium, on utilise couramment des condensateurs au tantale pour les applications à basse tension dans les circuits à transistors. Des modèles de condensateurs sont présentés sur la figure 21-8.

Tolérances sur les capacités Les condensateurs céramique plats, pour les applications générales, sont habituellement donnés avec une tolérance de ± 20 %. Actuellement, les condensateurs au papier ont une tolérance de ± 10 %. Pour obtenir des tolérances plus précises, on utilise des condensateurs au mica ou des condensateurs céramique tubulaires. Pour ces modèles, les tolérances normales sont de ±2 à 20 %. Des condensateurs au mica plaqués argent sont disponibles avec une tolérance de ±1 %.

La tolérance peut être plus faible du côté moins pour que l'on soit sûr d'avoir une capacité suffisante, en particulier pour les condensateurs électrolytiques qui ont une tolérance importante. Un condensateur électrolytique de 20 μF ayant une tolérance de −10 %, +50 % peut avoir une capacité comprise entre 18 et 30 μF. Mais la valeur exacte de la capacité n'est pas critique dans la plupart des applications telles que le le filtrage, le couplage alternatif et le découplage.

Tension nominale des condensateurs
Cette tension indique la différence de potentiel maximale que l'on peut appliquer entre les armatures sans percer le diélectrique. Habituellement, la tension nominale est donnée pour des températures maximales de 60°C environ. À température plus élevée, la tension nominale est plus faible. Pour des condensateurs au papier, au mica et céramique d'usage général, la tension nominale est typiquement comprise entre 200 et 500 V. Des condensateurs céramique de tensions nominales comprises entre 1 et 5 kV sont offerts dans le commerce.

On utilise couramment des condensateurs électrolytiques dont les tensions nominales sont de 25, 150 et 450 V. En outre, on utilise souvent des condensateurs électrolytiques de 6 et 10 V dans les circuits à transistors. Pour les applications dans lesquelles on peut admettre une tension nominale plus faible, on peut obtenir une capacité plus grande pour des dimensions plus petites.

Ces tensions nominales sont des tensions continues. La tension de claquage est plus faible pour une tension alternative, à cause de la chaleur formée à l'intérieur par la charge et la décharge continuelles.

La différence de potentiel aux bornes du condensateur dépend de la tension appliquée et n'est pas nécessairement égale à la tension nominale. Une tension nominale supérieure à la différence de potentiel appliquée aux bornes du condensateur constitue un facteur de sécurité qui augmente la durée de service. Mais, dans le cas des condensateurs électrolytiques, la tension réelle du condensateur doit être voisine de la tension nominale pour produire le film d'oxyde qui fournit la capacité indiquée.

Problèmes pratiques 21.4
(réponses à la fin du chapitre)
(a) Quel est le seul type de condensateur présentant une polarité?

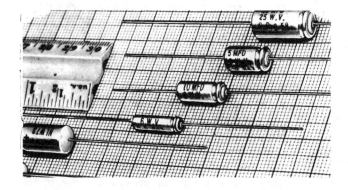

Figure 21-8 *Condensateurs électrolytiques miniatures à basse tension pour circuits à transistors. (Cornell-Dubilier Electronics)*

(*b*) Lequel, du condensateur au papier ou du condensateur céramique de même tension nominale, sera physiquement le plus petit?

21.5
CODE DES COULEURS
DES CONDENSATEURS

Les condensateurs au mica et les condensateurs céramique tubulaires sont codés par couleur pour indiquer la valeur de leur capacité. Comme le codage est uniquement nécessaire pour les très petits modèles, les valeurs de capacité indiquées par le code des couleurs sont toujours exprimées en pF. On utilise les mêmes couleurs que pour le codage des résistances, depuis le noir pour 0 jusqu'au blanc pour 9.

En général, les condensateurs au mica utilisent le système à six points représenté à la figure 21-9. On lit d'abord la ligne supérieure de gauche à droite et puis la ligne inférieure en sens inverse, de droite à gauche. Un premier point blanc indique le nouveau codage EIA, mais la valeur de la capacité se lit sur les trois points suivants. Si, par exemple, les couleurs sont rouge, vert et marron pour les points 2, 3 et 4, la capacité est de 250 pF. Si le premier point est argenté, il s'agit d'un condensateur au papier, mais la capacité se lit toujours sur les points 2, 3 et 4. Le point 5 précise la tolérance, tandis que le point 6 indique la classification EIA. Il y a sept classes de A à G pour indiquer le coefficient de température, la résistance de fuite et les paramètres variables complémentaires. À l'Annexe F, on donne des informations plus détaillées sur le codage de la tolérance et de la classe. Cette annexe indique aussi les codes discontinus que l'on trouve sur les condensateurs des vieux appareils.

Pour les condensateurs céramique tubulaires, on utilise le système de la figure 21-10 avec des points ou des bandes en couleurs. La bande colorée la plus large indiquant le coeffi-

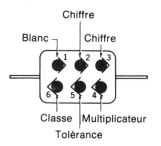

Figure 21-9 *Code des couleurs à six points pour les condensateurs au mica.*

cient de température se trouve à l'extrémité gauche, c'est-à-dire du côté qui est relié à l'électrode intérieure. La capacité se lit sur les trois couleurs suivantes, qui sont ou bien des points ou bien des bandes. Par exemple, si les bandes ou les points 2, 3 et 4 sont marron, noir et marron, le condensateur a une capacité de 100 pF.

On utilise le gris et le blanc comme multiplicateurs décimaux pour les très petites valeurs, le gris signifiant 0,01 et le blanc 0,1. Si, par exemple, les points 2, 3 et 4 sont respectivement vert, noir et blanc, la capacité est de $50 \times 0,1$, ou 5 pF. Les codes des couleurs pour la tolérance et le coefficient de température des condensateurs céramique sont indiqués dans l'Annexe F.

Pour lire la valeur de la capacité indiquée avec le code des couleurs, il faut se rappeler que les condensateurs au mica ont des valeurs habituellement comprises entre 10 et 5000 pF. Les petits condensateurs céramique tubulaires ont des capacités comprises entre 0,5 et 1000 pF. Dans le cas des condensateurs au papier et des condensateurs céramique plats, la capacité et la tension nominales sont généralement imprimées sur le boîtier. Si aucune tension nominale n'est spécifiée, elle est habituellement de 400 à 600 V. Les condensateurs électrolytiques ont toujours leur capacité, leur tension nominale et leur polarité imprimées sur le boîtier.

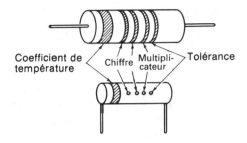

Figure 21-10 *Code des couleurs pour condensateurs tubulaires céramique.*

Problèmes pratiques 21.5
(réponses à la fin du chapitre)

(a) Soit un condensateur à bandes ou points rouge, vert et noir. Quelle est sa capacité C?

(b) Quelles lettres utilise-t-on pour indiquer un coefficient de température négatif?

21.6
CONDENSATEURS EN PARALLÈLE

Connecter des condensateurs en parallèle équivaut à ajouter les surfaces des armatures. La capacité totale est donc la somme des capacités individuelles. Tel qu'indiqué à la figure 21-11:

$$C_T = C_1 + C_2 + \dots \qquad (21.5)$$

Un condensateur de 10 μF en parallèle avec un condensateur de 5 μF, par exemple, forme une capacité totale de 15 μF. La tension est

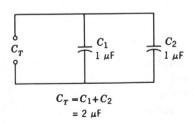

$$C_T = C_1 + C_2$$
$$= 2 \ \mu F$$

Figure 21-11 *Condensateurs en parallèle.*

la même aux bornes des condensateurs en parallèle. Remarquez que l'addition des capacités en parallèle s'oppose au cas des inductances en parallèle et à celui des résistances en parallèle.

Problèmes pratiques 21.6
(réponses à la fin du chapitre)

(a) Soit deux condensateurs, l'un de 0,01 μF et l'autre de 0,02 μF, en parallèle. Calculer C_T.

(b) Calculer la capacité C du condensateur à brancher en parallèle avec un condensateur de 100 pF pour que la capacité totale C_T soit égale à 250 pF.

21.7
CONDENSATEURS EN SÉRIE

Connecter des condensateurs en série équivaut à augmenter l'épaisseur du diélectrique. La capacité combinée ou totale C_T est donc inférieure à la plus petite valeur individuelle. Comme on l'indique à la figure 21-12, elle se calcule par la formule des inverses:

$$\frac{1}{C_T} = \frac{1}{C_1} + \frac{1}{C_2} + \dots \qquad (21.6)$$

Toute simplification applicable à la formule des inverses s'applique ici. Par exemple, la capacité combinée de deux condensateurs égaux de 10 μF connectés en série est de 5 μF.

On connecte des condensateurs en série pour que la tension de claquage de la combinaison soit plus élevée. Par exemple, chacun des trois condensateurs montés en série est soumis au tiers de la tension appliquée.

Division de la tension entre des condensateurs différents Si les capacités des condensateurs montés en série sont inégales, la tension aux bornes de chacun d'eux est inversement proportionnelle à sa capacité, tel qu'indiqué à la figure 21-13. Le condensateur

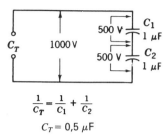

$$\frac{1}{C_T} = \frac{1}{C_1} + \frac{1}{C_2}$$

$$C_T = 0,5 \ \mu\text{F}$$

Figure 21-12 *Condensateurs en série.*

de plus petite capacité est soumis à la fraction la plus importante de la tension appliquée. Ceci s'explique par le fait que les condensateurs en série ont tous la même charge, étant donné qu'ils sont sur le même passage du courant. Les charges étant égales, un condensateur de capacité plus faible est soumis à une différence de potentiel plus élevée.

On peut considérer la charge des condensateurs montés en série présentés à la figure 21-13. Si on suppose un courant de charge de 600 μA circulant pendant 1 s, la charge Q est égale à $I \cdot t$, donc à 600 μC. Les condensateurs C_1 et C_2 ont tous deux une charge Q égale à 600 μC, puisqu'ils sont sur le même passage du courant de charge.

La charge étant la même pour C_1 et pour C_2, les tensions aux bornes des condensateurs sont différentes puisque les valeurs de leurs capacités sont différentes. Pour chaque condensateur, $V = Q/C$. La tension V_1 aux bornes du

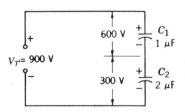

Figure 21-13 *Quand des condensateurs sont en série, celui de plus petite capacité a une tension plus grande pour la même charge.*

condensateur C_1 est donc 600μC/1 μF, ce qui fait 600 V. Quant à la tension de C_2, elle est égale à 600 μC/2 μF, c'est-à-dire que V_2 est de 300 V.

Courant de charge des condensateurs en série Le courant de charge est le même dans tous les composants d'un circuit en série, y compris la jonction entre C_1 et C_2, même si ce point est séparé de la source de tension par deux isolants. Le courant circulant dans cette jonction résulte des électrons repoussés par l'armature négative de C_2 et attirés par l'armature positive de C_1. Ce courant est égal à celui qui résulterait de la présence d'un seul condensateur de capacité 0,667 μF, qui est la capacité équivalente aux condensateurs C_1 et C_2 en série.

*Problèmes pratiques 21.7
(réponses à la fin du chapitre)*

(a) Soit deux condensateurs de 0,2 μF chacun, montés en série. Calculer C_T.
(b) Si une tension de 500 V est appliquée aux deux condensateurs ci-dessus. Quelle sera la tension V_C aux bornes de chacun?
(c) Soit deux condensateurs, l'un de 100 pF et l'autre de 50 pF, montés en série. Calculer C_T.

21.8
CAPACITÉ PARASITE ET EFFETS INDUCTIFS

Ces deux caractéristiques importantes peuvent être mises en évidence dans tous les circuits avec tous les types de composants. Un condensateur a des conducteurs qui présentent une faible inductance. Une bobine présente une certaine capacité entre les enroulements. Une résistance a une faible inductance et une faible capacité. Après tout, une capacité est simplement constituée d'un isolant placé entre deux points ayant des potentiels différents.

Une inductance n'est en principe qu'un conducteur traversé par un courant.

En réalité, ces effets parasites sont habituellement faibles comparativement aux valeurs localisées ou réparties des condensateurs ou des inductances. Une capacité parasite peut être comprise entre 1 et 10 pF, tandis qu'une inductance parasite est habituellement égale à une fraction de microhenry. Cependant, aux fréquences R.F. très élevées, il faut utiliser de faibles valeurs de L et C et les effets parasites deviennent importants. Comme autre exemple, on peut citer la capacité qui existe entre les conducteurs d'un câble.

Capacité parasite d'un circuit Le câblage et les composants d'un circuit présentent une capacité par rapport au châssis métallique. Cette capacité parasite C_s est en général de 5 à 10 pF. Pour réduire C_s, il faut que les fils soient courts et que les composants, de même que les connexions, soient placés assez haut au-dessus du châssis. Quelquefois, aux fréquences très élevées, la capacité parasite est comprise dans le calcul du circuit; si l'on change la position des composants et du câblage, on modifie alors le fonctionnement du circuit. En outre, un *tracé* aussi critique des *connexions* est habituellement précisé dans les notes de service du constructeur.

Résistance de fuite d'un condensateur On considère un condensateur chargé par une source de tension continue. Quand la charge est terminée, on débranche la source; si le condensateur était parfait, il conserverait sa charge indéfiniment. Mais, après une longue période, la charge sera neutralisée par un faible courant de fuite à travers le diélectrique et le boîtier isolé entre les bornes, parce qu'il n'y a pas d'isolant parfait. Cependant, pour les condensateurs au papier, céramique et au mica, le courant de fuite est très faible ou, inversement, la résistance de fuite est très éle-

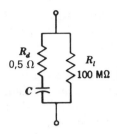

Figure 21-14 *Circuit équivalent à un condensateur. R_l est la résistance de fuite; R_d représente les pertes par absorption dans le diélectrique.*

vée. Ainsi qu'on l'indique à la figure 21-14, la résistance de fuite R_l est symbolisée par une résistance élevée R_l en parallèle sur la capacité C. Pour les condensateurs au papier, céramique ou au mica, R_l est de 100 MΩ ou davantage. Mais les condensateurs électrolytiques peuvent avoir une résistance de fuite aussi faible que 0,5 MΩ ou moins.

Pertes par absorption dans les condensateurs Si on applique une tension alternative aux bornes d'un condensateur, la charge et la décharge continuelles, de même que l'action de charge en sens inverse, ne peuvent pas être suivies instantanément dans le diélectrique. Ceci correspond aux pertes par hystérésis dans les matériaux magnétiques. Lorsque la tension de charge d'un condensateur est à fréquence élevée, il peut y avoir une différence entre la tension alternative appliquée et la tension alternative du diélectrique. On peut considérer la différence comme la *perte par absorption* dans le diélectrique. Les pertes augmentent aux fréquences plus élevées. Sur la figure 21-14, la faible valeur de 0,5 Ω indiquée pour R_d est une valeur type pour des condensateurs au papier. Les pertes diélectriques des condensateurs céramique et des condensateurs au mica sont même plus faibles. Ces pertes ne sont pas à considérer pour des condensateurs électrolytiques que l'on n'utilise généralement pas aux fréquences radio.

Facteur de puissance d'un condensateur La qualité d'un condensateur, définie par des pertes minimales, s'exprime souvent par le facteur de puissance qui indique la fraction de la puissance appliquée, dissipée en chaleur dans le condensateur. Plus la valeur numérique du facteur de puissance est faible, meilleure est la qualité du condensateur. Comme les pertes sont dans le diélectrique, le facteur de puissance du condensateur est essentiellement le facteur de puissance du diélectrique, qui ne dépend ni de la valeur de la capacité, ni de la tension nominale. Aux fréquences radio, les valeurs approximatives du facteur de puissance sont 0,000 pour l'air ou le vide, 0,0004 pour le mica, environ 0,01 pour le papier, et entre 0,0001 et 0,03 pour les céramique.

L'inverse du facteur de puissance peut être considéré comme le facteur de qualité Q du condensateur, en suivant la même idée que pour le facteur Q d'une bobine. Par exemple, un facteur de puissance de 0,001 correspond à un Q de 1000. Plus le facteur Q est grand, meilleure est donc la qualité du condensateur.

Inductance d'un condensateur Les condensateurs ayant une structure enroulée, en particulier les condensateurs au papier ou les condensateurs électrolytiques, présentent une certaine inductance interne. Plus la capacité est élevée, plus l'inductance en série est importante. Mais les condensateurs au mica et les condensateurs céramique ont une inductance très faible, c'est pour cette raison qu'on les utilise généralement aux fréquences radio.

Pour être utilisable au-dessus des audiofréquences, les condensateurs à structure enroulée doivent être réalisés sans inductance. Ceci signifie que le début et la fin des feuilles

enroulées ne doivent pas constituer les bornes du condensateur. Les enroulements des feuilles sont au contraire décalés. La première borne peut donc être en contact avec toutes les couches d'une feuille, sur un des bords, tandis que le bord opposé de l'autre feuille est en contact avec la seconde borne. La plupart des condensateurs à feuilles enroulées sont construits de cette manière, y compris les modèles au papier et au mylar.

Capacité répartie d'une bobine Comme on l'indique à la figure 21-15, une bobine a une capacité répartie C_d entre ses spires. On remarque que chaque spire est un conducteur séparé de la spire suivante par un isolant, ce qui est la définition d'une capacité. En outre, le potentiel de chaque spire est différent de celui de la suivante, ce qui fait qu'une partie de la tension totale sert de différence de potentiel pour charger C_d. C'est ce qu'indique le circuit équivalent représenté pour une bobine R.F., où L est l'inductance et R_e la résistance interne effective en série avec L, tandis que la capacité répartie totale C_d pour toutes les spires est aux bornes de toute la bobine.

Il existe des méthodes de bobinage spéciales pour réduire au minimum la capacité répartie, parmi lesquelles: les bobines à *spires écartées*, dans lesquelles les spires sont espacées; le bobinage en *nids d'abeille* ou bobinage universel, dans lequel les spires se coupent à angle droit; le *bobinage à plusieurs couches*,

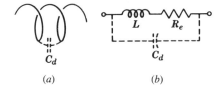

(a) (b)

Figure 21-15 *Circuit équivalent à une bobine R.F. (a) Capacité répartie C_d entre les spires de la bobine; (b) circuit équivalent.*

en sections séparées appelées *galettes*. Ces bobinages sont destinés aux bobines R.F. Dans les transformateurs audiofréquences ou à la fréquence du secteur, on dispose souvent un écran conducteur mis à la masse, appelé *écran de Faraday*, entre les enroulements pour réduire le couplage capacitif.

Effets réactifs dans les résistances Comme le montre le circuit équivalent en radiofréquence de la figure 21-16, une résistance peut présenter une faible capacité et une faible inductance. Dans les résistances à couche de carbone, l'inductance est habituellement négligeable. Mais, une capacité de 0,5 pF entre les bornes peut avoir une influence, surtout dans le cas de résistances élevées employées aux hautes fréquences radio. Les résistances bobinées ont une inductance suffisamment élevée pour être notable aux fréquences radio. Mais il existe des résistances spéciales à double bobinage sans inductance, appliquant le principe de l'annulation des champs magnétiques opposés.

Capacité d'un circuit ouvert Un commutateur ouvert ou bien une coupure dans un fil conducteur présentent une capacité C_o aux bornes de la coupure. En effet, la coupure est constituée d'un isolant placé entre deux conducteurs. Comme il y a une source de tension dans le circuit, C_o se charge à la tension appliquée. Comme la capacité C_o est faible, de l'ordre de quelques picofarads, la coupure se charge à la tension de la source en un temps très court. C'est à cause de la charge de cette capacité C_o qu'un circuit série, ouvert, présente entre ses bornes ouvertes une tension égale à la tension appliquée. Après le passage momentané du courant de charge, C_o se charge à la tension appliquée et conserve la charge nécessaire pour maintenir cette tension aussi longtemps que le circuit est ouvert.

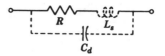

Figure 21-16 *Circuit équivalent à une résistance en haute fréquence.*

Problèmes pratiques 21.8
(réponses à la fin du chapitre)
Répondre par vrai ou faux:

(*a*) Un câble à deux conducteurs présente, entre ses deux conducteurs, une capacité répartie;

(*b*) Une bobine présente, entre ses spires, une capacité répartie;

(*c*) Les condensateurs céramique présentent une résistance de fuite élevée.

21.9
ÉNERGIE DU CHAMP ÉLECTROSTATIQUE D'UN CONDENSATEUR

Le champ électrostatique de la charge emmagasinée dans le diélectrique a une énergie électrique fournie par la source de tension qui charge C. Cette énergie est emmagasinée dans le diélectrique. On le prouve par le fait que le condensateur peut produire un courant de décharge quand on supprime la source de tension. L'énergie électrique stockée est:

$$W = ½\ CV^2 \text{ joules} \qquad (21.7)$$

où C est la capacité en farads et V, la tension en volts aux bornes du condensateur. Par exemple, un condensateur de 1 μF chargé sous 400 V emmagasine une énergie W telle que:

$$W = ½\ CV^2 = \frac{1 \times 10^{-6} \times (4 \times 10^2)^2}{2}$$

$$= \frac{1 \times 10^{-6} \times (16 \times 10^4)}{2}$$

$$= 8 \times 10^{-2}$$

$$W = 0,08 \text{ J}$$

Cette énergie de 0,08 J est fournie par la source de tension qui charge le condensateur à 400 V. Quand le circuit de charge est ouvert, l'énergie stockée reste sous forme de charge dans le diélectrique. Quand on réalise un circuit fermé pour la décharge, toute l'énergie de 0,08 J est disponible pour produire un courant de décharge. Quand le condensateur se décharge, l'énergie est employée à produire le courant de décharge. Quand le condensateur est complètement déchargé, l'énergie emmagasinée est nulle.

L'énergie emmagasinée explique pourquoi un condensateur chargé peut produire un choc électrique, même quand il n'est pas connecté dans un circuit. Quand on touche les deux connexions d'un condensateur chargé, sa tension produit un courant de décharge qui passe à travers le corps. Une énergie emmagasinée de plus de 1 J peut être dangereuse si le condensateur est chargé à une tension assez élevée pour produire un choc électrique.

Problèmes pratiques 21.9
(réponses à la fin du chapitre)
Répondre par vrai ou faux.
(a) L'énergie emmagasinée dans un condensateur de capacité C augmente avec V.
(b) L'énergie emmagasinée dans un condensateur de capacité C décroît avec C.

21.10
DÉFAUTS DANS LES CONDENSATEURS
Les condensateurs peuvent être coupés ou en court-circuit. Dans l'un ou l'autre cas, le condensateur est hors d'usage puisqu'il ne peut plus emmagasiner de charge. Un condensateur mal isolé est équivalent à un court-

cuit partiel dans lequel le diélectrique perd progressivement ses propriétés isolantes sous l'effet de la tension appliquée, cependant que sa résistance s'abaisse. Un condensateur de bonne qualité a une résistance très élevée, de l'ordre de plusieurs mégohms; un condensateur en court-circuit a une résistance nulle, il ne forme pas de discontinuité; la résistance d'un condensateur mal isolé est plus faible que la normale.

Vérification des condensateurs à l'ohmmètre On peut habituellement vérifier un condensateur à l'ohmmètre. Il est préférable d'utiliser la gamme la plus élevée, par exemple $R \times 1 \text{ M}\Omega$. Il faut aussi débrancher le condensateur du circuit d'un côté pour éliminer tous les circuits résistants, en parallèle, qui pourraient abaisser la résistance mesurée. Éloignez les doigts des connexions, car la résistance du corps réduit l'indication.

Comme on l'indique à la figure 21-17, les connexions de l'ohmmètre sont branchées aux bornes du condensateur. Quand le condensateur est de bonne qualité, l'aiguille de l'appareil se déplace rapidement vers le côté à basse

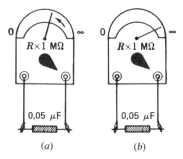

Figure 21-17 *Contrôle d'un condensateur à l'ohmmètre. Échelle des résistances de gauche à droite comme sur un voltmètre électronique à tubes à vide: (a) la fonction du condensateur se manifeste quand l'aiguille se déplace sous l'effet du courant de charge; (b) indication de la résistance de fuite quand le condensateur est chargé.*

résistance de l'échelle, puis revient doucement vers l'infini. Quand l'aiguille s'arrête, l'indication correspond à la résistance d'isolement du condensateur, qui est normalement très élevée. Pour les condensateurs au papier, au mica et céramique, la résistance peut être de 500 à 1000 MΩ ou davantage, c'est-à-dire pratiquement infinie. Mais les condensateurs électrolytiques ont une résistance normale inférieure, de l'ordre de 0,5 MΩ ou davantage. De toute façon, il faut décharger le condensateur avant de le vérifier à l'ohmmètre.

Au moment où on connecte l'ohmmètre au condensateur, sa pile charge le condensateur. C'est ce courant de charge qui fait décoller l'aiguille de l'appareil de mesure de la graduation infinie, puisque plus le courant traversant l'appareil de mesure est élevé, plus la résistance est faible. Le courant est maximal au premier instant de la charge. Le courant diminue ensuite au fur et à mesure de l'accroissement de la tension du condensateur jusqu'à la tension appliquée; l'aiguille se déplace donc doucement vers les valeurs infinies de résistances. Enfin, le condensateur étant complètement chargé à la tension de la pile de l'ohmmètre, le courant de charge est nul et l'ohmmètre indique uniquement le faible courant de fuite à travers le diélectrique. Cet effet de charge appelé *action du condensateur* indique que le condensateur peut emmagasiner une charge, donc qu'il est normal. Il faut observer que la montée et la descente des indications de l'appareil de mesure sont dues à la charge. Le condensateur se décharge quand on inverse les connexions de l'appareil de mesure.

Lectures sur un ohmmètre
Les défauts d'un condensateur se manifestent de la façon suivante:

1. Si l'indication de l'ohmmètre est immédiatement voisine de zéro et qu'elle conserve cette valeur, le condensateur est en court-circuit.

2. Si le condensateur paraît se charger, mais que la résistance définitive est nettement inférieure à la normale, le condensateur est mal isolé. Un condensateur de ce type est particulièrement gênant dans les circuits à résistance élevée. Pour vérifier des condensateurs électrolytiques, il faut inverser les connexions de l'ohmmètre et prendre la plus élevée des deux indications.

3. Si le condensateur ne semble pas se charger et que l'indication correspond uniquement à une résistance très élevée, le condensateur peut être coupé. Mais il faut avoir à l'esprit certaines précautions, puisqu'il est normal que les condensateurs aient une résistance élevée. Il faut inverser les connexions de l'ohmmètre pour décharger le condensateur, puis vérifier de nouveau. On se rappellera aussi que les condensateurs de capacité égale ou inférieure à 100 pF ont normalement un très petit courant de charge quand la pile de l'ohmmètre est à faible tension.

Condensateurs en court-circuit En service normal, les condensateurs peuvent être mis en court-circuit parce que le diélectrique se détériore en vieillissant, habituellement après quelques années de service sous la tension de charge, surtout aux températures élevées. Cet effet est plus courant pour les condensateurs au papier et les condensateurs électrolytiques. Le mauvais isolement d'un condensateur peut apparaître progressivement, ce qui indique un court-circuit partiel, ou bien le diélectrique peut être percé, ce qui provoque un court-circuit.

Condensateurs coupés En plus des risques de connexion coupée qui existent dans tous les condensateurs, une résistance élevée se développe dans l'électrolyte des condensateurs électrolytiques quand ces derniers vieillissent, en particulier aux températures élevées. Après une utilisation d'un an ou deux, quand l'électrolyte se dessèche, le condensateur est partiellement coupé. Beaucoup des propriétés du condensateur ont disparu et il faut remplacer le condensateur.

Durée de stockage À l'exception des condensateurs électrolytiques, les condensateurs ne s'abîment pas par vieillissement pendant leur stockage, puisqu'aucune tension n'est appliquée. Cependant, les condensateurs électrolytiques, comme les piles sèches, doivent être utilisés aussiôt qu'ils sont fabriqués.

Problèmes pratiques 21.10
(réponses à la fin du chapitre)
(a) Que lit-on sur un ohmmètre branché aux bornes d'un condensateur court-circuité?
(b) L'effet de charge d'un condensateur branché sur un ohmmètre indique un condensateur en bon ou en mauvais état?

Résumé

1. Un condensateur est constitué de deux armatures conductrices, séparées par un diélectrique isolant. Son aptitude à emmagasiner une charge est la capacité C. Appliquer une tension pour emmagasiner une charge, c'est charger le condensateur; court-circuiter les deux armatures du condensateur pour neutraliser la charge, c'est décharger le condensateur. La figure 21-18 illustre les symboles graphiques des condensateurs.

2. L'unité de capacité est le farad (F). Un condensateur de capacité égale à un farad emmagasine une charge de un coulomb quand il est soumis à une tension de un volt. En pratique, les condensateurs ont des capacités de valeurs beaucoup plus faibles car elles sont comprises entre 1 pF et 1000 μF; 1 pF est égal à 1×10^{-12} F; 1 μF est égal à 1×10^{-6} F.

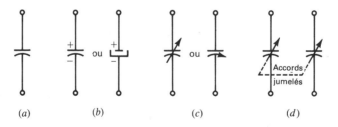

(a) (b) (c) (d)

Figure 21-18 *Symboles graphiques de différents types de condensateurs:* (a) *condensateur fixe à air, au papier, au mica ou céramique;* (b) *condensateur électrolytique à polarité;* (c) *condensateur variable;* (d) *condensateurs jumelés par un axe.*

3. $Q = CV$, où Q est la charge en coulombs, C la capacité en farads et V la différence de potentiel aux bornes du condensateur, en volts.
4. La capacité augmente avec la surface des armatures et diminue quand l'écartement des armatures augmente.
5. Le rapport entre la charge emmagasinée dans les différents isolants et la charge emmagasinée dans l'air est la permittivité relative ϵ_r ou constante diélectrique du matériau. L'air et le vide, par exemple, ont une permittivité relative égale à 1.
6. Les modèles de condensateurs les plus courants sont à air, au papier, au mica, céramique ou électrolytiques. Les condensateurs électrolytiques sont les seuls condensateurs polarisés. Les différents types de condensateurs sont comparés au tableau 21-2.
7. Les condensateurs au mica et les condensateurs céramique tubulaires sont repérés suivant le code des couleurs, (voir les figures 21-9 et 21-10).

Tableau 21-3 *Comparaison des condensateurs et des inductances*

CONDENSATEUR ET CAPACITÉ	INDUCTANCE
Symbole: C	Symbole: L
Unité de capacité: le farad (F)	Unité: le henri (H)
Emmagasine une charge Q	Conduit un courant I
Nécessite un diélectrique servant d'isolant	Nécessite un fil conducteur
C augmente avec la surface des armatures	L augmente avec le nombre de spires
Un diélectrique ayant un ϵ_r plus grand concentre un plus grand champ électrique et donc augmente C	Un noyau ayant un μ_r plus grand concentre un plus grand champ magnétique et donc augmente L
Dans un montage série:	Dans un montage série:
$$\frac{1}{C_T} = \frac{1}{C_1} + \frac{1}{C_2}$$	$$L_T = L_1 + L_2$$
Dans un montage parallèle:	Dans un montage parallèle:
$$C_T = C_1 + C_2$$	$$\frac{1}{L_T} = \frac{1}{L_1} + \frac{1}{L_2}$$

8. Pour des condensateurs en parallèle, on a:
   $C_T = C_1 + C_2 + C_3 + ...$
9. Pour des condensateurs en série, on a:
   $1/C_T = 1/C_1 + 1/C_2 + 1/C_3 + ...$
10. Le champ électrique d'une capacité emmagasine une énergie égale à $CV^2/2$. Si V est en volts et C en farads, l'énergie est en joules.
11. Lorsque l'on vérifie un bon condensateur à l'ohmmètre, on observe d'abord le courant de charge, puis l'indication de l'ohmmètre se stabilise à la valeur de la résistance d'isolement. Tous les types de condensateurs, sauf les condensateurs électrolytiques, ont normalement une résistance d'isolement très élevée, de l'ordre de 500 à 1000 MΩ. Les condensateurs électrolytiques ont un courant de fuite plus important et une résistance type de 0,5 MΩ.
12. Les principales comparaisons entre les caractéristiques opposées des capacités et des inductances sont résumées au tableau 21-3.

Exercices de contrôle
(Réponses à la fin de l'ouvrage)

Voici un moyen de contrôler si vous avez bien assimilé le contenu de ce chapitre. Ces exercices sont uniquement destinés à vous évaluer vous-même.

Choisir (a), (b), (c) ou (d).

1. Un condensateur est constitué de deux: (a) armatures séparées par un isolant; (b) isolants séparés par une armature; (c) armatures seulement; (d) isolants seulement.
2. Une capacité de 0,02 μF est égale à: (a) $0,02 \times 10^{-12}$ F; (b) $0,02 \times 10^{-6}$ F; (c) $0,02 \times 10^{6}$ F; (d) 200×10^{-12} F.
3. Un condensateur de 10 μF chargé sous 10 V a emmagasiné une charge égale à: (a) 10 μC; (b) 100 μC; (c) 200 μC; (d) 1 C.
4. La capacité augmente avec: (a) la surface des armatures et la distance entre les armatures; (b) une surface d'armatures plus petite et une distance entre armatures plus grande; (c) la surface des armatures et l'inverse de la distance entre armatures; (d) la tension appliquée.
5. Quelle est l'affirmation correcte dans ce qui suit? (a) Les condensateurs à air portent une bande noire pour indiquer la feuille métallique extérieure; (b) Il existe des condensateurs au mica dont les valeurs sont comprises entre 1 et 10 μF; (c) Les condensateurs électrolytiques doivent être branchés avec la polarité correcte; (d) Les condensateurs céramique doivent être branchés avec la polarité correcte.

6. La tension appliquée aux bornes d'un condensateur céramique produit un champ électrostatique cent fois plus grand que dans l'air. La permittivité relative ϵ_r de la céramique est égale à: (*a*) 33,33 (*b*) 50; (*c*) 100; (*d*) 10 000.

7. Un condensateur au mica porte six points de couleurs codées blanc, rouge, vert, marron, rouge et jaune; sa capacité est de: (*a*) 25 pF; (*b*) 124 pF; (*c*) 250 pF; (*d*) 925 pF.

8. Le groupement de deux condensateurs de 0,02 μF, 500 V, en série, a une capacité et une tension de claquage nominales de: (*a*) 0,01 μF, 500 V; (*b*) 0,01 μF, 1000 V; (*c*) 0,02 μF, 500 V; (*d*) 0,04 μF, 500 V.

9. Le groupement de deux condensateurs de 0,02 μF, 500 V, en parallèle, a une capacité et une tension de claquage nominales de: (*a*) 0,01 μF, 1000 V; (*b*) 0,02 μF, 500 V; (*c*) 0,04 μF, 500 V; (*d*) 0,04 μF, 1000 V.

10. Pour un condensateur au papier de 0,05 μF de bonne qualité, l'indication de l'ohmmètre doit: (*a*) s'établir rapidement à environ 100 Ω et s'y maintenir; (*b*) correspondre momentanément à une faible résistance puis revenir à une résistance très élevée; (*c*) correspondre momentanément à une résistance élevée et ensuite à une très faible résistance; (*d*) ne pas varier du tout.

Questions

1. Définir un condensateur par sa structure physique et sa fonction électrique. Expliquer comment un conducteur bifilaire peut présenter une capacité.

2. (*a*) Qu'entend-on par matériau diélectrique? (*b*) Citer cinq matériaux diélectriques courants. (*c*) Définir le flux diélectrique.

3. Expliquer brièvement comment charger un condensateur. Comment charge-t-on un condensateur déchargé?

4. Définir une capacité de 1 F. Convertir en farads les grandeurs suivantes en utilisant des puissances de 10: (*a*) 50 pF; (*b*) 0,001 μF; (*c*) 0,047 μF; (*d*) 0,01 μF; (*e*) 10 μF.

5. Indiquer l'influence sur la capacité: (*a*) des armatures de plus grande surface; (*b*) d'un diélectrique plus mince; (*c*) d'une valeur plus élevée de la constante diélectrique.

6. Donner une raison qui motive le choix du condensateur à utiliser dans les applications suivantes: (*a*) une capacité de 80 μF pour un circuit dont un côté est positif et dont la tension appliquée ne dépasse jamais 150 V; (*b*) une capacité de 1,5 pF pour un circuit R.F. dans lequel la tension nominale nécessaire est inférieure à 500 V; (*c*) une capacité de 0,05 μF pour un circuit audiofréquence dont la tension nominale est inférieure à 500 V.

7. (a) Indiquer la capacité des condensateurs au mica à six points dont les couleurs codées sont: (1) noir, rouge, vert, marron, noir, noir; (2) blanc, vert, noir, noir, vert, marron; (3) blanc, gris, rouge, marron, argent, noir. (b) Donner la valeur de la capacité des condensateurs céramique tubulaires codés par couleur de la manière suivante: (1) noir, marron, noir, noir, marron; (2) marron, gris, noir, gris, noir.

8. Tracer un schéma indiquant le plus petit nombre de condensateurs 400 V, 2 μF, nécessaires pour obtenir un groupement d'une tension nominale de 800 V avec une capacité totale de 2 μF.

9. On donne deux condensateurs identiques non chargés. On charge l'un sous 500 V et on le connecte aux bornes du condensateur non chargé. Pourquoi la tension aux bornes des deux condensateurs sera-t-elle de 250 V?

10. Expliquer brièvement comment vérifier un condensateur de 0,05 μF à l'ohmmètre. Donner les indications de l'ohmmètre dans les cas où le condensateur est bon, court-circuité ou coupé.

11. Définir les expressions suivantes: (a) la capacité parasite d'un circuit; (b) la capacité répartie d'un enroulement; (c) la résistance de fuite d'un condensateur; (d) le facteur de puissance et le facteur de qualité Q d'un condensateur.

12. Indiquer deux comparaisons entre le champ électrique d'un condensateur et le champ magnétique d'une bobine.

13. Donner trois types de défauts des condensateurs.

14. Pourquoi le courant de décharge d'un condensateur circule-t-il dans le sens inverse de celui de la charge?

Problèmes
(Les réponses des problèmes de numéro impair sont données à la fin de l'ouvrage)

1. Quelle est, en coulombs, la charge d'un condensateur de 4 μF, chargé sous 100 V?

2. Un condensateur de 4 μF a une charge de 400 μC. (a) Quelle est la tension aux bornes de ce condensateur? (b) Quelle est la tension aux bornes d'un condensateur de 8 μF ayant la même charge de 400 μC?

3. Un condensateur de 2 μF est chargé par un courant de charge constant de 3 μA pendant 4 s. (a) Quelle est la charge emmagasinée dans le condensateur? (b) Quelle est la tension aux bornes du condensateur?

4. Un condensateur C_1 de 1 μF et un condensateur C_2 de 10 μF sont en série et le courant de charge constant est de 2 mA. (*a*) Quelle est, au bout de 5 s, la charge de C_1 et de C_2? (*b*) Quelles sont les tensions aux bornes de C_1 et de C_2?

5. Calculer la capacité C d'un condensateur au mica dont la permittivité relative ϵ_r est de 8, l'épaisseur de 0,02 cm, les armatures de 6 cm^2 et qui possède cinq sections en parallèle. (Remarque: 1cm $= 10^{-2}$ m et 1 cm$^2 = 10^{-4}$ m^2.)

6. (*a*) Quelle est la capacité d'un condensateur qui emmagasine une charge de 6000 μC quand on lui applique 150 V? (*b*) La charge emmagasinée est celle de combien d'électrons? (*c*) De quel type de condensateur s'agit-il probablement?

7. Quand on applique 100 V aux bornes d'un condensateur, la charge emmagasinée est de 100 μC. On double alors la tension appliquée qui passe à 200 V. (*a*) Quelle est la tension aux bornes du condensateur? (*b*) Quelle est la charge emmagasinée? (*c*) Quelle est la valeur de la capacité?

8. En se reportant aux condensateurs en parallèle de la figure 21-11, calculer les charges Q_1 de C_1 et Q_2 de C_2 pour $V = 500$ V. Quelle est la charge totale Q_T des deux condensateurs? Calculer la capacité totale C_T en faisant le quotient Q_T/V.

9. Calculer, en joules, l'énergie emmagasinée dans: (*a*) un condensateur C de 500 pF, chargé sous 10 kV; (*b*) un condensateur C de 1 μF, chargé sous 5 kV; (*c*) un condensateur C de 40 μF, chargé sous 400 V.

10. Soit trois condensateurs en série de capacités $C_1 = 100$ pF, $C_2 = 100$ pF et C_3 de 50 pF. Calculer C_T.

11. Calculer la capacité totale du montage mixte de condensateurs illustré aux figures 21-19*a* et *b*.

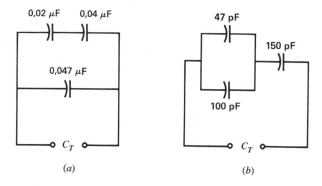

(*a*) (*b*)

Figure 21-19 *Pour le problème 11.*

Réponses aux problèmes pratiques

21.1   (*a*) dans le diélectrique
       (*b*) le farad

21.2   (*a*) 458 V
       (*b*) 0 V

21.3   (*a*) 10 μF
       (*b*) le condensateur céramique

21.4   (*a*) le condensateur électrolytique
       (*b*) le condensateur céramique

21.5   (*a*) 250 pF
       (*b*) NPO

21.6   (*a*) 0,03 μF
       (*b*) 150 pF

21.7   (*a*) 0,1 μF
       (*b*) 250 V
       (*c*) 33,3 pF

21.8   (*a*) vrai
       (*b*) vrai
       (*c*) vrai

21.9   (*a*) vrai
       (*b*) faux

21.10   (*a*) 0 Ω
       (*b*) en bon état

La réactance capacitive

Si un condensateur subit des charges et décharges alternées par suite de l'application d'une tension variable, il peut s'établir un courant alternatif. Bien qu'aucun courant ne puisse circuler à travers le diélectrique du condensateur, sa charge et sa décharge engendrent un courant dans le circuit relié aux armatures du condensateur. La valeur du courant alternatif qui circulera dans un circuit soumis à une tension sinusoïdale dépend de la valeur de la réactance capacitive X_C.

La valeur de X_C est de $1/(2\pi fC)$ avec f exprimé en hertz et C en farads pour X_C en ohms. La réactance X_C s'exprime en ohms, comme X_L, mais leurs effets sont opposés sur le plan de la fréquence. Tandis que X_L est directement proportionnel à f, X_C lui est inversement proportionnel. Par suite de cette relation inverse dans $X_C = 1/(2\pi fC)$, la valeur en ohms de X_C décroît aux fréquences plus élevées et avec une capacité croissante. Les sujets expliquant ces effets de X_C dans des circuits à courant alternatif sinusoïdal sont les suivants:

22.1 COMMENT UNE TENSION ALTERNATIVE ENGENDRE UN COURANT ALTERNATIF DANS UN CIRCUIT CAPACITIF

Le fait que le courant circule lorsqu'on applique une tension alternative est illustré à la figure 22-1, où l'ampoule s'illumine en (a) et en (b) par suite du courant de charge et de décharge du condensateur. Il ne passe pas de courant dans le diélectrique, qui est un isolant. Cependant, pendant que le condensateur est chargé par la croissance de la tension appliquée, le courant de charge circule selon un sens dans les conducteurs vers les armatures. Tandis que le condensateur se décharge lorsque la tension baisse, le courant de décharge circule en sens opposé. Lorsqu'on applique une tension alternative, le condensateur subit des charges et des décharges alternées.

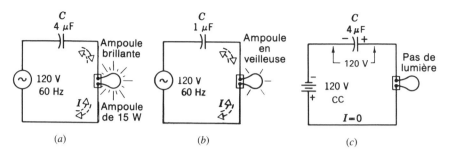

Figure 22-1 *Courant dans un circuit capacitif:*
(a) le condensateur de 4 µF laisse passer un
courant à 60 Hz d'intensité suffisante pour que
l'ampoule s'illumine brillamment; (b) un courant
plus faible avec un condensateur plus petit
provoque une baisse de la lumière; (c) l'ampoule
ne peut s'illuminer lorsque la tension appliquée
est continue.

En premier lieu, le condensateur est chargé dans l'une des polarités, puis il est déchargé; dans un second temps, le condensateur est chargé dans la polarité opposée, puis à nouveau déchargé. Les cycles de courant de charge et de décharge engendrent dans le circuit un courant alternatif de même fréquence que la tension appliquée. C'est ce courant qui fait illuminer l'ampoule.

Dans la figure 22-1a, le condensateur de 4 µF fournit un courant alternatif suffisant pour que l'ampoule s'allume brillamment. Dans la figure 22-1b, le condensateur de 1µF a un courant de charge et de décharge moindre par suite de la capacité plus faible, et la lumière est moins brillante. Donc, le condensateur le plus petit offre plus de résistance au courant alternatif puisqu'il circule un courant inférieur pour une même tension appliquée, c'est-à-dire qu'il présente plus de réactance pour moins de capacité.

Dans la figure 22-1c, la tension continue de valeur constante va charger le condensateur à 120 V. Mais, comme la tension appliquée ne varie pas, le condensateur demeurera simple-ment chargé. Étant donné que la différence de potentiel de 120 V aux bornes du condensateur chargé constitue une chute de tension opposée à la tension appliquée, il ne peut y avoir circulation d'un courant. C'est pourquoi l'ampoule ne peut s'illuminer. Il se peut que l'ampoule scintille brièvement lorsque la tension est appliquée et que circule le courant de charge, mais ce courant est purement temporaire et ne dure que le temps de la charge du condensateur. À partir de ce moment, une tension de 120 V est appliquée au condensateur, mais il y a une tension nulle aux bornes de l'ampoule.

De ce fait, on dit que le condensateur *bloque* le courant ou la tension continue. En d'autres termes. une fois que le condensateur a été chargé par une tension continue fixe, il ne circule plus de courant dans le circuit. Toute la tension appliquée se trouve aux bornes du condensateur chargé, avec une tension nulle aux bornes de toute résistance branchée en série.

En résumé, cette illustration fait ressortir les points suivants:

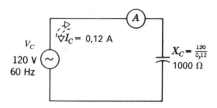

Figure 22-2 X_C *est égal au rapport* V_C/I_C.

1. Un courant alternatif circule dans un circuit capacitif lorsqu'on lui applique une tension alternative;

2. Un condensateur de capacité de plus faible valeur admet un courant moindre, ce qui correspond à une valeur de X_C plus élevée et à une opposition exprimée en ohms plus élevée;

3. Des fréquences plus basses de la tension appliquée entraînent des valeurs moindres du courant et des valeurs plus élevées de X_C. Pour une tension continue fixe, correspondant à une fréquence nulle, l'opposition du condensateur est infinie et il ne circule aucun courant. Dans ce cas, le condensateur est effectivement un circuit ouvert.

Ces effets ont des applications pratiquement illimitées dans les circuits courants, du fait que X_C est fonction de la fréquence. Un usage très répandu du condensateur consiste à présenter peu d'opposition à une tension alternative, admettant ainsi un courant important, mais à bloquer toute tension continue. Un autre exemple est d'utiliser X_C en vue d'une opposition réduite à un courant alternatif de haute fréquence, comparativement aux fréquences plus basses.

Courant capacitif La raison pour laquelle un condensateur admet la circulation d'un courant dans un circuit à tension alternative est la charge et la décharge alternées du condensateur. Si nous insérons un ampèremètre dans

le circuit, comme montré à la figure 22-2, cet instrument va afficher la valeur du courant de charge et de décharge. Dans cet exemple, I_C est de 0,12 A. Ce courant est identique dans la source de tension, les fils de liaison et les armatures du condensateur. Cependant, il n'y a pas de courant dans le diélectrique entre les armatures du condensateur.

Valeurs de X_C Si nous considérons le rapport V_C/I_C, exprimant en ohms l'opposition au courant sinusoïdal, cette valeur est de 120/0,12, ce qui équivaut à 1000 Ω. C'est cette valeur de 1000 Ω que nous appelons X_C pour indiquer quelle est la valeur du courant susceptible d'être fourni par une tension sinusoïdale appliquée à un condensateur. En fonction de la tension et du courant, nous aurons: $X_C = V_C/I_C$. En fonction de la fréquence et de la capacité, nous aurons: $X_C = 1/(2\,\pi f C)$.

La valeur de X_C dépend de l'importance de la capacité et de la fréquence de la tension appliquée. Si C, dans la figure 22-2, était augmenté, il pourrait absorber une charge supérieure avec un courant de charge plus élevé, et ensuite fournir un courant de décharge plus élevé aussi. La valeur de X_C est alors moindre pour une plus grande capacité. De même, si la fréquence était augmentée dans le circuit de la figure 22-2, le condensateur pourrait se charger et se décharger plus rapidement pour fournir plus de courant. Cette action entraîne également que V_C/I_C serait moindre, le courant étant plus élevé pour une même tension appliquée. C'est pourquoi X_C a une valeur plus réduite aux fréquences plus élevées. La réactance X_C peut en réalité prendre presque toute valeur, de pratiquement zéro ohm à des valeurs en ohms tendant vers l'infini.

***Problèmes pratiques 22.1
(réponses à la fin du chapitre)***

(a) Soit deux condensateurs: l'un de 0,1 μF,

l'autre de 0,5 μF. Lequel des deux présentera, à une fréquence donnée, la plus grande réactance?

(b) Soit ces deux condensateurs. Quel sera celui qui aura le plus grand courant de charge et de décharge?

22.2
LA FORMULE $X_C = 1/(2\ \pi fC)$

Cette formule englobe les effets de la fréquence et de la capacité en vue du calcul de valeur en ohms de la réactance. La fréquence est exprimée en hertz et C en farads pour que X_C soit en ohms. À titre d'exemple, nous pouvons calculer X_C pour 2,65 μF et 60 Hz.

$$X_C = \frac{1}{2\ \pi fC} \qquad (22.1)$$

$$= \frac{1}{2\ \pi \times 60 \times 2,65 \times 10^{-6}}$$

$$= \frac{0,159 \times 10^6}{60 \times 2,65} = \frac{159\ 000}{159}$$

$$X_C = 1000\ \Omega$$

Le facteur constant $2\ \pi$ est égal à 6,28 et indique le mouvement circulaire dont est dérivée une onde sinusoïdale. C'est pourquoi la formule ne s'applique qu'aux circuits sinusoïdaux. Pour simplifier le calcul de X_C, on peut prendre pour l'inverse de la constante 1/6,28 la valeur de 0,159 environ. On a alors:

$$X_C = \frac{0,159}{fC} \qquad (22.2)$$

Rappelez-vous que C doit être exprimé en farads pour avoir X_C en ohms. Bien qu'habituellement les valeurs de C soient données en microfarads (10^{-6}) ou en picofarads (10^{-12}), substituez la valeur de C en farads avec l'exponentielle négative requise de 10.

Exemple 1   Quelle est la valeur de X_C pour: (a) un condensateur C de 0,1 μF à 1000 Hz? (b) un condensateur de 1 μF à la même fréquence?

Réponse

(a) $X_C = \dfrac{0,159}{fC} = \dfrac{0,159 \times 10^6}{0,1 \times 1000} = \dfrac{0,159 \times 10^3}{0,1}$

$X_C = 1590\ \Omega$

(b) À la même fréquence, avec une valeur de C dix fois plus grande, X_C devient $^{1590}/_{10}$, soit 159 Ω.

Notez qu'en (b), la valeur de X_C est le dixième de celle calculée en (a), du fait que la valeur de C se trouve multipliée par dix.

Exemple 2   Quelle est la valeur de X_C pour un condensateur C de 100 pF à: (a) 1 MHz? (b) 10 MHz?

Réponse

(a) $X_C = \dfrac{0,159}{fC} = \dfrac{0,159}{1 \times 10^6 \times 100 \times 10^{-12}}$

$= \dfrac{0,159 \times 10^6}{100}$

$X_C = 1590\ \Omega$

(b) Pour une fréquence dix fois supérieure, X_C devient $^{1590}/_{10}$, soit 159 Ω.

Notez qu'en (b) la valeur de X_C est le dixième de celle calculée en (a) du fait que la fréquence f est dix fois plus grande.

Exemple 3   Quelle est la valeur de X_C pour un condensateur de 240 pF à 41,67 kHz?

Réponse $X_C = \dfrac{0,159}{fC}$

$= \dfrac{0,159}{41,67 \times 10^3 \times 240 \times 10^{-12}}$

$= \dfrac{0,159 \times 10^9}{41,67 \times 240}$

$X_C = 15\ 900\ \Omega$

La réactance capaci-
tive X_C augmente
quand C décroît

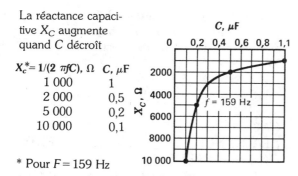

$X_c^* = 1/(2\,\pi f C)$, Ω	C, μF
1 000	1
2 000	0,5
5 000	0,2
10 000	0,1

* Pour $F = 159$ Hz

Figure 22-3 *La réactance capacitive X_C décroît avec des valeurs croissantes de C.*

La réactance capacitive X_C est inversement proportionnelle à la capacité Cet énoncé signifie que X_C croît lorsque la capacité décroît. Dans la figure 22-3, lorsque la valeur de C est réduite du facteur 1/10, passant de 1 à 0,1 μF, X_C augmente de 1000 à 10 000 Ω, donc est multiplié par dix; si l'on réduit de moitié la valeur de C, soit de 0,2 à 0,1 μF, la valeur de X_C double et passe de 5000 à 10 000 Ω.

Cette relation inverse entre les valeurs de C et de X_C est illustrée par le graphe de la figure 22-3. Notez que les valeurs de X_C croissent en descendant le long du graphe, ce qui indique une réactance négative, laquelle constitue le contraire de la réactance inductive. Avec les valeurs de C croissant vers la droite de l'axe des abscisses, les valeurs décroissantes de C se rapprochent de cet axe et tendent vers zéro.

La réactance X_C est inversement proportionnelle à la fréquence La figure 22-4 illustre cette relation inverse entre X_C et f. Pour des valeurs de f croissant vers la droite de l'axe horizontal du graphe, de 0,1 à 1 MHz, la valeur négative de X_C pour un condensateur de 159 pF décroît de 10 000 à 1000 Ω, tandis que la courbe des valeurs de X_C en fonction de f se rapproche de l'axe horizontal.

Les graphes ne sont pas linéaires du fait de la relation inverse entre X_C et f ou X_C et C. À l'une de ses extrémités, la courbe tend vers une réactance infiniment grande pour une capacité ou une fréquence nulle. À l'autre extrémité, la courbe tend vers une réactance nulle pour une capacité ou une fréquence infiniment grande.

Dans certaines applications, il est nécessaire de trouver la valeur de la capacité requise pour une valeur désirée de X_C, à une fréquence donnée. Dans ce cas, la formule donnant la réactance peut être transformée comme suit:

$$C = \frac{0{,}159}{f X_C} \qquad (22.3)$$

Exemple 4 Quelle est la valeur de la capacité nécessaire pour que X_C ait une valeur de 100 Ω à une fréquence de 1 MHz?

Réponse
$$C = \frac{0{,}159}{f X_C} = \frac{0{,}159}{1 \times 10^6 \times 100}$$

$$= \frac{0{,}159 \times 10^{-6}}{1 \times 100} = 0{,}001\,59 \times 10^{-6} \text{ F}$$

$$C = 0{,}001\,59 \ \mu\text{F}$$

La réactance capacitive
X_C croît avec des valeurs
décroissantes de la
fréquence

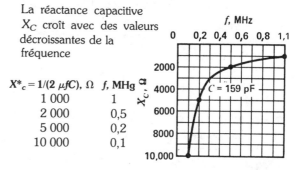

$X_c^* = 1/(2\,\mu f C)$, Ω	f, MHg
1 000	1
2 000	0,5
5 000	0,2
10 000	0,1

* Pour $C = 159$ pF

Figure 22-4 *La réactance capacitive X_C décroît avec des valeurs croissantes de la fréquence.*

Si, par ailleurs, on désire trouver la fréquence à laquelle un condensateur de capacité donné présentera une valeur spécifiée de X_C, la formule de la réactance peut être transformée comme suit:

$$f = \frac{0,159}{C\,X_C} \qquad (22.4)$$

Exemple 5 À quelle fréquence un condensateur de 0,1 μF présentera-t-il une valeur de X_C égale à 1000 Ω?

Réponse

$$f = \frac{0,159}{C\,X_C} = \frac{0,159}{0,1 \times 10^{-6} \times 1000}$$

$$= \frac{0,159}{0,1 \times 10^{-6} \times 10^3}$$

$$= 0,159 \times 10^4$$

$$f = 1590 \text{ Hz}$$

En résumé, la formule (22-2) donne X_C en fonction de f et de C; avec la formule (22.3) nous pouvons calculer C lorsque X_C et f sont connus; la formule (22.4) est utilisée pour trouver f lorsque C et X_C sont connus. De plus, on peut déterminer X_C comme étant le quotient V_C/I_C.

Problèmes pratiques 22.2
(réponses à la fin du chapitre)
Soit un condensateur de réactance capacitive X_C égale à 400 Ω à 8 MHz:
(a) Calculer X_C à 16 MHz;
(b) Calculer X_C à 4 MHz.

22.3
RÉACTANCES CAPACITIVES EN SÉRIE OU EN PARALLÈLE
Du fait que la réactance capacitive se présente comme une opposition en ohms, des réactances en série ou en parallèle se combinent d'une manière semblable aux résistances. Comme on le montre à la figure 22-5a, des réactances de 100 et 200 Ω placées en série s'additionnent pour devenir une réactance totale X_{C_T} de 300 Ω. La formule s'écrit:

$$X_{C_T} = X_C + X_{C_2} + \dots \text{ en série} \qquad (22.5)$$

Pour des réactances en parallèle, la réactance combinée est calculée par la formule des inverses, comme montré à la figure 22-5b.

$$\frac{1}{X_{C_T}} = \frac{1}{X_{C_1}} + \frac{1}{X_{C_2}} + \dots \text{ en parallèle} \qquad (22.6)$$

Dans la figure 22-5b, la combinaison en parallèle d'éléments de 100 et 200 Ω donne pour X_{C_T} une valeur de 66,67 Ω. La réactance totale résultant de la combinaison en parallèle

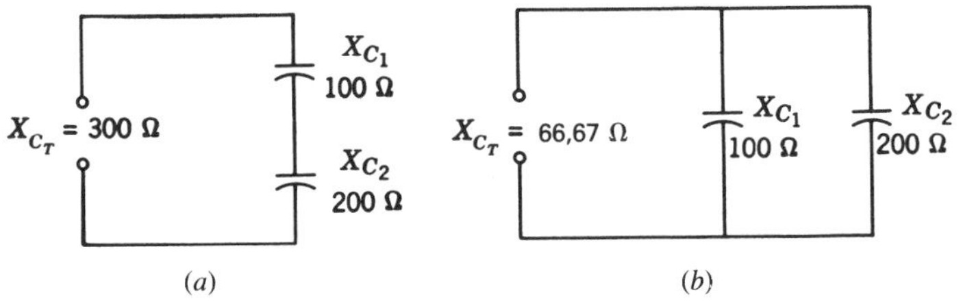

Figure 22-5 *Les réactances se combinent comme les résistances: (a) des réactances en série s'additionnent; (b) deux réactances en parallèle sont équivalentes à une réactance égale à leur produit divisé par leur somme.*

est inférieure à celle de la branche présentant la réactance la plus faible. Toutes les formules simplifiées pour la combinaison de résistances en parallèle s'appliquent également aux réactances disposées en parallèle.

La manière dont se combinent les réactances est le contraire de celle relative aux capacités. Les deux processus sont cependant équivalents, du fait que la réactance capacitive est inversement proportionnelle à la capacité. Pour généraliser, on peut dire que des valeurs d'ohms en opposition s'additionnent pour des liaisons en série et se combinent selon la formule des inverses pour des liaisons en parallèle. Cette règle s'applique aux résistances, à une combinaison de réactances inductives seules ou à des réactances capacitives seules.

Problèmes pratiques 22.3
(réponses à la fin du chapitre)

(a) Soit deux réactances capacitives X_{C_1} de 200 Ω et X_{C_2} de 300 Ω en série. Calculer X_{C_T}.

(b) Soit deux réactances inductives X_{L_1} de 200 Ω et X_{L_2} de 300 Ω en série. Calculer X_{L_T}.

22.4
LA LOI D'OHM APPLIQUÉE À X_C

Dans un circuit à courant alternatif ne présentant qu'une réactance X_C, le courant s'obtient en divisant la valeur de la tension par celle de X_C en ohms. Trois exemples pour différentes valeurs de X_C sont illustrés à la figure 22-6. En (a), il n'y a qu'une réactance de 100 Ω. Le courant I est égal alors à V/X_C, soit 100 V/100 Ω, c'est-à-dire 1 A.

Pour le branchement en série de (b), la réactance totale égale à la somme des réactances placées en série s'élève à 300 Ω. Le courant est donc égal à 100 V/300 Ω, soit 0,3 A. Par ailleurs, la tension aux bornes de chaque réactance est égale au produit IX_C. La somme de ces chutes de tension est égale à la tension appliquée.

Pour le branchement en parallèle du circuit (c), chacune des réactances montées en parallèle est parcourue par son courant dérivé individuel, qui est égal au quotient résultant de la division de la tension appliquée par la réactance de la dérivation considérée. La tension appliquée est identique aux bornes de deux réactances et égale à celle du générateur, puisque générateur et réactances sont montés en parallèle. En outre, le courant total en ligne d'une valeur de 1,5 A est égal à la somme des courants individuels dans les dérivations, respectivement 1 et 0,5 A. La tension V étant exprimée en valeur efficace, tous les courants et chutes de tension calculés à la figure 22-6 sont également des valeurs efficaces.

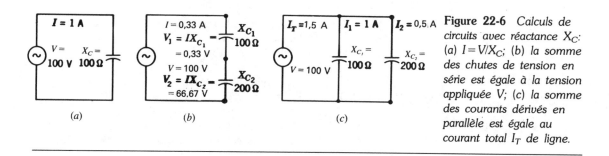

Figure 22-6 *Calculs de circuits avec réactance X_C: (a) $I = V/X_C$; (b) la somme des chutes de tension en série est égale à la tension appliquée V; (c) la somme des courants dérivés en parallèle est égale au courant total I_T de ligne.*

Problèmes pratiques 22.4
(réponses à la fin du chapitre)
(a) Soit le circuit de la figure 22-6b. Calculer X_{C_T}.
(b) Soit le circuit de la figure 22-6c. Calculer X_{C_T}.

22.5
APPLICATIONS DE LA RÉACTANCE CAPACITIVE À DIFFÉRENTES FRÉQUENCES

D'une manière générale, les réactances X_C sont mises en oeuvre pour le blocage du courant continu, tout en ne présentant qu'une réactance réduite vis-à-vis du courant alternatif. Ainsi, une composante alternative variable peut être séparée d'un courant continu fixe. De plus, un condensateur peut présenter une réactance moindre aux hautes fréquences, en comparaison de celle offerte aux basses fréquences.

Notez les différences suivantes quant aux valeurs en ohms de R, X_L et X_C. La valeur en ohms de R reste identique pour les courants continu et alternatif. La valeur en ohms de la réactance, cependant, (soit X_L, soit X_C) est fonction de la fréquence. Les effets de X_L et X_C sont opposés, en ce sens que X_L croît avec la fréquence alors que X_C décroît avec la fréquence.

Si l'on prend 100 Ω comme valeur désirée de la réactance X_C, la valeur du condensateur peut être calculée pour différentes fréquences, comme énumérées au tableau 22-1. Les valeurs de capacité désignent des grandeurs courantes de condensateurs pour différentes fréquences.

Problèmes pratiques 22.5
(réponses à la fin du chapitre)
Soit un condensateur de 20 μF et de réactance X_C de 100 Ω à 60 Hz:
(a) Calculer X_C à 120 Hz;
(b) Calculer X_C à 6 Hz.

22.6
COURANTS DE CHARGE ET DE DÉCHARGE PRODUITS PAR DES VARIATIONS DE TENSION SINUSOÏDALE

Sur la figure 22-7, une tension sinusoïdale appliquée aux bornes d'un condensateur engendre des courants alternés de charge et de décharge. Cette action est examinée pour chacun des quarts de cycle. Notez que la tension V_C aux bornes du condensateur est à tous les

Tableau 22-1 *Valeurs de la capacité pour une réactance de 100 Ω*

C (ENVIRON)	FRÉQUENCE	REMARQUES
27 μF	60 Hz	Secteur et faible fréquence audio
1,6 μF	1000 Hz	Moyenne fréquence audio
0,16 μF	10 000 Hz	Haute fréquence audio
1600 pF	1000 kHz (R.F.)	Dans la bande de radiodiffusion en modulation d'amplitude
160 pF	10 MHz (H.F.)	Dans la bande de radiodiffusion ondes courtes
16 pF	100 MHz (V.H.F.)	Dans la bande de radiodiffusion en modulation de fréquence

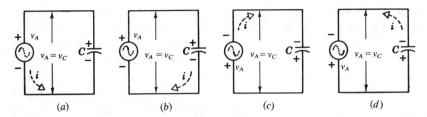

Figure 22-7 *Courant capacitif de charge et de décharge:*
(a) la tension v_A croît positivement pour charger le
condensateur C; (b) le condensateur C se décharge quand
v_A décroît; (c) v_A croît négativement pour charger le
condensateur C avec une polarité inversée; (d) le
condensateur C se décharge tandis que la tension inversée
v_A décroît.

instants semblable à la tension appliquée V_A, du fait qu'elles sont en parallèle. Cependant, les valeurs du courant i sont fonction de la charge et de la décharge du condensateur C. Lorsque v_A croît, il y a charge du condensateur C afin de maintenir la valeur de v_C égale à celle de v_A; quand v_A décroît, il y a décharge du condensateur C afin de maintenir v_C au même niveau que v_A. Si v_A demeure invariable, il n'y a ni courant de charge ni courant de décharge.

Durant le premier quart de cycle illustré à la figure 22-7, v_A est positif et croît, et le condensateur C se charge selon la polarité indiquée. Le flux d'électrons part de la borne négative de la source de tension, produisant un courant de charge i circulant dans le sens de la flèche. Puis, quand la tension appliquée décroît durant le second quart de cycle, v_C décroît également par suite de la décharge du condensateur. Le courant de décharge part de l'armature négative du condensateur C, passe à travers la source de tension pour revenir à l'armature positive de C. Notez que le courant de décharge en (b) circule en sens opposé du courant de charge en (a).

Pendant le troisième quart du cycle en (c), la tension appliquée v_A croît à nouveau mais dans le sens négatif. Le condensateur C se charge à nouveau, mais en polarité inversée. Dans ce cas, le courant de charge circule dans le sens opposé au courant de charge en (a), mais dans le même sens que le courant de décharge en (b). Enfin, la tension négative appliquée décroît pendant le quatrième quart du cycle en (d); en conséquence, le condensateur C se décharge. Ce courant de décharge circule en sens opposé au courant de charge en (c), mais dans le même sens que le courant de charge en (a).

On constate donc que le condensateur associé à la sinusoïde de la tension appliquée produit un cycle de courants alternés de charge et de décharge. Il faut noter que le courant capacitif circule, tant à la charge qu'à la décharge, toutes les fois que la tension varie, soit qu'elle augmente, soit qu'elle diminue. C'est pourquoi i et v ont la même fréquence.

Calcul des valeurs de i_C Plus la variation de tension est importante, plus élevée sera la valeur du courant de charge. De plus, un condensateur d'une capacité plus grande permettra la circulation d'un courant de charge plus important quand la tension appliquée varie et fournira un courant de décharge plus grand. En raison de ces facteurs, l'intensité du courant capacitif peut être calculée en écrivant:

$$i_C = C \frac{dv}{dt} \qquad (22.7)$$

où i est exprimé en ampères, C en farads et dv/dt en volts par seconde. Comme exemple, supposons que la tension aux bornes d'un condensateur de 240 pF varie de 25 V en 1 μs. L'intensité du courant capacitif est alors:

$$i_C = C \frac{dv}{dt} = 240 \times 10^{-12} \times \frac{25}{1 \times 10^{-6}}$$
$$= 240 \times 25 \times 10^{-6} = 6000 \times 10^{-6}$$
$$= 6 \times 10^{-3} \text{ A}$$
$$i_C = 6 \text{ mA}$$

Notez la similitude de la formule (22.7) avec celle de la charge d'un condensateur $Q = CV$. Quand la tension varie, le facteur dv/dt provoque une variation de la charge Q. Lorsque la charge se déplace, cette variation dq/dt est précisément liée au courant i_C. C'est pourquoi dq/dt ou i_C est proportionnel à dv/dt. Avec le facteur constant C, la valeur de i_C est donc égale à C (dv/dt).

La formule du calcul du courant capacitif $i_C = C$ (dv/dt) correspond à celle du calcul de la tension induite $v_L = L$ (di/dt). Dans les deux cas, il faut une variation pour qu'il se produise un effet. Pour l'inductance, la tension v_L est induite quand il y a variation de l'intensité du courant. Pour le condensateur, i_C est engendré par les variations de tension.

Ces formules donnent les définitions fondamentales de la grandeur de l'effet réactif d'une inductance ou d'un condensateur. De la même manière qu'un henry est défini comme la grandeur d'une inductance qui produit une tension v_L d'un volt quand le courant varie à raison d'un ampère par seconde, un farad peut être également défini comme la capacité d'un condensateur qui engendre la circulation d'un courant i_C d'une intensité de un ampère lorsque la tension varie à raison de un volt par seconde.

À l'aide de la formule (22-7), il est alors possible de calculer i_C en vue de déterminer les valeurs instantanées du courant de charge ou de décharge en fonction des variations de la tension aux bornes d'un condensateur.

Exemple 6 Calculez la valeur instantanée du courant de charge i_C produit par un condensateur C de 6 μF quand la différence de potentiel à ses bornes croît de 50 V en 1 s.

Réponse
$$i_C = C \frac{dv}{dt} = 6 \times 10^{-6} \times \frac{50}{1}$$
$$i_C = 300 \ \mu\text{A}$$

Exemple 7 Calculez l'intensité i_C produite par le même condensateur que dans l'exemple 6 lorsque la différence de potentiel à ses bornes décroît de 50 V en 1 s.

Réponse Pour une expression C (dv/dt) de même valeur, l'intensité i_C demeure égale à 300 μA. Cependant, ce courant de 300 μA est un courant de décharge qui circule en sens opposé du courant i_C de charge. Si on le désire, ce courant i_C de décharge peut être considéré comme négatif et s'écrire $-300 \ \mu$A.

Exemple 8 Calculez l'intensité i_C produite par un condensateur de 250 pF, pour une variation de tension à ses bornes de 50 V en 1 μs.

Réponse
$$i_C = C \frac{dv}{dt} = 250 \times 10^{-12} \times \frac{50}{1 \times 10^{-6}}$$
$$= 12\,500 \times 10^{-6}$$
$$i_C = 12\,500 \ \mu\text{A}$$

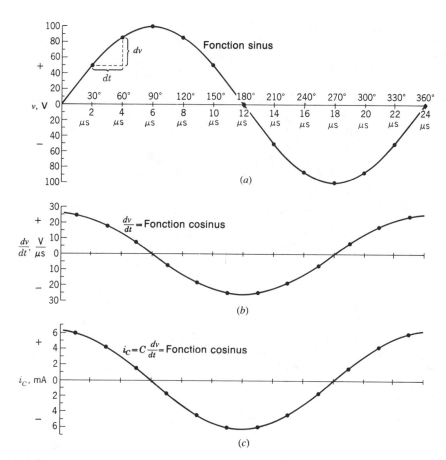

Figure 22-8 *Formes d'onde de tension sinusoïdale avec courant i_C de charge et de décharge, tracées pour les valeurs du tableau 22-2.*

Notez que dans ce cas l'intensité i_C est supérieure, bien que le condensateur C ait une valeur plus faible que dans l'exemple 6 (ceci étant dû au fait que la variation de tension dv/dt est beaucoup plus rapide).

Formes d'onde de v_C et de i_C Il est possible d'analyser plus en détail les circuits capacitifs par l'intermédiaire des formes d'onde de la figure 22-8, tracées d'après les valeurs calcu-

lées au tableau 22-2. La courbe du haut montre une sinusoïde représentative d'une tension v_C aux bornes d'un condensateur C de 240 pF. Étant donné que l'intensité i_C du courant capacitif est fonction de la vitesse de la variation de tension plus que de la valeur absolue de cette tension v, la courbe en (b) représente ces variations de tension. Dans cette courbe, les valeurs de dv/dt sont reportées pour chaque variation angulaire de 30° du cycle.

Tableau 22-2 *Valeurs de $i_c = C$ (dv/dt) des courbes de la figure 22-8*

TEMPS		dt		dv, V	dv/dt, V/μs	C, pF	$i_C = C \cdot (dv/dt)$, mA
φ	μs	φ	μs				
30°	2	30°	2	50	25	240	6
60°	4	30°	2	36,6	18,3	240	4,4
90°	6	30°	2	13,4	6,7	240	1,6
120°	8	30°	2	−13,4	− 6,7	240	—1,6
150°	10	30°	2	−36,6	− 18,3	240	—4,4
180°	12	30°	2	−50	− 25	240	—6
210°	14	30°	2	−50	− 25	240	—6
240°	16	30°	2	−36,6	− 18,3	240	—4,4
270°	18	30°	2	−13,4	− 6,7	240	—1,6
300°:	20	30°	2	13,4	6,7	240	1,6
330°	22	30°	2	36,6	18,3	240	4,4
360°	24	30°	2	50	25	240	6

La courbe du bas donne les intensités réelles du courant capacitif i_C. Cette courbe représentative de i_C est similaire à celle correspondant à *dv/dt*, du fait que i_C est similaire à celle correspondant à *dv/dt*, compte tenu que i_C est égal à la multiplication du facteur constant C par l'expression *dv/dt*.

Les trois courbes sont similaires aux trois courbes représentées à la figure 19-7 se rapportant aux circuits inductifs, mais avec interversion des courbes représentatives de la tension et du courant. Les deux exemples illustrent les effets sur une sinusoïde de la vitesse de la variation.

Déphasage de 90° La courbe représentative des valeurs de i_C, dans le haut de la figure 22-8, passe par des valeurs nulles lorsque la courbe des valeurs v_C passe par des valeurs maximales. Cette comparaison montre que les courbes sont déphasées de 90°, du fait que i_C est une fonction cosinus de courant alors que v_C est une fonction sinus de tension. La différence de phase de 90° résulte du fait que les valeurs de i_C sont fonction de la vitesse de variation *dv/dt* plutôt que de la valeur v elle-même. On trouvera plus de détails sur ce déphasage de 90° correspondant à la capacité dans le chapitre suivant.

Pour chacune de ces courbes, la période T est de 24 μs. Donc, la fréquence est de $1/T$ ou $1/24$ μs, ce qui équivaut à 41,67 kHz. Chaque courbe a la même fréquence, bien qu'il y ait un déphasage de 90° entre les valeurs de i et de v.

Valeurs en ohms de X_C Le rapport v_C/i_C donne effectivement la valeur en ohms de la réactance capacitive. Pour cette comparaison, nous prenons la valeur réelle de v_C qui correspond au maximum de 100 V. Le facteur correspondant à la vitesse de variation est compris dans la valeur de i_C. Bien que la valeur maximale de i_C de 6 mA soit déphasée en avant de 90° par rapport à la valeur maximale de v_C de 100 V, nous pouvons comparer ces deux valeurs maximales. On a donc v_C/i_C égal à $100\%_{0,006}$, soit une valeur de 16 667 Ω.

Cette valeur de X_C n'est qu'approximative, car i_C ne peut pas être déterminé avec précision si les variations de dt sont de l'ordre relativement élevé de 30°. Si nous prenons des intervalles de temps plus restreints, le maximum de i_C serait de 6,28 mA et X_C aurait une valeur de 15 900 Ω, c'est-à-dire la même valeur de l'expression $1/(2\ \pi fC)$ correspondant à un condensateur C de 240 pF et une fréquence de 41,67 kHz. C'est le même problè-

me de calcul de X_C que celui de l'exemple 3 de la section 22.2.

***Problèmes pratiques 22.6
(réponses à la fin du chapitre)
Considérer les courbes de la figure
22-8:***

(a) À quel angle v passe-t-il par sa valeur de crête positive?

(b) À quel angle dv/dt passe-t-il par sa valeur de crête positive?

(c) Quel est le déphasage entre v_C et i_C?

Résumé

1. La réactance capacitive de symbole X_C est l'opposition d'un condensateur à la circulation d'un courant alternatif sinusoïdal.

2. La réactance capacitive X_C se mesure en ohms, car elle limite l'intensité du courant à la valeur V/X_C. Avec V en volts et X_C en ohms, I est exprimé en ampères.

3. On sait que $X_C = 1(2\ \pi fC)$. Avec f en hertz et C en farads, X_C est en ohms.

4. Pour une valeur donnée de capacité, la valeur de X_C décroît avec des fréquences croissantes.

5. À une fréquence donnée, la valeur de X_C diminue avec des valeurs croissantes de la capacité.

6. Les valeurs de X_C et de f étant connues, la capacité $C = 1/(2\ \pi fX_C)$.

7. Les valeurs de X_C et de C étant connues, la fréquence $f = 1/(2\ \pi CX_c)$.

Tableau 22-3 *Comparaison de la capacité et de la réactance capacitive*

CAPACITÉ	RÉACTANCE CAPACITIVE
Son symbole est C	Son symbole est X_C
Elle se mesure en farads	Elle se mesure en ohms
Elle dépend de la structure du condensateur	Elle dépend de la fréquence de la tension sinusoïdale
$C = i_C\ (dv/dt)$ ou Q/V	$X_C = v_C/i_C$ ou $1/(2\ \pi fC)$

Tableau 22-4 *Comparaison des réactances inductives et capacitives*

X_L, Ω	X_C, Ω
Croît avec l'inductance croissante	Décroît avec la capacité croissante
Croît avec la fréquence croissante	Décroît avec la fréquence croissante
Admet un plus grand courant aux fréquences plus basses; laisse passer le courant continu	Admet un courant plus petit aux fréquences plus basses; bloque le courant continu

8. La valeur totale X_{C_T} de réactances capacitives branchées en série est égale à la somme des valeurs individuelles, comme pour des résistances placées en série. Les réactances en série sont parcourues par un même courant. La tension aux bornes de chacune des réactances en série est de IX_C.

9. Pour des réactances capacitives placées en parallèle, la réactance résultante est calculée par la formule des inverses, comme pour des résistances montées en parallèle. Chaque dérivation est parcourue par un courant V/X_C. Le courant total en ligne est égal à la somme des courants individuels dans les dérivations.

10. Le tableau 22-3 résume les différences entre C et X_C.

11. Le tableau 22-4 compare les réactances inverses X_L et X_C.

Exercices de contrôle
(Réponses à la fin de l'ouvrage)

Voici un moyen de contrôler si vous avez bien assimilé le contenu de ce chapitre. Ces exercices sont uniquement destinés à vous évaluer vous-même.

Choisir (*a*), (*b*), (*c*) ou (*d*).

1. Le courant alternatif peut circuler dans un circuit capacitif, auquel est appliquée une tension alternative en raison: (*a*) de la valeur de crête élevée; (*b*) de la tension variable qui engendre un courant de charge et de décharge; (*c*) du courant de charge qui circule quand la tension décroît; (*d*) du courant de décharge qui circule quand la tension croît.

2. Avec des valeurs croissantes de la fréquence, la valeur de la réactance capacitive: (*a*) croît; (*b*) demeure constante; (*c*) décroît; (*d*) ne croît qu'avec la tension croissante.

3. À une fréquence donnée, la capacité augmente en fonction: (*a*) d'une réactance croissante; (*b*) d'une réactance constante; (*c*) d'une réactance décroissante; (*d*) d'une réactance décroissante si l'amplitude de la tension décroît.

4. La réactance capacitive d'un condensateur de 0,1 μF à 1000 Hz est égale à: (*a*) 1000 Ω; (*b*) 1600 Ω; (*c*) 2000 Ω; (*d*) 3200 Ω.

5. Deux réactances X_C de 1000 Ω chacune, placées en série, ont une réactance totale de: (*a*) 500 Ω; (*b*) 1000 Ω; (*c*) 1414 Ω; (*d*) 2000 Ω.

6. Deux réactances X_C de 1000 Ω chacune, montées en parallèle, ont une réactance équivalente de: (*a*) 500 Ω; (*b*) 707 Ω; (*c*) 1000 Ω; (*d*) 2000 Ω.

7. Avec une tension efficace de 50 V appliquée aux bornes d'une réactance X_C de 100 Ω, le courant efficace dans le circuit a une intensité égale à: (*a*) 0,5 A; (*b*) 0,637 A; (*c*) 0,707 A; (*d*) 1,414 A.

8. La tension continue fixe d'une batterie étant appliquée aux bornes d'un condensateur, une fois que celui-ci s'est chargé à la tension de la batterie, le courant dans le circuit: (*a*) est fonction du courant nominal de la batterie; (*b*) croît avec des valeurs croissantes de la capacité; (*c*) diminue avec des valeurs croissantes de la capacité; (*d*) est nul pour toute valeur de la capacité.

9. La capacité requise pour obtenir une réactance d'une valeur de 1000 Ω à une fréquence de 2 MHz est de: (*a*) 2 pF; (*b*) 80 pF; (*c*) 1000 pF; (*d*) 2000 pF.

10. Un condensateur de 0,2 μF aura une réactance de 1000 Ω à la fréquence de: (*a*) 800 Hz; (*b*) 1kHz; (*c*) 1 MHz; (*d*) 8 MHz.

Questions

1. Pourquoi la réactance capacitive se mesure-t-elle en ohms? Énoncez deux différences entre la capacité et la réactance capacitive.

2. En vous reportant à la figure 22-1, expliquez brièvement pourquoi l'ampoule s'illumine en (*a*) mais non en (*c*).

3. Expliquez brièvement ce que l'on entend par deux facteurs inversement proportionnels. Comment cette notion s'applique-t-elle à X_C et C? À X_C et *f*?

4. En comparant X_L à X_C, donnez deux différences et une similitude.

5. En comparant X_C et *R*, énoncez deux différences et une similitude.

6. En vous reportant à la figure 22-8, pourquoi les ondes *a* et *b* sont-elles déphasées de 90° tandis que les ondes *b* et *c* sont en phase?

7. En vous reportant à la figure 22-3, expliquez comment ce graphe met en évidence une relation inverse entre X_C et C.

8. En vous reportant à la figure 22-4, expliquez comment ce graphe met en évidence une relation inverse entre X_C et f.

9. En vous reportant à la figure 22-8, dessinez trois courbes similaires pour un cycle entier d'une tension sinusoïdale de période $T = 12$ μs. Utilisez le même condensateur C de 240 pF. Comparez la valeur de X_C obtenue à partir de $1/(2\,\pi f C)$ et de v_C/i_C.

10. (a) Quelle est la relation entre la charge q et le courant i? (b) En quoi cette relation est-elle semblable à celle existant entre les deux formules $Q = CV$ et $i = C\,(dv/dt)$?

Problèmes
(Les réponses des problèmes de numéro impair sont données à la fin de l'ouvrage

1. En vous reportant à la figure 22-4, donnez les valeurs de C requises pour une réactance X_C de 2000 Ω aux quatre fréquences énumérées.

2. Quelle valeur de capacité est nécessaire pour avoir une réactance de 100 Ω à 100 kHz?

3. Un condensateur de réactance X_C égale à 2000 Ω est branché aux bornes d'une source de 10 V et 1000 Hz. (a) Dessinez le schéma; (b) quelle est la valeur du courant dans le circuit? (c) Quelle est la fréquence du courant?

4. Quelle est la valeur de la capacité d'un condensateur prélevant un courant de 0,1 A d'un secteur à 120 V, 60 Hz?

5. Une réactance X_{C_1} de 1000 Ω et une X_{C_2} de 4000 Ω sont montées en série avec une source de 10 V. (a) Dessinez le schéma; (b) calculez l'intensité du courant dans le montage en série; (c) quelle est la valeur de la tension aux bornes de X_{C_1}? (d) Quelle est la valeur de la tension aux bornes de X_{C_2}?

6. Les réactances X_{C_1} de 1000 Ω et X_{C_2} de 4000 Ω du problème 5 sont montées en parallèle aux bornes de la source de 10 V: (a) Dessinez le schéma; (b) calculez le courant dérivé à travers X_{C_1}; (c) calculez le courant dérivé à travers X_{C_2}; (d) calculez le courant total en ligne; (e) quelle est la tension aux bornes des deux réactances?

7. À quelle fréquence un condensateur de 0,01 μF aura-t-il une réactance de 10 000 Ω?

8. Quatre réactances capacitives de 100, 200, 300 et 400 Ω respectivement sont montées en série avec une source de 40 V. (a) Dessinez le schéma; (b) quelle est la valeur X_{C_T} de la réactance totale? (c) Calculez I; (d) calculez la tension aux bornes de chacun des condensateurs; (e) si la fréquence de la source appliquée est de 1600 kHz, calculez la valeur de chacune des capacités.

9. Trois réactances capacitives égales de 600 Ω chacune sont branchées en parallèle. (*a*) Quelle est la valeur de la réactance équivalente? (*b*) Si la fréquence de la tension appliquée est de 800 kHz, quelle est la capacité de chaque condensateur et quelle est la capacité équivalente du branchement en parallèle de ces trois réactances?

10. On monte en série un condensateur C de 2 μF avec un autre de 4 μF. La fréquence est de 5 kHz. (*a*) Quelle est la valeur de C_T? (*b*) Calculez X_{C_T}; (*c*) calculez X_{C_1} et X_{C_2} pour vérifier si leur somme est égale à X_{C_T}.

11. Un condensateur placé aux bornes d'un secteur à 120 V, 60 Hz admet un courant de 0,4 A. (*a*) Calculez les valeurs de X_C et de C; (*b*) quelle doit être la valeur de C pour que le courant soit doublé?

12. Un condensateur de 0,01 μF est branché aux bornes d'une source de 10 V. Dressez une table des valeurs de X_C et de l'intensité du courant dans le circuit à 0 Hz (pour une tension continue fixe), et une tension alternative de 20 Hz, 60 Hz, 100 Hz, 500 Hz, 5kHz, 10 kHz et 455 kHz.

13. Calculer X_C pour un condensateur de 470 pF à la fréquence de 2 MHz.

14. Soit la valeur de X_C calculée au problème 13. On donne une fréquence de 500 Hz, cette fois. Calculer C.

15. Soit la valeur de X_C calculée au problème 13. On lui applique une tension de 162 mV. Calculer le courant.

16. À quelles fréquences X_C sera-t-il égal à 20 000 Ω pour les condensateurs suivants: (*a*) 2 μF; (*b*) 0,1 μF; (*c*) 0,05 μF; (*d*) 0,002 μF; (*e*) 250 pF; (*f*) 100 pF; (*g*) 47 pF?

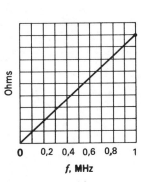

Figure 22-9 *Pour le problème 18.*

(*a*)   (*b*)

17. Quelle est la valeur C du condensateur nécessaire pour une valeur de X_C égale à celle de X_L, pour une inductance L de 6 mH à 100 kHz?

18. Reportez-vous à la figure 22-9. (*a*) Quelle courbe montre une proportion directe? (*b*) Quelle courbe montre une relation inverse? (*c*) Quelle courbe représente les valeurs de X_L? (*d*) Quelle courbe représente les valeurs de X_C? (*e*) Déterminez les valeurs en ohms des réactances dans les deux graphes pour $L = 239$ μH et $C = 106$ pF.

Réponses aux problèmes pratiques

.22.1 (*a*) celui de 0,1 μF
(*b*) celui de 0,5 μF

22.2 (*a*) 200 Ω
(*b*) 800 Ω

22.3 (*a*) 500 Ω
(*b*) 500 Ω

22.4 (*a*) 300 Ω
(*b*) 66,67 Ω

22.5 (*a*) 50 Ω
(*b*) 1000 Ω

22.6 (*a*) 90°
(*b*) 0 ou 360°
(*c*) 90°

Circuits capacitifs

Dans ce chapitre, on traite des circuits qui associent une réactance capacitive X_C et une résistance R. Les principales questions qui se posent sont les suivantes: comment doit-on combiner les grandeurs d'opposition en ohms; quel est le courant qui circule, et quel est le déphasage? La méthode est semblable aux procédures utilisant l'impédance dans les circuits inductifs, mais il faut se rappeler que quelques caractéristiques importantes de X_C sont opposées à celles de X_L. Les méthodes de montage de plusieurs condensateurs en série pour former un diviseur de tension sont également exposées ici. En outre, l'application pratique d'un condensateur de couplage montre comment on utilise ce condensateur pour transmettre les variations alternatives, tout en bloquant la valeur continue fixe.

Enfin, le cas général du courant de charge et de décharge capacitif est traité, pour des variations non sinusoïdales de tension. Le circuit soumis à des formes d'onde non sinusoïdales peut être analysé en fonction de sa constante de temps égale au produit RC. Rappelons-nous que le déphasage de 90° ne s'applique qu'aux ondes sinusoïdales. Les sujets traités dans ce chapitre sont:

23.1 La tension sinusoïdale v_C est en retard de 90° sur i_C
23.2 Réactance capacitive X_C et résistance R en série
23.3 Réactance capacitive X_C et résitance R en parallèle
23.4 Condensateurs de couplage en audiofréquences et en radiofréquences
23.5 Diviseurs capacitifs de tension
23.6 Cas général du courant capacitif i_C
23.7 Calcul de la constante de temps RC

23.1
LA TENSION SINUSOÏDALE v_C EST EN RETARD DE 90° SUR i_C

Quand la tension appliquée est sinusoïdale, le condensateur est traversé par un courant alternatif cyclique de charge et de décharge, comme on l'indique à la figure 23-1a. En (b), on compare la forme d'onde de ce courant i_C de charge et de décharge à la tension v_C.

On remarque que la valeur instantanée de i_C est nulle quand la valeur de v_C est maximale. Au moment de ces crêtes positives ou négatives, v_C ne varie pas. Donc, au moment même des crêtes, la tension doit avoir une valeur fixe avant de changer de sens de variation. Par conséquent, v ne varie pas et C ne se décharge pas et ne se charge pas non plus. Il en résulte à ces instants un courant nul.

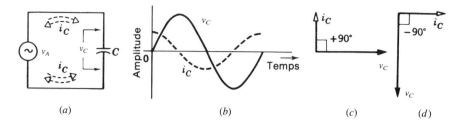

Figure 23-1 *Le courant capacitif i_C est en avance sur v_C de 90°: (a) circuit de la tension sinusoïdale v_A appliquée aux bornes de C; (b) formes d'onde de i_C en avance de 90° sur v_C; (c) diagramme vectoriel de i_C qui est en avance sur v_C d'un angle de 90° dans le sens inverse des aiguilles d'une montre; (d) diagramme vectoriel avec i_C comme référence, pour montrer que v_C est en retard sur i_C d'un angle de −90°, dans le sens des aiguilles d'une montre.*

On observe aussi que i_C est maximal quand la tension v_C est nulle. Quand la tension v_C traverse l'axe des abscisses, i_C est à sa valeur maximale puisque c'est à ce moment que la tension varie le plus rapidement.

Le courant i_C et la tension v_C sont donc déphasés de 90°, puisque la valeur maximale de l'un correspond à la valeur nulle de l'autre; i_C est en avance de 90° sur v_C, puisque sa valeur maximale se produit un quart de période avant que v_C n'atteigne sa valeur de crête. Les vecteurs de la figure 23-1c montrent que le courant i_C est en avance de 90° sur v_C dans le sens inverse des aiguilles d'une montre. Dans ce cas, on prend le vecteur horizontal v_C comme référence de l'angle 0°. Par contre, sur la figure 23-1d, le courant i_C est représenté par le vecteur horizontal de référence. Puisque i_C doit être en avance de 90°, on a représenté v_C, en retard d'un angle de −90°, compté dans le sens des aiguilles d'une montre. Dans les circuits série, on prend le courant i_C comme référence et on considère que la tension v_C est en retard de 90° sur i_C.

Le déphasage de 90° vient de ce que i_C est fonction de la vitesse de variation de v_C.

Comme on l'a montré précédemment à la figure 22-8, pour une tension v_C sinusoïdale le courant capacitif de charge et de décharge est une onde cosinusoïdale. Le déphasage de 90° entre v_C et i_C est vrai pour tout circuit alternatif sinusoïdal, que le condensateur C soit en série ou en parallèle et que C soit unique ou en combinaison avec d'autres composants. On peut toujours dire que pour tout X_C, le courant et la tension sont déphasés de 90°.

Le courant capacitif est le même dans un circuit série Le déphasage en avant du courant capacitif n'est considéré que par rapport à la tension aux bornes du condensateur, ce qui ne change pas le fait que le courant soit le même dans tous les composants d'un circuit série. Sur la figure 23-1a, par exemple, le courant qui circule dans le générateur, les fils de connexion et les deux armatures du condensateur doit être le même puisque tous ces éléments sont sur le même trajet.

La tension capacitive est la même aux bornes de branches parallèle Sur la figure 23-1a, la tension est la même aux bornes du générateur et aux bornes du condensateur *C* puisqu'ils sont en parallèle. Il ne peut y avoir ni avance ni retard entre ces deux tensions en parallèle. À chaque instant, quelle que soit la valeur de la tension aux bornes du générateur, la tension aux bornes de *C* lui est égale. Mais les tensions v_A et v_C sont toutes deux déphasées de 90° par rapport au courant i_C.

La fréquence de v_C et de i_C est la même Bien que v_C soit en retard de 90° sur i_C, les deux ondes ont la même fréquence. Si, par exemple, la fréquence de l'onde sinusoïdale v_C de la figure 23-1*b* est de 100 Hz, la fréquence de i_C est aussi de 100 Hz.

> ***Problèmes pratiques 23.1***
> ***(réponses à la fin du chapitre)***
> ***Considérer la figure 23-1:***
>
> (a) Quel est le déphasage entre v_A et v_C?
> (b) Quel est le déphasage entre v_C et i_C?
> (c) La tension v_C est-elle en avance ou en retard sur i_C?

23.2
RÉACTANCE CAPACITIVE X_C ET RÉSISTANCE *R* EN SÉRIE

Quand une résistance est en série avec une réactance capacitive (figure 23-2), le courant dépend de ces deux composants. L'intensité *I* est la même dans X_C et dans *R* puisque ces deux composants sont en série. Chacun a sa propre chute de tension, égale à *IR* pour la résistance et à IX_C pour la réactance.

Si on ne considère que la réactance capacitive, sa chute de tension est en retard de 90° sur *I*. Mais la tension *IR* est en phase avec *I*, car la résistance n'introduit pas de déphasage. Donc, une résistance et une réactance capacitive connectées en série doivent s'additionner vectoriellement puisqu'elles sont déphasées de 90° l'une par rapport à l'autre.

Addition vectorielle de V_C et V_R Sur la figure 23-2*b*, on a représenté horizontalement le vecteur courant, qui sert alors de référence phase, car *I* est le même dans tout le circuit série. La chute de tension résistive *IR* est en phase avec *I*. La tension capacitive IX_C doit faire un angle de 90°, compté dans le sens des aiguilles d'une montre, par rapport à *I* et à *IR*, puisque la tension capacitive est en retard.

On remarque que le vecteur IX_C est dirigé vers le bas, donc opposé au vecteur IX_L puisque leurs déphasages sont opposés. Les

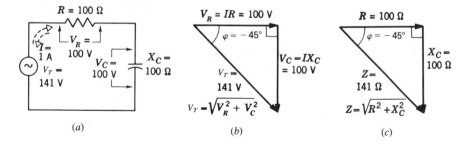

(a)   *(b)*   *(c)*

Figure 23-2 *X_C et R en série: (a) circuit; (b) triangle vectoriel des tensions montrant que V_C est en retard de −90° sur V_R; (c) triangle semblable pour les impédances, montrant que X_C est en retard de −90° sur R.*

vecteurs de tension V_R et V_C étant déphasés de 90° forment encore un triangle rectangle. Donc:

$$V_T = \sqrt{V_R{}^2 + V_C{}^2} \qquad (23.1)$$

Cette formule ne s'applique qu'aux circuits série car les tensions V_C et V_R sont alors déphasées de 90°. Toutes les tensions doivent être exprimées avec la même unité. Si V_R et V_C sont en valeurs efficaces, V_T est en valeur efficace.

Pour calculer la valeur de V_T, on élève d'abord V_R et V_C au carré, puis on les additionne et on prend la racine carrée de la somme. Dans le cas de la figure 23-2, par exemple, on a:

$$V_T = \sqrt{100^2 + 100^2} = \sqrt{10\ 000 + 10\ 000}$$
$$= \sqrt{20\ 000}$$

$$V_T = 141 \text{ V}$$

Les deux vecteurs de tension ont une résultante égale à 141 V au lieu de 200 V, car leur déphasage de 90° signifie que la valeur de crête de l'une des tensions se produit au moment où l'autre tension est nulle.

Addition vectorielle de X_C et R   Le triangle des tensions de la figure 23-2b correspond au triangle d'impédance de la figure 23-2c, puisque l'on peut éliminer le facteur commun I, qui représente le courant qui circule à la fois dans X_C et dans R. La somme vectorielle est l'impédance complexe suivante:

$$Z = \sqrt{R^2 + X_C{}^2} \qquad (23.2)$$

Quand R et X_C sont en ohms, Z est également en ohms. Dans l'exemple de la figure 23-2c:

$$Z = \sqrt{100^2 + 100^2}$$
$$= \sqrt{10\ 000 + 10\ 000}$$
$$= \sqrt{20\ 000}$$
$$Z = 141 \ \Omega$$

On observe que la tension appliquée de 141 V, divisée par l'impédance totale de 141 Ω, laisse passer un courant de 1 A dans le circuit série. La chute de tension IR est de 1×100, soit 100 V; la chute de tension IX_C est aussi égale à 1×100, soit 100 V.

La somme vectorielle des deux chutes de tension en série, de 100 V chacune, est égale à la tension de 141 V appliquée. En outre, la tension appliquée est égale à IZ, soit 1×141, c'est-à-dire à la tension V_T de 141 V.

Déphasage dû à X_C en série   Comme dans le cas d'une réactance inductive, φ est le déphasage entre la tension du générateur et le courant dans le circuit série. Comme on l'indique aux figures 23-2b et c, on peut calculer φ à partir du triangle des tensions ou d'impédance.

Avec une réactance X_C en série, le déphasage est négatif, c'est-à-dire orienté dans le sens des aiguilles d'une montre à partir de I pris comme référence de l'angle nul, car la tension aux bornes de X_C est en retard sur le courant. Pour indiquer que le déphasage est négatif, le vecteur à 90° est orienté vers le bas par rapport à la référence horizontale, au lieu d'être orienté vers le haut comme dans le cas d'une réactance inductive en série. Pour calculer le déphasage, dans le cas où X_C et R sont en série, on a:

$$\text{tg } \varphi = -\frac{X_C}{R} \qquad (23.3)$$

En appliquant la formule de la tangente au circuit de la figure 23-2c, on a:

$$\text{tg } \varphi = -\frac{X_C}{R} = -\frac{100}{100} = -1$$

donc $\qquad \varphi = -45°$

Le signe négatif indique que l'angle est orienté dans le sens des aiguilles d'une montre par rapport à zéro, pour indiquer que la tension V_T est en retard sur le courant I.

Associations de X_C et R en série Dans un circuit série, plus la valeur de X_C est grande, comparativement à R, plus le circuit est capacitif. La chute de tension aux bornes de la réactance capacitive est plus grande, et le déphasage tend vers $-90°$. Une réactance X_C en série fait toujours avancer le courant sur la tension appliquée. S'il n'y a que des réactances X_C et pas de résistance R, toute la tension appliquée se trouve aux bornes de X_C et φ est égal à $-90°$.

Différentes combinaisons de X_C et R en série sont indiquées au tableau 23-1 avec les valeurs de l'impédance et des déphasages résultants. On observe qu'un rapport de 10 à 1, ou davantage, entre X_C et R signifie que le circuit est, en pratique, complètement capacitif. Le déphasage de $-84,3°$ est presque égal à $-90°$, et l'impédance totale Z est presque égale à X_C. La chute de tension aux bornes de X_C, dans le circuit série, est alors pratiquement égale à la tension appliquée, et la tension aux bornes de R est presque nulle.

Tout à fait à l'opposé, quand R est dix fois supérieur à X_C, le circuit série est principalement résistif. Le déphasage de $-5,7°$ signifie que le courant est presque en phase avec la tension appliquée; l'impédance totale Z est alors presque égale à R, et la chute de tension aux bornes de R est pratiquement égale à la tension appliquée; aux bornes de X_C la tension est presque nulle.

Tableau 23-1 *Associations de R et X_C en série*

R, Ω	X_C, Ω	Z, Ω (ENVIRON)	DÉPHASAGE φ_Z
1	10	$\sqrt{101} = 10$	$-84,3°$
10	10	$\sqrt{200} = 14$	$-45°$
10	1	$\sqrt{101} = 10$	$-5,7°$

Remarque: φ_Z est l'angle de Z_T ou de V_T par rapport à I pris comme référence dans les circuits série.

Dans le cas où X_C et R ont des valeurs égales, l'impédance résultante Z est égale à 1,41 fois l'une de ces valeurs. Le déphasage est alors de $-45°$, soit à mi-chemin entre $0°$ pour une résistance pure, et de $-90°$ pour une réactance capacitive pure.

Problèmes pratiques 23.2 (réponses à la fin du chapitre)

(a) Soit une résistance R de 20 Ω en série avec une réactance capacitive X_C de 20 Ω. Calculer Z_T.

(b) Soit une résistance R et une réactance capacitive X_C en série. On donne $V_R = 20$ V et $V_{X_C} = 20$ V. Calculer V_T.

(c) Calculer le déphasage de ce circuit.

23.3 RÉACTANCE CAPACITIVE X_C ET RÉSISTANCE R EN PARALLÈLE

Dans ce cas, le déphasage de $90°$ de X_C doit être considéré par rapport aux courants des branches individuelles, et non plus par rapport aux chutes de tension comme dans un circuit série. Dans le circuit parallèle de la figure 23-3a, la tension est la même aux bornes de X_C, de R et du générateur, puisque ces éléments sont en parallèle. Il ne peut pas y avoir de différence de phase entre des tensions en parallèle.

Figure 23-3 X_C et R
*en parallèle: (a) circuit:
(b) vecteurs des courants
montrant que I_C est en
avance de 90° sur V_A; (c)
triangle des courants
individuels I_C et I_R pour
calculer le courant total I_T
de la ligne principale.*

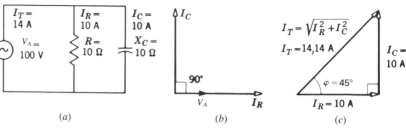

Mais chacune des branches est traversée par son propre courant. Dans la branche résistive, $I_R = V_A/R$; dans la branche capacitive, $I_C = V_A/X_C$. Ces courants vectoriels sont représentés sur la figure 23-3b.

On remarque que le triangle est construit en prenant la tension V_A du générateur comme référence des phases, puisque la phase reste la même pour tout le circuit. Le courant I_R de la branche résistive est en phase avec V_A, mais le courant I_C de la branche capacitive est en avance de 90° sur V_A.

Le vecteur représentant I_C est orienté vers le haut, alors que le vecteur X_C est orienté vers le bas, car le courant I_C de la branche capacitive est en avance sur la tension de référence V_A. Ce vecteur I_C pour un courant de branche parallèle est en opposition avec le vecteur X_C.

Le courant total dans la ligne principale, I_T, est constitué par les courants I_R et I_C, déphasés de 90° l'un par rapport à l'autre. La somme vectorielle de I_C et I_R est égale à I_T. La formule correspondante est la suivante:

$$I_T = I^2{}_R + I^2{}_C \qquad (23.4)$$

Sur la figure 23-3c, la somme vectorielle d'un courant I_R de 10 A et d'un courant I_C de 10 A est égale à 14,14 A. Les courants partiels s'additionnent vectoriellement puisqu'ils sont déphasés de 90° dans un circuit parallèle. Cela

correspond aux chutes de tension déphasées de 90°, dans un circuit série.

Impédance de X_C et de R en parallèle

Comme à l'habitude, l'impédance d'un circuit parallèle est égale au quotient de la tension appliquée par le courant total dans la ligne principale: $Z = V_A/I_T$. Sur la figure 23-3, par exemple, on a:

$$Z = \frac{V_A}{I_T} = \frac{100}{14,14\ \text{A}} = 7,07\ \Omega$$

qui représente, en ohms, l'opposition exercée aux bornes du générateur. Elle équivaut à la résistance de 10 Ω en parallèle avec la réactance de 10 Ω. On remarque que l'impédance équivalente à des valeurs égales de R et de X_C n'est pas égale à la moitié mais à 70,7 % de chacune d'elles.

Déphasage des circuits parallèle À la figure 23-3c, le déphasage φ est de 45° car les valeurs de R et de X_C sont égales, et les courants dans chacune des branches sont égaux. Le déphasage apparaît entre le courant total I_T et la tension V_A du générateur. Mais la tension V_A et le courant I_R sont en phase. Donc, φ apparaît aussi entre I_T et I_R.

Pour trouver φ, on applique la formule de la tangente dans le diagramme des courants. À la figure 23-3, on a:

$$\text{tg } \varphi = \frac{I_C}{I_R} \qquad (23.5)$$

Le déphasage est positif car le vecteur I_C est orienté vers le haut et en avance de 90° sur V_A. Au contraire, le vecteur d'une réactance X_C, en série, est en retard. Mais l'effet de X_C n'est pas différent. Seule la référence des déphasages a changé.

On remarque que le triangle des courants individuels des circuits parallèle donne φ_I, comme l'angle que fait I_T avec la tension V_A du générateur. Le déphasage du courant I_T par rapport à la tension appliquée est appelé φ_I. Pour le triangle des tensions en série, le déphasage de Z_T et celui de V_T par rapport au courant sont appelés φ_Z.

Combinaisons de X_C et R en parallèle

D'après le tableau 23-2, quand X_C a une valeur dix fois supérieure à celle de R, le circuit parallèle est pratiquement résistif parce que le courant capacitif, en avance, est très faible dans la ligne principale. La faible valeur de I_C est due à la forte réactance shunt X_C. L'impédance totale du circuit parallèle est donc approximativement égale à la résistance puisque la grande valeur de X_C, en parallèle, n'a qu'une faible influence. Le déphasage de 5,7° est pratiquement égal à 0°, car la majeure partie du courant de la ligne principale est actif.

Quand la réactance X_C diminue, elle fait passer un courant capacitif, en avance, plus grand dans la ligne principale. Quand la valeur de X_C est le dixième de celle de R, tout le courant de la ligne principale est pratiquement constitué par la composante I_C. Le circuit parallèle est donc pratiquement capacitif et son impédance totale est pratiquement égale à X_C. Le déphasage est de 84,3°, c'est-à-dire presque 90°, car le courant total est principalement réactif. On remarque que ces conditions sont opposées au cas où X_C et R sont en série. Lorsque les valeurs de X_C et de R sont égales, les courants de chaque branche sont égaux et le déphasage est de 45°.

Comme comparaisons supplémentaires entre les circuits série et les circuits parallèle, on se rappellera que:

1. Les chutes de tension en série V_R et V_C ont des valeurs individuelles déphasées de 90°. Ces tensions V_R et V_C s'additionnent donc vectoriellement pour constituer la tension appliquée V_T. Le déphasage négatif $-\varphi$ apparaît entre V_T et le courant commun du circuit en série, I. Si la réactance X_C en série augmente, V_C augmente aussi et le circuit devient plus capacitif, avec un déphasage négatif plus grand de V_T par rapport à I

2. Les courants I_R et I_C circulant dans des branches en parallèle ont des valeurs déphasées de 90° l'un par rapport à l'autre.

Tableau 23-2 *Combinaisons* de résistances et de réactances capacitives en parallèle*

R, Ω	X_C, Ω	I_R, A	I_C, A	I_T, A (ENVIRON)	Z_T, Ω (ENVIRON)	DÉPHASAGE φ_I
1	10	10	1	$\sqrt{101} = 10$	1	5,7°
10	10	1	1	$\sqrt{2} = 1,4$	7,07	45°
10	1	1	10	$\sqrt{101} = 10$	1	84,3°

*$V_A = 10$ V. On remarque que φ_I est l'angle de I_T par rapport à la référence V_A dans les circuits en parallèle.

Ces courants I_R et I_C s'additionnent donc vectoriellement pour former le courant de la ligne principale, I_T. Le déphasage positif φ apparaît alors entre le courant I_T de la ligne principale et la tension commune parallèle V_A. Une réactance parallèle X_C plus faible laisse passer un courant I_C plus grand, ce qui rend le circuit plus capacitif, avec un déphasage positif plus grand de I_T par rapport à V_A.

Problèmes pratiques 23.3
(réponses à la fin du chapitre)

(a) Soit une résistance R en parallèle avec une réactance capacitive X_C. On donne $I_R = 2$ A et $I_C = 2$ A. Calculer I_T.
(b) Trouver le déphasage φ_I.

23.4
CONDENSATEURS DE COUPLAGE EN AUDIOFRÉQUENCES ET EN RADIOFRÉQUENCES

Sur la figure 23-4, le condensateur C_c est utilisé comme condensateur de couplage. Sa faible réactance laisse pratiquement passer tout le signal de tension alternative venant du générateur qui se retrouve aux bornes de R. La tension alternative aux bornes de C_c est très faible.

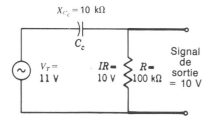

Figure 23-4 *Circuit de couplage RC. Une faible valeur de X_{C_c} permet de développer pratiquement toute la tension appliquée aux bornes de R avec une tension presque nulle aux bornes de C_C.*

On utilise un condensateur de couplage dans cette application car il offre une réactance plus grande aux fréquences les plus basses, et, en conséquence, la tension alternative couplée aux bornes de R est plus faible et la tension alternative aux bornes de C_c est plus grande. Quand on applique une tension continue, toute la tension se retrouve aux bornes de C_c et il n'y a aucune tension aux bornes de R, car le condensateur bloque le courant continu. Il en résulte que la tension de sortie aux bornes de R comprend les fréquences désirées mais ne comprend aucun courant continu, ni aucun courant sur les fréquences les plus basses. D'où le nom de *couplage ca* donné à ce type de montage.

On peut prendre, en tant que limite de l'utilisation d'un condensateur C_c comme condensateur de couplage à une fréquence donnée, le cas où la réactance X_{C_c} est inférieure ou égale au dixième de la résistance en série R. Le circuit RC_c, en série, est alors essentiellement résistif. Toute la chute de tension du générateur alternatif se retrouve alors pratiquement aux bornes de R, avec une chute de tension très faible aux bornes de C_c. En outre, ce cas introduit un déphasage pratiquement égal à 0°.

On peut calculer des valeurs types pour un condensateur de couplage, en audiofréquences ou en radiofréquences, en supposant une résistance en série de 16 000 Ω. Donc, XC_c doit être de 1600 Ω, au plus. Au tableau 23-3, on indique des valeurs types de C_c. À 100 Hz, un condensateur de couplage doit être de 0,1 μF pour avoir une réactance de 1600 Ω. Aux fréquences plus élevées, on peut utiliser un condensateur de couplage C_c de plus faible valeur qui présente la même réactance. À 100 MHz, dans la gamme des ondes métriques, par exemple, il suffit d'une capacité de 1 pF.

Il faut remarquer que les valeurs de C_c sont calculées à chaque fréquence, à la limite inférieure. Pour des fréquences plus élevées, la même valeur du condensateur C_c aura une réactance plus faible que $R/10$, ce qui améliore le couplage.

Choix du condensateur du couplage pour un circuit donné Comme exemple d'applications de ce calcul, on suppose que le problème consiste à déterminer C_c pour un amplificateur audiofréquences à transistors. Cette application montre aussi la capacité relativement grande qui est nécessaire pour les faibles résistances en série. C_c doit être un condensateur de couplage pour les audiofréquences égales ou supérieures à 50 Hz et plus, avec une résistance en série R de 4000 Ω. La réactance X_c nécessaire est donc de $^{4000}/_{10}$, soit 400 Ω. Pour calculer C_c à 50 Hz, on procède comme suit:

$$C_c = \frac{0,159}{f \cdot X_{C_c}} = \frac{0,159}{50 \times 400} = \frac{159\,000 \times 10^{-6}}{20 \times 10^3}$$

$$= 7,95 \times 10^{-6}$$

$$C_c = 7,95 \ \mu F$$

On trouve couramment dans le commerce des condensateurs électrolytiques à basse tension de $10\mu F$. Cette valeur légèrement plus élevée est meilleure du point de vue du couplage. La tension nominale peut être de 3 à 10 V, suivant le circuit pour une tension d'alimentation des transistors typiquement égale à 9 V. Bien que les condensateurs électrolytiques aient un courant de fuite relativement élevé, on peut les utiliser comme condensateurs de couplage, dans cette application, car la résistance en série est faible.

Tableau 23-3 *Condensateurs de couplage ayant une réactance de 1600 Ω**

f	C_c	REMARQUES
100 Hz	1 μF	Audiofréquences basses
1000 Hz	0,1 μF	Audiofréquences moyennes
10 kHz	0,01 μF	Audiofréquences élevées
1000 kHz	100 pF	Radiofréquences
100 MHz	1 pF	Très hautes fréquences

* Soit un X_{C_c} égal au dixième d'une résistance en série R de 16 000 Ω.

Problèmes pratiques 23.4
(réponses à la fin du chapitre)

(*a*) La réactance capacitive d'un condensateur de couplage est de 70 Ω à 200 Hz. Calculer la valeur de la réactance capacitive de ce condensateur à 400 Hz.

(*b*) Considérer le tableau 23-3. Calculer la capacité C du condensateur de réactance capacitive X_{C_c} égale à 1600 Ω à 50 MHz.

23.5
DIVISEURS CAPACITIFS DE TENSION

Des condensateurs connectés en série aux bornes d'une source de tension constituent un diviseur de tension. Aux bornes de chaque condensateur se trouve une partie de la tension appliquée, et la somme de toutes les chutes de tension en série est égale à la tension de la source.

La valeur de la tension aux bornes de chacun des condensateurs est inversement proportionnelle à la capacité de ce condensateur. Si, par exemple, deux condensateurs de 2 μF et de 1 μF sont en série, la tension aux bornes du plus petit est le double de la tension aux bornes du plus grand condensateur. Si on suppose que l'on applique une tension de 120 V, le tiers de celle-ci, soit 40 V, est appliqué aux bornes du condensateur de 2 μF et

Figure 23-5 *Des condensateurs en série partagent la tension appliquée V_T dans la proportion inverse de leurs capacités: (a) diviseur alternatif; (b) diviseur continu.*

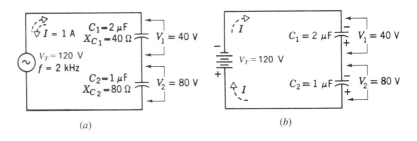

(a)   (b)

les deux tiers, soit 80 V, sont appliqués aux bornes du condensateur de 1 μF.

Les deux chutes de tension de 40 et de 80 V en série s'additionnent et leur somme est égale à la tension de 120 V appliquée. L'addition n'est que la somme arithmétique des deux tensions. Ce n'est que pour des tensions déphasées l'une de l'autre qu'il est nécessaire de faire une addition vectorielle.

Diviseur alternatif Pour un courant alternatif sinusoïdal, on peut calculer la division de la tension entre les condensateurs en série en se basant sur les réactances. Sur la figure 23-5a, la réactance totale est de 120 Ω aux bornes d'une source de 120 V. Le courant du circuit série est donc de 1 A. Ce courant est le même pour les réactances X_{C_1} et X_{C_2} qui sont en série. La tension aux bornes de C_1 est donc IX_{C_1}, soit 40 V, et la tension de C_2 est de 80 V.

La division de la tension se fait proportionnellement aux réactances en série, comme dans le cas des résistances en série. Cependant, la réactance est inversement proportionnelle à la capacité. Par conséquent plus la capacité est faible, plus la réactance est grande et plus la fraction de la tension appliquée est grande.

Diviseur continu Les deux condensateurs C_1 et C_2 de la figure 23-5b sont chargés par la batterie. La tension aux bornes du montage

de C_1 et de C_2, en série, doit être égale à V_T. Quand le courant de charge circule, les électrons, repoussés par la borne négative de la batterie, s'accumulent sur l'armature négative de C_1 en repoussant les électrons de l'armature positive. Ces électrons circulent dans le conducteur jusqu'à l'armature négative de C_2. Comme la borne positive de la batterie attire les électrons, le courant de charge, venant de l'armature positive de C_2, revient vers le côté positif de la source continue. Les condensateurs C_1 et C_2 se chargent donc avec la polarité indiquée.

Les condensateurs série C_1 et C_2 sont parcourus par le même courant de charge. Ils ont donc tous deux la même charge, mais la différence de potentiel due à des charges égales est inversement proportionnelle à la capacité. En effet, on a $Q = CV$, ou $V = Q/C$. Par conséquent, la tension du condensateur de 1 μF est le double de la tension du condensateur de 2 μF, bien qu'ils aient tous deux la même charge.

Si on mesure la tension aux bornes de C_1 à l'aide d'un voltmètre continu, on obtient 40 V. La tension continue aux bornes de C_2 est de 80 V. La mesure entre le côté négatif de C_1 et le côté positif de C_2 est la même que la tension de 120 V appliquée par la batterie.

Si l'on branche l'appareil de mesure entre le côté positif de C_1 et l'armature négative de C_2, la tension mesurée est nulle. Ces armatures sont au même potentiel puisqu'elles sont reliées par un conducteur de résistance nulle.

La polarité marquée à la jonction entre C_1 et C_2 indique la tension de ce point par rapport à l'armature opposée de chaque condensateur. Cette jonction est positive par rapport à l'armature opposée de C_1 qui présente un surplus d'électrons, mais ce même point est négatif par rapport à l'armature opposée de C_2 qui présente un manque d'électrons.

On peut, en général, appliquer la formule suivante à un diviseur de tension constitué de condensateurs en série:

$$V_C = \frac{C_T}{C} \cdot V_T \qquad (23.6)$$

On remarque que C_T est au numérateur, car il doit être inférieur à chacun des condensateurs C connectés en série. Pour les figures 23-5a et b, par exemple, on a:

$$V_1 = \frac{C_T}{C_1} \times 120 = \frac{\text{2/3}}{2} \times 120 = 40 \text{ V}$$

$$V_2 = \frac{C_T}{C_2} \times 120 = \frac{\text{2/3}}{1} \times 120 = 80 \text{ V}$$

Cette méthode s'applique aux condensateurs en série formant un diviseur de tension soit continu, soit alternatif, tant qu'il n'y a pas de résistance en série.

Problèmes pratiques 23.5 (réponses à la fin du chapitre)

(a) Soit deux condensateurs C_1 de 10 pF et C_2 de 90 pF branchés aux bornes d'une alimentation de 20 kV. Calculer V_1 et V_2.

(b) Considérer la figure 23-5a. Calculer X_{C_T}.

23.6
CAS GÉNÉRAL DU COURANT CAPACITIF i_C

Le courant capacitif de charge et de décharge, i_C, est toujours égal à $C \, (dv/dt)$. Des variations sinusoïdales de la tension v_C produisent un courant i cosinusoïdal, c'est-à-dire que v_C et i_C ont la même forme d'onde mais qu'ils sont déphasés de 90°.

Dans les calculs des circuits sinusoïdaux, il est généralement plus facile d'utiliser la réactance X_C. Comme X_C égale $1/(2\,\pi fC)$, les termes qui définissent la valeur du courant de charge et de décharge comprennent f et C. Donc, I_C est égal à V_C/X_C. Ou alors, si on connaît I_C, on peut calculer V_C comme le produit de I_C par X_C.

Si la tension v_C n'est pas sinusoïdale, on ne peut pas utiliser la réactance. Celle-ci, X_C, ne s'applique qu'aux ondes sinusoïdales. Il faut donc déterminer i_C à partir de $C \, (dv/dt)$. À la figure 23-6, on donne un exemple qui montre la variation de la forme d'onde du signal au lieu de la variation du déphasage des circuits sinusoïdaux.

On remarque que la tension en dents de scie, v_C, correspond à un courant de forme rectangulaire. La montée linéaire de la dent de scie produit un courant de charge constant, i_C, car la vitesse de variation de la tension de charge est constante. Quand le condensateur se décharge, la tension v_C diminue brusquement. Le courant de décharge circule dans le sens opposé au courant de charge et sa valeur est beaucoup plus élevée, puisque la vitesse de variation de v_C est plus grande.

Une caractéristique importante de ces signaux capacitifs est d'avoir la même forme que les signaux inductifs, précédemment représentés sur la figure 20-11, mais en intervertissant les formes du courant et de la tension. Cette comparaison vient de ce que i_C et v_L dépendent tous deux de la vitesse des variations.

Problèmes pratiques 23.6 (réponses à la fin du chapitre)

(a) Soit la figure 23-6a. On veut une montée

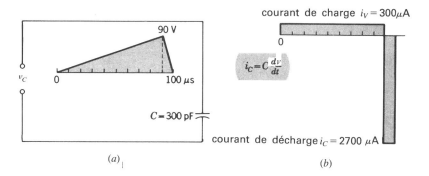

Figure 23-6 *Forme d'onde de* $i_C = C \,(dv/dt)$: *(a) tension en dents de scie; (b) courant rectangulaire.*

de dents de scie de 0 à 90 V en 90 μs. Calculer dv/dt en V/s.

(b) Calculer le courant de charge $i_C = C\,(dv/dt)$ pour la valeur du dv/dt du problème (a).

23.7
CALCUL DE LA CONSTANTE DE TEMPS *RC*

La réponse transitoire du condensateur de capacité C soumis à des formes d'onde non sinusoïdales est calculée par sa constante de temps τ, selon la formule:

$$\tau = RC \qquad (23.7)$$

où τ est la constante de temps, C, la capacité en farads et R, la résistance en série avec C pour la charge ou la décharge. Soit, par exemple, une résistance R de 1000 Ω en série avec un condensateur C de 4 μF, alors:

$$\tau = 100 \times 4 \times 10^{-6}$$

$$= 4000 \times 10^{-6} = 4 \times 10^{-3}$$

$$\tau = 4 \text{ ms}$$

Le temps mis par la tension aux bornes de C pour varier de 63,2 % est τ. Si, par exemple, la tension appliquée est de 100 V, le condensateur C se chargera ici jusqu'à 63,2 V en 4 ms. Ce même condensateur sera complètement chargé en un temps égal à cinq fois la constante de temps.

La constante de temps de la tension des condensateurs est similaire à la constante de temps L/R des courants inductifs. Dans chaque cas, la variation est de 63,2 % en une constante de temps. Cette valeur est une propriété de la courbe naturelle de la variation de v_C ou de i_L.

En réalité, la constante de temps RC présente plus d'importance dans les applications que la constante de temps L/R. Cela est dû au fait que les condensateurs et les résistances offrent, sous un volume réduit et à un coût modique, presque toutes les valeurs de constante de temps sans les problèmes inhérents aux bobines. Le chapitre suivant explique plus en détail les applications de la constante de temps RC et présente une comparaison avec celles de la constante de temps L/R.

Problèmes pratiques 23.7 (réponses à la fin du chapitre)

(a) Soit une résistance de 2 MΩ en série avec un condensateur de 2 μF. Calculer la constante de temps RC de la charge.

(b) Soit une résistance de 100 Ω en série avec un condensateur de 2 μF. Calculer la constante de temps RC de la décharge.

Résumé

1. Dans un circuit alternatif sinusoïdal, la tension aux bornes d'une capacité est en retard de 90° sur le courant de charge et de décharge.

2. La réactance capacitive X_C est donc une quantité vectorielle, déphasée de $-90°$ par rapport à la résistance en série, car $i_C = C \, (dv/dt)$. Ce phénomène fondamental est à la base de toutes les relations qui suivent.

3. L'addition vectorielle de X_C et R, en série, est leur impédance Z. Il y a trois types de grandeurs exprimées en ohms qui s'opposent au courant; elles sont comparées au tableau 23-4.

4. Les caractéristiques opposées des circuits formés de X_C et de R, en série et en parallèle, sont résumées au tableau 23-5.

Tableau 23-4 *Comparaison entre les résistances, les réactances capacitives et les impédances*

R	$X_C = 1/(2 \, \pi f C)$	$Z = \sqrt{R^2 + X_C^2}$
Unité: ohms	Unité: ohms	Unité: ohms
Tension IR en phase avec I	Tension IX_C en retard de 90° sur I_C	IZ est la tension appliquée
Ne varie pas avec f	Diminue quand f augmente	Diminue avec X_C

Tableau 23-5 *Circuits RC série et parallèle*

X_C ET R EN SÉRIE	X_C ET R EN PARALLÈLE
I est le même dans X_C et R	La tension V_A est la même aux bornes de X_C et de R
$V_T = \sqrt{V_R^2 + V_C^2}$ $Z = \sqrt{R^2 + X_C^2}$	$I_T = \sqrt{I_R^2 + I_C^2}$ $Z = \dfrac{V_A}{I_T}$
V_C en retard de 90° sur V_R	I_C en avance de 90° sur I_R
tg $\varphi_Z = \dfrac{X_C}{R}$, φ_Z augmente en même temps que X_C et V_C croissent	tg $\varphi_I = \dfrac{I_C}{I_R}$, φ_I décroît en même temps que X_C croît et que I_C décroit

5. À titre de comparaison entre les circuits capacitifs et inductifs, I_L est toujours en retard sur V_L, mais I_C est toujours en avance sur V_C.

6. Plusieurs condensateurs, montés en série aux bornes d'une source de tension V, constituent un diviseur de tension. La plus grande partie de la tension totale est appliquée au plus petit condensateur.

7. Un condensateur de couplage a une réactance X_{C_c} inférieure ou égale au dixième de la résistance en série, de manière que toute la tension alternative appliquée se trouve pratiquement aux bornes de R, la proportion appliquée à C_c étant très faible.

8. Dans les circuits sinusoïdaux, $I_C = V_C/X_C$. Donc, I_C est déphasé de 90° par rapport à V_C.

9. Quand la tension n'est pas sinusoïdale, $i_C = C \ (dv/dt)$. La forme d'onde de i_C est donc différente de la forme d'onde de la tension.

10. La constante de temps τ en secondes est le produit de la capacité C exprimée en farads par la résistance exprimée en ohms. C'est le temps requis pour avoir une variation de V_C, durant la charge ou la décharge, de 63,2 %.

Exercices de contrôle
(Réponses à la fin de l'ouvrage)

Voici un moyen de contrôler si vous avez bien assimilé le contenu de ce chapitre. Ces exercices sont uniquement destinés à vous évaluer vous-même.

Choisir (a), (b), (c) ou (d).

1. Dans un circuit capacitif: (a) une diminution de la tension appliquée fait charger un condensateur; (b) une tension appliquée constante provoque la décharge; (c) une augmentation de la tension appliquée fait décharger un condensateur; (d) une augmentation de la tension appliquée fait charger un condensateur.

2. Dans un circuit sinusoïdal où X_C et R sont en série: (a) le déphasage du circuit est de 180° pour une résistance en série élevée; (b) la tension aux bornes du condensateur doit être déphasée de 90° par rapport à son courant de charge et de décharge; (c) la tension aux bornes du condensateur est en phase avec le courant de charge et de décharge; (d) le courant de charge et de décharge d'un condensateur doit être déphasé de 90° par rapport à la tension appliquée.

3. Quand la tension v_C aux bornes d'un condensateur C de 1 μF décroît de 43 à 42 V en 1 s, le courant de décharge, ic, est égal à: (a) 1 μA; (b) 42 μA; (c) 43 μA; (d) 43 A.

4. Dans un circuit alternatif sinusoïdal comprenant une branche résistive et une branche capacitive en parallèle: (*a*) la tension aux bornes du condensateur est en retard de 90° sur la tension aux bornes de la résistance; (*b*) le courant I_R dans la branche résistive est déphasé de 90° par rapport au courant I_C de la branche capacitive; (*c*) I_R et I_C sont en phase; (*d*) I_R et I_C sont déphasés de 180°.

5. Dans un circuit alternatif sinusoïdal comprenant une résistance R de 90 Ω en série avec une réactance X_C de 90 Ω, le déphasage est égal à: (*a*) $-90°$; (*b*) $-45°$; (*c*) 0°; (*d*) 90°.

6. L'impédance équivalente à une résistance R de 1000 Ω en parallèle avec une réactance X_C de 1000 Ω est égale à: (*a*) 500 Ω; (*b*) 707 Ω; (*c*) 1000 Ω; (*d*) 2000 Ω.

7. Quand on applique 100 V aux bornes de deux condensateurs de 5 μF connectés en série, la tension aux bornes de chacun des condensateurs est de: (*a*) 5 V; (*b*) 33,33 V; (*c*) 50 V; (*d*) 66,67 V.

8. Dans un circuit alternatif sinusoïdal comprenant une résistance R et une réactance X_C en série: (*a*) les tensions aux bornes de R et de X_C sont en phase; (*b*) les tensions aux bornes de R et de X_C sont déphasées de 180°; (*c*) la tension aux bornes de R est en avance de 90° sur la tension aux bornes de X_C; (*d*) la tension aux bornes de R est en retard de 90° sur la tension aux bornes de X_C.

9. Un condensateur de 0,01 μF en série avec une résistance R sert de condensateur de couplage C_c à 1000 Hz. À 10 000 Hz: (*a*) C_c a une réactance trop grande pour assurer un bon couplage; (*b*) C_c a une réactance plus faible, ce qui améliore le couplage; (*c*) C_c a la même réactance et assure le même couplage; (*d*) la tension aux bornes de R est réduite au dixième.

10. Dans un circuit de couplage RC, le déphasage est de: (*a*) 90°; (*b*) 0° environ; (*c*) $-90°$; (*d*) 180°.

Questions

1. (*a*) Pourquoi un condensateur se charge-t-il quand la tension appliquée augmente? (*b*) Pourquoi un condensateur se décharge-t-il quand la tension appliquée diminue?

2. Une tension sinusoïdale V est appliquée aux bornes d'un condensateur C: (*a*) tracez le schéma du circuit; (*b*) tracez les sinusoïdes de la tension V et du courant I, qui sont déphasées de 90°; (*c*) tracez le diagramme vectoriel montrant le déphasage de $-90°$ entre V et I.

3. Pourquoi un circuit comprenant une résistance R et une réactance X_C, en série, deviendra-t-il moins capacitif quand on augmentera la fréquence de la tension appliquée?

4. Définissez les termes suivants: condensateur de couplage, tension en dents de scie, diviseur capacitif de tension.

5. Donnez deux comparaisons entre des circuits RC auxquels on applique une tension sinusoïdale et une tension non sinusoïdale.

6. Indiquez trois différences entre des circuits RC et des circuits RL.

7. Comparez les rôles d'un condensateur de couplage et d'une bobine de choc ou d'arrêt; indiquez deux différences dans leur fonctionnement.

8. Indiquez deux défauts possibles des condensateurs de couplage et expliquez rapidement comment les déceler à l'ohmmètre.

9. Définissez la constante de temps d'un circuit capacitif.

Problèmes
(Les réponses aux problèmes de numéro impair sont données à la fin de l'ouvrage)

1. Une résistance R de 40 Ω est connectée en série avec une réactance X_C de 30 Ω, aux bornes d'une source alternative sinusoïdale V de 100 V. (a) Tracez le schéma. (b) Calculez l'impédance totale Z. (c) Calculez le courant I. (d) Calculez les tensions aux bornes de R et de C. (e) Quel est le déphasage φ_Z du circuit?

2. Une résistance R de 40 Ω et une réactance X_C de 30 Ω sont en parallèle aux bornes d'une source de tension alternative sinusoïdale de 100 V. (a) Tracez le schéma. (b) Calculez le courant dans chaque branche. (c) Quelle est la valeur du courant total dans la ligne principale? (d) Calculez l'impédance Z de l'ensemble. (e) Quel est le déphasage du circuit? (f) Comparez le déphasage des tensions aux bornes de R et aux bornes de X_C.

3. Tracez le schéma d'un condensateur en série avec une résistance de 1 MΩ aux bornes d'une source alternative V de 10 V. Quelle valeur faut-il donner à C afin que les tensions aux bornes de R et de X_C soient égales pour des fréquences de 100 Hz et de 100 kHz?

4. Tracez le schéma de deux condensateurs C_1 et C_2, en série aux bornes d'une tension de 10 000 V. Le condensateur C_1 est de 900 pF et sa tension est de 9000 V. (a) Quelle est la tension de C_2? (b) Quelle est la capacité de C_2?

5. Quelle est, sur la figure 23-2a, la valeur de C pour que X_C soit de 100 Ω aux fréquences de 60 Hz, 1000 Hz et 1 MHz?

6. Une résistance R de 1500 Ω est en série avec un condensateur C de 0,01 μF, aux bornes d'une source de 30 V dont la fréquence est de 8 kHz. Calculez X_C, Z_T, φ_Z, I, V_R et V_C.

7. Les mêmes composants R et C que ceux du problème 6 sont en parallèle, Calculez I_C, I_R, I_T, φ_I, Z, V_R et V_C.

8. Un condensateur de 0,05 μF est en série avec une résistance R de 50 000 Ω et une source de 10 V. Faites un tableau des valeurs de X_T, I, V_R et V_C aux fréquences de 0 (tension continue fixe), 20, 60, 100, 500, 5000 et 15 000 Hz.

9. Un diviseur capacitif de tension comprend des condensateurs C_1 de 1 μF, C_2 de 2 μF et C_3 de 4 μF, en série aux bornes d'une source V_T de 700 V. (a) Calculez V_1, V_2 et V_3 pour une source de tension continue fixe; (b) calculez V_1, V_2 et V_3 pour une source alternative dont la fréquence est de 400 Hz.

10. (a) Une réactance X_C de 40 Ω et une résistance R de 30 Ω sont en série aux bornes d'une source V de 120 V. Calculez Z_T, I et φ_Z. (b) Calculez I_T, Z et φ_I quand ces mêmes valeurs de X_C et de R sont en parallèle aux bornes de V. (c) Une réactance X_L de 40 Ω et une résistance R de 30 Ω sont en série aux bornes d'une source V de 120 V. Calculez Z_T, I et φ_Z. (d) Ces mêmes valeurs de X_L et de R sont en parallèle aux bornes de V. Calculez I_T, Z et φ_I. (Remarque: la réactance capacitive X_C est utilisée en (a) et en (b), alors que la réactance inductive X_L est utilisée en (c) et (d).)

11. Calculez les valeurs de L et de C du problème 10 pour une tension de fréquence égale à 60 Hz.

12. Soit une résistance R de 500 Ω en série avec une réactance capacitive X_C de 300 Ω. Calculer Z_T, I et φ_Z. Prendre $V_T = 120$ V.

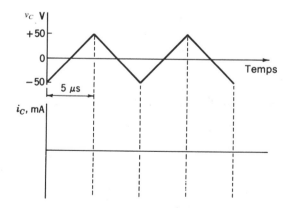

Figure 23-7 *Pour le problème 15.*

13. Une résistance R de 300 Ω est en série avec une réactance X_C de 500 Ω. Calculer Z_T, I et φ_Z. Comparez ce φ_Z avec celui du problème 12 pour une même tension appliquée de 120 V.

14. Une résistance R de 500 Ω est en parallèle avec une réactance capacitive de 300 Ω. Calculer I_T, Z_T et φ_I. Comparer φ_I avec φ_Z du problème 12, pour une même tension appliquée de 120 V.

15. Dans le cas où la tension v_C d'un condensateur a la forme représentée sur la figure 23-7, montrez la forme du courant de charge et de décharge i_C lorsque la capacité est de 200 pF. Comparez ces formes avec celles du problème 17 au chapitre 20.

Réponses aux problèmes pratiques

23.1 (a) 0°
    (b) 90°
    (c) en retard

23.2 (a) 28,28 Ω
    (b) 28,28 V
    (c) $\varphi_Z = -45°$

23.3 (a) 2,828 A
    (b) $\varphi_I = 45°$

23.4 (a) 35 Ω
    (b) 2 pF

23.5 (a) $V_1 = 18$ kV
        $V_2 = 2$ kV
    (b) $X_{C_T} = 120$ Ω

23.6 (a) $dv/dt = 1 \times 10^6$ V/s
    (b) $i_C = 300$ μA

23.7 (a) 2 s
    (b) 200 μs

Constantes de temps RC et L/R

Les inductances ont de nombreuses applications dans les circuits alternatifs sinusoïdaux, mais, à chaque variation du courant, l'inductance L a pour effet de produire une tension induite. Parmi les signaux non sinusoïdaux, on peut citer les tensions continues mises en ou hors circuit, les signaux carrés, les signaux en dents de scie et les impulsions rectangulaires. Les condensateurs trouvent aussi de nombreuses applications dans les signaux sinusoïdaux, mais chaque fois que la tension varie, le condensateur C produit un courant de charge et de décharge.

Lorsque la tension et le courant ne sont pas sinusoïdaux, L et C produisent une modification de la forme d'onde des signaux. On peut étudier cet effet au moyen des constantes de temps pour les circuits RC et RL. La constante de temps indique le temps nécessaire pour que le courant traversant l'inductance L ou la tension aux bornes du condensateur C varient de 63,2 %. On donne davantage de détails dans les sections suivantes:

24.1
RÉPONSE D'UNE RÉSISTANCE SEULE

Pour insister sur les caractères particuliers d'une inductance L ou d'un condensateur C, le circuit de la figure 24-1 illustre le comportement d'un circuit résistif ordinaire. Quand l'interrupteur est fermé, la batterie applique 10 V aux bornes de la résistance R de 10 Ω et il en résulte un courant I de 1 A. La courbe de la figure (*b*) montre que le courant I passe instantanément de 0 à 1 A quand on ferme l'interrupteur. Si la tension appliquée passe à 5 V, le courant passe instantanément à 0,5 A. Si on ouvre l'interrupteur, I tombe immédiatement à zéro.

La résistance ne fait que s'opposer au passage du courant; il n'y a pas de réaction à une modification. En effet, la résistance R n'a pas de champ magnétique qui s'oppose au changement de courant I, comme une inductance, et n'a pas de champ électrique pour emmagasiner une charge qui s'oppose à une variation de la tension, comme le fait un condensateur.

Problèmes pratiques 24.1
(réponses à la fin du chapitre)
Répondre par vrai ou faux:

(a) Une résistance R ne génère, dans le cas d'une variation du courant I, aucune tension induite;

(b) Une résistance R ne génère, dans le cas d'une variation de la tension V, aucun courant de charge ou de décharge.

24.2
CONSTANTE DE TEMPS *L/R*

En considérant le circuit de la figure 24-2, dans lequel l'inductance L est en série avec R, on peut voir qu'à la fermeture de S, le courant varie puisque I qui était nul passe à une certai-

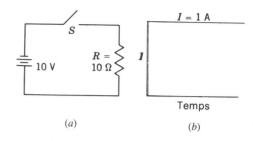

Figure 24-1 *Réponse d'un circuit comprenant uniquement une résistance R. Quand l'interrupteur est fermé, I = 1 A. (a) Circuit; (b) courbe de I permanent en fonction du temps.*

ne valeur. L'intensité I prendra finalement la valeur fixe de 1 A, égale à la tension de la batterie, soit 10 V, divisée par la résistance de 10 Ω. Mais, pendant que le courant passe de 0 à 1 A, I varie et l'inductance s'oppose à ce changement. Pendant cette période, l'action du circuit RL se caractérise par sa *réponse transitoire*, expression qui indique un état momentané qui ne dure que jusqu'à ce que le courant en *régime permanent* de 1 A soit atteint. De même, quand on ouvre l'interrupteur S, la réponse transitoire du circuit RL s'oppose à la décroissance du courant jusqu'à sa valeur zéro, en régime permanent.

La réponse transitoire est caractérisée par le rapport L/R, qui est la constante de temps d'un circuit inductif. Pour calculer la constante de temps, on applique la formule suivante:

$$\tau = \frac{L}{R} \tag{24.1}$$

où τ est la constante de temps en secondes, et L l'inductance en henrys. La résistance en ohms est R, en série avec L, qui peut être soit la résistance de la bobine, soit une résistance extérieure, ou les deux en série. Sur la figure 24-2, on a:

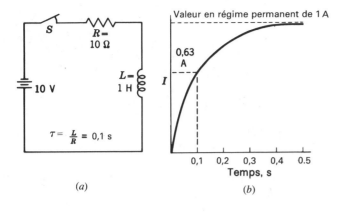

Figure 24-2 *Réponse transitoire d'un circuit RL. Quand on ferme l'interrupteur, le courant passe de zéro à sa valeur permanente de 1 A. (a) Circuit ayant une constante de temps de 0,1 s; (b) courbe de I en fonction du temps, pendant cinq constantes de temps.*

$$\tau = \frac{L}{R} = \frac{1}{10} = 0,1 \text{ s}$$

Plus précisément, la constante de temps est une mesure du temps mis par le courant pour varier de 63,2 %, ou d'environ 63 %. À la figure 24-2, le courant augmente de 0 à 0,63 A, c'est-à-dire de 63 % de la valeur en régime permanent en une période de 0,1 s, qui représente la constante de temps. Après une période égale à cinq fois la constante de temps, le courant a pratiquement sa valeur en régime permanent de 1 A.

Si on ouvre de nouveau l'interrupteur pour que le courant puisse décroître jusqu'à zéro, *I* diminuera à 36,8 %, ou à approximativement 37 % de sa valeur en régime permanent en une constante de temps. Dans l'exemple de la figure 24-2, *I* diminuera de 1 à 0,37 A en une constante de temps. Remarquer qu'une décroissance de 1 A à 0,37 A est une variation de 63 %. Le courant décroît pratiquement jusqu'à zéro en cinq fois la constante de temps.

On peut expliquer de la manière suivante pourquoi *L/R* est égal à un temps. Comme la tension induite est $V = L \, (di/dt)$, en transposant les termes, *L* a les dimensions de $V \cdot \tau / I$. En divisant *L* par *R*, on obtient $V \cdot \tau / IR$. Comme les facteurs *IR* et *V* s'éliminent, il reste τ, qui indique que le rapport *L/R* a la dimension d'un temps.

Exemple 1   Quelle est la constante de temps d'une bobine de 20 H ayant une résistance en série de 100 Ω?

Réponse
$$\tau = \frac{L}{R} = \frac{20 \text{ H}}{100}$$
$$\tau = 0,2 \text{ s}$$

Exemple 2   Une tension continue appliquée de 10 V produira un courant en régime permanent de 100 mA dans la bobine de 100 Ω de l'exemple 1. Quelle est la valeur de ce courant après 0,2 s? après 1 s?

Réponse   Comme 0,2 s représente la constante de temps, après 0,2 s, le courant *I* est 63 % de 100 mA, c'est-à-dire 63 mA. Après 1 s, c'est-à-dire cinq fois la constante de temps, le courant aura atteint sa valeur permanente de 100 mA et conservera cette valeur tant que la tension appliquée restera égale à 10 V.

Exemple 3   Si on ajoute une résistance de 1 MΩ en série avec la bobine de l'exemple 1, quelle sera la constante de temps du circuit *RL* à résistance plus élevée?

Réponse

$$\tau = \frac{L}{R} = \frac{20 \text{ H}}{1000 \ 100 \ \Omega}$$

$$= 20 \times 10^{-6} \text{ s environ}$$

$$\tau = 20 \ \mu s \text{ environ}$$

La constante de temps L/R augmente avec la valeur de l'inductance L. Mais des résistances en série plus élevées diminuent la constante de temps. Alors le circuit est moins inductif avec davantage de résistance en série.

Problèmes pratiques 24.2 (réponses à la fin du chapitre)

(a) Calculer la constante de temps d'un circuit constitué d'une inductance L de 2 H en série avec une résistance R de 100 Ω.

(b) Calculer la constante de temps d'un circuit constitué d'une inductance L de 2 H en série avec une résistance R de 4000 Ω.

24.3
HAUTE TENSION OBTENUE EN OUVRANT UN CIRCUIT *RL*

Quand on ouvre un circuit inductif, la constante de temps de la décroissance du courant devient très petite puisque L/R devient plus petit, étant donné la résistance élevée du circuit ouvert. Le courant tombe beaucoup plus vite à zéro qu'il n'avait augmenté au moment de la fermeture de l'interrupteur. Il en résulte une tension auto-induite v_L, de valeur élevée aux bornes de la bobine à chaque fois que l'on ouvre un circuit *RL*. Cette tension élevée peut être beaucoup plus grande que la tension appliquée.

Il n'y a cependant aucun gain d'énergie, car la tension de pointe élevée ne dure que pendant la courte période que le courant met à décroître, à un rythme très rapide, au début de sa diminution. Puis, quand le courant I décroît moins vite, la valeur de v_L diminue. Lorsque le courant est tombé à zéro, il n'y a plus de tension aux bornes de L.

On peut mettre cet effet en évidence en connectant un tube à néon dans le circuit, tel qu'indiqué à la figure 24-3. La lampe à néon a besoin d'une tension de 90 V pour s'ioniser et s'éclairer. La source n'est que de 8 V mais, quand on ouvre l'interrupteur, la tension induite est suffisamment élevée pour éclairer la lampe pendant un instant. La brève impulsion de tension, ou pointe, dépasse 90 V immédiatement après l'ouverture de l'interrupteur, quand I décroît très rapidement au début de sa diminution.

On remarque que la résistance R_1 de 100 Ω est la résistance interne de la bobine de 2 H. Cette résistance est en série avec L, que l'interrupteur S soit ouvert ou fermé. La résistance R_2 de 4 kΩ, aux bornes de l'interrupteur, n'est en circuit que si S est ouvert, pour qu'il y ait une résistance finie aux bornes de l'interrupteur ouvert. Comme R_2 est une résistance beaucoup plus élevée que R_1, la constante de temps L/R est beaucoup plus petite quand l'interrupteur est ouvert.

À la fermeture du circuit Sur la figure 22-3a, l'interrupteur est fermé. Il fait circuler dans L un courant qui emmagasine de l'énergie dans le champ magnétique. Comme la résistance R_2 est mise en court-circuit par l'interrupteur, il ne subsiste que la résistance R_1 de 100 Ω. Le courant permanent I est égal à V/R_1, soit $^8/_{100}$ ou 0,08 A. Cette valeur de I est atteinte après cinq constantes de temps.

La constante de temps est égale à L/R, soit $^2/_{100}$ ou 0,02 s. Cinq constantes de temps équivalent à $5 \times 0,02 = 0,1$ s. Donc I est égal à 0,08 A, après 0,1 s ou 100 ms. L'énergie emmagasinée dans le champ magnétique est de 64×10^{-4} J; elle est égale à $LI^2/2$.

À l'ouverture du circuit Quand on ouvre l'interrupteur de la figure 24-3b, R_2 est en série avec L, ce qui porte la résistance totale à

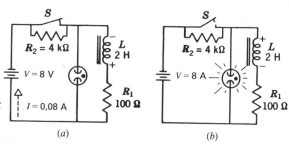

Figure 24-3 *Démonstration de la haute tension produite par l'ouverture d'un circuit RL: (a) quand l'interrupteur est fermé, la tension appliquée de 8 V ne peut pas allumer le tube à néon de 90 V; (b) la petite constante de temps crée une tension v_L élevée qui allume le tube, quand on ouvre S.*

une valeur de 4100 Ω, soit environ 4 kΩ. Il en résulte une valeur beaucoup plus petite de la constante de temps, à la décroissance du courant. La valeur de L/R est de $^2/_{4000}$, c'est-à-dire 0,5 ms. Le courant décroît pratiquement à zéro en cinq fois la constante de temps, ou 2,5 ms.

Cette chute rapide du courant crée un champ magnétique qui se resserre rapidement en induisant une tension élevée aux bornes de *L*. Dans cet exemple, la crête de v_L est de 320 V. La tension v_L sert de source de tension pour la lampe connectée aux bornes de la bobine. En conséquence, la lampe à néon s'ionise et s'allume pendant un instant.

Calcul de la valeur de crête de v_L On peut déterminer la valeur de crête de 320 V de la tension induite quand on ouvre l'interrupteur S de la figure 24-3 de la manière suivante: quand l'interrupteur est fermé, *I* est égal à 0,08 A dans tous les éléments du circuit en série. Au moment où on ouvre l'interrupteur S, la résistance R_2 s'ajoute en série à *L* et R_1. L'énergie emmagasinée dans le champ magnétique maintient *I* à sa valeur de 0,08 A pendant un instant avant que le courant décroisse. Quand le courant de 0,08 A circule dans la résistance R_2 de 4 kΩ, la différence de potentiel aux bornes de R_2 est de $0,08 \times 4000 = 320$ V. Le champ magnétique qui se resserre induit cette impulsion de 320 V

qui fait circuler un courant de 0,08 A, au moment où l'on ouvre l'interrupteur.

Vitesse de variation *di/dt* pour v_L On remarque que la vitesse de variation du courant nécessaire est de 160 A/s pour qu'une tension v_L de 320 V soit induite par l'inductance *L* de 2 H. Comme $v_L = L\,(di/dt)$, on peut transposer la formule pour obtenir $(di/dt) = v_L/L$. La valeur de (di/dt) correspond alors à 320 V/2 H, soit 160 A/s. Cette valeur est celle de *di/dt*, au début de la décroissance du courant, quand on ouvre l'interrupteur de la figure 24-3b. Elle est due à la petite constante de temps[1].

Applications des impulsions de la tension inductive Il y a beaucoup d'applications de la haute tension produite par l'ouverture d'un circuit inductif. Le premier exemple est celui de la haute tension produite par le système d'allumage d'une automobile. Dans ce cas, le circuit de la batterie en série avec une bobine d'allumage d'inductance élevée est ouvert par les contacts du rupteur du distributeur, pour produire la tension élevée nécessaire à chaque bougie. On peut facilement produire 10 000 V en ouvrant un circuit inductif très rapidement. Une autre application importante

[1] On peut calculer *di/dt* à partir de la pente au début de la décroissance; cette pente est indiquée en tirets sur la courbe *b* de la figure 24-9.

concerne la haute tension de 10 à 24 kV de l'anode du tube image des téléviseurs. Quand on ouvre un circuit inductif, la tension élevée v_L produite peut poser un problème d'amorçage d'un arc.

Problèmes pratiques 24.3
(réponses à la fin du chapitre)

(a) Soit le circuit de la figure 24-3. La constante de temps est-elle plus grande ou plus petite lorsque S est ouvert?

(b) Soit une variation di/dt plus rapide ou plus lente, laquelle génère une plus grande tension v_L?

24.4
CONSTANTE DE TEMPS *RC*

Dans les circuits capacitifs, la réponse transitoire dépend du produit $R \cdot C$. Pour calculer la constante de temps, on applique la formule:

$$\tau = R \cdot C \qquad (24.2)$$

Si R est en ohms et C en farads, on obtient

τ en secondes. Sur la figure 24-4, par exemple, où R est de 3 MΩ et C de 1 μF, on a:

$$\tau = 3 \times 10^6 \times 1 \times 10^{-6}$$

$$\tau = 3 \text{ s}$$

On remarque que le facteur 10^6 des mégohms et le facteur 10^{-6} des microfarads se simplifient. Donc, en multipliant la valeur de R en MΩ par la valeur de C en μF, on obtient le produit RC en secondes.

On peut expliquer de la manière suivante pourquoi le produit RC correspond à un temps: on a $C = Q/V$. La charge Q est le produit de $I \cdot \tau$. La grandeur V est égale à IR. Donc, RC est équivalent à $(RQ)/V$, ou $(RI\tau)/IR$. Comme I et R s'éliminent, il reste τ pour indiquer la dimension d'un temps.

La constante de temps indique la vitesse de la charge ou de la décharge À la charge, RC indique le temps qu'il faut au condensateur C pour se charger à 63% de la tension

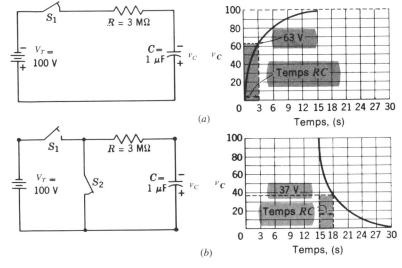

Figure 24-4 *Charge et décharge d'un circuit RC: (a) quand on ferme S_1, C se charge à travers R jusqu'à 63 % de V, en une constante de temps de 3 s; (b) quand on ouvre S_1 et que l'on ferme S_2, C se décharge à travers R, jusqu'à 37 % de sa tension originelle, en une constante de temps de 3 s.*

de charge; à la décharge, *RC* indique le temps qu'il faut au condensateur *C* pour se décharger de 63 %, jusqu'à une valeur égale à 37 % de la tension initiale aux bornes de *C*, au début de la décharge.

Sur la figure 24-4*a*, par exemple, la constante de temps à la charge est de 3 s. En 3 s, *C* se charge donc à 63 % de la tension de 100 V appliquée et atteint donc 63 V pendant le temps *RC*. Après une période égale à cinq constantes de temps, c'est-à-dire ici 15 s, le condensateur *C* est presque complètement chargé à la totalité de la tension appliquée de 100 V. Si maintenant *C* se décharge, sa tension passera de 100 V à 36,8 V, soit approximativement 37 V en 3 s. Après cinq constantes de temps, le condensateur sera complètement déchargé et sa tension égale à zéro.

Une constante de temps plus petite permet de charger et de décharger le condensateur plus rapidement. Si le produit *RC* de la figure 24-4 est égal à 1 s, *C* se charge à 63 V en 1 s, au lieu de 3 s, et v_C atteint la pleine tension appliquée de 100 V en 5 s au lieu de 15 s. Si la charge à la même tension se fait en moins de temps, cela signifie que la charge est plus rapide.

À la décharge aussi, une constante de temps plus petite permet à *C* de se décharger de 100 V à 37 V en 1 s au lieu de 3 s, et de descendre à zéro en 5 s au lieu de 15 s.

Dans le cas opposé, une constante de temps plus grande entraîne une charge et une décharge plus lentes du condensateur. Une plus grande valeur de *R* ou de *C*, ou des deux, donnera une plus grande constante de temps.

Applications des constantes de temps *RC* Voici quelques exemples montrant comment on peut utiliser la constante de temps dans les circuits *RC*:

Exemple 4 Quelle est la constante de temps d'un condensateur de 0,01 μF en série avec une résistance de 1 MΩ?

Réponse
$$\tau = RC$$
$$\tau = 1 \times 10^6 \times 0,01 \times 10^{-6}$$
$$\tau = 0,01 \text{ s}$$

C'est la constante de temps de charge ou de décharge, en supposant que la résistance en série soit la même à la charge et à la décharge.

Exemple 5 Si on applique une tension continue de 300 V, quelle est la tension aux bornes de *C*, dans l'exemple 4, après 0,01 s de charge? après 0,05 s? après 2 heures? après 2 jours?

Réponse Comme la constante de temps est de 0,01 s, la tension aux bornes de *C* est égale à 63 % de 300 V, c'est-à-dire 189 V. Après cinq constantes de temps, c'est-à-dire 0,05 s, le condensateur *C* sera pratiquement chargé à la tension appliquée de 300 V. Après 2 heures ou 2 jours, le condensateur *C* sera toujours chargé à 300 V, si la tension est toujours branchée.

Exemple 6 Si on laisse le condensateur de l'exemple 5 se charger à 300 V et puis se décharger, quelle est la tension du condensateur, 0,01 s après le début de la décharge? La résistance en série est la même à la charge et à la décharge.

Réponse En une constante de temps, le condensateur *C* se décharge jusqu'à 37 % de sa tension initiale, soit 0,37 × 300 V, c'est-à-dire 111 V.

Exemple 7 Si on laisse le condensateur de l'exemple 5 se décharger, après l'avoir chargé sous 200 V, quelle sera la tension aux bornes de *C*, 0,01 s plus tard? La résistance en série est la même à la décharge qu'à la charge.

Réponse En une constante de temps, *C* se décharge jusqu'à 37 % de sa tension initiale, soit à 0,37 × 200, c'est-à-dire 74 V.

Cet exemple montre qu'un condensateur peut se charger à une valeur quelconque ou se décharger à partir d'une valeur quelconque, non pas en une constante de temps RC mais en cinq constantes de temps RC.

Exemple 8   Si on ajoute une résistance de 1 MΩ en série avec le condensateur de l'exemple 4, quelle sera la nouvelle constante de temps?

Réponse   La résistance en série est maintenant de 2 MΩ. Donc, RC est de $2 \times 0{,}01$, ou 0,02 s.

La constante de temps RC augmente avec les valeurs de R et de C. Une capacité plus grande signifie que le condensateur peut emmagasiner une charge plus grande. Il faut donc plus longtemps pour emmagasiner la charge nécessaire pour créer une différence de potentiel égale à 63 % de la tension appliquée. Une résistance plus grande réduit le courant de charge, il faut donc plus longtemps pour charger le condensateur.

On observera que la constante de temps RC n'indique qu'une vitesse. La valeur de la tension, aux bornes de C, dépend de la tension appliquée ainsi que de la constante de temps RC.

Le condensateur se charge chaque fois que sa tension est inférieure à la tension appliquée. La charge se poursuit à la vitesse fixée par RC jusqu'à ce que le condensateur soit complètement chargé ou que la tension appliquée diminue.

Le condensateur se décharge chaque fois que sa tension est supérieure à la tension appliquée. La décharge se poursuit à la vitesse fixée par RC, jusqu'à ce que le condensateur soit complètement déchargé ou bien que la tension augmente.

En résumé, il y a deux principes importants:

1. C se charge quand la tension de charge nette est supérieure à v_C;

2. C se décharge quand v_C est plus grand que la tension de charge nette.

La tension de charge nette est égale à la différence entre v_C et la tension appliquée.

Problèmes pratiques 24.4 (réponses à la fin du chapitre)

(*a*)   Soit un condensateur C de 470 pF en série avec une résistance R de 2 MΩ. Calculer la constante de temps RC de la charge.

(*b*)   Soit un condensateur C de 470 pF en série avec une résistance R de 1 kΩ. Calculer la constante de temps RC de la décharge.

24.5
COURBES DE CHARGE ET DE DÉCHARGE D'UN CIRCUIT RC

Sur la figure 24-4, la courbe de charge RC a la croissance indiquée, car la charge est plus rapide au départ, puisqu'elle ralentit au moment où C acquiert une charge supplémentaire plus lentement. Quand C se charge, sa différence de potentiel augmente. La différence de potentiel entre V_T et v_C diminue donc. Cette différence de potentiel réduite diminue le courant qui charge C. Plus C se charge, plus il lui faut de temps pour acquérir un complément de charge.

De la même manière, à la décharge, C perd sa charge moins vite. Au début, v_C a sa valeur la plus élevée et peut faire passer un courant de décharge maximal. Quand la décharge se poursuit, v_C baisse et le courant de décharge diminue. Plus C se décharge, plus la charge restante diminue lentement.

Courant de charge et de décharge   On se demande souvent comment un courant peut circuler dans un circuit capacitif alimenté par une batterie continue. La réponse est que le courant circule chaque fois qu'une variation de tension se produit. Quand on connecte la source V_T, la tension appliquée augmente à partir de zéro. Le courant de charge circule alors pour charger C à la tension appliquée. Lorsque la tension v_C est égale à V_T, il n'y a plus de tension de charge nette et le courant I est nul.

De même, C peut produire un courant de décharge chaque fois que v_C dépasse V_T. Quand on débranche V_T, v_C peut se réduire jusqu'à zéro en produisant un courant de décharge dans le sens opposé à celui du courant de charge. Lorsque v_C atteint zéro, il n'y a plus de courant.

Le condensateur s'oppose aux variations de la tension à ses bornes Cette propriété correspond à la possibilité qu'a une inductance de s'opposer à une variation du courant qui la traverse. En ce qui concerne un circuit *RC*, si on augmente la tension appliquée, la tension aux bornes du condensateur ne peut augmenter jusqu'à ce que le courant de charge ait emmagasiné une charge suffisante dans C. L'augmentation de la tension appliquée apparaît aux bornes de la résistance en série avec C, jusqu'à ce que le condensateur C soit chargé à la tension appliquée plus élevée. Si on diminue la tension appliquée, la tension aux bornes du condensateur ne peut pas décroître immédiatement car la résistance en série limite le courant de décharge.

Par conséquent, la tension aux bornes du condensateur d'un circuit *RC* ne peut pas suivre instantanément les variations de la tension appliquée. Le condensateur a donc la possibilité de s'opposer aux variations de la tension à ses bornes. Les variations instantanées de V_T existent cependant aux bornes de la résistance en série, puisque les chutes de tension, en série, doivent être ajoutées pour obtenir la tension appliquée, à chaque instant.

Problèmes pratiques 24.5
(réponses à la fin du chapitre)

(a) Soit la courbe de la figure 24-4a. Que vaut v_C après 3 s de charge?
(b) Soit la courbe de la figure 24-4b. Que vaut v_C après 3 s de décharge?

24.6
COURANT ÉLEVÉ PRODUIT PAR LA MISE EN COURT-CIRCUIT D'UN CIRCUIT *RC*

Plus précisément, un condensateur peut se charger lentement avec un faible courant de charge, au travers d'une résistance élevée, et puis se décharger rapidement au travers d'une faible résistance, pour obtenir une surintensité momentanée, ou impulsion, du courant de décharge. Ceci correspond à l'impulsion de haute tension que l'on obtient en ouvrant un circuit inductif.

Le circuit de la figure 24-5 illustre l'application d'un ensemble batterie-condensateur (BC) pour allumer une lampe à éclats pour les appareils photographiques. Cette lampe nécessite un courant de 5 A pour s'allumer, mais

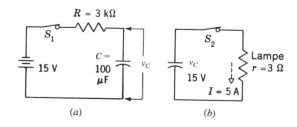

Figure 24-5 *Courant élevé produit par la décharge d'un condensateur chargé à travers une petite résistance: (a) quand on ferme S_1, C se charge à 15 V à travers la résistance de 3 kΩ; (b) quand on ferme S_2, v_C produit une pointe de courant de décharge de 5 A à travers la résistance de 3 Ω.*

c'est un courant de charge beaucoup trop élevé pour une petite batterie de 15 V qui a une valeur nominale du courant de charge égale à 30 mA. Au lieu d'utiliser la lampe pour charger la batterie, on charge un condensateur de 100 μF, à la tension de la batterie, à travers une résistance R de 3 kΩ en (a), puis on décharge le condensateur à travers la lampe en (b).

Charge d'un condensateur À la figure 24-5a, on ferme S_1 pour charger C à travers la résistance R_1 de 3 kΩ, sans la lampe. La constante de temps de charge, RC, est de $3 \times 10^3 \times 100 \times 10^{-6}$, soit 300×10^{-3} s, ou 0,3 s.

Après cinq constantes de temps, soit 1,5 s, le condensateur C est chargé à la tension de 15 V de la batterie. Le courant de charge de crête, au premier instant de la charge, est égal à V/R ou 15 V/3 kΩ, c'est-à-dire 5 mA. Cette valeur est un courant de charge convenable pour la batterie.

Décharge d'un condensateur Sur la figure 24-5b, v_C est de 15 V sans batterie. On ferme maintenant S_2 et C se décharge à travers la résistance de 3 Ω de la lampe. La constante de temps de la décharge avec la résistance R plus petite est de $3 \times 100 \times 10^{-6}$, soit 300 μs. Au premier instant de la décharge, quand v_C est de 15 V, le courant de décharge de crête est de 15/3, ce qui fait 5 A. Ce courant est suffisant pour allumer la lampe.

Énergie emmagasinée dans un condensateur Quand le condensateur C de 100 μF est chargé à 15 V par la batterie, l'énergie emmagasinée dans le champ électrique est de $CV^2/2$, soit environ 0,01 J. Cette énergie est disponible pour maintenir v_C à 15 V, pendant un instant, au moment où l'on ouvre l'interrupteur. Il en résulte un courant I de 5 A qui circule dans la résistance R de 3 Ω, au début

de la décroissance. Ensuite, v_C et i_C tombent à zéro en cinq constantes de temps.

Vitesse de variation dv/dt pour i_C On observera que la vitesse de variation nécessaire de la tension est de $0,05 \times 10^6$ V/s pour que le courant de décharge i_C de 5 A soit produit par le condensateur C de 100 μF. Comme $i_C = C \, (dv/dt)$, on peut transposer cette formule pour exprimer dv/dt sous la forme i_C/C. Donc, dv/dt correspond à 5 A/100 μF, soit $0,05 \times 10^6$ V/s. C'est la valeur réelle de dv/dt au début de la décharge, quand on ferme l'interrupteur de la figure 24-5b. Elle résulte de la petite constante de temps[2].

Problèmes pratiques 24.6 (réponses à la fin du chapitre)

(a) Est-ce que la constante de temps du circuit de la figure 24-5b est plus grande ou plus petite que celle du circuit de la figure 24-5a?

(b) Laquelle, d'une variation dv/dt rapide ou lente, produira un plus grand courant i_C?

24.7 FORMES D'ONDE DES SIGNAUX DANS LES CIRCUITS RC

Les formes d'onde du courant et de la tension, dans un circuit RC, sont représentées à la figure 24-6, dans le cas où un condensateur se charge à travers une résistance pendant un temps égal à RC, puis se décharge à travers la même résistance pendant le même temps. On observera que ce cas particulier n'est pas typique des circuits RC pratiques, mais ces formes d'onde de signaux indiquent certains détails utiles sur la tension et le courant. Dans le cas considéré, la constante de temps RC est égale à 0,1 s.

---

[2] Voir la note en bas de page de la section 24.3.

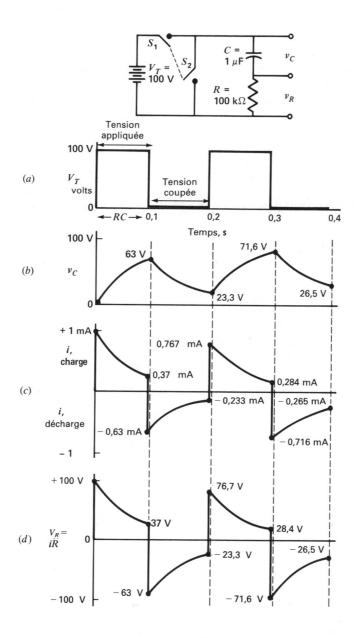

Figure 24-6 *Charge et décharge d'un circuit RC pendant une constante de temps RC.*

La tension appliquée est un signal carré
La fermeture de l'interrupteur S_1 pour appliquer une tension de 100 V, de même que son ouverture pour débrancher V_T à un rythme régulier, correspondent à une tension carrée appliquée, comme l'indique le signal a de la figure 24-6. Quand on ferme S_1 pour la charge, S_2 est ouvert; quand S_1 est ouvert, S_2 est fermé pour la décharge. Dans ce cas, la tension est appliquée pendant une durée RC de 0,1 s et coupée pendant 0,1 s. La période du signal carré est de 0,2 s et f est de $\frac{1}{0,2}$ ou 5 Hz.

Tension v_C aux bornes du condensateur
Comme l'indique le signal b de la figure 24-6b, le condensateur se charge à 63 V, c'est-à-dire à 63 % de la tension de charge, en un temps RC de 0,1 s. Ensuite, le condensateur se décharge car la tension appliquée V_T tombe à zéro. Par conséquent, v_C tombe à 37 % de 63 V, c'est-à-dire à 23,3 V, pendant le temps RC.

Le cycle de charge suivant commence avec une tension v_C de 23,3 V. La tension de charge nette est maintenant de $100 - 23,3 = 76,7$ V. La tension du condensateur augmente de 63 % de 76,7 V, c'est-à-dire 48,3 V. La somme de 48,3 V et de 23,3 V porte v_C à 71,6 V. À la décharge, v_C tombe à 37 % de 71,6 V, soit 26,5 V.

Courant de charge et de décharge Comme l'indique le signal de la figure 24-6c, le courant i a sa crête positive au début de la charge et sa crête négative au début de la décharge. À la charge, on calcule i en divisant par R la tension de charge nette qui est égale à $(V_T - v_C)/R$. À la décharge, i est toujours égal à v_C/R.

Au début de la charge, i est maximal car la tension de charge nette est maximale avant que C se charge. De même, la crête du courant i de décharge se produit au début, quand v_C est à son maximum, avant que C se décharge.

On remarque que i est effectivement un courant alternatif de part et d'autre de l'axe zéro, car les courants de charge et de décharge ont des sens opposés. On choisit arbitrairement le courant de charge pour les valeurs positives de i.

Tension v_R aux bornes de la résistance
La forme du signal représentée sur la figure 24-6d suit la forme du courant puisque $v_R = iR$. Comme les courants de charge et de décharge ont des sens opposés, la forme d'onde de iR correspond à une tension alternative.

On remarque qu'à la charge la tension v_R doit toujours être égale à $V_T - v_C$, du fait du circuit série. À la décharge, v_R a la même valeur que v_C puisque ces tensions sont en parallèle et que la source V_T est supprimée. On ferme alors l'interrupteur S_2 pour connecter R aux bornes de C.

Importance de la forme d'onde de i_C La forme d'onde de v_C de la tension du condensateur représentée à la figure 24-6 montre directement la charge et la décharge, mais la forme d'onde de i_C est cependant très intéressante. En premier lieu, la forme d'onde de la tension aux bornes de R est la même que celle de i_C. De plus, que C se charge ou se décharge, la forme d'onde de i_C est en réalité la même, à l'exception de l'inversion des polarités. Nous pouvons considérer la forme d'onde de i_C comme étant celle de la tension aux bornes de R. Pour voir les formes d'onde de la tension aux bornes de R, il est généralement préférable de brancher un oscilloscope, surtout avec un côté mis à la masse.

Finalement, nous pouvons dire que v_C est tiré de v_R car, à tout instant, V_T doit être égal à la somme de v_R et v_C. Donc, v_C est égal à $V_T - v_R$ lorsque V_T charge C. Dans le cas de la décharge de C, il n'y a pas de V_T, alors v_R est égal à v_C.

Problèmes pratiques 24.7 (réponses à la fin du chapitre) Considérer la figure 24-6:

(a) Soit $v_C = 63$ V. Que vaut v_R?
(b) Soit $v_R = 76,7$ V. Que vaut v_C?

24.8
GRANDES ET PETITES CONSTANTES DE TEMPS

On peut obtenir des formes d'onde de signaux utiles grâce à des circuits RC ayant la constante de temps nécessaire. Dans les applications pratiques, on utilise davantage les circuits RC que les circuits RL parce que l'on peut réaliser facilement presque toutes les valeurs de constantes de temps RC. Lorsque l'on utilise des bobines, la résistance interne en série ne peut pas être court-circuitée et la capacité répartie produit souvent des effets de résonance.

Grande constante de temps Le fait qu'une constante de temps RC soit grande ou petite dépend de la largeur de l'impulsion de tension appliquée. On peut définir arbitrairement une grande constante de temps comme étant au moins cinq fois plus grande que la durée d'application de la tension. Par conséquent, C n'acquiert qu'une charge très faible. La constante de temps est trop grande pour que v_C s'élève notablement avant que la tension appliquée ne tombe à zéro et que C doive se décharger. De même, à la décharge, la constante de temps étant grande, C se décharge très peu avant que la tension appliquée n'augmente pour charger de nouveau C.

Petite constante de temps On peut caractériser une petite constante de temps comme ne dépassant pas le cinquième du temps pendant lequel la tension V_T est appliquée. Donc, on applique V_T pendant un temps au moins égal à cinq fois la constante de temps, ce qui permet de charger complètement C. Lorsque le condensateur C est chargé, v_C conserve la valeur de V_T tant que la tension est appliquée. Quand V_T tombe à zéro, C se décharge complètement en cinq fois la constante de temps et garde une tension nulle tant qu'il n'y a pas de tension appliquée. Au cours du prochain cycle, C se charge et se décharge encore complètement.

Différentiation La tension aux bornes de R dans un circuit RC est appelée *sortie différentiée* parce que v_R peut varier instantanément. On utilise généralement une petite constante de temps dans les circuits différentiateurs pour obtenir de brèves impulsions pour v_R.

Intégration La tension aux bornes de C est appelée *sortie intégrée* car elle doit s'établir en un certain temps. On utilise en général une moyenne ou une grande constante de temps pour les circuits intégrateurs.

Problèmes pratiques 24.8 (réponses à la fin du chapitre)

(a) Soit une tension V_T appliquée durant 0,4 s et coupée durant 0,4 s, et une constante de temps RC de 6 ms durant la charge et la décharge. Est-ce dans ce cas une grande ou une petite constante de temps RC?

(b) Soit une tension V_T appliquée durant 2 μs et coupée durant 2 μs, et une constante de temps RC de 6 ms durant la charge et la décharge. Est-ce dans ce cas une grande ou une petite constante de temps RC?

24.9
CHARGE ET DÉCHARGE DANS UN CIRCUIT *RC* À PETITE CONSTANTE DE TEMPS

En général, on choisit des constantes de temps plus grandes ou plus petites que les valeurs dont le rapport avec la durée d'application de la tension est égal à 5 ou 1/5. À la figure 24-7, *RC* est de 0,1 ms. La fréquence du signal carré est de 25 Hz et sa période 0,04 s, ou 40 ms. La tension V_T est appliquée pendant la moitié de cette période. La tension est donc appliquée pendant 0,02 s ou 20 ms et interrompue pendant 20 ms. La constante de temps *RC* de 0,1 ms est 200 fois plus courte que la largeur de l'impulsion.

La forme d'onde carrée de v_T est aux bornes de C La forme d'onde de la tension v_C de la figure 24-7b est essentiellement la même que la tension carrée appliquée. Il en est ainsi parce que la petite constante de temps permet à C de se charger ou de se décharger complètement très rapidement après que l'on a appliqué ou supprimé V_T. Le temps de charge ou de décharge qui est cinq fois plus grand que la constante de temps est beaucoup plus petit que la largeur des impulsions.

Impulsions pointues de i La forme d'onde de i présente des crêtes pointues pour le courant de charge ou de décharge. Chaque crête de courant est de $V_T/R = 1$ mA, qui diminue jusqu'à zéro en cinq fois la constante de temps *RC*. Ces impulsions coïncident avec les fronts avant et arrière de la tension carré V_T.

En réalité, les impulsions sont beaucoup plus pointues qu'on ne l'a représenté, mais elles ne sont pas à l'échelle, horizontalement, pour montrer l'action de charge et de décharge. En fait, v_C est bien un signal carré comme la tension appliquée, mais avec des angles légèrement arrondis à la charge et à la décharge.

On remarque que pour tous les signaux, l'axe des temps est gradué en secondes, pour la période de V_T, et non en constantes de temps *RC*.

Impulsions pointues de v_R La forme d'onde de la tension aux bornes de R suit celle

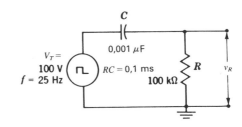

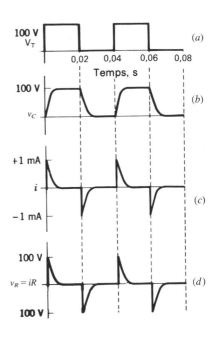

Figure 24-7 *Charge et décharge d'un circuit RC ayant une petite constante de temps. On remarque que le signal v_R en (d) présente une brève pointe de tension pour les flancs avant et arrière de la tension carrée appliquée.*

du courant, car $v_R = iR$. Chaque impulsion de courant de 1 mA, aux bornes de la résistance R de 100 kΩ, forme une impulsion de tension de 100 V.

D'une manière plus théorique, les crêtes de v_R sont égales à la tension appliquée V_T, avant que C se charge. Ensuite, v_R tombe à zéro tandis que v_C s'élève à la valeur de V_T.

À la décharge, $v_R = v_C$, c'est-à-dire 100 V, au moment où commence la décharge, puis l'impulsion descend à zéro en cinq fois la constante de temps. Les impulsions de v_R de la figure 24-7 peuvent être utilisées comme impulsions de base de temps qui coïncident avec les fronts de la tension carrée appliquée V_T. On peut utiliser les impulsions positives ou négatives.

Problèmes pratiques 24.9
(réponses à la fin du chapitre)
Considérer la figure 24-7:

(a) A-t-on affaire à une grande ou à une petite constante de temps?

(b) La tension à forme d'onde carrée est-elle appliquée aux bornes de C ou de R?

24.10
GRANDE CONSTANTE DE TEMPS D'UN CIRCUIT À COUPLAGE RC

Le circuit RC de la figure 24-8 est le même que celui de la figure 24-7, mais, ici, la constante de temps RC est grande car la fréquence de la tension appliquée est plus élevée. La constante de temps RC est plus précisément de 0,1 ms, c'est-à-dire 200 fois plus grande que la largeur de l'impulsion de V_T, qui est de 0,5 μs pour une fréquence de 1 MHz. On remarque que l'axe des temps est gradué en microsecondes pour la période de V_T, et non en constantes de temps RC.

Une petite portion de V_T est entre les bornes de C   La forme de la tension v_C, à la figure 24-8b, ne présente que de faibles montées de tension car la constante de temps est grande. Pendant les 0,5 μs où la tension V_T est appliquée, C ne se charge qu'à $\frac{1}{200}$ de la tension de charge. À la décharge, v_C diminue aussi très peu.

Forme d'onde carrée de i   La forme d'onde de i reste voisine de la crête de 1 mA, au début de la charge. Il en est ainsi parce que v_C n'augmente pas beaucoup et laisse V_T maintenir le courant de charge. À la décharge, le courant de décharge inversé, i, est très faible car v_C est faible.

La forme d'onde carrée de V_T est aux bornes de R   La forme d'onde de v_R est la même que celle du signal carré de i, car $v_R = iR$. En réalité, les formes de i et de v_R sont essentiellement les mêmes que la forme de la tension carrée V_T appliquée. Ces signaux ne sont pas représentés verticalement à l'échelle afin de montrer la faible action de charge et de décharge.

La tension v_C augmentera en fin de compte jusqu'à la valeur moyenne de la tension continue de 50 V; i variera de $\pm 0,5$ mA au-dessus et au-dessous de zéro, tandis que v_R variera de ± 50 V au-dessus et au-dessous de zéro. Cette application correspond à un circuit de couplage RC qui bloque la valeur moyenne de la tension continue variable V_T sous forme de tension capacitive v_C, tandis que v_R constitue une tension de sortie alternative ayant les mêmes variations que V_T.

Problèmes pratiques 24.10
(réponses à la fin du chapitre)
Considérer la figure 24-8:

(a) A-t-on affaire, dans ce cas, à une grande ou à une petite constante de temps RC?

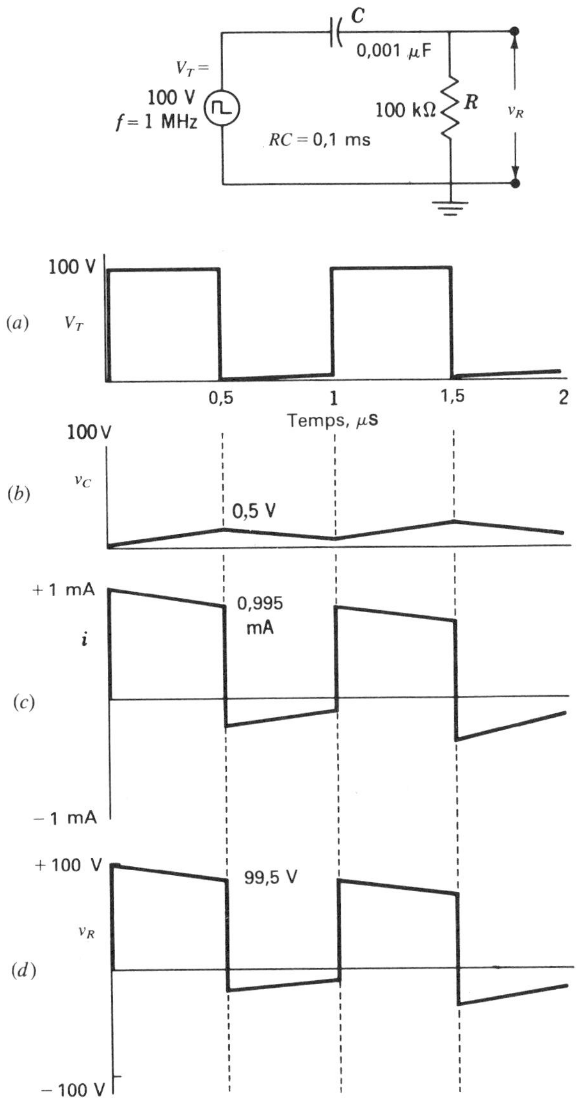

Figure 24-8 *Charge et décharge d'un circuit RC à grande constante de temps. On remarque que le signal v_R en (d) a essentiellement la même forme que la tension appliquée.*

(*b*) La forme d'onde carrée de la tension appliquée est-elle aux bornes de *R* ou de *C*?

24.11
COURBES UNIVERSELLES
DES CONSTANTES DE TEMPS

On peut déterminer les valeurs du courant et de la tension transitoires, en un temps quelconque, grâce aux courbes de la figure 24-9. La courbe croissante *a* montre comment s'établit la tension v_C quand *C* se charge dans un circuit *RC*; la même courbe s'applique à i_L qui augmente dans l'inductance d'un circuit *RL*. La courbe décroissante *b* montre comment décroît la tension v_C quand *C* se décharge, ou comment le courant i_L diminue dans une inductance.

On remarque que l'axe horizontal est gradué en constantes de temps et non plus en temps absolu. Si on suppose, par exemple,

que la constante de temps d'un circuit *RC* est de 5 μs, $RC = 5$ μs, 2 $RC = 10$ μs, 3 $RC = 15$ μs, 4 $RC = 20$ μs et 5 $RC = 25$ μs.

Pour trouver, par exemple, la tension v_C après 10 μs de charge, on peut prendre la valeur de la courbe *a* de la figure 24-9 à 2 *RC*. Ce point correspond à une amplitude de 86 %. On peut donc dire que dans ce circuit *RC*, dont la constante de temps est de 5 μs, v_C se charge à 86 % de la tension appliquée V_T, en 10 μs. De la même manière, on peut lire sur la courbe certaines valeurs importantes qui sont indiquées au tableau 24-1.

Si on considère la courbe *a* de la figure 24-9 comme une courbe de charge *RC*, la tension v_C s'accroît de 63 % de la tension nette de charge, à chaque constante de temps additionnelle, bien que cela ne soit pas évident. Dans le second intervalle de durée *RC*, par exemple, v_C s'accroît des 63 % de la tension

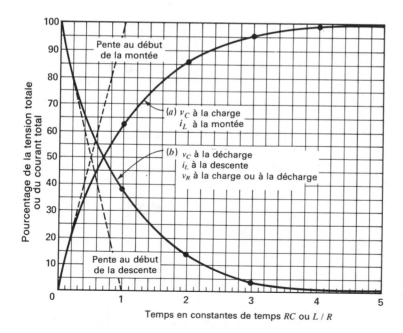

Figure 24-9 *Abaque universel en fonction des constantes de temps pour les circuits RC et RL.*

nette, qui est de 0,37 V_T. Donc, 0,63 × 0,37, c'est-à-dire 0,23 × V_T s'ajoute à 0,63 V_T pour former 0,86 V_T, ou 86 % de la tension appliquée au départ.

Pente à l'instant $t = 0$ On peut considérer que les courbes de la figure 24-9 sont linéaires pendant les premiers 20 % de la variation. En 0,1 constante de temps, par exemple, la variation d'amplitude est de 10 %; en 0,2 constante de temps, la variation est de 20 %. Les lignes en tirets de la figure 24-9 montrent que si cette pente constante continuait, la variation atteindrait 100 % en une constante de temps. Mais ceci ne se produit pas, puisque l'énergie emmagasinée dans L ou dans C s'oppose à cette variation. Cependant, au premier instant de la montée ou de la descente, à l'instant $t = 0$, on peut calculer la variation de v_C ou de i_L d'après la ligne pointillée.

Équation de la courbe de décroissance
La courbe croissante a de la figure 24-9 peut paraître plus intéressante car elle représente l'établissement de v_C ou de i_L, mais la courbe décroissante b est plus utile. La courbe de décroissance b s'applique à: (1) v_C, à la décharge; (2) i et v_R aussi bien à la charge qu'à la décharge.

Tableau 24-1 *Variation des amplitudes en fonction du temps exprimé en constantes de temps*

TEMPS	AMPLITUDE
0,2 constante de temps	20 %
0,5 constante de temps	40 %
0,7 constante de temps	50 %
1 constante de temps	63 %
2 constantes de temps	86 %
3 constantes de temps	96 %
4 constantes de temps	98 %
5 constantes de temps	99 %

Si on utilise la courbe b pour la tension dans les circuits RC, on peut écrire l'équation correspondante de la manière suivante:

$$v = Ve^{-t}/RC \qquad (24.3)$$

où V est la tension au début de la décroissance et v, la tension réduite après le temps t. Plus précisément, v peut représenter v_R, à la charge et à la décharge, ou bien v_C à la décharge seulement.

La constante e est la base 2,718 des logarithmes naturels. L'exposant négatif $-t/RC$ indique une fonction exponentielle décroissante ou courbe logarithmique. La quantité t/RC est le rapport entre le temps de décroissance et la constante de temps RC.

On peut transformer cette équation en introduisant les logarithmes décimaux, qui sont plus faciles à utiliser dans les calculs. La base des logarithmes naturels étant $e = 2,718$, son logarithme à base 10 est égal à 0,434. L'équation devient donc:

$$v = \text{antilog}\ (\log V - 0,434 \times \frac{t}{RC}) \qquad (24.4)$$

Calcul de v_R On peut par exemple calculer la valeur de la tension v_R qui décroît à partir d'une valeur 100 V, au bout d'un temps RC. Le facteur t/RC est alors égal à 1. En reportant ces valeurs, on obtient:

$$v_R = \text{antilog}\ (\log 100 - 0,434 \times 1)$$

$$= \text{antilog}\ (2 - 0,434) = \text{antilog}\ 1,566$$

$$v_R = 37\ \text{V}$$

Tous ces logarithmes sont de base 10. L'antilog de 1,566 est 37.

On peut aussi utiliser v_R pour calculer v_C qui est $V_T - v_R$, soit $100 - 37$, ce qui fait 63 V pour v_C. Ces réponses sont en accord avec le fait qu'en une constante de temps v_R descend de 63 % tandis que v_C augmente de 63 %. Mais, la formule peut s'appliquer au calcul de n'importe quelle valeur décroissante suivant la courbe *b* de la figure 24-9.

Calcul de *t* On peut aussi transposer la formule (24.4) pour trouver le temps *t* qui correspond une diminution de tension donnée. Donc:

$$t = 2,33 \; RC \; \log \frac{V}{v} \tag{24.5}$$

où V est la tension la plus élevée au départ et v la tension la plus basse à la fin. Le coefficient 2,33 est égal à 1/0,434.

Si, par exemple, RC est de 1 s, combien faut-il de temps pour que v_R tombe de 100 à 50 V? Le temps nécessaire à cette décroissance est:

$$t = 2,33 \times 1 \times \log \frac{100}{50}$$

$$= 2,33 \times 1 \times \log 2$$

$$= 2,33 \times 1 \times 0,3$$

$$t = 0,7 \text{ s, environ}$$

Cette réponse s'accorde avec le fait qu'il faut 0,7 constante de temps pour que la diminution soit de 50 %. On peut cependant utiliser la formule (24.5) afin de calculer le temps nécessaire pour que la diminution de v_C ou de v_R ait une valeur donnée quelconque.

On ne peut pas appliquer la formule pour l'augmentation de v_C, mais si on transforme cette augmentation en une chute équivalente de v_R, le temps calculé est le même dans les deux cas.

Problèmes pratiques 24.11
(réponses à la fin du chapitre)
Considérer les courbes universelles de la figure 24-9 et répondre par vrai ou faux:

(a) La courbe (*a*) permet de déterminer v_C durant la charge;

(b) La courbe (*b*) permet de déterminer v_C durant la décharge;

(c) La courbe (*b*) permet de déterminer v_R durant la charge ou la décharge de *C*.

24.12
COMPARAISON DE LA CONSTANTE DE TEMPS ET DE LA RÉACTANCE

La formule de réactance capacitive comprend un facteur temps exprimé par la fréquence. En effet, $X_C = 1/(2 \; \pi f C)$. Donc, X_C et la constante de temps RC sont deux grandeurs qui traduisent la réaction de *C* à une variation de tension. La réactance X_C est un cas particulier, mais très important, qui s'applique uniquement aux ondes sinusoïdales. La constante de temps RC s'applique à une forme d'onde quelconque.

Déphasage dû à la réactance Le courant i_C capacitif de charge et de décharge est toujours égal à $C \; (dv/dt)$. Lorsque les variations de la tension v_C sont sinusoïdales, le courant produit i_C a une forme cosinusoïdale. Ceci signifie que v_C et i_C sont deux grandeurs *sinusoïdales,* mais qu'elles sont déphasées de 90°.

Dans ce cas, il est habituellement plus facile d'utiliser X_C dans les calculs des circuits alternatifs sinusoïdaux pour obtenir *Z*, *I* et l'angle de phase φ. On a alors $I_C = V_C/X_C$. Si, en outre, on connaît I_C, on a $V_C = I_C X_C$. Le déphasage du circuit dépend de la valeur relative de X_C par rapport à la résistance *R*.

Variations de la forme d'onde Quand on applique une tension non sinusoïdale, on ne peut pas utiliser X_C. Il faut donc calculer i_C sous la forme C (dv/dt). Si on compare i_C et v_C, les formes de ces signaux peuvent être différentes, au lieu d'être uniquement déphasées quand il s'agit de formes sinusoïdales. Les formes d'onde de v_C et de i_C dépendent de la constante de temps RC.

Condensateur de couplage Si on considère l'application à un condensateur de couplage, la condition indiquant que X_C doit être, au plus, dix fois plus faible que la résistance en série R à la fréquence désirée, équivaut à être en présence d'une grande constante de temps RC par rapport à la durée d'une période. Si on exprime la tension de C en fonction de X_C, IX_C doit être faible et toute la tension appliquée doit se trouver pratiquement aux bornes de la résistance en série R. Quand la constante de temps RC est grande, C ne peut pas se charger beaucoup. En pratique, toute la tension appliquée apparaît sous la forme $v_R = iR$

aux bornes de la résistance en série R où elle est établie par le courant de charge et de décharge. Ces comparaisons sont résumées au tableau 24-2.

Circuits inductifs On peut faire des comparaisons analogues pour les circuits inductifs, entre $X_L = 2\pi f L$ pour les ondes sinusoïdales et la constante de temps L/R. La tension aux bornes d'une inductance quelconque est $v_L = L$ (di/dt). Les variations sinusoïdales de i_L produisent une tension v_L en cosinus, déphasée de 90°.

Dans ce cas, on peut utiliser X_L pour déterminer Z, I et l'angle de phase φ. On a alors $I_L = V_L/X_L$. En outre, si on connaît I_L, on a $V_L = I_L X_L$. Le déphasage du circuit dépend des valeurs relatives de X_L et de R.

Mais, quand la tension n'est pas sinusoïdale, on ne peut pas utiliser X_L. Il faut alors calculer v_L comme le produit L (di/dt). Dans cette comparaison i_L et v_L peuvent avoir des

Tableau 24-2 *Comparaison de la réactance X_C et de la constante de temps RC*

TENSION SINUSOÏDALE	TENSION NON SINUSOÏDALE
Exemples: secteur de distribution à 60 Hz tension audiofréquence, tension R.F.	Exemples: circuit continu commuté, signaux carrés, signaux en dents de scie
Réactance $X_C = \dfrac{1}{2\pi f C}$	Constante de temps $\tau = RC$
Quand C augmente, la réactance X_C diminue	Quand C augmente, la constante de temps croît
Quand la fréquence augmente, X_C diminue	Quand la largeur des impulsions diminue, la constante de temps augmente
$I_C = \dfrac{V_C}{X_C}$	$i_C = C\dfrac{dv}{dt}$
X_C déphase I_C et V_C de 90°	Les formes d'onde de i_C et de v_C sont différentes

formes d'onde différentes suivant la valeur de la constante de temps *L/R*.

Bobines d'arrêt Dans l'application à une bobine d'arrêt, on cherche à retrouver presque toute la tension alternative appliquée, aux bornes de *L*. La condition indiquant que X_L doit avoir une valeur au moins dix fois supérieure à celle de *R* correspond à une constante de temps élevée. Une valeur élevée de X_L signifie que pratiquement toute la tension alternative appliquée se trouve aux bornes de X_L sous forme IX_L et que la tension *IR* est très faible.

La constante de temps *L/R* étant grande, le courant i_L ne peut pas monter beaucoup et, en conséquence, il n'y a qu'une tension v_R faible aux bornes de la résistance. Dans un circuit inductif, la forme d'onde de i_L et de v_R correspond à la forme d'onde de v_C dans un circuit capacitif.

Quand utiliser la constante de temps? Dans les circuits électroniques, la constante de temps est utile pour analyser l'effet de *L* ou de *C* sur la forme d'onde des tensions non sinusoïdales, en particulier celle des impulsions carrées. La réponse transitoire d'une tension continue mise hors circuit constitue une autre application. La variation de 63 % en une constante de temps est une caractéristique naturelle de *v* et de *i*, dont la grandeur de l'une est proportionnelle à la vitesse de variation de l'autre.

Quand utiliser la réactance? Les réactances X_L et X_C sont généralement utilisées pour les formes d'onde sinusoïdales de *V* et de *I*. On peut déterminer *Z*, *I*, les chutes de tension et les déphasages. Le déphasage de 90° est une caractéristique naturelle d'une forme d'onde sinusoïdale dont la grandeur est proportionnelle à la vitesse de variation d'une forme d'onde sinusoïdale.

Problèmes pratiques 24.12
(réponses à la fin du chapitre)
(a) Dans un circuit de couplage *RC*, la réactance capacitive X_C est-elle grande ou petite par rapport à *R*?
(b) Dans un circuit de couplage *RC*, la constante de temps *RC* est-elle grande ou petite pour la fréquence de la tension appliquée?

Résumé

1. La réponse transitoire d'un circuit inductif à un courant non sinusoïdal est caractérisée par la constante de temps *L/R*. Si *L* est en henrys et *R* en ohms, τ est le temps en secondes mis par le courant i_L pour varier de 63 %. En cinq constantes de temps, i_L atteint sa valeur permanente égale à V_T/R.
2. Au moment où on ouvre un circuit inductif, une tension élevée apparaît aux bornes de *L*, parce que le courant diminue vite quand la constante de temps est petite. La tension induite est $v_L = L\,(di/dt)$. La quantité *di* représente la variation de i_L.

3. La réponse transitoire d'un circuit capacitif à une tension non sinusoïdale est caractérisée par la constante de temps RC. Si C est en farads et R en ohms, τ est le temps en secondes mis par la tension v_C aux bornes du condensateur pour varier de 63 %. En cinq fois la constante de temps, v_C atteint sa valeur permanente égale à la tension V_T appliquée.

4. Au moment où un condensateur chargé se décharge à travers une faible résistance, le courant de décharge produit peut avoir une grande valeur. Le courant de décharge $i_C = C \ (dv/dt)$ peut être grand si la décharge est rapide, quand la constante de temps est petite. La quantité dv représente la variation de v_C.

5. Les formes d'onde de v_C et de i_L sont semblables car elles montent toutes deux relativement lentement jusqu'à la valeur en régime permanent. On obtient alors une sortie intégrée.

6. De leur côté, les formes d'onde de i_C et de v_L sont semblables, car elles peuvent toutes deux varier instantanément. On obtient alors une sortie différentiée.

7. Pour les circuits RC et RL, la tension v_R aux bornes de la résistance est égale à iR.

8. Une petite constante de temps est, au plus, égale au cinquième du temps pendant lequel on applique la tension. Une grande constante de temps dépasse cinq fois le temps pendant lequel on applique la tension.

9. Un circuit RC ayant une petite constante de temps produit des pointes de tension v_R qui coïncident avec les fronts avant et arrière d'une tension carrée appliquée. La forme de la tension appliquée V_T apparaît aux bornes du condensateur C sous la forme de v_C. Voir la figure 24-7.

10. Dans un circuit RC à grande constante de temps, la tension v_R est essentiellement la même que les variations de la tension appliquée V_T, tandis que la tension moyenne de V_T est bloquée sous forme de tension v_C. Voir la figure 24-8.

11. Les courbes universelles de croissance et de décroissance de la figure 24-9 peuvent permettre d'obtenir la tension ou le courant des circuits RC et RL à un instant quelconque jusqu'à cinq fois la constante de temps.

12. Le concept de réactance est utile dans les circuits alternatifs sinusoïdaux comprenant une inductance L et un condensateur C, mais la méthode des constantes de temps s'applique à l'étude des ondes non sinusoïdales.

Exercices de contrôle
(Réponses à la fin de l'ouvrage)

Voici un moyen de contrôler si vous avez bien assimilé le contenu de ce chapitre. Ces exercices sont uniquement destinés à vous évaluer vous-même.

Choisir (*a*), (*b*), (*c*) ou (*d*).

1. Une inductance *L* de 250 μH est en série avec une résistance *R* de 50 Ω. La constante de temps est de: (*a*) 5 μs; (*b*) 25 μs; (*c*) 50 μs; (*d*) 250 μs.

2. Si on applique dans le circuit précédent une tension V_T de 500 mV, la valeur atteinte par le courant *I*, au bout de 5 μs, est de: (*a*) 3,7 mA; (*b*) 5 mA; (*c*) 6,3 mA; (*d*) 10 mA.

3. Dans le circuit précédent, le courant *I* atteindra la valeur permanente de 10 mA, au bout de: (*a*) 5 μs; (*b*) 6,3 μs; (*c*) 10 μs; (*d*) 25 μs.

4. L'arc qui se forme aux bornes d'un interrupteur au moment où il ouvre un circuit *RL* est dû à: (*a*) une grande constante de temps; (*b*) une tension induite élevée aux bornes de *L*; (*c*) une faible résistance de l'interrupteur ouvert; (*d*) un accroissement rapide de résistance.

5. Un condensateur *C* de 250 pF est en série avec une résistance *R* de 1 MΩ. La constante de temps est de: (*a*) 63 μs; (*b*) 100 μs; (*c*) 200 μs; (*d*) 250 μs.

6. Si la tension V_T du circuit précédent est de 100 V, au bout de 250 μs la tension v_C atteint la valeur de: (*a*) 37 V; (*b*) 50 V; (*c*) 63 V; (*d*) 100 V.

7. Dans le circuit précédent, la tension v_C atteindra sa valeur permanente de 100 V au bout de: (*a*) 250 μs; (*b*) 630 μs; (*c*) 1000 μs ou 1 ms; (*d*) 1,25 ms.

8. Dans le circuit précédent, la tension v_C, au bout de 3 heures sera de: (*a*) 0 V; (*b*) 63 V: (*c*) 100 V; (*d*) 200 V.

9. Si on applique une tension carrée dont la fréquence est de 500 Hz, on considère qu'une constante de temps est grande si elle est de: (*a*) 1 ms; (*b*) 2 ms; (*c*) 3,7 ms; (*d*) 5 ms.

10. Un circuit *RC* est constitué d'un condensateur *C* de 2 μF, en série avec une résistance *R* de 1 MΩ. À combien de constantes de temps équivaut un temps de 6 s? (*a*) Une; (*b*) deux; (*c*) trois; (*d*) six.

Questions

1. Donnez, avec les unités, la formule de la constante de temps dans un circuit RL.
2. Donnez, avec les unités, la formule de la constante de temps dans un circuit RC.
3. Retracez le circuit RL et la courbe de la figure 24-2 pour une inductance L de 2 H et une résistance R de 100 Ω.
4. Redessinez les courbes de la figure 24-4, pour le circuit de la figure 24-5, pour un condensateur C de 100 μF. Utilisez une résistance R de 3000 Ω à la charge, mais une résistance R de 3 Ω à la décharge.
5. Indiquez deux comparaisons des circuits RC et RL pour une tension non sinusoïdale.
6. Indiquez deux comparaisons entre des circuits RC dont la tension appliquée est non sinusoïdale d'une part, et sinusoïdale d'autre part.
7. Définissez les termes suivants: (a) grande constante de temps; (b) petite constante de temps; . (c) circuit RC différentiateur.
8. Retracez l'axe horizontal des temps de la courbe universelle de la figure 24-9, gradué en millisecondes de temps absolu, pour un circuit RC ayant une constante de temps de 2,3 ms.
9. Redessinez le circuit et les courbes de la figure 24-7, tous les éléments restant identiques sauf la résistance R qui passe à 20 kΩ, en diminuant la constante de temps RC.
10. Redessinez le circuit et les courbes de la figure 24-8, tous les éléments restant identiques sauf R qui passe à 500 kΩ, en augmentant la constante de temps RC.
11. Transposez l'équation $\tau = RC$ sous deux formes différentes pour exprimer R et C en fonction de la constante de temps.

Problèmes
(Les réponses aux problèmes de numéro impair sont données à la fin de l'ouvrage)

1. Calculez la constante de temps des circuits inductifs suivants: (a) L est de 20 H et R de 400 Ω; (b) L est de 20 μH et R de 400 Ω; (c) L est de 50 mH et R de 50 Ω; (d) L est de 40 μH et R de 2 Ω.
2. Calculez la constante de temps des circuits capacitifs suivants: (a) C est de 0,001 μF et R de 1 MΩ; (b) C est de 1 μF et R de 1000 Ω; (c) C est de 0,05 μF et R de 250 kΩ; (d) C est de 100 pF et R de 10 kΩ.

3. Une tension de 100 V est en série avec une résistance R de 2 MΩ et un condensateur C de 2 μF. (*a*) Combien de temps faut-il pour que la tension v_C atteigne 63 V? (*b*) Quelle est la tension v_C au bout de 20 s?

4. On laisse le condensateur C du problème 3 se charger pendant 4 s puis on le fait décharger pendant 8 s. Quelle est la tension v_C?

5. On applique une tension de 100 V en série avec une résistance R de 1 MΩ et un condensateur C de 4 μF qui a déjà été chargé à 63 V. Quelle est la valeur de la tension v_C au bout de 4 ms?

6. Quelle est la valeur de la résistance R nécessaire pour obtenir, avec un condensateur C de 0,02 μF, une constante de temps de 0,02 s? de 1 ms?

7. Un circuit RC a une constante de temps de 1ms. La tension appliquée V_T est de 200 V. Quelle est la tension v_C après une charge de 1,4 ms?

8. Un condensateur C de 0,05 μF est chargé à travers une résistance R de 0,5 MΩ, mais se décharge à travers une résistance R de 2 kΩ. Calculez les constantes de temps de charge et de décharge. Pourquoi le condensateur se décharge-t-il plus vite qu'il ne se charge?

9. Un condensateur C de 0,05 μF est chargé à 264 V. Il se décharge à travers une résistance R de 40 kΩ. Combien faut-il de temps pour que v_C se décharge jusqu'à 132 V?

10. En se reportant à la figure 24-6*b*, calculez la valeur de la tension v_C après la prochaine charge qui commence à 26,5 V.

11. Utilisez la droite inclinée de la figure 24-9*b* afin de calculer dv/dt au début de la décroissance de v_C, pour le circuit de la figure 24-5*b*.

12. Utilisez la droite inclinée de la figure 24-9*b* afin de calculer di/dt au début de la décroissance de i_L pour le circuit de la figure 24-3*b*. (Remarque: on ne tient pas compte des valeurs de la tension de 8 V et de la résistance R_1 de 100 Ω, car elles n'interviennent pas dans la valeur de di/dt.)

Réponses aux problèmes pratiques

24.1 (*a*) vrai
     (*b*) vrai

24.2 (*a*) 0,02 s
     (*b*) 0,5 ms

24.3 (*a*) plus petite
     (*b*) la plus rapide

24.4 (*a*) 940 μs
     (*b*) 470 ns

24.5 (*a*) 63,2 V
     (*b*) 36,8 V

24.6 (*a*) plus petite
     (*b*) la rapide

24.7 (*a*) $v_R = 37$ V
     (*b*) $v_C = 23,3$ V

24.8 (*a*) petite
     (*b*) grande

24.9 (*a*) petite
     (*b*) aux bornes de C

24.10 (*a*) grande
     (*b*) aux bornes de R

24.11 (*a*) vrai
     (*b*) vrai
     (*c*) vrai

24.12 (*a*) petite
     (*b*) grande

Rappel des chapitres 21 à 24

Résumé

1. Un condensateur est constitué de deux armatures séparées par un isolant qui est un matériau diélectrique. Lorsque l'on applique une tension aux armatures, le diélectrique emmagasine une charge. Une charge de un coulomb emmagasinée quand on applique une tension de un volt correspond à une capacité C de un farad. Les unités pratiques de capacité sont le microfarad (1 μF $= 10^{-6}$ F) ou le picofarad (1 pF $= 10^{-12}$ F).

2. La capacité augmente avec la surface des armatures et avec la valeur de la constante diélectrique, mais diminue quand la distance entre les armatures augmente.

3. Les modèles les plus courants de condensateurs sont à air, au papier, au mica, céramique, et électrolytiques. Les condensateurs électrolytiques doivent être branchés avec la polarité correcte. Les codes des couleurs utilisés pour les condensateurs au mica et les condensateurs céramique tubulaires sont présentés aux figures 21-9 et 21-10.

4. La capacité totale de plusieurs condensateurs, en parallèle, est la somme de leurs capacités individuelles; la capacité équivalente à plusieurs condensateurs, en série, s'obtient par la formule des inverses. Ces règles sont opposées aux formules des résistances et des inductances, en série et en parallèle.

5. Quand on contrôle à l'ohmmètre, un bon condensateur présente un courant de charge et l'ohmmètre indique une valeur en ohms très élevée, égale à la résistance d'isolement. Un condensateur en court-circuit donne une indication de zéro ohm; un condensateur coupé ne présente pas de courant de charge.

6. La réactance X_C est égale à: $1/(2 \pi f C)$ Ω, où f est en hertz et C en farads. Plus la fréquence et la capacité sont élevées, plus la réactance X_C est faible.

7. Une application courante des réactances X_C est celle des condensateurs de couplage en audiofréquence et en radiofréquence. Ces condensateurs ont une faible réactance pour un premier groupe de fréquences et une réactance plus élevée aux fréquences plus basses. C'est exactement l'inverse du cas d'une inductance employée comme bobine de choc ou d'arrêt.

8. L'unité X_C représente une quantité vectorielle et la tension aux bornes du condensateur est en retard de 90° sur le courant de charge ou de décharge. Ce déphasage de X_C est exactement opposé à celui de X_L.

9. Dans un circuit série, la réactance X_C et la résistance R s'additionnent vectoriellement puisque leurs chutes de tension sont déphasées de 90°. L'impédance totale Z est donc égale à $\sqrt{R^2 + X_C^2}$; le courant $I = V_T/Z$.

10. Dans les circuits parallèle, les courants des branches résistive et capacitive s'additionnent vectoriellement: $I_T = \sqrt{I_R^2 + I_C^2}$ et l'impédance $Z = V_A/I_T$.

11. La constante de temps d'un circuit capacitif est égale à RC. Si R est en ohms et C en farads, le produit RC est le temps, en secondes, permettant à la tension aux bornes de C de varier de 63 %.

12. Le courant de charge ou de décharge i_C est toujours égal à C (dv/dt) quelle que soit la forme d'onde de la tension aux bornes du condensateur.

13. La constante de temps d'un circuit inductif est égale à L/R. Si L est en henrys et R en ohms, L/R est le temps, en secondes, mis par le courant qui traverse L pour varier de 63 %.

14. La tension induite V_L est toujours égale à L (di/dt) quelle que soit la forme d'onde du courant inducteur i_L.

Exercices de contrôle récapitulatifs
(Réponses à la fin de l'ouvrage)

Voici une nouvelle occasion de vérifier vos progrès. Effectuez ces exercices exactement comme vous l'avez fait pour ceux de chaque fin de chapitre et vérifiez vos réponses. Répondez par vrai ou faux.

1. Un condensateur peut emmagasiner une charge grâce au diélectrique placé entre les armatures. ✔

2. Lorsqu'on lui applique 100 V, un condensateur de 0,01 μF emmagasine une charge de 1 μC. ✓

3. Plus la capacité d'un condensateur est faible, plus la différence de potentiel à ses bornes est élevée, pour une charge donnée emmagasinée dans le condensateur. ✓

4. Une capacité de 250 pF est égale à 250×10^{-12} F. ✔

5. Plus le diélectrique est mince, plus la capacité du condensateur est élevée et plus la tension de claquage du condensateur est faible. ✔

6. Une surface d'armature plus grande augmente la capacité. ✔

7. Des condensateurs en série sont équivalents à une capacité plus faible, mais la tension de claquage de l'ensemble est plus grande. ✔

8. Des condensateurs en parallèle ont une capacité totale plus grande avec la même tension nominale. ✔

9. Deux condensateurs de 0,01 μF, en parallèle, ont une capacité totale de 0,005 μF. F

10. Un bon condensateur au papier de 0,01 μF fera apparaître un courant de charge et une indication de 500 MΩ, ou davantage, sur un ohmmètre. ✔

11. Si on double la capacité, la réactance est réduite de moitié. ✔

12. Si on double la fréquence, la réactance est réduite de moitié. ✔

13. La réactance d'un condensateur de 0,1 μF, à 60 Hz, est de 60 Ω environ. F

14. Dans un circuit série, la tension aux bornes de X_C est en retard de 90° sur le courant. ✔

15. Le déphasage d'un circuit série peut être un angle quelconque, compris entre 0 et 90°, qui dépend du rapport entre X_C et R. ✔

16. Dans un circuit parallèle, la tension aux bornes de X_C est en retard de 90° sur le courant de la branche capacitive. ✔

17. Dans un circuit parallèle comprenant deux résistances traversées chacune par un courant de 1 A, le courant total dans la ligne principale est de 1,414 A. F

18. Une réactance X_C de 1000 Ω, en parallèle avec une résistance R de 1000 Ω, équivaut à une impédance Z de 707 Ω. ✔

19. Une réactance X_C de 1000 Ω et une résistance R de 1000 Ω, en série, équivalent à une impédance Z de 1414 Ω. ✔

20. Si on néglige les signes, le déphasage est de 45° pour les deux circuits des problèmes 18 et 19, ci-dessus. ✔

21. Des réactances X_C et X_L sont opposées. ✔

22. L'impédance totale d'une résistance R de 1 MΩ, en série avec une réactance X_C de 5 Ω est de 1 MΩ, environ, et son déphasage est nul. ✔

23. L'impédance combinée d'une résistance R de 5 Ω en shunt avec une réactance X_C de 1 MΩ, est approximativement de 5 Ω avec un déphasage de 0°. ✔

24. Les réactances X_L et X_C varient avec la fréquence, mais L et C ne dépendent pas de la fréquence. ✔

25. Une grande constante de temps RC, correspond à un grand C et à un grand R. ✔

26. Quand on calcule la constante de temps RC pour la décharge, R doit être la résistance du circuit de décharge.

27. Une résistance et une impédance se mesurent toutes deux en ohms.

28. Les réactances X_L et X_C se mesurent toutes les deux en ohms.

29. L'impédance Z varie avec la fréquence, car elle comprend les réactances.

30. Si on applique une tension de 100 V à un circuit formé d'un condensateur de 1 μF en série avec une résistance R de 1 MΩ, la tension v_C aux bornes du condensateur atteindra la valeur transitoire de 63 V en 1 s, tandis qu'elle atteindra la valeur permanente de 100 V en 5 s.

31. Un condensateur de 1 μF, chargé à 2000 V, a emmagasiné une énergie de 1 J.

32. Une inductance L de 2 H est en série avec une résistance R de 1 kΩ et une tension de 100 V. Au bout de 2 ms, la valeur transitoire de i_L est de 63 mA, tandis qu'elle atteint sa valeur permanente de 100 mA en 10 ms.

33. Quand la tension appliquée augmente, un courant de charge peut circuler dans le condensateur pour augmenter sa charge.

34. Quand la tension appliquée diminue, un condensateur chargé peut se décharger parce qu'il a une différence de potentiel supérieure à celle de la source.

35. Des condensateurs en série ont une charge égale et le même courant de décharge.

36. Des condensateurs en parallèle ont la même tension.

37. L'addition vectorielle d'une résistance R de 30 Ω en série avec une réactance X_C de 40 Ω équivaut à une impédance de 70 Ω.

38. Un condensateur au mica codé par six points, blanc, vert, noir, rouge et jaune, a une capacité de 500 pF.

39. On peut considérer qu'un courant capacitif est en avance sur le courant d'un circuit série.

40. Dans un circuit série, plus la valeur de la réactance capacitive X_C est élevée, plus sa chute de tension est grande par rapport à la chute de tension IR dans la résistance.

Références
(D'autres références sont données à la fin de l'ouvrage)

BOYLESTAD, Robert, *Introductory Circuit Analysis,* Charles E. Merrill, Inc., Englewood Cliffs, N.J.

GILLIE, A. C., *Electrical Principles of Electronics,* McGraw-Hill Book Company, New York.

JACKSON, H. W., *Introduction to Electric Circuits*, Prentice-Hall, Inc., Englewood Cliffs, N.J.

SLURZBERG, M. et W. OSTERHELD, *Essentials of Electricity for Radio and Television,* 3e éd., McGraw-Hill Book Company, New York.

Circuits à courant alternatif

Dans ce chapitre, on indique comment étudier des circuits à courant alternatif sinusoïdal, comprenant des résistances R, des réactances X_L et X_C. Comment doit-on combiner ces grandeurs, exprimées en ohms, qui s'opposent à la circulation du courant, quelle est la valeur du courant et quel est le déphasage? Ces problèmes sont traités à la fois pour les circuits série et les circuits parallèle.

Les problèmes sont simplifiés du fait que, dans les circuits série, X_L est à 90° et X_C à $-90°$, ces déphasages étant ainsi opposés. La totalité d'une réactance peut donc être annulée par une fraction de l'autre réactance, ce qui laisse une seule réactance nette. De la même façon, les courants I_C et I_L circulant dans des circuits parallèle présentent des déphasages opposés. Ces courants s'opposent l'un à l'autre pour donner un courant de ligne réactif net.

Enfin, on explique comment la puissance alternative peut être différente de la puissance continue et on décrit des modèles d'appareils de mesure pour courant alternatif, entre autres le wattmètre. Les titres sont les suivants:

25.1
CIRCUITS ALTERNATIFS AVEC RÉSISTANCE MAIS SANS RÉACTANCE

La figure 25-1 représente des groupements de résistances en série et en parallèle. En (a), de même qu'en (b), toutes les tensions et tous les courants de tout le circuit résistif sont en phase avec la tension appliquée, puisqu'il n'y a pas de réactance capable d'introduire une avance ou un retard soit dans le courant, soit dans la tension.

Résistances en série Dans le circuit de la figure 25-1a, qui comprend deux résistances de 50 Ω en série aux bornes d'une source de 100 V, les calculs sont les suivants:

$$R_T = R_1 + R_2 = 50 + 50 = 100 \ \Omega$$

$$I = \frac{V_T}{R_T} = \frac{100}{100} = 1 \ \text{A}$$

$$V_1 = IR_1 = 1 \times 50 = 50 \ \text{V}$$

$$V_2 = IR_2 = 1 \times 50 = 50 \ \text{V}$$

On remarque que les résistances R_1 et R_2, en série, constituent un diviseur de tension, comme dans les circuits à courant continu; la moitié de la tension appliquée apparaît aux bornes de chacune d'elles puisqu'elles représentent chacune la moitié de la résistance totale.

Les chutes de tension V_1 et V_2 sont toutes deux en phase avec le courant I du circuit série, qui sert de référence commune, et I est en phase avec la tension appliquée V_T puisqu'il n'y a pas de réactance.

Résistances en parallèle Dans le circuit de la figure 25-1b, qui comprend deux résistances de 50 Ω en parallèle aux bornes d'une source de 100 V, les calculs sont les suivants:

$$I_1 = \frac{V_A}{R_1} = \frac{100}{50} = 2 \ \text{A}$$

$$I_2 = \frac{V_A}{R_2} = \frac{100}{50} = 2 \ \text{A}$$

$$I_T = I_1 + I_2 = 2 + 2 = 4 \ \text{A}$$

Le courant total de la ligne principale étant de 4 A et la tension de la source étant de 100 V, la résistance de la combinaison des deux branches de 50 Ω, en parallèle, est de 25 Ω. Cette résistance R_T est égale à 100 V/4 A pour les deux branches de 50 Ω.

Dans chaque branche, le courant est en phase avec la tension appliquée V_A, que l'on prend comme référence puisqu'elle est commune aux deux branches.

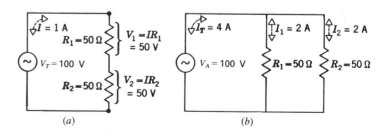

Figure 25-1 *Circuits à courant alternatif avec résistances mais sans réactance:* (a) *résistances R_1 et R_2 en série;* (b) *résistances R_1 et R_2 en parallèle.*

Problèmes pratiques 25.1
(réponses à la fin du chapitre)
Considérer les circuits de la figure
25-1:

(a) Soit le circuit (a). Quel est le déphasage entre V_T et I?

(b) Soit le circuit (b). Quel est le déphasage entre I_T et V_A?

25.2
CIRCUITS AVEC RÉACTANCE INDUCTIVE SEULEMENT

Les circuits des figures 25-2 et 25-3, qui comprennent des réactances X_L, correspondent aux circuits série et parallèle de la figure 25-1. Les valeurs en ohms de X_L et de R sont égales. Comme la tension appliquée est la même, les valeurs du courant correspondent entre elles, puisque les ohms de X_L sont exactement aussi efficaces que les ohms de R pour limiter le courant ou pour créer une chute de tension.

Bien que X_L soit une grandeur vectorielle avec une phase de 90°, dans cet exemple, l'opposition au courant provient de réactances de même nature. Donc, s'il n'y a ni R ni X_C, les ohms de X_L, en série, se combinent directement. De même, les courants I_L en parallèle peuvent s'additionner.

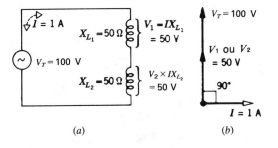

(a)　　　　　　　　　　(b)

Figure 25-2 *Circuits série avec uniquement des réactances X_L: (a) schéma; (b) diagramme vectoriel.*

Réactances inductives X_L en série Pour le circuit série de la figure 25-2a, les calculs sont les suivants:

$$X_{L_T} = X_{L_1} + X_{L_2} = 50 + 50 = 100 \ \Omega$$

$$I = \frac{V_T}{X_{L_T}} = \frac{100}{100} = 1 \ A$$

$$V_1 = IX_{L_1} = 1 \times 50 = 50 \ V$$

$$V_2 = IX_{L_2} = 1 \times 50 = 50 \ V$$

On remarque que les deux chutes de tension de 50 V chacune, en série, s'ajoutent pour former la tension appliquée de 100 V.

En ce qui concerne le déphasage de la réactance inductive, la tension aux bornes d'un X_L quelconque est toujours en avance de 90° sur le courant qui traverse cette réactance. Sur la figure 25-2b, I est le vecteur de référence puisqu'il est commun à tous les composants en série. Les vecteurs de tension V_1 ou V_2 aux bornes de chaque réactance, ou V_T aux bornes des deux réactances, sont donc représentés avec une avance de 90° sur I.

Courants I_L en parallèle Dans le cas du circuit parallèle de la figure 25-3a, les calculs sont les suivants:

$$I_1 = \frac{V_A}{X_{L_1}} = \frac{100}{50} = 2 \ A$$

$$I_2 = \frac{V_A}{X_{L_2}} = \frac{100}{50} = 2 \ A$$

$$I_T = I_1 + I_2 = 2 + 2 = 4 \ A$$

On peut ajouter les courants de ces deux branches puisqu'ils sont tous deux en phase, c'est-à-dire en retard de 90° sur la tension vectorielle de référence, comme on l'a indiqué en (b).

Puisque la tension V_A est commune aux deux branches, elle est à la fois aux bornes de

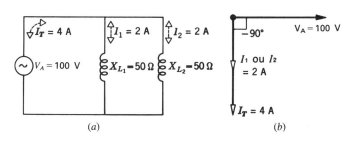

Figure 25-3 *Circuit parallèle avec uniquement des réactances X_L: (a) schéma; (b) diagramme vectoriel.*

(a)

(b)

X_{L_1} et X_{L_2}. C'est pour cette raison que V_A sert de vecteur de référence pour les circuits parallèle.

On remarque qu'il n'y a pas de changement fondamental entre la figure 25-2b, qui représente chaque tension de X_L en avance de 90° sur le courant correspondant, et la figure 25-3b, qui représente chaque courant de X_L en retard de $-90°$ sur la tension correspondante. Le déphasage entre le courant et la tension d'une inductance est toujours de 90°.

Problèmes pratiques 25.2
(réponses à la fin du chapitre)

(a) Soit le circuit de la figure 25-2. Que vaut le déphasage de V_T par rapport à I?

(b) Soit le circuit de la figure 25-3. Que vaut le déphasage de I_T par rapport à V_A?

25.3
CIRCUITS AVEC RÉACTANCE CAPACITIVE X_C SEULEMENT

Là encore, les figures 25-4 et 25-5 représentent des réactances X_C de 50 Ω, mais cette fois elles sont capacitives. Comme il n'y a ni R ni X_L, on peut combiner directement les ohms des réactances X_C en série. Les courants I_C des branches en parallèle peuvent aussi être additionnés.

Réactances capacitives X_C en série Pour le circuit série de la figure 25-4a, les calculs de V_1 et de V_2 sont les mêmes que précédem-

ment. Ces deux chutes de tension en série, de 50 V chacune, s'additionnent pour former la tension totale appliquée.

En ce qui concerne le déphasage de la réactance capacitive, la tension aux bornes d'une réactance X_C quelconque est toujours en retard de 90° sur son courant de charge et de décharge, I. Pour le circuit série de la figure 25-4, I est le vecteur de référence. Il est en avance de 90° sur la tension V_1 de X_{C_1} et sur la tension V_2 de X_{C_2}. On peut dire aussi que chaque tension est en retard de $-90°$ sur I.

Courants I_C en parallèle Pour le circuit parallèle de la figure 25-5, V_A est le vecteur de référence. Les calculs de I_1 et de I_2 sont les mêmes que précédemment. Mais maintenant les courants de chaque branche capacitive ou le courant total I_T de la ligne principale sont en avance de 90° sur V_A.

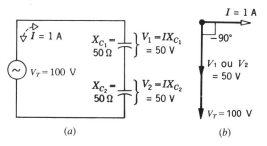

(a)

(b)

Figure 25-4 1 *Circuit série avec uniquement des réactances X_C: (a) schéma; (b) diagramme vectoriel.*

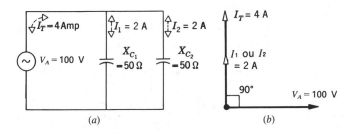

Figure 25-5   *Circuit parallèle avec des réactances X_C seulement: (a) schéma; (b) diagramme vectoriel.*

Problèmes pratiques 25.3
(réponses à la fin du chapitre)

(a) Soit le circuit de la figure 25-4. Que vaut le déphasage de V_T par rapport à I?

(b) Soit le circuit de la figure 25-5. Que vaut le déphasage de I_T par rapport à V_A?

25.4
DES RÉACTANCES OPPOSÉES SE RETRANCHENT

Dans un circuit comprenant à la fois des réactances X_L et X_C, les déphasages opposés permettent de soustraire ces réactances. Si des réactances X_L et X_C sont en série, la réactance nette est la différence entre les deux réactances en série; elle est donc inférieure à chacune d'elles. Dans les circuits parallèle, les courants des branches I_L et I_C peuvent se retrancher. Le courant net dans la ligne principale est donc la différence entre les courants des deux branches. Par conséquent, le courant de la ligne princpale est inférieur au courant de chaque branche.

Réactances X_L et X_C en série   Dans l'exemple de la figure 25-6, la mise en série d'une réactance X_L de 60 Ω et d'une réactance X_C de 40 Ω, en (a) et (b), équivaut à une réactance nette X_L de 20 Ω que l'on a représentée en (c). Avec cette réactance nette de 20 Ω, aux bornes de la source de 120 V, le courant est donc de 6 A. Ce courant est en retard de 90° sur la tension V_T appliquée puisque la réactance nette est inductive.

En *a*, le courant que circule dans les deux réactances X_L et X_C, en série, est le même. La chute de tension IX_L est donc de 6 A × 60 Ω, c'est-à-dire 360 V, et la chute de tension IX_C est de 6 A × 40 Ω, soit 240 V.

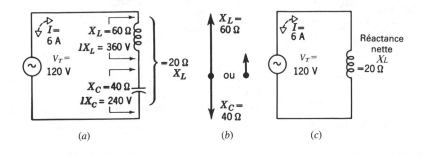

Figure 25-6   *Quand deux réactances X_L et X_C sont en série, leurs valeurs en ohms se retranchent: (a) circuit série; (b) vecteurs représentatifs de X_L et de X_C avec leur résultante; (c) circuit équivalent avec la réactance nette X_L de 20 Ω.*

Figure 25-7 *Quand deux réactances X_L et X_C sont en parallèle, les courants des branches correspondantes se retranchent: (a) circuit parallèle; (b) représentation vectorielle des courants I_C et I_L et de leur résultante nette; (c) circuit équivalent avec un courant net I_C de 1 A dans la ligne principale.*

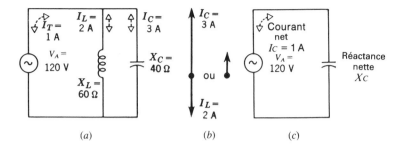

On remarque que chaque chute de tension réactive individuelle peut être supérieure à la tension appliquée. Mais la somme des chutes de tension en série est toujours de 120 V, c'est-à-dire égale à la tension appliquée. Ceci vient de ce que les tensions IX_L et IX_C sont opposées. La tension IX_L est en avance de 90° sur le courant du circuit série; la tension IX_C est en retard de 90° sur ce même courant. Les tensions IX_L et IX_C sont donc déphasées de 180° l'une par rapport à l'autre, c'est-à-dire qu'elles sont en opposition de phase et qu'elles se retranchent l'une de l'autre. La tension totale aux bornes de ces deux réactances en série est donc de 360 V moins 240 V, ce qui est égal à la tension de 120 V appliquée.

Si les valeurs de la figure 25-6 étaient inversées, X_C étant de 60 Ω et X_L de 40 Ω, la réactance nette serait une réactance capacitive X_C de 20 Ω. Le courant serait encore de 6 A, mais avec un retard de phase de $-90°$, puisque la tension serait capacitive. La tension IX_C serait alors plus grande: elle serait de 360 V, et IX_L vaudrait 240 V, mais leur différence serait toujours égale aux 120 V de la tension appliquée.

Réactances X_L et X_C en parallèle Sur la figure 25-7, les réactances X_L de 60 Ω et X_C de 40 Ω sont en parallèle aux bornes de la source de 120 V. Le courant I_L dans la branche X_L de 60 Ω est donc de 2 A, et le courant I_C dans la branche X_C de 40 Ω est de 3 A. Le courant dans la branche X_C est supérieur au courant de la branche X_L puisque la réactance X_C est inférieure à X_L.

En ce qui concerne le déphasage, I_L est en retard de 90° sur V_A, tandis que I_C est en avance de 90° sur cette même tension. Les courants dans les branches réactives opposées sont donc déphasés de 180° l'un par rapport à l'autre et se retranchent. Le courant net dans la ligne principale est donc la différence entre les 3 A de I_C et les 2 A de I_L, ce qui fait une valeur nette de 1 A. Ce courant net est en avance de 90° sur V_A, puisque c'est un courant capacitif.

Si on inversait les valeurs de la figure 25-7, X_C étant alors de 60 Ω et X_L de 40 Ω, I_L serait plus élevé. Le courant I_L serait alors de 3 A, et I_C de 2 A. Le courant net de la ligne principale serait encore de 1 A, mais il serait inductif puisque la réactance nette est inductive.

Problèmes pratiques 25.4 (réponses à la fin du chapitre)

(a) Soit le circuit de la figure 25-6. Que vaut la réactance nette X_L?

(b) Soit le circuit de la figure 25-7. Que vaut le courant net I_C?

25.5
RÉACTANCE ET RÉSISTANCE EN SÉRIE

Dans ce cas, il faut combiner vectoriellement les effets résistif et réactif. Dans les circuits série, on additionne les valeurs en ohms pour trouver Z. On additionne d'abord toutes les résistances en série pour obtenir la résistance R totale. On combine également toutes les réactances en série, en additionnant celles qui sont de même nature et en retranchant celles qui sont opposées. On obtient une réactance nette X qui peut être soit capacitive, soit inductive, suivant la nature de la réactance la plus grande. Puis, on additionne vectoriellement R et X pour trouver l'impédance totale, en ohms, du circuit série.

Amplitude de Z Lorsque l'on a obtenu les valeurs résultantes de R et de X, on peut les combiner d'après la formule:

$$Z = \sqrt{R^2 + X^2} \tag{25.1}$$

L'impédance totale Z du circuit est la somme vectorielle de la résistance et de la réactance en série. Que la réactance résultante X soit à $+90°$ pour X_L ou à $-90°$ pour X_C, le calcul de l'amplitude de Z est le même.

La figure 25-8 en donne un exemple. Dans ce cas, la réactance nette en série, en (b), est $X_C = 30\ \Omega$. Cette valeur est égale aux 60 Ω de X_L retranchés des 90 Ω de X_C, comme on le voit en (a). La réactance nette X_C de 30 Ω, en (b), est en série avec la résistance R de 40 Ω. On a donc:

$$Z = \sqrt{R^2 + X^2} = \sqrt{(40)^2 + (30)^2}$$
$$= \sqrt{1600 + 900} = \sqrt{2500}$$
$$Z = 50\ \Omega$$

À noter aussi que $I = V/Z$. Dans cet exemple, le courant est de 100 V/50 Ω, soit 2 A. Cette valeur est l'amplitude et le déphasage n'a pas été considéré.

Chutes de tension en série Tous les composants en série sont traversés par le même courant de 2 A. En conséquence, les chutes individuelles du circuit de la figure 25-8a sont:

$$IR = 2 \times 40 = 80\ V$$
$$IX_C = 2 \times 90 = 180\ V$$
$$IX_L = 2 \times 60 = 120\ V$$

Comme les chutes de tension IX_C et IX_L sont en opposition de phase, la tension réactive nette est de 180 V moins 120 V, soit 60 V. La somme vectorielle des 80 V de IR et de la tension réactive nette IX de 60 V est égale à la tension appliquée V_T de 100 V.

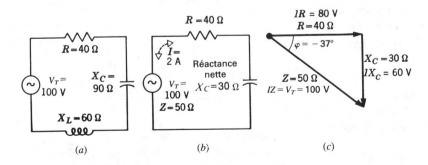

Figure 25-8 *Impédance Z d'un circuit série composé de R, X_L et X_C: (a) R, X_L, et X_C, en série; (b) circuit équivalent avec la réactance nette; (c) diagramme vectoriel.*

Déphasage de Z Le déphasage d'un circuit série est l'angle dont la tangente est égale à X/R. Cet angle est négatif pour X_C, mais positif pour X_L.

Dans cet exemple, X est une réactance nette de 30 Ω et R est de 40 Ω. Donc, tg $\varphi = -0,75$ et $\varphi = -37°$, environ.

Le déphasage négatif de Z indique que le circuit série a une résistance capacitive en retard. Si on inversait les valeurs de X_L et de X_C, le déphasage serait de $+37°$, au lieu de $-37°$, car la réactance nette serait inductive. Mais l'amplitude de Z resterait toujours la même.

Composants en série plus nombreux À la figure 25-9, on illustre la manière dont on peut combiner un nombre quelconque de résistances et de réactances en série. Dans ce cas, la résistance totale R de 40 Ω est la somme des 30 Ω de R_1 et des 10 Ω de R_2. On remarque que l'ordre des connexions est sans importance puisque le courant est le même dans tous les composants en série.

La réactance totale X_C est de 90 Ω. C'est la somme des 70 Ω de X_{C_1} et des 20 Ω de X_{C_2}. De même, la réactance totale X_L de 60 Ω est la somme des 30 Ω de X_{L_1} et des 30 Ω de X_{L_2}.

La réactance nette X est égale à 30 Ω. C'est la différence entre les 90 Ω de X_C et les 60 Ω de X_L. Comme la valeur de X_C est supérieure à celle de X_L, la réactance nette est capacitive. Le circuit de la figure 25-9 est équivalent à celui de la figure 25-8. Il comprend, en effet, une résistance R de 40 Ω en série avec une réactance X_C de 30 Ω.

Problèmes pratiques 25.5
(réponses à la fin du chapitre)

(a) Soit le circuit de la figure 25-8. Calculer la réactance nette.

(b) Soit le circuit de la figure 25-9. Calculer la réactance nette.

25.6
RÉACTANCE ET RÉSISTANCE EN PARALLÈLE

Dans les circuits parallèle, les courants des branches résistive et réactive s'additionnent vectoriellement. On peut donc obtenir le courant total dans la ligne principale par la formule:

$$I_T = \sqrt{I_R^2 + I_X^2} \qquad (25.2)$$

Calcul de I_T À titre d'exemple, la figure 25-10a représente un circuit comprenant trois branches parallèle. Comme la tension aux bornes de toutes les branches en parallèle est la tension appliquée V_A de 100 V, les courants des branches individuelles sont:

$$I_R = \frac{V_A}{R} = \frac{100\ V}{25\ \Omega} = 4\ A$$

$$I_L = \frac{V_A}{X_L} = \frac{100\ V}{25\ \Omega} = 4\ A$$

$$I_C = \frac{V_A}{X_C} = \frac{100\ V}{100\ \Omega} = 1\ A$$

Le courant net de la branche réactive I_X est donc de 3 A. On l'obtient en faisant la différence entre le courant I_L de 4 A et le courant I_C de 1 A, comme on l'a indiqué en (b).

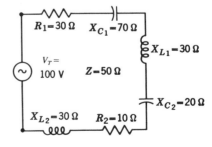

Figure 25-9 *Circuit à courant alternatif avec davantage de composants que sur la figure 25-8, mais avec les mêmes valeurs de Z, I et φ.*

Pour calculer I_T comme la somme vectorielle de I_R et I_X, on applique donc:

$$I_T = \sqrt{I_R^2 + I_X^2} = \sqrt{4^2 + 3^2}$$
$$= \sqrt{16 + 9} = \sqrt{25}$$

$$I_T = 5 \text{ A}$$

Le diagramme vectoriel de I_T est représenté en (c).

$Z_T = V_A/I_T$ Cette formule donne l'impédance totale d'un circuit parallèle. Dans cet exemple, Z_T est de 100 V/5 A, soit 20 Ω. Cette valeur est l'impédance équivalente aux trois branches en parallèle avec la source.

Déphasage On obtient le déphasage d'un circuit parallèle à partir des courants des branches. L'angle dont la tangente est égale à I_X/I_R est représenté par φ.

Dans cet exemple, I_X est le courant inductif net I_L de 3 A. On a aussi $I_R = 4$ A. Ces grandeurs vectorielles sont représentées sur la figure 25-10c. Le signe φ est donc l'angle négatif dont la tangente est égale à ¾ ou 0,75. Cet angle est égal à $-37°$ environ.

Ce déphasage négatif du courant indique qu'il s'agit d'un courant inductif en retard. L'angle de $-37°$ est le déphasage de I_T par rapport à la tension de référence V_A.

Quand on calcule l'impédance Z_T en faisant le quotient V_A/I_T pour un circuit parallèle, le déphasage de Z_T a la même valeur que celui de I_T, mais avec le signe opposé. Dans cet exemple, Z_T est de 20 Ω avec un déphasage de $+37°$, pour un courant I_T de 5 A avec un déphasage de $-37°$. On peut considérer que Z_T a le déphasage de V_A par rapport à I_T.

Branches en parallèle plus nombreuses
On indique à la figure 25-11 comment on peut combiner un nombre quelconque de résistances et de réactances en parallèle. Le courant

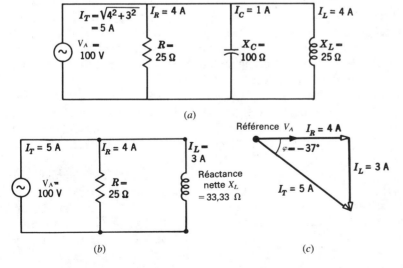

(a)

(b)

(c)

Figure 25-10 *Courant total I_T dans la ligne principale d'un circuit parallèle composé de R, X_L et X_C: (a) R, X_L et X_C en parallèle; (b) circuit équivalent avec courant net dans la branche réactive; (c) diagramme vectoriel.*

Figure 25-11 *Circuit parallèle à courant alternatif avec davantage de composants que sur la figure 25-10, mais avec les mêmes valeurs de I_T, Z et φ.*

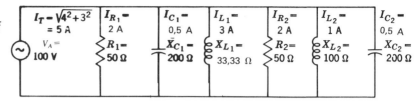

total des branches résistives I_R, de 4 A, est la somme des courants de 2 A dans chacune des branches R_1 et R_2. On remarque que l'ordre des branchements est sans importance puisque les courants des branches en parallèle s'ajoutent dans la ligne principale. Effectivement, deux résistances de 50 Ω, en parallèle, équivalent à une seule résistance de 25 Ω.

De la même manière, le courant total des branches inductives I_L de 4 A est la somme des courants I_{L_1} de 3 A et I_{L_2} de 1 A. Le courant total des branches capacitives I_C de 1 A est aussi la somme des courants I_{C_1} et I_{C_2} de 0,5 A chacun.

Le courant net des branches réactives I_X de 3 A est donc égal à la différence entre les courants I_L de 4 A et I_C de 1 A. Comme I_L est plus grand, le courant net est inductif.

Le circuit de la figure 25-11 est donc équivalent à celui de la figure 25-10, tous deux ayant un courant actif I_R de 4 A et un courant inductif net I_L de 3 A qui s'additionnent vectoriellement pour faire un courant total I_T de 5 A dans la ligne principale.

Problèmes pratiques 25.6 (réponses à la fin du chapitre)

(a) Soit le circuit de la figure 25-10. Calculer le courant réactif net des branches.

(b) Soit le circuit de la figure 25-11. Calculer le courant réactif net des branches.

25.7 RÉACTANCE ET RÉSISTANCE EN CIRCUIT MIXTE

On indique à la figure 25-12 comment on peut ramener un circuit mixte à un circuit série comprenant uniquement une réactance et une résistance. La méthode est simple à condition que la résistance et la réactance ne soient pas incluses dans un montage série ou parallèle.

En opérant depuis la branche extérieure de la figure 25-12a et en revenant vers le générateur, nous avons des réactances X_{L_1} et X_{L_2} de 100 Ω chacune, en série, soit un total de 200 Ω. Ce groupement série de (a) est équivalent à la réactance X_{L_5} en (b).

Dans l'autre branche, la réactance équivalente à X_{L_3} et X_C est égale à 600 Ω moins 400 Ω, ce qui équivaut à la réactance X_{L_4} de 200 Ω en (b). Le groupement parallèle de X_{L_4} et de la réactance X_{L_5}, de 200 Ω chacune, équivaut à 100 Ω.

En (c), cette réactance X_L de 100 Ω est en série avec la résistance R_{1-2} de 100 Ω équivalente à R_1 et R_2 en parallèle. Ce R_{1-2} de 100 Ω est en série avec la réactance X_L de 100 Ω.

En (d), on a représenté le diagramme vectoriel du circuit équivalent, qui représente l'impédance totale Z de 141 Ω équivalente à une résistance R de 100 Ω en série avec une réactance X_L de 100 Ω. Avec une impédance de 141 Ω aux bornes d'une tension appliquée V_T de 100 V, le courant dans le générateur est de

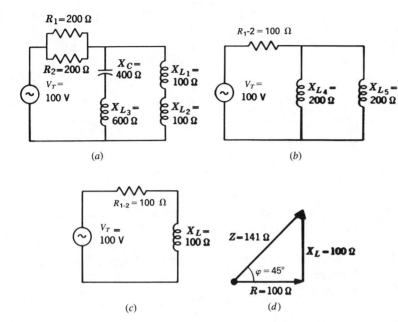

Figure 25-12 *Réduction d'un circuit mixte composé de R, X_L et X_C en un circuit série composé d'une seule résistance R et d'une seule réactance X: (a) circuit réel; (b) montage simplifié; (c) circuit série équivalent; (d) diagramme vectoriel.*

0,7 A. Le déphasage φ de ce circuit[1] est de 45°.

> **Problèmes pratiques 25.7**
> **(réponses à la fin du chapitre)**
> **Considérer le circuit de la figure 25-12:**

(a) Calculer $X_{L_1} + X_{L_2}$;
(b) Calculer $X_{L_3} - X_C$;
(c) Calculer X_{L_4} en parallèle avec X_{L_5}.

25.8
PUISSANCE ACTIVE

Dans un circuit à courant alternatif ayant des réactances, le courant I fourni par la source est soit en avance, soit en retard sur la tension V

[1] Des circuits à courant alternatif plus compliqués avec des impédances en circuit mixte sont étudiés avec les nombres complexes au chapitre 26.

du générateur. Le produit VI n'est donc pas la puissance active P et d'unité en watt (W) fournie par le générateur, puisque la tension peut avoir une valeur élevée au moment où le courant est presque nul, ou vice versa. Mais on peut toujours calculer la puissance active sous la forme I^2R, où R est la composante résistive totale du circuit, car le courant et la tension d'une résistance sont en phase. Pour trouver la valeur correspondante de la puissance à partir de VI, il faut multiplier ce produit par le cosinus du déphasage φ. Donc:

$$P = I^2R \tag{25.3}$$

ou

$$P = VI \cos \varphi \tag{25.4}$$

où V et I sont des valeurs efficaces, afin d'avoir la puissance active en watts. En multipliant VI

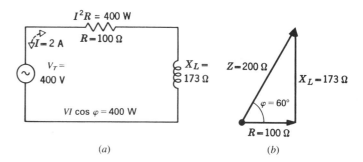

Figure 25-13 *Puissance active dans un circuit série: (a) schéma; (b) diagramme vectoriel.*

par le cosinus du déphasage, on obtient la composante active, égale à I^2R, de la puissance apparente $S = VI$.

Dans le circuit alternatif de la figure 25-13, par exemple, un courant de 2 A traverse une résistance R de 100 Ω en série avec une réactance X_L de 173 Ω. On a donc:

$$P = I^2R = 4 \times 100$$

$$P = 400 \text{ W}$$

En outre, dans ce circuit, le déphasage est de 60° et son cosinus est de 0,5. La tension appliquée est de 400 V. On a donc:

$$P = VI \cos \varphi = 400 \times 2 \times 0,5$$

$$P = 400 \text{ W}$$

Dans ces deux exemples, la puissance active est la même, soit 400 W, car c'est la quantité de puissance fournie par le générateur et dissipée dans la résistance. On peut appliquer l'une ou l'autre de ces formules pour calculer la puissance active. On choisit la plus commode.

On peut considérer la puissance active comme une puissance résistive qui est dissipée en chaleur. Une réactance ne dissipe pas de puissance, mais elle emmagasine de l'énergie dans le champ électrique ou magnétique.

Facteur de puissance Le cosinus φ indique la composante active. C'est le facteur de puissance du circuit, de symbole λ^*, qui convertit le produit VI en puissance active. Dans les circuits série:

$$\text{Facteur de puissance} = \lambda = \cos \varphi = \frac{R}{Z} \quad (25.5)$$

ou, dans les circuits parallèle:

$$\text{Facteur de puissance} = \lambda = \cos \varphi = \frac{I_R}{I_T} \quad (25.6)$$

Dans l'exemple de circuit série de la figure 25-13, on utilise R et Z dans les calculs, soit:

$$\lambda = \cos \varphi = \frac{R}{Z} = \frac{100 \text{ Ω}}{200 \text{ Ω}} = 0,5$$

Dans le circuit parallèle de la figure 25-10, on utilise le courant actif I_R et le courant I_T, soit:

$$\lambda = \cos \varphi = \frac{I_R}{I_T} = \frac{4 \text{ A}}{5 \text{ A}} = 0,8$$

Le facteur de puissance n'est pas une valeur angulaire mais un rapport numérique dont la valeur, comprise entre 0 et 1, est égale au cosinus du déphasage.

S'il n'y a que des résistances, sans réactance, R et Z sont égaux dans un circuit série, ou bien I_R et I_T sont les mêmes dans un circuit parallèle et le rapport est égal à 1. Un facteur

* Lettre grecque minuscule λ (lambda)

de puissance égal à l'unité caractérise donc un circuit résistif. À l'opposé, s'il n'y a que des réactances sans résistance, le facteur de puissance est égal à 0, ce qui caractérise un circuit complètement réactif.

Puissance apparente S Quand V et I ne sont pas en phase parce qu'il y a une réactance, on appelle le produit $V \cdot I$ la puissance apparente S, d'unité voltampère (VA). Elle s'exprime en voltampères et non en watts, puisque le watt est réservé à la puissance active.

Dans l'exemple de la figure 25-13 où V est de 400 V et I de 2 A, avec un déphasage de 60°, la puissance apparente VI est de $400 \times 2 = 800$ VA. On remarque que la puissance apparente est égale au produit VI, seul, indépendamment du facteur de puissance $\cos \varphi$.

On peut calculer le facteur de puissance en faisant le rapport de la puissance active et de la puissance apparente, puisque ce rapport est égal à $\cos \varphi$. Par exemple, pour la figure 25-13, la puissance active est de 400 W, et la puissance apparente est de 800 VA. Le rapport $^{400}\!/_{800}$, soit 0,5, est donc le facteur de puissance, qui est égal à $\cos 60°$.

Puissance réactive Q Le *var,* mis pour voltampère réactif, est l'unité de puissance réactive Q. Plus précisément, les vars sont des voltampères déphasés de 90°.

D'une manière générale, pour un déphasage quelconque φ entre V et I, en multipliant VI par $\sin \varphi$ on obtient la composante verticale, déphasée de 90°, qui indique la valeur des vars. Pour la figure 25-13, VI $\sin 60° = 800 \times 0,866 = 692,8$ vars.

On remarque que le facteur $\sin \varphi$ des vars donne la composante verticale ou réactive de la puissance apparente VI, tandis que $\cos \varphi$, le facteur de puissance, donne la composante horizontale ou active, c'est-à-dire la puissance active.

Correction du facteur de puissance Dans les applications commerciales, le facteur de puissance doit être voisin de l'unité pour améliorer la distribution. Cependant, la charge inductive des moteurs peut, par exemple, entraîner un facteur de puissance de 0,7 pour un déphasage de 45°. Pour corriger cette composante inductive en retard du courant de la ligne principale, on peut brancher un condensateur aux bornes de la ligne afin de prélever un courant en avance à la source. On calcule la capacité du condensateur pour avoir la même valeur en voltampères que celle des vars de la charge.

Problèmes pratiques 25.8 (réponses à la fin du chapitre)
(a) Quelle est l'unité de puissance active?
(b) Quelle est l'unité de puissance réactive?

25.9
APPAREILS DE MESURE POUR COURANT ALTERNATIF

Les appareils de mesure à cadre mobile du type d'Arsonval ne donnent aucune indication si on les branche dans un circuit alternatif, puisque la valeur moyenne d'un courant alternatif est zéro. Comme deux polarités opposées s'annulent, un courant alternatif ne peut faire dévier l'appareil de mesure ni vers le haut ni vers le bas. Un appareil de mesure alternatif doit faire dévier l'aiguille vers le haut, indépendamment de la polarité. On obtient une telle déviation par l'un des trois procédés suivants dans les appareils alternatifs:

1. *Appareils thermiques* Ce procédé utilise l'effet thermique qui est indépendant de la polarité pour faire dévier l'appareil. Les appareils à thermocouple et à fil chaud en sont deux exemples.

2. *Appareils électromagnétiques* Ce procédé maintient constante la polarité magnétique relative bien que le courant s'inverse. L'appareil de mesure à fer mobile, le dynamomètre et le wattmètre en sont des exemples.

3. *Appareils à redresseur* Le redresseur transforme le signal d'entrée alternatif en signal de sortie continu pour l'appareil qui est, en général, du type d'Arsonval. C'est le type le plus couramment utilisé pour les voltmètres alternatifs, audiofréquences et radiofréquences.

Tous les appareils de mesures pour courant alternatif ont des échelles étalonnées en valeurs efficaces, sauf indication contraire inscrite sur l'appareil.

Un thermocouple est constitué de deux métaux différents, court-circuités à une extrémité et ouverts à l'extrémité opposée. La chaleur dégagée à la jonction en court-circuit crée une faible tension continue aux bornes des extrémités ouvertes qui sont reliées à l'équipage mobile d'un appareil pour courant continu. Dans un appareil à fil chaud, le courant chauffe un fil qui se dilate et le mouvement, dû à cette dilatation, est transformé en déviation de l'appareil de mesure. On utilise ces deux types d'appareils en radiofréquences.

L'appareil de mesure à fer mobile et le dynamomètre ont une sensibilité très faible par rapport à un appareil d'Arsonval. On les utilise dans les circuits de puissance soit à courant alternatif, soit à courant continu.

Un voltmètre alternatif à redresseur peut être équipé d'un redresseur à l'oxyde de cuivre, au sélénium, au germanium ou à tube à vide. Une gamme inférieure ou égale à 10 V est généralement nécessaire parce que le redressement n'est pas linéaire à faible amplitude. Il faut aussi remarquer que les modèles à redresseur ne permettent pas de mesurer un courant, car les appareils de mesure des courants doivent avoir une résistance très faible. C'est pour cette raison que les appareils universels pour courant continu et pour courant alternatif mesurent généralement les tensions alternatives aussi bien que les tensions continues, mais ne mesurent pas les courants alternatifs.

Les appareils de mesure pour courant alternatif, sans redresseur, ont généralement une échelle non linéaire comprimée du côté des valeurs faibles. Cette compression de l'échelle s'explique par le fait que la déviation est proportionnelle au carré du courant.

Problèmes pratiques 25.9 (réponses à la fin du chapitre) Répondre par vrai ou faux:

(a) L'appareil de mesure à fer mobile peut mesurer le courant alternatif;

(b) L'appareil de mesure à cadre mobile ne peut mesurer que le courant continu.

25.10 WATTMÈTRES

Le wattmètre utilise des bobines fixes pour indiquer le courant d'un circuit, tandis que des bobines mobiles indiquent la tension (figure 25-14). La déviation est alors proportionnelle à la puissance. Le wattmètre peut indiquer directement une puissance continue ou une puissance alternative active.

À la figure 25-14a, les enroulements L_{I_1} et L_{I_2} connectés en série sont les bobines fixes qui servent à mesurer le courant. Les deux bornes I sont connectées en série avec la charge, d'un côté de la ligne. La bobine mobile L_V et sa résistance de multiplication R_M jouent le rôle d'un voltmètre dont les bornes V sont reliées à la ligne, en parallèle avec la charge. Le courant dans les bobines fixes est donc proportionnel à I, tandis que le courant des bobines mobiles est proportionnel à V. Par conséquent, la déviation est proportionnelle au produit VI, c'est-à-dire à la puissance.

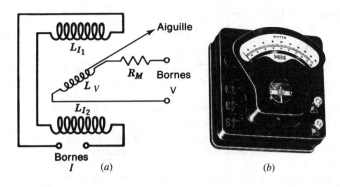

Figure 25-14 *Wattmètre: (a) schéma des enroulements de tension et de courant; (b) wattmètre 0 à 500 W. (W.M. Welch Mfg. Co.)*

En outre, c'est le produit *VI* instantané qui cause la déviation. Si, par exemple, la valeur de *V* est élevée quand celle de *I* est faible, leur déphasage étant alors voisin de 90°, la déviation peut être faible. Donc, la déviation de l'appareil de mesure est proportionnelle aux watts de puissance active, quel que soit le facteur de puissance du circuit alternatif. On utilise couramment le wattmètre pour mesurer la puissance du réseau de distribution à 60 Hz. Mais, aux radiofréquences, on mesure généralement la puissance après transformation en chaleur.

Problèmes pratiques 25.10
(réponses à la fin du chapitre)

(a) Un wattmètre mesure-t-il une puissance active ou une puissance apparente?

(b) Soit le circuit de la figure 25-14. Que mesure l'enroulement mobile: la tension *V* ou le courant *I*?

25.11
RÉSUMÉ DES DIFFÉRENTES GRANDEURS, EN OHMS, DANS LES CIRCUITS ALTERNATIFS

Les différences existant entre R, X_L, X_C et Z sont regroupées au tableau 25-1, mais il faut également observer les caractéristiques géné-

rales suivantes: toutes ces grandeurs ohmiques limitent le courant qui circule dans les circuits continus ou alternatifs; la résistance R est la même dans les deux cas, mais les circuits alternatifs peuvent avoir des réactances dues aux variations de la tension ou du courant alternatif (X_L est la réactance d'une inductance quand les variations du courant sont sinusoïdales et X_C est la réactance d'un condensateur quand les variations de la tension sont sinusoïdales).

Les deux réactances X_L et X_C s'expriment en ohms, comme la résistance R, mais une réactance a un déphasage de 90° tandis que le déphasage d'une résistance est de 0°. Un circuit à courant continu constant ne peut pas avoir de réactance.

Les ohms de X_L et X_C sont de signes contraires car X_L a un déphasage de $+90°$ tandis que X_C a un déphasage de $-90°$. Le déphasage d'une réactance X_L ou X_C quelconque, prise individuellement, est toujours de 90° exactement.

La valeur en ohms de l'impédance Z s'obtient par la combinaison vectorielle des résistances et des réactances. En réalité, on peut considérer Z comme la forme générale de la grandeur ohmique qui s'oppose au courant dans les circuits alternatifs.

Tableau 25-1 *Types de grandeurs ohmiques dans les circuits alternatifs*

	RÉSISTANCE R, Ω	RÉACTANCE INDUCTIVE X_L, Ω	RÉACTANCE CAPACITIVE X_C, Ω	IMPÉDANCE Z, Ω
Définition	Opposition en phase aux courants continu et alternatif	Opposition en avance de 90° sur le courant alternatif	Opposition en retard de 90° sur le courant alternatif	Combinaison vectorielle de la résistance et de la résistance $Z = \sqrt{R^2 + X^2}$
Influence de la fréquence	Reste constante à toutes les fréquences	Augmente avec la fréquence	Diminue avec la fréquence	La composante X_L augmente mais X_C diminue
Déphasage	0°	I_L est en retard de 90° sur V_L	V_C est en retard de 90° sur I_C	$\mathrm{tg}\ \varphi = \dfrac{X}{R}$ dans un circuit série, ou $\dfrac{I_X}{I_R}$ dans un circuit parallèle

L'impédance Z peut avoir une phase quelconque qui dépend des valeurs relatives de R et de X. Si Z est surtout composé d'une résistance R et d'une réactance faible, le déphasage de Z est voisin de 0°. Lorsque R et X ont des valeurs égales, le déphasage de Z est de 45°. Le déphasage est positif ou négatif suivant que la réactance résultante est inductive ou capacitive. Quand Z se compose principalement d'une réactance X avec une résistance R faible, le déphasage de Z est voisin de 90°.

Le déphasage est φ_Z pour Z ou V_T par rapport au courant commun I dans un circuit série. Pour les courants en parallèle, φ_I est le déphasage de I_T dans la ligne principale par rapport à la tension commune.

Problèmes pratiques 25.11
(réponses à la fin du chapitre)

(a) Quelle (s) grandeur (s) suivante (s) ne varie (nt) pas avec la fréquence: Z, X_L, X_C, R?

(b) Quelle (s) grandeur (s) suivante (s) comporte (nt) un courant en retard: R, X_L, X_C?

(c) Quelle (s) grandeur (s) suivante (s) comporte (nt) un courant en avance: R, X_L, X_C?

25.12
RÉSUMÉ DES DIFFÉRENTES GRANDEURS VECTORIELLES DANS LES CIRCUITS ALTERNATIFS

Les grandeurs vectorielles en ohms, en volts et en ampères sont représentées sur la figure 25-15. On peut en observer les similitudes et les différences:

Composants en série Dans les circuits série, les ohms et les chutes de tension ont des vecteurs semblables parce que le courant I est le même dans tous les composants. Ainsi, V_R et IR ont le même déphasage que R; V_L et IX_C ont le même déphasage que X_C; V_C et IX_C ont le même déphasage que X_C.

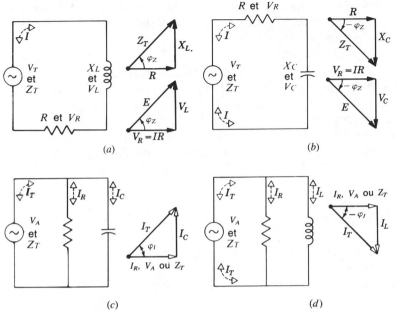

Figure 25-15 *Résumé des relations vectorielles dans les circuits à courant alternatif: (a) X_L et R en série; (b) X_C et R en série; (c) branches en parallèle parcourues par I_C et I_R; (d) branches en parallèle parcourues par I_L et I_R.*

Résistance   On observe que R, V_R et I_R sont toujours en phase, car il n'y a pas de déphasage dans une résistance. Cela est vrai, que R soit dans un circuit série ou dans un circuit parallèle.

Réactance   Les réactances X_L ou X_C sont des vecteurs à 90°, orientés dans des sens opposés. X_L ou V_L ont toujours un déphasage de +90°. Leurs vecteurs sont orientés vers le haut. X_C ou V_C ont toujours un déphasage de −90° avec des vecteurs orientés vers le bas.

Courants réactifs de branches   Le vecteur du courant dans une branche en parallèle est opposé à la réactance correspondante. Le vecteur I_C est donc dirigé vers le haut, à +90°, et opposé au vecteur X_C qui est orienté vers le bas à −90°. De même, le vecteur I_L est dirigé vers le bas à −90°, et est opposé au vecteur X_L qui est dirigé vers le haut à +90°.

En résumé, I_C ou I_L sont opposés l'un à l'autre et les vecteurs des courants des branches en parallèle sont tous deux opposés à leurs réactances correspondantes.

Déphasage φ_Z   La résultante de la réactance et de la résistance, en ohms, est l'impédance Z. Le déphasage φ de Z peut être un angle quelconque compris entre 0° et 90°. Dans un circuit série, le déphasage φ de Z est le même que celui de V_T par rapport au courant commun I.

Déphasage φ_I   La somme vectorielle des courants des branches individuelles est le courant total I_T de la ligne principale. Le déphasage de I_T peut être un angle quelconque compris entre 0° et 90°. Dans un circuit parallèle, le déphasage φ_I est l'angle que fait I_T avec la tension appliquée V_A.

Le déphasage φ_I est de même valeur, mais de signe opposé, que φ_Z pour Z qui est l'impédance équivalente des branches en parallèle. Ces déphasages sont de signes contraires car φ_I est le déphasage de I par rapport à V, tandis que φ_Z est le déphasage de V par rapport à I.

Ces additions vectorielles sont nécessaires dans les circuits alternatifs pour tenir compte de l'effet de la réactance. On peut opérer graphiquement, comme sur la figure 25-15 ou, plus rapidement, utiliser les nombres complexes correspondant aux vecteurs. On

expose, dans le prochain chapitre, comment étudier les circuits alternatifs à l'aide des nombres complexes.

Problèmes pratiques 25-12 (réponses à la fin du chapitre)

(a) Quel vecteurs parmi les suivants sont opposés: V_L, V_C, V_R?

(b) Quel vecteurs parmi les suivants sont en quadrature (c'est-à-dire déphasés de 90°): I_R, I_T, I_L?

Résumé

1. Dans les circuits alternatifs comprenant uniquement des résistances, on étudie les circuits de la même manière qu'en courant continu, généralement en utilisant les valeurs efficaces. En l'absence de réactance, le déphasage est de 0°.

2. Quand on n'associe que des réactances capacitives, les valeurs de X_C s'additionnent quand elles sont en série et se combinent par la formule des inverses quand elles sont en parallèle, exactement comme des résistances. De la même manière, on peut additionner les valeurs des réactances pures X_L quand elles sont en série ou appliquer la formule des inverses quand elles sont en parallèle.

3. Comme les réactances X_C et X_L sont opposées, elles se retranchent. Dans un circuit série, les ohms de X_C et de X_L se retranchent. Dans un circuit parallèle, les courants I_C et I_L des branches capacitives et inductives se retranchent.

4. Dans les circuits alternatifs comprenant des résistances R et des réactances X_L et X_C, on peut ramener les circuits à une seule résistance équivalente et à une seule réactance nette.

5. Dans un circuit série, la résistance totale R et la réactance nette X sont à 90° et forment l'impédance $Z = \sqrt{R^2 + X^2}$. Le déphasage d'une résistance R et d'une réactance X en série est l'angle dont la tangente est égale à $\pm X/R$. Tout d'abord, calculer Z_T, puis diviser V_T par Z_T pour obtenir I.

6. Dans un circuit parallèle, le courant total I_R des branches résistives et le courant I_X des branches réactives sont à 90° et se combinent pour former le courant $I_T = \sqrt{I_R^2 + I_X^2}$. Le déphasage d'une résistance R, en parallèle avec une réactance X, est l'angle dont la tangente est égale à $\pm I_X/I_R$. Tout d'abord, calculer I_T, puis diviser V_A par I_T pour obtenir Z_T.

7. Dans les circuits alternatifs, les grandeurs R, X_L, X_C et Z s'expriment en ohms et s'opposent au courant. Les différences de leurs variations en fonction de la fréquence et de leurs déphasages sont résumées au tableau 25-1.

8. Les relations vectorielles entre les résistances et les réactances sont résumées à la figure 25-15.

9. Dans les circuits alternatifs ayant une réactance, la puissance active en watts est égale à I^2R ou à $VI \cos \varphi$, où φ est le déphasage. La puissance active est la puissance dissipée en chaleur dans la résistance. Le $\cos \varphi$ est le facteur de puissance du circuit.

10. Le wattmètre mesure la puissance alternative active ou la puissance continue.

Exercices de contrôle
(Réponses à la fin de l'ouvrage)

Voici un moyen de contrôler si vous avez bien assimilé le contenu de ce chapitre. Ces exercices sont uniquement destinés à vous évaluer vous-même.

Choisir (a), (b), (c) ou (d).

1. Dans un circuit alternatif comprenant une résistance mais pas de réactance: (a) deux résistances en série de 1000 Ω font un total de 1414 Ω; (b) deux résistances de 1000 Ω en série font un total de 2000 Ω; (c) deux résistances de 1000 Ω en parallèle font un total de 707 Ω; (d) une résistance de 1000 Ω en série avec une résistance de 400 Ω font un total de 600 Ω.

2. Un circuit alternatif comprend, en série, des réactances X_{C_1} de 100 Ω, X_{C_2} de 50 Ω, X_{L_1} de 40 Ω et X_{L_2} de 30 Ω. La réactance nette est: (a) $X_L = 80$ Ω; (b) $X_L = 200$ Ω; (c) $X_C = 80$ Ω; (d) $X_C = 220$ Ω.

3. Un circuit alternatif comprend, en série, une résistance R de 40 Ω et des réactances X_L de 90 Ω et X_C de 60 Ω. L'impédance Z est égale à: (a) 50 Ω; (b) 70,7 Ω; (c) 110 Ω; (d) 190 Ω.

4. Un circuit alternatif comprend, en série, une résistance R de 100 Ω ainsi que des réactances X_L de 100 Ω et X_C de 100 Ω. L'impédance Z de l'ensemble est égale à: (a) 33,33 Ω; (b) 70,7 Ω; (c) 100 Ω; (d) 300 Ω.

5. Un circuit alternatif comprend, en série, une résistance R de 100 Ω, et des réactances X_L de 300 Ω et X_C de 200 Ω. Le déphasage φ du circuit est égal à: (a) 0°; (b) 37°; (c) 45°; (d) 90°.

6. Le facteur de puissance d'un circuit alternatif est égal: (a) au cosinus du déphasage; (b) à la tangente du déphasage; (c) à zéro pour un circuit résistif; (d) à l'unité pour un circuit réactif.

7. Quels sont, dans les groupes suivants, les vecteurs qui *n'ont pas* des directions opposées? (a) X_L et X_C; (b) X_L et I_C; (c) I_L et I_C; (d) X_C et I_C.

8. Sur la figure 25-8a, la chute de tension dans X_L est de: (a) 60 V; (b) 66,67 V; (c) 120 V; (d) 200 V.

9. L'impédance équivalente au circuit parallèle de la figure 25-10a est de: (a) 5 Ω; (b) 12,5 Ω; (c) 20 Ω; (d) 100 Ω.

10. Le wattmètre: (a) a des bobines de tension et de courant pour mesurer la puissance active; (b) a trois connexions, dont deux servent en même temps; (c) mesure la puissance apparente car le courant est le même dans les bobines de tension et de courant; (d) peut mesurer la puissance continue mais pas la puissance à 60 Hz.

Questions

1. Pourquoi peut-on combiner des résistances en série et en parallèle de la même manière dans les circuits alternatifs comme dans les circuits continus?

2. (a) Pourquoi les réactances X_L et X_C connectées en série se retranchent-elles? (b) Pourquoi les courants circulant dans des branches X_L et X_C, en parallèle, se retranchent-ils?

3. Indiquez une différence entre des caractéristiques électriques permettant de comparer R et X_C, R et Z, X_C et C, X_L et L.

4. Citez trois types d'appareils de mesure pour courant alternatif.

5. Faites un schéma représentant une résistance R_1 en série avec une charge R_L, et un wattmètre branché pour mesurer la puissance dans R_L.

6. Quelle est la différence entre des voltampères et des watts?

7. Faites un diagramme vectoriel du circuit de la figure 25-8a et indiquez le déphasage des chutes de tension IR, IX_C et IX_L par rapport au courant I pris comme référence.

8. Expliquez brièvement pourquoi deux vecteurs opposés, à $+90°$ pour X_L et à $-90°$ pour I_L, suivent tous deux le principe suivant lequel une tension auto-induite est en avance de 90° sur le courant qui traverse l'enroulement.

9. Expliquez brièvement pourquoi les vecteurs des inductances sont opposés aux vecteurs des condensateurs.

10. Comment se fait-il que le vecteur d'une réactance est toujours exactement à 90°, tandis que le vecteur d'une impédance peut avoir un déphasage plus petit que 90°?

11. Pourquoi l'impédance d'un circuit série doit-elle être supérieure à la résistance ou à la réactance?

12. Quand on augmente la résistance d'un circuit série, l'impédance Z augmente, mais φ décroît. Expliquez pourquoi.

13. Pourquoi le courant total I_T d'un circuit parallèle doit-il être supérieur à I_R ou à I_X?

14. Pourquoi un facteur de puissance de 0,707 correspond-il à un déphasage de 45°?

Problèmes
(Les réponses aux problèmes de numéro impair sont données à la fin de l'ouvrage)

1. En vous référant à la figure 25-1a: (a) calculez la puissance active totale fournie par la source. (b) Pourquoi le déphasage est-il nul? (c) Quel est le facteur de puissance du circuit?

2. Dans un circuit alternatif série, un courant de 2 A circule dans une résistance R de 20 Ω, et dans des réactances X_L de 40 Ω et X_C de 60 Ω. (a) Faites un schéma du circuit série; (b) calculez la chute de tension dans chacun des composants en série; (c) quelle est la tension appliquée? (d) Calculez le facteur de puissance du circuit; (e) quel est le déphasage φ?

3. Un circuit parallèle comprend les cinq branches suivantes: trois résistances de 30 Ω chacune; un X_L de 600 Ω; un X_C de 400 Ω. (a) Faites le schéma du circuit; (b) si $V_A = 100$ V, que vaut le courant total de ligne? (c) Que vaut l'impédance totale du circuit? (d) Que vaut le déphasage φ?

4. En vous référant à la figure 25-8 et en supposant que la fréquence de 500 Hz est doublée pour passer à 1000 Hz, calculez X_L, X_C, Z, I et φ pour la nouvelle fréquence. Calculez aussi L et C.

5. Un circuit série comprend une résistance R de 300 Ω et des réactances X_{C_1} de 500 Ω, X_{C_2} de 300 Ω, X_{L_1} de 800 Ω et X_{L_2} de 400 Ω. La tension appliquée V est de 400 V. (a) Tracez le schéma du circuit en indiquant tous les composants; (b) tracez le circuit équivalent réduit à une seule résistance et à une seule réactance; (c) calculez Z_T, I et le déphasage.

6. Faites les mêmes opérations que celles du problème 5 pour un circuit constitué des mêmes composants en parallèle aux bornes de la source de tension.

7. Un circuit série comprend une résistance R de 600 Ω, une inductance L de 10 μH, et un condensateur C de 4 μF; la tension appliquée est la tension de 120 V, 60 Hz du réseau de distribution. (a) Trouvez la réactance de L et de C; (b) calculez le courant Z_T, I du circuit et φ_Z.

8. Faites les mêmes opérations que celles du problème 7 pour le même circuit, mais cette fois pour une source de 120 V, à la fréquence de 10 MHz.

9. (a) En vous reportant au circuit série de la figure 25-6, trouvez le déphasage entre la tension IX_L de 360 V et la tension IX_C de 240 V; (b) tracez deux sinusoïdes représentant ces deux tensions, en indiquant les amplitudes relatives et les déphasages correspondant au diagramme vectoriel de la figure 25-6b. Indiquez aussi la tension sinusoïdale résultante aux bornes de la réactance nette X_L.

10. Faites les mêmes opérations que celles du problème 9 pour les courants du circuit parallèle de la figure 25-7.

11. Quelle est la résistance qui dissipe une puissance active de 600 W quand elle est parcourue par un courant efficace de 5 A?

12. Quelle résistance faut-il mettre en série avec une inductance de 1,9 H pour limiter à 0,1 A le courant fourni par le secteur 120 V, 60 Hz?

13. Quelle résistance faut-il mettre en série avec un condensateur de 10 μF pour que le déphasage soit de $-45°$, la source étant le secteur 120 V, 60 Hz.

14. Avec la même résistance R que celle du problème 13, quelle valeur de C faut-il prévoir pour que le déphasage soit de $-45°$, à la fréquence de 2 MHz?

15. Quelle est la capacité, en microfarads, du condensateur que l'on doit monter en série avec une résistance R de 200 Ω pour que le courant fourni par le secteur 120 V, 60 Hz soit de 0,3 A?

16. Un circuit parallèle à courant alternatif présente les courants de branche suivants: $I_{R_1} = 4,2$ mA; $I_{R_2} = 2,4$ mA; $I_{L_1} = 7$ mA; $I_{L_2} = 1$ mA; $I_C = 6$ mA. Calculer I_T.

17. Un circuit parallèle à courant alternatif est alimenté par une source de 420 mV et comporte les branches parallèle suivantes: $R_1 = 100$ Ω; $R_2 = 175$ Ω; $X_{L_1} = 60$ Ω; $X_{L_2} = 420$ Ω; $X_C = 70$ Ω. Calculer I_T, φ_I, Z_T et φ_Z.

18. Les mêmes composants que ceux du problème 17 sont disposés en série. Calculer Z_T, I et φ_Z.

19. Quelle résistance R faut-il disposer en série avec un condensateur de 0,01 μF pour obtenir un déphasage de $-64°$ à une fréquence de 800 Hz?

20. Soit la même résistance que dans le problème 19, quelle inductance L donnera un déphasage de 64° à 800 Hz?

Réponses aux problèmes pratiques

25.1 (*a*) 0°

      (*b*) 0°

25.2 (*a*) 90°

      (*b*) −90°

25.3 (*a*) −90°

      (*b*) 90°

25.4 (*a*) 20 Ω

      (*b*) 1 A

25.5 (*a*) $X_C = 30\ \Omega$

      (*b*) $X_C = 30\ \Omega$

25.6 (*a*) $I_L = 3$ A

      (*b*) $I_L = 3$ A

25.7 (*a*) 200 Ω

      (*b*) 200 Ω

      (*c*) 100 Ω

25.8 (*a*) le watt

      (*b*) le voltampère

25.9 (*a*) vrai

      (*b*) vrai

25.10 (*a*) une puissance active

       (*b*) la tension V

25.11 (*a*) R

       (*b*) X_L

       (*c*) X_C

25.12 (*a*) V_L et V_C

       (*b*) I_R et I_C

Les nombres complexes appliqués aux circuits à courant alternatif

Le corps des nombres complexes représente un ensemble du système numérique qui comprend, pour une quantité, son argument ou déphasage et son module ou valeur absolue ou grandeur. C'est pourquoi les nombres complexes sont utiles pour les questions relatives aux circuits à courant alternatif, dès lors que la réactance X_L ou X_C fait apparaître la nécessité de considérer la notion de déphasage.

Toute configuration de circuit à courant alternatif est susceptible d'être analysée à l'aide des nombres complexes. Toutefois, ces nombres sont particulièrement commodes pour résoudre les circuits mixtes présentant des résistances et des réactances dans une ou plusieurs dérivations. En réalité, l'emploi des nombres complexes est probablement le meilleur moyen d'analyser des circuits à courant alternatif comportant une combinaison d'impédances en circuit mixte. Voici les principaux sujets traités dans ce chapitre:

26.1
NOMBRES POSITIFS ET NÉGATIFS

Notre utilisation courante des nombres soit comme positifs, soit comme négatifs ne représente que deux cas particuliers. Dans leur forme plus générale, les nombres ont à la fois une valeur et un déphasage. À la figure 26-1, des nombres positifs et négatifs sont représentés comme correspondant respectivement aux déphasages de 0° et 180°.

Les nombres 2, 4 et 6, par exemple, représentent des unités le long de l'axe horizontal ou axe des *x*, lequel s'étend vers la droite le long de la ligne de déphasage nul. En conséquence, les nombres positifs représentent réellement des unités ayant le déphasage de 0°. Autrement dit, ce déphasage correspond au facteur +1. Pour indiquer 6 unités avec un déphasage nul, 6 est donc multiplié par +1 en tant que facteur du nombre positif 6. Le signe + est souvent omis car il est supposé exister, sauf indication contraire.

Dans le sens opposé, les nombres négatifs correspondent à un déphasage de 180°. Ou encore, ce déphasage correspond au facteur −1. En effet, −6 représente la même valeur que 6, mais après rotation d'un angle de 180°. L'angle de rotation est dit l'*opérateur* du nombre. L'opérateur de −1 est 180°, celui de +1 est 0°.

Problèmes pratiques 26.1
(réponses à la fin du chapitre)

(a) Quel est le déphasage du nombre +5?

(b) Quel est le déphasage du nombre −5?

26.2
L'OPÉRATEUR *j*

L'opérateur affecté à un nombre peut être tout angle compris entre 0° et 360°. Étant donné que l'angle de 90° présente une importance particulière dans les circuits à courant alternatif, le facteur *j* est utilisé pour indiquer l'angle de 90°. Reportez-vous à la figure 26-2. Le nombre 5 y signifie 5 unités à 0°, le nombre −5 se trouve à 180°, tandis que *j*5 indique l'angle de 90°.

L'opérateur *j* est généralement écrit devant le nombre. La raison en est que le signe *j* est un opérateur de 90°, de la même manière que le signe + est un opérateur de 0° et que

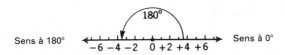

Figure 26-1 *Nombres positifs et négatifs.*

le signe − en est un de 180°. Toute valeur orthogonale à l'axe zéro, donc se trouvant à 90° en sens inverse des aiguilles d'une montre, est située sur l'axe +j.

En mathématiques, les nombres situés sur l'axe horizontal sont des nombres réels comprenant des valeurs positives et négatives. Les nombres situés sur l'axe j sont appelés des *nombres imaginaires*, uniquement parce qu'ils ne sont pas situés sur l'axe réel. On utilise aussi l'abréviation i à la place de j. Cependant, en électricité, c'est j qui est utilisé pour éviter toute confusion avec i en tant que symbole de l'intensité d'un courant. Par ailleurs, il n'y a rien d'imaginaire quant aux quantités électriques sur l'axe j. Une secousse électrique de $j500$ V est tout aussi dangereuse qu'une autre, positive ou négative, de 500 V.

À la figure 26-3, on montre d'autres caractéristiques de l'opérateur j. L'angle de 180° correspond à l'opération j de 90° répétée deux fois. Cette rotation angulaire est signalée par le facteur j^2. Notez que l'opération j se

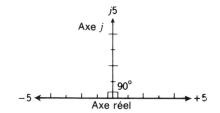

Figure 26-2 *Axe des j à 90° par rapport à l'axe réel.*

multiplie par elle-même au lieu de s'additionner.

Du fait que j^2 signifie 180°, ce qui correspond au facteur −1, nous pouvons dire que j^2 est similaire à −1. En résumé, l'opérateur j^2 affecté à un nombre signifie qu'il est multiplié par −1. Par exemple, j^28 signifie −8.

De plus, l'angle de 270° est le même que −90°, lequel correspond à l'opérateur −j. Les caractéristiques de l'opérateur j sont résumées comme suit:

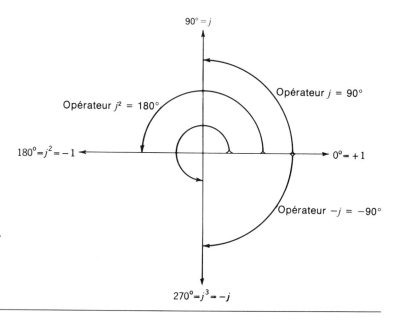

Figure 26-3 *L'opérateur j indique une rotation de 90° à partir de l'axe réel; l'opérateur −j correspond à −90°. L'opérateur j^2 correspond à une rotation de 180° ramenant à l'axe réel.*

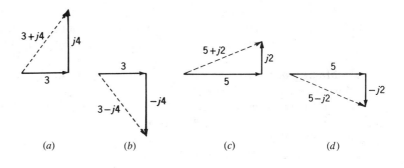

Figure 26-4 *Vecteurs correspondant aux termes réels et aux termes en j, en coordonnées rectangulaires.*

$0° = 1$

$90° = j$

$180° = j^2 = -1$

$270° = j^3 = j^2 \cdot j = -1 \times j = -j$

$360° = $ semblable à $0°$

Comme exemple, mentionnons le nombre 4 ou -4 qui représente 4 unités sur l'axe réel horizontal; $j4$ signifie 4 unités avec un déphasage en avance de $90°$; $-j4$ signifie 4 unités avec un déphasage en retard de $-90°$.

Problèmes pratiques 26-2
(réponses à la fin du chapitre)

(*a*) Quel est le déphasage de l'opérateur j?

(*b*) Quel est le déphasage de l'opérateur $-j$?

26.3
DÉFINITION D'UN
NOMBRE COMPLEXE

La combinaison d'un terme réel et d'un terme imaginaire constitue un nombre complexe. Usuellement, on écrit en premier lieu le nombre réel. Par exemple, $3 + j4$ est un nombre complexe comprenant 3 unités sur l'axe réel ajoutées à 4 unités déphasées de $90°$ sur l'axe *j*. La dénomination de *nombre complexe* signi-fie simplement que ses termes doivent être additionnés comme des vecteurs.

On montre à la figure 26-4 les vecteurs de quelques nombres complexes. Notez que le vecteur $+j$ est orienté à $90°$ vers le haut; le vecteur $-j$ est orienté à $-90°$ vers le bas. Les vecteurs sont représentés l'extrémité de l'un adjacente à l'origine du suivant, de façon à être disposés pour l'addition. Graphiquement, la somme est égale à l'hypoténuse du triangle rectangle formé par les deux vecteurs. Du fait qu'un nombre tel que $3 + j4$ définit les vecteurs en coordonnées dans un repère orthonormé, ce système sera spécifié comme *forme rectangulaire* de nombres complexes.

Il faut prendre soin de faire la distinction entre un nombre comme $j2$ où 2 est un coefficient, et j^2 où 2 est un exposant. Le nombre $j2$ signifie 2 unités vers le haut sur l'axe *j* déphasé de $90°$. Cependant, j^2 est l'opérateur -1 qui est sur l'axe réel mais dans le sens négatif.

Une autre comparaison à noter est celle entre $j3$ et j^3. Le nombre $j3$ signale 3 unités vers le haut sur l'axe *j*, tandis que j^3 est identique à l'opérateur $-j$ qui est dirigé vers le bas sur l'axe *j* à $-90°$.

Noter également que le plus grand des deux peut être soit le terme réel, soit le terme en *j*. Lorsque c'est le terme en *j* qui est le plus important, l'angle est supérieur à $45°$. Lorsque c'est le terme en j qui est le plus petit, l'angle est inférieur à 45°. Si les termes réels et imaginaires sont égaux, l'angle est de 45°.

Problèmes pratiques 26.3
(réponses à la fin du chapitre)
Répondre par vrai ou faux:

(a) Soit le nombre complexe $7 + j6$, 6 est en avance de 90° sur 7;

(b) Soit le nombre complexe $7 - j6$, 6 est en retard de 90° sur 7.

26.4
MODE D'APPLICATION
DES NOMBRES COMPLEXES
AUX CIRCUITS À
COURANT ALTERNATIF

Les applications consistent simplement à utiliser un terme réel pour un angle de 0°, l'opérateur $+j$ pour un angle de 90° et $-j$ pour $-90°$, afin de préciser les déphasages. La figure 26-5 illustre spécifiquement les règles suivantes:

0° ou un nombre réel, sans aucun opérateur j, est utilisé pour une résistance R Par exemple, la valeur de 3 Ω pour R est simplement exprimée par 3 Ω.

90° ou +j est utilisé pour une réactance inductive X_L Par exemple, une réactance X_L

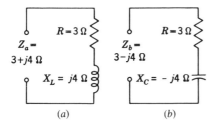

(a)   (b)

Figure 26-5 *Forme rectangulaire de nombres complexes pour des impédances:* (a) X_L *est en* $+j$; (b) X_C *est en* $-j$.

de 4 Ω est simplement écrite $j4$ Ω. Cette règle s'applique toujours à la valeur de X_L, qu'il y ait branchement série ou parallèle avec R. La raison en est le fait que X_L représente une tension aux bornes d'une inductance qui déphase toujours 90° en avant le courant passant dans l'inductance. L'opérateur $+j$ est aussi utilisé pour V_L.

−90° ou −j est utilisé pour la réactance capacitive X_C Par exemple, une réactance X_C de 4 Ω est simplement écrite $-j4$ Ω. Cette règle s'applique toujours à la valeur de X_C, qu'il y ait branchement série ou parallèle avec R. La raison en est que X_C représente une tension aux bornes d'un condensateur qui déphase toujours de 90° en arrière les courants de charge et de décharge du condensateur. L'opérateur $-j$ est utilisé pour V_C.

Pour les courants réactifs de dérivation, le signe de j est inversé par rapport à celui de la valeur des ohms réactifs, en raison du déphasage opposé. Ainsi qu'on le montre à la figure 26-6a et b, $-j$ est utilisé pour le courant inductif I_L dérivé et $+j$ pour le courant capacitif I_C dérivé.

Problèmes pratiques 26.4
(réponses à la fin du chapitre)

(a) Écrire la réactance X_L de 3 kΩ à l'aide de l'opérateur j.

(b) Écrire le courant I_L de 5 mA à l'aide de l'opérateur j.

26.5
IMPÉDANCE REPRÉSENTÉE
SOUS FORME COMPLEXE

La forme rectangulaire des nombres complexes est un moyen commode pour calculer l'impédance de l'association série d'une résistance et d'une réactance. Dans la figure 26-5a, l'impédance est de $3 + j4$, du fait que Z_a est

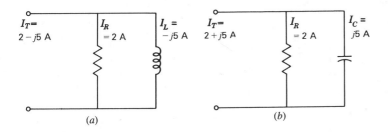

Figure 26-6 *Forme rectangulaire de nombres complexes pour des courants de dérivation:* (*a*) I_L *est en* $-j$; (*b*) I_C *est en* $+j$.

la somme des vecteurs correspondant à une résistance R de 3 Ω en série avec une réactance X_L de $j4$ Ω. De même, Z_b est de $3 - j4$ pour une résistance de 3 Ω en série avec une réactance X_C de $-j4$ Ω. Le signe $-$ résulte du fait de l'addition du terme négatif comportant le facteur $-j$. Voici d'autres exemples:

— Pour un montage série d'une résistance R de 4 kΩ et d'une réactance X_L de 2 kΩ, $Z = 4000 + j2000$;

— Pour un montage série d'une résistance R de 3 kΩ et d'une réactance X_C de 9 kΩ, $Z = 3000 - j9000$;

— Pour une résistance nulle en série avec une réactance X_L de 7 Ω, $Z = 0 + j7$;

— Pour une résistance de 12 Ω en série avec une réactance nulle, $Z = 12 + j0$.

Notez la forme générale d'expression $Z = R + jX$. Si l'un des termes est nul, substituez-lui 0 de manière à maintenir Z dans son expression générale. Cette procédure n'est pas obligatoire mais il y a normalement moins de confusion si, pour tous les modèles de Z, on applique la même représentation.

L'avantage de cette méthode est que plusieurs impédances exprimées sous forme de nombres complexes peuvent être calculées comme suit:

$$Z_T = Z_1 + Z_2 + Z_3 + \ldots$$

pour des impédances en série;

$$\frac{1}{Z_T} = \frac{1}{Z_1} + \frac{1}{Z_2} + \frac{1}{Z_3} + \ldots$$

pour des impédances en parallèle;

$$\text{ou } Z_T = \frac{Z_1 \cdot Z_2}{Z_1 + Z_2}$$

pour deux impédances en parallèle.

Des exemples sont illustrés à la figure 26-7. Le circuit en (*a*) est simplement la combinaison série de résistances et de réactances. En combinant séparément les termes réels et les termes imaginaires en j, on a $Z_T = 12 + j4$. Le circuit parallèle en (*b*) montre que le terme X_L est affecté de l'opérateur $+j$ et le terme X_C de l'opérateur $-j$ malgré le fait que ces éléments soient branchés en parallèle, car ce sont des réactances et non pas des courants.

À ce stade, ces configurations de circuits peuvent être analysées avec ou sans l'emploi des nombres complexes. Pour le circuit mixte de la figure 26-7c, cependant, la notation par nombres complexes est nécessaire pour exprimer l'impédance complexe Z_T, comprenant des dérivations dont une ou plusieurs présentent résistances et réactances. L'impédance Z_T est, dans ce cas, simplement exprimée sous forme d'impédance complexe. En vue de calculer Z_T, certaines des règles énoncées dans la

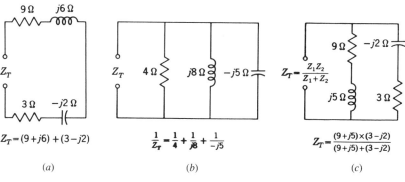

Figure 26-7 *La réactance X_L est un terme en $+j$ et X_c est un terme en $-j$, que ce soit en série ou en parallèle: (a) circuit série; (b) circuit parallèle; (c) impédances complexes Z_1 et Z_2 en parallèle.*

section suivante doivent être utilisées pour la combinaison de nombres complexes.

> **Problèmes pratiques 26-5**
> **(réponses à la fin du chapitre)**
> **Écrire les impédances suivantes sous forme complexe:**
> (a) X_L de 7 Ω en série avec R de 4 Ω;
> (b) X_C de 7 Ω en série avec R de 0 Ω.

26.6
OPÉRATIONS SUR LES NOMBRES COMPLEXES
Du fait qu'ils sont déphasés de 90°, il n'est pas possible de combiner directement des nombres réels et des termes comportant l'opérateur *j*. On doit alors appliquer les règles suivantes.

Pour l'addition et la soustraction Additionnez ou soustrayez séparément les termes réels et ceux en *j*:

$$(9 + j5) + (3 + j2) = 9 + 3 + j5 + j2$$
$$= 12 + j7$$
$$(9 + j5) + (3 - j2) = 9 + 3 + j5 - j2$$
$$= 12 + j3$$
$$(9 + j5) + (3 - j8) = 9 + 3 + j5 - j8$$
$$= 12 - j3$$

La réponse doit se présenter sous la forme $R \pm jX$, où R est la somme algébrique de tous les termes réels ou résistifs et X, la somme algébrique de tous les termes imaginaires ou réactifs.

Pour multiplier ou diviser un terme en *j* par un nombre réel Multipliez ou divisez simplement les nombres. La réponse demeure un terme en *j*. Notez les signes algébriques dans les exemples suivants. Si les deux facteurs ont le même signe, soit $+$, soit $-$, la réponse est $+$; si l'un des facteurs est négatif, la réponse est négative:

$$4 \times j3 = j12 \qquad\qquad j12 \div 4 = j3$$
$$j5 \times 6 = j30 \qquad\qquad j30 \div 6 = j5$$
$$j5 \times (-6) = -j30 \qquad -j30 \div (-6) = j5$$
$$-j5 \times 6 = -j30 \qquad -j30 \div 6 = -j5$$
$$-j5 \times (-6) = j30 \qquad j30 \div (-6) = -j5$$

Pour multiplier ou diviser un nombre réel par un nombre réel Multipliez ou divisez simplement les nombres réels, comme en algèbre, sans considérer l'opérateur *j*. La réponse est toujours un nombre réel.

Pour multiplier un terme en *j* par un terme en *j* Multipliez les nombres et les coefficients *j* pour obtenir un terme en j^2. La réponse est un terme réel car j^2 correspond à -1 qui est situé sur l'axe réel. Le fait de multiplier deux termes en *j* fait passer le nombre à 90° de l'axe *j* sur l'axe réel se trouvant à 180°. Voici des exemples:

$$j4 \times j3 = j^2 12 = (-1)(12)$$
$$= -12$$
$$j4 \times (-j3) = -j^2 12 = -(-1)(12)$$
$$= 12$$

Pour diviser un terme en *j* par un autre en *j* Divisez les nombres et le coefficient en *j* de manière à obtenir un nombre réel, puisque les facteurs *j* s'annulent. Par exemple:

$$j12 \div j4 = 3 \qquad -j12 \div j4 = -3$$
$$j30 \div j5 = 6 \qquad j30 \div (-j6) = -5$$
$$j15 \div j3 = 5 \qquad -j15 \div (-j3) = 5$$

Pour multiplier des nombres complexes Suivez les règles algébriques relatives à la multiplication de deux facteurs, dont chacun présente deux termes:

$$(9 + j5) \times (3 - j2) = 27 + j15 - j18 - j^2 10$$
$$= 27 - j3 + 10$$
$$= 37 - j3$$

Notez que $-j^2 10$ est égal à $+10$ du fait que l'opérateur j^2 équivaut à -1 et que $-j^2$ devient $+1$.

Pour diviser des nombres complexes Ce processus devient plus délicat car la division d'un nombre réel par un nombre imaginaire n'est pas possible. De ce fait, le dénominateur doit en premier lieu être converti en un nombre réel sans aucun terme en *j*.

L'opération consistant à convertir le dénominateur en un nombre réel sans aucun terme en *j* est appelée la *rationalisation* de la fraction. Pour y procéder, multipliez à la fois le numérateur et le dénominateur par l'expression *conjuguée* du dénominateur. Des nombres complexes conjugués comportent des termes égaux mais de signes opposés pour les termes en *j*. Par exemple, $(1 + j2)$ a comme expression conjuguée $(1 - j2)$.

La rationalisation est admissible, car la valeur de la fraction n'est pas modifiée lorsque dénominateur et numérateur sont multipliés par le même facteur. Ce processus est semblable à celui consistant à multiplier par 1. Dans l'exemple de division avec rationalisation, ci-après, le dénominateur $(1 + j2)$ a comme expression conjuguée $(1 - j2)$:

$$\frac{4 - j1}{1 + j2} = \frac{4 - j1}{1 + j2} \times \frac{1 - j2}{1 - j2}$$
$$= \frac{4 - j8 - j1 + j^2 2}{1 - j^2 4}$$
$$= \frac{4 - j9 - 2}{1 + 4}$$
$$= \frac{2 - j9}{5}$$
$$= 0,4 - j1,8$$

Notez que le produit d'un nombre complexe et de son expression conjuguée est toujours égal à la somme des carrés des nombres de chaque terme. C'est ainsi que le produit de $(2 + j3)$ par son expression conjuguée $(2 - j3)$ est égal à $4 + 9$, soit 13. On n'a donné ici que des exemples numériques simples de division et de multiplication car, lorsque les calculs nécessaires deviennent trop longs, il est plus commode de procéder à la division et à la multiplication de nombres complexes sous forme polaire, ainsi qu'on l'explique dans la section 26.8.

Problèmes pratiques 26.6
(réponses à la fin du chapitre)

(a) $(2+j3)(3+j4)=?$
(b) $(2+j3) \times 2 = ?$

26.7
MODULE ET ANGLE D'UN NOMBRE COMPLEXE

En électricité, une impédance complexe du type $(4+j3)$ se définit comme présentant une résistance de 4 Ω et une réactance inductive de 3 Ω avec un déphasage de 90° en avant. Reportez-vous à la figure 26-8a. Le module de l'impédance combinée Z est la résultante égale à $\sqrt{16+9} = \sqrt{25} = 5$ Ω. Trouver la racine carrée d'une somme de carrés correspond à l'addition des vecteurs de deux termes en quadrature, c'est-à-dire déphasés de 90°.

La tangente du déphasage[1] de la résultante est égal à 0,75. Cet angle est égal à 37°. C'est pourquoi $4+j3 = 5\underline{/37°}$.

Notez que, lorsqu'on calcule le rapport donnant la tangente, le terme en j est le numérateur et le terme réel figure au dénominateur, car la tangente du déphasage est donnée par le rapport du côté opposé au côté adjacent. Avec un terme en j négatif, la tangente devient négative, ce qui signale un déphasage négatif.

Prenez note des définitions suivantes: $(4+j3)$ est le nombre complexe exprimé en coordonnées rectangulaires. Le terme réel est 4. Le terme imaginaire est $j3$. La résultante 5 représente le module ou valeur absolue du nombre complexe. Son déphasage ou argument est de 37°. La valeur résultante en elle-même peut être écrite sous la forme $|5|$, les traits verticaux signalant qu'il s'agit du module sans le déphasage. Le module est la valeur

[1] On expose les fonctions trigonométriques à l'Annexe D.

qu'afficherait un instrument de mesure. Par exemple, pour un courant de $5\underline{/37°}$ A circulant dans un circuit, un ampèremètre affiche 5. Comme exemples additionnels, on a:

$$2+j4 = \sqrt{4+16} \ (\text{arctg } 2) = 4,47\underline{/63°}$$
$$4+j2 = \sqrt{16+4} \ (\text{arctg } 0,5) = 4,47\underline{/26,5°}$$
$$8+j6 = \sqrt{64+36} \ (\text{arctg } 0,75) = 10\underline{/37°}$$
$$8-j6 = \sqrt{64+36} \ (\text{arctg } -0,75) = 10\ \underline{/-37°}$$
$$4+j4 = \sqrt{16+16} \ (\text{arctg } 1) = 5,66\underline{/45°}$$
$$4-j4 = \sqrt{16+16} \ (\text{arctg } -1) = 5,66\underline{/-45°}$$

Notez par exemple que arctg 2 signifie qu'il s'agit d'un angle dont la tangente est égale à 2. Ceci peut également être exprimé sous la forme $\text{tg}^{-1} 2$. Dans l'un ou l'autre cas, l'angle est défini comme ayant une tangente égale à 2 et l'angle est de 63,4°.

Problèmes pratiques 26.7
(réponses à la fin du chapitre)

(a) Calculer le module de l'impédance $10+j10$ Ω.
(b) Calculer son déphasage.

26.8
FORME POLAIRE DES NOMBRES COMPLEXES

Calculer le module et l'angle d'un nombre complexe correspond en réalité à le convertir à la forme polaire. Le module et l'angle sont appelés les coordonnées polaires. Ainsi qu'on le montre à la figure 26-8, la forme rectangulaire de $4+j3$ est égale à la forme polaire $5\underline{/37°}$. En coordonnées polaires, la distance au centre donne le module du vecteur Z. Son déphasage φ est en sens inverse des aiguilles d'une montre à partir de l'axe 0°.

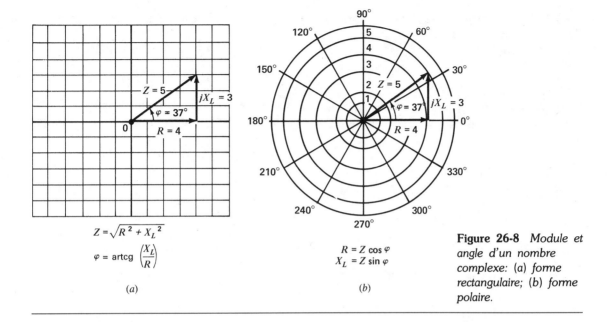

$$Z = \sqrt{R^2 + X_L{}^2}$$

$$\varphi = \text{artcg}\left(\frac{X_L}{R}\right)$$

(a)

$$R = Z \cos \varphi$$
$$X_L = Z \sin \varphi$$

(b)

Figure 26-8 *Module et angle d'un nombre complexe:* (a) *forme rectangulaire;* (b) *forme polaire.*

Pour écrire un nombre complexe quelconque sous forme polaire, deux règles s'imposent:

1. trouver le module par addition des vecteurs du terme en j et du terme réel;
2. trouver l'angle dont la tangente est égale au terme en j divisé par le terme réel. Exemples:

$$2 + j4 = 4{,}47\underline{/63°}$$

$$4 + j2 = 4{,}47\underline{/26{,}5°}$$

$$8 + j6 = 10\underline{/37°}$$

$$4 + j4 = 5{,}66\underline{/45°}$$

$$4 - j4 = 5{,}66\underline{/-45°}$$

$$8 - j6 = 10\underline{/-37°}$$

Ces exemples sont les mêmes que ceux de la section précédente visant à trouver le module et l'angle d'un nombre complexe.

En représentation polaire, le module doit avoir une valeur supérieure à celle de l'un ou l'autre des termes de la représentation rectangulaire, mais inférieure à la somme arithmétique des deux termes. Par exemple, dans $8 + j6 = 10\underline{/37°}$, le module 10 est supérieur à 8 ou à 6, mais moindre que leur somme 14.

Appliquée aux circuits à courant alternatif comportant une résistance pour le terme réel et une réactance pour le terme en j, la représentation polaire d'un nombre complexe définit alors l'impédance résultante et son déphasage. Notez les cas suivants pour une impédance dans laquelle soit la résistance, soit la réactance est réduite à zéro:

$$0 + j5 = 5\underline{/90°} \qquad\qquad 5 + j0 = 5\underline{/0°}$$

$$0 - j5 = 5\underline{/-90°}$$

La forme polaire est nettement plus commode pour multiplier ou diviser des nombres complexes. La raison en est que, sous cette forme, la multiplication est réduite à l'addition des angles et ces angles sont simplement soustraits en cas de division. Les règles suivantes sont applicables:

Pour la multiplication Multipliez les modules, mais procédez à l'addition algébrique des angles.

$$24\underline{/40°} \times 2\underline{/30°} = 48\underline{/+70°}$$
$$24\underline{/40°} \times (-2\underline{/30°}) = -48\underline{/+70°}$$
$$12\underline{/-20°} \times 3\underline{/-50°} = 36\underline{/-70°}$$
$$12\underline{/-20°} \times 4\underline{/5°} = 48\underline{/-15°}$$

Si vous multipliez par un nombre réel, contentez-vous de multiplier les modules.

$$4 \times 2\underline{/30°} = 8\underline{/30°}$$
$$4 \times 2\underline{/-30°} = 8\underline{/-30°}$$
$$-4 \times 2\underline{/30°} = -8\underline{/30°}$$
$$-4 \times (-2\underline{/30°}) = 8\underline{/30°}$$

La règle découle du fait qu'un nombre réel a un angle de 0°. Si vous ajoutez 0° à n'importe quel angle, la somme donne le même angle.

Pour la division Divisez les modules mais procédez à la soustraction algébrique des angles.

$$24\underline{/40°} \div 2\underline{/30°} = 12\underline{/40° - 30°} = 12\underline{/10°}$$
$$12\underline{/20°} \div 3\underline{/50°} = 4\underline{/20° - 50°} = 4\underline{/-30°}$$
$$12\underline{/-20°} \div 4\underline{/50°} = 3\underline{/-20° - 50°} = 3\underline{/-70°}$$

Pour diviser par un nombre réel, contentez-vous de diviser les modules.

$$12\underline{/30°} \div 2 = 6\underline{/30°}$$
$$12\underline{/-30°} \div 2 = 6\underline{/-30°}$$

Cette règle est également un cas particulier découlant du fait qu'un nombre réel a un angle de 0°. Si vous déduisez 0° de n'importe quel angle, le reste sera égal à ce même angle.

Dans le cas opposé, toutefois, si vous divisez un nombre réel par un nombre complexe, l'angle du dénominateur change son signe dans le numérateur du résultat. Cette règle découle toujours du processus de soustraction des angles dans la division, étant donné qu'un nombre réel a un angle de 0°. Exemples:

$$\frac{10}{5\underline{/30°}} = \frac{10\underline{/0°}}{5\underline{/30°}} = 2\underline{/0° - 30°} = 2\underline{/-30°}$$

$$\frac{10}{5\underline{/-30°}} = \frac{10\underline{/0°}}{5\underline{/-30°}}$$

$$= 2\underline{/0° - (-30°)} = 2\underline{/+30°}$$

En d'autres termes, nous pouvons dire que l'inverse d'un angle est le même angle, mais de signe contraire. Remarquer que cette opération est semblable à la manipulation des puissances de 10. Les angles et les puissances de 10 suivent les lois générales des exposants.

Problèmes pratiques 26.8
(réponses à la fin du chapitre)
(a) $6\underline{/20°} \times 2\underline{/30°} = ?$
(b) $6\underline{/20°} \div 2\underline{/30°} = ?$

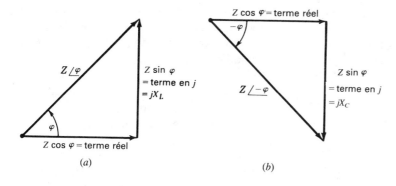

Figure 26-9 *Conversion de la forme polaire $Z\varphi$ à la forme rectangulaire $R \pm jX$: (a) un angle positif φ dans le premier quadrant entraîne un terme en $+j$; (b) un angle négatif φ dans le quatrième quadrant entraîne un terme en $-j$.*

26.9 CONVERSION D'UNE FORME POLAIRE EN UNE FORME RECTANGULAIRE

Les nombres complexes sous forme polaire sont commodes à multiplier et à diviser, mais on ne peut ni les additionner ni les soustraire. La raison en est que le fait de changer l'angle correspond à l'opération de multiplication ou de division. Lorsque des nombres complexes sous forme polaire doivent être additionnés ou soustraits, il convient, à cet effet, de les reconvertir en forme rectangulaire.

Considérez l'impédance Z/φ sous forme polaire. Sa valeur est égale à l'hypoténuse d'un triangle rectangle dont les côtés sont formés en coordonnées rectangulaires, par le terme réel et le terme en j. Reportez-vous à la figure 26-9. Ainsi, la forme polaire peut être convertie en forme rectangulaire en trouvant le côté horizontal et le côté vertical du triangle rectangle. Spécifiquement, on a:

Terme réel pour $R = Z \cos \varphi$

Terme en $jX = Z \sin \varphi$

Supposez que dans la figure 26-9a, Z/φ en for-

me polaire corresponde à $5/37°$. Le sinus de $37°$ est égal à 0,6 et son cosinus à 0,8.

Pour la conversion en coordonnées rectangulaires, on a:

$R = Z \cos \varphi = 5 \times 0,8 = 4$

$X = Z \sin \varphi = 5 \times 0,6 = 3$

Donc, $\quad 5/37° = 4 + j3$

Cet exemple est le même que celui illustré à la figure 26-8. Le signe $+$ du terme en j signifie que l'on a affaire à X_L et non à X_C.

Dans la figure 26-9b, les valeurs sont les mêmes, mais le terme en j est négatif quand le déphasage φ est négatif. Le déphasage négatif entraîne un terme en j négatif, car le côté opposé se trouve situé dans le quatrième quadrant où le sinus est négatif. Cependant, le terme réel est toujours positif du fait que le cosinus est positif.

Remarquer que la résistance R, calculée avec $\cos \varphi$, est le vecteur horizontal et le côté adjacent de l'angle. La réactance X, calculée avec $\sin \varphi$, est le vecteur vertical et le côté opposé du déphasage. Une réactance $+X$ est une réactance inductive X_L, une réactance $-X$ est une réactance capacitive X_C. On peut, dans le calcul des valeurs de $\sin \varphi$ et $\cos \varphi$, ignorer le signe de φ, car ces valeurs sont les mêmes jusqu'à $+90°$ comme jusqu'à $-90°$.

Ces règles conviennent pour les déphasages situés dans les premier et quatrième quadrants, soit de $0°$ à $90°$ ou de $0°$ à $-90°$. Exemples:

$$14,14\underline{/45°} = 10 + j10$$
$$14,14\underline{/-45°} = 10 - j10$$
$$10\underline{/90°} = 0 + j10$$
$$10\underline{/-90°} = 0 - j10$$

$$100\underline{/30°} = 86,6 + j50$$
$$100\underline{/-30°} = 86,6 - j50$$
$$100\underline{/60°} = 50 + j86,6$$
$$100\underline{/-60°} = 50 - j86,6$$

En passant d'une représentation à l'autre, gardez en mémoire si le déphasage est inférieur ou supérieur à $45°$ et si le terme en j est plus petit ou plus grand que le terme réel. Pour des déphasages compris entre $0°$ et $45°$, le côté opposé qui correspond au terme en j doit être inférieur au terme réel. Pour des déphasages compris entre $45°$ et $90°$, le terme en j doit être plus grand que le terme réel.

Pour résumer la manière dont les nombres complexes sont utilisés sous forme polaire et sous forme rectangulaire dans les circuits à courant alternatif, disons que:

1. Pour l'addition et la soustraction, les nombres complexes doivent être en forme rectangulaire. Ce processus s'applique à l'addition d'impédances montées en série dans un circuit. Si les impédances en série sont exprimées sous forme rectangulaire, combinez simplement et séparément tous les termes réels et tous les termes en j. Si les impédances en série sont données sous forme polaire, il convient de procéder à la conversion en représentation rectangulaire pour les additionner.

2. Pour la multiplication et la division, les nombres complexes sont généralement utilisés sous forme polaire, car le calcul est plus rapide. Si le nombre complexe se présente sous forme rectangulaire, convertissez à la forme polaire. Si le nombre complexe est disponible sous les deux formes, vous pouvez rapidement additionner ou soustraire en faisant usage de la forme rectangulaire et multiplier ou diviser grâce à la forme polaire. Des problèmes types montrant comment appliquer ces méthodes à l'analyse de circuits à courant alternatif sont illustrés dans les sections suivantes.

***Problèmes pratiques 26.9
(réponses à la fin du chapitre)
Convertir sous forme rectangulaire:***

(a) $14,14\underline{/45°}$;
(b) $14,14\underline{/-45°}$.

26.10
NOMBRES COMPLEXES APPLIQUÉS AUX CIRCUITS SÉRIE À COURANT ALTERNATIF

Reportez-vous au schéma de la figure 26-10. Bien que le cas d'un tel circuit ne comportant que des résistances et des réactances montées en série puisse être résolu simplement par l'intermédiaire des vecteurs, les nombres complexes font ressortir plus de détails relatifs aux déphasages.

L'impédance totale Z_T sous forme rectangulaire La somme des impédances exprimées en forme rectangulaire représente l'impédance totale Z_T dans (a):

$$Z_T = 2 + j4 + 4 - j12 = 6 - j8$$

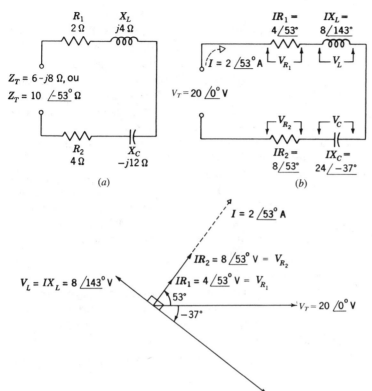

Figure 26-10 *Nombres complexes appliqués à des circuits série à courant alternatif. Voir le texte pour l'analyse. (a) Circuits avec impédance en série; (b) courants et tensions; (c) diagrammes vectoriels des courants et tensions.*

La valeur totale de l'impédance du montage série est donc de $6 - j8$. En réalité, cela revient à additionner toutes les résistances en série pour obtenir le terme réel, et à trouver la somme algébrique de toutes les réactances en série pour avoir le terme en j.

L'impédance Z_T sous forme polaire Nous pouvons transformer Z_T de la forme rectangulaire à la forme polaire comme suit:

$$Z_T = 6 - j8 = \sqrt{36 + 64}\underline{/\text{arctg} - 8/6}$$

$$= 100\underline{/\text{arctg} - 1{,}33}$$

$$Z_T = 10\underline{/-53°}\ \Omega$$

L'angle de $-53°$ affecté à Z_T indique que c'est le déphasage propre au circuit. En d'autres termes, la tension appliquée et le courant sont déphasés l'un par rapport à l'autre de 53°.

Calcul de I La raison pour laquelle on a recherché la forme polaire est que si l'on divise la valeur V_T de la tension appliquée par Z_T, on obtient l'intensité I du courant. Voyez la figure 26-10b. Notez que la tension V_T de 20 V est un nombre réel sans aucun terme en j. Donc, la tension appliquée s'écrit $20\underline{/0°}$. Cet angle de 0° affecté à V_T en fait le vecteur de référence pour les calculs suivants. Nous pouvons calculer l'intensité du courant comme suit:

$$I = \frac{V_T}{Z_T} = \frac{20\underline{/0°}}{10\underline{/-53°}} = 2\underline{/0°(-53°)}$$

$$I = 2\underline{/53°} \text{ A}$$

Notez que Z_T a un déphasage négatif de $-53°$ mais que le signe devient positif pour l'intensité, par suite de la division d'une valeur ayant un angle de $0°$. En général, la valeur inverse d'un déphasage sous forme polaire est cette même valeur de signe contraire.

Déphasage du circuit   Le fait que la valeur de I soit affectée d'un angle de $+53°$ signifie que le courant est déphasé en avant de la tension V_T. La valeur positive de l'angle montre que le circuit comportant un montage série est capacitif avec un courant déphasé en avant. Ce déphasage est supérieur à $45°$ car la valeur nette de la réactance est supérieure à celle de la résistance totale, d'où il résulte une tangente de valeur supérieure à 1.

Calcul de chaque chute IR   Pour calculer les chutes de tension le long du circuit, chaque résistance ou réactance peut être multipliée par I:

$$V_{R_1} = IR_1 = 2\underline{/53°} \times 2\underline{/0°} = 4\underline{/53°} \text{ V}$$

$$V_L = IX_L = 2\underline{/53°} \times 4\underline{/90°} = 8\underline{/143°} \text{ V}$$

$$V_C = IX_C = 2\underline{/53°} \times 12\underline{/-90°} = 24\underline{/-37°} \text{ V}$$

$$V_{R_2} = IR_2 = 2\underline{/53°} \times 4\underline{/0°} = 8\underline{/53°} \text{ V}$$

Déphasage de chaque tension   Les vecteurs correspondant à ces tensions sont représentés à la figure 26-10c. Ils montrent les déphasages en utilisant comme référence de déphasage nul la tension appliquée V_T.

Le déphasage de $53°$ pour V_{R_1} et V_{R_2} montre que la tension aux bornes d'une résis-

tance a le même déphasage que l'intensité I. Ces tensions sont en avance de $53°$ sur V_T à cause du déphasage du courant en avant.

Pour V_C, le déphasage est de $-37°$, ce qui signifie un déphasage en arrière de cette valeur par rapport à la tension V_T du générateur. Cependant, cette tension aux bornes de X_C est encore en retard de $90°$ par rapport à l'intensité du courant, valeur qui correspond à la différence entre $53°$ et $-37°$.

Le déphasage de $143°$ affecté à V_L, dans le second quadrant, est encore en avance de $90°$ sur le courant déphasé de $53°$, étant donné que $143° - 53° = 90°$. Mais, par rapport à la tension V_T du générateur, le déphasage de V_2 est bien de $143°$.

La tension V_T est égale à la somme vectorielle des chutes de tension en série   Si nous désirons additionner les chutes de tension le long du circuit pour voir si la somme est équivalente à la tension appliquée, chacune des valeurs de V doit être convertie à la forme rectangulaire. Ces valeurs peuvent alors être additionnées. On a alors les formes rectangulaires:

$$V_{R_1} = 4\underline{/53°} = 2,408 + j3,196 \text{ V}$$

$$V_L = 8\underline{/143°} = -6,392 + j4,816 \text{ V}$$

$$V_C = 24\underline{/-37°} = 19,176 - j14,448 \text{ V}$$

$$V_{R_2} = 8\underline{/53°} = 4,816 + j6,392 \text{ V}$$

Somme $V_T = 20,008 - j0,044$ V

ou

$V_T = 20\underline{/0°}$ V approximativement.

Notez que pour la valeur $8\underline{/143°}$ dans le second quadrant, le cosinus est négatif, pour un terme réel négatif, mais le sinus est positif pour un terme en j positif.

Problèmes pratiques 26.10
(réponses à la fin du chapitre)
Considérer la figure 26-10:

(a) Quel est le déphasage de I par rapport à V_T?

(b) Quel est le déphasage de V_L par rapport à V_T?

(c) Quel est le déphasage de V_L par rapport à V_R?

26.11
NOMBRES COMPLEXES APPLIQUÉS AUX CIRCUITS PARALLÈLE À COURANT ALTERNATIF

Dans ce cas, une application utile consiste à convertir un circuit parallèle en un circuit série équivalent. Voyez la figure 26-11; on y voit une réactance X_L de 10 Ωen parallèle avec une résistance R de 10 En notation complexe, R devient $10 + j0$, tandis que X_L devient $0 + j10$. La valeur de l'impédance parallèle combinée Z_T est égale au rapport du produit sur la somme. Soit:

$$Z_T = \frac{(10+j0) \times (0+j10)}{(10+j0) + (0+j10)}$$

$$= \frac{10 \times j10}{10+j10} = \frac{j100}{10+j10}$$

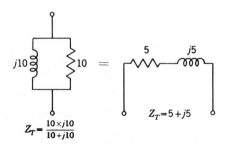

$$Z_T = \frac{10 \times j10}{10 + j10}$$

$$Z_T = 5 + j5$$

Figure 26-11 *Nombres complexes appliqués à un circuit parallèle à courant alternatif pour convertir un circuit parallèle en un circuit série équivalent.*

En convertissant à la forme polaire pour la division, on a:

$$Z_T = \frac{J100}{10+j10} = \frac{100\underline{/90°}}{14,14\underline{/45°}} = 7,07\underline{/45°}$$

Convertissons maintenant Z_T d'une valeur de $7,07/45°$ en coordonnées rectangulaires pour déterminer ses composantes résistive et réactive.

Terme réel $= 7,07 \cos 45°$

$\qquad\qquad = 7,07 \times 0,707 = 5$

Terme en j $= 7,07 \sin 45°$

$\qquad\qquad = 7,07 \times 0,707 = 5$

Donc:

$Z_T = 7,07\underline{/45°}$ en coordonnées polaires

ou

$Z_T = 5 + j5$ en coordonnées rectangulaires

La forme rectangulaire de Z_T montre que le montage série d'une résistance R de 5 Ω avec une réactance X_L de 5 Ω est équivalent au montage parallèle, selon la figure 26-11, d'une résistance R de 10 Ω avec une réactance X_L de 10 Ω.

Admittance Y et susceptance B Dans les circuits parallèle, il est généralement plus commode d'additionner des courants dérivés que de combiner des valeurs inverses d'impédance. Pour cette raison, la conductance G d'une dérivation est souvent utilisée au lieu de la résistance de cette dérivation, G étant égal à $1/R$. De façon semblable, des termes inverses peuvent être définis pour les impédances complexes. Les deux types principaux sont l'admittance Y, qui est l'inverse de l'impédance, et la susceptance B, qui est l'inverse de la réactance. Ces inverses peuvent être résumés comme suit:

$$\text{Conductance} = G = \frac{1}{R} \text{ S}$$

$$\text{Susceptance} = B = \frac{1}{\pm X} \text{ S}$$

$$\text{Admittance} = Y = \frac{1}{Z} \text{ S}$$

Le déphasage des valeurs de B ou de Y est le même que celui du courant. Donc, le signe est le contraire de celui du déphasage correspondant à X ou à Z en raison de la relation inverse. Ainsi, une dérivation inductive a une susceptance $-jB$, tandis qu'une dérivation capacitive a une susceptance $+jB$.

Avec des dérivations en parallèle de conductances et de susceptances, l'admittance totale devient $Y_T = G \pm jB$. Pour les deux dérivations de la figure 26-11, par exemple, $Y_T = 0,1 - j0,1$ S en forme rectangulaire. En coordonnées polaires, on a:

$$Y_T = 0,14 \underline{/-45°} \text{ S}$$

Cette valeur numérique est la même que celle de I_T pour une tension de 1 V appliquée aux bornes d'une impédance Z_T de $7,07\underline{/45°}$ Ω.

Problèmes pratiques 26.11
(réponses à la fin du chapitre)

(a) Soit une impédance Z de $3 + j4$ Ω en parallèle avec une résistance R de 2 Ω. Calculer Z_T sous forme rectangulaire.

(b) Reprendre le problème (a), mais en considérant une réactance capacitive X_C au lieu d'une réactance inductive X_L.

26.12
IMPÉDANCES COMPLEXES
À DEUX BRANCHES

Une application courante consiste en un circuit comportant deux dérivations Z_1 et Z_2 dont chacune est une impédance complexe avec, à la fois, des résistances et des réactances. Voyez la figure 26-12. Un circuit de ce type ne peut être résolu que par voie graphique ou à l'aide des nombres complexes. En fait, l'utilisation des nombres complexes est la méthode la plus rapide.

Dans ce cas, la méthode consiste à trouver Z_T comme le produit Z_1 et Z_2 divisé par leur somme. Une bonne manière de commencer est d'établir l'impédance tant en forme rectangulaire qu'en forme polaire pour chaque dérivation. Les dérivations Z_1 et Z_2 sont alors prêtes pour l'addition, la multiplication et la division. La solution de ce circuit est la suivante:

$$Z_1 = 6 + j8 = 10\underline{/53°}$$

$$Z_2 = 4 - j4 = 5,66\underline{/-45°}$$

L'impédance combinée est:

$$Z_T = \frac{Z_1 \cdot Z_2}{Z_1 + Z_2}$$

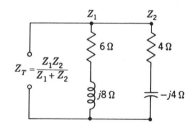

Figure 26-12 *Recherche de Z pour tout ensemble de deux impédances complexes Z_1 et Z_2 en parallèle. Voir le texte pour la solution.*

Utilisez la forme polaire de Z_1 et Z_2 pour multiplier, mais servez-vous de l'addition pour la forme rectangulaire:

$$Z_T = \frac{10\underline{/53°} \times 5,66\underline{/-45°}}{6+j8+4-j4} = \frac{56,6\underline{/8°}}{10+j4}$$

En convertissant le dénominateur à la forme polaire pour une division plus commode:

$$10+j4 = 10,8\underline{/22°}$$

$$Z_T = \frac{56,6\underline{/8°}}{10,8\underline{/22°}}$$

$$Z_T = 5,24\underline{/-14°}\,\Omega$$

Convertissons Z_T à la forme rectangulaire. La composante résistive de Z_T est de $5,24 \times \cos\ -14° = 5,08\ \Omega$. Remarquons que $\cos \varphi$ est positif dans les premier et quatrième quadrants. La composante en j est $5,24 \times \sin\ -14° = 1,27\ \Omega$. En forme rectangulaire, on a:

$$Z_T = 5,08 - j1,27$$

Donc, ce circuit mixte est équivalent à une résistance R de $5,08\ \Omega$ montée en série avec une réactance capacitive X_C de $1,27\ \Omega$. Le problème peut également être résolu en forme rectangulaire en rationalisant la fraction exprimant Z_T.

Problèmes pratiques 26.12
(réponses à la fin du chapitre)
Considérer la figure 26-12:
(a) $Z_1 = 6+j8$, $Z_2 = 4-j4$.
Calculer $Z_T = Z_1 + Z_2$;
(b) $Z_1 = 10\underline{/53°}$, $Z_2 = 5,66\underline{/-45°}$.
Calculer $Z_T = Z_1 Z_2$.

26.13
COURANTS COMPLEXES EN DÉRIVATION

Un exemple à deux branches est illustré à la figure 26-13. Il permet de calculer I_T. La somme des courants des branches sous forme rectangulaire donnera le courant total I_T. Pour trouver Z_T, cette méthode est analogue à l'addition des impédances en série sous forme rectangulaire. Les vecteurs à additionner doivent être sous forme rectangulaire.

Additionnons les courants des branches de la figure 26-13:

$$I_T = I_1 + I_2$$

$$= (6+j6) + (3-j4)$$

$$I_T = 9 + j2$$

Remarquons que I_1 est en $+j$ pour les $+90°$ du courant capacitif, tandis que I_2 est en $-j$ pour les $-90°$ du courant inductif. Ces vecteurs de courant tirent leurs signes contraires de leurs vecteurs réactifs.

Convertissons la forme rectangulaire $9+j2$ du courant total I_T, somme vectorielle des courants des branches, à la forme polaire.

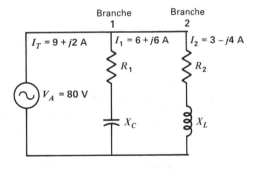

Figure 26-13 *Calcul des courants complexes de branches en parallèle.*

$$I_T = \sqrt{9^2 + 2^2} = \sqrt{85} = 9,22 \text{ A}$$

$$\tan \varphi = 2/9 = 0,22$$

$$\varphi = 12,53°$$

Le courant I_T s'écrit donc $9 + j2$ A sous forme rectangulaire et $9,22\underline{/12,53°}$ A sous forme polaire. Les courants complexes d'un nombre quelconque de branches s'additionneront sous forme rectangulaire.

> ### Problèmes pratiques 26.13
> ### (réponses à la fin du chapitre)
> (a) Soit $I_1 = 0 + j2$ A et $I_2 = 4 + j3$ A. Calculer $I_T = I_1 + I_2$ sous forme rectangulaire.
> (b) Soit $I_1 = 6 + j7$ A et $I_2 = 3 - j9$ A. Calculer $I_T = I_1 + I_2$ sous forme rectangulaire.

26.14
CIRCUIT PARALLÈLE À
TROIS BRANCHES COMPLEXES

Du fait que le circuit de la figure 26-14 comporte plus de deux impédances complexes en parallèle, on fera usage de la méthode des

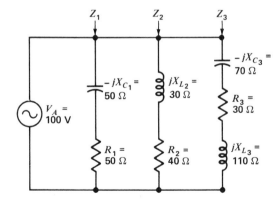

Figure 26-14 *Calcul de Z_T pour tout ensemble de trois impédances complexes en parallèle. Voir le texte pour la solution par la méthode des courants dérivés.*

courants dérivés. Il y aura plusieurs conversions de forme rectangulaire en forme polaire, l'addition devant être faite en forme rectangulaire, mais la division étant plus commode en forme polaire. La séquence de calculs est la suivante:

1. Convertissez chaque impédance de branche en forme polaire.Ceci est nécessaire en vue de diviser la tension appliquée V_A par l'impédance de chaque branche pour calculer les différents courants dérivés. Si la valeur de V_A n'est pas donnée, on peut supposer toute valeur convenable. Notez que la tension V_A a un déphasage de 0° car elle constitue la référence.

2. Convertissez les différents courants dans les dérivations de la forme polaire à la forme rectangulaire, de façon à pouvoir les additionner et à avoir le courant total en ligne. Cette étape est nécessaire car les composantes active et réactive doivent être additionnées séparément.

3. Convertissez le courant total en ligne de la forme rectangulaire à la forme polaire. La division de la tension appliquée par ce courant total I_T donnera Z_T.

4. L'impédance totale peut demeurer sous forme polaire avec son module et son déphasage, ou peut être reconvertie en forme rectangulaire pour faire apparaître ses composantes résistive et réactive.

Ces étapes sont utilisées dans les calculs ci-après pour résoudre le circuit de la figure 26-14. Toutes les grandeurs indiquées sont soit des A, soit des V, soit des Ω.

Impédances des dérivations Chaque valeur de Z est convertie de la forme rectangulaire à la forme polaire:

$$Z_1 = 50 - j50 = 70,7\underline{/45°}$$

$$Z_2 = 40 + j30 = 50\underline{/+37°}$$

$$Z_3 = 30 + j40 = 50\underline{/+53°}$$

Courants dans les dérivations Chaque valeur de I est calculée en divisant V_A par Z en forme polaire:

$$I_1 = \frac{V_A}{Z_1} = \frac{100}{70,7\underline{/-45°}} = 1,414\underline{/+45°} = 1 + j1$$

$$I_2 = \frac{V_A}{Z_2} = \frac{100}{50\underline{/37°}} = 2\underline{/-37°} = 1,6 - j1,2$$

$$I_3 = \frac{V_A}{Z_3} = \frac{100}{50\underline{/53°}} = 2\underline{/-53°} = 1,2 - j1,6$$

La forme polaire de chaque valeur de I est convertie en forme rectangulaire pour l'addition des courants de dérivation.

Courant total en ligne Sous forme rectangulaire:

$$I_T = I_1 + I_2 + I_3$$

$$= 1 + 1,6 + 1,2 + j1 - j1,2 - j1,6$$

$$I_T = 3,8 - j1,8$$

Sous forme polaire:

$$I_T = 4,2\underline{/-25,4°}\,A$$

Impédance totale Sous forme polaire:

$$Z_T = \frac{V_A}{I_T}$$

$$Z_T = \frac{100}{4,2\underline{/-25,4°}}$$

$$Z_T = 23,8\underline{/+25,4°}$$

Sous forme rectangulaire:

$$Z_T = 21,5 + j10,2$$

Donc, le circuit complexe à courant alternatif de la figure 26-14 est équivalent à la combinaison d'une résistance R de 21,5 Ω en série avec une réactance X_L de 10,2 Ω.

Le problème peut également être résolu en combinant Z_1 et Z_2 en parallèle comme $Z_1 Z_2/(Z_1 + Z_2)$, et en combinant ensuite cette valeur en parallèle avec Z_3 pour trouver l'impédance totale des trois dérivations.

Problèmes pratiques 26.14 (réponses à la fin du chapitre) Considérer la figure 26-14:

(a) Calculer l'impédance Z_2 de la branche 2 sous forme rectangulaire;

(b) Convertir Z_2 à la forme polaire;

(c) Calculer I_2.

Résumé

1. Dans les nombres complexes, la résistance R constitue le terme réel et la réactance est celui en j. Ainsi, une résistance R de 8 Ω devient 8; une réactance X_L de 8 Ω est $j8$; une réactance X_C de 8 Ω s'écrit $-j8$. La forme générale d'une impédance complexe avec des résistances et des réactances en série est alors $Z = R \pm jX$, sous forme rectangulaire.

2. La même notation peut être utilisée pour des tensions en série où $V = V_R \pm jV_X$.

3. Pour des courants dérivés, $I_T = I_R \pm jI_X$, mais les courants des dérivations réactives ont des signes contraires par rapport à ceux des impédances. Ainsi, le courant dans la dérivation capacitive sera jI_C, tandis que le courant de la dérivation inductive sera $-jI_L$.

4. Le courant total I_T d'un nombre quelconque de branches s'obtient par addition des courants complexes, sous forme rectangulaire, des branches.

5. Pour convertir de la forme rectangulaire à la forme polaire, on utilise $R \pm jX = Z\underline{/\varphi}$. Le module de Z est $\sqrt{R^2 + X^2}$. De même, φ est un angle dont la tangente est égale à X/R.

6. Pour convertir la forme polaire à la forme rectangulaire, on utilise $Z\underline{/\varphi} = R \pm jX$, où R est $Z \cos \varphi$ et le terme en j est $Z \sin \varphi$. Un déphasage positif correspond à un terme en j positif, un déphasage négatif à un terme en j négatif. De même, le déphasage est supérieur à 45° pour un terme en j plus grand que le terme réel; le déphasage est inférieur à 45° pour un terme en j plus petit que le terme réel.

7. La forme rectangulaire doit être utilisée pour l'addition ou la soustraction de nombres complexes.

8. La forme polaire est généralement plus commode pour multiplier et diviser des nombres complexes. Pour la multiplication, multipliez les modules et additionnez les angles; pour la division, divisez les modules et soustrayez les angles.

9. Pour trouver l'impédance totale Z_T d'un circuit série, additionnez toutes les résistances pour avoir le terme réel et trouvez la somme algébrique des réactances pour avoir le terme en j. Le résultat est $Z_T = R \pm jX$. Puis, convertissez Z_T en forme polaire et divisez la tension appliquée par Z_T pour calculer l'intensité du courant.

10. L'impédance totale Z_T de deux impédances complexes en dérivation Z_1 et Z_2 est égale à $Z_1 Z_2 / (Z_1 + Z_2)$. Puis, diviser la tension appliquée par Z_T, sous forme polaire, pour calculer le courant dans la ligne principale.

Exercices de contrôle
(Réponses à la fin de l'ouvrage)

Voici un moyen de contrôler si vous avez bien assimilé le contenu de ce chapitre. Ces exercices sont uniquement destinés à vous évaluer vous-même. Assortissez les valeurs figurant dans la colonne de gauche avec celles de la colonne de droite.

1. $24 + j5 + 16 + j10$ (a) $28\underline{/50°}$

2. $24 - j5 + 16 - j10$ (b) $7\underline{/6°}$

3. $j12 \times 4$

4. $j12 \times j4$

5. $j12 \div j3$

6. $(4+j2) \times (4-j2)$

7. R de 1200 $\Omega + X_C$ de 800 Ω

8. I_R de 5 A $+ I_C$ de 7 A

9. V_R de 90 V $+ V_L$ de 60 V

10. $14\underline{/28°} \times 2\underline{/22°}$

11. $14\underline{/28°} \div 2\underline{/22°}$

12. $15\underline{/42°} \times 3\underline{/0°}$

13. $6\underline{/-75°} \times 4\underline{/30°}$

14. $50\underline{/45°} \div 5\underline{/-45°}$

15. $60\underline{/-80°} \div 5\underline{/5°}$

16. Admittance Y

(c) $12\underline{/-85°}$

(d) $40 + j15$

(e) $90 + j60$ V

(f) $45\underline{/42°}$

(g) $24\underline{/-45°}$

(h) 4

(i) $10\underline{/90°}$

(j) -48

(k) $5 + j7$ A

(l) 20

(m) $40 - j15$

(n) $j48$

(o) $1200 - j800$ Ω

(p) $1/Z$

Problèmes

(Les réponses aux problèmes de numéro impair sont données à la fin de l'ouvrage)

1. Exprimez Z_T en coordonnées rectangulaires pour les circuits série suivants: (a) résistance R de 4 Ω et réactance X_C de 3 Ω; (b) R de 4 Ω et X_L de 3 Ω; (c) R de 3 Ω et X_L de 6 Ω; (d) R de 3 Ω et X_C de 3 Ω.

2. Dessinez le schéma des impédances du problème 1.

3. Convertissez en forme polaire les impédances suivantes: (a) $4 - j3$; (b) $4 + j3$; (c) $3 + j$; (d) $3 - j3$.

4. Convertissez en forme rectangulaire les impédances suivantes: (a) $5\underline{/-27°}$; (b) $5\underline{/27°}$; (c) $6,71\underline{/63,4°}$; (d) $4,24\underline{/-45°}$.

5. Trouvez sous forme rectangulaire l'impédance totale Z_T pour les trois impédances suivantes montées en série: (a) $12\underline{/10°}$; (b) $25\underline{/15°}$; (c) $34\underline{/26°}$.

6. Effectuez sous forme polaire les multiplications suivantes: (a) $45\underline{/24°} \times 10\underline{/54°}$; (b) $45\underline{/-24°} \times 10\underline{/54°}$; (c) $18\underline{/-64°} \times 4\underline{/14°}$; (d) $18\underline{/-64°} \times 4\underline{/-14°}$.

7. Effectuez sous forme polaire les divisions suivantes: (a) $45\underline{/24°} \div 10\underline{/10°}$; (b) $45\underline{/24°} \div 10\underline{/-10°}$; (c) $500\underline{/-72°} \div 5\underline{/12°}$; (d) $500\underline{/-72°} \div 5\underline{/-12°}$.

8. Assortissez les quatre diagrammes vectoriels des figures 26-4a, b, c et d avec les quatre circuits des figures 26-5 et 26-6.

9. Trouvez Z_T sous forme polaire pour le circuit série de la figure 26-7a.

10. Trouvez Z_T sous forme polaire pour le circuit mixte de la figure 26-7c.

11. Résolvez le circuit de la figure 26-12 pour trouver Z_T sous forme rectangulaire par le procédé de la rationalisation.

12. Résolvez le circuit de la figure 26-12 pour trouver Z_T en forme polaire en utilisant la méthode des courants dérivés (supposez une tension appliquée de 56,6 V).

13. Tracez le circuit série équivalent à celui de la figure 26-12.

14. Calculez, sous forme polaire, Z_T du circuit de la figure 26-14, sans recourir aux courants des branches. (Trouvez Z des deux branches en parallèle, puis combinez cette valeur avec Z de la troisième branche.)

15. Tracez le circuit série équivalent à celui de la figure 26-14.

16. Soit le circuit de la figure 26-13: (a) calculez Z_1 et Z_2 des branches 1 et 2; (b) calculez les valeurs de R_1, R_2, X_C et X_L exigées par ces impédances; (c) calculez la valeur de L et celle de C à la fréquence de 60 Hz.

17. Résolvez le circuit à courant alternatif série de la figure 25-8 du chapitre précédent en utilisant les nombres complexes. Trouvez $Z/\underline{\varphi}$, $I/\underline{\varphi}$ et chaque valeur de $V/\underline{\varphi}$. Prouvez que la somme des chutes de tension complexes le long du circuit est égale à la tension appliquée V_T. Faites un diagramme vectoriel montrant tous les déphasages par rapport à V_T.

18. Les composants suivants sont montés en série: $L = 100$ μH, $C = 20$pF et $R = 2000$ Ω. Pour une fréquence de 2 MHz, calculez X_L, X_C, Z_T, I, φ, V_R, V_L et V_C. La tension appliquée $V_T = 80$ V.

19. Résolvez le même circuit que celui du problème 18 pour une fréquence de 4 MHz. Donnez trois effets dus à la fréquence plus élevée.

20. Dans la figure 26-15, montrez que $Z_T = 4,8$ Ω et que $\varphi = 36,9°$ par: (a) la méthode des courants dérivés; (b) en calculant Z_T sous la forme $Z_1 Z_2 / (Z_1 + Z_2)$.

21. Dans la figure 26-16, trouvez $Z_T/\underline{\varphi}$ en calculant Z_{bc} du montage parallèle et en combinant avec Z_{ab} du montage série.

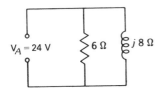

Figure 26-15 *Pour le problème 20.*

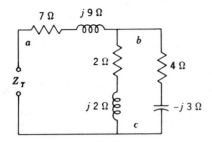

Figure 26-16 *Pour le problème 21.*

Réponses aux problèmes pratiques

26.1   (a) $\varphi°$
      (b) $180°$

26.2   (a) $90°$
      (b) $-90°$ ou $270°$

26.3   (a)   vrai
      (b)   vrai

26.4   (a) $j3$ kΩ
      (b) $-j5$mA

26.5   (a) $4+j7$
      (b) $0-j7$

26.6   (a) $5+j7$
      (b) $4+j6$

26.7   (a) $14,14$ Ω
      (b) $45°$

26.8   (a) $12\underline{/50°}$
      (b) $3\underline{/-10°}$

26.9   (a) $10+j10$
      (b) $10-j10$

26.10   (a) $53°$
      (b) $143°$
      (c) $90°$

26.11   (a) $(6+j8)/(5+j4)$
      (b) $(6-j8)/(5-j8)$

26.12   (a) $10+j4$
      (b) $56,6\underline{/8°}$

26.13   (a) $4+j5$ A
      (b) $9-j2$ A

26.14   (a) $40+j30$
      (b) $50\underline{/37°}$ Ω
      (c) $2\underline{/-37°}$ A

Résonance

On explique dans ce chapitre comment on peut combiner des réactances X_L et X_C pour favoriser une fréquence particulière, ou fréquence de résonance, sur laquelle le circuit LC est accordé. L'effet de résonance survient lorsque les réactances inductive et capacitive sont égales et opposées.

La principale application de la résonance concerne les circuits R.F. que l'on accorde sur un signal alternatif de fréquence désirée. D'une façon générale, tous les exemples d'accord dans les récepteurs et émetteurs de radio et de télévision, ainsi que ceux des appareils électroniques, sont des applications de la résonance. Les sujets traités ici sont les suivants:

Chapitre 27

27.1
LE PHÉNOMÈNE DE RÉSONANCE

Une réactance inductive augmente avec la fréquence, mais une réactance capacitive diminue quand la fréquence augmente. Comme ces deux caractéristiques sont opposées, pour une combinaison C quelconque, il doit y avoir une fréquence à laquelle X_L égale X_C, étant donné que la première augmente quand l'autre diminue. On appelle *résonance* le cas où ces deux réactances sont égales et opposées, et le circuit alternatif est alors un *circuit résonnant*.

Un circuit LC quelconque peut être résonnant. Tout dépend de la fréquence. Sur la fréquence de résonance, une combinaison LC présente le phénomène de résonance. En dehors de la fréquence de résonance, soit au-dessous, soit au-dessus, la combinaison LC se comporte comme un autre circuit alternatif.

La fréquence à laquelle les réactances opposées sont égales est la *fréquence de résonance*. On peut calculer cette fréquence en appliquant la formule $f_r = 1/(2\,\pi\sqrt{LC})$ où L est l'inductance en henrys, C la capacité de condensateur en farads, et f_r la fréquence de résonance, en hertz, qui rend les réactances X_L et X_C égales.

D'une façon générale, on peut dire que des valeurs élevées de L et de C donnent une fréquence de résonance relativement basse. De faibles valeurs de L et de C donnent des fréquences f_r plus élevées. Le phénomène de résonance est très utile aux radiofréquences pour

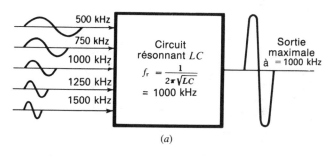

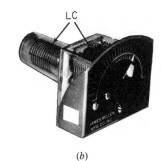

(b)

Figure 27-1 (a) *Circuit résonnant à 1000 kHz donnant une sortie maximale à cette fréquence de résonance.* (b) *Ondemètre, exemple d'accord d'un circuit résonnant LC. (James Millen Mgf. Co., Inc.)*

lesquelles les valeurs nécessaires, soit quelques microhenrys pour L et quelques picofarads pour C, s'obtiennent facilement.

L'application la plus courante de la résonance dans les circuits R.F. est appelée l'*accord*. Dans cette application, le circuit LC fournit une tension de sortie maximale sur la fréquence de résonance, alors que cette tension est beaucoup plus faible à une autre fréquence, inférieure ou supérieure à la fréquence de résonance. Ce phénomène est illustré à la figure 27-1a, pour laquelle le circuit LC, résonnant à 1000 kHz, amplifie l'influence de cette fréquence particulière. Il en résulte un signal de sortie maximal à 1000 kHz, par rapport aux signaux de fréquence inférieure ou supérieure.

Avec l'ondemètre présenté en (b), on remarque que l'on peut faire varier le condensateur C pour obtenir la résonance à différentes fréquences. On peut accorder l'ondemètre sur une fréquence quelconque de la gamme définie par la combinaison LC.

Tous les exemples d'accord, en radio et en télévision, sont des applications de la résonance. Quand on accorde un récepteur radio sur une station donnée, on accorde les circuits LC à la résonance sur cette fréquence porteuse particulière. De même, quand on accorde

un téléviseur sur un canal particulier, les circuits LC sont accordés à la résonance sur cette station. Il y a, dans les circuits alternatifs, des applications presque illimitées de la résonance.

Problèmes pratiques 27.1
(réponses à la fin du chapitre)
Considérer la figure 27-1:
(a) Donner la valeur de la fréquence de résonance;
(b) Donner la valeur de la fréquence à laquelle la sortie est maximale.

27.2
RÉSONANCE SÉRIE

Si la fréquence de la tension appliquée au circuit alternatif en série de la figure 27-2a est de 1000 kHz, la réactance de l'inductance de 239 μH est égale à 1500 Ω. À cette même fréquence, la réactance du condensateur de 106 pF est également de 1500 Ω. Cette combinaison LC est donc résonnante à 1000 kHz, qui est la fréquence f_r, puisqu'à cette fréquence la réactance inductive et la réactance capacitive sont égales.

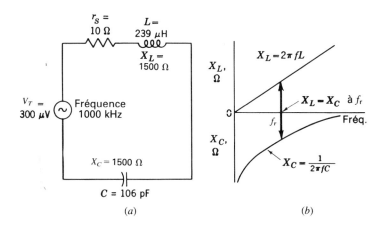

Figure 27-2   *Résonance série:*
(a) schéma de r_S, L et C en
série; (b) X_C et X_L sont de
valeurs égales et opposées à la
fréquence de résonance f_r.

Dans un circuit alternatif série, la réactance inductive est en avance de 90° sur l'angle de référence nul de la résistance, tandis que la réactance capacitive est en retard de 90°. Les réactances X_L et X_C sont donc déphasées de 180°, c'est-à-dire en opposition de phase, et les réactances opposées s'annulent quand elles sont égales.

La figure 27-2b représente des réactances X_L et X_C, égales, la réactance nette est donc nulle. La seule grandeur qui limite le courant est donc la résistance r_S de la bobine. Celle-ci est la limite inférieure de la résistance en série du circuit. À la fréquence de résonance, la réactance du circuit étant nulle et la résistance en série n'ayant qu'une valeur faible, la tension du générateur produit le plus grand courant possible dans le circuit en série LC. La résistance en série doit être aussi petite que possible pour que l'augmentation du courant, à la résonance, soit pointue.

Courant maximal à la résonance série
La caractéristique principale de la résonance série est l'augmentation du courant jusqu'à la valeur maximale de V_T/r_S, à la fréquence de résonance. Dans le cas du circuit de la figure 27-2a, le courant maximum à la résonance en série est de 30 μA, c'est-à-dire 300 μV/10 Ω. À une autre fréquence, qu'elle soit supérieure ou inférieure à la fréquence de résonance, le courant du circuit est plus faible.

L'accroissement du courant de résonance jusqu'à 30 μA, à 1000 kHz, est représenté sur la figure 27-3. En (a), le courant est présenté comme l'amplitude des cycles individuels du courant alternatif produit dans le circuit par la tension alternative du générateur. Que l'on considère l'amplitude d'un cycle en valeurs de crête, efficace ou moyenne, la valeur du courant est toujours maximale à la fréquence du résonance. En (b), les amplitudes du courant sont représentées en fonction de la fréquence, pour la fréquence de résonance et au voisinage de celle-ci. On obtient ainsi la *courbe de réponse* caractéristique d'un circuit résonnant série. On peut considérer que la courbe (b) représente le contour des amplitudes croissantes et décroissantes des cycles individuels de la figure 27-3a.

La courbe de réponse du circuit résonnant série montre que le courant est faible au-dessous de la résonance, qu'il augmente jusqu'à sa valeur maximale à la fréquence de résonance, puis qu'il redescend à des valeurs faibles, au-dessus de la résonance. La preuve en est

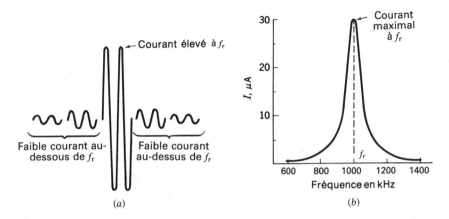

Figure 27-3 *Courbes représentant le courant maximal à la fréquence f_r, par rapport au courant aux fréquences inférieures et supérieures à la résonance dans le circuit série de la figure 25-1: (a) amplitude des cycles individuels du courant alternatif; (b) la courbe de réponse indique la valeur du courant avant et après la résonance. Les valeurs du courant sont indiquées dans le tableau 27-1.*

fournie au tableau 27-1, où l'on donne les valeurs calculées de l'impédance et du courant du circuit de la figure 27-2 sur la fréquence de résonance de 1000 kHz, et sur deux fréquences supérieures et inférieures à la résonance.

Au-dessous de la résonance, à 600 kHz, la réactance X_C est supérieure à X_L et la réactance nette notable limite le courant à une valeur relativement faible. À la fréquence plus élevée de 800 kHz, X_C diminue et X_L augmente; ces deux réactances se rapprochent de la même valeur. La réactance nette est

Tableau 27-1 *Calcul de la résonance série du circuit de la figure 27-2**

FRÉQUENCE kHz	$X_L = 2\pi fL$, Ω	$X_C = 1/(2\pi fC)$, Ω	RÉACTANCE NETTE Ω		Z_T, Ω**	$I = V_T/Z_T$, μA**	$V_L = IX_L$, μV	$V_C = IX_C$, μV
			$X_C - X_L$	$X_L - X_C$				
600	900	2500	1600		1600	0,19	171	475
800	1200	1875	675		675	0,44	528	825
$f_r \rightarrow$ 1000	1500	1500	0	0	10	30	45 000	45 000
1200	1800	1250		550	550	0,55	990	688
1400	2100	1070		1030	1030	0,29	609	310

* $L = 239\ \mu H$, $C = 106$ pF, $V_T = 300\ \mu V$, $r_S = 10\ \Omega$

**Z_T et I sont calculés sans tenir compte de r_s, quand cette résistance est très faible par rapport à la réactance nette X_L ou X_{Cl}; Z_T est résistif et I est actif à la fréquence f_r.

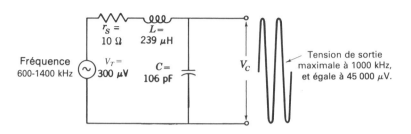

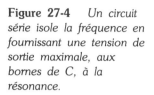

Figure 27-4 *Un circuit série isole la fréquence en fournissant une tension de sortie maximale, aux bornes de C, à la résonance.*

donc plus faible et laisse ainsi circuler un courant plus élevé.

À la fréquence de résonance, il y a égalité entre X_L et X_C; la réactance nette est nulle et le courant prend sa valeur maximale égale à V_T/r_S.

Au-delà de la résonance, à 1200 et 1400 kHz, X_L dépasse X_C. Il y a donc une réactance nette qui limite le courant à des valeurs plus faibles que celle de la résonance. En résumé, au-dessous de la fréquence de résonance, X_L est faible, X_C prend des valeurs élevées qui limitent le courant; au-dessus de la fréquence de résonance, X_C est faible mais X_L prend des valeurs élevées qui limitent le courant; sur la fréquence de résonance, les réactances X_L et X_C, qui sont égales, s'annulent pour laisser passer le courant maximal.

Impédance minimale à la résonance série Comme les réactances s'annulent sur la fréquence de résonance, l'impédance du circuit série est minimale, elle est seulement égale à la faible valeur de la résistance en série. Cette impédance minimale à la résonance est résistive et sa phase est donc nulle. À la résonance, le courant résonnant est donc en phase avec la tension du générateur.

Augmentation, à la résonance, de la tension aux bornes de L ou de C dans un circuit série Le courant maximal à la résonance, dans un circuit LC série, est utilisable

car il développe une tension maximale aux bornes de X_L ou de X_C, à la fréquence de résonance. Par conséquent, le circuit résonnant série peut distinguer une fréquence particulière en développant une tension de sortie beaucoup plus grande à la fréquence de résonance qu'aux fréquences inférieures ou supérieures à la résonance. La figure 27-4 représente l'augmentation de la tension à la résonance aux bornes du condensateur, dans un circuit série alternatif. Sur la fréquence de résonance de 1000 kHz, la tension aux bornes de C augmente jusqu'à la valeur de 45 000 μV, alors que la tension d'entrée n'est que de 300 μV.

Au tableau 27-1, on a calculé la tension aux bornes de C comme le produit IX_C et la tension aux bornes de L comme IX_L. Au-dessous de la fréquence de résonance, X_C a une

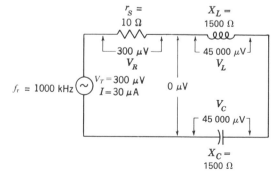

Figure 27-5 *Chutes de tension le long du circuit série à la résonance.*

valeur supérieure à celle de la résonance, mais le courant est faible. De la même manière, au-delà de la fréquence de résonance, X_L a une valeur supérieure à celle de la résonance, mais le courant est faible à cause de la réactance inductive. À la résonance, bien que X_L et X_C s'annulent en laissant passer le courant maximal, chacune de ces réactances a une valeur propre notable. Comme le courant est le même dans tous les composants d'un circuit série, le courant maximal de la résonance développe des tensions maximales IX_C aux bornes de C et IX_L aux bornes de L, à la fréquence de résonance.

Bien que les tensions aux bornes de X_C et de X_L soient réactives, ce sont des tensions réelles que l'on peut mesurer. Sur la figure 27-5, les chutes de tension le long du circuit résonnant en série sont de 45 000 μV aux bornes de C, 45 000 μV aux bornes de L, et 300 μV aux bornes de r_s. La tension aux bornes de la résistance est égale et en phase avec la tension du générateur.

La tension aux bornes du groupement série de L et C est nulle puisque les deux chutes de tension, en série, sont égales et opposées. Pour utiliser l'élévation de tension à la résonance, la sortie doit donc être prise soit aux bornes de L, soit aux bornes de C, seulement. On peut considérer que les tensions V_L et V_C sont semblables à deux batteries série montées en opposition. La résultante de l'ensemble est nulle puisque les tensions sont égales et opposées, mais chaque batterie conserve toujours sa propre différence de potentiel.

En résumé, dans un circuit résonnant série, les caractéristiques principales sont:

1. Le courant I est maximal à la fréquence de résonance f_r;
2. I est en phase avec la tension du générateur, autrement dit le déphasage du circuit est de 0°;

3. La tension est maximale, soit aux bornes de L, soit aux bornes de C;
4. L'impédance est minimale à f_r, elle est égale à la faible valeur de r_S seulement.

Problèmes pratiques 27.2
(réponses à la fin du chapitre)
Répondre par vrai ou faux. À la fréquence de résonance série:
(a) Les réactances X_L et X_C passent par un maximum;
(a) Les réactances X_L et X_C sont égales;
(c) Le courant I passe par un maximum.

27.3
RÉSONANCE PARALLÈLE

Lorsque L et C sont en parallèle, comme sur la figure 27-6, lorsque les réactances X_L et X_C sont égales, les courants des branches réactives sont égaux et opposés à la résonance. Ils s'annulent donc pour rendre minimal le courant dans la ligne principale. Comme le courant dans la ligne principale est minimal, l'impédance est maximale. Ces relations supposent que r_S est faible par rapport à la valeur de X_L à la résonance. Dans ce cas, les courants des branches parallèle sont pratiquement égaux quand X_L égale X_C.

Courant minimal dans la ligne principale, à la résonance parallèle Pour montrer comment le courant de la ligne principale se réduit à sa valeur minimale quand le circuit parallèle LC est résonnant, on donne au tableau 27-2 les valeurs des courants de chaque branche et celle du courant de la ligne principale, pour le circuit de la figure 27-6.

Comme L et C sont les mêmes que dans le circuit série de la figure 27-2, X_L et X_C

prennent les mêmes valeurs aux mêmes fréquences. Comme L, C et le générateur sont en parallèle, la tension appliquée aux bornes des branches est égale à la tension du générateur, soit 300 μV. On obtient donc le courant de chaque branche réactive en divisant 300 μV par la réactance de cette branche.

On a obtenu les valeurs de la première ligne du tableau 27-2 de la manière suivante: à 600 kHz, le courant de la branche capacitive est égal à 300 μV/2500 Ω, soit 0,12 μA. Le courant dans la branche inductive, à cette fréquence, est de 300 μV/900 Ω, soit 0,33 μA. Comme il s'agit d'un circuit alternatif parallèle, le courant capacitif est en avance de 90° et le courant inductif en retard de 90° par rapport à la tension du générateur que l'on prend comme référence et qui est appliquée aux bornes des branches parallèle. Les courants opposés sont donc déphasés de 180° et se retranchent dans la ligne principale. Le courant net dans cette ligne est donc égal à la différence entre 0,33 et 0,12, c'est-à-dire 0,21 μA.

En appliquant cette méthode, les calculs montrent que pour les fréquences qui augmentent vers la résonance, le courant de la branche capacitive augmente puisque la valeur de X_C diminue, tandis que le courant de la branche inductive diminue puisque les valeurs de X_L augmentent. Par conséquent, le courant net dans la ligne principale diminue quand les courants des deux branches se rapprochent l'un de l'autre.

À la fréquence de résonance de 1000 kHz, les deux réactances sont de 1500 Ω et les courants des deux branches réactives sont de 0,20 μA chacun et s'annulent.

Au-dessus de la fréquence de résonance,

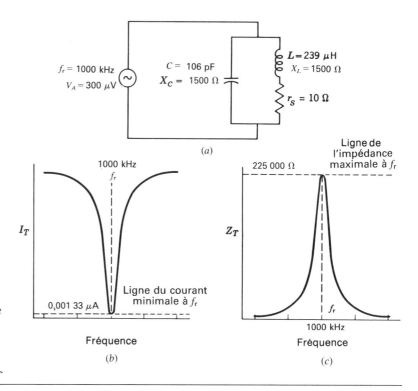

Figure 27-6 Résonance parallèle: (a) schéma de L et C dans des branches en parallèle; (b) la courbe de réponse indique le courant minimal I_T dans la ligne principale, à la fréquence de résonance f_r; (c) la courbe de réponse indique l'impédance Z_T maximale à la fréquence de résonance f_r.

Tableau 27-2 *Calcul de la résonance parallèle du circuit de la figure 27-6**

FRÉQUENCE, kHz	$X_C = 1/(2\pi fC)$, Ω	$X_L = 2\pi fL$, Ω	$I_C = V/X_C$, μA	$I_L = V/X_L$, μA†	COURANT RÉACTIF RÉSULTANT DANS LA LIGNE PRINCIPALE μA		I_T, μA†	$Z_T = V_A/I_T$, Ω†
					$I_L - I_C$	$I_C - I_L$		
600	2500	900	0,12	0,33	0,21		0,21	1 400
800	1875	1200	0,16	0,25	0,09		0,09	3 333
f_r 1000	1500	1500	0,20	0,20	0	0	0,001 33	225 000 ‡
1200	1250	1800	0,24	0,17		0,08	0,08	3 800
1400	1070	2100	0,28	0,14		0,14	0,14	2 143

* $L = 239$ μH, $C = 106$ pF, $V_A = 300$ μV.

† I_L, I_T et Z_T sont calculés approximativement en négligeant r_s quand la composante active du courant est faible par rapport à I_L.

‡ À la résonance, on a calculé Z_T d'après la formule (27.8). La valeur active de I_T et la valeur résistive de Z_T sont calculées à f_r.

il y a davantage de courant dans la branche capacitive que dans la branche inductive et, à la résonance, le courant de la ligne principale augmente au-delà de sa valeur minimale.

La chute de I_T à sa valeur minimale sur la fréquence f_r est représentée par la courbe de la figure 27-6b. L'impédance Z_T est alors maximale.

En dehors de la résonance, on peut négliger le courant en phase qui correspond à la présence de r_S dans la branche inductive car il est faible par rapport au courant réactif de la ligne. À la fréquence de résonance, quand les courants réactifs s'annulent, la composante active constitue alors tout le courant de la ligne principale. Sa valeur à la résonance est de 0,001 33 μA, dans l'exemple considéré. Ce petit courant actif est la valeur minimale du courant de la ligne principale, à la résonance parallèle.

Impédance maximale dans la ligne, à la résonance parallèle Le courant minimal dans la ligne, correspondant à la résonance parallèle, est utilisable car il est dû à l'impédance maximale de la ligne, aux bornes du générateur. On peut donc obtenir une impédance qui a une très grande valeur, sur une seule fréquence seulement, et une faible impédance aux autres fréquences, soit au-dessous, soit au-dessus de la résonance, en utilisant un circuit LC résonnant sur la fréquence voulue. C'est une autre méthode de sélection d'une fréquence par la résonance. La courbe de réponse de la figure 27-6c indique comment l'impédance augmente jusqu'à son maximum pour la résonance parallèle.

L'application principale de la résonance parallèle est l'emploi d'un circuit accordé LC comme impédance de charge Z_L dans le circuit de sortie des amplificateurs R.F. Étant donné que l'impédance est alors élevée à la fréquence f_r, le gain de l'amplificateur est maximal à la fréquence de résonance f_r. Le gain en tension d'un amplificateur est directement proportionnel à Z_L. L'avantage d'un circuit résonnant LC est que Z est maximal seulement pour un signal alternatif à la fréquence de résonance. Comme L n'a pratiquement aucune résistance ohmique, l'inductance ne manifeste pratiquement aucune chute de tension continue.

D'après le tableau 27-2, l'impédance totale du circuit alternatif parallèle s'obtient en divisant la tension du générateur par le courant total de la ligne principale. À 600 kHz, par exemple, Z_T est de 300 μV/0,21 μA, soit 1400 Ω. À 800 kHz, l'impédance est plus élevée puisqu'il y a moins de courant dans la ligne principale.

À la fréquence de résonance de 1000 kHz, le courant dans la ligne prend sa valeur minimale de 0,001 33 μA. L'impédance est alors maximale et égale à 300 μV/0,001 33 μA, soit 225 000 Ω.

Au-delà de 1000 kHz, le courant de la ligne augmente et l'impédance diminue au-dessous de sa valeur maximale.

On montre à la figure 27-7 comment le courant de la ligne principale peut avoir une valeur très faible bien que les courants des branches réactives soient appréciables. En (a), on a représenté la composante active du courant total de la ligne principale comme s'il

s'agissait d'une branche séparée, prélevant un certain courant actif à la ligne principale du générateur, ce courant étant dû à la résistance de la bobine. Chaque courant des branches réactives a une valeur égale à la tension du générateur, divisée par la réactance correspondante. Comme ces deux réactances sont égales et de phases opposées, en tout point du circuit où les deux courants réactifs sont présents, la circulation nette d'électrons, dans un sens donné à un instant quelconque, correspond à un courant nul. La courbe (b) montre comment les courants égaux et opposés I_L et I_C s'annulent.

Si on intercalait un appareil de mesure, en série dans la ligne principale, pour mesurer le courant total I_T, l'indication tomberait brusquement à la valeur minimale du courant de ligne, sur la fréquence de résonance. Le courant de la ligne est minimal quand l'impédance aux bornes de la ligne est maximale, à la fréquence de résonance. L'impédance maximale, à la résonance parallèle, correspond à une valeur de résistance élevée, sans réactance, puisque le courant de la ligne principale est alors actif et que son déphasage est nul.

On peut résumer de la façon suivante les principales caractéristiques d'un circuit résonnant parallèle:

1. Le courant I_T de la ligne principale est minimal à la fréquence de résonance;

Figure 27-7 *Répartition des courants dans un circuit parallèle, à la résonance: (a) circuit; (b) courbes des courants réactifs I_L et I_C égaux et opposés.*

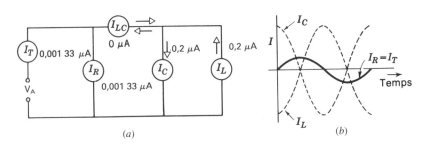

2. I_T est en phase avec la tension V_A du générateur, autrement dit le déphasage du circuit est de 0°;

3. L'impédance Z_T, égale à V_A/I_T, est maximale à f_r puisque I_T est minimal.

Circuit bouchon On remarquera que les courants des branches individuelles sont appréciables, à la résonance, bien que I_T soit minimal. Dans l'exemple du tableau 27-2, à la fréquence f_r, I_L et I_C sont tous deux égaux à 0,2 μA. Ce courant est supérieur aux valeurs de I_C, au-dessous de f_r, ou aux valeurs de I_L, au-dessus de f_r.

Les courants des branches s'annulent dans la ligne principale car I_C est à $+90°$ par rapport à la source V_A, tandis que I_L est à $-90°$. Ces deux courants sont donc en opposition de phase.

Cependant, à l'intérieur du circuit LC, I_L et I_C ne s'annulent pas puisqu'ils sont dans des branches séparées. Donc, I_L et I_C constituent une circulation de courant dans le circuit LC. Dans cet exemple, ce courant est de 0,2 μA. Pour cette raison, un circuit résonnant parallèle LC est souvent appelé un *circuit bouchon*.

Par suite de l'énergie emmagasinée dans L et C, le courant du circuit bouchon peut former un courant et une tension de sortie constitués de sinusoïdes entières pour un signal d'entrée qui n'est qu'une impulsion. La sinusoïde de sortie est toujours à la fréquence de résonance propre du circuit bouchon LC. L'aptitude du ciruit LC à former des sinusoïdes complètes est quelquefois appelée *effet de volant*.

Problèmes pratiques 27.3
(réponses à la fin du chapitre)
Répondre par vrai ou faux. À la fréquence de résonance parallèle:

(a) Les courants I_L et I_C passent par un maximum;

(b) Les courants I_L et I_C sont égaux;

(c) Le courant I_T passe par un minimum.

27.4
CALCUL DE LA FRÉQUENCE DE RÉSONANCE $f_r = 1/(2\,\pi\sqrt{LC})$

Cette formule est tirée de la relation $X_L = X_C$. Utilisons f_r pour indiquer la fréquence de résonance dans cette relation. Nous aurons:

$$2\,\pi f_r L = \frac{1}{2\,\pi f_r C}$$

En transposant le terme f_r, on obtient:

$$2\,\pi L\,(f_r)^2 = \frac{1}{2\,\pi C}$$

En transposant le terme $2\,\pi L$, on obtient:

$$f_r^{\,2} = \frac{1}{(2\,\pi)^2 LC}$$

En prenant la racine carrée des deux membres, on a:

$$f_r = \frac{1}{2\,\pi\sqrt{LC}} \tag{27.1}$$

Si on exprime L en henrys et C en farads, la fréquence de résonance f_r est en hertz. Comme $1/2\,\pi$ est une valeur numérique égale à $1/6{,}28$, ou $0{,}159$, on peut utiliser pour les calculs la formule plus pratique:

$$f_r = \frac{0{,}159}{\sqrt{LC}}\ \text{Hz} \tag{27.2}$$

Par exemple, pour trouver la fréquence de résonance du circuit LC de la figure 27-2, on remplace L et C par 239×10^{-6} H et 106×10^{-12} F:

$$f_r = \frac{0,159}{\sqrt{239 \times 10^{-6} \times 106 \times 10^{-12}}}$$

$$= \frac{0,159}{\sqrt{253 \times 10^{-16}}}$$

En prenant la racine carrée du dénominateur:

$$f_r = \frac{0,159}{15,9 \times 10^{-8}} = \frac{0,159}{0,159 \times 10^{-6}}$$

$$= \frac{0,159 \times 10^6}{0,159}$$

$$f_r = 1 \times 10^6 \text{ Hz} = 1 \text{ MHz} = 1000 \text{ kHz}$$

Pour tout circuit *LC*, série ou parallèle, $f_r = 1/(2\,\mu\sqrt{LC})$ est la fréquence de résonance qui rend les réactances inductive et capacitive égales.

Comment f_r varie avec *L* ou *C* Il est important d'observer que des valeurs plus élevées de *L* ou de *C* donnent des valeurs plus faibles de f_r. Par ailleurs, un circuit *LC* peut résonner sur une fréquence quelconque, depuis quelques hertz jusqu'à plusieurs mégahertz, suivant les valeurs de l'inductance et du condensateur.

Par exemple, un circuit *LC*, comprenant les valeurs relativement grandes de 8 H pour l'inductance et de 20 μF pour le condensateur, est résonnant sur la fréquence audible basse de 12,6 Hz; une faible inductance de 2 μH résonnera avec un faible condensateur de 3 pF sur la radiofréquence élevée de 64,9 MHz. Ces deux exemples sont résolus dans les deux problèmes qui suivent pour familiariser le lecteur avec la formule de la fréquence de résonance. On utilise souvent ces calculs dans les applications pratiques des circuits accordés. La caractéristique sans doute la plus importante d'un circuit *LC* est sa fréquence de résonance.

Exemple 1 Calculez la fréquence de résonance d'une inductance *L* de 8 H et d'un condensateur *C* de 20 μF.

Réponse
$$f_r = \frac{1}{2\,\pi\sqrt{LC}} = \frac{0,159}{\sqrt{8 \times 20 \times 10^{-6}}}$$

$$= \frac{0,159 \times 10^3}{\sqrt{160}} = \frac{159}{12,65}$$

$$f_r = 12,6 \text{ Hz}$$

Exemple 2 Calculez la fréquence de résonance d'une inductance *L* de 2 μH et d'un condensateur *C* de 3 pF.

Réponse
$$f_r = \frac{1}{2\,\pi\sqrt{LC}} = \frac{0,159}{\sqrt{2 \times 10^{-6} \times 3 \times 10^{-12}}}$$

$$= \frac{0,159}{\sqrt{6 \times 10^{-18}}} = \frac{0,159 \times 10^9}{\sqrt{6}}$$

$$= \frac{159 \times 10^6}{\sqrt{6}}$$

$$= \frac{159}{2,45} \times 10^6$$

$$f_r = 64,9 \text{ MHz}$$

Plus précisément, f_r varie proportionnellement à l'inverse de la racine carrée du produit *LC*. Si, par exemple, *L* ou *C* est quadruplé, f_r est réduit de moitié. Supposons f_r égal à 6 MHz pour un certain produit *LC*. Si *L* ou *C* est quadruplé, alors f_r sera réduit à 3 MHz. Au contraire, pour doubler f_r, la valeur de *L* ou de *C* devra être réduite au quart, ou chacune devra être réduite de moitié.

Le produit *LC* détermine f_r Il existe un nombre quelconque de combinaisons *LC* qui peuvent résonner à une fréquence donnée. On indique au tableau 27-3 cinq combinaisons possibles de *L* et de *C* dont la fréquence de résonance est de 1000 kHz. La fréquence de résonance est la même, car si *L* ou *C* diminue

Tableau 27-3 *Combinaison LC résonnant à 1000 kHz*

$L, \mu H$	C, pF	PRODUIT LC	X_L, Ω À 1000 kHz	X_C, Ω À 1000 kHz
23,9	1060	25 334	150	150
119,5	212	25 334	750	750
239	106	25 334	1500	1500
478	53	25 334	3000	3000
2390	10,6	25 334	15 000	15 000

dans le rapport 1 à 10 ou 1 à 2, l'autre augmente dans le même rapport; par conséquent, le produit LC reste constant.

La réactance, à la résonance, varie avec les différentes combinaisons de L et C, mais, dans les cinq cas, X_L et X_C sont toujours identiques à la fréquence de 1000 kHz. C'est la fréquence de résonance définie par le produit LC dans la formule $f_r = 1/(2 \pi \sqrt{LC})$.

Mesure de L ou de C par la résonance
On peut calculer l'un des trois termes L, C ou f_r de la formule de la fréquence de résonance quand on connaît les deux autres. On peut déterminer expérimentalement la fréquence de résonance d'une combinaison LC en cherchant la fréquence qui conduit à une réponse résonnante de la combinaison LC. Si on connaît soit L, soit C, et si on a déterminé la fréquence de résonance, on peut calculer le troisième terme. On utilise couramment cette méthode pour mesurer une inductance ou une capacité. Un appareil de mesure, le *Q-mètre*, est conçu pour cet usage; il sert de plus à mesurer le facteur de qualité d'une bobine.

Calcul de C à partir de f_r La valeur C peut être tirée de la racine carrée, aussi appelée radical, de la formule de la résonance de la manière suivante:

$$f_r = \frac{1}{2 \pi \sqrt{LC}}$$

En élevant au carré pour éliminer le radical, on a:

$$f_r^2 = \frac{1}{(2 \pi)^2 LC}$$

En transposant C et f_r^2, on a:

$$C = \frac{1}{(2 \pi)^2 f_r^2 L} = \frac{1}{4 \pi^2 f_r^2 L} = \frac{0,0254}{f_r^2 L} \qquad (27.3)$$

Avec f_r, en hertz, les unités sont les farads pour C, et les henrys pour L.

Le coefficient constant 0,0254 du numérateur est l'inverse de 39,44 ou $4 \pi^2$ du dénominateur. Ces nombres restent constants pour toutes les valeurs de f_r, L et C.

Calcul de L à partir de f_r On peut transposer la formule de la même manière, pour trouver L. On a alors:

$$L = \frac{1}{(2 \pi)^2 f_r^2 C} = \frac{1}{4 \pi^2 f_r^2 C} = \frac{0,0254}{f_r^2 C} \qquad (27.4)$$

Selon la formule (27.4), L est calculé à partir de sa fréquence de résonance f_r et de la valeur connue de C. De la même façon, C est déterminé selon la formule (27.3) à partir de la fréquence de résonance du condensateur et de la valeur connue de L.

Exemple 3 Quelle est la capacité du condensateur C qui résonne à 1000 kHz avec l'inductance L de 239 μH?

Réponse

$$C = \frac{0{,}0254}{f_r^2 L}$$

$$= \frac{0{,}0254}{(1 \times 10^6)^2 \times 239 \times 10^{-6}}$$

$$= \frac{0{,}0254}{1 \times 10^{12} \times 239 \times 10^{-6}}$$

$$= \frac{0{,}0254}{239 \times 10^6}$$

$$= \frac{0{,}0254}{239} \times 10^{-6}$$

$$= \frac{25\,400}{239} \times 10^{-12}$$

$$= 106 \times 10^{-12} \text{ F}$$

$$C = 106 \text{ pF}$$

Exemple 4 Quelle est l'inductance L qui résonne à 1000 kHz avec un condensateur C de 106 pF?

Réponse

$$L = \frac{0{,}0254}{f_r^2 L}$$

$$= \frac{0{,}0254}{1 \times 10^{12} \times 106 \times 10^{-12}}$$

$$= \frac{0{,}0254}{106}$$

$$= \frac{25\,400}{106} \times 10^{-6}$$

$$= 239 \times 10^{-6} \text{ H}$$

$$L = 239 \ \mu\text{H}$$

Ces valeurs correspondent au circuit LC de la figure 27-2, pour la résonance série, et de la figure 27-6, pour la résonance parallèle.

Problèmes pratiques 27.4
(réponses à la fin du chapitre)

(a) Doit-on, pour augmenter f_r, augmenter ou diminuer C?

(b) En changeant de condensateur, C passe de 100 à 400 pF. L'inductance L doit passer de 800 μH à quelle valeur pour conserver la même fréquence f_r?

27.5
FACTEUR DE QUALITÉ Q D'UN CIRCUIT RÉSONANT

Le *facteur de qualité* d'un circuit résonnant, qui caractérise la finesse de la résonance, est désigné par Q. En général, plus le rapport entre la valeur de la réactance, à la résonance, et la résistance en série est grand, plus Q est élevé et plus l'effet de résonance est aigu.

Facteur Q d'un circuit série Dans un circuit résonnant série, on calcule Q par la formule suivante:

$$Q = \frac{X_L}{r_s} \qquad (27.5)$$

où Q est le facteur de qualité, X_L la réactance inductive à la fréquence de résonance et r_s la résistance en série avec X_L. Dans le circuit résonnant série de la figure 27-2, on a:

$$Q = \frac{1500 \ \Omega}{10 \ \Omega}$$

$$Q = 150$$

Le facteur Q est numérique sans unité, puisque c'est le rapport d'une réactance à une résistance qui s'expriment toutes deux en ohms. Comme la résistance en série limite le courant à la résonance, plus la résistance est faible, plus l'augmentation du courant, à la fréquence de résonance, est pointue et plus Q est grand. Une valeur plus élevée de la réactance, à la résonance, permet aussi au courant maximal de produire une tension de sortie plus élevée.

On obtient la même valeur de Q si on fait le calcul à partir de X_C, au lieu de X_L, puisque ces deux réactances sont égales à la résonance. En général, on calcule cependant Q à partir de X_L, car c'est habituellement la bobine qui contient la résistance en série du circuit. Dans ce cas, le facteur Q de la bobine et celui du courant résonnant série sont les mêmes. Si on ajoute une résistance supplémentaire, le facteur Q du circuit sera inférieur à celui de la bobine. Pour un circuit, le facteur de qualité le plus grand possible est celui de sa bobine.

On peut considérer 150 comme une valeur élevée de Q. Pour des circuits résonnant aux radiofréquences, les valeurs caractéristiques de Q sont comprises entre 50 et 250, environ. Un facteur de qualité inférieur à 10 est faible; un facteur supérieur à 300 est très élevé.

Un rapport *L/C* plus grand peut conduire à un facteur *Q* plus élevé Comme on l'indique au tableau 27-3, différentes combinaisons *LC* peuvent être résonnantes à la même fréquence. Mais, la valeur des réactances à la résonance est différente. À la résonance, on peut obtenir une valeur de X_L plus grande, avec une inductance *L* plus grande et un conducteur *C* plus faible, bien que les réactances X_L et X_C doivent être égales à la résonance. Par conséquent, les réactances X_L et X_C sont toutes deux plus élevées à la résonance quand le rapport *L/C* augmente.

Quand X_L augmente, on peut obtenir un facteur de qualité plus élevé si la résistance effective n'augmente pas autant que la réactance. Pour des bobines R.F. typiques, une règle empirique indique que le facteur de qualité maximal s'obtient quand X_L est de 1000 Ω environ.

Facteur d'amplification *Q* de la tension aux bornes de *L* ou de *C*, en série On peut considérer le facteur de qualité Q d'un circuit résonnant comme le facteur d'amplification qui détermine de combien la tension aux bornes de *L* ou de *C* augmente dans un circuit série, sous l'effet de l'élévation du courant résonnant. Plus précisément, la tension de sortie à la résonance en série est Q fois la tension du générateur:

$$V_L = V_C = Q \cdot V_{\text{gén}} \qquad (27.6)$$

À la figure 27-4, par exemple, la tension du générateur est de 300 μV et Q est de 150. L'élévation de la tension à la résonance, aux bornes de *L* ou de *C*, est donc égale à 300 μV $\times$ 150, soit 45 000 μV. On remarque que cette valeur a déjà été calculée au tableau 27-1 pour V_C ou V_L, à la résonance.

Comment mesurer le facteur *Q* dans un circuit résonnant série La nature même du facteur Q d'un circuit résonnant série se déduit du fait que l'on peut déterminer Q expérimentalement en mesurant la tension accrue aux bornes soit de *L*, soit de *C*, et en comparant cette tension avec la tension du générateur. La formule est la suivante:

$$Q = \frac{V_{\text{sortie}}}{V_{\text{entrée}}} \qquad (27.7)$$

où V_{sortie} est la tension alternative mesurée aux bornes de la bobine ou du condensateur et $V_{\text{entrée}}$ la tension du générateur.

Dans le cas de la figure 27-5, si on mesure avec un voltmètre alternatif la tension aux bornes de *L* ou de *C* et que l'on obtienne 45 000 μV à la fréquence de résonance, et si on mesure aussi 300 μV à la sortie du générateur, on aura alors:

$$Q = \frac{V_{\text{sortie}}}{V_{\text{entrée}}} = \frac{45\ 000\ \mu V}{300\ \mu V}$$
$$Q = 150$$

Cette méthode de détermination de Q est meilleure que l'application de la formule X_L/r_s, car la résistance effective r_s de la bobine ne se mesure pas facilement. On se rappelle que la résistance effective d'une bobine peut être plus que doublée par rapport à la résistance ohmique mesurée à l'ohmmètre. En fait, la mesure de Q par la formule (27.7) permet d'obtenir la résistance effective. Ces remarques sont illustrées par les exemples suivants.

Exemple 5 Un circuit série, résonnant à 0,4 MHz, développe 100 mV aux bornes d'une inductance L de 250 μH pour une tension d'entrée de 2 mV. Calculez Q.

Réponse $Q = \dfrac{V_{\text{sortie}}}{V_{\text{entrée}}} = \dfrac{100\ \text{mV}}{2\ \text{mV}}$

$\qquad Q = 50$

Exemple 6 Quelle est la résistance effective de la bobine de l'exemple précédent?

Réponse Le coefficient Q de la bobine est de 50. Il faut calculer la réactance de cette bobine de 250 μH à 0,4 MHz. On a:

$$X_L = 2\pi f L = 2\pi \times 0,4 \times 10^6 \times 250 \times 10^{-6}$$

$$= 2\pi \times 100$$

$$X_L = 628\ \Omega$$

On a aussi: $Q = \dfrac{X_L}{r_s}$ ou $r_s = \dfrac{X_L}{Q}$

Donc, $r_s = \dfrac{X_L}{Q} = \dfrac{628\ \Omega}{50}$

$$r_s = 12,56\ \Omega$$

Facteur Q d'un circuit parallèle Dans un circuit résonnant parallèle où r_s est très faible par rapport à X_L, Q est aussi égal à X_L/r_s. On remarque que r_s est encore la résistance de la bobine en série avec X_L (voir la figure 27-8). Le facteur Q de la bobine détermine le facteur Q du circuit parallèle parce que, dans ce cas, il est inférieur au facteur Q de la branche capacitive. Les condensateurs employés dans les circuits accordés ont généralement un facteur Q très élevé parce que leurs pertes sont faibles. À la figure 27-8, Q est de 1500 $\Omega/10$ Ω, soit 150; c'est le même que le facteur du circuit résonnant série constitué des mêmes composants.

On a supposé dans cet exemple que la résistance du générateur était très élevée et qu'il n'y avait pas d'autre branche résistive en shunt sur le circuit accordé. Le facteur Q du circuit résonnant parallèle est alors le même que celui de la bobine. En réalité, une résistance shunt peut abaisser le facteur Q d'un circuit résonnant parallèle, tel qu'indiqué à la section 27.10.

Accroissement Q de l'impédance aux bornes d'un circuit résonnant parallèle Dans le cas de la résonance parallèle, le facteur de qualité Q indique de combien s'est ac-

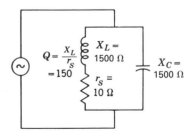

Figure 27-8 *Facteur Q d'un circuit résonnant parallèle en fonction de X_L et de la résistance en série r_S.*

crue l'impédance aux bornes du circuit LC parallèle quand le courant de la ligne principale est minimal. Plus précisément, l'impédance aux bornes d'un circuit résonnant parallèle est Q fois la réactance inductive, à la fréquence de résonance:

$$Z_T = Q \cdot X_L \qquad (27.8)$$

On se reporte de nouveau au circuit résonnant parallèle de la figure 27-6 dans lequel X_L est de 1500 et Q de 150. À la fréquence de résonance, l'impédance est portée à sa valeur maximale de 150×1500 Ω, soit 225 000 Ω.

Comme le courant de la ligne principale est égal à V_A/Z_T, la valeur minimale du courant dans la ligne principale est donc de 300 μV/ 225 000 Ω, ce qui fait 0,001 33 μA.

Sur la fréquence f_r, le courant minimal de la ligne est égal au courant de l'une ou l'autre branche multiplié par $1/Q$. Sur la figure 27-7, I_L ou I_C sont de 0,2 μA et Q de 150. Donc, I_T est de 0,2/150, soit 0,001 33 μA, c'est-à-dire la valeur de V_A/Z_T. Autrement dit, le courant circulant dans le circuit bouchon est égal à Q fois le courant minimal I_T.

Comment mesurer Z_T dans un circuit résonnant parallèle   La formule (27.8) est également utile sous la forme transposée: $Q = Z_T/X_L$. On peut mesurer Z_T par la méthode illustrée sur la figure 27-9. On peut ensuite calculer Q.

Pour mesurer Z_T, on accorde d'abord le circuit LC à la résonance. On règle ensuite R_1 à la valeur qui rend sa tension alternative égale à la tension alternative aux bornes du circuit accordé. Quand ces tensions sont égales, Z_T doit être égal à R_1.

Dans l'exemple considéré, qui correspond à la résonance parallèle des figures 27-6 et 27-8, Z_T est de 225 000 Ω. Donc, Q est égal à Z_T/X_L ou 225 000/1500, c'est-à-dire 150.

Exemple 7   En considérant la figure 27-9, on suppose qu'en appliquant un signal d'entrée alternatif de 4 V, V_{R_1} est de 2 V quand R_1 est de 225 kΩ. Déterminez Z_T et Q.

Réponse   Comme la tension V_T est divisée par deux, Z_T est de 225 kΩ, comme R_1. La valeur de la tension d'entrée n'intervient pas, puisque le rapport des tensions détermine les valeurs relatives de R_1 et de Z_T. L'impédance Z_T étant de 225 kΩ et X_L de 1,5 kΩ, Q est de $^{225}/_{1,5}$, soit $Q = 150$.

Exemple 8   Un circuit LC parallèle, accordé sur 200 kHz, dans lequel L est de 350 μH, a une impédance Z_T mesurée de 17 600 Ω. Calculez Q.

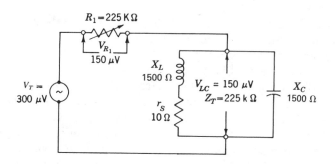

Figure 27-9   *Ajuster R_1 pour rendre V_{R_1} égal à V_{L_C}. Alors $Z_T = R_1$.*

Réponse　On calcule d'abord X_L à la fréquence f_r.

$$X_L = 2\pi fL$$
$$= 2\pi \times 200 \times 10^3 \times 350 \times 10^{-6} = 440 \ \Omega$$

Donc,　　　　$Q = \dfrac{Z_T}{X_L} = \dfrac{17\ 600}{440}$

$$Q = 40$$

Problèmes pratiques 27.5
(réponses à la fin du chapitre)

(a) Dans un circuit résonnant série, V_L est de 300 mV avec une entrée de 3 mV. Calculer Q.

(b) Dans un circuit résonnant parallèle, X_L est de 500 Ω. On donne $Q = 50$. Calculer Z_T.

27.6
LARGEUR DE BANDE *B* D'UN CIRCUIT RÉSONNANT

Quand on dit qu'un circuit *LC* est résonnant sur une fréquence donnée, cela est vrai pour l'effet maximal de la résonance. Mais d'autres fréquences, proches de f_r, sont aussi privilégiées. Pour la résonance série, le courant augmente aux fréquences immédiatement inférieures et supérieures à f_r, mais un peu moins qu'à la résonance. De même, dans un circuit résonnant parallèle, aux fréquences voisines de f_r, l'impédance peut être élevée mais un peu plus faible que l'impédance maximale Z_T.

Une fréquence de résonance quelconque est associée à une bande de fréquence dans laquelle se produisent des effets de résonance. La largeur de cette bande dépend du facteur de qualité Q du circuit résonnant. En réalité, il est pratiquement impossible d'obtenir un circuit *LC* ne présentant l'effet de résonance qu'à une seule fréquence. La largeur de la bande résonnante, centrée autour de f_r, est appelée *largeur de bande B* du circuit accordé.

Mesure de la largeur de la bande *B*　Le groupe des fréquences pour lesquelles la réponse est au moins égale à 70,7 % du maximum est généralement considéré comme largeur de bande *B* du circuit accordé, tel qu'indiqué à la figure 27-10*b*. La réponse résonnante est dans ce cas un courant croissant dans le circuit série en (*a*). La largeur de bande *B* est donc mesurée entre les deux fréquences f_1 et f_2 produisant 70,7 % du courant maximal à la fréquence f_r.

Dans un circuit parallèle, la réponse résonnante est l'impédance croissante Z_T. On mesure donc la largeur de bande entre les deux fréquences pour lesquelles l'impédance est égale à 70,7 % de l'impédance maximale Z_T, à la fréquence f_r.

La largeur de bande, indiquée sur la courbe de réponse de la figure 27-10*b*, est égale à 20 kHz. Cette valeur est la différence entre f_2 et f_1 qui sont respectivement de 60 et de 40 kHz, et dont la réponse est égale à 70,7 % du maximum.

Le courant maximal étant de 100 mA sur la fréquence f_r de 50 kHz, le courant s'élève donc à 70,7 mA à la fréquence f_1 inférieure à la résonance, et à la fréquence f_2 supérieure à la résonance. À toutes les fréquences de cette bande de 20 kHz, le courant est de 70,7 mA au moins, dans la courbe de réponse prise comme exemple.

La largeur de bande est égale à f_r/Q　Une résonance pointue, avec un facteur Q élevé, correspond à une bande étroite. Plus le facteur Q est faible, plus la courbe de réponse est large et plus la largeur de bande est grande.

Quand la fréquence de résonance augmente, la gamme des valeurs de fréquence contenues dans la largeur de bande augmente, pour une résonance pointue donnée. La largeur de bande d'un circuit résonnant dépend donc des facteurs f_r et Q.

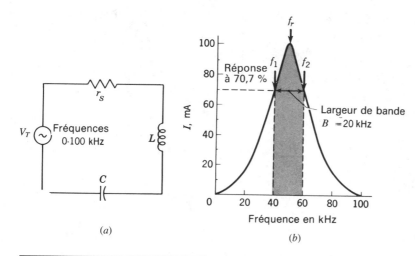

Figure 27-10 *Largeur de bande d'un circuit accordé LC: (a) circuit série avec entrée entre 0 et 100 kHz; (b) courbe de réponse de l'augmentation de courant à la résonance, avec une largeur de bande égale à 20 kHz, entre f_1 et f_2.*

La largeur de bande d'un circuit résonnant est donc égale à:

$$f_2 - f_1 = B = \frac{f_r}{Q} \qquad (27.9)$$

où B est la largeur de bande totale, exprimée avec la même unité que la fréquence f_r.

Par exemple, un circuit série résonnant à 800 kHz et ayant un facteur Q de 100, a une largeur de bande de 800/100, c'est-à-dire 8 kHz. Ceci signifie que le courant I est au moins égal à 70,7 % du maximum pour toutes les fréquences de la bande de 8 kHz centrée sur 800 kHz, c'est-à-dire entre 796 et 804 kHz.

Dans le cas d'un circuit résonnant parallèle ayant un facteur Q supérieur à 10, on peut appliquer la formule (27.9) pour calculer la bande de fréquences dans laquelle l'impédance est égale au moins à 70,7 % de la valeur maximale Z_T. Cette formule ne peut cependant être utilisée dans le cas des circuits résonnants parallèle à facteur Q faible, car alors la courbe de résonance devient dissymétrique.

Un facteur Q élevé signifie une largeur de bande étroite La figure 27-11 illustre l'influence des différentes valeurs du facteur de qualité Q sur la largeur de bande. On observe que les valeurs plus élevées du facteur Q, à fréquence de résonance égale, donnent une largeur de bande plus étroite et des *flancs* de la courbe de réponse de pente plus raide, en plus d'une amplitude plus élevée.

Les fréquences de coupure f_1 et f_2 sont séparées de la fréquence de résonance f_r par la moitié de la largeur de bande totale. Par exemple, pour la courbe la plus haute de la figure 27-11, le facteur de qualité Q est de 80, et B est de ± 5 kHz, centrés sur la fréquence f_r de 800 kHz. Pour déterminer les fréquences de coupure:

$$f_1 = f_r - \frac{B}{2} = 800 - 5 = 795 \text{ kHz}$$

$$f_2 = f_r + \frac{B}{2} = 800 + 5 = 805 \text{ kHz}$$

On suppose dans ces exemples que la courbe de résonance est symétrique. Cela est vrai dans un circuit résonnant parallèle à facteur Q élevé et dans un circuit résonnant série, quel que soit Q.

Exemple 9 Un circuit LC, résonnant à 2000 kHz, a un facteur Q de 100. Trouver la largeur de bande B totale et les fréquences de coupure f_1 et f_2.

Réponse

$$B = \frac{f_r}{Q} = \frac{2000 \text{ kHz}}{100} = 20 \text{ kHz}$$

$$f_1 = f_r - \frac{B}{2} = 2000 - 10$$

$$f_1 = 1990 \text{ kHz}$$

$$f_2 = f_r + \frac{B}{2} = 2000 + 10$$

$$= 2010 \text{ kHz}$$

Exemple 10 Faites les mêmes calculs que pour l'exemple 9, avec $f_r = 6000$ kHz et le même facteur Q de 100.

Réponse

$$B = \frac{f_r}{Q} = \frac{6000 \text{ kHz}}{100} = 60 \text{ kHz}$$

$$f_1 = 6000 - 30 = 5970 \text{ kHz}$$

$$f_2 = 6000 + 30 = 6030 \text{ kHz}$$

On observe que B est trois fois plus grand pour un même facteur Q, car f_r est trois fois plus élevé.

Points à mi-puissance C'est uniquement pour la commodité des calculs que l'on définit la largeur de bande entre les deux fréquences dont la réponse est à 70,7 % du maximum. Pour chacune de ces fréquences, la réactance capacitive ou inductive résultante est égale à la résistance. L'impédance totale de la réactance en série avec la résistance est égale à 1,4 fois la valeur de R. Cette impédance étant beaucoup plus élevée, le courant est réduit à 1/1,414, c'est-à-dire à 0,707 fois sa valeur maximale.

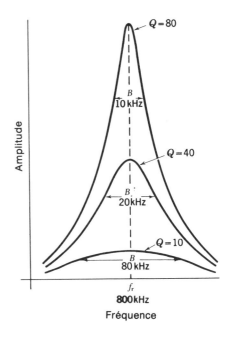

Figure 27-11 *Un facteur Q plus élevé donne une courbe de résonance plus pointue. L'amplitude désigne le courant I d'un circuit résonnant série ou l'impédance d'un circuit résonnant parallèle. La largeur de bande à mi-puissance est B.*

En outre, une valeur relative de la tension ou du courant égale à 70,7 % du maximum correspond à une puissance de 50 %, puisque la puissance est égale à I^2R ou à V^2/R et que le carré de 0,707 est égal à 0,5. La largeur de bande entre les fréquences ayant une réponse en tension ou en courant de 70,7 % est aussi la largeur de bande entre les points à mi-puissance. La formule (27.9) est valide pour B entre les points à réponse 70,7 % sur la courbe de résonance.

Mesure de la largeur de bande pour calculer Q On peut déterminer expérimentalement les fréquences f_1 et f_2 des points à mi-puissance. Pour la résonance série, on cherche les deux fréquences pour lesquelles le courant est les 70,7 % du maximum I. Dans le cas de la résonance parallèle, on cherche les deux fréquences pour lesquelles l'impédance est les 70,7 % du maximum Z_T. La méthode suivante applique la technique de la figure 27-9 pour mesurer Z_T, mais avec un circuit différent pour déterminer la largeur de bande et le facteur Q.

1. Accorder le circuit à la résonance et déterminer l'impédance maximale Z_T, à la fréquence f_r. On suppose dans cet exemple que Z_T est de 10 000 Ω, à la fréquence de résonance de 200 kHz.
2. Maintenir la tension d'entrée à la même valeur, mais décaler légèrement la fréquence au-dessous de f_r pour déterminer la fréquence f_1 (à laquelle Z_1 est égal) à 70,7 % de Z_T. La valeur à obtenir ici est de $0,707 \times 10\,000$, soit 7070 Ω pour Z_1, à la fréquence f_1. On suppose que la fréquence mesurée f_1 est de 195 kHz.
3. On détermine de la même manière la fréquence f_2 supérieure à f_r qui correspond à une impédance de 7070 Ω. On suppose que la fréquence f_2 mesurée est de 205 kHz.
4. La largeur de bande totale entre les fréquences à mi-puissance est égale à $f_2 - f_1$ ou $205 - 195$. Donc $B = 10$ kHz.
5. Ensuite, on a $Q = f_r/B = 200$ kHz/10 kHz, c'est-à-dire $Q = 20$.

Problèmes patiques 27.6
(réponses à la fin du chapitre)

(a) Un circuit LC de fréquence f_r de 10 MHz présente un facteur Q de 40. Calculer la largeur de bande à mi-puissance.
(b) Soit une fréquence f_r de 500 kHz et une largeur de bande B de 10 kHz. Calculer Q.

27.7
ACCORD

Accorder signifie obtenir la résonance à différentes fréquences en faisant varier soit L, soit C. Comme on l'indique à la figure 27-12, on peut régler le condensateur variable C pour accorder le circuit LC à la résonance sur l'une quelconque des cinq fréquences différentes. Chacune des tensions V_1 à V_5 indique un signal d'entrée alternatif sur une fréquence donnée. La fréquence de résonance du circuit LC détermine celle des fréquences d'entrée qui est choisie pour donner un signal de sortie maximal.

Quand C est réglé, par exemple sur 424 pF, la fréquence de résonance du circuit LC est de 500 kHz pour f_{r_1}. La tension d'entrée sur cette fréquence de 500 kHz produit alors une augmentation du courant, par résonance, qui se traduit par une tension de sortie maximale aux bornes de C. Aux autres fréquences, comme 707 kHz, la tension de sortie est inférieure à la tension d'entrée. Avec une valeur de 424 pF pour C, le circuit LC accordé sur 500 kHz choisit cette fréquence en fournissant une tension de sortie beaucoup plus grande que celles des autres fréquences.

Si on suppose que l'on désire obtenir une tension de sortie maximale pour la tension d'entrée à 707 kHz, on règle alors C à 212 pF pour rendre le circuit LC résonnant à la fréquence f_{r_2} de 707 kHz. Le circuit accordé peut de la même manière résonner à une fréquence différente pour chaque tension d'entrée. Le circuit LC est donc alors accordé pour être sélectif sur la fréquence désirée.

On peut régler le condensateur variable C sur les valeurs indiquées au tableau 27-4, pour accorder le circuit LC sur différentes fréquences. On n'a indiqué que cinq fréquences dans le tableau, mais l'une quelconque des valeurs de condensateur comprises entre 26,5 et 424 pF peut accorder la bobine de 239 μH,

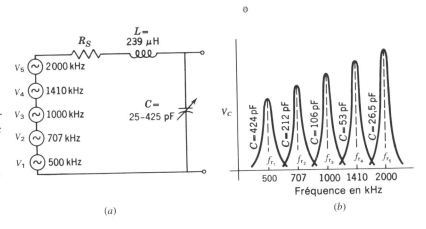

Figure 27-12 *Accord d'un circuit résonnant série avec un condensateur variable C: (a) circuit avec entrées à différentes fréquences; (b) réponses résonnantes sur différentes fréquences quand on fait varier C. Les amplitudes relatives ne sont pas à l'échelle.*

sur une fréquence de la gamme 500 à 2000 kHz. On observera qu'il est également possible d'accorder un circuit résonnant parallèle en faisant varier C ou L.

Rapport d'accord Quand on accorde un circuit LC, la variation de la fréquence de résonance est inversement proportionnelle à la racine carrée de la variation de L ou de C. On remarque au tableau 27-4 que si C diminue dans le rapport 1 à 4, de 424 à 106 pF, la fréquence de résonance est doublée: elle passe de 500 à 1000 kHz. Autrement dit, la fréquence a augmenté dans le rapport $1/\sqrt{1/4}$, qui est égal à 2.

En supposant que l'on veuille accorder le circuit dans toute la gamme des fréquences comprises entre 500 et 2000 kHz, la gamme d'accord correspond à un rapport de 4 à 1 entre la fréquence la plus élevée et la fréquence la plus basse. Il faut alors faire varier le condensateur de 424 à 26,5 pF, c'est-à-dire dans un rapport de 16 à 1 en capacité.

Cadran d'accord des récepteurs radio La figure 27-13 illustre une application courante des circuits résonnants à l'accord d'un récepteur sur la fréquence porteuse de la sta-

tion désirée de la bande. L'accord se fait grâce au condensateur à air C, qui peut varier de 360 pF quand ses armatures sont complètement rentrées, à 40 pF quand ses armatures sont complètement sorties. Les armatures fixes constituent le stator, tandis que les armatures qui entrent et sortent constituent le rotor.

On remarque que la fréquence F_L la plus basse, soit 540 kHz, s'obtient avec la valeur de C la plus élevée, soit 360 pF. La résonance sur la fréquence F_H la plus élevée s'obtient avec la plus faible valeur de C, soit 40 pF.

La gamme de capacités, de 40 à 360 pF, permet d'accorder dans la gamme de fréquences allant de 1620 kHz à 540 kHz. La fréquence F_L est le tiers de F_H, car le maximum de C est neuf fois plus grand que le minimum

Tableau 27-4 *Accord d'un circuit LC par variation de C*

L, μH	C, pF	f_r, kHz
239	424	500
239	212	707
239	106	1000
239	53	1410
239	26,5	2000

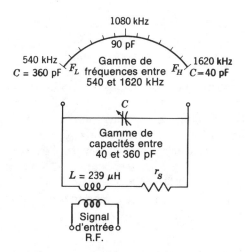

Figure 27-13 *Application de l'accord d'un circuit LC dans la gamme de radiodiffusion à modulation d'amplitude entre 540 et 1620 kHz.*

de C. Le cadran d'accord, en kHz, ignore habituellement le dernier zéro afin d'économiser de l'espace.

Le même principe s'applique à l'accord dans la gamme de radiodiffusion en modulation de fréquence, entre 88 et 108 MHz, avec des valeurs plus faibles de L et de C. Les téléviseurs sont également accordés sur un canal donné par résonance sur les fréquences désirées.

Problèmes pratiques 27.7
(réponses à la fin du chapitre)

(a) Soit les armatures d'un condensateur d'accord complètement rentrées. Le récepteur est-il alors accordé sur la plus grande fréquence de la bande ou sur la plus petite?

(b) Un rapport d'accord de 2 à 1 en fréquence requiert quel rapport de la variable: L ou C?

27.8
DÉSACCORD

On peut supposer par exemple qu'un circuit en série LC soit accordé sur 1000 kHz mais que la tension d'entrée soit à 17 kHz, c'est-à-dire complètement en dehors de la résonance. Le circuit pourrait produire une amplification Q de la tension de sortie pour un courant à la fréquence de 1000 kHz, mais il n'y a pas de tension d'entrée, donc pas de courant à cette fréquence.

La tension d'entrée produit un courant sur la fréquence de 17 kHz. Cette fréquence ne peut pas donner lieu à une augmentation du courant par résonance puisque le courant est limité par la réactance nette. Quand la fréquence de la tension d'entrée et la fréquence de résonance du circuit LC ne sont pas identiques, le circuit désaccordé ne fournit donc qu'un signal de sortie très faible comparé à l'amplification en tension Q, à la résonance.

De la même manière, un circuit parallèle désaccordé ne peut pas présenter une impédance de valeur élevée. En outre, la réactance nette, en dehors de la résonance, rend le circuit LC soit inductif, soit capacitif.

Circuit série en dehors de la résonance
Quand la fréquence de la tension d'entrée est inférieure à la fréquence de résonance d'un circuit LC en série, la réactance capacitive est supérieure à la réactance inductive. Par conséquent, la tension aux bornes de la réactance capacitive est plus élevée que la tension aux bornes de la réactance inductive. Le circuit LC série est donc capacitif au-dessous de la résonance, avec un courant capacitif en avance sur la tension du générateur.

Au-dessus de la fréquence de résonance, la réactance inductive est supérieure à la réactance capacitive. Par conséquent, le circuit est inductif au-dessus de la résonance, avec un courant inductif en retard sur la tension du générateur. Dans les deux cas, la tension de sortie est beaucoup plus faible qu'à la résonance.

Circuit parallèle en dehors de la résonance Dans le cas d'un circuit LC parallèle, la faible réactance inductive au-dessous de la résonance laisse passer un courant plus important dans la branche inductive que dans la branche capacitive. Le courant net dans la ligne principale est donc inductif, ce qui rend le circuit LC parallèle inductif au-dessous de la résonance, comme le courant dans cette ligne est en retard sur la tension du générateur.

Au-dessus de la fréquence de résonance, le courant net dans la ligne principale est capacitif, puisque le courant de la branche capacitive est plus grand. Le circuit LC parallèle est donc capacitif, avec un courant dans la ligne principale en avance sur la tension du générateur. Dans les deux cas, l'impédance totale du circuit parallèle est beaucoup plus faible que l'impédance maximale à la résonance. Remarquer que les effets capacitifs et inductifs des circuits série en dehors de la résonance sont opposés à ceux des circuits parallèle.

Problèmes pratiques 27.8
(réponses à la fin du chapitre)

(a) Est-ce qu'un circuit résonnant série est inductif ou capacitif au-dessous de la résonance?

(b) Est-ce qu'un circuit résonnant parallèle est inductif ou capacitif au-dessous de la résonance?

27.9
ÉTUDE DES CIRCUITS RÉSONANTS PARALLÈLE

La résonance parallèle est plus complexe que la résonance série parce que les courants des branches réactives ne sont pas exactement égaux quand X_L a la même valeur que X_C.

Ceci s'explique par la résistance en série r_s qui se trouve dans la branche X_L, alors que la branche de C ne comprend que X_C.

Pour des circuits à facteur Q élevé, on considère que r_s est négligeable. Mais, dans les circuits à faible facteur de qualité, il faut considérer la branche inductive comme une impédance complexe composée de X_L et de r_s, en série. Cette impédance est en parallèle sur X_C, comme on l'indique à la figure 27-14. On peut donc calculer l'impédance totale Z_T en utilisant les nombres complexes, comme on l'indique au chapitre 26.

Circuit à facteur Q élevé On peut appliquer la méthode générale de la figure 27-14 au circuit résonnant parallèle de la figure 27-6 pour voir si Z_T est de 225 000 Ω. Dans cet exemple, X_L et X_C sont de 1500 Ω et r_s de 10 Ω. Les calculs sont les suivants:

$$Z_T = \frac{Z_1 \cdot Z_2}{Z_1 + Z_2}$$

$$= \frac{-j1500 \times (j1500 + 10)}{-j1500 + j1500 + 10}$$

$$= \frac{-j^2 2,25 \times 10^6 - j15\ 000}{10}$$

$$= -j^2 2,25 \times 10^5 - j1500$$

$$= 225\ 000 - j1500$$

$$Z_T = 225 \underline{/0°}\ \Omega$$

On remarque que $-j^2$ est égal à $+1$. On peut aussi négliger le terme réactif $j1500$ Ω devant la résistance de 225 000 Ω. On obtient ainsi, pour Z_T, la même valeur que celle du produit $Q \cdot X_L$, c'est-à-dire $150 \times 15\ 000$, car le facteur Q est élevé et la résistance r_s assez faible pour être négligée.

Circuit à facteur Q faible On peut considérer qu'un facteur Q inférieur à 10 est faible. Si, dans le même circuit de la figure 27-6, r_s

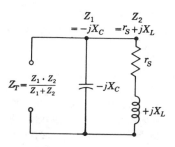

$$Z_T = \frac{Z_1 \cdot Z_2}{Z_1 + Z_2}$$

Figure 27-14 *Méthode générale de calcul de Z_T dans un circuit résonnant parallèle par la formule $Z_T = (Z_1 \cdot Z_2)/(Z_1 + Z_2)$ à l'aide des nombres complexes.*

est de 300 Ω et X_L de 1500 Ω, le facteur Q serait de 1500/300 c'est-à-dire 5. Dans ce cas où r_s est appréciable, les courants des deux branches ne peuvent pas être égaux quand les valeurs de X_L et de X_C sont égales, car la branche inductive a alors une impédance plus grande et un courant plus faible.

Pour les circuits à faible facteur Q, on peut calculer Z_T à partir des impédances des branches. Dans cet exemple, les calculs sont simplifiés si on exprime toutes les impédances en kilohms:

$$Z_T = \frac{Z_1 \cdot Z_2}{Z_1 + Z_2}$$

$$= \frac{-j1,5 \times (j1,5 + 0,3)}{-j1,5 + j1,5 + 0,3}$$

$$= \frac{-j^2 2,25 - j0,45}{0,3}$$

$$= -j^2 7,5 - j1,5$$

$$= 7,5 - j1,5$$

$$= 7,65 \underline{/-11,3°} \text{ kΩ}$$

$$Z_T = 7650 \underline{/-11,3°} \text{ Ω}$$

Le déphasage φ n'est pas nul puisque les courants des branches réactives sont inégaux, bien que les valeurs de X_L et de X_C soient

égales. La valeur appréciable de r_s dans la branche X_L rend le courant de cette branche plus faible que le courant I_C de la branche X_C.

Critères de la résonance parallèle La fréquence f_r qui rend les réactances X_L et X_C égales est toujours $1/(2\pi\sqrt{LC})$. Mais, dans les circuits à facteur Q faible, f_r ne permet pas forcément d'obtenir l'effet de résonance désiré. Les trois critères principaux de la résonance parallèle sont les suivants:

1. déphasage nul et facteur de puissance égal à l'unité;
2. impédance Z_T maximale et courant minimal dans la ligne principale;
3. $X_L = X_C$. C'est la résonance sur $f_r = 1/(2\pi\sqrt{LC})$.

Ces trois effets ne se produisent pas à la même fréquence dans les circuits parallèle qui ont un faible facteur Q. La condition d'un facteur de puissance égal à l'unité est souvent appelée l'*antirésonance* dans un circuit parallèle LC, pour la distinguer du cas où les réactances X_L et X_C sont égales.

On remarquera que si le facteur Q est égal ou supérieur à 10, les courants des branches sont pratiquement égaux pour $X_C = X_L$, $f_r = 1/(2\pi\sqrt{LC})$; le courant dans la ligne principale est minimal, son déphasage est nul et l'impédance est maximale.

Dans un circuit résonnant série, le courant est maximal exactement à la fréquence f_r, que Q soit faible ou non.

Problèmes pratiques 27.9 (réponses à la fin du chapitre)

(a) Soit $Q = 8$. Est-ce une grande ou une petite valeur?

(b) Soit $Q = 8$. Est-ce que I_L sera plus grand ou plus petit que I_C dans les branches en parallèle lorsque $X_L = X_C$?

27.10
AMORTISSEMENT DES CIRCUITS RÉSONNANTS PARALLÈLE

La résistance shunt R_P aux bornes de L et de C, dans le circuit de la figure 27-15a, est une résistance d'amortissement car elle abaisse le facteur Q du circuit accordé . Ce R_P peut représenter la résistance de la source extérieure qui excite le circuit résonnant parallèle, ou il peut être une véritable résistance, ajouté pour diminuer Q et élargir la largeur de bande. Il vaut mieux utiliser une résistance parallèle R_P pour diminuer le facteur Q que d'augmenter la résistance en série r_S, car la réponse résonnante est plus symétrique avec un amortissement en shunt.

L'effet des variations de la résistance en parallèle R_P est opposé à celui des variations de la résistance en série r_S. Une réduction de R_P diminue Q et rend la résonance moins pointue. On se rappelle qu'une résistance plus faible dans une branche parallèle laisse passer davantage de courant. Ce courant d'une branche résistive ne peut pas être neutralisé à la résonance par des courants réactifs. La chute du courant de la ligne principale à la résonance vers son minimum est moins pointue quand la composante résistive du courant est plus

grande. Plus précisément, la formule déterminant Q à partir de la résistance en parallèle est:

$$Q = \frac{R_P}{X_L} \qquad (27.10)$$

Cette relation avec la résistance shunt R_P est l'inverse de la formule exprimant le facteur Q à partir de la résistance en série r_S. En réduisant R_P, on diminue Q, mais, en réduisant r_S, on augmente Q. L'amortissement s'obtient par une résistance en série r_S ou par une résistance en parallèle R_P ou par les deux.

Résistance shunt R_P en parallèle sans r_S en série Dans le circuit de la figure 27-15a, le facteur Q est uniquement déterminé par la résistance R_P puisqu'il n'y a pas de résistance r_S d'indiquée. On peut considérer que r_S a une valeur nulle ou très petite. Donc, dans ce cas, le facteur Q de la bobine est infini ou assez élevé pour être plus grand que le facteur Q amorti du circuit accordé, d'un facteur 10 ou plus. Le facteur Q du circuit résonnant amorti est, dans ce cas, R_P/X_L, soit $^{50\,000}/_{500} = 100$.

Résistance r_S en série sans R_P en parallèle À la figure 27-15b, le facteur Q n'est déterminé que par la résistance r_S de la bobine,

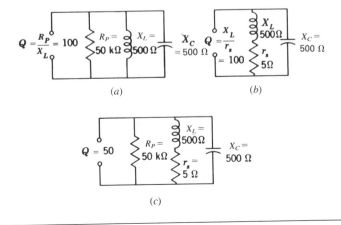

Figure 27-15 *Facteur Q d'un circuit résonnant parallèle en fonction: (a) de la résistance d'amortissement parallèle R_P seule; (b) de la résistance r_S de la bobine seule; et (c) de r_S et de R_P. Voir la formule 27.11 pour le calcul de Q.*

car aucune résistance shunt d'amortissement n'est utilisée. Alors, $Q = X_L/r_S = {}^{500}\!/5 = 100$. Cette valeur est celle du facteur Q de la bobine, c'est aussi la valeur du facteur Q du circuit résonnant parallèle sans shunt d'amortissement.

Conversion $r_S \leftrightarrow R_P$ Le facteur Q de 100 des circuits (a) et (b) est le même, car la résistance shunt R_P de 50 000 Ω est équivalente à la résistance en série r_S de 5 Ω comme résistance d'amortissement. On peut transformer une résistance en série en une résistance en parallèle et inversement, puisque $r_S = X^2{}_L/R_P$ ou $R_P = X^2{}_L/r_S$. Dans cet exemple, r_S est de ${}^{250\,000}\!/50\,000 = 5$ Ω ou R_P est de ${}^{250\,000}\!/5 =$ 50 000 Ω.

Amortissement avec r_S et R_P La figure 27-15c représente le cas général de l'amortissement où il faut considérer à la fois R_S et R_P. Le facteur Q du circuit se calcule comme suit:

$$Q = \frac{X_L}{r_S + X_L{}^2/R_P} \tag{27.11}$$

Avec les valeurs de la figure 27-12c, on obtient:

$$Q = \frac{500}{5 + {}^{250\,000}\!/50\,000} = \frac{500}{5+5} = \frac{500}{10}$$

$$Q = 50$$

Le facteur Q est plus faible en (c), car le circuit comprend à la fois un amortissement en série et un amortissement en parallèle.

Il faut observer que pour une résistance en série r_S nulle, on peut inverser la formule (27.11) et la simplifier pour obtenir $Q = R_P/X_L$. C'est la même formule que la formule (27.10) quand il n'y a qu'un amortissement en shunt.

Dans le cas opposé, où R_P est infini, la formule (27.11) se ramène à X_L/r_S, c'est-à-dire à la même expression que la formule (27.5), sans amortissement en parallèle.

Problèmes pratiques 27.10
(réponses à la fin du chapitre)

(a) Soit un circuit résonnant parallèle pour lequel $X_L = 1000$ Ω et $r_S = 20$ Ω, sans amortissement en shunt. Calculer Q.

(b) Soit un circuit résonnant parallèle pour lequel $X_L = 1000$ Ω, r_S est négligeable et $R_P = 50$ kΩ. Calculer Q.

(c) Calculer Z_T, à f_r, des circuits des problèmes (a) et (b).

27.11
CHOIX DE L ET DE C POUR UN CIRCUIT RÉSONNANT

L'exemple suivant montre comment la résonance n'est qu'une application des réactances X_L et X_C. On se pose le problème de la détermination de l'inductance et du condensateur d'un circuit qui doit résonner à 159 kHz. Il faut d'abord connaître la valeur de L ou de C pour calculer l'autre composant. On doit choisir l'un ou l'autre, suivant les applications. Dans certains cas, en particulier aux fréquences très élevées, le condensateur C doit avoir la valeur la plus minimale possible, qui peut être de 10 pF, environ. Mais, aux fréquences moyennes, on peut choisir L pour obtenir une réactance souhaitable et réalisable de 1000 Ω. La valeur de l'inductance L, nécessaire, est alors égale à $X_L/2\pi f$, soit 0,001 H ou 1 mH pour une réactance inductive de 1000 Ω.

Le condensateur C, nécessaire pour obtenir une fréquence de résonance de 159 kHz avec une inductance L de 1 mH, est de 0,001 μF ou 1000 pF. On peut calculer C pour obtenir une réactance X_C de 1000 Ω, égale à X_L, à la fréquence f_r de 159 kHz, ou appliquer la formule (27.3). Dans l'un ou l'autre cas, si on remplace C par 1×10^{-9} F et L par 1×10^{-3} H dans la formule de la fréquence de résonance, on obtient $f_r = 159$ kHz.

Cette combinaison résonne à 159 kHz, que L et C soient en série ou en parallèle. La résonance série produit un courant maximal et une tension maximale aux bornes de L ou de C, à 159 kHz. La résonance parallèle, à 159 kHz, produit un courant minimal dans la ligne principale et une impédance maximale aux bornes du générateur.

Si on suppose que la bobine de 1 mH, constituant L, a une résistance interne de 20 Ω, le facteur de qualité Q de la bobine est de 50. C'est aussi la valeur du facteur de qualité Q du circuit résonnant série. C'est également la valeur du facteur de qualité Q du circuit parallèle LC quand il n'y a pas de résistance d'amortissement en shunt. Avec un facteur de qualité Q de 50, la largeur de bande du circuit résonnant est de 159 kHz/50, c'est-à-dire $B = 3{,}18$ kHz.

Problèmes pratiques 27.11 (réponses à la fin du chapitre)

(a) Soit $C = 1000$ pF et $L = 1$ mH. Calculer f_r.
(b) Soit $C = 250$ pF et $L = 1$ mH. Calculer f_r.

Résumé

Au tableau 27-5, on compare les résonances série et parallèle. La différence principale est la suivante: la résonance série produit un courant maximal et une impédance très faible, sur la fréquence f_r, mais la résonance parallèle produit un courant minimal dans la ligne principale avec

Tableau 27·5 *Comparaison des résonnances série et parallèle*

RÉSONANCE SÉRIE	RÉSONANCE PARALLÈLE (Q ÉLEVÉ)
$f_r = \dfrac{1}{2\,\pi\sqrt{LC}}$	$f_r = \dfrac{1}{2\,\pi\sqrt{LC}}$
I maximal, sur f_r, avec $\varphi = 0°$	I_T minimal, sur f_r, avec $\varphi = 0°$
Impédance Z minimale, sur f_r	Impédance Z maximale, sur f_r
$Q = X_L/r_S$, ou	$Q = X_L/r_S$, ou
$Q = V_{\text{sortie}}/V_{\text{entrée}}$	$Q = Z_{\text{max}}/X_L$
Augmentation Q de la tension: $V = Q \cdot V_{\text{gén}}$	Augmentation Q de l'impédance: $Z_T = Q \cdot X_L$
Largeur de bande $B = f_r/Q$	Largeur de bande $B = f_r/Q$
Circuit capacitif au-dessous de f_r, mais inductif au-dessus	Circuit inductif au-dessous de f_r, mais capacitif au-dessus
Nécessite une source à faible résistance pour avoir une faible valeur de r_S, un facteur Q élevé et un accord pointu	Nécessite une source à grande résistance pour avoir une grande valeur de R_P, un facteur Q élevé et un accord pointu
La source est à l'intérieur du circuit LC	La source est à l'extérieur du circuit LC

une impédance très élevée. On se rappelle que les formules de la résonance parallèle sont des approximations très précises que l'on peut appliquer aux circuits dont le facteur de qualité est supérieur à 10. Les formules de la résonance série s'appliquent, que Q soit faible ou élevé.

Exercices de contrôle
(Réponses à la fin de l'ouvrage)

Voici un moyen de contrôler si vous avez bien assimilé le contenu de ce chapitre. Ces exercices sont uniquement destinés à vous évaluer vous-même.

Choisir (*a*), (*b*), (*c*) ou (*d*).

1. Dans un circuit LC série ou parallèle, la résonance se produit quand: (*a*) la réactance X_L est au moins dix fois plus grande que X_C; (*b*) la réactance X_C est au moins dix fois plus grande que X_L; (*c*) $X_L = X_C$; (*d*) le déphasage du circuit est de 90°.
2. Quand on augmente soit L, soit C, la fréquence de résonance du circuit LC: (*a*) augmente; (*b*) diminue; (*c*) reste constante; (*d*) est déterminée par la résistance shunt.
3. La fréquence de résonance d'un circuit LC est de 1000 kHz. Si on double L et que l'on réduit C au huitième de sa valeur originale, la fréquence de résonance devient: (*a*) 250 kHz; (*b*) 500 kHz; (*c*) 1000 kHz; (*d*) 2000 kHz.
4. Une bobine a une réactance X_L de 1000 Ω et une résistance interne de 5 Ω. Son facteur de qualité Q est de: (*a*) 0,005; (*b*) 5; (*c*) 200; (*d*) 1000.
5. Dans un circuit LC parallèle, à la fréquence de résonance: (*a*) le courant de la ligne principale est maximal; (*b*) le courant de la branche inductive est minimal; (*c*) l'impédance totale est minimale; (*d*) l'impédance totale est maximale.
6. À la résonance, le déphasage est égal à: (*a*) 0°; (*b*) 90°; (*c*) 180°; (*d*) 270°.
7. Dans un circuit LC série, sur la fréquence de résonance: (*a*) le courant est minimal; (*b*) la tension aux bornes de C est minimale; (*c*) l'impédance est maximale; (*d*) le courant est maximal.
8. Un circuit LC série a un facteur de qualité Q de 100 à la résonance. Quand on lui applique une tension de 5 mV, à la fréquence de résonance, la tension aux bornes de C est égale à: (*a*) 5 mV; (*b*) 20 mV; (*c*) 100 mV; (*d*) 500 mV.

9. Un circuit LC, résonnant à 1000 kHz, a un facteur de qualité Q de 100. La largeur de bande entre les points à mi-puissance est égale à: (a) 10 kHz, entre 995 et 1005 kHz; (b) 10 kHz, entre 1000 et 1010 kHz; (c) 5 kHz, entre 995 et 1000 kHz; (d) 200 kHz, entre 900 et 1100 kHz.

10. Dans un circuit résonnant parallèle, à faible facteur de qualité Q, quand $X_L = X_C$: (a) $I_L = I_C$; (b) I_L est plus faible que I_C; (c) I_L est supérieur à I_C; (d) le déphasage est de 0°.

Questions

1. (a) Indiquez deux caractéristiques de la résonance série. (b) Un microampèremètre permet de mesurer le courant du circuit série LC de la figure 27-2; décrivez les indications de l'appareil aux différentes fréquences entre 600 et 1400 kHz.

2. (a) Indiquez deux caractéristiques de la résonance parallèle. (b) Un microampèremètre permet de mesurer le courant dans la ligne principale du circuit LC parallèle de la figure 27-6a; décrivez les indications de l'appareil pour les fréquences comprises entre 600 et 1400 kHz.

3. Indiquez la formule donnant le facteur de qualité Q dans les circuits LC suivants: (a) résonance série; (b) résonance parallèle avec une résistance en série r_S dans la branche inductive; (c) résonance parallèle avec une résistance en série nulle mais une résistance shunt R_P.

4. Expliquez brièvement pourquoi un circuit LC parallèle est inductif, alors qu'un circuit LC série est capacitif au-dessous de f_r.

5. Quelle est l'influence d'un circuit résonnant parallèle sur le facteur Q et sur la largeur de bande si la résistance shunt d'amortissement est réduite de 50 000 à 10 000 Ω?

6. Décrivez brièvement la façon d'utiliser un appareil de mesure alternatif pour mesurer la largeur de bande d'un circuit résonnant série afin de calculer son facteur Q.

7. Pourquoi un générateur à faible résistance convient-il à un circuit résonnant série à facteur Q élevé, tandis qu'il faut un générateur à résistance élevée pour un circuit résonnant parallèle à facteur Q élevé?

8. En vous reportant à la figure 27-13, expliquez pourquoi la fréquence moyenne de 1080 kHz ne correspond pas à la capacité moyenne de 200 pF.

9. (a) Indiquez trois critères de la résonance parallèle. (b) Pourquoi la fréquence d'antirésonance f_a est-elle différente de f_r dans les circuits à faible facteur Q? (c) Pourquoi ces deux fréquences sont-elles égales dans un circuit à facteur Q élevé?

10. Montrez comment la formule (27.11) se ramène à R_P/X_L quand $r_S = 0$.

11. (a) Précisez les fréquences de coupure f_1 et f_2 pour chacune des trois courbes de réponse de la figure 27-11. (b) Pourquoi un facteur Q plus faible correspond-il à une largeur de bande plus large?

12. (a) Pourquoi l'impédance maximale Z_T d'un circuit résonnant parallèle correspond-elle à un courant minimal dans la ligne principale? (b) Pourquoi un déphasage nul correspond-il pour un circuit résonnant à un facteur de puissance égal à l'unité?

Problèmes

(Les réponses aux problèmes de numéro impair sont données à la fin de l'ouvrage)

1. Trouvez f_r pour un circuit résonnant série comprenant un condensateur C de 10 μF, une inductance L de 16 H et une résistance en série r_S de 5 Ω.

2. Trouvez f_r pour un circuit résonnant parallèle comprenant un condensateur C de 2 μF, une inductance L de 2 H et une résistance en série r_S de 5 Ω.

3. Calculer f_r pour $L = 80$ μH et $C = 120$ pF.

4. Soit $f_r = 1,6$ MHz et $L = 40$ μH. Calculer C.

5. Dans un circuit résonnant série, l'inductance X_L est de 1500 Ω et la résistance interne de la bobine de 15 Ω. À la fréquence de résonance: (a) Quel est le facteur Q du circuit? (b) Quelle est la valeur de X_C? (c) Avec un générateur ayant une tension de 15 mV, quel est le courant I? (d) Quelle est la tension aux bornes de X_C?

6. Dans un circuit résonnant parallèle, X_L est de 1200 Ω, la résistance de la bobine est pratiquement nulle, mais il y a une résistance de 36 000 Ω aux bornes du circuit LC. À la fréquence de résonance: (a) quel est le facteur Q du circuit? (b) Quelle est la valeur de X_C? (c) Avec un générateur dont la tension est de 12 mV et la résistance nulle, dans la ligne principale, quel est le courant dans la ligne principale? (d) Quelle est la tension aux bornes de L, C et R? (e) Quelle est l'impédance aux bornes de la ligne principale?

7. Quelle est la valeur de L nécessaire pour obtenir la résonance série avec un condensateur C de 100 pF à 1 MHz? à 4 MHz?

8. Calculez le condensateur C nécessaire pour obtenir une fréquence de résonance de 200 kHz avec une inductance L de 350 μH.

9. Calculez le plus petit et le plus grand condensateur C qu'il faut utiliser avec une inductance L de 0,1 μH pour obtenir l'accord dans toute la gamme de la radiodiffusion à modulation de fréquence, allant de 88 à 108 MHz.

10. (a) À quelle fréquence une bobine de 200 μH, ayant une résistance en série r_S de 20 Ω, a-t-elle une réactance X_L de 1000 Ω? (b) Quelle est la capacité du condensateur C nécessaire pour obtenir une réactance X_L de 1000 Ω à cette même fréquence? (c) Quelle est la fréquence f_r de cette combinaison LC? (d) Quel est le facteur Q de la bobine?

11. Tracez le schéma d'un circuit résonnant parallèle formé des composants L, C et r_S du problème 10. Si la tension appliquée est de 5 V, calculez les valeurs du courant I_T, de l'impédance Z_T et de l'angle φ de la ligne principale: (a) à la fréquence de résonance f_r; (b) à 0,1 MHz au-dessous de f_r; (c) à 0,1 MHz au-dessus de f_r.

12. On considère le circuit résonnant série de la figure 27-16: (a) quelle est la valeur de X_L? (b) Calculez L en millihenrys et C en microfarads; (c) calculez le facteur Q et la largeur de bande; (d) calculez V_C et V_L; (e) si on double L et que l'on réduise C de moitié, que devient f_r? Calculez Q et la largeur de bande dans ces nouvelles conditions; (f) si on double les valeurs originales de L et de C, que devient f_r?

13. Redessinez la figure 27-16 sous forme d'un circuit résonnant parallèle avec les valeurs originales et une résistance r_S en série avec la bobine. (a) Quel est le facteur Q et quelle est la largeur de bande? (b) Calculez Z_T, à f_r.

14. Dans le même circuit que celui du problème 13, on porte r_S à 500 Ω. (a) Quel est le nouveau facteur Q? (b) Calculez Z_T à f_r à 0,5 f_r et à 2 f_r. (c) Quelle valeur de R_P faudrait-il utiliser pour obtenir le même facteur Q si r_S était nul?

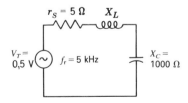

Figure 27-16 *Pour le problème 12.*

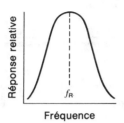

Figure 27-17 *Pour le problème 18.*

15. Pour le circuit série de la figure 27-16: (*a*) faites un tableau des valeurs de I et de φ, tous les kilohertz entre 2 et 9 kHz; (*b*) tracez la courbe de réponse de I en fonction de la fréquence.

16. Pour un circuit formé des valeurs de la figure 27-16 connectées pour obtenir la résonance parallèle: (*a*) calculez Z_T et φ, tous les kHz entre 2 et 9 kHz; (*b*) tracez la courbe de réponse de Z_T en fonction de la fréquence.

17. Un circuit résonnant série produit une tension de 240 mV aux bornes de L, pour une tension d'entrée de 2 mV: (*a*) quel est le facteur Q de la bobine? (*b*) Calculer r_S, si l'inductance L est de 5 mH et la fréquence f_r de 0,3 MHz; (*c*) quelle est la capacité du condensateur C nécessaire pour obtenir cette fréquence de résonance?

18. On considère la courbe de réponse relative de la figure 27-17: (*a*) pour $f_r = 10{,}7$ MHz et $Q = 50$, déterminez la largeur de bande B et les fréquences de coupure f_1 et f_2; (*b*) faites les mêmes calculs pour la fréquence f_r, plus faible, de 456 kHz, Q étant toujours de 50.

Réponses aux problèmes pratiques

27.1 (*a*) 1000 kHz
    (*b*) 1000 kHz

27.2 (*a*) faux
    (*b*) vrai
    (*c*) vrai

27.3 (*a*) faux
    (*b*) vrai
    (*c*) vrai

27.4 (*a*) diminuer
    (*b*) 200 μH

27.5 (*a*) $Q = 100$
    (*b*) $Z_T = 25$ kΩ

27.6 (*a*) $B = 0{,}25$ MHz
    (*b*) $Q = 50$

27.7 (*a*) la plus petite
    (*b*) 1 à 4

27.8 (*a*) capacitif
    (*b*) inductif

27.9 (*a*) une petite valeur
    (*b*) plus petit

27.10 (*a*) $Q = 50$
    (*b*) $Q = 50$
    (*c*) $Z_T = 50$ kΩ

27.11 (*a*) $f_r = 159$ kHz
    (*b*) $f_r = 318$ kHz

Filtres

Le rôle d'un filtre est de séparer les divers composants d'un mélange. Un filtre mécanique, par exemple, sépare les particules mélangées à un liquide ou sépare les petites particules des grandes. Un filtre électrique séparera les différentes composantes de diverses fréquences.

On met généralement à profit les caractéristiques en fréquences opposées des bobines et des condensateurs pour obtenir le filtrage désiré. À mesure que la fréquence croît, X_L augmente mais X_C diminue. De plus, leur action de filtrage dépend du montage de L et de C en série ou en parallèle avec la charge. Les applications les plus courantes du filtrage sont la séparation des audiofréquences des radiofréquences ou vice versa, et la séparation des variations alternatives du niveau moyen continu. Les sujets énumérés ci-dessous expliquent le filtrage en détail:

28.1
EXEMPLES DE FILTRAGE

On trouve souvent dans des circuits électroniques des courants de fréquences différentes correspondant à des tensions de fréquences différentes. Il en est ainsi du fait qu'une source engendre un courant dont la fréquence est identique à celle de la tension appliquée. À titre d'exemples, on peut mentionner les faits suivants: le signal d'entrée alternatif appliqué à un circuit à audiofréquences peut comporter des fréquences basses et d'autres élevées; un circuit à radiofréquences peut présenter dans son signal d'entrée une gamme étendue de radiofréquences; un détecteur d'audiofréquen-

ces d'un poste radio donne un signal de sortie contenant tant les radiofréquences que les audiofréquences. Enfin, le redresseur d'une alimentation fournit une sortie continue comportant une ondulation alternative superposée au niveau moyen continu.

Dans de telles applications où le courant présente des composantes de différentes fréquences, il est généralement nécessaire soit de favoriser, soit d'éliminer une fréquence ou une bande de fréquences. Un filtre électrique est alors utilisé pour séparer les fréquences plus basses ou plus élevées.

Le filtre électrique est en mesure de laisser passer la composante de fréquence plus élevée vers la résistance de charge, ce qui est le cas d'un filtre dit passe-haut. On peut mettre en oeuvre un filtre dit passe-bas pour favoriser les fréquences plus basses. Dans la figure 28-1*a*, le filtre passe-haut permet de retrouver la fréquence de 10 kHz dans le signal de sortie mais rejette ou atténue la fréquence plus basse de 100 Hz. En (*b*), l'action de filtrage se trouve inversée pour laisser passer la fréquence plus basse de 100 Hz en atténuant celle de 10 kHz. Ces exemples s'appliquent aux basses et hautes audiofréquences.

Dans le cas de mélange d'audiofréquences et de radiofréquences, un filtre passe-bas laissera uniquement passer les audiofréquences à la sortie. À l'opposé, un filtre passe-haut ne laissera passer à la charge que les radiofréquences.

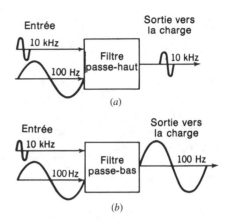

Figure 28-1 *Fonction des filtres électriques: (a) le filtre passe-haut couple les fréquences plus élevées à la charge; (b) le filtre passe-bas couple les fréquences plus basses à la charge.*

> ***Problèmes pratiques 28.1***
> ***(réponses à la fin du chapitre)***
> ***Dire, des problèmes (a) et (b), ce que laissera passer un filtre passe-haut:***
> (*a*) 10 ou 500 kHz;
> (*b*) 60 Hz ou un niveau continu fixe.

28.2
COURANT CONTINU COMBINÉ AU COURANT ALTERNATIF

Un courant variant en amplitude mais ne s'inversant pas est considéré comme un courant continu *pulsé* ou *ondulé*. Ce n'est pas un courant continu fixe puisque sa valeur varie. Ce n'est pas davantage un courant alternatif car sa polarité demeure inchangée, qu'elle soit positive ou négative. La même notion s'applique aux tensions.

On voit à la figure 28-2 de quelle manière un circuit peut être le siège d'un courant ou d'une tension continue pulsée. Dans cet exemple, la tension continue fixe de la batterie V_B est en série avec la tension alternative V_A. Les tensions de deux générateurs en série s'additionnant, la tension aux bornes de R_L est la somme des deux tensions appliquées, comme le montre la forme d'onde de la tension v_R en (*b*).

Si l'on prend les valeurs correspondant aux crêtes opposées de la variation du courant alternatif, on voit que lorsque V_A a la valeur $+10$ V, cette tension s'ajoute aux $+20$ V de la batterie, de sorte que la tension aux bornes de R_L est de $+30$ V; lorsque la tension alternative est de -10 V, alors la tension de la batterie de $+20$ V fournit $+10$ V aux bornes de R_L. Lorsque la tension alternative est nulle, la tension aux bornes de R_L égale celle de la batterie, soit $+20$ V.

La tension combinée v_R consiste donc en des variations de la tension alternative ondulant au-dessus et au-dessous d'un axe correspondant à la tension de la batterie, au lieu de l'axe nul propre à la tension alternative. Il en résulte une tension continue ondulée, du fait qu'elle varie tout en présentant en permanence une polarité positive par rapport à zéro.

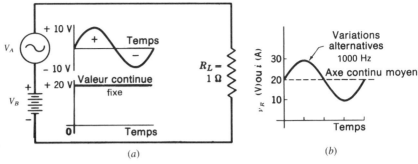

Figure 28-2 *Courant et tension continus ondulés: (a) circuit; (b) graphe de la tension aux bornes de R_L égale à V_B plus V_A.*

Le courant continu ondulé i passant à travers R_L a la même forme d'onde, ondulant au-dessus et au-dessous du niveau continu moyen de 20 A. Les valeurs de i et de v sont égales du fait que R_L est égal à 1 Ω.

Un autre exemple est illustré à la figure 28-3. Si la résistance R_L de 100 Ω est reliée aux bornes du secteur à 120 V, 60 Hz en (a), le courant passant dans R_L sera V/R_L. Ce courant alternatif est d'allure sinusoïdale et sa valeur efficace est de 1,2 A.

De même, si l'on relie cette même résistance R_L aux bornes de la source continue de 200 V en (b), au lieu de la source alternative, le courant continu fixe dans R_L sera de 200/100, soit 2 A. La tension de la batterie et le courant qu'elle débite sont considérés comme des valeurs continues fixes, puisqu'elles sont exemptes de variations.

Supposons cependant que, comme montré en (c), la source alternative V_A et la source continue V_B soient branchées en série avec R_L. Qu'adviendra-t-il du courant et de la tension de R_L? Effectivement, les deux sources en débiteront. Chaque source de tension produira du courant comme si l'autre n'existait pas, en

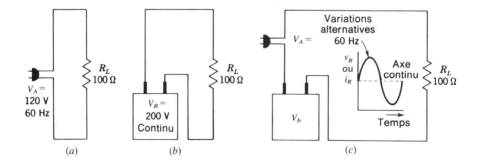

Figure 28-3 *Un exemple de production aux bornes de R_L d'une tension continue ondulée: (a) source alternative seule; (b) source continue seule; (c) source alternative en série avec la source continue.*

supposant que les sources aient une impédance interne assez faible pour être négligeable. Il en résulte une tension ou un courant continu ondulé tel qu'il est représenté, les variations alternatives de V_A étant superposées au niveau moyen continu de V_B.

Composantes continue et alternative La tension continue ondulée v_R de la figure 28-2 n'est que la tension alternative originale V_A, dont l'axe a été décalé à un niveau continu par la tension de la batterie V_B. En effet, une composante continue a été insérée dans les variations alternatives.

Si vous mesurez avec un voltmètre pour courant continu la tension aux bornes de R_L, il affichera le niveau continu de 20 V; si vous la mesurez avec un voltmètre pour courant alternatif, il affichera la valeur efficace des variations, qui est de 7,07 V.

C'est pourquoi il est commode de considérer sous forme de deux composantes la tension et le courant ondulé ou pulsé. L'une est la composante continue fixe qui forme l'axe ou le niveau moyen des variations; l'autre est la composante alternative constituée de variations au-dessus et au-dessous de cet axe. Dans le cas considéré, le niveau continu pour V_T est de 20 V, tandis que la composante alternative est égale à 10 V en valeur de crête ou à 7,07 en valeur efficace.

Il convient de noter que, par rapport au niveau continu, les ondulations représentent des alternances de tension ou de courant dont la polarité s'inverse. Par exemple, la variation de v_R passant de +20 V à +10 V n'est qu'une diminution de la tension positive par rapport à zéro, mais si on la compare au niveau continu de +20 V, la valeur de +10 V est de 10 V plus négative que le niveau correspondant à l'axe.

Exemples classiques d'un niveau continu avec une composante alternative Comme application courante, les tubes électroniques et les transistors ont toujours une tension ou un courant continu ondulé lorsqu'ils sont utilisés pour l'amplification d'un signal alternatif. Pour fonctionner, l'amplificateur à tube ou à transistor exige des tensions continues fixes. Le signal d'entrée est une variation alternative, avec généralement un axe continu pour établir le niveau de fonctionnement désiré. La sortie amplifiée est également une variation alternative superposée à une tension d'alimentation continue qui fournit la puissance de sortie nécessaire. Pour ces raisons, les circuits d'entrée et de sortie présentent des tensions continues ondulées.

Les exemples de la figure 28-4 illustrent deux possibilités en matière de polarité par rapport à la masse du châssis. En (a), la forme d'onde est toujours positive, ainsi que dans les exemples précédents. Notez les valeurs spécifiques. L'axe moyen continu est le niveau continu stable. La crête positive est égale au

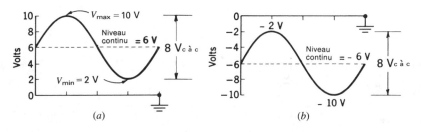

Figure 28-4 *Exemples courants de tension continue avec composante alternative: (a) valeurs continues positives; (b) valeurs continues négatives.*

niveau continu majoré de la valeur de la crête alternative. Le point minimal est égal au niveau continu moins la valeur de crête alternative. Les valeur de crête à crête de la composante alternative, ou sa valeur efficace, est la même que pour le signal alternatif pris isolément. Il est préférable, toutefois, de soustraire le minimum du maximum pour obtenir la valeur de crête à crête pour le cas où la forme d'onde est dissymétrique.

En (b), toutes les valeurs sont négatives. Cet exemple pourrait s'appliquer à la tension de commande de la grille d'un amplificateur à tube à vide. Remarquer que, dans ce cas, la crête positive de la composante alternative se soustrait du niveau continu à cause des polarités opposées. La crête négative s'additionne au niveau continu négatif pour donner un point maximum de tension négative.

Séparation de la composante alternative Dans de nombreuses applications, le circuit présente une tension continue ondulée, mais seule la composante alternative est recherchée. La composante alternative peut alors passer à travers la résistance de charge, tandis que la composante continue est bloquée par couplage soit par transformateur, soit par condensateur. Un transformateur avec un enroulement secondaire séparé isole ou bloque le courant continu fixe au niveau de l'enroulement primaire. Un condensateur isole ou bloque une tension continue fixe.

Problèmes pratiques 28.2
(réponses à la fin du chapitre)
Considérer la forme d'onde continue ondulée de la figure 28-4a et dire la valeur des tensions suivantes:
(a) Niveau moyen continu;
(b) Maximal et minimal;
(c) Composante alternative crête à crête;
(d) Valeur de crête et valeur efficace de la composante alternative.

28.3
COUPLAGE PAR TRANSFORMATEUR
Rappelez-vous qu'un transformateur engendre une tension secondaire induite simplement en fonction des variations du courant primaire. C'est pourquoi, dans le cas d'un courant continu ondulé dans le primaire, le secondaire n'a de tension de sortie que pour les variations alternatives. La composante continue dans le primaire reste sans effet dans le secondaire.

À la figure 28-5, la tension continue ondulée dans le primaire engendre un courant primaire ondulé. L'axe continu correspond à une valeur fixe du courant primaire qui correspond à un champ magnétique constant, mais c'est uniquement quand le champ varie qu'il

Figure 28-5 *Le couplage par transformateur bloque la composante continue. Avec un courant continu ondulé dans le primaire, la tension de sortie dans le secondaire n'a qu'une composante alternative.*

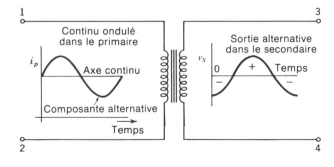

peut y avoir induction d'une tension secondaire. Donc, seules les ondulations dans le primaire sont en mesure de produire une sortie dans le secondaire. Étant donné qu'il n'y a pas de sortie pour le courant primaire fixe, le niveau continu correspond au niveau zéro pour la sortie alternative du secondaire.

Lorsque le courant primaire croît au-delà du niveau fixe, cet accroissement engendre une polarité de la tension secondaire quand le champ devient plus intense; lorsque le courant primaire diminue au-dessous du niveau fixe, la tension secondaire est d'une polarité inverse avec le champ devenant plus faible. Il en résulte dans le secondaire une variation alternative ayant des polarités opposées par rapport au niveau zéro.

Le déphasage de la tension secondaire alternative peut être celui représenté, ou être opposé de 180°, en fonction des branchements et du sens des enroulements. De même, la sortie secondaire alternative peut être supérieure ou inférieure à la composante alternative dans le primaire en fonction du rapport de transformation. Cette aptitude à isoler la composante continue fixe dans le primaire en fournissant une sortie alternative dans le secondaire s'applique à tous les transformateurs avec un enroulement secondaire séparé, que le noyau soit en fer ou à air.

Problèmes pratiques 28.3 (réponses à la fin du chapitre)

(a) Un couplage par transformateur est-il un exemple de filtre passe-haut ou passe-bas?

(b) Soit le circuit de la figure 28-5. Quel est le niveau de v_S pour le niveau moyen continu de i_p?

28.4 COUPLAGE CAPACITIF

Cette méthode représente probablement le couplage le plus courant dans les circuits am-

plificateurs. Le couplage implique la liaison de la sortie d'un circuit à l'entrée du suivant. Il faut inclure toutes les fréquences dans le signal recherché en éliminant les composantes indésirables. Généralement, la composante continue doit être bloquée à l'entrée des amplificateurs de courants alternatifs.

À la figure 28-6, la tension continue ondulée aux bornes d'entrée 1 et 2 est appliquée au circuit de couplage RC; C_c va se charger au niveau continu fixe, qui est la tension moyenne de charge. Ainsi, la composante continue fixe est bloquée, car elle ne peut produire de tension aux bornes de R. La composante alternative passe cependant dans R et se retrouve entre les bornes de sortie 3 et 4. Notez que l'axe zéro de la tension de sortie alternative correspond au niveau moyen de la tension d'entrée continue ondulée.

La composante continue aux bornes de C_c La tension aux bornes de C_c est la composante continue fixe de la tension d'entrée, car les variations de la composante alternative sont symétriques au-dessus et au-dessous du niveau moyen. Par ailleurs, la résistance en série est la même pour la charge que pour la décharge. De ce fait, tout accroissement de la tension de charge au-dessus du niveau moyen est compensé par une décharge de même valeur au-dessous de ce niveau.

À la figure 28-6, par exemple, lorsque $v_{entrée}$ croît de 20 V à 30 V, cet effet de charge du condensateur C_c est annulé par l'effet de décharge quand $v_{entrée}$ décroît de 20 à 10 V. À tout moment, cependant, $v_{entrée}$ a une valeur positive qui charge C_c avec la polarité représentée.

Le résultat net se limite à la charge de C_c à la tension du niveau moyen, car les variations de part et d'autre de l'axe se neutralisent réciproquement. Après un certain temps dépendant de la constante de temps RC, le

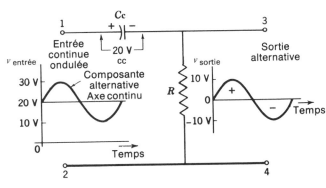

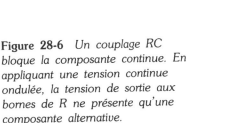

Figure 28-6 *Un couplage RC bloque la composante continue. En appliquant une tension continue ondulée, la tension de sortie aux bornes de R ne présente qu'une composante alternative.*

condensateur C_c se chargera à la valeur moyenne de la tension continue ondulée qui lui est appliquée, soit 20 V dans le cas présent.

La composante alternative aux bornes de R   Bien que C_c soit chargé au niveau continu moyen, lorsque la tension d'entrée ondulée varie au-dessus et au-dessous de ce niveau, le courant de charge et de décharge engendre une tension IR qui est fonction des ondulations de l'entrée. Quand $v_{entrée}$ croît au-dessus du niveau moyen, C_c se charge, ce qui crée un courant de charge à travers R. Même si le courant de charge est trop faible pour modifier de façon sensible la tension aux bornes de C_c, la chute de tension IR aux bornes d'une résistance de valeur élevée peut être pratiquement égale à la composante alternative de la tension d'entrée. En résumé, il faut une constante de temps RC élevée pour un bon couplage. (Voir la figure 24-8.)

Si, dans la figure 28-6, on considère la polarité, on voit que le courant de charge engendré par la croissance de $v_{entrée}$ produit un flux d'électrons circulant dans la résistance R du bas vers le haut, ce qui amène des électrons à l'armature négative de C_c. La tension au sommet de R est alors positive par rapport à la ligne inférieure.

Quand $v_{entrée}$ décroît au-dessous du niveau moyen, C perd de sa charge. Le courant de décharge traverse alors R en sens opposé, d'où résulte une polarité négative de la tension alternative couplée aux bornes de R.

Quand la tension d'entrée est à son niveau moyen, il n'y a ni courant de charge, ni courant de décharge; la tension aux bornes de R est donc nulle. le niveau nul de la tension alternative aux bornes de R correspondant au niveau moyen de la tension continue pulsée, appliquée au circuit RC.

Lorsque la tension continue pulsée appliquée est positive, les valeurs situées au-dessus de la moyenne engendrent le demi-cycle positif de la tension alternative aux bornes de R; les valeurs situées au-dessous de cette moyenne engendrent le demi-cycle négatif. Seule cette tension alternative aux bornes de R est couplée au circuit suivant.

Il est important de noter qu'il n'y a pratiquement pas de déphasage. Cette règle vaut pour tous les circuits de couplage RC, étant donné que la valeur de R doit être au moins dix fois supérieure à celle de X_C. La réactance est alors négligeable par rapport à la résistance en série; le déphasage, inférieur à 5,7°, est voisin de zéro.

Tensions aux points environnant le circuit de couplage RC Si vous mesurez, avec un voltmètre pour courant continu, la valeur de la tension d'entrée continue ondulée entre les points 1 et 2 de la figure 28-6, il affichera un niveau moyen de 20 V. Un voltmètre, sensible seulement aux valeurs du courant alternatif entre ces deux mêmes points, affichera la valeur de la composante alternative ondulée qui est égale à 7 V efficaces.

Entre les points 1 et 3, un voltmètre pour courant continu affichera la valeur continue fixe de 20 V aux bornes de C_c. Entre ces points 1 et 3, un voltmètre alternatif affichera zéro.

Cependant, un voltmètre alternatif branché à la sortie entre les points 3 et 4 affichera la tension alternative efficace de 7 V. Un voltmètre continu placé aux bornes de R affichera zéro.

Condensateurs de couplage types On énumère au tableau 28-1 les valeurs usuelles de condensateurs de couplage pour audio et radiofréquences en fonction de différentes grandeurs de la résistance montée en série R. Dans tous les cas, le condensateur de couplage bloque la composante continue fixe de la ten-sion d'entrée, tandis que la composante alternative est admise à passer vers la résistance.

La valeur de C_c nécessaire dépend de la fréquence de la composante alternative. À chaque fréquence, les valeurs de capacité dans la rangée horizontale ont une valeur de X_C égale au dixième de celle de la résistance de chaque colonne. En audiofréquences, les condensateurs de couplage courants ont des valeurs allant de $0,1\mu F$ à $10\ \mu F$, en fonction de l'audiofréquence la plus basse devant être transmise par couplage et de la valeur de la résistance en série. De même, en radiofréquences, les condensateurs de couplage courants ont des valeurs de 1 pF à 100 pF.

Pour les valeurs de C_c supérieures à environ 1 μF, on prend en général des condensateurs électrolytiques qui doivent être branchés correctement du point de vue polarité. Ces modèles peuvent être très petits, certains n'ayant qu'une longueur de 12,7 mm pour une tension nominale de 3 V à 25 V, pour des circuits à transistors. Le courant de fuite des condensateurs électrolytiques ne constitue pas de problème sérieux pour cette application, en raison de la basse tension et des résistances de faible valeur en série dans les circuits de couplage à transistors.

Tableau 28-1   *Condensateurs de couplage courants pour audio et radiofréquences**

FRÉQUENCE	VALEURS DE C_c			REMARQUES
	$R = 1,6$ kΩ	$R = 16$ kΩ	$R = 160$ kΩ	
100 Hz	10 μF	1 μF	0,1 μF	Audiofréquences basses
1000 Hz	1 μF	0,1 μF	0,01 μF	Fréquences moyennes
10 kHz	0,1 μF	0,01 μF	0,001 μF	Audiofréquences élevées
100 kHz	0,01 μF	0,001 μF	100 pF	Radiofréquences basses
1 MHz	0,001 μF	100 pF	10 pF	Radiofréquences moyennes
10 MHz	100 pF	10 pF	1 pF	Radiofréquences élevées
100 MHz	10 pF	1 pF	0,1 pF	Radiofréquences très élevées

* Pour le circuit de couplage *RC* de la figure 28-6, $X_{C_c} = 1/10\ R$.

Problèmes pratiques 28.4
(réponses à la fin du chapitre)

(a) Soit le circuit de la figure 28-6. Quel est le niveau de tension de v_{sortie} aux bornes de R correspondant au niveau moyen continu de $v_{\text{entrée}}$?

(b) Lequel des condensateurs de 1 pF, 0,001 μF et 5 μF, est un condensateur de couplage audio type lorsqu'il est branché avec une résistance R de 1 kΩ?

28.5
CONDENSATEURS
DE DÉCOUPLAGE

Le découplage consiste à créer un passage autour d'un composant. Dans les circuits, ce passage se présente en shunt ou en parallèle. Les condensateurs sont fréquemment utilisés en parallèle avec des résistances pour découpler la composante alternative d'une tension continue pulsée. Il en résulte alors une tension continue fixe aux bornes de la combinaison RC montée en parallèle, pour autant que la capacité du condensateur de découplage soit assez grande pour avoir peu de réactance à la fréquence la plus basse des variations alternatives.

Ainsi qu'on le montre à la figure 28-7, le condensateur C_1 en parallèle avec R_1 est un

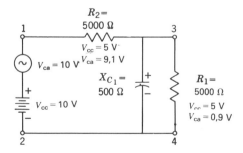

Figure 28-7 *Le condensateur de découplage C_1 court-circuite R_1 pour la composante alternative de la tension d'entrée continue ondulée.*

condensateur de découplage pour R_1. Pour toute fréquence à laquelle X_c est le dixième de R_1 ou moins, la composante alternative est découplée de R_1 à travers la faible réactance dans le shunt. Pratiquement, la tension alternative aux bornes du condensateur de découplage est nulle en raison de sa faible réactance.

Étant donné que la tension aux bornes de R_1 et de C_1 est identique du fait qu'ils sont en parallèle, il n'existe pas de tension alternative aux bornes de R_1 pour la fréquence à laquelle C_1 joue le rôle de condensateur de découplage. Nous pouvons dire que R est découplé pour la fréquence à laquelle X_c est le dixième de R. Le découplage s'applique également aux fréquences plus élevées où X_C est inférieur en valeur à un dixième de R. Dans ce cas, la tension alternative aux bornes du condensateur de découplage est même plus proche de zéro, en raison de sa réactance inférieure.

Découplage de la composante alternative d'une tension continue ondulée Les tensions de la figure 28-7 sont calculées en considérant séparément l'effet de C_1 sur V_{cc} et sur V_{ca}. Pour le courant continu, C_1 est pratiquement un circuit ouvert. Sa réactance est alors tellement élevée en comparaison des 5000 Ω de R_1 que X_{C_1} peut être négligé en tant que dérivation. Donc, R_1 peut être considéré comme un diviseur de tension en série avec R_2. Étant donné que R_1 et R_2 sont égaux, à chacun est appliquée une tension de 5 V égale à une moitié de V_{cc}. Bien que cette division de tension continue dépende de R_1 et de R_2, la tension continue aux bornes de C_1 est constituée des 5 V également appliqués à la résistance en parallèle R_1.

Cependant, pour la composante alternative de la tension appliquée, le condensateur de découplage présente une très faible réactance. En fait, X_{C_1} doit représenter au plus 1/10 de R. Dans ce cas, la valeur de R_1, soit 5000 Ω,

Tableau 28-2 *Condensateurs* types de découplage pour audio et radiofréquences*

FRÉQUENCE	VALEURS DE C			BANDES DE FRÉQUENCE
	$R = 16 \text{ k}\Omega$	$R = 1,6 \text{ k}\Omega$	$R = 160 \ \Omega$	
100 Hz	1 μF	10 μF	100 μF	Audiofréquences basses
1000 Hz	0,1 μF	1 μF	10 μF	Audiofréquences moyennes
10 kHz	0,01 μF	0,1 μF	1 μF	Audiofréquences élevées
100 kHz	0,001 μF	0,01 μF	0,1 μF	Radiofréquences basses
1 MHz	100 pF	0,001 μF	0,01 μF	Radiofréquences moyennes
10 MHz	10 pF	100 pF	0,001 μF	Radiofréquences élevées
100 MHz	1 pF	10 pF	100 pF	Radiofréquences très élevées

* Pour le circuit de découplage RC de la figure 28-7, $X_{C_1} = 1/10$ de R.

est tellement élevée en comparaison de la faible valeur de X_{C_1} que R peut être négligé en tant que dérivation. C'est pourquoi la réactance X_{C_1} de 500 Ω et la résistance R_2 montées en série constituent un diviseur de tension.

La réactance X_{C_1} de 500 Ω, disposée en série avec la résistance R_2 de 5000 Ω, permettra l'instauration d'une tension alternative égale environ au onzième de V_{ca} aux bornes de C_1. Cette tension alternative, égale ici à 0,9 V, est la même aux bornes de l'ensemble R_1 et C_1 en parallèle. Le solde de la tension alternative appliquée, égale à environ 9,1 V, est aux bornes de R_2. Donc, en résumé, le condensateur de découplage forme un court-circuit des courants alternatifs aux bornes de sa résistance shunt, de sorte que l'on ne trouve que peu ou pas de tension alternative et que les tensions continues n'en sont pas modifiées.

Si l'on mesure les tensions aux points environnant le circuit de la figure 28-7, un voltmètre continu donnera 5 V aux bornes de R_1 et 5 V aux bornes de R_2. Aux bornes de R_2, un voltmètre alternatif affichera 9,1 V, ce qui est pratiquement la totalité de la tension alternative d'entrée. Aux bornes du condensateur de découplage C_1, la tension alternative n'est que de 0,9 V.

On donne au tableau 28-2 des valeurs courantes de condensateurs de découplage pour audio et radiofréquences. Les valeurs de C ont été calculées à différentes fréquences pour une valeur de X_C égale au dixième de la résistance en shunt figurant dans chaque colonne. Notez que, pour le découplage, les plus faibles valeurs de R demandent des valeurs plus élevées de C. Ainsi, quand X_{C_1} est égal au plus à $\frac{1}{10}$ de R pour une fréquence, X_C sera encore inférieur aux fréquences plus élevées, améliorant l'effet de découplage. C'est pourquoi il convient de considérer la dimension des condensateurs de découplage en fonction de la fréquence la plus basse à découpler.

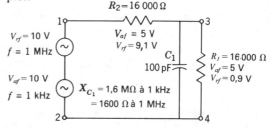

Figure 28-8 *C_1 découple R_1 pour les radiofréquence, mais non pour les audiofréquences.*

Il faut souligner aussi que les applications de C au couplage et au découplage sont les mêmes en réalité, si ce n'est que C_c est placé en série avec R et que le condensateur de découplage C est en parallèle avec R. Dans les deux cas, la valeur de X_c doit être au plus le dixième de celle de R; C_c assure alors le couplage du signal alternatif vers R. Ou le découplage en shunt court-circuite R pour le signal alternatif.

Découplage de radiofréquences mais non d'audiofréquences Référez-vous à la figure 28-8. À l'audiofréquence de 100 Hz, C_1 a une réactance de 1,6 MΩ. Cette réactance est tellement supérieure à la valeur de R_1 que l'impédance de la combinaison en parallèle est essentiellement égale à la valeur de R_1, soit 16 000 Ω. Les résistances R_1 et R_2 font alors office de diviseur de tension pour la tension appliquée de 10 V. Aux bornes de chacune des résistances égales, on trouve une moitié de la tension appliquée, soit 5 V aux bornes de R_1 et 5 V aux bornes de R_2. Ces 5 V à 1000 Hz se retrouvent aussi aux bornes de C_1 du fait que ce dernier est en parallèle avec R_1.

Cependant, pour la radiofréquence à 1 MHz, la réactance du condensateur de découplage n'est que de 1600 Ω. C'est le dixième de R_1; X_{C_1} et R_1, branchés en parallèle, ont alors une impédance combinée égale à environ 1600 Ω.

Dans ces conditions, avec le montage en série d'une impédance de 1600 Ω pour l'ensemble R_1C_1 avec une résistance R_2 de 16 000 Ω, la tension aux bornes de R_1 et de C_1 est le onzième de la tension radiofréquence appliquée. Il y a donc 0,9 V aux bornes de l'impédance la plus faible constituée par R_1 et C_1 et 9,1 V aux bornes de la résistance R_2 de valeur plus élevée. Par conséquent, la composante radiofréquence de la tension appliquée

peut être considérée comme découplée. Le condensateur de découplage de R_1 est constitué par C_1.

***Problèmes pratiques 28.5
(réponses à la fin du chapitre)***

(a) Le condensateur C_1 du circuit de la figure 28-8 est un condensateur de découplage audiofréquences ou radiofréquences?

(b) Soit les condensateurs de 1 pF, 0,001 μF et 5 μF. Lequel, une fois branché aux bornes d'une résistance de 1 kΩ, est un condensateur de découplage audio courant?

28.6
CIRCUITS DE FILTRAGE

Du point de vue de leur fonction, les filtres peuvent être classés soit en filtres passe-bas, soit en filtres passe-haut. Un filtre passe-bas laisse passer les composantes de plus basses fréquences de la tension appliquée pour développer une tension de sortie aux bornes de la résistance de charge, tandis que les fréquences plus élevées sont atténuées ou réduites dans le signal de sortie. Un filtre passe-haut procède à l'inverse, laissant passer les composantes de plus hautes fréquences de la tension appliquée pour développer une tension aux bornes de la résistance de charge de sortie.

Le cas d'un circuit de couplage RC constitue un exemple d'un filtre passe-haut car la composante alternative de la tension d'entrée est développée aux bornes de R, tandis que la tension continue est bloquée par le condensateur monté en série. De plus, si la composante alternative contient des fréquences plus élevées, une valeur supérieure de tension alternative est transmise par couplage. Dans le cas inverse, un condensateur de découplage est un exemple de filtre passe-bas. Les fréquences les plus élevées sont découplées, mais plus la fréquence est basse, plus réduit sera le découplage. Les fréquences les plus basses peuvent alors développer une tension de sortie aux bornes du condensateur en shunt de découplage.

Dans le but de rendre le filtrage plus sélectif quant aux fréquences admises à passer pour créer une tension de sortie aux bornes de la charge, les circuits de filtrage sont en général des combinaisons de bobines L et de condensateurs C. Étant donné que la réactance induction augmente avec les fréquences croissantes tandis que la réactance capacitive décroît, les deux effets opposés améliorent l'action de filtrage.

Avec des combinaisons de L et de C, les filtres sont dénommés d'après la configuration de leur circuit. Les types les plus courants sont dits en L, en T et en π montrés aux figures 28-9 à 28-11. Chacun de ces trois types peut fonctionner soit comme filtre passe-bas, soit comme filtre passe-haut.

Dans les filtres passe-bas ou passe-haut avec L et C, la réactance X_L doit augmenter avec des fréquences plus élevées, tandis que X_C décroît. Les caractéristiques en fréquence de X_L et de X_C ne peuvent être modifiées. Cependant, les branchements du circuit sont opposés pour inverser l'action de filtrage.

En général, les filtres passe-haut utilisent:

1. Un condensateur de couplage C en série avec la charge. La réactance X_C peut alors être faible pour les fréquences élevées à transmettre vers R_L, tandis que les basses fréquences sont bloquées;
2. Une bobine d'arrêt en parallèle aux bornes de R_L. Le shunt X_L peut alors avoir une valeur élevée aux fréquences élevées pour éviter un court-circuit aux bornes de R_L, tandis que les basses fréquences sont découplées.

Les caractéristiques opposées des filtres passe-bas sont·

1. Une bobine L en série avec la charge, la valeur élevée de X_L aux hautes fréquences lui permet de servir de bobine d'arrêt, tandis que les basses fréquences peuvent être acheminées par R_L;
2. Un condensateur de découplage C en parallèle aux bornes de R_L. Les hautes fréquences sont alors découplées par une faible valeur de X_C, tandis que les basses fréquences ne sont pas affectées par le circuit du shunt.

Problèmes pratiques 28.6 (réponses à la fin du chapitre)

(a) Soit un condensateur C monté en série. Le filtrage sera-t-il de type passe-haut ou passe-bas?
(b) Soit un condensateur C monté en parallèle. Le filtrage sera de type passe-haut ou passe-bas?

28.7 FILTRES PASSE-BAS

La figure 28-9 illustre des circuits passe-bas depuis le cas d'un élément de filtrage simple avec un condensateur shunt de découplage en (a) ou une bobine d'arrêt en série en (b), jusqu'aux combinaisons plus élaborées d'un filtre du type en L (c), en T (d), et en π, en (e) et en (f). Lorsque la tension d'entrée appliquée comporte des composantes de différentes fréquences, l'action du filtre passe-bas a pour résultat une tension à basse fréquence maximale aux bornes de R_L, tandis que la plus grande part de la tension à haute fréquence est développée aux bornes de la résistance ou bobine d'arrêt en série.

En (a), le condensateur shunt C découple R_L pour les fréquences élevées. En (b), la bobine d'arrêt L agit comme diviseur de tension

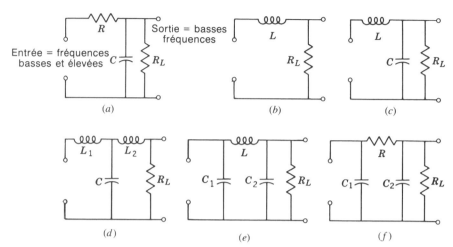

Figure 28-9 *Circuits de filtrage passe-bas:* (a) *condensateur de découplage C en parallèle avec R_L;* (b) *bobine d'arrêt L en série avec R_L;* (c) *type en L inversé avec bobine d'arrêt et condensateur de découplage;* (d) *type en T avec deux bobines d'arrêt et un condensateur de découplage;* (e) *type en π avec une bobine d'arrêt et deux condensateurs de découplage;* (f) *type en π avec résistance en série au lieu d'une bobine d'arrêt.*

en série avec R_L; L ayant une réactance maximale pour les fréquences les plus élevées, cette composante de la tension d'entrée est développée aux bornes de L, avec une faible valeur aux bornes de R_L. Pour les fréquences plus basses, L offre une faible réactance et la plus grande partie de la tension d'entrée peut être développée aux bornes de R_L.

En (c), l'utilisation simultanée de la bobine d'arrêt en série et du condensateur de découplage améliore le filtrage en fournissant un blocage plus aigu entre les basses fréquences pouvant développer une tension aux bornes de R_L et les fréquences plus élevées, bloquées avant la charge pour produire une tension maximale aux bornes de L. De la même manière, le circuit en (d) de forme en T et ceux en (c) et en (f) de forme en π améliorent le filtrage.

Le fait d'utiliser tel qu'en (f) une résistance en série au lieu d'une bobine d'arrêt fournit un filtre en π économique et moins encombrant.

L'aptitude à réduire l'amplitude des fréquences non désirées est dite l'*atténuation* du filtre. La fréquence à laquelle l'atténuation réduit la sortie à 70,7 % de sensibilité est la fréquence de coupure.

Bande passante et bande d'arrêt Comme on le montre à la figure 28-10, un filtre passe-bas atténue les fréquences supérieures à la fréquence de coupure qui est dans cet exemple de 15 kHz. Toute composante de la tension d'entrée d'une fréquence inférieure à 15 kHz peut engendrer une tension de sortie aux bornes de la charge. Ces fréquences sont situées dans la *bande passante*. Les fréquences de

15 kHz et plus sont dans la *bande d'arrêt*. La finesse du filtrage entre la bande passante et la bande d'arrêt dépend du type du circuit. En général, plus il y a de composants L et C, plus fine pourra être la sensibilité du filtre. C'est pourquoi les filtres en π et en T sont meilleurs que ceux en L et que ceux ne comportant qu'un condensateur de découplage ou une bobine d'arrêt.

La courbe de réponse de la figure 28-10 montre l'application courante d'un filtre passe-bas atténuant les tensions radiofréquences et laissant passer vers la charge les audiofréquences. Ce filtrage est nécessaire quand la tension d'entrée a des composantes radio et audiofréquences, mais que seule est désirée une tension audiofréquence pour les circuits audio qui succèdent au filtre.

Une application courante est constituée par le filtrage de la sortie audiofréquence d'un circuit détecteur dans un récepteur radio, après redressement du signal porteur modulé en radiofréquence. Une autre application courante du filtrage passe-bas se présente lorsque l'on veut séparer la composante continue fixe d'une entrée continue ondulée de la compo-

sante alternative à fréquence plus élevée que 60 Hz, comme dans le cas de la sortie continue ondulée d'un redresseur d'alimentation.

Variantes de circuits Le choix entre un filtre T avec une bobine d'arrêt d'entrée en série et un filtre du type π avec un condensateur shunt d'entrée dépend de la résistance interne du générateur fournissant la tension d'entrée au filtre. Un générateur à faible résistance nécessite un filtre en T, de sorte que la bobine d'arrêt puisse fournir une impédance en série élevée pour le condensateur de découplage. Autrement, le condensateur de découplage devrait avoir des valeurs extrêmement grandes pour court-circuiter aux hautes fréquences le générateur à faible résistance.

Le filtre en π est plus adapté aux générateurs à résistance élevée où le condensateur d'entrée peut agir comme court-circuit. Pour les mêmes raisons, le filtre en L peut comporter un condensateur shunt de découplage soit à l'entrée, pour un générateur à résistance élevée, soit aux bornes de la sortie, pour un générateur à faible résistance.

Pour tous les circuits de filtrage, les bobines d'arrêt en série peuvent être branchées du côté haut de la ligne, comme à la figure 28-9, ou en série du côté opposé de la ligne, sans que cela produise aucun effet sur l'action de filtrage. Les composants en série peuvent être branchés des deux côtés de la ligne pour former un circuit de *filtrage équilibré*.

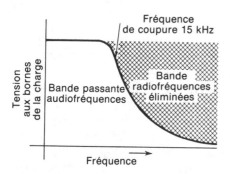

Figure 28-10 *Réponse d'un filtre passe-bas avec coupure à 15 kHz, passant une tension audiofréquence mais atténuant les radiofréquences.*

***Problèmes pratiques 28.7
(réponses à la fin du chapitre)***

(a) Quels schémas de la figure 28-9 représentent un filtre de type π?

(b) La courbe de réponse illustrée à la figure 28-10 représente-t-elle un filtrage passe-bas ou passe-haut?

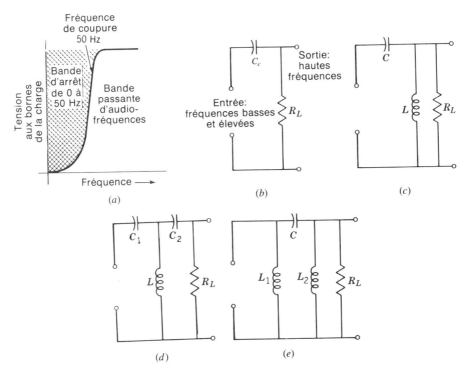

Figure 28-11 *Filtres passe-haut:* (a) *courbe de réponse d'un filtre audio coupant à 50 Hz;* (b) *circuit de couplage RC;* (c) L_1 *inversé;* (d) *type en T;* (e) *type en* π.

28.8
FILTRES PASSE-HAUT

Ainsi qu'on le montre à la figure 28-11, le filtre passe-haut transmet à la charge toutes les fréquences supérieures à la fréquence de coupure, tandis que les fréquences les plus basses ne sont pas en mesure d'engendrer des tensions appréciables aux bornes de la charge. Le graphe en (a) montre la réponse d'un filtre passe-haut avec une bande d'arrêt de 0 à 50 Hz. Au-dessus de la fréquence de coupure de 50 Hz, les audiofréquences plus élevées dans la bande passante peuvent engendrer une ten-

sion audiofréquence aux bornes de la résistance de charge de sortie.

L'action de filtrage passe-haut résulte de l'utilisation de C_c en tant que condensateur de couplage en série avec la charge, comme montré en (b). Les types en L, T et π utilisent l'inductance comme bobine d'arrêt à haute réactance disposée aux bornes de la ligne. De cette manière, les composantes à plus hautes fréquences de la tension d'entrée ne peuvent développer que de faibles tensions aux bornes des condensateurs en série, de sorte que la plus grande partie de cette tension se retrouve aux bornes de R_L. Disposée aux bornes de la ligne, l'inductance présente une réactance plus élevée avec des fréquences croissantes, l'impédance en shunt ne pouvant alors être inférieure à la valeur de R_L.

Pour les basses fréquences cependant, R_L est effectivement court-circuité par la faible réactance inductive aux bornes de la ligne. De même, C_c offre une réactance élevée aux basses fréquences et engendre alors la plus grande partie de la tension, en empêchant ces mêmes fréquences de créer une tension aux bornes de la charge.

Filtrage passe-bande Un filtre passe-haut peut être combiné avec un filtre passe-bas. Le résultat net consiste alors au passage de la bande de fréquences qui n'est stoppée ni par l'un ni par l'autre des circuits. Une telle réponse passe-bande est montrée sur la figure 28-12 pour les audiofréquences. Dans cet exemple, les seules fréquences transmises par les deux filtres sont celles de 50 Hz à 15 000 Hz. Il faut noter que les filtres pour une bande de fréquences donnée sont très fréquemment utilisés aux radiofréquences, comme autre application des circuits résonnants.

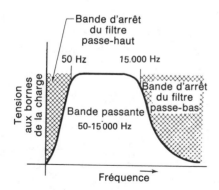

Figure 28-12 *Courbe de réponse de bande passante pour les audiofréquences.*

Filtre à k constant Si nous considérons un filtre de type L comme exemple fondamental, la valeur de l'inductance et celle du condensateur peuvent être calculées pour rendre le produit de X_L et X_C constant, quelle que soit la fréquence. L'objectif visé est d'obtenir un filtre présentant une impédance d'entrée et une impédance de sortie constantes. Le filtre à k constant est du type passe-haut ou du type passe-bas.

Filtre dérivé en m Ce filtre est une version modifiée du filtre à k constant. Sa conception repose sur le rapport de la fréquence de coupure à celle d'atténuation infinie. Ce rapport constitue le facteur m, généralement compris entre 0,8 et 1,25. Ce filtre peut être lui aussi du type passe-haut ou passe-bas. Son avantage est d'offrir une coupure très abrupte. Pour plus de détails sur la conception des filtres, se reporter à la plupart des manuels d'électronique.

> ***Problèmes pratiques 28.8***
> ***(réponses à la fin du chapitre)***
> ***Considérer les circuits de la figure 28-11:***
>
> (a) Quel schéma représente un filtre de type T?
> (b) La courbe de réponse en (a) représente-t-elle un filtrage de type passe-haut ou passe-bas?

28.9
FILTRES RÉSONNANTS

Les circuits accordés fournissent une méthode pratique de filtrage d'une bande de radiofréquences, du fait qu'il suffit pour la résonance de valeurs relativement faibles de L et de C. Un circuit accordé exerce une action de filtrage par l'intermédiaire de sa réponse maximale à la fréquence de résonance.

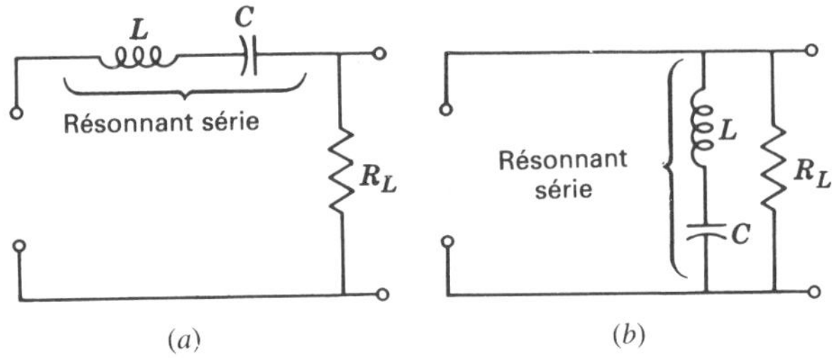

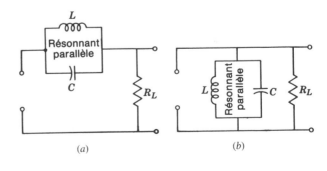

Figure 28-13 *Action de filtrage d'un circuit résonnant série: (a) passe-bande série avec R_L; (b) bande d'arrêt shunt sur R_L.*

La largeur de la bande de fréquences affectée par la résonance dépend de la valeur du facteur Q du circuit accordé, un facteur Q plus élevé donnant une largeur de bande plus étroite. Étant donné que la résonance est effective pour une bande de fréquences situées au-dessus et au-dessous de f_r, les filtres résonnants sont appelés *filtres-éliminateurs* de bande ou filtres *passe-bande*. Des circuits LC en série ou en parallèle peuvent être utilisés pour l'une ou l'autre fonction, selon les branchements par rapport à R_L.

Filtres résonnants série Un circuit résonnant série présente un courant maximal et une impédance minimale à la fréquence de résonance. Branché en série avec R_L, comme à la figure 28-13a, le circuit LC série à accord permet à la fréquence de résonance et aux fréquences voisines de créer une tension de sortie

maximale aux bornes de R_L. C'est donc là un cas de filtrage passe-bande. Lorsque le circuit résonnant série LC est branché aux bornes de R_L, comme en (b), le circuit résonnant crée un shunt de faible impédance qui court-circuite R_L. Il y a alors une tension de sortie minimale. Cette action correspond à celle d'un condensateur shunt de découplage, mais le circuit résonnant est plus sélectif, ne court-circuitant R_L que pour la fréquence de résonance et les fréquences voisines. En ce qui concerne la largeur de bande du circuit accordé, le circuit résonnant série, shuntant R_L, exerce donc un filtrage par l'élimination de bande.

Filtres résonnants parallèle Un circuit résonnant parallèle a une impédance maximale à la fréquence de résonance. Monté en série avec R_L, comme sur la figure 28-14a, le circuit LC parallèle à accord fournit une impédance

Figure 28-14 *Action de filtrage d'un circuit résonnant parallèle: (a) bande d'arrêt en série avec R_L; (b) bande passante en shunt sur R_L.*

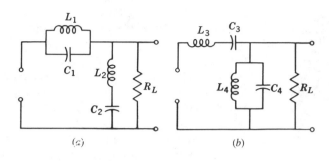

Figure 28-15 *Filtre en L inversé avec circuits résonnants: (a) bande d'arrêt; (b) bande passante.*

maximale en série avec R_L à la fréquence de résonance et aux fréquences voisines. Ces fréquences engendrent alors une tension maximale aux bornes du circuit LC mais une tension minimale de sortie aux bornes de R_L. C'est donc un filtre-éliminateur de bande pour la largeur de bande du circuit accordé.

Cependant, branché aux bornes de R_L, comme en (b), le circuit parallèle accordé LC agit comme filtre passe-bande. À la résonance, la haute impédance du circuit parallèle LC permet à R_L de développer sa tension de sortie. Au-dessous de la résonance, R_L est court-circuité par la faible réactance de L; au-dessus de la résonance, R_L est court-circuité par la faible réactance de C. Pour les fréquences voisines de la résonance, R_L est shunté par une haute impédance, produisant une tension de sortie maximale.

Filtres résonnants en L Des circuits résonnants série et parallèle peuvent être combinés en forme de L, de T ou de π pour améliorer le filtrage. On montre à la figure 28-15 le filtre en L, avec filtrage par élimination de bande pour la disposition en (a), mais filtrage passe-bande en (b). Le circuit en (a) constitue un filtre-éliminateur de bande du fait que le circuit résonnant parallèle est en série avec la charge, tandis que le circuit résonnant série est en parallèle avec la charge. En (b), l'effet de filtrage passe-bande résulte du branchement en série avec la charge du circuit résonnant série, tandis que le circuit résonnant parallèle est aux bornes de la charge.

Problèmes pratiques 28.9
(réponses à la fin du chapitre)
Répondre par vrai ou faux:
(a) Un circuit résonnant parallèle LC en série avec la charge est un filtre éliminateur de bande;
(b) Un circuit résonnant série LC en série avec la charge est un filtre passe-bande.

28.10
FILTRES ANTIPARASITES
Une tension ou un courant ne se trouvant pas à la fréquence désirée constituent des parasites. Généralement, de tels parasites peuvent être éliminés par un filtre. Parmi les applications courantes, on peut citer: (1) le filtre passe-bas, pour éliminer de l'entrée du récepteur les parasites radiofréquences venant du secteur à 60 Hz; (2) le filtre passe-haut, pour éliminer les radiofréquences du signal recueilli par une antenne réceptrice de télévision; et (3) un filtre à résonance pour éliminer une radiofréquence parasite du signal radiofréquence désiré. Le filtre à résonance à élimination de bande est appelé *filtre éliminateur (de brouillage)*.

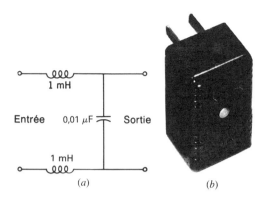

Figure 28-16 *Filtre secteur passant 60 Hz mais éliminant les radiofréquences: (a) circuit de filtre passe-bas équilibré en L; (b) unité de filtrage, valeurs nominales 3 A, 120 V.*

Filtre de secteur Bien que la ligne du secteur soit une source à 60 Hz, c'est aussi un conducteur pour les courants parasites radiofréquence produits par les moteurs, les circuits d'éclairage fluorescents et les installations travaillant aux radiofréquences. Quand un récepteur est relié au secteur, la radiofréquence parasite peut créer un bruit et des sifflements dans la sortie du récepteur. Pour minimiser ce brouillage, le filtre montré sur la figure 28-16

peut être utilisé. Le filtre est fiché dans la prise murale du secteur 60 Hz, le récepteur étant branché sur le filtre. Un condensateur de découplage radiofréquence en parallèle aux bornes du secteur avec deux bobines de choc radiofréquence en série constitue un filtre passe-bas équilibré du type en L. Si l'on utilise une bobine d'arrêt de chaque côté du secteur, le circuit est équilibré par rapport à la masse.

Les bobines d'arrêt fournissent une impédance élevée au courant parasite radiofréquence mais pas au courant 60 Hz, isolant les bornes d'entrée du récepteur des parasites radiofréquences en provenance du secteur. De même, le condensateur de découplage court-circuite l'entrée du récepteur pour les radiofréquences, mais pas pour 60 Hz. L'unité constitue alors un filtre passe-bas pour le secteur 60 Hz appliqué au récepteur en rejetant les fréquences plus élevées. L'intensité nominale indique que le filtre peut être utilisé pour des utilisations tirant au plus 3 A du secteur, sans échauffement anormal des bobines.

Filtre d'antenne de télévision Quand un téléviseur présente une image parasite due à des radiofréquences inférieures à la bande

Figure 28-17 *Filtre d'antenne de télévision pour passer les fréquences des canaux au-dessus de 54 MHz, mais atténuer les fréquences inférieures: (a) unité de filtrage; (b) capot enlevé montrant les condensateurs en série et les bobines d'arrêt en shunt.*

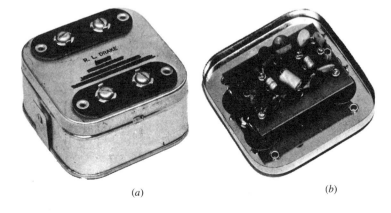

d'émission de télévision et recueillies par l'antenne réceptrice, cette radiofréquence parasite peut être atténuée par le filtre passe-haut montré à la figure 28-17. Le filtre atténue les fréquences inférieures à 54 MHz, ce qui constitue la fréquence la plus basse pour le canal 2.

Aux fréquences plus basses, les condensateurs en série créent une réactance croissante avec une chute de tension plus importante, tandis que les inductances shunt ont moins de réactance et court-circuitent la charge. Des fréquences plus élevées sont transmises à la charge, du fait que la réactance capacitive en série diminue et que la réactance inductive shunt croît.

Les branchements à l'unité de filtrage se font à l'extrémité du côté récepteur du fil d'antenne. L'une des extrémités du filtre est reliée aux connexions de l'antenne sur le récepteur, l'extrémité opposée étant reliée au fil de l'antenne.

***Problèmes pratiques 28.10
(réponses à la fin du chapitre)
Répondre par vrai ou faux:***

(a) Un filtre éliminateur (de brouillage) est un filtre éliminateur de bande;

(b) Le filtre d'antenne de télévision illustré à la figure 28-17 est un filtre passe-haut à condensateurs en série.

Résumé

1. Un filtre sépare les hautes et les basses fréquences. Avec une entrée de différentes fréquences, le filtre passe-haut transmet les fréquences plus élevées pour créer une tension de sortie aux bornes de la charge; un filtre passe-bas engendre une tension de sortie pour les fréquences plus basses.

2. Un courant continu ondulé ou pulsé varie en amplitude mais n'inverse pas son sens; de même, une tension continue ondulée ou pulsée varie en amplitude mais demeure d'une polarité soit négative, soit positive.

3. La tension ou le courant continu ondulé est constitué d'un niveau continu fixe, égal à la valeur moyenne et d'une composante alternative qui inverse de polarité par rapport au niveau moyen. Les composantes continue et alternative peuvent être séparées par des filtres.

4. Un circuit de couplage *RC* est effectivement un filtre passe-haut pour le courant continu ondulé; C_c bloque la tension continue fixe mais transmet la composante alternative.

5. Un transformateur avec un enroulement secondaire isolé est également un filtre passe-haut. Avec un courant continu ondulé dans le primaire, seule la composante alternative produit une tension de sortie dans le secondaire.

6. Un condensateur de découplage en parallèle avec *R* constitue un filtre passe-bas.

7. Des combinaisons de *L, C* et *R* peuvent être disposées en filtre en L, en T ou en π pour un filtrage plus sélectif. Tous ces montages peuvent être utilisés pour une action soit passe-haut, soit passe-bas.

8. Dans les circuits passe-haut, le condensateur doit être en série avec la charge comme condensateur de couplage, *R* ou *L* étant en shunt aux bornes de la ligne.

9. Pour un filtre passe-bas, le condensateur est aux bornes de la ligne comme condensateur de découplage, tandis que *R* et *L* doivent alors être en série avec la charge.

10. Un filtre passe-bande ou éliminateur de bande a deux fréquences de coupure. Le filtre passe-bande transmet à la charge les fréquences de la bande comprises entre les fréquences de coupure, en atténuant toutes les autres fréquences supérieures et inférieures à celles de la bande passante. Un filtre à élimination de bande exerce une action inverse, atténuant la bande entre les fréquences de coupure et transmettant à la charge toutes les autres fréquences supérieures et inférieures à la bande éliminée.

11. Les circuits résonnants sont généralement utilisés pour le filtrage passe-bande ou à élimination de bande aux radiofréquences.

12. Pour le filtrage passe-bande, le circuit résonnant en série *LC* doit être en série avec la charge, pour une impédance série minimale, tandis que la haute impédance de la résonance parallèle est aux bornes de la charge.

13. Pour le filtrage à élimination de bande, le circuit est inversé, le circuit résonnant parallèle *LC* est en série avec la charge, tandis que le circuit résonnant série est en shunt aux bornes de la charge.

14. Un filtre éliminateur (de brouillage) est une application du filtre à résonance éliminateur de bande.

Exercices de contrôle
(Réponses à la fin de l'ouvrage)

Voici un moyen de contrôler si vous avez bien assimilé le contenu de ce chapitre. Ces exercices sont uniquement destinés à vous évaluer vous-même.

Choisir (*a*), (*b*), (*c*) ou (*d*).

1. Avec des fréquences d'entrée allant de 0 Hz à 15 kHz, un filtre passe-haut admet le développement aux bornes de la résistance de

charge de la tension de sortie la plus élevée pour quelle fréquence ci-après: (a) 0 Hz; (b) 15 Hz; (c) 150 Hz; (d) 15 000 Hz?

2. Avec des fréquences d'entrée allant de 0 Hz à 15 kHz, un filtre passe-bas admet aux bornes de la résistance de charge le développement de la tension de sortie la plus élevée pour quelle fréquence ci-après: (a) 0 Hz; (b) 15 Hz; (c) 150 Hz; (d) 15 000 Hz?

3. Un circuit de couplage $R_c C_c$ est un filtre passe-haut pour une tension continue ondulée parce que: (a) C_c a une réactance élevée aux hautes fréquences; (b) C_c bloque la tension continue; (c) C_c a une faible réactance aux basses fréquences; (d) R_c a une impédance minimale aux basses fréquences.

4. Un transformateur avec un enroulement secondaire isolé est un filtre passe-haut pour un courant primaire continu ondulé parce que: (a) le courant primaire fixe ne crée pas de champ magnétique; (b) la composante alternative du courant primaire a le champ le plus intense; (c) seules des variations du courant primaire peuvent induire une tension secondaire; (d) la tension secondaire est maximale pour un courant continu fixe dans le primaire.

5. Lequel parmi les suivants est un filtre passe-bas? (a) Type en L avec C en série et L en shunt; (b) Type en π avec C en série et L en shunt; (c) Type en T avec C en série et L en shunt; (d) Type en L avec L en série et C en shunt.

6. Un condensateur de découplage C_b aux bornes de R_b produit un filtrage passe-bas parce que: (a) le courant dans la dérivation C_b est maximal pour les basses fréquences; (b) la tension aux bornes de C_b est minimale pour les hautes fréquences; (c) la tension aux bornes de C_b est minimale pour les basses fréquences; (d) la tension aux bornes de R_b est minimale pour les basses fréquences.

7. Un voltmètre alternatif placé aux bornes de C_c de la figure 28-6 indique: (a) une valeur pratiquement nulle; (b) 7,07 V; (c) 10 V; (d) 20 V.

8. Lequel des filtres suivants du type en L est le meilleur filtre à éliminateur de bande? (a) Circuit résonnant série LC en série avec la charge et circuit résonnant parallèle monté en shunt; (b) circuit résonnant parallèle LC en série avec la charge et circuit résonnant série LC monté en shunt; (c) circuits résonnants série LC montés en série et en parallèle avec la charge; (d) circuits résonnants parallèle LC montés en série et en parallèle avec la charge.

9. Un filtre éliminateur (de brouillage) à 455 kHz est un circuit résonnant LC accordé à 455 kHz et monté comme: (a) filtre éliminateur de bande pour la fréquence de 455 kHz et les fréquences voisines; (b) filtre passe-bande pour la fréquence de 455 kHz et les fréquences voisines; (c) filtre éliminateur de bande pour des fréquences de

0 Hz à 455 kHz; (d) filtre passe-bande pour des fréquences de 455 kHz à 300 MHz.

10. Un filtre de secteur destiné à éliminer les parasites radiofréquences comporte: (a) des condensateurs de couplage radiofréquence en série avec le secteur; (b) des bobines d'arrêt radiofréquences en shunt aux bornes du secteur; (c) des bobines d'arrêt 60 Hz en série avec le secteur; (d) des condensateurs de découplage radiofréquences en shunt aux bornes du secteur.

Questions

1. Quelle est la fonction d'un filtre électrique?

2. Citez deux exemples où la tension comporte des composantes de fréquence différente.

3. (a) Qu'entend-on par courant ou tension continue pulsée? (b) Quelles sont les deux composantes d'une tension continue pulsée? (c) Comment pouvez-vous mesurer la valeur de chacune de ces deux composantes?

4. Définissez la fonction des filtres suivants du point de vue de la tension de sortie aux bornes de la résistance de charge: (a) filtre passe-haut. Pourquoi un circuit de couplage R_cC_c en est-il un exemple? (b) Filtre passe-bas. Pourquoi un circuit de découplage R_bC_b en est-il un exemple? (c) Filtre passe-bande. En quoi diffère-t-il d'un circuit de couplage? (d) Filtre à bande d'arrêt. En quoi diffère-t-il d'un filtre passe-bande?

5. Dessinez le schéma électrique des types de filtres suivants (il n'y a pas besoin de valeurs): (a) type en T passe-haut et type en T passe-bas; (b) type en π passe-bas, équilibré avec réactance de filtrage des deux côtés de la ligne.

6. Dessinez le schéma électrique pour des filtres en L passe-bande et éliminateur de bande. En quoi ces deux circuits diffèrent-ils entre eux?

7. Dessinez la courbe de réponse pour chacun des filtres suivants: (a) passe-bas coupant à 20 000 Hz; (b) passe-haut coupant à 20 Hz; (c) passe-bande de 20 à 20 000 Hz; (d) passe-bande de 450 à 460 kHz.

8. Citez une similitude et une différence en comparant un condensateur de couplage et un condensateur de découplage.

9. Nommez deux différences entre un filtre passe-bas et un filtre passe-haut.

10. Expliquez brièvement pourquoi le filtre du secteur de la figure 28-16 transmet le courant alternatif à 60 Hz, mais pas le courant radiofréquence à 1 MHz.

Problèmes

(Les réponses aux problèmes de numéro impair sont données à la fin de l'ouvrage)

1. Reportez-vous au circuit de couplage RC de la figure 28-6 avec R égal à 160 000 Ω: (*a*) calculez la valeur requise de C_c à 1000 Hz; (*b*) quelle est la valeur de la tension continue fixe aux bornes de C_c et de R? (*c*) Quelle est la valeur de la tension alternative aux bornes de C_c et de R?

2. Reportez-vous au circuit de découplage $R_1 C_1$ de la figure 28-8: (*a*) pourquoi la fréquence de 1 MHz est-elle découplée mais pas celle de 1 kHz? (*b*) Si C_1 avait une capacité double, quelle serait la fréquence la plus basse susceptible d'être découplée, en maintenant à 10 à 1 le rapport de R par rapport à X_c?

3. Calculez la valeur de C_c nécessaire pour coupler des audiofréquences de 50 à 15 000 Hz avec une résistance R de 500 kΩ.

4. Montrez le courant anodique ondulé i_b d'un tube à vide qui a un niveau continu moyen de 24 mA et une composante alternative en forme d'onde carrée avec une valeur de crête de 10 mA. Marquez le niveau continu, les valeurs positives maximale et minimale et la tension alternative crête à crête.

5. Représentez la tension de grille ondulée d'un tube à vide ayant un niveau continu moyen à -8 V et une composante alternative sinusoïdale d'une valeur de crête de 3 V. Marquez le niveau continu, les valeurs négatives maximale et minimale et la tension alternative crête à crête.

6. Refaire le problème 4 en considérant cette fois le courant collecteur ondulé i_C d'un transistor NPN.

7. (*a*) Dessinez un filtre à bande d'arrêt en L inversé utilisé comme filtre éliminateur (de brouillage) pour 455 kHz; (*b*) donnez l'inductance nécessaire avec un condensateur C de 80 pF.

8. (*a*) Reportez-vous à la figure 28-6 et calculez la valeur de C_c nécessaire pour un couplage à 50 Hz lorsque R est de 500 kΩ. (*b*) Reportez-vous à la figure 28-7 et calculez la valeur de C_1 nécessaire pour découpler R_1 à 50 Hz.

9. En vous reportant au commutateur de réglage de tonalité en audiofréquence de la figure 28-18, calculez les condensateurs nécessaires pour les cas suivants: (*a*) C_1 pour découpler R_1 à 10 000 Hz; (*b*)

C_1 pour découpler R_1 à 5000 Hz; (c) C_3 pour découpler R_1 à 2000 Hz.

10. Vous référant au filtre RC passe-bas de la figure 28-9a, dessinez le schéma avec les valeurs suivantes: 75 kΩ pour R, 0,001 μF pour C et 10 MΩ pour R. (a) Pour une entrée de 10 V, calculez les valeurs de V_C à 1 kHz, 2 kHz, 5 kHz, 10 kHz et 15 kHz; (b) dessinez la courbe de réponse du filtre en portant V_C sur un axe et la fréquence sur l'autre.

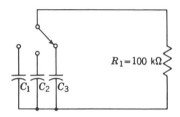

Figure 28-18 *Pour le problème 9.*

Réponses aux problèmes pratiques

28.1   (a)   500 kHz
      (b)   60 Hz
28.2   (a)   6 V
      (b)   10 et 2 V
      (c)   8 V
      (d)   4 et 2,8 V
28.3   (a)   passe-haut
      (b)   0 V
28.4   (a)   0 V
      (b)   celui de 5 μF
28.5   (a)   de radiofréquences
      (b)   celui de 5 μF

28.6   (a)   de type passe-haut
      (b)   de type passe-bas
28.7   (a)   les schémas *e* et *f*
      (b)   passe-bas
28.8   (a)   le schéma *d*
      (b)   de type passe-haut
28.9   (a)   vrai
      (b)   vrai
28.10   (a)   vrai
      (b)   vrai

Rappel des chapitres 25 à 28

Résumé

1. Les réactances X_C et X_L sont opposées. En série, les valeurs en ohms de X_C et de X_L se retranchent; en parallèle, les courants des dérivations capacitive et inductive se retranchent.

2. Il en résulte que les circuits comportant les éléments R, X_C et X_L peuvent être réduits à une réactance nette et à une résistance équivalente. Dans les circuits série, la réactance nette s'ajoute à la résistance totale par l'intermédiaire des vecteurs de phase: $Z = \sqrt{R^2 + X^2}$; on a alors $I = V/Z$. Dans les circuits parallèle, le courant dans la dérivation réactive nette s'ajoute au courant de la dérivation résistante totale par l'intermédiaire des vecteurs: $I_T = \sqrt{I_R^2 + I_X^2}$; on a $Z = V/I_T$.

3. Les valeurs en ohms de R, X_C, X_L et Z dans les circuits à courant alternatif sont soumises à comparaison au tableau 25-1.

4. Dans les circuits à courant alternatif comportant une réactance, la puissance active en watts est égale à I^2R, ou $VI \cos \varphi$, où φ est le déphasage du circuit et $\cos \varphi$ est le facteur de puissance.

5. Les échelles des appareils de mesure pour courant alternatif sont généralement étalonnées en valeurs efficaces.

6. Le wattmètre utilise l'équipage dynamométrique alternatif pour lire simultanément V et I, mesurant ainsi la valeur en watts de la puissance active.

7. Étant donné que X_L et X_C se retranchent en série lorsque ces réactances sont égales, la réactance nette est nulle. Dans le montage parallèle, le courant dans la dérivation réactive nette est nul. La fréquence spécifique qui rend $X_L = X_C$ est la fréquence de résonance $f_r = 1/(2 \pi \sqrt{LC})$.

8. La valeur de f_r étant inversement proportionnelle à la racine carrée de L et de C, à des valeurs plus élevées de L et de C correspondent des fréquences de résonance plus basses. Si, par exemple, la valeur de L ou de C est quadruplée, f_r diminuera de moitié.

9. Dans un circuit résonnant série LC, le courant est maximal car il n'a d'autre résistance que celle, faible, des conducteurs; la chute de tension aux bornes de chacune des réactances est maximale mais ces dernières sont égales et de sens inverse; le déphasage est nul. À la résonance, la tension réactive est Q fois supérieure à la tension appliquée.

10. Dans un circuit résonnant parallèle LC, l'impédance est maximale avec le courant en ligne minimal, car les courants dans les dérivations réactives se retranchent. À la résonance, l'impédance est Q fois la valeur de X_L, mais elle est résistive avec un déphasage nul.

11. Le facteur Q d'un circuit résonnant est égal à X_L/r_S pour la résistance en série avec X_L, ou R_P/X_L pour la résistance en parallèle avec X_L.

12. La largeur de bande entre points de demi-puissance est f_r/Q

13. Dans un filtre, on utilise des bobines et des condensateurs pour séparer des fréquences basses ou élevées. Un filtre passe-bas admet le passage des basses fréquences pour créer une tension aux bornes de la charge; un filtre passe-haut a la même fonction pour les hautes fréquences. Des inductances placées en série ou des condensateurs branchés en parallèle fournissent un filtrage passe-bas; des condensateurs en série ou des inductances en shunt opèrent un filtrage passe-haut.

14. Un courant ou une tension continue pulsée ou ondulée varie en amplitude, mais avec un seul sens ou polarité. L'un ou l'autre est équivalent à une composante alternative variant dans des sens opposés de part et d'autre d'un niveau de valeur moyenne. Ce niveau, qui est précisément la moyenne arithmétique de toutes les valeurs durant un cycle, est la valeur continue fixe.

15. Un circuit de couplage RC est effectivement un filtre passe-haut pour une tension continue pulsée, laissant passer la composante alternative mais bloquant la composante continue.

16. Un transformateur avec un secondaire isolé constitue un filtre passe-haut pour le courant continu ondulé, transmettant au secondaire les variations alternatives mais sans sortie du niveau continu du courant primaire.

17. En parallèle avec R, un condensateur de découplage est effectivement un filtre passe-bas, du fait que sa faible réactance réduit la tension aux bornes de R pour les hautes fréquences.

18. Les principaux types de circuits de filtrage sont ceux en π, en L et en T. Ils peuvent être passe-haut ou passe-bas en fonction du mode de branchement des composants L et C.

19. Les circuits résonnants peuvent être utilisés comme filtre passe-bande ou éliminateur de bande. Pour le filtrage en passe-bande, des

circuits résonnants série sont montés en série avec la charge ou des circuits résonnants parallèle sont placés aux bornes de la charge. Pour le filtrage à bande d'arrêt, des circuits résonnants parallèle sont en série avec la charge ou des circuits résonnants série sont aux bornes de la charge.

20. Un filtre éliminateur (de brouillage) est une application du filtre à résonance à bande d'arrêt.

Exercices de contrôle récapitulatifs
(Réponses à la fin de l'ouvrage)

Voici une nouvelle occasion de vérifier vos progrès. Effectuez ces exercices comme vous l'avez fait pour ceux de chaque fin de chapitre et vérifiez les réponses. Inscrivez les réponses numériques.

1. Un circuit à courant alternatif avec des résistances en série R_1 de 100 Ω et R_2 de 200 Ω a une résistance totale de _____ Ω.
2. Pour une réactance X_{C_1} de 100 Ω en série avec une autre X_{C_2} de 200 Ω, la réactance totale X_C est de _____ Ω.
3. Pour une réactance X_{L_1} de 100 Ω en série avec une autre X_{L_2} de 200 Ω, le total X_{L_T} est de _____ Ω.
4. Deux branches X_C de 500 Ω chacune, en parallèle, correspondent à une valeur X_{C_T} de _____ Ω.
5. Deux dérivations X_L de 500 Ω chacune, en parallèle, correspondent à une valeur X_{L_T} de _____ Ω.
6. Une réactance X_L de 500 Ω placée en série avec X_C de 300 Ω donne une valeur nette X_L de _____ Ω.
7. Une réactance X_C de 500 Ω placée en série avec X_L de 300 Ω donne une valeur nette de X_C de _____ Ω.
8. Pour X_L de 10 Ω en série avec R de 10 Ω, Z_T est _____ Ω.
9. Pour X_C de 10 Ω en série avec R de 10 Ω, Z_T est _____ Ω.
10. Avec 14 V appliqués aux bornes de Z_T égal à 14 Ω, la valeur de I est _____ A.
11. Avec X_L de 10 Ω en série avec R de 10 Ω, la valeur de φ est de _____ degrés.
12. Avec X_C de 10 Ω en série avec R de 10 Ω, la valeur de φ est de _____ degrés.
13. Avec X_L de 10 Ω et R de 10 Ω en parallèle, aux bornes d'une source de 10 V, le courant dans chaque dérivation I est de _____ _____ A.
14. Dans la question 13, le courant total en ligne I_T est égal à _____ _____ A.

15. Dans les questions 13 et 14, la valeur de Z_T pour les dérivations en parallèle est égale à _____ Ω.

★16. Avec une tension de 120 V, un courant I de 10 A et une valeur de φ de 60°, un wattmètre affiche _____ W.

★17. Une tension alternative de 60 Hz avec une valeur de crête de 500 V sera lue par un appareil à fer mobile pour une valeur de _____ V.

★18. Pour L de 10 H et C de 40 μF, f_r a une valeur de _____ Hz.

★19. Pour L de 100 μH et C de 400 pF, f_r a une valeur de _____ MHz.

20. Dans la question 19, si C est ramené à 100 pF, f_r monte à _____ MHz.

21. Dans la question 20, si L est augmenté à 400 μH, f_r décroît à _____ MHz.

22. Dans un circuit résonnant série avec une tension de 10 mV appliquée aux bornes d'une résistance R de 1 Ω, de réactance X_L de 1000 Ω et X_C de 1000 Ω, le courant à la résonance est de _____ mA.

23. Dans la question 22, la tension aux bornes de X_C est égale à _____ V.

24. Dans un circuit résonnant parallèle avec une résistance de 1 Ω, en série avec, dans l'une des dérivations, une réactance X_L de 1000 Ω et dans l'autre X_C de 1000 Ω, la tension appliquée étant de 10 mV, la tension aux bornes de X_C est égale à _____ mV.

25. Dans la question 24, la valeur de Z pour le circuit résonnant parallèle est égale à _____ MΩ.

26. Un circuit LC résonnant à 500 kHz a un facteur Q de 100. Sa largeur de bande entre les points de demi-puissance est égale à _____ kHz.

27. Dans la question 26, si le facteur Q est réduit à 10 par un shunt R_P, la largeur de bande devient égale à _____ kHz.

28. Un condensateur de couplage pour 40 à 15 000 Hz en série avec une résistance de 0,5 MΩ a une capacité de _____ μF.

29. Un condensateur de découplage pour 40 à 15 000 Hz en shunt avec une résistance R de 1000 Ω a une capacité de _____ μF.

30. Une tension continue ondulée variant selon une onde sinusoïdale symétrique entre 100 et 200 V a une valeur moyenne de _____ V.

Répondez par vrai ou faux.

31. Dans un circuit comportant en série une réactance X_C et une résistance R, si f croît, le courant augmente.

32. Dans un circuit comportant en série une réactance X_L et une résistance R, si f croît, le courant diminue.
33. Le voltampère est l'unité de puissance apparente.
34. Un circuit présentant un déphasage de 90° ne dissipe aucune puissance active.
35. La valeur *effective* et la valeur *efficace* d'une tension alternative sunusoïdale sont identiques.
36. Dans un diviseur de tension capacitif, le condensateur C de moindre capacité présente à ses bornes la tension la plus élevée.
37. Un courant continu fixe circulant dans le primaire d'un transformateur ne peut engendrer aucune tension de sortie alternative dans le secondaire.
38. Un filtre de type en π avec des condensateurs shunt est un filtre passe-bas.
39. Un filtre du type en L avec un circuit résonnant parallèle LC monté en série avec la charge est un filtre à bande d'arrêt.
40. Une tension continue ondulée étant appliquée aux bornes d'un circuit de couplage RC, le niveau moyen continu de la tension continue appliquée se retrouve aux bornes de C.

Références
(D'autres références sont données à la fin de l'ouvrage)

GILLIE, A.C., *Electrical Principles of Electronics,* McGraw-Hill Book Company, New York.

SEINES, B., *Electric Circuit Analysis,* Prentice-Hall, Inc., Englewood Cliffs, N.J.

SISKIND, C. S., *Electricity, Direct and Alternating Current,* 2ᵉ éd., McGraw-Hill Book Company, New York.

TURNER, R. P., *Basic Electronic Test Instruments,* Holt, Rinehart and Winston, Inc., New York.

WEICK, C. B., *Principles of Electronic Technology,* McGraw-Hill Book Company, New York.

Tubes à vide

Dans ce chapitre, on décrit la construction des tubes, les différents types de tubes et leurs applications comme amplificateurs ou redresseurs. Un circuit amplificateur augmente l'amplitude d'un signal désiré. Un amplificateur peut par exemple avoir une entrée de 1 mV et présenter une sortie de 100 mV, donc avoir un gain en tension de 100. Un redresseur transforme un courant alternatif en courant continu. L'entrée alternative d'un redresseur présente des polarités positive et négative. Par contre, la sortie continue n'a qu'une seule polarité, soit positive, soit négative.

De la même façon, les diodes semi-conductrices et les transistors sont utilisés comme redresseurs et comme amplificateurs, ainsi qu'il est expliqué au chapitre 30. Des diodes et des transistors séparés sont des *composants discrets*, mais la plupart d'entre eux peuvent être combinés en modules à circuit intégré (CI), comme on le décrit au chapitre 31. En général, les fonctions remplies par les amplificateurs, oscillateurs, redresseurs et commutateurs électroniques peuvent être assurées par les tubes, les transistors et les circuits intégrés.

L'étude des tubes et des composants semi-conducteurs entame l'analyse des *composants actifs* utilisés dans les circuits électroniques. Les composants actifs sont essentiellement les tubes et les semi-conducteurs ayant pour rôle d'amplifier et de redresser. Les *composants passifs* R, L et C sont encore nécessaires, bien sûr. Cependant, lorsqu'ils sont utilisés de concert avec les tubes et les composants semi-conducteurs, ils fournissent des combinaisons assurant de nombreuses fonctions au sein de circuits électroniques aux possibilités dès lors pratiquement illimitées. Dans ce chapitre sont exposés les sujets suivants:

29.1   Redresseurs, amplificateurs et oscillateurs
29.2   Construction des tubes
29.3   Diodes
29.4   Courant anodique ou de plaque
29.5   Circuits redresseurs à diodes
29.6   Triodes
29.7   Processus d'amplification par une triode de la tension de grille de commande
29.8   Caractéristiques des triodes
29.9   Paramètres des tubes

29.1
REDRESSEURS, AMPLIFICATEURS ET OSCILLATEURS

La plupart des circuits électroniques peuvent être répartis dans ces trois groupes. Un redresseur transforme son courant d'entrée alternatif en courant de sortie continu. Un circuit amplificateur amplifie son signal d'entrée. Un circuit oscillateur constitue un cas spécial de l'amplificateur, mais l'oscillateur engendre et sort un courant alternatif, à partir de son alimentation en courant continu, sans aucun signal d'entrée alternatif.

Amplificateurs   Le schéma fonctionnel de la figure 29-1 illustre un amplificateur pour signaux d'audiofréquences. En général, le terme *signal* est utilisé pour des variations de tension ou de courant correspondant à l'information désirée. L'entrée en alternatif de 0,2 V pourrait dans ce cas être le signal d'audiofréquence d'un phonographe. Par l'intermédiaire d'un tube ou d'un transistor, avec ses composants passifs associés, ce circuit amplificateur d'audiofréquences fournit une tension de sortie de 0,8 V. Sous cette forme, ce signal peut être utilisé pour piloter un étage amplificateur de puissance qui fournira un courant suffisant pour exciter un haut-parleur. Des amplificateurs montés de sorte que leur sortie pilote l'entrée suivant sont dits montés en *cascade*.

Pour l'amplificateur de tension de la figure 29-1, le signal alternatif de sortie de 8 V a une valeur quarante fois supérieure à celle du signal d'entrée de 0,2 V. Notez que le signal de sortie est représenté avec une polarité inver-

sée, du fait que de nombreux amplificateurs inversent la phase du signal de 180°.

Quant aux composants passifs, R est toujours utile pour fournir une tension choisie de valeur IR, soit pour le courant continu, soit pour le courant alternatif. Le symbole C est communément utilisé pour le couplage, pour transmettre le signal alternatif tout en bloquant toute composante continue. On peut aussi utiliser un transformateur pour le couplage; C peut d'ailleurs également faire office de condensateur de découplage. Le symbole L peut servir de bobine de choc en audiofréquence ou radiofréquence et pour les transformateurs. Dans les amplificateurs pour signaux de radiofréquences, on met généralement en oeuvre des circuits résonnants LC.

Il convient de noter que des tensions alternatives non sinusoïdales peuvent être amplifiées. Par ailleurs, il existe aussi des amplificateurs de courant continu.

Bien que l'amplificateur de la figure 29-1 amplifie un signal alternatif, le circuit nécessite une tension d'alimentation continue fixe. La raison en est que les transistors ou tubes à

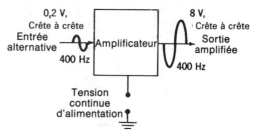

Figure 29-1   *Fonction d'un circuit amplificateur. Le signal d'entrée alternatif de 0,2 V est amplifié à 8 V, crête à crête.*

vide exigent qu'une tension continue soit appliquée à leurs électrodes dans le but de conduire le courant. D'une façon générale, tout amplificateur agit en commandant par les variations du signal d'entrée l'alimentation continue dans le circuit de sortie. De ce fait, les circuits amplificateurs présentent des courants et des tensions qui comprennent des variations alternatives par rapport à un axe correspondant à une valeur moyenne continue.

Oscillateurs   Le schéma synoptique de la figure 29-2 illustre un oscillateur à moyenne fréquence à réaction. Il n'y a pas de signal d'entrée alternatif, mais le circuit oscillant engendre une sortie radiofréquence à la fréquence de résonance naturelle du circuit *LC* accordée à 1 MHz.

La seule différence entre ce circuit et un amplificateur de radiofréquence pour un signal de 1 MHz est que l'oscillateur a une réaction positive de la sortie vers l'entrée. Cette polarité renforce les variations du circuit d'entrée. La réaction positive peut être obtenue par deux inversions de phase de 180°.

Bien que l'on montre ici un circuit oscillant aux radiofréquences accordé pour une sortie sinusoïdale de 1 MHz, des circuits oscil-

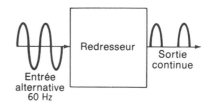

Figure 29-3   *Fonction d'un circuit redresseur. L'entrée alternative est transformée en sortie continue ondulée.*

lants peuvent aussi être utilisés pour engendrer des impulsions, des signaux carrés ou en dents de scie à pratiquement n'importe quelle fréquence, à partir des basses audiofréquences jusqu'à des radiofréquences extrêmement élevées.

Redresseurs   Le schéma fonctionnel de la figure 29-3 montre un redresseur, transformant la tension alternative d'entrée de 60 Hz en une tension de sortie continue ondulée. La diode n'admet le passage du courant que dans un seul sens, pour l'une des polarités de la tension appliquée. En conséquence, le courant ne circule dans le circuit de sortie que pendant les demi-cycles de la tension alternative d'entrée rendant la diode passante. Ce circuit est un redresseur demi-onde.

Bien que non représenté ci-contre, le circuit de sortie comporte usuellement des condensateurs shunts de filtrage avec une résistance ou une bobine d'arrêt montée en série, en vue d'obtenir une tension continue fixe. Le circuit complet constitue alors une alimentation continue.

La fonction d'une telle alimentation pourrait être de fournir la tension continue d'alimentation pour l'amplificateur et l'oscillateur des figures 29-1 et 29-2. Des diodes à semiconducteurs ou des tubes peuvent servir de redresseurs, mais les diodes à semi-conducteurs sont très répandues en raison de leur rendement élevé et de leur faible dimension. Bien

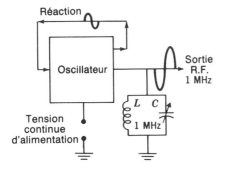

Figure 29-2   *Circuit oscillateur à réaction pour radiofréquences accordé à la fréquence de résonance de 1 MHz.*

que l'on cite ici le secteur alternatif de 60 Hz, il faut noter que l'entrée alternative appliquée au redresseur peut avoir une fréquence quelconque.

Problèmes pratiques 29.1
(réponses à la fin du chapitre)
(a) Soit le circuit de la figure 29-1. Calculer le gain en tension du signal audio.
(b) Soit le circuit de la figure 29-2. Calculer la fréquence de résonance du circuit *LC* relié à l'oscillateur radiofréquence accordé.

29.2
CONSTRUCTION DES TUBES

Ainsi qu'on le montre sur la figure 29-4, un tube à vide comporte une enveloppe en verre ou métallique renfermant des électrodes métalliques et dans laquelle on a fait le vide. La présence d'électrodes permet d'avoir un flux d'électrons circulant dans l'espace vide d'air à l'intérieur du tube. L'électrode qui émet les électrons est dite *cathode*. Généralement, la cathode est chauffée par un filament métallique de façon à provoquer une émission thermoionique d'électrons. L'électrode qui recueille les électrons émis est dite *anode* ou *plaque*. En général, une anode est une électrode positive, tandis que la cathode est négative par rapport à l'anode.

Un potentiel positif est appliqué à la plaque par rapport à la cathode, de sorte que les électrons émis sont attirés, engendrant ainsi un courant de plaque. Entre la cathode et la plaque, le tube peut également comporter un grillage en fil faisant office d'électrode-grille de commande, en vue d'accroître ou de réduire le flux d'électrons circulant en direction de la plaque. La circulation du courant est pratiquement instantanée, un temps de transit classique

Figure 29-4   *Tube amplificateur type de hauteur 38 mm.*

pour que des électrons émis par la cathode atteignent la plaque étant de l'ordre de 0,001 μS.

Le tube à vide est fondamentalement un dispositif à courant de faible intensité du fait que le flux d'électrons est limité par la grandeur de l'émission thermoionique issue de la cathode. Pour des dimensions conventionnelles, les valeurs classiques du courant de plaque sont inférieures à environ 100 mA. Par comparaison aux transistors, la plupart des tubes à vide ont une résistance interne nettement plus élevée en raison du courant de plaque relativement faible.

Dans leur développement historique, les premiers tubes ont été des diodes, avec une cathode et une anode. Puis furent inventées les triodes, faisant usage de la grille pour commander le courant de plaque. Elles furent suivies des tétrodes et pentodes. La tétrode comporte quatre électrodes, parmi lesquelles deux grilles; la pentode a cinq électrodes dont trois grilles. Tous ces tubes ont obligatoirement une cathode pour émettre les électrons et une plaque pour recueillir les électrons émis. Ce sont là les principaux types de tubes. La source d'alimentation du filament ou chauffage est souvent définie comme *tension A*, la *tension B* étant celle appliquée à la plaque et la *tension C* étant celle de la grille.

Problèmes pratiques 29.2 (réponses à la fin du chapitre)
(a) Dire quelle électrode émet des électrons.
(b) Dire quelle est la polarité de la tension anodique par rapport à la cathode.

29.3 DIODES
Une diode ne comporte que deux électrodes: la cathode et la plaque, ainsi qu'il ressort de la figure 29-5. Remarquez les symboles schématiques. Le filament de chauffage n'est pas compté comme électrode puisqu'il s'agit simplement d'un filament incandescent destiné à chauffer électriquement la cathode. Si toute autre méthode était adéquate pour chauffer la cathode et la porter à sa température d'émission, elle ferait aussi bien l'affaire.

Notez que la plaque entoure la cathode. De ce fait, les électrons émis par la surface du manchon formant cathode peuvent être attirés par l'anode métallique et engendrer un cou-

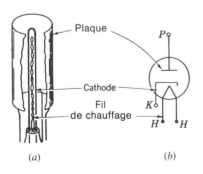

(a)   *(b)*

Figure 29-5 *Tube à vide diode: (a) construction; (b) symbole schématique.*

rant de plaque. Habituellement, la plaque est faite de fer, de nickel ou de molybdène. Des surfaces de plaques plus importantes sont utilisées pour des tubes dans lesquels circulent des courants de plaque de valeurs plus élevées.

Émission themoionique Lorsqu'un métal est chauffé, les électrons au sein des atomes subissent une accélération de leur mouvement aléatoire en raison de l'apport d'énergie thermique. Sous réserve d'un apport thermique suffisant pour porter le métal à l'incandescence tel un filament, certains des électrons internes gagnent une vitesse suffisante pour s'échapper de la surface du métal. En un certain sens, on peut considérer que les électrons sont «évaporés» de la surface. À ce stade, le métal constitue une cathode fournissant des électrons par émission thermoionique.

Construction de la cathode Les deux types de cathode sont schématiquement illustrés sur la figure 29-6. En (a), le filament cathode est chauffé directement par un courant électrique, faisant office de filament incandescent engendrant une émission thermoionique. En (b), la cathode est chauffée indirectement par un filament séparé. Le type à chauffage direct est habituellement appelé *filament*, tandis que le filament pour la cathode à chauffage indirect est désigné comme *fil de chauffage*.

Courant de filament L'alimentation de chauffage du filament est obtenue en appliquant la tension nominale du filament, de sorte qu'il circule un courant d'intensité convenable pour chauffer le filament. Les valeurs nominales sont données dans le manuel technique des tubes du fabricant. Par exemple, de nombreux tubes sont prévus pour un chauffage à 6,3 V, 0,3 A; cela signifie qu'une tension de 6,3 V appliquée à l'élément de chauffage produira le courant de chauffage fixé de 0,3 A.

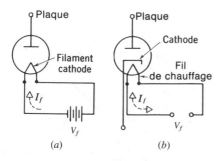

Figure 29-6 *(a) Filament-cathode chauffé en courant continu; (b) cathode à chauffage indirect avec alimentation alternative pour le fil de chauffage.*

La plupart des tubes récepteurs sont à cathode à chauffage indirect, avec un courant de chauffage alternatif à 60 Hz.

Le vide Une fois le tube monté, le vide est fait dans l'enveloppe. Il y a plusieurs raisons pour lesquelles le vide est nécessaire. En premier lieu, le filament chauffé s'oxyderait à l'air et brûlerait. De plus, la cathode émet plus d'électrons dans le vide. Finalement, si l'on désire que seuls les électrons émis par la cathode circulent vers la plaque, sans ionisation des molécules d'air, les électrodes doivent être placées dans le vide.

Lorsque le vide est suffisamment poussé par pompage de l'air, l'enveloppe est scellée. Pour améliorer encore la qualité du vide, l'ensemble est alors chauffé pour faire évacuer toutes les molécules de gaz incluses dans les électrodes métalliques. À ce stade de la fabrication, un composé *getter* à base de magnésium, monté à l'intérieur du tube sur un petit disque, se vaporise par suite de l'échauffement. Il en résulte une action chimique entre magnésium vaporisé et les gaz libérés par le métal qui élimine les dernières traces de gaz dans le tube. Après refroidissement du tube, le

getter se condense sur la surface interne de l'enveloppe en formant le film argenté que l'on voit habituellement dans les tubes en verre.

> ### *Problèmes pratiques 29.3*
> ### *(réponses à la fin du chapitre)*
> *(a)* Dire quelle électrode est le siège d'une émission thermoionique.
> *(b)* Dire quelle électrode recueille les électrons.

29.4
COURANT ANODIQUE OU DE PLAQUE

Le courant anodique circule dans un tube à vide du fait que l'anode est rendue positive par rapport à la cathode dans le but d'attirer les électrons émis. Par ailleurs, le circuit anodique comporte un trajet fermé pour la circulation du flux d'électrons retournant par la cathode au circuit extérieur via l'alimentation de l'anode.

Charge d'espace Cette charge est constituée par le nuage d'électrons formé au voisinage de la cathode et éjecté sous l'effet de l'émission thermoionique. Ces électrons étant négatifs, ils sont attirés par l'anode soumise à une tension d'accélération positive.

Caractéristiques du courant de plaque
Si l'on branche un ampèremètre en série dans le circuit de plaque, comme on le montre à la figure 29-7a, l'appareil affiche les valeurs du courant de plaque I_b produit par différentes valeurs de la tension de plaque V_b. Rappelez-vous que la tension de plaque doit être positive. Les résultats sont réunis dans un tableau et reportés sur le graphe en (b).

Le mode opératoire consiste simplement à faire varier le potentiomètre R pour obtenir la valeur choisie de V_b, puis de lire la valeur correspondante de I_b. On montre dans cette figure un tube à cathode à chauffage indirect dans le but de s'en tenir au seul courant de

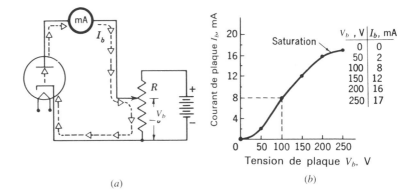

Figure 29-7 *Mesure de I pour différentes tensions anodiques V_b pour obtenir une courbe caractéristique volt-ampère de diode:*
(a) schéma;
(b) caractéristique.

plaque. Le circuit de chauffage n'est donc pas représenté, puisqu'il fonctionne sous tension nominale et ne subit pas de variation pour cette expérience.

Le graphe résultant est une courbe caractéristique de plaque donnant la valeur de I_b pour une valeur correspondante de V_b, dans le cas particulier du tube considéré. Par exemple, la courbe signale qu'une tension de plaque de 100 V entraîne un courant de plaque de 8 mA. Une telle courbe donnant I_b en fonction de V_b est la caractéristique volt-ampère de la diode.

Problèmes pratiques 29.4
(réponses à la fin du chapitre)

(a) Soit le circuit de la figure 29-7a. Le milliampèremètre relève I_b, V_b ou le courant du filament de chauffage?

(b) Soit la figure 29-7b. On donne $V_b = 50$ V. Que vaut I_b?

29.5
CIRCUITS REDRESSEURS À DIODES

Le fait que la diode n'admette de circulation de courant que dans un seul sens définit son utilité en tant que redresseur pour transformer le courant alternatif en courant continu. Un tel circuit redresseur à diode est représenté à la figure 29-8.

Résistance de charge Le courant de plaque devient utile dès lors qu'on l'amène à circuler à travers une charge extérieure R_L en dehors du tube. On met en oeuvre une résistance de charge externe R_L dans le but de disposer d'une charge susceptible de créer, à l'extérieur du tube, une chute de tension IR_L qui soit fonction de la valeur du courant de plaque circulant dans le tube. Dans ces conditions, cette chute de valeur IR_L constitue une tension de sortie qui peut être couplée à un autre circuit. C'est pourquoi, dans le circuit redresseur à diode de la figure 29-8, la résistance R_L est montée en série avec la diode D_1 et la tension alternative d'entrée.

Redresseur demi-onde La tension appliquée à travers la résistance R_L au circuit plaque-cathode de la diode est la tension alternative d'entrée. Il n'y a pas dans ce cas de tension d'alimentation continue appliquée au tube, car la tension alternative d'entrée rend positive la plaque de la diode à chaque demi-cycle.

Lorsque la plaque est rendue positive, un courant de plaque circule à travers le tube et

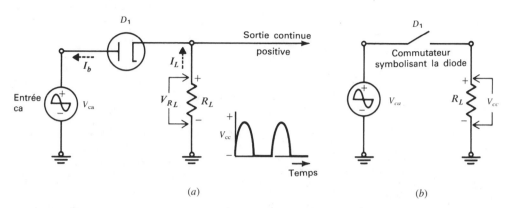

Figure 29-8 *Diode tube dans un circuit redresseur pleine-onde: (a) entrée alternative à D_1 redressée en sortie continue ondulée; (b) circuit équivalent avec D_1 sous forme de commutateur.*

la source alternative d'entrée, courant retournant à la cathode à travers la résistance R_L. Le courant I_b est le courant I_L de la charge. Durant le demi-cycle de la tension d'entrée rendant l'anode de la diode négative, il n'y a pas de courant anodique et donc aucune tension de sortie aux bornes de R_L.

Il en résulte les demi-cycles ou demi-ondes de courant à travers R_L dans le sens indiqué. Le courant ne peut pas circuler en sens opposé, car I ne circule dans le tube que de la cathode vers la plaque.

La tension de sortie aux bornes de R_L est égale à IR_L. Cette sortie est donc une tension continue car elle n'a qu'une polarité. Ce circuit est un redresseur demi-onde car il produit une sortie redressée demi-onde pour chaque cycle de la tension alternative.

Fréquence de l'ondulation La composante variable est l'*ondulation* de la sortie continue, consistant en pulsations demi-ondes à la même fréquence que l'entrée alternative. De ce fait, la fréquence ondulée pour le redresseur demi-onde est de 60 Hz pour une tension alternative du réseau de 60 Hz. Cette ondulation peut cependant être éliminée en recourant à des bobines d'arrêt de filtrage en série et à des condensateurs de filtrage en parallèle.

Polarité du courant continu La sortie redressée a la polarité indiquée à la figure 29-8, car la résistance de charge externe R_L est montée dans le côté cathode du circuit de la diode. Donc, I_B circulant dans le circuit de plaque est obligé de revenir vers la cathode en passant par la résistance R_L. Le flux d'électrons circulant du pôle négatif vers le pôle positif, le côté cathode doit être le côté positif de la tension de sortie redressée.

Cette polarité positive de V_L est correcte par rapport à l'autre extrémité de R_L. La cathode est toujours moins positive que la tension de plaque fournie par l'entrée alternative quand celle-ci rend la diode conductrice. Autrement, il ne pourrait pas s'établir de courant de plaque. Au niveau de la plaque, toutefois, la tension est semblable à l'entrée alternative, sans aucun redressement.

La diode fait office de commutateur uni-directionnel   Dans la figure 29-8*b*, le circuit redresseur a été enlevé pour montrer la diode fonctionnant comme un commutateur ne laissant circuler le courant que dans un seul sens. Lorsque la plaque de la diode est positive, le courant de plaque circule. Le tube conduit, ou le commutateur D_1 est fermé. Lorsque la plaque de la diode est négative, la diode constitue un circuit ouvert du fait que, sans courant de plaque, sa résistance est pratiquement infinie. Le commutateur D_1 est alors ouvert.

Par conséquent, nous pouvons considérer le redressement comme une action de commutation. C'est seulement lorsque V_{ca} est positif que la tension alternative d'entrée est en liaison avec R_L à travers D_1. Nous pouvons également constater maintenant pourquoi V_{cc} aux bornes de R_L doit être positif à l'extrémité cathode. Cette borne est reliée à l'extrémité positive V_{ca} par le commutateur fermé lorsque D_1 est conducteur. Donc, les seuls instants où il existe une sortie ne peuvent avoir lieu que lorsque le côté cathode de R_L est positif.

En tant que commutateur unidirectionnel, la diode sous tube et la diode à semi-conducteur ont réellement la même fonction. L'anode ou extrémité positive du semi-conducteur correspond à la plaque dans le tube. Dans l'un ou l'autre cas, une tension positive appliquée à l'anode rend la diode conductrice. Pour plus de détails sur les redresseurs, y compris les redresseurs double alternance à diodes semi-conductrices, voir le chapitre 30. Aujourd'hui, tous les circuits redresseurs sont pratiquement constitués de composants semi-conducteurs.

Problèmes pratiques 29.5 (réponses à la fin du chapitre) Considérer la figure 29-8:

(*a*) Quand la diode D_1 conduit-elle: lorsque la tension d'entrée alternative rend l'anode positive, ou négative?

(*b*) Le côté cathode de la tension de sortie continue est-il positif ou négatif?

29.6 TRIODES

Ainsi qu'on le montre à la figure 29-9, il faut une cathode et une plaque pour fournir un courant de plaque comme une diode; de plus, la triode a une grille de commande. La grille est un fil métallique fin, habituellement de nickel, de molybdène ou de fer, enroulé autour de deux supports placés dans l'espace compris entre la cathode et la plaque. Tous les électrons attirés par la plaque depuis la cathode passent à travers les interstices de la grille. La grille est reliée à une broche du culot de sorte qu'on puisse lui appliquer une tension pour définir la quantité d'électrons devant passer de la cathode à l'anode et produire un courant de plaque. Le courant de plaque est fonction de deux facteurs: la tension de plaque et la tension de la grille de commande.

Tension C –   Le potentiel appliqué à la grille de commande est généralement une faible tension négative par rapport à la cathode, ainsi qu'on le montre à la figure 29-10. Cette tension complète la liste alphabétique, c'est-à-dire tension A pour le fil chauffant, tension B +

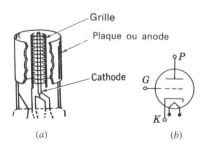

Figure 29-9   *Tube à vide triode:* (*a*) *construction;* (*b*) *symbole schématique.*

pour la plaque et C− pour la grille de commande. D'habitude, la tension de la grille est rendue négative afin qu'elle ne puisse pas attirer d'électrons. Il n'y aura donc pas de courant de grille. La fonction de la grille de commande n'est pas de fournir du courant mais de commander le courant de plaque par l'intermédiaire de la tension qui lui est appliquée.

L'effet de la tension de grille sur le courant de plaque peut être résumé comme suit:

1. Une tension de grille moins négative augmente le courant de plaque;
2. Une tension de grille plus négative réduit le courant de plaque;
3. Si la tension de grille atteint une valeur suffisamment négative, il n'y a plus de courant de plaque, même avec une plaque positive.

Tension grille de blocage La valeur de la tension de grille négative nécessaire pour couper le courant de plaque pour un potentiel positif de plaque donné est appelée *tension grille de blocage*. Pour certains tubes, la tension grille de blocage peut être aussi faible que −1 V; pour d'autres, elle peut atteindre −60 V; ces deux valeurs sont données à titre d'exemples courants. La tension grille de blocage est une caractéristique constructive du tube, mais est également fonction de la valeur de la tension de plaque.

Circuit d'une triode Le courant circule dans le circuit de plaque de la triode représentée à la figure 29-10 parce que la plaque est alimentée par une tension positive et que le potentiel de la grille de commande est inférieur à la tension de blocage. Le flux d'électrons à l'intérieur du tube va de la cathode vers l'anode en traversant les interstices de l'enroulement du fil de grille.

Dans le circuit de plaque extérieur, les électrons circulent à travers la résistance R_L de 20 kΩ de charge de plaque et l'alimentation B,

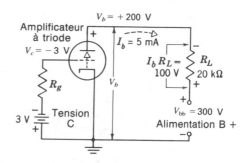

Figure 29-10 *Circuit à triode avec une tension C− pour la polarisation V_c de la grille et une tension B+ pour la plaque.*

revenant à la cathode par le châssis. Supposons un courant de plaque de 5 mA; la chute de tension $I_b R_L$ est égale à $0,005 \times 20\,000$, ce qui donne 100 V.

Le circuit plaque-cathode du tube et la résistance R_L sont en série, faisant office de diviseur de tension aux bornes de l'alimentation V_{bb} de 300 V. Donc, la tension plaque-cathode V_b est égale à 300 V moins la chute de 100 V dans R_L, soit 200 V. D'où la formule

$$V_b = V_{bb} - I_b R_L \qquad (29.1)$$

Cette formule est souvent utilisée pour calculer la tension réelle entre plaque et cathode.

Exemple 1 Calculez V_b pour un courant I_b de 20 mA avec une résistance R_L de 2000 Ω et une alimentation de plaque de 250 V.

Réponse
$$V_b = V_{bb} - I_b R_L$$
$$= 250 - (20 \times 10^{-3} \times 2 \times 10^3)$$
$$= 250 - 40$$
$$V_b = 210 \text{ V}$$

Polarisation de grille de commande Une tension de polarisation est une tension

Tableau 29-1   *Symboles des tubes à vide*

V_{bb} = tension continue d'alimentation de plaque, égale à B+

V_b = tension continue moyenne entre plaque et cathode

v_b = valeur instantanée de la tension continue variable
de plaque par suite de variations des signaux

v_p = composante alternative de la tension continue variable de plaque.
Il s'agit là du signal alternatif amplifié de sortie

V_{cc} = tension continue d'alimentation de polarisation de grille de commande

V_c = tension continue moyenne de grille de commande

v_c = valeur instantanée de la tension continue variable
de grille par suite de variations des signaux

v_g = signal alternatif d'entrée à la grille de commande

constante qui est utilisée pour obtenir un mode de fonctionnement donné. Sur la figure 29-10, la tension V_c de -3 V est une polarisation continue négative de la grille. Sa fonction est de maintenir négative la tension de grille moyenne, même avec un signal d'entrée alternatif. Le signal alternatif entraîne la tension de grille dans un sens positif, mais la polarisation continue négative est plus grande que la crête négative du signal alternatif.

Symboles pour les tensions dans les tubes En analysant les circuits amplificateurs à tubes à vide, nous devons distinguer les tensions de plaque des tensions de grille et la tension plaque-cathode de la tension d'alimentation B+. De plus, lorsque le signal alternatif est amplifié, les tensions de grille et de plaque résultantes ont des formes d'onde variables

avec une valeur continue moyenne et une composante alternative. Ce sont les symboles figurant au tableau 29-1 qui sont généralement utilisés.

Le même système de nomenclature s'applique également au courant de plaque avec I_b pour la valeur continue moyenne, i_b pour la valeur instantanée continue et I_p pour les valeurs alternatives. Les symboles sont utilisés pour les diodes, triodes, tétrodes ou pentode.

Problèmes pratiques 29.6 (réponses à la fin du chapitre)

(a) Une tension négative v_c augmente-t-elle ou diminue-t-elle i_b?

(b) Calculer v_b pour B+ de 180 V et V_{R_L} de 60 V.

Tableau 29-2   *Amplification**

	v_c, V	i_b, mA	$i_b R_L$, V	$v_b = 300 - i_b R_L$, V
	-2	6	120	180
niveau moyen	-3	5	100	200
	-4	4	80	220

* $R_L = 20$ kΩ et B+ ou $V_{bb} = 300$ V

29.7
PROCESSUS D'AMPLIFICATION PAR UNE TRIODE DE LA TENSION DE GRILLE DE COMMANDE

Le principal avantage de la grille de commande est la possibilité conférée au tube à vide d'amplifier une faible tension appliquée à la grille en retrouvant une tension nettement plus importante au niveau de la plaque. L'amplification résulte de l'aptitude de la tension de grille de commande à faire varier le courant de plaque.

Considérez les exemples numériques cités dans le tableau 29-2. Pour le circuit de la figure 29-10, laissons le courant de plaque moyen I_b avoir une valeur de 5 mA pour une tension V_c de polarisation de grille de commande de -3 V. Ces valeurs sont énumérées dans la rangée médiane du tableau 29-2. Pour une valeur du courant I_b de 5mA, la tension de plaque est égale à 200 V. La tension B+ de 300 V tombe à 200 V au niveau de la plaque, en raison de la chute de tension IR de 100 V aux bornes de la résistance R_L de 20 000 Ω.

Supposons à présent que la tension de grille v_c soit réduite de -3 V à -2 V. La grille, étant moins négative, admettra un courant de plaque plus important. Pour le cas d'un accroissement de i_b à 6 mA, la chute de tension aux bornes de la résistance R_L est portée à 120 V. La tension v_b diminue cependant, tombant à 180 V, valeur du reste obtenue en déduisant de la valeur B égale à 300 V la chute de tension I_bR_L.

Dans le troisième cas, correspondant à la rangée du bas, lorsqu'on rend plus négative la tension v_c, de -3 V à -4 V, le courant de plaque diminue; i_b est ramené à 4 mA. Cette modification entraîne celle de la chute de tension i_bR_L qui est plus petite et tombe à 80 V. La tension de plaque résultante égale à 300 V moins 80 V se chiffre à 220 V.

Notez l'effet des modifications lorsque la tension de grille v_c varie de ± 1 V, de part et d'autre d'une valeur médiane de -3 V. De même, la valeur de i_b varie de ± 1 mA de part et d'autre d'une valeur médiane de 5 mA.

À ce stade, les effets de la tension de grille de commande sont limités à des variations du courant de plaque. Cependant, en considérant la tension de plaque, v_b varie de ± 20 V de part et d'autre de la valeur médiane de 200 V. C'est à ce niveau qu'a lieu le phénomène d'amplification ou de gain en tension.

Les variations du courant de plaque passant à travers la résistance de charge de plaque entraînent des variations de la tension de plaque nettement plus importantes que celles de la tension de grille. Dans cet exemple, la variation de la tension de grille de ± 1 V a été multipliée par le facteur 20 pour provoquer une variation correspondante de la tension de plaque s'élevant à ± 20 V.

Pour qu'il y ait gain en tension, les deux conditions sont que: (1) la tension de grille entraîne des variations du courant de plaque; et (2) le circuit de plaque doit comporter une résistance de charge de plaque susceptible d'engendrer des variations de la tension de plaque en fonction de celles du courant de plaque.

Inversion de phase Si nous considérons les variations du tableau 29-2 comme valeurs de pointe d'un signal alternatif sinusoïdal, les formes d'onde résultantes sont montrées à la figure 29-11. En (a), la tension de grille v_c a l'allure d'une tension continue ondulée avec des variations au-dessus et au-dessous de l'axe correspondant à la valeur -3 V de la polarisation. Ces variations de v_c engendrent celles de i_b affectant la forme d'onde (b). Le courant de plaque varie de part et d'autre d'un axe horizontal correspondant au courant moyen de 5 mA. Il en résulte que la tension v_L aux bornes de la résistance R_L a des variations similaires à celles de $v_L = i_bR_L$.

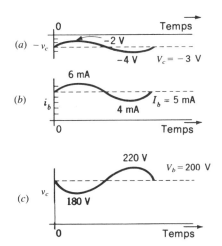

Figure 29-11 *Schéma en échelle des formes d'onde pour le tableau 29-2: (a) tension sinusoïdale de grille v_c; (b) courant de plaque i_b; (c) tension de plaque v_b égale à $V_{bb} - i_b R_L$.*

Cependant, la tension de plaque v_b montrée en (c) a une polarité opposée à celles de i_b et v_L. La raison en est que v_b est la différence entre V_{bb} et v_L. Lorsque v_L croît, la valeur de la tension continue positive de plaque décroît. C'est pourquoi les variations de v_b sont d'une polarité opposée aux variations de v_c. Autrement dit, le signal d'entrée est inversé de 180° à la sortie amplifiée.

Gain en tension   Son symbole est G_V. Il est donné par la relation:

$$G_V = \frac{V_{\text{sortie}}}{V_{\text{entrée}}} \qquad (29.2)$$

Ce sont là des tensions de signaux alternatifs, exprimées en valeurs efficaces, valeurs de pointe ou valeurs de crête à crête, pour autant que la même unité de mesure soit prise pour les deux. Il n'y a pas d'unité pour G_V, étant donné qu'il s'agit du rapport de deux tensions. Dans cet exemple, $G_V = 20$ V/1 V $= 20$.

Problèmes pratiques 29.7
(réponses à la fin du chapitre)
Considérer la figure 29-11:

(a) Quelle est la valeur de la tension moyenne continue négative de polarisation de grille v_c?

(b) Quelle est la valeur de la tension du signal d'entrée alternatif de la grille?

(c) Quelle est la valeur de la tension moyenne continue de la plaque V_b?

(d) Quelle est la valeur de la tension alternative amplifiée de sortie?

29.8
CARACTÉRISTIQUES DES TRIODES

Le courant de plaque ne suit pas une variation linéaire pour toutes les valeurs des tensions appliquées aux électrodes. Aussi est-il nécessaire de représenter par des courbes les caractéristiques des tubes. La manière dont le courant de plaque i_b est affecté, à la fois par la valeur de la tension de plaque v_b et la tension de grille de commande v_c, est mise en évidence par les caractéristiques de la figure 29-12.

L'une des caractéristiques est montrée séparément en (a), avec une valeur de -2 V pour v_c. Avec cette tension de grille, la courbe de la triode montre qu'une tension 80 V sur la plaque permet d'obtenir un courant i_b légèrement inférieur à 4 mA ou, comme autre exemple, qu'avec une tension v_b de 120 V on a un courant i_b de 8 mA. Les valeurs de v_b s'entendent comme tensions entre plaque et cathode et non pas comme valeurs de la tension d'alimentation.

Le manuel technique des tubes du fabricant donne une famille de caractéristiques de plaque pour différentes valeurs de v_c. Un réseau de courbes types est représenté à la figure 29-12b. Notez que la courbe indexée -2 V pour v_c en (b) est la même caractéristique déjà montrée en (a).

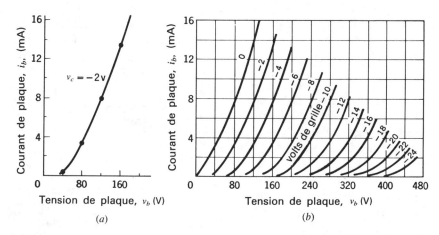

Figure 29-12 *Courbes caractéristiques de triode:*
(a) graphe de v_b et i_b pour une valeur de v_c; (b) réseau
de caractéristiques de plaque avec valeurs v_b et i_b pour
différentes tensions v_c.

Cependant, le réseau des caractéristiques fait apparaître plus d'informations pour des valeurs négatives typiques de la tension de grille. De gauche à droite, les différentes courbes correspondent aux caractéristiques de plaque pour des valeurs de v_c de 0, -2, -4, -6 et des tensions de plus en plus négatives jusqu'à -24 V. Le réseau de courbes montre toutes les caractéristiques du courant de plaque du tube.

Pour toute valeur donnée de v_c, il suffit simplement de lire l'une des courbes afin de pouvoir déterminer la valeur de i_b pour une valeur spécifiée de v_b. Par exemple, pour v_c fixé à -4 V, cette courbe coupe la verticale correspondant à une abscisse v_b de 160 V au niveau de l'horizontale, donnant pour i_b une valeur de 8 mA. Donc, un potentiel de grille de -4 V admet un courant de plaque i_b de 8 mA pour une valeur de v_b de 160 V. Comme autre exemple, on constate que pour v_c égal à -8 V, la même valeur pour v_b de 160 V n'entraîne plus qu'un courant de pla-

que i_b de 1 mA. La tension de blocage de grille entraînant un courant de plaque nul se situe vers -10 V pour une tension de 160 V sur la plaque.

Problèmes pratiques 29.8
(réponses à la fin du chapitre)
Considérer la figure 29-12:
(a) En (a), quelle est la valeur de i_b avec 160 V à la plaque?
(b) En (b), quelle est la valeur de i_b avec 160 V à la plaque et une polarisation de grille de -4 V?

29.9
PARAMÈTRES DES TUBES
On appelle paramètre une mesure qui décrit une caractéristique particulière. Pour les tubes amplificateurs, les caractéristiques essentielles sont le facteur d'amplification μ, ou *mu*, la résistance interne plaque-cathode r_p et la

conductance de transfert grille-plaque g_m. Ces paramètres sont propres au tube même et non pas au circuit amplificateur.

Facteur d'amplification Ce facteur compare l'importance des variations du courant de plaque i_b obtenues en agissant soit sur la tension de grille de commande v_c, soit sur la tension de plaque v_b:

$$\mu = \frac{\Delta v_b}{\Delta v_c} \quad \text{pour une variation de } i_b \quad (29.3)$$

Il ne s'exprime pas en unités, car μ est un rapport de deux tensions et les unités volt s'annulent.

Résistance de plaque Ce facteur correspond à la résistance équivalente du circuit interne plaque-cathode. Étant donné que la tension de plaque est appliquée aux bornes du tube et qu'un courant de plaque traverse ce dernier, le tube a une résistance égale à son rapport v/i:

$$r_p = \frac{\Delta v_b}{\Delta i_b} \quad \text{pour une même valeur de } v_c \quad (29.4)$$

Cette valeur est définie comme résistance r_p en courant alternatif ou pour signaux de faible amplitude, car elle est établie en partant de variations de valeur réduite. Désignée par R_b, la résistance en courant continu ou pour signaux de grande amplitude peut être calculée simplement comme rapport V_b/I_b.

Conductance de transfert ou pente Ce coefficient définit l'efficacité de la grille à faire varier le courant de plaque:

$$g_m = \frac{\Delta i_b}{\Delta v_c} \quad \text{pour une même valeur de } v_b \quad (29.5)$$

Dans la figure 29-12b, la variation Δv_c de 2 V

a entraîné une variation de i_b de 5 mA, v_b étant constant à 160 V. On a donc:

$$g_m = \frac{\Delta i_c}{\Delta v_c} = \frac{0,005 \text{ A}}{2 \text{ V}}$$

$$= 0,0025 \text{ S} = 2500 \times 10^{-6} \text{ S}$$

$$g_m = 2500 \ \mu\text{S}$$

L'unité de g est le siemens (S). Les tubes à vide étant des dispositifs à courants faibles, la pente s'exprimera en fraction de 1 S. Il est donc plus commode de donner g_m en microsiemens. Les valeurs courantes pour des tubes récepteurs s'échelonnent de 2000 à 14 000 μS.

Problèmes pratiques 29.9
(réponses à la fin du chapitre)

(a) Une variation de la tension de la grille de ± 2 V entraîne une variation de courant de plaque de ± 24 mA. Calculer la conductance de transfert de ce tube.

(b) Un tube présente un courant I_b de 400 mA pour une tension V_b de 300 V. Calculer la résistance interne en continu R_b.

29.10
TÉTRODES

Cette structure est similaire à celle de la triode avec une cathode, une grille de commande et une plaque, mais il y a une électrode supplémentaire appelée *grille-écran* disposée entre la plaque et la grille de commande. Reportez-vous à la figure 29-13.

La grille de commande est celle n° 1 placée à proximité de la cathode de sorte qu'elle conserve sa fonction de commande de la charge d'espace. La grille-écran est celle n° 2, plus proche de la plaque. Elle n'est pas destinée à commander le courant de plaque, mais est portée à une tension continue positive fixe pour contribuer à l'accélération des électrons destinés à être recueillis par la plaque. À l'intérieur du tube, le parcours du courant de plaque va de la cathode à travers la grille de commande et à travers les mailles de la grille-écran, pour être finalement recueilli par la plaque.

Du fait de son potentiel positif, la grille-écran capturera un certain nombre d'électrons. Il en résulte un courant de grille-écran qui se referme sur la cathode à travers le circuit de grille-écran. Mais le courant de grille-écran est un *courant de perte*, étant donné qu'il n'est pas utilisé dans le circuit de sortie.

Tension de grille-écran Le potentiel positif de grille-écran V_{c_2} peut être obtenu à partir de la même alimentation B+ qui fournit la tension de plaque. Ainsi qu'on le montre à la figure 29-13b, la résistance R_s, appelée *résistance de chute de grille-écran*, est en série dans la liaison de la grille-écran à la source B+. Ainsi, le courant de grille-écran retournant vers la cathode à travers l'alimentation B+ passe à travers R_s. Du fait de la chute de tension I_sR_s, la tension de grille-écran est inférieure à la tension B+ de la valeur de la tension aux bornes de la résistance de chute de la grille-écran.

Dans cet exemple (figure 29-13b), la chute de tension I_sR_s, avec 4 mA passant dans 50 000 Ω, a une valeur de 200 V aux bornes de R_s. La tension restante appliquée au circuit grille-écran-cathode s'obtient en retranchant de 300 V, valeur de B+, la chute IR de 200 V à travers R_s, ce qui donne une tension de 100 V pour la grille-écran. La relation s'écrit:

$$V_{c_2} = V_{bb} - I_sR_s \qquad (29.6)$$

Exemple 2 Calculez V_{c_2} avec R_s égal à 20 kΩ, un courant I_s de 8 mA et une valeur de 250 V pour la tension d'alimentation V_{bb}.

Réponse
$$\begin{aligned} V_{c_2} &= V_{bb} - I_sR_s \\ &= 250 - 0{,}008 \times 20\,000 \\ &= 250 - 160 \\ V_{c_2} &= 90 \text{ V} \end{aligned}$$

Condensateur de découplage de la grille-écran Afin de s'assurer que la tension reste égale à sa valeur continue fixe, la résistance de la grille-écran est découplée par C_S. Le courant revient à la cathode via les connexions du châssis de masse. La capacité de C_S doit être assez grande pour présenter une valeur de réactance égale au plus à un dixième de la valeur de R. Cette réactance apparaît à la plus basse fréquence du signal alternatif amplifié. À cause de ce découplage, la tension du signal alternatif à la grille-écran sera pratiquement nulle.

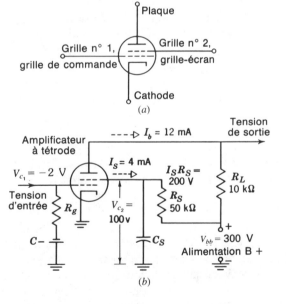

Figure 29-13 *La tétrode: (a) symbole schématique; (b) circuit avec tension continue positive pour la grille-écran, en plus de la tension de plaque.*

Capacité grille-plaque La grille-écran réduit également la capacité à l'intérieur du tube entre la grille de commande et la plaque. Cette capacité est indiquée par le symbole C_{gp} à la figure 29-14. Elle est engendrée par le fait que la grille de commande et la plaque sont constituées de deux conducteurs métalliques séparés par un isolant, lequel est le vide régnant dans le tube.

Ainsi qu'il est montré sur la figure 29-14b, la valeur classique de cette capacité C_{gp} qui atteint 4 pF dans une triode, est réduite d'un coefficient de $\frac{1}{1000}$, donc à faible valeur de 0,004 pF dans le tube équivalent comportant une grille-écran. La valeur ainsi réduite de C_{gp} s'explique par le fait que la grille-écran agit comme un blindage entre la plaque et la grille de commande pour un signal alternatif.

Émission secondaire Les métaux présentent la propriété de libérer des électrons lorsque leur surface est bombardée par des électrons incidents. Aucun chauffage n'est nécessaire. Il faut une tension positive élevée provoquant un champ d'accélération intense de sorte que les électrons incidents frappent à grande vitesse. Les électrons expulsés sont appelés *électrons secondaires* et le processus est défini comme *émission secondaire*.

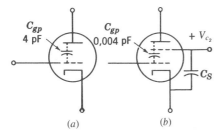

(a)　　　　(b)

Figure 29-14 *Capacité entre électrodes, plaque et grille de commande: (a) triodes: (b) tube à grille-écran.*

Dans un tube à vide, le métal est bombardé par les électrons arrachés de la cathode. C'est pourquoi la plaque présente une émission secondaire. Toutefois, dans une diode ou une triode, les électrons secondaires ne soulèvent pas de problème car ces électrons se trouvant au voisinage de la plaque sont rapidement recueillis par l'anode positive.

Dans une tétrode, en revanche, la grille-écran est susceptible d'attirer des électrodes secondaires émis par la plaque si la valeur de v_b tombe au-dessous de celle de V_{c_2}. Un tel effet réduit le courant de plaque. Pour cette raison, les tétrodes ne sont pas d'un usage courant dans les circuits amplificateurs. En général, lorsque l'on veut un tube à grille-écran pour un amplificateur, on fait appel à une pentode.

Problèmes pratiques 29.10
(réponses à la fin du chapitre)
Soit le circuit de la figure 29-13b:

(a) Quelle est la valeur de la tension continue entre la grille-écran et la cathode?
(b) Quelle est la valeur de la tension du signal alternatif entre la grille-écran et la cathode?

29.11
PENTODES

Ainsi qu'on le montre à la figure 29-15, la pentode est d'une construction analogue à la tétrode, mais comporte en plus une *grille de suppression* ou *d'arrêt* dans l'espace compris entre la grille-écran et la plaque. Étant un tube à grille-écran, la pentode offre les avantages d'une faible capacité entre grille et plaque et des caractéristiques de fonctionnement semblables à celles d'une tétrode, mais avec une émission secondaire négligeable de la plaque en raison de la présence du suppresseur.

Dans le schéma de la figure 29-15a, notez que la première grille est la grille de commande, la grille n° 2 est la grille-écran et la grille n° 3 est la *grille de suppression*. Cette grille de suppression n'est pas utilisée pour un signal d'entrée ou de sortie mais elle est portée à un potentiel fixe, généralement égal à la tension de la cathode. Dans la plupart des pentodes, le suppresseur est intérieurement relié à la cathode. Lorsque le suppresseur a sa propre borne de connexion extérieure, il est relié soit à la cathode, soit à la masse du châssis.

Le suppresseur étant disposé au voisinage immédiat de la plaque mais porté au potentiel de la cathode, lequel est négatif par rapport à la plaque, les électrons secondaires éventuellement émis sont rejetés vers la plaque. Cepen-dant, la plaque est toujours susceptible d'attirer les électrons émis par la cathode pour fournir un courant de plaque.

En vous référant au circuit de pentode de la figure 29-15*b*, notez que la tension de grille-écran est maintenue à une valeur continue positive fixe, comme pour une tétrode. De même que dans les triodes, la tension d'entrée à amplifier est appliquée au circuit de grille de commande qui est portée à sa tension C$-$ de polarisation négative requise. La tension de signal de sortie amplifiée dans le circuit de plaque résulte du courant de plaque circulant à travers la résistance de charge de plaque R_L.

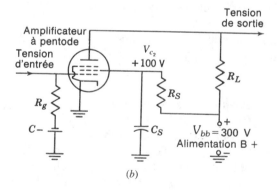

Figure 29-15   (*a*) *Symbole schématique d'une pentode montrant le suppresseur relié intérieurement à la cathode. (b) Circuit amplificateur à pentode.*

Trajets des courants   Dans un circuit comme celui de la figure 29-15*b*, il est important de garder en mémoire les différents circuits afférant à chacune des électrodes. Supposons que le courant I_b ait une valeur de 12 mA et I_{c_2} une valeur de 3 mA. Cela signifie que, dans le circuit de plaque, il circule un courant de 12 mA à travers R_L. De même, un courant de 3 mA circule à travers R_S dans le circuit de la grille-écran. Au niveau de l'alimentation B, les deux courants I_b et I_{c_2} s'additionnent, pour un total de 15 mA.

Ce courant de 15 mA est effectivement le courant d'espace dans le tube qui doit se refermer vers la cathode. Si l'on insère un milliampèremètre dans le circuit de cathode, il affichera 15 mA.

Par ailleurs, si la grille de commande devient positive, elle peut attirer des électrons et produire un courant de grille I_{c_1}. Ce courant I_{c_1} circule alors à travers R_g et l'alimentation C pour revenir à la cathode.

En résumé, le courant de cathode est le courant d'espace égal à la somme de tous les courants individuels d'électrodes. La relation s'écrit: $I_k = I_b + I_{c_1} + I_{c_2}$. Si nous supposons, à titre d'exemple, des valeurs respectives de 40, 8

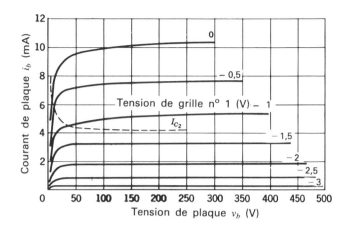

Figure 29-16
Caractéristiques de plaque pour tube pentode.

et 1 mA, on a $I_k = 40 + 8 + 1 = 49$ mA. D'habitude, cependant, le courant I_{c_1} est nul.

Caractéristiques de la pentode Comme pour les triodes, le catalogue des tubes du fabricant donne les caractéristiques de plaque des pentodes pour différentes valeurs de la tension de grille de commande. À titre d'exemple, dans la figure 29-16, la courbe montre que, pour une valeur de v_{c_1} de -1 V, le courant de plaque croît d'environ 5 mA, pour une tension v_b de 100 V, à 5,5 mA pour une tension v_b de 400 V.

Cette faible pente de la courbe signifie que le courant de plaque n'augmente que très peu dans une pentode, en fonction de l'augmentation de la tension de plaque. Cette caractéristique résulte de la tension de grille-écran qui est constante. Du point de vue de la résistance de plaque du tube, sa valeur r_p est très élevée, car la valeur de i_b varie très peu avec les variations de la valeur de v_b.

Pentodes à pente variable À titre d'exemple, une pentode avec un blocage pointu à V_{c_1} égal à -3 V peut correspondre à un tube à pente variable annulant le courant de plaque pour une tension de -30 V à la grille de commande. Ces pentodes sont également appelées tubes à *supercommande* ou à μ *variable*. Dans ces tubes, les spires de la grille de commande sont très rapprochées aux deux extrémités et largement espacées au centre. Des valeurs fortement négatives de V_{c_1} sont nécessaires pour que les larges écartements de la grille bloquent le flux d'électrons. Ces pentodes sont utilisées dans les circuits amplificateurs dont la polarisation de grille varie sur une large gamme de tensions.

Problèmes pratiques 29.11
(réponses à la fin du chapitre)
Répondre par vrai ou faux:
(a) La grille 1 est la grille de commande. Elle présente généralement une polarisation continue négative et une entrée alternative;
(b) La grille 2 est la grille-écran. Elle présente généralement une tension continue positive et un signal alternatif nul;
(c) La grille 3 est la grille de suppression. Elle est généralement au potentiel de la cathode.

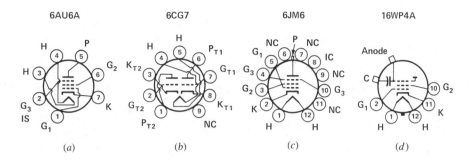

Figure 29-17 *Culots, avec broches de connexion, vus par le bas. La lettre C du tube image en (d) indique un revêtement externe conducteur; le bouton de l'anode est une cavité évidée*

29.12
TYPES DE TUBES

Dans un numéro définissant le type, les premiers chiffres précisent usuellement la tension de filament ou du fil de chauffage. Par exemple, la tension du fil de chauffage du tube 6AU6 est de 6,3 V, tandis que la 17JT6 exige 17 V.

Les tubes à 6,3 V sont prévus pour les fils de chauffage montés en parallèle. D'autres tensions de fils de chauffage telles que 3, 5, 19, 25, 35 et 50 V sont habituellement destinées à des circuits montés en série où les tensions de chauffage s'ajoutent pour une valeur totale égale à la tension du réseau 120 V.

Par contre, les premiers chiffres des tubes à rayons cathodiques indiquent la dimension de l'écran. La tension de leur filament est ordinairement de 6,3 V.

Connections de broches La figure 29-17 représente quatre types de diagrammes des connexions de culot. Les broches sont numérotées dans le sens horaire, en regardant le culot ou la base du tube par le bas. La vue par le haut du culot est inversée. De plus larges écartements entre les broches des extrémités permettent la fixation du culot d'une seule façon.

Pour les petits tubes amplificateurs, le culot à sept broches de (a) et le culot noval à neuf broches de (b) sont les plus usuels. Des tubes plus volumineux utilisent le culot duodécal à douze broches représenté en (c). Le culot octal (huit broches) n'est plus que rarement utilisé.

Le culot noval est produit en deux formats: à petit bouton et à grand bouton, avec une ampoule de verre plus large. Le culot duodécal est également produit en deux formats.

La notation IS indique un blindage interne. La notation NC signifie «aucune connexion interne». On remarquera que quelques tubes présentent un chapeau pour la connexion de la plaque, généralement dans le cas de tensions élevées. Voir la figure 29-17c.

Broches des filaments Pour détecter un filament coupé, on peut vérifier la continuité à l'aide d'un ohmmètre. Les filaments sont reliés aux broches 3 et 4 du culot à sept broches et aux broches 4 et 5 du culot à neuf broches.

Pour le modèle duodécal, le filament a les broches 1 et 12 aux extrémités du large écartement. Les broches des extrémités des tubes à rayons cathodiques sont également réservées d'ordinaire au filament.

Tubes universels Afin de sauver de l'espace, on inclut souvent dans un même tube deux ou plusieurs fonctions. C'est ainsi, par exemple, que le 6FQ7 est une double triode et le 6AN8 est une triode pentode. Le modèle *compactron* combine deux diodes et deux triodes.

Tubes à faisceaux électroniques dirigés Ces tubes fonctionnent comme des pentodes mais, au lieu d'une grille de suppression, le tube comporte des plaques intérieures reliées à la cathode et formant un faisceau. La caractéristique marquante de ce tube est son faible courant de grille-écran, ce qui est important pour les tubes de puissance. Dans cette application, la grille-écran peut être portée approximativement au même potentiel que la plaque en raison du faible courant de perte dans le circuit de grille-écran. Des tubes courants sont les modèles 6JM6, 6V6, 35L6 et 50C5.

Blindages de tubes Les tubes en verre comportent souvent un blindage métallique extérieur. Le blindage emboîte le tube et se fixe par des attaches élastiques solidaires du châssis. Des tubes comportant en une enveloppe deux ou plusieurs sections ont généralement un blindage interne entre ces dernières. Un écran réduit l'interaction entre tubes amplifiant les hautes fréquences.

Tubes à grande puissance Dans les émetteurs, on met généralement en oeuvre des tubes plus importants produisant la puissance de sortie requise. Des taux usuels sont de quelques centaines de watts à quelques kilowatts.

Les tubes les plus puissants ont une anode à refroidissement par eau.

Cellules photoélectriques Ces cellules présentent une photocathode qui émet des photoélectrons sous l'action d'une lumière incidente. Les électrons sont recueillis par une anode positive pour fournir un courant photoélectrique proportionnel à la lumière reçue. De telles cellules sont utilisées dans de nombreux circuits à commande lumineuse. Certains dispositifs semi-conducteurs sont également utilisés pour leurs effets photoélectriques, mais les phototubes sont préférés là où la chaleur constitue un problème, en particulier dans les circuits de commande des brûleurs à mazout.

> **Problèmes pratiques 29.12**
> **(réponses à la fin du chapitre)**
> (a) Quelle est la valeur de la tension du filament du tube 21JZ6?
> (b) Quels sont les numéros des broches du filament de son culot duodécal?

29.13
TUBES À RAYONS CATHODIQUES
Ainsi qu'on le voit à la figure 29-18, un tube à rayons cathodiques est constitué d'un canon à électrons, de plaques de déviation et d'un écran fluorescent logés à l'intérieur d'une enveloppe en verre dans laquelle on a fait le vide. Bien que les électrodes formant la cathode, la grille de commande et les anodes soient réalisées sous forme tubulaire, leur fonction demeure identique à celle des tubes conventionnels. La cathode est chauffée pour devenir émettrice d'électrons, et la grille de commande pilote le flux d'électrons attiré par le potentiel positif des anodes. Des tensions élevées, de l'ordre de 2 kV à 80 kV, sont appliquées à la dernière anode. La structure tubulaire entière

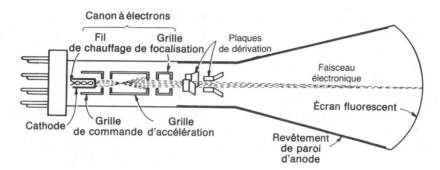

Canon à électrons

Fil
de chauffage
Grille
de focalisation
Plaques
de dérivation

Faisceau
électronique

Écran fluorescent

Cathode
Grille
de commande
Grille
d'accélération

Revêtement
de paroi
d'anode

Figure 29-18 *Tube à rayons cathodiques à déviation électrostatique et focalisation. Le diamètre d'écran pour les oscilloscopes est généralement de 76,2 mm à 127 mm.*

peut être considérée comme un *canon à électrons*, émettant des électrons qui sont concentrés en un faisceau étroit attiré par l'écran.

La surface interne de la paroi de verre frontale est revêtue d'une substance fluorescente qui émet de la lumière lorsqu'elle est bombardée par les électrons. Le vert et le blanc sont les deux couleurs d'illumination susceptibles d'être produites par l'écran, en fonction de sa composition chimique. Le tube à rayons cathodiques des oscilloscopes comporte habituellement un écran vert, les phosphores verts étant les plus efficaces.

Lorsque le faisceau électronique frappe l'écran, il produit un spot lumineux visible à travers la paroi de verre. Pour dévier le pinceau électronique et déplacer le spot lumineux sur l'écran, une tension de déviation peut être appliquée aux plaques de déviation. Une paire de plaques de déviation horizontales fournit la différence de potentiel nécessaire pour déplacer le faisceau vers la gauche ou vers la droite. De même, une paire de plaques de déviation verticales assure la déviation du faisceau vers le bas ou vers le haut. Ce modèle de tube à rayons cathodiques est utilisé dans l'*oscilloscope* (figure 29-19), qui est un appareil d'essais

affichant la forme d'onde d'une tension appliquée à ses bornes d'entrée. Un exemple de

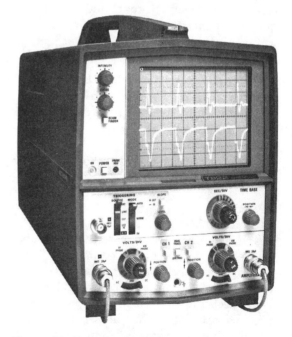

Figure 29-19 *Oscilloscope à écran vert de 8 cm × 10 cm. Modèle à double trace, à deux courants d'entrée. (Tektronix)*

photographie d'une onde sinusoïdale est montrée à la figure 16-1.

De même, l'image reproduite sur l'écran d'un tube image d'un récepteur de télévision constitue une autre application du tube à rayons cathodiques, mais les tubes image utilisent la déviation magnétique en raison des dimensions plus importantes de l'écran. Dans ce cas, un collier à bobines de déviation est glissé sur le col du tube, contre le large cône.

Dans les numéros de référence des tubes à rayons cathodiques, les premiers chiffres indiquent la taille en pouces de l'écran, soit le diamètre pour un écran circulaire, soit la diagonale pour un écran rectangulaire. Les numéros du phosphore à la fin de la référence du tube sont généralement P1 pour un écran vert, P4 pour un écran blanc et P22 pour un écran rouge, vert et bleu dans les tubes image couleur. Par exemple, le tube à rayons cathodiques 5BP1 pour les oscilloscopes a un écran vert de 12,7 cm.

Problèmes pratiques 29.13
(réponses à la fin du chapitre)

(a) Quelle électrode d'un tube à rayons cathodiques présente la plus haute tension positive?

(b) Quel est le numéro du phosphore d'un écran vert?

29.14
PANNES DANS LES TUBES À VIDE

Les pannes les plus communes dans les tubes à vide sont la coupure du filament ou l'affaiblissement d'émission de la cathode. Dans certains cas, il peut y avoir un court-circuit interne entre électrodes ou le tube peut présenter un effet microphonique. Des tubes peuvent aussi présenter une fuite excessive entre cathode et fil de chauffage, donnant naissance à un ronflement. Dans tous les cas, le tube défectueux doit être remplacé.

Filament coupé Il n'y a pas de courant et le tube reste froid. Dans les tubes en verre, vous pourrez généralement constater que le filament n'est pas lumineux. En l'absence d'alimentation, l'ohmmètre permet de vérifier si le filament est coupé. Il suffit de placer les deux fils de l'ohmmètre sur les broches du filament et de contrôler la continuité.

La résistance nominale d'un filament de chauffage froid est de l'ordre de 1 à 50 Ω, selon le modèle de tube. L'indication d'une faible résistance correspond à un filament normal ne présentant pas de coupure. Notez que la résistance à froid du filament est de beaucoup inférieure, d'un coefficient de $1/10$ environ, à celle du filament chaud. Par exemple, un tube donné pour un courant de chauffage de 0,3 A sous 6,3 V a en fonctionnement normal une résistance à chaud de 63 V/0,3 A, soit égale à 21 Ω. Prise à l'ohmmètre, la résistance normale du fil de chauffage, n'est cependant que de 2 Ω environ.

Effet Larsen Un tube dont les électrodes ne sont pas parfaitement rigides peut être sujet à l'effet microphonique ou *effet Larsen*, du fait que les électrodes agissent comme un microphone lorsque le tube est amené à vibrer. Lorsque l'eau frappe dans un récepteur sur un tube à effet microphonique, il provoque un bruit sourd de sonnerie qui s'amortit lentement. Aux réglages poussés du volume sonore, le son peut provoquer la vibration du tube microphonique et donner naissance à un ronflement soutenu.

Fuite entre cathode et filament de chauffage Si la résistance d'isolement entre la cathode et le filament de chauffage est d'une valeur insuffisante, cette résistance de fuite peut engendrer un ronflement dans le récepteur. Si le filament de chauffage est alimenté en courant alternatif à 60 Hz, la fréquence du ronflement est aussi de 60 Hz.

Bruit de fond Bien qu'il ne s'agisse pas nécessairement d'un défaut, les tubes peuvent produire un faible bruit de fond ou souffle. Dans un récepteur, le bruit de fond se traduit par un sifflement ou un bruit de microphone continu. Ce bruit peut souvent être perçu entre stations avec le volume poussé au maximum.

La plus grande part du bruit de fond résulte du flux aléatoire d'électrons formant le courant de plaque et il est appelé *effet de grenaille*. La tension de bruit résultante est de l'ordre de quelques microvolts, mais dans les tubes où une faible tension du signal à l'entrée demande une grande amplification, le bruit de fond engendré dans les premiers étages peut atteindre un niveau non négligeable.

En général, plus le tube comporte de grilles et plus le tube engendrera de bruit de fond, en raison de l'effet séparateur des grilles sur le courant d'espace créant un flux moins ordonné d'électrons en direction de l'anode. Les triodes sont donc souvent moins bruyantes que les modèles multigrilles équivalents. Il en résulte que dans le cas où il est important de réduire au minimum le bruit de fond, les triodes seront utilisées de préférence aux pentodes.

Lampemètres Cet instrument fournit les tensions de fonctionnement pour un tube placé dans son support convenable et la conduction est indiquée sur un cadran par un appareil de mesure affichant «bon» ou «mauvais». Ces instruments sont de deux types. Dans le lampemètre d'émission, on n'indique qu'un courant de plaque statique. Dans le modèle à pente, une faible tension alternative est appliquée à la grille et la variation du courant de plaque signale si le tube est bon ou mauvais. Ce modèle, qui est préférable, peut avoir une échelle étalonnée en microsiemens.

L'échelle d'un lampemètre comporte un point d'interrogation au milieu de la gamme pour signaler un tube de qualité douteuse. Pour les tubes de puissance, il est généralement recommandé de remplacer ceux de qualité contestable.

Problèmes pratiques 29.14
(réponses à la fin du chapitre)

(a) Quelle est la valeur de la résistance d'un filament coupé?

(b) Lequel, de la triode ou de la pentode, peut produire le plus grand bruit de tube?

Résumé

1. Les principaux types de circuits électroniques pour les tubes à vide et les semi-conducteurs sont les redresseurs, les amplificateurs et les oscillateurs, tels qu'illustrés aux figures 29-1 à 29-3.

2. Les diodes comportent une cathode chauffée et une anode. La cathode émet des électrons par émission thermoionique; le nuage

Tableau 29-3 *Types de tubes à vide*

TUBE	SYMBOLE*	ÉLECTRODES	CARACTÉRISTIQUES	APPLICATIONS
Diode		Plaque Cathode	Lorsque la plaque est positive, conduit le courant seulement de la cathode vers la plaque	Une diode pour un redresseur demi-onde, deux diodes pour un redresseur
Triode		Plaque Grille de commande Cathode	La grille négative commande le courant anodique; présente une valeur de C_{gp} élevée	Amplificateur à triode avec R_L externe pour les amplificateurs d'audiofréquences; bruit de fond faible
Tétrode		Plaque Grille-écran Grille de commande Cathode	La grille-écran réduit la valeur C_{gp}; la grille-écran doit être découplée par rapport à la cathode pour le signal alternatif	La tétrode est peu utilisée en raison de l'émission secondaire de la plaque
Pentode		Plaque Suppresseur Grille-écran Grille de commande Cathode	La grille d'arrêt élimine l'émission secondaire; la grille-écran fournit une valeur μ élevée et une résistance r_p élevée	Pour les amplificateurs d'audio ou de radiofréquences; blocage pointu sauf pour tubes à pente variable

* Les tubes mentionnés sont à cathode à chauffage indirect.

d'électrons émis à proximité de la cathode est la charge d'espace. L'anode attire les électrons quand elle est positive par rapport à la cathode. Le courant anodique ne peut circuler que dans un seul sens: de la cathode vers l'anode. Plus la plaque est portée à un potentiel positif v_b, plus le courant anodique i_b tend vers la saturation.

3. Dans une cathode à filament, ce dernier chauffé émet des électrons et fait office de cathode. Avec une cathode à chauffage indirect, un fil de chauffage séparé provoque l'émission d'électrons à partir de la cathode isolée.

4. La diode est utilisée comme redresseur pour transformer en courant continu le courant alternatif. Une seule diode fait office de redresseur demi-onde; deux diodes peuvent servir de circuit redresseur pleine-onde.

5. Dans une triode, la grille de commande détermine la quantité d'électrons émanant de la charge d'espace susceptibles d'être attirés par la plaque pour établir un courant anodique. Plus la tension de grille de commande v_c est négative, plus faible est le courant de plaque i_b. La valeur négative de v_c pour laquelle le courant i_b s'annule est la tension de blocage de grille. La tension continue négative fixe V_c est la polarisation de grille.

6. La fonction de la triode est d'amplifier une variation de la tension de grille. L'amplification exige une tension anodique continue positive fixe afin que s'établisse un courant anodique; une résistance externe de charge de plaque R_L est montée en série entre la plaque et B +. Le courant de plaque circulant dans R_L peut engendrer des variations de tension de plaque nettement plus importantes que les variations de la tension de grille.

7. Les trois caractéristiques essentielles des tubes amplificateurs triodes, tétrodes et pentodes sont le facteur d'amplification μ égal à $\Delta v_b / \Delta v_c$, la résistance de plaque égale à $\Delta v_b / \Delta i_b$ et la pente g_m égale à $\Delta i_b / \Delta v_c$.

8. Les tétrodes ont une structure à cathode, grille de commande et plaque d'une triode, avec en plus la grille-écran entre la grille de commande et la plaque. La grille-écran doit être portée à une tension continue positive, découplée par rapport à la cathode pour la fréquence du signal alternatif. La grille-écran réduit la valeur de C_{gp}.

9. Les pentodes comportent la cathode, la grille de commande, la grille-écran et la plaque, et, de plus, la grille de suppression entre la plaque et la grille-écran. Le suppresseur élimine l'effet d'émission secondaire de la plaque. La grille de suppression est généralement reliée intérieurement à la cathode.

10. Au tableau 29-3 sont résumées les données essentielles relatives aux pentodes, tétrodes, triodes et diodes. La nomenclature des tensions d'électrodes est donnée au tableau 29-1.

11. Dans les numéros de référence des tubes, le premier chiffre indique la tension de filament, les lettres donnent le type et les chiffres terminaux signalent le nombre de broches en service. Les principaux types sont le culot octal à huit broches, les tubes miniatures à sept et neuf broches et le culot à douze broches.

12. Les pannes de tube les plus fréquentes sont l'affaiblissement d'émission ou le filament coupé.

Exercices de contrôle
(Réponses à la fin de l'ouvrage)

Voici un moyen de contrôler si vous avez bien assimilé le contenu de ce chapitre. Ces exercices sont uniquement destinés à vous évaluer vous-même.

Choisir (a), (b), (c) ou (d).

1. Dans la diode, le courant anodique croît lorsque: (a) la tension anodique est rendue plus positive; (b) la tension de plaque est rendue moins positive; (c) la tension de grille de commande est rendue moins positive; (d) on atteint le courant anodique de saturation.

2. Dans une cathode à chauffage indirect, la tension du filament de chauffage: (a) est appliquée à la cathode; (b) est séparée du circuit cathodique; (c) doit être une tension continue fixe; (d) est égale à la tension C − de polarisation.

3. Dans une triode, tétrode ou pentode, le courant anodique croît lorsque: (a) la tension de grille de commande est rendue plus négative; (b) la tension de la grille de commande est rendue moins négative; (c) la tension anodique est rendue moins positive; (d) la tension de grille-écran est rendue moins positive.

4. La grille-écran dans une pentode: (a) rend le courant de plaque plus dépendant de la tension de plaque; (b) est portée au même potentiel que la cathode; (c) diminue la capacité grille-plaque par comparaison à celle d'une triode; (d) élimine le problème de l'émission secondaire de la plaque.

5. Dans une pentode, la grille de suppression: (a) réduit la capacité grille-plaque par comparaison à celle d'une triode; (b) élimine le problème de l'émission secondaire de la plaque; (c) est habituellement portée à un potentiel continu positif inférieur à la tension de plaque; (d) est généralement reliée intérieurement à la grille de commande.

6. Avec $B+$ égal à 250 V et un courant I_b de 10 mA à travers une résistance R_L de 20 kΩ, la tension plaque-cathode V_b est égale à: (a) 10; (b) 20; (c) 50; (d) 250.

7. Dans un circuit redresseur demi-onde, la diode conduit quand: (a) la plaque est rendue positive par l'alternance positive de la tension alternative d'entrée; (b) la plaque est rendue négative par l'alternance négative de la tension alternative d'entrée; (c) la cathode est rendue positive par l'alternance positive de la tension alternative d'entrée; (d) la tension alternative d'entrée est à sa valeur moyenne nulle.

8. Dans une pentode, lorsque v_c varie de ± 2 V, le courant de plaque varie de ± 10 mA. La pente g_m est égale à: (a) 500 μS; (b) 1000 μS; (c) 2000 μS; (d) 5000 μS.

9. L'alimentation du filament de chauffage nécessaire pour la pentode à pente variable de 12BA6 est de: (a) 7 V à 0,15 A; (b) 12,6 V à 0,15 A; (c) 6,3 V à 0,3 A; (d) 22,6 V à 0,3 A.

10. Avec un courant I_b de 8 mA, un courant I_{c_2} de 2 mA et un courant I_{c_1} de 500 μA, le courant cathodique total est de: (a) 2 mA; (b) 8 mA; (c) 10,5 mA; (d) 500 mA.

Questions

1. Donnez les fonctions des circuits redresseurs, amplificateurs et oscillateurs.

2. Dessinez les symboles schématiques des tubes à vide diode, triode et pentode, en marquant toutes les électrodes.

3. Tracez les symboles schématiques pour une cathode à filament et une cathode à chauffage indirect. Donnez un avantage de chacune.

4. Définissez les termes suivants relatifs au fonctionnement des tubes à vide: (a) saturation du courant anodique; (b) charge d'espace; (c) capacité grille-plaque.

5. Dessinez le schéma d'un circuit amplificateur à triode avec une résistance de charge de plaque R_L. Citez la fonction de: (a) la tension A; (b) la tension B; (c) la tension C$-$; (d) la résistance R_L.

6. Dessinez le schéma synoptique d'un amplificateur à pentode avec une résistance de charge anodique R_L. (a) Quelle est la fonction de la résistance de grille-écran R_s? (b) Quelle est la fonction du condensateur de découplage de la grille-écran C_s? (c) Quel trajet suit le courant de plaque? (d) Quel trajet suit le courant de grille-écran? (e) Pourquoi n'y-a-t-il pas de courant de grille de commande?

7. Définissez les paramètres μ, r_p, et g_m pour un tube amplificateur triode ou pentode.

8. Définissez les symboles suivants: V_{bb}, V_b, v_b, V_{c_2}, V_{c_1}.

9. En vous reportant à la figure 29-15, pourquoi utilise-t-on un condensateur de découplage pour la résistance R_s dans le circuit de grille-écran, mais non pas pour R_L dans le circuit anodique?

10. Comment vous serviriez-vous d'un ohmmètre pour vérifier si un filament est coupé?

11. Dessiner le schéma d'un circuit redresseur pleine-onde.

12. Soit le circuit de la figure 29-8: (a) pourquoi la sortie continue est-elle positive? (b) Pourquoi la fréquence de l'ondulation est-elle de 60 Hz?

Problèmes
(Les réponses aux problèmes de numéro impair sont données à la fin de l'ouvrage)

1. (a) Calculez la valeur de V_{c_2} pour les données suivantes: I_{c_2} égal à 4 mA, R_s égal à 25 kΩ, V_{bb} égal à 250 V; (b) calculez V_b pour I_b égal à 12 mA, R_L égal à 50 kΩ et V_{bb} égal à 250 V.

2. En vous reportant aux caractéristiques de plaque d'une triode de la figure 29-12, quelle est la valeur du courant de plaque i_b dans les cas suivants: (a) v_b égal à 120 V, v_c égal à 0 V; (b) v_b inchangé mais v_c égal à -2 V; (c) v_b inchangé mais v_c passe à -6 V; (d) v_c est à -6 V mais v_b est de 200 V; (e) v_b est égal à 400 V et v_c est de -18 V? (f) Pour v_b égal à 400 V, à quelle tension négative de grille v_c le courant i_b s'annule-t-il?

3. En vous référant aux caractéristiques de plaque d'une pentode de la figure 29-16, quelle est la valeur de i_b pour v_c égal à $-2,5$ V si v_b a successivement comme valeur 100, 200, 250, et 300 V? Pourquoi ces valeurs font-elles ressortir que le courant anodique est relativement indépendant de la tension de plaque dans un tube à grille-écran?

4. En vous reportant au réseau de caractéristiques de plaque de la pentode de la figure 29-16: (a) faites une table des valeurs de i_b pour v_b constant à 250 V, les valeurs de v_b croissant par échelons de 0,5 V, de 0 à $-3,5$ V; (b) dessinez un graphe représentant i_b en ordonnée et v_c en abscisse.

5. Considérant la figure 29-10, v_b étant constant à 200 V, calculez g_m pour une variation de v_c de 0,5 V à partir d'une valeur moyenne V_c de -1 V.

6. (a) Calculez R_s pour faire chuter V_{bb} de 300 à 90 V pour V_{c_2}, le courant I_{c_2} étant de 4 mA; (b) calculez la valeur de C_s nécessaire pour découpler R_s à 50 Hz.

7. Calculez la valeur de R_L pour V_b égal à 40 V, V_{bb} étant de 400 V et I_b de 2 mA.

8. Calculer la résistance à chaud du filament d'une diode de puissance 38HK7 à courant de filament de 450 mA.

9. Calculer le gain en tension G_V d'une triode à signal d'entrée de 300 mV et à signal de sortie de 12 V.

10. Soit la figure 29-15: (a) calculez le courant cathodique total I_K si $I_b = 12$ mA, $I_{c_2} = 4$ mA et $I_{c_1} = 0$; (b) calculez I_b si $I_K = 18$ mA, $I_{c_1} = 1$ mA et $I_{c_2} = 4$ mA.

11. (a) Un amplificateur a un signal d'entrée alternatif de 50 μV et une sortie de 600 μV. Quel est le gain en tension G_V? (b) Si le gain était de 24, quelle serait la tension alternative de sortie?

12. Calculer la capacité du condensateur C nécessaire pour découpler une résistance de cathode de 200 Ω à la plus basse audiofréquence de 50 Hz.

13. Soit le circuit amplificateur à pentode illustré à la figure 29-20. Calculer V_b, V_{c_2}, I_K et V_K.

14. Soit le circuit de la figure 29-20. Calculer R_K pour $V_K = 1{,}5$ V.

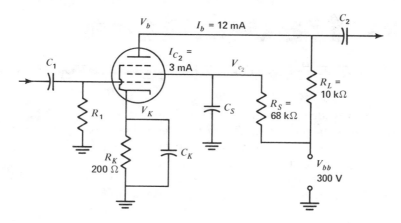

Figure 29-20 *Pour les problèmes 13 et 14.*

Réponses aux problèmes pratiques

29.1 (a) 40
    (b) 1 MHz

29.2 (a) la cathode
    (b) positive

29.3 (a) la cathode
    (b) la plaque ou anode

29.4 (a) I_b
    (b) 2 mA

29.5 (a) positive
    (b) positif

29.6 (a) diminue
    (b) 120 V

29.7 (a) -3 V
    (b) ± 1 V
    (c) 200 V
    (d) ± 20 V

29.8 (a) 13 mA
    (b) 8 mA

29.9 (a) 12 000 μS
    (b) 750 Ω

29.10 (a) 100 V
    (b) zéro

29.11 (a) vrai
    (b) vrai
    (c) vrai

29.12 (a) 21 V
    (b) 1 et 12

29.13 (a) l'anode
    (b) P1

29.14 (a) l'infini
    (b) la triode

Diodes semi-conductrices et transistors

Dans ce chapitre, on explique comment utiliser des matériaux semi-conducteurs comme le germanium et le silicium dans les redresseurs à diodes et les amplificateurs à transistors. Grâce à leur faible dimension et à leur efficacité de fonctionnement, les diodes semi-conductrices et les transistors ont remplacé les tubes électroniques dans la plupart des circuits électroniques. Des exemples types sont donnés à la figure 30-1. Le transistor a été inventé en 1948 par J. Bardeen et W. H. Brattain de *Bell Telephone Laboratories*.

Le nom *transistor* vient de «transfer resistor» (résistance de transfert), ce qui indique un dispositif à l'état solide. En fonctionnement normal, les diodes semi-conductrices et les transistors ont une longue durée de service, car ils n'utilisent pas l'émission thermoionique. Ils sont par contre basés sur la commande des porteurs de charge libres dans le solide semi-conducteur par la tension d'entrée, pour obtenir à la sortie le redressement ou l'amplification. Comme il n'y a pas de filament chauffé, le fonctionnement est instantané, sans période de chauffage. Les sujets exposés dans cette présentation générale des dispositifs semi-conducteurs sont les suivants:

30.1
TYPES DE DISPOSITIFS SEMI-CONDUCTEURS

Les semi-conducteurs comme le germanium (Ge) et le silicium (Si) ont une résistance plus élevée que celle des conducteurs métalliques, mais beaucoup plus faible que celle des isolants. La caractéristique spéciale qu'offrent les éléments semi-conducteurs réside dans le fait que leur structure atomique est telle que leur conductivité peut être augmentée par l'addition d'impuretés, un procédé appelé *dopage*. Le dopage a pour but d'augmenter le nombre de charges libres que l'on peut facilement déplacer en appliquant une tension externe. Quand on ajoute des électrons libres, le semi-conducteur dopé est négatif ou de type N; un manque d'électrons libres rend le matériau positif ou de type P. Le germanium (Ge) et le silicium (Si) peuvent être utilisés pour obtenir soit un dopage de type P, soit un dopage de type N. Les dispositifs semi-conducteurs au silicium sont cependant les plus usuels.

Quand on assemble deux types de semi-conducteurs opposés, on obtient une jonction PN ou une jonction NP. On remarquera que la jonction est une structure solide continue semi-conductrice, comportant des charges libres opposées aux côtés opposés. Un faible potentiel de contact intérieur aux bornes de la jonction maintient les charges opposées séparées les unes des autres. C'est la jonction qui est importante dans les dispositifs semi-conducteurs pratiques, car la tension de la jonction commande la circulation du courant.

Une jonction PN constitue en elle-même une diode semi-conductrice avec deux électrodes. On peut utiliser la diode PN comme redresseur car elle conduit beaucoup mieux le courant dans un seul sens.

Lorsqu'un type de semi-conducteur P ou N est placé entre deux semi-conducteurs de type opposé, on obtient soit un transistor triode PNP, soit un transistor triode NPN. Ce type de construction comprend trois électrodes: l'*émetteur*, la *base* au milieu et le *collecteur*. L'émetteur fournit des charges qui traversent sa jonction avec la base pour être recueillies par le collecteur au travers de sa jonction avec la base. Dans un amplificateur à transistor type, la tension de la jonction base-émetteur du circuit d'entrée commande le courant collecteur du circuit de sortie.

Le transistor à effet de champ (TEC) est aussi un amplificateur qui a les mêmes fonctions que les transistors PNP et NPN. Mais le

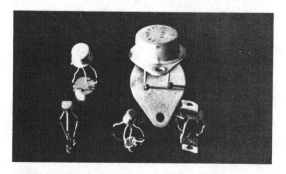

Figure 30-1   *Transistors types. Hauteur de 6,5 à 13 mm sans les connexions.*

Tableau 30-1   *Électrodes des transistors et des tubes à vide*

FONCTION	TUBE À VIDE	TRANSISTOR À JONCTIONS	TRANSISTOR À EFFET DE CHAMP
Source des charges	Cathode	Émetteur	Source
Commande des charges	Grille de commande	Base	Grille
Collecteur des charges	Plaque ou anode	Collecteur	Drain

transistor à effet de champ ne fonctionne qu'avec des porteurs de charge d'une seule polarité: soit P, soit N. Le TEC comporte un canal étroit que l'on peut électriquement élargir ou rétrécir pour commander les porteurs de charge déterminant le courant. Les électrodes d'un transistor à effet de champ sont la *source*, la *grille* et le *drain*, qui correspondent à l'émetteur, à la base et au collecteur des transistors à jonctions. On énumère au tableau 30-1 ces électrodes et on les compare à celle des tubes à vide.

Un circuit intégré (CI) associe sur une même puce de silicium des transistors, des diodes, des résistances et des condensateurs. Pour plus de détails sur les modules à circuits intégrés, voir le chapitre 31.

Le redresseur au silicium commandé (RSC), ou thyristor, est un *redresseur de puissance* qui possède une électrode gâchette pour commander l'amorçage de la conduction. Cette fonction est utile dans les circuits de commande en électronique industrielle.

Il existe de nombreux types de diodes semi-conductrices présentant d'utiles applications autres que le redressement, du fait des caractéristiques spéciales de la jonction PN.

Comme caractéristiques spéciales, citons la capacité variable avec la tension de jonction et les effets photo-électriques.

Problèmes pratiques 30.1 (réponses à la fin du chapitre)

(a) Quelle électrode d'un transistor à jonctions correspond à la cathode d'un tube?

(b) Quelle électrode d'un TEC correspond au collecteur d'un transistor à jonctions?

30.2 CARACTÉRISTIQUES DES SEMI-CONDUCTEURS

Les principales caractéristiques des semi-conducteurs purs (non dopés) sont: (1) une résistance R supérieure à celle des conducteurs métalliques, mais inférieure à celle des isolants; (2) un coefficient de température α négatif qui fait décroître R lorsque la température augmente; et surtout (3) une valence de ± 4 qui signifie que la couche orbitale extérieure de leur atome comporte quatre électrons, la moitié de l'objectif visé de 8.

Par exemple, le numéro atomique du silicium (Si) est de 14. Cet atome possède 14

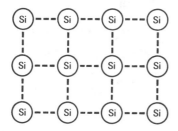

Figure 30-2 *Structure du réseau cristallin d'un semi-conducteur montrant les liaisons covalentes entre les atomes de Si.*

électrons, répartis sur ses couches extérieures, qui équilibrent les 14 protons situés dans le noyau. Les électrons sont répartis sur les différentes couches par groupes de 2, 8 et 4.

Liaisons covalentes Habituellement, de tels atomes ne perdent pas leurs électrons de valence et n'en gagnent pas, mais les partagent avec les atomes voisins en réalisant des configurations stables à 8 électrons. Cette union d'atomes qui partagent leurs électrons de valence est appelée *liaison covalente*[1].

Résistivité Avec des liaisons covalentes complètes, un semi-conducteur ne comporte pas d'électrons libres comme dans les métaux conducteurs. C'est pour cette raison que les semi-conducteurs sont plus résistants que les métaux. À titre de comparaison, les valeurs approximatives de la résistivité en ohm-mètre sont de: 20×10^{-9} pour le cuivre, 0,50 pour le germanium, 500 pour le silicium et 20×10^9 pour le mica.

[1] On trouvera davantage de détails sur la structure atomique et la valence au chapitre 1. Des liaisons covalentes entre des atomes de silicium sont illustrées à la figure 10-15.

Structure cristalline Le silicium et le germanium, à l'état solide, ont des atomes disposés suivant un réseau régulier ou treillis de cubes formant une structure cristalline. Un cristal a ses atomes répartis suivant une forme géométrique bien définie. Le diamant, par exemple, est une structure cristalline de carbone pur. Quand un cristal est brisé en plusieurs segments, les morceaux ont les mêmes caractéristiques que le cristal original.

Si on se représente des atomes de silicium interconnectés par des liaisons covalentes comme à la figure 30-2, on obtient un réseau qui illustre la structure cristalline. Du fait de ce réseau cristallin de liaisons covalentes, on peut, par ajout d'atomes d'impuretés, effectuer le dopage dans le but de modifier les caractéristiques électriques du semi-conducteur.

Semi-conducteurs intrinsèques Un semi-conducteur pur (sans aucun dopage) est appelé un semi-conducteur intrinsèque. Le silicium est un élément que l'on trouve dans la plupart des roches courantes. Le sable est un bioxyde de silicium. L'élément Si fut découvert en 1823 et l'élément germanium (Ge) le fut en 1886. On récupère le germanium des cendres

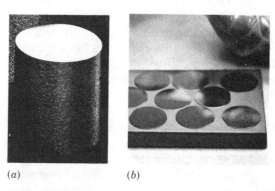

(a)   *(b)*

Figure 30-3 *Formes de silicium pur: (a) barreau; (b) tranches ou rondelles de diamètre 38 mm. (Dow Corning)*

Tableau 30-2   *Éléments dopants et semi-conducteurs*

ÉLÉMENT	SYMBOLE	NUMÉRO ATOMIQUE	ÉLECTRONS DE VALENCE	APPLICATIONS
Antimoine	Sb	51	5	Éléments *donneurs* Donne des électrons
Arsenic	As	33	5	aux atomes de Ge ou de Si pour former
Phosphore	P	15	5	un semi-conducteur de type N. On
				utilise As et Sb pour Ge, le phosphore pour Si.
Germanium	Ge	32	4	Semi-conducteurs *intrinsèques* utilisés
Silicium	Si	14	4	sous forme de cristal pur pour être dopés par
				des impuretés. Les semi-conducteurs dopés
				sont *extrinsèques*.
Aluminium	Al	13	3	Éléments *accepteurs* Prélèvent des électrons aux
Bore	B	5	3	atomes de Ge ou de Si pour former des
Gallium	Ga	31	3	semi-conducteurs de type P. On utilise Ga et In
Indium	In	49	3	pour Ge, Al et B pour Si.

de certains charbons. Les oxydes de germanium et de silicium sont réduits chimiquement pour produire les éléments de pureté presque égale à 100 %. On montre à la figure 30-3 un barreau de silicium et les tranches ou rondelles dopés utilisés pour la fabrication de dispositifs semi-conducteurs.

Semi-conducteurs extrinsèques Par le dopage on obtient un semi-conducteur extrinsèque, c'est-à-dire d'une structure non naturelle. Tous les atomes d'un semi-conducteur intrinsèque ne présentent que des liaisons covalentes, alors qu'un semi-conducteur extrinsèque possède, du fait du dopage, des charges libres.

Coefficient de température α Les semiconducteurs intrinsèques présentent un coefficient α négatif, puisque R diminue avec la température. Cela tient à la structure à liaisons covalentes. Un semi-conducteur extrinsèque, par contre, se comporte davantage comme un conducteur métallique; en effet, tous deux présentent des charges libres que l'on peut facile-

ment déplacer par application d'une tension. Les semi-conducteurs extrinsèques, tout comme les métaux, ont un coefficient de température α positif, puisque leur résistance R croît avec la température.

Problèmes pratiques 30.2 (réponses à la fin du chapitre)

(a) Quelle est la valence du Si, du Ge?
(b) Qui possède la plus petite résistivité ρ: le cuivre, le papier ou le silicium intrinsèque?

30.3 DOPAGE DE TYPE N ET DE TYPE P

Les éléments utilisés pour le dopage ont généralement une valence électronique de 5 ou de 3. Il en résulte que le semi-conducteur dopé a soit un excès, soit un manque d'électrons dans sa structure à liaisons covalentes. Un semiconducteur possédant un excès d'électrons est du type N, tandis qu'un semi-conducteur manquant d'électrons est du type P. Les éléments dopants sont indiqués au tableau 30-2.

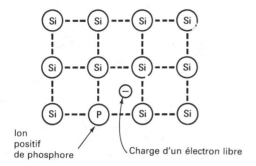

Figure 30-4 *Structure du réseau cristallin du silicium dopé au phosphore. Les liaisons covalentes ont un électron libre pour chaque atome de phosphore.*

Charges des électrons libres dans un semi-conducteur de type N Les éléments dopants comme l'arsenic, l'antimoine et le phosphore ont une valence de 5. Chacun de ces atomes possède 5 électrons à sa couche périphérique. Dans une liaison covalente avec des atomes de Ge ou de Si qui ont 4 électrons de valence, chaque atome d'impureté apporte un électron supplémentaire.

À la figure 30-4, on illustre ce principe dans le cas où les atomes du réseau cristallin du silicium comprennent un atome de phosphore. Quatre des cinq électrons de valence de l'impureté font partie de la structure à liaisons covalentes. Mais on peut considérer l'électron supplémentaire comme une charge libre, car il n'est pas nécessaire à une liaison covalente.

Charges libres des trous dans un semi-conducteur de type P Les éléments dopants comme l'aluminium, le bore, le gallium et l'indium ont une valence de 3. Chacun de ces atomes possède 3 électrons à sa couche extérieure. Dans une liaison covalente avec des atomes de Ge ou de Si, il y a 7 électrons au lieu de 8 pour chaque liaison avec un élément dopant. L'électron manquant à une telle

liaison covalente peut être considéré comme une charge positive libre appelée *charge de trou*. La figure 30-5 représente une charge de trou dans le réseau cristallin de silicium dopé.

Un trou a la même charge positive que celle d'un proton; cette charge est égale et opposée à la charge d'un électron. Mais la charge d'un trou n'est pas un proton. Le proton a une charge fixe à l'intérieur du noyau et ne peut pas se déplacer librement. Un trou est une charge positive extérieure au noyau; celle-ci n'existe que dans les semi-conducteurs, par suite de la présence de liaisons covalentes incomplètes.

Courant de trous Le principe des charges de trous qui se déplacent en formant un courant de trous est illustré à la figure 30-6. En (*a*), on a représenté une charge de trou au point 1 sur la rangée supérieure, ainsi que quelques liaisons covalentes complètes. Supposons qu'un électron de valence venant de la liaison covalente complète se déplace du point 2 vers le point 1. Comme on le voit en (*b*), la liaison au point 1 se complète et une charge de trou apparaît au point 2. Un électron peut, de la même manière, se déplacer du point 3

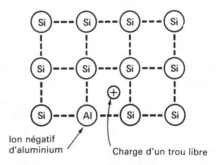

Figure 30-5 *Structure du réseau cristallin du silicium dopé à l'aluminium. Les liaisons covalentes ont une charge positive libre de trous pour chaque atome d'aluminium.*

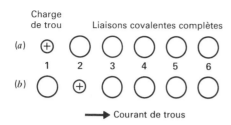

Figure 30-6 *Charge de trous mobiles dans un semi-conducteur de type P, formant un courant de trous.*

au point 2 pour compléter cette liaison. Avec ce processus, la charge de trou se déplace du point 1 au point 6 pour former un courant de trous se dirigeant, ici, de gauche à droite.

Pour créer ce courant de trous, on pourrait appliquer une tension électrique aux bornes du semi-conducteur, la borne positive étant appliquée au point 1. En général, le sens du courant de trous est le même que le sens conventionnel du courant, c'est-à-dire opposé au sens des électrons. Tous les symboles du courant dans les semi-conducteurs sont indiqués pour le sens du courant de trous.

Remarquer, cependant, que le courant de trous ne circule que dans les semi-conducteurs de type P. Le courant dans les semi-conducteurs de type N et dans tous les fils conducteurs est un flux d'électrons.

Charges d'ions fixes Les charges libres existant dans un semi-conducteur dopé sont neutralisées par des ions de l'élément d'impuretés. Par exemple, sur la figure 30-4, l'atome de phosphore qui a une valence de 5 fournit un électron libre qui peut se déplacer facilement dans le cristal. En conséquence, le noyau de l'atome de phosphore a un proton supplémentaire.

Tout atome dont les charges ne sont pas équilibrées est un ion. L'atome de phosphore de la figure 30-4 est donc un ion positif.

Mais, à la figure 30-5, l'atome d'aluminium a effectivement un électron supplémentaire qui fait partie de la liaison covalente à 8 électrons, chaque fois que le trou porteur de charge libre quitte l'atome d'impuretés. L'atome d'aluminium devient alors un ion négatif.

Les ions sont des charges fixes que l'on ne peut pas déplacer facilement dans le solide cristallin. Comme les ions sont des atomes d'impuretés, ils ne sont présents que dans le semi-conducteur dopé. Les charges fixes des ions sont importantes, car elles fournissent un potentiel de contact interne aux bornes d'une jonction PN.

Remarquer que le dopage ne consiste pas en fait à ajouter ou à retirer des charges. Le semi-conducteur est encore neutre, ses charges positives et négatives sont encore égales. Le dopage redistribue cependant les électrons de valence afin de créer davantage de charges libres.

Problèmes pratiques 30.3 (réponses à la fin du chapitre)

(a) Dire de quel type, N ou P, est le semi-conducteur dopé illustré à la figure 30-4.

(b) Quel est le type du semi-conducteur illustré à la figure 30-5?

30.4 COURANT DANS LES SEMI-CONDUCTEURS

Grâce au dopage, le semi-conducteur de type N possède une grande quantité d'électrons libres, introduits par les atomes d'impuretés. Les électrons deviennent alors les *porteurs de charges dominants* ou *majoritaires*. Les trous sont alors les *porteurs minoritaires*. Par contre, un semi-conducteur de type P possède un excès de trous ajoutés par les atomes d'impuretés, mais les charges d'électrons sont alors minoritaires.

Le déplacement des charges majoritaires dans le semi-conducteur soumis à une tension engendre une certaine valeur de *courant direct* ou *courant doux*. Ce courant direct est soit un flux d'électrons composé de porteurs majoritaires dans les semi-conducteurs de type N, soit un courant de trous dans les semi-conducteurs de type P. La valeur de *I* est de l'ordre du milliampère et de l'ampère.

Le déplacement des charges minoritaires donne naissance à un courant de sens inverse à celui du courant direct des charges majoritaires. Cela est simplement dû au fait que la polarité des charges minoritaires est toujours de signe contraire à celle des charges majoritaires.

Ce très petit courant de charges minoritaires est appelé le *courant inverse* ou le *courant de fuite*. Il est de l'ordre du microampère.

En outre, ce courant inverse augmente aux températures plus élevées, étant donné que l'augmentation de l'énergie thermique produit davantage de charges minoritaires. Cette augmentation du courant inverse des charges minoritaires explique pourquoi la température est importante pour le fonctionnement des transistors bipolaires.

Courant de dérive   Ce terme désigne le déplacement forcé des charges sous l'action d'un champ électrique d'une différence de potentiel, qui constitue la méthode habituelle de production d'un courant. Par exemple, le flux électronique produit par l'application d'une tension est un courant de dérive. Les charges des trous d'un semi-conducteur de type P peuvent également, par application d'une tension, produire un courant de dérive. Le courant de trous est cependant de sens opposé à celui du flux d'électrons. Le courant de dérive des semi-conducteurs est donc un flux d'électrons ou un courant de trous. Il peut aussi être un déplacement des charges majoritaires pour le

courant direct, ou des charges minoritaires pour le courant inverse.

Courant de diffusion   Le courant de diffusion est dû à une différence de concentration en porteurs de charge dans les zones adjacentes au réseau cristallin d'un semi-conducteur. Il n'est pas nécessaire d'appliquer une tension. La différence de concentration des charges dans le solide suffit à provoquer le mouvement.

Les porteurs de charge sont animés eux-mêmes d'un mouvement aléatoire dû à leur propre énergie thermique, mais ce mouvement est limité à la substance solide. Cependant, les porteurs de charge ont tendance à se déplacer des zones de concentration élevée vers les zones de faible concentration. Cette propriété est analogue à celle d'une goutte d'encre qui se diffuse dans un verre d'eau.

Les charges d'électrons et de trous peuvent se diffuser à travers un semi-conducteur lorsqu'un côté présente une forte concentration de porteurs majoritaires. Dans un transistor, les charges majoritaires de la base, en provenance de la jonction de l'émetteur, diffusent à travers la base vers la jonction du collecteur.

Problèmes pratiques 30.4 (réponses à la fin du chapitre)

(*a*) Soit un semi-conducteur de type N. Les électrons sont-ils des porteurs de charge majoritaires ou minoritaires?

(*b*) Soit un semi-conducteur de type N. Les charges de trous sont-elles des porteurs majoritaires ou minoritaires?

30.5
LA JONCTION PN

On montre à la figure 30-7 une vue agrandie de la jonction permettant d'analyser les effets des semi-conducteurs P et N. En réalité, la structure régulière d'un cristal est la même à

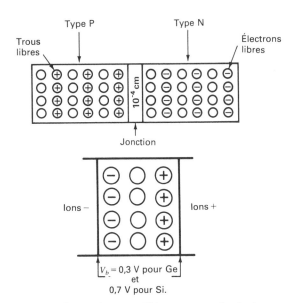

Figure 30-7 *Jonction PN avec zone de déplétion agrandie pour montrer les charges d'ions qui forment la barrière interne de potentiel V_b.*

travers la totalité des substances P et N et également à travers leur jonction.

Quelques électrons du côté N sont attirés vers le côté P, tandis qu'au même instant un nombre égal de charges de trous se déplacent dans le sens opposé. Ces charges produisent des paires électron-trou neutres. À la jonction, cependant, cet effet découvre les ions chargés des atomes d'impuretés. Ces ions créent une barrière de potentiel interne V_b aux bornes des deux côtés de la jonction. La polarité de V_b empêche d'autres électrons libres ou d'autres charges de trous de franchir la jonction. En effet, V_b maintient les électrons libres dans le semi-conducteur N et les charges de trous dans le semi-conducteur P, afin d'empêcher la neutralisation des côtés opposés.

La barrière de potentiel intérieure V_b
Bien que l'on ne puisse mesurer directement cette différence de potentiel interne aux

bornes de la jonction, on la surmonte en appliquant 0,3 V aux bornes d'une jonction Ge ou 0,7 V aux bornes d'une jonction Si. La tension nécessaire est supérieure dans le cas du silicium, car son numéro atomique plus faible donne plus de stabilité aux liaisons covalentes.

Puisque ces valeurs V_b sont caractéristiques des éléments, la tension V_b de la barrière de potentiel est de 0,7 V pour toutes les jonctions Si, tandis qu'elle est de 0,3 V pour toutes les jonctions Ge dans toutes les diodes et dans tous les transistors, quelles que soient leur taille et leur puissance nominale.

La barrière de potentiel est la caractéristique qui rend une jonction utilisable parce que l'action de V_b peut être commandée par une source extérieure. L'application d'une tension directe de polarité telle que V_b est annulée, permettant le passage d'un courant direct. La barrière V_b peut être neutralisée complètement ou partiellement. La tension inverse est appliquée selon une polarité qui ne supprime pas V_b.

Zone de déplétion Du fait de ses paires électron-trou neutres, la zone de la jonction est appelée zone de déplétion, signifiant par là qu'elle n'a pas de charges libres. Les charges d'ions restent cependant solidement retranchées dans leurs positions et produisent toujours V_b.

Influence de la température sur V_b Les valeurs de 0,3 V pour Ge et de 0,7 V pour Si correspondent à la température ambiante normale de 25°C. Aux températures plus élevées, V_b diminue par suite de l'augmentation du nombre des porteurs de charge minoritaires. La valeur de V_b diminue, aussi bien pour Ge que pour Si, de 2,5 mV par degré Celsius d'échauffement.

Tension directe On indique à la figure 30-8a comment une tension directe V_F peut

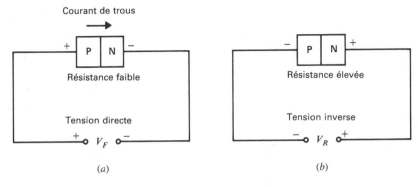

Figure 30-8 (a) *Polarité d'application d'une tension directe V_F aux bornes d'une jonction PN. Remarquer le sens du courant des trous dans le sens direct de P vers N.* (b) *Polarité d'application d'une tension inverse V_R. Il n'y a alors aucun courant direct.*

être appliquée aux électrodes de P et de N pour neutraliser V_b et produire un courant direct. La tension V_F est appliquée par des fils conducteurs aux deux extrémités des semi-conducteurs. Une connexion de ce type, en l'absence de barrière de contact, est appelée *contact ohmique*. La différence de potentiel V_F est appliquée aux bornes de la jonction. Le courant direct se produit parce que le côté P de la jonction est connecté à $+V_F$ et le côté N à $-V_F$. Autrement dit, la polarité de la tension V_F correspond aux types de semi-conducteurs.

Cette polarité de la source externe V_F peut neutraliser le potentiel interne V_b. Cela est dû au fait que $+V_F$ à l'électrode P repousse les charges de trous vers le côté de la jonction qui possède les charges d'ions négatifs constituant V_b. Ainsi, les ions négatifs sont neutralisés. De la même façon, $-V_F$ repousse les électrons vers la jonction du côté positif de V_b afin de neutraliser les ions positifs.

Tension inverse À la figure 30-8*b*, la tension inverse V_R attire les porteurs minoritaires en dehors de la jonction. Les ions chargés restent intacts à la jonction pour maintenir V_b. La polarité de V_R est l'inverse de celle de V_F. Plus précisément, la polarité requise est $-V_R$ pour l'électrode P et $+V_R$ pour l'électrode N.

Caractéristique volt-ampère d'une jonction PN À la figure 30-9 sont résumés les effets des tensions directe et inverse pour le germanium et le silicium. On a tracé des courbes séparées parce que, en (*a*), les caractéristiques directes impliquent une faible tension V_F de quelques dixièmes de volt et des courants élevés de plusieurs centaines de milliampères, tandis que les caractéristiques inverses, en (*b*), utilisent des tensions très élevées avec des courants inverses très faibles.

Courant direct Comme on le montre la figure 30-9*a*, pour Si avec V_b égal à 0,7 V, un courant direct circule lorsque V_F tend vers 0,5 V. Pour $V_b = 0,7$ V ou plus, le courant direct croît très rapidement vers la valeur maximale de saturation. Alors, la tension externe V_F neutralise complètement la barrière interne V_b.

La valeur moyenne de V_F pour un courant direct est de 0,6 V pour une jonction Si. De la même façon, pour la jonction Ge, la gamme de V_F pour un courant direct est de 0,1 à 0,3 V. Les valeurs types du courant direct sont de 0,2 à 20 A.

Courant inverse Quand on applique une tension inverse, le courant inverse des charges minoritaires qui circule est très faible, comme on l'indique à la figure 30-9*b*. Les différentes

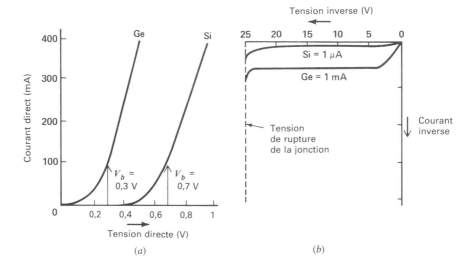

Figure 30-9 *Caractéristiques volt-ampère des jonctions Ge et Si: (a) petite tension directe et courant élevé; (b) tension inverse élevée et faible courant inverse de fuite.*

courbes indiquent des valeurs caractéristiques de 1 mA pour Ge et de 1 μA pour Si. Remarquer l'avantage que présente le silicium: son courant inverse est pratiquement nul.

Ce courant porte le symbole I_{CO}, c'est un petit courant de blocage. Pratiquement, la jonction soumise à une tension inverse est un circuit ouvert par rapport au court-circuit avec la tension directe.

Le courant de blocage I_{CO} est en sens inverse du courant direct. Comme I_{CO} est constitué de charges minoritaires, le courant inverse augmente avec la température. Pour chaque échauffement de 10°C, I_{CO} double, tant pour Si que pour Ge.

Rupture d'une jonction Le courant inverse est constant et garde une très faible valeur jusqu'à ce que la tension inverse V_R atteigne la valeur de la tension de rupture, qui est de 25 V dans le cas de la figure 30-9b. Pour cette tension, un courant inverse relativement grand peut circuler. Plus important, la tension inverse aux bornes de la jonction est constante à la valeur de la tension de rupture. On utilise ces caractéristiques pour les diodes des régulateurs de tension.

Mais les caractéristiques directes de la figure 30-9a sont utiles pour les amplificateurs à transistors et les diodes de redressement, car on peut contrôler le courant direct pour obtenir une amplification ou un redressement.

Problèmes pratiques 30.5 (réponses à la fin du chapitre)

(a) Soit une tension V_F de 0,6 V appliquée à une jonction Si. Est-ce qu'il circulera un courant direct?

(b) Est-ce que V_b augmente ou diminue avec la température?

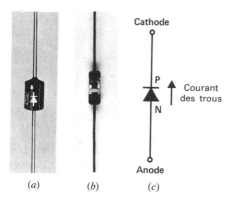

Cathode

P

N

Courant
des trous

Anode

(a)   (b)   (c)

Figure 30-10 *Diodes semi-conductrices.*
Longueur: environ 13 mm sans les connexions:
(a) diode de puissance au silicium de courant
nominal 1 A. La flèche indique le sens du courant
de trous; (b) diode détectrice au germanium.
L'extrémité cathode comporte une bande; (c)
diagramme schématique indiquant le sens du
courant des trous.

(c) Est-ce que I_{CO} croît ou décroît avec la température?

30.6
CIRCUITS REDRESSEURS À DIODES

Le symbole normalisé d'une diode semi-conductrice est une flèche avec un trait indiquant le sens du courant des trous (figure 30-10). La flèche est donc du côté P et la barre du côté N. L'application d'une tension positive à la flèche P rend la diode conductrice car ce côté est celui de l'anode, tandis que la barre N est la cathode.

La flèche et la barre sont généralement marquées sur la diode. Sinon, un point ou une bande placés à une extrémité indiquent le côté cathode. Le signe + à la cathode indique que

c'est la borne de la tension de sortie continue positive.

Le seul système de repérage utilisé comprend la lettre N pour les semi-conducteurs et le préfixe 1 pour les diodes à une jonction. Les numéros qui suivent désignent des modèles particuliers. Par exemple, le diode de la figure 30-12 est la diode 1N3754. Les derniers chiffres indiquent un type particulier. Sur les diagrammes schématiques, les diodes semi-conductrices sont désignées par X, Y ou D (diode).

Les redresseurs à diodes au silicium d'usage général pour récepteurs ne comportent pas souvent, cependant, un numéro de type. Leurs valeurs nominales maximales habituelles sont de 1 A de courant direct et de 200 à 400 V de tension inverse de rupture. La chute de tension directe aux bornes d'une diode au silicium est d'environ 1 V, une valeur très faible si on la compare aux 18 V d'un tube.

Redresseur demi-onde À la figure 30-11, la tension alternative d'entrée V_{ca} est appliquée à la diode en série avec la résistance de charge de sortie R_L. Pour les alternances positives de la tension alternative d'entrée, le côté P de la diode est positif. C'est la polarité du courant direct. Donc, la diode conduit. La tension V_{ca} peut donc produire un courant qui circule dans R_L en formant une tension de sortie continue pulsée V_L aux bornes de R_L.

La polarité de V_L est positive, en haut de R_L, à la figure 30-11, puisque cette extrémité est reliée à la borne positive de V_{ca} via la diode conductrice. Pendant les alternances négatives de la tension d'entrée alternative, le côté P de la diode est négatif. Cette polarité correspond à une tension inverse et la diode ne peut donc pas conduire. Il n'y a donc pas de tension de sortie aux bornes de R_L.

Bien qu'il ne s'agisse pas d'une tension continue fixe, la tension pulsée de sortie V_L est

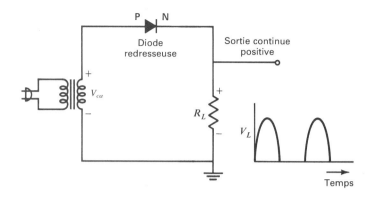

Figure 30-11 *Circuit redresseur demi-onde (simple alternance) utilisant une diode semi-conductrice au silicium.*

une tension continue, puisqu'elle a toujours la même polarité. La composante pulsée est l'ondulation alternative de la tension de sortie continue. Pour une tension alternative à 60 Hz du secteur, la fréquence de l'ondulation est de 60 Hz. On utilise un filtre dans une source d'alimentation continue pour réduire l'amplitude de l'ondulation.

Caractéristiques de fonctionnement Les courbes de la figure 30-12*a* indiquent quelle tension de sortie continue on peut obtenir aux bornes de R_L avec la source d'alimentation demi-onde présentée en (*b*). On a représenté trois courbes pour différentes valeurs de C, car le condensateur du filtre placé à la cathode du redresseur a une grosse influence sur les caractéristiques du fonctionnement.

Le condensateur C qui réduit l'ondulation peut se charger à la valeur de crête de la tension d'entrée alternative qui est voisine de 170 V. Le condensateur C se décharge plus ou moins entre les crêtes positives suivant la valeur de R_L. De faibles valeurs de R_L correspondent à un courant de charge I_L plus élevé et C peut se décharger davantage. Il en résulte donc une tension de sortie continue plus faible.

À titre d'exemple, on peut prendre la courbe pour $C = 50$ μF; le courant de charge continu I_L de 100 mA conduit à une valeur V_L de 145 V. La tension de sortie continue est supérieure à la tension d'entrée alternative efficace, car C peut se charger à la valeur de crête. La résistance R_S de 5,6 Ω est une *résistance limitant les surtensions,* qui protège la diode d'un courant excessif au début du fonctionnement quand C se charge à partir de 0 V.

Redresseur à diode inversée Si les connexions de la diode D_1 du circuit de la figure 30-12 sont inversées, la sortie continue par rapport à la masse du châssis sera de polarité négative. Alors, l'entrée alternative est appliquée à la cathode. Rendre la cathode négative revient à rendre l'anode positive. La diode inversée conduit alors durant l'alternance négative de l'entrée alternative. Dans ce cas, la tension de sortie continue aux bornes de R_L du circuit de l'anode est négative.

Redresseur pleine-onde À la figure 30-13, les deux alternances de la tension alternative d'entrée produisent une tension de sortie continue. Il faut deux diodes. La diode D_1 conduit pendant la première alternance quand son anode est positive, tandis que la diode D_2 reste au repos, car son anode est négative.

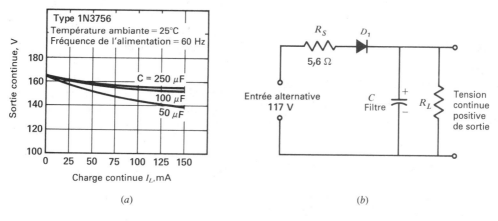

(a)   (b)

Figure 30-12   *Caractéristiques de fonctionnement d'une source d'alimentation simple alternance avec condensateur de filtrage C et charge R_L: (a) courbes de la tension continue de sortie en fonction du courant de charge; (b) circuit.*

À l'alternance suivante, la tension d'entrée alternative change de polarité et D_2 conduit, mais D_1 ne conduit plus. On applique à l'entrée des tensions égales et opposées en utilisant en général un enroulement secondaire à prise médiane dans le transformateur d'alimentation.

Bien que les diodes conduisent pendant des alternances opposées, on remarque que dans les deux cas la polarité de la tension continue de sortie aux bornes de R_L reste la même. La charge continue R_L se trouve dans le circuit de retour de cathode, aussi bien pour D_1 que pour D_2. Le haut de R_L est relié à une cathode pour obtenir la tension de sortie positive continue, fournie par les deux diodes.

La fréquence de l'ondulation d'un redresseur double alternance est le double de la fréquence de la tension d'entrée alternative, car chaque alternance produit une pulsation de la tension de sortie continue. Si la tension d'entrée alternative est celle d'un secteur à 60 Hz,

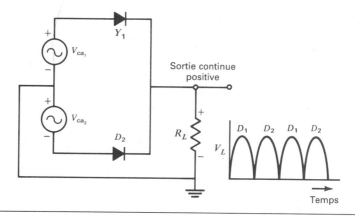

Figure 30-13   *Circuit redresseur double alternance à deux diodes.*

la fréquence de l'ondulation de la sortie continue est de 120 Hz.

Ronflement de l'alimentation Dans un récepteur, si le filtrage de l'ondulation est insuffisant, on peut entendre un ronflement diffusé par le haut-parleur. Un ronflement excessif est souvent dû à un condensateur de filtrage coupé ou mal isolé. La fréquence du ronflement est de 60 Hz pour un redresseur simple alternance ou de 120 Hz pour un redresseur double alternance, quand la fréquence de la tension d'entrée est de 60 Hz. Une ondulation de fréquence plus élevée signifie un meilleur filtrage, car le même condensateur en parallèle C a une réactance moitié pour une fréquence double.

Alimentations Les types suivants de circuits redresseurs sont souvent utilisés pour une alimentation continue fonctionnant à partir du secteur à 60 Hz:

1. *Redresseur demi-onde* Une seule diode, donc un circuit économique. La fréquence de l'ondulation est de 60 Hz;
2. *Redresseur pleine-onde* Deux diodes, donc un courant double à la charge. La fréquence de l'ondulation est de 120 Hz;
3. *Redresseur pleine-onde en pont* Quatre diodes pour un redressement pleine-onde sans prise médiane à l'entrée alternative. La fréquence de l'ondulation est de 120 Hz;
4. *Doubleur de tension* Deux diodes en série permettent d'obtenir une tension de sortie continue double de la tension d'entrée alternative. Existe en redressement demi-onde et pleine-onde.

Circuits détecteurs Un détecteur est simplement un redresseur à diodes de faible alimentation, juste un signal alternatif de quelques volts. Pour le détecteur audio d'un récep-

teur de radio AM, par exemple, l'entrée alternative est le signal radiofréquence modulée. Cette tension alternative doit être redressée pour éliminer l'onde porteuse de radiofréquence et extraire les variations d'amplitude dans la modulation audio. Généralement, un détecteur utilise une très petite diode Ge ou Si comme redresseur demi-onde, ainsi qu'on le montre à la figure 30-10b.

Vérification des diodes à l'aide d'un ohmmètre La diode devrait, en sens inverse, présenter une résistance R au moins 100 fois supérieure à celle en direct. Il suffit simplement de connecter l'ohmmètre aux bornes de la diode selon une polarité, puis d'inverser les connexions pour obtenir l'autre polarité. Une diode au silicium présente une résistance R en sens inverse pratiquement infinie.

Si la résistance R est grande dans les deux sens, la diode est ouverte. Si, par contre, elle est petite dans les deux sens, la diode est court-circuitée. Si les parcours parallèle portent à confondre les indications, déconnecter un côté de la diode du circuit.

Problèmes pratiques 30.6 (réponses à la fin du chapitre)

(a) Quelle est la valeur de la fréquence de l'ondulation d'une alimentation pleine-onde?
(b) Soit le graphe de la figure 30-12a. Quelle est la valeur de la tension V aux bornes de R_L avec un condensateur C de 100 μF et un courant I_L de 150 mA?

30.7 TRANSISTORS

Comme on l'indique la figure 30-14, le transistor est constitué d'une jonction PN et d'une jonction NP, obtenues en plaçant un semi-conducteur de type P ou de type N entre deux semi-conducteurs de type opposé. L'idée

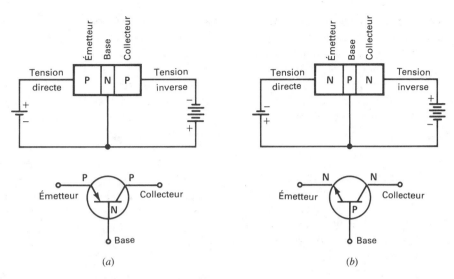

Figure 30-14   *Transistors à jonctions illustrant l'émetteur, la base et le collecteur: (a) transistor PNP; (b) transistor NPN.*

consiste à avoir une première section qui fournit des charges, soit des trous, soit des électrons, qui seront recueillies par la troisième section après avoir traversé la section centrale. L'électrode qui fournit les charges est l'*émetteur*; l'électrode opposée qui recueille les charges est le *collecteur*. La *base*, au milieu, forme deux jonctions entre l'émetteur et le collecteur pour commander le courant collecteur.

Émetteur   La jonction émetteur-base est toujours polarisée dans le sens direct. Les valeurs types sont de 0,2 V pour Ge et 0,6 V pour Si.

Comme on l'indique à la figure 30-14*a*, pour le transistor PNP, l'émetteur P fournit des trous à sa jonction avec la base. Ce sens est indiqué par la flèche de l'émetteur pour un courant direct de trous dans le symbole graphique. La flèche pointée vers la base indique une jonction PN entre l'émetteur et la base. Ceci correspond au symbole d'une diode PN.

Pour le transistor NPN présenté en (*b*), l'émetteur fournit des électrons à la base. Le symbole de l'émetteur N est donc une flèche sortant de la base, dans le sens opposé au flux électronique.

Dans les symboles graphiques des transistors, seul l'émetteur porte une flèche. La flèche pointée vers la base indique qu'il s'agit d'un transistor PNP. La flèche sortant de la base indique un transistor NPN. Tous les petits transistors pour les amplificateurs audio et radiofréquences sont pratiquement des NPN au silicium, leur polarisation directe type est de 0,6 V entre la base et l'émetteur.

Collecteur   Son rôle consiste à enlever les charges de la jonction avec la base. À la figure 30-14*a*, le transistor PNP a un collecteur P qui reçoit les charges des trous. En (*b*), le transistor NPN a un collecteur N qui reçoit des électrons.

La jonction collecteur-base est toujours soumise à une tension inverse. Les valeurs types sont de 4 à 100 V. Cette polarité signifie qu'il n'y a pas de charges majoritaires qui se déplacent du collecteur vers la base. Cependant, dans le sens opposé, de la base au collecteur, la tension collecteur attire dans la base les charges fournies par l'émetteur.

Base   La base, placée au milieu, sépare l'émetteur du collecteur. La jonction base-émetteur est polarisée dans le sens direct, ce qui donne au circuit de l'émetteur une très faible résistance. Mais la jonction base-collecteur est polarisée en sens inverse; le circuit collecteur a donc une résistance beaucoup plus élevée.

Courant collecteur   La dernière exigence pour obtenir l'action propre au transistor consiste à commander le courant collecteur par le circuit émetteur-base. L'émetteur est fortement dopé pour fournir les charges majoritaires. La base, cependant, n'est que légèrement dopée et est très mince, afin que ses charges puissent se déplacer vers la jonction du collecteur. La tension du collecteur est relativement élevée. Dans ces conditions, toutes les charges fournies par l'émetteur à la base sont pratiquement entraînées dans le circuit collecteur. Il est courant que 98 à 99 % ou davantage des charges fournies par l'émetteur à la base forment le courant collecteur I_C, la valeur restante, soit 1 à 2 % ou moins, constituant le courant de base I_B.

Considérons les courants d'un transistor NPN. L'émetteur N fournit les électrons à la base P. Dans ce cas, les électrons sont les charges minoritaires. À cause du léger dopage de la base, cependant, très peu d'électrons peuvent se recombiner avec les charges des trous. Toute recombinaison de charges dans la

base fournit le très petit courant I_B revenant de la base à l'émetteur.

Il existe une forte concentration de charges d'électrons libres dans la base à la jonction de l'émetteur, du fait de la polarisation directe. Ainsi, presque tous les électrons diffusent à travers la base mince vers la jonction du collecteur.

Le collecteur N a une tension inverse de polarité positive. La tension positive du collecteur attire les électrons libres venant de la base. En conséquence, les électrons diffusés du côté émetteur de la base pénètrent dans le collecteur pour fournir un courant de dérive d'électrons I_C dans le circuit du collecteur. Pour un transistor PNP, toutes les polarités des tensions sont inversées et I_C, à l'électrode du collecteur, est constitué de charges de trous.

Courants des électrodes   Considérer l'exemple de la figure 30-15. L'émetteur fournit un courant direct de 10 mA. C'est le courant I_E. Une forte portion de ce courant, 9,8 mA, est injectée dans le circuit du collecteur. C'est le courant I_C. Une faible portion du courant I_B, 0,2 mA ou 200 μA, circule à travers la borne de la base et revient à l'émetteur. Nous avons la formule:

$$I_E = I_C + I_B \qquad (30.1)$$

Remarquer que I_E de la figure 30-15 est noté négatif, simplement pour indiquer que son sens est opposé à celui de I_C et de I_B. C'est la façon normalisée de considérer comme sens positif des I, le sens du courant de trous. Comme I_E est un flux d'électrons, son sens est négatif.

Algébriquement, les valeurs sont celles-ci: -10 mA $+ 9,8$ mA $+ 0,2$ mA $= 0$. En termes simples, cette formule stipule que l'addition des courants collecteur et base doit égaler le courant émetteur qui est la source.

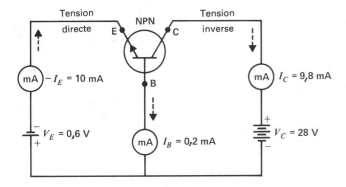

Figure 30-15 *Courants des électrodes d'un transistor: I_E, I_C et I_B d'un transistor NPN. Les flèches en trait discontinu indiquent le sens du flux électronique formant le courant du circuit extérieur.*

Exemple 1   Quel est le courant émetteur I_E correspondant à un courant collecteur I_C de 100 mA et à un courant de base I_B de 800 μA ou 0,8 mA?

Réponse $I_E = I_C + I_B = 100 + 0,8$

$\qquad\qquad I_E = 100,8$ mA

Exemple 2   Si le courant émetteur est de 4 A et le courant collecteur de 3,8 A, quel est le courant base?

Réponse   En remaniant la formule (30.1), on obtient:

$I_B = I_E - I_C$

$\quad = 4 - 3,8$

$I_B = 0,2$ A ou 200 mA

Dans les transistors de puissance, I_E et I_C sont généralement exprimés en ampères.

Le courant base commande le courant collecteur   Lorsque I_B augmente sous l'effet d'une plus grande tension directe, cela sous-entend d'office que plus de charges majoritaires sont dans la base, prêtes à être injectées dans le collecteur. En conséquence, augmenter I_B augmentera I_C. Inversement, une plus faible tension directe diminuera I_B et I_C.

Problèmes pratiques 30.7 (réponses à la fin du chapitre)

(a) La jonction base-émetteur est polarisée en direct ou en inverse?

(b) La jonction collecteur-émetteur est polarisée en direct ou en inverse?

(c) Soit $I_C = 1$ mA et $I_B = 5$ μA. Calculer I_E.

(d) Un transistor Si est soumis à une tension de polarisation directe de 0,1 V. Conduit-il ou est-il bloqué?

30.8 CIRCUITS AMPLIFICATEURS À TRANSISTORS

Comme un transistor PNP ou NPN n'a que trois électrodes, l'une d'entre elles doit être une connexion commune aux deux paires de bornes des signaux d'entrée et de sortie. Le cas général de trois électrodes, avec une commune, est illustré à la figure 30-16a. Plus précisément, les trois possibilités pour tout circuit amplificateur sont: à base commune (BC) en (b); à émetteur commun (EC) en (c); et à collecteur commun (CC) en (d). Les circuits illustrés sont pour les transistors NPN, ce sont les mêmes que pour les transistors PNP; il suffit d'inverser toutes les polarités. Bien que l'électrode commune soit représentée comme étant mise à la masse, il n'est pas nécessaire qu'elle soit reliée à la masse du châssis. Les principales caractéristiques de ces circuits sont comparées au tableau 30-3.

Pour tous ces circuits amplificateurs, le collecteur est soumis à une tension inverse et la jonction émetteur-base requiert une polarisation directe. Elle est notée V_{BE} ou V_{EB}. Cette tension directe moyenne est appelée *tension de polarisation*, le courant correspondant est

appelé *courant de polarisation*. La polarisation détermine les valeurs continues moyennes dans l'amplificateur. Le signal alternatif varie autour du niveau de polarisation.

Le circuit à émetteur commun est celui généralement utilisé dans les amplificateurs à transistors car il présente, dans le cas des étages en cascade, le meilleur gain. Chaque type de circuit présente cependant des caractéristiques spéciales.

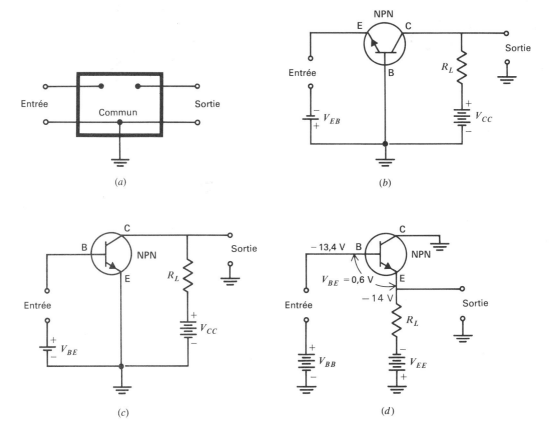

Figure 30-16   *Montages de circuits amplificateurs à transistor PNP. Toutes les polarités sont inversées pour un transistor NPN: (a) cas général d'une borne commune à 2 paires de connexions; (b) base commune; (c) émetteur commun; (d) collecteur commun ou émetteur suiveur.*

Tableau 30-3   *Comparaison des circuits à transistors*

CARACTÉRISTIQUES	BASE COMMUNE	ÉMETTEUR COMMUN	COLLECTEUR COMMUN
Entrée du signal	Émetteur	Base	Base
Sortie du signal	Collecteur	Collecteur	Émetteur
Avantage	Stabilité	Grand gain	r_i élevé
Inversion de phase	Non	Oui	Non
Circuit à tube à vide semblable	Grille à la masse	Cathode à la masse	Plaque à la masse (à charge cathodique)

Circuit à base commune (CB) Il est représenté à la figure 30-16*b*. La tension d'entrée est appliquée à l'émetteur et est considérée par rapport à la base mise à la masse. La tension de sortie amplifiée est prélevée sur le collecteur. La résistance de charge extérieure R_L est en série avec la tension d'alimentation du collecteur V_{CC}. Le côté positif de V_{CC} fournit la tension inverse au collecteur N.

Dans le circuit à base commune, l'entrée sur l'émetteur a une faible résistance r_i car I_E est élevé, mais la résistance de sortie r_o sur le collecteur est élevée. Pour un transistor à faible puissance dont le courant d'émetteur I_E est de 1,5 mA, les valeurs types sont de 20 Ω pour r_i et de 1 MΩ pour r_o. Ces valeurs correspondent à la résistance interne entre chaque électrode et la base commune.

Le circuit à base commune est rarement utilisé. Il ne présente aucun gain en courant entre l'entrée et la sortie, car I_C doit être plus petit que I_E. Le gain en tension peut être élevé, mais la sortie est shuntée par la faible résistance d'entrée au prochain étage. Le seul avantage du montage en base commune est l'offre d'une meilleure stabilité lorsque la température augmente. Cela est dû au fait que le courant de fuite inverse du collecteur à la base n'est pas amplifié dans ce type de montage.

Circuit à émetteur commun (EC) Il est représenté à la figure 30-16*c*. Dans ce circuit, la tension d'entrée est appliquée à la base, alors que l'émetteur est directement ramené à la masse du châssis. Remarquer que l'émetteur apparaît au bas du symbole graphique. Dans ce cas, le circuit d'entrée met en jeu le courant base I_B au lieu du courant émetteur I_E. En conséquence, la résistance d'entrée r_i du circuit à émetteur commun est de beaucoup supérieure à celle du circuit à base commune. Une valeur type de r_i est de 1000 Ω.

La tension de sortie est aussi prélevée au collecteur avec sa résistance de charge R_L. Cette tension V_{CC} est positive pour polariser en inverse le collecteur N. Une valeur type de r_o du circuit de sortie du collecteur est de 50 kΩ.

Dans le circuit d'entrée, la polarisation directe V_{BE} est appliquée à la base et non à l'émetteur. Remarquer la polarité. La tension positive V_{BE} par rapport à la base P correspond à la tension négative V_{EB} à l'émetteur négatif. Les deux sont des tensions de polarisation directe, avec même polarité aux électrodes N et P.

De plus, la tension positive V_{BE} à la base pour la polarisation directe utilise la même polarité de tension que la tension positive V_{CC}

pour appliquer une tension inverse au collecteur N. Cette caractéristique est commode, car elle permet l'usage d'une seule alimentation pour les deux polarisations, directe à l'entrée et inverse à la sortie. À titre d'exemple, le circuit émetteur commun de la figure 30-17 utilise une résistance R_1 pour faire chuter l'alimentation du collecteur de 12 V à 0,6 V pour la base.

Le circuit à émetteur commun présente un gain en courant car I_C est beaucoup plus grand que I_B. Le gain en tension est le même que pour le circuit à base commune. Grâce à sa résistance r_i élevée, cependant, le circuit à émetteur commun peut être utilisé dans les amplificateurs en cascade, dans lesquels la sortie collecteur d'un étage attaque l'entrée base du suivant. Le circuit à émetteur commun est l'amplificateur généralement utilisé pour les transistors, car il présente la meilleure combinaison de gain en tension et de gain en courant. Son désavantage est un courant inverse de fuite amplifié. Le remède consiste à stabiliser la polarisation.

L'amplificateur à émetteur commun est le seul des trois montages à inverser la polarisation de la tension du signal. Cette inversion de phase de 180° n'est ni un avantage ni un inconvénient, mais simplement une caractéristique des connexions du circuit. Quand le signal d'entrée sur la base augmente la tension directe, la tension collecteur, de même polarité, diminue par suite de la chute de tension aux bornes de R_L dans le circuit de sortie.

Circuit à collecteur commun (CC) Se reporter à la figure 30-16d. Le signal d'entrée est appliqué à la base, comme dans le circuit à émetteur commun. Cependant, le collecteur est mis à la masse à la place de l'émetteur. Par conséquent, l'émetteur présente la résistance R_L au signal de sortie.

Deux questions se présentent maintenant pour la tension des électrodes: comment appliquer la tension inverse au collecteur mis à la masse et comment polariser la base en direct. Remarquer que l'émetteur est à -14 V par rapport à la masse du châssis. Le collecteur est à la masse du châssis. En effet, le collecteur est relié au côté positif de la tension d'alimentation de l'émetteur. Cela rend le collecteur N positif par rapport à l'émetteur et fournit la tension inverse V_{CE}.

Pour la tension directe, la base doit être plus positive que l'émetteur. La tension V_E dans cet exemple est de -14 V. Donc, V_B est de $-13,4$ V. La tension de polarisation V_{BE} réelle est alors de 0,6 V.

Dans le circuit à collecteur commun, le circuit d'entrée présente une résistance interne r_i élevée. Citons comme valeur type une valeur de 150 kΩ. La sortie du circuit émetteur présente une résistance de sortie r_o d'environ 80 Ω. Remarquer que, pour le circuit à collecteur commun, la résistance d'entrée est élevée et la résistance de sortie est petite relativement aux résistances d'entrée et de sortie r_i faible et r_o élevé des autres circuits.

Le circuit à collecteur commun ne présente aucun gain en tension, du fait que la tension du signal de sortie aux bornes de R_L dans le circuit de l'émetteur produit une réaction négative au circuit d'entrée de la base. Il présente par contre un gain en courant appréciable.

Émetteur suiveur Le circuit à collecteur commun est généralement appelé émetteur suiveur, car il correspond au circuit à cathode suiveuse des tubes à vide. Le signal de sortie suit la polarité du signal d'entrée. Ces circuits sont souvent utilisés pour l'adaptation d'impédance d'une source à impédance élevée à une charge d'impédance faible.

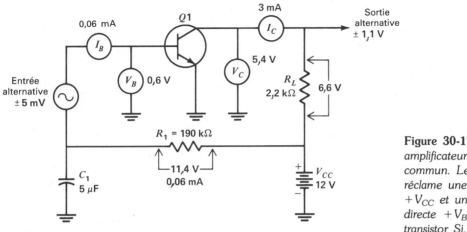

Figure 30-17 *Circuit amplificateur à émetteur commun. Le transistor NPN réclame une tension inverse $+V_{CC}$ et une polarisation directe $+V_B$. Pour un transistor Si, $V_B = 0,6$ V.*

Paire Darlington Ce circuit comprend deux émetteurs suiveurs en cascade. Les deux étages sont ordinairement logés dans un même module à couplage interne direct et seulement trois connexions externes. Cette unité fournit une résistance d'entrée plus élevée et un gain en courant plus grand que ne le fournirait un seul étage.

Problèmes pratiques 30.8
(Réponses à la fin du chapitre)

(a) Quel circuit présente le signal d'entrée à la base et la sortie au collecteur?

(b) Quel circuit présente le plus grand gain?

(c) Quel circuit présente la plus grande résistance d'entrée?

30.9
CIRCUIT AMPLIFICATEUR À ÉMETTEUR COMMUN

Les valeurs types de la tension V_{BE} sont de l'ordre de quelques dixièmes de volt dans le cas d'un transistor à jonctions. La tension de polarisation de la base d'un amplificateur de classe A est de 0,6 V dans le cas du silicium et de 0,2 V dans le cas du germanium. De plus, la tension d'entrée maximale du signal alternatif sans distorsion due à une surcharge est de $\pm 0,1$ V. Ces valeurs sont résumées dans le tableau 30-4. Remarquer que 0,1 V = 100 mV.

Sans aucune polarisation directe, un transistor à jonctions est bloqué par l'action de sa propre barrière de potentiel interne. La tension

Tableau 30-4 *Tensions d'entrée V_{BE} à 25°C*

	TENSION D'ENTRÉE MINIMALE	TENSION DE SATURATION	ZONE ACTIVE	TENSION MOYENNE DE POLARISATION
Ge	0,1	0,3	0,1–0,3	0,2
Si	0,5	0,7	0,5–0,7	0,6

d'entrée minimale de la première colonne du tableau 30-4 est la plus faible tension V_{BE} qui donne passage à un courant I_C appréciable. Cette tension V_{BE} n'est que de 0,1 V inférieur à la tension moyenne de polarisation directe, quel que soit le courant I_C.

La tension de saturation de la deuxième colonne du tableau 30-4 est la plus grande tension V_{BE} qui permet de produire des variations proportionnelles de I_C. À la saturation, le courant maximal I_C n'augmente pas lorsque la tension directe croît. La tension de saturation V_{BE} n'est que de 0,1 V supérieure à la tension moyenne de polarisation directe.

Composants des circuits Le transistor amplificateur lui-même est habituellement désigné par la lettre Q. Exemple: le transistor Q1 illustré à la figure 30-17. La résistance R_L est la charge du collecteur. Cette résistance est en série avec la tension positive V_{CC} inverse de 12 V du collecteur d'un transistor NPN.

On utilise une seule tension d'alimentation pour la base et le collecteur d'un circuit à émetteur commun parce que la tension de polarisation positive de la base, de même que la tension positive du collecteur sont toutes deux nécessaires. La tension collecteur est cependant trop grande pour polariser la base. La connexion en série de R_1 limitera la tension appliquée à la base.

La tension de polarisation directe requise pour un transistor au silicium est de 0,6 V. À titre d'exemple, le courant de polarisation correspondant pour transistor est de 60 μA, soit 0,06 mA. La chute de tension aux bornes de R_1 est donc de 0,06 mA $\times$ 190 kΩ = 11,4 V. La tension directe V_{BE} appliquée à la base sera donc de 12 − 11,4 = 0,6 V.

Le condensateur de découplage C_1 permettra donc à la tension du signal d'entrée alternatif de faire varier le courant base sans la résistance en série R_1. De très petites variations de la tension d'entrée peuvent produire de sensibles variations du courant base. Nous supposons une entrée alternative de la base de ± 5 mV, soit 10 mV crête à crête.

Variations du signal La figure 30-18a illustre le courant d'entrée i_B de la base. Selon cette forme d'onde, i_B varie de 10 μA autour de l'axe de la polarisation de 60 μA, jusqu'à une crête de 70 μA. Vers le bas, i_B décroît de 10 μA, à partir de 60 μA jusqu'à 50 μA. La tension positive du signal, dans le sens direct, fait augmenter i_B, tandis que la tension négative du signal provoque une diminution de i_B. Le signal crête à crête de I_B est alors de $70 - 50 = 20$ μA, soit 0,02 mA.

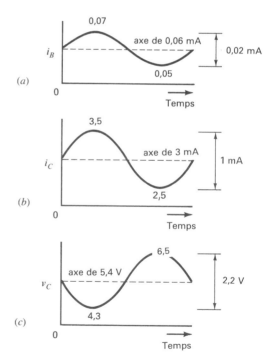

Figure 30-18 *Diagramme des formes d'onde des signaux du circuit de la figure 30-17: (a) courant base i_B; (b) courant collecteur i_C; (c) tension de sortie $V_C = V_{CC} - i_C R_L$.*

Les variations du courant base entraînent des variations correspondantes du courant collecteur i_C, comme cela apparaît à la forme d'onde (b). Dans cet exemple, on suppose un rapport de transfert en courant de 50, ce qui signifie que le rapport entre le courant de sortie collecteur et le courant d'entrée base est de 50. Les variations de ± 10 μA de i_B font donc osciller le courant collecteur i_C de $50 \times 10 = 500$ μA $= 0,5$ mA.

Selon l'exemple pris, le niveau moyen continu de I_C est de 3 mA dans le cas d'un transistor de faible puissance à petit signal. L'excursion du signal alternatif de i_C est alors de $\pm 0,5$ mA au-dessus et au-dessous de l'axe de 3 mA. La valeur crête à crête de i_C est de $3,5 - 2,5 = 1$ mA.

Les variations de i_C produisent des variations de la chute de tension $i_C R_L$ aux bornes de la charge du collecteur dans le circuit de sortie. Par conséquent, V_C varie, car cette tension est la différence entre V_{CC} de l'alimentation et la chute de tension aux bornes de R_L. La formule est la suivante:

$$V_C = V_{CC} - i_C R_L \qquad (30\text{-}2)$$

À titre d'exemple, pour un niveau moyen du courant I_C de 3 mA circulant dans une résistance R_L de 2,2 kΩ, la chute de tension est de $0,003 \times 2200 = 6,6$ V. En retranchant cette chute de tension de la source d'alimentation de 12 V, on obtient une tension moyenne V_C de 5,4 V.

Les variations de v_C sont représentées par la forme d'onde (c). Cela représente la tension de sortie amplifiée du signal. Le niveau moyen continu est représenté par l'axe tracé à 5,4 V. Lorsque i_B augmente, la tension v_C diminue jusqu'à 4,3 V du fait de la plus grande chute de tension aux bornes de R_L. Durant le prochain demi-cycle, i_B diminue. Cette moindre chute de tension aux bornes de R_L permet à

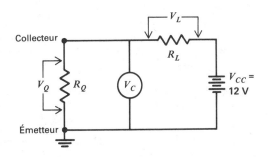

Figure 30-19 *Circuit diviseur de tension équivalent pour V_C en série avec V_L.*

v_C de s'élever jusqu'à 5,4 V. La tension crête à crête du signal v_C est alors de $6,5 - 4,3 = 2,2$ V. Cette tension de sortie amplifiée est déphasée de 180° avec la tension du signal d'entrée à la base.

La formule (30.2) exprime le fait que la résistance R_L et le circuit collecteur-émetteur du transistor en série constituent un diviseur de tension entre le côté haut de V_{CC} et la masse du châssis. Le circuit équivalent est illustré à la figure 30-19. La charge extérieure du collecteur est R_L. La résistance interne du transistor conduisant le courant de l'émetteur au collecteur est R_Q. Dans cet exemple, V_{CC} est de 5,4 V et le transistor Q1 conduit 3 mA. La résistance équivalente R_Q est de 5,4/$0,003 = 1800$ Ω. Remarquer que les tensions V_Q et V_C sont les mêmes.

Gain La formule du calcul de l'amplification de la tension, ou gain, est la suivante:

$$G_V = \frac{V_{\text{sortie}}}{V_{\text{entrée}}} \qquad (30.3)$$

Appliquons cette formule aux valeurs crête à crête de la figure 30-17, nous obtiendrons:

$$G_V = \frac{2,2 \text{ V}}{0,01 \text{ V}} = 220$$

Figure 30-20 *Étages amplificateurs en cascade.*

La formule du calcul du gain en courant est:

$$G_I = \frac{i_{\text{sortie}}}{i_{\text{entrée}}} \qquad (30.4)$$

Ce qui, dans cet exemple, donnera:

$$G_I = \frac{i_C}{i_B} = \frac{1 \text{ mA c à c}}{0,02 \text{ mA c à c}} = 50$$

La formule du calcul du gain en puissance est:

$$G_P = G_V \cdot G_i \qquad (30.5)$$

Nous aurons donc, dans ce cas:

$$G_P = 220 \times 50 = 11\ 000$$

Le gain en puissance d'un circuit à émetteur commun est élevé, car ce type de circuit présente à la fois un gain en tension et un gain en courant. Grâce à un tel gain, la tension de sortie peut attaquer un circuit de faible impédance sans perte de gain en tension trop forte.

Étages en cascade Les amplificateurs $Q1$, $Q2$, $Q3$ et $Q4$ représentés à la figure 30-20 sont en cascade. Dans le cas d'amplificateurs à émetteur commun, la sortie collecteur d'un étage attaque l'entrée base du suivant. Il est important de voir que le gain en tension n'élève pas le signal à un niveau plus grand que $\pm 0,1$ V. Cette valeur représente l'excursion maximale du signal non déformée pour les transistors à jonctions. Cependant, le courant produit par les étages en cascade est suffisamment fort pour attaquer la base de l'étage de sortie $Q4$.

À titre d'exemple, supposons que $Q4$ est un étage de sortie de puissance utilisé pour attaquer un haut-parleur qui réclame 5 A. Avec un courant I_C de $Q4$ de niveau moyen de 5 A, le courant I_B sera de l'ordre de 250 mA, soit 5 A/20, et le rapport de transfert de courant sera de 20. Ce courant I_B de 250 mA est fourni par la sortie collecteur de l'étage d'attaque $Q3$. De la même façon, $Q3$ avec un courant I_C de 250 mA aura un courant I_B de 12,5 mA et donc un rapport de courant de 20. Un rapport de courant de 50 pour $Q2$ donnera un courant de I_B de 12,5 mA divisé par 50 = 0,25 mA soit 250 μA. Ce courant d'attaque de la base de $Q3$ peut être fourni par le courant collecteur de l'étage d'entrée $Q1$.

Problèmes pratiques 30.9 (réponses à la fin du chapitre)

(a) Soit la figure 30-17. Quelle est la valeur de la tension V_{BE} de polarisation de la base?

(b) Soit la figure 30-19, supposons $V_L = 5,5$ V. Quelle est la valeur de V_Q?

(c) Soit la figure 30-18. Quelle est la valeur crête à crête du signal de sortie i_C?

30.10 COURBES CARACTÉRISTIQUES DE COLLECTEUR

Le transistor est un dispositif non linéaire, car le courant collecteur ne varie pas proportionnellement aux variations de V_C et de V_B. Il est donc nécessaire de représenter les caractéristiques par des courbes. La figure 30-21 représente un circuit qui permet de faire varier expérimentalement les tensions pour déterminer les valeurs de I_C.

Le principe consiste, dans ce cas, à faire varier V_{CE} pour déterminer I_C dans le circuit de sortie. Mais I_C dépend aussi du courant base I_B qui circule dans le circuit d'entrée, pour un circuit à émetteur commun. Les résultats pour une valeur de I_B de 50 μA sont représentés sur la courbe (b). Enfin, les valeurs correspondant à des conditions types de fonctionnement sont représentées en (c) sous forme d'une famille de courbes caractéristiques pour différentes valeurs du courant base. Ces courbes sont tracées pour des valeurs de I_B et non de V_B, car c'est le courant base qui déter-

mine I_C. De plus, I_B n'est pas linéaire en fonction de V_B.

Ces courbes caractéristiques sont fournies par le constructeur dans un manuel de transistors ou dans des notes explicatives. Remarquer que, dans le cas d'un circuit à base commune, les courbes de collecteur sont tracées en fonction de différentes valeurs du courant émetteur.

La courbe de la figure 30-21b indique que pour un courant I_B de 50 μA, le courant collecteur est d'environ 3 mA. (Remarquer que I_B est exprimé ici en microampères alors que I_C l'est en milliampères.) En général, I_C doit être plus grand que I_B, car I_C représente presque tout le courant émetteur alors que I_B n'est que de 1 ou 2 % de I_E.

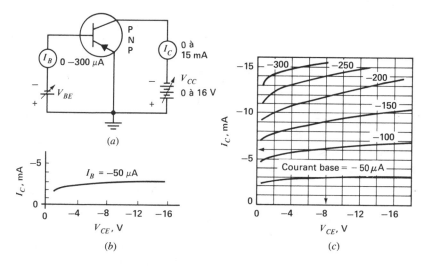

Figure 30-21 *Caractéristiques de collecteur. Courbe séparée pour chaque valeur de I_B du circuit à émetteur commun: (a) circuit pour déterminer I_C en fonction de V_C pour I_B fixe; (b) caractéristique type pour $I_B = -50$ μA; (c) réseau de caractéristiques pour différentes valeurs de I_B.*

Le courant collecteur augmente très peu lorsque la tension inverse V_{CE} augmente jusqu'à 16 V. En effet, I_C est limité par le courant émetteur et le courant base permis par la tension directe V_{BE} du circuit d'entrée.

Les résultats correspondant à différentes valeurs de I_B sont représentés sous forme de famille de courbes caractéristiques du collecteur en (c). On peut considérer chaque courbe comme une simple représentation de I_C en fonction de V_{CE} pour une valeur donnée de I_B.

Comme exemple d'utilisation de la famille de courbes, on suppose un courant I_B de 100 μA, comme sur la deuxième courbe, compté à partir du bas de la figure 30-21c. Si V_{CE} est de 8 V, le courant I_C est donc de 6 mA, comme l'indiquent les flèches dessinées sur le graphe.

Caractéristique bêta   Le rapport entre le courant collecteur et le courant base est la caractéristique β (bêta) du transistor, selon la formule:

$$\beta = \frac{I_C}{I_B} \qquad (30.6)$$

La caractéristique bêta est le rapport de transfert du courant par un circuit à émetteur commun. Elle n'a pas d'unité puisqu'elle est égale à un rapport de deux courants. Les valeurs de β vont de 10 à 300. La valeur type pour un transistor de faible puissance à petit signal est de 200, alors que les transistors de puissance ont une valeur type β de 20 à 30.

Exemple 3   Considérer la figure 30-21c et calculer β pour un courant I_C de 6 mA, un courant I_B de 100 μA et une tension V_{CE} de 8 V.

Réponse   Le courant I_B est de 100 μA ou 0,1 mA, donc:

$$\beta = \frac{I_C}{I_B} = \frac{6 \text{ mA}}{0,1 \text{ mA}}$$
$$\beta = 60$$

Exemple 4   Soit $I_B = 1$ mA et $\beta = 50$. Calculer I_C.

Réponse $I_C = \beta \cdot I_B$ et $I_B = I_C/\beta$. Alors:

$$I_C = \beta \cdot I_B$$
$$= 50 \times 1$$
$$I_C = 50 \text{ mA}$$

Caractéristique alpha   La caractéristique α (alpha) est le rapport de transfert en courant pour le circuit à base commune. Le courant d'entrée est alors le courant émetteur, mais le courant de sortie est encore le courant collecteur. On a la formule:

$$\alpha = \frac{I_C}{I_E} \qquad (30.7)$$

Les valeurs de alpha s'échelonnent entre 0,97 et 0,99; 0,98 étant une valeur type. Cela signifie que 98 % du courant émetteur est injecté dans le collecteur. La valeur de α doit être inférieure à 1, puisque I_C ne peut pas être supérieur à I_E.

Exemple 5   Soit $I_E = 6,1$ mA, $I_C = 6$ mA et $I_B = 0,1$ mA. Calculer α.

Réponse   Ces valeurs montrent que I_E est la somme de I_C et de I_B, mais le courant base ne sert pas au calcul de α. On a:

$$\alpha = \frac{I_C}{I_E} = \frac{6 \text{ mA}}{6,1 \text{ mA}}$$
$$\alpha = 0,984$$

Ces valeurs de α et de β sont des valeurs continues statiques, en l'absence du signal alternatif d'entrée. Les valeurs dynamiques alternatives se calculent pour de faibles variations de courant. On remarquera que α et β sont liés par la relation $\beta = \alpha / (1 - \alpha)$.

Fréquence de coupure La fréquence à laquelle la valeur de α ou de β tombe à 0,707 fois sa valeur à 1 kHz est la fréquence de coupure du transistor. Les capacités internes et le temps de diffusion sont à l'origine de cette baisse aux fréquences élevées. Pour les transistors à petits signaux des circuits radiofréquences, la fréquence de coupure type est de 30 MHz. La valeur caractéristique de la capacité connecteur-base est de 5 à 10 pF pour les petits transistors et peut atteindre 900 pF pour les transistors de puissance.

Courant résiduel de collecteur Si l'émetteur était ouvert, il n'y aurait pas de courant direct dans la base. La jonction collecteur-base constituerait alors une diode dont la tension de polarisation inverse serait la tension collecteur. Le courant normal I_C des porteurs majoritaires serait nul, mais la diode a son courant inverse de saturation, I_{CO}. Dans un transistor, I_{CO} est le courant inverse de porteurs minoritaires de même sens que le courant collecteur des porteurs majoritaires. Le problème soulevé par I_{CO} réside dans le fait que le courant de sortie ne s'annule pas complètement lorsque le circuit d'entrée est ouvert.

Le courant I_{CO} est très sensible à la température car il est constitué de porteurs minoritaires. Comme dans les diodes, le courant inverse de saturation double approximativement tous les 10°C d'échauffement, aussi bien pour le germanium que pour le silicium. Mais, pour le silicium, I_{CO} est environ 1000 fois plus petit que pour le germanium. À titre d'exemple, le courant I_{CO} d'un transistor au silicium de 5 W et de I_C de 5 A n'est que de 10 μA à 25°C. Cependant, à 150°C, la valeur de I_{CO} est de plusieurs milliampères.

Saturation Le collecteur est saturé, pour I_C maximum, lorsque V_C devient inférieur à la tension base. Dans ce cas, la jonction collecteur est polarisée en direct, au lieu d'être soumise à sa tension inverse normale. Cette faible valeur de V_C peut provenir de la chute de tension aux bornes de R_L.

Problèmes pratiques 30.10 (réponses à la fin du chapitre)

(a) Soit la figure 30-12c, une tension V_{CE} de 4 V et un courant I_B de 300 μA. Que vaut I_C?

(b) Une variation de 10 μA de i_B entraîne une variation de i_C de 3 mA. Calculer β.

30.11 ÉTUDE DE LA DROITE DE CHARGE

Les caractéristiques de collecteurs indiquent les tensions et les courants pour le transistor lui-même, sans aucune charge dans le circuit de sortie. En réalité, une impédance de charge extérieure est nécessaire pour obtenir une tension de sortie amplifiée. Un circuit type est représenté à la figure 30-22a avec une résistance R_L de 5 Ω.

Bien que le transistor soit non linéaire, R_L a une caractéristique tension-courant linéaire. Pour voir l'influence de R_L sur la tension et le courant collecteur, on superpose la caractéristique linéaire de R_L aux caractéristiques du collecteur, comme à la figure 30-22b. On peut utiliser une méthode graphique tenant compte de la droite de charge de R_L pour déterminer des valeurs particulières. Les intersections de la droite de charge avec les caractéristiques du collecteur sont représentées en détail à la figure 30-23.

Le circuit à émetteur commun de la figure 30-22a est équipé d'un transistor de puissance PNP au germanium, dont le courant collecteur est de quelques ampères. Dans le circuit de

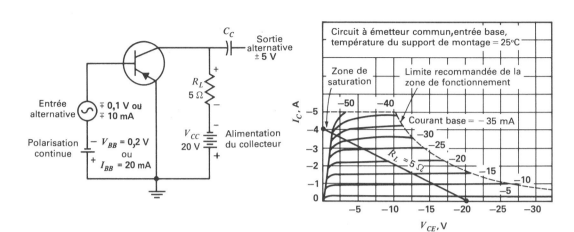

Figure 30-22 *Étude de la droite de charge pour $R_L =$ 5 Ω et une alimentation collecteur de 20 V: (a) circuit à émetteur commun; (b) tracé de la droite de charge entre les points $V_C = 20$ V et $I_C = 20/5 = 4$ A.*

---

sortie, la tension d'alimentation collecteur V_{CC} est de 20 V. Dans le circuit d'entrée, une tension V_{BB} de 0,2 V fournit la polarisation directe pour un courant base de 20 mA. On remarquera que les courants et les tensions sont négatifs pour la base et le collecteur d'un transistor PNP, mais on ne considère ici que des valeurs absolues. Les courants I_C et I_B sont de sens négatifs car les charges des trous sortent du transistor.

Tracé de la droite de charge Toutes les valeurs du courant et de la tension collecteur correspondant à une valeur donnée de R_L sont sur la droite de charge de R_L tracée sur le réseau des caractéristiques de collecteur. Pour tracer la droite de charge, il suffit de connaître les valeurs de R_L et de la tension de l'alimentation V_{CC} qui déterminent les deux extrémités. Une extrémité est à $V_{CC} = 20$ V sur l'axe horizontal, là où $I_C = 0$. Cette extrémité est un point de fonctionnement, car la tension collec-

teur égale V_{CC} lorsque $I_C = 0$ et que la chute de tension aux bornes de R_L est nulle.

Le point opposé correspond à la valeur extrême du courant collecteur quand V_C est nul et que la chute de tension dans R_L est égale à V_{CC}. Cette extrémité de la droite de charge se trouve au point $I_C = V_{CC}/R_L$ sur l'axe vertical correspondant à $V_C = 0$. Ce point se trouve à 20/5 = 4 A.

La droite joignant le point 4 A sur l'axe vertical et le point 20 V sur l'axe horizontal, est la droite de charge pour une résistance R_L de 5 Ω et une tension d'alimentation de 20 V. Cette droite de charge est représentée à la figure 30-23. Pour toute aleur de i_C, le point correspondant de v_C doit être sur la droite de charge, ce qui tient compte de la chute de tension $i_C R_L$.

Point de repos Q Le point d'intersection de la droite de charge avec la caractéristique de

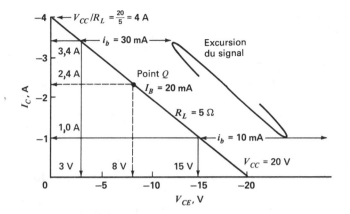

Figure 30-23 *Détails de la droite de charge du circuit de la figure 30-22. (Voir le texte.)*

collecteur correspondant à un courant base de polarisation de 20 mA, dans cet exemple, est le point Q ou point de repos. Ce point donne les valeurs statiques continues en l'absence de tout signal d'entrée alternatif. On choisit le point de fonctionnement correspondant à un courant I_B de 20 mA dans ce cas, car c'est la valeur moyenne entre la saturation et le courant collecteur résiduel.

Comme on l'indique à la figure 30-23, au point où la courbe de $I_B = 20$ mA coupe la droite de charge, la valeur de V_C est de 8 V et celle de I_C est de 2,4 A. Pour vérifier ces valeurs, V_C et la chute de tension $I_C R_L$ doivent avoir une somme égale à tension d'alimentation de 20 V; $I_C R_L$ est de $2,4 \times 5 = 12$ V. En ajoutant ces 12 V aux 8 V de V_C, on obtient une somme égale aux 20 V de V_{CC}. Ce sont les valeurs de repos, ou valeurs continues moyennes en l'absence de signal.

Excursion du signal alternatif Quand on applique un signal d'entrée sur la base, le signal d'attaque alternatif fait varier le courant base jusqu'à une valeur de crête de 30 mA et

jusqu'à un minimum de 10 mA. Ces valeurs de i_B sont sur les deux courbes situées au-dessous et au-dessus du point Q de 20 mA. Les intersections avec la droite de charge sont représentées à la figure 30-23.

La valeur de crête de i_B de 30 mA produit un courant collecteur de crête de 3,4 A; le courant minimal i_B de 10 mA produit un courant minimal i_C de 1 A. On lit ces valeurs en projetant les points d'intersection sur l'axe vertical du courant I_C. Par conséquent, l'excursion crête à crête du courant collecteur est de $3,4 - 1 = 2,4$ A. Donc, le gain G_I est de $2,4/0,02 = 120$.

On peut lire les valeurs minimales et de crête de v_C en projetant les points d'intersections sur l'axe de la tension collecteur. Les valeurs obtenues sont de 3 V et de 15 V. On remarque que le minimum de v_C correspond au maximum de i_C. Cela est dû à la chute de tension aux bornes de R_L. L'excursion crête à crête de v_C est donc de $15 - 3 = 12$ V, pour v_{sortie}. La valeur crête à crête de l'entrée étant de 0,02 V, le gain en tension G_V est donc de $12/0,2 = 60$. Le gain en puissance est donc de $60 \times 120 = 7200$.

Classe de fonctionnement Le fonctionnement de l'amplificateur de la figure 30-22 correspond à la classe A, c'est-à-dire que le courant de sortie collecteur circule pendant la totalité des 360° du signal d'entrée, sans qu'aucune portion de signal ne soit coupée. En classe B, le courant de sortie circule pendant 180°, ou une demi-période du signal d'entrée. En classe C, le courant de sortie circule pendant moins de 180°, en général pendant 120°.

La classe de fonctionnement est définie par la position du point Q qui dépend de la polarisation du circuit d'entrée et de l'amplitude du signal alternatif. Le fonctionnement en classe A est le moins efficace, mais il a la distorsion la plus faible. Le fonctionnement en classe C a la distorsion la plus forte, mais le rendement le plus élevé. Le fonctionnement en classe B est intermédiaire entre les classes A et C.

Le fonctionnement de l'amplificateur unique d'un étage audiofréquence doit être en classe A. Mais deux amplificateurs audiofréquences peuvent fonctionner en classe B dans un circuit où chacun d'eux fournit les alternances opposées du signal. Le fonctionnement en classe C est employé dans les amplificateurs de puissance accordés R.F. dans lesquels le circuit LC peut fournir des signaux de sortie sinusoïdaux complets.

Puissance dissipée La puissance continue dissipée au repos à la jonction collecteur est égale à $V_C \cdot I_C$. Sur la figure 30-22, par exemple:

$$P = V_C I_C$$

$$= 8 \text{ V} \times 2,4 \text{ A}$$

$$P = 19,2 \text{ W}$$

Les puissances nominales s'échelonnent de 75 à 300 mW pour les petits transistors jusqu'à 5 à 100 W pour les transistors de puissance, à 25°C.

À des températures plus élevées, jusqu'à un maximum de 150° à 200°C, la disipation de puissance maximale admissible doit être réduite. Dans de nombreux cas, on réduit la puissance nominale de 50 % pour un fonctionnement à la moitié de la température maximale.

Symboles littéraux pour les transistors Comme une composante alternative se trouve associée à un axe de valeurs continues, il est important de distinguer les différents courants et les différentes tensions. D'une manière générale, les majuscules V et I sont employées pour les valeurs continues moyennes. Les lettres à double indice, comme V_{CC}, indiquent la tension d'alimentation qui ne varie pas. Les minuscules v et i indiquent des valeurs qui varient avec le temps. Ces symboles sont résumés au tableau 30-5.

On remarque que dans le symbole I_{CBO}, on utilise la lette O qui indique l'électrode ouverte dans l'indice. Ceci s'applique également à la tension de rupture BV_{CBO}.

Dans le symbole h_{fe}, la lettre h signifie *paramètres hybrides*, c'est-à-dire des combinaisons des rapports de courants et de tensions utilisés pour étudier les transistors comme des réseaux à deux bornes. L'indice f indique une caractéristique directe entre l'entrée et la sortie, alors que e indique un montage en émetteur commun.

*Problèmes pratiques 30.11
(réponses à la fin du chapitre)
Répondre par vrai ou faux:*
(a) Considérer la figure 20-23. Si $I_C = 4$ A, alors $V_C = 0$;
(b) Si $V_C = 5$ V et $I_C = 5$ A, alors la puissance dissipée $= 5$ W;
(c) Un h_{fe} de 75 correspond à un β de 75.

Tableau 30-5   *Symboles littéraux pour les transistors*

SYMBOLE	DÉFINITION	REMARQUES
V_{CC}	Tension d'alimentation collecteur	Même système pour les courants collecteurs,
V_C	Tension continue moyenne	de même que pour les tensions et
v_c	Composante alternative	courants base ou émetteur. S'applique
v_C	Valeur instantanée	aussi aux électrodes drain, grille et source
V_c	Valeur eff. de la composante alternative	des transistors à effet de champ.
I_{CBO}	Courant résiduel collecteur-base, avec $I_E = O$	Courant inverse de fuite
BV_{CBO}	Tension de rupture collecteur-base, émetteur ouvert	À la température ambiante (t_A) de 25°C
h_{fe}	Rapport de transfert direct du courant pour les faibles signaux	Identique à β, en alternatif (émetteur commun)

30.12
STABILISATION
DE LA POLARISATION

Glissement thermique   La puissance dissipée en chaleur dans la jonction collecteur élève la température de la jonction, ce qui augmente le courant de fuite collecteur I_{CBO}. Dans le circuit à émetteur commun, un courant I_{CBO} plus élevé augmente le courant de polarisation directe, car le courant inverse des charges minoritaires dans I_{CBO} est de même sens que le courant direct des charges majoritaires venant de l'émetteur. Le courant collecteur augmente donc, ce qui échauffe la jonction. Comme l'action est cumulative, le courant I_C qui en résulte peut être excessif et la chaleur peut détruire la jonction collecteur en la court-circuitant à la base. C'est ce que l'on appelle le *glissement thermique*.

Il existe des méthodes capables d'empêcher le glissement thermique: faire fonctionner le transistor bien en deçà de sa puissance maximale nominale et stabiliser la polarisation afin qu'elle n'augmente pas, en fonction d'une augmentation du courant collecteur moyen. Remarquer que les transistors Si présentent un très petit courant de fuite.

Polarisation automatique dans le circuit émetteur   À la figure 30-24, la tension émetteur V_E de 0,8 V est due à la chute de tension $I_E R_E$. Cette tension est une polarisation automatique car V_E dépend du courant émetteur.

Cependant, on remarque que la tension V_E est positive sur l'émetteur N du transistor NPN, c'est-à-dire qu'elle est opposée à la polarité de la polarisation directe. On utilise par conséquent un diviseur de tension dans le circuit de base pour obtenir la tension de polarisation nécessaire à la base P. Ici, le diviseur $R_1 R_2$ applique une tension positive de 1,4 V sur la base à partir de l'alimentation de 9 V, avec la polarité directe. La polarisation nette entre base et émetteur est donc V_{BE}, qui est égale à $1,4 - 0,8 = 0,6$ V.

Effet stabilisateur de R_E   Le but de la stabilisation est d'empêcher I_C de croître en même temps que le courant de fuite. Cela est obtenu par la polarisation automatique de V_E, qui contrecarre la polarisation directe dans le circuit de la base. Toute augmentation de I_C entraîne une augmentation de I_E. Mais l'augmentation de la tension inverse V_E réduit la polarisation directe V_{BE}, ce qui a pour effet

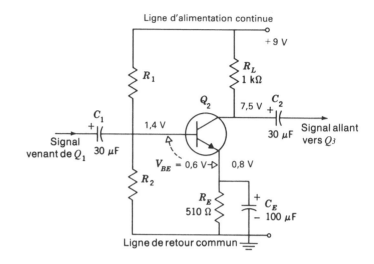

Figure 30-24 *Modèle de circuit amplificateur audiofréquence avec circuit d'autopolarisation dans l'émetteur pour la stabilisation et la polarisation de base obtenue par le diviseur de tension R_1R_2.*

de diminuer I_C. Il s'ensuit une valeur moyenne fixe pour I_C qui n'augmente plus avec la température. Une plus grande résistance R_E améliore la stabilisation, car dès lors ce circuit se rapproche d'un étage à base commune, lequel présente la meilleure stabilité.

Composants compensateurs de température Les *diodes de compensation*, les *thermistances* et les *capteurs* constituent autant de techniques de stabilisation de la polarisation. On utilise ces composants dans le réseau de polarisation afin de maintenir une valeur moyenne du courant I_C fixe. La caractéristique directe d'une diode de compensation sert à commander le courant de polarisation dans le circuit de la base. La résistance d'une thermistance décroît lorsque la température augmente. Celle d'un capteur, par contre, augmente avec la température.

> **Problèmes pratiques 30.12
> (réponses à la fin du chapitre)
> Considérer la figure 30-24:**
> (a) Que vaut la tension aux bornes de R_2?

(b) Supposons que V_E augmente jusqu'à 0,87 V. Que vaut, dès lors, la tension de polarisation V_{BE}?

30.13
TRANSISTOR
À EFFET DE CHAMP (TEC)

Ce dispositif est un semi-conducteur amplificateur jouant le même rôle que les transistors à jonctions, mais la construction du transistor à effet de champ lui donne une résistance d'entrée très élevée, de plusieurs mégohms. Le transistor à effet de champ peut aussi recevoir plusieurs volts dans le circuit d'entrée, alors que les transistors à jonctions n'ont que quelques dixièmes de volt.

Comme on l'indique à la figure 30-25, le fonctionnement du transistor à effet de champ est basé sur la commande du courant qui traverse un canal semi-conducteur n'ayant qu'une seule polarité. On a représenté ici un canal N, mais on aurait pu prendre un canal P. Le substrat est neutre ou en silicium légèrement dopé, et ne sert que de support sur lequel les autres électrodes sont diffusées.

Quand on applique une tension entre le drain et la source aux extrémités opposées du canal, le courant qui traverse le canal est commandé par la grille. On n'utilise plus dans ce cas les termes anode et cathode, car le canal peut être de type N ou de type P, mais le courant circule toujours dans le sens source-drain.

Le transistor à effet de champ est un dispositif unipolaire, car les porteurs de charge du canal n'ont qu'une seule polarité. Un transistor classique PNP ou NPN est bipolaire, car il possède à la fois des porteurs de charge majoritaires et minoritaires.

Le transistor à effet de champ a une résistance d'entrée très élevée entre la grille et la source. Le transistor à effet de champ est aussi moins sensible à la température, aux rayons X et aux rayons cosmiques qui peuvent produire des porteurs minoritaires dans les transistors bipolaires. Ses inconvénients sont un gain plus faible pour une largeur de bande donnée et une puissance nominale plus faible, comparativement aux transistors bipolaires.

En résumé, les électrodes du transistor à effet de champ correspondent à l'émetteur, à la base et au collecteur comme suit:

1. *Source* C'est la borne par laquelle les porteurs de charge pénètrent dans le canal pour créer un courant à travers le canal. Le courant source est I_S. La source correspond à l'émetteur.
2. *Drain* C'est la borne par laquelle le courant quitte le canal. Le courant drain est I_D. Le drain correspond au collecteur.
3. *Grille* Cette électrode contrôle la conductance du canal entre la source et le drain. La tension du signal d'entrée est généralement appliquée à la grille. La tension grille est V_G. La grille correspond à la base, mais la tension grille commande le champ électrique dans le canal, tandis que la base

commande le courant dans un transistor bipolaire.
4. *Substrat* Cette électrode est habituellement connectée à la source, toutes deux étant à la masse dans un circuit à source commune.

La flèche correspondant à des charges de trous introduites dans le canal caractérise un canal N. La source et le drain n'ont pas de polarité, car ce sont uniquement des contacts ohmiques. Toutes les électrodes sont listées au tableau 30-1.

Rôle de la grille On applique généralement le signal d'entrée sur la grille, le signal de sortie amplifié étant recueilli sur le drain. Dans le circuit d'entrée, la grille et le canal se comportent comme les deux armatures d'un condensateur. Une charge d'une polarité sur la grille induit une charge égale mais opposée dans le canal. On peut augmenter ou diminuer la conductivité du canal en agissant sur la tension grille. Pour un canal N, une tension grille positive induit des charges négatives dans le canal pour augmenter le courant source vers le drain.

TEC à jonction Dans le TEC à jonction, la grille et le canal forment une jonction PN classique. Cette jonction présente cependant, du fait de la polarisation inverse, une résistance d'entrée élevée.

TEC à grille isolée La grille isolée est constituée d'une électrode métallique séparée du canal par une mince couche de bioxyde de silicium vitreux. La tension appliquée à la grille peut toujours induire des charges dans le canal pour commander le courant drain, mais il n'y a pas de jonction PN. La grille isolée a l'avantage de créer une résistance d'entrée très élevée, indépendante de la polarité de la tension grille. Par ailleurs, les caractéristiques ne sont pas sensibles à la température. Ce transistor

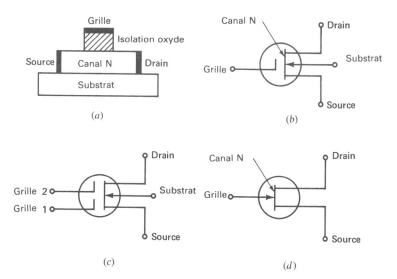

Figure 30-25 *Transistor à effet de champ:* (a) *fabrication à grille isolée;* (b) *symbole graphique;* (c) *à deux portes;* (d) *symbole graphique d'un TEC à jonction PN à la grille.*

est le transistor à effet de champ, métal-oxyde-semi-conducteur (MOSTEC ou IGTEC).

La grille isolée est essentiellement un dispositif électrostatique de résistance très élevée, de valeur type 15 MΩ. Un TEC à grille isolée, non connecté dans un circuit, exige un anneau de mise en court-circuit disposé sur les connexions, destiné à le protéger contre l'établissement d'une charge statique. Le TEC à grille isolée est utilisé dans de nombreux amplificateurs de faible puissance et dans des circuits de comptage. Cette méthode de fabrication est également utilisée dans des modules à CI.

Types de TEC Lorsque le canal conduit le courant de la source au drain seulement avec application d'une tension sur la grille, ce type est dit un TEC à *enrichissement*. Cela implique que les porteurs de charge dans le canal permettent la circulation d'un courant drain quelconque. Un TEC dont le canal conduit pour une tension grille nulle est dit à *déplétion*. Le

symbole graphique du TEC à déplétion comporte un trait de canal plein (voir la figure 30-25). Le trait d'un canal à enrichissement est, par contre, brisé par les électrodes *D, B* et *S*.

Circuit amplificateur à TEC Le circuit à source commune de la figure 30-26 est semblable à l'amplificateur à émetteur commun. Ce transistor à effet de champ est du type à déplétion et à canal N. Dans le circuit d'entrée, la grille a une polarisation nulle. Les excursions alternatives de la tension d'entrée grille sont de $\pm 0,5$ V, c'est-à-dire 1 V crête à crête. En conséquence, la conductance du canal varie et fait varier le courant drain I_D.

Le courant I_D variable dans le circuit de sortie produit des variations correspondantes de la chute de tension aux bornes de la résistance R_L de 2 kΩ. On remarque que la tension drain v_D est la différence entre la tension d'alimentation V_{DD} et V_{R_L}, exactement comme dans un circuit collecteur, et qu'il en résulte un gain en tension. Dans cet exemple, v_{sortie} est

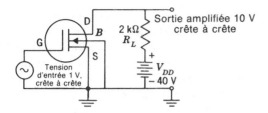

Figure 30-26 *Circuit à source commune, correspondant à un amplificateur à émetteur commun.*

de 10 V crête à crête. Le gain en tension est $G_V = 10/1 = 10$.

Circuit amplificateurs à TEC Comme pour tous les amplificateurs, une électrode quelconque peut être commune à l'entrée et à la sortie des signaux. Les trois possibilités sont les suivantes: à source commune, correspondant à l'amplificateur à émetteur commun; à grille commune, semblable à l'amplificateur à base commune et à drain commun ou source suiveuse, comme dans le cas de l'émetteur suiveur. Ces possibilités sont énumérées et comparées aux tubes à vide au tableau 30-6.

Caractéristiques de drain Comme on peut le voir à la figure 30-27, les caractéristiques du transistor à effet de champ constituent un réseau de courbes du courant drain en fonction de la tension drain, pour différentes tensions grille. Ces courbes correspondent au réseau des caractéristiques de collecteur pour différents courants base.

On remarque que la courbe correspondant à une tension grille nulle se trouve approximativement au milieu du réseau de caractéristiques de drain. Le point de repos Q étant sur la courbe $V_{GS} = 0$, le signal d'entrée alternatif peut faire osciller la tension de grille au-dessus et au-dessous de zéro. On remarquera cependant que l'on peut appliquer une faible polarisation négative sur la grille.

On peut tracer la droite de charge correspondant à des valeurs données de R_L et de V_{DD} sur le réseau de caractéristiques du transistor à effet de champ, en appliquant la même méthode que pour les courbes de collecteur de la figure 30-22. Pour un TEC, l'extrémité inférieure de la droite de charge correspond à $V_D = V_{DD}$; l'extrémité supérieure sur l'axe vertical correspond à $I_D = V_{DD}/R_L$.

Le circuit de la grille peut être soumis à une large gamme de tensions d'entrée, comparativement aux transistors bipolaires. Il n'y a pratiquement pas de courant grille, du fait de la très grande résistance de la grille. En conséquence, la tension d'attaque d'un TEC à grille isolée est le signal alternatif d'entrée correspondant au signal grille d'un tube à vide.

Transconductance g_m La transconductance mutuelle entre la tension d'entrée sur la grille et le courant de sortie fourni par le drain est:

Tableau 30-6 *Circuits amplificateurs à transistors ou à tubes à vide*

TUBE À VIDE	TRANSISTOR À JONCTION	TRANSISTOR À EFFET DE CHAMP
Cathode mise à la masse	Émetteur commun	Source commune
Grille mise à la masse	Base commune	Grille commune
Cathode suiveuse	Émetteur suiveur	Source suiveuse

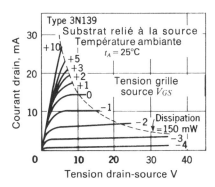

Figure 30-27 *Famille des caractéristiques de drain (d'après le manuel RCA des transistors).*

$$g_m = \frac{\Delta i_D}{\Delta v_G} \text{ avec } V_D \text{ constant} \qquad (30.8)$$

À la figure 30-27, on suppose que la tension V_D est constante et égale à 10 V. Une variation de V_{GS} de 1 V, entre 0 et -1 V, fait donc diminuer I_D de 5 mA en le ramenant de 15 à 10 mA. Donc:

$$g_m = \frac{5 \text{ mA}}{1 \text{ V}} = 5 \times 10^{-3} \text{ S} = 5000 \ \mu\text{S}$$

Les valeurs caractéristiques de g_m sont comprises entre 1000 et 10 000 μS.

Problèmes pratiques 30.13
(réponses à la fin du chapitre)
(a) Quelle électrode d'un TEC correspond au collecteur d'un transistor à jonctions?
(b) Quelle électrode d'un circuit à source commune est soumise au signal d'entrée?
(c) Un courant I_D varie de 10 mA lorsque v_G varie de 1 V. Calculer g_m.

30.14
REDRESSEUR AU SILICIUM COMMANDÉ (RSC)
Comme on l'indique à la figure 30-28*a*, le re-

dresseur au silicium commandé est un dispositif à quatre couches qui s'utilise comme un redresseur au silicium, mais dont on commande la conduction par une électrode de gâchette. Quand on applique une tension directe entre la cathode et l'anode, montée en série avec une charge extérieure, aucun courant de charge notable ne peut circuler tant que la barrière de potentiel de la jonction gâchette-cathode n'est pas surmontée. Cette polarisation inverse intérieure est de l'ordre de 0,7 V.

Une tension directe est appliquée par le circuit d'entrée alternatif entre l'anode et la cathode. Cependant, on remarque que la tension cathode-anode est répartie entre les quatre couches, ce qui réduit la valeur de la tension directe sur la gâchette. Si on applique une tension directe suffisamment élevée, le redresseur commandé peut conduire. Cette valeur est la *tension de retournement*.

Quand le redresseur commandé conduit, on dit qu'il est à l'état PASSANT. Il a alors une très faible résistance et sert de diode redresseuse au silicium. À l'état BLOQUÉ, le redresseur commandé a une très grande résistance, il est pratiquement une coupure.

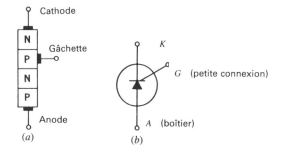

Figure 30-28 *Redresseur au silicium commandé: (a) fabrication à quatre couches; (b) schéma symbolique.*

Le déclenchement par la gâchette La tension de retournement qui amène le redresseur commandé à l'état passant est contrôlée par la gâchette. Une faible tension positive neutralise ici la polarisation inverse intérieure de gâchette pour permettre au circuit principal de conduire un courant dans la charge.

En fonctionnement normal, la tension directe du circuit de l'anode est inférieure à la tension de retournement, mais le redresseur commandé est déclenché par la gâchette. Quand le redresseur commandé a été amené à l'état passant par le signal de gâchette, le courant de charge est indépendant de la tension ou du courant de gâchette. Le redresseur commandé reste à l'état passant et délivre son *courant hypostatique* ou *de maintien* jusqu'à ce que le circuit principal réduise la tension directe au-dessous de la valeur nécessaire pour maintenir la conduction. Ensuite, quand le redresseur commandé est bloqué, le signal de gâchette peut de nouveau le déclencher.

Thyristors C'est le nom général des semi-conducteurs qui sont des redresseurs commandés par gâchette, comme ceux commandés au silicium. Leurs caractéristiques sont semblables à celles des thyratrons à gaz dans lesquels la tension grille amorce la conduction. Les principaux types de thyristors sont le RSC, le triac et le transistor unijonction. Le RSC et le triac font partie de la famille des *diodes à quatre couches*, car leur structure comprend des couches P et N alternées. Ils servent de commutateur à grille commandée.

Triac Telle que montrée à la figure 30-29, la construction du triac lui permet de conduire, quelle que soit la polarité de la tension de charge du circuit principal. La gâchette peut également déclencher le triac pour une tension positive ou pour une tension négative directe. En effet, le triac est un RSC bidirectionnel. Le

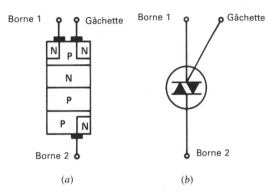

Figure 30-29 *Le triac, redresseur à grille commandée:* (a) *fabrication;* (b) *symbole graphique.*

triac ne comporte ni anode ni cathode, car le courant peut circuler dans les deux sens entre les bornes principales 1 et 2.

Diac Le diac a aussi deux directions entre les bornes principales 1 et 2, mais il ne comporte pas de gâchette et présente seulement trois couches.

Transistor unijonction (TUJ) Tel qu'indiqué à la figure 30-30, le transistor unijonction présente un émetteur et deux connexions à la base, sans borne collecteur. Ce transistor n'est pas utilisé comme amplificateur, mais plutôt dans des applications de commutation et de synchronisation. En effet, l'émetteur joue le rôle d'une grille de commande du diviseur de tension résistif entre $B1$ et $B2$.

Transistor unijonction programmable Ce composant à quatre couches est muni d'une gâchette, comme le RSC. Le diviseur de tension résistif disposé dans le circuit de la gâchette détermine la tension de déclenchement. Ce diviseur relève du principe de la division des résistances de la base utilisée dans les transistors unijonction.

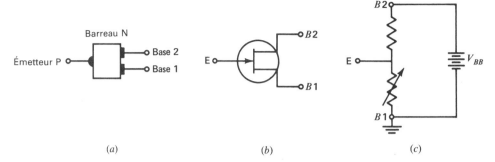

(a)   (b)   (c)

Figure 30-30 *Le transistor unijonction:* (a) *fabrication;* (b) *symbole;* (c) *circuit équivalent à deux connexions de base.*

***Problèmes pratiques 30.14
(réponses à la fin du chapitre)
Répondre par vrai ou faux:***
(a) Le RSC sert de commutateur à gâchette de commande;
(b) Le triac est bidirectionnel;
(c) À l'exemple du triac, le transistor unijonction est un composant à quatre couches.

30.15
TYPES DE TRANSISTORS
Les transistors PNP et NPN sont du type bipolaire à jonctions. Le transistor à *effet de champ* est unipolaire, avec un canal N ou un canal P. On utilise le silicium ou le germanium pour les transistors bipolaires, mais le silicium est plus courant, car son courant de fuite est plus faible et sa gamme de températures plus élevée. La plupart des transistors au silicium sont du type NPN. On utilise aussi le silicium pour le transistor à *effet de champ* et les CI. Le germanium est utilisé par certains transistors de puissance, à cause de sa faible chute de tension interne.

Construction Les premiers transistors étaient du type à point de contact, avec deux fils fins ou «moustaches» soudés sur un bloc semi-conducteur pour former deux jonctions.

Dans un type plus récent, le transistor à jonctions alliées, le matériau de dopage est fondu en certains points sur les faces opposées d'une base N ou P. Leur avantage est une plus grande zone de jonction. De nos jours cependant, les transistors et les circuits intégrés sont fabriqués selon les procédés planar illustrés à la figure 30-31. Dans cette méthode, les jonctions sont dans des plans parallèles.

Le matériau de départ est un cristal uniforme de silicium N ou P. On peut diffuser les

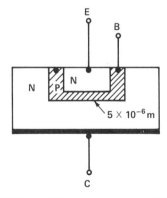

Figure 30-31 *Fabrication planar diffusée, généralement utilisée pour les transistors et les circuits intégrés.*

impuretés sous forme de vapeur dans le bloc cristallin. La pénétration verticale est contrôlée par la température et la durée. La surface est définie par l'emploi de masques et de techniques photochimiques. Des techniques spéciales sont utilisées pour les transistors *mésa* et les transistors *épitaxiaux* afin de procurer une tension de saturation collecteur faible. Cette caractéristique est importante pour les transistors des circuits numériques.

En fabrication planar, l'épaisseur de la base n'est que de 5×10^{-6} m. La surface totale de la puce à transistors de puissance moyenne n'est que de 80 mm² environ.

Mise sous boîtier   Après fabrication des puces à transistors individuelles, on fixe des liaisons entre les électrodes et les broches. L'unité entière est scellée dans un plastique époxyde ou un boîtier métallique accompagné d'un remplisseur inerte. Cette *mise sous boîtier* est indispensable pour protéger le transistor des chocs mécaniques et de la contamination par des moisissures. À la figure 30-32, on illustre les

boîtiers pour transistors les plus courants. Les boîtiers (*a*) et (*b*) sont généralement soudés dans la plaquette à circuit imprimé, au lieu de recourir à une douille. En effet, l'oxydation éventuelle de la douille pourrait modifier la très petite tension base-émetteur.

Refroidisseur   La chaleur constitue un certain problème pour les transistors de puissance. Bien qu'il ne comporte pas de filament, un transistor de puissance est assez chaud en fonctionnement normal pour occasionner des brûlures aux doigts. Le risque de brûlures est dix fois plus élevé à un échauffement de 25°C au-dessus de la température ambiante. Il faut donc utiliser un refroidisseur, soit est une structure métallique qui, rayonnant la chaleur, l'éloigne du transistor et surtout de la jonction collecteur.

Dans les transistors de puissance de 10 à 25 W, le collecteur est ordinairement connecté intérieurement au boîtier d'acier ou d'aluminium, comme on le montre à la figure 30-32*c*. En (*b*), le collecteur est lié intérieurement à la

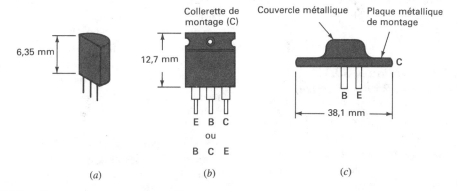

Figure 30-32   *Boîtiers pour transistors: (a) encapsulage plastique pour modèles à signaux faibles; (b) boîtier en plastique avec collerette métallique servant de refroidisseur pour transistors de puissance moyenne, les RSC et les triacs; (c) boîtier métallique pour les transistors de puissance élevée.*

collerette en cuivre de montage, dans le cas d'un transistor de puissance moyenne. Pour ces deux types de boîtier, le transistor dissipe sa chaleur par le châssis métallique.

Si le collecteur doit être isolé de la masse du châssis, on utilise une mince rondelle isolante en mica. Cette rondelle est généralement recouverte d'une graisse silicone, pour assurer un meilleur transfert de la chaleur. Les transistors de puissance de 25 W ou plus ont généralement leur propre refroidisseur à larges ailettes.

Référence   La lettre N indique un semiconducteur. Elle est précédée d'un chiffre pour indiquer le nombre de jonctions. Les diodes ont des numéros commençant par 1N, les transistors bipolaires par 2N, et les transistors à effet de champ qui ont une grille ont un numéro en 3N. Les chiffres qui suivent indiquent des types spécifiques (par exemple, 2N5102) enregistrés par *Electronic Industries Association (EIA)*. Dans les pays étrangers, les semiconducteurs peuvent être marqués comme suit: 2SA pour les transistors PNP et 2SC pour les transistors NPN.

> **Problèmes pratiques 30.15**
> **(réponses à la fin du chapitre)**
> **Répondre par vrai ou faux:**
> (a) Le TEC est un transistor unipolaire, tandis que le transistor à jonctions est bipolaire;
> (b) La collerette métallique d'un transistor NPN est habituellement connectée intérieurement à la base;
> (c) La plupart des transistors à signaux faibles sont des NPN au silicium et sont logés dans des boîtiers en plastique;
> (d) Un refroidisseur sert à éloigner, par rayonnement, la chaleur de la jonction collecteur.

30.16
DIODES POUR APPLICATIONS SPÉCIALES

Une diode semi-conductrice n'est qu'une jonction PN. Comme le courant ne circule que dans un seul sens, leur principale application concerne le redressement. Toutefois, la jonction PN a des propriétés supplémentaires qui sont utiles. Avec une polarisation inverse, la jonction a une capacité qui peut être commandée par une tension extérieure. La jonction PN est également photosensible. En outre, la tension inverse de rupture peut être utilisée dans le cas des diodes de référence. La figure 30-33 illustre leurs symboles graphiques.

Diodes tunnel   On les appelle aussi des *diodes Esaki*, du nom de leur inventeur, qui a découvert qu'un dopage important pouvait créer un *effet tunnel* des porteurs de charge à travers la zone de déplétion à la jonction. Une particularité importante des diodes tunnel est d'avoir une *résistance négative* dans une gamme donnée de tensions directes. Le courant qui traverse une résistance négative diminue quand on augmente la tension appliquée. Grâce à cette caractéristique, la diode tunnel peut fonctionner comme amplificateur ou comme oscillateur. Cette diode est essentiellement un dispositif à faible puissance qui peut fonctionner aux hyperfréquences en restant relativement indépendant des effets des rayonnements.

Diodes compensatrices   Elles sont utilisées pour stabiliser les circuits à transistors.

Varistance   Comme on le montre à la figure 30-33, ce composant comporte deux jonctions à polarités opposées. La varistance sert souvent de shunt au collecteur qu'il protège contre les aigrettes de tension négativement ou positivement excessives.

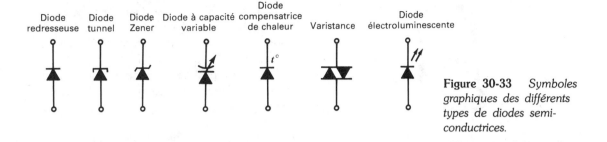

Figure 30-33 *Symboles graphiques des différents types de diodes semi-conductrices.*

On peut aussi monter une diode redresseuse en série avec le collecteur, afin d'isoler le collecteur des aigrettes de tension de polarité directe.

Diodes Zener[1] On les appelle aussi des *diodes de référence de tension*. Ce sont des diodes au silicium construites pour avoir une tension inverse de rupture donnée. Quand le *courant d'avalanche* circule, la tension aux bornes de la diode reste constante. Cette caractéristique permet d'utiliser la diode comme régulateur de tension en remplacement des tubes à gaz. En montant plusieurs diodes en série, on augmente la valeur de la tension.

Diodes à capacité variable La barrière de potentiel d'une jonction polarisée en sens inverse permet d'utiliser la jonction comme condensateur, étant donné que les charges sont séparées dans la zone de déplétion. Par conséquent, la capacité de la jonction peut être commandée par la tension inverse, qui rend la zone de déplétion plus large ou plus étroite. La capacité C varie lorsque, sous l'action des variations de la tension, la zone de déplétion s'élargit ou se rétrécit. Les diodes fabriquées pour cet emploi sont des condensateurs variables avec la tension ou varactor. Une de leurs

applications est l'accord électronique des téléviseurs.

Photodiodes Elles sont réalisées à partir d'un matériau photosensible comme le sulfure de cadmium, dont la résistance diminue quand la lumière augmente. Les applications comprennent les dispositifs de commande d'éclairage.

Diodes électroluminescentes La plupart des jonctions PN rayonnent une certaine quantité de lumière due à l'énergie libérée par la recombinaison des charges. Pour augmenter le rendement, on utilise des matériaux spéciaux comme l'*arsénium de gallium*.

La lumière est émise quand on applique une tension directe. La valeur type est de 1,2 V pour un courant direct de 20 mA. La plupart de ces diodes sont connectées en série pour fournir l'affichage d'un nombre ou d'une lettre. Le rayonnement lumineux est constitué des largeurs d'onde du rouge, du vert et du jaune.

On montre à la figure 30-34 les sept segments de l'affichage des chiffres 0 à 9, comme le réalise une calculatrice électronique. Chaque segment contenant des diodes électroluminescentes peut être mis en ou hors circuit par des circuits de commande numérique pour former le chiffre désiré. Lorsque, par exemple,

[1] Doivent leur nom à C. A. Zener, qui a étudié la tension de rupture des isolants.

Figure 30-34   *L'affichage numérique, à diodes électroluminescentes ou à cristaux liquides, est constitué de sept segments.*

tous les segments sont sollicités, le chiffre affiché est le 8. Si le segment intérieur est le seul hors circuit, le chiffre affiché est le 0.

L'affichage à cristaux liquides repose lui aussi sur la segmentation d'un chiffre. Ce type d'affichage tire son énergie de la lumière ambiante. L'orientation seule des molécules est commandée par la tension appliquée pour mettre l'affichage en ou hors circuit. En conséquence, l'affichage à cristaux liquides requiert un courant de charge nettement inférieur à celui à diodes électroluminescentes.

> **Problèmes pratiques 30.16**
> **(réponses à la fin du chapitre)**
> **Dire quel type de tension, directe ou inverse, utilise les diodes suivantes:**
> (a) La diode Zener;
> (b) La diode à capacité variable;
> (c) La diode électroluminescente.

30.17
DÉPANNAGE DES CIRCUITS À TRANSISTORS

Les défauts des transistors proviennent généralement de la coupure des soudures entre les minces fils de connexions et le semi-conducteur, des courts-circuits internes provoqués par des surcharges momentanées, et des défauts du circuit qui entraînent une surélévation de la température du transistor. Dans la majorité des cas, un transistor défectueux est court-circuité ou coupé intérieurement; des contrôles simples permettent de repérer le défaut.

Certains problèmes comme une augmentation des fuites, une baisse de la tension de claquage ou un bruit excessif sont légèrement plus difficiles à déceler. Le plus simple pour localiser le défaut consiste à opérer par substitution. Des contrôleurs de transistors ont été mis au point pour vérifier les coupures, les courts-circuits, les fuites ou le paramètre bêta des transistors en circuit ou hors circuit, mais on peut vérifier les coupures et les courts-circuits à l'aide d'un multimètre.

Contrôles en circuit   Ces contrôles sont très utiles, car les transistors sont habituellement soudés en place. Des mesures de tension permettent de déterminer si les jonctions sont intactes et si le transistor conduit correctement.

Vérification de la polarisation directe On mesure la tension base-émetteur en plaçant les connexions du voltmètre directement sur les bornes correspondantes. On doit trouver une tension V_{BE} de 0,2 V environ pour le germanium et de 0,6 V environ pour le silicium. Si on reprend comme exemple le cas de la figure 30-24, un multimètre branché entre la base et l'émetteur indiquerait 0,6 V pour V_{BE}. Si l'on utilise un voltmètre électronique, on mesure chacune des tensions par rapport à la ligne commune et on fait la différence des résultats.

Si on obtient une indication nulle pour V_{BE}, la jonction base-émetteur est court-circuitée. Si on mesure une tension V_{BE} de 0,8 V ou davantage, la jonction base-émetteur est sans doute coupée. Il faut remarquer ici que ces tensions concernent les amplificateurs de classe A. Dans les circuits à impulsions, il est normal qu'une polarisation inverse de quelques volts apparaisse entre la base et l'émetteur, pour que le courant I_C soit bloqué jusqu'à ce que l'impulsion d'entrée amène le transistor à la conduction.

Vérification de la tension $I_C R_L$ Pour vérifier que la tension collecteur est correcte, on branche le voltmètre entre le collecteur et l'alimentation de manière à lire la chute de tension dans la charge. Dans le cas de la figure 30-24, un multimètre branché aux bornes de la résistance R_L de 1 kΩ indiquerait 1,5 V. On divise ensuite cette indication par la résistance du circuit collecteur pour calculer le courant I_C. Pour la figure 30-24, le courant I_C normal est de 1,5 V/1 kΩ = 1,5 mA.

S'il n'y a pas de chute de tension aux bornes de R_L, le courant I_C doit être nul et la tension V_C sur le collecteur aura la même valeur que la tension d'alimentation V_{CC}. Le défaut opposé correspondrait à un courant I_C excessif qui entraînerait une trop grande chute de tension aux bornes de R_L avec, par conséquent, une tension collecteur V_C nulle ou très faible.

Si le courant I_C est nul ou très faible, le transistor peut être coupé. On vérifiera cependant si le circuit émetteur est coupé avant d'effectuer le remplacement.

Si le courant I_C qui circule est trop élevé, on court-circuitera la tension base-émetteur et on répétera le contrôle. Dans ces conditions, il ne devrait circuler qu'un courant de fuite très faible. Si I_C reste élevé, le collecteur du transistor est probablement en court-circuit.

Mesure de I_C   Il peut être difficile de calculer le courant collecteur si le circuit collecteur a une résistance faible ou inconnue, comme par exemple le primaire d'un transformateur. Dans ce cas, il vaudrait mieux mesurer le courant. On peut ouvrir facilement le circuit collecteur

en coupant la partie métallique du circuit imprimé avec une lame de rasoir. On branche alors les connexions de l'appareil de mesure et on lit le courant en milliampères ou en ampères aux bornes de la coupure. On peut refermer la coupure avec de la soudure quand le contrôle est terminé.

Vérification du circuit de l'émetteur   Il est également possible de vérifier le courant en mesurant la chute de tension aux bornes de la résistance d'émetteur et en divisant par la valeur de cette résistance. Mais il faut faire attention! Cette tension peut paraître presque normale même si la résistance d'émetteur est coupée. En effet, la résistance du voltmètre complète alors le circuit d'émetteur. Il faut donc vérifier d'abord la résistance d'émetteur.

Mesure des résistances   Les mesures de résistance dans les circuits à transistors sont souvent des sources d'erreurs, car la pile intérieure de l'ohmmètre peut appliquer une polarisation directe à une jonction et former une dérivation pour le courant. Il faut connaître la polarité de la tension des connexions de l'ohmmètre et s'assurer que toutes les jonctions sont polarisées en sens inverse pour faire les lectures à l'ohmmètre. Mieux encore, utiliser un ohmmètre à faible alimentation; sa tension ne sera pas assez grande pour polariser les transistors en direct.

Contrôles hors circuit   Les vérifications d'un transistor à l'ohmmètre permettent de déceler les coupures ou les courts-circuits. On évitera d'utiliser l'échelle $R \times 1$ pour vérifier les transistors à faible puissance. À cette échelle, le courant circulant dans les connexions dépasse habituellement 100 mA quand les connexions sont en court-circuit, même si le courant circulant dans l'équipage mobile de l'appareil est plus faible. On vérifie la résistance entre base et collecteur et on inverse les connexions. On agit de la même manière pour la base et l'émetteur. On peut obtenir une indication très élevée quand la jonction est polarisée en sens inverse et une indication très faible quand la jonction est polarisée dans le sens direct. Par ces essais, on vérifie chaque jonction d'un transistor ainsi qu'on le ferait pour une diode.

L'indication en ohms dépend de l'ohmmètre, de la gamme choisie et du type de transistor à contrôler. Pour effectuer des contrôles efficaces, on comparera avec un transistor du même type en bon état. Il est bon de savoir que la résistance inverse d'une jonction au silicium est en général infinie quel que soit le type d'ohmmètre utilisé.

Remplacement des transistors Les transistors de puissance moyenne et ceux à signaux faibles sont habituellement soudés sur la plaquette à circuit imprimé. Le transistor peut cependant être facilement enlevé sans endommager la plaquette à circuit imprimé, à l'aide d'un aspirateur de l'ancienne soudure. Le procédé consiste à enlever toute la soudure des bornes afin que les connexions puissent être redressées, ce qui permettra de retirer le transistor. Les méthodes de dessoudage des composants des plaquettes à circuit imprimé sont décrites à l'Annexe G.

Problèmes pratiques 30.17
(réponses à la fin du chapitre)

(a) Supposons que la jonction émetteur soit court-circuitée à la base. Que vaut V_{BE}?

(b) Supposons que la borne collecteur soit en l'air. Que vaut I_C?

(c) Supposons que la base ne soit pas polarisée en direct. Que vaut I_C?

Résumé

Les principaux types de semi-conducteur sont indiqués au tableau 30-7. Des exemples de connexion des broches sont donnés à la figure 30-35. On trouvera davantage de détails dans les manuels de transistors, les guides de remplacement et les guides de références publiés par les constructeurs et indiqués dans les références à la fin de ce chapitre.

Exercices de contrôle
(Réponses à la fin de l'ouvrage)

Répondre par vrai ou faux.

1. Le silicium et le germanium sont des semi-conducteurs dont la valence est égale à 4.
2. Le phosphore a un numéro atomique égal à 15 et a 5 électrons de valence.

Tableau 30-7 *Dispositifs semi-conducteurs*

SYMBOLE	TYPE	SYMBOLE	TYPE
	Transistor PNP, réclame une tension V_C négative		Thyristor triac; BP = borne principale, utilise une polarité des tensions aux BP
	Transistor NPN, réclame une tension V_C positive		Diode déclencheuse diac, utilise une polarité de tension
	TEC à jonction, canal N		Diode redresseuse, la flèche indique le sens du courant de trous
	TEC à grille isolée, canal N, à déplétion		Diode tunnel ou Esaki
	TEC à grille isolée canal P, à enrichissement		Diode Zener ou de référence de tension
	TEC à deux grilles isolées		Diode capacitive ou à capacité variable
	RSC, la gâchette G a une courte connexion		Diode variable avec la température
	TUJ, thyristor à gâchettes B_1 et B_2 et barreau N.		Diode photosensible, à lumière entrante
			Diode photoémissive, à lumière sortante (diode électroluminescente)

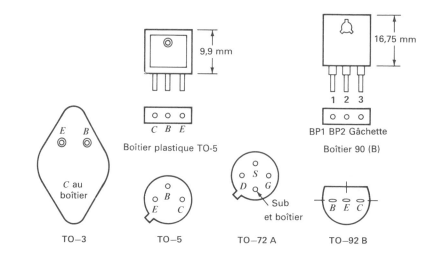

Figure 30-35 *Broches de connexion types de transistors. Vue de dessous.*

3. Le dopage par du phosphore donne du silicium de type N, avec des charges d'électrons majoritaires et des charges de trous minoritaires.

4. Un courant de trous est un mouvement de charges positives dans le sens opposé à la circulation des électrons.

5. On considère comme sens positif du courant celui du courant de trous dans une électrode.

6. Dans un semi-conducteur dopé, les atomes de l'élément d'impuretés fournissent des charges d'ions fixes.

7. Un courant de dérive nécessite une différence de potentiel, mais un courant de diffusion ne nécessite qu'une différence de densité de charge.

8. Pour le silicium, la barrière interne de potentiel d'une jonction PN est d'environ 9 V.

9. Dans un amplificateur à transistor, le circuit collecteur a toujours une tension inverse, tandis que le circuit base-émetteur a une polarisation directe.

10. Un transistor NPN a besoin d'une tension négative sur le collecteur.

11. Pour un transistor NPN, la tension positive de la base par rapport à l'émetteur constitue une polarisation directe.

12. Le circuit amplificateur à émetteur commun est le plus couramment utilisé, car il conduit à la meilleure combinaison du gain en tension et du gain en courant.

13. Pour les semi-conducteurs, la flèche du courant indique le sens des électrons.

14. La barrière intérieure de potentiel V_b diminue quand la température augmente.

15. Le semi-conducteur de type 2N34 est une diode à deux électrodes.

16. Si le courant i_C passe de 500 à 900 mA quand le courant i_B passe de 30 à 40 mA, la caractéristique bêta est de 40.

17. Si $I_C = 99$ mA et $I_B = 1$ mA, le courant I_E est de 100 mA et la caractéristique alpha est égale à 0,99.

18. Si alpha est de 0,98 et I_E de 50 mA, I_C est donc de 52 mA.

19. Si $I_C = 100$ mA et $\beta = 50$, I_B est donc de 2 mA.

20. Le courant I_E est de 52 mA pour le transistor de la question 19.

21. La tension continue fournie par une source d'alimentation augmente avec la valeur de la capacité de filtrage, mais diminue quand le courant de charge augmente.

22. Quand un signal d'entrée alternatif est fourni par le réseau à 60 Hz, la fréquence de l'ondulation résiduelle de la sortie continue est de 60 Hz, pour un redresseur à simple alternance et pour un redresseur à double alternance.

23. On utilise souvent une stabilisation de la polarisation dans les amplificateurs à transistors pour éviter le glissement thermique.

24. Sur la figure 30-17, le courant I_E moyen est de 3,06 mA.

25. Le transistor à effet de champ est un transistor unipolaire à résistance d'entrée élevée.

26. Quand une augmentation de 1 V de la tension grille fait varier de 10 mA le courant drain d'un transistor à effet de champ, sa transconductance g_m est de 10 000 μS.

27. On peut appliquer un signal alternatif d'entrée de ± 1 V sur la grille d'un transistor à effet de champ, mais c'est une tension d'entrée trop élevée pour un transistor bipolaire quelconque.

28. Le RSC est une diode de redressement au silicium avec une électrode gâchette de commande.

29. Sans polarisation directe à l'entrée, I_C de sortie est égal à 0.

30. Le triac est un redresseur bidirectionnel à gâchette commandée.

31. La diode électroluminescente émet de la lumière.

32. La diode capacitive nécessite une tension inverse.

Questions

1. Dessiner la structure atomique du silicium dont le numéro atomique est 14; représentez les quatre électrons de valence.

2. Définissez les termes suivants: (*a*) dopage; (*b*) silicium type N; (*c*) silicium type P; (*d*) jonction PN; (*e*) barrière interne de potentiel; (*f*) charge d'ion; (*g*) zone de déplétion.

3. (*a*) Indiquez deux caractéristiques des semi-conducteurs. (*b*) Indiquez quatre types de dispositifs semi-conducteurs.

4. Comparez les éléments suivants: (*a*) charges d'électron et de trou; (*b*) courant d'électrons et courant de trous.

5. Définissez la direction positive du courant dans un semi-conducteur.

6. Comparez les éléments suivants: (*a*) porteurs majoritaires et minoritaires; (*b*) courant de déplacement et courant de diffusion; (*c*) charges libres et charges d'ions; (*d*) semi-conducteurs intrinsèques et extrinsèques.

7. Représentez une batterie appliquant une tension directe et une tension inverse à une jonction PN.

8. Représentez les schémas symboliques des transistors PNP et NPN; indiquez l'émetteur, la base et le collecteur.

9. Indiquez une particularité des circuits à base commune, émetteur commun et collecteur commun, en plus de la borne commune.

10. Pourquoi appelle-t-on le courant I_{CO} d'une jonction PN, courant inverse de saturation?

11. Pourquoi le courant de fuite collecteur-base I_{CBO} d'un transistor est-il essentiellement le même que le courant I_{CO} d'une diode?

12. Pourquoi les valeurs de I_{CO} et de I_{CBO} augmentent-elles avec la température?

13. Tracez le schéma complet d'un amplificateur à émetteur commun, équipé d'un transistor NPN et d'une résistance extérieure R_L. Indiquez les endroits où on applique la tension d'entrée et où on recueille la tension de sortie. Indiquez des valeurs caractéristiques de la polarisation directe du circuit d'entrée et de la tension collecteur du circuit de sortie. On suppose qu'il s'agit d'un transistor au silicium.

14. Qu'appelle-t-on glissement thermique pour un transistor?

15. Décrivez brièvement deux méthodes de polarisation directe pour le circuit à émetteur commun.

16. Tracez le schéma complet d'un circuit redresseur à double alternance utilisant deux diodes au silicium, alimenté par la ligne de distribution à 120 V, et comprenant un transformateur abaissant la tension à 40 V sur chaque diode.

17. Définissez le fonctionnement des circuits amplificateurs en classe A, B et C.

18. Pourquoi un transistor est-il bloqué en l'absence de toute polarisation dans le circuit émetteur-base?

19. Indiquez le rôle de la source, de la grille et du canal dans un transistor à effet de champ et comparez ces électrodes à celles d'un transistor bipolaire.

20. Définissez le transistor à effet de champ (TEC), le transistor MOS-TEC, la jonction grille, la grille isolée, le canal N et le canal P pour les transistors à effet de champ.

21. Indiquez les schémas symboliques d'un transistor à effet de champ à canal N, du type à déplétion et du type à enrichissement.

22. Tracez le schéma d'un transistor à effet de champ dans un circuit amplificateur à source commune, avec une tension V_{DD} de 30 V et une résistance R_L de 1500 Ω.

23. Définissez la transconductance g_m d'un transistor à effet de champ.

24. Définir les composants suivants: RSC, thyristor, triac et transistor unijonction.

25. Énumérer trois types de diodes semi-conductrices différentes des diodes de puissance redresseuses au silicium.

26. Qu'entend-on par dispositif à quatre couches?

27. Expliquez brièvement comment on pourrait mesurer le courant I_C de 2,4 A, à la figure 30-22a, sans ouvrir le circuit collecteur.

28. Donner deux motifs justifiant $I_C = 0$.

Problèmes
(Les réponses aux problèmes de numéro impair sont données à la fin de l'ouvrage)

1. On donne $V_B = 18,4$ V et $V_E = 17,8$ V. Calculer V_{BE}.

2. (a) $I_B = 500$ μA et $I_C = 22$ mA. Calculez I_E; (b) $I_E = 5$ A et $I_B = 80$ mA. Calculez I_C; (c) $I_E = 40$ mA et $I_C = 41$ mA. Calculez I_B.

3. Dans le cas du redresseur simple alternance de la figure 30-12, quelle est la tension continue de sortie quand: (a) la capacité de filtrage est de 250 μF et le courant de charge I_L de 50 mA? (b) $C = 50$ μF et $I_L = 150$ mA?

4. En vous reportant au circuit à émetteur commun de la figure 30-17, indiquez les valeurs de: V_C, I_C, V_B, I_B et du courant total d'émetteur I_E.

5. En vous reportant au circuit à émetteur commun de la figure 30-24, avec stabilisation de la polarisation, indiquez les valeurs et les polarités de: V_C, V_{CE}, V_B, V_{BE} et V_E.

6. Déterminez I_C, I_E et I_B pour la figure 30-24.

7. Calculez avec les valeurs du problème 6, les valeurs continues de α et de β pour le transistor de la figure 30-24.

8. Dans un amplificateur à transistor, $V_{CC} = 50$ V, $V_C = 10$ V et $R_L = 200$ Ω. Calculez I_C.

9. Calculez la puissance continue dissipée au repos sur le collecteur du transistor du problème 8.

10. On considère les caractéristiques bêta du transistor de la figure 30-21*b*. (*a*) Indiquez les valeurs du courant collecteur I_C pour les valeurs suivantes du courant de base: $-100~\mu\text{A}$, $-150~\mu\text{A}$ et $-200~\mu\text{A}$, pour une tension collecteur-émetteur V_{CE} constante de -12 V; (*b*) indiquez les valeurs du courant collecteur I_C pour les tensions collecteur-émetteur V_{CE}: -4 V, -8 V et -12 V, pour un courant de base constant de $-150~\mu\text{A}$.

11. Un transistor à effet de champ a une tension grille de -2 V pour un courant I_D de 14 mA. Quand V_G passe à $-2,4$ V, I_D descend à 11 mA. Calculez la transconductance g_m en microsiemens.

12. Étant donné que $I_C = 9$ mA et $I_B = 150~\mu\text{A}$, quelle est la valeur de I_E? Calculez α et β pour ce transistor.

13. Étant donné que $I_B = 40~\mu\text{A}$ et $\beta = 70$, calculez I_C.

14. (*a*) Étant donné que $I_E = 20$ mA et $\alpha = 0,98$, calculez I_C; (*b*) quel est le courant de base I_B? (*c*) Calculez β pour ce transistor.

15. Dans un circuit à émetteur commun, des variations de $\pm 100~\mu\text{A}$ pour i_b entraînent des variations de i_c de ± 5 mA, avec une résistance R_L de 2000 Ω. (*a*) Quel est le gain en courant? (*b*) Calculez la tension de sortie alternative crête à crête aux bornes de R_L. (*c*) Si la tension d'entrée est de ± 40 mV, quel est le gain en tension?

16. Déterminez la polarisation directe V_{BE} et la tension inverse collecteur V_{CE} et tracez le schéma du circuit d'un transistor PNP ayant les tensions d'électrodes suivantes par rapport à la masse: (*a*) circuit à émetteur commun avec $V_{CC} = -6$ V, $V_{R_L} = 2$ V, $V_C = -4$ V, $V_B = -1$ V et $V_E = -0,8$ V; (*b*) circuit à collecteur commun (à charge d'émetteur) avec $V_C = 0$ V, $V_{EE} = 6$ V, $V_E = 3,2$ V et $V_B = 3$ V.

17. On considère les caractéristiques collecteur de la figure 30-21*c*. Tracez la droite de charge pour une résistance R_L de 1,6 kΩ et une tension V_{CC} de 16 V. En supposant que le courant I_b de polarisation base soit de 100 μA et que l'oscillation du signal alternatif soit de $\pm 50~\mu\text{A}$, déterminez les valeurs crête à crête de i_C et v_C. Calculez le gain en courant G_I, le gain en tension G_V et le gain en puissance.

18. On considère les caractéristiques de drain du transistor à effet de champ de la figure 30-27. Tracez la droite de charge pour une résistance R_L de 1,5 kΩ, et une tension V_{DD} de 30 V. En supposant que la tension de polarisation grille soit de -2 V et l'excursion du signal alternatif de ± 1 V, tracez un schéma indiquant les formes des signaux avec les valeurs de crête de v_g, i_D et v_D, sur le modèle

de la figure 30-18. Ceci signifie que les signaux sont représentés verticalement en fonction du temps.

19. Pour chacun des circuits de la figure 30-36, dire si le composant impliqué est à l'état bloqué ou à l'état passant.

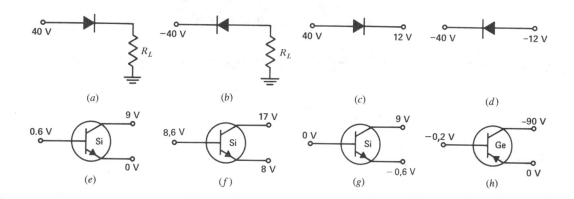

Figure 30-36   *Pour le problème 19.*

Réponses aux problèmes pratiques

30.1 (a) l'émetteur
      (b) le drain
30.2 (a) ±4
      (b) le silicium
30.3 (a) N
      (b) P
30.4 (a) majoritaires
      (b) minoritaires
30.5 (a) oui
      (b) diminue
      (c) augmente
30.6 (a) 120 Hz
      (b) 152 V (environ)
30.7 (a) en direct
      (b) en inverse
      (c) $I_E = 1005\ \mu A$
      (d) bloqué

30.8 (a) à émetteur commun
      (b) à émetteur commun
      (c) à collecteur commun
30.9 (a) 0,6 V
      (b) 6,5 V
      (c) 1 mA
30.10 (a) 14,8 mA
      (b) 300
30.11 (a) vrai
      (b) faux
      (c) vrai
30.12 (a) 1,4 V
      (b) 0,53 V
30.13 (a) le drain
      (b) la grille
      (c) 10 000 μS

30.14 (a) vrai
      (b) vrai
      (c) faux
30.15 (a) vrai
      (b) faux
      (c) vrai
      (d) vrai
30.16 (a) la tension inverse
      (b) la tension inverse
      (c) la tension directe
30.17 (a) zéro
      (b) zéro
      (c) zéro

Rappel des chapitres 29 et 30

Résumé

1. Dans les tubes à vide, on chauffe la cathode pour qu'elle émette des électrons, alors que l'anode ou plaque recueille ces électrons pour former le courant de plaque. Les principaux types de tubes sont: les diodes, les triodes, les tétrodes et les pentodes, comme on l'indique au tableau 29-3. La liste des semi-conducteurs est donnée au tableau 30-7.

2. On utilise les diodes comme redresseurs pour transformer un courant alternatif en courant continu. Un courant ne peut circuler à travers une diode que si l'anode est positive.

3. On utilise les triodes, les tétrodes et les pentodes dans les amplificateurs, car la tension de la grille de commande contrôle le courant de plaque. En rendant la tension de la grille de commande plus négative, on diminue le courant de plaque; en la rendant moins négative, on augmente le courant de plaque.

4. Les transistors sont des amplificateurs qui sont basés sur la circulation d'un courant commandé dans des semi-conducteurs solides, comme le germanium et le silicium. Ils n'ont pas besoin de filament.

5. Le germanium ou le silicium de type N sont dopés avec une impureté qui les rend négatifs en leur donnant un surplus d'électrons; le type P correspond à un surplus de charges positives de trous.

6. Le passage entre des semi-conducteurs P et N est une jonction PN. La jonction a une barrière interne, de 0,7 V pour le silicium ou de 0,3 V pour le germanium, qui bloque le courant direct. Mais une tension directe de même polarité que les électrodes laisse circuler un courant dans la direction directe. Une tension inverse, de polarité opposée, empêche le passage du courant direct.

7. Un courant de trous définit le sens conventionnel du courant; il est opposé à la circulation des électrons. Dans les semi-conducteurs, on considère comme sens positif celui du courant de trous.

8. Un transistor PNP est constitué d'une plaquette de semi-conducteur de type N formant deux jonctions avec deux semi-conducteurs de type P. Un transistor NPN a une structure opposée. Les deux types sont utilisés comme amplificateurs. Le semi-conducteur placé au centre constitue la base. L'émetteur, à une extrémité, reçoit une polarisation directe pour fournir des charges à sa jonction avec la base; le collecteur, à l'autre extrémité, est soumis à une polarisation inverse et reçoit des charges venant de sa jonction avec la base.

9. Sur le schéma symbolique, la flèche placée sur l'émetteur indique la direction du courant de trous vers la base, pour un émetteur P, ou sortant de la base pour un émetteur N.

10. Les principaux types de circuits à transistors sont les montages en base commune (BC), en émetteur commun (EC) et en collecteur commun (CC). Le circuit en émetteur commun est généralement employé pour les amplificateurs, car il a le plus grand gain.

11. Les deux principales caractéristiques d'un transistor sont sa caractéristique α (alpha), qui est le rapport entre le courant collecteur et le courant émetteur, et sa caractéristique β (bêta), qui est le rapport entre le courant collecteur et le courant de base.

12. On utilise généralement des diodes au silicium et au germanium dans les circuits redresseurs.

13. Un redresseur simple alternance n'utilise qu'une seule diode. S'il reçoit une tension d'entrée alternative à 60 Hz, l'ondulation de la tension continue de sortie a une fréquence de 60 Hz. Un redresseur double alternance utilise deux diodes pour redresser les deux moitiés d'un signal d'entrée alternatif; la fréquence de l'ondulation est alors de 120 Hz.

14. Le redresseur commandé au silicium (RSC) est un redresseur de puissance avec une électrode de gâchette pour commander le passage du courant entre l'anode et la cathode.

15. Le transistor à *effet de champ* (TEC) a une grille pour commander le champ électrique dans le canal entre source et drain. La grille correspond à la base; la source fournit des charges comme un émetteur et le drain correspond à un collecteur qui reçoit les char- sion amplifiée est recueillie sur le drain dans le montage à source commune.

16. La principale caractéristique d'un transistor à *effet de champ* est sa transconductance g_m, qui est égale à $\Delta i_D / \Delta v_G$.

Exercices de contrôle récapitulatifs
(Réponses à la fin de l'ouvrage)

Voici une nouvelle occasion de vérifier vos progrès. Effectuer ces exercices comme vous l'avez fait pour ceux de chaque fin de chapitre.

Répondez par vrai ou faux.

1. On chauffe une cathode thermoionique pour qu'elle émette des électrons.
2. L'anode a un potentiel positif par rapport à la cathode pour attirer les électrons.
3. Le courant de plaque ne circule que dans un seul sens.
4. Quand un filament est coupé, le courant de plaque est nul.
5. Un semi-conducteur du type N possède des électrons libres, tandis qu'un semi-conducteur du type P possède des charges de trous.
6. L'émetteur est toujours polarisé dans le sens direct, tandis que le collecteur est soumis à une tension inverse.
7. Le symbole schématique ayant une flèche dirigée vers la base indique un transistor NPN.
8. On applique une polarisation directe à un transistor NPN en reliant l'émetteur à une tension positive et la base à une tension négative.
9. La caractéristique β des transistors est le rapport du courant collecteur au courant de base.
10. Pour les transistors, les valeurs types de β sont comprises entre 0,98 et 0,99.
11. Dans un transistor PNP, le courant collecteur est le courant des trous fournis par l'émetteur.
12. La marque $+$, sur des diodes de redressement au silicium, indique l'endroit où l'on obtient une tension de sortie positive.
13. Une tension positive appliquée au collecteur d'un transistor NPN correspond à la polarité de la tension inverse.
14. Des porteurs minoritaires ont une polarité opposée à celle des porteurs majoritaires.
15. Les courants I_{CO} d'une diode et I_{CBO} dans un transistor sont constitués de porteurs majoritaires.
16. Pour un transistor PNP, le signal d'entrée a une valeur type d'environ 8 V.
17. On stabilise la polarisation pour éviter le glissement thermique.
18. Le transistor à effet de champ a une très grande résistance d'entrée.
19. L'électrode grille d'un transistor à effet de champ correspond au collecteur dans un transistor bipolaire.

20. Le redresseur au silicium commandé est un redresseur ayant une électrode de gâchette pour commander les instants de passage du courant, de la cathode à l'anode.
21. La polarisation directe d'un transistor NPN au silicium est de 0,6 V en général.
22. La diode Zener sert de source de tension constante.

Références
(Références supplémentaires à la fin de l'ouvrage)

Livres

BELL, D. A., *Fundamentals of Electronic Devices,* Reston Publishing Company, Inc., Reston, Va.

CUTLER, P., *Semiconductor Circuit Analysis,* McGraw-Hill Book Company, New York.

FITCHEN, F. C., *Transistor Circuit Analysis and Design,* D. Van Nostrand Company, Inc., Princeton, N.J.

HIBBERD, R. B., *Integrated Circuits,* McGraw-Hill Book Company, New York.

KIVER, M., *Transistors,* McGraw-Hill Book Company, New York.

MILLMAN, J. et C. HALKIAS,   *Electronic Devices and Circuits,* McGraw-Hill Book Company, New York.

Radio Amateur's Handbook, American Radio Relay League, Newington, Conn.

RISTENBATT, M. et R. RIDDLE, *Transistor Physics and Circuits,* Prentice-Hall, Inc., Englewood Cliffs, N.J.

SAMS, H. W., *Transistor Substitution Handbook,* Howard W. Sams & Co., Inc., Indianapolis, Ind.

SOWA, W. A., *Active Devices for Electronics,* Rinehart Press, San Francisco, Calif.

Dépliants, catalogues et manuels

Application Notes, Motorola Semiconductor Products Inc., Phoenix, Ariz.

Application Notes, Texas Instruments Inc., Dallas, Tex.

GE Transistor Manual, General Electric Co., Semiconductor Products, Syracuse, N.Y.

RCA Receiving Tube Manual, RCA Electronic Components and Devices, Harrison, N.J.

RCA Solid-State Devices Manual, RCA Solid-State Division, Somerville, N.J.

RCA Transistor Manual, RCA Electronic Components and Devices, Harrison, N.J.

Semiconductor Cross-reference Guide, Motorola Semiconductor Products Inc., Phoenix, Ariz.

Solid-State Replacement Guide, RCA Electronic Components and Devices, Harrison, N.J.

Circuits intégrés

Chapitre
31

Seules, les puces à transistors sont minuscules. Mais les circuits constitués de ces puces en boîtier sous forme de transistors discrets, de résistances et de condensateurs séparés sont relativement volumineux. Les techniques d'élaboration de transistors planar diffusés, jointes à celles des circuits imprimés, permettent de disposer tous les composants sur une puce en un circuit appelé circuit intégré, en abrégé CI. Ces méthodes d'intégration sont applicables aux transistors bipolaires et aux transistors métal-oxyde à effet de champ (MOSFET). Quelques modules courants de circuits intégrés sont présentés à la figure 31-1. Un module de circuit intégré, logé dans un boîtier de 25 mm sur 9,5 mm, peut contenir plusieurs douzaines de transistors.

Les appareils et dispositifs numériques tels que les calculateurs, montres et ordinateurs contiennent des modules de CI. Ils sont également utilisés dans les amplificateurs linéaires en audiofréquences et en radiofréquences, ainsi que dans les circuits couleur des téléviseurs. Leur puissance nominale va généralement de 100 mW à 5 W. Les sections suivantes traitent de leurs particularités plus en détail.

31.1
TYPES DE CIRCUITS INTÉGRÉS

À la figure 31-2, on voit un transistor, une résistance et un condensateur intégrés sur une plaquette de silicium. À cause de leur volume, les bobines ne sont généralement pas intégrées. Les composants les plus faciles à intégrer sont les transistors et les diodes. Les résistances R intégrées ne sont pas précises, mais les circuits sont conçus pour fonctionner avec des rapports de résistances donnés, plutôt qu'avec des valeurs de résistances données. Leur gamme s'étend de 100 à 25 000 Ω environ. Celle des

capacités C est d'environ 3 à 30 pF. Pour des valeurs supérieures, on relie le circuit intégré à des résistances et à des condensateurs externes, ainsi qu'à la bobine L d'accord requise.

Les couches diffusées de gauche de la figure 31-2 forment un transistor NPN. Remarquer que le collecteur a une jonction NP inverse avec la plaquette pour isoler ce transistor du substrat ou du support de silicium. La valeur de la résistance R centrale, entre les contacts ohmiques, est déterminée par la longueur et la largeur de la lamelle. Le condensateur C tracé à droite matérialise la capacité aux bornes de

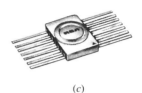

(a)　　　　　　　(b)　　　　　　　(c)

Figure 31-1 *Boîtiers de CI: (a) boîtier circulaire TO de 12,5 mm de diamètre; (b) boîtier à double rangée de broches de 16 connexions de 19 mm de long; (c) boîtier plat de 25,4 mm.*

la jonction polarisée en inverse du matériau N avec la plaquette P.

Modules CI monolithiques　Dans ce type de CI, tous les composants font partie d'une plaquette P ou N. Ce mode de construction apparaît à la figure 31-2.

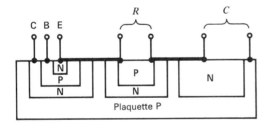

(a)

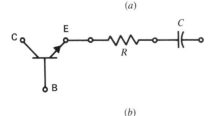

(b)

Figure 31-2 *Circuit intégré sur plaquette de silicium: (a) fabrication avec transistor NPN, R et C; (b) diagramme schématique.*

Modules CI à couche mince　Dans ce type de CI, le substrat est en matière isolante, céramique ou verre. Tous les composants sont évaporés dans ce support isolant. Son avantage est sa bonne isolation entre les composants intégrés.

Modules CI à couche épaisse　Dans ce type de CI, R et C sont formés sur le substrat. Les transistors leur sont ajoutés sous forme de puces discrètes.

Modules CI hybrides　Ce type de CI combine les modèles monolithiques et à couche mince sur un seul support céramique. Il est possible de lui adjoindre des transistors discrets si une puissance nominale élevée est exigée.

Modules de CI numériques et linéaires　Selon leur fonction, les puces de CI sont classées dans l'un de ces deux larges groupes. Les circuits numériques sont des circuits à impulsions. Les puces de circuits intégrés numériques comprennent un ensemble de circuits de commutation à impulsions destinés à implanter des fonctions logiques, comme il est expliqué au chapitre 32 intitulé «Électronique numérique».

Les puces de circuits intégrés linéaires comprennent généralement plusieurs circuits amplificateurs audiofréquences ou radiofréquences. Un amplificateur linéaire fonctionne sur la portion rectiligne de sa caractéristique de transfert direct, la sortie est donc une réplique amplifiée de l'entrée.

Puces à grande et moyenne échelles d'intégration (LSI et MSI)

Les modules de CI numériques contiennent un grand nombre de circuits du même type. Ils répètent donc un circuit logique de base, comme une porte logique. Le nombre de ces portes par puce donne leur degré de complexité: au-delà de 100 portes, nous avons affaire à une intégration à grande échelle (LSI); entre 10 et 100 portes, à une intégration à échelle moyenne (MSI).

Problèmes pratiques 31.1
(réponses à la fin du chapitre)
Répondre par vrai ou faux:

(a) Les modules à circuits intégrés contiennent les circuits de portes à impulsions;

(b) Le module pour amplificateur audio est un module à circuits intégrés linéaires;

(c) La figure 32-2 illustre la construction d'un module à circuit intégré hybride.

31.2
FABRICATION DES CIRCUITS INTÉGRÉS

Les puces des circuits intégrés de type monolithique sont fabriquées par lots de 25 à 100 puces à partir d'une plaquette de silicium. La figure 31-3 illustre les étapes de leur fabrication, à partir des plaquettes tranchées dans un lingot de silicium de (a), jusqu'aux puces rainurées sur la plaquette de (b) et aux composants diffusés de (c) et de (d).

Une plaquette a une épaisseur d'environ 250 μm et un diamètre de 38 à 51 mm. Chaque plaquette est tout d'abord polie au fini miroir à l'aide d'un acide pour photogravure. Une couche de bioxyde de silicium (SiO_2) est ensuite formée sur la plaquette. Ce mince isolant de verre protège la surface de silicium et sert de barrière au dopage des jonctions du semi-conducteur. On perce une fenêtre dans cette couche d'oxyde selon une technique photochimique pour doper la zone désirée. Par une suite d'oxydations et de diffusions, on obtient les couches des semi-conducteurs dopés. L'oxydation dépose une couche isolante de bioxyde de silicium et la diffusion crée les jonctions.

Des conducteurs imprimés en aluminium connectent entre eux les composants de chaque puce de CI. Ces conducteurs sont jusqu'aux bords de la puce où les minuscules fils de connexion des fils externes sont fixés.

Ces pattes ou électrodes d'aluminium sont essayées à l'aide d'un appareil d'essais automatique muni de sondes. Chaque puce complète est essayée séquentiellement par un grand nombre de sondes à tête d'épingle. Ce sondage des nombreuses électrodes de toutes les puces est commandé et contrôlé par ordinateur.

Comme la plaquette de silicium entière présente les propriétés physiques d'une mince feuille de verre, les puces sont découpées par des méthodes analogues au coupage du verre. Le contour des puces est rainuré sur la plaquette par une fine pointe de diamant (voir la figure 31-3b). Toutes les puces d'une plaquette sont identiques. La plaquette est fermement maintenue et brisée selon le tracé des rainures. Ce partage de la tranche en puces est appelé «découpage».

Les puces que les essais révèlent défectueuses sont mises au rebut. Un examen microscopique révèle les imperfections causées par le découpage.

Chaque puce est ensuite fixée au moyen de colle époxyde dans un boîtier généralement en plastique. Les fils des bornes du boîtier sont reliés aux électrodes internes de la puce à

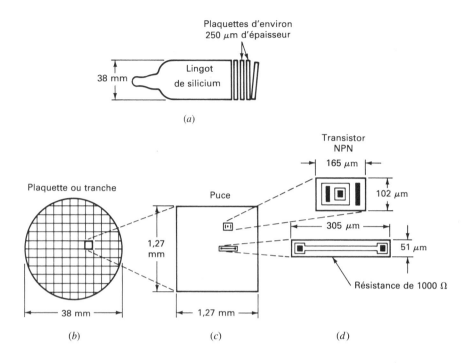

Figure 31-3 *Fabrication de puces de CI: (a) lingot de silicium; (b) tranche; (c) puce de CI; (d) vue agrandie des composants diffusés.*

l'aide de conducteurs en aluminium ou en or de 40 μm. Les connexions sont posées par ultrasons ou par thermocompression. Les vibrations produites par l'énergie ultrasonique échauffent l'extrémité à connecter. La figure 31-4 illustre un boîtier terminé de CI. Remarquer que les fils de connexion et les broches occupent la plus grande part du volume du boîtier.

Les boîtiers de CI sont généralement de forme circulaire, comme le T0-5, de forme plate en céramique ou à double rangée de connexions (DIP). Le boîtier T0-5 est en plastique ou en verre fondu hermétiquement scellé dans une atmosphère d'azote sec. Les modèles plats et à double rangée de connexions (DIP) sont en céramique ou en plastique. Les boîtiers en céramique offrent un meilleur joint hermétique que ceux en plastique.

La figure 31-5 illustre les connexions habituelles des modules de CI. Le boîtier circulaire T0-5 comporte généralement 8, 10 ou 12 conducteurs. Les modèles à double rangée de connexions et plats comportent 8, 14, 16, 24 ou 28 broches. Il existe des douilles d'enfichage pour tous les types de boîtiers de CI, elles sont souvent soudées sur la plaquette à circuit imprimé.

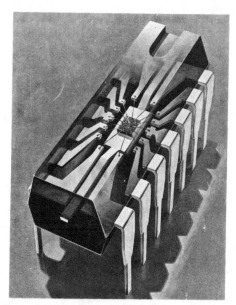

Figure 31-4 *Puce de circuit intégré dans un boîtier à double rangée de connexions de 25,4 mm de long.*

Problèmes pratiques 31.2
(réponses à la fin du chapitre)
Répondre par vrai ou faux:
(a) Le procédé de rupture de la plaquette ou tranche de silicium en 25 à 100 puces, s'appelle le découpage;
(b) À l'exemple du verre, le bioxyde de silicium (SiO_2) est un isolant.

31.3
COMPOSANTS INTÉGRÉS

Nous considérerons les transistors, diodes, résistances et condensateurs intégrés. Une jonction PN polarisée en inverse assure une isolation R d'au moins 100 MΩ entre les composants adjacents. Outre l'avantage propre à leur miniaturisation, ces composants intégrés ont l'avantage de présenter des caractéristiques adaptées aux valeurs et gradients de température de fonctionnement.

Transistors bipolaires intégrés La figure 31-2 illustre la fabrication d'un transistor NPN, le type le plus courant. Remarquer que le substrat P forme, avec le collecteur P, une diode inverse. Le substrat P pourrait également être le collecteur d'un transistor PNP à couches N et P adjacentes. Cet arrangement formerait une paire complémentaire de transistors NPN et PNP.

Diodes intégrées Une diffusion de type N dans le substrat P produit, aux endroits voulus sur la puce, les jonctions des diodes identiques, d'ailleurs, aux jonctions émetteur-base d'un transistor. On obtient donc une diode en reliant le collecteur d'un transistor à sa base (voir la figure 31-6); le collecteur joue le rôle de l'anode. Ne pas laisser le collecteur ouvert afin d'éviter la création de circuits parasites avec les autres composants de la puce. Les caractéristiques de telles diodes sont adaptées aux transistors de la puce, car ces composants sont tous fabriqués de la même façon. Ces diodes servent à polariser les transistors par la base, à compenser les effets dus à la température et à isoler la polarité incorrecte de la tension du collecteur d'un transistor séparé.

On obtient également une diode en reliant le collecteur à l'émetteur. Ces deux types de jonctions sont utilisées en parallèle pour obtenir des diodes.

Diodes Zener intégrées On obtient une diode Zener en appliquant une tension inverse à la jonction émetteur-base. La tension de Zener type est de 7 V. Les diodes Zener servent à la régulation et à la stabilisation de la tension d'alimentation en contrant les variations dues à des courants de charge différents.

Résistances intégrées On utilise habituellement une bande P légèrement dopée (voir la figure 31-7). La couche N en dessous de la

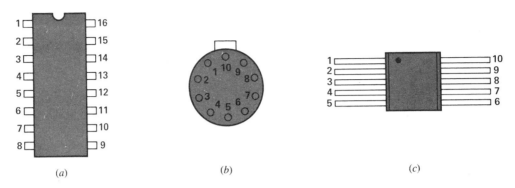

(a)   *(b)*   *(c)*

Figure 31-5 *Schémas de brochage de boîtiers de CI. La broche 1 comporte un point ou une encoche. (a) Vue de dessus d'un boîtier de TO-116 à 16 broches en double rangée; (b) vue de dessous d'un boîtier TO-5 à 10 broches; (c) vue de dessus d'un boîtier plat TO-81 en céramique à 10 broches.*

couche P est polarisée en inverse pour isolation du substrat. Le bioxyde de silicium isole de la prochaine couche. Des pattes en aluminium relient les connexions externes à la résistance.

Ce type de résistance monolithique présente une résistance d'environ 200 Ω pour la puce entière. Le rapport de la longueur à la largeur de la bande résistive permet cependant d'obtenir des valeurs allant de 100 à

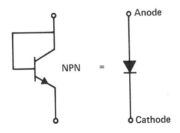

Figure 31-6 *Branchement d'un transistor triode en diode.*

25 000 Ω. Des techniques spéciales de dopage réduisent la surface transversale de la bande résistive et donnent des valeurs allant de 10 à 50 kΩ. Ce type de résistance est appelé *résistance de pincement*.

La tolérance des résistances monolithiques varie de ±30 à ±50 %, ce qui donne une très faible précision. De plus, le coefficient de température de la résistivité est élevé. On peut cependant contrôler les rapports de résistances d'une même puce en deçà de 2 à 3 %. Les circuits sont donc conçus pour fonctionner avec des rapports de résistances donnés et non avec des valeurs de résistances données.

Condensateurs intégrés Il en existe deux types: le type à jonction représenté par C à la figure 31-2 et le type semi-conducteur métal-oxyde (MOS), de la figure 31-8. Dans le type à jonction, C représente la capacité de la zone de déplétion d'une jonction PN polarisée en inverse. Les valeurs habituelles vont de 0,115 à 0,6 pF par superficie de 0,001 mm² pour une tension de polarisation inverse de 5 V. Si

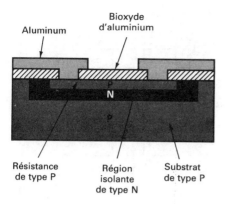

Figure 31-7 *Coupe d'une résistance de type P diffusée dans une puce de circuit intégré. (Extrait de RCA Manual IC-42)*

on utilise une superficie de 0,1 mm² sur une superficie de 1,61 mm², alors C vaudra de 15 à 60 pF.

Pour le condensateur MOS de la figure 31-8, la couche N^+ constitue l'armature du bas, la couche isolante SiO_2 est le diélectrique et le dépôt d'aluminium constitue l'armature opposée. La valeur de C de 3 à 30 pF dépend du diélectrique et de la superficie des armatures. Le signe $+$ affecté à N ou à P indique un dopage intense.

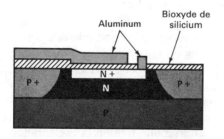

Figure 31-8 *Coupe d'un condensateur monolithique de type semi-conducteur métal-oxyde (MOS). (Extrait de RCA Manual IC-42)*

Transistors oxyde-métal à symétrie complémentaire (COS/MOS ou C/MOS) Ces transistors à effet de champ (MOSFET ou IGFET) comportent un canal P et un canal N et sont généralement du type à enrichissement. La figure 31-9 illustre un circuit inverseur à semi-conducteurs oxyde-métal à symétrie complémentaire utilisé en logique numérique. Le rôle de l'inverseur est de changer les états d'un train d'impulsions, du niveau haut au niveau bas ou vice versa.

À la figure 31-9a, le substrat N du transistor à effet de champ (TEC) de droite donne un canal N. Les électrodes de la grille, du drain et de la source sont représentées en traits forts. Les zones P^+ servent de bandes de garde de séparation des différentes électrodes les unes des autres. La région P du transistor à effet de champ (TEC) de gauche fournit le canal P. Les électrodes de la grille, du drain et de la source de ce transistor à effet de champ sont séparées les unes des autres par les bandes de garde N^+.

Le circuit inverseur de la figure 31-9b recourt à la symétrie complémentaire. Le substrat du canal P est à $+V_{DD}$, le canal N est à la masse (0 V). Lorsque la tension d'entrée est 0 V, le transistor à effet de champ à canal P conduit et celui à canal N est bloqué. La tension de sortie est alors voisine de V_{DD}. Ces états sont inversés au moment où l'entrée est une impulsion de tension positive, alors le transistor à canal P est bloqué et celui à canal N conduit. La tension de sortie est alors voisine de 0 V. On voit donc que V_{sortie} est au niveau haut lorsque $V_{entrée}$ est au niveau bas, et que V_{sortie} est au niveau bas lorsque $V_{entrée}$ est au niveau haut, ce qui donne bien la fonction inversion.

Tension d'alimentation Les valeurs habituelles sont de 15 à 40 V pour les modules de circuits intégrés linéaires et de 3 à 15 V pour

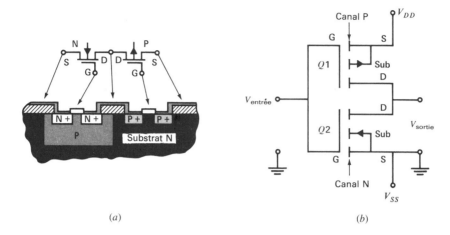

(a)   *(b)*

Figure 31-9 (a) *Coupe de transistors oxyde-métal à symétrie complémentaire (COS/MOS) diffusés sur une puce à CI; (b) circuit inverseur à fabriquer dans (a). (Extrait de RCA Manual SC-16)*

les modules de circuits intégrés numériques en fabrication monolithique. Une polarité positive est d'ordinaire requise, comme pour la tension collecteur des transistors NPN.

Problèmes pratiques 31.3
(réponses à la fin du chapitre)
Répondre par vrai ou faux:
(a) 80 μF est une valeur type de la capacité d'un condensateur monolithique intégré;
(b) Pour transformer une transistor NPN en diode, il faut relier le collecteur à la base.

31.4
AMPLIFICATEUR DIFFÉRENTIEL
Ce circuit est habituellement utilisé dans les modules de CI linéaires. Il répond à une large variété de fonctions. Le diagramme schématique du principe du circuit amplificateur apparaît à la figure 31-10. Les transistors NPN $Q1$

et $Q2$ à couplage direct entre les émetteurs constituent une *paire différentielle.*

Une seule alimentation V_{CC} est nécessaire. Des résistances R_L égales équilibrent les étages. La résistance R_1 du circuit des émetteurs permet d'ajuster la polarisation émetteur-base, donc d'avoir les mêmes courants collecteur I_C dans $Q1$ et $Q2$. Le rôle de $R2$ est d'augmenter la résistance du circuit des émetteurs et son effet est de fournir une source de courant constant pour stabiliser le courant de polarisation. De plus, la résistance commune aux deux circuits d'émetteur fournit une réaction.

Dans de nombreux cas, le circuit de polarisation de la branche des émetteurs recourt à un transistor séparé de conduction du courant de saturation. Grâce à cette méthode, le courant de polarisation est constant et l'on n'a plus besoin d'une tension de polarisation négative.

Dans la liste ci-dessous, on énumère les différentes méthodes possibles d'entrer et de sortir les signaux.

1. *Sortie différentielle* Cette tension de signal entre les points 1 et 2 est la différence entre les tensions collecteur de *Q*1 et de *Q*2.
2. *Entrée différentielle* Deux tensions de signal de polarités opposées sont appliquées aux bornes d'entrée des bases. Un tel exemple de tensions opposées porte aussi le nom de signal symétrique.
3. *Entrée unique* Le signal d'entrée est appliqué à une seule borne d'entrée, l'autre est mise à la masse.
4. *Sortie unique* La tension du signal est prélevée au collecteur de *Q*1 ou de *Q*2 seul, au point 1 ou 2 seul. Si l'entrée est de type différentiel, alors les sorties uniques en 1 ou en 2 sont de polarités opposées.

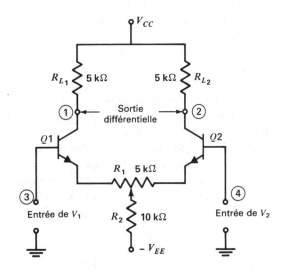

Figure 31-10 *Circuit de principe d'un amplificateur différentiel.*

Amplification d'un signal différentiel
Considérons, par exemple, des tensions d'entrée et de sortie différentielles. Supposons un gain de 100 pour chaque étage et une entrée V_1 à la base de *Q*1 de $+1$ mV. Ce signal amplifié et inversé par *Q*1 donne -100 mV au point A. Appliquons également à la base de *Q*2 une tension V_2 de -1 mV, de polarité opposée à celle de V_1. Ce signal amplifié et inversé par *Q*2 donne $+100$ mV au point *B*.

Chaque étage agit comme un amplificateur à émetteur commun (EC). La tension émetteur est la même pour *Q*1 et *Q*2, car les signaux base opposés s'annulent dans la branche commune des émetteurs.

La sortie différentielle est la différence entre les tensions des signaux aux points 1 et 2. Cette différence des sorties est de 100 mV $-$ (-100mV) $= 200$ mV. La tension différentielle d'entrée est de 2 mV. Le gain de tension de l'amplificateur différentiel est donc de $200/2 = 100$, le même que celui d'un étage seul. Cela tient au fait que les tensions des collecteurs varient en sens opposés.

Réjection commune L'avantage de l'amplificateur différentiel est de ne présenter aucun gain lorsque les signaux appliqués à *Q*1 et à *Q*2 sont en phase, autrement dit ils sont communs. En effet, des potentiels égaux en 1 et en 2 donnent une différence nulle.

Les variations de la tension d'alimentation, par exemple, sont appliquées en commun: elles sont donc rejetées. Bref, le circuit amplifie les signaux différentiels et rejette les signaux communs. Le taux de réjection commune dépend du degré d'équilibre des deux étages.

Tension de décalage Cette expression désigne la tension de sortie différentielle sans entrée. Idéalement, la tension de décalage est nulle, mais les étages ne sont pas parfaitement équilibrés par la faute des courants I_C ou des signaux d'entrée. Des variations de température et le captage de signaux parasites peuvent égaler également engendrer un décalage.

Amplificateurs opérationnels Fondamentalement, l'amplificateur opérationnel comprend deux étages à couplage direct à entrée différentielle et à sortie unique. De nombreuses combinaisons de réactions permettent cependant d'obtenir un circuit présentant les avanges suivants: gain élevé, largeur de bande étendue des signaux audiofréquences et radiofréquences, impédance d'entrée élevée et impédance de sortie faible. Ils figurent dans les dispositifs suivants: amplificateurs, comparateurs, suiveurs, différentiateurs, intégrateurs, additionneurs, soustracteurs et déphaseurs.

> ***Problèmes pratiques 31.4***
> ***(réponses à la fin du chapitre)***
> ***Considérer le circuit de la figure 31-10:***
>
> (a) Quelles sont les bornes de la sortie différentielle?
> (b) Quelles sont les bornes de l'entrée différentielle?

31.5
APPLICATIONS DES CI LINÉAIRES

Les modules de CI linéaires sont surtout utilisés dans les amplificateurs linéaires et les circuits analogiques. Un signal analogique, une onde sinusoïdale par exemple, présente des variations continues correspondant à l'information désirée. Les circuits numériques ou à impulsions fonctionnent entre deux états discrets: en circuit, hors circuit.

Voici quelques applications des CI linéaires:

Amplificateurs audiofréquences Habituellement par paires, pour stéréo.

Amplificateurs radiofréquences et oscillateurs Pour les récepteurs de radio AM et FM et pour les téléviseurs.

Amplificateurs fréquences intermédiaires Pour les récepteurs AM, FM ou les téléviseurs, habituellement avec détecteur. Par fréquence intermédiaire on entend la fréquence du signal porteur avant sa détection.

Circuits couleur de 3,58 MHz Regénérateur de sous-porteuses, amplificateurs et démodulateurs pour téléviseurs couleur.

Amplificateurs opérationnels Pour amplification à large bande.

Régulateurs de tension Pour stabiliser une tension d'alimentation continue.

Hacheurs Pour hacher une forme d'onde continue en segments alternatifs afin de faciliter son amplification et de la reconvertir ensuite à la forme continue. Le hacheur est utilisé pour amplifier une grandeur continue fixe ou des variations de très faible fréquence.

Réseaux de diodes et de transistors Présentent des connexions séparées, mais le module intégré présente des caractéristiques adaptées.

Il existe, de plus, des puces de CI spécialisées pour les calculatrices électroniques, les montres électroniques, les modules de jeux vidéo pour téléviseurs et les sélecteurs de fréquence utilisés dans les postes de radio bande publique (BP) au lieu de cristaux séparés.

On peut voir à la figure 31-11 un exemple de module de CI linéaire comprenant deux amplificateurs audiofréquences. Au chapitre 32, intitulé «Électronique numérique», on explique certaines applications des CI numériques.

Le module à double rangée de connexions (DIP) illustré à la figure 31-11a comporte 14 broches numérotées à partir de l'encoche de la vue de dessus. Ce module fournit jusqu'à 2 W par canal audio à des haut-parleurs de 8 ou 16 Ω. Sa tension d'alimentation est de 10 à 26 V. Son courant total d'alimentation est de 15 mA sans signal, jusqu'à une intensité de charge maximale de 500 mA.

Remarquer le symbole triangulaire des amplificateurs à CI tracé à la figure 31-11*b*. Chaque amplificateur comporte un canal audio. Les chiffres portés sur les amplificateurs se rapportent aux numéros des broches de (*a*). Les composants à l'extérieur de la boîte en trait discontinu doivent être ajoutés au module du CI. Remarquer la résistance de réaction de 100 kΩ entre la sortie et la broche 7 pour l'amplificateur du haut, et la broche 8 pour celui du bas.

Problèmes pratiques 31.5
(réponses à la fin du chapitre)

(*a*) Soit le module représenté à la figure 31-11*a*. Quelles sont les deux broches utilisées pour les signaux audio de sortie?

(*b*) Soit le circuit de la figure 31-11*b*. Quelle est la capacité du condensateur de couplage des hauts-parleurs?

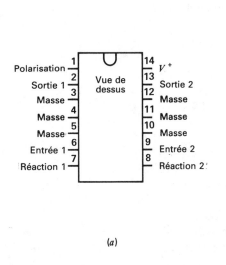

(*a*)

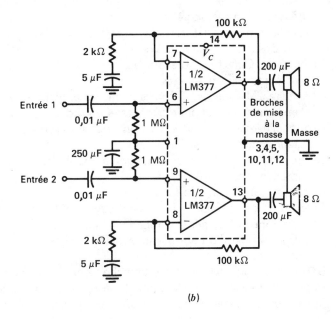

(*b*)

Figure 31-11 *Module de CI pour amplificateur stéréophonique audiofréquences:* (*a*) *boîtier à double rangée de connexions;* (*b*) *application typique. Les composants à l'extérieur de la boîte en trait discontinu ne font pas partie de l'amplificateur à CI.* (National Semiconductor LM377)

Résumé

Les termes et définitions suivants résument les principales caractéristiques des circuits intégrés.

Amplificateur différentiel Amplificateur à gain élevé permettant une entrée et une sortie différentielles.

Amplificateur opérationnel Amplificateur à gain élevé avec réseau à réaction de détermination des caractéristiques.

Bipolaire Qualifie un type de transistors NPN ou PNP.

Boîtier DIP Boîtier à double rangée de connexions. (CI) Circuit intégré à semi-conducteurs, R et C sur une seule puce.

CI à couche épaisse Circuit dans lequel R et C sont formés sur un substrat en verre ou en céramique; les transistors sont ajoutés sous forme de puces discrètes.

CI à couche mince Circuit dans lequel R, C et les transistors sont déposés sur un substrat en verre ou en céramique.

CI hybride Circuit comprenant des unités de fabrication monolithique et des transistors séparés.

CI linéaire Module de CI comprenant des amplificateurs linéaires pour applications en audiofréquences et en radiofréquences.

CI monolithique Module à CI dont tous les composants semiconducteurs sont formés sur un substrat.

CI numérique En logique numérique à impulsions, circuit intégré comprenant des portes.

Commun Synonyme de «en phase».

COS/MOS ou C/MOS Transistor oxyde-métal à effet de champ (MOSFET) à symétrie complémentaire.

Décalage Sortie d'un amplificateur différentiel qui n'est soumis à aucune entrée.

Découpage Subdivision d'une branche semi-conductrice en puces.

Entrée différentielle Entrée à polarités opposées ou entrée symétrique.

Intégration à échelle moyenne (MSI) Accumulation d'au plus 100 portes par puce numérique intégrée.

Intégration à grande échelle (LSI) Accumulation d'au moins 100 portes par puce numérique.

Inverseur Circuit numérique inversant le niveau haut d'une impulsion en un niveau bas et vice versa.

Micro-électronique Domaine de l'électronique à équipement miniaturisé par les CI.

MOS Transistor métal-oxyde à effet de champ (MOSFET). Autre désignation: transistor à effet de champ à porte isolée (IGFET).

Porte   circuit à deux états (en circuit, hors circuit) utilisé dans les applications numériques.

Puce   Semi-conducteur miniature contenant les circuits intégrés.

Sortie différentielle   Différence entre les deux sorties.

Substrat   Support sur lequel les composants du CI sont formés.

Symétrie complémentaire   Symétrie entre les canaux P et N ou entre des transistors PNP et NPN.

Exercices de contrôle
(Réponses à la fin de l'ouvrage)

Voici un moyen de contrôler si vous avez bien assimilé le contenu de ce chapitre. Ces exercices sont uniquement destinés à vous évaluer vous-même.

Répondre par vrai ou faux.

1. La figure 32-2 illustre la fabrication d'un CI monolithique linéaire.
2. La valeur habituelle L des bobines intégrées sur une puce est comprise entre 10 et 100 mH.
3. La valeur habituelle C des condensateurs intégrés sur une puce est comprise entre 3 et 30 pF.
4. Un transistor NPN dont le collecteur est relié à la base ou à l'émetteur se comporte comme une diode.
5. La tension d'alimentation continue habituelle des modules de CI est comprise entre 3 et 40 V.
6. Les transistors d'un module de CI linéaire monolithique sont habituellement du type NPN sur substrat de silicium.
7. Les modules de CI linéaires et numériques ont généralement des applications similaires.
8. Soit l'amplificateur différentiel de la figure 31-10. R_{L_1} et R_{L_2} sont les résistances de charge des collecteurs.
9. Soit la figure 31-10. La tension aux bornes de R_{L_2} est la sortie différentielle.
10. Soit les amplificateurs stéréophoniques en audiofréquences de la figure 31-11*b*. Les condensateurs de couplage d'entrée ont une capacité de 0,01 μF.

Questions

1. Comparer les applications des modules de CI linéaires et numériques.
2. Comparer la fabrication des modules de CI monolithiques, à couche mince et hybrides.
3. À partir d'un manuel de circuits intégrés, énumérer les modules de CI linéaires et numériques de deux types.
4. Comparer les boîtiers et les connexions de broches des modules de CI T0-5 et à double rangée de connexions (DIP).
5. Donner trois façons d'alimenter et de saisir le signal de sortie de l'amplificateur différentiel de la figure 31-10.
6. Soit un amplificateur différentiel. Qu'entend-on par réjection commune et par tension de décalage?
7. Donner cinq types de composants habituellement intégrés de façon monolithique.
8. Qu'entend-on par symétrie complémentaire?

Réponses aux problèmes pratiques

31.1   (a) vrai
       (b) vrai
       (c) faux
31.2   (a) vrai
       (b) vrai
31.3   (a) faux
       (b) vrai

31.4   (a) 1 et 2
       (b) 3 et 4
31.5   (a) 2 et 13
       (b) 200 μF

Électronique numérique

Les circuits électroniques se subdivisent en deux grandes catégories: les circuits analogiques et les circuits numériques. Dans les circuits analogiques, les formes d'onde de tension et de courant sont semblables aux variations du signal. Un signal numérique, par contre, est constitué d'un train d'impulsions de même niveau: haut ou bas. Un tel signal est dit *binaire,* car il présente deux bits d'information.

L'usage habituel des circuits numériques est le comptage numérique. Ces applications comprennent les domaines importants des ordinateurs, des calculatrices électroniques, des horloges numériques et de l'appareillage d'essai. (Un fréquencemètre numérique est représenté à la figure 32-1.) Une comparaison entre les appareils de mesure analogique et numérique (voir description au chapitre 7) apparaît aux figures 7-22, illustrant un voltmètre électronique (VTVM) analogique et 7-23, montrant un voltmètre électronique (VTVM) numérique.

De plus, les signaux numériques présentent sur les signaux analogiques l'avantage de réduire les effets dus au bruit. D'où l'usage des circuits numériques dans les télécommunications en plus du comptage et de la commande numériques. Dans ce chapitre, certaines caractéristiques fondamentales de l'électronique numérique sont traitées selon la répartition suivante:

32.1 Nombres binaires
32.2 Arithmétique binaire
32.3 Logique symbolique des circuits de commutation
32.4 Tables de vérité
32.5 Circuits logiques de base
32.6 Portes à diodes
32.7 Logique diodes-transistor (DTL)
32.8 Logique transistor-transistor (TTL)
32.9 Multivibrateurs
32.10 Bascules
32.11 Compteurs

32.1
NOMBRES BINAIRES

Ce système de numération n'utilise que les chiffres 0 et 1. Ces derniers représentent les deux niveaux d'un signal binaire. Les nombres 001, 010 et 111, par exemple, sont des nombres binaires, le nombre de 1 et de 0 n'est pas

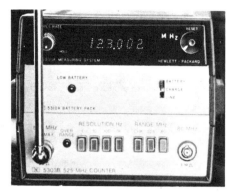

Figure 32-1 *Fréquencemètre numérique. (Hewlett Packard)*

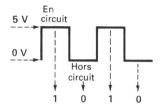

Figure 32-2 *Correspondance entre les chiffres binaires 1 et 0 et les états des impulsions de tension.*

limité. À la figure 32-2, on montre la correspondance entre les deux niveaux de la forme d'onde d'une impulsion et les chiffres binaires 0 et 1.

Le nombre de chiffres utilisé dans un système de numération est appelé la *base* de ce système. Les nombres décimaux (base 10), par exemple, s'écrivent à l'aide des chiffres 0, 1, 2, 3, 4, 5, 6, 7, 8, 9 seulement. De la même façon, les nombres binaires (base 2) n'utiliseront que les chiffres 0 et 1. La base est parfois précisée en indice: $(111)_2$, par exemple.

Le plus grand chiffre utilisé dans un système est inférieur de 1 à la base de ce système: 9 est le chiffre le plus élevé des nombres décimaux et 1, le plus grand chiffre des nombres binaires.

Importance de la position des chiffres
Les chiffres d'un nombre ont un certain poids et un certain rang, indiqués par la *virgule décimale* dans le cas des nombres décimaux et par la *virgule binaire* dans le cas des nombres binaires.

Les poids décimaux sont illustré à la figure 32-3. Pour les nombres plus grands que 1, la place ou rang (symbole i) 0 à gauche de la virgule décimale est réservée aux unités, soit 0 à 9. La seconde place ou rang 1 est réservée aux dizaines. La place suivante ou rang 2 est réservée aux multiples de 10^2, soit les centaines. La place suivante ou rang 3 est réservée aux multiples de 10^3, soit les milliers, etc. Le rang des chiffres augmente donc en allant vers la gauche comme l'exposant entier positif de la base 10. Le poids est égal à 10^i, i étant le rang. Le rang et le poids des chiffres augmentent donc en allant vers la gauche.

Pour les nombres décimaux plus petits que 1, les fractions décimales s'écrivent à droite de la virgule décimale. Le rang i des chiffres est -1, -2, -3, etc., et le poids est 10^i. Le rang et le poids diminuent donc en allant vers la droite.

Cette méthode est également applicable aux nombres binaires. Pour les nombres plus élevés que 1, la première place ou rang 0, à gauche de la virgule, ne peut cependant être occupé que par 0 ou 1. Comme auparavant, le chiffre de rang immédiatement supérieur s'écrit à la place suivante. La seconde place est réservée aux puissances 1 de 2. Les places suivantes sont réservées aux puissances 2, 3, etc. de 2. Le poids est égal à 2^i, i étant le rang. Le rang et le poids des chiffres augmentent donc en allant vers la gauche.

Les places à droite de la virgule binaire sont réservées aux fractions inférieures à 1, comme dans le cas des nombres décimaux. Le rang i des chiffres est -1, -2, -3, etc., et

$10^3 =$ MILLIER	$10^2 =$ CENTAINE	$10^1 =$ DIZAINE	CHIFFRES 0 À 9	QUANTITÉ
0	1	1	1	$(111)_{10}$

Figure 32-3 *Rang et poids des chiffres d'un nombre décimal.*

le poids est 2^i. Le rang et le poids diminuent donc en allant vers la droite.

Le nombre binaire de l'exemple illustré à la figure 32-4 est 111_2, soit $4 + 2 + 1 = (7)_{10}$. Ce nombre binaire 111 est en réalité 111,0 mais, ordinairement, on néglige la virgule, comme dans les nombres décimaux.

Autre exemple: $(1100)_2 = 8 + 4 + 0 + 0 = (12)_{10}$. L'écriture des nombres binaires exige un plus grand nombre de rangs que les nombres décimaux, car leur base est plus petite: $2 < 10$.

La méthode générale d'écriture des nombres des systèmes de numération de bases différentes apparaît à la figure 32-5. En plus des bases 10 et 2, cette figure comprend également la base 8, aussi utilisée dans les circuits numériques.

Conversion d'un nombre binaire en nombre décimal Il suffit de déterminer la valeur de chaque chiffre du nombre binaire et de les additionner. Soit le nombre binaire 1010101 à 7 chiffres. On aura $(1010101)_2 = 64 + 0 + 16 + 0 + 4 + 0 + 1 = (85)_{10}$.

Conversion d'un nombre décimal en nombre binaire Il existe plusieurs méthodes pour une telle conversion, voici la plus habituelle:

1. diviser successivement le nombre décimal par 2, jusqu'à ce que le quotient soit 0;
2. remarquer que chaque reste est 0 ou 1;
3. les restes, 0 ou 1, sont les chiffres du nombre binaire cherché.

Écrire les restes à partir de la virgule binaire en allant vers la gauche selon leur ordre d'apparition dans la division. Poursuivre les divisions jusqu'à ce que le dernier quotient soit nul.

Soit à convertir le nombre $(13)_{10}$ en un nombre binaire. On aura successivement:

$$13 \div 2 = 6 \qquad reste = 1$$
$$6 \div 2 = 3 \qquad reste = 0$$
$$3 \div 2 = 1 \qquad reste = 1$$
$$1 \div 2 = 0 \qquad reste = 1$$

Les restes apparaissent selon l'ordre 1, 0, 1, 1.

$2^3 =$ HUITAINE	$2^2 =$ QUATRAINE	$2^1 =$ DEUZAINE	CHIFFRES 0 OU 1	QUANTITÉ
0	1	1	1	$(7)_{10}$

Figure 32-4 *Rang et poids des chiffres d'un nombre binaire.*

(BASE)³	(BASE)²	BASE	CHIFFRES	BASE
1000	100	Dix	0 à 9	10
8	4	Deux	0 ou 1	2
512	64	Huit	0 à 7	8

Figure 32-5 *Rang et poids des chiffres des nombres de base 10,2 et 8.*

Inscrivons-les à partir de la virgule binaire. Selon l'ordre d'apparition, on obtient le nombre $(1101)_2$. Ce qui donne bien $8+4+0+1=13$.

Décalage de la virgule Décaler la virgule d'un nombre décimal d'un rang vers la droite multiplie ce nombre par 10. Les nombres $10 \times 53,7$ et $537,0$, par exemple, sont égaux. Décaler la virgule d'un nombre décimal d'un rang vers la gauche divise ce nombre par 10.

Décaler la virgule d'un nombre binaire d'un rang le multiplie ou le divise par 2. Par exemple, $(111,0)_2 = (7)_{10}$, mais $(1110,0)_2 = (14)_{10}$. Le 7 est devenu 14, il a donc été multiplié par 2 par le décalage de la virgule binaire d'un rang vers la droite.

Pour diviser par 2, décaler la virgule binaire d'un rang vers la gauche. Par exemple:
$$(111,0)_2 = (7)_{10},$$
mais $(11,10)_2 = (2+1+0,5)_{10}$
$$= (3,5)_{10}$$
$$= \text{la moitié de } 7.$$

Problèmes pratiques 32.1
(réponses à la fin du chapitre)

(a) Convertir $(1111)_2$ en un nombre de base 10.

(b) Convertir $(10)_{10}$ en un nombre binaire.

(c) Convertir $(000)_2$ en un nombre décimal.

32.2
ARITHMÉTIQUE BINAIRE

N'utiliser que les chiffres 0 et 1, quel que soit leur rang. On aura la table d'addition suivante:

$$0+0=0$$
$$0+1=1$$
$$1+0=1$$
$$1+1=(10)_2$$

Le résultat de la dernière somme n'est pas le nombre décimal 10; ses chiffres 0 et 1 proviennent du fait qu'il y a report de 1.

Un bit (chiffre binaire) ne peut être égal à 2. Le poids du bit 1 de rang 1 est cependant 2. Le poids du premier bit est 0, de sorte que la somme ne pourrait être 3. La règle s'énonce comme suit: $1+1$ donne 0 et un report de 1 au chiffre de rang immédiatement supérieur.

Pour additionner des nombres comportant plus d'un bit, commencer immédiatement à gauche de la virgule. Par exemple:

$$\begin{array}{r} (110)_2 \\ + (111)_2 \\ \hline 1101 \end{array}$$

À la troisième colonne à partir de la virgule, l'addition binaire de $1+1+$ report de 1 donne 1 dans cette colonne et un report de 1 dans la quatrième colonne.

Vérifions dans le système décimal: $6+7=13$.

Les deux seuls cas possibles avec report sont:

(a) $1+1=0$ et report de 1, donc $(10)_2$ qui est égal à $(2)_{10}$;

(b) $1 + 1 +$ report de $1 = 1$ et report de 1, donc $(11)_2$ qui est égal à $(3)_{10}$.

La table de multiplication ci-dessous résume tous les cas possibles:

$0 \times 0 = 0$ $1 \times 0 = 0$

$0 \times 1 = 0$ $1 \times 1 = 1$

Ces valeurs sont les mêmes qu'en multiplication décimale. Pour les multiplications de nombres comprenant plusieurs chiffres, il suffira d'additionner les produits partiels.

La bibliographie figurant à la fin de ce volume comporte une liste d'ouvrages traitant du calcul binaire par ordinateur. L'addition binaire est probablement l'opération la plus importante effectuée par les circuits de comptage numériques. En réalité, la multiplication est une méthode rapide d'addition de grands nombres. De plus, la soustraction est effectuée par des méthodes d'addition de compléments de nombres en ignorant le chiffre de rang le plus élevé. Et, finalement, la division se ramène à une soustraction.

Problèmes pratiques 32.2
(réponses à la fin du chapitre)
(a) Effectuer $(101)_2 + (010)_2$.
(b) Effectuer $(111)_2 + (111)_2$.

32.3
LOGIQUE SYMBOLIQUE DES CIRCUITS DE COMMUTATION

Ces circuits déterminent les résultats des différentes combinaisons de deux états: en circuit ou hors circuit, fermé ou ouvert, 1 ou 0. Dans le cas, par exemple, de deux interrupteurs en série dans le circuit d'allumage d'une lampe, il semble évident que les deux interrupteurs doivent être fermés pour que la lampe s'illumine ou soit en circuit. La relation entre la sortie et l'entrée de ce circuit est une fonction logique. La représentation d'un tel système porte le nom de logique symbolique, car les états de l'interrupteur sont notés à l'aide des symboles A et B ou 0 et 1.

En guise de rappel historique, soulignons que la logique symbolique est également appelée *algèbre de Boole,* du nom de son inventeur, le mathématicien anglais George Boole (1815-1864). Il symbolisa tout d'abord des énoncés ordinaires de manière à les analyser mathématiquement. Ces concepts furent appliqués à l'électronique par Claude Shannon, de la société Bell Telephone Laboratories, qui eut recours aux fonctions logiques pour simplifier les circuits de commutation des systèmes téléphoniques. De nos jours, tous les circuits électroniques numériques font appel à la logique symbolique. Les fonctions logiques de base sont les fonctions ET et OU et leur inversion, ou négation, NON-ET et NON-OU.

La fonction ET Cette fonction est implantée, par exemple, par les deux interrupteurs en série de la figure 32-6a. La lampe ne s'illuminera que si les deux interrupteurs sont fermés. Si l'un des deux, S_1 ou S_2, est ouvert ou si les deux le sont, alors la lampe ne s'illuminera pas.

Considérons ces deux interrupteurs comme une porte. Cette porte ET a deux entrées, une pour chaque interrupteur. La sortie symbolise l'alimentation de la lampe. Désignons par le symbole 1 l'état fermé (en circuit) et par 0 l'état ouvert (hors circuit) de chaque interrupteur. À la table ci-contre (page suivante), on donne les différentes combinaisons possibles. La lampe ne s'illuminera que si les deux entrées sont à l'état 1.

S₁	0	1	0	1
S₂	0	0	1	1
LAMPE	hors circuit	hors circuit	hors circuit	en circuit

Le symbole de la figure 32-6b indique que la porte ET effectue une multiplication logique. Les entrées étant notées A et B, la sortie est $(A)(B)$, $A\cdot B$ ou AB. En logique symbolique, ou algèbre de Boole, la fonction ET n'a pas le sens d'addition comme en arithmétique. Par contre, le signe de la multiplication doit suggérer la fonction ET.

Le symbole logique représente les circuits de commutation. En réalité, on soumet des diodes et des transistors à des impulsions afin d'obtenir le courant de conduction maximum à l'état en circuit. La forme du symbole indique la fonction ET. On n'obtient une alimentation de sortie que si toutes les entrées sont à l'état 1. Il arrive que plus de deux entrées soient re-

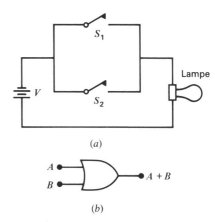

(a)

(b)

Figure 32-7 *Porte OU: (a) circuit équivalent; (b) représentation en logique symbolique.*

quises pour obtenir une alimentation de sortie, mais, là encore, toutes les entrées doivent être à l'état 1.

La fonction OU Cette fonction est implantée, par exemple, par les deux interrupteurs en parallèle de la figure 32-7a. Dans ce montage, il suffit que l'un des deux interrupteurs soit fermé pour que la lampe s'illumine. Elle s'illuminera également lorsque les deux interrupteurs seront fermés. Cette lampe ne sera éteinte que si les deux interrupteurs sont à l'état ouvert.

En désignant par 1 l'état en circuit et par 0 l'état hors circuit, on obtient des interrupteurs les combinaisons suivantes:

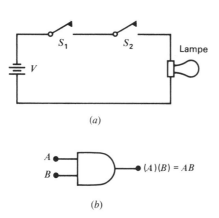

(a)

(b)

Figure 32-6 *Porte ET: (a) circuit équivalent; (b) représentation en logique symbolique.*

S₁	0	1	0	1
S₂	0	0	1	1
LAMPE	hors circuit	en circuit	en circuit	en circuit

Figure 32-8 *Symbole de la porte OU exclusif, avec la fonction de sortie encerclée pour préciser le caractère exclusif de cette opération.*

Le symbole de la figure 32-7*b* indique que la porte OU effectue une addition logique. Les entrées étant notées *A* et *B*, la sortie est *A + B*. Le signe + n'a pas cependant la même signification qu'en arithmétique. En logique symbolique, le signe + suggère la fonction OU. Il précise que toutes les entrées doivent être à l'état hors circuit pour que la sortie y soit aussi.

Le symbole de la figure 32-8 représente la fonction OU *exclusif*. À la figure 32-7, on décrit une fonction OU *inclusif*. Leur différence réside dans le fait que la sortie du circuit OU exclusif est hors circuit lorsque les entrées sont toutes hors circuit ou toutes en circuit. Remarquer que la sortie *A + B* du circuit de la figure 32-8 est encerclée pour préciser le caractère exclusif de cette fonction. Une fonction OU sans autre précision est toujours inclusive.

Inversion ou négation Le signal de sortie d'un circuit inverseur est de polarité opposée à celle du signal d'entrée. Exemple: la tension de

sortie collecteur amplifiée d'un transistor amplificateur NPN à émetteur commun (CE) est négative lorsque la tension d'entrée base est positive.

La fonction inversion est aussi appelée *négation*. Supposons que *A* puisse prendre les états, ou valeurs, 0 ou 1. Si *A* est à 0, son inverse est à 1; de la même façon, 1 sera inversé en 0. L'inversion s'applique donc également aux états en circuit et hors circuit.

Le symbole logique de l'inversion ou négation est une barre tracée sur la fonction. Cette barre indique l'état opposé. $\overline{A}$ (lire *A* barre), par exemple, signifie «NON *A*». Le symbole schématique généralement adopté pour la négation est un petit cercle. L'entrée *A* de l'amplificateur à petit cercle de la figure 32-9*a* est transformée en $\overline{A}$ à la sortie.

La fonction NON-ET Cette fonction est implantée par une porte ET à sortie inversée. Le cercle à la sortie du symbole de la porte ET de la figure 32-9*b* stipule l'inversion. La fonction de sortie NON-ET s'écrit $\overline{AB}$ ou NON *AB* au lieu de *AB* seul. La sortie sera à l'état hors circuit si et seulement si les deux entrées de la porte NON-ET sont à l'état en circuit.

La fonction NON-OU Cette fonction est implantée comme on le montre à la figure 32-9*c*, par une porte OU inclusive à sortie inversée. La fonction de sortie NON-OU s'écrit

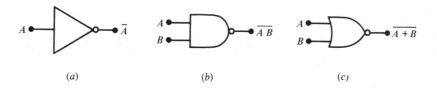

(*a*)   (*b*)   (*c*)

Figure 32-9 *Le petit cercle accompagnant le symbole indique l'inversion ou négation de la fonction: (a) entrée A, sortie NON A. Le triangle symbolise un amplificateur; (b) porte NON-ET; (c) porte NON-OU inclusive.*

Tableau 32-1

PORTE	ENTRÉES	SORTIES	FONCTION BOOLÉENNE
ET	Toutes en circuit (H*)	En circuit (H)	$x = AB$
OU	Toutes hors circuit (L**)	Hors circuit (L)	$x = A + B$
NON-ET	Toutes en circuit (H)	Hors circuit (L)	$x = \overline{AB}$
NON-OU	Toutes hors circuit (L)	En circuit (H)	$x = \overline{A + B}$

* Niveau haut (High)
** Niveau bas (Low)

$\overline{A + B}$ ou NON (A OU B) au lieu de A OU B seul. La sortie sera à l'état en circuit si et seulement si toutes les entrées sont à l'état hors circuit. L'action des portes ET, OU, NON-ET et NON-OU est résumée au tableau 32-1.

Application de la porte ET À la figure 32-10, on illustre deux trains d'impulsions soumises aux entrées d'une porte ET et la sortie qui en résulte. La porte ET ne présente un état en circuit (niveau haut) à la sortie que si toutes les entrées sont également au niveau haut. Cette sortie n'est donc au niveau haut qu'aux intervalles notés 1 et 5. Durant ces intervalles de temps, les entrées A et B sont au niveau haut. Aux autres instants, la sortie est au niveau bas, car une seule entrée est au niveau haut ou les deux le sont.

Problèmes pratiques 32.3
(réponses à la fin du chapitre)
Répondre par vrai ou faux:
(a) La porte ET correspond à deux interrupteurs en série;
(b) La porte OU correspond à deux interrupteurs en parallèle;
(c) La porte NON-ET est une porte OU inversée.

32.4
TABLES DE VÉRITÉ

Dans ces tables, on énumère toutes les combinaisons des signaux d'entrée, appelés variables d'entrée, d'une porte logique et on donne la sortie résultant de chaque combinaison. Le tableau 32-2, par exemple, est la table de vérité de la fonction ET à deux variables d'entrée. La

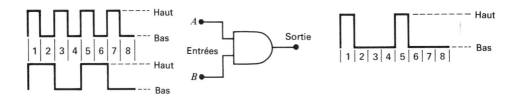

Figure 32-10 *L'impulsion de sortie d'une porte ET est au niveau haut seulement lorsque les deux entrées sont au niveau haut.*

Tableau 32-2 *Table de vérité et la fonction ET*

ENTRÉES		SORTIES
A	*B*	*(A)(B)*
0	0	$0 \times 0 = 0$
0	1	$0 \times 1 = 0$
1	0	$1 \times 0 = 0$
1	1	$1 \times 1 = 1$

Tableau 32-3 *Table de vérité et la fonction OU*

ENTRÉES		SORTIES
C	*D*	*C + D*
0	0	0 OU 0 = 0
0	1	0 OU 1 = 1
1	0	1 OU 0 = 1
1	1	1 OU 1 = 1

table est généralement dressée en notation binaire, 1 est mis pour en circuit ou niveau haut et 0 pour hors circuit ou niveau bas. La troisième colonne donne la vérité pour chaque ligne horizontale des combinaisons. La fonction ET a une sortie 1 si et seulement si les deux entrées sont à 1.

Toutes les combinaisons possibles doivent être énumérées dans la table de vérité. Pour deux variables avec deux symboles d'entrée, il existe $2^2 = 4$ combinaisons. Pour trois variables, il en existe $2^3 = 8$ et en général il en existe 2^N, N étant le nombre d'entrées.

La table de vérité de la fonction OU à deux entrées apparaît au tableau 32-3. La sortie est à 1 si une entrée est à 1 ou si les deux le sont.

Une application des tables de vérité est de montrer que certaines fonctions logiques sont identiques, c'est-à-dire que différentes implantations ou circuits présentent les mêmes sorties.

On montre au tableau 32-4 que la fonction logique $(\bar{A})$ $(\bar{B})$ est identique à $\overline{A + B}$.

Aux colonnes I et II on énumère les quatre combinaisons binaires possibles des entrées A et B. Les colonnes III et IV donnent les inverses, $\bar{A}$ et $\bar{B}$, par simple changement de 1 en 0 et de 0 en 1. À la colonne V, on énumère les résultats de la multiplication logique (fonction ET) de $\bar{A}$ par $\bar{B}$.

À la colonne VI, on dresse les résultats de l'addition logique (fonction OU) $A + B$ des valeurs initiales. La colonne VII est la négation de la colonne VI, soit $\overline{A + B}$.

En comparant la colonne VII $\overline{(A + B)}$ avec la colonne V[$(\bar{A})(\bar{B})$] ligne par ligne, on s'aperçoit que ces deux colonnes sont égales. Cette égalité, $\overline{A + B} = (\bar{A})(\bar{B})$ est connue sous l'appellation de De Morgan. C'est une des lois de l'algèbre de Boole.

Tableau 32-4 *Table de vérité montrant que $(\bar{A})(\bar{B}) = \overline{A + B}$*

I	II	III	IV	V	VI	VII
A	*B*	$\bar{A}$	$\bar{B}$	$(\bar{A})(\bar{B})$	*A + B*	$\overline{A + B}$
0	0	1	1	$1 \times 1 = 1$	0 OU 0 = 0	1
0	1	1	0	$1 \times 0 = 0$	0 OU 1 = 1	0
1	0	0	1	$0 \times 1 = 0$	1 OU 0 = 1	0
1	1	0	0	$0 \times 0 = 0$	1 OU 1 = 1	0

Problèmes pratiques 32.4
(réponses à la fin du chapitre)

(a) Quelle est la négation du chiffre binaire 1?

(b) Quelle est la négation du chiffre binaire 0?

(c) La table de vérité d'une fonction OU à quatre entrées comporte combien de combinaisons binaires?

32.5
CIRCUITS LOGIQUES DE BASE

Les portes, ces circuits logiques de base, sont constituées de résistances de diodes et de transistors à jonctions ou à effet de champ (TEC). Une tension directe fait commuter une diode à l'état passant. Dans cet état de conduction, la diode est pratiquement un court-circuit. Elle présente alors une faible résistance et une chute de tension interne inférieure à 1 V.

L'application d'une tension inverse à une diode à l'état passant la fait commuter à l'état bloqué. Elle est alors ouverte et présente une résistance très élevée.

De la même façon, un transistor est commuté à l'état passant par application d'une polarisation directe suffisante pour produire la saturation. La tension de sortie du transistor est alors très faible, la tension de saturation du collecteur étant inférieure à 1 V.

Lorsque le transistor est bloqué, le courant de sortie est nul, mais la tension de sortie est au niveau haut: sa valeur est égale à la tension d'alimentation, car il n'y a pas de chute IR aux bornes de R_L.

Un transistor à montage à émetteur commun (EC) est également un inverseur. Sa sortie collecteur est la négation d'une fonction logique appliquée à sa base.

Généralement, les circuits logiques combinent tous ces composants dans des circuits intégrés. Des puces à CI sont disponibles pour la plupart des fonctions logiques.

Logique positive et logique négative Il importe de définir les chiffres binaires 1 et 0 en fonction des polarités positive et négative des tensions. En logique positive, 1 représente la présence d'une tension positive par rapport à la masse du châssis (figure 32-11a). En général, l'état 1 indique le niveau haut d'une tension plus positive que l'état 0.

Remarquer que, pour les tensions négatives, le niveau de masse peut être l'état 1. La masse est alors plus positive qu'un potentiel négatif (figure 32-11b).

En logique négative, la polarité de tension opposée représente l'état 1. La logique positive étant la plus usuelle, l'état le plus positif de tous les circuits logiques figurant dans cet ouvrage est représenté par 1. La tension d'alimentation est généralement de 5,6 ou 12 V.

Types de circuits logiques Leur nom est formé des abréviations des composants qui les constituent. Voici les plus fréquents:

— logique transistor-transistor (TTL);

— logique diodes-transistor (DTL);

— logique résistances-transistor (RTL).

Des circuits à diodes sont de plus utilisés pour la porte ET et pour la porte OU. Suivies d'un étage à émetteur commun (EC), ces fonctions sont inversées, ce qui donne une porte NON-ET et une porte NON-OU.

Entrance et sortance Le nombre d'entrées que l'on peut connecter à un circuit logique est son entrance. Le nombre maximum de circuits que peut attaquer sa sortie est sa sortance: il spécifie le nombre de charges en parallèle que l'on peut connecter sans avoir trop de courant dans le circuit d'attaque.

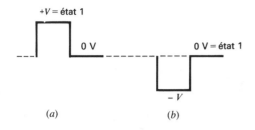

Figure 32-11 *Er logique positive, le chiffre binaire 1 représente la tension la plus positive: (a) +V par rapport à la masse; (b) masse par rapport à −V.*

Problèmes pratiques 32.5
(réponses à la fin du chapitre)

(a) En logique positive, le potentiel de la masse par rapport à −5 V est 0 ou 1?

(b) Soit un transistor en saturation. La tension collecteur est au niveau haut ou au niveau bas?

32.6
PORTES À DIODES

Les deux principaux types de portes à diodes sont celui de la porte ET illustré à la figure 32-12 et celui de la porte OU illustré à la figure 32-13. L'entrance illustrée est de 2. Elle peut être plus élevée: il suffit d'utiliser une diode par entrée.

Porte ET à diodes À la figure 32-12, $D1$ et $D2$ doivent conduire normalement pour être à l'état en circuit. Remarquer que R_1 et R_2 constituent un diviseur de la tension d'alimentation de 5 V. La tension positive aux bornes de R_2 est appliquée à l'anode des deux diodes. Ces diodes $D1$ et $D2$, conduisent donc lorsque la tension d'entrée à leurs cathodes est nulle. Alors V_{sortie} est au niveau 0, le point C est effectivement court-circuité à la masse par les diodes à l'état passant.

Une entrée de +3 V à la cathode de $D1$ ou de $D2$ bloque cette diode. Se rappeler qu'une tension positive à la cathode est équivalente à une tension négative à l'anode.

Ce circuit est une porte ET, car les deux entrées doivent être au niveau haut pour avoir une sortie de niveau haut également. Si l'une des entrées, à $D1$ ou à $D2$, bloque cette diode, alors l'autre entrée permet à cette autre diode de conduire et maintient V_{sortie} au niveau bas.

Les deux diodes ne sont bloquées que lorsqu'une tension de +3 V leur est appliquée. Alors la porte à diodes est ouverte et le potentiel au point C est égal à la tension aux bornes de R_2, soit +2 V. Cette tension de +2 V est le niveau haut ou état 1 de la sortie.

En recourant à la logique positive, on obtient la notation binaire:

V_1	V_2	V_{sortie}
0	0	0
0	1	0
1	0	0
1	1	1

Les entrées binaires 1 sous-entendent une tension d'entrée de +3 V. Les sorties binaires 1 correspondent à environ +2 V. La sortie est à 1 si et seulement si les deux entrées sont à 1. Telle est la fonction ET.

Porte OU à diodes À l'opposé de la porte ET, la porte OU exige que toutes les entrées soient au niveau bas pour que la sortie soit au niveau bas également. À la figure 32-13, on illustre la réalisation d'une porte OU à l'aide de diodes. Remarquer que $D1$ et $D2$ sont inversés dans ce cas et qu'on utilise une tension d'alimentation négative, contrairement à celle de la porte ET de la figure 32-12. Ces deux changements transforment la porte ET en une porte OU, les deux étant de logique positive.

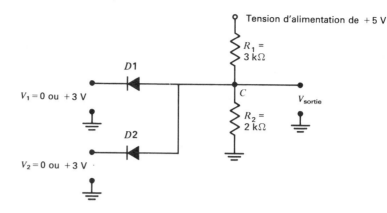

Figure 32-12 *Implantation d'une porte ET à diodes.*

La tension négative aux bornes de R_2 (figure 32-13) provenant de la tension d'alimentation de -5 V est appliquée à la cathode des diodes $D1$ et $D2$. Cela revient à appliquer une tension positive aux anodes, les deux diodes conduisent donc avec une tension d'entrée nulle aux anodes. Le potentiel de C est en conséquence voisin de celui de la masse et la sortie est à l'état 0.

Une tension de $+3$ V, appliquée à l'anode de $D1$ ou $D2$, est transmise au point C par la diode conductrice. Dans ce cas, le potentiel de C passe à environ $+3$ V, donc à l'état 1. Cette tension positive aux deux cathodes blo-

que la diode dont l'entrée à l'anode est de 0 V.

Une tension de $+3$ V, appliquée à $D1$ et $D2$, les fait conduire toutes deux. Alors la sortie à C est d'environ 3 V, donc à l'état 1.

Les combinaisons binaires sont:

V_1	V_2	V_{sortie}
0	0	0
0	1	1
1	0	1
1	1	1

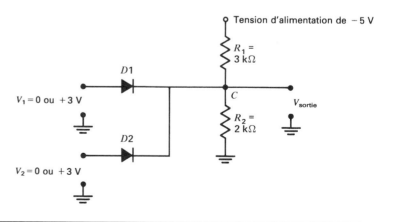

Figure 32-13 *Implantation d'une porte OU à diodes.*

La sortie est à 0 si et seulement si les deux entrées sont à 0. La sortie est à 1 si l'une ou l'autre des entrées, ou les deux, sont à 1. Telle est la fonction OU.

Problèmes pratiques 32.6
(réponses à la fin du chapitre)

(a) Soit une porte ET à sortie 1. Quel est l'état des deux entrées?
(b) Soit une porte OU à sortie 0. Quel est l'état des deux entrées?

32.7
LOGIQUE
DIODES-TRANSISTOR (DTL)

Cette logique utilise des portes à diodes avec un amplificateur à transistor à émetteur commun (EC) en guise d'étage inverseur. La combinaison diodes-transistor donne une porte NON-ET ou une porte NON-OU.

Porte NON-ET   Les unités $D1$, $D2$ et R_A, de la figure 32-14, forment une porte ET. Les diodes sont polarisées à l'état passant par la tension d'anode positive en provenance de la tension d'alimentation V_A via R_A. Le potentiel de C est donc voisin de celui de la masse. Les deux tensions d'entrée V_1 et V_2 doivent être de niveau haut et la tension, elle, à la cathode positive pour bloquer les diodes, afin que le potentiel du point C s'élève à la valeur de V_A. Lorsqu'une seule diode est bloquée, l'autre, qui est à l'état passant, maintient le potentiel de sortie de la porte au niveau bas, à une valeur voisine du potentiel de la masse.

La résistance R_1 du circuit de couplage à $Q1$ isole l'effet de chargement de la tension $V_{\text{entrée}}$, de niveau bas, entre la base et l'émetteur. Aux bornes de R_1, C_1 est un condensateur accélérateur; son rôle est de coupler les rapides variations de la tension de porte.

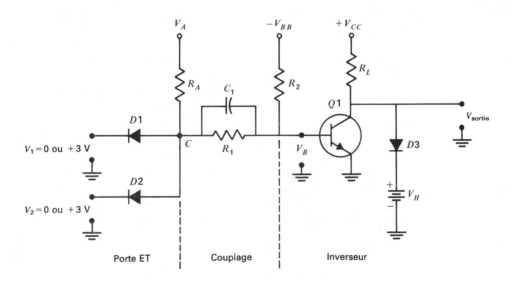

Figure 32-14 *Porte NON-ET à diodes et à transistor (DTL).*

La tension de sortie de la porte à diodes ET devient la tension base d'entrée V_B du transistor NPN $Q1$. Si aucune tension d'entrée ne provient de la porte, alors $Q1$ se bloque sous l'action de la tension base négative en provenance de $-V_{BB}$ via R_2. La tension collecteur, égale alors à $+V_{CC}$, est au niveau haut et le courant collecteur est nul. La tension V_{sortie} est donc au niveau haut, autrement dit à l'état 1.

Une attaque positive à la base fait conduire le transistor $Q1$. La tension collecteur est alors au niveau bas à cause de la chute de tension dans R_L. Il s'ensuit que V_{sortie} chute à l'état 0.

La diode $D3$ du circuit collecteur est une diode de verrouillage. Elle maintient le niveau haut de V_C à une valeur ne dépassant pas le niveau de verrouillage V_H. Toute valeur de V_C supérieure à V_H fait conduire $D3$. Le collecteur est alors effectivement branché à V_H.

Ci-dessous, la table de vérité de la porte NON-ET de la figure 32-14 résume les états des tensions V_1, V_2, V_B et V_{sortie}.

V_1	V_2	V_B	V_{sortie}
0	0	0	1
0	1	0	1
1	0	0	1
1	1	1	0

Remarquer que V_B est la sortie de la porte à diodes ET. Les deux entrées doivent être à 1 pour avoir 1 à l'entrée de $Q1$; V_{sortie} est la négation de cette entrée 1 à $Q1$. Quand l'entrée de $Q1$ est au niveau bas, alors la sortie est au niveau haut. La sortie de $Q1$ est de niveau bas si et seulement si la sortie de la porte ET est au niveau haut.

Porte NON-OU   Les diodes de la porte OU de la figure 32-15 sont inversées par rapport à celles de la porte ET de la figure 32-14. De plus, le transistor $Q1$ est un PNP au lieu d'un NPN. Les deux diodes sont polarisées en conduction par la tension négative à la cathode venant de $-V_A$ via R_A. Sans aucune entrée, cependant, les diodes conduisent et rendent le potentiel du point C proche du potentiel de la masse. R_A et $-V_A$ sont déterminés de manière à garder les diodes continuellement dans ce circuit.

Les entrées V_1 et V_2 du circuit de la figure 32-15 sont des impulsions négatives de -3 V. La tension de sortie avoisine -3 V lorsque les diodes passent la tension d'entrée au point C.

Remarquer qu'en logique positive le potentiel de masse est l'état 1 et -3 V est l'état 0. Sans aucune tension d'entrée aux diodes, le point C est au potentiel de la masse via les diodes en conduction. C'est l'état 1. On a l'état 0 lorsque les deux diodes passent la tension -3 V au point C. Cette tension de -3 V est la tension d'attaque négative de la base V_B pour $Q3$. Si une seule diode est soumise à une tension de -3 V, alors le court-circuit via l'autre diode en conduction sans entrée met C à la masse et donc à l'état 1.

Le transistor PNP est maintenu à l'état bloqué par la tension base positive venant de V_{BB} via R_2; $Q1$ conduit lorsque la porte à diodes fournit une attaque V_B négative de -3 V. La tension V_{sortie} au collecteur est au niveau bas lorsque $Q1$ conduit et au niveau haut lorsqu'il est bloqué.

La table ci-dessous dresse les valeurs des tensions d'entrée des diodes et celles de la sortie de $Q1$.

V_1	V_2	V_{sortie}
-3	-3	0
-3	0	-3
0	-3	-3
0	0	-3

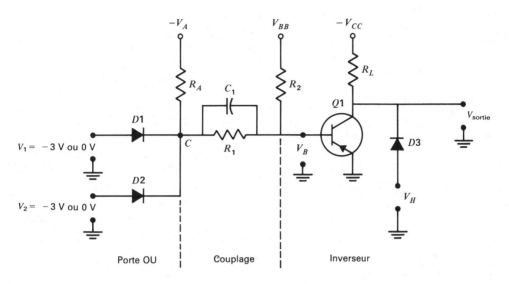

Figure 32-15 *Porte NON-OU à diodes et transistor en circuit DTL.*

En notation binaire, cette table s'écrit:

V_1	V_2	V_{sortie}
0	0	1
0	1	0
1	0	0
1	1	0

L'inversion de la porte OU inclusive donne V_{sortie} de la porte NON-OU. La sortie est 1 si et seulement si les deux entrées sont à 0.

Les formes d'onde des impulsions tracées à la figure 32-16 montrent ces résultats. Toutes les impulsions sont négatives, leur valeur minimale -3 V correspond à l'état 0. Remarquer que la largeur de l'impulsion de V_2 est le double de celle de V_1.

La tension V_{sortie} est à l'état 1 si et seulement si les tensions V_1 et V_2 sont toutes les deux à -3 V, c'est-à-dire à l'état 0. Cela survient durant l'intervalle de temps noté T_1.

Logique résistances-transistor (RTL) Ces circuits logiques sont semblables aux portes à logique diodes-transistor (DTL), les diodes étant simplement remplacées par des résistances. Dans un circuit diviseur de tension, les valeurs de R déterminent quelles portions de la

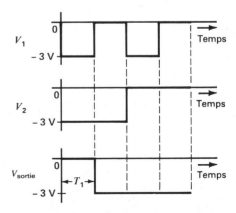

Figure 32-16 *Formes d'onde des impulsions pour la porte NON-OU de la figure 32-15.*

tension appliquée et des impulsions d'entrée sont fournies à l'étage inverseur à transistor. Les circuits logiques résistances-transistor donnent des portes NON-ET et des portes NON-OU.

Problèmes pratiques 32.7
(réponses à la fin du chapitre)

(a) Soit la tension V_{sortie} du circuit de la figure 32-14 à 0. Quel est l'état du point C?

(b) Soit la tension V_{sortie} du circuit de la figure 32-15 à 1. Quel est l'état du point C?

32.8
LOGIQUE
TRANSISTOR-TRANSISTOR (TTL)

Voir le circuit à quatre transistors NPN de la figure 32-17. Remarquer que le transistor $Q1$ présente deux émetteurs pour les entrées 1 et 2. Chaque jonction émetteur-base se comporte comme une diode. Tous les transistors sont à

couplage direct à partir des entrées doubles pour $Q1$ jusqu'à la borne de sortie entre $Q3$ et $Q4$.

Considérons seulement les entrées et sorties de la porte NON-ET de la figure 32-17. Si une entrée, ou deux, est mise à la masse, donc à l'état 0, alors la sortie est à 3,3 V, c'est-à-dire à l'état 1. Dans le cas opposé, deux entrées à 1 donnent une sortie 0. Se rappeler que la fonction NON-ET est la négation de la fonction ET, tout simplement.

Ces circuits sont généralement formés sur une puce à CI. La tension d'alimentation requise pour les étages NPN est de $+5$ V. Au niveau haut, autrement dit à l'état 1, la tension de sortie est de 3,3 V. La tension de sortie de niveau bas, ou état 0, est d'environ 0 V. À l'état de tension bas, correspondant à un courant élevé, ce module peut fournir ou *drainer* un courant de charge de 16 mA. Le temps de réponse nominal pour la commutation d'un état à l'autre est de 10 ns ou 0,01 μs.

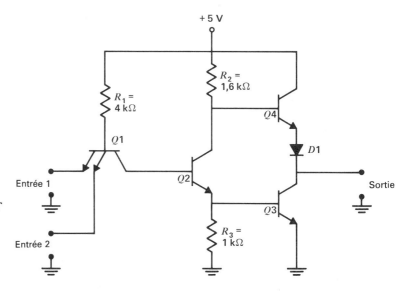

Figure 32-17 *Porte NON-ET à logique transistor-transistor (TTL). Remarquer les multiples émetteurs de Q1. Circuit à couplage continu entièrement intégré sur une puce.*

Tension d'alimentation de + 5 V

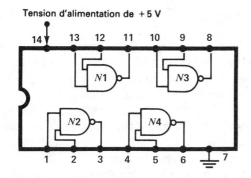

Figure 32-18 *CI à quatre portes NON-ET à logique TTL. Chaque porte possède deux entrées. Vue de dessus illustrant les 14 broches numérotées en sens anti-horaire à partir de l'encoche de gauche.*

Un module de CI type à quatre portes NON-ET est illustré à la figure 32-18. Chaque porte NON-ET est une unité indépendante et comprend deux entrées et une sortie. Elles utilisent toutes cependant l'alimentation de + 5 V, qui doit être branchée à la broche 14, et la masse commune, branchée à la broche 7. Ces portes peuvent être interconnectées de manière à implanter n'importe quelle fonction logique ou presque.

Implantation de la fonction OU à l'aide de portes NON-ET

L'implantation de la

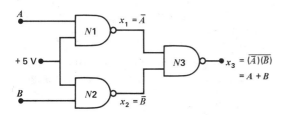

Figure 32-19 *Combinaison de trois portes NON-ET N1, N2 et N3 d'implantation de la fonction OU.*

fonction OU à l'aide de trois portes NON-ET est illustrée à la figure 32-19. Les portes NON-ET $N1$ et $N2$ servent d'inverseurs pour les entrées de $N3$, dont le rôle est celui d'une porte NON-ET standard.

En écriture logique, l'entrée de $N1$ est A et sa sortie est $\bar{A}$. De la même façon, l'entrée de $N2$ est B et sa sortie est $\bar{B}$. Ces deux variables servent d'entrées à la porte NON-ET $N3$, dont la sortie est la négation de $(\bar{A})(\bar{B})$. La double négation de la fonction ET rend le résultat identique à celui de la fonction OU. Cette identité peut être prouvée à partir du tableau 32-4; en effet la négation de $(\bar{A})(\bar{B})$ donnera $A + B$.

Modules de CI numériques à semi-conducteurs oxyde-métal à symétrie complémentaire (COS/MOS)

Nous avons jusqu'à présent utilisé pour les circuits logiques transistor-transistor des transistors bipolaires; on peut également utiliser des transistors de fabrication COSMOS ou IGFET. On utilise habituellement des transistors à effet de champ à canal P et canal N formant une symétrie complémentaire. Des combinaisons série et parallèle implantent les fonctions NON-ET et NON-OU. COS/MOS signifie «complementary symmetry/metal-oxide semiconductor (field effect transistor) », donc en français: transistor oxyde-métal à symétrie complémentaire.

La figure 32-20 illustre le diagramme logique d'un circuit intégré COS/MOS à deux portes NON-OU. Cette puce à CI présente deux broches d'entrée et une broche de sortie par porte, une broche de tension d'alimentation du drain V_{DD} de 3 à 15 V et la borne de source commune, habituellement reliée à la masse du châssis. Tous les substrats des composants P sont connectés de manière interne à V_{DD}; tous les substrats des composants N sont connectés à V_{SS}. Lorsque la sortie passe à 1, elle est reliée à V_{DD}. Le niveau 0 est 0 V.

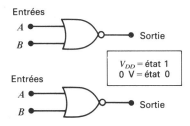

Figure 32-20 *Diagramme logique d'un module de CI COS/MOS à deux portes NON-OU comprenant chacune deux entrées.*

La sortie de chaque porte NON-OU est à 0 si et seulement si une entrée (ou les deux) est à 1. Elle sera à 1 si et seulement si les deux entrées sont à 0. L'on a donc bien la négation de la fonction OU dont la sortie est à 1 si et seulement si une entrée ou les deux est à 1, et est à 0 si et seulement si les deux entrées sont à 0.

Problèmes pratiques 32.8
(réponses à la fin du chapitre)

(a) Soit la porte NON-ET, illustrée à la figure 32-17, à entrées A et B. Écrire la fonction logique de la sortie.

(b) On utilise la puce à CI de la figure 32-18 dans le circuit représenté à la figure 32-19. Quelle broche de $N3$ présente une sortie $A + B$?

32.9
MULTIVIBRATEURS

Le multivibrateur est un générateur d'impulsions carrées ou rectangulaires. Le multivibrateur astable produit une sortie sans aucune entrée. Il utilise deux amplificateurs, la sortie d'un étage attaque l'entrée de l'autre.

Considérons la figure 32-21: le collecteur de $Q1$ attaque la base de $Q2$ via le circuit de couplage R_1C_1. De la même façon, la sortie du collecteur de $Q2$ réagit sur la base de $Q1$ via R_2C_2.

Comme chaque étage inverse la polarité de son signal d'entrée, la réaction est positive, donc de même polarité que l'entrée originale. Ce système produit donc des oscillations.

Ces oscillations sont aux états en circuit hors circuit à chaque étage. Lors de la première mise en circuit, un étage doit conduire légèrement davantage que l'autre. Ce déséquilibre est amplifié dans les deux étages pour produire le courant maximum dans l'étage en conduction.

La brusque montée de I_C produit une chute brusque de V_C. Ce front de tension descendant de l'étage en conduction bloque donc l'autre étage. Le temps de ce blocage dépend de la constante de temps RC du circuit de couplage. Lorsque l'étage bloqué se met à conduire, il bloque l'autre.

Le rythme de blocage des étages est appelé la fréquence de l'oscillateur. Un cycle comprend le temps de blocage des deux étages.

Les résistances de charge des collecteurs sont R_{L_1} et R_{L_2}. R_1 et C_1 couplent la tension V_C de $Q1$ à la base de $Q2$. Le circuit de couplage opposé est R_2C_2. De plus, R_1 et R_2 fournissent, à partir de l'alimentation de 12 V, la polarisation directe.

La tension de sortie est un train d'ondes carrées symétriques ou d'ondes rectangulaires asymétriques. La tension de sortie peut être prise au collecteur de $Q1$ ou à celui de $Q2$. Les tensions collecteur de $Q1$ et de $Q2$ sont de polarités opposées: l'une est de niveau haut lorsque l'autre est de niveau bas. La symétrie dépend de l'égalité des valeurs des composants des deux étages.

Types de multivibrateurs Selon leur mode de réaction, on obtient les types suivants:

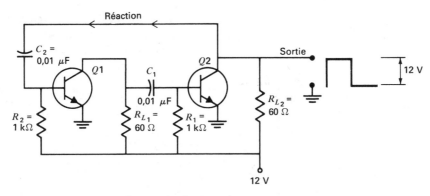

Figure 32-21 *Circuit de principe d'un multivibrateur de type astable à couplage par collecteurs et impulsions de sortie symétriques. Sa fréquence est d'environ 70 kHz.*

Multivibrateur à couplage par collecteurs Le collecteur de Q1 attaque la base de Q2 dont le collecteur attaque la base de Q1 (voir la figure 32-21).

Multivibrateur à couplage par émetteurs Le collecteur de Q1 attaque la base de Q2, mais Q2 réagit sur Q1 seulement à travers une résistance émetteur commune aux deux étages.

Les multivibrateurs sont également classés selon leur stabilité. Un étage stable restera à l'état hors circuit jusqu'à son passage à l'état de conduction sous l'action d'impulsions externes de déclenchement. Voici ces trois classes:

Multivibrateur astable Aucun étage n'est stable. L'un bloque l'autre au rythme de répétition du multivibrateur. Nous avons affaire ici à un oscillateur qui génère des impulsions à la fréquence du multivibrateur.

Multivibrateur bistable Les deux étages sont stables, l'un est à l'état passant et l'autre est à l'état bloqué. Une impulsion d'entrée inverse ces états.

Multivibrateur monostable Un seul étage est stable. Nous avons affaire ici à un circuit retardateur d'impulsions.

Plus précisément, le multivibrateur bistable est une bascule couramment utilisée dans les circuits logiques. Le *déclencheur de Schmitt* est un multivibrateur bistable utilisé pour obtenir des impulsions carrées par conformation de signaux sinusoïdaux.

Horloge Ce dispositif est un multivibrateur astable qui génère précisément des impulsions à une fréquence spécifique. Ce générateur commande le minutage des portes logiques afin de synchroniser toutes les opérations d'un système numérique. On peut utiliser, en liaison avec l'horloge, un diviseur de sa fréquence selon les puissances de 1/2.

Problèmes pratiques 32.9 (réponses à la fin du chapitre) Considérer la figure 32-21:

(a) Quel circuit de couplage détermine le temps de blocage de Q2?

(b) Soit V_C de Q2 au niveau haut de 12 V. Que vaut V_C de Q1?

32.10
BASCULES

Du point de vue multivibrateur, les déclencheurs bistables sont des bascules. Ce terme signifie que chaque étage peut passer abruptement de l'état bloqué à l'état passant. Ce circuit peut, en l'absence d'une impulsion de déclenchement, rester indéfiniment dans l'un de ces états.

Caractéristiques d'une bascule Une bascule reste à l'un de ses deux états jusqu'à l'arrivée de la prochaine impulsion. Cet état est donc stable. Puis, sous l'action d'une impulsion d'entrée, la bascule passe à l'état opposé qui, lui aussi, est stable. La bascule reste dans cet état jusqu'à l'arrivée d'une autre impulsion qui ramène la bascule à son état original. Chaque changement de l'état précédent ressemble au fonctionnement d'un interrupteur à bascule. De plus, la bascule mémorise, car elle reste dans un état donné jusqu'à son passage à l'état opposé.

Mise à 1 (*Set, S*) et Remise à 0 (*Reset, R*) Définissons l'état après application d'une impulsion d'entrée comme étant l'état mise à 1. L'impulsion de mise à 1 inverse les états existants avant cette application, au moment où aucun signal n'était soumis aux entrées. Une impulsion de remise à 0 fait basculer les états et ramène donc la bascule à sa configuration originale.

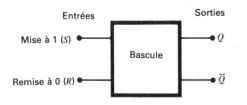

Figure 32-22 *Symbole général d'une bascule d'entrées RS.*

Symbole général d'une bascule La figure 32-22 représente une bascule sous la forme d'un dispositif bistable avec ses bornes d'entrée et de sortie. Les bornes d'entrée sont appelées S et R selon les impulsions S (*Set* = mise à 1) et R (*Reset* = remise à 0). Ce sont les deux connexions d'entrée différentes utilisées pour ce dispositif bistable. Les bornes de sortie sont appelées Q et sa négation, $\bar{Q}$. Ces deux connexions de sortie différentes sont conçues pour que $\bar{Q}$ soit toujours l'opposé de Q. Si, par exemple, Q est au niveau haut, alors $\bar{Q}$ sera au niveau bas.

Pour généraliser cet énoncé, disons que si Q est à 1, alors $\bar{Q}$ est à 0 et si Q est à 0, alors $\bar{Q}$ est à 1. Ces états de la bascule RS sont groupés dans la table ci-dessous.

ENTRÉES		SORTIES	
S	R	Q	$\bar{Q}$
1	0	1	0
0	1	0	1

Sous l'action d'une impulsion de mise à 1, la sortie Q passe à l'état haut, soit à 1. Sous l'action d'une impulsion de remise à 0, la sortie $\bar{Q}$ passe à l'état 1, qui est l'état opposé à 0. Il existe différents types de circuits d'implantation de ces états, la table binaire ci-dessus précise le caractère bistable de toute bascule considérée comme composant logique.

Bascule *RS* Ce type de bascule à deux entrées et deux sorties est la bascule RS classique. C'est un dispositif bistable qui est soit à l'état mise à 1, soit à l'état remise à 0. Cette bascule RS présente les restrictions suivantes: ses deux entrées ne doivent pas être les mêmes et elle ne présente aucune entrée pour les impulsions d'horloge.

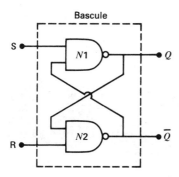

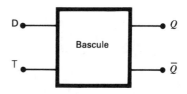

Figure 32-25 *Bascule D. L'entrée D est S ou R. L'entrée d'horloge est T.*

Figure 32-23 *Bascule RS de base à deux portes NON-ET.*

Bascule *RS* à portes logiques Remarquer que la table de vérité d'une bascule est semblable à celle d'une fonction logique. Par conséquent, une combinaison de portes logiques donnera les mêmes résultats. À la figure 32-23, on montre comment interconnecter deux bascules NON-ET pour former une bascule *RS*. Les portes sont connectées en croix, la sortie de l'une alimentant l'entrée de l'autre. Deux portes NON-OU peuvent également de la même façon former une telle bascule.

L'exigence primordiale est que les sorties Q et $\bar{Q}$ soient opposées. Pour la bascule à portes NON-ET de la figure 32-23, Q est au niveau haut lorsque S est au niveau bas. Avec deux portes NON-OU, par contre, Q est au niveau haut lorsque S est au niveau haut.

Bascule *RS* à entrée d'horloge La bascule *RS*, illustrée à la figure 32-24, comporte une

borne d'entrée additionnelle réservée à des impulsions d'horloge. Cette bascule ne change d'état que si une impulsion d'horloge est appliquée. Il est souvent nécessaire d'utiliser une bascule à entrée d'horloge pour les circuits de comptage. Un tel modèle, au fonctionnement soumis à des impulsions d'horloge, est appelé une bascule synchrone.

Bascule *D* Une seule borne d'entrée de la bascule illustrée à la figure 32-25 est utilisée, en plus de la borne d'horloge. Le but est d'éviter l'état d'indétermination survenant lorsque R et S de la bascule de base sont au même niveau. L'entrée D est appliquée directement à l'une des entrées, mais elle est inversée à l'intérieur pour la porte opposée.

Bascule *JK* C'est le type de bascule le plus courant, car il ne présente aucun état ambigu et peut de plus comporter une entrée d'horloge. Un symbole et une photo d'une telle bascule apparaissent à la figure 32-26. Voici les principales caractéristiques de fonctionnement du CI7476:

1. L'information, sous forme d'une tension de niveau haut ou bas, peut être saisie à la sortie Q ou à la sortie $\bar{Q}$;
2. Une impulsion de niveau haut ou bas peut être fournie à n'importe quelle entrée parmi les suivantes: S, R, J, K et horloge;

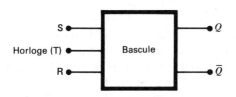

Figure 32-24 *Bascule RS à entrée d'horloge.*

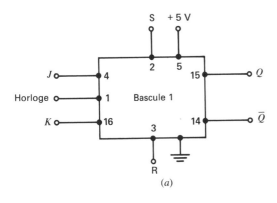

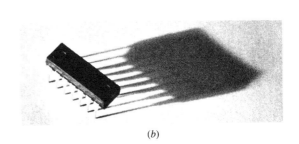

Figure 32-26 *Bascule JK: (a) bornes d'entrée et de sortie d'une bascule 7476; (b) photo de ce module de CI, de 19 mm de long, à deux bascules JK séparées.*

3. Le passage de l'entrée S ou R, mais non des deux, au niveau haut ou au niveau bas, inverse les sorties, et cela indépendamment des autres entrées;

4. Si S et R sont tous deux au niveau haut, alors l'état de la bascule dépend de l'entrée d'horloge et du niveau des entrées J et K;

5. Lorsque l'entrée d'horloge est au niveau bas, les entrées J et K peuvent faire basculer la sortie.

Dans le cas précis où S et R sont au niveau haut et l'entrée d'horloge au niveau bas, les entrées J et K présentent les effets suivants:

1. Des entrées J et K toutes deux au niveau haut ou toutes deux au niveau bas ne feront pas basculer la sortie;

2. Si J est au niveau haut et K au niveau bas, alors Q est au niveau haut et $\bar{Q}$ au niveau bas;

3. Si J est au niveau bas et K au niveau haut, alors Q est au niveau bas et $\bar{Q}$ au niveau haut.

En résumé, l'entrée S ou l'entrée R peut faire basculer la sortie pourvu que les deux ne soient pas au même niveau. Les états S au niveau bas et R au niveau bas ne sont pas autorisés. Les états S au niveau haut et R au niveau haut permettent aux entrées J, K ou horloge de faire basculer les sorties.

Du point de vue impulsions d'horloge, deux changements donnent un cycle de changement de la sortie de la bascule. Ce circuit est donc un diviseur par deux ou une bascule binaire.

Problèmes pratiques 32.10
(réponses à la fin du chapitre)
Ces questions portent sur les bascules, répondre par vrai ou faux:

(a) C'est un dispositif bistable;

(b) Une impulsion d'entrée de mise à 1 ou de remise à 0 peut faire basculer la sortie;

(c) Les sorties Q et $\bar{Q}$ ne peuvent être simultanément au niveau haut;

(d) La bascule de type JK comporte une borne d'entrée réservée aux impulsions d'horloge.

32.11
COMPTEURS

Le compteur binaire de base est constitué d'une chaîne de bascules. Chaque bascule est un diviseur par deux. Une suite de bascules successives est un diviseur par une puissance de 2. La division porte sur la fréquence de l'entrée d'horloge. Cette division de la fréquence revient à compter les impulsions d'horloge selon les puissances de 2 appelées modulo 2, 4, 8, 16, etc. Le compteur modulo 16 peut être modifié en un compteur décimal en sautant six comptes.

Le compteur est également un *registre*. Un registre de comptage effectue le comptage pour chaque rang. Un *registre à décalage* décale le nombre le long de la chaîne de bascules pour chaque rang binaire de ce nombre.

Un compteur modulo huit est illustré à la figure 32-27. Les bascules étant en cascade, il s'agit d'un *compteur* dit *en cascade*. Les entrées *J* et *K* de toutes les bascules sont reliées entre elles et à l'alimentation de $+5$ V. Cette entrée rend chaque bascule prête à basculer.

Pour les entrées mise à 1 et remise à 0 toutes deux au niveau haut, la sortie basculera chaque fois que l'entrée d'horloge passe au niveau bas.

Remarquer que les impulsions d'horloge sont fournies à l'entrée d'horloge de la première bascule *A*. L'entrée d'horloge de la bascule *B* provient de la sortie *Q* de la bascule *A*. De la même façon, la sortie *Q* de la bascule *B* alimente l'entrée d'horloge de la bascule *C*. La sortie *Q* de la dernière bascule *C* est la sortie de ce compteur modulo huit.

Ce circuit est un compteur modulo deux à chacune de ses trois étapes successives. Tous les huit changements de l'horloge, la sortie *Q* de la bascule *A* change quatre fois, la sortie *Q* de la bascule *B* deux fois et la sortie *Q* de la bascule *C* une fois seulement. La sortie finale est donc l'entrée d'horloge divisée par huit.

Les formes d'onde du compteur modulo huit en cascade sont représentées à la figure 32-28. Remarquer que chaque bascule ne change que si la sortie *Q* de la bascule précédente passe du niveau haut au niveau bas.

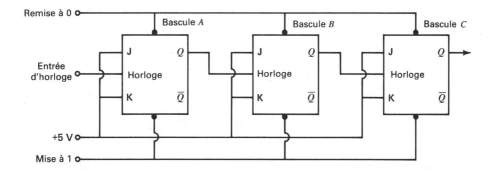

Figure 32-27 *Compteur modulo huit à trois bascules en cascade.*

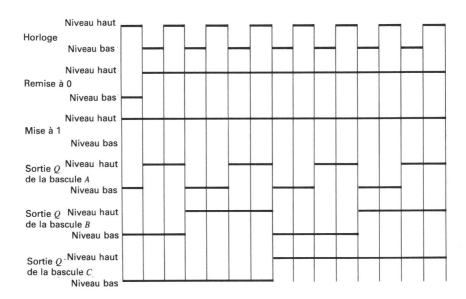

Figure 32-28 *Formes d'onde des impulsions du compteur de la figure 32-27.*

Un désavantage du compteur en cascade est sa vitesse relativement lente. En effet, chaque bascule doit attendre que sa bascule précédente change d'état. Le compteur de type synchrone permet un comptage plus rapide. Les impulsions d'horloge d'un tel compteur sont directement fournies à chaque bascule.

Un compteur décimal exige quatre bascules qui permettraient au plus seize comptes. On lui adjoint donc une porte NON-ET et une porte ET. La porte NON-ET est connectée de manière à sauter les six comptes qu'on ne peut utiliser. Le rôle de la porte ET est d'assister les impulsions de remise à 0 des bascules.

Problèmes pratiques 32.11 (réponses à la fin du chapitre)

(a) Soit le circuit de la figure 32-27. Quel est le diviseur à la sortie Q de la bascule B?
(b) Soit le circuit de la figure 32-28. Dire combien d'impulsions, de niveau haut et de niveau bas, comporte la sortie Q de la bascule C, pour 16 impulsions d'horloge.

Résumé

On énumère au tableau 32-5 les divers composants des circuits numériques. La liste alphabétique recense les principaux termes utilisés en électronique numérique.

Tableau 32-5 *Symboles des composants des circuits numériques*

FONCTION	SYMBOLE
ET	A, B → AB
OU	A, B → $A + B$
OU exclusif	A, B → $\overline{(A + B)}$
Inverseur	A → $\overline{A}$
NON-ET	A, B → $\overline{AB}$
NON-OU	A, B → $\overline{A + B}$
Bascule *RS*	R, S — Bascule — Q, $\overline{Q}$

Affichage Sortie de l'information sur un visuel.

Algèbre logique Type d'algèbre reposant sur les tables de vérité à deux états. Les portes et les bascules des circuits logiques implantent des fonctions logiques.

Bascule Circuit bistable pouvant stocker un bit d'information. Ses sorties Q et $\overline{Q}$ doivent être opposées.

Bascule D Bascule présentant une entrée D et une entrée d'impulsions d'horloge.

Bascule JK Bascule présentant deux entrées J et K de commande, une entrée d'horloge et deux sorties Q et $\overline{Q}$.

Bascule RS (Reset, Set) Bascule à bornes d'entrée mise à 1 (Set) et remise à 0 (Reset) et bornes de sortie Q et $\overline{Q}$.

Base Nombre de chiffres d'un système de numération: 2 pour les nombres binaires, 10 pour les nombres décimaux.

Baud Unité de débit, en transmission de signaux numériques; s'exprime en bits ou en octets par seconde.

BCD (Binary Coded Decimal) Décimal codé binaire. Chaque chiffre d'un nombre décimal est traité en son équivalent binaire (BCD).

Binaire De base 2, les chiffres utilisés sont 0 et 1.

Bit (Binary digit) Bit.

Chiffre Caractère d'un nombre: en binaire 0 et 1, en décimal 0 à 9.

Complément Nombre binaire opposé: le complément de 1 est 0 et vice versa.

Compteur Habituellement, un groupe de bascules. La sortie présente une impulsion pour un nombre prédéterminé d'impulsions d'entrée.

COS/MOS (Complementary-Symmetry Metal-Oxide Semiconductor) Semi-conducteur oxyde-métal à symétrie complémentaire à canal P et canal N (COS/MOS).

CTL (Complementary Transistor Logic) Logique à transistors complémentaires NPN et PNP (CTL).

DCTL (Direct-Coupled Transistor Logic) Logique à transistors couplés en direct (DCTL).

Décimal De base 10, les chiffres utilisés sont 0, 1, 2, 3, 4, 5, 6, 7, 8, 9.

DTL (Diodes-Transistor Logic) Logique diodes-transistor (DTL).

ECL (Emitter-Coupled Logic) Logique à couplage par émetteurs (ECL).

Écrire Stocker des informations.

Entrance Nombre d'entrées d'une porte logique.

Entrée d'effacement Voir entrée de remise à 0.

Entrée de mise à 1 Place la bascule à l'état opposé à son état initial.

Entrée de remise à 0 Commande le retour de la bascule à son état initial.

FET (Field Effect Transistor) Transistor à effet de champ (TEC).

Horloge Généralement, multivibrateur générateur d'impulsions de fréquence précise destinées à synchroniser les circuits logiques.

Inverseur Dispositif dont la sortie est le complément de l'entrée: 1 devient 0 et 0 devient 1. Également appelé porte NON.

Lecture Saisie de données pour traitement ou stockage.

Mémoire Autre terme: stockage. Une bascule est un exemple de mémoire temporaire. Les bandes, les disques magnétiques et les cartes perforées sont des exemples de stockage permanent.

Microprocesseur Module de CI à circuits numériques, constitue un sous-système d'un ordinateur.

MOSFET (Metal-Oxide Semiconductor Field Effect Transistor) Transistor métal-oxyde à effet de champ (MOSFET).

Mot Jeu ordonné de caractères constituant l'unité normale d'information d'un ordinateur.

Multiplet Séquence de chiffres binaires considérée comme une unité, généralement plus courte qu'un mot.

Octal De base 8, les chiffres utilisés sont 0, 1, 2, 3, 4, 5, 6, 7.

Octet Multiplet à huit bits.

Porte Circuit logique à deux entrées, ou davantage, conçues pour donner une sortie pour certaines combinaisons particulières des impulsions d'entrée.

Porte ET Circuit logique similaire à des interrupteurs en série.

Porte OU Circuit logique similaire à des interrupteurs en parallèle.

Porte OU exclusif Circuit logique dont la sortie sera au niveau haut si et seulement si les deux entrées ne sont pas au même état.

Porte NON-ET Circuit logique dont la sortie sera au niveau bas si et seulement si les deux entrées sont au niveau haut. Sa négation est la porte ET.

Porte NON-OU Circuit logique dont la sortie sera au niveau haut si et seulement si les deux entrées sont au niveau bas. Cette porte est la négation de la porte inclusive OU.

RAM (Random Access Memory) Mémoire à accès aléatoire, vive et adressable (RAM).

RCTL (Resistor-Capacitor-Transistor Logic) Logique résistance-condensateur-transistor (RCTL).

Registre à décalage Permet de décaler le compte de un ou de plusieurs rangs.

ROM (Read-Only Memory) Mémoire morte (ROM).

RTL (Resistor-Transistor Logic) Logique résistances-transistor (RTL)

Sortance Nombre maximum de circuits de sortie chargeant une porte logique.

Stockage Autre terme: mémoire. Retient les données devant être prises en charge plus tard.

Table de vérité Énumère toutes les combinaisons possibles d'état d'entrée et de sortie d'un circuit logique.

TEC Transistor à effet de champ.

Exercices de contrôle
(Réponses à la fin de l'ouvrage)

Voici un moyen de contrôler si vous avez bien assimilé le contenu de ce chapitre. Ces exercices sont uniquement destinés à vous évaluer vous-même.

1. Quelle est la base des nombres binaires?
2. De quelle addition binaire le bit 0 avec un report de 1 est-il la somme?
3. Quelle porte logique est similaire à deux interrupteurs en série?

4. Quelle porte logique est similaire à deux interrupteurs en parallèle?

5. Quelle porte logique a sa sortie au niveau bas seulement lorsque ses deux entrées sont au niveau haut?

6. Soit une bascule quelconque; déterminer l'état de Q si $\overline{Q}$ est à 1.

7. En logique positive, déterminer le niveau, 0 ou 1, d'une impulsion de tension -3 V par rapport à la masse du châssis.

8. Une porte logique a une entrance de 4. Déterminer le nombre d'entrées qu'on peut lui alimenter.

9. Soit un multivibrateur astable et une bascule JK. Dire lequel de ces deux composants est un générateur d'horloge.

10. Les compteurs sont constitués de quel type de composants?

11. Quels sont les états binaires possibles des sorties Q et $\overline{Q}$ d'une bascule?

12. De quel nombre de bascules a-t-on besoin pour diviser par 16?

Questions

1. Définir la base d'un système de numération et le report de l'addition.

2. Définir ce qu'est un multivibrateur bistable et un multivibrateur astable.

3. Définir l'entrance et la sortance d'une porte logique.

4. Donner, en comparant les systèmes de numération binaire et décimal, un avantage et un désavantage de chacun d'eux.

5. Donner, en comparant les circuits analogique et numérique, un avantage et un désavantage de chacun d'eux.

6. Qu'entend-on par négation ou inversion?

7. Comparer les paires suivantes de portes logiques: (a) ET et OU; (b) ET et NON-ET; (c) OU et NON-OU.

8. Dresser la table de vérité de la porte NON-OU de la figure 32-15.

9. Montrer, à l'aide d'une table de vérité, que $(\overline{A})(\overline{B}) = \overline{A+B}$.

10. Tracer le symbole logique des portes ET, OU, NON-ET, et NON-OU.

11. Décrire brièvement deux types de multivibrateurs.

12. Décrire brièvement deux types de bascules.

Problèmes
(Les réponses aux problèmes de numéro impair sont données à la fin de l'ouvrage)

1. Convertir les nombres décimaux suivants en nombres binaires: (a) 39; (b) 62.

2. Convertir $(187)_{10}$ en nombre binaire.
3. Convertir $(1110)_2$ en nombre décimal.
4. Effectuer $(16)_{10} + (9)_{10}$ sous forme binaire et vérifier que le résultat est bien $(25)_{10}$.
5. Donner l'équation de sortie de chaque symbole logique de la figure 32-29.

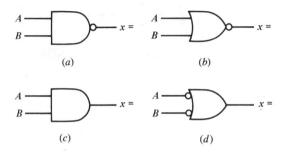

Figure 32-29 *Pour le problème 5.*

Réponses aux problèmes pratiques

32.1   (a) 15
     (b) 1010
     (c) zéro

32.2   (a) $(111)_2$
     (b) $(1110)_2$

32.3   (a) vrai
     (b) vrai
     (c) faux

32.4   (a) 0
     (b) 1
     (c) 16

32.5   (a) 1
     (b) au niveau bas

32.6   (a) 1
     (b) 0

32.7   (a) 1
     (b) 0

32.8   (a) $\overline{AB}$
     (b) la broche 8

32.9   (a) C_1 et R_1
     (b) 0 V

32.10 (a) vrai
     (b) vrai
     (c) vrai
     (d) vrai

32.11 (a) 4
     (b) 1

Rappel des chapitres 31 et 32

Résumé

1. Les circuits intégrés combinent les composants semi-conducteurs R et C sur une puce de silicium. Leurs avantages sont un espace réduit et une grande fiabilité.
2. Les amplificateurs audiofréquences et radiofréquences utilisent habituellement des CI linéaires.
3. Les portes, bascules et autres types de circuits logiques sont habituellement constitués de CI numériques.
4. La terminologie propre aux CI apparaît au résumé du chapitre 31.
5. L'électronique numérique a recours aux nombres binaires dont les seuls chiffres 0 et 1 représentent les deux états d'un signal à impulsions.
6. Au tableau 32-5, on donne la liste des portes de base ET, NON-ET, OU et NON-OU utilisées en logique numérique.
7. Une bascule est un circuit bistable que l'on peut faire passer d'un état à l'état opposé par application d'impulsions aux entrées.
8. La terminologie propre à l'électronique numérique apparaît au résumé du chapitre 32.

Exercices de contrôle récapitulatifs
(Réponses à la fin de l'ouvrage)

Voici une nouvelle occasion de vérifier vos progrès. Effectuez ces exercices comme vous l'avez fait pour ceux de chaque fin de chapitre.

1. La valeur type de la capacité d'un CI est de 20 pF ou de 20 μF?
2. Quel type de transistor, à effet de champ ou bipolaire, comporte un canal N ou un canal P?
3. Un boîtier type à double rangée de connexions comprte 18 ou 4 broches?

4. Un CI à quatre amplificateurs audiofréquences est du type linéaire ou numérique?
5. Convertir $(7)_{10}$ en nombre binaire.
6. Effectuer, en binaire, $1 + 1$.
7. Quel type de porte à entrées A et B présente une sortie AB?
8. Si la sortie Q d'une bascule est au niveau haut, quel est le niveau de $\bar{Q}$?
9. Quel type de bascule, RS ou JK, comporte une entrée d'horloge?
10. Un générateur d'horloge comporte quel type de multivibrateur: bistable ou astable?

Références
(D'autres références sont données à la fin de l'ouvrage)

DEBOO, G. J. et C. N. BURROUS, *Integrated Circuits and Semiconductor Devices,* McGraw-Hill Book Company, New York.

ILARDI, F., *Computer Circuit Analysis-Theory and Applications,* Prentice-Hall, Inc., Englewood Cliffs, N.J.

RCA, *Solid-State Devices Manual,* RCA Solid-State Division, Sommerville, N.J.

Bibliographie

Mathématiques

COOKE, N. M. et H. ADAMS, *Basic Mathematics for Electronics,* McGraw-Hill Book Company, New York.

HEINEMAN, E. R., *Plane Trigonometry with Tables,* McGraw-Hill Book Company, New York.

LIPPIN, G., *Circuit Problems and Solutions,* Hayden Book Company, Inc., New York.

RICE, H. S., et R. M. KNIGHT, *Technical Mathematics,* McGraw-Hill Book Company, New York.

ROBERTS et STOCKTON, *Elements of Mathematics,* Addison-Wesley Publishing Company, Inc., Reading, Mass.

STEIN, P., *Graphical Analysis,* Hayden Book Company, Inc., New York.

Liaisons radioélectroniques et électroniques

CHUTE, G. M., *Electronics in Industry,* McGraw-Hill Book Company, New York.

DEFRANCE, J. J., *General Electronic Circuits,* Holt, Rinehart and Winston, Inc., New York.

GROB, B., *Basic Television,* McGraw-Hill Book Company, New York.

HAYT, W., et J. KEMMERLY, *Engineering Circuit Analysis,* McGraw-Hill Book Company, New York.

KAUFMAN, M., *Radio Operator's License Q and A Manual,* Hayden Book Company, Inc., New York.

LURCH, E. N., *Fundamentals of Electronics,* John Wiley & Sons, Inc., New York.

PRENSKY, S. D., *Electronic Instrumentation,* Prentice-Hall, Inc., Englewood Cliffs, N.J.

Radio Amateur's Handbook, American Radio Relay League, Newington, Conn.

RICHTER, H., *Practical Electrical Wiring,* McGraw-Hill Book Company, New York.

SHRADER, R. L., *Electronic Communication,* McGraw-Hill Book Company, New York.

SLURZBERG, M., et W. OSTERHELD, *Essentials of Radio-Electronics,* McGraw-Hill Book Company, New York.

WILSON, J. A. et D. GLASS, *Study Guide for CET Examinations,* Howard W. Sams & Co., Inc., Indianapolis, Ind.

ZBAR, P. B., *Electronic Instruments and Measurements,* McGraw-Hill Book Company, New York.

Transistors et tubes

BELL, D. A., *Fundamentals of Electronics Devices,* Reston Publishing Co., Reston, Virginia.

CUTLER, P., *Semiconductor Circuit Analysis,* McGraw-Hill Book Company, New York.

GE Transistor Manual, General Electric Co., Semiconductor Products, Syracuse, N.Y.

HEP (Hobbyist-Experimenter) Semiconductor Cross-Reference Guide, Motorola Semiconductors, Phoenix, Ariz.

KIVER, M. S., *Transistors,* McGraw-Hill Book Company, New York.

MILLMAN, J., et C. HALKIAS, *Electronic Devices and Circuits,* McGraw-Hill Book Company, New York.

RCA Receiving Tube Manual, RCA Electronic Components and Devices, Harrison, N.J.

RCA Silicon Power Circuits Manual, RCA Electronic Components and Devices, Harrison, N.J.

RCA Solid-State Devices Manual, RCA Solid-State Division, Sommerville, N.J.

TOMER, R. B., *Semiconductor Handbook,* Howard W. Sams & Co., Inc., Indianapolis, Ind.

Électronique numérique et circuits intégrés

DEBOO, G. J. et C. N. BURROUS, *Integrated Circuits and Semiconductor Devices,* McGraw-Hill Book Company, New York.

ILARDI, F., *Computer Circuit Analysis—Theory and Applications,* Prentice-Hall, Inc., Englewood Cliffs, N.J.

JUNG, W. G., *IC Op-Amp Cookbook,* Howard W. Sams & Co., Inc., Indianapolis, Ind.

MALVINO, A. P., et D. LEACH, *Digital Principles and Applications,* McGraw-Hill Book Company, New York.

MILLMAN, J., et C. HALKIAS, *Analog and Digital Integrated Circuits,* McGraw-Hill Book Company, New York.

ROSENTHAL, M. P., *Understanding Integrated Circuits,* Hayden Book Company, Inc., New York.

Périodiques des fabricants

Aerovox Research Worker, Aerovox Corp., New Bedford, Mass.
Amphenol Engineering News, Amphenol Corp., Broadview, Ill.
Capacitor, Cornell-Dubilier Electric Corp., Newark, N.J.
International Rectifier News, International Rectifier Corp., El Segundo, Calif.
RCA Service News, RCA Service Co., Camden, N.J.
Sylvania News, GTE Sylvania Electric Products, Inc., Batavia, N.Y.
Tekscope, Tektronix, Inc., Beaverton, Oreg.

Revues

Electronics, McGraw-Hill Publications, New York.
Electronic Service Dealer, Ledger Publishing Co., Waltham, Mass.
Electronic Servicing, Howard W. Sams & Co., Inc., Indianapolis, Ind.
Electronic Technician/Dealer, Harcourt Brace Jovanovich Publications, New York.
QST, American Radio Relay League, West Hartford, Conn.
Radio-Electronics, Gernsback Publications, Inc., New York.
Spectrum, Institute of Electrical and Electronic Engineers, New York.

Fournisseurs de films et d'extraits de films

McGraw-Hill Films, New York, N.Y.
National Audiovisual Center, General Services Administration, Washington, DC 20409.
Le Service de relations publiques des compagnies d'électronique suivantes:

   Fairchild Semiconductor Division, Mountain View, Californie.
   New York Telephone Company, New York, N.Y.
   Tektronix, Inc., Beaverton, Orégon.
   Western Electric Company, New York, N.Y.

Normes pour l'industrie

L'Association canadienne de l'électricité
Electronic Industries Association (EIA), Washington, D.C.
Institute of Electrical and Electronics Engineers (IEEE), New York.
International Society of Certified Electronic Technicians (ISCET), Indianapolis, Ind.

Spectre des fréquences électroniques

FRÉQUENCE OU LONGUEUR D'ONDE*	DÉSIGNATION	APPLICATIONS
0 Hz	Courant ou tension continue fixe	Moteurs à courant continu, solénoïdes, relais, tensions des électrodes des tubes et des transistors
16-16 000 Hz	Audiofréquences	Secteur 60 Hz, moteurs alternatifs, amplificateurs audiofréquence, microphones, haut-parleurs, phonographes, magnétophones, appareils à haute fidélité, ensembles de sonorisation et interphones
16-30 kHz	Fréquences ultrasoniques ou radiofréquences très basses	Ondes sonores pour nettoyage par ultrasons, essais aux vibrations, jauges d'épaisseur, détection des écoulements et sonar; ondes électromagnétiques pour chauffage par induction
30 kHz-30 000 MHz	Radiofréquences (Voir Annexe B)	Liaisons radioélectriques et radiodiffusion, y compris télévision, radionavigation, radioastronomie, applications industrielles, médicales, scientifiques et militaires.
30 000-300 000 MHz ou 1-0,1 cm	Hyperfréquences	Expérimentales, radar météorologique, radioamateur, organismes gouvernementaux
30-0,76 μm	Rayons lumineux infrarouges	Chauffage, photographie infrarouge
0,76-0,39 μm	Lumière visible	Couleur, éclairage, photographie
0,39-0,032 μm	Rayons ultraviolets	Stérilisation, désodorisation, applications médicales

FRÉQUENCE OU LONGUEUR D'ONDE*	DÉSIGNATION	APPLICATIONS
32-0,01 nm	Rayons X	Jauges d'épaisseur, examens, analyse par absorption, médecine
0,01-0,0006 nm	Rayons gamma	Détection des rayonnements; plus pénétrants que les rayons X les plus durs
Les plus courtes de toutes les ondes électromagnétiques	Rayons cosmiques	Existent dans tout l'espace extérieur; peuvent traverser 70 m d'eau ou 1 m de plomb

* Les fréquences et les longueurs d'onde sont inversement proportionnelles. Plus la fréquence est élevée, plus la longueur d'onde est courte et inversement. On désigne généralement les ondes R.F. et A.F. par leur fréquence parce que les longueurs d'onde sont très grandes. Les micro-ondes font exception; elles sont souvent désignées par leur longueur d'onde car leur fréquence est très élevée. On désigne, en général, les ondes lumineuses, les rayons X et les rayons gamma par leur longueur d'onde également, car leur fréquence est très élevée. Les unités de longueur d'onde sont le micron, égal à 10^{-6} m, et le nanomètre, égal à 10^{-9} m.

Les quatre grandes catégories de rayonnements électromagnétiques et leurs fréquences peuvent se résumer ainsi:

1. Radiofréquences comprises entre 30 kHz et 300 000 MHz.
2. Rayonnement thermique ou rayons infrarouges, de 1×10^{13} Hz à $2,5 \times 10^{14}$ Hz. Infrarouge signifie au-dessous de la fréquence de la lumière rouge visible.
3. Fréquences de la lumière visible, entre $2,5 \times 10^{14}$ Hz pour le rouge, jusqu'à 8×10^{14} Hz pour le bleu et le violet.
4. Rayonnement ionisant comme les rayons ultraviolets, les rayons X, les rayons gamma et les rayons cosmiques, entre environ 8×10^{14} Hz pour la lumière ultraviolette jusqu'à plus de 5×10^{20} pour les rayons cosmiques. Ultraviolet signifie au-delà des fréquences de la lumière visible bleue ou violette.

Allocations des fréquences de 30 kHz à 300 000 MHz par la FCC

On peut résumer ainsi les principales catégories de radiofréquences:

1. Ondes décakilométriques (VLF) au-dessous de 30 kHz;
2. Ondes kilométriques (LF) 30—300 kHz;
3. Ondes hectométriques (MF) 0,3—3 MHz;
4. Décamétriques (HF) 3—30 MHz;
5. Ondes métriques (VHF) 30—300 MHz;
6. Ondes décimétriques (UHF) 300—3000 MHz;
7. Ondes centimétriques (SHF) 3000—30 000 MHz;
8. Ondes millimétriques (EHF) 30 000—300 000 MHz.

BANDE	ALLOCATION	REMARQUES
30-535 kHz	Communications maritimes et navigation, radionavigation aéronautique	Radiofréquences basses et moyennes
535-1605 kHz	Bande standard de radiodiffusion	Radiodiffusion en modulation d'amplitude
1605 kHz-30 MHZ	Bande radio-amateurs, loran, administration, radiodiffusion internationale, ondes courtes, transmissions fixes et mobiles, applications industrielles, scientifiques et médicales	Bandes amateurs 3,5-4 MHz et 28-29,7 MHz; bande 26,95-27,54 MHz pour applications industrielles, scientifiques et médicales; bande publique phonique, classe D: 26,965-27,225 MHz, 27,255 MHz et 27,230 MHz-27,410 MHz

BANDE	ALLOCATION	REMARQUES
30-50 MHz	Liaisons administratives et autres, fixes et mobiles	Police, pompiers, forêts, autoroutes, chemins de fer; la bande V.H.F. commence à 30 MHz (ondes métriques)
50-54 MHz	Amateurs	Bande des 6 m
54-72 MHz	Radiotélévision, canaux 2 à 4	Également pour les services fixes et mobiles
72-76 MHz	Services administratifs et non administratifs	Radiophare secondaire d'approche pour l'aéronautique sur 75 MHz
76-88 MHz	Radiotélévision, canaux 5 et 6	Également services fixes et mobiles
88-108 MHz	Radiodiffusion en modulation de fréquence (FM)	Disponible aussi pour les bélinographes; radiodiffusion éducative FM 88-92 MHz
108-122 MHz	Navigation aéronautique	Radioguidage, radiophare et contrôle d'aéroports
122-174 MHz	Liaisons administratives et autres, fixes et mobiles, radiodiffusion amateur	144-148 MHz, bandes amateurs
174-216 MHz	Radiotélévision, canaux 7 à 13	Également pour les services fixes et mobiles
216-470 MHz	Amateurs, liaisons administratives et non administratives, navigation aéronautique, bande publique	Altimètres, systèmes d'atterrissage et équipement météorologique; bande publique: 462,5-465 MHz; aviation civile: 225-400 MHz; la bande UHF commence à 300 MHz (ondes décimétriques)
470-890 MHz	Radiotélévision	Radiotélévision UHF, canaux 14 à 83
890-3000 MHz	Radionavigation aéronautique, radiodiffusion amateurs, relais studio-émetteur, liaisons administratives et autres, fixes et mobiles	Bandes radar: 1300-1600 MHz
3000-30 000 MHz	Liaisons administratives et autres, fixes et mobiles, radiodiffusion amateurs, radionavigation	Hyperfréquences (SHF); communications par satellites: 8400-8500 MHz
30 000- 300 000 MHz	Bande expérimentale, administration, amateurs	Hyperfréquences (EHF)

Liste alphabétique des éléments chimiques

ÉLÉMENT	SYM-BOLE	NOMBRE ATO-MIQUE	DATE DE DÉCOU-VERTE	REMARQUES*
Actinium	Ac	89	1899	
Aluminium	Al	13	1825	Métal conducteur
Antimoine	Sb	51	Ancienne	
Argent	Ag	47	Ancienne	Métal conducteur
Argon	Ar	18	1894	Gaz inerte
Arsenic	As	33	1649	
Azote	N	7	1772	
Baryum	Ba	56	1808	Fin de la couche 0 à 8 électrons
Béryllium	Be	4	1798	
Bismuth	Bi	83	1753	
Bore	B	5	1808	
Brome	Br	35	1826	
Cadmium	Cd	48	1817	
Calcium	Ca	20	1808	Fin de la couche M à 8 électrons
Carbone	C	6	Ancienne	Semi-conducteur
Cérium	Ce	58	1803	Début des terres rares, série 58 à 71
Césium	Cs	55	1860	Photosensible
Chlore	Cl	17	1774	Gaz actif
Chrome	Cr	24	1798	
Cobalt	Co	27	1735	
Cuivre	Cu	29	Ancienne	Métal conducteur
Étain	Sn	50	Ancienne	

ÉLÉMENT	SYM-BOLE	NOMBRE ATO-MIQUE	DATE DE DÉCOU-VERTE	REMARQUES
Fer	Fe	26	Ancienne	Magnétique
Fluor	F	9	1771	Gaz actif
Gallium	Ga	31	1875	
Germanium	Ge	32	1886	Semi-conducteur
Hafnium	Hf	72	1923	Début de la couche N à 32 électrons
Hélium	He	2	1895	Gaz inerte
Hydrogène	H	1	1766	Gaz actif
Indium	In	49	1863	
Iode	I	53	1811	
Iridium	Ir	77	1804	
Krypton	Kr	36	1898	Gaz inerte
Lanthanum	La	57	1839	
Lithium	Li	3	1817	
Magnésium	Mg	12	1755	
Manganèse	Mn	25	1774	
Mercure	Hg	80	Ancienne	
Molybdène	Mo	42	1781	
Néon	Ne	10	1898	Gaz inerte
Nickel	Ni	28	1751	
Niobium	Nb	41	1801	
Or	Au	79	Ancienne	Métal conducteur
Osmium	Os	76	1804	
Oxygène	O	8	1774	
Palladium	Pd	46	1803	La couche N a 18 électrons
Phosphore	P	15	1669	
Platine	Pt	78	1735	
Plomb	Pb	82	Ancienne	
Polonium	Po	84	1898	
Potassium	K	19	1807	
Radium	Ra	88	1898	
Radon	Rn	86	1900	Gaz inerte
Rhénium	Re	75	1925	
Rhodium	Rh	45	1803	
Rubidium	Rb	37	1861	
Ruthénium	Ru	44	1844	
Scandium	Sc	21	1879	
Sélénium	Se	34	1818	Photosensible
Silicium	Si	14	1823	Semi-conducteur
Sodium	Na	11	1807	
Soufre	S	16	Ancienne	

ÉLÉMENT	SYM-BOLE	NOMBRE ATO-MIQUE	DATE DE DÉCOU-VERTE	REMARQUES
Strontium	Sr	38	1790	Fin de la couche N à 8 électrons
Tantale	Ta	73	1802	
Technétium	Tc	43	1937	
Tellure	Te	52	1783	
Thallium	Tl	81	1861	
Thorium	Th	90	1829	Début des terres rares, série 90 à 103
Titane	Ti	22	1791	
Tungstène	W	74	1783	
Uranium	U	92	1789	
Vanadium	V	23	1831	
Xénon	Xe	54	1898	Gaz inerte
Yttrium	Y	39	1843	
Zinc	Zn	30	1746	
Zirconium	Zr	40	1789	

* Les éléments des terres rares ayant un numéro atomique de 58 à 71 et de 90 à 103 ne sont pas indiqués.

Mathématiques

En utilisant les exposants dans les calculs, on peut gagner du temps lorsque l'on travaille sur des nombres très petits ou très grands, en particulier quand on travaille sur des capacités, en microfarads ou en picofarads. De nombreux problèmes nécessitent aussi la transposition d'équations, l'élévation au carré d'un nombre ou l'extraction d'une racine carrée. On explique ici comment faire ces opérations. Enfin, on donne des notions de base en trigonométrie qui est l'étude des angles. On utilise la trigonométrie pour étudier les caractéristiques des courants et tensions alternatifs sinusoïdaux.

Annexe D

EXPOSANTS

On appelle *exposant* d'un nombre le nombre de fois où il est multiplié par lui-même:

$$10^3 = 10 \times 10 \times 10 = 1000$$

Dans cet exemple, le nombre est 10. L'exposant est 3, c'est-à-dire que le nombre est multiplié trois fois par lui-même. L'exposant s'écrit sous forme d'un petit chiffre plus haut que le nombre lui-même. Il est la *base*. Le nombre 10 est la *base ordinaire* dont on utilise les puissances. On peut aussi dire «10 à la puissance trois». Par exemple:

$$10^1 = 10$$
$$10^2 = 10 \times 10 = 100$$
$$10^3 = 10 \times 10 \times 10 = 1000$$
$$10^4 = 10 \times 10 \times 10 \times 10 = 10\ 000$$
$$10^5 = 10 \times 10 \times 10 \times 10 \times 10 = 100\ 000$$
$$10^6 = 10 \times 10 \times 10 \times 10 \times 10 \times 10 = 1\ 000\ 000$$

Un nombre écrit sans exposant a en réalité l'exposant 1. Par exemple, 10 et 10^1 sont identiques.

Quand un nombre n'a pas de virgule décimale, on suppose que cette virgule est après le dernier chiffre. Pour le nombre 103, par exemple, la virgule décimale se trouve après le chiffre 3.

Lorsque des fractions décimales sont inférieures à 1, l'exposant est négatif. Par exemple:

$$10^{-1} = 0,1 = 1/10$$
$$10^{-2} = 0,01 = 1/100$$
$$10^{-3} = 0,001 = 1/1000$$
$$10^{-4} = 0,0001 = 1/10\ 000$$
$$10^{-5} = 0,000\ 01 = 1/100\ 000$$
$$10^{-6} = 0,000\ 001 = 1/1\ 000\ 000$$

On doit se souvenir des puissances positives de 10 jusqu'à un million et négatives de 10 jusqu'à un millionième, car elles aident à simplifier les calculs dans notre système de numération décimale.

TRANSFORMATION EN PUISSANCES DE 10

Quand un nombre n'est pas égal à un nombre entier de dizaines, de centaines, de milliers, etc., on peut le mettre sous forme d'un produit de deux facteurs de façon à utiliser une puissance de dix. En voici des exemples:

$$10 = 1 \times 10 = 1 \times 10^1$$
$$20 = 2 \times 10 = 2 \times 10^1$$
$$75 = 7,5 \times 10 = 7,5 \times 10^1$$
$$98 = 9,8 \times 10 = 9,8 \times 10^1$$
$$100 = 1 \times 100 = 1 \times 10^2$$
$$750 = 7,5 \times 100 = 7,5 \times 10^2$$
$$980 = 9,8 \times 100 = 9,8 \times 10^2$$
$$1000 = 1 \times 1000 = 1 \times 10^3$$
$$7500 = 7,5 \times 1000 = 7,5 \times 10^3$$
$$9000 = 9 \times 1000 = 9 \times 10^3$$
$$9830 = 9,83 \times 1000 = 9,83 \times 10^3$$

On remarque que l'exposant est égal au nombre de rangs dont on a décalé la virgule décimale vers la gauche. Par exemple, dans $980 = 9,8 \times 10^2$, l'exposant est 2, car la virgule décimale a été décalée de deux rangs quand on est passé de 980 au facteur 9,8 que multiplie 10^2.

La même idée s'applique aux fractions inférieures à 1, mais cette fois l'exposant négatif est le nombre de rangs dont on a décalé la virgule décimale vers la droite. En voici quelques exemples:

$$0,01 \ = 1 \times 0,01 = 1 \times 10^{-2}$$
$$0,02 \ = 2 \times 0,01 = 2 \times 10^{-2}$$
$$0,05 \ = 5 \times 0,01 = 5 \times 10^{-2}$$
$$0,09 \ = 9 \times 0,01 = 9 \times 10^{-2}$$
$$0,093 = 9,3 \times 0,01 = 9,3 \times 10^{-2}$$

On remarquera que, dans un nombre comme 9×10^3, le 9 est le facteur ou *coefficient* à multiplier par la puissance de la base. Dans ce cas, 9 est multiplié par 10^3 ou 1000 et le produit est égal à 9000. Quand il n'y a pas de coefficient, on suppose que le coefficient est 1. Ainsi, 1000 peut s'écrire 1×10^3 ou simplement 10^3.

Les nombres supérieurs à 1 s'écrivent toujours avec une puissance positive de 10. Les fractions décimales inférieures à 1 ont toujours une puissance négative de 10. En outre, l'exposant est le nombre de rangs dont on a décalé la virgule décimale quand on a introduit une puissance de dix. En déplaçant la virgule décimale vers la gauche, on abaisse la valeur numérique, ce qui correspond à une division. Il faut donc élever l'exposant positif pour conserver le même nombre. Ainsi, 123 et $1,23 \times 10^2$ sont égaux. Dans le cas opposé, le déplacement de la virgule décimale vers la droite augmente la valeur numérique et correspond à une multiplication. Il faut donc diminuer un exposant positif ou augmenter un exposant négatif pour conserver la même valeur. Ainsi, 0,002, $0,2 \times 10^{-2}$ et 2×10^{-3} sont égaux. De même, $9,83 \times 10^3$ est égal à $98,3 \times 10^2$, qui sont tous deux égaux à 9830.

On peut trouver, par les méthodes qui suivent, de combien de rangs il faut décaler la virgule décimale. Quand on introduit des puissances de 10, pour poser les calculs d'un problème, on choisit un coefficient de la puissance de 10 ayant une valeur comprise entre 1 et 10. Par exemple, on écrit 9830 sous la forme $9,83 \times 10^3$. Cette forme a l'avantage de conduire à une détermination plus facile de la position de la virgule décimale dans le résultat final, quand tous les nombres sont mis sous cette forme. Un autre avantage de cette forme, c'est que la puissance de 10 est alors la partie principale du logarithme décimal du nombre. Cependant, dans le résultat final d'un problème, il est préférable d'avoir un exposant de 10 qui soit multiple de 3 ou de 6 pour utiliser les multiples ou sous-multiples des unités. Par exemple, un résultat de 42×10^{-3} A indique qu'il s'agit de 42 mA, alors que cela est moins évident sous la forme $4,2 \times 10^{-2}$. On remarque que ces deux valeurs sont égales à 0,042 A.

OPÉRATIONS SUR LES PUISSANCES

Les puissances de 10 sont commodes pour multiplier ou diviser des nombres qui sont très grands ou très petits, car l'opération se ramène à une addition ou à une soustraction des exposants.

Règle 1 *Pour multiplier des puissances de la base 10, on additionne leurs exposants.* Par exemple:

$$(1 \times 10^4) \times (1 \times 10^2) = 1 \times 10^6$$
ou $10\,000 \times 100 = 1\,000\,000$

On remarque, cependant, que seuls les exposants de 10 s'additionnent. Les autres facteurs se multiplient toujours. Ici, 1×1 est toujours égal à 1. Voici un exemple des autres facteurs:

$$(2 \times 10^4) \times (3 \times 10^2) = 6 \times 10^6$$
ou $20\,000 \times 300 = 6\,000\,000$

Quand ce sont des exposants négatifs, on les additionne pour obtenir un nombre négatif plus grand:

$$(1 \times 10^{-2}) \times (1 \times 10^{-1}) = 1 \times 10^{-3}$$
ou $0,01 \times 0,1 = 0,001$

Dans le cas où il y a à la fois un exposant positif et un exposant négatif, on fait la différence entre les deux et on lui donne le signe du plus grand exposant:

$$(1 \times 10^5) \times (1 \times 10^{-3}) = 1 \times 10^2$$
$$(1 \times 10^{-5}) \times (1 \times 10^3) = 1 \times 10^{-2}$$

Règle 2 *Pour diviser des puissances de 10, on soustrait les exposants.* Par exemple:

$$(1 \times 10^6) \div (1 \times 10^3) = 1 \times 10^3$$
ou $1\,000\,000 \div 1000 = 1000$

Seuls les exposants de 10 ont été soustraits. Les autres facteurs se divisent toujours:

$$6 \times 10^6 \div 3 \times 10^3 = 2 \times 10^3$$
$$6\,000\,000 \div 3000 = 2000$$

Lorsque le diviseur a un exposant négatif, on change son signe et on l'additionne. Par exemple:

$$(1 \times 10^5) \div (1 \times 10^{-3}) = 1 \times 10^8$$
$$(1 \times 10^{-5}) \div (1 \times 10^{-3}) = 1 \times 10^{-2}$$

Le cas où le numérateur et le dénominateur d'une division sont égaux est intéressant. Le quotient doit alors être égal à 1. Par exemple:

$$1 \times 10^4 \div 1 \times 10^4 = 1 \times 10^0 = 1 \times 1 = 1$$

Cet exemple montre que, pour une base quelconque, la puissance zéro du nombre est égale à 1, car l'exposant zéro correspond à une fraction dont le numérateur et le dénominateur sont égaux.

Règle 3 *Pour additionner ou soustraire des nombres exprimés avec des puissances de 10, les puissances doivent être les mêmes. On additionne ou on soustrait alors les coefficients en conservant la même puissance de 10.* Par exemple:

$$(6 \times 10^3) + (2 \times 10^3) = 8 \times 10^3$$
$$(6 \times 10^3) - (2 \times 10^3) = 4 \times 10^3$$

Si les nombres ne sont pas exprimés avec la même puissance de 10, il faut les transformer pour avoir la même puissance de 10, avant de pouvoir les additionner ou les retrancher. On peut utiliser une puissance quelconque pourvu que ce soit la même pour les deux nombres.

Règle 4 *Pour élever une puissance à une puissance plus élevée, on multiplie les exposants.* Par exemple:

$$(2 \times 10^2)^3 = 8 \times 10^6$$

On remarque que le coefficient 2 est élevé à la puissance indiquée.

Règle 5 *Pour prendre la racine d'une puissance, on divise l'exposant par l'ordre de la racine.* Par exemple:

$$\sqrt[3]{8 \times 10^6} = (8 \times 10^6)^{1/3} = 2 \times 10^2$$

On remarque que l'on prend la racine indiquée du coefficient car $\sqrt[3]{8} = 2$.

On peut aussi exprimer une racine sous forme d'une puissance fractionnaire. La racine cubique est identique à la puissance 1/3 et la racine carrée est identique à la puissance 1/2. On peut appliquer la règle 4 aux puissances fractionnaires. Par exemple, l'exposant 6 divisé par 3 est le même que $6 \times 1/3$.

FRACTIONS DÉCIMALES

Dans les calculs, il est souvent nécessaire de mettre une fraction sous forme décimale. C'est dans ce but que l'on devra se souvenir des conversions suivantes:

1/2 = 0,5	1/6 = 0,167
1/3 = 0,333	1/7 = 0,143
1/4 = 0,25	1/8 = 0,125
1/5 = 0,2	1/9 = 0,111

Ces fractions sont les inverses des chiffres 2 à 9. On notera aussi que 1/1 = 1, que 0/1 = 0, et que 1/0 est infini.

CARRÉS ET RACINES CARRÉES

La puissance 2 d'un nombre indique que ce nombre est élevé au carré. Par exemple, 10^2 équivaut à 100, ou 100 est le carré de 10. Le carré est donc égal au nombre multiplié par lui-même. Par exemple, 6^2 est égal à 6×6 ou 36. Dans l'opération inverse, la racine carrée d'un nombre est le nombre qui, multiplié par lui-même, redonne le premier nombre. La racine carrée de 36, par exemple, est égale à 6, ce qui peut s'écrire $\sqrt{36}$, ou $(36)^{1/2} = 6$. Le signe $\sqrt{}$ signifie *racine carrée de*. Les carrés

et les racines carrées sont indiqués au tableau D-1. Tout nombre de la colonne N a son carré dans la colonne N^2 et sa racine carrée dans la colonne $\sqrt{N}$.

Ce tableau ne concerne que les nombres inférieurs ou égaux à 120. Quand on a des nombres plus grands, il faut les décomposer en facteurs plus petits. Par exemple, $\sqrt{300} = \sqrt{3} \times \sqrt{100} = 1,732 \times 10 = 17,32$. On peut aussi utiliser la calculatrice électronique pour trouver les carrés et les racines carrées d'un nombre quelconque.

TRANSPOSITION DES ÉQUATIONS

Dans beaucoup d'applications, il faut transposer une équation algébrique avant de pouvoir faire le problème. Les trois formes de la loi d'Ohm ne sont que des transpositions de $V = IR$, $I = V/R$, ou $R = V/I$. On peut réaliser une transposition en utilisant la méthode suivante.

En considérant que l'on ne modifie pas une égalité en multipliant ou en divisant ses deux membres par un même nombre, on peut éliminer certaines quantités dans un membre pour obtenir l'équation désirée en utilisant un facteur approprié. Si on suppose, par exemple, que l'on désire faire une transposition de l'équation $V = IR$ pour obtenir une expression de I, l'idée consiste à diviser les deux membres par R pour qu'il s'élimine du terme IR:

$$V = IR$$

En divisant par R, on a:

$$\frac{V}{R} = \frac{IR}{R} = I$$

ou

$$I = \frac{V}{R}$$

Tableau D-1 *Carrés et racines carrées*

N	N²	√N̄	N	N²	√N̄	N	N²	√N̄
1	1	1	41	1681	6,4031	81	6561	9
2	4	1,414	42	1764	6,4807	82	6724	9,0554
3	9	1,732	43	1849	6,5574	83	6889	9,1104
4	16	2	44	1936	6,6332	84	7056	9,1652
5	25	2,236	45	2025	6,7082	85	7225	9,2195
6	36	2,449	46	2116	6,7823	86	7396	9,2736
7	49	2,646	47	2209	6,8557	87	7569	9,3274
8	64	2,828	48	2304	6,9282	88	7744	9,3808
9	81	3	49	2401	7	89	7921	9,4340
10	100	3,162	50	2500	7,0711	90	8100	9,4868
11	121	3,3166	51	2601	7,1414	91	8281	9,5394
12	144	3,4641	52	2704	7,2111	92	8464	9,5917
13	169	3,6056	53	2809	7,2801	93	8649	9,6437
14	196	3,7417	54	2916	7,3485	94	8836	9,6954
15	225	3,8730	55	3025	7,4162	95	9025	9,7468
16	256	4	56	3136	7,4833	96	9216	9,7980
17	289	4,1231	57	3249	7,5498	97	9409	9,8489
18	324	4,2426	58	3364	7,6158	98	9604	9,8995
19	361	4,3589	59	3481	7,6811	99	9801	9,9499
20	400	4,4721	60	3600	7,7460	100	10000	10
21	441	4,5826	61	3721	7,8102	101	10201	10,0499
22	484	4,6904	62	3844	7,8740	102	10404	10,0995
23	529	4,7958	63	3969	7,9373	103	10609	10,1489
24	576	4,8990	64	4096	8	104	10816	10,1980
25	625	5	65	4225	8,0623	105	11025	10,2470
26	676	5,0990	66	4356	8,1240	106	11236	10,2956
27	729	5,1962	67	4489	8,1854	107	11449	10,3441
28	784	5,2915	68	4624	8,2462	108	11664	10,3923
29	841	5,3852	69	4761	8,3066	109	11881	10,4403
30	900	5,4772	70	4900	8,3666	110	12100	10,4881
31	961	5,5678	71	5041	8,4261	111	12321	10,5357
32	1024	5,6569	72	5184	8,4853	112	12544	10,5830
33	1089	5,7446	73	5329	8,5440	113	12769	10,6301
34	1156	5,8310	74	5476	8,6023	114	12996	10,6771
35	1225	5,9161	75	5625	8,6603	115	13225	10,7238
36	1296	6	76	5776	8,7178	116	13456	10,7703
37	1369	6,0828	77	5929	8,7750	117	13689	10,8167
38	1444	6,1644	78	6084	8,8318	118	13924	10,8628
39	1521	6,2450	79	6241	8,8882	119	14161	10,9087
40	1600	6,3246	80	6400	8,9443	120	14400	10,9545

Que I se trouve dans le premier ou dans le second nombre n'importe pas, car l'égalité est vraie dans les deux sens. Comme autre exemple, on suppose que l'on transforme la formule $X_L = 2\pi f L$ pour isoler L, d'un côté. Pour y parvenir on divise les deux membres par $2\pi f$. La méthode est la suivante:

$$X_L = 2\pi f L$$

En divisant par $2\pi f$, il devient:

$$\frac{X_L}{2\pi f} = \frac{2\pi f L}{2\pi f} = L$$

ou

$$L = \frac{X_L}{2\pi f}$$

Cette méthode de multiplication des deux membres par un facteur qui s'élimine peut s'appliquer à toutes les équations.

TRIGONOMÉTRIE

La trigonométrie est l'étude des angles qui est très importante pour les déphasages du courant alternatif ou de la tension alternative. Les angles sont nécessaires pour définir les mouvements circulaires. Comme on l'indique à la figure D-1, si la ligne OP_1 est articulée à l'origine

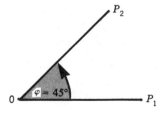

Figure D-1 *Formation d'un angle φ.*

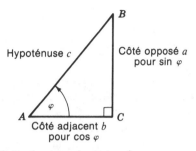

Figure D-2 *Le triangle rectangle.*

et qu'elle tourne jusqu'à P_2, elle balaie l'angle P_1OP_2. Le symbole d'un angle est généralement φ. Par convention, φ est positif quand la rotation se fait dans le sens inverse des aiguilles d'une montre, et négatif quand la rotation se fait dans le sens des aiguilles d'une montre. Un angle droit, égal à 90°, a ses côtés perpendiculaires. Les angles inférieurs à 90° sont *aigus*, les angles supérieurs à 90° sont *obtus*. Un tour complet de la circonférence correspond à un angle de 360°.

Une rotation d'un degré est $^1/_{360}$ du cercle complet. On peut diviser un angle inférieur à 1° en parties décimales. Par exemple, 0,5° est la moitié d'un degré; 26,5° est la moyenne arithmétique entre 26 et 27°. Ce procédé est la notation *trigonométrique décimale*. On peut aussi subdiviser 1° en 60 minutes et 1 minute en 60 secondes. Cette méthode est la notation *sexagésimale*. Par exemple, 26°30'0'', ou 26 degrés, 30 minutes, et zéro seconde sont des angles égaux à 26,5°.

LE TRIANGLE RECTANGLE

Comme on le montre à la figure D-2, ce triangle a un angle droit. Le côté opposé à l'angle droit est l'*hypoténuse*. Le côté vertical est en général désigné par a, qui signifie altitude, et le côté horizontal par b, qui signifie base; c est l'hypoténuse. D'après le théorème de Pythagore:

$$c^2 = a^2 + b^2 \quad \text{ou} \quad c = \sqrt{a^2 + b^2}$$

L'hypoténuse *c* doit être supérieure à chacun des côtés de l'angle droit, mais inférieure à leur somme *a + b*.

FONCTIONS TRIGONOMÉTRIQUES

On les utilise pour définir les caractéristiques d'un angle. Les six fonctions sont le sinus, le cosinus, la tangente, la cotangente, la sécante et la cosécante. On ne définit ici que sin φ, cos φ, et tg φ, car ce sont les fonctions plus couramment employées dans les circuits alternatifs. Les définitions sont basées sur le triangle rectangle de la figure D-2, et sont:

$$\sin \varphi = \frac{\text{côté opposé}}{\text{hypoténuse}} = \frac{a}{c}$$

$$\cos \varphi = \frac{\text{côté adjacent}}{\text{hypoténuse}} = \frac{b}{c}$$

$$\text{tg } \varphi = \frac{\text{côté opposé}}{\text{côté adjacent}} = \frac{a}{b}$$

On considère que *b* est adjacent à φ, car c'est un côté de l'angle. Un côté opposé ne fait pas partie de l'angle. L'hypoténuse est toujours opposée à l'angle droit. Il peut être intéressant de remarquer que les trois autres fonctions sont les inverses des premières, car cotg $\varphi = 1/\text{tg } \varphi$, sec $\varphi = 1/\cos \varphi$ et cosec $\varphi = 1/\sin \varphi$.

Une fonction trigonométrique est un nombre pur sans unité puisque c'est le rapport de deux grandeurs, bien que l'angle se mesure en degrés. Par exemple, pour $\varphi = 45°$, sin $\varphi = 0,707$, qui est égal au rapport *a/c*. La taille du triangle n'intervient pas, car les rapports des côtés sont toujours les mêmes pour un angle donné. Les fonctions trigonométriques définissent donc l'angle. On peut obtenir les valeurs numériques à partir d'un tableau comme le tableau D-2 ou en utilisant une calculatrice électronique.

La valeur du sinus est 0 pour 0°, elle augmente jusqu'à un maximum de 1, pour 90°. Ces valeurs s'expliquent parce que l'hypoténuse *c* est le plus grand côté et que le rapport *a/c* ne peut atteindre, au maximum, que ¹/₁. Le cosinus, au contraire, a son maximum de 1 pour 0° puis il décroît jusqu'à 0 pour 90°. La tangente augmente avec l'angle, depuis 0 pour 0°, jusqu'à 1 pour un angle de 45° qui correspond à un triangle rectangle isocèle dont le rapport des côtés est égal à 1. Pour les angles plus grands que 45°, les tangentes sont supérieures à 1.

Pour utiliser le tableau, il suffit de chercher l'angle dans la première colonne et de trouver la valeur correspondante du sinus, du cosinus ou de la tangente. Par exemple, sin 30° = 0,5; cos 30° = 0,866; tg 30° = 0,5774. On peut aussi opérer à l'envers en trouvant l'angle dont on connaît une fonction. Si, par exemple, sin $\varphi = 0,7071$, l'angle est de 45°.

ANGLES SUPÉRIEURS À 90°

Les angles considérés jusqu'à maintenant ne dépassaient pas 90°. Pour des angles plus grands, allant jusqu'à 360°, on divise tout le cercle en quatre quadrants, comme on l'indique à la figure D-3. Pour utiliser le tableau des fonctions trigonométriques dans le cas où les angles sont obtus et appartiennent aux quadrants II, III et IV, on cherche les angles aigus du quadrant I qui ont des fonctions de même valeur par les règles suivantes: pour le quadrant II, utiliser $180° - \varphi$; pour le quadrant III, utiliser $\varphi - 180°$; pour le quadrant IV, utiliser $360° - \varphi$. On tiendra également compte du signe et de la polarité des fonctions trigonométriques des différents quadrants, comme on l'indique à la figure D-3. Par exemple,

Dans le quadrant II:
tg 120° = − tg (180° − 120°) = − tg 60° =
$$− 1,7321$$

Tableau D-2 *Fonctions trigonométriques*

ANGLE	SIN	COS	TG	ANGLE	SIN	COS	TG
1°	0	1	0	45°	0,7071	0,7071	1
1	0,0175	0,9998	0,0175	46	0,7193	0,6947	1,0355
2	0,0349	0,9994	0,0349	47	0,7314	0,6820	1,0724
3	0,0523	0,9986	0,0524	48	0,7431	0,6691	1,1106
4	0,0698	0,9976	0,0699	49	0,7547	0,6561	1,1504
5	0,0872	0,9962	0,0875	50	0,7660	0,6428	1,1918
6	0,1045	0,9945	0,1051	51	0,7771	0,6293	1,2349
7	0,1219	0,9925	0,1228	52	0,7880	0,6157	1,2799
8	0,1392	0,9903	0,1405	53	0,7986	0,6018	1,3270
9	0,1564	0,9877	0,1584	54	0,8090	0,5878	1,3764
10	0,1736	0,9848	0,1763	55	0,8192	0,5736	1,4281
11	0,1908	0,9816	0,1944	56	0,8290	0,5592	1,4826
12	0,2079	0,9781	0,2126	57	0,8387	0,5446	1,5399
13	0,2250	0,9744	0,2309	58	0,8480	0,5299	1,6003
14	0,2419	0,9703	0,2493	59	0,8572	0,5150	1,6643
15	0,2588	0,9659	0,2679	60	0,8660	0,5000	1,7321
16	0,2756	0,9613	0,2867	61	0,8746	0,4848	1,8040
17	0,2924	0,9563	0,3057	62	0,8829	0,4695	1,8807
18	0,3090	0,9511	0,3249	63	0,8910	0,4540	1,9626
19	0,3256	0,9455	0,3443	64	0,8988	0,4384	2,0503
20	0,3420	0,9397	0,3640	65	0,9063	0,4226	2,1445
21	0,3584	0,9336	0,3839	66	0,9135	0,4067	2,2460
22	0,3746	0,9272	0,4040	67	0,9205	0,3907	2,3559
23	0,3907	0,9205	0,4245	68	0,9272	0,3746	2,4751
24	0,4067	0,9135	0,4452	69	0,9336	0,3584	2,6051
25	0,4226	0,9063	0,4663	70	0,9397	0,3420	2,7475
26	0,4384	0,8988	0,4877	71	0,9455	0,3256	2,9042
27	0,4540	0,8910	0,5095	72	0,9511	0,3090	3,0777
28	0,4695	0,8829	0,5317	73	0,9563	0,2924	3,2709
29	0,4848	0,8746	0,5543	74	0,9613	0,2756	3,4874
30	0,5000	0,8660	0,5774	75	0,9659	0,2588	3,7321
31	0,5150	0,8572	0,6009	76	0,9703	0,2419	4,0108
32	0,5299	0,8480	0,6249	77	0,9744	0,2250	4,3315
33	0,5446	0,8387	0,6494	78	0,9781	0,2079	4,7046
34	0,5592	0,8290	0,6745	79	0,9816	0,1908	5,1446
35	0,5736	0,8192	0,7002	80	0,9848	0,1736	5,6713
36	0,5878	0,8090	0,7265	81	0,9877	0,1564	6,3138
37	0,6018	0,7986	0,7536	82	0,9903	0,1392	7,1154
38	0,6157	0,7880	0,7813	83	0,9925	0,1219	8,1443
39	0,6293	0,7771	0,8098	84	0,9945	0,1045	9,5144
40	0,6428	0,7660	0,8391	85	0,9962	0,0872	11,43
41	0,6561	0,7547	0,8693	86	0,9976	0,0698	14,30
42	0,6691	0,7431	0,9004	87	0,9986	0,0523	19,08
43	0,6820	0,7314	0,9325	88	0,9994	0,0349	28,64
44	0,6947	0,7193	0,9657	89	0,9998	0,0175	57,29
				90	1	0	∞

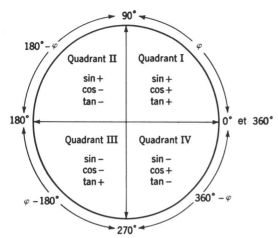

Figure D-3 *Les quatre quadrants d'un cercle.*

Dans le quadrant III:
tg 210° = tg (210° − 180°) = tg 30° = 0,5774

Dans le quadrant IV:
tg 300° = − tg (360° − 300°) = − tg 60° =
$$− 1,7321$$

On remarque que les transformations reviennent à utiliser comme références l'axe horizontal, soit dans le sens 180°, soit dans le sens 360°.

Dans le premier quadrant, toutes les fonctions sont positives. On remarque que la polarité de la tangente alterne dans les quadrants I, II, III et IV. Pour tous les quadrants, le sinus a le signe positif (+) quand l'ordonnée est positive et le signe négatif (−) quand l'ordonnée est négative. De même, le cosinus a le signe + quand l'abscisse horizontale est à droite ou le signe − quand elle est à gauche. L'hypoténuse n'a pas de polarité. Enfin, la tangente a le signe + quand le sinus et le cosinus ont la même polarité, soit + pour le quadrant I, soit − pour le quadrant III. Pour plus de détails sur la trigonométrie et les mathématiques, on pourra consulter la sélection d'ouvrages indiquée en bibliographie.

Symboles et abréviations en électricité

Aux tableaux E-1, E-2 et E-3 sont résumés les symboles littéraux utilisés comme abréviations pour les grandeurs électriques, y compris les préfixes du système métrique pour les unités multiples ou sous-multiples et les lettres empruntées à l'alphabet grec.

Tableau E-1 *Caractéristiques de l'électricité*

GRANDEUR	SYMBOLE	UNITÉ DE BASE
Courant	I ou i	ampère
Charge	Q ou q	coulomb
Tension	V ou v	volt
Puissance	P	watt
Résistance	R	ohm
Réactance	X	ohm
Impédance	Z	ohm
Conductance	G	siemens
Admittance	Y	siemens
Susceptance	B	siemens
Capacité	C	farad
Inductance	L	henry
Fréquence	f	hertz
Période	T	seconde

On utilise les majuscules I, Q et V pour les valeurs de crête, efficaces ou continues; les minuscules sont réservées aux valeurs instantanées.

On utilise habituellement r et g pour les valeurs internes comme r_p et g_m dans le cas d'un tube.

Tableau E-2 *Multiples et sous-multiples des unités**

VALEUR	PRÉFIXE	SYMBOLE	EXEMPLE
$1\ 000\ 000\ 000\ 000 = 10^{12}$	téra	T	$THz = 10^{12}\ Hz$
$1\ 000\ 000\ 000 = 10^{9}$	giga	G	$GHz = 10^{9}\ Hz$
$1\ 000\ 000 = 10^{6}$	méga	M	$MHz = 10^{6}\ Hz$
$1\ 000 = 10^{3}$	kilo	k	$kV = 10^{3}\ V$
$100 = 10^{2}$	hecto	h	$hm = 10^{2}\ m$
$10 = 10$	déca	da	$dam = 10\ m$
$0,1 = 10^{-1}$	déci	d	$dm = 10^{-1}\ m$
$0,01 = 10^{-2}$	centi	c	$cm = 10^{-2}\ m$
$0,001 = 10^{-3}$	milli	m	$mA = 10^{-3}\ A$
$0,000\ 001 = 10^{-6}$	micro	μ	$\mu V = 10^{-6}\ V$
$0,000\ 000\ 001 = 10^{-9}$	nano	n	$ns = 10^{-9}\ s$
$0,000\ 000\ 000\ 001 = 10^{-12}$	pico	p	$pF = 10^{-12}\ F$

* Préfixes supplémentaires: $exa = 10^{18}$, $peta = 10^{15}$, $femto = 10^{-15}$ et $atto = 10^{-18}$.

Tableau E-3 *Symboles en lettres grecques*

| NOM | LETTRE | | EMPLOIS |
	MAJUSCULE	MINUSCULE	
Alpha	A	α	α pour les angles, les transistors et les circuits amplificateurs
Bêta	B	β	β pour les angles, les transistors et les circuits amplificateurs
Gamma	Γ	γ	
Delta	Δ	δ	Faible variation des grandeurs
Epsilon	E	ϵ	ϵ pour la permittivité
Dzêta	Z	ζ	
Êta	H	η	Rendement
Thêta	Θ	θ	
Iota	I	ι	
Kappa	K	κ	κ pour le coefficient de couplage
Lambda	Λ	λ	λ pour les longueurs d'ondes et le facteur de puissance
Mu	M	μ	μ pour le préfixe micro, la perméabilité, et le coefficient d'amplification
Nu	N	ν	
Ksi	Ξ	ξ	
Omicron	O	o	
Pi	Π	π	π est une constante égale à 3,1416; c'est le rapport de la circonférence au diamètre d'un cercle
Rhô	P	ρ	ρ pour la résistivité
Sigma	Σ	σ	Sommation
Tau	T	τ	Constante de temps
Upsilon	Y	υ	
Phi	Φ	ϕ, φ	Respectivement: flux magnétique, déphasage
Khi	X	χ	
Psi	Ψ	ψ	Flux électrique
Oméga	Ω	ω	Ω pour ohms; ω pour la vitesse angulaire

On remarquera que le tableau E-2 des lettres grecques comprend tout l'alphabet, bien que certaines lettres ne soient pas utilisées comme symboles en électronique.

Codes des couleurs

Les codes des couleurs indiqués ci-dessous s'appliquent au câblage des châssis, aux résistances au carbone, aux petits condensateurs fixes avec diélectrique en mica ou en céramique. Ces codes ont été, pour la plupart, normalisés par l'Electronic Industries Association (EIA). Les membres ne sont pas tenus d'appliquer les codes, mais il est habituel de les utiliser dans l'industrie, quand c'est possible.

CABLÂGE DES CHÂSSIS

Les couleurs des fils des circuits électroniques suivent généralement le tableau F-1. En observant le code des couleurs pour le câblage, on peut souvent gagner du temps pour le tracé des connexions. Les couleurs des fils peuvent être appliquées sur tout le fil ou bien en spirales sur un isolant blanc.

Tableau F-1 *Code des couleurs pour le câblage des châssis*

COULEUR	LIAISON AVEC
Rouge	Côté haut de la source de tension, B + pour les tubes
Bleu	Plaque d'un tube amplificateur, collecteur d'un transistor, drain d'un transistor à effet de champ
Vert	Grille de commande d'un tube, base d'un transistor, grille d'un transistor à effet de champ, entrée d'une diode de détection
Jaune	Cathode d'un tube, émetteur d'un transistor, source d'un transistor à effet de champ
Orange	Grille-écran d'un tube, seconde base d'un transistor
Marron	Filaments ou chauffage
Noir	Retour à la masse du châssis
Blanc	Retour pour la grille de commande (polarisation anti-évanouissement ou la base d'un transistor
Gris	Secteur alternatif

En outre, on utilise le bleu pour le côté à potentiel élevé des connexions d'antennes. Pour les connexions stéréo des équipements audio-fréquences, on utilise le rouge pour le canal droit (côté haut) avec du vert, et le blanc (côté haut) avec du bleu pour le canal gauche.

RÉSISTANCES AU CARBONE

Pour les puissances nominales inférieures ou égales à 2 W, les résistances au carbone sont codées soit par des bandes de couleurs, soit par le système extrémités-corps-point, comme on l'indique au tableau F-2.

Les couleurs indiquées au tableau F-3 s'appliquent à la fois aux résistances et aux condensateurs. Cependant, les couleurs indiquant la tension nominale ne s'appliquent qu'aux condensateurs. Pour indiquer

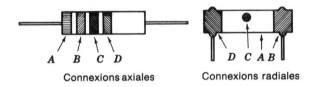

Figure F-1 *Code des couleurs des résistances: (a) bandes de couleur sur R muni de connexions axiales; (b) Couleurs extrémités-corps-point sur R muni de connexions radiales.*

Tableau F-2 *Codes des couleurs pour les résistances au carbone* (*Voir figure F-1*)

CONNEXIONS AXIALES	COULEUR	CONNEXIONS RADIALES
Bande A	Premier chiffre significatif	Corps A
Bande B	Deuxième chiffre significatif	Extrémité B
Bande C	Multiplicateur décimal	Point C
Bande D	Tolérance	Extrémité D

Remarque: La bande A a une largeur double pour les résistances bobinées à connexions axiales. Le système corps-extrémité-point avec connexions radiales est un système périmé, que l'on peut cependant trouver sur quelques résistances anciennes. Pour les résistances à connexions axiales, repérées par des bandes de couleurs, la couleur du corps n'est pas considérée comme une couleur codée. Les résistances à film portent cinq bandes; la quatrième est le multiplicateur et la cinquième la tolérance.

la tolérance des résistances au carbone, on n'utilise que l'or ou l'argent, alors que toutes les couleurs s'appliquent aux condensateurs ou aux résistances à film.

De la même manière, les valeurs recommandées du tableau F-4 s'appliquent aux valeurs des résistances en ohms ou des condensateurs en picofarads. On n'a indiqué que la valeur principale dont on dérive les valeurs multiples. Par exemple, une résistance R de 1500 Ω ou un condensateur de 1500 pF sont des valeurs classiques, avec une tolérance de 20, 10 ou 5%. Toutefois, 2000 ne correspond qu'à une tolérance de 5%.

Tableau F-3 *Code des couleurs pour les résistances et les condensateurs*

COULEUR	CHIFFRE SIGNIFICATIF	MULTIPLI-CATEUR DÉCIMAL	TOLÉRANCE,* %	TENSION NOMINALE*
Noir	0	1	20	
Marron	1	10	1	100
Rouge	2	10^2	2	200
Orange	3	10^3	3	300
Jaune	4	10^4	4	400
Vert	5	10^5	5	500
Bleu	6	10^6	6	600
Violet	7	10^7	7	700
Gris	8	10^8	8	800
Blanc	9	10^9	9	900
Or		0,1	5	1000
Argent		0,01	10	2000
Pas de couleur			20	500

* On utilise d'autres couleurs que l'or et l'argent pour indiquer la tolérance et la tension admissible seulement dans le cas des condensateurs.

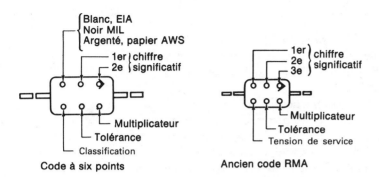

Figure F-2 *Codes des couleurs à six points des condensateurs au mica standard à 500 V_{cc} et à une tolérance de ±20%.*

Tableau F-4 *Valeurs recommandées des résistances et des condensateurs*

TOLÉRANCE 20 %	TOLÉRANCE 10 %	TOLÉRANCE 5 %
10*	10	10
		11
	12	12
		13
15	15	15
		16
	18	18
		20
22	22	22
		24
	27	27
		30
33	33	33
		36
	39	39
		43
47	47	47
		51
	56	56
		62
68	68	68
		75
	82	82
		91
100	100	100

* Nombres et multiples décimaux pour les ohms ou les picofarads.

CONDENSATEURS AU MICA

Ceux-ci peuvent être codés avec l'ancien système RMA (Radio Manu-facturers' Association) ou la nouvelle méthode EIA, les normes militaires (MIL), les normes de la Joint Army Navy (JAN), ou les normes de l'American War (AWS). Voir figures F-2 et F-3.

Le nouveau code EIA à six points commence par un point blanc. Si ce point est noir, il s'agit du code MIL à six points. Ou, si ce point est argenté, il s'agit d'un condensateur au papier, selon le code AWS. Dans les trois cas, la capacité en picofarads se lit d'après les trois der-niers points colorés. Si le premier point a une couleur, cela signifie que le code utilisé est l'ancien code à six points EIA, qui utilise les quatre premiers points pour indiquer la valeur du condensateur.

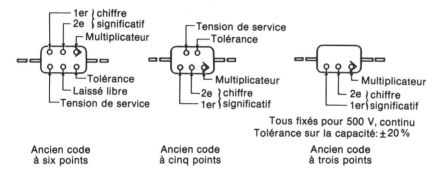

Figure F-3 *Anciens codes des condensateurs au mica.*

Les caractéristiques indiquées par le dernier point du nouveau code EIA à six points sont les cinq classes, de *A* à *E*, suivant la résis-tance de fuite, le coefficient de température et d'autres paramètres.

CONDENSATEURS CÉRAMIQUE

Ces condensateurs ont des bandes ou des points avec trois ou cinq couleurs. Avec cinq bandes ou cinq points, la première et la dernière couleur indiquent le coefficient de température et la tolérance, tels qu'on les indique au Tableau F-5. Les trois couleurs centrales indiquent la capacité en picofarads, avec les mêmes valeurs de couleurs que pour les résistances et les condensateurs au mica. La quatrième couleur est la tolérance en pour cent pour les valeurs supérieures à 10 picofarads, mais en picofarads pour les plus petits condensateurs. Voir la figure F-4 et le tableau F-5.

Tableau F-5 *Code des couleurs pour les condensateurs céramique*

| COULEUR | MULTIPLI-CATEUR DÉCIMAL | TOLÉRANCE | | COEFFICIENT DE TEMPÉRATURE $\times 10^{-6}/°C$ |
		AU-DESSUS DE 10 pF, %	AU-DESSOUS DE 10 pF, pF	
Noir	1	20	2	0
Marron	10	1		-30
Rouge	100	2		-80
Orange	1000			-150
Jaune				-220
Vert		5	0,5	-330
Bleu				-470
Violet				-750
Gris	0,01		0,25	30
Blanc	0,1	10	1	500

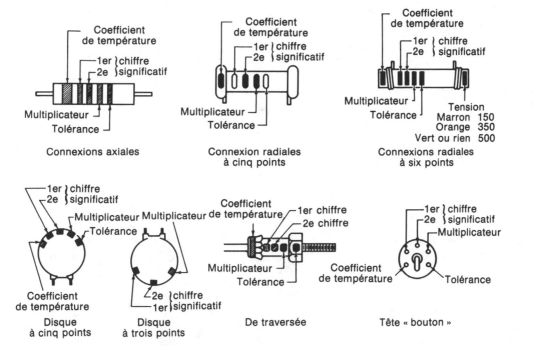

Figure F-4 *Condensateurs céramique. Codes des couleurs pour les modèles tubulaires, plats, de traversée et tête «bouton».*

Le soudage et l'outillage

En plus des outils habituels des ateliers, l'utilisation d'un appareil électronique nécessite aussi des pinces à long bec, ou à bec mince pour couder l'extrémité d'un fil, des pinces coupantes en biais pour couper les fils, une clé à tube de 6,35 mm pour les boulons à tête hexagonale de 6,35 mm, et un tournevis cruciforme. À la figure G-1, on présente ces outils.

On peut utiliser les pinces coupantes quand on veut dénuder un fil divisé, sur 25 mm ou moins, quand l'isolant ne peut pas être repoussé. Écraser d'abord l'isolant en pressant avec les bords coupants des pinces; entailler ensuite l'isolant écrasé avec le bord coupant le long du fil; faire attention de ne pas couper le fil. Enfin, tirer l'isolant écrasé avec les bords coupants des pinces dans la fente. Il existe des pinces spéciales à dénuder pour effectuer ce travail. Quand l'isolant est raide et ne peut pas s'écraser, par exemple celui qui forme la gaine extérieure d'un câble coaxial blindé, on fend l'isolant avec une lame de rasoir sur la longueur désirée, on le tire en arrière et on le coupe avec les pinces coupantes en biais. On peut ouvrir la tresse servant de blindage en la piquant avec un outil pointu.

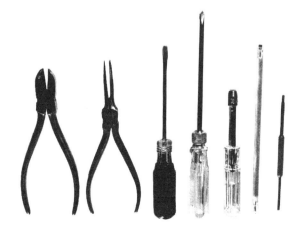

Figure G-1 *De gauche à droite: pinces coupantes, pinces à longs becs, tournevis droit, tournevis cruciforme, clé à tube hexagonale, tournevis en matière plastique pour l'alignement des circuits, et clé hexagonale en plastique pour l'alignement des circuits.*

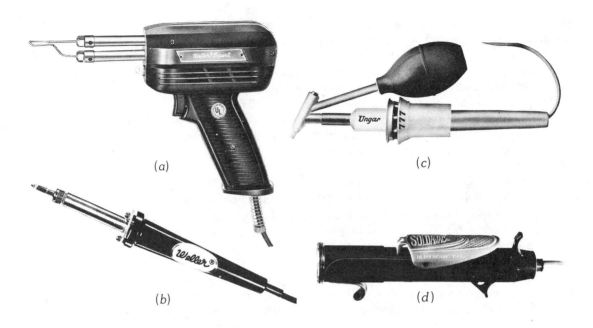

Figure G-2 (a) *Pistolet à souder;* (b) *fer à souder à pointe fine;* (c) *fer à dessouder;* (d) *outil à dessouder Soldavac. (Edysyn Inc.)*

SOUDAGE

La soudure est un alliage d'étain et de plomb utilisé pour faire fondre les métaux à des températures d'environ 260°C à 315°C. On chauffe le joint sur lequel deux conducteurs métalliques doivent être fondus, puis on applique la soudure pour qu'elle fonde et recouvre le joint. On réalise des connexions soudées parce qu'elles forment une bonne liaison entre les métaux assemblés et recouvrent complètement le joint pour empêcher l'oxydation. La couche de soudure constitue une protection qui est d'une durée pratiquement infinie.

La subtilité du soudage consiste à chauffer le joint et non la soudure. Quand le joint est suffisamment chaud pour faire fondre la soudure, elle coule doucement pour remplir toutes les fentes en formant une couche brillante sans laisser aucun passage à l'air. Ne pas déplacer le joint avant que la soudure soit prise. Ceci ne prend que quelques secondes.

On peut utiliser soit un fer à souder, soit un pistolet, dont la puissance est comprise entre 25 et 100 W. Voir la figure F-2. Le pistolet est commode pour un fonctionnement intermittent, car il chauffe presque instantanément quand on appuie sur la gâchette. Le petit fer à souder à pointe fine, de 25 à 40 W, est utile pour souder les petites connexions lorsqu'un chauffage excessif pourrait être néfaste. Cette précaution est particulièrement importante quand on travaille sur des circuits imprimés, car une chaleur excessive risque de ramollir la plaquette en matière plastique et de relâcher les connexions avec les oeillets métalliques. La pointe du fer à souder les circuits à TEC devra être mise à la masse pour éliminer les charges statiques.

Les trois qualités de soudure, employées généralement en électronique, sont les soudures: 40-60, 50-50, 60-40. Le premier nombre indique le pourcentage d'étain, tandis que le second est le pourcentage de plomb. La soudure 60-40 est plus chère, mais elle coule mieux, durcit plus vite et rend généralement plus facile la réalisation d'une bonne soudure.

En plus de la soudure, il faut utiliser un décapant pour enlever tout film d'oxyde qui pourrait se trouver sur les métaux à assembler. Sinon, ils ne peuvent pas fondre. Le décapant permet à la soudure fondue de mouiller les métaux et de pouvoir adhérer. Les deux types de décapants sont le décapant acide et la colophane. Le décapant acide est plus actif pour le nettoyage des métaux, mais il est corrosif. On utilise toujours la colophane pour les petites soudures nécessaires aux raccordements des fils.

En général, la colophane se trouve à l'intérieur des fils de soudure creux destinés à l'électronique, de sorte qu'il n'est pas nécessaire d'utiliser un décapant séparé. La soudure à la colophane est la plus employée. On remarquera cependant que le décapant ne remplace pas le nettoyage des métaux à souder. Ils doivent être reluisants pour que la soudure adhère.

DESSOUDAGE

Sur les plaquettes de câblage imprimé, le dessoudage nécessaire au démontage d'un composant défectueux peut être plus important que le soudage. Depuis la face câblée de la plaquette, dessouder les composants aux oeillets, à l'endroit où les connexions des composants traversent la plaquette. Voici trois méthodes d'exécution de ce travail:

1. Utiliser un pistolet à souder muni d'un aspirateur;
2. Utiliser un soldavac. L'aspirateur extrait la soudure ramollie de la connexion;

3. Utiliser une mèche ou une tresse métallique avec un fer, chauffer la tresse sur la connexion et laisser la soudure ramollie remonter dans la tresse. Cette méthode est la plus pratique lorsqu'on ne dispose pas d'un espace suffisant pour utiliser un outil à aspirateur.

Retirer suffisamment de soudure pour bien voir le trou de traversée de la connexion. Le composant se détachera pratiquement de lui-même de la plaquette. Ne pas détacher de force le composant de la plaquette, cela endommagerait cette dernière.

Pour plus de détails sur les outils, les machines et le soudage, on pourra consulter les textes suivants:

ANDERSON et TATRO, *Shop Theory,* McGraw-Hill Book Company, New York.
Radio Amateur's Handbook, (chapitre portant sur les méthodes de construction), American Radio Relay League, Newington, Conn.
Solder, Kester Solder Co., Chicago Ill.

Symboles schématiques

SYMBOLES SCHÉMATIQUES

Dispositif	Symbole	Dispositif	Symbole
Tension alternative		Conducteur, quelconque	
Amplificateur		connexion	
		pas de connexion	
Antenne (quelconque)		Source de courant	
dipôlaire		Quartz, piézoélectrique	
cadre		**Diodes** Voir les schémas symboliques illustrés au tableau 30-7	
Batterie, pile ou tension continue. La barre la plus longue désigne le côté positif		Fusible	
Condensateur, quelconque, fixe L'électrode courbe désigne l'enveloppe métallique extérieure, négative ou à bas potentiel		Masse, terre ou châssis métallique; châssis ou retour commun à un côté de la source de tension Châssis ou retour commun non relié à la source de tension Retour commun	
variable			
jumelés		Générateur de Hall	
Bobine ou inductance, à air		Jack	Pointe
à noyau de fer variable		Fiche de jack	Douille
à noyau de ferrite ou de poudre de fer		Manipulateur télégraphique	

SYMBOLES SCHÉMATIQUES

Dispositif	Symbole	Dispositif	Symbole
Haut-parleur, quelconque Casque		Blindage conducteur blindé	
Aimant, permanent électro-aimant	AP	Thermistance	
		Thermocouple	
Microphone		Parafoudre	
Appareils de mesure, lettre ou symbole indiquant la gamme ou la fonction	A mA V	Transformateur, à air	
Porte ET		à noyau de fer	
Porte NON-ET		autotransformateur	
Porte OU		bobine de couplage	
Porte NON-OU			
Relais, bobine contact		Transistors et semi-conducteurs Voir les schémas symboliques du tableau 30-7	
Résistance, fixe à prises variable			
Commutateur, unipolaire à une seule direction unipolaire à deux directions bi-polaire à deux directions à trois pôles galette à 3 circuits		Tubes à vides Voir les schémas symboliques du tableau 29-3	

Réponses aux exercices de contrôle

CHAPITRE 1

1. v 2. v 3. v 4. v 5. v 6. v 7. v 8. v 9. v 10. v
11. v 12. v 13. v 14. v 15. v 16. v 17. v 18. v 19. f 20. f

CHAPITRE 2

1. 2 2. 4 3. 16 4. 0,5 5. 2 6. 25 7. 25 8. 10
9. 0,4 10. 72 11. 8 12. 2 13. 2 14. 4,17 15. 28,8 16. 2
17. 1,2 18. 3 19. 0,2 20. 0,12

CHAPITRE 3

1. (d) 2. (c) 3. (d) 4. (b) 5. (c) 6. (d) 7. (c) 8. (b)
9. (b) 10. (d)

CHAPITRE 4

1. (b) 2. (a) 3. (a) 4. (d) 5. (a) 6. (c) 7. (c) 8. (b)
9. (c) 10. (b)

CHAPITRE 5

1. (c) 2. (c) 3. (c) 4. (c) 5. (d) 6. (b) 7. (d) 8. (a)
9. (d) 10. (d)

RAPPEL DES CHAPITRES 1 À 5

1. (c) 2. (c) 3. (c) 4. (b) 5. (c) 6. (b) 7. (d) 8. (b)
9. (a) 10. (c) 11. (b) 12. (a) 13. (a) 14. (a) 15. (a)

CHAPITRE 6

1. v 2. v 3. v 4. f 5. v 6. v 7. v 8. v 9. f 10. v

CHAPITRE 7

1. (a) 2. (c) 3. (a) 4. (a) 5. (c) 6. (c) 7. (a) 8. (c)
9. (d) 10. (c)

RAPPEL DES CHAPITRES 6 ET 7
1. v   2. v   3. v   4. v   5. f   6. f   7. v   8. v   9. v   10. f

CHAPITRE 8
1. v   2. f   3. v   4. v   5. v   6. v   7. f   8. v   9. v   10. v

CHAPITRE 9
1. v   2. v   3. v   4. v   5. v   6. v   7. v   8. f   9. v   10. v

RAPPEL DES CHAPITRES 8 ET 9
1. v   2. v   3. v   4. v   5. v   6. f   7. f   8. v   9. v   10. v
11. v 12. v 13. v 14. v 15. v

CHAPITRE 10
1. (a)   2. (d)   3. (d)   4. (b)   5. (b)   6. (a)   7. (b)   8. (c)
9. (c)   10. (c)

CHAPITRE 11
1. (d)   2. (a)   3. (d)   4. (c)   5. (a)   6. (b)   7. (d)   8. (a)
9. (b)   10. (c)

CHAPITRE 12
1. (d)   2. (c)   3. (b)   4. (a)   5. (d)   6. (d)   7. (a)   8. (c)
9. (a)   10. (d)

RAPPEL DES CHAPITRES 10 À 12
1. (d)   2. (b)   3. (b)   4. (c)   5. (d)   6. (d)   7. (b)   8. (c)
9. (c)   10. (b)

CHAPITRE 13
1. v   2. v   3. v   4. f   5. v   6. v   7. v   8. v   9. v   10. v
11. f 12. v 13. v 14. v 15. f

CHAPITRE 14
1. f   2. v   3. v   4. v   5. v   6. v   7. v   8. v   9. v   10. v

CHAPITRE 15
1. v   2. v   3. v   4. v   5. v   6. v   7. v   8. v   9. v   10. v
11. v 12. v 13. v 14. v 15. v 16. v 17. v 18. v 19. v 20. v

CHAPITRE 16
1. v   2. v   3. v   4. v   5. v   6. v
7. f   8. f   9. v   10. v   11. 28,28 V   12. 1,2 A

13. 70,7 V   14. 3×10^4 cm   15. 0,001 ms   16. 60 Hz   17. 0,01 μs   18. 0,25 MHz
19. 7,07 V   20. 40 V   21. 1000 Hz   22. 180 Hz   23. 11,1 V   24. 120 V

CHAPITRE 17
1. 240 Hz   2. hors circuit   3. 120 V   4. 240 V   5. les cathodes   6. en série
7. le moteur cc 8. blanc   9. 208 V   10. en circuit

RAPPEL DES CHAPITRES 13 À 17
1. (b)   2. (a)   3. (c)   4. (d)   5. (b)   6. (d)   7. (a)   8. (d)
9. (c)   10. (a)   11. (d)   12. (a)

CHAPITRE 18
1. (b)   2. (c)   3. (c)   4. (d)   5. (c)   6. (d)   7. (b)   8. (d)
9. (b)   10. (a)

CHAPITRE 19
1. (a)   2. (c)   3. (c)   4. (d)   5. (a)   6. (c)   7. (c)   8. (b)
9. (d)   10. (c)

CHAPITRE 20
1. (c)   2. (c)   3. (c)   4. (c)   5. (b)   6. (b)   7. (c)   8. (b)
9. (c)   10. (d)

RAPPEL DES CHAPITRES 18 À 20
1. (c)   2. (b)   3. (d)   4. (d)   5. (d)   6. (d)   7. (c)   8. (a)
9. (b)   10. (c)

CHAPITRE 21
1. (a)   2. (b)   3. (b)   4. (c)   5. (c)   6. (c)   7. (c)   8. (b)
9. (c)   10. (b)

CHAPITRE 22
1. (b)   2. (c)   3. (c)   4. (b)   5. (d)   6. (a)   7. (a)   8. (d)
9. (b)   10. (a)

CHAPITRE 23
1. (d)   2. (b)   3. (a)   4. (b)   5. (b)   6. (b)   7. (c)   8. (c)
9. (b)   10. (b)

CHAPITRE 24
1. (a)   2. (c)   3. (d)   4. (b)   5. (d)   6. (c)   7. (d)   8. (c)
9. (d)   10. (c)

RAPPEL DES CHAPITRES 21 À 24

1. v   2. v   3. v   4. v   5. v   6. v   7. v   8. v   9. f   10. v
11. v   12. v   13. f   14. v   15. v   16. v   17. f   18. v   19. v   20. v
21. v   22. v   23. v   24. v   25. v   26. v   27. v   28. v   29. v   30. v
31. f   32. v   33. v   34. v   35. v   36. v   37. f   38. f   39. v   40. v

CHAPITRE 25

1. (b)   2. (c)   3. (a)   4. (c)   5. (c)   6. (a)   7. (b)   8. (c)
9. (c)   10. (a)

CHAPITRE 26

1. (d)   2. (m)   3. (n)   4. (j)   5. (h)   6. (l)   7. (o)   8. (k)
9. (e)   10. (a)   11. (b)   12. (f)   13. (g)   14. (i)   15. (c)   16. (p)

CHAPITRE 27

1. (c)   2. (b)   3. (d)   4. (c)   5. (d)   6. (a)   7. (d)   8. (d)
9. (a)   10. (b)

CHAPITRE 28

1. (d)   2. (a)   3. (b)   4. (c)   5. (d)   6. (b)   7. (a)   8. (b)
9. (a)   10. (d)

RAPPEL DES CHAPITRES 25 À 28

1. 300   2. 300   3. 300   4. 250   5. 250   6. 200   7. 200   8. 14,1
9. 14,1   10. 1   11. 45   12. -45 13. 1   14. 1,41   15. 7,07   16. 600
17. 353,5   18. 8   19. 0,8   20. 1,6   21. 0,8   22. 10   23. 10   24. 10
25. 1   26. 5   27. 50   28. 0,08   29. 40   30. 150   31. v   32. v
33. v   34. v   35. v   36. v   37. v   38. v   39. v   40. v

CHAPITRE 29

1. (a)   2. (b)   3. (b)   4. (c)   5. (b)   6. (c)   7. (a)   8. (d)
9. (b)   10. (c)

CHAPITRE 30

1. v   2. v   3. v   4. v   5. v   6. v   7. v   8. f   9. v   10. f
11. v   12. v   13. f   14. v   15. f   16. v   17. v   18. f   19. v   20. f
21. v   22. f   23. v   24. v   25. v   26. v   27. v   28. v   29. v   30. v
31. v   32. v

RAPPEL DES CHAPITRES 29 ET 30

1. v   2. v   3. v   4. v   5. v   6. v   7. f   8. f   9. v   10. f
11. f   12. v   13. v   14. v   15. f   16. f   17. v   18. v   19. v   20. v
21. v   22. v

CHAPITRE 31

1. v   2. f   3. v   4. v   5. v   6. v   7. f   8. v   9. f   10. v

CHAPITRE 32

1. 2	2. 1+1	3. ET	4. OU
5. NON-ET	6. 0	7. 0	8. quatre
9. le multivibrateur	10. les bascules	11. 1 et 0	12. quatre

RAPPEL DES CHAPITRES 31 ET 32

1. 20 pF   2. TEC   3. 18   4. linéaire   5. $(111)_2$ 6. $(10)_2$
7. ET   8. bas   9. *JK*   10. astable

Réponses aux problèmes de numéro impair

CHAPITRE 1

1. $I = 4$ A
3. Voir les valeurs du problème 4
5. 2,2 V
7. 0,2 Ω

CHAPITRE 2

1. (a) Voir la figure 2-2
   (b) $I = 3$ mA
   (c) $I = 3$ mA
   (d) $I = 1$ mA
3. (b) $R = 21$ Ω
5. (a) $V = 12$ V
   (b) $P = 24$ W
   (c) $P = 24$ W
7. 10 000 V
9. (a) 1496 V
   (b) 108,1 V
   (c) 2,84 V
11. 9,84 V

CHAPITRE 3

1. $I = 1$ A, $R_2 = 10$ Ω
3. $V_2 = 0,3$ V
5. $V_T = 30$ V, $I = 1$ A
7. $R_T = 2\,552\,470$ Ω
9. Chaque $R = 15$ kΩ
11. $I = 1$ mA
13. $I = 2,5$ mA
15. $R_2 = 25$ Ω
17. $V_2 = 13$ V

CHAPITRE 4

1. (b) 45 V
   (c) $I_1 = 3$ A, $I_2 = 1$ A
   (d) $I_T = 4$ A
   (e) $R_T = 11,25$ Ω
3. (b) 20 V
   (c) $I_2 = 2$ A
   $I_3 = 4$ A
5. (a) $I_1 = 1$ A
   (b) $I_T = 1$ A
   (c) $R_T = 10$ Ω
   (d) $P_T = 10$ W
7. (a) 7,14 Ω
   (b) 2 kΩ
   (c) 250 Ω
   (d) 54,6 Ω
   (e) 714 Ω
   (f) 5 kΩ

9. $G_T = 0,038$ S
11. $R_3 = 666,7$ Ω

CHAPITRE 5

1. (a) $R_T = 25\ \Omega$
   (b) $I_T = 4$ A
7. (a) $V_1 = 2,23$ V
   $V_2 = 0,74$ V
   $V_3 = 6,7$ V
   $V_4 = 22,3$ V
   (b) $P_1 = 204$ mW
   $P_2 = 69$ mW
   $P_3 = 620$ mW
   $P_4 = 2,08$ mW
   (c) R_4
   (d) R_4

3. (b) $R_T = 15\ \Omega$
9. $R_1 = 15$ kΩ
   $R_2 = 5$ kΩ
13. $R_T = 10,45\ \Omega$
17. (a) $V_1 = V_2 = V_3 = 40$ V
   $I_1 = I_2 = 2$ mA
   $I_3 = I_T = 4$ mA
   (b) $V_{AG} = V_{BG} = +40$ V
   I a la même valeur qu'en (a)

5. (a) $R = 6\ \Omega$
   (b) $R = 24\ \Omega$
11. $V_1 = V_X = 1$ V
   $V_2 = V_S = 10$ V
15. (a) $V_2 = 20$ V
   (b) $V_1 = V_2 = 22,5$ V

CHAPITRE 6

1. $V_1 = 4$ V
   $V_2 = 8$ V
   $V_3 = 40$ V
9. $R_1 = 75\ \Omega$
   $R_2 = 86,4\ \Omega$
   $R_3 = 38,5\ \Omega$

3. $I_B = 0,6$ mA

5. $I_1 = 3$ mA
   $I_2 = 6$ mA
   $I_3 = 30$ mA

7. $R_D = 555,6\ \Omega$
   $R_E = 740,7\ \Omega$
   $R_F = 500\ \Omega$

CHAPITRE 7

1. (a) $R_S = 50\ \Omega$
   (b) $R_S = 5,55\ \Omega$
   (c) $R_S = 0,505\ \Omega$
   (d) 1 mA, 5 mA et 50 mA
9. (a) $R_1 = 145\ \Omega$
   (b) 150 Ω pour 5 mA

3. (a) 300 mA
   (b) 60 V
11. $V_1 = 40$ V
   $V_2 = 80$ V

5. (a) 199 kΩ
   599 kΩ
   9999 kΩ
   (b) 20 000 Ω/V
   (c) 10 MΩ

7. $R_1 = 78,3\ \Omega$
   $R_2 = 7,83\ \Omega$
   $R_3 = 0,87\ \Omega$

CHAPITRE 8

1. $I_1 = 1,42$ A

3. $I_1 = 1,42$ A, $V_{R_1} = 11,36$ V
   $I_2 = 0,32$ A, $V_{R_2} = 0,64$ V
   $I_3 = 1,1$ A, $V_{R_3} = 4,4$ V
   $I_4 = 1,1$ A, $V_{R_4} = 2,2$ V

5. $I_A = I_1 = 1,1$ A

CHAPITRE 9

1. $V_{Th} = 15$ V
   $R_{Th} = 3\ \Omega$
   $V_L = 6$ V
9. $V_{R_2} = 19,2$ V

3. $I_1 = 5$ A
   $R_1 = 4\ \Omega$
   $I_L = 3$ A
11. $V_{R_2} = 19,2$ V

5. R_L non coupé

13. $V_{R_3} = 10,6$ V

7. $V_P = 42$ V

15. Voir la figure 9-28

CHAPITRE 10

1. (a) 0,517 mm²
   (b) 20
   (c) $R = 3,38\ \Omega$

3. (a) 1 A
   (b) 0 V
   (c) 120 V

5. $R = 48\ \Omega$

11. 2 V

7. 1493 m

13. 31,15 A

9. (a) 5,28 Ω
   (b) 1321 m

CHAPITRE 11

1. (a) 1 W
   (b) 2 W

3. (a) 470 kΩ, 10 %
   (b) 2,2 MΩ, 10 %
   (c) 33 Ω, 5 %

   (d) 910 Ω, 5 %
   (e) 2,2 Ω, 5 %
   (f) 10 kΩ, 20 %

5. 50 Ω, 1 W

CHAPITRE 12

1. 1,5 mA

3. 600 A

5. $2,88 \times 10^5$ C

7. ?

9. 1 kΩ

CHAPITRE 13

1. 50 μWb $= 50 \times 10^{-6}$ Wb

3. 0,1 T

5. 240 μWb

7. 300

CHAPITRE 14

1. (a) 200
   (b) 1000

3. (a) 360×10^{-6} T/(A/m)
   (c) 300

5. (a) 130×10^{-6}
   (b) 90×10^{-6}

7. (b) 40 V
   (c) 1000 A/m
   (d) 0,378 T
   (e) $3,02 \times 10^{-4}$ Wb
   (f) 67×10^4 A/Wb

CHAPITRE 15

1. 9 kV

3. (a) 2 Wb/s
   (b) -2 Wb/s
   (c) 2 Wb/s

5. (a) 0,2 A
   (b) 80 A
   (c) 400 A/m

   (d) 0,252 T
   (e) $1,512 \times 10^{-4}$ Wb

CHAPITRE 16

1. (a) $I = 12$ A
   (b) $f = 60$ Hz
   (c) 0°
   (d) 120 V

3. (a) $t = 0,25$ ms
   (b) $t = 0,0625\ \mu$s

5. (a) $f = 20$ Hz
   (b) $f = 200$ Hz
   (c) $f = 0,2$ MHz
   (d) $f = 0,2$ GHz

7. (a) $+10$ et -10 V
   (b) $+10$ et -10 V
   (c) $+10$ et -10 V
   (d) $+15$ et -5 V

9. $I_1 = 40\ \mu$A
   $I_2 = 20\ \mu$A
   $V_1 = V_2 = 200$ V
   $P_1 = 8$ mW
   $P_2 = 4$ mW

11. $I = 2,5$ A
    $f = 60$ Hz
    0°

CHAPITRE 17
Pas de problèmes

CHAPITRE 18

1. (a) 2 A/s
   (b) 10 000 A/s
   (c) 10 000 A/s
   (d) − 10 000 A/s
9. (a) $R = 10,61$ Ω
   (b) $R = 0,01$ Ω

3. (a) 10 mV
   (b) 50 V
   (c) 50 V
   (d) − 50 mV
11. $1,21 \times 10^{-3}$ J

5. (a) 60 Hz
   (b) 960 V
   (c) 96 mA
   (d) 0,768 A
13. 82,6 mH

7. (a) 300 μH
   (b) 66,7 μH
   (c) 280 μH
   (d) 0,0707

CHAPITRE 19

1. à 100 Hz, $X_L = 314$ Ω
   à 200 Hz, $X_L = 628$ Ω
   à 1000 Hz, $X_L = 3140$ Ω
7. $L = 0,159$ H
   $X_L = 10$ kΩ

3. (b) $I = 5$ mA
   (c) $V_L = 10$ V

9. (a) $X_{L_T} = 5$ kΩ
   (b) $I = 2$ mA
   (c) $V_{L_1} = 2$ V
   $V_{L_2} = 8$ V
   (d) $L_1 = 2,65$ H
   $L_2 = 10,6$ H

5. $X_L = 1,2$ kΩ
   $L = 3,18$ H

11. (a) $f = 0,16$ kHz
    (b) $f = 1,28$ kHz
    (c) $f = 0,4$ MHz
    (d) $f = 1,6$ MHz
    (e) $f = 16$ MHz

13. $X_L = 1628,6$ Ω

15. $X_L = 754$ Ω

17. (d) à 500 Hz, $X_L = 785$ Ω
    $I = 12,8$ mA

CHAPITRE 20

1. (a) $Z = 100$ Ω
   $I = 1$ A
   $\varphi = 0°$
   (b) $Z = 100$ Ω
   $I = 1$ A
   $\varphi = 90°$
   (c) $Z = 70,7$ Ω
   $\varphi = 45°$
   $I = 1,41$ A
   $\varphi = 45°$
9. $Z = 566$ Ω
   $I = 0,177$ A
   $V_L = 70,7$ V
   $V_R = 70,7$ V
   $\varphi_Z = 45°$
17. v_L est une onde carrée
    ± 200 V c à c

3. (b) $X_L = 377$ Ω
   (c) $Z = 340$ Ω
   (d) $I = 40$ mA

11. À 800 Hz,
    $I_R = 0,25$ A
    $I_L = 0,125$ A
    $\varphi_I = − 26,6°$

5. $Z = 400$ Ω
   $X_L = 400$ Ω

13. $X_L = 500$ Ω
    $L = 15,9$ H

7. $R_E = 94$ Ω

15. $Z_T = 583$ Ω
    $I = 0,2$ A
    $\varphi_Z = 59°$

CHAPITRE 21

1. $Q = 400 \ \mu C$

3. $Q = 12 \ \mu C$
   6 V

5. $C = 1062$ pF

7. (a) 200 V
   (b) $Q = 200 \ \mu C$
   (c) $C = 1 \ \mu F$

9. (a) $2,5 \times 10^{-2}$ J
   (b) 12,5 J
   (c) 3,2 J

11. (a) 0,06 μF
    (b) 74,2 pF

CHAPITRE 22

1. 80 pF à 1 MHz

3. (b) I = 5 mA
   (c) $f = 1$ kHz

5. (b) $I = 2$ mA
   (c) $V_{C_1} = 2$ V
   (d) $V_{C_2} = 8$ V

7. $f = 1590$ Hz

9. (a) $X_{C_T} = 200 \ \Omega$
   (b) $C = 333,3$ pF
   $C_T = 1000$ pF

11. (a) $X_C = 300 \ \Omega$
    $C = 8,85 \ \mu F$
    (b) $C = 17,7 \ \mu F$

13. $X_C = 169,4 \ \Omega$

15. $I = 0,96$ mA

17. $C = 422$ pF

CHAPITRE 23

1. (b) $Z = 50 \ \Omega$
   (c) $I = 2$ A
   (d) $V_R = 80$ V
   $V_C = 60$ V
   (e) $\varphi_Z = -37°$

3. $C = 1590$ pF à 100 Hz
   $C = 1,59$ pF à 100 kHz

5. à 60 Hz, $C = 26,59 \ \mu F$
   à 1 kHz, $C = 1,50 \ \mu F$
   à 1 MHz, $C = 1590$ pF

7. $I_C = 15$ mA
   $I_R = 20$ mA
   $I_T = 25$ mA
   $Z_T = 1,2$ kΩ
   $\varphi_I = 37°$
   $V_R = V_C = 30$ V

9. pour cc et ca,
   $V_1 = 400$ V
   $V_2 = 200$ V
   $V_3 = 100$ V

11. $C = 67 \ \mu F$
    $L = 106$ mH

13. $Z_T = 583 \ \Omega$
    $I = 0,2$ A
    $\varphi_Z = -59°$

15. i_C *est une onde carrée,* ± 2 mA c à c

CHAPITRE 24

1. (a) 0,05 s
   (b) 0,05 μs
   (c) 1 ms
   (d) 20 μs

3. (a) 4 s
   (b) 100 V

5. $v_C = 86$ V

7. $v_C = 150$ V

9. 1,4 ms

11. $0,05 \times 10^6$ V/s

CHAPITRE 25

1. (a) 100 W
   (b) pas de réactance
   (c) 1
7. (a) $X_L = 0$, approx.
   $X_C = 665\ \Omega$
   (b) $Z_T = 890\ \Omega$
   $I = 135$ mA
   $\varphi_Z = -47{,}9°$
13. $R = 267\ \Omega$

19. $R = 9704\ \Omega$

3. (b) $I = 10$ A, approx.
   (c) $Z = 10\ \Omega$
   (d) $\varphi = 0°$
9. (a) 180°

15. $C = 7{,}7\ \mu$F

5. (c) $Z_T = 500\ \Omega$
   $I = 0{,}8\ \Omega$
   $\varphi_Z = 53°$
11. $R = 24\ \Omega$

17. $I_T = 6{,}9$ mA, $\varphi_I = -16{,}9°$
    $Z_T = 60{,}9\ \Omega$, $\varphi_Z = 16{,}9°$

CHAPITRE 26

1. (a) $4 - j3$
   (b) $4 + j3$
   (c) $3 + j6$
   (d) $3 - j3$
7. (a) $4{,}5\underline{/14°}$
   (b) $4{,}5\underline{/34°}$
   (c) $100\underline{/-84°}$
   (d) $100\underline{/-60°}$
13. $R = 5{,}08\ \Omega$
    $X_C = 1{,}27\ \Omega$

19. $Z_T = 4{,}05\underline{/7{,}4°}$ kΩ
    $I = 19{,}75\underline{/-7{,}4°}$ mA

3. (a) $5\underline{/-37°}$
   (b) $5\underline{/37°}$
   (c) $3{,}18\underline{/18{,}5°}$
   (d) $4{,}24\underline{/-45°}$
9. $Z_T = 12{,}65\underline{/18{,}5°}$

15. $R = 21{,}4\ \Omega$
    $X_L = 10{,}2\ \Omega$

21. $Z_T = 13{,}29\underline{/46{,}2°}$

5. $Z_T = 65{,}36 + j23{,}48$

11. $Z_T = 5{,}25\underline{/-14{,}7°}$

17. $Z_T = 50\underline{/-37°} = 40 - j30\ \Omega$
    $I = 2\underline{/37°} = 1{,}6 + j1{,}2$ A
    $V_R = 80\underline{/37°} = 64 + j48$ V
    $V_L = 120\underline{/127°} = -72 + j96$ V
    $V_C = 180\underline{/-53°} = 108 - j144$ V

CHAPITRE 27

1. $f_r = 12{,}6$ Hz

3. $f_r = 1{,}624$ MHz

5. (a) $Q = 100$
   (b) $X_C = X_L = 1500\ \Omega$
   (c) $I = 1$ mA
   (d) $V_C = 1{,}5$ V

7. $L = 254\ \mu\text{H}$ à 1 MHz
$L = 15,9\ \mu\text{H}$ à 4 MHz

9. $C_{\text{max}} = 32,7$ pF
$C_{\text{min}} = 21,7$ pF

11. (a) à $f_r = 795$ kHz
$I_T = 0$
$Z_T = \infty$
$\varphi = 0°$

(b) à 895 kHz
$I_T = 1,25\underline{/90°}$ mA
$Z_T = 4\underline{/-90°}$ kΩ

(c) à 695 kHz
$I_T = 1,3\underline{/-90°}$ mA
$Z_T = 3,85\underline{/90°}$ kΩ

13. (a) $Q = 200$
$B = 25$ Hz
(b) $Z_T = 200$ kΩ

15. (a) à 5 kHz,
$Z_T = 5$ Ω
$I = 100$ mA
(b) voir la figure 27-3b

17. (a) $Q = 120$
(b) $r_S = 78,4$ Ω
(c) $C = 56,5$ pF

CHAPITRE 28

1. (a) $C = 0,01\ \mu\text{F}$
(b) $V_R \cong 0$ V
$V_C = 20$ V
(c) $V_R = 7,07$ V eff
$V_C \cong 0$ V

3. $C = 0,064\ \mu\text{F}$

5. Niveau cc $= -8$ V
Max $= -11$ V
Min $= -5$ V
tension ca $= 6$ V c à c

7. (b) $L = 1,53$ mH

9. (a) $C_1 = 0,001\ 59\ \mu\text{F}$
(b) $C_2 = 0,003\ 18\ \mu\text{F}$
(c) $C_3 = 0,007\ 95\ \mu\text{F}$

CHAPITRE 29

1. (a) $V_{C_2} = 150$ V
(b) $V_b = 190$ V
7. $R_L = 130$ kΩ

3. $I_b = 0,8$ mA, constante

9. $G_V = 40$

5. $g_m = 4000\ \mu\text{S}$

11. (a) $G_V = 12$
(b) 1200 μV

13. $V_b = 180$ V
$V_{c_2} = 96$ V
$V_K = 3$ V

CHAPITRE 30

1. 0,6 V

3. (a) 160 V
(b) 138 V

5. $V_C = 7,5$ V
$V_{CE} = 6,7$ V
$V_B = 1,4$ V
$V_{BE} = 0,6$ V
$V_E = 0,8$ V

7. $\beta = 21,4$
$\alpha = 0,955$

9. 2 W

11. 7500 μS

13. 2,8 mA

15. (a) 50
(b) 20 V
(c) 250

17. $I_C = 5,2$ mA c à c $G_I = 52$
$V_C = 8,32$ V c à c $G_V = 41,6$
$G_P = 2163,2$

19. tous à l'état passant

CHAPITRE 31
Pas de problèmes

CHAPITRE 32

1. (a) 100111
(b) 111110

3. 14

5. (a) $x = \overline{AB}$
(b) $x = \overline{A + B}$
(c) $x = AB$
(d) $x = \overline{A} + \overline{B}$

Index